Alpers/Fuchs/Hahn/Jeschke

LEXIKON DER SCIENCE FICTION LITERATUR

Erweiterte und aktualisierte
Neuausgabe in einem Band

**WILHELM HEYNE VERLAG
MÜNCHEN**

HEYNE SACHBUCH
01/7287

Autorenfotos

Für die Überlassung der Porträtfotos danken wir den Autoren (bzw. ihren Nachkommen), die uns Aufnahmen zusandten, sowie Charles Brown und dem Archiv der Zeitschrift ›Locus‹, Oakland/Kalifornien, der Hulton Picture Library, London, Isolde Ohlbaum, München, dem Süddeutschen Verlag, Bilderdienst, München, und dem Wörlham Science Fiction Archiv, Wolfgang Jeschke.

Des weiteren wurde Bildmaterial aus Publikationen und von Buchumschlägen verwendet. Der Verlag hat sich bemüht, alle Rechteinhaber von Fotos ausfindig zu machen, was ihm jedoch nicht in allen Fällen gelungen ist. Im Interesse der Information haben wir uns entschlossen, diese Aufnahmen trotzdem zu verwenden. Wir bitten evtl. Rechteinhaber sich an den Verlag zu wenden.

Gisela Frerichs, Bildredaktion

Copyright © 1988 by Autoren & Wilhelm Heyne Verlag GmbH & Co. KG, München
Printed in Germany 1987
Umschlagfoto: Tim White
Umschlaggestaltung: Atelier Ingrid Schütz, München
Satz: VerlagsSatz Kort GmbH, München
Druck und Bindung: Presse-Druck Augsburg

ISBN 3-453-02453-2

Inhalt

Biografisches Lexikon
Int. Verzeichnis der SF-Autoren und ihrer wichtigsten Werke und deutschsprachigen Ausgaben   153

Die wichtigsten Autoren-Pseudonyme

Die wichtigsten Science Fiction-Preise

Die wichtigste Literatur über Science Fiction   1131

Anhang SERIEN

Abkürzungsverzeichnis

Allgemeine Abkürzungen:

(A)	Anthologie (Textsammlung verschiedener Autoren)
(C)	Collection (Textsammlung eines einzelnen Autors)
(C/OA)	Collection/dt. Originalausgabe, die in dieser Zusammenstellung in der Sprache des Verfassers nicht erschienen ist
(Ed.)	Editor
(Hrsg.)	Herausgeber
N.N.	Nomen Nescio/Name nicht bekannt
(o. J.)	ohne Jahreszahl
(Ps.)	Pseudonym
(VPs.)	Verlagspseudonym (Name, unter dem verschiedene Autoren geschrieben haben)
(WV)	Wirklicher Verfasser (der auf dem Titel angegebene Autor ist falsch)
(I)	1. Teil
(II)	2. Teil
(+)	Dieser Titel (eines ausländischen Autors) ist nur in deutscher Sprache erschienen
(sr 4)	›Serial‹ (Fortsetzungsroman in 4 Teilen)
(Holk)	Name in Klammern: Verfasser/Herausgeber eines anonym erschienenen Titels

Reihen- und Serienabkürzungen:

AiW	Abenteuer im Weltraum (Heftreihe), Alfons Semrau Verlag, Hamburg
Atlan	Atlan, im Auftrag der Menschheit/bzw. der König von Atlantis (Heftserie), Arthur Moewig Verlag, München bzw. Erich Pabel Verlag, Rastatt
B	Bastei SF Taschenbuch, Bastei Verlag Gustav H. Lübbe, Bergisch Gladbach

BP	Paperbackreihe des Bastei Verlag Gustav H. Lübbe, Bergisch Gladbach
CDTB	Clark Darlton Taschenbuch, Erich Pabel Verlag, Rastatt
detebe	Diogenes Taschenbuch, Diogenes Verlag, Zürich
DNA	Das Neue Abenteuer (Heftreihe), Verlag Neues Leben, Berlin/DDR
DNB	Verlag Das Neue Berlin, Berlin/DDR
ESF	Erber SF (Heftreihe), Anne Erber Verlag, Sasbachwalden
E 2000	Erde 2000 (Heftserie), Wolfgang Marken Verlag, Köln
FO	Fischer Orbit Taschenbuch, Fischer Taschenbuchverlag, Frankfurt/Main
G	Goldmanns Zukunftsromane, Wilhelm Goldmann Verlag, München
Ge	Gemini (Heftreihe), Martin Kelter Verlag, Hamburg
GWTB	Goldmanns Weltraum Taschenbücher, Wilhelm Goldmann Verlag, München
GJTB	Goldmanns Jugendtaschenbücher, Wilhelm Goldmann Verlag, München
GZ	Goldmanns Zukunftsromane (Hardcover), Wilhelm Goldmann Verlag, München
H	Heyne SF Taschenbuch, Wilhelm Heyne Verlag, München
HA	Heyne Anthologien, Wilhelm Heyne Verlag, München
HTB	Heyne Taschenbuch, Allgemeine Reihe, Wilhelm Heyne Verlag, München
HJTB	Heyne Jugendtaschenbücher, Wilhelm Heyne Verlag, München
HSFB	Heyne SF Bibliothek (Taschenbücher), Wilhelm Heyne Verlag, München
IJ 2000	Im Jahr 2000 (Heftreihe), Verlag Rolf Mauerhardt, Wien
K	König Taschenbücher, König Verlag, München
KA	Katastrophen-Alarm (Heftreihe), Tandem Verlag, Celle
kap	Kriminalistik, Abenteuer, Phantastik (Heftreihe), Verlag Kultur und Fortschritt, Berlin/DDR
KJ	Kleine Jugendreihe (Heftreihe), Verlag Kultur und Fortschritt, Berlin/DDR
Kn	Knaur SF Taschenbücher, Droemer-Knaur Verlag, München
LU	Luna Utopia-Roman (später Luna Weltall) (Heftreihe), Walter Lehning Verlag, Hannover

MP	Mark Powers, der Held des Weltalls (Heftserie), Erich Pabel Verlag, Rastatt
MS	Mondstation 1999 Taschenbuch, Bastei Verlag Gustav H. Lübbe, Bergisch Gladbach
MSF	Moewig SF Taschenbücher, Arthur Moewig Verlag Taschenbuch, München und Rastatt
MSFB	Bibliothek Science Fiction, Arthur Moewig Verlag, Rastatt
MvS	Reihe ›Science Fiction und Phantastica‹, Marion von Schröder Verlag, Hamburg/Düsseldorf
OH	Orion (Heftserie), Erich Pabel Verlag, Rastatt
OTB	Orion Taschenbücher, Arthur Moewig Verlag, München/bzw. Erich Pabel Verlag, Rastatt
PhB	Phantastische Bibliothek, Suhrkamp Verlag, Frankfurt am Main
PlayB	Playboy Taschenbücher, Arthur Moewig Verlag, München/bzw. Rastatt
PSF	Playboy SF Taschenbücher, Arthur Moewig Verlag, München/bzw. Rastatt
PR	Perry Rhodan, der Erbe des Universums (Heftserie), Arthur Moewig Verlag, München/bzw. Erich Pabel Verlag, Rastatt
PRTB	Perry Rhodan Planetenroman Taschenbuch, Arthur Moewig Verlag, München/bzw. Erich Pabel Verlag, Rastatt
PU	Pabel Utopia Taschenbuch, Erich Pabel Verlag, Rastatt
RC	Rex Corda, der Retter der Erde (Heftserie), Bastei Verlag Gustav H. Lübbe, Bergisch Gladbach
RD	Ren Dhark, Weg ins Weltall (Heftserie), Martin Kelter Verlag, Hamburg
RdPh	Aus dem Reich der Phantasie (Heftserie), Münchmeyer Verlag, Dresden
RDTB	Den Dhark Taschenbücher, Martin Kelter Verlag, Hamburg
RETB	Raumschiff Enterprise Taschenbuch, Williams Verlag, Alsdorf
RUB	Reclams Universal-Bibliothek, Philipp Reclam Verlag, Leipzig bzw. Stuttgart
RP	Raumschiff Promet (Heftserie), Andromeda/Astro Verlag, Köln
SG	Spannende Geschichten (Heftreihe), Rufer Verlag, Gütersloh

SL	Sammlung Luchterhand, Hermann Luchterhand Verlag, Darmstadt
st	Suhrkamp Taschenbuch, Suhrkamp Verlag, Frankfurt am Main
SU	Star Utopia (Heftreihe), Steffek Verlag, Wien
SUK	Star Utopia Kriminalroman (Heftreihe), Steffek Verlag, Wien
T	Terra Utopische Romane (Heftreihe), Arthur Moewig Verlag, München
TA	Terra Astra (Heftreihe), Arthur Moewig Verlag, München/bzw. Erich Pabel Verlag, Rastatt
TE	Terra Extra (Heftreihe), Arthur Moewig Verlag, München
TN	Terra Nova (Heftreihe), Arthur Moewig Verlag, München/bzw. Erich Pabel Verlag, Rastatt
TS	Terra Sonderband (Heftreihe), Arthur Moewig Verlag, München
TTB	Terra Taschenbücher, Arthur Moewig Verlag, München/bzw. Erich Pabel Verlag, Rastatt
U	Ullstein 2000 Taschenbücher bzw. Ullstein SF, Ullstein Verlag, Frankfurt am Main/Berlin/Wien
UC	Utopia Classics Taschenbücher, Erich Pabel Verlag, Rastatt
UG	Utopia Großband (Heftreihe), Erich Pabel Verlag, Rastatt
UK	Utopia-Kriminal (Heftreihe), Erich Pabel Verlag, Rastatt
UM	Utopia-Magazin, Erich Pabel Verlag, Rastatt
Ur	Uranus (Heftreihe), Steffek Verlag, Wien
UTR	Luna Utopia Taschenroman (später Luna Weltall), Walter Lehning Verlag, Hannover
UZ	Utopia Zukunft (Heftreihe), Erich Pabel Verlag, Rastatt
UZT	Utopia Zukunft Taschenbuch, Erich Pabel Verlag, Rastatt
WF	Der Weltraumfahrer (Heftreihe), Alfons Semrau Verlag, Hamburg
WF	Der Weltraumfahrer (Heftreihe), Alfons Semrau Verlag, Hamburg
WUTB	Gebr. Weiß Utopia Taschenbuch, Gebr. Weiß Verlag, Berlin
Wi	Winther SF Taschenbücher, Winther Verlag, Hamburg/Zürich/Wien
ZK	Zeitkugel (Heftreihe), Wolfgang Marken Verlag, Köln
ZSF	Zauberkreis SF (Heftreihe), Zauberkreis Verlag, Rastatt

Die bibliografischen Angaben im Lexikonteil geben Verlag und Erscheinungsort nur an, wenn *unnumerierte* oder *nicht innerhalb von Reihen und Serien* erschienene Titel Erwähnung finden. Bei den Heftausgaben ist nur die Abkürzung der Heftreihe/serie angegeben. Der jeweilige Verlag ist dem Abkürzungsverzeichnis zu entnehmen.

Vorbemerkungen

Die Vorarbeiten zu diesem Lexikon begannen vor etwa 30 Jahren. Nachdem Heinz Bingenheimers *Transgalaxis-Katalog 1960* erschienen war, der vier Jahrhunderte deutschsprachiger phantastischer und utopischer Literatur bis hin zur Nachkriegs-SF verzeichnete, wurde es für alle, die sich beruflich (oder als Sammler) mit Science Fiction beschäftigten, bald unumgänglich, den Katalog auf dem neuesten Stand zu halten. Dies geschah meist in Form von privaten Karteien oder Listen, in denen die Neuerscheinungen eingetragen und festgehalten wurden. Auch die Autoren dieses Bandes begannen seinerzeit, sich dieses bibliografische Hilfsmittel zu schaffen, aber wie es so oft bei privaten Projekten dieser Art der Fall ist: Der Eifer erlahmte, nicht immer stand die notwendige Zeit zur Verfügung (zumal die Flut der Neuerscheinungen von Jahr zu Jahr anschwoll), Lücken taten sich auf und ließen sich nicht mehr schließen. Hinzu kam, daß die bibliografischen Angaben der Verlage nicht selten unvollständig oder unrichtig waren: Quellen wurden nicht genannt, Originaltitel falsch oder überhaupt nicht angegeben, Erscheinungsjahre unterschlagen, um alte Hüte als neue zu verhökern, die Namen von Übersetzern wurden verschwiegen oder Produkte deutscher Autoren als fingierte Übersetzungen auf den Markt gebracht. Solche Angaben nachträglich zu überprüfen, zu korrigieren und zu ergänzen ist eine Sisyphusarbeit, die ungeheuer viel Geduld, Know-how und einen immensen Zeitaufwand erfordert. Die Autoren haben diese Arbeit nicht gescheut; dennoch sind Lücken geblieben. Die Anstrengungen blieben vor allem dort fruchtlos, wo es sich um kurzlebige Reihen handelte, über die in den Verlagshäusern keine Unterlagen mehr existieren, oder um Produkte von Verlagen, die selbst nur kurzlebig waren.

Durch ein Zusammenlegen der privaten Karteien der Autoren entstand ein beachtlicher Grundstock an bibliographischem Material, der zwar noch immer Lücken aufwies, aber als Basis für eine Spezialbibliografie der (nach 1945) in der Bundesrepublik, in Österreich und der deutschsprachigen Schweiz in Buchform, als Leihbuch, als Taschenbuch oder als Heft erschienenen Science Fiction dienen konnte. Er war in der Tat einzigartig, zumal der größte Teil dieser Art Literatur nirgends offiziell magaziniert oder auch nur bibliografisch erfaßt wurde, weil die SF – zu Unrecht pauschal – der Trivialliteratur zugeschlagen und einer Katalogisierung als nicht wert erachtet wird. (Eine schmerzliche Unterlassung, die die Erforschung dieses Genres beträchtlich erschwert.)

Neben diesen bibliografischen Daten hatte sich im Laufe der Zeit auch eine Fülle von biografischem Material angesammelt, das der Systematisierung und Ergänzung und – natürlich der Publikation harrte. Als wir 1977 den Plan zu diesem Buch dem Heyne Verlag vorlegten, standen verschiedene Alternativen zur Diskussion, die vom Umfang (und damit vom zeitlichen und finanziellen Aufwand her) sehr unterschiedlich konzipiert waren:

1. Eine Ergänzung und Erweiterung der oben erwähnten *Transgalaxis-Bibliografie* von Heinz Bingenheimer auf den neuesten Stand, jedoch ohne Berücksichtigung der Heftserien.
2. Eine Bibliografie dieser Art, die neben Buch-, Leihbuch- und Taschenbuchausgaben auch die Heftserien verzeichnete.
3. Ein biografisch-bibliografisches Lexikon, das in Kurzbiographien die wichtigsten SF-Autoren der Welt und ihr Werk vorstellte, mit einem Verzeichnis der deutschen Übersetzungen.
4. Ein biografisch-bibliografisches Lexikon, dessen biografischer Teil alle namhaften SF-Autoren der Welt mit ihren wichtigsten Werken und allen deutschsprachigen Ausgaben ihrer Bücher aufführte, und dessen bibliografischer Teil die gesamte nach dem Jahre 1945 in der Bundesrepublik, Österreich und der deutschsprachigen Schweiz erschienene Science Fiction verzeichnete.

Um sowohl dem Profi wie dem Laien, und vor allem auch dem Sammler ein möglichst optimales Nachschlagewerk zu schaffen, entschloß sich der Heyne Verlag zu der vierten Version. Zusätzlich sollte als Einführung in das Gebiet eine *Entwicklungsgeschichte der Science Fiction,* ein Überblick über die *Themenkreise der Science Fiction,* ein Abriß der *Science Fiction in der Bundesrepublik Deutschland,* ein *Verzeichnis der wichtigsten internationalen SF-Preise* und ein *Verzeichnis der wichtigsten Literatur über Science Fiction* entstehen. Um den biografischen Teil nicht durch zu lange Bibliografien zu überlasten, entschlossen wir uns, möglichst die vollständigsten Ausgaben eines Titels aufzuführen.

Die erste, 1980 erschienene Ausgabe dieses Werkes bestand noch aus zwei Bänden und präsentierte im zweiten Band Verlagsbibliografien. Im Interesse einer besseren Übersichtlichkeit haben wir uns bei dieser Neuausgabe für ein reines Autorenlexikon in einem Band entschieden, als Service für den Sammler jedoch die Serien in einem Anhang separat aufgelistet.

Als Redaktionsschluß wurde der 31. Dezember 1986 festgelegt.

Selbstverständlich wurden während der Redaktion und auch noch während der Satz- und Korrekturarbeiten überall dort noch Ergänzungen nachgetragen, wo sie unerläßlich erschienen und technisch durchführbar waren.

Dieses Lexikon wurde in erster Linie für die Leser und Sammler von Science Fiction gemacht und nicht so sehr für Literaturwissenschaftler. Im Klartext heißt dies: Im Interesse klarer, für den Leser verwertbarer Aussagen erlauben wir uns gelegentlich auch ausgesprochen subjektive Wertungen. Das ist zugleich eine Einladung an den Leser, sich selbst ein Urteil zu bilden.

Das Werk wurde mit größtmöglicher Sorgfalt erstellt, erhebt aber – wie eingangs schon bemerkt – nicht den Anspruch, absolut vollständig und fehlerlos zu sein. Das wäre bei einem Gebiet, das derart umfangreich, aber erst in Ansätzen erforscht ist, auch geradezu ein Wunder. Für Hinweise auf solche Lücken oder Fehler sind die Verfasser dankbar (Adresse: W. Heyne Verlag, Türkenstr. 5 – 7, 8000 München 2).

Einige Lücken sind allerdings gewollt. So haben wir bei den Vorkriegspublikationen eine Auswahl getroffen und insbesondere bei Grenzfällen – wilhelminische Aufrüstungspropaganda im Near-Future-Kleid zum Beispiel – in der Regel verzichtet. Ähnliches gilt bei Staatsutopien, Politthrillern und Werken, die zwar SF-Elemente aufweisen, ansonsten aber eher der Fantasy, der Weird Fiction oder anderen Literaturgattungen zuzurechnen sind. Der Entschluß, anders als in der ersten Ausgabe dieses Lexikons, die Fantasy auszugrenzen (und gemeinsam mit der unheimlich phantastischen Literatur in einem separaten Lexikon anzusiedeln), hat uns bei der Science Fantasy gelegentlich Kopfzerbrechen verursacht. Auswahlkriterium war dann letztlich die Bedeutung dieser Werke und ihrer Verfasser für die Science Fiction. Und ein letzter Hinweis: SF-Heftromane, die in Non-SF-Reihen – und Serien erschienen sind, wurden in der Regel nicht erfaßt: Auch noch zu dokumentieren, daß in dieser oder jener

Westernserie mal ein Roman veröffentlicht wurde, in dem ein Ufo vorkommt, schien uns in diesem Rahmen dann doch etwas zu übertrieben.

Ein solches Werk ist ohne viele freundliche Helfer überhaupt nicht denkbar, und wir möchten uns deshalb ganz herzlich bei all denen bedanken, die uns in der einen oder anderen Art unterstützt haben. Da sind zunächst einmal jene, die sich als Mitarbeiter verdient gemacht haben:

Roland Bartsch, Heinz Jürgen Ehrig, Oliver Fischer, Joachim Fuchs, Heiko Langhans, Florian F. Marzin, Georg Schwarz, Ralf Strehle und Hermann Urbanek.

Weiterhin danken wir Werner Bauer, Helmut Burgstaller, Wolfgang Jeschke und Manfred Kluge, die sich innerhalb und außerhalb des Verlags mit großem Engagement und unerschöpflicher Geduld damit abgemüht haben, aus unserem unvollkommenen Manuskript ein Buch zu machen.

Mit Tips und Informationen haben uns versorgt:

Peter Altenburg
Uwe Anton
Michael Ashley
Uwe Backhaus
A.-J. Bahr
Heinz Jakob
Joern J. Bambeck
Antonio Bellomi
Ronald Bennett
Melanie Berens
Kurt Bernhardt
Frank P. Böhmert
Joachim Brede
Joachim Bulla
Kenneth H. Bulmer
Hans Burghardt
Anke Dethleffsen
Rainer Eisfeld
Walter Ernsting
Konrad Fialkowski

Gunthild Flattau
Herbert W. Franke
Gisela Frerichs
Paul Fritz
Heinz J. Galle
Giesela Günther
Fritz Hammer
Frank Hamster
Philip Harbottle
Manfred G. Heber
Karin Hechtberger
Petra Hermann
Philipp Huber
Oliver Jagnow
Johannes Jaspert
Olaf Koch
Emil Kugler
Waldemar Kumming
Thomas Le Blanc
Colin Lester

Hartwig Mades
Achim Mehnert
Brigitte Messerschmidt
Heinz Mohlberg
Erika Müller
Richard D. Nolane
Jürgen Nowak
Susanne Päch
Winfried Petri
Horst Pukallus
Birgit Reß-Bohusch
Inge Rhee
Franz Rottensteiner
Bernd Rullkötter
Werner Sander
Thomas Schlomann
Thomas Schlück
Werner G. Schmidtke
Erik Schreiber
Leni Sobez

Lore Strassl Ralph M. Vicinanza Rainer Weke
Darko Suvin Jürgen vom Scheidt Horst Winkhaus
Grant J. Thiessen Friedel Wahren Günter Zettl
Michael Tiltack Jörg Weigand Heinz Zwack
E. C. Tubb Jürgen Weis Ralf Zwanzig
Hildegard Ullrich Hans P. Weißfeld

Wir sind uns ziemlich sicher, daß wir hierbei den einen oder anderen vergessen haben und bitten die Betroffenen dafür um Entschuldigung: Es war keine böse Absicht. Unser Dank gilt auch allen jenen SF-Autoren, die uns mit autobiografischem Material unterstützten. Und schließlich, zu guter Letzt, ziehen wir respektvoll den Hut vor unseren in- und ausländischen Kollegen, von deren sekundärliterarischen Werken wir natürlich profitiert haben.

Die Herausgeber

Einleitung

Wer nicht Unerwartetes erwartet,
wird das Unerwartete nicht finden.

Heraklit

Die Möglichkeit ist stärker als die Wirklichkeit.

Ernst Bloch

Statt die Faktizität aufzuheben,
erweitert das Fiktive nur ihren Raum.
Die Alternative gibt dem vertrauten Bild Tiefenschärfe.

Walter Jens

Space Fiction und Science Fiction
bilden den frischesten Zweig der heutigen Literatur.

Doris Lessing

Science Fiction wird ebensowenig für Scientists
(Wissenschaftler) geschrieben,
wie Gespenstergeschichten für Gespenster.

Brian W. Aldiss

Seit jeher haben den Menschen Grenzen fasziniert und gereizt, die
Grenzen seiner persönlichen Existenz: Geburt und Tod, die Zukunft, undurchschaubar und bedrohlich – aber auch Hoffnung ver-
heißend; die Grenzen seiner physischen Möglichkeiten ebenso wie
die Grenzen seines Wahrnehmungsvermögens, seiner Sinne, seiner
Wirklichkeit; aber auch die Begrenzungen der Menschheit im allgemeinen, ihre Chancen, ihre Bestimmung, ihre zukünftige Entwicklung, die Grenzen ihres Lebensraumes, zeitlich und geografisch, die
Grenzen der Welt. Stets versucht er über diese Grenzen hinauszu-

denken, sie spekulativ zu überschreiten, um die unbekannten Bereiche jenseits mit den Gestalten seiner Phantasie zu besiedeln, geleitet von dem Bestreben, dem Unvertrauten einen Teil seines Schreckens zu nehmen, indem er ihm den Schein des Vertrauten gibt. Man könnte es einen ›horror vacui‹ der menschlichen Phantasie nennen: Sie duldet keine leeren Horizonte, sie fragt nach den Gestaden dahinter, seien es die glücklichen Inseln oder der Rand der Welt. Dieser ›horror vacui‹ – geprägt von Furcht und von Hoffnung – fand Ausdruck in der langen Tradition der utopischen und phantastischen Literatur, die in unserem Jahrhundert in die Science Fiction mündet.

So ist etwa der phantastische Reiseroman eine der ältesten Literaturformen überhaupt, die seit mehr als zweieinhalb Jahrtausenden lebendig ist und sich heute noch größter Beliebtheit erfreut. Homer skizzierte die Grenzen der frühantiken Ökumene in der *Odyssee* mit Skylla und Charybdis, den Küsten der Lotophagen, der Insel der Sirenen und den Höhlen des Polyphem, zweieinhalb Jahrtausende später sind die Randbezirke der erkundeten Welt weit hinausgerückt: Edgar Rice Burroughs gründet das phantastische Reich von Barsoom auf dem Mars, die Venus wird als vorzeitlicher Dschungelplanet gestaltet, die Jupitermonde werden zu Außenposten des beanspruchten Universums. Die Erkenntnis der Welt und der Bereich des Erfahrenen haben sich gewaltig erweitert, das Bedürfnis, die Grenzen vorausgreifend zu besetzen, ist geblieben. Mit dem Wandel des Weltbilds und dem ungeheuren Anwachsen der Mittel, die Wirklichkeit zu überblicken, zu beherrschen und zu verändern, wandelte sich auch die Literatur, die diesem Bedürfnis Ausdruck gibt.

Tatsächlich mußten ganz bestimmte Voraussetzungen erfüllt sein, bevor die Literatur, die heute als ›Science Fiction‹ bezeichnet wird, entstehen konnte. Diese Voraussetzungen waren Ende des 19. Jahrhunderts gegeben. Es waren vor allem drei Bedingungen, die den Ausschlag gaben:

1. Die Erkundung der Erde war weitgehend abgeschlossen.
2. Das enge, von überlebten theologischen Dogmen beherrschte Weltbild war gesprengt; ein rational bestimmtes Denken hatte sich in breiteren Kreisen der Bevölkerung durchgesetzt.
3. Der Siegeszug der Naturwissenschaften und der Technik hatte den Glauben an eine beliebige Veränderbarkeit der Welt und an die Machbarkeit der Zukunft durch den Menschen erweckt.

Als Captain Cook mit der *Endeavour* den südlichen Pazifik erkundete, galt seine Suche dem legendären Südland, der *terra australis,* die seit Jahrhunderten in Reiseberichten und auf Seekarten herumspukte, um Neuland zu entdecken und für die Krone in Besitz zu nehmen. Als ein halbes Jahrhundert später die *Beagle* mit Charles Darwin an Bord die südlichen Gewässer befuhr, lautete der Forschungsauftrag von Captain Fitz Roy, den Verlauf der Küsten exakt zu vermessen. Nur noch Bestandsaufnahme also; die Entdeckung von Neuland war nicht mehr zu erwarten. Nur die Karten von Südamerika und Afrika wiesen im Zentrum noch weiße Flecken auf. Rider Haggard und Conan Doyle siedelten dort noch ihre Phantasiereiche an. Jules Verne, H. G. Wells und Kurd Laßwitz weichen schon konsequent auf andere Himmelskörper aus und nehmen sich neuer Grenzen an. Der Mond, der Mars werden zum Spielplatz, ebenso die noch nicht erfahrene Zeit: die Zukunft. Es ist bezeichnend, daß mit Abschluß der Erderkundung die Phantasie sich eine neue Dimension erschließt: Die Zeit des Zukunftsromans beginnt.

War bislang der kosmologische und geschichtliche Rahmen menschlicher Existenz abgesteckt durch das christliche Dogma, durch Genesis und Erwartung des Jüngsten Gerichts, bestand die Welt, wie Bischof Ussher errechnete, seit dem Jahre 4004 v. Chr., war mit dem Jüngsten Tag jederzeit zu rechnen, besonders bei Kometendurchgängen und Jahrhundertwenden, wie Bußprediger nicht müde wurden zu behaupten, so ergaben sich nun, im ausgehenden 19. Jahrhundert, durch die Erkenntnisse der aufstrebenden Naturwissenschaften ganz neue Perspektiven. Evolutionstheorie, Anthropologie, Paläontologie und Geologie hatten erwiesen, daß alle Schätzungen über das Ausmaß der Vergangenheit lächerlich kurz gegriffen waren. Man mußte lernen, in ungeheuren, die menschliche Vorstellungskraft übersteigenden Zeiträumen zu denken, mußte begreifen, daß die Erde bereits seit einigen Milliarden Jahren existierte und die Lebenserwartung des Universums nach dem Zweiten Hauptsatz der Thermodynamik ein Vielfaches davon betrug. Auch die Ergebnisse der Astronomie zwangen zum Umdenken: Die Erde schrumpfte zu einem Staubkorn in einem gigantischen Sternenwirbel, der Galaxis, und jenseits ihrer Grenzen taten sich abgrundtiefe Räume auf, in denen Milliarden weiterer Galaxien ihre Bahn zogen. Darüber hinaus hatte der Darwinismus es wahrscheinlich gemacht, daß unter den Milliarden und Abermilliarden Sonnen sich die verschiedenartigsten Lebensformen entwickelt haben könnten, vielleicht sogar eine Vielfalt von intelligenten Rassen.

Damit war der Vorhang zu einer riesenhaften Bühne hochgezogen, die räumlich einen Kosmos von Billiarden Himmelskörpern umfaßt und zeitlich sich über viele Milliarden Jahre erstreckt. Ein unermeßliches Betätigungsfeld für die menschliche Phantasie eröffnete sich, auf dem sich die Science Fiction entfalten konnte. Daß bisher nur wenige den Versuch machten, auch nur einen Teilraum dieser Bühne zu füllen und Schauspiele von kosmischen Dimensionen zu entwerfen – Döblin etwa oder Stapledon –, steht auf einem anderen Blatt. Das meiste blieb zugegebenermaßen Spektakel auf dem Proszenium. Die so plötzlich aufgerissenen kosmischen Dimensionen übersteigen das menschliche Vorstellungsvermögen noch bei weitem.

Das Verständnis elementarer wissenschaftlicher Tatsachen und einfacher technischer Vorgänge war um die Jahrhundertwende in den Industriestaaten breiteren Schichten der Bevölkerung selbstverständlich, weil das Leben in wachsendem Maße von technischen Einrichtungen bestimmt wurde. Anstelle einer Wundergläubigkeit, die eine Veränderung der Welt durch übernatürliche Kräfte für möglich hielt, war der Glaube an eine Veränderbarkeit der Welt durch eine ständig leistungsfähiger werdende Technik getreten, der Glaube an die wunderbare Kraft von Erfindungen, der Glaube an die Machbarkeit der Zukunft. Es wäre aber falsch anzunehmen, der Fortschrittsoptimismus dominiere die Science Fiction. Dies ist nur in einem Teil der SF der Fall, und zwar in dem literarisch am unerheblichsten. Er ist deutlich zu spüren bei Jules Verne und Hans Dominik, tritt jedoch während des Zweiten Weltkriegs stark zurück und war nach Kriegsende vornehmlich noch in den Trivialepen wie denen eines E. E. Smith anzutreffen. Heute ist der Glaube an die alleinseligmachende Kraft des Fortschritts nur noch in bestimmten Heftserien ungebrochen. Aus der gehobenen SF ist er verschwunden. (Das gilt *nicht* für die sowjetische SF, in der dem Fortschrittsgedanken noch immer ein hoher Stellenwert zukommt.)

Dennoch ist der Fortschritt in Wissenschaft und Technik einer der wichtigsten Impulse dieser Art Literatur. Um auf der riesigen raumzeitlichen Bühne agieren zu können, braucht die Science Fiction die naturwissenschaftliche und technische Innovation als Vehikel, um die neuen, der Phantasie zugänglich gemachten Dimensionen zu bereisen. Der Mensch des Industriezeitalters akzeptiert die Lüge – und SF *ist* Lügenroman und Lügenerzählung – nur im rationalen Gewand. Er verlangt, daß zum wunderbaren Ereignis die wissenschaftliche Erklärung mitgeliefert wird, und sei es eine pseudowissenschaftliche Pseudoerklärung. Genügte bei Mark Twain noch ein Schlag auf den Kopf, um einen Yankee aus Connecticut an König Artus' Hof zu befördern, so ließ H. G. Wells seinen Zeitreisenden bereits eine Zeit-*Maschine* ersinnen. Sie ist um nichts plausibler, aber sie ist als Vehikel – im Vorstellungsvermögen des Lesers – irgendwie glaubhafter.

Auch war und ist die Science Fiction die einzige Literatur, die sich mit gegenwärtigen und zukünftigen Aspekten der technisch-naturwissenschaftlichen Entwicklung auseinandersetzt. Für Naturwissenschaftler ist sie das einzige Forum, auf dem sie ihre Hoffnungen und Ängste vor einer breiteren Öffentlichkeit artikulieren können. Nur in ihr sehen die an Wissenschaft und Technik interessierten Menschen ihre Wunschträume und Befürchtungen artikuliert. An der SF lassen sich wie an keiner anderen Literatur die Zukunftshoffnungen und die Zukunftsängste ablesen. Von H. G. Wells über Olaf Stapledon, George Orwell, C. S. Lewis und Aldous Huxley bis hin zu Brian W. Aldiss, John Brunner, Philip K. Dick, Thomas M. Disch, Ursula K. Le Guin, Ian Watson und Kate Wilhelm reicht ein unablässiger Chor mahnender Stimmen in der SF, die vor verhängnisvollen politischen und gesellschaftlichen Entwicklungen warnen, wie sie unweigerlich bei einer schrankenlos betriebenen Wissenschaft und einer allein von den Kriterien der Machbarkeit und des Profits bestimmten Aufblähung der Technologie auftreten müssen. Auf die meisten Probleme, denen die Politiker heute ziemlich ratlos gegenüberstehen, wurde in der SF längst hingewiesen, zum Teil vor Jahrzehnten. Dieser Aspekt der Science Fiction, den man als ihre ›Menetekel-Funktion‹ bezeichnen könnte, wurde bisher viel zuwenig beachtet.

Damit soll aber keineswegs gesagt sein, daß SF nur aus humanitären Gründen geschrieben wird, um vor Sackgassen der Zukunft zu warnen. Die meisten ihrer Autoren spielen ganz bewußt mit den latenten Hoffnungen und Ängsten der Zeitgenossen, weil sie sich davon besonderen Erfolg versprechen. Dies verstärkt indes nur den Effekt, der die Science Fiction zu einer eminent ›seismographischen‹ Literatur macht.

Wer liest Science Fiction?

Vor allem Jugendliche, wird immer wieder behauptet. Stimmt gar nicht! Vielleicht trifft das auf die Heftserien zu, die den problemlosesten Einstieg in diese Art Lektüre erlauben. Der durchschnittliche SF-Leser ist, wie eine Umfrage des amerikanischen SF-Magazins ANALOG Mitte der sechziger Jahre ergab, 35 Jahre alt! 98,7% der regelmäßigen Leser haben weiterführende Schulen besucht, 14,7%

die High School, 45,6% das College, 38,4% haben ein abgeschlossenes Studium. Sie arbeiten zu 79,1% in wissenschaftlichen und technischen Berufen, vor allem als Ingenieure (17,6%), im Management (15,2%) und als Lehrer (9,4%) und vornehmlich auf den Gebieten der Elektronik (10,4%), der Luft- und Raumfahrt (8,2%), in der Forschung (3,2%) und in der Kerntechnik (1,6%). Sie verdienen im Jahr etwa das Doppelte des amerikanischen Durchschnittseinkommens und – sind zu 92% Männer. Eine Umfrage des Polytechnikums Pern in der Sowjetunion ergab 1966, daß 70,6% der Studenten, 57,4% der Arbeiter und 27,6% der Kolchosbauern sich für SF interessieren, vor allem weil sie gesellschaftliche Vorstellungen über die Zukunft liefere und unterhaltsam sei.*

In Deutschland wurden bislang, von einigen nicht-repräsentativen Umfragen (z.B. Perry-Rhodan-Lesern) abgesehen, noch keine Erhebungen dieser Art durchgeführt, aber eine Analyse der Leserzuschriften läßt doch den Schluß zu, daß es vor allem die naturwissenschaftlich-technisch interessierten, in Ausbildung begriffenen oder in technischen Berufen beschäftigten Menschen sind, aus denen sich der größte Teil der Leserschaft zusammensetzt. Das hat natürlich seine Gründe. Ein schwerwiegender Grund scheint das Bildungssystem zu sein. Schon 1959 konstatierte Charles Percy Snow in seiner Rede-Lecture die Kluft zwischen den beiden Kulturen, der humanistisch-geisteswissenschaftlichen und der technisch-naturwissenschaftlichen, die mit wachsender gegenseitiger Verständnislosigkeit nebeneinander existieren. Die Science Fiction hat gewiß von diesem Umstand profitiert. Ihr ungeheurer Aufschwung wäre sonst nicht erklärbar. SF wird vor allem von Leuten gelesen, denen die herkömmliche ›gehobene‹ Literatur nichts oder nur wenig zu sagen hat, weil der Raum, den diese allgemeine Belletristik technischen oder wissenschaftlichen Problemen widmet, in einem krassen Mißverhältnis zu einer Wirklichkeit steht, die in hohem Maße von Technik und Naturwissenschaften bestimmt und von den daraus erwachsenden Problemen überschattet wird. Es hat sich ein Literaturbetrieb etabliert, der einen großen Teil der Intelligenz – nämlich die technisch-naturwissenschaftliche Intelligenz – völlig außer acht läßt und sich nicht die geringste Mühe gibt, ihn anzusprechen oder auf seine Probleme – und die sind ja nicht erst seit

* Z. I. Fajnburg, Sovremennoe obščestvo i naučnaja fantastika, in:
›Voprosy filosofii‹ 6/1976, S. 32 – 43; nach Bernd Rullkötter, ›über sowjetische Science Fiction-Leser und -Fans‹.

Seveso oder Harrisburg brennend und in ihren Folgen gravierend – einzugehen, sei es aus Ignoranz oder aus Dünkelhaftigkeit.

Hier die Naturwissenschaften, dort die Literatur. Dazwischen die Science Fiction. Es gelingt ihr dann und wann, die Kluft zwischen den Kulturen zu überbrücken und hier wie da Interesse zu wecken. Die professionelle Kritik macht es ihr nicht leicht. Sie ignoriert und schweigt – von sehr wenigen kompetenten Ausnahmen abgesehen. Und wenn sie dann und wann sich herabläßt, dann meistens in der Form, wie sie Kingsley Amis ebenso treffend wie boshaft charakterisiert hat:

»SF ist schlecht!« tönt ständig ihr Gekläff.
»Dies hier scheint gut.« – »Dann ist es nicht SF.«

Während man beim Krimi es als selbstverständlich hinnimmt, daß es zwar trübe Niederungen gibt, aber eben auch Spitzenautoren wie Patricia Highsmith und Georges Simenon, oder in der Kriegsliteratur John Mailer, James Jones neben Landser-Heftchen, der Science Fiction gegenüber wird meist der pauschale Vorwurf der Trivialität erhoben, der bei näherem Zusehen nicht haltbar ist, der – besonders hierzulande, das hat mit der Publikationsgeschichte in Deutschland zu tun, die ihr das Odium des ›Groschenhefts‹ verschaffte* – nur aus Ignoranz und falschen Vorurteilen erwächst (die freilich – vor allem durch unsägliche Filme – immer wieder bestätigt werden).

»Nie zuvor in der Geschichte der Literatur ist eine Gattung so ausschließlich nach ihren schlechten Beispielen beurteilt worden«, beklagt Theodore Sturgeon. Er hat leider recht. Wenn es uns mit diesem Buch gelingen sollte, zu informieren und dadurch wenigstens einige der Vorurteile abzubauen, mit denen man der Science Fiction hartnäckig begegnet, dann hat es seinen Zweck erfüllt.

---

* Es sollte doch immerhin zu denken geben, daß der Roman ›Die Astronauten‹ des renommierten Autors Stanislaw Lem, heute im Suhrkamp Verlag lieferbar, einst unter dem Titel ›Vorstoß zum Abendstern‹ als ›Groschenheft‹ in der Heftserie ›Utopia Zukunftsroman‹ im Erich Pabel Verlag erschien. Zu leicht wird fälschlicherweise von der Verpackung auf den Inhalt geschlossen. Es gab lange Zeit für SF keinen anderen Markt als den Heftchenmarkt.

Die Entwicklungsgeschichte
der Science Fiction

Vergebliche Definitionsversuche

Um die Geschichte der Science Fiction genauer beleuchten zu können, bedürfte es eigentlich einer brauchbaren Definition dieser Literaturgattung. Aber hier fangen die Schwierigkeiten schon an. Gewiß, Definitionsversuche gibt es mehr als genug, die Fachleute tun sich jedoch schwer dabei. »SF ist die der Wirklichkeit entsprechende Erweiterung einer Lüge«, meint Frederik Pohl, während Reginald Bretnor konstatiert: »SF ist Literatur, die auf rationalen Spekulationen bezüglich menschlicher Erfahrungen mit der Wissenschaft und den daraus resultierenden Technologien basiert.« Für John W. Campbell schreiben in der SF »... technisch Interessierte über technisch Interessierte zur Befriedigung technisch Interessierter«, während für Theodore Sturgeon »... eine SF-Story eine Geschichte ist, die den Menschen als Mittelpunkt sieht, die ein menschliches Problem behandelt und eine menschliche Lösung bietet, die aber ohne ihren wissenschaftlichen Gehalt überhaupt nicht zustande gekommen wäre.«

»Science Fiction...«, so schlägt Wolfgang Jeschke vor, »ist Ausdruck von Wünschen und Ängsten. Sie ist das Ausfabulieren von erhofften oder befürchteten Ereignissen, die zur Zeit ihrer Darstellung in der Realität nicht stattfinden konnten, weil sie auf historischen oder wissenschaftlichen oder technischen Voraussetzungen aufbauen, die nicht gegeben waren, deren Eintreten zwar nicht notwendigerweise zu erwarten, aber immerhin möglich war, weil sie nicht im Widerspruch zum geltenden wissenschaftlichen Weltbild standen.« – »Science Fiction ist...«, so drückt es Herbert W. Franke lapidar aus, »kontrollierte Spekulation.« – »Science Fiction ist...«, so meint Carl Amery, »die Fortsetzung des traditionellen Lügenromans mit anderen Mitteln.« (Eine Behauptung übrigens, die sehr viel für sich hat. Der heutige Mensch glaubt weniger leichtgläubig zu sein und wünscht seinem ›Weltbild‹ entsprechend auf naturwissenschaftlich-technisch ›plausible‹ Weise belogen zu werden.)

Diese Definitionsversuche – man könnte ihre Reihe beliebig fortsetzen – haben eines gemeinsam, sie sind entweder zu speziell oder zu allgemein gehalten.

Das kommt nicht von ungefähr: Die Science Fiction ist das Auffangbecken für zahlreiche literarische Strömungen, die zum Teil Jahrhunderte zurückreichen, zum Teil erst jüngst entstanden sind. In ihr lebt die Robinsonade ebenso fort wie der Zukunftsroman, der pikareske Roman ebenso wie die englische Scientific Romance, die Lügengeschichte ebenso wie der Ingenieurroman, der historische Roman ebenso wie der Schauerroman, die Utopie ebenso wie die Dystopie und vieles andere mehr. Kurzum: SF ist längst ein Label geworden, unter dem ganz unterschiedliche literarische und triviale Produkte vermarktet werden, von denen man glaubt, daß sie eine vage umrissene Zielgruppe interessieren könnten, die Unwirkliches, Phantastisches und Kurioses schätzt. So bietet die Science Fiction Raum von Campanella bis Conan, von Edgar Allan Poe bis Doris Lessing, von Münchhausen bis Superman, von Barbarella bis Borges, von Orwell bis Oz. Das Label SF in ›Speculative Fiction‹ – was weit treffender wäre! – umzufunktionieren, wurde wiederholt versucht, konnte sich jedoch nicht durchsetzen. Es ist eine alte Erfahrung: Pappen Label mal irgendwo dran, ist es ein hoffnungsloses Unterfangen, sie abzulösen.

Der englische Autor Brian W. Aldiss war sich bewußt, was alles an Artfremdem unter der Flagge der SF mitsegelt und definierte in einer Mischung von Resignation und Chuzpe: »SF ist, was in den Bücherständen und Regalen der Buchhandlungen als SF angeboten wird.« Mit dieser ebenso banalen wie richtigen Feststellung zog sich Aldiss geschickt aus der Affäre und führte obendrein alle vorherigen Definitionsversuche ad absurdum.

Bei uns hingegen war man noch nicht so tief in die Materie eingedrungen. Der Duden (er gibt fälschlicherweise die Schreibung ›Science-fiction‹ an. Die Wörter werden entweder beide groß oder beide klein und ohne Bindestrich geschrieben) versteht unter Science Fiction eine Bezeichnung für den naturwissenschaftlich-technischen utopischen Roman, und deckt damit nur einen kleinen Teil des riesigen Konglomerats an verschiedenartigen Texten ab, in denen die Science, die Wissenschaft also (aber nicht immer die Naturwissenschaft, sondern auch die ›Human Sciences‹ und ›Social Sciences‹), oftmals Dreh- und Angelpunkt ist, gegenüber der Fiction oder fiktiven Prosa aber *keineswegs* eine dominante Rolle einnimmt. Auf eine begrenzte Zahl streng wissenschaftlich orientierter

Zukunftsromane mag die Definition des Duden zutreffen, aber nicht auf die Gesamtheit des Genres. Einige der herausragendsten Vertreter der SF hätten nach der Duden-Definition keinen Platz innerhalb des Feldes, J. G. Ballard z. B. oder John Crowley sowie die Mehrzahl der Werke von Philip K. Dick, was das Unvermögen einer zu engen Definition nur allzu deutlich werden läßt. Andererseits kann man natürlich mit einer zu allgemeinen Aussage ebenso wenig anfangen – ein Uneingeweihter kann keine Informationen aus ihr ziehen. Deshalb soll an dieser Stelle nicht länger die Quadratur des Kreises versucht werden, sondern das Genre anhand seiner Entwicklung anschaulich zu machen.

Wurzeln der SF

Die Science Fiction ist ein Kind des 19., im engeren Sinne sogar erst des 20. Jahrhunderts. Der Begriff ›Science Fiction‹ wurde 1851 von William Wilson, einem britischen Essayisten, in dessen *A Little Earnest Book Upon A Great Old Subject* zum ersten Mal gebraucht. Größere Verbreitung fand er aber erst im Jahre 1929, als Hugo Gernsback ihn in der Juni-Nummer seines Magazins *Science Wonder Stories* wiederverwendete und damit nach erfolglosen Versuchen mit ›Scientific Fiction‹ und ›Scientifiction‹ dem Genre seinen Namen gab.

Die Geschichte der SF reicht aber weiter zurück als diese beiden Daten. Findige Fans, immer auf Aufwertung des Genres bedacht, wollen die SF gar auf Homer oder das Gilgamesch-Epos zurückführen, an sich ein unsinniges Unterfangen, denn welche Literatur kann solche Archetypen nicht für sich beanspruchen.

Seit der Zeit des klassischen Griechenland besteht ein beträchtlicher Teil der Literatur aus phantastischen Reisen, Utopien, Satiren, Spekulationen, Märchen und Sagen. In ihnen allen sind mehr oder weniger rudimentäre Formen der späteren SF und Fantasy enthalten. In der Antike lieferten besonders die Griechen Stoffe, die man heute zu den Vorfahren der SF zählt. Lukianos von Samosata beschrieb um 165 n. Chr. in seiner *Wahren Geschichte* die ersten Raumfahrten und ist damit der erste wichtige Vertreter der *Voyages Imaginaires,* wie die phantastischen Reisen im Frankreich des 18. und 19. Jahrhunderts hießen, während der Philosoph Plato in *Politeia* das erste utopische Staatsgebilde schilderte (4 Jh. v. Chr.).

Utopien und Voyages Imaginaires gehören dann auch in der Renaissance zum Grundreservoir phantastischer Literatur. Bei ihnen zeigt sich mehr die Affinität zur späteren SF, während aus Sagen,

Märchen und Ritterromanen die Fantasy schöpfen wird. Natürlich sind die Voyages Imaginaires für die SF bedeutend wichtiger als die Utopien, denn letztere haben beileibe keinen Unterhaltungscharakter, sondern wollen anhand fiktiver, paradiesischer Staaten auf die Mißstände im eigenen Land hinweisen (siehe Themenbereich). Die Utopien eines Morus oder Campanella sind daher eher politische Traktate denn unterhaltsame Erbauungslektüre und ihre Verfasser Weltverbesserer. Das gilt für die Utopisten der Renaissance ebenso, wie für die Autoren und Denker des 19. Jahrhunderts, die Sozialutopien schrieben.

In eingeschränktem Maße haben natürlich auch die Voyages Imaginaires ein didaktisches Anliegen. Keplers SOMNIUM (1634) zum Beispiel lehrt den Leser durch eine phantastische Reise zum Mond die neuesten astronomischen Erkenntnisse. Andere imaginäre Reisen sind Satiren, die Überzeugungen von Zeitgenossen aufs Korn nehmen. Jonathan Swifts GULLIVER'S TRAVELS (1726, *Gullivers Reisen*)gehört ebenso dazu, wie Voltaires MICROMÉGAS (1752, *Mikromegas*). Die Mehrzahl der Voyages Imaginaires ist aber der spekulativen Abenteuerliteratur zuzuschreiben und somit als der eigentliche Vorläufer der SF anzusehen. Auf den ersten Blick ist diese Tatsache bei den Robinsonaden, deren bekanntestes Beispiel, Daniel Defoes RO-BINSON CRUSOE *(Robinson Crusoe),* 1716 erschien, nicht so leicht ersichtlich. Wenn man aber bedenkt, daß ein großer Teil der heutigen SF von der Exotik des Schauplatzes lebt, wird dies verständlicher.

Der Vorstoß in unbekannte Räume und Zeiten war die Domäne der Voyages Imaginaires. Eine unterirdische Welt spielt die Hauptrolle in NICOLAI KLIMII ITER SUBTERRANEUM (1741, *Niels Klims unterirdische Reise*) von Ludvig Holberg, in Eberhard Christian Kindermanns *Die geschwinde Reise auf dem Luft-Schiff nach der Oberen Welt, welche jüngsthin fünf Personen angestellet* (1744) fand der erste Flug zum Mars statt, und ANNO 7603 (1781) des Norwegers Johan Herman Wessel brachte die erste Zeitreise.

Ebenfalls Einfluß auf die SF hatten die direkten Vorfahren der Weird Fiction, der Horrorliteratur, die Gothic Novel (Gotischer Schauerroman) in England und die Schwarze Romantik in Deutschland, die sich beide durch eine Überbetonung der Gefühlswelt sowie einen Reichtum an ›übernatürlichen Accessoires‹ auszeichneten. Horace Walpole leitete 1865 mit seinem CASTLE OF OTRANTO *(Die Burg von Otranto)* die Reihe der Gothic Novels ein, deren bedeutendste Vertreter Matthew Gregory Lewis mit THE MONK (1796, *Der Mönch*), William Beckford mit VATHEK (1786, *Vathek*), Anne Radcliffe mit THE MYSTERIES OF UDOLPHO (1794, *Die Geheimnisse von Udolpho*) und Charles Robert Maturin mit MELMOTH, THE WANDERER (1821, *Melmoth der Wanderer*) waren. Die Handlungen dieser Romane kreisen im wesentlichen um die Welt junger Adeliger, die durch übernatürliche Vorkommnisse gestört wird. Der Marquis de Sade interpretierte dies als literarische Reaktion des Adels auf die gesellschaftlichen Veränderungen in der zweiten Hälfte des 18. Jahrhunderts, die in der Französischen Revolution kulminierten.

Nicht so sehr auf äußeren, sondern auf psychologisch feineren Horror setzte die Schwarze Romantik in Deutschland, mit ihren Hauptvertretern Achim von Arnim (*Isabella von Ägypten*, 1812) Adelbert von Chamisso (*Peter Schlemihls wundersame Geschichte*, 1814) und vor allem E. T. A. Hoffmann (*Der goldene Topf*, 1814; *Die Elixiere des Teufels*, 1815, und *Der Sandmann*, 1816), der das Doppelgänger-Motiv einführte und mit der mechanischen Puppe Olympia in *Der Sandmann* einen Prototyp für literarische Roboter schuf. Alles in allem war der Einfluß der deutschen Romantiker auf das angelsächsische Ausland gering, auf spätere deutsche Phantasten aber unverkennbar.

Das 19. Jahrhundert: Shelley, Poe, Verne

War in den Voyages Imaginaires und Utopien das Fundament für die SF gelegt, das durch Anleihen aus der Gothic Novel und der Schwarzen Romantik noch verstärkt wurde, so waren es die Aufbruchsstimmung des 19. Jahrhunderts, die Arbeitsmoral und die unglaublichen Fortschritte auf wissenschaftlichem und technischem Gebiet, die das Rohmaterial für den Bau der Gattung lieferten. Plötzlich war das mittelalterliche Gestern, dem Gothic Novel und Romantik so verbunden waren, nicht mehr relevant, denn Wissenschaft und Technik, Erfindungen und Fortschritt eröffneten für die Zukunft unbegrenzt scheinende Möglichkeiten. Im Zuge des Fortschritts wuchs auch die Zahl der Buchveröffentlichungen – immer mehr Menschen lernten Lesen und Schreiben. Lesen war nicht länger ein exklusives Vergnügen für gebildete Schichten. Nicht zuletzt waren auch die in immer größerer Zahl erscheinenden Zeitungen an dieser Entwicklung beteiligt. Langsam begann sich eine Unterhaltungsliteratur herauszubilden, und mit ihr verschiedene neue Literaturgenres.

Bei einigen dieser Gattungen hat der amerikanische Dichter Edgar Allan Poe Pate gestanden. Poe gilt im allgemeinen als Pionier der Kurzgeschichte und hierbei insbesondere als Meister der Verfallsschilderung und Horrorstory psychologischer Machart. Er erfand aber auch die Detektivgeschichte (THE MURDERS IN THE RUE MORGUE) und übte nachhaltigen Eindruck auf die im Formungsprozeß begriffene SF aus. THE UNPARALLELED ADVENTURES OF HANS PFAALL (1835, *Hans Pfaalls Mondfahrt*) und THE NARRATIVE OF ARTHUR GORDON PYM (1838, *Der Bericht des Arthur Gordon Pym aus Nantucket*) sind eng an die Voyages Imaginaires angelehnt, und einige seiner Kurzgeschichten erlebten in den ersten Nummern von *Amazing Stories,* dem ersten reinen SF-Magazin, fast hundert Jahre später Neuveröffentlichung.

Aber noch vor Poe erregte ein Roman in England großes Aufsehen, der zu einem Klassiker gleich mehrerer Genres werden sollte. 1818 erschien FRANKENSTEIN von Mary W. Shelley, ein Roman, der noch der Gothic Novel zugezählt wird. Der englische SF-Autor und Kritiker Brian W. Aldiss hält ihn allerdings für den ersten echten Science Fiction-Roman. Mehrere auf Schockeffekte setzende Verfilmungen haben die Handlung jedoch weiter in den Gruselbereich abgleiten lassen, als dies Intention der Autorin war. Aus diesem Grunde wird der Roman heute eher dem Horrorgenre zugerechnet, obwohl die Handlung um den modernen Prometheus, der einen künstlichen Menschen schafft und sich mit Gott auf eine Stufe stellt, zu einem Standardthema und Klischee späterer SF-Stories wurde (›der verrückte Wissenschaftler‹).

Von großer Wichtigkeit ist bei FRANKENSTEIN die Antizipation einer neuen technischen Möglichkeit, in diesem Fall eben die Erschaffung eines künstlichen Menschen. Die technische Beschreibung steht hier noch nicht zentral, aber sie deutet sich an. Die Verbindung aus wissenschaftlich-technischen Einflüssen mit der Literatur findet so richtig erst bei Jules Verne, ein halbes Jahrhundert später, statt.

Bei Jules Verne (1828–1905), dem Vater der SF, rücken Schilderungen wissenschaftlicher/technischer Vorgänge erstmalig in den Mittelpunkt. Mit ihm setzt eine Art Unterhaltungsliteratur ein, die man mit einiger Berechtigung als ›Science Fiction‹ bezeichnen darf. Jules Verne gab dem Genre schon so etwas wie die Reife der Serienproduktion und eröffnete ihm den Bereich der Jugendliteratur. In einer Zeit des industriellen Aufbruchs nutzte er ab 1863 in seinen Romanen die Verwirrung der Menschen über die in raschem Umbruch befindliche Umwelt und den daraus resultierenden Glauben an die prinzipielle Wunderkraft der Technik. Verne studierte eifrig die Chronik der neuen Erfindungen, lotete ihre Einsatzmöglichkeiten aus und verknüpfte die sich abzeichnenden Trends mit einer oft erstaunlichen Phantasie. Seine Romane und Erzählungen – zunächst in einem Jugendmagazin abgedruckt, dann in Buchform publiziert – wurden in Frankreich noch als Voyages Extraordinaires bezeichnet. Die meisten waren tatsächlich phantastische Reiseabenteuer, andere hingegen stellten schon echte SF-Romane dar, wie etwa VOYAGE À CENTRE DE LA TERRE (1864, *Reise zum Mittelpunkt der Erde*), DE LA TERRE À LA LUNE (1865, *Von der Erde zum Mond*) oder AUTOUR DE LA LUNE (1869, *Reise um den Mond*). Jules Vernes Werke wurden in 143 Sprachen übersetzt, und er dürfte zu seinen Lebzeiten der meistgelesene Autor der Welt gewesen sein.

Die große Verbreitung seiner Romane bedeutete einen starken Aufschwung für die SF in aller Welt. Vornehmlich im angloamerikanischen Sprachraum nahmen die einschlägigen Publikationen gegen Ende des 19. Jahrhunderts sprunghaft zu. In Amerika erschienen die ersten Dime Novels (Groschenromane), unter denen mit der *Frank Reade jr.*-Reihe von Louis P. Senarens ab 1879 auch utopisch-phantastisch angehauchte Hefte zu finden waren. In England malte man sich um diese Zeit zukünftige Kriege mit allen ihren Schrecken der modernen Technik – als Beispiel mag hier THE BATTLE OF DORKING (1871) von Sir George Tomkyns Chesney dienen, in welchem die Niederlage des englischen Löwen gegen den deutschen Adler befürchtet wurde – oder die Zukunft in einem freundlicheren Licht aus. Deutschland hatte mit *Auf zwei Planeten* (1897) von Kurd Laßwitz seinen ersten typischen SF-Roman – auch heute noch ein international gewürdigter Klassiker.

H. G. Wells und die ›Scientific Romances‹

Die veränderten Produktionsbedingungen im Druckgewerbe führten in der zweiten Hälfte des vorigen Jahrhunderts zur Massenliteratur. Das brachte eine Auffächerung der Unterhaltungsliteratur in einzelne Genres mit sich. In der Nachbarschaft der SF (die natürlich noch nicht diese Bezeichnung trug) entwickelten sich die Weird Fiction (LeFanu, Stoker, Bierce) und die Fantasy (Carroll, Haggard, Morris). Nach Verne erfolgte aber auch eine Auffächerung innerhalb der SF, und zwar eine qualitative. Auf der einen Seite des Spektrums standen die ganz auf Spannung und billige Unterhaltung angelegten Dime Novels und Magazingeschichten, auf der anderen komplexe Werke von intellektuellem Kaliber, wie sie beispielsweise Edward Bellamy oder Herbert George Wells verfaßten.

H. G. Wells (1866–1946) war zunächst auch von Verne beeinflußt, wich aber schon in seinen frühen Stories und Romanen von dessen Zielsetzung ab. Wells teilte nicht Vernes starkes Interesse an der Technik, bei ihm stand der Mensch im Mittelpunkt. Vergleicht man die Mondromane der beiden Autoren, so stellt man fest, daß bei Verne das ›Wie‹ – der Flug zum Mond – im Vordergrund steht, während dies bei Wells in THE FIRST MEN IN THE MOON (1901, *Die ersten Menschen im Mond*) ganz beiläufig abgehandelt wird und letzterer sich ganz auf die Mondbewohner und ihre Gesellschaft konzentriert. Besonders in seinen früheren Romanen, den Scientific Romances, darunter in THE TIME MACHINE (1895, *Die Zeitmaschine*), THE WAR OF THE WORLDS (1898, *Der Krieg der Welten*), und WHEN THE SLEEPER WAKES (1899, *Wenn der Schläfer erwacht*) und zahlreichen Kurzgeschichten, begründete er eine Reihe von Standardthemen für die spätere Science Fiction. Kein Schriftsteller vor oder nach ihm übte einen nachhaltigeren Eindruck auf das Genre aus.

Aber Wells war nicht nur Romancier. In seinen späteren Romanen kristallisierte sich immer mehr heraus, daß er auch gesellschaftlicher Reformer sein wollte. Er versuchte eine Synthese aus Belehrung und Unterhaltung und fühlte sich als kämpfender Sozialdemokrat mit einer sozialistischen Utopie vor Augen.

Von seinen zeitgenössischen Kollegen wurde die Zukunft nicht immer so ernsthaft behandelt. Zwar schrieben um die Jahrhundertwende angesehene Autoren SF-Geschichten – Mark Twains A CONNECTICUT YANKEE IN KING ARTHUR'S COURT (1889, *Ein Yankee aus Connecticut an König Arthurs Hof*), Jack Londons THE IRON HEEL (1907, *Die eiserne Ferse*) und THE SCARLET PLAGUE (1915, *Die Scharlachpest*) und Conan Doyles Professor-Challenger-Geschichten, darunter THE LOST WORLD (1912, *Die vergessene Welt*) mögen als Beispiele ausreichen –, aber nun begann die SF immer mehr Domäne billiger Massenpublikationen zu werden. ›Pulp Magazines‹, großformatige Magazine, die sich vornehmlich durch schlechtes Papier (pulp) und schlechten Druck auszeichneten, und Groschenromane wurden zu ihrer Hauptpublikationsform.

Eine besondere Rolle kam hier dem englischen *Strand Magazine* – in dem viele Stories von H. G. Wells erschienen –, vor allem aber den Publikationen des New Yorker Pulp-Königs Frank A. Munsey zu. Seine Magazine *Argosy, All Story, Blue Book, Scrap Book* und *Cavalier* brachten in erster Linie Abenteuergeschichten aller Genres. Mit der Zeit nahm jedoch der SF-Anteil in ihnen zu, und viele Autoren schrieben in der Tradition von Verne und Wells, obschon letzterer qualitativ nicht erreicht wurde. Dennoch publizierte man hier Autoren, deren Romane für die Entwicklung der SF wichtig sind: Gustavus W. Pope und Garrett P. Serviss zum Beispiel.

Wells frühe Romane – etwa die bis 1905 erschienenen – nannte man damals ›scientific romances‹, und auch heute noch wird dieser Begriff von Autoren wie Brian W. Aldiss bewußt verwendet, weil sie sich einer Tradition verpflichtet fühlen, die weit in die Vergangenheit zurückreicht bis zu den Anfängen der Literatur überhaupt *(Gilgamesch, Odyssee)*, nämlich der Tradition des phantastischen Abenteuer- bzw. Reiseromans. Was häufig übersehen wird, ist die Tatsache, daß die ›romance‹ eine andere Erzählform ist als die ›novel‹, die mit Autoren wie Proust und Joyce ihre Gipfelpunkte erreichte und heute schlechthin als *die* literarische Erzählform gilt, an der alle Erzählprosa gemessen wird. Die Romance gehorcht jedoch anderen erzählerischen Gesetzen*, nach denen dem Hintergrund, der Kulisse, mehr Aufmerksamkeit zukommt als der Psychologie der handelnden Person(en), die meist als Typisierungen (etwa der menschlichen Rasse, eines Volkes, eines Standes u. dgl.) fungieren. Dieses Mißverständnis trägt immer wieder dazu bei, der SF Trivialität vorzuwerfen. Sie kann nicht unbesehen mit dem Maßstab der Novel gemessen werden. Modifizierungen sind nötig, denn die SF kommt einer anderen Erwartungshaltung entgegen, und sie gehorcht einem rezeptionspsychologischen Grundgesetz: Ein Roman, der vor einem weitgehend vertrauten historischen bzw. gegenwärtigen Hintergrund spielt, kann diesen erzählerisch weitgehend aussparen und alle Aufmerksamkeit psychischen Extravaganzen der handelnden Personen widmen. Wird indessen der vertraute Hintergrund durch eine exotische, zeitlich und/oder räumlich verschobene Kulisse ersetzt, so muß ein großer Teil der Aufmerksamkeit auf die Beschreibung dieses Hintergrunds gezogen werden. Da dem Leser ein Mindestmaß an Vertrautheit geboten werden muß, wird dies u.a. auf Kosten psychologischer Komplexität der Protagonisten geschehen. (Alle Experimente – auch und vor allem in der sog. New Wave –, Personen in komplexer Weise vor unvertrautem Hintergrund agieren zu lassen, sind mehr oder weniger gescheitert, weil sie dem Leser keine Identifizierungsmöglichkeit mehr bieten, oder – rezeptionspsychologisch ausgedrückt: zu viel Innovation, zu

---

* Mehr zu dieser Problematik bei Ulrich Suerbaum/Ulrich Broich/Raimund Borgmeier, *Science Fiction: Theorie und Geschichte, Themen und Typen, Form und Weltbild,* Stuttgart: Reclam, 1981, S. 44 f. und S. 82; Lionel Stevenson, *The Artistic Problem: Science Fiction as Romance,* in: Thomas D. Clareson (ed.), *SF: The Other Side of Realism: Essays on Modern Fantasy and Science Fiction,* Bowling Green (Ohio): Bowling Green University Popular Press, 1971, S. S. 96-104; sowie Ulrich Broich, *Gattungen des modernen englischen Romans,* Wiesbaden: Akademische Verlagsgesellschaft Athenaion 1975 *(Schwerpunkte Anglistik,* Bd. 9), S. 4-12, S. 16, S. 81 ff. und S. 143 ff.

wenig Redundanz. Die Romance hat seit jeher diesem Gesetz Rechnung getragen.)

Mit ›scientific romances‹ oder ›wissenschaftlichen Abenteuern‹ bezeichnete man folgerichtig auch die Geschichten der Autoren, die in den Fußstapfen von Verne und Wells schrieben. Allerdings machten die Scientific Romances schon bald eine Veränderung durch. Da die bisherige SF fast ausschließlich ein männliches Leserpublikum ansprach, mußten sich die Herausgeber eine neue Art SF einfallen lassen, wenn sie auch weibliche Leserkreise erobern und die Auflagen ihrer Magazine steigern wollten. Größeres Gewicht lag fortan nicht mehr auf wissenschaftlicher Genauigkeit, sondern auf exotischen Schauplätzen, etwa fremden Planeten, und dramatischer Handlung, in der auch eine Liebesgeschichte nicht fehlen durfte. Edgar Rice Burroughs mit UNDER THE MOONS OF MARS (1912) samt Fortsetzungen und George Allan England mit DARKNESS AND DAWN (1912) waren die vornehmlichen Lieferanten dieser Art Literatur. Bei ihnen und in der Folgezeit nahm ›romance‹ die Bedeutung von Romanze, sprich Liebe an. Die Scientific Romances vor 1912 kann man der SF zuzählen, während die nachher erschienenen dank ihrer farbigen Welten auch starken Einfluß auf verwandte Genres ausübten und als Vorläufer von Science Fantasy und der modernen Fantasy selbst angesehen werden müssen. Spätere Munsey-Autoren, von denen sich viele an Burroughs orientierten, unterstreichen diese Tatsache noch: Murray Leinster, Ray Cummings und vor allem Abraham Merritt schrieben mit starkem Fantasyeinschlag.

Indessen war man in Europa nicht untätig gewesen, was von den meisten amerikanischen ›SF-Historikern‹ tunlichst übersehen wird. Frankreich hatte in Camille Flammarion neben Jules Verne einen der ganz Großen der utopischen Literatur. Der Ungar Maurus Jokai publizierte bis zur Jahrhundertwende annähernd 100 Titel, viele davon waren SF. Der russische Raketenpionier Konstantin E. Ciolkovskij hatte 1896 seinen Raumfahrtroman VNE ZEMLI *(Außerhalb der Erde)* geschrieben, der aber erst 1920 ganz veröffentlicht wurde. AELITA, ein Marsroman seines Landsmannes Alexei Tolstoi folgte 1922. Karel Čapek verfaßte Anfang der zwanziger Jahre mit KRAKATIT und R.U.R. zwei Klassiker der tschechoslowakischen Literatur, die auch für die SF äußerst wichtig waren. R.U.R. erlangte Berühmtheit, weil hier der später weltweit übernommene Name ›Robot‹ geprägt wurde. In Schweden erschien 1916 ein Magazin mit dem Titel *Hugin,* das man als erstes SF-Magazin der Welt bezeichnen kann, und in Deutschland kam 1908 die erste Weltraumserie heraus: *Der*

Luftpirat und sein lenkbares Luftschiff, die es auf ca. 180 Heftausgaben brachte. Mitte der zwanziger Jahre waren es dann Autoren wie Hans Dominik, Otto Willi Gail, Thea von Harbou und Otfrid von Hanstein, die das Gesicht des Zukunftsromans formten und teilweise auch in Amerika publiziert wurden.

Doch auch die gehobene Literatur verschmähte SF-Themen keineswegs. Die Autoren erkannten (offenbar mehr als heute) die ungeheuren Spielmöglichkeiten dieser Art Literatur: Paul Scheerbart schrieb seine *Astralen Noveletten* (1912) und *Lesabendio. Ein Asteroiden-Roman* (1913); Gerhart Hauptmann verfaßte *Die Insel der großen Mutter oder Das Wunder von Ile de Dames. Eine Geschichte aus dem utopischen Archipelagus* (1924); Franz Werfel schrieb im amerikanischen Exil (1943–1945) seinen ›Reiseroman‹ *Stern der Ungeborenen* (1946).

Die amerikanischen SF-Magazine

Obwohl es in Europa genug einschlägige Veröffentlichungen gab, wurde die SF in den USA getauft. Ein Genrename wird erst nötig, wenn eine serienmäßige Massenproduktion vorliegt, und das war in den Jahren nach 1926 in den Vereinigten Staaten der Fall, als die ersten speziellen SF-Magazine herauskamen. Der Hintergrund dieser Publikationen war folgender: Die Verlage vermuteten zu recht im sog. Bible Belt, der calvinistisch geprägten Provinz westlich der Ostküstenstädte, ein großes Leserreservoir: gelangweilte Jugendliche, deren hungrige Phantasie nicht in der Sonntagsschule befriedigt werden konnte. Es war indes absolut undenkbar, daß in dieser Bevölkerungsschicht jemand etwas *zum Vergnügen* hätte lesen dürfen. Also mußte für das kritische elterliche Auge von vornherein der Anschein erweckt werden, daß man durch das Lesen, wenn es schon nicht die Bibel war, Kenntnisse auf dem Gebiet der Technik und der Naturwissenschaften erwarb und sich allgemein für die Wechselfälle einer ungewissen Zukunft wappnete. Die Science Fiction trat hier mit einem Deckmäntelchen auf, das bei näherem Zusehen nicht paßte, und mit einem Anspruch, den sie selten einlöste, ja selten überhaupt einlösen wollte und konnte: nämlich nicht mit den Gesetzen der Naturwissenschaft in Konflikt zu geraten und auf dieser Basis über zukünftige Entwicklungen zu spekulieren. Fast alle Autoren setzten und setzen sich über diese Spielregel hinweg, sobald sie den Flug der Phantasie zu hemmen droht oder dem Faden der Handlung im Wege ist. Science Fiction trat im Wortsinne als ›wissenschaftliche Dichtung‹ auf, um den Puritanismus des Bible

Belts zu unterlaufen und einen neuen Markt zu erobern. Bezeichnenderweise erschienen die ersten SF-Erzählungen in Zeitschriften für Radiobastler und ähnlichen technischen bzw. populärwissenschaftlichen Periodika. Ihr Vater war Hugo Gernsback, ein aus Luxemburg eingewanderter Erfinder, der sich zunächst mit Radiobauteilen, dann mit der Herausgabe von Radiofachzeitschriften und dergleichen Periodika beschäftigt hatte. In einem dieser Radiomagazine, *Modern Electrics,* erschien 1911 sein Fortsetzungsroman RALPH 124 C41+, ein literarisch unbedeutendes Stück Fiction, das aber durch eine ganze Reihe technischer Voraussagen bestach. Auch spätere Ausgaben seiner Magazine lockerte er durch Geschichten auf, die seiner Vorstellung von ›Scientific Fiction‹ am nächsten kamen. Im August 1923 gab er eine Sondernummer seines Magazins *Science and Invention* heraus, die nur SF enthielt. Damit war der Weg für *Amazing Stories,* das nach amerikanischer Sicht erste reine SF-Magazin, geebnet.

Amazing Stories erschien zum ersten Mal im April 1926, *Amazing Annual* und *Amazing Quarterly* folgten. Diese Publikationen enthielten ›Scientifiction‹ von bekannten Autoren, Nachdrucke von Verne, Wells, Poe u. a., aber auch Arbeiten von Neulingen. Im Laufe der Zeit nahmen die Nachdrucktitel ab, und Gernsback konnte einen Stall von Autoren um sich versammeln. Namen wie David H. Keller, Stanton A. Coblentz, Harl Vincent, Miles J. Breuer, R. F. Starzl, Edmond Hamilton und Jack Williamson tauchten in jeder zweiten Ausgabe von *Amazing* auf. Sein unbestrittener Star war jedoch E. E. Smith, der sich 1928 mit THE SKYLARK OF SPACE *(Die Abenteuer der Skylark)* einen Namen gemacht hatte.

Als Gernsback 1929 *Amazing Stories* aus rechtlichen Gründen verkaufen mußte, warf er kurz darauf mit *Science Wonder Stories* ein weiteres Magazin auf den Markt. Im Vorwort zur ersten Ausgabe beschrieb er den Inhalt als ›Science Fiction‹. Dieser Terminus hat sich trotz vieler Mängel als Sammelbezeichnung für das Genre gehalten. *Science Wonder Quarterly* und *Air Wonder Stories* folgten, aber die sich abzeichnende Wirtschaftskrise forderte ihren Tribut. *Science Wonder Stories* und *Air Wonder Stories* wurden zu *Wonder Stories* (später *Thrilling Wonder Stories*) zusammengefaßt; die Magazine wurden im Format kleiner.

Nachdem 1930 ein neues Magazin, *Astounding Stories* (später *Astounding Science Fiction*) auf den Markt gekommen war, begann ein harter Konkurrenzkampf um die Lesergunst, denn es herrschte die große Depression. Schon bald hatte sich *Astounding* mit seinem

Starautor John W. Campbell jr. eine Vormachtsstellung erkämpft, aber auch die anderen Magazine zogen mit vielversprechenden neuen Autoren nach. Einen kurzen, aber tiefen Eindruck hinterließ Stanley G. Weinbaum in *Wonder Stories*. E. E. Smith, Clifford Simak, John W. Campbell jr. (auch unter seinem Pseudonym Don A. Stuart), waren die Autoren der Stunde.

In der Zwischenzeit hatte die SF auch Eingang in andere Medien erlangt. Der Comic Strip bot sich an, nachdem schon die schreiend bunten Coverillustrationen der Pulpmagazine ihren Eindruck auf die Käufer nicht verfehlt hatten. *Little Nemo* von Winsor McCay war 1905 der erste phantastische Strip gewesen; nun zog man mit SF-Abenteuern nach. 1929 entstand nach Philip Nowlans Roman ARMAGGEDON 2419 A. D. (1928) der Comic Strip BUCK ROGERS. BRICK BRADFORD von Ritt/Gray und FLASH GORDON von Alex Raymond folgten in den dreißiger Jahren, bevor mit den Superhelden-Comics zu Beginn des Zweiten Weltkrieges eine wahre Science Fiction-Flut über das Medium Comic hereinbrach.

Auch der Film hatte sich des neuen Genres angenommen. Horror- und Gruselfilm hatten schon eine gewisse Tradition, als Fritz Lang mit seinen Verfilmungen von *Metropolis* (1926) und *Die Frau im Mond* (1929) von sich reden machte und dem Film neue Perspektiven eröffnete. Einige Jahre später wurden in den USA schon SF-Serien wie FLASH GORDON gedreht.

Das Ereignis der Ereignisse war jedoch Orson Welles' Hörspielfassung von H. G. Wells WAR OF THE WORLDS, die – 1938 ausgestrahlt – Zehntausende von amerikanischen Bürgern in Angst und Schrecken versetzte. Sie hielten das geschickt als Reportage aufgemachte Hörspiel für einen Tatsachenbericht und sahen sich von Marsbewohnern bedroht.

Gegen Ende der dreißiger Jahre hatte sich der SF-Markt in den USA von der Weltwirtschaftskrise erholt und strebte einer Hochkonjunktur entgegen. John W. Campbell jr. hatte die Herausgeberschaft von *Astounding* übernommen und führte das Magazin zu einer Blüte, die später als das ›Goldene Zeitalter‹ in die SF-Geschichte eingehen sollte und von 1938 bis 1950 (mit der besten Zeit zwischen 1939 und 1942) dauerte. Unter Campbell begannen so bekannte Autoren wie A. E. van Vogt, Isaac Asimov, Theodore Sturgeon, Fritz Leiber, Alfred Bester und Robert A. Heinlein ihre Karrieren. Kuttner, Simak und Russell schrieben für *Astounding* ihre besten Erzählungen. Campbell formte die SF, die nun realitätsbezogener wurde, interessantere Ideen aufgriff und von den Klischees und

Pappcharakteren der Gernsback-Ära abwich. Viele Klassiker des Genres sind in diesen Jahren entstanden, in denen nicht länger supertechnische Apparaturen, verrückte Erfinder und schleimtriefende Monster den Mittelpunkt darstellen.

In dieser Zeit, da die SF langsam von ihrem schlechten Image, eine Schundliteratur für zu phantasievolle Schuljungen zu sein, verlor, begannen auch angesehene Schriftsteller SF zu schreiben – natürlich nicht unter diesem Label: Huxley und Orwell veröffentlichten ihre Anti-Utopien, Stapledon beschäftigte sich mit den philosophischen Aspekten der Menschheit im Kosmos, und C. S. Lewis spielte religiöse Ethik und geistige Reife gegen Wissenschaft und Technik aus.

Die SF nach dem Zweiten Weltkrieg

Der erste SF-Boom setzte am Vorabend des Zweiten Weltkrieges ein. 1939 gab es 16 SF-Magazine, von denen wegen der großen Papierknappheit nur 6 das Kriegsende erlebten. Das Format war jetzt auf Digestgröße geschrumpft, die Pulps waren tot.

Aber schon Anfang der fünfziger Jahre zeichnete sich ein neuer Boom ab. Mit *The Magazine of Fantasy and Science Fiction* und *Galaxy* waren zwei neue Magazine entstanden, die *Astounding,* das sich in pseudowissenschaftlichen Gefilden verzettelte, aus der Führungsrolle drängten. Neue gute Autoren meldeten sich zu Wort, und die allgemeine Tendenz in der SF ging weg von den Naturwissenschaften, den ›hard sciences‹, hin zu den ›soft sciences‹, hin zu Theologie, Philosophie, Psychologie, Soziologie und ethnischen Aspekten. Schriftsteller wie Bradbury, Pohl, Kornbluth, Blish, Sheckley, Bester, Miller und Dick prägten diese Ära entscheidend mit, und anhand der vielen guten Romane und Stories, die zwischen 1952 und 1956 entstanden, könnte man diese Zeit ohne weiteres als ›Zweites Goldenes Zeitalter‹ bezeichnen.

Mit den erwähnten Magazinen erschöpfte sich das Reservoir der SF aber keineswegs. Allein 1950 wurden 10 neue Magazine auf den Markt geworfen, und 1953 hatte der Käufer die Auswahl aus nicht weniger als 33 verschiedenen SF-Periodika! Der neuerliche Boom beschränkte sich nicht nur auf Literatur. Auch Hollywood nahm sich des Genres an. Filme und Fernsehserien verstärkten die Popularisierung der SF. Dazu kam die UFO-Hysterie, die gerade ihren Höhepunkt erlebte. Der Koreakrieg war in vollem Gange, und die unbewußte Angst der Durchschnittsbürger vor einer drohenden Invasion der USA durch Kommunisten (Säuberungswelle in der

McCarthy-Ära), wurde von findigen Produzenten ausgenutzt, die mit Monster- und Invasionsfilmen (der Gegner im kalten Krieg wurde einfach durch außerirdische Fieslinge ersetzt) Kapital aus der Situation schlugen.

Die fünfziger Jahre waren es auch, die für die SF den weltweiten Durchbruch brachten. In den englischsprachigen Ländern gab es zwar die SF-Magazine schon seit den dreißiger Jahren, in Frankreich, Italien, Spanien und bei uns tauchten sie aber erst jetzt auf. Währenddessen begann in den USA das große Magazinsterben. Seit den vierziger Jahren waren Taschenbücher auf dem Markt, die nun das unhandlichere und teurer herzustellende Digestmagazin mehr und mehr verdrängten. Anfang der sechziger Jahre war die Zahl der Magazine wieder auf 6 zusammengeschmolzen, 90% der SF wurde im Taschenbuch oder in Hardcovern erstpubliziert.

Das SF-Feld hatte sich konsolidiert, man strebte nun neuen Ufern entgegen. Seit 1950 wurden SF-Preise verliehen, welche die jahresbesten Bücher auszeichneten. Zunächst war es der International Fantasy Award, dann ab 1953 der Science Fiction Achievement Award (der ›Hugo‹), dem für lange Jahre die wichtigste Funktion zukam. Von den Fans auf den jeweiligen Jahrestreffen, den Conventions, durch Wahl bestimmt, wurden die nach Gernsback benannten ›Hugos‹ zu einem (subjektiven) Gradmesser für die literarischen Leistungen im Feld. Um ihn zu erhalten, legten sich die Autoren mehr denn je ins Zeug. Ambitionierte Werke wurden geplant und geschrieben, Romane, die auch außerhalb des Genres Beachtung fanden, wie Alfred Besters THE DEMOLISHED MAN (1952, *Demolition*), Pohl/Kornbluths THE SPACE MERCHANTS (1953, *Eine Handvoll Venus und ehrbare Kaufleute*), Walter M. Millers A CANTICLE FOR LEIBOWITZ (1960, *Lobgesang auf Leibowitz*), Robert A. Heinleins STRANGER IN A STRANGE LAND (1961, *Ein Mann in einer fremden Welt*) und DUNE (1965, *Der Wüstenplanet*) von Frank Herbert.

Die ›New Wave‹ und die Frauen in der SF

Die sechziger Jahre mit ihrem Konfrontationsstreben, mit ihren starken Einflüssen aus Popmusik, Vietnamkriegprotest und Jugendrevolte, brachten auch eine Erneuerung für die SF. In den USA bekamen neue Autoren wie Roger Zelazny, Samuel R. Delany und Harlan Ellison gute Kritiken und heimsten SF-Preise ein, und in England bildete sich sogar eine ganze Bewegung gegen die herkömmliche SF. Diese ›New Wave‹ wurde angeführt von J. G. Ballard, Brian Aldiss, Michael Moorcock und John Brunner. Organ der ›New

Wave‹ war das von Moorcock herausgegebene und revolutionäre Magazin *New Worlds,* in dem die Abkehr von der Weltraum-SF vergangener Tage gefordert wurde. Ballard verkündete, daß es nun den ›inneren Raum‹, die Psyche des Menschen zu erforschen gälte, und Brunner schrieb SF, die für die Gegenwart relevant und von Nutzen sein sollte. Ende der sechziger Jahre verflachte der Elan der ›New Wave‹, aber viele ihrer Ideen in bezug auf Inhalte und vor allem stilistischen und formalen Eigenheiten wurden in den Hauptstrom der SF eingegliedert und haben beträchtlich zu einer Hebung des Niveaus beigetragen.

Mitte der sechziger Jahre wurde der erste Autorenverband der SF, die *Science Fiction Writers of America,* kurz *SFWA,* gegründet. Diese Vereinigung unterstützte ihre Mitglieder auf informelle Weise (Absatzmärkte etc.) und verlieh fortan jährlich den Nebula Award, ein Pendant zum Hugo. Nach dem Nebula mehrten sich die SF-Preise, von denen der John W. Campbell Award (für den besten neuen Autor) und der Gandalf Award (für einen Meister der Fantasy) die wichtigsten sind.

Neben einem enormen Popularitätsaufschwung für die SF, der nicht zuletzt auf die verbesserten Publikationsformen (Hardcover-Ausgaben, Buchclubs usw.) und das positive Interesse an amerikanischen Hochschulen zurückzuführen ist – schon Ende der siebziger Jahre wurden jährlich mehr als 1000 Kurse und Veranstaltungen über SF an Colleges und Universitäten angeboten –, brachten die sechziger Jahre auch eine erstarkende Fantasywelle mit sich. Nach dem phänomenalen Verkaufserfolg von J. R. R. Tolkiens LORD OF THE RINGS (1957, *Der Herr der Ringe*), von dessen Taschenbuchausgabe ab 1965 allein in den USA über 6 Millionen Exemplare abgesetzt wurden, verkaufte sich Fantasy ausnehmend gut. Auch die Sword & Sorcery, in den dreißiger und vierziger Jahren von Autoren wie Robert E. Howard und Fritz Leiber geschaffen, wurde wieder ausgegraben, fleißig erweitert und nimmt nun die Stufe ein, die die bessere SF gerade hinter sich gelassen hat: die der Trivialliteratur.

In den späten sechziger und den siebziger Jahren gelang der SF die Emanzipation. Filme wie Stanley Kubricks 2001 – A SPACE ODYSSEY (1968) und die Tatsache, daß sich anerkannte Autoren wie Kurt Vonnegut jr. oder Thomas Pynchon mit Vorliebe des Genres bedienen, haben dazu beigetragen. Die neuen Stars unter den SF-Autoren – Ursula K. Le Guin, John Brunner, Philip K. Dick, Robert Silverberg und Stanislaw Lem sind hier zu nennen – sind ihren Vorgängern stilistisch wie inhaltlich überlegen. Sie verstehen es, die Lücke zur anerkannten Literatur zu schließen. Daß seit den siebziger Jahren Frauen die SF dominieren, Ursula K. Le Guin, Joanna Russ, Vonda N. McIntyre, Kate Wilhelm, C. J. Cherryh und James Tiptree jr. (d. i. Alice Sheldon) bilden nur die Spitze des Eisberges, darf nicht unerwähnt bleiben. Die maskuline Vorherrschaft in einem einst ganz auf männliche Konsumenten abgestimmten Genre wurde somit erfolgreich durchbrochen, die SF zu einem Tummelplatz neuer und interessanter Ideen.

Die SF der achtziger Jahre und ihre postmodernen Strömungen

Ende der siebziger/Anfang der achtziger Jahre wurden indes Ermüdungserscheinungen erkennbar. Während der SF-Film einen Boom erlebte und die Zahl der produzierten Filme sprunghaft in die Höhe schoß (und das Niveau – von einem halben Dutzend Ausnahmen abgesehen – in den Keller ging), begann der Buch- und noch stärker der Magazinmarkt abzubröckeln. An den Ursachen rätselt man bis heute. Wandte sich das Interesse (vor allem der jungen Leute) verstärkt dem Videofilm und den Videospielen zu? War eine Ernüchterung im Hinblick auf die Technik eingetreten? Der Fortschrittsoptimismus und der Glaube an die Machbarkeit von fast allem zerstoben? Sicher hatte mit Three Mile Island die Atomkraft ihre Faszination eingebüßt. Und die Raumfahrt erst recht: die Shuttle-Flüge wurden zur Routine, und die Sonden enthüllten die Planeten und Monde des Sonnensystems als öde und lebensfeindliche Welten. Zug um Zug wurden Freiräume der Phantasie anulliert, wurden Hunderte, ja Tausende von SF-Erzählungen von der Wirklichkeit eingeholt und als haltlose Wunschvorstellungen entlarvt. Es war eine gewisse Lähmung eingetreten, eine gewisse Fortschrittsmüdigkeit, die gar zur Wirklichkeitsverdrossenheit führte, denn anders läßt sich der märchenhafte Boom der Fantasy nicht erklären, der im Gefolge von Tolkien viel Zweit- und Drittrangiges hochschwappen ließ, von Marion Zimmer Bradley bis Conan und Schlimmerem.

Die Verleger versuchten der Misere zu entrinnen, indem sie auf große Namen setzten und plötzlich Honorare für einen Roman zu zahlen bereit waren, von denen diese SF-Autoren in den Sechzigern nicht zu träumen gewagt hätten, sie je in ihrem ganzen Leben zu verdienen. Doch es half nicht viel. Altmeister wie Asimov, Heinlein und Clarke konnten der Verlockung zwar nicht widerstehen, im Pensionsalter mit einem Buch plötzlich mehr zu verdienen als mit sämtlichen Büchern bisher, setzten sich an die Schreibmaschine und hämmerten (und hämmern) einen Nachzieher nach dem anderen herunter, doch was dabei herauskam (und herauskommt), wird immer länger (weil kein Redakteur ein Wort zu streichen wagt, von denen jedes 10 Dollar gekostet hat), aber auch immer dünner, was die Substanz betrifft. Freilich tauchten diese Romane dank gewaltiger Werbefeldzüge regelmäßig in den Bestsellerlisten auf, aber so recht glücklich konnte niemand sein mit dem Ergebnis (außer vielleicht die Autoren, sofern ihr zunehmendes Alter sie vor Selbstkritik verschonte), die Verleger nicht, weil nichts unterm Strich blieb, die Leser nicht, die für teures Geld immer faderes Lesefutter bekamen, und die jungen Autoren erst recht nicht, deren Romane und Erzählungen ungedruckt blieben, weil man das Geld für prospektive Bestseller zum Fenster hinausgeschmissen hatte und keins mehr da war, um den Nachwuchs zu fördern und die Autoren aufzubauen, von denen man die SF der neunziger Jahre erwarten könnte.

1983 begann sich das Blatt zu wenden. Es waren bezeichnenderweise kleine Verlage (u.a. Bluejay und Tor Books), die nicht das Geld hatten, Star-Autoren zu bezahlen, und sich junger Talente annahmen, die den Umschwung brachten, ungeheuer expandierten (und dadurch rasch und schmerzhaft an die Grenzen ihrer finanziellen Möglichkeiten stießen). Junge talentierte Autoren drängten auf den Markt und belebten das Bild der amerikanischen SF-Szene mit neuen Ideen und interessanten farbigen Nuancen alter Formen wie der Space Opera und der ›Hardcore‹-SF. Zwar hielten die alten hochdotierten Stars die Spitzenpositionen der Seller-Listen, aber die Preise heimsten junge Talente ein, von denen man 1980 noch nichts gehört hatte.

Während auf dem deutschen SF-Markt die Verkaufszahlen nach jahrelangen erklecklichen Zuwachsraten zu schwinden begannen, gingen die Verkaufszahlen in den USA 1984 deutlich nach oben. 1985 war ein Rekordjahr, in dem sich die Zahl der veröffentlichten Titel um 13% von 1176 auf 1332 erhöhte; 1986 – alle bangten vor einer neuen Talfahrt – ein neues Rekordjahr! Wieder 13% Zuwachs von 1332 auf 1502 Titel. Und auch das Jahr 1987 läßt bisher keinen Rückgang des Booms erkennen. Die Belebung des Marktes ist vor allem auf einen kräftigen Schub der mehr an der Technik (besonders Elektronik) und den Naturwissenschaften orientierten Science Fiction zurückzuführen. Diese ›Hardcore‹-SF war in den siebziger Jahren ein dünnes Rinnsal geworden, das in den trivialen Niederungen zu versickern drohte, doch mit Autoren wie Gregory Benford, David Brin und C. J. Cherryh – später stießen Greg Bear, Pat Cadigan, William Gibson, Rudy Rucker, Carl Sagan, John Shirley, Bruce Sterling, Walter Jon Williams, Timothy Zahn – um nur einige von den jüngeren Talenten zu nennen – hinzu. Doch diese ›Hardcore‹-SF war anders als früher: Den jungen Autoren gelang etwas, das den älteren, die diese Art SF schrieben (bis hin zu Asimov), allenfalls in Sternstunden gelungen war: den Charakteren eine menschliche Dimension zu geben und damit Glaubhaftigkeit zu verleihen. Das allein aber ist es nicht, was die neuere SF von der ältreren unterscheidet. Der Grund liegt in einem Umbruch des naturwissenschaftlichtechnischen Weltbilds, der sich derzeit vollzieht. Die Technik wird heute anders, kritischer bewertet als noch vor zwanzig Jahren, denn sie zeigt mit ihrer verfilzten multinationalen ›High Tech‹ ein Gesicht, das durch unkontrollierbare Macht politische Einflußnahme und ökologische Skrupellosigkeit zunehmend bedrohliche Züge aufweist, und in den Naturwissenschaften, allen voran der Kosmologie, der Astronomie und der Theoretischen Physik, aber auch der Biologie, Evolutionstheorie, Gehirnphysiologie und Verhaltensforschung, sind durch neue Erkenntnisse grundlegende Umbauten in den Theoriengebäuden notwendig geworden.

Um in dem Zusammenhang nur ein paar Gebiete zu nennen, auf denen das Theorienkarussell in letzter Zeit besonders heftig in Bewegung geraten ist: Die sog. inflationäre Urknalltheorie GUT (Grand Unified Theory) durch Alan Guth; die Quantenkosmogonie bzw. die Vakuumkosmogonie von A. D. Linde, A. Albrecht und P. Steinhardt; die von Bryce D. Witt erweiterte Deutung der Quantentheorie durch Hugh Everett von den sich multiplizierenden Universen; die Theorie der Supergravitation und die Spekulationen über eine fünfte Naturkraft, der Gravitation entgegenwirkend, von Ephraim Fischbach und Peter Thieberger; die Theorie der sog. Erschaffung aus dem Nichts von Alexander Vilenkin; Freeman J. Dysons und Steven Weinbergs Spekulationen über den Ursprung und die ferne Zukunft des Universums; das sog. Rischonen- bzw. Tohuwabohu-Modell von Haim Harari und Natan Seiberg über den Aufbau der Materie; Spekulationen über mögliche Formen extraterrestrischen Lebens in ›Life Beyond Earth‹ des Theoretischen Physikers Gerold Feinberg und des Biochemikers Robert Shapiro, dasselbe unter dem Aspekt des sog. Anthropischen Prinzips durch Brandon Carter und Reinhard Breuer; neue Erkenntnisse in der Evolutionsforschung durch Rupert Riedl; die ersten Schritte in das neue vielfältige Gebiet der Chaosforschung durch Benoit B. Mandelbrot, Heinz-Otto Peitgen, Peter H. Richter und Adrien Douady; neue Überlegungen zum Phänomen Zeit durch Manfred Eigen, Ilya Prirogine, J. C. Eccles, K. G. Denbigh, Paul Davies, Reinhare Breuer und Robert Penrose und vieles andere mehr.

In den so entstandenen Nischen, in denen sich ganze Bündel neuer Fragen auftun, gedeiht erfahrungsgemäß die Spekulation – und mit ihr die Science Fiction. So macht etwa der theoretische Ansatz, unser Universum müsse mindestens aus sieben, vielleicht sogar elf Dimensionen bestehen, spekulative Entwürfe möglich, wie sie exotischer nicht einmal die Fantasy zu bieten hat, und eröffnet ungeahnte Freiräume für die Phantasie, in die vorzustoßen etwa Greg Bears EON (1985, Äon) ein erster Versuch ist, dem sicher noch weitere folgen werden. Oder man denke an das Szenario biologischer Möglichkeiten, das Gregory Benford und David Brin mit ihrer Vision eines von unheimlichem Leben strotzenden Kometen Halley in ihrem IN THE HEART OF THE COMET (1985, Im Herzen des Kometen) entfalten.

Mit den spekulativen Möglichkeiten, die eine zukünftige Elektronik bieten könnte, hat sich gar eine neue Richtung in der SF – die erste seit der ›New Wave‹ Mitte der sechziger Jahre – herausgebildet, die nach William Gibsons Roman NEUROMANCER (1984, Neuromancer) als ›Neuromantics‹ bezeichnet und deren Vertreter ›Cyberpunks‹ (nach Cybernetics, Kybernetik, d. i. die Theorie der Regelungs- und Steuerungsvorgänge u. a. in Computersystemen, und der Punker-Bewegung) genannt werden, nach ihren Protagonisten. ›Neuromantic‹ ist übrigens eine sehr treffende Bezeichnung, weil sie die Verbindung von Neuromantik – freilich einer Romantik, die dem Lebensgefühl der Punks bzw. Hacker entspricht – und einer spekulativen Neurologie, die ein ›Interface‹, eine Direktverbindung zwischen menschlichem Gehirn und Computer, voraussetzt, wodurch ein völliges Abkoppeln von der Wirklichkeit, ein Vagabundieren in den weltweiten Computernetzen, eine neue Dimension des Erlebens möglich wäre (angedeutet etwa in dem Film Tron von Steven Lisberger aus dem Jahr 1982), eines Erlebens von Macht und Allgegenwart, das die Realität nicht vermitteln kann. Die meisten dieser Romane spielen in einer nahen Zukunftswelt, in der multinationale Konzerne um wertvolle Software kämpfen und Hacker heiße Waren anbieten, die sie sich beschaffen bzw. gegenseitig abjagen, oder Hormone und Bioimplantate verschoben und auf dem Schwarzen Markt gehandelt werden wie heute Drogen.

Eine weitere Gruppe junger Autoren, die deutlicher sozialkritische und pazifistische Science Fiction schreibt, aber ebenso souverän naturwissenschaftlich-technische Mittel einsetzt, wo dies nötig und sinnvoll ist, sind die sog. Humanisten. Zu ihnen gehören James Patrick Kelly, John Kessel, Kim Stanely Robinson, Lewis Shiner, Connie Willis und vor allem Lucius Shepard und Richard Paul Russo, die in jüngster Zeit mit außerordentlich starken Erzählungen hervorgetreten sind.

Neben interessanten Außenseitern wie Jerry Yulsman, Marge Piercy, Phillip Mann, Russell M. Griffin, George Alec Effinger, Suzette Haden Elgin, die allesamt mit eindrucksvollen Romanen aufwarteten, gelang es auch Autoren, die sich schon in den sechziger und siebziger Jahren einen Namen gemacht hatten, wie Brian W. Aldiss, John Crowley, George R. R. Martin, Frederik Pohl, Robert Silverberg, Jack Vance, Vernor Vinge, Ian Watson und Roger Zelazny, neue Höhepunkte ihres Schaffens zu erreichen.

Auf bescheidenerem Niveau ist den Filmemachern von Paramount ein Revival der zwanzig Jahre alten STAR TREK-Welt gelungen, mit immer neuen Filmen und parallel dazu entstandenen und entstehenden Romanen ein weltweites Interesse unter einem vornehmlich jugendlichen Publikum zu entfachen, wie es niemand mehr für möglich gehalten hätte.

Diese Entwicklung, die sich in den letzten Jahren und verstärkt seit 1984 vollzog, hat dazu geführt, daß der Weltmarkt für Science Fiction von der englischsprachigen – besonders der amerikanischen – dominiert wird wie nie zuvor. Einheimische Schriftsteller tun sich (selbst in den osteuropäischen Ländern, wo Asimov, Bradbury, Clarke zu den beliebtesten Autoren zählen) zunehmend schwerer, gegen diese erdrückende Übermacht anzuschreiben, zumal diese SF alle Bereiche lückenlos abdeckt, sowohl was das Niveau betrifft, von literarischen Spitzenprodukten bis zu den trivialsten Niederungen, als auch thematisch. Es gibt kaum Alternativen, es sei denn sehr lokaler und damit begrenzter Art. In Deutschland, wo der SF-Markt 1985/86 allgemein stark rückläufige Tendenz zeigte und sich nur ganz allmählich wieder zu erholen scheint, waren nur noch Titel sehr bekannter amerikanischer Autoren (sowie Serien wie STAR TREK und eingeführte Zyklen) abzusetzen; für deutsche Autoren (aber auch für französische, italienische, russische, polnische usw.) fand sich so gut wie kein Verleger mehr (es sei denn eines gewissen internationalen Renommees wegen). Und je länger dieser Trend anhält, desto kritischer wird die Situation für nichtenglischsprachige Autoren werden, denn es wird durch den Rückkopplungseffekt des Marktes (nur bekannte Autoren werden geordert, nur Gängiges wird nachbestellt, Unbekanntes gar nicht mehr angeboten, Bekanntes noch bekannter, nur bekannte Autoren ... usw.) für sie zunehmend schwieriger, überhaupt eine Publikationsmöglichkeit zu finden, geschweige denn, sich zu profilieren. Dies führt unweigerlich zu einem noch stärkeren Anheizen des angloamerikanischen Marktes durch ausländische Lizenznehmer, was automatisch ein noch größeres Angebot und verstärkte Dominanz nach sich zieht.

Das Genre ist zu einem Milliardengeschäft geworden, aber – wie bei so vielem – zu einem fast ausschließlich amerikanischen.

Themenkreise
der Science Fiction

1
Hoffnungen und Ängste:
Utopien und Dystopien

»Was noch kommen soll, ist weit...«

Shakespeare in: ›Was ihr wollt‹

Utopien

Die Bezeichnung ›utopischer Roman‹, die in Deutschland lange Zeit als Synonym für ›Zukunftsroman‹ oder gar ›Science Fiction‹ galt und teilweise noch gilt, hat einen negativen Beigeschmack, denn das Adjektiv ›utopisch‹ wird umgangssprachlich mit ›nicht zu verwirklichen‹ und ›Utopie‹ letzten Endes mit ›schwärmerischer Spinnerei‹ gleichgesetzt. Nun umschließen die obigen Bezeichnungen aber nicht dasselbe Feld – der ›utopische Roman‹ nimmt, wenn man ihn von Utopie herleitet, bei weitem das kleinste Gebiet ein. Zum anderen ist das Substantiv ›Utopie‹ keineswegs negativ besetzt. Utopia, das Nirgendland, ist vielmehr eine literarische Erfindung, die mehr über die Gegenwart als über die Zukunft aussagt. Meist entstand sie aus sozialem oder politischem Druck der Gegenwart und schilderte einen idealen Zustand, an dem die Gegenwart sich orientieren sollte. Vereinfacht gesagt: Utopien sind Kritiken der Gegenwart und Ausdruck des Wunschdenkens, wobei die literarischen Alternativen des Verfassers nicht unbedingt zu verwirklichen sein müssen, wenigstens nicht kurzfristig.

Die klassischen Utopien sind Staatsromane, in denen dem bestehenden Staatsgebilde ein leuchtendes literarisches Vorbild gesetzt wird. Platons POLITEIA *(Der Staat)*, im 4. Jahrhundert v. Chr. entstanden, ist davon die früheste. Platon entwickelt in ihr einen Idealstaat, in dem die Gerechtigkeit einen maximalen Stand erreicht hat.

Ihren Namen haben die Utopien von Thomas Morus' UTOPIA (1516, *Utopia*), einem verschlüsselten Reformprogramm, das scharf mit den Zuständen im England Heinrichs VIII. ins Gericht ging. Der Name ›Utopia‹, von *utopos,* gründet sich auf *ou-topos* = Nicht-Land oder *eu-topos* = Schönland (Idealstaat), wahrscheinlich aber auf beides zugleich, denn Morus war ein Meister im Ersinnen von Wortspielen. Auf diese Weise wurde Morus' Utopia zum Phantasieland, das gleichzeitig ganz reale Mißstände anklagte und nach Karl Kautskys Worten den Beginn des modernen Sozialismus markiert.

Neben der Utopie von Morus sind vor allem noch zwei Staatsromane des 17. Jahrhunderts erwähenswert: Tommaso Campanellas CIVITAS SOLIS (1623, *Der Sonnenstaat*) und NOVA ATLANTIS (1627, *Das neue Atlantis*) des Engländers Francis Bacon. Der Italiener beschreibt in seinem *Sonnenstaat* eine kommunistische utopische Gesellschaft, die in einer Stadt mit sieben konzentrischen Mauern lebt (entspricht der Zahl der damals bekannten Planeten). Im Kern der Stadt befindet sich ein planetariumsähnlicher Tempel. Diese Gesellschaft wird von der Metaphysik regiert, der Macht, Weisheit und Liebe assistieren. Francis Bacons NOVA ATLANTIS, in seinem Hauptwerk SYLVA SYLVARUM erschienen, ist eine didaktische Romanze um eine patriarchalische, utopische Kolonie in der Südsee. Die größte Errungenschaft dieser Kolonie ist das Haus Salomos, ein Forschungszentrum, in dem Wissenschaftler an so bahnbrechenden Dingen wie Unterwasserschiffen oder der Nachahmung des Vogelfluges arbeiten, eine Tatsache, die SF-Fans und -Historiker dazu veranlaßte, dieses Werk als frühes SF-Beispiel zu reklamieren. Weitere Utopien jener Zeit stammen von Rabelais, Thomas Erskine und Restif de la Bretonne.

Im 19. Jahrhundert brachte die fortschreitende Industriealisierung für viele Menschen Lebensumstände mit sich, die kaum tragbar waren. Einerseits verhalfen Wissenschaft und Technik einigen wenigen zu großem Reichtum oder vermehrten unter dem Schutz repressiver Systeme den Reichtum der schon Besitzenden, zum anderen lebte die große Masse der Bevölkerung in erdrückender Armut. Auf diesem Boden entwickelten sich Sozialutopien wie Anarchismus, Sozialismus und Kommunismus, die später ansatzweise verwirklicht und verwissenschaftlicht wurden, und an dieser Stelle nicht weiter behandelt werden. Literarische Sozialutopien dieser Zeit hatten in erster Linie die Industrialisierung und die Technik zum Thema. In THE COMING RACE (1871, *Das kommende Geschlecht*) beschreibt E. Bulwer-Lytton eine wissenschaftliche Zivilisation der Zukunft.

Wie für Bulwer-Lytton, so sind auch für Edward Bellamy Wissenschaft und Technik die Fortschrittsbringer für die Massen. In seinem LOOKING BACKWARD 2000–1887 (1888, *Ein Rückblick aus dem Jahr 2000*) weisen Maschinen den Weg in eine sozialistiche Zukunft. Allerdings gab es auch eine Gegenströmung, die radikal antitechnisch eingestellt war. In Samuel Butlers EREWHON (1872) werden alle Maschinen aus seinem utopischen Staat verbannt, da sie die Zukunft der Menschen bedrohen. Damals galt wie heute die Frage, ob sich Wissenschaft und Technik nicht letztlich gegen den Menschen richten. Das wurde nämlich von Naturphilosophen wie Henry David Thoreau befürchtet. In seinem Kielwasser schrieben eine ganze Reihe von Autoren, u. a. auch Butler und William Morris. Speziell Morris wendet sich in seinem NEWS FROM NOWHERE (1890, *Neues aus Nirgendland*) gegen Bellamy. Zwar ist auch Morris Sozialist und NEWS FROM NOWHERE eine Utopie, aber er hegt keine große Begeisterung für den technischen Fortschritt. Er nimmt eine moderne Hippie-Ideologie vorweg und predigt geistigen Fortschritt bei technischem Rückschritt. Bei Morris überwindet der Sozialismus den Materialismus.

Mit dem starken Aufkommen der Scientific Romances, die einen weiteren wichtigen Schritt in Richtung SF, wie wir sie heute kennen, bedeuteten, stieg die Zahl dieser Art Romane. Die meisten schildern zwar positive Aspekte der Zukunft und könnten somit den Utopien zugerechnet werden, viele sind aber nur reine Abenteuergeschichten, die lediglich spannende Unterhaltung bieten sollten, statt Mißstände der Gegenwart anzuprangern. Dazu gehören *Auf zwei Planeten* (1897) von Kurd Lasswitz und RALPH 124 C41+ (1911, *Ralph 124 C41+*) von Hugo Gernsback, wobei Lasswitz' Roman noch eher den traditionellen Utopien entspricht als Gernsbacks Werk, dessen Handlung wenig bietet und stilistisch nichts hergibt, seine Vorzüge jedoch in einer Reihe wissenschaftlich-technischer Prophezeiungen hat.

H. G. Wells, dessen Gesamtwerk für die SF richtungsweisend werden sollte, brachte die Utopie schließlich zu einem letzten Höhepunkt, bevor eine Gegenreaktion einsetzte. Grundsätzlich läßt sich sein Schaffen in zwei Perioden einteilen, eine frühe, bis 1905 reichende, während der er in erster Linie utopische Schriften verfaßte, in denen seine positive Einstellung zu sozialer und politischer Reform zum Ausdruck kommt. In die frühe Zeit fällt der Roman WHEN THE SLEEPER WAKES (1899, *Wenn der Schläfer erwacht*), in dem ein Mann nach jahrhundertelangem Schlaf im Jahre 2100 erwacht und trotz seines enormen Reichtums – sein Geld hat sich in der Zwischenzeit vervielfacht – in große Schwierigkeiten gerät. In A MODERN UTOPIA (1905, *Jenseits des Sivius*) beschreibt Wells einen weltweiten Staat, der nach Kriegen und dem Zusammenbruch der alten Ordnung entsteht. Dieser Weltstaat ist es, in dem sich sein Utopia von dem seiner Vorgänger Morus, Campanella und sogar den Idealstaaten der Sozialutopisten des 19. Jahrhunderts unterscheidet. MEN LIKE GODS (1922, *Menschen, Göttern gleich*) berichtet von einem ähnlichen Zukunftsstaat, in den Menschen des 20. Jahrhunderts durch Manipulationen mit Raum und Zeit verschlagen werden, während THE SHAPE OF THINGS TO COME (1933) eine fiktionalisierte Weiterführung der Geschichte bis ins Jahr 2016 ist.

Dystopien

Noch während Wells an seinen Utopien schrieb, begann bereits die Reaktion auf sie. Man parodierte ihn und seinen Optimismus. Die erste dieser Anti-Utopien oder Dystopien ist E. M. Forsters Geschichte THE MACHINE STOPS (1909). In dieser Story, die ihrer Zeit weit voraus war, beschreibt Forster eine Welt der Zukunft, in der Menschen unterirdisch in sechseckigen Parzellen wohnen. Ihr Leben wird von einer riesigen Maschinerie geregelt, von der sie total abhängig sind. Sie haben kaum Kontakte untereinander und kommen nur selten an die Erdoberfläche. THE MACHINE STOPS ist so von der Handlung eine genuine Anti-Utopie, die die wichtigen Charakteristika der ihr folgenden berühmten Anti-Utopien aufweist: mechanisierte Superstaaten, die dem Individuum jede Freiheit nehmen, eine Kommunikation der Menschen untereinander kaum zulassen und sie von ihrer Geschichte abschneiden.

Diese Eigenschaften treffen auf die viel berühmteren MY (1920, *Wir*) von Jewgenij Samjatin, BRAVE NEW WORLD (1932, *Schöne neue Welt*) von Aldous Huxley und NINETEEN EIGHTY-FOUR (1949, *1984*) von George Orwell ebenfalls zu, die ihrerseits nur noch eine bedingte Reaktion auf Wells darstellen. Samjatins Buch porträtiert zwar auf satirische Weise die Zustände im ›Einzigen Staat‹ des 26. Jahrhunderts, der auch mit ›Vereinigter Staat‹ zu übersetzen wäre, aber sein Angriff gegen den Totalitarismus gilt unzweifelhaft der jungen Sowjetunion.

In *Schöne neue Welt* wendet sich Aldous Huxley gegen eine übertechnisierte, rationalisierte Welt, gegen Fremdbestimmung und Konditionierung des Menschen und die totale Zerschlagung seiner traditionellen Werte. Er malt in seinem 632 n. F. (nach Ford) spielenden Roman zwar ein Schreckensbild, aber seine rousseausche

Zurück-zur-Natur-Idylle, zu der sich ein Ausbrecher aus diesem System hingezogen fühlt, wirkt auch nicht eben überzeugend.

Den stärksten Eindruck von diesen drei klassischen Anti-Utopien in der Öffentlichkeit hinterließ Orwells *1984*. Nach den Erfahrungen mit Faschismus und Satalinismus schilderte Orwell einen totalitären Staat, in dem vollkommene Überwachung und daraus resultierende totale Kontrolle des Staates über seine Bürger herrscht. Der ›Große Bruder‹, der alles sieht, wurde zu einem Menetekel, das heute aktueller ist denn je.

Die Anti-Utopien oder Dystopien antizipieren im Gegensatz zu den Utopien also eine für den Menschen negative Zukunft. Sie sind Ausdruck sehr realer Zukunftsängste. In ihnen entfaltet die Science Fiction am stärksten das, was man ihre ›Menetekel-Funktion‹ nennen könnte, ein seismisches Vermögen ebenso wie der Wunsch, sich abzeichnenden verhängnisvollen Entwicklungen durch Ausmalen der schrecklichen Konsequenzen bewußt gegenzusteuern.

Nachdem die SF anfangs der fünfziger Jahre aus dem Magazinghetto ausgebrochen war und die Taschenbuchproduktion anlief, mehrten sich im Feld die Romane mit dystopischem Charakter (die bislang erwähnten Titel erschienen nicht in SF-Magazinen und sind außerhalb des Genres bestens bekannt), nicht zuletzt deshalb, weil sich Schreckensvisionen spannender darstellen und besser verkaufen lassen. Utopien wurden und werden nur noch selten geschrieben, wohl aber Romane, in denen die Zukunft nicht so düster ausgemalt ist. Einige bedeutende Dystopien erschienen zu Beginn der fünfziger Jahre, als in den USA der McCarthyismus allen Anlaß zu finsteren Ahnungen gab. PLAYER PIANO (1952, *Das höllische System*) von Kurt Vonnegut richtet sich gegen einen Computerstaat. Nach gelungener Revolte muß Vonneguts Protagonist jedoch erkennen, daß die Bürger die Maschinen zurückhaben wollen. In FAHRENHEIT 451 (1953, *Fahrenheit 451*) verteidigt Ray Bradbury die Geistesfreiheit. In seinem Roman um einen Zukunftsstaat sind Feuerwehrmänner nicht mehr zum Löschen, sondern zum Legen von Bränden da. Alle Bücher sind verboten, wenn die Feuerwehr welche aufstöbert, werden sie auf der Stelle verbrannt. Direkter gingen Frederik Pohl und C. M. Kornbluth vor. In THE SPACE MERCHANTS (1953, *Eine Handvoll Venus und ehrbare Kaufleute*) werden in einer kapitalistischen, ganz auf Absatz und Konsum eingestellten Gesellschaft, die Bürger von Profitgeiern brutal verschaukelt, während C. M. Kornbluth in seinem Roman THE SYNDIC (1953, *Schwarze Dynastie*) die USA gleich von der Mafia regieren läßt.

Eine ganze Reihe von Dystopien, die die nahe Zukunft betreffen, erschienen in den beiden letzten Jahrzehnten. Die wichtigsten Themen hierbei waren: Überbevölkerung und Verarmung der Massen − STAND ON ZANZIBAR (1968, *Morgenwelt*) von John Brunner, MAKE ROOM! MAKE ROOM! (1966, *New York 1999*) von Harry Harrison; Umweltverschmutzung und Zerfall der Gesellschaft − THE SHEEP LOOK UP (1972, *Schafe blicken auf*) von John Brunner; Rassenhaß und Bürgerkrieg in England − FUGUE ON A DARKENING ISLAND (1972, *Schwarze Explosion*) von Christopher Priest; Jugendkriminalität im Wohlfahrtsstaat und Konditionierung des Individuums − CLOCKWORK ORANGE (1962, *Uhrwerk Orange*) von Anthony Burgess; Konzentrationslager für politische Abweichler − CAMP CONCENTRATION (1969, *Camp Concentration*) von Thomas M. Disch; Niedergang der Stadt − TWILIGHT OF THE CITY (1977) von Charles Platt und düstere Aussichten für die Raumfahrt − BEYOND APOLLO (1972, *Das Venus-Trauma*) von Barry Malzberg.

Dazwischen fanden sich auch ab und zu ein paar Utopien. B. F. Skinners WALDEN II (1948, *Futurum II*) ist eine Reverenz an Thoreau. Skinner löst psychologische Probleme des Zusammenlebens in einer utopischen Gemeinschaft durch Verhaltenssteuerung. Positive Verstärkung, das ›Zaubermittel‹ des Behaviouristen Skinner, ist der Schlüssel zu seinem Utopia ohne freien Willen und Demokratie. Ivan Efremovs TUMANNOST ANDROMEDY (1957, *Das Mädchen aus dem All*), die wichtigste sowjetische SF-Utopie, ist eine Mischung aus Space Opera und Idealen eines zukünftigen sozialistischen Staates, der sich bis zu den Sternen erstreckt. Ursula K. Le Guin beschreibt in THE DISPOSSESSED (1974, *Planet der Habenichtse*), einem der besten SF-Romane der letzten Jahre, ein zweideutiges Utopia, wie es im Untertitel heißt. Anarres und Urras stehen sich gegenüber, zwei Planeten, die von Sozialismus bzw. Monopolkapitalismus beherrscht werden und deren Geschichte und soziokulturelle Strukturen dem Leser überzeugend dargelegt werden.

Zukunftsgeschichten

Nicht vollständig wäre eine Aufzählung der Utopien und Dystopien, ließe man die Geschichten der Zukunft weg. Gemeint sind hier nicht etwa bloß Zukunftsromane, sondern chronologische Zukunftshistorien im Stile eines Olaf Stapledon (LAST AND FIRST MEN). Diese bestehen meist aus mehreren Einzelerzählungen oder Romanen, die sowohl utopischen wie auch dystopischen Charakter haben können. Besonders bekannt geworden sind die FUTURE HISTORY von

Robert A. Heinlein, die etwa zwei Dutzend Stories und Kurzromane umfaßt und von ca. 1960 bis ca. 2500 reicht. Die HISTORY OF THE FUTURE von Poul Anderson beschreibt ebenfalls die Entwicklung der Menschheit, und zwar in 10 Erzählungen den Zeitraum von 1950–2190. Weiter gespannt ist das Universum des Cordwainer Smith, dessen Zukunftsgeschichte Jahrzehntausende umspannt und Tiermenschen sowie alle Arten von Mutationen einbezieht.

Für unser Thema am wichtigsten sind aber zweifellos die Romane und Erzählungen von Mack Reynolds, die um das Jahr 2000 spielen. Reynolds ist einer der ganz wenigen amerikanischen SF-Autoren, die politisch relevante Geschichten schreiben. Die meisten dieser Stories sind um das Jahr 2000 angesiedelt und loten die Möglichkeiten gesellschaftlicher Entwicklung bis dahin aus, wobei Reynolds sozialistische, kommunistische, anarchistische, technokratische, syndikalistische, kapitalistische etc. Systeme beschreibt und manchmal positiv, manchmal negativ beurteilt. Bedeutende Romane aus dieser Serie sind: LOOKING BACKWARD FROM THE YEAR 2000 (1973), EQUALITY IN THE YEAR 2000 (1977), THE TOWERS OF UTOPIA (1975), COMMUNE 2000 AD (1974), AFTER UTOPIA (1977) und PERCHANCE TO DREAM (1977).

Weitere wichtige Titel aus diesem Themenbereich

Andreä, Johann Valentin: CHRISTIANOPOLIS (1619).
Ballard, J. G.: ›The Subliminal Man‹ (1963).
Boland, John: NO REFUGE (1956)
Boye, Karin: KALLOCAIN (1940), *Kallocain.*
Callenbach, Ernest: ECOTOPIA (1975), *Ökotopia.*
Churchill, R. C.: A SHORT HISTORY OF THE FUTURE (o. J., um 1955) *Welt wohin? Kurze Geschichte von morgen und übermorgen. 1957–6601.*
Coblentz, Stanton A.: AFTER 12000 YEARS (1929).
Cooper, Edmund: THE OVERMAN CULTURE (1971), *Die neue Zivilisation.*
Cowper, Richard: PHOENIX (1968), *Phoenix.*
De la Bretonne, Restif: LA DECOUVERTE AUSTRALE PAR UN HOMME VOLANT (ca. 1781), *Der fliegende Mensch.*
Delany, Samuel R.: DHALGREN (1974).
Farmer, P. J.: THE STONEGOD AWAKENS (1970), *Der Steingott erwacht.*
Gordon, Rex: UTOPIA 239 (1954).
Gunn, James E.: THE JOY MAKERS (1963), *Wächter des Glücks.*
Gurk, Paul: *Tuzub 37* (1935).
Hanstein, Otfried von: *Elektropolis* (1927).
Harbou, Thea von: *Metropolis* (1926).

Heinlein, Robert A.: FARNHAM'S FREEHOLD (1964), *Reise in die Zukunft*.

Huxley, Aldous: ISLAND (1960).

Knight, Damon: ›The Country of the Kind‹ (1956).

Mercier, Louis Sebastien: L'AN 2440 (1772), *Das Jahr 2440*.

Nowlan, Philip Francis: ARMAGEDDON 2419 A. D. (1928).

Pohl, Frederik: THE AGE OF THE PUSSYFOOT (1970), *Die Zeit der Katzen-pfoten*.

ders.: ›The Midas Plague‹ (1951).

Reynolds, Mack: THE RIVAL RIGELIANS (1967).

Silverberg, Robert: THE WORLD INSIDE (1971), *Ein glücklicher Tag im Jahr 2381*.

ders.: THE MASKS OF TIME (1968), *Gast aus der Zukunft*.

Wyndham, John: ›Consider Her Ways‹ (1956).

2
»Up, up and away«:
Space Opera

Die Erde
ist ein viel zu zart geflochtener Korb für die Menschheit,
um all das Gelege darin unterzubringen.

Robert A. Heinlein in einer Rede

Die Raumfahrt

Sicherlich ist die Raumfahrt das bekannteste Motiv der SF. Nahezu
jeder Befragte assoziiert mit dem Begriff ›Science Fiction‹ auf die
eine oder andere Weise Weltraumabenteuer. Das kommt nicht von
ungefähr, zieht sich die Raumfahrt doch wie ein roter Faden durch
die Entwicklung dieser Literaturgattung. Schon bei ihren Vorläufern,
den phantastisch-philosophischen Niederschriften des Altertums
und den satirischen Attacken auf das langsam abbröckelnde Weltbild
der Kirche, die zur Zeit der Renaissance geschrieben wurde, spielt
sie eine gewichtige Rolle. Der Urvater der Raumfahrt dürfte demnach der spätgriechische Klassiker Lukianos sein, in dessen IKAROME-
NIPPOS der gleichnamige Held schon um 165 n. Chr. zum Mond
flog. Dieser ›Ancient Astronaut‹ benutzte dazu die Schwingen von
Adler und Geier und war erheblich erfolgreicher als seine berühmten Sagenvorgänger Dädalus und Ikarus – auf dem Papier zumindest.

Die Literatur der beginnenden Neuzeit war reich an außergewöhnlichen Reiseabenteuern, später nach französischem Vorbild
›voyages imaginaires‹ genannt. Bedingt durch die Veränderungen
im wissenschaftlichen Weltbild und den Widerstand der Kirche gegen neue Erkenntnisse, tauchten schon bald Schriften auf, die entweder in wissenschaftlich anschaulicher oder aber satirischer Weise
die neuen Erkenntnisse darstellten. Johannes Keplers SOMNIUM
(1634) kursierte schon seit 1609 als Manuskript, das von einem
Traum seines Verfassers berichtet. In ihm besuchen Duracotus, ein
Student von Tycho Brahe, und seine Mutter den Mond (mittels
Hexerei). Im Grunde war diese Schrift, die erst nach Keplers Tod
veröffentlicht wurde, ein Traktat über die Astronomie und die Be-

schaffenheit des Mondes, also ein imaginatives, zur Tarnung mit übernatürlichen Ingredienzen versehenes wissenschaftliches Werk.

Die erste Mondreise in englischer Sprache stammt von Francis Godwin und trägt den Titel THE MAN IN THE MOONE (1638, *Ein Spanier im Mond*). Domingo Gonzales, Godwins Held, läßt sich von einer Schar Wildgänse auf seinem Fluggerüst zum Mond ziehen, wo er dessen Bewohner in einem paradiesischen Utopia antrifft, in dem selbst der Stein der Weisen entdeckt ist. Godwin untermauerte mit dieser Unterhaltungsutopie die neue Astronomie der Kopernikus, Kepler und Galilei.

Die große Satire jener Zeit schrieb Cyrano de Bergerac mit HISTOIRE COMIQUE DES ETATS ET EMPIRES DE LA LUNE (1652) und HISTOIRE COMIQUE DES ETATS ET EMPIRES DU SOLEIL (1662, *Die Reise zu den Mondstaaten und Sonnenreichen*). In dieser metaphysischen Fabel über die Natur des Menschen und des Universums gelangt der Held nach einigen Anläufen – unter anderem versucht er es mit in Flaschen gefülltem Morgentau, der von der Sonne aufgesogen werden soll – auf den Mond und zur Sonne, wo er die haarsträubendsten Abenteuer erlebt. Neben seinen libertinistischen Aussagen besticht de Bergerac vor allem durch seine Abrechnung mit dem selbstherrlichen Menschen, vertreten durch Kirche und Staat. Darüber hinaus wird zum ersten Mal die Rakete als Transportmittel erwähnt, wenngleich Cyrano dabei nur an Feuerwerkskörper größeren Ausmaßes dachte.

Im neunzehnten Jahrhundert war es zunächst Edgar Allan Poe, der sich schriftstellerisch mit der Raumfahrt auseinandersetzte. In THE UNPARALLELED ADVENTURES OF HANS PFAALL (1835, *Hans Pfaalls Mondfahrt*) entkommt ein holländischer Blasebalgflicker seinen Gläubigern mit einem gasgefüllten Ballon, der ihn auf den Mond trägt. Zwar werden über weite Strecken der Erzählung die sensationellen Erlebnisse des Helden geschildert, dennoch vergißt Poe nicht, seine englischsprachigen Vorgänger aufgrund ihrer wissenschaftlichen Inakkuratesse zu kritisieren.

Bei den Vorläufern der SF ist die technische Komponente – dem Standard der Umwelt entsprechend – noch gering ausgeprägt. Einem Bergerac, Godwin oder auch Poe ging es nicht um das Ersinnen einer realisierbaren Möglichkeit, in den Weltraum vorzustoßen. Hier, wie in den Reiseerzählungen früherer Autoren, standen Staunen und Abenteuerlust, mitunter Satire und Zeitkritik im Vordergrund. Das änderte sich erst mit der industriellen Revolution und dem plötzlich sichtbaren – vermeintlichen oder tatsächlichen –

Potential der Technik. Jules Verne war es vor allem, der sich in den Dienst der Aufbruchsstimmung im 19. Jahrhundert stellte und begeistert den Fortschritt der Technik feierte. Er gab sich nicht mehr mit Knochenmarkeinreibungen oder von Wildgänsen gezogenen Luftgondeln zufrieden. In seinem 1865 erschienenen Roman DE LA TERRE À LA LUNE *(Von der Erde zum Mond)* ließ er ein Projektil von einer riesigen Kanone abfeuern – inklusive Wasserung im Ozean eine vergleichsweise realistische Mondfahrt. Obwohl Verne nicht allzu sehr ins Detail ging und auch nicht die Nüchternheit pflegte, die späteren technischen Zukunftsromanen anhaftet, erweist sich sein technisches Interesse größer als das seines Zeitgenossen H. G. Wells. Wells widmet der Technik einer Weltraumfahrt gerade soviel Interesse, um den Leser nicht mit einem Rätsel bezüglich der Beförderungsart allein zu lassen. In FIRST MEN AT THE MOON (1901, *Die ersten Menschen auf dem Mond*) besteht sein wirkliches Anliegen eher darin, die Gegensätzlichkeit von Mondbewohnern und Menschen aufzuzeigen.

Viele Weltraumromane, die zu Beginn unseres Jahrhunderts geschrieben wurden, waren nicht allein auf Unterhaltung angelegt, sondern machten astronomische Erkenntnisse populär oder waren ganz aus wissenschaftlichem Sendungsbewußtsein entstanden. So schrieb Konstantin Ciolkovskij, selbst ein Raketenpionier, technische Zukunftsromane, die haarklein seine Theorien in Literatur umsetzten, der deutsche Autor Otto Willi Gail lehnte sich in seinen Romanen (beispielsweise *Der Schuß ins All,* 1925) stark an Hermann Oberths Raumfahrtideen an, und Mark Wicks Roman TO MARS VIA THE MOON (1910) basierte auf den Theorien, die Percival Lowell über den Mars und seine Kanäle aufgestellt hatte.

Aber gleichzeitig war die Unterhaltung auf dem Vormarsch. Mit dem Aufkommen der amerikanischen Pulpmagazine Anfang dieses Jahrhunderts wurde die SF zu einem selbständigen Genre, in dem die Idee von der Raumfahrt eine wichtige Rolle spielte. Zunächst blieben die Raumflüge auf unser Sonnensystem beschränkt: in Garret P. Serviss' A COLUMBUS OF SPACE (1909) fliegt ein atomar betriebenes Raumschiff zur Venus, während Ralphs Raumschiff in Hugo Gernsbacks RALPH 124 C41+ (1911, *Ralph 124 C41+*) mit Hilfe von ›gyroskopischen Antischwerkraftgeneratoren‹ das halbe Sonnensystem durchquert.

Als Hugo Gernsback mit *Amazing Stories* das erste spezifische SF-Magazin auf den Markt brachte, zeichnete sich schon in den ersten Ausgaben ab, daß die Raumfahrt immer mehr in den Mittelpunkt rückte. Das rasch größer werdende Interesse an Raumfahrttheorie und Raketenexperimenten wurde vor allem auch in Artikeln der Schwesterpublikation *Science Wonder Stories* abgehandelt, in der auch einige Übersetzungen aus dem Deutschen abgedruckt wurden, wo man durch die Arbeiten eines Hermann Oberth, Hermann Noordung, Willy Ley und der Deutschen Raumfahrtgesellschaft im allgemeinen einen Vorsprung auf diesem Gebiet hatte.

Die Space Opera

Ab 1928 wurde es den SF-Autoren im Sonnensystem zu eng. Einen ersten Ausbruch wagte E. E. Smith in THE SKYLARK OF SPACE (1928, *Die Abenteuer der Skylark)*. Er machte das ganze Universum zum Tummelplatz seiner aufrechten Helden und führte eine Gigantomanie in die SF ein, wie sie bisher noch nicht dagewesen war. Gigantische Maschinen, kilometerlange Raumschiffe und riesige Entfernungen beeindruckten die meist jugendlichen Leser. Dieser zwischen 1915 und 1919 geschriebene Roman beeinflußte die Entwicklung in der SF nachhaltig und kann als erste reine Space Opera gelten (in Anlehnung an ›Horse Opera‹ [Wildwestepos] geprägt, was die Space Opera wiederum ungewollt als das bezeichnet, was sie ist: ›Wildwest im Weltraum‹), wenn man Kapitän Mors, den Luftpiraten, einmal außer acht läßt. Die Space Opera zeichnet sich durch interstellare Raumfahrt, kosmische Konflikte, klischeehafte Aufteilung in galaktische Bösewichte und interstellare Polizeitruppen und vor allem gigantomanische ›Super Science‹ aus. Diese Mischung kam beim Publikum sehr gut an, und nicht nur Smith baute den galaktischen Tummelplatz aus. – Auf SKYLARK OF SPACE folgten noch drei Fortsetzungen und die sechsbändige LENSMEN-Serie (ab 1937), die alle SKYLARK-Abenteuer noch bei weitem übertraf. Auch andere Autoren zogen mit: Edmond Hamiltons CRASHING SUNS (1928) war die erste einer Reihe von Erzählungen um eine Interstellare Patrouille. Anfang der vierziger Jahre folgten vom selben Autor die Erlebnisse des CAPTAIN FUTURE (ab 1940, *Captain Zukunft)*, eine Serie, die es auf 27 Romane und Stories brachte und als Vorläufer der *Perry Rhodan*-Serie betrachtet werden muß, die ebenfalls alle Schablonen der Space Opera aufweist.

Zwei bekannte Space-Opera-Zyklen stammen von John W. Campbell: Die Serie um Arcot, Wade & Morey (1930–1931), die insgesamt fünf Titel umfaßt und wie die zwei Bände der Serie um Aarn Munro, Russ Spencer and Don Carlisle (1934/35 und 1949) zum Klassiker der Space Opera wurde. In beiden Zyklen findet die obligatorische Expedition ins All und eine darauffolgende Begegnung mit Extraterrestriern statt, die natürlich zu einem Konflikt führt, der durch die kriegstechnischen Erfindungen der Helden bereinigt wird. Ähnlich auch in Jack Williamsons dreiteiligem Epos um die ›Legion‹. In THE LEGION OF SPACE (1934), THE COMETEERS (1936) und ONE AGAINST THE LEGION (1939), dt. als *Wächter des Alls; Der Geist der Legion; Der einsame Weg,* wehren nach klassischem Vorbild vier Weltraum-Musketiere eine bizarre außerirdische Lebensform ab, bringen einen Superkriminellen zur Strecke und versuchen das Geheimnis einer Superwaffe zu lüften.

Bezeichnend ist, daß viele der Space Operas zu Serien erweitert wurden, so auch die Erzählungen um ›Professor Jameson‹ (ab 1931) von Neil R. Jones, in denen ein aus Tiefschlaf erweckter Professor in ferner Zukunft fremde Welten besucht. Großangelegte Space-Opera-Zyklen sind auch die ›Foundation Trilogy‹ (1951–1953) und ihre Nachfolgebände von Isaac Asimov *(Der Tausendjahresplan, Der galaktische General, Alle Wege führen nach Trantor)* und James Blishs Tetralogie ›Cities in Flight‹ (1955–1962), wovon auch drei Titel in deutsch erschienen *(Brücke zur Ewigkeit, Stadt zwischen den Planeten* und *Triumph der Zeit).* In Asimovs ›Foundation Trilogy‹ – einem der bekanntesten SF-Werke überhaupt – geht es um den Niedergang eines galaktischen Imperiums, der von Wissenschaftlern frühzeitig erkannt und abgekürzt wird. Danach leiten sie eine neue Hochkultur ein. ›Cities in flight‹ stellt eine Geschichte der Zukunft dar. Nach der Erfindung des ›Spindizzy-Antriebes‹ werden Raumschiffe überflüssig, denn er basiert auf Antigravitation. Irdische Millionenstädte treten mitsamt Gesteinssockel und Kuppeldach ein Nomadendasein im Weltraum an, das Manhattan schließlich zum Mittelpunkt des Universums führt, wo sein unsterblicher Bürgermeister Amalfi die Schöpfung neuerlich auslöst. Beide Zyklen sind reich an Details, und ein Hauch von *Grandeur* umgibt sie. Trotz pathetischer Schwachstellen sind beide Werke innerhalb der SF ernst zu nehmen und stellen gegenüber der teilweise infantilen Fluchtliteratur der E. E. Smith, John W. Campbell, Jack Williamson et. al. einen Fortschritt dar.

Der Löwenanteil der Space Operas ist reine Unterhaltung, die leider allzu oft auf niedrigem Niveau steht. Dennoch haben sich viele SF-Autoren immer wieder an ihr versucht. Poul Anderson ›Nicholas van Rijn‹-Serie), A. Bertram Chandler (›Rim-World‹-Kanon), Brian Stableford (›Star Pilot Grainger‹; ›Daedalus‹-Serie), Andre Norton (›Solar Queen‹-Abenteuer), E. C. Tubb (›Dumarest of Terra‹), aber auch Spitzenautoren wie Stanislaw Lem *(Der Unbesiegbare)* sind Beispiele dafür.

Bezeichnenderweise nahm das Interesse an Weltraumabenteuern nach dem ersten Sputnik und dem Beginn der bemannten Weltraumfahrt ab. Darüber hinaus geriet die Space Opera ins literarische Abseits, denn weder vom wissenschaftlichen Gehalt noch von der formalen Qualität vermochte sie zu überzeugen. Um die maximale Geschwindigkeit in unserem Universum – die des Lichts – zu brechen, erfanden die Autoren einen Hyperraum oder Raumfalten als Hilfsmittel, um durch Eintauchen in eine andere Dimension oder Abkürzungen in einem irgendwie gefalteten Raum (Spacewarp-Theorie) diese lästige Schranke zu überwinden. Das führte dann meist soweit, daß irgendein besonderer Überlichtantrieb zu Beginn eines Romans vorausgesetzt und mit drei knappen Sätzen beschrieben wurde, und das Tor zu den Sternen stand sperrangelweit offen.

Viel seltener sind die Geschichten, die einigermaßen auf dem Boden wissenschaftlicher Tatsachen blieben. Erwähnenswert sind hier die (besonders von Cordwainer Smith und Jack Vance gepflegt) vom Lichtquantendruck angetriebenen Sternensegler und die sogenannten Generationenschiffe.

Romane um Generationenschiffe oder Weltraumarchen bilden eine kleine Untergruppe innerhalb der Space Opera. Bei ihnen steht nicht das Weltraumabenteuer im Mittelpunkt, sondern die sozialen Verhältnisse an Bord eines Schiffes, das zu seinem Zielstern jahrhunderte- oder gar jahrtausendelang unterwegs ist, das Leben der Kolonisten, deren Nachfahren erst das Ziel erreichen werden. Aufgrund dessen besitzt das Schiff eine eigene Ökologie und ›narrensichere‹ Mechanismen, die das Gelingen des Unternehmens garantieren sollen, denn nach jahrhundertelangem Flug haben die Insassen meist vergessen, worum es ursprünglich ging. Diese reizvolle Situation hat viele Autoren inspiriert, denn es ist damit möglich, eine bizarre, meist auf strenge Normen festgelegte Gesellschaft zu schildern. Oft nehmen Wissenschaft und Technik religiöse Formen an – die Masse der nicht selten degenerierten Kolonisten wird von Halbwissenden dumm gehalten. Obendrein kann man das Thema allegorisch gestalten, denn die Analogie zum großen ›Raumschiff Erde‹, dessen Bewohner auch nicht wissen, woher sie kommen und wohin es geht, drängt sich ja geradezu auf.

Begonnen hat diese Entwicklung in der SF mit Laurence Mannings Story ›The Living Galaxy‹ (1934), die dieses Thema in bestimmten Punkten anschnitt. ›The Voyage that Lasted 600 Years‹ (1940) von

Don Wilcox brachte das erste typische Generationenschiff, bekannt gemacht hat es aber Robert A. Heinlein. Seine Kurzgeschichten ›Universe‹ (1941) und ›Common Sense‹ (1941), später zusammenge-faßt zu dem Roman ORPHANS OF THE SKY *(Die lange Reise)*, berichten von einem Sternenschiff, auf dem eine Meuterei die Astrogatoren und Maschinisten auslöschte. Für die Nachkommen ist das steuer-los treibende Schiff ein abgeschlossenes Universum mit eigenen harten Gesetzen. Auch in E. C. Tubbs THE SPACE-BORN (1955, *Kinder des Weltalls*) geht es hart zu: Ein einzelner kämpft gegen das starre Kastenwesen an Bord eines Generationenschiffes an. Eine Variation des Themas bringt Harry Harrison mit CAPTIVE UNIVERSE (1969, *Welt im Fels*). Hier sind es Azteken, die in einem ausgehöhlten Astero-iden die Reise zum Proxima Centauri antreten. Mutationen und ge-fährliche Pflanzen machen den Bewohnern eines Raumschiffes in Brian W. Aldiss' NON-STOP (1958, *Fahrt ohne Ende*) zu schaffen, bis sie schließlich herausfinden, daß sie seit langer Zeit die Erde im Or-bit umkreisen. Weitere Generationenschiffe haben Edmund Coo-pers SPEED OF LIGHT (1959, *Die Söhne der Erde*), Wolfgang Jeschkes ›Welt ohne Horizont‹ (1970) und Poul Andersons TAU ZERO (1970, *Universum ohne Ende*) zum Handlungsschauplatz, doch erst Nor-man Spinrad brachte mit RIDING THE TORCH (1974, *Der Weg der Flam-me*) wieder frischen Wind in die Szene durch eine einleuchtende Alternative: In seinem Sternenschiff haben sich die Insassen durch den langen Flug dermaßen an ihre Miniwelt gewöhnt, daß sie mit ei-nem neuen Planeten als Wohnsitz nichts mehr anfangen können und für immer an Bord bleiben.

Weitere wichtige Romane bzw. Stories, bei denen das Zusam-menleben in einem Raumschiff die tragende Rolle spielt: RITE OF PAS-SAGE (1968, *Welt zwischen den Sternen*), in dem das Leben an Bord eines Generationenschiffes aus der Erinnerung eines jungen Mäd-chens geschildert wird, sowie J. G. Ballards ›Thirteen To Centau-rus‹ (1962, *Dreizehn unterwegs zum Alpha Centauri*), eine depri-mierende Geschichte, in der 13 Kolonisten, die seit Jahren zum Alpha Centauri fliegen, vorenthalten wird, daß sie sich auf der Erde befin-den und der Flug nur simuliert wird. In inhaltlicher und stilistischer Hinsicht weniger wichtig sind THE STAR SEEKERS (1953, *Die Weltensu-cher*) von Milton Lesser und die deutschen Beiträge *Raumschiff der Verdammten* (1962) von Kurt Mahr und Klaus Fischers *Raumschiff der Generationen* (1974).

Nachdem es in den sechziger Jahren teilweise danach aussah, als wäre das Ende der Space Opera gekommen, erlebte sie in den siebzigern wieder eine kleine Renaissance. Hauptsächlich um ein Gegengewicht zur New Wave und der intellektuell anspruchsvolleren neuen SF zu schaffen, besannen sich einige Autoren der Tradition der Space Opera. Heute sind es Schriftsteller wie Larry Niven, Jerry Pournelle, Alan Dean Foster u. a., denen die Space Opera eine Wiederbelebung verdankt und die starke Rückendeckung von der Filmindustrie erhalten. Allerdings orientieren sie sich heute stärker an der exotischen Komponente als an der technisch/supertechnischen der frühen Space Opera.

Weitere wichtige Titel aus diesem Themenbereich

Aldiss, Brian W. (Hrsg.): SPACE OPERA (1974).
Brackett, Leigh: THE BIG JUMP (1953), *Der große Sprung.*
Brin, David: STARTIDE RISING (1983), *Sternenflut.*
Busby, F. M.: RISSA KERGUELEN (1976).
Cherryh, C. J.: DOWNBELOW STATION (1981), *Pells Stern.*
dies.: THA FADED SUN: KESRITH (1978), *Kesrith − Die sterbende Sonne.*
dies.: THE FADED SUN: SHON' JIR (1978), *Shon'jir − Die sterbende Sonne.*
dies.: THE FADED SUN: KUTATH (1979), *Kutath − Die sterbende Sonne.*
Clarke, Arthur C: PRELUDE TO SPACE (1951), *Die Erde läßt uns los.*
ders.: 2001 − A SPACE ODYSSEY (1968), *2001, Odyssee im Weltraum.*
del Rey, Lester: ROCKETS THROUGH SPACE (1957).
Goldin, Stephen: SCAVENGER HUNT (1975), *Scavenger-Jagd.*
Hamilton, Edmond: THE STAR KINGS (1951), *Herrscher im Weltraum.*
Heinlein, Robert A.: STARMAN JONES (1953), *Abenteuer im Sternenreich.*
ders.: HAVE SPACE SUIT, WILL TRAVEL (1958), *Piraten im Weltraum.*
Herbert, Frank: DESTINATION VOID (1966), *Ein Cyborg fällt aus.*
Hubbard, Ron: TO THE STARS (1950).
Jones, Raymond F.: THIS ISLAND EARTH (1952), *Insel zwischen den Sternen.*
Kornbluth, C. M.: TAKEOFF (1952), *Start zum Mond.*
Laumer, Keith/Brown, Rosel George: EARTHBLOOD (1966), *Blut der Erde.*
Leinster, Murray: OPERATION OUTER SPACE (1954), *Fernsehstudio Galaxis.* PROXIMA CENTAURI (1935).
Malzberg, Barry N.: BEYOND APOLLO (1972), *Das Venus-Trauma.*
Moorcock, Michael: THE BLACK CORRIDOR (1969), *Der schwarze Korridor.*
Niven, Larry/Pournelle, Jerry: THE MOTE IN GOD'S EYE (1973), *Der Splitter im Auge Gottes.*

Pohl, Frederik: ›The Map Makers‹ (1955).

Russel, E. F.: MEN, MARTIANS AND MACHINES (1955), *Menschen, Marsianer und Maschinen.*

ders.: THE GREAT EXPLOSION (1962), *Die große Explosion.*

Schmitz, James H.: THE WITCHES OF KARRES (1966), *Die Hexen von Karres.*

Silverberg, Robert: STARMAN'S QUEST (1958), *Die Sterne rücken näher.*

Simak, Clifford D.: ›Spacebred Generations‹ (1953).

Smith, E. E.: MASTER OF THE VORTEX (1960), *Wächter des Mahlstroms.*

ders.: THE GALAXY PRIMES (1965), *Die Ersten der Galaxis.*

Stableford, Brian M.: ›Dädalus‹-Serie, ›Raumpilot Grainger‹-Serie

van Vogt, A. E.: ›Far Centaurus‹ (1942).

ders.: ROGUE SHIP (1965), *Das unheimliche Raumschiff.*

ders.: THE WEAPON SHOPS OF ISHER (1951), *Die Waffenhändler von Isher.*

Wyndham, John: THE OUTWARD URGE (1959), *Griff nach den Sternen.*

3
»Westward, ho!«:
Kolonien und galaktische Imperien

Wir alle streben danach, herauszufinden, was hinter dem nächsten
Hügel liegt. Die Menschen der Frühzeit scheinen ziemlich weit
herumgekommen zu sein. Was mich selbst betrifft, kann ich mich
noch gut an das herrliche Gefühl erinnern, das ich hatte, als wir mit
einem Planwagen von Texas nach Mexiko zogen. Ich war damals
sieben Jahre alt. Wir überquerten den Pecos und kampierten jede
Nacht an einem anderen Ort. Wir waren unterwegs, eine neue
Heimstatt für uns in Besitz zu nehmen.

Jack Williamson

Die bemannte Weltraumfahrt ist stets eine der Haupthandlungen
der modernen Science Fiction gewesen. Wer die Ideologie des amerikanischen Frontier kennt und berücksichtigt, daß die SF des zwanzigsten Jahrhunderts bis in die sechziger Jahre hinein eine hauptsächlich amerikanische Literaturgattung war (der sich sogar britische SF-Autoren anpassen mußten, da ihre Märkte vorwiegend in
den USA liegen), wird sich kaum wundern, daß mit den Reisen zu
anderen Planeten, ihrer Erforschung, Besiedelung und Ausbeutung
auch die Errichtung von Kolonialreichen (auch ›Galaktische Imperien‹ genannt) buchstäblich Hand in Hand ging.

Was Jack Williamson, der stolz darauf ist, noch in einem Planwagen gefahren zu sein und die erste Mondlandung miterlebt zu haben, in seinen Lebenserinnerungen beschreibt – das Gefühl, unterwegs zu sein, Neuland zu betreten und in Besitz zu nehmen; das zu
tun, was die Amerikaner stets für ihre Bestimmung hielten (und was
zahllose Indianer das Leben kostete), wird allgemein als Imperialismus bezeichnet. Und wie in der Realität des Wilden Westens die
Pioniere einst auf ihren Planwagen nach Westen rollten, stürmten in
der amerikanischen SF auch die Sternenfahrer ins All hinaus, um im
Auftrag einer übervölkerten oder rohstoffarmen Erde nach Welten
Ausschau zu halten, die man in Besitz nehmen und ausbeuten
konnte. Und wie weiland die Pioniere der Neuen Welt ließen auch
sie sich dabei von nichts aufhalten.

Anfangs war man noch recht bescheiden: Porträtierte die SF der zwanziger und dreißiger Jahre noch vorwiegend kleine, mit Schutzkuppeln überdachte, erdabhängige Mondstationen und Marskolonien, die manchmal dadurch Parallelen zum amerikanischen Unabhängigkeitskrieg hervorriefen, indem sie revoltierten und sich von der Mutterwelt lossagten, stürmte man in den vierziger Jahren bereits in die Galaxis hinaus.

Das Sonnensystem (auf das man sich erst in den späten siebziger Jahren wieder besann) wurde der SF allmählich zu eng, nachdem der Tarzan-Schöpfer Edgar Rice Burroughs mit UNDER THE MOONS OF MARS (1912) und mehreren Fortsetzungen das Environment bestimmt hatte. Der Mars lieferte zwar weniger Zündstoff für Unabhängigkeitskriege, gab aber mit seinen ›roten Sandwüsten‹ und romantisch verklärten ›Marskanälen‹ jede Menge Stoff für farbige Abenteuergeschichten und süßliche Stimmungsbilder ab: In Ray Bradburys THE MARTIAN CHRONICLES (1950, *Die Marschroniken*) finden wir alle Ängste seines sensiblen und antitechnischen Geistes wieder. Sein Mars ist ein Paradies, und die Erdlinge, die ihn in Besitz nehmen wollen, müssen schon das rechte Bewußtsein mitbringen, wenn sie ihn beherrschen wollen.

Arthur C. Clarke sah in THE SANDS OF MARS (1951, *Projekt Morgenröte*) in unserer Nachbarwelt in erster Linie einen Rohstofflieferanten, wo man sich das besorgt, was auf der Erde knapp wird. In Cyril Judds OUTPOST MARS (1952, *Außenstation Mars*) hingegen geht es, wie in E. C. Tubbs ALIEN DUST (1953, *Die Marskolonie*) um die Probleme einer Kolonistengruppe, die auf einer feindlichen Welt, in die die Erde kein Geld investieren will, zu überleben versucht.

In Philip K. Dicks THE MARTIAN TIME-SLIP (1964, *Mozart für Marsianer*) bildet der Mars den Hintergrund einer Handlung, in der ein autistisches Kind in die schreckliche Zukunft dieser friedlichen Welt sieht, aus der ein korrupter Gewerkschaftsboß ein zweites Teneriffa machen will.

Seltener als der Mars kam die Venus zu kolonialistischen Ehren: In Henry Kuttners FURY (1947, *Alle Zeit der Welt*) hat sich die Menschheit nach einem verheerenden Atomkrieg in die Tiefen der venusischen Meere zurückgezogen, wo sie unter riesigen Kuppeln unter dem Regiment einer Kaste Beinahe-Unsterblicher ihr Dasein fristet, bis sich ein paar kernige Typen aufraffen, um der drohenden Stagnation ein Ende zu bereiten. Sie jagen die apathischen Kuppelbewohner an die lebensbedrohende Oberfläche, und niemand zweifelt daran, daß sie erneut glorreichen Zeiten entgegengehen.

Frederik Pohl und C. M. Kronbluth gelang es in THE SPACE MERCHANTS (1952, *Eine Handvoll Venus und ehrbare Kaufleute*) ausgezeichnet, die Bestrebungen multinationaler Konzerne und cleverer Werbestrategen zu schildern, die einen Propagandafeldzug starten, um die frustrierten Massen Amerikas zu bewegen, auf der Venus heimisch zu werden: dort hat man nämlich Rohstoffquellen entdeckt, an die man billig herankommen will.

Mit zunehmender Erforschung des Sonnensystems verlagerte sich die Kolonisationsthematik immer mehr in galaktische Weiten, wobei aus den ›Solaren Imperien‹ allmählich ›Galaktische‹ wurden. Nicht selten stellte sich dabei für die wackeren Eroberer heraus, daß die Planeten, die man gerade in Besitz nehmen wollte, bereits besiedelt waren: Und wenn sich die ›Eingeborenen‹ – die oft als menschlich aussehende Primitive geschildert werden, die über Fähigkeiten verfügen, mit denen man nicht gerechnet hat – zur Wehr setzen, hörte der Spaß meist auch schon auf.

In J. Hunter Hollys THE GREEN PLANET (1960, *Der grüne Planet*) dauert es eine ganze Weile, bis die unfreiwilligen Kolonisten (aus politischen Gründen Deportierte) herausfinden, daß die ihnen primitiv erscheinenden Ureinwohner in Symbiose mit kleinen Tieren leben und geistige Kräfte entwickelt haben, die den ihren weit überlegen sind.

Nicht selten kommt es auch vor, daß die Aliens, denen man sich so überlegen wähnt, in der Gestalt von Tieren auftreten, für solche gehalten und auch so behandelt werden: In H. Beam Pipers LITTLE FUZZY (1962, *Was ist los auf Planet Zeno?*) etwa werden die possierlichen Bewohner einer neu entdeckten Welt wegen ihrer glänzenden Felle gejagt und getötet, weil nicht sein kann, was nicht sein darf. Brian Aldiss schildert in THE DARK LIGHT YEARS (1964, *Die dunklen Lichtjahre*) den kalten Mord an den fremdartig aussehenden Utodiern, die über eine hohe Kultur verfügen, obwohl sie unappetitlichen Praktiken frönen, und läßt sie von irdischen Raumfahrern für Vivisektionszwecke einfangen.

Die Rache der Kolonisten gegen jene, die sie einst ins All hinausschickten, schildert Fredric Brown in ›KEEP OUT‹ (1954, ›*Betreten verboten!*‹): Dort haben sich die umweltangepaßten Nachkommen der einstigen Erd-Emigranten körperlich und geistig so weit von ihren irdischen Vettern entfernt, daß sie sie für minderwertig halten und nur noch darauf warten, daß man sie provoziert.

Der Exodus in interstellare Weiten bringt es nicht selten mit sich, daß irdische Kolonistenschiffe vom Kurs abkommen, wegen Maschinenschadens die Reise unterbrechen oder aufgrund von Auseinandersetzungen (Meuterei, unvorhergesehene Begegnungen) ihr eigentliches Ziel verpassen und in fremden Zonen landen. Da aus diesen Gründen häufig der Kontakt zur Erde abbricht, kommt es nicht selten vor, daß die Nachfahren der Kolonisten in die Barbarei zurückfallen, sich zu feudalen Gesellschaftssystemen zurückentwikkeln, das Wrack, mit dem ihre Vorfahren gekommen sind, wie ein Heiligtum anbeten oder aufgrund von Umweltanpassung körperlich und geistig mutieren.

Das Motiv der *Lost Colonies* kommt in der SF recht häufig vor: In Murray Leinsters THE FORGOTTEN PLANET (1954, *Der vergessene Planet*) haben sich die Nachfahren einer gestrandeten Raumschiffbesatzung einer lebensfeindlichen Welt angepaßt und müssen sich gegen Riesenspinnen und allerlei anderes Ungetier wehren. Ähnliches geschieht in Robert A. Heinleins TUNNEL IN THE SKY (1955, *Tunnel zu den Sternen*), wo es um Studenten geht, die sich einem ›Härtetest‹ unterziehen müssen: Sie werden per Materietransmission auf einen unzivilisierten Planeten versetzt, wo sie sich bewähren müssen. Als plötzlich der Kontakt zur Erde abreißt, wird aus dem Spiel blutiger Ernst. Wie immer bei Heinlein, setzt sich nach den ersten Wirren eine Führernatur durch, die alles ins rechte Lot bringt, das Überleben der Gruppe sichert und alles für ihren Zusammenhalt tut – und viele Jahre später, als man die Verlorenen endlich wiederentdeckt, nicht wieder in die Zivilisation zurück will.

Harry Harrison schildert in DEATHWORLD (1960, *Die Todeswelt*) einen Planeten mit dermaßen gefährlicher Flora und Fauna, daß es zwischen ihm und den anderen Welten des Imperiums keine Kontakte gibt: Schon die Kinder der Kolonisten sind jedem Fremden haushoch überlegen – sie tragen schon im Krabbelalter scharfe Waffen. Eine Kolonie der Ausgeflippten existiert in Jack Vances THE BIG PLANET (1957, *Planet der Ausgestoßenen*): Hier haben sämtliche Eigenbrötler und Sektierer der Erde eine Zuflucht gefunden, und jede Gruppe praktiziert die Gesellschaftsform, die ihrer Weltanschauung entspricht: da gibt es ebenso Republiken wie Kaiser- und Königreiche, aber auch Systeme, in denen jeder einmal Herr und jeder einmal Knecht sein darf/muß.

In THE GREEN ODYSSEY (1956, *Die Irrfahrten des Mr. Green*) beschreibt Philip José Farmer eine verlorene Kolonie, die offenbar Jahrtausende zuvor von Aliens bewohnt wurde, deren Zivilisationsrelikte noch immer existieren. Auf diese Welt wird der Raumfahrer Green verschlagen. Er kämpft sich durch zahllose Intrigen und eine barbarische Feudalgesellschaft, bis er von einem weiteren Raumpiloten hört, den man in einem fernen Reich gefangenhält, da man ihn für einen vom Himmel gefallenen Dämonen hält.

Am erfolgreichsten hat Marion Zimmer Bradley das Thema der verlorenen Kolonie verarbeitet: In ihrem ›Darkover‹-Zyklus, dessen handlungsmäßig erster Teil DARKOVER LANDFALL (1972, *Landung auf Darkover*) ist, schildert sie eindringlich die Geschichte gestrandeter Erdkolonisten, die – zweitausend Jahre von der Mutterwelt abgeschnitten – eine eigene auf Psi-Fähigkeiten basierende Kultur aufgebaut haben. Als sie schließlich ›entdeckt‹ werden, haben sie mit ihren fernen Verwandten nichts mehr gemein: Die Fähigkeiten der Darkovaner sind denen der Terraner weit überlegen; alles, was man von den irdischen Händlern eintauschen will, sind Pferde.

Edmond Hamiltons ›Crashing Suns‹, 1928 in *Weird Tales* erschienen und Auftakt einer ganzen Erzählungsserie, die später in Buchform als OUTSIDE THE UNIVERSE (1964) und CRASHING SUNS (1965) erschien, war möglicherweise die erste SF-Erzählung, die so etwas wie ein galaktisches Imperium beschrieb. Hamilton ging in seinem Zyklus davon aus, die meisten Planeten der Galaxis seien von intelligenten, raumfahrenden Rassen bevölkert, die sich in einer Föderation zusammengeschlossen haben. Ein solches Gebilde bedarf natürlich auch einer überregionalen Polizeitruppe zur Aufrechterhaltung von Recht und Ordnung: deren Tätigkeit wurde hier erstmals beschrieben.

Als E. E. Smith 1937 den ersten Teil seiner bereits in den zwanziger Jahren entstandenen ›Lensmen‹-Serie veröffentlichte, war ihm eine ›Interstellar Patrol‹ wie die Hamiltons offenbar nicht bombastisch genug: Da sein Imperium gleich aus mehreren Millionen Planeten bestand, sorgte bei ihm die ›Galactic Patrol‹ für Ordnung, eine praktisch unfehlbare Organisation, die sich mit Hilfe einer mysteriösen Linse auswies, einem unfälschbaren Erkennungszeichen, das seinen Trägern auch telepathische Fähigkeiten verlieh.

Nach Smiths ›Lensmen‹-Zyklus ging der Begriff des ›Galaktischen Imperiums‹ praktisch in Allgemeinbesitz über. Zwischen 1942 und 1959 veröffentlichte der junge Isaac Asimov eine zusammenhängende Reihe von Novellen, die schließlich in drei Büchern gesammelt wurden: FOUNDATION (1951, *Der Tausendjahresplan*), FOUNDATION AND EMPIRE (1952, *Der galaktische General*) und SECOND FOUNDATION (1952, *Alle Wege führen nach Trantor*). Von dieser Trilogie sind bis heute nicht nur mehr Exemplare verkauft worden als von zwanzig anderen im Niveau vergleichbaren SF-Romanen zusammen, sie wurde auch in alle Kultursprachen übersetzt und erlebt sowohl in den USA als auch in Großbritannien, der BRD, Frankreich, Spanien und Schweden ständig Neuauflagen. Asimov beschreibt darin die Bemühungen des galaktischen Bürgers und ›Psychohistorikers‹ Hari Seldon, ein Imperium zu retten, das über eine Million besiedelter Welten umfaßt. Nach Seldons Berechnungen muß das Reich bald zerfallen. Ihm wird bis zu einer erneuten Konsolidierung ein finsteres, anarchistisches Zeitalter von 30000 Jahren folgen, das er mit Hilfe zahlreicher Wissenschaftler aller Fachrichtungen und der Installation zweier mysteriöser ›Stiftungen‹, die im Geheimen den Verlauf der Ereignisse verfolgen, abzukürzen hofft. Inzwischen hat sich der Autor dazu überreden lassen, diesen Zyklus um die Bände THE ROBOTS OF DAWN (1983), Aurora oder *Der Aufbruch zu den Sternen*, ROBOTS AND EMPIRE (1985), *Das galaktische Imperium,* FOUNDATION'S EDGE (1982), *Auf der Suche nach der Erde,* und FOUNDATION AND EARTH (1986), *Rückkehr zur Erde,* durch Erweiterung mit den frühen Roboter-Romanen zu verbinden und abzuschließen, was zwar zu einer beträchtlichen Umfangserweiterung führte, aber zu nichts sonst. Das frühere Niveau wurde bei weitem nicht mehr erreicht.

In Edmond Hamiltons CITY AT WORLD'S END (1951, *SOS, die Erde erkaltet*) wird ein amerikanisches Kaff durch den Abwurf einer Atombombe mehrere Millionen Jahre in die Zukunft geschleudert und findet sich auf einer verödeten Erde wieder, deren Sonne inzwischen erkaltet ist. Die Menschen sind in die Galaxis ausgeschwärmt, haben ein Imperium gegründet und stehen in Kontakt mit Dutzenden von anderen Völkern. Schließlich landet eine Expedition dieses Imperiums wieder auf dem Heimatplaneten ihrer Vorfahren und sorgt dafür, daß die Amerikaner – als letzte hier lebenden Menschen – in die Föderation aufgenommen werden.

›Weltenretter‹ Hamilton, von seiner Gattin Leigh Brackett in einem Interview als ›alter Imperialist‹ bezeichnet, hat kaum einen Roman verfaßt, in dem sich nichts in bombastischen ›intergalaktischen‹ Dimensionen abspielt: In THE STAR KINGS (1949, *Herrscher im Weltraum*) wird der kleine Angestellte Gordon, ein Tagträumer par excellence, mit Hilfe undurchschaubarer Maschinerien weit in die Zukunft geholt, wo er den Körper eines kaiserlichen Regenten übernimmt und an dessen Stelle über ein galaktisches Imperium herrscht. In THE SUN SMASHER (1959, *Die Macht der Valkan*) findet der Amerikaner Neil Banning heraus, daß er in Wirklichkeit ein Wesen von den Sternen ist: Rätselhafte Aliens entführen ihn ins All, bezeichnen ihn als exilierten Herrscher über ein galaktisches Reich

und erklären ihm, er werde gebraucht, um den letzten Kampf auszufechten.

In einem Sternenimperium besonderer Art agiert der Sternenhändler Nicholas van Rijn, ein ausgekochtes, profitgieriges Schlitz-
ohr aus dem Universum Poul Andersons: Van Rijn läßt keine Gele-
genheit aus, die Bewohner ›rückständiger‹ Planeten auszunehmen,
und wagt sogar zu behaupten, es seien die Leute seines Schlages,
die mit anderen Völkern Beziehungen anknüpften und für gegensei-
tiges Verstehen sorgten: Händler seien wertvollere Kontakt- und
Friedensfaktoren als Diplomaten.

Im Vergleich mit den diplomatischen Aktivitäten des Keith-Lau-
mer-Helden James Retief mag er da sogar recht haben: In Dutzenden von Romanen und Kurzgeschichten – etwa in ENVOY TO NEW
WORLDS (1963, *Botschafter im Kosmos*) – wertete Laumer nämlich
seine Erkenntnisse als Ex-Militärattaché der USA in Asien aus: Er be-
wirft die Völker der Dritten Welt (die in seinen Geschichten nur deswegen als Außerirdische auftreten, weil auf seinen Büchern SF
steht) mit Kübeln voller Schmutz: Unterentwickelte Nationen bestehen für ihn aus habgierigen, abergläubischen und frechen Banau-
sen, die keine Kultur wollen, sondern goldene Betten. Retief ist der
hemdsärmelige US-Diplomat, an dem George Wallace seine Freude
gehabt hätte: ein raumfahrender Kleinbürger niederen Dienstgra-
des, der nur allzu gern bereit ist, für seine feigen Vorgesetzten die
Kastanien aus dem Feuer zu holen, und dabei weder vor Faust-
kämpfen noch vor Erpressung und Mord zurückschreckt.

In EARTHBLOOD (1966, *Das Blut der Erde*), einem Roman, den Laumer mit Rosel George Brown geschrieben hat, wird zwar kein galaktisches Imperium offeriert, aber immerhin der Traum davon: Nachdem die phantastischen Burschen von der Erde von den Niss Prügel
bezogen haben und das alte Imperium zerfallen ist (was kein aufrechter Terraner verwinden kann), macht sich der Held – der geklonte Sohn eines galaktischen Admirals, der vor 16000 Jahren starb
– auf, um der Menschheit das Heil zu bringen. Er schwärmt von
vergangenen Zeiten, schließt sich einem Piraten an, der seinen
Mordbrennereien dadurch einen moralischen Anstrich zu verleihen
versucht, indem er sie im Namen eines nichtexistenten Galaktischen Imperiums vollbringt, faselt von ›reinrassigen Terranern‹ und
tut alles, um das alte Imperium wieder auferstehen zu lassen – was
ebenso unverständlich ist, als würden die Italiener des zwanzigsten
Jahrhunderts darauf aus sein, das alte Rom in neuem Glanz erstehen
zu lassen. »Die Charaktere sind alle Troglodyten und Rassisten, so

71

dumm wie sie primitiv sind, und man weiß nicht, ob ihre Dummheit ihre Brutalität übertrifft oder vice versa. Es ist die Science Fiction von gestern für die Menschen von vorgestern.« (Franz Rottensteiner)

Ende der siebziger/Anfang der achtziger Jahre gewann auch Alan Dean Fosters ›Homanx-Zyklus‹ immer mehr Gestalt: Romane, die in einem Commonwealth spielen, in dem die Menschen (Hom…) friedlich mit der intelligenten Insektenrasse der Thranx (… anx) zusammenleben, sich aber ständig die aggressiven AAnn und andere Widrigkeiten vom Hals halten müssen. Dieser überaus beliebte, lose verbundene und ›offene‹ Zyklus umfaßt die Trilogie um den psibegabten Waisenjungen Flinx mit den Bänden THE TAR-AIYM KRANG (1972), *Das Tar-Aiym Krang,* ORPHAN STAR (1977), *Der Waisenstern,* und THE END OF THE MATTER (1977), *Der Kollapsar.* (Sie sind auf deutsch auch als Kassette unter dem Titel *Homanx Eins* erschienen.) Ferner gehören dazu die Romane BLOODHYPE (1973), *Vorposten des Commonwealth,* ICERIGGER (1974), *Die Eissegler von Tran-ky-ky,* MIDWORLD (1975), *Die denkenden Wälder,* WITH FRIENDS LIKE THESE (1977), *Meine galaktischen Freunde,* MISSION TO MOULOKIN (1979), *Die Moulokin-Mission,* CACHALOT (1980), *Cachalot,* NOR CRYSTAL TEARS (1982), *Auch keine Tränen aus Kristall* und (vorerst) VOYAGE TO THE CITY OF THE DEAD (1984), *Reise zur Stadt der Toten.*

Weitere wichtige Titel aus diesem Themenbereich

Aldiss, Brian W. (Hrsg.): GALACTIC EMPIRES (1976).
Brunner, John: THE WORLD SWAPPERS (1959), *Ein Planet zu verschenken.*
ders.: POLYMATH (1974), *Der Kolonisator.*
ders.: INTERSTELLAR EMPIRE (1976), *Sie schenkten uns die Sterne.*
Harrison, Harry: DEATHWORLD 2 (1964), *Die Sklavenwelt.*
ders.: DEATHWORLD 3 (1968), *Die Barbarenwelt.*
Heinlein, Robert A.: PODKAYNE OF MARS (1963), *Bürgerin des Mars.*
Henderson, Zenna: PILGRIMAGE: THE BOOK OF THE PEOPLE (1961), *Wo ist unsere Welt.*
dies.: THE PEOPLE: NO DIFFERENT FLESH (1966), *Aufbruch ins All.*
Herbert, Frank: DUNE (1965), *Der Wüstenplanet.*
ders.: DUNE MESSIAH (1969), *Der Herr des Wüstenplaneten.*
ders.: CHILDREN OF DUNE (1976), *Die Kinder des Wüstenplaneten.*
Laumer, Keith: GALACTIC DIPLOMAT (1965), *Diplomat der Galaxis.*
ders.: RETIEF'S WAR (1966), *Diplomat und Rebell von Terra.*
ders.: RETIEF AND THE WARLORDS (1968), *Diplomat der Grenzwelten.*
Vance, Jack: THE BLUE WORLD (1964), *Der azurne Planet.*

4
Der Landser im Orbit:
Militarismus und Antimilitarismus in der Science Fiction

*»Militärische Auseinandersetzungen gehören seit den Anfangstagen
zu den festen Bestandteilen der SF, und möglicherweise wird dies
auch in der Zukunft nicht anders sein. Action und Farbigkeit sind es
nun mal, die die populäre SF hochhalten, deswegen wird die
Erzählung kriegerischer Ereignisse uns auch weiterhin
beschert werden.«*

Harry Harrison

Kriege und Aggressionen zwischen den Sternen sind stets ein SF-
Thema gewesen, das manchem jugendlichen SF-Leser heiße Ohren
beschert und die Auflagen diverser Periodika jahrelang hochgehal-
ten hat.

Das wohl beste Beispiel dieser Art dürfte die bundesrepublikani-
sche, in zahlreichen Ländern des inner- und außereuropäischen
Raumes erscheinende Heftserie *Perry Rhodan* sein, ein praktisch
unendlicher SF-Landserroman, der die deutsche SF in der Welt repräsentiert und in dem tapfere Raumsoldaten der Erde (angeführt
vom jahrhundertelang regierenden unsterblichen ›Großadministra-
tor‹ Rhodan höchstpersönlich) eine Energieschlacht nach der anderen in Szene setzen, um die über 500 000 Leser allwöchentlich bei
der Stange zu halten.

Daß der Gegner dabei von Phase zu Phase mächtiger, undurchschaubarer, raubgieriger und gewalttätiger wird (und werden *muß*),
steigert die Spannung eher noch: Wird es Perry auch diesmal wieder gelingen, das Imperium zu retten? Mit der Zunahme der Bösar-
tigkeit des Feindes steigt auch der Grad seiner Verteufelung; je
schlimmer er geschildert wird, desto brutaler wird auf ihn eingedro-
schen. Daß niemand nach den Gründen fragt, aus denen Kriege
entstehen, liegt daran, daß man von einem Fließbandautor keine
Antwort erwartet. Die Auswirkungen solcher Aggressionen zu beschreiben und ihre Ursachen aufzuzeigen, sind zwei verschiedene
Schuhe: Der Gegner taucht aus dem Dunkel auf, und dann geht es
erst einmal um die Einheit der Rasse. Wer sich nicht in die Klassen-

harmonie einfügt, ist ein Verräter. Daß Kriegsursachen verschwiegen oder verzerrt dargestellt werden, entspricht dem alten Konzept des ideologischen Täuschungsmanövers: Kriege finden deswegen statt, weil die Menschheit sich uneinig ist und somit den Aggressor aus dem All anlockt. Wird die Uneinigkeit nicht überwunden, ist der äußere Feind schnell zur Stelle, um der Menschheit auf die Sprünge zu helfen.

Daß sich der »Landser im Zukunftskleid« (Franz Rottensteiner) dennoch glänzend verkauft, liegt – wie Harry Harrison treffend bemerkt – daran, daß er die populäre Form der durch Film und Fernsehen bekannten SF darstellt, die derlei Trivial-Epen für schlichte Gemüter möglicherweise erst interessant macht. Wer nicht für ›Philosophiererereien‹ (sprich gewaltlose Konfliktlösung) zu haben ist, das Denken bei der Unterhaltung für eine Zumutung hält, aber dennoch nicht auf SF verzichten will; wem die komplizierten Gedankengänge der Lems, Dicks, Budrys, Aldiss' und Galouyes zu verstrickt und unübersichtlich sind, kann jederzeit zu seinem K. H. Scheer greifen oder mit E. E. Smith' ›Lensmen‹ durch die dunkle Sternennacht reisen, die höchstens mal vom Geflacker der Blaster erhellt wird.

Robert A. Heinleins STARSHIP TROOPERS (1959, *Sternenkrieger*) beschreibt die Raumschlachten so detailliert, als stammten sie aus einem Kriegstagebuch der Vergangenheit und liefert dermaßen exakte Beschreibungen von gedrillten Raumsoldaten und ihren tödlichen Waffen, daß das Buch hierzulande zwanzig Jahre herumgereicht wurde wie sauer Bier. Bis 1979 fand sich kein deutscher Verleger, der es gewagt hätte, diese widerwärtige Glorifizierung militaristischen Draufgängertums in deutscher Sprache zu verbreiten: Die dort geschilderte kriegerische Zukunftswelt, in der nur ›Gediente‹ das Wahlrecht haben, Alkoholiker öffentlich ausgepeitscht werden und pensionierte Militärveteranen Geschichte und Moralphilosophie lehren, zeigt unverhüllt die Vorstellung des Autors von der idealen Welt: Eine reaktionäre ›Elite‹ herrscht unter Anwendung offener Gewalt, der Pöbel hat zu kuschen oder kriegt eins auf die Schnauze.

Heinleins THE MOON IS A HARSH MISTRESS (1966, *Revolte auf Luna*) schildert eine andere Art von Krieg. Unter der Führung des Elitemenschen O'Kelly tun sich auf dem von Deportierten und ihren Nachkommen bevölkerten Mond Leute zusammen, um die Unabhängigkeit von der Erde zu erkämpfen. Der hier geführte Krieg ist ein Kleinkrieg unterschiedlichster Gruppierungen. Auch hier ist Uneinigkeit der größte Gegner. Ehe man sich von der Erde lösen kann, muß man sich jener Elemente entledigen, die zu viele Fragen stellen, was auf eine Art geschieht, an der Joseph Goebbels seine helle Freude gehabt hätte. Mit dem Recht des Stärkeren bringt man die Uneinsichtigen zur Räson oder liquidiert sie. Diskussionen sind nicht gefragt: »Einer von uns müßte als Vorsitzender fungieren«, schlägt einer der Helden vor. »Wir würden nicht abstimmen; das wäre überflüssig – oder wir wären nicht die richtigen drei.«

K. H. Scheer, einer der erfolgreichsten SF-Autoren deutscher Zunge, den die Kritik nicht grundlos ›Handgranaten-Herbert‹ nennt, ist ein weiteres Beispiel ungezügelter Militarismus-Verherrlichung: Seine SF-Produktion (62 Leihbuchromane zwischen 1952 und 1965, dazu 32 Taschenbücher und über 50 Perry Rhodan- und Atlan-Hefte) schildert geradezu den Prototypen des Landsers im Weltall. In Die Männer der Pyrrhus (1965) finden wir eine Anhäufung aller Klischees, derer der kosmische Kriegsberichterstatter Nr. 1 fähig ist: Lionel Fatener, Ex-Oberst der Raumwaffe, Ex-Schlachtenheld und Ex-Spezialagent (von seinen Freunden ›Tiger‹ genannt), sieht sich nach Ende eines dreißigjährigen Krieges gegen aufmüpfige Kolonialplaneten wieder einmal einem Notstand gegenüber, zwingt seine (mittlerweile zivile) Raumschiff-Crew mit massiven Drohungen zu einer wehrhaften Rassegemeinschaft, der sich alle Einzelinteressen unterzuordnen haben, und stellt sich heldenhaft und ungebeten den expandierenden Tunors entgegen, die sich anschicken, ›der Menschheit‹ etwas von ihrem dringend benötigten und in harten Kämpfen errungenen ›Lebensraum‹ abzuknapsen.

Scheers fünfzigbändige ›ZbV‹-Serie, die 1957 startete und seither mehrere Neuausgaben erfahren hat, ist ein Konglomerat aus Agententätigkeit, Intrigen, heimlichen Invasionen, Zukunftskriegen, durchdrehenden Robotgehirnen, Anschlägen und gewaltsamen Auseinandersetzungen. Nachdem die Menschheit in CC-5 – streng geheim (1957) unter den Rocky Mountains einen Stützpunkt tückischer Venusintelligenzen ausfindig gemacht und in die Luft gesprengt hat, findet man in Überfällig (1958) heraus, daß die wahren Aggressoren die im Hintergrund operierenden Deneber sind: Diese haben sich auf dem Mond eingenistet und hetzen in Eliteeinheit Luna Port (1958) ihre versklavten venusischen Truppen gegen die Menschen, was sich aber durch den wackeren Einsatz einiger Agenten, die in Vorsicht, Niemandsland (1960) die technischen Errungenschaften der (von den Denebern ausgerotteten) Marsianer an sich reißen, verhindert wird. Die Brutalität, mit der man gegen die Deneber vorgeht, spottet nicht nur jeder Beschreibung, sondern wird auch noch mit der ›Arroganz‹ des Gegners motiviert: Wenn Scheer von den Dingen spricht, spricht er stets von den Dingen an sich. Der imperialistische Raubkrieg, der vom Zaun gebrochen wird, weil die Deneber keine anderen Intelligenzen neben sich dulden (was aufrechte Terraner natürlich nicht hinnehmen können) und letztendlich mit der totalen Vernichtung der sich überlegen dünkenden Rasse endet, ist für Scheersche Helden lediglich ein Abwehrkampf.

Was Joe Haldeman in seinem exzellenten Antikriegsroman THE FOREVER WAR (1974, *Der ewige Krieg*) mit dem lapidaren Satz »Als wir den Tauranern zum ersten Mal begegneten, eröffneten wir das Feuer.« sagt, wird in der Kloaken-SF zur Inversion: Hier ist die Erde der stete Hort des Friedens, und angefangen haben grundsätzlich die anderen. Politisches wird tunlichst ausgeklammert, wirtschaftliche Kriegsursachen (etwa das Sicherkämpfen von Absatzmärkten oder Rohstoffquellen, wie es bei den meisten bisher geführten Kriegen der Fall war) existieren nicht für die fleißigen Schreiber der Action-Brigade. Wenn die blauäugigen Recken von Terra in interstellare Feindseligkeiten verwickelt werden, dann nur deswegen, weil die ›Denkprozesse‹ anderer Völker dermaßen verquer ablaufen, daß man ihnen nicht trauen kann.

Die interstellaren SF-Kriege, die während der vierziger und fünfziger Jahre in der Massenproduktion eher Regel als Ausnahme waren, gehören heute allerdings (abgesehen von Heftserien und Neuauflagen) kaum noch zum gängigen Bild: Erfolgreiche Kinofilme wie George Lucas' STAR WARS (1976, *Krieg der Sterne*) kopieren lediglich die alten Muster der utopischen Welt von vorgestern und dokumentieren damit auf betrübliche Weise, woher die Kenntnisse jener Herren stammen, die solche Projekte mit Millionenbudgets unterstützen.

In den sechziger und siebziger Jahren hat sich eine Autorengeneration entwickelt, die auch in der SF nicht mehr bereit ist, Einflüsse der Realität auf ihre Werke zu ignorieren. Den Anfang machte der ansonsten konservative und reiner Abenteuer-SF verhaftete Harry Harrison mit dem Roman BILL, THE GALACTIC HERO (1965, *Der Chinger-Krieg*), einer ergötzlichen Satire auf die glorreichen und ordenbehangenen Helden Heinleins. Harrison zertrümmert allen, die Gewohntes erwarten, die Optik. Er parodiert nicht nur glänzend die galaktischen Kriege seiner unbedarften Vorgänger, sondern auch die Phantasie- und Sprachakrobatik der Space Opera, die im Erfinden gigantomanischer Supertriebwerke und -Waffen noch heute gelegentlich unfreiwillig komische Kapriolen schlägt. Der Krieg, den man gegen die schrecklichen, zwei Meter zwanzig großen Molche aus dem All führen will, entpuppt sich, anders als bei den reaktionären Sternenkriegsspektakeln, als Verbrechen an der Menschheit, und am Ende stellt sich noch heraus, daß die vermeintlich blutgierigen Bestien nur 22 cm groß sind: Man hat sie nur als Popanz aufgebaut.

1968, als der Vietnam-Krieg seinen Höhepunkt erreichte, erschienen gleich mehrere ausgezeichnete Werke, die sich mit dieser Problematik im SF-Gewand auseinandersetzten: Thomas M. Dischs CAMP CONCENTRATION (1968, *Camp Concentration*), beschreibt die Reaktion des Systems gegen die zunehmende Anzahl amerikanischer Kriegsdienstverweigerer und Deserteure: Als die Gefängnisse überquellen, beschließt die Regierung, die Opponenten ihrer Kriegsbemühungen auf andere Weise zu ihrem Nutzen einzusetzen. In geheimen Konzentrationslagern testet man an den Männern ohne deren Wissen Desorientierungsdrogen, biologische Kampfstoffe und syphilisähnliche Erreger, die eine Erhöhung des IQ bei sinkender Lebenserwartung bewirken. In der ebenfalls von Thomas M. Disch verfaßten Satire ›1-A‹ (1968), einem besonders bösen Garn, werden frisch zu Killern ausgebildete Elitesoldaten ohne Umschweife gleich auf dem Kasernenhof ihrer Bestimmung zugeführt: Man legt sie um.

Barry Malzberg schildert in seiner Novelle ›Final War‹ (1968, ›Der letzte Krieg‹) einen Krieg, ohne daß er in einem anderen Zusammenhang geschildert wird als dem einer Welt, deren Krankheit offensichtlich ist: Niemand macht sich Gedanken darüber, was ihn ausgelöst hat. Die Kompanie, deren Einsätze er schildert, erobert und verliert wechselseitig einen Wald, ihr Tun ist absolut sinnlos und beinahe statisch. Veränderungen ergeben sich nur insofern, als die Gefallenen durch neue Soldaten ersetzt werden. Malzberg beschreibt dies ohne jeden Pathos – um so deutlicher wird die Unsinnigkeit der Handlung. Wenn er seine Protagonisten – vom Captain bis zum diensteifrigen Gefreiten, der unaufhörlich Urlaubsgesuche einreicht (die ebenso regelmäßig abgelehnt werden) – als Psychopathen schildert, die in diesem Kommißbetrieb nichts als Selbstverständlichkeiten sehen, führt er jede Art der bewaffneten Auseinandersetzung ad absurdum.

Joe Haldemans THE FOREVER WAR (1974, *Der ewige Krieg*) weist ähnliche Parallelen auf. Haldeman, selbst Vietnam-Veteran, zeigt das Grauen des Krieges eindringlich aus der Sicht des kleinen Soldaten Mandella, der als Teilnehmer an mehreren Schlachten gegen einen

Gegner, der der Menschheit nichts getan hat, durch Raum und Zeit geschleudert wird, ohne in der Lage zu sein, den einmal in Gang gesetzten Mechanismus und den Kräften, die ihn in Bewegung halten, zu entkommen. Mandella ist der kleine Soldat, dem man einbleut, daß man sich lediglich verteidige, was ja wohl jeder täte, der abends in einem dunklen Park spazierenginge und von einem Unhold überfallen wird. Er kann jedoch nicht kontrollieren, wer der wirkliche Aggressor ist und weiß nicht, ob seine lebensgefährlichen Einsätze überhaupt sinnvoll sind.

Neuester Trend im Reagan-Amerika sind im Fahrwasser von RAMBO Söldner-SF-Romane von Autoren wie Jerry Pournelle, David A. Drake, Glen Cook u.a., in denen vorzugsweise Vietnam-Veteranen in Raum und Zeit allerlei Untermenschen und Aliens abschlachten (und so den Vietnamkrieg doch noch gewinnen).

Weitere wichtige oder typische Titel aus diesem Themenbereich

Anderson, Poul: A WAR OF TWO WORLDS (1959), *Der Krieg zweier Welten*.

Biggle, Lloyd: THE ANGRY ESPERS (1961), *Invasion der Supermenschen*.

Dickson, Gordon R.: SOLDIER, ASK NOT (1967), *Unter dem Banner von Dorsai*.

Garnett, David S.: MIRROR IN THE SKY (1969), *Das Rätsel der Creeps*.

Hamilton, Edmond: BATTLE FOR THE STARS (1961), *Die Heimat der Astronauten*.

Judd, Cyril: GUNNER CADE (1952), *Die Rebellion des Schützen Cade*.

Leiber, Fritz: THE BIG TIME (1961), *Eine tolle Zeit*.

Leinster, Murray: THE BLACK GALAXY (1954), *Die schwarze Galaxis*.

Lucas, George: STAR WARS (1978), *Krieg der Sterne*.

Mason, Allan P.: *Legionäre im All* (1959).

Russell, Eric Frank: WASP (1957), *Der Stich der Wespe*.

Scheer, K. H.: *Die Sterne bersten* (1954).

ders.: *Der Stern der Gewalt* (1956).

ders.: *Die Fremden* (1957).

ders.: *Die lange Reise* (1957).

ders.: *Großalarm im All* (1958).

ders.: *Expedition* (1961).

Smith, George O.: NOMAD (1958), *Der große Krieg*.

Vance, Jack: SLAVES OF THE KLAU (1958), *Magarak, Planet der Hölle*.

Van Vogt, A. E.: THE WAR AGAINST THE RULL (1959), *Der Krieg gegen die Rull*.

Voltz, William: *Sternenkämpfer* (1958).

5
Schleimige Monster und andere Aliens:
Außerirdische Lebewesen

Der fremde Besucher

Der fremde Besucher als Bedroher oder Erlöser der Menschheit taucht als Motiv häufig in der SF auf und nimmt in diesem Kapitel eine Schlüsselposition ein. Oft kommt er als unüberwindlicher Zerstörer auf die Erde, dessen Achillesferse erst vom strahlenden Helden gefunden werden muß, wie es zum Beispiel in Gordon R. Dicksons THE ALIEN FROM ARCTURUS (1956, *Der Fremde von Arcturus*) der Fall ist, oder als Kundschafter einer außerirdischen Invasionsstreitmacht, der vor dem großen Schlag erst einmal das Terrain sondiert. Romane und Geschichten dieses Strickmusters gibt es in der SF zu Hunderten, und auch die Filmindustrie schlachtete erstere Variante gehörig aus. Ob es sich nun um Godzilla, King Kong oder aus Jahrmillionen langem Tiefschlaf geweckte Saurier, Monstrositäten aus den Tiefen des Alls oder angreifende UFOs handelt, der Grundgedanke ist immer derselbe: Monströse Eindringlinge gefährden die Ordnung auf der Erde, richten grausige Zerstörungen an und werden schließlich durch Konzentrierung aller Kräfte oder durch einen simplen Trick überwunden. Es gibt in diesem Bereich aber auch weniger platte Beispiele, die bisweilen sogar groteske Formen annehmen, so in Robert A. Heinleins Jugendbuch THE STAR BEAST (1954, *Das Ultimatum von den Sternen*), in dem Lummox, das achtbeinige Souvenir eines Weltraumforschers, sich von Metall ernährt und zum Frühstück ein Automobil frißt.

Ein Großteil der SF-Geschichten dieses Themas fällt gleichzeitig unter den Oberbegriff ›Invasion‹, der an anderer Stelle abgehandelt wird. Zu vermerken ist lediglich, daß sich für diese Ungeheuer aus den trivialen Gefilden der SF eine eigene Beziehung eingebürgert hat: BEMs (von *Bug-Eyed-Monsters*, etwa Monster mit Insektenaugen).

Was die Vorboten einer außerirdischen Invasion anbelangt, so hat Robert Sheckley mit seiner Story ›Keep Your Shape‹ (1953) die

Erde zu schmackhaft gemacht. Die außerirdischen Späher, die ihre Gestalt beliebig verändern können und auf der Erde in Form von Bäumen, Hunden, Vögeln etc. auftreten, sind von der Vielfalt der irdischen Lebensformen so angetan, daß sie ihre ursprüngliche Aufgabe, die Verteidigungsmöglichkeiten dieses Planeten auszukundschaften, vergessen und die Invasion selbst zum Scheitern bringen.

Die Möglichkeit des Gestaltwandelns scheint die SF-Autoren zu faszinieren, bietet sie doch das Nonplusultra an Unterwanderung und fordert kriminalistischen Scharfsinn, die ›eingesickerten‹ Fremden ausfindig zu machen. Eine der berühmtesten Novellen des Genres, John W. Campbells WHO GOES THERE? (1938) behandelt das Problem einer Antarktisexpedition, die ein fremdes, überaus gefährliches Wesen stellen muß, das ständig in Gestalt des einen oder anderen Expeditionsteilnehmers oder eines Schlittenhundes nachahmt. NEEDLE (1950, Symbiose) von Hal Clement bringt eine Variante dieser SF-Detektivgeschichte. Zwei außerirdische Symbionten landen auf der Erde: der Jäger und der Gejagte. Beide nisten sich in einem Menschen ein, und für den Polizisten gilt es nun, seinen verbrecherischen Gegenspieler aufzuspüren wie die berüchtigte Nadel im Heuhaufen.

Literarisch wichtiger als die prähistorischen Ungeheuer oder BEMs, und in ihrer Wesensart viel menschlicher als die fremdartigen Gestaltwandler und Symbionten, sind eine Gruppe von ›Besuchern‹, mit denen die Autoren Höheres vorhaben. Ihrer bedienen sie sich, um ein Anliegen vorzubringen, um ihrer Geschichte eine tendenzielle Aussage zu geben. So treten die Besucher nicht selten als Warner vor einer gefährlichen Entwicklung auf, wofür am ehesten die Story ›Farewell To the Master‹ (1940) von Harry Bates stehen kann, nach welcher der Film THE DAY THE EARTH STOOD STILL (1951, Der Tag, an dem die Erde stillstand) gedreht wurde. Klaatu, der Abgesandte einer galaktischen Zivilisation, kommt auf die Erde und versucht die Politiker zur Aufgabe des atomaren Wettrüstens zu bewegen.

Wie Klaatu sind diese Art Besucher im allgemeinen Vertreter einer der Menschheit überlegenen Kultur. Äußerlich unterscheiden sie sich kaum von den Menschen und dienen daher gut zur Vermittlung von Sozialkritik. Zumindest aber liefern sie eine Warte außerhalb der menschlichen Gesellschaft, von der aus diese betrachtet und beurteilt werden kann. Dieser philosophische Hintergrund nimmt mitunter auch religiöse Formen an. Geradezu messianische Züge weist Michael Valentine Smith, der marsianische Protagonist aus Robert A. Heinleins Kultroman STRANGER IN A STRANGE LAND (1961, *Ein Mann in einer fremden Welt*), auf. Smith, Sohn terranischer Eltern, aber auf dem Mars aufgewachsen und erzogen, kann durch einige parapsychologische Fähigkeiten fast als Supermann bezeichnet werden. Auf der Erde findet er sich nur schwer zurecht, gewinnt dann aber durch seine freie Einstellung gegenüber sozialen Tabus eine Anhängerschaft und wird schließlich sogar zu einer Art Christusfigur, die sich am Schluß des Romans entkörperlicht. Mit ähnlicher Problematik wartet Walter Tevis in seinem Roman THE MAN WHO FELL TO EARTH (1963, *Der Mann, der vom Himmel fiel*) auf, der mit Popstar David Bowie verfilmt wurde. Hier haben wir eine Parabel auf die Inhumanität des Menschen vor uns. Der Außerirdische, Mitglied einer überlegenen, jedoch untergehenden Zivilisation, strandet auf der Erde und versucht sich so menschenähnlich wie möglich zu verhalten. Ohne finstere Hintergedanken baut er sich ein Wirtschaftsimperium auf, das den Bau eines Raumschiffes und die Rückkehr auf seinen Planeten ermöglichen soll. Von allen Seiten schlagen ihm jedoch Haß und Argwohn entgegen.

Diese sympathische Darstellung des Außerirdischen im Gegensatz zu einer feindlichen Umgebung auf der Erde wird auch bei Zenna Hendersons ›People-Stories‹, zusammengefaßt in den Bänden PILGRIMAGE: THE BOOK OF THE PEOPLE (1961, *Wo ist unsere Welt*), und THE PEOPLE: NO DIFFERENT FLESH (1967, *Aufbruch ins All*), offensichtlich. Die Angehörigen des ›Volkes‹ kommen in kleinen Gruppen auf die Erde, nachdem ihre Sonne zur Nova wurde. Die einzelnen Stories handeln in erster Linie von kleineren Kontaktaufnahmen mit Erdbewohnern. Obgleich es zu keiner ernsthaften Konfrontation zwischen beiden Rassen kommt, zeigt die Autorin auf sentimentale Weise die Unreife der Menschen.

Erster Kontakt

Das erste Zusammentreffen zwischen Menschen und Außerirdischen muß nicht notgedrungen auf der Erde stattfinden. Viel Zündstoff liegt auch in einer Begegnung zwischen Gleichwertigen im All, wie sie Murray Leinster in seiner klassischen Story ›First Contact‹ (1945) beschreibt. Aus irdischer Sicht wird die Spannung geschildert, die das Treffen beherrscht. Die Ängste vor einer falschen Reaktion der anderen, einem Mißverständnis oder einem Fehler der eigenen Mannschaft. Alle Waffen des irdischen Schiffes sind auf das fremde Schiff gerichtet, bis Leinster die ganze Sache in einer Slapstick-Pointe platzen läßt: Die Abgesandten beider Parteien haben sich beim ersten Kontakt zweier sternfahrender Rassen schmutzige Witze erzählt.

Obschon Leinster mit dieser Geschichte manchen seiner verkrampfteren Kollegen auf die Schippe nahm, war ›First Contact‹ für seinen russischen Kollegen Ivan Efremov der Anlaß, diesem Standardthema der SF eine ernsthaftere Version hinzuzufügen. ›Serdee Smei‹ (1959, *Das Herz der Schlange*) schließt an die Ereignisse in seinem bekannten Roman *Das Mädchen aus dem All* (1957) an und schildert in minutiösen Einzelheiten den Kontakt mit einer raumfahrenden Rasse, deren Metabolismus auf Fluor basiert.

Weitere Romane, in denen der Erstkontakt mit vernunftbegabten Fremdrassen eine tragende Rolle spielt, sind THE STAR DWELLERS (1961, *Das Zeichen des Blitzes*) von James Blish, worin die irdischen Raumfahrer Wesen aus reiner Energie begegnen, und THE MOTE IN GOD'S EYE (1974, *Der Splitter im Auge Gottes*) von Larry Niven/Jerry Pournelle, einem voluminösen Roman, in dem die menschliche Rasse sich über die halbe Milchstraße ausgebreitet hat, ehe sie auf irdische Intelligenzen stößt, die sich dann als große Gefahr für alle anderen Bewohner der Galaxis entpuppen.

Einer der bekanntesten Kontaktromane ist Fred Hoyles THE BLACK CLOUD (1957, *Die schwarze Wolke*). Eine Wolke interstellarer Materie dringt ins Sonnensystem ein und bedroht das Leben auf der Erde. Aber die Wolke stellt sich als intelligent heraus, die sich nach errichteter Kommunikation aus Achtung vor dem Leben wieder zurückzieht. In Arthur C. Clarkes CHILDHOOD'S END (1953, *Die letzte Generation*) ist die Menschheit durch Selbstausrottung bedroht, als eine überlegene Spezies auf sie stößt und sie pazifiert. Ironischerweise sehen die Fremden, die ausführendes Organ eines transzendentalen kosmischen Bewußtseins sind, wie Teufel aus.

Aber nicht immer läuft ein Erstkontakt mit nichtmenschlichen Intelligenzen so glatt ab. In RENDEZVOUS WITH RAMA (1973, *Rendezvous mit 31/439*) vom selben Autor tauchen die Fremden, deren Riesenraumschiff das Sonnensystem durchquert, gar nicht erst auf. Noch schlimmer ergeht es den menschlichen Forschern, die in Robert Silverbergs THE MAN IN THE MAZE (1969, *Exil im Kosmos*) Kontakt mit den Humanoiden von Beta Hydri aufnehmen wollen: Sie werden von diesen einfach ignoriert.

Daß es aufgrund radikaler Andersartigkeit zwischen den Menschen und möglicherweise existierenden außerirdischen Intelligenzen zu unüberwindlichen Problemen bei der Kontaktaufnahme kommen würde, diese These vertritt der Pole Stanislaw Lem. Sein

Roman SOLARIS (1961, *Solaris*) ist ein Paradebeispiel für diese Kluft. Ein riesiger Ozean auf dem Planeten Solaris scheint selbst intelligentes Leben darzustellen, da er ständig phantastische Formen produziert und auf diese Weise offensichtlich mit irdischen Forschern auf Solaris in Kontakt treten will. Aber Wissenschaft und Einfallsreichtum der Menschen reichen nicht aus, um eine befriedigende Erklärung der Phänomene geben zu können. Der Mensch kann die Fremdartigkeit des Ozeans nur mittels seiner eigenen – begrenzten – Sprache ausdrücken. Alle Versuche einer Kontaktaufnahme scheitern nach Lems eigener Maxime: Wenn der Mensch im Weltraum auf vernunftbegabte Wesen trifft, so ist das wie eine Begegnung zwischen Schnecke und Eichhörnchen.

Vom solaren Hühnerhof zum galaktischen Zoo

Lems tiefgehende Überlegungen zu diesem Komplex kamen der Mehrzahl der SF-Autoren allerdings nicht in den Sinn. Sie bevölkerten das Universum mit Myriaden von Lebewesen, die teilweise die bizarrsten Formen annahmen.

Die ersten Außerirdischen der SF waren zweifelsohne Mondbewohner, die schon in den Werken der Renaissance, etwa bei Kepler und Francis Godwin, auftauchen. Einer der bekanntesten Mondromane ist H. G. Wells FIRST MEN IN THE MOON (1901, *Die ersten Menschen auf dem Mond*). Darin werden zweibeinige menschenähnliche Kreaturen und gewaltige Mondkühe geschildert, die im Inneren des Himmelkörpers leben. Nach Wells gab es noch viele Publikationen über den Mond und dessen Bewohner, wenngleich der Trend nun zu den sonnennahen Planeten hinging, was außerirdisches Leben anbelangte. Edgar Rice Burroughs eröffnete mit seinen 11 Mars- und 4 Venusromanen im zweiten Jahrzehnt dieses Jahrhunderts neue Dimensionen. Seine Planeten lieferten den farbigen Hintergrund für abenteuerliche Actionromane und waren daher mit menschenähnlichen Rassen und gefährlichem Getier noch dichter bevölkert als die gute alte Erde. Der Mars mit seinen rätselhaften Kanälen und die Venus, deren Oberfläche den Astronomen wegen einer undurchdringlichen Wolkendecke stets verborgen blieb, gaben Phantasten und Autoren Anlaß zu immer neuen Spekulationen. Im Lauf der Jahre gewann man jedoch immer lückenlosere Erkenntnisse über unsere Nachbarplaneten, so daß die Heimat außerirdischen Lebens immer weiter von der Erde weggeschoben wurde. Eine letzte Bastion in unserem Sonnensystem waren dann die Monde von Jupiter und Saturn, wollte man nicht auf fremdartige Wesen ausweichen, wie etwa methanatmende Flugrochen, die durch Jupiters dichte Atmosphäre glitten. Einfacher war es dann allerdings, wenn man sich gleich erdähnliche Planeten anderer Sonnensysteme ausdachte, auf denen fremden Lebensformen keine Grenzen gesetzt waren; eine Möglichkeit, von der die meisten Autoren Gebrauch machten.

Zu Beginn der amerikanischen Magazin-SF, der Zeit der sogenannten Pulps, waren die Außerirdischen entweder schleimtriefende Monster, die es mit Vorliebe auf irdische Frauen – und insbesondere auf die blonde Verlobte des Helden – abgesehen hatten, oder aber Angehörige einer Superrasse, die der Menschheit zeigen wollten, wo es langging. Der erste Autor, der wirklich eigenständige Aliens hervorbrachte, war Stanley G. Weinbaum. Seine 1934 erschienene Geschichte ›A Martian Odyssey‹ war diesbezüglich ein Meilenstein. In ihr taucht ein ganzes Sammelsurium origineller, sympathisch dargestellter Außerirdischer auf, angefangen von Tweel, einem straußenähnlichen Wesen, das die Forscher von der Erde auf dem Mars herumführt und ihnen die untergegangene Marskultur wie auch eine Vielzahl von Marsbewohnern zeigt: eine Tentakelpflanze, die ihre Opfer hypnotisiert, faßförmige Lebewesen, deren Junge zwischen zwei Alten heranwachsen, und – wohl am amüsantesten gezeichnet – den Pyramidenbauer, ein Siliziumwesen, das sich unendlich langsam durch die Marswüste bewegt, ewig Sand frißt und fertige Backsteine ausscheidet, die es zu Ketten von Pyramiden anhäuft.

Dieser Katalog von Außerirdischen beeinflußte viele Autoren, die sich in der Folgezeit im Ersinnen immer neuer Aliens gegenseitig überboten. In THE UNIVERSES OF E. E. SMITH (1966) haben Ron Ellik und Bill Evans alle außerirdischen Lebensformen klassifiziert, die Smith in seinen ›Lensmen‹-Romanen (ab 1934) auftauchen ließ. Ein vierstelliger Buchstabencode bezeichnet die intelligenten Fremdwesen in James Whites ›Sector General‹-Stories (ab 1957), die bei uns als Romane um die *Weltraummediziner* bekannt wurden. Seltsame Zeitgenossen zukünftiger Raumfahrer haben sich auch Poul Anderson und Gordon R. Dickson in ihren ›Hoka‹-Stories (ab 1951, als *Des Erdenmannes Bürde* gesammelt) ausgedacht. Die Hokas sind zwar keine Menschen, dennoch wären sie es furchtbar gern, und so imitieren sie irdische Gebräuche und spielen auf ihrem Planeten Wildwest.

Bei der Erschaffung fiktiven außerirdischen Lebens tun sich manche SF-Autoren ganz besonders hervor. Eine besondere Rolle spielt

Hal Clement, dessen Roman NEEDLE schon erwähnt wurde. In MISSION OF GRAVITY (1954, *Unternehmen Schwerkraft*) sind es die ungewöhnlichen Schwerkraftverhältnisse auf dem Planeten Mesklin – physikalische Bedingungen, die vom Autor in überzeugender Weise konstruiert werden – sowie die Darstellung der Lebensformen, die dieser Planet mit extremer Gravitation hervorgebracht hat, die den Roman zu einem Lesevergnügen werden lassen. Die Meskliniten, 45 cm lange Tausendfüßler, die auch der schrecklichen Schwerkraft von 700 G trotzen, waren bei der Leserschaft so beliebt, daß Clement sie in seinem 1971 erschienenen Roman STARLIGHT *(Stützpunkt auf Dhrawn)* wieder auftreten ließ. Der erfahrene Kapitän und clevere Handelsmann Barlennan übernimmt (gegen klingende Münze) für die Menschen einen neuen Forschungsauftrag in einer anderen Schwerkrafthölle.

Beliebt sind natürlich monströse Lebensformen auf fremden Planeten – bei Lesern wie auch Autoren. Sie stellen noch immer die Gefahrenquelle Nr. 1 für die Protagonisten der SF dar. Beispiele hierfür sind die riesigen Sandwürmer aus Frank Herberts ›Dune‹-Trilogie (ab 1965, *Der Wüstenplanet, Der Herr des Wüstenplaneten, Die Kinder des Wüstenplaneten*) und der an Moby Dick erinnernde Fischsaurier aus Roger Zelaznys preisgekrönter Story ›The Doors of His Face, The Lamps of His Mouth‹ (1965). Auch die eher der Fantasy entsprungenen Drachen spielen in der SF immer wieder eine Rolle, was nicht zuletzt Anne McCaffreys Romane um die Drachenreiter von Pern (ab 1968) beweisen.

Gnadenloser Überlebenskampf in einer Fauna und Flora außer Rand und Band sorgt ebenfalls für spannende Unterhaltung. Was auf der Erde durch die immer weiter fortschreitende Zivilisation kaum noch zu finden ist, ursprüngliche Wildheit, wird in der SF immer wieder angeboten. In Murray Leinsters THE MAD PLANET (1920, *Der vergessene Planet*) kämpfen die Nachkommen gestrandeter Raumfahrer gegen eine gefahrvolle Umwelt riesiger Insekten und Pilzwälder an. In THE LONG AFTERNOON OF EARTH (1962, *Am Vorabend der Ewigkeit*) von Brian W. Aldiss leben auf einen Bruchteil ihrer einstigen Größe geschrumpfte Menschen in tausend Meter hohen Bäumen, wo sie in einem täglichen Überlebenskampf gegen Tiere und Pflanzen aller Art stehen. Auch Harry Harrison schildert in DEATHWORLD (1960, *Die Todeswelt*) einen Dschungelplaneten, der seinen Besiedlern alles abverlangt.

Ein Spezialist für fremde, mitunter abenteuerlich anmutende Kulturen ist Jack Vance. Seine Welten sind sehr farbig und von den absonderlichsten Geschöpfen bewohnt, die ihrerseits wieder die unglaublichsten Eigenschaften, Sitten und Gebräuche haben. In THE BLUE WORLD (1965, *Der azurne Planet*) müssen die Nachfahren terranischer Raumfahrer einen riesigen intelligenten Fisch bezwingen, der die Menschen versklavt hält. Sein Lokalkolorit gewinnt der Roman aus der Tatsache, daß es auf dem Wasserplaneten kein Land, sondern nur Inseln aus Schwimmpflanzen gibt.

Ein Plädoyer für fremdartige Lebensformen − und im übertragenen Sinn damit ein Aufruf zur Toleranz gegenüber andersdenkenden Menschen, schreibt vor allem Ursula K. Le Guin. Ihr LEFT HAND OF DARKNESS (1969, *Winterplanet*) beschreibt eine menschenähnliche Rasse, deren Mitglieder in bestimmten Intervallen ihre Geschlechtszugehörigkeit ändern. In THE WORD FOR WORLD IS FOREST (1972, *Das Wort für Welt ist Wald*) werden die fast schutzlosen Eingeborenen eines friedlichen Agrarplaneten von terranischen Kolonisten bedroht, die obendrein die Ökologie des Planeten gefährden. Ökologische SF gab es davor schon in zwei Kurzgeschichten von James H. Schmitz, ›Grandpa‹ (1955) und ›Balanced Ecology‹ (1965), während sich H. Beam Piper in LITTLE FUZZY (1962, *Was ist los auf Planet Zeno*) halbintelligenter, hilfloser Pelzwesen annahm, die profitgeile Terraner ausplündern wollten, und mit Nachdruck darauf hinwies, daß nicht alle Beziehungen zwischen Kolonisten und Eingeborenen ungetrübt sind.

Einen besonders interessanten Aspekt dieser Thematik behandelt Brian W. Aldiss in seiner in jeder Hinsicht gewichtigen HELLICONIA-Trilogie, mit den Romanen HELLICONIA: SPRING (1982), *Helliconia: Frühling*, HELLICONIA: SUMMER (1983), *Helliconia: Sommer*, und HELLICONIA: WINTER (1984), *Helliconia: Winter*. Dieses eindrucksvolle Epos schildert das Nebeneinander zweier völlig verschiedener Rassen, den Menschen und den intelligenten, aufrecht gehenden, rinderähnlichen Phagoren. Während eines Bahnumlaufs um die Zentralsonne − das Jahr dauert wegen der stark elliptischen Bahn 2592 Erdjahre − wechseln sich die beiden Rassen in ihrer Dominanz ab. In dem langen grimmigen Winter der Sonnenferne (er dauert 16 irdische Jahrhunderte) erlischt die menschliche Kultur. Die wenigen Überlebenden, den Nachstellungen der Phagoren glücklich entronnen, gehen im Frühling an einen Neuaufbau der menschlichen Zivilisation und drängen die Phagoren in die unwirtlichen Polargebiete zurück, um für einen kurzen Sommer (knapp 1000 Erdjahre) über die Welt zu herrschen, bevor erneut der Winter hereinbricht und die Phagoren unerbittlich näherrücken. Der besondere Aspekt dieses Epos liegt darin, daß dieses kosmische Schauspiel durch eine von Menschen bemannte Station als eine permanente, Jahrtausende während Fernsehübertragung zur Erde gesendet wird, wo sie, durch die Entfernung bedingt, mit 1000 Jahren Verspätung eintrifft. Und vor den Bildschirmen sitzen dort die wenigen Überlebenden des nuklearen Winters auf einer ökologisch zerstörten, kriegerisch verwüsteten Erde.

Weitere wichtige Titel aus diesem Themenbereich

1 Der fremde Besucher
Ballard, J. G.: ›The Drowned Giant‹ (1965).
Clement, Hal: ICEWORLD (1953), *Eiswelt.*
Harbecke, Ulrich: *Invasion* (1979).
Leinster, Murray: THE BRAIN-STEALERS (1954), *Vampire aus dem All.*
Pangborn: A MIRROR FOR OBSERVERS (1954), *Der Beobachter.*
Russell, E. F.: SINISTER BARRIER (1948), *Gedanken-Vampire.*
Voltaire: MICROMÉGAS (1752), *Mikromegas.*

2 Erster Kontakt
Keyes, Noel (Ed.): CONTACT (A), (1963).
Knight, Damon (Ed.): FIRST CONTACT (A), (1971).
Le Guin, Ursula K.: ›Mazes‹ (1975).
Sheckley, Robert: ›Specialist‹ (1953).

3 Vom solaren Hühnerhof zum galaktischen Zoo
Anderson, Poul: ›Call Me Joe‹ (1954).
Blish, James: A CASE OF CONSCIENCE (1958), *Der Gewissensfall.*
Clement, Hal: CYCLE OF FIRE (1964), *Der Feuerzyklus.*
ders.: CLOSE TO CRITICAL (1957), *Der Botschafter von den Sternen.*
de Camp, L. Sprague: ›Viagens Interplanetarias‹-Serie (ab 1949), dt. u. a. als: *Der Raub von Zei, Die Rettung von Zei, Der Turm von Zanid, Das Orakel der Fremden.*
Dilov, Ljuben: TESCHESTA NA SKAFANDARA (1969), *Die Last des Skaphanders.*
Farmer, P. J.: THE LOVERS (1961), *Die Liebenden.*
ders.: STRANGE RELATIONS, (C), (1960), *Bizarre Beziehungen.*
Goldin, Stephen (Ed.): THE ALIEN CONDITION, (A), (1973).
Le Guin, Ursula K.: ›Vaster Than Empires And More Slow‹ (1971).
Longyear, Barry B: MANIFEST DESTINY (1980), *Erbfeinde.*
ders.: THE TOMORROW TESTAMENT (1983).
Niven, Larry: RINGWORLD (1970), *Ringwelt.*

Piper, Beam H.: FUZZY SAPIENS (1976).
Silverberg, Robert: THE SF-BESTIARY, (A), (1971), *Menschen und andere Ungeheuer.*
Stapledon, Olaf: THE STAR MAKER (1937), *Der Sternenmacher.*
Tiptree jr., James: UP THE WALLS OF THE WORLD (1978), *Die Feuerschneise.*
ders.: ›And I Awoke And Found Me Here On Cold Hill's Side‹ (1972).
Van Vogt, A. E.: THE VOYAGE OF THE SPACE BEAGLE (1950), *Die Weltraumexpedition der Space Beagle.*
ders.: THE WAR AGAINST THE RULL (1959), *Der Krieg gegen die Rull.*

6
»The Chance of Anything Coming from Mars...«*:
Die Invasionen

*»Wissenschaftliche Erkenntnisse sind nicht identisch mit Moral und
Lebenstüchtigkeit. Wenn andere Wesen schon zu den Sternen
fliegen können, wir aber noch nicht, so bedeutet das durchaus nicht,
daß sie uns tatsächlich überlegen sind. Sie hatten bestenfalls mehr
Zeit für ihre Forschungen. Was Energie, Ausdauer, unbeugsame
Härte und Freiheitsdrang betrifft, so dürften wir den Unbekannten
nicht unterlegen sein – eher überlegen! Sie haben schon jetzt Fehler
begangen, die wir zu entscheidenden Fehlern machen können. Man
unterschätzt das Lebewesen Mensch; das Lebewesen, das noch
niemals in seiner Geschichte aufgegeben hat. Es wäre verwunderlich,
wenn man mit uns so verfahren würde, wie man es mit anderen
Völkern wahrscheinlich schon getan hat.«*

K. H. Scheer in: ›Offensive Minotaurus‹ (1964)

Der bekannteste SF-Invasionsroman dürfte THE WAR OF THE WORLDS
(1898, *Der Krieg der Welten*) von H. G. Wells sein: Darin wird die
Erde von marsianischen Raumschiffen überfallen, und die überlegenen Waffen dieser außerirdischen Zivilisation legen die Länder der
Erde in Schutt und Asche. Niemand vermag zu sagen, ob Wells'
Idee zu dem Roman von der Offensichtlichkeit kolonialistischer
Kriege herrührte oder von Sir George T. Chesneys THE BATTLE OF
DORKING (1871), wo eine fiktive Invasion Englands durch kontinen-
taleuropäische Truppen beschrieben wird, beeinflußt war, aber
auch er zeigt seinen Lesern, daß eine technisch höherstehende Kultur nicht unbedingt auch den längeren Arm haben muß: Seine Invasoren kommen dadurch ums Leben, daß sie nicht in der Lage sind,
sich gegen simple irdische Grippeviren zur Wehr zu setzen. Die
Marsianer sind ganz einfach fremdartig, unbegreiflich, ihr Vorgehen
rätselhaft und bar jeglicher Motivation, wenn man voraussetzt,
daß eine Zivilisation, die über derartige technische Mittel verfügt,

---

* Titel eines Songs des Romans *The War of the Worlds* von H. G. Wells in der Ver-
tonung von Jeff Wayne.

eigentlich von vornherein wissen müßte, welche Umstände sie auf einem Planeten erwartet, dessen Lebewesen sich von ihr so grundlegend unterscheiden.

Die Angriffsmotive der von Wells beschriebenen Marsianer bleiben unklar aufgrund ihrer Fremdartigkeit; was die moderne Massenware Science Fiction angeht, ist dem jedoch anders: Der Feind ist nicht nur in seinem Handeln, sondern auch in seinem Denken dem Menschen so ähnlich, daß er sich von Motiven leiten läßt, die ganz offensichtlich denen der Erdbewohner zum Verwechseln ähnlich sind.

Die erste bemerkenswerte Nachempfindung, die auch heute noch zu den Bestsellern der SF gehört, ist der sechsbändige ›Lensmen‹-Zyklus des Amerikaners E. E. Smith: In TRIPLANETARY (1948, *Die Planetenbasis*), FIRST LENSMEN (1950, *Die ersten Lensmen*), GALACTIC PATROL (1950, *Galaktische Patrouille*), GREY LENSMEN (1951, *Die grauen Herrscher*), SECOND STAGE LENSMEN (1953, *Das zweite Imperium*) und CHILDREN OF THE LENS (1954, *Das Erbe der Lens*) (alle Daten geben die erste Buchpublikation an) verquickt er nicht nur die drei typischen Invasionsklischees miteinander, sondern versäumt auch keinesfalls, beinahe militante Propaganda für den American Way of Life zu machen und allem davon Abweichenden den Stempel des Untermenschentums aufzudrücken. In dem Millionen Jahre währenden Kampf der Arisier (!) gegen die amöbenhaften Eddorier (»...die Eddorier waren intolerant, überheblich, herrschsüchtig, raubgierig, unersättlich, kalt, dickfellig und brutal. Sie waren schlau, scharfzüngig, talentiert, beharrlich und tüchtig. Sie besaßen kein Gefühl für jene höheren Dinge und Ideale, die den zivilisierten Rassen am Herzen lagen, und einem Eddorier war der Humor unbekannt... Und anstelle der Vielfalt von Zielen, die sich die Individuen der zivilisierten Rassen gesetzt hatten, gab es bei den Eddoriern nur ein Streben − das Streben nach Macht...«) degradiert er die permanenten Invasoren zu lebensunwertem Gewürm, das mit allen zur Verfügung stehenden Mitteln ausgerottet werden muß.

Was viele SF-Leser gern als den ›immerwährenden Kampf zwischen Gut und Böse‹ hinstellen, entpuppt sich bei näherem Hinsehen als die leicht durchschaubare Umschreibung für die ideologische Auseinandersetzung zwischen Kapitalismus und Kommunismus: Die ersten Bände des ›Lensmen‹-Zyklus entstanden in den zwanziger Jahren, zu einer Zeit also, in der die Sowjetunion erst kurze Zeit existierte und der Kommunistenhaß ähnliche Blüten trieb wie in den fünfziger Jahren.

Die fiktive Invasion aus dem Weltall als ideologische Auseinandersetzung mit dem Kommunismus war aber nicht nur ein typisches Vehikel E. E. Smith', sondern durchaus auch zeitweilig (wenn auch in verhüllterer Form) bei anderen namhaften SF-Autoren en vogue. Einen ebenso wichtigen Stellenwert wie die rein militärische Invasion erhielten dabei auch die der ›schleichenden‹ (Unterwanderung der menschlichen Zivilisation durch außerirdische Agenten in menschlicher Maske) und die der ›mentalen‹ (Gehirnwäsche, geistige Beeinflussung). Die Furcht, der Kommunismus werde sich auf einem langen Marsch durch die Institutionen allmählich an die Schaltstellen der Macht schleichen, finden wir nicht nur bei Smith (wo jeder Opponent der SS-ähnlichen ›Lensmen‹-Truppen im nachhinein als im Solde der Eddorier stehender Agent entlarvt wird), sondern auch bei seinem weniger aggressiven Landsmann Clifford D. Simak, in dessen Roman THEY WALKED LIKE MEN (1962, *Planet zu verkaufen*) die Invasoren den Kapitalismus mit seinen eigenen Mitteln schlagen wollen, indem sie in menschlicher Maske auftreten, die irdische (= amerikanische) Finanzstruktur erschüttern und nach und nach einfach die ganze Erde aufkaufen. Auch in Kris Nevilles SPECIAL DELIVERY (1958) finden wir dieses Motiv wieder: Die Außerirdischen wollen die Erde dadurch in den Griff bekommen, indem sie Falschgeld verbreiten und die Welt an den Rand des Ruins treiben.

Unverhüllte Angst vor einer Jugend, die möglicherweise schon vom Bazillus des Sozialismus infiziert ist, zeigt der Brite John Wyndham in THE MIDWICH CUCKOOS (1957, *Es geschah am Tage X*): Nachdem in dem englischen Dorf Midwich alle gebärfähigen Frauen auf einen Schlag schwanger werden, vermutet man zunächst einmal hinter diesem Phänomen eine Teufelei der Russen. Da diese – wie sich später herausstellt – an einem ähnlichen Problem leiden (welches sie übrigens damit aus der Welt schaffen, indem sie *ihr* Dorf bombardieren), vermutet man eine Invasion aus dem Weltraum. Bald stellt sich heraus, daß die neugeborenen Kinder nicht nur fremdartig aussehen, sondern sich auch äußerst rätselhaft benehmen und danach streben, die Weltherrschaft zu übernehmen.

Permanente Furcht vor der Infiltration, die eine mentale Unterdrückung des Westens vorbereiten soll, zeigt sich auch in Algis Budrys' WHO? (1958, *Zwischen zwei Welten*). Der Roman spielt in den fünfziger Jahren zur Zeit des kältesten aller kalten Kriege und berichtet von dem amerikanischen Wissenschaftler und Geheimnisträger Martino, der nach einem mehrjährigen Krankenhausaufenthalt, den er aufgrund eines schweren Unfalls in der DDR verbringen mußte, wieder in den Westen zurückkehrt: Als er am Checkpoint Charlie nach West-Berlin überwechselt, sehen sich die ihn erwartenden CIA-Agenten völlig neuen Problemen ausgesetzt: Martinos Kopf und einer seiner Arme bestehen aus metallenen ›Ersatzteilen‹; man hat ihn mit Mühen wieder zusammengeflickt, er ist ein halber Roboter. Niemand mag die Entscheidung treffen, ob dieser Martino derjenige ist, der zu sein er vorgibt. Er gerät in die Mühlen der westlichen Geheimdienste, läßt Verhör nach Verhör über sich ergehen und wird schließlich ausgestoßen, weil man ihn für einen untergeschobenen Agenten hält.

Lloyd Biggles THE ANGRY ESPERS (1961, *Invasion der Supermenschen*) schließlich symbolisiert die Furcht des hilflosen Ausgesetztseins gegenüber sich für unfehlbar haltender ›Ideologen‹: Ein irdischer Raumpilot strandet auf einem fremden Planeten, findet sich dort in einer abgelegenen Anstalt für Geistesgestörte wieder und erreicht erst nach langwierigen Auseinandersetzungen, daß man ihn – wenn schon nicht für intelligent – zumindest für ein kommunikationsfähiges Wesen hält. Die Bewohner dieser fremden Welt sind Supermutanten, die alle erdenklichen übersinnlichen Fähigkeiten (Telepathie, Telekinese, Teleportation) beherrschen und sich der wenigen Gehandikapten ihrer eigenen Rasse schämen. Als sie erfahren, daß ein ganzes Imperium von ›Geistesgestörten‹ in der Galaxis existiert, starten sie einen Feldzug gegen die Erde, um zu verhindern, daß die ›Schwachsinnigen‹ sich ins Universum ergießen.

In Theodore Sturgeons THE COSMIC RAPE (1958, *Das Milliardengehirn*) bewegt sich aus den Tiefen des Alls eine ›Medusa‹ auf die Erde zu, die auf ihrer langen Reise durch die Galaxis zahllose Intelligenzen unterjocht und ihrem ›Kollektivbewußtsein‹ (sic!) einverleibt hat.

Die zahllosen in den fünfziger Jahren erschienenen Invasions-Romane brachten allerdings auch SF-Autoren auf den Plan, die mit spitzer Feder – und meist in Kurzgeschichtenform – die Horrorvisionen ihrer Kollegen ausgiebig parodierten: In Edmund Coopers ›When the Saucers Came‹ (1963) taucht über der Erde der Voraustrupp einer Invasionsarmee in einem UFO auf, kidnappt ein jungverliebtes Pärchen, testet es und verwirft aufgrund der Erkenntnis, daß die Menschen einander offensichtlich alle heiß lieben, jegliche Aggressionspläne. Fredric Brown erzählt in ›Man of Distinction‹ (1951) die Geschichte eines Erztrunkenboldes, der von Außerirdischen mitgenommen wird, da man auch ihn für einen repräsentativen Bürger der irdischen Zivilisation hält, die man zu versklaven gedenkt: Der Säufer wird zum unfreiwilligen Retter der Erde. Da er keinen Schritt machen kann, ohne zu wanken und seine körperliche Widerstandskraft durch übermäßigen Alkoholgenuß absolut auf dem Nullpunkt ist, hält man alle Erdbewohner für geistesverwirrte, sich hauptsächlich von Alkohol ernährende Schwächlinge und legt die Invasionspläne zu den Akten.

›The Concrete Mixer‹ (1949, *Zementmixer*) ist eine frühe Invasionssatire Ray Bradburys: Die Marsianer, durch die ständige Lektüre amerikanischer Schund-SF-Magazine (deren Inhalt sie für bare Münze nehmen), in denen ständig alle Invasionen vereitelt werden, zutiefst in ihrer militärischen Ehre gekränkt, rüsten eine Kriegsflotte aus, um die Erde im Handstreich zu unterwerfen. Erstaunt müssen sie jedoch feststellen, daß keiner der stahlharten SF-Heroen auftaucht, um sie abzuwehren. Man empfängt sie im Gegenteil mit großer Freundlichkeit, und nur der Marsianer Ettil durchschaut das üble Spiel der Menschen, deren überzüchtete Luxuskultur die marsianische Aggression langsam, aber sicher absorbiert.

Eine weitere Invasionsparodie – diesmal in Romanform – ist Fredric Browns MARTIANS, GO HOME! (1955, *Die grünen Teufel vom Mars*), wo kleine, grüne Gnomen vom Mars über die Erde herfallen, die Menschen in arger Weise mit Worten peinigen, sich in alle Dinge einmischen und in boshafter Weise jegliches Privatleben unmöglich machen. Um dem großschnauzigen Psycho-Terror der grünen Zwerge zu entgehen, landet die Welt schließlich im Suff, bis die nervenaufreibenden Invasoren endlich – ohne einen Schuß abgegeben zu haben – wieder verschwinden. Absolut auf die Spitze treibt es allerdings Mark Clifton in seiner Kurzgeschichte WE'RE CIVILIZED (1953), in der vor dem Weißen Haus ein außerirdisches Raumschiff landet, die Mannschaft hinausklettert, eine Flagge in den Boden pflanzt und der Kommandant eine Papyrusrolle entfaltet und wie weiland Christoph Columbus die von ihm ›entdeckte‹ Erde für irgendeine galaktische Majestät in Besitz nimmt.

Mit Beginn der achtziger Jahre feierte der Invasionsroman fröhliche Urständ: BATTLEFIELD EARTH (1982) von L. Ron Hubbard wurde mit immensem Werbeaufwand in die Sellerlisten gestemmt, bewies aber nur, daß sein Autor in dem halben Jahrhundert, seit er für die Pulps schrieb, nichts, aber auch gar nichts dazugelernt hatte. Und David Gerrold, der mit seinem Zyklus WAR AGAINST THE CHTORR breite Leserschichten ebenso begeisterte wie verärgerte. A MATTER FOR MEN (1983), *Die biologische Invasion,* und A DAY FOR DAMNATION (1984), *Der Tag der Verdammnis,* kamen hervorragend an, doch der angekündigte dritte Band, RAGE FOR REVENGE, der den ersehnten Abschluß des spannenden Cliffhangers hätte bringen sollen, kam überhaupt nicht. Der Autor hatte sich mit seinem Verleger überworfen, trug sich mit Erweiterungsplänen und wandte sich schließlich neuen, lukrativeren Projekten zu (STAR TREK-Drehbüchern und dem Textbuch für die große Bühnenshow THE BIBLE).

Weitere wichtige Titel aus diesem Themenbereich

Brown, Fredric: THE MIND THING (1961), *Der Unheimliche aus dem All.*
Burkett, William R.: SLEEPING PLANET (1965), *Die schlafende Welt.*
Christopher, John: THE POSSESSORS (1965).
De Camp, L. Sprague: DIVIDE AND RULE (1948).
Finney, Charles G.: THE BODY SNATCHERS (1965), *Unsichtbare Parasiten.*
Heinlein, Robert A.: THE PUPPET MASTERS (1951), *Weltraummollusken erobern die Erde.*
Kneifel, Hans: *Der lautlose Fremde* (1966).
Laumer, Keith: THE INVADERS (1967), *Invasoren der Erde.*
ders.: A PLAGUE OF DEMONS (1965), *Krieg auf dem Mond.*
ders.: THE HOUSE IN NOVEMBER (1970), *Invasion der Nichtmenschen.*
ders.: THE OTHER SIDE OF TIME (1965), *Invasion aus der Nullzeit.*
Leinster, Murray: THE STRANGE INVASION (1958), *Gefährliche Invasion.*
ders.: THE OTHER SIDE OF HERE (1955), *Invasion aus einer anderen Welt.*
ders.: THE BRAIN STEALERS (1954), *Vampire aus dem All.*
Neville, Kris: INVADERS ON THE MOON (1970), *Invasoren auf dem Mond.*
Roberts, Keith: THE FURIES (1966), *Der Neptun-Test.*
Russell, Eric Frank: THE SINISTER BARRIER (1948), *Gedanken-Vampire.*
Scheer, K. H.: *Der Verbannte von Asyth* (1964).
St. Reynard, Geoff: THE BUTTONED SKY (1953), *Welt in Ketten.*
Swain, Dwight V.: TERROR STATION (1955), *Station des Schreckens.*
Tralins, Robert: THE COSMOZOIDS (1966), *Invasion der Kosmozoiden.*
Voltz, William: *Invasion der Friedensbringer* (1973).
Wellman, Manly Wade: THE BEYONDERS (1977), *Der Schattensee.*

7
Monster, Mutanten und Dutzendlinge:
Evolution und Genmanipulation

Seit Friedrich Nietzsche gegen Ende des vorigen Jahrhunderts seinen Zarathustra den Übermenschen verkünden ließ, ist es in der spekulativen Literatur nicht mehr still geworden um Superexemplare unserer Rasse. Der Traum vom besseren Menschen ist uralt, und wenn Nietzsche dem Menschen durch Umwertung bestehender Werte und Selbsterhöhung den Status eines Gottes geben wollte, war es in alten Zeiten eher die Sehnsucht nach größerer Stärke, Ausdauer und Verschlagenheit bei der Nahrungsbeschaffung, die den Menschen quälte. Im Zeitalter der Industrie war jedoch die körperliche Stärke als Voraussetzung zum Überleben zweitrangig geworden und weit hinter die geistigen Fähigkeiten zurückgetreten. Nach Charles Darwin und dessen Evolutionstheorie war auch klar, daß der Mensch nicht unbedingt das Maß aller Dinge sein mußte, besonders wenn man in Betracht zog, daß die Evolution noch nicht beendet war, sondern weiterhin andauerte. Daher war der ›neue‹ Mensch, ob er nun als Einzelexemplar oder als Spezies auftauchte, für die immer stärker auftretende SF-Literatur des beginnenden 20. Jahrhunderts ein dankbares Thema, dessen Faszination viele Autoren erlagen.

Übermenschen/Supermänner

Einer der ersten Autoren, der dieses Thema bearbeitete, war der französische Symbolist Alfred Jarry. In LE SURMÂLE (1902) gleicht sein Protagonist André Marceuil, der Prototyp aller späteren Supermänner, einer Kreuzung aus Mensch und Maschine: Spielend überholt er auf dem Fahrrad radelnd die schnellste Dampflokomotive.

War es bei Jarry nur ein Supermann, so stellte H. G. Wells ein Jahr später in seinem Roman THE FOOD OF THE GODS (1904, *Die Riesen kommen*) eine ganze Superrasse vor. In diesem Roman verursacht ein Alkaloid in Nahrungsmitteln außerordentliches Wachstum und gesteigerte Intelligenz. Eine geistig überlegene Rasse von Riesenmenschen wächst heran und kommt in Konflikt mit den ›normalen‹

Winzlingen, die alles versuchen, um der neuen Brut den Garaus zu machen. Bei Wells ist dies natürlich eine Metapher auf die Angst vor Neuerungen und die Fortschrittsfeindlichkeit seiner Zeitgenossen, denn seiner Meinung nach standen der Menschheit einschneidende Veränderungen auf sozialem Gebiet bevor, die ein Überdenken der althergebrachten Wertsysteme erforderte.

Zwischen 1910 und 1940 erschienen in der SF eine ganze Reihe von Romanen, die Übermenschen zum Thema haben und heute als Klassiker des Genres gelten. Alle haben sie eines gemeinsam: Der neue Mensch, der in ihnen beschrieben wird, zerbricht an der ihm gegenüber feindlich eingestellten Umwelt. In THE HAMPDENSHIRE WONDER (1911) von John Davys Beresford wird ein Wunderkind von den Bewohnern seines Dorfes für schwachsinnig gehalten, doch es schweigt nur deshalb, weil eine Kommunikation mit den geistig weit unter ihm stehenden Dorfbewohnern nicht möglich ist. Schließlich wird ein Dorftrottel der kleinen Intelligenzbestie zum Verhängnis; er war die einzige Person, auf die sie keinen Einfluß ausüben konnte.

Einsamkeit und das Motiv des aus der Gesellschaft Ausgestoßenen spielen auch bei zwei anderen SF-Klassikern eine tragende Rolle. In Olaf Stapledons ODD JOHN (1936, *Die Insel der Mutanten*), dem vielleicht besten Übermenschroman in der SF, gründet John Wainwright, ein *homo superior,* mit anderen Mutanten auf einer Insel im Pazifik eine utopische Gesellschaft. Als diese von den ›zivilisierten‹ Nationen bedroht wird, zerstören sich die Mutanten selbst, obwohl sie stark genug wären, ihre Feinde zu vernichten und die Weltherrschaft an sich zu reißen. Stapledon kommt es in diesem Roman nicht auf die äußerlichen Unterschiede zwischen den Menschen und den Übermenschen an, sondern er versucht die Psyche eines Telepathen darzustellen, der so anders ist, daß ihm menschliche Ziele nicht mehr erstrebenswert scheinen.

Ähnlich wie John Wainwright ergeht es auch Edmund Hall in Stanley G. Weinbaums posthum erschienenem Roman THE NEW ADAM (1939, *Der neue Adam*). Hall, der genetische Freak, kann zwei Gedankengängen gleichzeitig nachgehen. Er meistert alle materiellen Probleme, zerbricht als Fremdkörper in der Gesellschaft aber an der Sinnlosigkeit menschlichen Seins.

Nicht ganz eindeutig diesem Themenkreis zuzurechnen ist Jack Londons THE STAR ROVER (1915), den man auch als symbolische Hymne auf die befreiende Wirkung der Phantasie deuten könnte, was vielleicht auch der Grund dafür war, daß dieser Roman hierzulande nie die Popularität seiner anderen Romane erreichte, etwa der von

THE SCARLET PLAGUE (1915, *Die Scharlachpest*) oder THE IRON HEEL (1907, *Die eiserne Ferse*). THE STAR ROVER handelt von einem Gefangenen in Einzelhaft, der seinen Geist mittels Trance aus dem Gefängnis ›befreit‹ und wie eine Astralprojektion durch andere Zeiten und Welten wandern läßt.

Weniger um einen geistigen Sprung nach vorn als um einen physischen Supermann ging es Philip Wylie in seinem 1930 erschienenen Roman GLADIATOR. In diesem (im Gegensatz zu den oben genannten, das Pulpniveau nicht übersteigenden) Roman entdeckt ein Wissenschaftler eine Wunderdroge, die er seiner schwangeren Frau injiziert. Ihr Sohn wird außerordentlich stark, sehr intelligent und zeichnet sich durch überschnelle Reflexe aus. Nachdem er sich im 1. Weltkrieg als Kriegsheld auszeichnet, will er in Yukatan eine Superrasse gründen, wird aber vom Blitz getroffen. Trotz vieler Schwächen und Klischees − oder möglicherweise gerade deshalb − wurde GLADIATOR zu einem äußerst einflußreichen Roman. Die SF-Fans Jerry Siegel und Joe Schuster zeichneten nach seinem Vorbild eine Comicfigur, die nur wenige Jahre später als SUPERMAN Furore machte, zu Weltruhm gelangte und einen langen Rattenschwanz von Comicsuperhelden mit den unterschiedlichsten und erstaunlichsten Superfähigkeiten nach sich ziehen sollte. Ja, der Superheld (seine Fähigkeiten sind rein physischer Natur) wurde zu einer Domäne der amerikanischen Comics schlechthin.

Mutanten

Die alten Übermenschen, Zufallsprodukt der Evolution oder Prototyp einer neuen Rasse, bekamen in der Magazin-SF der dreißiger Jahre schon bald Gesellschaft. Geschichten um Mutanten, andersartigen Menschen mit besonderen Fähigkeiten vornehmlich geistiger Natur, tauchten immer häufiger in den Pulps auf. Zunächst entsprangen diese Wesen Laborversuchen ehrgeiziger oder wahnsinniger Wissenschaftler, dann wurden sie in der SF als Möglichkeit der Evolution mehr und mehr akzeptiert, bis sie schließlich zu den Standardthemen des Genres gehörten. Wesentlichen Anteil an dieser Entwicklung hatte A. E. van Vogt mit SLAN (1940, *Slan*). Jommy Cross ist ein Slan, eine Mutation, die auf den Menschen folgt, superintelligent, physisch überlegen und telepathisch begabt. Seine Rasse wird von der Geheimpolizei des Weltdiktators gejagt, setzt sich aber durch, denn der Diktator ist selbst ein Slan, der einen Meisterplan verfolgt, welcher die evolutionäre Ersetzung der steril werdenden normalen Menschen durch die Slans vorsieht.

Der einschneidende Unterschied zwischen van Vogt und seinen Vorgängern liegt in der Tatsache, daß er seinen Übermenschen ›gewinnen‹ läßt. Er schildert ihn als legitime nächste Stufe der Evolution. Bei van Vogt rücken die phantastischen Fähigkeiten seiner Mutanten in den Mittelpunkt. Die Slans müssen zwar auch ums Überleben gegen die ›normalen‹ Menschen kämpfen, aber dieser Kampf hat rein physische Aspekte. Van Vogt interessiert sich nicht für die Psyche seiner Helden, die als in jeder Hinsicht stabil vorauszusetzen ist. So ist dann die Zukunft der Slans − gemäß der optimistischen SF jener Jahre − eine glorreiche.

SLAN machte nicht nur seinen Autor weltweit bekannt, er hatte aauf andere SF-Schriftsteller gewaltigen Einfluß. Bevor er sich jedoch voll niederschlagen konnte, ließ ein anderes Ereignis die Flut der Mutantenstories anschwellen. Der fatale Abwurf der Atombombe auf Hiroshima am 6. August 1945 wirkte für viele SF-Autoren wie ein Startschuß. Jahre schon hatte die SF-Gemeinde die Atomkraft kommen sehen, und jetzt, als sie da war, beschäftigte man sich mit ihren Auswirkungen, viel zuwenig allerdings mit den negativen. Von vielen wurde die radioaktive Strahlung, die zu Genschäden und grauenhaften Verstümmelungen noch nach Generationen führt, als Auslöser möglicher positiver Mutationen gesehen, der im menschlichen Gehirn schlummernde Talente wie Telepathie, Telekinese, Teleportation usw. freilegen könnte. Einen Gipfel der Geschmacklosigkeit hat man in dieser (wie auch in manch anderer) Beziehung in der *Perry Rhodan*-Serie (ab 1961) vor sich: Als hier das Bedürfnis nach Mutanten auftaucht (zu Kriegszwecken selbstverständlich), läßt man einen Telepathen Jahrzehnte nach den Katastrophen von Hiroshima und Nagasaki dortige Großveranstaltungen nach weiteren Mutanten ›abhören‹, die man dann auch prompt, in reicher Zahl und in allen Ausfertigungen (sprich mit den unterschiedlichsten Fähigkeiten begabt) unter den Nachfahren der Strahlenopfer findet.

Wimmelt es in der *Perry Rhodan*-Serie von Mutanten mit den unglaublichsten Fähigkeiten, so sind die wichtigsten Mutanten der anglo-amerikanischen SF Telepathen. So z.B. in Wilmar H. Shiras CHILDREN OF THE ATOM (1953, *Kinder des Atoms*), einem Roman, der aus mehreren, schon in den vierziger Jahren entstandenen Stories besteht. In ihm werden Entwicklung und Probleme von Kindern mit paranormalen Fähigkeiten geschildert, die sie vor ihren Eltern und Lehrern geheimzuhalten versuchen. Ebenfalls mit dem Erbe des Atoms beschäftigen sich Poul Anderson in ›Tomorrow's Children‹

(1947) und John Russell Fearn in AFTER THE ATOM (1948). Häufig tauchen Mutanten in Romanen und Stories auf, die nach einem Atomkrieg spielen. In THE CHRYSALIDS (1955, *Wem gehört die Erde?*) von John Wyndham kämpfen telepathische Mutanten nach einem Atomkrieg mit dem Rest der Menschheit um die Vorherrschaft auf der Erde, während ein Elternpaar in Judith Merrils ›That Only a Mother‹ (1948) erfahren muß, daß eine überlebte Atomexplosion Mißbildungen bei der Nachkommenschaft zur Folge haben kann, was der Mutter aber zunächst nicht klar wird, denn sie hält das ohne Arme und Beine geborene Kind für ganz normal. Der besondere Blickwinkel, unter dem eine Mutter ihr neugeborenes Kind betrachtet, beschäftigt auch Ray Bradbury in ›The Shape of Things‹ (1948), eine Erzählung mit ganz ähnlicher Thematik wie die von Judith Merril.

Das durch A. E. van Vogt vorgegebene schlechte Verhältnis zwischen ›Normalen‹ und Mutanten spiegelt sich auch in dem von SLAN beeinflußten MUTANT (1953, *Die Mutanten*) von Henry Kuttner wider. Auch hier bildet der Kampf der telepathischen Baldies gegen die intoleranten normalen Menschen die Handlung.

Meist auf einer persönlicheren Ebene spielen sich die zahlreichen ESP-Stories (ESP = Extra Sensory Perception = Außersinnliche Wahrnehmung) oder Psi-Stories ab, die, populär gemacht vor allem durch das Magazin *Astounding,* in den fünfziger Jahren aufblühten. Darin spielt die besondere Begabung des Mutanten die tragende Rolle und nicht so sehr der Konflikt der Andersartigen mit den Normalen. In einer Vielzahl von Romanen und Erzählungen versuchten die Autoren die Möglichkeiten der Psi-Fähigkeiten, von denen die Telepathie natürlich die bekannteste ist, auszuloten. Einer der früheren Romane auf diesem Feld war James Blishs JACK OF EAGLES (1952, *Der Psi-Mann*). Auf melodramatische Weise handelt Blish die persönlichen Probleme eines Mannes ab, der Talente wie Telepathie, Telekinese und Teleportation an sich entdeckt. Seine Spannung bezieht JACK OF EAGLES aus zahlreichen Verfolgungsjagden und Auseinandersetzungen des Protagonisten mit Kriminellen, anderen Psi-Männern und dem FBI.

Daß sich Psi-Fähigkeiten hervorragend eignen, um der Kriminalerzählung neue Möglichkeiten zu eröffnen, erkannte man schon früh, und so waren viele Actionromane in der SF eigentlich nur Krimis mit futuristischen Ingredienzen, wie z. B. Wilson Tuckers WILD TALENT (1954, *Der Unheimliche*), worin ein FBI-Agent mit seinen telepathischen Fähigkeiten Spione aufspürt, oder THAT SWEET LITTLE OLD LADY

(1959, *Die Lady mit dem 6. Sinn*) von Mark Phillips (d.i. Randall Garrett & Laurence M. Janifer), ein Roman, der eine Serie von Telepathenstories im Geheimagentenmilieu einleitete.

Andere Geschichten haben mehr die soziale Isolation des Telepathen zum Thema, PSTALEMATE (1971, *Psi-Patt*) von Lester del Rey etwa, oder zeigen trotz Vereinsamung des Protagonisten und seiner Hingezogenheit zu einem Gleichartigen – in diesem Fall die Beziehung zwischen einer Telepathin und einem Telepathen, der ihren geistigen Hilferuf vernimmt –, seine begrenzte Umgangsfähigkeit mit der neuen Geistesgabe, wie etwa in Walter M. Millers ›Command Performance‹, später als ›Anybody Else Like Me?‹ (1952, ›Gibt es noch jemanden wie mich?‹). Ein jüngeres Paradebeispiel für den psychischen Niedergang eines Telepathen ist Robert Silverbergs DYING INSIDE (1972, *Es stirbt in mir*), in dem sich der Protagonist im Geist seiner Freundin als Gedankenvampir sieht und – zutiefst schockiert – seine Gabe daraufhin langsam verliert.

Einer der wichtigsten Telepathenromane ist zweifellos THE DEMOLISHED MAN (1953, *Demolition*, unvollständig als *Sturm aufs Universum*) von Alfred Bester, der von der Verfolgung des futuristischen Ödipus und Vatermörders Ben Reich durch einen telepathisch veranlagten Polizisten handelt. Besters zweiter wichtiger Roman, THE STARS MY DESTINATION (1956, *Die Rache des Kosmonauten*), hingegen hat mit Gully Foyle einen Antihelden und Teleporter zum Protagonisten. Andere Romane um Teleporter, die sich bis zu einer gewissen Entfernung an jeden beliebigen Ort versetzen können, sind Vernor Vinges THE WHITLING (1976, *Der Besserwisser*) und THE MINDBLOCKED MAN (1972, *Der Teleporter*) von Jeff Sutton. Ausführlich der Telekinese widmet sich Jack Vance in seinem Kurzroman TELEK (1952, *Homo Telek*), während die behandelte Parafähigkeit in Alfred Besters Story ›Star Light, Star Bright‹ (1953) alle anderen übertrifft: was der kindliche Hauptakteur sich wünscht, trifft ein.

Zum Grenzgebiet der Parafähigkeiten zählen auch Gedanken- und Seelentausch, für die als Beispiele MINDSWAP (1965, *Der Seelentourist*) und THE ALCHEMICAL MARRIAGE OF ALISTAIR CROMPTON (1978, *Die alchimistische Ehe*) von Robert Sheckley sowie Robert A. Heinleins I WILL FEAR NO EVIL (1970, *Das geschenkte Leben*) gelten mögen. Zusammenschlüsse von Mutanten mit unterschiedlichen Fähigkeiten zu einer neuen Lebensform, dem ›Homo Gestalt‹, bilden die Grundlage für Theodore Sturgeons berühmten Roman MORE THAN HUMAN (1953, *Die neue Macht der Welt*) und in neuerer Zeit von THE INNER WHEEL (1970, *Homo Gestalt*), einem Roman von Keith Roberts.

Geistige Evolution

Im Jahre 1893 beschrieb H. G. Wells den Menschen der Zukunft in seinem Traktat THE MAN OF THE YEAR 1000000 und veröffentlichte es wohlweislich anonym, denn bei nichts kommt man so schnell ins Spekulieren wie bei der Schilderung der Zukunft. Das gilt auch für die speziellen Zukunftsgeschichten in der SF, wie LAST AND FIRST MEN (1930, *Die letzten und die ersten Menschen*) von Olaf Stapledon, die eine weitgespannte Entwicklung der Spezies Mensch über die nächsten 2 Milliarden Jahre aufzeigen will. Stapledon schildert darin mehrere Rassen und Geistesstufen, u.a. telepathische Menschen und solche, die fliegen können.

Nicht immer wird gesteigerte Intelligenz als Segen gedeutet. In Poul Andersons BRAIN WAVE (1954, *Die Macht des Geistes*) bewegt sich die Erde aus einem Feld galaktischer Strahlung hinaus, das bislang die Intelligenzentwicklung verlangsamte. Nun besitzen höhere Tiere plötzlich Verstand, während der Mensch zum Super-Genius wird und das Trauma geistiger Reife erfährt. Den zweifellos stärksten Eindruck hinterläßt diesbezüglich Daniel Keyes Roman FLOWERS FOR ALGERNON (1966, *Charly*). Das Buch folgt den Tagebuchaufzeichnungen eines Schwachsinnigen, der mittels Drogen künstlich zu einem Genius gemacht wird und später auf tragische Weise auf seinen geistigen Ausgangsstand zurücksinkt.

Der Entwicklung des Menschen in ferner Zukunft und seine Mutation zu einem neuen Wesen hat sich in der Tradition Stapledons Eric Frank Russell angenommen, wenngleich er seine Geschichten auch in ungleich reißerischerem Stil und ohne die philosophischen Einsichten seines Kollegen präsentiert. Herauszuheben sind unter diesem Aspekt sein Roman SENTINELS OF SPACE (1953, *Agenten der Venus*), in dem sich der Mensch als larvenähnliches Zwischenstadium auf dem Weg zu einem kosmischen Schmetterlingswesen, das zwischen den Sternen lebt, erweist, sowie der Kurzroman ›Metamorphosite‹ (1946), worin die Erdbewohner schließlich zu Miniatursonnen mutieren und reine Energiewesen darstellen. Diese Aussichten übertreffen sogar noch die Gigantomanien eines A. E. van Vogt, der mit Superintelligenzen (SUPERMIND, 1977, *Intelligenzquotient 10000*) und komplizierten Lebewesen mit -zig Sinnen (THE SILKIE, 1969, *Die Veränderlichen*) wahrlich nicht gegeizt hatte.

Die korrigierbare Evolution/Genetische Eingriffe

Viele Ideen zum Thema Genmanipulation gehen auf den englischen Wissenschaftler J. B. S. Haldane zurück, der Mitte der zwanziger Jahre die Vorstellung äußerte, durch Genverpflanzung und Manipulationen der Erbmasse könnten völlig neue Tierarten geschaffen werden. Einer der ersten Autoren, die von Haldane inspiriert wurden, war Aldous Huxley. In seinem 1932 erschienenen Roman BRAVE NEW WORLD *(Schöne neue Welt)* schildert er Techniken, durch die befruchtete Eizellen zur Parthenogenese angeregt werden. Jedes Ei treibt mehrere Knospen, aus denen sich je ein Fötus entwickelt. Durch physikalische und chemische Einwirkung werden diese Föten dann auf bestimmte spätere Eigenschaften konditioniert. Auf diese Weise können die entstehenden Dutzendlinge in jede gewünschte Richtung manipuliert, also schon im Brutglas auf eine spätere Tätigkeit als, beispielsweise, Pilot oder Müllabführer psychisch und physisch vorbereitet werden.

Ein neuerer Adept Haldanes ist John Crowley, dessen Roman BEASTS *(Geschöpfe)* 1976 erschien. In diesem Roman bevölkern die absonderlichsten Lebewesen, oft Kreuzungen aus Mensch und Tier, die Welt. Sie alle sind aus früheren genetischen Versuchen hervorgegangen und kämpfen nun um Gleichberechtigung.

Seit Beginn der siebziger Jahre ist mit Cloning (auch: Kloning) ein neues Schlagwort in der SF aufgetaucht. Unter diesem Vorgang versteht man die Reproduktion eines Menschen oder anderen Lebewesens nach vorher erfolgter Genstrukturanalyse bzw. Zellkernverschmelzung. Durch Cloning wird es möglich, von einem Lebewesen beliebig viele Doppelgänger herzustellen. Romane, in denen Clones eine tragende Rolle spielen, sind WHERE LATE THE SWEET BIRDS SANG (1976, *Hier sangen früher Vögel*) von Kate Wilhelm, CLONED LIVES (1976) von Pamela Sargent, CLONE (1972, *Homunkulus 2072*) von Richard Cowper und vor allem JOSHUA, SON OF NONE (1973, *Joshua Niemandssohn*) von Nancy Freedman.

Natürlich fällt auch die physische Anpassung des Menschen an die Planeten, die er kolonisieren soll, in den Bereich ›Genetische Eingriffe‹. Nach James Blish, der auf diesem Gebiet der exponierteste Autor ist (THE SEEDLING STARS, 1956, *Auch sie sind Menschen*), heißt dieser Vorgang ›pantropy‹. Der Begriff stellt das Gegenteil von ›terraforming‹ dar, was die Anpassung fremder Planeten an irdische Verhältnisse bedeutet.

Weitere wichtige Titel aus diesem Themenbereich

1 Übermenschen/Supermänner
Beresford, J. D.: THE CAMBERWELL MIRACLE (1933).
Dominik, Hans: *Die Macht der Drei* (1922).

Foster, M. A.: THE WARRIORS OF DAWN (1975), *Morgenrötes Krieger*.
ders.: THE GAMEPLAYERS OF ZAN (1977), *Die Zanspieler*.
ders.: THE DAY OF THE KLESH (1979), *Stunde der Klesh*.

2 Mutanten

Aldiss, Brian W.: ›Psyclops‹ (1956).
Berry, Bryan: AFTERMATH (1952), *Flucht in das Weltall*.
Brunner, John: THE WHOLE MAN (1964), *Der ganze Mensch*.
Causey, James: ›School Days‹ (1954).
Clifton, Mark/Apostolides, Alex: ›Crazy Joey‹ (1953).
Evans, E. Everett: MAN OF MANY MINDS (1953), *Gefahr von Simonides IV*.
ders.: ALIEN MINDS (1955), *Kampf der Telepathen*.
Galouye, Daniel F.: THE LAST LEAP AND OTHER STORIES OF THE SUPER-MIND (1964), *Jenseits der Barrieren*.
Jones, Raymond F.: ›The Children's Room‹ (1947).
Ursula K. Le Guin, THE LATHE OF HEAVEN (1971), *Die Geißel des Himmels*.
Lichtenberg, Jacqueline: HOUSE OF ZEOR (1974), *Das Haus Zeor*.
Morgan, Dan: 6TH PERCEPTION-Serie (ab 1966), dt. als *Das Labor der Esper, Esper in Aktion* und *Die Psi-Agenten*.
Neville, Kris: THE MUTANTS (1966), *Jenseits der Mondumlaufbahn*.
Phillips, Rog: THE MUTANTS (1946).
Sellings, Arthur: ›The Silent Speaker‹ (1962).
Sturgeon, Theodore: ›Prodigy‹ (1949).
Zelazny, Roger: THIS IMMORTAL (1966), *Fluch der Unsterblichkeit*.

3 Geistige Evolution

Aldiss, Brian W.: THE CANOPY OF TIME bzw. GALAXIES LIKE GRAINS OF SAND (1959, 1960), *Das Ende aller Tage*.
Russell, E. F.: ›Homo Saps‹ (1941).
Stapledon, Olaf: THE LAST MEN IN LONDON (1932).
Wright, Sidney Fowler: THE WORLD BELOW (1930).

4 Korrigierte Evolution

Anderson, Poul: THE UN-MAN (1953), *UNO-Agent im Einsatz*.
Clarke, A. C.: IMPERIAL EARTH (1976), *Mackenzie kehrt zur Erde heim*.
Hamilton, Edmond: ›Master of the Genes‹ (1935).
Heinlein, Robert A.: ›Jerry is a Man‹ (1947).
Pohl, Frederik: MAN PLUS (1974), *Der Plus-Mensch*.
Wells, H. G.: THE ISLAND OF DR. MOREAU (1896), *Die Insel des Dr. Moreau*.

8
Die Geißeln des Himmels:
Große Katastrophen

Schilderungen von Katastrophen – ob nun durch Naturereignisse oder durch menschliches Zutun verursacht – sind kein spezielles Thema der Science Fiction. Die im realen Leben gefürchteten Konsequenzen auf Leben, Umwelt und Besitz, die schwere Beeinträchtigung oder Auslöschung der Existenzgrundlage, die Erfahrung von Ausnahmesituationen scheinen in literarischer Form eine Faszination auszuüben, die breiteste Leserkreise anspricht. Ob ein Schiff im Sturm sinkt oder eine Stadt durch Erdbeben oder Vulkanausbruch vernichtet wird – die Grundmuster solcher Erzählungen sind bereits außerhalb der Science Fiction angelegt und erfahren in ihr selbst keine besondere Veränderung. Im Vordergrund steht zum einen das mehr oder weniger genüßlich ausgekostete Gefühl, einer übergeordneten Macht ausgeliefert zu sein, zum anderen die Botschaft, daß individuelle Lebensrettung, ja Bewährung und Aufdeckung verborgener Talente möglich sind. Selbst der – nicht immer ehrliche – Versuch, derartige Visionen als Mahnung und Warnung zu legitimieren, ist keine Erfindung der Science Fiction: Schon in der Bibel wird Katastrophen ein pädagogischer Zweck unterlegt: Strafe für Sünder und drohender Zeigefinger für die noch einmal Davongekommenen.

Was die SF-Katastrophen von denen der herkömmlichen Literatur unterscheidet, ist also im wesentlichen das Ausmaß und die mitunter utopische Ursache. Besonderes Merkmal dieses Subgenres der Science Fiction ist denn auch, daß in ihm die Anzahl von Autoren besonders groß ist, die aus der Mainstream-Literatur kommen.

Direkte Anknüpfung an bescheidener inszenierten Naturkatastrophen real erfahrbarer Art sind jene SF-Erzählungen und -Romane, die gigantische, landes- oder gar weltweit auftretende Naturphänomene zur Grundlage der Handlung machen. Die ersten direkten Vorfahren der Science Fiction dieser Richtung sind eine Anzahl von Romanen, die Anfang des 19. Jahrhunderts erschienen, etwa LE DER-

NIER HOMME (1805) von Cousin de Grainville und THE LAST MAN (1826, *Verney – Der letzte Mensch*) von Mary Shelley, wo es biblisch anmutende Plagen gibt, die das Menschengeschlecht auf wenige Exemplare reduzieren. In der Kurzgeschichte THE EMPIRE OF THE ANTS (1905) von H. G. Wells bedroht eine besonders aggressive Ameisenart Afrika und Europa, und in M. P. Shiels THE PURPLE CLOUD (1901, *Die purpurne Wolke*) geht die Gefahr von einer riesigen Gaswolke aus.

Wenige überleben eine rätselhafte Epidemie, die George R. Stewart in dem Roman EARTH ABIDES (1949, *Leben ohne Ende*) ausbrechen läßt – die Natur, so Stewart, sorgt dafür, daß solche Gattungen aussterben, die sich zu sehr vermehrt haben. Der Rest macht auf der Stufe steinzeitlicher Jäger weiter.

Gleich zwei Plagen – durch radioaktive Strahlung aus dem All verursachte Blindheit fast aller Menschen im Verein mit mobilen, aggressiven Riesenpflanzen – vernichten in John Wyndhams bekanntem (und verfilmten) Roman THE DAY OF THE TRIFFIDS (1950, *Die Triffids*) die menschliche Zivilisation. Beim Weltuntergangsexperten John Christopher sind es Phänomene wie ein gewaltiges Erdbeben, das England verwüstet und das Meer trockenlegt (A WRINKLE IN THE SKIN, 1965, *Insel ohne Meer*), eine neue Eiszeit (THE LONG WINTER, 1962) oder die Vernichtung allen Getreides durch eine neue Virusart (THE DEATH OF GRASS, 1956, *Das Tal des Lebens*), die menschliche Zivilisation zerschmettern und nur die Zähesten überleben lassen. Das Meer hatte allerdings schon Charles Eric Maine durch die Explosion von H-Bomben verschwinden lassen (THE TIDE WENT OUT, 1958), und um Pflanzen, die nicht so wachsen, wie sie sollen – hier eine Grassorte, die alles überwuchert –, ging es auch Ward Moore in GREENER THAN YOU THINK (1946, *Es grünt so grün*): mit in diesem Rahmen ungewohnten satirischen Untertönen. In J. T. McIntosh' THE FITTEST (1955, *Die Überlebenden*) sorgen aus Laboratorien entwischte und sich rasch vermehrende Tiere mit künstlich gesteigerter Intelligenz, in ONE IN 300 (1954, *Einer von Dreihundert*) Temperaturschwankungen der Sonne für die nötigen harten Überlebensbedingungen.

Von ungewöhnlicher Eindringlichkeit sind die Katastrophenromane von J. G. Ballard: In THE BURNING WORLD (1964, *Welt in Flammen*) läßt er die Welt verdorren, in THE CRYSTAL WORLD (1966, *Kristallwelt*) zu Kristall erstarren, in THE WIND FROM NOWHERE (1961, *Der Sturm aus dem Nichts*) von einem Sturm heimsuchen und in THE DROWNED WORLD (1962, *Karneval der Alligatoren*) ertrinken, aber die übergroße Kulisse ist stets in erster Linie Ausdruck und adäquater Hintergrund für individuelles Scheitern der Protagonisten und deren Selbstfindung im Angesicht des globalen Zusammenbruchs.

Das Blackout für die menschliche Zivilisation als Folge eines letzten großen – meist atomar geführten – Krieges, schon immer ein beliebtes Thema der SF, wurde zu einem Zentralthema nach Abwurf der ersten Atombomben und unter dem Eindruck des Wettrüstens der Großmächte. Die frühesten Beispiele dieser Art sind die Romane THE CRACK OF DOOM (1895) von Robert Cromie und THE WORLD SET FREE (1914) von H. G. Wells. In den vierziger Jahren entstanden mehrere Stories, welche die bevorstehende Entwicklung von Atomwaffen mehr oder weniger detailliert vorwegnahmen. Robert Heinlein schrieb ›Blowups Happen‹ (1940) und ›Solution Unsatisfactory‹ (1941), Cleve Cartmill wurde wegen zu hautnaher Schilderung einer Atombomben-Konstruktion (›Deadline‹, 1944) vom FBI ausgeforscht, und Lester del Rey nahm mit NERVES (1942, *Atomalarm*) schon ein Stück Harrisburg vorweg. Der Schock der Atombomben-Abwürfe rief nun auch Autoren auf den Plan, die sonst nicht in der SF zu Hause waren. So entstanden kurz nach dem Krieg Romane wie Hellmuth Langes *Blumen wachsen im Himmel* (1948), Aldous Huxleys APE AND ESSENCE (1949, *Affe und Wesen*), Ernst von Khuons *Helium* (1947) und Hans Wörners *Wir fanden Menschen* (1948), in denen es um drohenden und erfolgten Einsatz ultimativer Waffen oder deren Folgen (bei Wörner eine Expedition in ein Nachkriegs-Niemandsland) geht. In den fünfziger und frühen sechziger Jahren wurde das Thema auch in anderen Medien – vor allem im Film – vermarktet, eine Folge und zugleich Anheizung des Booms derartiger Bücher: Nevil Shute mit ON THE BEACH (1957, *Das letzte Ufer*), Eugene Burdicks FAIL SAFE (1962, *Feuer wird vom Himmel fallen*), Mordecai Roshwalds LEVEL-7 (1960, *Das Ultimatum*), Peter Georges RED ALERT (1958, Filmvorlage für den Stanley-Kubrick-Film DR. STRANGELOVE) und viele andere mehr.

Die dem Genre mehr verhafteten Autoren hielten sich vergleichsweise zurück, aber einiges gab es auch hier zu verzeichnen: Kurzgeschichten von Rog Phillips (›Atom War‹, 1946) und Theodore Sturgeon (›Memorial‹, 1946, und ›Thunder And Roses‹, 1947), ›Foster, You're Dead‹ (1954) von Philip K. Dick und ›Generation of Noah‹ (1951) von William Tenn, Romane von Wilson Tucker (THE LONG LOUD SILENCE, 1953, *Die Unheilbaren*), Robert A. Heinlein (FARNHAM'S FREEHOLD, 1964, *Die Reise in die Zukunft*) oder René Barjavel (LE DIABLE L'EMPORTE, 1948, *Sintflut der Atome*).

Neben der atomaren Bedrohung sind in jüngerer Zeit auch vereinzelt die Umweltschäden als mögliche Ursachen für Zerstörung oder Unbewohnbarkeit der Erde ins Blickfeld geraten. Zu der noch schmalen Gruppe von Werken zu diesem Thema gehören Brian W. Aldiss' EARTHWORKS (1966, *Tod im Staub*), Don Pendletons 1989: POPULATION DOOMSDAY (1970) und John Brunners THE SHEEP LOOK UP (1972, *Schafe blicken auf*).

Die Engländer hatten stets ein Faible für Katastrophenromane, und diese Tradition ist ungebrochen. Eine sehr aktuelle, indes allgemein verdrängte Variante ist die Möglichkeit, ein Bakterium zu züchten, das in der Lage ist, Plastik zu zersetzen. Kit Pedler und Gerry Davis schildern in MUTANT 59: THE PLASTIC EATER (1973, *Die Plastikfresser*) die apokalyptischen Konsequenzen einer solchen Möglichkeit. In BRAINRACK (1974, *Gehirnpest*) schildern die beiden Autoren die katastrophalen Folgen von Autoabgasen auf das menschliche Gehirn: eine Langzeitwirkung, die zum Absterben der Großhirnrinde führt, mit allen Folgen ›menschlichen Versagens‹ in riskanten technologischen Bereichen. So wird in diesem Roman lange vor Harrisburg der GAU vorweggenommen, das ›China Syndrom‹.

An ein Bakterium anderer Art dachte David G. Compton in THE SILENT MULTITUDE (1966, *Zerfall*): eine Sternenexpedition bringt versehentlich einen Erreger mit zur Erde heim, der sich mit Begeisterung über Beton hermacht und es in wenigen Tagen zu Pulver zerbröseln läßt. Unsere schönen neuen Städte, Stolz der Stadtplaner und Architekten, beginnen mit lautem Gepolter einzustürzen.

Eine Variante der Weltkatastrophe ist die drohende Vernichtung durch noch weitaus massivere außerirdische Ursachen als nur Gifte und Krankheitskeime aus dem All. Gemeint sind hier vor allem Himmelskörper, die durch ihre Annäherung das Gleichgewicht der Erde stören oder gar mit ihr kollidieren. (Invasionen intelligenter Extraterrestrier werden an anderer Stelle behandelt.)

Eine der ersten Stories dieser Art war Edgar Allan Poes ›The Conversation of Eiros And Charmion‹ (1839), wo durch Einwirkung eines vorüberziehenden Kometen alles Leben ausgelöscht wird. Ein Thema, das immer wieder behandelt wurde. Aufgegriffen wurde es u.a. von H. G. Wells in ›The Star‹ (1897), von Jules Verne in HECTOR SERVADAC (1877, *Reise durch das Sonnensystem*) und von Carl Grunert in *Das Ende der Erde?* (1908). Aus dem Kosmos in die irdische Atmosphäre eindringendes Gift schildert Conan Doyle in THE POISON BELT (1913, *Im Giftstrom*). Ein bekannter SF-Roman über die Annäherung von zwei fremden Planeten, wobei einer das Ende der Erde herbeiführt, der andere als neue Heimat für einige ausgewählte Flüchtlinge dient, ist WHEN WORLDS COLLIDE (1932, *Wenn Welten zusammenstoßen*) von Philip Wylie & Edwin Balmer. THE HOPKINS MANUSCRIPT (1939, *Der Mond fällt auf Europa*) von R. C. Sheriff schildert die Vernichtung der abendländischen Kultur (vor allem Englands, das in der SF durch die Vorliebe englischer Autoren für derartige Themen einiges zu erdulden hat) durch den sich der Erde annähernden Mond. Eine neuere Variante des Themas ist Fritz Leibers THE WANDERER (1964, *Wanderer im Universum*), wo sich ein der Erde nähernder planetengroßer Himmelskörper zwar als mit kosmischen Flüchtlingen besetztes Riesenraumschiff erweist, ansonsten aber ähnliche Auswirkungen wie andere Weltraumvagabunden hat. Der letzte auf der langen Liste der Kometen, die unsere Erde heimsuchten und der menschlichen Zivilisation den Garaus machten, ist das Monumentalgemälde LUCIFER'S HAMMER (1977, *Luzifers Hammer*) von Larry Niven/Jerry Pournelle.

Ein Beispiel für eine Epidemie außerirdischen Ursprungs: Harry Harrisons PLAGUE FROM SPACE (1965, *Die Pest kam von den Sternen*). Gelegentlich kommt auch mal Gutes von den Sternen: In CHILDHOOD'S END (1950, *Die letzte Generation*) zwingen Extraterrestrier den Rest der Menschheit zu ihrem Glück und verhindern damit die Selbstzerstörung. Auch H. G. Wells' Komet in IN THE DAYS OF THE COMET (1906, *Im Jahr des Kometen*) ist ein Himmelskörper, der Gutes bringt und die Menschen friedfertig und weise werden läßt.

Gelegentlich wird Weltkatastrophe in die ferne Zukunft der Erde verlegt: etwa ORASELE SCUFUNDATE (1937, *Die Unterwasserstädte*) von Felix Aderca, THE LONG AFTERNOON OF EARTH (1962, *Am Vorabend der Ewigkeit*) von Brian W. Aldiss und Michael Moorcocks ›Dancer at the End of Time‹-Serie (seit 1972). Katastrophen auf fremden Planeten schildern u. a. ›Nightfall‹ (1941), eine Erzählung von Isaac Asimov, und der stimmungsvolle Roman DYING OF THE LIGHT (1977, *Die Flamme erlischt*) von George R. R. Martin.

Waren bei den bisher erwähnten Stories und Romanen zwar die Ursachen, die zur Katastrophe führten oder zu führen drohten, unterschiedlich, so standen doch im Mittelpunkt der Handlung die Ereignisse um die Katastrophe, ihre Abwendung oder das Schicksal der Überlebenden. Eine Untergruppe der Katastrophenromane, die besonders reizvolle Möglichkeiten bietet, bilden die sog. *post doomsday*-Romane. Sie sparen die Schilderung der eigentlichen Katastrophe aus, indem sie sie als Vergangenheit voraussetzen, und erzählen vom Schicksal der Nachfahren jener, die sie überlebten. Die

Autoren von *post doomsday*-Geschichten benutzen nicht selten die Konstellationen dazu, durch Radioaktivität hervorgerufene Veränderungen bei Tieren und Pflanzen sowie Psi-Mutationen bei Menschen zu schildern, die dann schnell zum eigentlichen Thema der Handlung avancieren. Beispiele sind etwa John Wyndhams THE CHRYSALIDS (1955, *Wem gehört die Erde?*) oder Andre Nortons DAYBREAK – 2250 A. D. (1952, *Das große Abenteuer des Mutanten*) und vor allem Sterling E. Laniers HIERO'S JOURNEY (1973, *Hieros Reise*).

Anders in Carl Amerys *Der Untergang der Stadt Passau* (1975), wo die Stadt Passau zum Machtzentrum inmitten einer in Primitivität zurückgefallenen Umgebung avanciert, weil ihr Herrscher es versteht, sich die Relikte der alten Zivilisation nutzbar zu machen. Aber die Stadt fällt, als sich Bauern und Nomaden gegen sie zusammenschließen. In A CANTICLE FOR LEIBOWITZ (1959, *Lobgesang auf Leibowitz*) erweist sich die auf mittelalterliche Mönchstradition zurückgreifende katholische Kirche als Bewahrerin und Weitervermittlerin des Wissens, wodurch der Weg zu einer neuen Hochzivilisation abgekürzt wird. In Kate Wilhelms WHERE LATE THE SWEET BIRDS SANG (1976, *Hier sangen früher Vögel*) sind es geklonte Menschen, die für den Fortbestand der menschlichen Rasse nach einem Desaster sorgen. Der deutsche Autor Herbert W. Franke hat sich in *Die Stahlwüste* (1962) und *Zone Null* (1970) ebenfalls mit der Welt nach einem Atomkrieg beschäftigt. In *Zone Null* trifft eine Expedition im einst verseuchten Niemandsland auf eine hochtechnische Enklave, während der Held in *Die Stahlwüste* nach einem Atomkrieg (und vor Ausbruch des nächsten) als Abweichler auf den Mond verbannt wird. Überlebende auf dem Mond gibt es auch in Ben Bovas WHEN THE SKY BURNED (1973, *Als der Himmel Feuer fing*). Sie kehren schließlich zur Erde zurück und versuchen den Rückfall der dort überlebenden Menschen in die Barbarei aufzuhalten.

Zwei weitere Beispiele sind ASCENSION (1977) von C. L. Grant und LOGAN'S RUN (1967, *Flucht ins 23. Jahrhundert,* verfilmt) von William F. Nolan & G. C. Johnson – nebst Fortsetzung LOGAN'S WORLD (1977) von William F. Nolan allein – konzentrieren sich vor allem auf die Schilderung der dem Verfall preisgegebenen Kulisse der alten Welt, vor der die Abenteuer abgespult werden. Nicht viel anders Roger Zelaznys (ebenfalls verfilmter) Roman DAMNATION ALLEY (1969, *Straße der Verdammnis*), in dem ein ehemaliger Rocker eine riskante Fahrt quer durch das verwüstete Amerika unternimmt.

Viele Romane und Erzählungen schildern, wie Menschen in unterirdischen Städten die Katastrophe überleben. In Mordecai Roshwalds schon erwähntem Buch LEVEL-7 dringt die Radioaktivität schließlich auch bis in die Tiefe vor. In Philip K. Dicks THE PENULTIMATE TRUTH (1964, *Zehn Jahre nach dem Blitz*) überleben sie und entdecken, daß ihnen Roboter die Fortdauer des Krieges vorgaukeln. In Vonda N. McIntyres THE EXILE WAITING (1975, *Die Asche der Erde*) kommt es nach dem Überleben in riesigen unterirdischen Gewölben zu Machtkämpfen zwischen verschiedenen Gruppierungen. Und in Daniel F. Galouyes DARK UNIVERSE (1961, *Dunkles Universum*) schließlich werden eben solche Abkömmlinge von Menschen entdeckt, die generationenlang in einem lichtlosen Universum gelebt und sich entsprechend verändert haben.

<u>Weitere wichtige Titel aus diesem Themenbereich</u>

Anthony, Piers: SOS, THE ROPE (1968), *Das Erbe der Titanen.*

Ballard, J. G.: HELLO AMERICA (1981), *Hallo Amerika!*

Benford, Gregory & Rotsler, William: SHIVA'S DESCENDING (1980), *Schiwas feuriger Atem.*

Berg, Howard: ›The Sun Grows Cold‹ (1971).

Bishop, Michael: CATACOMB YEARS (1979), *Die Jahre in den Katakomben.*

Boland, John: WHITE AUGUST (1955), *Weißer August.*

Chilson, Robert: AS THE CURTAIN FALLS (1974), *Wo die letzten Menschen hausen.*

Cooper, Edmund: ALL FOOL'S DAY (1966).

ders.: THE CLOUD WALKER (1973), *Der Wolkengänger.*

Coppel, Alfred: DARK DECEMBER (1960), *Nach der Stunde Null.*

Cunis, Reinmar: *Wenn der Krebsbaum blüht* (1987).

Darlton, Clark: *Finale* (1957).

Darlton, Clark & Artner, Robert: *Der strahlende Tod* (1966).

dies.: *Leben aus der Asche* (1968).

Dick, Philip K.: DR. BLOODMONEY (1965), *Kinder des Holocaust.*

Federbush, Arnold: ICE (1978), *Eis.*

Gandon, Yves: LE DERNIER BLANC (1945), *Der letzte Weiße.*

Hey, Richard: *Im Jahr 95 nach Hiroshima* (1982).

Holden, Richard: SNOW FURY (1955), *Tödlicher Schnee.*

van Holk, Freder: *Alle Feuer verlöschen auf Erden* (1948).

ders.: *Das Ende des Golfstroms* (1952).

ders.: *Weltuntergang* (1958).

Holm, Sven: TERMUSH, ATLANTERHAUSKYSTEN (1968), *Termush, Atlantikküste.*

Hughes, Zach: TIDE (1974), *Die rote Flut.*

Kosch, Erich: SNEG I LED (1961), *Eis.*
Mantley, John: THE 27TH DAY (1956), *Der 27. Tag.*
Noel, Sterling: WE WHO SURVIVED (1959), *Die 5. Eiszeit.*
Pendleton, Don: THE DAY, THE WORLD DIED (1970).
Pincher, Chapman: NOT WITH A BANG (1965), *Die Pille.*
Scheer, K. H.: *Die Großen der Tiefe* (1961).
Schmidt, Peter: *Das Prinzip von Hell und Dunkel* (1986).
Schoonover, Laurence: CENTRAL PASSAGE (1962), *Der rote Regen.*

9
Blechkumpel und Superhirn:
Roboter und Denkmaschinen

Einem Bonmot von Ben Bova zufolge glauben die meisten Amerikaner, daß ein SF-Autor wie Mr. Spock aussieht – wenn man von Isaac Asimov absieht, von dem angenommen wird, daß er Ähnlichkeit mit Robbie, dem Roboter, hat. Tatsächlich fällt aber auch einem etwas aufgeklärteren SF-Leser zum Thema Roboter zunächst einmal unvermeidlich der Name Asimov ein. Isaac Asimov schrieb einige der berühmtesten Robotergeschichten (gesammelt u.a. in I, ROBOT [1950, *Ich, der Roboter*] der amerikanischen Science Fiction und postulierte die vielzitierten drei Robotergesetze, die als Grundregeln den ›positronischen‹ Gehirnen eingepflanzt werden:

1. Ein Robot darf kein menschliches Wesen verletzen oder durch Untätigkeit gestatten, daß einem menschlichen Wesen Schaden zugefügt wird.
2. Ein Robot muß den ihm von einem Menschen gegebenen Befehlen gehorchen, es sei denn, ein solcher Befehl würde mit Regel Eins kollidieren.
3. Ein Robot muß seine Existenz beschützen, solange dieser Schutz nicht mit Regel Eins oder Zwei kollidiert.

Asimov selbst allerdings behauptet, daß es John W. Campbell jr. war, der bei einem Gespräch der beiden die drei Grundregeln entwickelte.

Wie auch immer: Natürlich ist weder Asimov noch Campbell der Vater der Roboter-Idee, denn die ist wesentlich älter. Künstliche Menschen aus Metall, Lehm oder was auch immer kommen in klassischen Sagen- und Legendenüberlieferungen – etwa in Gestalt des Golem, der als Diener des Rabbi Loew im Labyrinth des Prager Gettos zu Hause gewesen sein soll (diese alte jüdische Legende wurde u.a. von Gustav Meyrink, *Der Golem* [1915], neu gestaltet) – sehr häufig vor. Meistens verkörpern derartige ›Roboter‹ Wünsche nach

Omnipotenz, die Sehnsucht nach einem unüberwindlichen Bündnisgenossen bzw. Untergebenen im Kampf gegen Feinde. Nicht aus Lehm geformt und zum Leben erweckt, sondern als perfekte mechanische Apparaturen schildern Autoren wie E. T. A. Hoffmann, Nathaniel Hawthorne oder Edgar Allan Poe ihre künstlichen Menschen. So beschreibt E. T. A. Hoffmann in *Der Sandmann* (1815) einen weiblichen Tanzroboter – der auch in Leo Delibes Ballett *Coppelia* und als Olympia in Jacques Offenbachs Oper *Hoffmanns Erzählungen* vorkommt –, und in *Die Automate* (1814) geht es um ein Roboterorakel. *Die Automate* wurde genauso wie Skizzen von Jean Paul über den ›Maschinenmann‹ (zuerst schon 1798) und die Story ›Maelzel's Chessplayer‹ (1836) von Edgar Allen Poe durch die Existenz einer trickreichen Vorrichtung, nämlich des Schachroboters bzw. ›Schachtürken‹ des Baron von Kempelen beeinflußt. Nathaniel Hawthorne kreierte in THE ARTIST OF THE BEAUTIFUL (1844, *Der Schöpfer des Schönen*) einen Roboter-Schmetterling, und in Villiers de L'Isle-Adams L'ÈVE FUTURE (1886, *Die Eva der Zukunft*) wird ein Mädchen geschildert, das unter künstlichem Fleisch eine Roboterkonstruktion verbirgt. Eines der wichtigsten Werke über die Schaffung künstlicher Menschen ist schließlich Mary Shelleys FRANKENSTEIN (1818, *Frankenstein oder der moderne Prometheus*), bestens bekannt durch Horrorfilme, in der literarischen Version jedoch weitaus kultivierter; ein Buch über die Erschaffung eines künstlichen Menschen, der die Menschen hassen lernt, weil sich sein Schöpfer wegen seiner Häßlichkeit von ihm abwendet. Das (nichtmechanische) Homunkulusthema kommt im übrigen u. a. auch bei J. W. von Goethe (1832, *Faust*) und Achim von Arnim (1812, *Isabella von Ägypten*) vor.

Weitere Roboter- und Automatengeschichten vor dem Beginn der eigentlichen Science Fiction sind Jules Vernes ›Maître Zacharius‹ (1852) und LA MAISON À VAPEUR (1880, *Das Dampfhaus*). In *Das Dampfhaus* wird ein von einer Dampfmaschine bewegter Elefant geschildert. H. G. Wells hat das Thema am Rande behandelt in WHEN THE SLEEPER WAKES (1899, *Wenn der Schläfer erwacht*).

Der Name ›Roboter‹ kam jedoch erst 1920 auf, als der tschechische Autor Karel Čapek das Bühnenstück R. U. R. (ROSSUM'S UNIVERSAL ROBOTS) – deutsch *W. U. R. (Werstands Universal Robots)* – schrieb. Das Wort leitet sich von der tschechischen Bezeichnung *robota* (= arbeiten) ab und steht in dem Stück für biochemisch hergestellte Humanoiden, die als Fabrikarbeiter eingesetzt werden. Nach dem späteren Verständnis der Science Fiction tauchen die Roboter zwar auch meist in der Rolle von Dienern der Menschen auf – aber sie sind stets anorganische Lebewesen, Maschinen-Intelligenzen. Capeks ›Roboter‹ jedoch sind zwar künstlich hergestellt, aber organischen Ursprungs – nach heutigem Sprachgebrauch *Androiden*. Dem Roboter in der Science Fiction kommt im wesentlichen jene Statistenrolle zu, die er durchaus typisch in einigen SF-Filmen (z. B. FORBIDDEN PLANET oder STAR WARS) einnimmt: als nicht weiter hinterfragtes Element einer Welt der Zukunft, einem Auto oder einer Stereoanlage in unseren Tagen vergleichbar. Relativ selten jedoch steht der (anorganische) Roboter im Mittelpunkt der Handlung; allenfalls in der Rolle des Menschen, der nicht weiß, daß er ein Roboter ist (etwa in Michael Schenks *Der Mann, der ein Roboter war*, 1964). Zu den Autoren, die eine Vorliebe für Roboterthemen haben, gehören Philip K. Dick und Ron Goulart. Letzterer schrieb eine Reihe von Stories und Romanen (u. a. CALLING DR. PATCHWORK, 1978, BROKE DOWN ENGINE [1971, *Maschinenschaden*]) über Roboter und andere Automaten, die meist nicht so funktionieren, wie sie sollen. Die wohl besten Robotererzählungen stammen von Stanislaw Lem; gesammelt liegen sie u. a. unter den Titeln BAJKI ROBOTÓW (1964) und CYBERIADA (1965) vor (deutsche Auswahl unter dem Titel *Robotermärchen*). Diese märchenhaft-satirischen Kurzgeschichten beweisen, daß das Thema mit Asimovs Robotergeschichten durchaus noch nicht erschöpfend behandelt wurde.

Nachdem es bereits in Thea von Harbous *Metropolis* (1926) – von Fritz Lang verfilmt – um einen weiblichen Roboter geht, der einen Industriellensohn becirct, wurde das Thema von Lester del Rey (›Helen O'Loy‹ 1938) und Eando Binder (›I, Robot‹, 1939) weiterentwickelt (die Erzählung von Binder erschien 1965 auch als Roman: ADAM LINK – ROBOT *(Adam Link – Roboter)*. Berühmte Roboter in der Science Fiction wurden: Lewis Padgetts ›Joe‹, der von einem versoffenen Erfinder als Bierdosenöffner konstruiert wurde und seine Zeit damit verbringt, fasziniert sein Innenleben zu betrachten, in ROBOTS HAVE NO TAILS (1952, *Der stolze Roboter* und *Mir gehört die Welt*); Roboter ›Rex‹ aus THE RUNAWAY ROBOT (1965, *Der unschuldige Roboter*) von Lester del Rey, einem Jugendbuch über die Abenteuer eines Jungen mit eben diesem maschinellen Freund; der Roboterassistent eines Polizisten in Asimovs THE CAVES OF STEEL (1953, *Der Mann von drüben*) und THE NAKED SUN (1956, *Die nackte Sonne*) und jene Automaten-Relikte menschlicher Zivilisation, die in Clifford D. Simaks CITY (1952, *Als es noch Menschen gab*) die Hunde zu Nachfolgern der verschwundenen Menschen erziehen.

Bekannte Stories mit Roboterproblematik sind auch Robert Sheckleys ›Watchbird‹ (1952) – fliegende Roboter sollen potentielle Mörder an der Tat hindern – und Philip K. Dicks ›The Defenders‹ (1953), wo Roboter, die für die Menschen Krieg führten, ihren unter der Erdoberfläche wohnenden Herren verschweigen, daß der Krieg längst beendet ist. Ein deutscher Autor, der in Anlehnung an Isaac Asimov einige Robotererzählungen verfaßte, war in den fünfziger Jahren Hellmuth W. Hofmann (u. a. *Die Rechenmaschine,* 1948/49, erschienen 1975).

Eine eigene Abteilung bilden in diesem Rahmen die Geschichten um Roboter, die nicht von Menschen gebaut wurden. So treffen Menschen in John Wyndhams STOWAWAY TO MARS (1935, *Die Reise zum Mars*) auf Robotererben einer Marszivilisation. Eine wichtige Rolle spielt auch der Roboter ›Gort‹ in Harry Bates – unter dem Titel THE DAY, THE EARTH STOOD STILL verfilmter – Story ›Farewell to the Master‹ (1940); anders als im Film erweist sich als Schlußgag der Roboter als Herr des außerirdischen Sendboten Klaatu. In Jack Williamsons THE HUMANOIDS (1949, *Wing 4*) beschützen außerirdische Roboter die Menschen vor sich selbst und würgen dabei jede Eigenständigkeit ab. Und in Kurt Vonneguts THE SIRENS OF TITAN (1959, *Die Sirenen des Titan*) strandet ein Roboter auf dem Saturnmond Titan und veranlaßt von dort aus die Entwicklung der Raumfahrt auf der Erde, um seine Botschaft an den Mann bringen zu können.

Von einigen Autoren wurde das Thema bis hin zu Roboterzivilisationen fortentwickelt, sei es, daß sie wie in Fred Saberhagens ›Berserker‹-Serie (erster Band, eine Story-Sammlung, 1967) alles Leben vernichtend durch die Galaxis ziehen, sei es, daß sie als verselbständigte Schöpfungen des Menschen entdecken, daß ihre Schöpfer durchaus nicht die vermuteten Superwesen waren, wie in ›Robot's Return‹ (1938) von Robert Moore Williams.

Kampfroboter als willkommenes Beiwerk für Waffenfetischisten vom Schlage K. H. Scheers und die in der Trivialliteratur nicht seltenen Roboterrevolten sollen uns hier nicht weiter interessieren. Symptomatisch für die Angst vor Maschinen sei hier lediglich A. E. van Vogts ›Automaton‹ (1950) genannt, wo sich Roboter heimlich duplizieren, um es mit den Menschen aufnehmen zu können.

Die Angst davor, daß künstlich erschaffene Lebewesen zum Nachteil des Menschen in Erscheinung treten könnten, ist besonders verbreitet, wenn es um Androiden geht. Sind die Roboter – bis auf wenige ›verkleidete‹ Ausnahmen – als Maschinen kenntlich, so gilt dies für die organischen künstlichen Menschen nicht. Sie haben synthetisches Fleisch und sind äußerlich kaum oder gar nicht von Menschen zu unterscheiden. Folglich geht es bei Androiden-Erzählungen auch häufig darum, daß die künstlichen Wesen die Menschheit unterwandern oder dem Menschen in die menschlichsten Bereiche hinein (etwa beim Sex) Konkurrenz machen. Einige Beispiele: Philip K. Dick schildert in THE SIMULACRA (1964, *Simulacra*) und WE CAN BUILD YOU (1969, *Die rebellischen Roboter*) Androiden, die als Doppelgänger Menschen darstellen − ein Thema, das auch Ray Bradbury in ›Usher II‹ (1948), in THE MARTIAN CHRONICLES (1950, *Die Mars-Chroniken*), auf E. A. Poes THE FALL OF THE HOUSE OF USHER (1839, *Der Fall des Hauses Ascher*) zurückgreifend behandelt hat, und in DO ANDROIDS DREAM OF ELECTRIC SHEEP? (1968, *Träumen Roboter von elektrischen Schafen?*) die Jagd auf untergetauchte Androiden − wobei Dick, untypisch für das Genre, den Androiden als ein noch stärker als der Mensch getäuschtes, manipuliertes und in tragische Ausweglosigkeit verstricktes Wesen darstellt. Weniger subtil Edmund Cooper, der in THE UNCERTAIN MIDNIGHT (1958, *Aufstand der Roboter*) die bisher liebesunfähigen Androiden durch den Einfluß von Poesie zu vollwertigen Menschen werden läßt. Berühmte Androidenstories sind ferner JAY SCORE (1941, *Jay Score*) von Eric Frank Russell, ›Marionettes, Inc.‹ (1949) von Ray Bradbury, ›Android‹ (1951) von Henry Kuttner und C. L. Moore, Philip K. Dicks ›Impostor‹ (1953) und Alfred Besters ›Fondly Fahrenheit‹ (1954). Dem Androiden-Thema verwandt ist das in letzter Zeit populär gewordene Thema Cloning, d. h. die Schaffung neuer Menschen in der Retorte durch ungeschlechtliche Vermehrung. Zwar hat das Thema in Gestalt genetischer Manipulationen eine eigene Tradition in der SF, aber die hier relevanten Darstellungen betreffen nicht so sehr die Anpassung an fremde Lebensräume − THE SEEDLING STARS (1956, *Auch sie sind Menschen*) von James Blish etwa − oder an vorbestimmte spätere Tätigkeiten wie in BRAVE NEW WORLD (1932, *Schöne neue Welt*) von Aldous Huxley, sondern geklonte Menschen als neue Partner, Konkurrenten oder Nachfolger des Menschen. Einige Beispiele: Kate Wilhelms WHERE LATE THE SWEET BIRDS SANG (1976, *Hier sangen früher Vögel*), Richard Cowpers CLONE (1972, *Homunkulus 2072*), John Varleys THE OPHIUCHI HOTLINE (1977, *Der heiße Draht nach Ophiuchi*) und Pamela Sargents CLONED LIVES (1976, *Die Bio-Bombe*).

Elektronengehirne, Datenverarbeitungsanlagen also, die Intelligenz und eigenes Bewußtsein entwickeln, könnte man gewissermaßen als stationäre Roboter bezeichnen. Ihre Entwicklung in der SF lief denn auch weitgehend mit der Schilderung von Robotern parallel. Der deutsch-schweizerische Nobelpreisträger Carl Spitteler hatte bereits kurz nach der Jahrhundertwende in *Olympischer Frühling* (1900 – 1905) eine Art Datenverarbeitungsanlage geschildert, die alles Leid des Menschen bis zum Jüngsten Gericht speichert. Die erste SF-Story über Computer erschien dann 1927 in *Amazing:* Aaron Nadels (unter dem Pseudonym Ammianus Marcellinus verfaßte) Geschichte ›The Thought Machine‹, während E. M. Forster das Verdienst zufällt, in ›The Machine Stops‹ (1909) die erste Erzählung über eine maschinengesteuerte Zivilisation geschrieben zu haben. John W. Campbell hat das Thema Computer ebenfalls in mehreren Stories aufgegriffen, desgleichen natürlich Isaac Asimov (u. a. in ›Reason‹ [1941], einer seiner Roboterstories), aber richtig griffig wurde dieses Thema für die SF-Autoren erst, als tatsächlich die ersten Datenverarbeitungsanlagen gebaut wurden. Einige bekannte Beispiele, in denen Computer vermenschlicht in Erscheinung treten: THEY'D RATHER BE RIGHT (1954, *Computer der Unsterblichkeit*) von Mark Clifton & Frank Riley, THE MOON IS A HARSH MISTRESS (1966, *Revolte auf Luna*), 2001 – A SPACE ODYSSEY (1968, *2001 – Odyssee im Weltraum*) und WHEN HARLIE WAS ONE (1973, *Ich bin Harlie*). In diesen Bereich gehört auch eine der besten Erzählungen Gordon R. Dicksons, ›Computers Don't Argue‹ (1965), die in Deutschland auch für den Rundfunk bearbeitet wurde: die erfolglose und tragisch endende Auseinandersetzung eines Menschen mit einer total computerisierten Verwaltung. In ›The Adolescence of P-1‹ (1977) von Thomas J. Ryan ist es sogar nur ein Computerprogramm, das eine Persönlichkeit entwickelt.

Machthungrige Computer, die meistens Erderoberungs-Pläne haben, findet man u. a. in COLOSSUS (1966, *Colussus,* auch verfilmt) von D. F. Jones, Heinrich Hausers *Gigant Hirn* (1958), COMPUTER WAR (1967) und THE COMPUTER CONSPIRACY (1968) von Mack Reynolds, THE GOD MACHINE (1968, *Der große Computer*) von Martin Caidin und A FISTFUL OF DIGITS (1968, *Der große summende Gott*) von Christopher Hodder-Williams.

In Analogie zur Dualität Roboter – Android gibt es auch für das stationäre Maschinengehirn die Entsprechung: organische Gehirne außerhalb ihrer ursprünglichen Körper. Beispiele hierfür sind u. a. Edmond Hamiltons ›The Comet Doom‹ (1928), Neil R. Jones' THE JAMESON SATELLITE (1931), Curt Siodmaks DONOVAN'S BRAIN (1943, *Donovans Gehirn*) und Lewis Padgetts berühmte Story ›Camouflage‹ (1945), wo dieses Gehirn von einem unbekannten Ort in einem

Raumschiff aus Kontrollfunktionen innehat; Gegner versuchen vergeblich, das Gehirn zu finden und zu vernichten. Ein neueres Beispiel dieser Art: THE SHIP WHO SANG (1971, *Ein Raumschiff namens Helva*) von Anne McCaffrey, wo das in ein Raumschiff eingesetzte Gehirn eines Mädchens dieses Raumschiff als seinen Körper begreift.

Bleibt abschließend die Mischform, Cyborg (auch Kyborg), die in dem Roman von Anne McCaffrey bereits angesprochen wurde: ein Wesen, das zum Teil organischen, zum Teil künstlichen Ursprungs ist (*Kybernetischer Organismus*). Erwähnenswert sind hier die Geschichten von David R. Bunch, die in MODERAN (1971, *Festung Zehn*) zusammengefaßt wurden, wo sich die Menschen Teile ihres Körpers durch Kunststoff und Apparaturen ersetzen ließen, ferner WHO? (1958, *Zwischen zwei Welten*) von Algis Budrys, wo am Schluß unklar bleibt, ob der Protagonist nun er selbst ist oder ob in seinem zum größten Teil künstlichen Körper das Bewußtsein eines feindlichen Agenten haust. In einer Lem-Kurzgeschichte wird schließlich satirisch gefragt, ob nach so vielen Ersatzteilen, die der immer wieder verunglückte Rennfahrer besitzt, überhaupt noch die ursprüngliche Persönlichkeit vorhanden ist (1963, *Gibt es Sie überhaupt, Mr. Jones?*). Die beiden letztgenannten Erzählungen wurden für den Film bzw. das Fernsehen eingerichtet; aus Martin Caidins Roman CYBORG (1972, *Der korrigierte Mensch*) über einen Cyborg-Supermann entstand gar die TV-Serie THE SIX MILLION DOLLAR MAN. Ein Kyborg ist auch der Held in Alfred Besters bekanntem Werk THE STARS MY DESTINATION (1956, *Die Rache des Kosmonauten*), der in Gefahrenmomenten Cyborgteile seines Körpers aktivieren kann. Weitere bekannte Romane zu diesem Thema sind schließlich THORNS (1968, *Der Gesang der Neuronen*) und SHADRACH IN THE FURNACE (1976, *Schadrach im Feuerofen*) von Robert Silverberg sowie MAN PLUS (1976, *Der Plus-Mensch*) von Frederik Pohl.

Die neueste Variante dieser Spielart sind die sog. Cyberpunks, wie die Autoren nach den Protagonisten ihrer Romane genannt werden. Dazu gehören u. a. Lewis Shiner, John Shirley, Bruce Sterling, Walter Jon Williams und vor allem William Gibson, dessen Erzählungen, gesammelt in BURNING CHROME (1986), *Cyberspace,* und Romane, NEUROMANCER (1984), *Neuromancer,* COUNT ZERO (1986), *Biochips,* und MONA LISA OVERDRIVE (in Vorb.) ihn zum Wortführer dieser Gruppe werden ließen. Die Cyberpunks haben sich einer SF zugewandt, die einige Trends der Computertechnologie extrapoliert und eine Direktverbindung des menschlichen Gehirns mit Computern über bioelektronische Gehirnimplantate voraussetzt. Die elektronische Beeinflussung des menschlichen Gehirns als Droge ist seit Skinners Experimenten mit Ratten, denen er die Möglichkeit gab, das Lustzentrum im Gehirn mit Stromstößen zu reizen und die ob dieses grenzenlosen Vergnügens das Fressen vergaßen, nicht neu, etwa Larry Niven, ›Death by Ecstasy‹ (1969), *Tod durch Ekstase,* aber erst durch die moderne Elektronik und die vernetzten Computersysteme ist der Hintergrund gegeben für Spekulationen, wie das menschliche Bewußtsein in diese Reiche hinter dem Bildschirm eindringen könnte, um sich neue, faszinierende Erlebnisräume zu erschließen. (Siehe auch die SF der achtziger Jahre und ihre postmodernen Strömungen, in: Die Entwicklungsgeschichte der Science Fiction, S. 42 ff.)

Weitere wichtige Titel aus diesem Themenbereich

Bayley, Barrington J.: SOUL OF THE ROBOT (1974), *Die Seele des Roboters.*

Bester, Alfred: THE COMPUTER CONNECTION (1975), *Der Computer und die Unsterblichen.*

Bulmer, H. Kenneth & Clarke, A. V.: CYBERNETIC CONTROLLER (1952), *Das Robotgehirn.*

Chandler, A. Bertram: THE BROKEN CYCLE (1976), *Universum der Roboter.*

Charbonneau, Louis: DOWN TO EARTH (1967), *Tod eines Roboters.*

Cooper, Edmund: THE OVERMAN CULTURE (1972), *Die neue Zivilisation.*

Dick, Philip K.: VULCAN'S HAMMER (1960), *Vulkan 3.*

Elwood, Roger (Hrsg.): INVASION OF THE ROBOTS (1965).

Fairman, Paul G.: I, THE MACHINE (1968), *Ich, die Maschine.*

Fontana, D. C.: THE QUESTOR TAPES (1974), *Ein Computer wird gejagt.*

Galouye, Daniel F.: SIMULACRON-3 (1964), *Welt am Draht.*

Greenberg, Martin (Hrsg.): THE ROBOT AND THE MAN (1953), *Die Roboter und wir.*

Hamilton, Edmond: CAPTAIN FUTURE AND THE SPACE EMPEROR (1940), *Die lebende Legende.*

Herbert, Frank: DESTINATION VOID (1966), *Ein Cyborg fällt aus.*

Johannesson, Olof: SAGAN OM DEN STORA DATAMASKINEN (1966), *Saga vom großen Computer.*

Kneifel, Hans: *Der Traum der Maschine* (1965).

Leiber, Fritz: THE SILVER EGGHEADS (1958), *Die programmierten Musen.*

Moskowitz, Sam (Hrsg.): THE COMING OF THE ROBOTS (1963).

Naujack, Peter (Hrsg.): *Roboter* (1962).

Nolan, William F. (Hrsg.): THE PSEUDO-PEOPLE (1965), *Die Anderen unter uns.*

Norton, Andre: ANDROID AT ARMS (1971), *Androiden im Einsatz.*

Simak, Clifford D.: COSMIC ENGINEERS (1939), *Ingenieure des Kosmos.*

Simmen, René (Hrsg.): *Der mechanische Mensch* (1967).

Smith, George H.: THE FOUR DAY WEEKEND (1966), *Aufstand der Maschinen.*

Statten, Vargo: CATACLYSM (1951).

Vernon, Lee: ROBOT HUNT (1959), *Stunde der Roboter.*

White, James: SECOND ENDING (1962), *Herr der Roboter.*

10
Auf dem Zeitstrom:
Der Traum von der Zeitreise

»Bleib mir vom Leib mit diesem Chronokokolores!«
Harry Harrison in: *Jim diGriz, die Edelstahlratte*

Obwohl ein jeder in jedem Augenblick seiner Existenz mit ihr konfrontiert wird, Leben und Tod ohne sie nicht vorstellbar wären, wissen wir noch immer so gut wie nichts über das Phänomen Zeit. Gesichert scheint nur, daß Raum und Zeit in einem gemeinsamen Gefüge existieren, offenbar untrennbar miteinander verbunden, zwei verschiedene Erscheinungsformen der gleichen Sache. Einsteins Spezielle Relativitätstheorie postulierte Veränderungen der Raum-Zeit-Relation bei Annäherung sich bewegender Objekte an die Lichtgeschwindigkeit, d.h. solche Objekte kennzeichnet ein von Objekten mit geringerer Geschwindigkeit abweichender Zeitverlauf, sie haben ihr eigenes Bezugssystem. Im Vergleich entsteht daher die sogenannte Zeitdilatation – die Zeit an Bord eines Raumschiffes etwa, das sich nennenswert der Lichtgeschwindigkeit annähert, scheint, am irdischen Bezugssystem gemessen, langsamer zu verlaufen. Bewiesen wurde die Theorie durch Elementarteilchen, die – von unserem Bezugssystem aus gemessen – bei hohen Geschwindigkeiten eine längere ›Lebensdauer‹ haben, als dies unter uns vertrauten Bedingungen möglich wäre.

Wo der Stand des Wissens gering ist, bleibt der Science Fiction ein breites Feld zur Spekulation. Zeitreise als Zeitdilatation spielt dabei im Subgenre der Zeitreisegeschichten nur eine relativ bescheidene Rolle. SF-Autoren bringen für gewöhnlich mit einem flinken Trick – Zeit als 4. Dimension, in der man beliebig reisen kann; Zeitströme; die Existenz von unendlich vielen Parallelwelten etc. – das Problem einer auch nur pseudowissenschaftlichen Begründung der Zeitreise elegant hinter sich und widmen sich den faszinierenden Aspekten, die ein Reisen in der Zeit eröffnen würde. So ist bisher kein SF-Autor dem Phänomen Zeit naturwissenschaftlich oder zumindest philosophisch auf die Schliche gekommen – was allerdings, geben wir es zu, auch etwas zuviel verlangt wäre. Aber die Spielerei mit Zeit und

Zeitreise hat etwas Faszinierendes und ist zumindest für den einen oder anderen verblüffenden Gag hervorragend geeignet.

Das Reisen in der Zeit mit einer Maschine hat – wie so manche Subkategorie der Science Fiction – den Ursprung in einem Roman von Herbert George Wells: THE TIME MACHINE (1895, *Die Zeitmaschine*). Wells läßt seinen Protagonisten mit einer solchen Maschine in die ferne Zukunft der Erde reisen und auch zurückkehren. Zwar geht es Wells vor allem darum, eine extreme Klassengesellschaft zu zeigen, in der die eine Sorte Mensch (unter der Erde) die andere Sorte Mensch (auf der Erde) als Schlachtvieh hält, widmet der Maschine selbst und ihren Möglichkeiten jedoch ebenfalls einige Aufmerksamkeit. Egon Friedell hat – wie schon W. Bastiné 1914 mit *Die wiedergefundene Zeitmaschine* – unter dem Titel *Die Reise mit der Zeitmaschine* (1946, später neu verlegt als *Die Rückkehr mit der Zeitmaschine*) eine Art Fortsetzung aus der Sicht eines Vertrauten des Wellsschen Zeitreisenden geschrieben. Eine weitere direkte Anknüpfung an den Stoff ist THE SPACE MACHINE (1976, *Sir Williams Maschine*) von Christopher Priest. Vor Wells gab es jedoch bereits andere Autoren, die zwar keine Zeitmaschinen schilderten, wohl aber Zeitreisende. Ein Beispiel dafür ist der Roman A CONNECTICUT YANKEE IN KING ARTHUR'S COURT (1889, *Ein Yankee an König Artus' Hof*), in dem ein Schlag auf den Kopf ausreicht, um einen amerikanischen Waffenschmied ins englische Mittelalter zu befördern, wo er bald darangeht, die Welt mit amerikanischen Geschäftsmethoden und einer (im ausgehenden 19. Jahrhundert) modernen Technik umzukrempeln.

In der späteren Science Fiction erfreute sich die Reise in die Vergangenheit besonderer Beliebtheit. L. S. de Camp schickte seinen Helden ins alte Rom: LEST DARKNESS FALL (1939, *Vorgriff auf die Vergangenheit*), Michael Moorcock beschreibt einen Zeitreisenden, der erlebt, wie es sich wirklich mit Jesus verhalten hat: BEHOLD THE MAN (1966, *I.N.R.I. oder die Reise mit der Zeitmaschine*), Poul Anderson wählt das alte Kreta als Ziel: THE DANCER FROM ATLANTIS (1971, *Die Tänzerin von Atlantis*); in T. L. Sherreds vielzitierter Story ›E For Effort‹ (1947) reist ein Filmteam zu den interessantesten Ereignissen der Geschichte, um sie an Ort und Stelle ›live‹ zu drehen; in Wolfgang Jeschkes Novelle ›Der König und der Puppenmacher‹ (1970) bewirkt ein aus ferner Zukunft stammender, in die Zeit des Dreißigjährigen Krieges verbannter Thronfolger aus der Vergangenheit heraus die Änderung seines Schicksals, und in seinem Roman *Der letzte Tag der Schöpfung* (1980) sind gar die westlichen Industriestaaten dabei, den Arabern unbemerkt die Ölvorräte zu stehlen, indem sie die unterirdischen Vorkommen in ferner Vergangenheit auszubeuten und den wertvollen Stoff mittels Zeitmaschinen in die Gegenwart heraufzupumpen versuchen.

Bei Brian Aldiss geht es mittels geistiger Zeitreise bis tief hinein in die Erdgeschichte: CRYPTOZOIC (1967, *Kryptozoikum*) und die Zahl der Stories, in denen auf Saurier Jagd gemacht wird, sind kaum noch zu zählen. Carl Grunert, ein früher deutscher Autor, ließ seinen Zeitreisenden immerhin bis zu den Urmenschen vordringen (*Pierre Maurignacs Abenteuer,* 1908). Auch Robert Silverberg hat eine Schwäche für Zeitreisen aller Art. Einmal, in HAWKSBILL STATION (1968, *Verdammte der Ewigkeit*), werden politische Gegner eines amerikanischen Regimes in die ferne Vergangenheit deportiert und dort ausgesetzt, ein anderes Mal werden Sightseeing/Zeitseeing-Veranstaltungen zu beliebten Geschichtsereignissen durchgeführt: UP THE LINE (1969, *Zeitpatrouille*). Der russische Autor Sewer Gansowski läßt einen Verehrer von Vincent van Gogh zu diesem in die Vergangenheit reisen (*Vincent van Gogh,* deutsch 1972), und in Carl Amerys Roman *Das Königsprojekt* (1973) besitzt der Vatikan eine Zeitmaschine, mit der man durch Manipulationen in der Vergangenheit die Spaltung der katholischen Kirche verhindern will.

Daß die Themen für Zeitreisen in die Vergangenheit so unerschöpflich sind, wie es die Geschichte selbst ist, bewies auf der trivialen Ebene die deutsche Heftserie *Zeitkugel,* in der das Zeitkugelteam Heft für Heft Aufträge zur Erforschung geschichtlicher Ereignisse (neben solchen für Reisen in die Zukunft) erhielt und dabei so ziemlich alles abhakte, was an (hauptsächlich deutschen und europäischen) Geschichtsereignissen besonderer Art und sagenhaften Begebenheiten im Gedächtnis des Durchschnittsbürgers von der Schulzeit her haften geblieben ist.

Wenden wir uns den Reisen in die Zukunft zu. Außer in THE TIME MACHINE hat Wells auch in WHEN THE SLEEPER WAKES (1899, *Wenn der Schläfer erwacht*) seinen Protagonisten in die Zukunft befördert, ähnlich wie Edward Bellamy in dem sozialutopischen Roman LOOKING BACKWARD (1888, *Ein Rückblick aus dem Jahre 2000*) durch einen langen Schlaf. In späteren Jahren wurde diese Art einer eingleisigen Zeitreise vor allem durch Kälteschläfer geleistet, wie etwa in FRYSEPUNKTET (1970, *Brunos tiefgekühlte Tage*) von Anders Bodelsen. Einige bekannte Zeitreiseromane mit Reisen in die Zukunft (meistens mit technischem Gerät): THE LEGION OF TIME (1938, *Die Zeitlegion*) von Jack Williamson, NOW WAIT FOR LAST YEAR (1967,

Warte auf das letzte Jahr) von Philip K. Dick, THE YEAR OF THE QUIET SUN (1970, *Das Jahr der stillen Sonne*) von Wilson Tucker, FARNHAM'S FREEHOLD (1964, *Die Reise in die Zukunft* – hier durch eine Atomexplosion) von Robert A. Heinlein und vom gleichen Autor THE DOOR INTO SUMMER (1957, *Tür in die Zukunft*).

Eine weitere Untergruppe von Zeitreise-Erzählungen schildert Besuch aus der Zukunft. Repräsentativ für diese Gruppe sind Romane wie THE EXILE OF TIME (1964, Magazinversion 1931, *Besucher aus dem Jahre X*) von Ray Cummings oder THE MASKS OF TIME (1968, *Gast aus der Zukunft*) von Robert Silverberg, ferner Kurzgeschichten wie ›Roller Coaster‹ (1953) und ›Of Time and Third Avenue‹ (1951) von Alfred Bester, ›The Tourist Trade‹ (1951) von Wilson Tucker und ›Pawley's Peepholes‹ (1951) von John Wyndham. Hier sind es Einzelne oder kleinere Gruppen, etwa Touristen, die aus der Zukunft kommen, obwohl auch sie nicht immer friedliche Absichten haben.

Eine kleinere Gruppe von Werken schildert Besucher aus der Vergangenheit, so A. E. van Vogts Kurzgeschichte ›The Ghost‹ (1942) oder PAST MASTER (1968, *Astrobe, der goldene Planet*) von R. A. Lafferty. Gestreift wird dieses Thema beispielsweise auch in THE SIMULACRA (1964, *Simulacra*) von Philip K. Dick, wo Hermann Göring mit einer Zeitmaschine in die Zukunft geholt wird.

Die Frage des Beförderungsmittels durch die Zeit wurde bereits kurz angeschnitten. Neben den bisher erwähnten Methoden sind zu erwähnen: biologische Zeitreise – etwa in Poul Andersons THERE WILL BE TIME (1973, *Die Zeit wird kommen*) durch Mutation oder als Waffe von Tieren im Überlebenskampf in Philip José Farmers THE GATES OF CREATION (1966, *Welten wie Sand*) und Robert Holdstocks EARTHWIND (1978, *Erdwind*) und die eingangs erwähnte Zeitdilatation. Letzteres Thema hat vor allen Dingen den deutschen Autor Clark Darlton (Walter Ernsting) immer wieder beschäftigt (z. B. in *Raum ohne Zeit,* 1957, und *Die Zeit ist gegen uns,* 1956), während es im angloamerikanischen Sprachraum vergleichsweise selten anzutreffen ist. Einige Beispiele dafür sind TIME WANTS A SKELETON (1941, *Der Ring der Verdammnis* bzw. *Der Ring aus der Vergangenheit*) von Ross Rocklynne, RETURN TO TOMORROW (1950, *Gefangen in Raum und Zeit*) von L. Ron Hubbard und der A. E. van Vogt-Roman ROGUE SHIP (1965, *Das unheimliche Raumschiff*).

Eine der eindringlichsten Gestaltungen des Themas ist ›Common Time‹ (1953)) von James Blish, wo nicht die Auswirkungen der Zeitdilatation, sondern deren unmittelbar erfahrene Effekte im Vordergrund stehen.

Ein Nebenprodukt zahlreicher Zeitreisegeschichten ist die Annahme des Autors, daß es eine – in der Regel unendlich große – Zahl von Parallelwelten gibt, in denen Alternativen zum tatsächlichen Geschichtsverlauf existieren. Beispiele: THE TWO-TIMERS (1968, *Die Zweizeitmenschen*) von Bob Shaw, THE RITUALS OF INFINITY (1971, *Rituale der Unendlichkeit*) von Michael Moorcock und THE WHEELS OF IF (1940, *Die Räder der Zeit*) von L. Sprague de Camp. In John Boyds THE LAST STARSHIP FROM EARTH (1968, *Der Überläufer*) dient dieses Thema als Schlußgag: Der Held befindet sich in der Vergangenheit einer Alternativwelt und verändert sie so, daß unsere Gegenwart entsteht. In Alfred Besters Satire ›The Men Who Murdered Mohammed‹ (1958) wütet ein Zeitmaschinenerfinder derart in der Vergangenheit herum, um einen Nebenbuhler zum Verschwinden zu bringen, daß er am Ende für andere Menschen unsichtbar wird. Er hat nicht den Zeitstrom aller, sondern nur seinen eigenen, subjektiven Zeitstrom verändert. Als Erfinder der Zeitparallelen gilt übrigens Murray Leinster mit der Novelle SIDEWISE IN TIME (1934, *Quer durch die Zeit*).

Einige Autoren haben sich abseits der reinen Zeitreise mit anderen Zeitspielereien beschäftigt: In Philip K. Dicks COUNTER-CLOCK WORLD (1967, *Die Zeit läuft zurück*) kehrt sich der Zeitablauf um, was bedeutet, daß die Toten wieder lebendig, die Alten wieder jung werden. In John Brunners THE WRONG END OF TIME (1971, *Am falschen Ende der Zeit*) kommt eine fremde Rasse vor, die gegen den normalen Zeitablauf lebt, was bedeutet, daß die erste Begegnung der Menschen mit ihr für sie die letzte Begegnung ist. In John D. MacDonalds THE GIRL, THE GOLD WATCH AND EVERYTHING (1962, *Flucht in die rote Welt*) besitzt ein Mann eine Maschine bzw. eine alte Uhr, die es ihm ermöglicht, per Knopfdruck die Zeit zum Stillstand zu bringen – auch wieder eine Variante, die letztlich auf Wells zurückgeht, der in der Story ›The New Accelerator‹ (1901) eine Droge schildert, die den menschlichen Metabolismus beschleunigt. Und in dem schon erwähnten Roman CRYPTOZOIC von Brian W. Aldiss erweist sich der Zeitfluß als in die Vergangenheit gerichtet.

Nicht erwähnt wurden bisher bei der Behandlung von Reisen in die Zukunft, vor allem aber in die Vergangenheit, solche Romane und Stories, die davon ausgehen, daß die Zeitreise irgendwann in der Zukunft erfunden und dann als machtpolitisches Mittel eingesetzt wird. Die Zahl der Zeitagenten ist sicherlich Legion, aber einige herausragende Beispiele sollen erwähnt werden. Da sind zum Beispiel Poul Andersons GUARDIANS OF TIME (1960, *Hüter der Zeiten*),

Andre Nortons ›Time Traders‹-Serie (u. a. THE TIME TRADERS [1958, *Operation Vergangenheit*]), H. Beam Pipers ›Paratime‹-Serie (u. a. LORD CALVAN OF OTHERWHEN [1966, *Der Mann, der die Zeit betrog*]) und Larry Maddocks Serie ›The Agent of T.E.R.R.A.‹ (u. a. THE TIME TRAP GAMBIT [1969, *Gefangen in Raum und Zeit*]), dazu Titel von Keith Laumer (THE TIME BENDER [1966, *Das große Zeitabenteuer*], und DINOSAUR BEACH [1971, *Zeit-Odyssee*]), in denen es zentral oder am Rande um Organisationen wie Zeitpolizei und Zeitagenten geht, die entweder selbst die Vergangenheit manipulieren, um für sie positive Veränderungen in der Zukunft zu erreichen, oder aber Verbrecher und gegnerische Mächte daran zu hindern, solche Manipulationen vorzunehmen. Eine der eindrucksvollsten Organisationen, die mit Zeitkontrolle befaßt sind, schildert jedoch Isaac Asimov in dem Roman THE END OF ETERNITY (1955, *Am Ende der Ewigkeit*), wo die Zeitkontrolle ›zum Wohle der Menschheit‹ schließlich zu einer unerträglichen Einengung jedes Handlungsspielraums führt.

Mehrfach taucht auch das Thema Zeitkrieg in der Science Fiction auf. Wurden schon in Edmond Hamiltons ›The Time Raider‹ (1927) und E. A. van Vogts MASTERS OF TIME (1950, *Beherrscher der Zeit*) in der Vergangenheit Söldner für einen Krieg in der Zukunft angeworben, und kamen in TIME AND SPACE (1952, *Die Tyrannei der Zeitkönige*) von Rand le Page blutrünstige Horden aus der Zukunft, so geht es in Clifford D. Simaks TIME AND AGAIN (1951, *Tod aus der Zukunft*) und besonders in THE BIG TIME (1961, *Eine tolle Zeit*) von Fritz Leiber um gigantische Kriege in Raum und Zeit.

Das Salz der Zeitreisegeschichten sind aber sicherlich jene Themen, die sich mit den paradoxen Situationen beschäftigen, die sich bei Existenz der Zeitreise ergeben könnten. Einfachstes Beispiel, 1933 von Nathan Schachner in der Story ›Ancestral Voices‹ skizziert: Der Enkel reist in die Vergangenheit, tötet den Großvater, dürfte deshalb eigentlich gar nicht gezeugt werden, hätte dann wiederum nicht den Großvater töten können usw. Neben einigen Erzählungen von Robert Sheckley und ›Der Riß im Berg‹ (1970) von Wolfgang Jeschke, wo ein Mann seinen Tod immer und immer wieder neu erleben muß, sind besonders zwei Geschichten von Robert A. Heinlein zu erwähnen, die das Thema Paradoxon beinahe ultimativ ausgeschöpft haben: In ›By His Bootstrap‹ (1941) begegnet ein Mann immer wieder neuen Gestalten, die sämtlich zeitversetzte Ausgaben von ihm selbst sind, und in ›All You Zombies‹ (1959) reist jemand in die Vergangenheit, läßt eine Geschlechtsumwandlung vornehmen, schläft mit sich selbst und zeugt sich selbst. Ähnlich

126

David Gerrolds Roman THE MAN WHO FOLDED HIMSELF (1973, *Zeitma-schinen gehen anders*), wo dem Thema noch ein paar neue Varianten abgewonnen werden, etwa homosexuelle Beziehungen mit sich selbst.

Ein Zeitreise-Epos besonderer Art ist der ›Pliozän-Zyklus‹ von Julian May mit den Romanen THE MANY-COLORED LAND (1981), *Das vielfarbene Land,* THE GOLDEN TORC (1982), *Der goldene Ring,* THE NONBORN KING (1983), *Kein König von Geburt,* und THE ANDERSARY (1984), *Der Widersacher.* Durch ein Zeittor in Frankreich gehen eine Menge Leute, die von der modernen Zivilisation die Nase voll haben, auf einer Einbahnstraße ins Europa des Pliozän vor 5 Millionen Jahren, um ihr weiteres Leben in einer jungfräulichen, gesunden Welt zu verbringen, müssen aber entsetzt feststellen, daß die Erde jener Zeit von außerirdischen Lebewesen beherrscht wird, von denen sie flugs versklavt werden. So interessant der Ansatz ist, er gerät zum kitschigen Disneyland und wird zunehmend wirrer und unübersichtlicher, mündet schließlich in schiere Fantasy. Julian May liebt, wie sie gesteht, ganz besonders die Kostümshows bei den alljährlichen World-Conventions. Sie haben ihre Phantasie offenbar so nachhaltig angeregt, daß ein Schaden nicht vermeidlich war.

Bleibt abschließend nur der Hinweis auf ein paar Erzählungen mit besonders gelungenen Zeitreisegags aller Art: Fredric Browns Mini-Story ›The End‹ (1951) schildert ein erfolgreiches Experiment zur Umkehrung der Zeit – ab Mitte der Story wird der Text wieder rückwärts abgespult; und Manipulationen in der Vergangenheit sind in William Tenns ›The Brooklyn Projekt‹ (1948 so erfolgreich, daß es von Menschen begonnen und von monströsen Wesen abgeschlossen wird – ohne daß die Akteure eine Veränderung wahrgenommen haben, sowie R. A. Laffertys köstliche Geschichte von Epiktistes, der Ktistec-Maschine (›Thus We Frustrate Charlemagne‹, 1967), mit der durch Eingriffe in die Vergangenheit die Gegenwart verbessert werden soll, niemand aber Veränderungen bemerkt, weil sie immer schon längst Geschichte sind – bis die Gegenwart völlig ruiniert ist. Zu erwähnen sind auch eine Reihe von Erzählungen von Brian W. Aldiss, die vertrackte Zeit-Phänomene zum Thema haben, u. a. in SPACE, TIME AND NATHANIEL (1957, *Raum, Zeit und Nathaniel*) sowie Christopher Priests AN INFINITE SUMMER (1976).

Weitere wichtige Titel aus diesem Themenbereich

Anderson, Poul: THE CORRIDORS OF TIME (1965), *Korridore der Zeit.*
Ball, Brian N.: ›Singularity Station‹ (1973).

Benford, Gregory: TIMESCAPE (1980), *Zeitschaft.*

Bester, Alfred: STARBURST (C) (1958), *Hände weg von Zeitmaschinen.*

Brunner, John: TIME SCOOP (1969), *Die Zeitsonde.*

ders.: THE PRODUCTIONS OF TIME (1967), *Spion aus der Zukunft.*

Carter, Lin: TIME WAR (1974), *Der Zeitkämpfer.*

Chandler, A. Bertram: ›The Way Back‹ (1978).

Compton, D. G.: CHRONOCULUS (1970), *Die Zeit-Moleküle.*

ders.: THE CUSTODIANS (1975), *Die Zeitspirale.*

Cunis, Reinmar: *Zeitsturm* (1979).

Dickson, Gordon R.: TIME STORM (1977), *Sturm der Zeit.*

Edmondson, G. C.: THE SHIP THAT SAILED THE TIME STREAM (1965), *Kleines Schiff im Strom der Zeit.*

Edwards, Norman: INVASION FROM 2500 (1964), *Überfall aus der Zukunft.*

Ernsting, Walter: *Der Tag, an dem die Götter starben* (1979).

Fearn, John Russell: LINERS OF TIME (1935).

Finney, Jack: TIME AND AGAIN (1970).

Fontenay, C. L.: TWICE UPON A TIME (1958), *Legion der Zeitlosen.*

Gross, Richard: *Der Mann aus dem anderen Jahrtausend* (1961).

Hubert, Fred: *Zeitsprung ins Ungewisse* (1975).

Jeschke, Wolfgang: *Der Zeiter* (C), (1970, erw. 1978).

ders.: *Der letzte Tag der Schöpfung* (1981).

Knight, Damon: BEYOND THE BARRIER (1964), *Sprung über die Zeitbarriere.*

Laumer, Keith: THE GREAT TIME MACHINE HOAX (1966), *Im Banne der Zeitmaschine.*

ders.: THE OTHER SIDE OF TIME (1965), *Invasion aus der Nullzeit.*

Mahr, Kurt: *Die Zeitstraße* (1974).

McIntosh, J. T.: SNOW WHITE AND THE GIANTS (1966/67).

Mason, Douglas R.: DILATION EFFECT (1971), *Der Zeiteffekt.*

Phillips, Rog: TIME TRAP (1949), *Die Zeitfalle.*

Sellings, Arthur: THE POWER OF X (1970), *Die Zeiträuber.*

Silverberg, Robert (Hrsg.): VOYAGERS IN TIME (1967), *Die Mörder Mohammeds.*

ders.: THE TIME HOPPERS (1967), *Flucht aus der Zukunft.*

Slonimski, Antoni: TORPEDA CZASU (1924), *Der Zeittorpedo.*

Snegow, Sergej: KOL'CO OBRATNOGO VREMENI (1978), *Der Ring der Gegenzeit.*

Tucker, Wilson: ICE AND IRON (1974).

ders.: THE LINCOLN HUNTERS (1958), *Die Lincoln-Jäger.*

11
An anderen Ufern:
Alternativ- und Parallelwelten

Was unterscheidet Alternativ- von Parallelwelten? Die Voraussetzung, in eine solche versetzt zu werden, besteht in der SF nicht selten darin, daß man durch eine ›Dimensionslücke‹ rutscht. Findet man sich in einem London wieder, auf dessen Big Ben das Hakenkreuz prangt, ist es wahrscheinlich, daß man sich in einer Alternativwelt aufhält. Blickt man jedoch auf eine finstere Burg, über deren Türmen geflügelte Menschen Kreise ziehen, während grüngeschuppte Drachen auf einer Aue äsen, ist man in einer Parallelwelt gelandet. (Was natürlich nicht heißt, daß die Überlebenschancen hier größer wären.)

Drachen kommen in der gängigen SF eher in bescheidenem Ausmaß vor: Sie sind typische Versatzstücke des Subgenres Fantasy und deswegen eher in Parallelwelten vorzufinden. Da kann es einem SF-Helden tatsächlich eher passieren, daß er in eine Welt verschlagen wird, die eine (selten wünschenswerte) Alternative zur Realwelt darstellt.

Voraussetzung für literarische Spekulationen dieser Art ist natürlich die von SF-Lesern gern gestellte Frage: *Was wäre, wenn...* die Geschichte von einem bestimmten Punkt an anders verlaufen wäre?

Da die SF bei einem Großteil ihrer Autoren und Leser als ›Literatur der unbegrenzten Möglichkeiten‹ gilt, und wenn man Frederik Pohls Statement gelten läßt, die Basis einer solchen Erzählung könne ruhig unlogisch/unmöglich sein, solange der Schreiber logisch auf ihr aufbaue, dürfte sicher auch die Frage zu interessanten Ergebnissen führen, wie die SF heute dastünde, hätten gewisse Verleger sie nicht jahrzehntelang ins Getto der Trivialliteratur gesperrt. Da der Großteil der SF-Macher jedoch weniger an ernsthafter Spekulation als an Auflagenzahlen interessiert ist, wird die Frage *Was wäre, wenn...* zwar oft im Munde geführt, aber selten befriedigend beantwortet, erschöpft sie sich doch hauptsächlich in der Endung ›... es möglich wäre, überlichtschnelle Raumschiffe zu bauen / ...

die Atombombenabwürfe auf Hiroshima und Nagasaki bewirkt hätten, daß die Nachkommen der Strahlenopfer telepathische Fähigkeiten entwickeln / ... schleimige Tentakelmonster vom dritten Planeten der Sonne Kützelmütz auf die Idee kämen, sich die schöne Erde unter den Nagel zu reißen‹. Daß seltener auftauchende und gewiß nicht uninteressante Fragen wie ›Was wäre, wenn Kolumbus Amerika *nicht* entdeckt hätte?‹ meist nur von Autoren gestellt werden, denen man aufgrund ihres Gesamtwerkes zutrauen kann, daß sie nicht in die Trivialitätenkiste grabschen, beweist die Schwierigkeit jeder halbwegs ernsthaften Spekulation.

Daß die Frage *Was wäre, wenn...* so neu allerdings gar nicht ist, offenbart Brian Ash in seinem reich bebilderten Nachschlagewerk THE VISUAL ENCYCLOPEDIA OF SCIENCE FICTION (1977), in dem er konstatiert: »Eigenartigerweise war das Thema der alternativen Zeitströme nicht zuerst ein SF-Topos, sondern Objekt ernsthaft wissenschaftlicher Spekulation.« Eine der besten Sammlungen nie real gewordener geschichtlicher Alternativen findet man in dem 1931 von Sir John Collings Squire herausgegebenen Essayband IF IT HAD HAPPENED OTHERWISE. Elf prominente Autoren (darunter G. K. Chesterton) liefern darin ihre eigenen Antworten auf die Fragen,

›Was wäre, wenn... Napoleon nach Amerika geflüchtet wäre, ... Byron König von Griechenland geworden wäre, ... Lee die Schlacht von Gettysburg gewonnen hätte, ... es John Wilkes Booth nicht gelungen wäre, Abraham Lincoln zu ermorden.‹ Die Schlüsse, die die elf Autoren ziehen, sind ebenso faszinierend wie aufschlußreich; der Essayband erfreute sich besonderer Beliebtheit unter Historikern. G. M. Trevelyan, ein britischer Geschichtsforscher von Rang und Namen, gewann 1907 gar einen Wettbewerb der *Westminster Gazette,* die nach der besten Antwort auf die Frage ›Was wäre, wenn Napoleon die Schlacht bei Waterloo gewonnen hätte?‹ suchte.

Brian Ash: »Die Abgründe, die zwischen Historikern und SF-Autoren klaffen, werden allerdings offensichtlich, wenn man in Sir John Wheeler-Bennetts Einführung zur 1972 erfolgten Neuauflage des Buches liest, über derlei Themata sei in den letzten Jahrzehnten so gut wie nichts mehr geschrieben worden.«

Daß Wheeler-Bennett geflissentlich die Bemühungen der SF unterschlägt (oder wie es sich für einen seriösen Wissenschaftler geziemt, *nicht kennt*), läßt die Fans zwar schäumen, ist aber angesichts der vielen Sumpfblüten, die das Genre ans Ufer gespült hat, nicht weiter verwunderlich. Dennoch gelingt es hin und wieder dem einen oder anderen SF-Autor, seine Leser mit einem Garn zu überraschen, in dem er logisch auf der ›falschen‹ Prämisse aufbaut. Manche dieser Visionen erscheinen nicht einmal unrealistisch. Was wäre, wenn die Nazis den Krieg gewonnen hätten?

In Philip K. Dicks preisgekröntem Werk THE MAN IN THE HIGH CASTLE (1963, *Das Orakel vom Berge*) sieht die Lage folgendermaßen aus: Japan und Deutschland haben die USA nach dem Krieg unter sich aufgeteilt. Im Westen herrschen die Japaner, im Osten die Nazis. Letztere haben in ihrem Machtbereich den Vernichtungsfeldzug gegen die Juden weitergeführt; die Japaner erlauben Freizügigkeit und tolerieren andere Rassen. In dieser Welt, in der eine Marsexpedition der Deutschen stattfindet, das Mittelmeer trockengelegt wird und Italien zwar zu den Siegern gehört, doch weltpolitisch einflußlos ist, schildert Dick das Schicksal mehrerer Charaktere.

Ort der Handlung: Westamerika, San Francisco. Die Protagonisten sind Frank Frink (ein Jude, der eigentlich Fink heißt); dessen Frau Juliana; der Antiquitätenhändler Mr. Childan; der einflußreiche japanische Beamte Tagomi; der deutsche Geheimagent Wegener und der Gestapo-Mann Joe. All diese Figuren haben auf ihre Weise Schwierigkeiten mit dem System und treiben Dick-typisch ihrem Ende entgegen.

Frink hat neben privatem Kummer Existenzsorgen und entgeht nur knapp der Deportation nach Deutschland (und damit dem Tod). Juliana irrt ruhelos von Stadt zu Stadt und ermordet ihren Liebhaber Joe, der sich zu erkennen gibt. Childan verliert, als er erkennt, daß seine Antiquitäten gefälschte Massenprodukte sind, die Freude an seinem Beruf. Der Buddhist Tagomi tötet in Notwehr zwei Menschen und geht daran zugrunde. Wegener, der erneute Kriegspläne der deutschen Führung vereiteln will, weiß am Ende nicht, ob seine Mission Erfolg hatte. Auch er hadert mit der Welt.

THE MAN IN THE HIGH CASTLE ist ein außergewöhnliches Werk der sechziger Jahre, und daß es in den USA nicht mit dem Label SF versehen wurde, weist darauf hin, daß das Gerede von der Reife der SF nicht mal von den Verlegern geglaubt wurde: ihre Befürchtung, ein solches Buch könne sie die Sympathien eingefleischter SF-Leser kosten, ist evident. Dick, zeitlebens ein kompetenter Autor, konnte hier seinen üblichen Fehler, sich in krause Handlungen zu verstricken, vermeiden: Sein Buch ist von literarischer Qualität, seine Naziwelt überzeugend geschildert, die Charaktere fesselnd. Das im deutschen Titel angesprochene Orakel ist der Verfasser eines SF-Romans, der auf der Prämisse aufbaut, Hitler habe den Krieg *verloren*.

›The Fall of Frenchy Steiner‹ (1964), eine Erzählung aus dem britischen Magazin *New Worlds*, setzt ebenfalls einen Sieg der Nazis voraus. Hilary Bailey erzählt darin die 1954 spielende Geschichte des Barmusikers Lowry, der der Deutschen Franziska (›Frenchy‹) Steiner bei der Flucht vor der Polizei hilft. England ist von den Nazis besetzt; Frenchy, die Tochter des Berliner Bürgermeisters, wird gesucht, obwohl sie einen Unantastbarkeitausweis besitzt. Die beiden landen im Londoner Göring-Hotel, wo Lowry erfährt, was man von Frenchy will: Sie hat starke Psi-Talente und war als Dreizehnjährige maßgeblich an Hitlers militärtaktischen Plänen beteiligt. Da sie auch Heilkräfte hat, braucht man sie erneut, denn Hitler verfällt endgültig dem Wahnsinn. Lowry und Frenchy werden nach Berlin gebracht, wo sie miteinander schlafen. Als Frenchy Hitler von einem ›Hellseher‹ vorgeführt wird, schlägt sie die Mystiker mit ihren eigenen Waffen: Da die Nazis ihre Fähigkeiten der Jungfräulichkeit zuschreiben, gesteht sie, nicht mehr unberührt zu sein: die Kraft habe sie verlassen. Man glaubt ihr prompt; Hitler stirbt, die Thronfolger kämpfen um sein Erbe.

Bailey hat es sich zwar nicht besonders schwer gemacht, aber man kann ihr nicht nachsagen, sie sei ohne Engagement oder hinreichendes Konzept vorgegangen: Sie verknüpft geschickt die äußere mit der inneren Barbarei und stellt der Gewaltherrschaft den Aberglauben, die Pseudokultur und den Hokuspokus an die Seite: Einem wahnsinnigen Caligula gleich sitzt Hitler als lebender Anachronismus auf seinem Germanenthron. Sein Tod ist auch der des Faschismus.

Die Gesetzmäßigkeiten, denen der Engländer Sarban (d. i. John William Wall) in seinem Kurzroman THE SOUND OF HIS HORN (1952) folgt, sind vornehmlich symbolischer Natur: Alan Querdilion, dem kurz vor Ende des Zweiten Weltkriegs die Flucht aus einem deutschen Gefangenenlager gelingt, irrt durch einen Wald, bleibt in einer seltsamen Energiebarriere hängen, erwacht in einem Krankenbett und erfährt, daß der (von den Nazis gewonnene) Krieg seit hundert Jahren vorbei ist. Er befindet sich auf dem Gut des Grafen Hakkelnberg, der einem entsetzlichen Sport frönt: Er jagt Menschen. Alan beobachtet die Jagdpartie, die der Graf für andere Nazibonzen veranstaltet: zuerst knallt man Rotwild ab, dann hetzt man als Vögeln kostümierten Mädchen nach. Auf Hackelnbergs Schloß leben ferner stumme Sklaven und menschliche Raubtiere: gehirnoperierte, blutdurstige Frauen, sogenannte ›Katzen‹. Als Alan selbst zum Jagdopfer erkoren wird, stößt er im Wald auf ein Mädchen, das sich für ihn opfert. Er flieht aus Hackelnbergs Reich und findet in seine (unsere) Welt zurück.

Über die Naziwelt außerhalb der Barriere sagt Sarban wenig: Sie wird exemplarisch am Beispiel der perversen Gewohnheiten des Grafen gezeigt. Man erfährt, daß es draußen ›Brutstätten‹ für die Sklaven und Widerstand gibt, aber im wesentlichen beschränkt sich der Autor auf ein modellhaftes Geschehen. Er trifft, indem er den Faschismus auf die ihm eigenen Menschenjagden reduziert, durchaus eine seiner Eigenschaften: die Mißachtung des Menschen und seiner Würde. Hackelnberg steht symbolisch für den Volksverführer, seine Gäste sind großmäulige Wichte, sein Arzt und dessen Gehilfin sind normale, empfindsame Menschen.

Hackelnberg/Gäste/Personal finden ihre Parallele in Führer/Mitläufer/Außenstehende. Das Schloß mit seinen schrecklichen Bewohnern; der mal als Idylle, mal als Falle erscheinende Wald; das den Tod verheißende Jagdhorn des Grafen und schließlich er selbst – das Monstrum – verkörpern das Fluidum eines Schauermärchens.

Der erste deutschsprachige Versuch der Schilderung einer Alternativwelt, in der die Nazis den Krieg gewonnen haben, wurde 1966 von dem Österreicher Otto Basil unternommen: *Wenn das der Führer wüßte* zeigt uns eine Welt, auf der die Atombombe nicht von den Amerikanern über Japan, sondern von den Deutschen über London abgeworfen wurde. Großdeutschland reicht bis zum Ural, Nord- und Südamerika sind den Nazis hörig, in den USA herrscht der Ku-Klux-Klan. Überall existieren ›Untermenschenlager‹, ›Zuchtmutterklöster‹, SS-Ordensburgen, Werwolf- und Totenkopfverbände. Albin Totila Höllriegl, der Held des Romans, lebt in einer Stadt namens Heydrich und arbeitet als ›Pendler‹, d. h. er ›pendelt‹ Wohnungen für Kunden aus, um sie vor irgendwelchen ›Erdstrahlen‹ zu schützen: ein Beruf, der sich in diese von Barbaren beherrschte Welt nahtlos einfügt. Höllriegl, ein kleiner Pg, erlebt, wie Hitler stirbt und ein gewisser Köpfler sein Nachfolger wird. Aus der ›wohlgeordneten‹ Barbarei wird bald (man munkelt, Köpfler habe Hitler vergiftet) ein Chaos. Die Bauernvereinigung ›Bundschuh‹ kämpft an der Seite der SA gegen SS- und Werwolfverbände; es kommt zum Bürgerkrieg. Als Köpfler mit den Japanern bricht, fallen die Atombomben. Hitler wird inmitten der Wirren mit großem Pomp im Kyffhäuser bestattet. Der strahlenverseuchte Höllriegl schafft es Dank der Protektion der berühmten Ulla von Eyck (einem geilen Frauenzimmer, das als Sinnbild der deutschen Frau durch die Illustrierten geistert), einem Auffanglager zu entgehen, und flieht mit einigen Parteibonzen und anderen arischen Recken in die Antarktis. Er erreicht sein Ziel jedoch nicht: Er tötet die (ebenfalls erkrankte) Ulla und kommt im Kugelhagel um.

Wenn das der Führer wüßte steht zwischen Satire und Anti-Utopie, und wie Dick projiziert Basil Teile der heutigen Wirklichkeit mit umgekehrten Vorzeichen auf eine fiktive Welt. Der Roman spielt in den sechziger Jahren des 20. Jahrhunderts; auch hier gibt es Weltraumexperimente, doch werden sie nicht von ›arischen‹ Astronauten durchgeführt, sondern von ›Untermenschen‹, für die es keine Rückkehr gibt. Das Todesröcheln der Versuchskaninchen wird im Rundfunk übertragen, und es ist bei Todesstrafe verboten, diese ›Abhärtungssendungen‹ auszuschalten. Es gibt nicht nur TV und die Atombombe, sondern auch die ›Deutsche Hörwacht‹; eine Abhörorganisation, die Telefongespräche aufzeichnet, und die man – um zu zeigen, daß man nichts zu *verbergen* hat – am besten gleich selbst einschaltet. Der NS-Literat E. E. Dwinger taucht als Edwin Zwinger auf und spielt den Führerlobhudler v. D.

Basil macht das Grauen in kräftigen Farben sichtbar: Juden, auch ›Äfflinge‹ genannt, gibt es nur noch ausgestopft im Museum; Angehörige anderer Völker leben in Lagern oder sind Leibeigene. Er schildert ein wahrhaft trostloses Land, das von Totenburgen durchzogen ist, nur mit Stapeln von Dokumenten und Beglaubigungen durchquert werden kann; eine Nation, die für alles und jedes groteske Abkürzungen einführt, in germanischen Mythen schwelgt und über einen ›Beauftragten für die Verbreitung des NS-Gedankengutes im Weltall‹ verfügt.

Das Makabre auf die Spitze treibt Norman Spinrad mit THE IRON DREAM (1972, *Der stählerne Traum*), einem Buch, das vorgibt, lediglich der Umschlag für den von Adolf Hitler verfaßten SF-Roman LORD OF THE SWASTIKA zu sein. Spinrads Hitler, ein Mann, der in den zwanziger Jahren eine politische Karriere ins Auge faßte, dann aber frustriert in die USA auswanderte, um (ausgerechnet!) Karriere im SF-Business zu machen, schildert in ›seinem‹ Werk die Versuche eines skrupellosen Fantasy-Helden, ein Reich nach NS-Muster aufzubauen. Das Buch enthält darüber hinaus noch einen fiktiven Lebenslauf seines ›Autors‹, und Spinrad, der zynisch anmerkt, LORD OF THE SWASTIKA habe 1954 den Hugo Award erhalten, stellt die Frage, was wohl passiert wäre, wenn Hitler Europa nicht verlassen, sondern versucht hätte, seine abstrusen rassischen Ideen in die Tat umzusetzen. Das Erscheinen der deutschen Ausgabe entfachte einen

Skandal: *Besorgt Prüfende* Sittenwächter warfen Spinrad eine Verherrlichung des Faschismus vor; das Buch wurde auf den Index gesetzt und durfte seither nicht mehr öffentlich angeboten werden. Erst 1987 gelang es dem Heyne Verlag nach einem Prozeß durch alle Instanzen, das Buch freizubekommen: Ein Urteil des Bundesverwaltungsgerichts Berlin stellte fest, daß die Indizierung zu Unrecht erfolgt sei.

Hitler hat es den SF-Autoren offenbar besonders angetan: In einer von Fritz Leiber entworfenen Alternativwelt taucht »der Idiot mit dem Zahnbürstl-Bart« (Oskar Maria Graf) als in den USA tätiger Vertreter eines deutschen Zeppelinwerks auf. ›Catch That Zeppelin‹ (1975) wurde 1976 mit dem Hugo Award ausgezeichnet.

Ein herausragender Parallelwelt-Roman beschäftigt sich ebenfalls mit der Figur Hitlers: In Jerry Yulsmans ELLEANDER MORNING (1984), *Elleander Morning oder: Der Krieg, der nicht stattfand,* wird in einem Wiener Café ein Kunststudent aus unerfindlichen Gründen von einer englischen Prostituierten erschossen. Selbstverständlich war Hitler dieser Student, und die Dame wußte, was der Kerl anrichten würde. Zwar verhinderte sie mit ihrer Tat den Zweiten Weltkrieg und die Judenvernichtung, nicht aber die Heraufkunft der Nazis, unter denen Deutschland zu einer technisch überlegenen Supermacht in der zweiten Hälfte des 20. Jahrhunderts heranwächst, in der sich der Faschismus zwar bedeckt hält, aber – eben dadurch – immer bedrohlichere Züge annimmt.

Weniger geistreich, aber gleichwohl spannend setzt sich James P. Hogan in THE PROTEUS OPERATION (1985), *Unternehmen Proteus,* mit dem Naziregime auseinander: Die Nazis haben den Zweiten Weltkrieg gewonnen; in einem Crash-Programm unter der Leitung Albert Einsteins wird in Amerika eine Zeitmaschine entwickelt und Spezialeinheiten in die dreißiger Jahre zurückgeschickt, um eine Geschichtskorrektur durchzuführen und das Kriegsglück nachträglich doch noch zu wenden.

Ein völlig anderes Amerika hingegen schildert L. Neil Smith in seinem ›Gallatin-Zyklus‹ mit den Romanen THE PROBABILITY BEACH (1980), *Der Durchbruch,* THE VENUS BELT (1980), *Der Venus Gürtel,* THEIR MAJESTIES' BUCKETEERS (1981), *Ihrer Majestäten Kübeliere,* THE NAGASAKI VECTOR (1983), *Der Nagasaki Vektor,* TOM PAINE MARU (1984), *Tom Paine Maru,* und THE GALLATIN DIVERGENCE (1985), *Die Gallatin-Abweichung.* Gallatin, ein Politiker aus dem Umkreis George Washingtons, wird erster Präsident der USA, nachdem Washington von erbosten Farmern, denen er den Branntwein besteuern wollte, gefangengenommen und erschossen wurde. Das Ergebnis ist ein anarchistisches Amerika so ganz nach dem Herzen der Libertinisten, wo man jedem Baby schon einen Revolver in die Wiege legt, damit es sich verteidigen und seine Rechte durchsetzen kann. Einen Präsidenten gibt es längst nicht mehr und die Politik findet im Saale statt, d. h. in endlosen Debatten und Abstimmungen. Smith dehnt sein Gallatin-Universum durch Raum und Zeit, durch Reisen in die Vergangenheit und durch die Galaxis so lange aus, bis der Leser (und wahrscheinlich auch der Autor) den Überblick vollends verloren hat.

Doch beschränken sich die Schöpfer alternativer Welten nicht nur auf die deutsche und amerikanische Geschichte: Kingsley Amis, jener englische Romancier, der sich in NEW MAPS OF HELL (1960) als erste außerhalb des Genres publizierende literarische Persönlichkeit mit dem Genre auseinandersetzte, schildert in THE ALTERATION (1976, *Die Verwandlung*) die Welt des Jahres 1976, wie sie aussehen könnte, hätte die Reformation niemals stattgefunden: ein katholisches England wäre die Folge, ein Europa, das von Rom aus regiert wird, und selbst die größten Schurken unseres Jahrhunderts haben im großen Schoß der Kirche einen Platz und ihr spezifisches Wirkungsfeld gefunden, und ganze Chöre von Kastraten singen in St. Peter Gottes Lob.

Ähnliches versuchten John Brunner mit TIMES WITHOUT NUMBER (1969, *Zeiten ohne Zahl*) und Keith Roberts mit PAVANE (1968, *Die folgenschwere Ermordung Ihrer Majestät Königin Elisabeth I.*): Beide Romane gehen davon aus, die Armada Philips II. hätte die englische Flotte vernichtet, die katholische Kirche beherrsche die halbe Welt und die Mordkommandos der Inquisition verhinderten die Realisation allzu neumodischen Schnickschnacks.

Der amerikanische Kriminalschriftsteller MacKinley Kantor versuchte sich 1961 an der Darstellung eines bodenständigen Themas: In IF THE SOUTH HAD WON THE CIVIL WAR haben die Konföderierten die Unionstruppen besiegt. Im Amerika unserer Tage existieren nun drei Nationen: die Konföderation, die Union und (natürlich) Texas. Erst gegen 1960 versucht man wieder zueinander zu finden.

Doch Kantor war nicht der erste, der sich dieser Thematik annahm: Schon 1953 hatte sein SF-schreibender Landsmann Ward Moore das gleiche Terrain erkundet: In BRING THE JUBILEE (1955, *Der große Süden*) finden wir eine realistische Schilderung der vierziger und fünfziger Jahre unseres Jahrhunderts, die gleichfalls voraussetzt, der Süden habe den Sezessionskrieg gewonnen. Wie Roberts und

Brunner kommt auch Moore zu dem Ergebnis, daß eine reaktionäre Schicht, kommt sie an die Macht, in jeder Beziehung ihren konservativen Geist durchsetzt, wodurch die geistige und technische Entwicklung entsprechend langsamer vonstatten geht: So gibt es in den USA dieser Zeit noch keine Flugzeuge, sondern gerade erst Zeppeline; und auch die Spediteure der Weltstadt New York transportieren ihre Fracht noch mit Pferd und Wagen. Erst als sich der wissensdurstige und geschichtlich interessierte Country-Boy Hodge Backmaker einer ›wissenschaftlichen Landkommune‹ anschließt, kommt der Stein ins Rollen: Hodge steigt zum Spitzenhistoriker auf. Er verfaßt bedeutende historische Werke und sieht sich schließlich – von anderen Geschichtskoryphäen neidisch belauert – gezwungen, eine Zeitmaschine zu konstruieren, ins Jahr 1877 zu reisen und der Schlacht von Gettysburg persönlich beizuwohnen. Der Roman endet mit einer Pointe: In der Vergangenheit zieht Hodge das Mißtrauen der Konföderierten auf sich und wird zum Mittelpunkt einer Auseinandersetzung zwischen diversen nervösen Kriegern. Dabei wird ein Captain, der Hodge merkwürdig bekannt vorkommt, getötet. Die Schüsse alarmieren die Gegenseite, das Blatt wendet sich: der Norden gewinnt die entscheidende Schlacht. Doch Hodges Welt existiert nicht mehr: Der Captain war ein Vorfahr des Kommunenleiters (den Hodge von einem Ölgemälde kannte). Er wird seinen Sohn jetzt nicht mehr zeugen, weswegen sein Enkel auch keine Kommune gründen kann, die Hodge wissenschaftlich ausbildet. Er verbringt sein Leben als Knecht auf einer Farm.

Die Komplexität solcher Themen erfordert logisches Denken und ein umfangreiches Quellenstudium. Da ist es verständlich, daß schon Hemmnisse dieser Art unterbezahlte SF-Autoren, die im Jahr vier bis fünf Romane fabrizieren müssen, von Projekten dieser Art abhalten und sich statt dessen eher der Parallelweltthematik zuwenden, die keiner Nachforschungsarbeit bedarf: Hier kann man der Phantasie freien Lauf lassen und allen Schwierigkeiten dadurch aus dem Weg gehen, indem man sich die Welt so hinbiegt, wie man sie haben will. Unstimmigkeiten kann man mit einigen Phrasen über Magie oder die Andersartigkeit ›fremder‹ Dimensionen begegnen.

Welten, die auf magischen Prinzipien basieren, erfordern im Gegensatz zur Schilderung einer auf Geschehnissen der realen historischen Vergangenheit aufbauenden Alternativwelt kaum Vorarbeiten: Parallelwelten entstammen der Phantasie ihrer Verfasser und sind (was die Sache noch mehr erleichtert) zu einem Großteil im Fantasy-Bereich angesiedelt.

In den dreißiger Jahren war das Parallelweltenthema in der Regel mit dem der Invasion aus einer anderen Dimension verbunden: In Edmond Hamiltons ›The Locked World‹ (1929) ist es nicht anders als in Murray Leinsters ›The Incredible Invasion‹ (1936): Doch sind die Invasoren keine Menschen, sondern Entitäten, deren Fremdartigkeit und Unfaßlichkeit gerade auf ihrer Herkunft basiert. In den siebziger Jahren nahmen derartige Themen – hauptsächlich wegen der Sensationsberichterstattung über das Bermuda-Dreieck – wieder zu: In William Rotslers ZANDRA (1977) wird ein Passagierflugzeug durch ein Dimensionstor geschleudert und in eine Parallelwelt versetzt, wo sich die Besatzung durch eine feindliche Umwelt schlagen muß. Bereits 1946 versuchte der englische Vielschreiber John Russell Fearn mit OTHER EYES WATCHING das Rätsel verschwundener Menschengruppen zu erklären: Seine Heldin gelangt mit Hilfe einer Apparatur in ein Paralleluniversum und stößt dort auf die verschollene Besatzung der Marie Celeste, deren rätselhaftes Verschwinden die Presse seit Jahrhunderten immer wieder beschäftigt.

Robert Silverberg versuchte in THE GATE OF WORLDS (1967, *Auf zu den Hesperiden*) eine Welt zu schildern, in der es Europa nicht gelang, in Amerika Fuß zu fassen.

Philip José Farmers THE GATE OF TIME (1967, *Das Tor der Zeit*) schildert die Abenteuer des indianischen Weltkrieg-II-Piloten Roger Two Hawks, der während eines Angriffsflugs in eine rückständige Parallelwelt verschlagen wird, in der ebenfalls gerade ein grausamer Krieg geführt wird. Mit ihm hinüber schlüpft der deutsche Pilot Horst Raske, und erst später stellt sich heraus, daß dieser Mann – nicht Two Hawks – unserer realen Welt entstammt.

Thomas F. Monteleone läßt in THE SECRET SEA (1979, *Die Tore in der Tiefe*) einen Collegelehrer im Dachkammergerümpel seiner Erbtante ein Tagebuch finden, in dem ein Seemann des 19. Jahrhunderts von seinen Begegnungen mit dem jungen Jules Verne berichtet: Verne steht hier lediglich als Verwerter jener Geschichten da, die der Seemann ihm erzählt hat, denn der wurde von einem Kapitän Nemo, der ein Unterseeboot kommandiert und auf allen Weltmeeren gegen seinen schurkischen Rivalen Robur kämpft, wegen Unfähigkeit auf einem Floß ausgesetzt und an die französische Küste gespült. Nemo und seine Leute sind Bewohner einer Parallelwelt, die gelegentliche Ausflüge auf die unsere unternehmen, wobei sie sich mehrerer Dimensionstore bedienen.

Brian W. Aldiss' REPORT ON PROBABILITY A (1968, *Report über Probabilität A*), der wohl avantgardistischste, der sich dieser Thematik

138

bedient, schildert die Existenz mehrerer nebeneinander liegender Universen. Die Bewohner der Parallele A beobachten ungesehen die der Parallele B und werden, ohne es zu wissen, wiederum von denen der Parallele C gesehen.

Ein Werk besonderer Art ist Philip K. Dicks FLOW MY TEARS, THE POLICE-MAN SAID (1974, *Eine andere Welt*): Jason Taverner, ein prominenter TV-Talkmaster, wacht in einer schmierigen Absteige auf, hat die Taschen voller Geld und stellt nach erfolglosen Kontaktversuchen mit Manager und Ex-Frau fest, daß niemand ihn kennt. Seine amerikanische Heimat ist zu einem perfekten Polizeistaat geworden, in dem jeder registriert ist und härteste Strafen zu erwarten hat, wird er ohne Papiere angetroffen. Als das System von der Existenz des Un-registrierten erfährt, setzt sich die Überwachungsmaschinerie in Betrieb, und Taverner muß untertauchen.

Dick hat diesen Roman unter dem Eindruck persönlicher Erfahrungen geschrieben, nachdem er feststellte, daß die Behörden seiner Heimatstadt ihn für ›verdächtig‹ hielten, weil er auf seinen Bürgerrechten bestand und sich beim FBI beschwerte, nachdem man einen Einbruch in seine Wohnung nicht zur Kenntnis genommen hatte. Die Folge: offene Drohungen der örtlichen Polizeibehörde, er solle aus Marin County verschwinden, ›man wolle keine Kreuz-zügler‹. Die Behörden verstanden nicht, wie ein ›erwachsener Mann‹ langes Haar und einen Bart tragen, Rockplatten spielen und Pot rauchen könne. Dick: »Das genügte denen schon, um in mir einen potentiellen Staatsfeind zu sehen.« Er hat ihnen in FLOW MY TEARS ein Denkmal gesetzt.

Weniger politisch als Dick sehen freilich die meisten SF-Autoren des angloamerikanischen Sprachraums die Existenz möglicher Parallelwelten. THE GREEN MEN OF GRAYPEC (1950, *Die grünen Männer von Graypec*), verfaßt von dem englischen Polizeibeamten und Hobbyschriftsteller Festus Pragnell, ist, wie zahllose andere Geschichten dieser Art, das, was die Amerikaner ›a swashbuckling adventure‹ nennen: Ein Tenniscrack wird durch ein Experiment seines Bruders in ein anderes Universum verschlagen, wo er auf einer ›Gegenerde‹ mit einem intelligenten Affenmenschen den Körper tauscht. Obwohl der ganze Versuch nur wenige Minuten dauert, durchlebt der Held auf Graypec (wo die Zeit schneller vergeht) mehr als dreißig Jahre und besteht, in ständige Kämpfe verwickelt, ein haarsträubendes Abenteuer nach dem anderen.

Philip Jose Farmer schuf mit seinem fünfbändigen ›Etagenwelt‹-Zyklus ebenfalls ein Parallel-Universum: In THE MAKER OF UNIVERSES

(1965, *Meister der Dimensionen*) schleudert er seinen Helden Robert Wolff mittels eines magischen Horns in das selbstgestrickte Taschenuniversum des Halbgottes Jadawin, in dem er seine Jugend zurückgewinnt und allerlei (nicht selten blutrünstige) Abenteuer im Kreis von Zentauren, Nixen, intelligenten Affenmenschen, hübschen Mädchen, legendären Heldengestalten, Indianern und Rittern zu bestehen hat. Farmer, Verfasser ganzer Serien obskurer Stories, ist auch verantwortlich für die Erzählung ›Sail on! Sail on!‹ (1970), ›Weitersegeln! Weitersegeln!‹, die den Leser mit der Pointe verblüfft, daß sich das ptolemäische Weltbild letztendlich als richtig erweist: Die Erde ist eine Scheibe, und Kolumbus muß entsetzt feststellen, daß er mitsamt seiner *Santa Maria* über deren Rand hinaus ins Nichts kippt.

L. Sprague de Camp, der bis auf wenige SF-Romane hauptsächlich sarkastisch gewürzte Fantasies geschrieben hat, läßt seinen Protagonisten Harold Shea in einem mit Fletcher Pratt verfaßten Zyklus aufgrund ›mathemagischer‹ Berechnungen kurzerhand in ein Paralleluniversum gelangen, in dem die nordische Mythologie real existiert (›The Roaring Trumpet‹, 1940). Die weiteren Abenteuer Sheas finden in Universen statt, die den Werken anderer Schriftsteller entnommen sind: THE CASTLE OF IRON (1941, *Die stählerne Festung*) etwa spielt in Ludovico Ariostos ORLANDO FURIOSO; THE MATHEMATICS OF MAGIC (1940, *Im Banne der Mathemagie*) in Edmund Spensers FAERIE QUEENE.

In den siebziger Jahren hat sich das Parallelweltenmotiv mehr und mehr in den Fantasy-Bereich verlagert. Daß die daraus resultierenden Texte in der Regel nur für ein amerikanisches Publikum exotisch wirken, liegt daran, daß die Topoi der Fantasy hauptsächlich den hierzulande wohlbekannten Märchen und Sagen entlehnt sind: Die Fantasy-Welten der Amerikaner kennen keine Technologien, dafür um so mehr Zauberei; die Zahl derer, die dort schwertschwingend mit Drachen kämpfen, Prinzessinnen aus muffigen Türmen befreien oder um die Rückgewinnung des ihnen ›rechtmäßig zustehenden‹ Throns fechten, ist Legion, und die Szenerie, in der sie sich bewegen, jedem bekannt, der auch nur die Siegfriedsage kennt.

Weitere wichtige Titel aus diesem Themenbereich

Aldiss, Brian W.: THE MALACIA TAPESTRY (1976), *Der Malacia-Gobelin.*
Amis, Kingleg: THE ALTERATION (1976), *Die Verwandlung.*
Brown, Fredric: WHAT MAD UNIVERSE (1949), *Das andere Universum.*

Bulmer, Kenneth: LAND BEYOND THE MAP (1965), *Wegweiser ins Grauen.*

ders.: THE KEY TO IRUNIUM (1967), *Die andere Dimension.*

ders.: THE KEY TO VENUDINE (1968), *Das Tor nach Venudine.*

ders.: THE WIZARDS OF SENCHURIA (1969), *Der Zauberer von Senchuria.*

De Camp, L. Sprague: THE FALLIBLE FIEND (1973), *Das Ungeheuer.*

ders.: THE CARNELIAN CUBE (1948), *Die Beste aller Welten.*

Del Rey, Lester: THE SKY IS FALLING (1963).

Dick, Philip K.: A MAZE OF DEATH (1970), *Irrgarten des Todes.*

ders.: EYE IN THE SKY (1957), *Und die Erde steht still.*

ders.: THE CRACK IN SPACE (1966), *Das Jahr der Krisen.*

Disch, Thomas M.: 334 (1974), *Angouleme.*

Harrison, Harry: TUNNEL THROUGH THE DEEPS (1972), *Der große Tunnel.*

Kurland, Michael: THE WHENABOUTS OF BURR (1975), *Wo steckt Aaron Burr?*

Kuttner, Henry: THE DARK WORLD (1975), *Lord der dunklen Welt.*

Leiber, Fritz: DESTINY TIMES THREE (1957), *Schicksal mal drei.*

Laumer, Keith: WORLDS OF THE IMPERIUM (1962).

ders.: ›Axe and Dragon‹ (1965).

ders.: ›Assignment in Nowhere‹ (1968).

Meredith, Richard C.: AT THE NARROW PASSAGE (1975).

ders.: NO BROTHER, NO FRIEND (1976).

ders.: VESTIGES OF TIME (1978).

Moorcock, Michael: WARLORDS OF THE AIR (1971), *Die Herren der Lüfte.*

ders.: THE RITUALS OF INFINITY (1967), *Zerschellt in der Zeit;* auch: *Rituale der Unendlichkeit.*

Priest, Christopher: INVERTED WORLD (1974), *Die Stadt.*

ders.: A DREAM OF WESSEX (1977, *Ein Traum von Wessex.*

Russ, Joanna: THE FEMALE MAN (1975), *Planet der Frauen.*

Shaw, Bob: THE TWO-TIMERS (1968), *Die Zweizeitmenschen.*

Sobel, Robert: FOR WANT OF A NAIL. IF BURGOYNE HAD WON AT SARATOGA (1973).

Van Vogt, A. E.: THE UNIVERSE MAKERS (1953), *Der Zeitspieler.*

ders.: SIEGE OF THE UNSEEN (1959), *Der Mann mit dem dritten Auge.*

Wylie, Philip: THE DISAPPEARANCE (1951), *Das große Verschwinden.*

12
Die Landschaften der Psyche:
Inner-Space-Literatur

Eigentlich handelt es sich beim ›Inner Space‹ – dem ›inneren Welt-raum‹ – nicht um einen Themenkreis der Science Fiction, sondern um eine ganze Stilrichtung, die Mitte der sechziger Jahre vom briti-schen SF-Magazin ›New Worlds‹ ausgehend das Gesicht des Genres nachhaltig veränderte.

In Peter Nicholls' ›Encyclopedia of Science Fiction‹ wird der Begriff ›Inner Space‹ J. G. Ballard zugesprochen, der ihn 1962 geprägt ha-ben soll. Das trifft aber nicht zu. Schon im ersten Jahrzehnt unseres Jahrhunderts tritt dieser Terminus in der Literatur auf, und zwar als ›Weltinnenraum‹ bei Rainer Maria Rilke, der in seinen neoromanti-schen Gedichten und Prosawerken ständig Ausflüge in die Land-schaften der Psyche unternahm und den linearen, sequentiellen Er-zählfluß zugunsten einer höheren Gleichzeitigkeit aufgab, die ihm mehr Freiheiten für seine Gedankenflüge ließ. Zentralthema bei Ril-ke wie auch einem Großteil der Dekadenzliteratur war der ›Aufruhr der Uhren‹. Es stimmt allerdings, daß Ballard den Begriff für die SF neu definierte und damit seine Kurzgeschichten auf einen interpre-tatorischen Nenner brachte: Für ihn war der Inner Space das logi-sche Gegenstück zum ›Outer Space‹ (dem Weltraum – Tummel-platz traditioneller SF), der menschliche Verstand und seine Vor-stellungskraft als Gegensatz zum äußeren, physischen Weltraum. Und – wie Nicholls' richtig ausführt – Ballard demonstrierte in sei-nen Stories wiederholt, daß dieser innere Weltraum als Handlungs-schauplatz genauso exotisch sein konnte wie der äußere.

Gegen Mitte der sechziger Jahre wurde J. G. Ballard zum Wort-führer einer Bewegung, die sich gegen die althergebrachte SF ameri-kanischer Prägung wandte. Ihm waren die Space Operas, Zeitreise-märchen und Robotergeschichten zu langweilig, und nach den Ka-tastrophen von Auschwitz und Hiroshima konnte man seiner Mei-nung nach nicht mehr dem naiven Fortschrittsglauben des 19. Jahr-hunderts huldigen, wie er in den Werken vieler Größen des Genres von Asimov bis Heinlein zum Ausdruck kommt.

Unter den jungen britischen SF-Autoren fand Ballard schnell Gefolgsleute, aber auch etablierte Schriftsteller wie Brian W. Aldiss oder John Brunner wandten sich von den traditionelleren Themen ab und begannen zu experimentieren. Als Michael Moorcock 1964 das Magazin ›New Worlds‹ übernahm, gestaltete er es zum Sprachrohr dieser neuen Bewegung um, die im Anklang an die ›Nouvelle Vague‹ des französischen Films der späten fünfziger und frühen sechziger Jahre (Truffaut, Godard, Melville etc.) ›New Wave‹ genannt wurde.

War der Weltinnenraum Rilkescher Prägung in den Augen der Kritik Ausdruck schwärmerischer Selbstsuche und einer Seelenkrise – literarische Parallelen sind in der französischen Dekadenzdichtung des späten 19. Jahrhunderts (Baudelaire, Rimbaud), aber auch etwa bei Marcel Proust oder Thomas Mann zu sehen, die in der äußeren Welt im Niedergang des Bürgertums ihre Entsprechung hatte, ging man in der New Wave davon aus, daß es viel interessanter war, die Tiefen der menschlichen Psyche auszuloten, anstatt die alten SF-Klischees ewig zu wiederholen. Letzten Endes entsprangen auch galaktische Imperien der Phantasie, und die Wirklichkeit hatte die SF bereits in vielen Bereichen überholt: War es noch interessant, über Raumfahrt zu schreiben, wenn in der Realität die Mondlandung kurz bevorstand? Nicht für Ballard und seine Nachahmer! Also zog man sich in den eigenen Kopf zurück, gab sich von Joyce, Proust, Kafka, Borges und William S. Burroughs, von Surrealismus und Symbolismus in bildender Kunst, Film und anderen Medien beeinflußt, schwelgte in Mystik und Pessimismus und lehnte sich stilgewaltig und metaphernreich, aber – nach Meinung erzkonservativer SF-Kritiker – inhaltsleer gegen die Zukunftswelten von gestern auf.

Der Inner Space ist eng mit der New Wave verbunden, aber er ist ihr nicht ausschließlich zuzuordnen. Romane und Erzählungen, die sich grundsätzlich mit dem menschlichen Geist auseinandersetzen – man denke an die typischen ESP- oder Telepathenromane –, sind manchmal Inner-Space-SF oder Vorläufer davon. Vielschichtige, kaleidoskopartig aufgebaute SF-Werke fallen ebenfalls häufig darunter, genau wie eine der jüngsten SF-Richtungen, der Cyberpunk, der viele Ähnlichkeiten mit der New Wave aufweist.

ESP-Fiction:

Die eigentlichen Vorläufer der Inner Space Fiction innerhalb der SF sind Romane und Erzählungen um geistig andere oder veränderte Menschen, paranormale Mutanten mit der Fähigkeit zu außersinnlichen Wahrnehmungen. Bis in die fünfziger Jahre finden sich allerdings wenige Beispiele, die berechtigterweise mit dem Label ›Inner Space‹ versehen werden könnten. Die frühen Mutantengeschichten sind actionorientiert und beschränken sich thematisch meist auf die Bedrohung, welche die Mutanten für den Rest der Menschheit darstellen. Darunter fallen Werke wie etwa van Vogts SLAN oder Wyndhams THE CHRYSALIDS (siehe Themenkreis Mutanten). Nur in wenigen Romanen und Stories steht die Psyche dieser Andersartigen im Mittelpunkt. Eine dieser rühmlichen Ausnahmen ist Stanley G. Weinbaums THE NEW ADAM (1939, *Der neue Adam*), in der das Scheitern eines geistigen Übermenschen unter Normalen geschildert wird. Weite Teile dieses Klassikers bestehen aus Selbstreflexionen des Protagonisten Edmund Hall.

Grundsätzlich kann man sagen, daß Autoren wie Bradbury, Sturgeon oder Walter M. Miller, bei deren Werken eher der Mensch im Mittelpunkt steht und nicht die phantastische Idee und bei denen der Stil einen höheren Stellenwert hat, auch mehr Inner-Space-Elemente zu finden sind als bei naturwissenschaftlich orientierten SF-Schriftstellern. Folglich markieren die fünfziger Jahre, denen die genannten Autoren ihren Stempel aufdrückten, auch erste Ansätze von Inner-Space-SF. Die Mutantengeschichten Sturgeons (MORE THAN HUMAN, 1953, *Die neue Macht der Welt,* auch: *Baby ist drei*) oder Millers (COMMAND PERFORMANCE, 1952, später als ANYBODY ELSE LIKE ME?; *In fremder Gewalt,* auch: *Gibt es noch jemanden wie mich?*) konzentrieren sich sehr stark auf die Psyche der Protagonisten, und in seiner melancholischen Story THE MAN WHO LOST THE SEA (1959, *Verlorene See*) stellt Sturgeon gar den ersten bemannten Flug zu einem Planeten als inneren Monolog des sterbenden Astronauten dar, dessen Raumschiff auf der Marsoberfläche zerschellt ist.

Diese Beispiele unterscheiden sich in erster Linie durch ihre Stimmung vom Gros der SF-Literatur, aber stilistische Tricks, wie sie später bei der New Wave auftauchen, findet man allenthalben bei Alfred Bester. In dessen Romanen THE DEMOLISHED MAN (1953, *Demolition,* auch: *Sturm aufs Universum*) und THE STARS MY DESTINATION (1956, *Tiger, Tiger,* auch: *Die Rache des Kosmonauten*) sowie einigen Kurzgeschichten wird ein stilistisches Feuerwerk abgebrannt, werden sprachliche Effekte dazu benutzt, Unerklärliches sichtbar zu machen und besonders im Fall von THE STARS MY DESTINATION eine stark visuelle Komponente zu geben.

Eine der bekanntesten SF-Erzählungen der fünfziger Jahre ist Daniel Keyes' FLOWERS FOR ALGERNON (1959, *Blumen für Algernon*), in der vom geistig zurückgebliebenen Charly Gorden berichtet wird, den Ärzte als Versuchskaninchen benutzen. Seine Intelligenz wird künstlich gesteigert, bis er zum Genius wird. Aber seinem schnellen Aufstieg folgt ein jäher Sturz... Entscheidend für den Erfolg der Story war der Stil, in der sie dargeboten wurde – sie ist sprachlich genau dem jeweiligen Intelligenzstand ihres Helden angepaßt.

Hatten Bester und Keyes rein sprachlich und durch ihre Antihelden starken Einfluß auf die New Wave, so war Algis Budrys mit seinem Roman ROGUE MOON (1960, *Projekt Luna*) inhaltlich ein Vorreiter derselben. ROGUE MOON ist ein symbolträchtiges Stück SF, bei dem ein Mann durch einen Transmitter in ein tödliches Labyrinth auf dem Mond geschickt wird, um dieses zu erkunden. Er stirbt immer wieder, ist aber gleichzeitig unsterblich, weil der Transmitterdurchgang seinen Körper dupliziert.

Nach der New Wave war eine eher subjektive Schreibweise bei Mutantenromanen gang und gäbe. Die sechziger Jahre gingen in die SF-Geschichte als die Dekade des Stils ein, und danach gab es stilistische Kabinettsstückchen zuhauf. Als Beispiel soll hier Robert Silverbergs DYING INSIDE (1973, *Es stirbt in mir*) genügen. Der Telepath David Selig, ein gezeichneter Antiheld, wie er in der SF der vierziger Jahre kaum möglich gewesen wäre, verliert darin seine ESP-Fähigkeiten, weil er sich als geistigen Vampir begreift, der seine Mitmenschen ›aussaugt‹.

Die New Wave:

Die Neue Welle in der SF spiegelte direkt das Zeitgeschehen der mitt- und spätsechziger Jahre wider, die von der Rebellion der Jugend gegen überkommene Werte der älteren Generation geprägt waren. Das Aufkommen der Rockmusik, psychedelische Drogen, ein Medienbewußtsein im Sinne von McLuhan und das überschäumende Lebensgefühl der Beat-Generation fanden direkt Eingang in sie. Zur gleichen Zeit, als junge SF-Autoren auf Identitätssuche waren, geriet die amerikanische SF in eine Krise. Das Anwachsen des Taschenbuchmarktes hatte die Einstellung vieler Magazine zur Folge, wichtige Autoren produzierten nur noch wenig oder hatten ganz zu schreiben aufgehört. Die überlebenden Magazine gingen keine Risiken mehr ein. Der Boom der fünfziger Jahre war vorüber. Zu Beginn der sechziger Jahre war die amerikanische SF ein literarisches Vakuum, Langeweile herrschte vor. Wie in der Popmusik hatten die USA auch auf diesem Gebiet ihren Schwung verloren, ihre Vorreiterposition abgegeben.

Daß etwas Neues kommen mußte, war klar, und Neues gab es für die britische SF-Szene um 1964/65 schon seit fast zehn Jahren in Form der Kurzgeschichten von J. G. Ballard. In seinen besten Stories wie THE VOICES OF TIME, CHRONOPOLIS (beide 1960) und BILLENIUM (1961) hatte er die Dimensionen ›Raum‹ und ›Zeit‹ völlig SF-untypisch behandelt und war dabei zu faszinierenden Ergebnissen gekommen. Seine Helden waren immer dieselben: Spiegelbilder seiner selbst, Geworfene in einer Welt, gegen deren Regeln sie ankämpften, aber letztendlich auf verlorenem Posten standen. Ballard spielte mit Freud (MR. F IS MR. F), Beckett (THE LAST WORLD OF MR. GODDARD), Vance Packard (THE SUBLIMINAL MAN) und Jung (THE REPTILE ENCLOSURE), holte das Unterbewußtsein an die Oberfläche (THE OVERLOADED MAN) und verstand es fast immer, durch einen überaus dichten Stil zu überzeugen und phantastische Traumgebilde ganz im Stil der von ihm verehrten Surrealisten Dali, Ernst und de Chirico zu malen. Eine ganze Serie von Geschichten, die Vermilion-Sands-Stories, spielen in einem zeitlosen St. Tropez der Psyche, einer fatamorganahaften Oase des Überflusses und des Nichtstuns.

1964 erschien seine Story THE TERMINAL BEACH, in der er den linearen Schreibstil aufgibt und ein Kontinuum in der Psyche des Protagonisten schafft. Die wichtigsten Symbole, die er in der Frühphase seines Schaffens einsetzte, sind hier präsent: die Urelemente, die bei ihm im Falle von Wasser und Erde (Sand) für Vergangenheit und Zukunft stehen. Die Gegenwart wird bei Ballard durch den Diamant und gebrochenes Licht repräsentiert, wie in seinem Roman THE CRYSTAL WORLD (1966, *Kristallwelt*), in dem verschiedene Stellen der Erde von einem seltsamen Kristallisationsprozeß befallen werden, der darauf hindeutet, daß die Zeit ›ausläuft‹ und jede Bewegung erstirbt.

Nachdem er mit THE TERMINAL BEACH die New Wave eingeläutet hatte, verlegte sich Ballard mehr und mehr auf das Abfassen von sogenannten condensed novels, die nur noch in symbolhaften Thesen Handlungen zeitgenössischer Persönlichkeiten auflisteten. Mit Fülltext aufgeblasen, sollten diese in dem Band THE ATROCITY EXHIBITION (1970, *Liebe + Napalm: Export USA*) gesammelten Stories ganze Romane ergeben. Die condensed novels sind rasant ablaufende Collagenfilme voller Sex und Gewalt, die bei der Kritik auf Erstaunen und Unverständnis stießen. Titel wie WHY I WANT TO FUCK RONALD REAGAN ließen amerikanische Verleger von einer Publikation Abstand nehmen und riefen Proteststürme in zart besaiteten SF-Kreisen hervor, erprobten jedoch die Grenzen des Machbaren und hatten im Endeffekt eine befreiende Wirkung auf die SF.

Unter Ballards Mitstreitern machte sich vor allem Michael Moorcock um die New Wave verdient, zum einen als Herausgeber von ›New Worlds‹, zum anderen durch seine eigenen Texte. Sein Roman THE BLACK CORRIDOR (1969, *Der schwarze Korridor*) schildert die Flucht eines Mannes von der Erde. Auf seiner Reise durchs All verfolgen ihn Erinnerungen, die schmale Grenze zwischen Realität und Traumwelt verschwindet. Moorcocks bekannteste Geschichte aus dieser Zeit ist die preisgekrönte Erzählung BEHOLD THE MAN (1967, *Imitatio Christi*; in der späteren Romanform im Englischen unter demselben Titel, im Deutschen als *I.N.R.I. oder Die Reise mit der Zeitmaschine* erschienen). In diesem Tabubrecher nimmt ein Zeitreisender die Stelle Christi am Kreuz ein, nachdem er festgestellt hat, daß Jesus ein schwachsinniger Junge ist. Mit Jerry Cornelius schuf Moorcock auch einen der wenigen New-Wave-Serienhelden, einen schwarzen Pop-Albino, Freak aus Swinging London, dessen Erlebnisse in fünf Büchern festgehalten sind.

Ebenfalls der New Wave zugerechnet werden einige Titel von Brian W. Aldiss, vor allem der vom *Nouveau Roman* beeinflußte Titel REPORT ON PROBABILITY A (1968, *Report über Probabilität A*), einer Studie in Relativität ohne herkömmliche Handlung, in der Leute einander beobachten und die letztendlich zeigt, daß Realität subjektiv ist. BAREFOOT IN THE HEAD (1969, *Barfuß im Kopf*), ein von Gurdjieff und Ouspenski beeinflußtes und in seiner Anspielungsvielfalt an Joyce' FINNEGAN'S WAKE erinnerndes Buch, gilt als der klassische LSD-Roman der SF. Er übertrifft in Anspruch und Schwerverständlichkeit Amerikas psychedelischen Klassiker, Chester Andersons THE BUTTERFLY KID (1967, *Schmetterlingskind*), bei weitem.

Aldiss war auch auf dem Gebiet der Kurzgeschichte überaus experimentierfreudig, wovon die Erzählungen A MAN IN HIS TIME (1966) und SEND HER VICTORIOUS (1968) Zeugnis ablegen.

Die New Wave war nicht nur eine Domäne britischer Autoren – im Kurzgeschichtenbereich wären noch David I. Masson mit seinen ausgezeichneten Zeitstories, Langdon Jones mit seiner großartigen Collection allegorischer SF-Stories, THE GREAT CLOCK, Charles Platt u.a. zu nennen –, sie zog auch Amerikaner an. Thomas M. Disch und John T. Sladek waren die ersten. Dischs Durchbruch war der in ›New Worlds‹ in Fortsetzungen abgedruckte Roman CAMP CONCENTRATION (1968, *Camp Concentration*), in dem es um ein KZ für oppositionell gesinnte Intellektuelle in den USA geht. Sladek war der Spaßvogel der New Wave, dessen bissige Satiren wie THE REPRODUCTIVE SYSTEM (1968, *Die stählerne Horde*) den Fortschrittsglauben aufs

Korn nahmen. Keiner beschrieb Murphys Law in seinen Texten besser als Sladek, besonders wenn es um Maschinerien ging, die urplötzlich außer Rand und Band gerieten.

Den spektakulärsten Gastauftritt in ›New Worlds‹ aber hatte Norman Spinrad mit BUG JACK BARRON (*Champion Jack Barron*), der 1967/ 68 in Fortsetzungen erschien. Sein freizügiger Gebrauch von unanständigen Wörtern trug dem Magazin eine Anfrage im Unterhaus und die Streichung der staatlichen Unterstützung ein. Im nachhinein betrachtet, erweist sich dieser Roman um Politik und Medien im Hinblick auf die Wirklichkeit als vergleichsweise harmlos, und nach Watergate gab es so gut wie keinen Ärger mehr um solche Bücher.

Um 1970 verlor die New Wave ihren Schwung. ›New Worlds‹ wurde nach 201 Nummern eingestellt. Der Einfluß dieser Richtung aber blieb unverkennbar. In den USA hatte es schon parallel zur britischen Entwicklung Innovationen gegeben. Roger Zelazny, Harlan Ellison und Samuel R. Delany hießen dort die New-Wave-Erneuerer. Sie waren weniger experimentierwütig, aber auch ihre Texte spiegelten den Zeitgeist wider, waren voll barocker Mystik, buntschillernd und manchmal auch schrill, aber eher auf Kommerzialität bedacht. So gewannen diese Schriftsteller auch einen Preis nach dem anderen: Zelazny mit seinen Romanen AND CALL ME CONRAD (1965, *Fluch der Unsterblichkeit*), Verfolgungsjagd und mythisches Spektakel, das seine Wurzeln in der griechischen Sagenwelt hat, LORD OF LIGHT (1967, *Herr des Lichts*), der mit seiner indischen Götterwelt auf einem fremden Planeten (die Protagonisten, irdische Raumfahrer, treten als Buddha, Vishnu etc. auf) genau den Geschmack der Hippies traf, und THE DREAM MASTER (1966, *Herr der Träume*, auch: *Der Former*), einem Paradebeispiel für Inner Space Fiction, in dem ein Psychiater ins Unterbewußtsein seiner Patienten eindringen und den Heilungsprozeß ›vor Ort‹ einleiten kann.

Wie Zelaznys LORD OF LIGHT ist auch Samuel R. Delanys THE EINSTEIN INTERSECTION (1967, *Einstein, Orpheus und andere*) ein Schlüsselroman der amerikanischen SF jener Zeit. Die Mythen des Altertums weisen den Weg nach innen. Nichts ist fest in diesem dichten Gespinst symbolischer Szenen, alles verändert sich. Der Roman ist ein Trip durch eine unstete Landschaft voller fremdartig-bekannter Gestalten. Sein Ende liegt im Ungewissen.

Harlan Ellison schließlich fiel zunächst durch seine stakkatohaften Geschichten wie REPENT HARLEQUIN SAID THE TICKTOCKMAN (1965, *»Bereue, Harlekin!« sagte der Ticktackmann*), eine bizarre Satire auf die Zeitplan und Stechuhr anbetende US-Gesellschaft, oder I HAVE NO

MOUTH AND I MUST SCREAM (1967), eine Anti-Maschinen-Allegorie, auf, die den Hugo und den Nebula Award gewannen. Spätere Preisträger aus seinem eine Vielzahl von hervorragenden Erzählungen umfassenden Werk sind ADRIFT JUST OFF THE ISLETS OF LANGERHANS: LATITUDE 38° 54' N, LONGITUDE 77° 00' 13'' W (1974), die schon vom Titel her auf Inner Space schließen läßt, denn bei den Langerhansschen Inselchen handelt es sich um Zellgruppen in der Bauchspeicheldrüse, und JEFFTY IS FIVE (1977, *Jeffty ist fünf*), eine nostalgische Reise durch die Welt der Comic-, Radio- und TV-Serienhelden.

Darüber hinaus publizierte er seine bekannte Serie von New-Wave-Anthologien, DANGEROUS VISIONS (1967) und AGAIN DANGEROUS VISIONS (1972). Eine andere Anthologieserie, die ausgesprochen viel Inner-Space-Material enthält, ist Damon Knights ORBIT (ab 1966). In ihr publizierten Autoren wie Norman Spinrad, Kate Wilhelm, Gene Wolfe, Gardner Dozois und R. A. Lafferty, deren Werke zumindest teilweise der amerikanischen New Wave zugerechnet werden müssen.

Ein amerikanischer Schriftsteller, der im Zusammenhang mit Inner Space nicht unerwähnt bleiben darf, ist Philip K. Dick. Wie ein roter Faden durchzieht die Suche nach der Realität sein Gesamtwerk, Solipsismus, Illusionswelten, gespaltene Persönlichkeiten sind Schlagworte bei der Interpretation seiner Titel. In wessen Realität befinden wir uns? Dieser Frage geht er erstmals in EYE IN THE SKY (1956, *Und die Erde steht still*) nach, worin ein Teilchenbeschleuniger explodiert und acht Besucher in eine andere Wirklichkeit schleudert – in eine Welt, die jeweils vom stärksten Bewußtsein der acht Unfallopfer modelliert wird. In UBIK (1969, *Ubik*) führt Dick die totale Demontage der Realität fort. Die Gegenwart löst sich buchstäblich auf und macht den Ereignissen einer anderen Zeit Platz.

Anfang der siebziger Jahre war die New Wave als eigene Stilrichtung der SF tot, sie war von der SF-Hauptrichtung assimiliert worden. Sie hatte die gesamte SF verändert, indem sie die abgrenzenden Barrieren überwand, das Spektrum vergrößerte und das Genre nach allen Richtungen hin durchlässig machte. Sie war der letzte Schritt in der Entwicklung der SF, und der wurde ironischerweise wieder in Richtung Mainstream-Literatur getan.

Kaleidoskopwelten:

Hauptvertreter dieser Untergattung innerhalb der SF, die eigentlich gar keine ist, weil es nur wenige Werke ihrer Art gibt, ist John Brunner. In seinen Romanen STAND ON ZANZIBAR (1968, *Morgenwelt*) und THE SHEEP LOOK UP (1972, *Schafe blicken auf*) entwarf er Zukunftsvisionen einer wahnsinnig gewordenen Welt. Unter Einsatz von Erzählstrukturen, die an John dos Passos erinnern, schuf er vielschichtige Konglomerate, die durch einen ›visuellen‹ Stil – verschiedene Erzählperspektiven, ineinander verwobene Handlungsstränge, turbulente Vermischung von Fakten und Fiktion, rasche Szenenwechsel – zu multimedialen Dystopien werden. In beiden Romanen wird durch die verwendete Struktur und den Stil eine höhere Gleichzeitigkeit geschaffen, die nun nicht mehr wie bei Ballard von der Imagination des Individuums stammt, sondern das Kontinuum Zivilisation insgesamt kennzeichnet. Brunner ist es dadurch möglich, dem Leser Zusammenhänge, Gesetzmäßigkeiten und Ereignisabfolgen in unserer Gesellschaft deutlich zu machen und letztendlich politische Botschaften zu vermitteln, wie man sie bis dahin in der SF noch nicht gekannt hatte. Beide Bücher zählen zu den wichtigsten Werken in der SF, das erste öffnete die Tore zur Mainstream-Literatur, das zweite ist ihre vielleicht schwärzeste Dystopie.

Ein dritter wichtiger Roman Brunners, THE SHOCKWAVE RIDER (1975, *Der Schockwellenreiter*), bedient sich ähnlicher Stilelemente, hat aber die wachsende elektronische Vernetzung aller Lebensbereiche und den politischen Mißbrauch dieser neuen Technologie zum Hauptthema.

Deutlicher noch als bei Brunner treten Inner-Space-Elemente bei Thomas Pynchon und John T. Sladek zu Tage. Pynchon, der schon mit seiner Story ENTROPY (1959, *Entropie*) nachhaltigen Eindruck auf die New Wave gemacht hatte, legte mit GRAVITY'S RAINBOW (1973, *Die Enden der Parabel*) sein Magnum Opus vor, das eine Vielzahl von Stiltechniken und Ausflüge ins Surreale, Absurde, Comichafte enthält und so ein Kontinuum schafft, in dem der Leser sich kaum noch zurechtfindet und der Protagonist des Romans einfach im Chaos der Handlung verschwindet.

Wenig Lust auf eine geradlinige Romanhandlung hat auch New-Wave-Satiriker John T. Sladek in seinen Romanen RODERICK OR THE EDUCATION OF A YOUNG MACHINE (1980, *Roderick oder die Erziehung einer Maschine*) und RODERICK AT RANDOM (1983, *Roderick II – Lehr- und Wanderjahre einer Maschine*), kybernetische Schelmenromane, die aus der Sicht eines heranwachsenden Roboters geschrieben sind, voller bizarrer Einfälle stecken und die Welt als Narrenhaus entlarven. Eine Unzahl von Anspielungen und Rätseln geben diesen Titeln eine völlig neue Dimension.

Weitere wichtige Titel aus diesem Themenbereich:

Aldiss, Brian W.: AN AGE (1967), *Kryptozoikum*
Ballard, J. G.: THE DROWNED WORLD (1964), *Karneval der Alligatoren*
ders.: THE DROUGHT (1967), *Welt in Flammen*
ders.: THE UNLIMITED DREAM COMPANY (1979), *Freiflüge*
Bryant, Edward: CINNABAR (1976), *Eine Stadt namens Cinnabar*
Compton, D. J.: SYNTHAJOY (1978), *Synthetische Freuden*
Delany, Samuel R.: DHALGREN (1974), *Dhalgren*
Dick, Philip K.: THE THREE STIGMATA OF PALMER ELDRITCH (1963), *LSD-Astronauten*
ders.: FLOW MY TEARS, THE POLICEMAN SAID (1974), *Eine andere Welt*
Gunn, James: THE DREAMERS (1980), *Die Träumer*
Harness, Charles L.: THE ROSE (1953), *Die Rose*
Jeter, K. W.: DR. ADDER (1984)
Keyes, Daniel: THE FIFTH SALLY (1980), *Die fünfte Sally*
ders.: THE MINDS OF BILLY MILLIGAN (1981/82), *Die Leben des Billy Milligan*
ders.: FLOWERS FOR ALGERNON (1966), *Charly*
Lem, Stanislaw: SOLARIS (1961), *Solaris*
Lessing, Doris: BRIEFING FOR A DESCENT INTO HELL (1971), *Anweisung für einen Abstieg zur Hölle*
dies.: CANOPUS IN ARGOS: ARCHIVES, bisher 5 Bde.
  Bd.1: SHIKASTA (1979), *Shikasta*
  Bd. 2: THE MARRIAGES BETWEEN ZONES THREE, FOUR, AND FIVE (1980), *Die Ehen zwischen den Zonen drei, vier und fünf*
  Bd. 3: THE SIRIAN EXPERIMENTS (1980), *Die sirianischen Versuche*
  Bd. 4: THE MAKING OF THE REPRESENTATIVE FOR PLANET 8 (1982), *Die Entstehung des Repräsentanten von Planet 8*
  Bd. 5: THE SENTIMENTAL AGENTS IN THE VOLYEN EMPIRE (1983), *Die sentimentalen Agenten im Reich Volyen*
Malzberg, Barry: BEYOND APOLLO (1972), *Das Venus-Trauma*
ders.: HEROVIT'S WORLD (1973), *Herovits Welt*
ders.: THE DESTRUCTION OF THE TEMPLE (1974), *Die Zerstörung des Tempels*
Nelson, R. Faraday: TURN OFF THE SKY (1963), *Schalt den Himmel ab*
Priest, Christopher: A DREAM OF WESSEX (1977), *Ein Traum von Wessex*
ders.: THE AFFIRMATION (1981), *Der weiße Raum*
ders.: THE GLAMOUR (1984), *Der schöne Schein*
Rucker, Rudy: WHITE LIGHT (1980), *Weißes Licht*
Ruellan, André: MEMO (1984), *Memo*

Russ, Joanna: THE FEMALE MAN (1975), *Planet der Frauen*
Silverberg, Robert: THORNS (1967), *Gesang der Neuronen*
Wilhelm, Kate: MARGARET AND I (1971), *Margaret und ich*

Biografisches Lexikon

Int. Verzeichnis der SF-Autoren und ihrer wichtigsten
Werke und deutschsprachigen Ausgaben

Aarons, Edward S(idney) (1916 – 1975)
Amerikanischer Autor.

Bibliografie:
Der Cyklop ist los (ASSIGNMENT TO DESASTER), Hannover: Lehning 1956

Abaseli, Aleksandre (1884 – 1954)
Georgisch-sowjetischer Lyriker, Romancier und Kritiker, geboren in Axal-Abasa/Mingrelien. A., der eigentlich A. Cocua hieß, entstammte einer Bauernfamilie, besuchte die Schule in Abasa und Kutaisi, nahm am Kampf gegen den Zarismus teil, wurde verhaftet und verbannt. 1913/14 belegte er an der Universität Moskau historisch-philosophische Vorlesungen, wurde 1921 Leiter der Literatursektion des Obersten Volkskomitees Georgiens und ab 1923 Redaktionsmitglied des Staatsverlages Saxelgami sowie stellvertretender Vorsitzender des georgischen Schriftstellerverbands. Mitte der dreißiger Jahre war er an führender Stelle in den Redaktionen verschiedener Zeitschriften tätig. A. gilt als Begründer der sowjetisch-georgischen SF. Sein Roman KALI SARK'ESI *(Die Frau im Spiegel)* behandelt bereits Anfang der dreißiger Jahre als einer der ersten in der sowjetischen SF das Thema ›Außerirdische auf der Erde‹.

Abé, Kōbō (1924 –   )
Japanischer Autor, der in Tokio geboren wurde und in Mukden (Mandschurei) aufwuchs, wo sein Vater als Arzt tätig war. 1948 promovierte er an der Universität von Tokio zum Doktor der Medizin, übte den Arztberuf aber niemals aus. Vielmehr veröffentlichte er noch im gleichen Jahr sein erstes Buch, und 1951 erhielt er den *Akutagawa,* den bedeutendsten japanischen Literaturpreis. 1960 folgte der Yomiuri-Literaturpreis für den Roman *Die Frau in den Dünen,* der auch verfilmt wurde und in Cannes den Preis der Jury erhielt. Kobo Abe gehört zu den wichtigsten japanischen Schriftstellern der Gegenwart. Wiesen bereits *Die Frau in den Dünen* und *Das Gesicht des Anderen* phantastische Züge auf, so schrieb A. mit *Die Vierte Zwischeneiszeit* (1959) einen SF-Roman über eine Maschine, mit der die Zukunft vorherzusagen ist.

Bibliografie:
Die vierte Zwischeneiszeit (DAIYON-KAMPYŌKI), Frankfurt am Main:
Insel 1975

Abel-Musgrave, Curt

Bibliografie:
Der Bazillenkrieg, Frankfurt am Main: Impavidus 1922

Aberle, Rudolf Deutscher Autor.

Bibliografie:
Menschen vom anderen Stern, Recklinghausen: Paulus 1950

Abernathy, Robert (Gordon) (1924 –)

Amerikanischer Autor, geboren in Genf. A. studierte an der Princeton University in New Jersey und war später Journalist, Rundfunkkorrespondent, wissenschaftlicher Redakteur und schließlich Professor für Linguistik. A. hat (vorzugsweise in den fünfziger Jahren) rund vierzig SF-Stories verfaßt, die nicht selten durch Witz und Intelligenz auffallen.

Achermann, Franz Heinrich (1881 – 1946)

Bibliografie:
Kannibalen der Eiszeit, Olten: Walter 1924
Der Antichrist, Olten: Walter 1939

Ackerman, Forrest J(ames) (1916 –)

Amerikaner, geboren in Los Angeles. A. liest SF seit 1926 und hat auch selbst einige Stories geschrieben. Er war als Redakteur von SF- und Horror-Filmzeitschriften *(Famous Monsters of Filmland, Monsterworld, Spacemen),* Literaturagent sowie Herausgeber tätig und brachte *Perry Rhodan* nach Amerika. Er gilt mit seiner gigantischen Sammlung und seinen Aktivitäten als SF-Superfan Nummer eins und wird oft als ›Mr. Science Fiction‹ tituliert.

Adamow, Grigori Borissowitsch (1886–1945)

Geboren im südrussischen Cherson, wurde A. um die Jahrhundertwende Mitglied der Bolschewiki, Agitator in Arbeiterzirkeln und Berufsrevolutionär. Einige Stationen dieser frühen Jahre sind: 1906 Verbannung nach Archangelsk, dann Flucht nach Petersburg, drei Jahre Festungshaft. Nach der Oktoberrevolution arbeitete A. im Volkskommissariat für Lebensmittelversorgung, in einem Verlag und später als Korrespondent für eine wissenschaftliche Zeitung. 1934 erschienen erste wissenschaftlich-phantastische Erzählungen von ihm in Zeitschriften. Sein erster Roman POBEDITELI NEDR *(Die Bezwinger des Erdinnern)* kam 1937 heraus und schildert den Bau eines geothermoelektrischen Kraftwerks unter Zuhilfenahme eines sich selbst lenkenden geschoßähnlichen Fahrzeugs im Erdinneren. In A.s zweitem Roman, TAJNA DVUCH OKEANOV (1939) geht es um ein utopisches U-Boot, während das dritte und letzte Buch, IZGNANIE VLADYKI *(Die Vertreibung des Alleinherrschers,* posthum 1946), ein utopisches Projekt zur Beeinflussung des Klimas in der Arktis behandelt. A. gehört zu den Klassikern der sowjetischen Phantastik und war ein typischer Vertreter der russischen SF der dreißiger Jahre mit ihren technischen Utopien.

Bibliografie:

Das Geheimnis zweier Ozeane (TAJNA DVUCH OKEANOV), Berlin/DDR: Neues Leben 1956

Adams, Douglas (Noel) (1952–   )

Britischer Autor, geboren in Cambridge. A. war von 1978 bis 1980 Redakteur der BBC-Fernsehserie *Doctor Who* und schrieb auch selbst einige der Drehbücher. Seit 1980 ist er als freischaffender Autor tätig. Großen Erfolg hatte A. mit seiner *Hitch-Hiker*-Serie: Für den Rundfunk konzipiert und 1978 ausgestrahlt, wurde THE HITCHHIKER'S GUIDE TO THE GALAXY 1979 zu einem Bühnenstück, erschien im gleichen Jahr als Buch und wurde schließlich für das Fernsehen eingerichtet. Die Fortsetzungen sind THE RESTAURANT AT THE END OF THE UNIVERSE (1980), LIFE, THE UNIVERSE, AND EVERYTHING (1982) und SO LONG, AND THANKS FOR ALL THE FISH (1984). Die *Hitch-Hiker*-Serie ist eine außerordentlich vergnügliche Satire auf so gut wie alles, was in der SF gang und gäbe ist, wenngleich – Gesetz der Serie – die letzten Titel nicht mehr so viel Spaß bereiten wie die beiden Startbände. Außerhalb der SF veröffentlichte A. den Titel THE MEANING OF LIFE (1983, mit John Lloyd).

Bibliografie:

Per Anhalter durch die Galaxis (THE HITCH-HIKER'S GUIDE TO THE
GALAXIS), München: Rogner & Bernhard 1981
Das Restaurant am Ende des Universums (THE RESTAURANT AT THE END
OF THE UNIVERSE), München: Rogner & Bernhard 1982
Das Leben, das Universum und der Rest der Welt (LIFE, THE UNIVERSE,
AND EVERYTHING), München: Rogner & Bernhard 1983
Macht's gut und danke für den Fisch (SO LONG, AND THANKS FOR ALL
THE FISH), München: Rogner & Bernhard 1985

Adelt, Leonhard (1881 – 1945)

Bibliografie:

(Hrsg.) *Der Herr der Luft. Flieger- und Luftfahrergeschichten* (C),
München: G. Müller 1914
Der Ozeanflug, Konstanz: Reuß & Itta 1915
(Hrsg.) *Lebendiger Stahl,* Berlin: Wegweiser 1920
Katastrophen (C), Berlin: B. Adelt 1922

Aden, Adolf Th. (Pseudonym)

Bibliografie:
Die Sadisten des vierten Reiches, Kopenhagen: Svea Books 1970

Aderca, Felix (1891 – 1962)

Rumänischer Autor, der mit ORASELE SCUFUNDATE (1932, anderer Titel
ORASELE INECATE, 1966) einen Beitrag zum klassischen Fundus der SF
beisteuerte. Thema: Auf einer dem Untergang geweihten Erde leben die letzten Menschen in Unterwasserstädten. A., der sich für
H. G. Wells und J. H. Rosny Aîné interessierte und Karel Čapeks
berühmtes Bühnenstück ›R.U.R.‹ übersetzte, ist auch mit Essays und
Satiren hervorgetreten.

Bibliografie:
Die Unterwasserstädte (ORASELE SCUFUNDATE), Bukarest: Kriterion
1970

Adlard, Mark (1932 –)

Britischer Autor, der mit richtigem Namen Peter Marcus Adlard
heißt und in Seaton Carew, Durham, geboren wurde, in Cambridge
Kunstgeschichte studierte und als Manager in einem Stahlwerk ar-

beitet. Seine thematisch miteinander verbundenen Romane INTER-FACE (1971), VOLTFACE (1972) und MULTIFACE (1973) resultieren aus seiner beruflichen Tätigkeit und greifen die Problematik der Überindustrialisierung und ihre Auswirkung auf den Menschen auf. A.s erste Veröffentlichung war 1968 die Story ›Dead End‹ in *Penthouse.*

Adler, Detlev P. Deutscher Autor.

Bibliografie:
Bis ans Ende aller Hoffnung, München 1985, H 4248

Adrian, Josef Österreichischer Autor.

Bibliografie:
Silvester 1963, Wien: Amandus 1952

Aiken, Joan (1924 –   )
Tochter des Dichters Conrad Aiken. Gehört zu den führenden britischen Fantasy-Autoren, die sich vornehmlich an eine jugendliche Leserschaft richten. SF-Elemente enthält ihr Zyklus um das England einer Alternativwelt, in der die Stuarts nicht durch das Parlament vom Thron vertrieben wurden.

Bibliografie:
Wölfe ums Schloß (THE WOLVES OF WILLOUGHBY CHASE), München: Bertelsmann 1970
Anschlag auf Nantucket (NIGHTBIRDS ON NANTUCKET), Hamburg: Oetinger 1971
Verschwörung auf Schloß Battersea (BLACK HEARTS IN BATTERSEA), München: Bertelsmann 1972
Der Flüsternde Berg (THE WHISPERING MOUNTAIN), Hamburg: Oetinger 1972

Aileron, George C.
Pseudonym eines dt. Autors.

Bibliografie:
RX-9 antwortet nicht, Göttingen: W. Fischer 1965

Aitmatow, Tschingis (1928 –   )
Kirgisischer Autor, der zu den bekanntesten Erzählern in der heutigen Sowjetunion gehört. Mit I DOLČE VEKA DLIŽA DEN (1981) schrieb er einen SF-Roman, in dem die Kontaktaufnahme zu einer außerirdischen Zivilisation alte Konflikte zwischen den Supermächten neu aufbrechen läßt. A. warnt mit diesem Buch vor einer sich verselbständigenden atomaren Rüstung.

Bibliografie:
Ein Tag länger als ein Leben (I DOLČE VEKA DLIŽA DEN), Berlin/DDR: Volk und Welt 1981; München: Bertelsmann 1981

Akers, Alan Burt Siehe Bulmer, H(enry) Kenneth

Albert, L. Deutscher Autor.

Bibliografie:
Endlos empor! Ausstrahlungen eines Marsgefallenen, Berlin: Walther 1906

Albrecht, Johann Friedrich Ernst (1752 – 1814)
Deutscher Autor, geboren in Stade. Verfaßte Dramen, Ritter- und Räuberromane. Übersetzte J.-J. Rousseaus philosophische Schriften.

Bibliografie:
Dreyerley Wirkungen. Eine Geschichte aus der Planetenwelt, Wien: Wucherer 1789 (anonym)
Urani. Königin von Sardanopalien im Planeten Sirius, Hamburg: Campe 1790 (anonym)

Aldani, Lino (1926 –   )
Italienischer Autor, geboren in San Cipriano, Pavia, aufgewachsen in Rom. A. gehört zu den führenden italienischen SF-Autoren und nahm auch als Redakteur des SF-Magazins *Futuro,* das sich der einheimischen Szene annahm, Einfluß auf die Entwicklung einer eigenständigen SF in Italien. Seine erste Erzählung erschien 1960 unter dem Titel ›Dove

sono i vostri kumar?‹ in *Oltre il Cielo*. A.s Werk ist zum größeren Teil antiutopisch geprägt und widmet sich zentral dem Menschen und seinen Emotionen. Sein bislang wohl bekanntestes Werk dürfte der Roman QUANDO LE RADICI (1976) sein, der ein Italien des Jahres 1998 schildert. Die Kommunisten sind an der Regierung, ohne daß es allerdings zu irgendwelchen gravierenden Veränderungen gekommen ist. Thema im engeren Sinne ist die Flucht aus den Metropolen zu einem erfüllteren Leben auf dem Lande. Einen guten Überblick über sein Storywerk bietet die Sammlung QUARTA DIMENSIONE (1963). A. wurde auch in Frankreich, Rumänien und der Bundesrepublik veröffentlicht.

Bibliografie:

Arnos Flucht (QUANDO LE RADICI), München 1979, H 3686
(Hrsg.) *Die Labyrinthe der Zukunft* (C/OA), München 1984, H 4059
Die vierte Dimension (C) (QUARTA DIMENSIONE), München 1986, H 4267

Aldiss, Brian W(ilson)

(1925 –   )
Britischer Autor, in East Derecham, Norfolk, geboren. Nach seiner Schulausbildung, die bis 1943 dauerte, leistete er seinen Dienst bei der Armee in Burma und Sumatra ab. Nach Kriegsende reiste er einige Zeit durch Südostasien, bis er 1948, aus der Armee entlassen, eine Stelle als Buchhändler in Oxford annahm. Acht Jahre lang verdiente er damit seinen Lebensunterhalt, bis er sich 1955, nachdem seine Erzählung ›Not for an Age‹ (1955) den zweiten Preis eines vom *Observer* ausgeschriebenen Kurzgeschichtenwettbewerbs gewonnen hatte, als freier Schriftsteller niederließ. Davor schon hatte A. eine Reihe von kurzen Stories in dem Fachblatt *The Bookseller* veröffentlicht. Seine erste SF-Story ›Criminal Record‹ erschien 1954 in der Juliausgabe von *Science Fantasy*. Weitere Erzählungen folgten in den britischen SF-Magazinen *New Worlds* und *Nebula*. Eine Auswahl davon wurde in dem Sammelband SPACE, TIME, AND NATHANIEL (1957) zusammengefaßt. Den Durchbruch und Lob von den Kritikern erreichte er mit seinem ersten SF-Roman NON-STOP (auch: STARSHIP) (1958), in dem aus ungewöhnlicher Perspektive die

Reise in einem Generationenraumschiff beschrieben wird. Schon an diesem frühen Werk ist zu sehen, daß sich Aldiss mit seinem Medium, der Sprache, dezidiert auseinanderzusetzen weiß. Gleichzeitig schildert er in NON-STOP eine, wenn auch nur begrenzte, Endzeitvision der Menschheit. Diese Endzeitvisionen waren dann Gegenstand seiner wichtigsten Romane der Schaffensperiode bis ca. 1966.

1958 gelang es A. mit der Geschichte ›Judas Dancing‹ (engl. Titel ›Judas Danced‹) in den USA Fuß zu fassen. Frederik Pohl veröffentlichte sie in seiner Anthologie *Star SF,* und Aldiss wurde schnell bekannt, was ihm ein Jahr später den Hugo als bestem Nachwuchsautor einbrachte. Für die *Hothouse*-Stories bekam er dann 1962 den Hugo in der Kategorie Erzählung. Diese, sich zum Episodenroman THE LONG AFTERNOON OF EARTH verbindenden Geschichten schildern eine Erde, deren Rotation fast zum Erliegen gekommen ist. Trotz einiger Anachronismen ist dieses Buch besonders in stilistischer Hinsicht eines der bedeutendsten Werke des Autors. Damit begann die Reihe der düsteren Zukunftsvisionen, die sich mit GREYBEARD (1964), THE DARK LIGHTYEARS (1964) und EARTHWORKS (1965) fortsetzte. Diese drei Romane übertrafen die Qualität früherer Titel wie BOW DOWN TO NUL (auch: THE INTERPRETER) (1960) und EQUATOR (auch: VANGUARD FROM ALPHA) (1958/1959) bei weitem und festigten seinen Ruf als ambitionierter Schriftsteller. Im Mittelpunkt seines Schaffens stehen dabei Szenarien, die in ihrer Eindringlichkeit an Ballard erinnern. Aber auch auf dem Gebiet der Kurzgeschichte hatte A. einige Erfolge zu verzeichnen. 1960 erschien GALAXIES LIKE GRAINS OF SAND, in dem acht Stories aus den Jahren 1957/58 zu einem Episodenroman zusammengefaßt und mit Zwischentexten verbunden wurden, so daß ein Bild der Entwicklung der Menschheit im Stile eines Olaf Stapledon entsteht. 1965 gewann seine Novelle ›The Saliva Tree‹ (*F&SF* 9/65) den Nebula Award. Als Michael Moorcock die Herausgeberschaft von *New Worlds* übernahm und damit einer neuen Richtung in der SF, der *New Wave,* ein Forum schaffte, war A. einer der Autoren, die sich in dieser Bewegung besonders stark engagierten. Er gehörte fortan zu dem maßgeblichen Dreigespann der *New Wave:* Ballard, Moorcock und Aldiss. Die *New Wave* kam A.' sprachlichen und stilistischen Vorstellungen und seiner Experimentierfreude entgegen. Seine Romane CRYPTOZOIC (auch: AN AGE) (1967), eine Zeitreisegeschichte, in der die Zeit rückwärts läuft, REPORT ON PROBABILITY A (1968), in dem die Wahrnehmung problematisiert und somit jede Erkenntnis der Welt in Frage gestellt wird, und BAREFOOT IN THE HEAD (1969), ein komplexes Werk, das, ob seiner

Joyceschen Anklänge, nur sehr schwer zu lesen ist, waren Ausdruck des Versuchs der SF, über ihre Grenzen hinauszugehen. Doch gerade BAREFOOT IN THE HEAD hat die Durchschnittsleser restlos überfordert, und so zog sich A. von der SF zurück und schrieb Anfang der siebziger Jahre eine Trilogie, die die Probleme eines heranwachsenden Jungen zum Thema hat und in die Mainstream-Literatur einzuordnen ist. Der erste Band, THE HANDREARED BOY, gelangte in die englischen Bestsellerlisten. 1973 folgte dann ein literaturgeschichtliches Werk über die SF: THE BILLION YEAR SPREE, in dem A. anhand vieler Beispiele die Entwicklung der SF aufzeigt, die seiner Meinung nach mit Mary W. Shelleys *Frankenstein* ihren Anfang genommen hat. Eine erweiterte und überarbeitete Fassung (THE TRILLION YEAR SPREE) ist 1986 erschienen, worin im wesentlichen die Entwicklung der SF in den 70er und 80er Jahren behandelt wird. Sie wurde 1987 mit dem Hugo Gernsback Award als bestes Non-fiction-Buch des Jahres ausgezeichnet. Im gleichen Jahr wie THE BILLION YEAR SPREE erschien auch der stark an das Original angelehnte Roman FRANKENSTEIN UNBOUND, der aufgrund seiner gefährlichen Nähe zum Plagiat und des seichten Plots als eines der schwächsten Werke des Autors gelten muß. Eine weitere Anleihe bei einem berühmten Vorbild machte A. mit MOREAU'S OTHER ISLAND (1979), in dem er sich allerdings so weit von dem Roman H. G. Wells' löst, daß man von einem gelungenen Werk sprechen kann. A.' Storysammlung THE MOMENT OF ECLIPSE (1970) erhielt 1972 den Preis der BSFA, und schon 1970 war er selbst als bester zeitgenössischer SF-Autor mit dem Ditmar Award ausgezeichnet worden. 1974 folgte THE EIGHTY MINUTE HOUR und 1977 der Fantasy-Roman THE MALACIA TAPESTRY. Danach erschienen noch die SF Romane BROTHERS OF THE HEAD (1977) und ENEMIES OF THE SYSTEM (1978) sowie eine Sammlung mit Kurzgeschichten, LAST ORDERS (1977). Mit HELLICONIA SPRING (1981) legte A. dann den ersten Teil seines umfassenden Werkes über den Planeten Helliconia vor, dem HELLICONIA SUMMER (1983) und HELLICONIA WINTER (1985) folgten. In dem über 1700 Seiten langen Epos wird in bis jetzt noch nicht gekannter Komplexität das Leben in einem Doppelsonnensystem geschildert. A. ist in HELLICONIA der Versuch geglückt, neue Maßstäbe in der SF zu setzen, obwohl im dritten Teil, wo er sich sehr stark dem von ihm geschätzten Olaf Stapledon nähert, einige Längen nicht zu leugnen sind. Dieses Mammutwerk fand dann auch weitgehende Anerkennung und hat einige der bedeutenden SF Preise eingeheimst: J. W. Campbell Memorial Award 1983 für HELLICONIA SPRING (1984 auch mit dem Kurd-Laßwitz-Preis als bester ausländischer Roman geehrt), 1986 erhielt HELLICONIA WINTER und damit A. zum zweiten Mal den BSFA. A. überzeugt als Autor besonders auf der sprachlich-stilistischen Ebene, und er gewinnt seinen Themen immer wieder neue, überraschende Perspektiven ab. Daneben zeichnen sich vor allem seine Kurzgeschichten durch Ideenreichtum aus. A. ist ein SF-Autor, der, wie seine Werke und Aufsätze über die SF zeigen, sich auch theoretisch mit der Gattung, in der er schreibt, auseinandersetzt.

Bibliografie:

Das Ende aller Tage (C) (GALAXIES LIKE GRAINS OF SAND), München 1967, TTB 120

Aufstand der Alten (GREYBEARD), München 1967, H 3107

Der Sternenschwarm (C) (STARSWARM), München 1968, H 3124

Die neuen Neandertaler (C) (INTANGIBLE INC.), München 1970, H 3195

Tod im Staub (EARTHWORKS), München: Lichtenberg 1970

Der unmögliche Stern (BRIAN W. ALDISS: BEST SCIENCE FICTION STORIES), Frankfurt am Main: Insel, 1972

Raum, Zeit und Nathaniel (C) (SPACE, TIME, AND NATHANIEL), München 1974, H 3406

Kryptozoikum (CRYPTOZOIC), Frankfurt am Main/Berlin/Wien 1976, U 3277

Report über Probabilität A (REPORT ON PROBABILITY A), Frankfurt am Main/Berlin/Wien 1976, U 3293

Alle Tränen dieser Erde (C) (THE BOOK OF BRIAN W. ALDISS), München 1977, GWTB 0238

Unterdrücker der Erde (THE INTERPRETER), Frankfurt am Main/Berlin/Wien 1977, U 3364

Der Malacia-Gobelin (THE MALACIA TAPESTRY), München 1978, H 3625

Die Achtzig-Minuten-Stunde (THE EIGHTY-MINUTE HOUR), Bergisch Gladbach 1980, B 22016

Dr. Moreaus neue Insel (MOREAU'S OTHER ISLAND), Köln-Lövenich: Hohenheim 1981

Dunkler Bruder Zukunft (C/OA), Bergisch Gladbach 1982, B 24034

Helliconia: Frühling (HELLICONIA SPRING), Köln-Lövenich: Hohenheim 1983

Der Moment der Eklipse (C) (THE MOMENT OF ECLIPSE), Bergisch Gladbach 1984, B 24049

Die dunklen Lichtjahre (THE DARK LIGHTYEARS), München 1983, H 3945

Die letzte Runde (C) (LAST ORDERS AND OTHER STORIES), Bergisch Gladbach 1984, B 24056

Die unendliche Reise (NON-STOP/STARSHIP), Bergisch Gladbach 1984, B 22075
Feinde aus dem Kosmos (EQUATOR), München 1984, in H 1003
Der entfesselte Frankenstein (FRANKENSTEIN UNBOUND), München 1984, H 4103
Es brennt ein Licht (PRIMAL URGE), Bergisch Gladbach 1985, B 13004
Helliconia: Sommer (HELLICONIA SUMMER), München 1985, HSFB 51
Helliconia: Winter (HELLICONIA WINTER), München 1985, HSFB 52
Am Vorabend der Ewigkeit (THE LONG AFTERNOON OF EARTH), München 1986, HSFB 61

Sekundärliteratur:
Der Millionen-Jahre-Traum (BILLION YEAR SPREE), Bergisch Gladbach 1980, B 24002

Alexander, Alexander (1901 –   )
Pseudonym für Albrecht Alexander.

Bibliografie:
Castan der Tyrann, Bischofswiesen: Delta 1931

Alexander, Axel
Pseudonym für Alexander Thomas.

Bibliografie:
Die Schlacht über Berlin, Berlin: ›Offene Worte‹ 1933

Alexander, David M. (1945 –   )
Amerikanischer Autor, geboren in Rochester, New York. Nach einem Studium in Palo Alto und Berkeley promovierte A. 1970 als Jurist und ist seither im Hauptberuf als Rechtsanwalt in Palo Alto tätig. Neben etlichen Artikeln über Computerprogrammierung, die er für Computermagazine schrieb, trat er mit bislang zwei Romanen an die Öffentlichkeit: THE CHOCOLATE SPY (1978) – keine SF – und FANE (1981). Im Stil von Jack Vance wird in FANE ein bizarr-bunter Planet geschildert, dessen technische Zivilisation durch sich verändernde Magnetfelder von einer Gesellschaft abgelöst wird, in der Magie, Hexerei und Zauberformeln ihren Platz haben.

Bibliografie:
Fane (FANE), München 1984, Kn 5774

Alexander, Karl

Bibliografie:
Flucht ins Heute (TIME AFTER TIME), München 1983, H 3943

Alexander, Lloyd (1924–)

Amerikanischer Autor, geboren in Philadelphia, der vor allem durch Fantasy-Jugendbücher (etwa die *Taran*-Abenteuer, die auch Vorlage für einen Zeichentrickfilm waren) bekannt wurde, aber auch zahlreiche Romane für Erwachsene geschrieben hat. Die Trilogie WEST-MARK (1981), THE KESTREL (1982) und THE BEGGAR QUEEN (1984) handelt in einer Alternativwelt an der Grenze zwischen SF und Fantasy.

Bibliografie:
Aufruhr in Westmark (WESTMARK), Würzburg: Arena 1983
Der Turmfalke. Westmark in Gefahr (THE KESTREL), Würzburg: Arena 1984
Die Bettlerkönigin. Entscheidung in Westmark (THE BEGGAR QUEEN), Würzburg: Arena 1985

Alix, Lothar Deutscher Autor.

Bibliografie:
Schiffbruch im Weltall, Neustadt/H: Bumb 1950

Allen, Fred

Pseudonym eines dt. Autors, der für Actionromane auch die Autorennamen Don Baley und Robert Singleton benutzt.

Bibliografie/H:
Das Himmelfahrtskommando, Ge 19 (1976)
Die Golosianer kommen, Ge 21 (1976)

Allhoff, Fred

Amerikanischer Journalist, dessen im Auftrag geschriebener Roman LIGHTNING IN THE NIGHT 1940 in 12 Fortsetzungen in dem Magazin *Liberty* erschien. Thema ist ein von Hitler-Deutschland geführter Blitzkrieg gegen die USA. Der Roman trug dazu bei, daß die amerikanische Bevölkerung mehrheitlich einen Kriegseintritt befürwortete.

Bibliografie:
Blitzkrieg. Die Nazi-Invasion in Amerika (LIGHTNING IN THE NIGHT. THE NAZI-INVASION OF AMERICA), München 1984, H 4054

Alpers, Hans Joachim

(1943 –   )
Deutscher Autor und Herausgeber, geboren in Bremerhaven, heute in Hamburg lebend. A. war einige Jahre als Maschinenbauingenieur tätig, absolvierte dann ein geisteswissenschaftliches Studium an der Universität Hamburg und betätigte sich anschließend als SF-Lektor bei Droemer Knaur (1978 – 1980) und Moewig (1980 – 1986). Daneben war und ist er Anthologist, Literaturagent sowie (innerhalb wie außerhalb der SF) Verfasser von Erzählungen, Sachbüchern, Jugendbüchern, Hörspielen etc. Gemeinsam mit Ronald M. Hahn schreibt er unter dem Pseudonym Daniel Herbst Jugendkrimis. Weitere Pseudonyme: Jürgen Andreas, Mischa Morrison, P. T. Vieton, Jörn de Vries (dazu je ein Roman unter den Verlags- bzw. Agenturpseudonymen Gregory Kern – für die Serie *Commander Scott* – und Thorn Forrester).

Bibliografie:

(Hrsg.) *Science Fiction aus Deutschland* (mit Ronald M. Hahn), Frankfurt 1974, FO 43
Das Raumschiff der Kinder (mit Ronald M. Hahn), Reutlingen: Ensslin & Laiblin 1977
Planet der Raufbolde (mit Ronald M. Hahn), Reutlingen: Ensslin & Laiblin 1977
Wrack aus der Unendlichkeit (mit Ronald M. Hahn), Reutlingen: Ensslin & Laiblin 1977
Bei den Nomaden des Weltraums (mit Ronald M. Hahn), Reutlingen: Ensslin & Laiblin 1977
Die rätselhafte Schwimminsel (mit Ronald M. Hahn), Reutlingen: Ensslin & Laiblin 1978
Ring der dreißig Welten (mit Ronald M. Hahn), Reutlingen: Ensslin & Laiblin 1979
(Hrsg.) *Countdown,* München 1979, Kn 5711
(Hrsg.) *Bestien für Norn,* München 1980, Kn 5722
(Hrsg.) *Das Kristallschiff,* München 1980, Kn 5726
(Hrsg.) *Kopernikus 1,* München 1980, M 3501
(Hrsg.) *Science Fiction Almanach 1981,* München 1980, M 3506
(Hrsg.) *Planet ohne Hoffnung,* München 1981, Kn 5735

(Hrsg.) *Kopernikus 2,* München 1981, M 3514
(Hrsg.) *Kopernikus 3,* München 1981, M 3523
(Hrsg.) *Der Große Ölkrieg,* München 1981, M 3531
(Hrsg.) *Kopernikus 4,* München 1981, M 3539
(Hrsg.) *Analog 1,* München 1981, M 3547
(Hrsg.) *Science Fiction-Anthologie, Band 1: Die fünfziger Jahre I* (mit Werner Fuchs), Köln-Lövenich: Hohenheim 1981
(Hrsg.) *Science Fiction Almanach 1982,* München 1981, M 3555
(Hrsg.) *Analog 2,* München 1982, M 3559
(Hrsg.) *Kopernikus 5,* München 1982, M 3563
(Hrsg.) *Analog 3,* Rastatt 1982, M 3571
(Hrsg.) *Kopernikus 6,* Rastatt 1982, M 3575
(Hrsg.) *Analog 4,* Rastatt 1982, M 3583
(Hrsg.) *Kopernikus 7,* Rastatt 1982, M 3587
(Hrsg.) *Metropolis brennt,* Rastatt 1982, M 3591
(Hrsg.) *Analog 5,* Rastatt 1982, M 3595
(Hrsg.) *Kopernikus 8,* Rastatt 1982, M 3599
(Hrsg.) *Neue Science Fiction Geschichten* (mit Werner Fuchs), Wien: Tosa 1982
(Hrsg.) *Science Fiction-Anthologie, Band 2: Die fünfziger Jahre II* (mit Werner Fuchs), Köln-Lövenich: Hohenheim 1982
(Hrsg.) *Science Fiction-Anthologie, Band 3: Die vierziger Jahre I* (mit Werner Fuchs), Köln-Lövenich: Hohenheim 1982
(Hrsg.) *Science Fiction Jahrbuch 1983* (mit Walter A. Fuchs und Hansjürgen Kaiser), Rastatt 1982, M 3600
(Hrsg.) *Science Fiction Almanach 1983,* Rastatt 1982, M 3603
(Hrsg.) *Analog 6,* Rastatt 1982, M 3607
(Hrsg.) *Kopernikus 9,* Rastatt 1983, M 3618
(Hrsg.) *Science Fiction Jahrbuch 1984* (mit Walter A. Fuchs und Hansjürgen Kaiser), Rastatt 1983, M 3624
(Hrsg.) *Science Fiction Almanach 1984,* Rastatt 1983, M 3628
(Hrsg.) *Analog 7,* Rastatt 1983, M 3626
(Hrsg.) *Science Fiction-Anthologie, Band 4: Die vierziger Jahre II* (mit Werner Fuchs), Köln-Lövenich: Hohenheim 1983
(Hrsg.) *Science Fiction-Anthologie, Band 5: Die sechziger Jahre I* (mit Werner Fuchs), Köln-Lövenich: Hohenheim 1983
(Hrsg.) *Kopernikus 10,* Rastatt 1984, M 3632
(Hrsg.) *Kopernikus 11,* Rastatt 1984, M 3637
(Hrsg.) *Analog 8,* Rastatt 1984, M 3639
(Hrsg.) *Science Fiction Jahrbuch 1985,* Rastatt 1984, M 3654
(Hrsg.) *Science Fiction Almanach 1985,* Rastatt 1984, M 3656

(Hrsg.) *Science Fiction-Anthologie, Band 6: Die sechziger Jahre II* (mit Werner Fuchs), Hamburg: Hohenheim 1984
(Hrsg.) *Kopernikus 12,* Rastatt 1985, M 3660
(Hrsg.) *Kopernikus 13,* Rastatt 1985, M 3684
(Hrsg.) *13 Science Fiction Stories* (C) (mit Werner Fuchs und Ronald M. Hahn), Stuttgart 1985, RUB 8079
(Hrsg.) *Science Fiction Jahrbuch 1986,* Rastatt 1985, M 3687
(Hrsg.) *Science Fiction Almanach 1986,* Rastatt 1985, M 3690
Raumschiff außer Kontrolle (mit Ronald M. Hahn), Reutlingen: Ensslin & Laiblin 1985 (enthält: *Das Raumschiff der Kinder/Planet der Raufbolde/Wrack aus der Unendlichkeit*)
(Hrsg.) *Kopernikus 14,* Rastatt 1986, M 3694
Weltraumvagabunden (mit Ronald M. Hahn), Reutlingen: Ensslin & Laiblin 1986 (enthält: *Bei den Nomaden des Weltraums/Die rätselhafte Schwimminsel/Ring der dreißig Welten*)
(Hrsg.) *Science Fiction Jahrbuch 1987,* Rastatt 1986, M 3703
(Hrsg.) *Science Fiction Almanach 1987,* Rastatt 1986, M 3724

Sekundärliteratur:

Dokumentation der Science Fiction ab 1926 in Wort und Bild (mit Werner Fuchs und Ronald M. Hahn), Celle: Tandem 1978
Lexikon der Science Fiction Literatur (mit Werner Fuchs, Ronald M. Hahn und Wolfgang Jeschke), München 1980, H 01/7111 u. 01/7112 (2 Bde.)
Reclams Science Fiction Führer (mit Werner Fuchs und Ronald M. Hahn), Stuttgart: Reclam 1982
(Hrsg.) *Isaac Asimov − der Tausendjahresplaner* (mit Harald Pusch), Meitingen: Corian 1983
(Hrsg.) *Marion Zimmer Bradleys ›Darkover‹,* Meitingen: Corian 1983
(Hrsg.) *Lesebuch der deutschen Science Fiction* (mit Thomas M. Loock), Meitingen: Corian 1984

Bibliografie/H:

Als Jürgen Andreas:

Erde ohne Menschen (C), T 507 (1967)

Als Thorn Forrester:

Der elektronische Rebell (mit Gerd Maximovič), Ge 14 (1976)

Als Mischa Morrison:

Das Ende der Demeter, TA 209 (1975)
Sklaven des Tantalus, TA 214 (1975)

Die Fallen des Tantalus, TA 223 (1975)
Kinder des Tantalus, TA 227 (1975)
Im Netz der Dimensoren (mit Manuel S. Delgado), Ge 17 (1976)

Als Jörn de Vries:

Duell mit Raumpiraten (mit Peter Crohn), Ge 15 (1976)
Magma Centauri (mit Peter Crohn), Ge 28 (1977)
Siehe Anhang SERIEN: *Commander Scott*

Altendorf, Wolfgang (1921 –)

Deutscher Autor, geboren am 23. März 1921 in Main. A., der auch als Maler, Grafiker und Bildhauer tätig ist, schreibt Bühnenstücke, Hörspiele, Fernsehspiele, Lyrik, Essays, Erzählungen und Romane. *Das Stahlmolekül* (1983) ist sein bislang einziger SF-Roman.

Bibliografie:

Das Stahlmolekül, München 1983, H 3967

Altenhöfer, Ludwig Deutscher Autor.

Bibliografie:

Sylvester 1999, Würzburg: Arena 1966

Alter, Junius

Bibliografie:

Nie wieder Krieg. Ein Blick in Deutschlands Zukunft, Leipzig: K. F. Koehler 1931

Altow, Genrich (1926 –)

Pseudonym des sowjetischen Autors Genrich Saulowitsch Altschuller, der als Ingenieur in Baku lebt. A. veröffentlichte eine Reihe von SF-Erzählungen sowie Sachbücher (z. B. über das Erfindungswesen) und theoretische Abhandlungen über die wissenschaftliche Phantastik. Ein SF-Kurzroman, ›Die Ballade von den Sternen‹ (1960), entstand in Zusammenarbeit mit seiner Frau Valentina Nikolajewa Zuravleva.

Bibliografie:

Der Hafen der steinernen Stürme (C) (SOZDAN DLJA BURI), Berlin/DDR: Das Neue Berlin 1977

Amberg, Will Deutscher Autor.

Bibliografie:

Bazillus Z, Berlin: Goldmann 1933

Amersin, Ferdinand

Bibliografie:

Das Land der Freiheit. Ein Zukunftsbild..., Graz: Leykam-Josefsthal 1874

Amery, Carl (1922 –   )
Pseudonym für den in München geborenen Christian Mayer. A. wuchs in Passau auf, studierte in München und Washington Sprachen und Literaturwissenschaft; er lebt heute als freier Schriftsteller in München und zählt zu den wichtigsten zeitgenössischen Autoren der Bundesrepublik. A. ist P.E.N.-Mitglied, war zeitweise Direktor der Städtischen Bibliotheken in München sowie Vorsitzender des Verbandes deutscher Schriftsteller und wurde auch durch sein Engagement für kritischen Katholizismus und Umweltschutz bekannt. Bekannt wurde A. zunächst durch Romane wie *Der Wettbewerb* (1954) und *Die große deutsche Tour* (1958) sowie durch Essays und Hörspiele, von denen einige der SF zuzurechnen sind, wie ›Finale Rettung Michigan‹ (1982) und ›Schirmspringer‹ (1984). Seine erste Zuwendung zur SF datiert in die siebziger Jahre, als sein Roman *Das Königsprojekt* (1974) und die Novelle *Der Untergang der Stadt Passau* (1975) erschienen. In *Das Königsprojekt* geht es um eine von Leonardo da Vinci konstruierte Zeitmaschine, die sich im Besitz des Vatikans befindet und ihm die Mittel in die Hand gibt, die historischen Ursachen für die Glaubensspaltung zu beseitigen. *Der Untergang der Stadt Passau* schildert, wie sich in dem nach einer Katastrophe nahezu entvölkerten Europa in Passau ein neues feudalistisches Machtzentrum bildet, das aber schließlich von Bauern und Nomaden zerstört wird. Beide Bücher, bis ins Detail liebevoll und mit viel Sinn für Skurrilität und Witz ausgedacht, in präziser und saftiger Sprache geschrieben, sind gute Beispiele für gelungene Verschmelzung von Science Fiction und Hochliteratur. Sowohl *An den Feuern der Leyer-*

mark – dieser Roman schildert eine Parallelwelt, in der Bayern mit Hilfe von Söldnern aus den USA den Krieg gegen die Preußen gewinnt und eine gewichtige Rolle in Europa spielt – als auch *Die Wallfahrer* – ein ebenso bunter wie kritisch-sarkastischer Bilderbogen, der durch verschiedene Zeitebenen, d. h. in verschiedenen Jahrhunderten, der Vergangenheit, der Gegenwart und der Zukunft gefaltet ist, zusammengehalten von der Gestalt der Madonna von Tuntenhausen, Ziel der Wallfahrer durch die Jahrhunderte – sind der SF zuzurechnen. Eine weitere SF-Erzählung ist ›Im Namen Allahs des Allbarmherzigen‹ (1981), und einige der Satiren in *Die starke Position oder Ganz normale MAMUS* sind ebenfalls SF, darunter ›Statt eines Nachworts‹, in der es um eine geheime Verschwörung von verantwortungsvollen Wissenschaftlern geht, die eine optimale Methode entwickelt haben, der Überbevölkerung der Erde und der drohenden Selbstvernichtung des Menschen gegenzusteuern (der Gedanke an das Aidsvirus drängt sich auf). Für seine Geschichte ›Nur einen Sommer gönnt Ihr Gewaltigen‹ (die erzählerische Fassung des Hörspiels ›Schirmspringer‹; 1984) wurde A. 1985 mit dem Kurd-Laßwitz-Preis ausgezeichnet. 1987 erhielt er den Kurd-Laßwitz-Preis für seinen Roman *Die Wallfahrer*. Im selben Jahr wurde ihm der Verdienstorden Erster Klasse verliehen.

Bibliografie:

Das Königsprojekt, München: Piper 1974
Der Untergang der Stadt Passau, München 1975, H 3461
An den Feuern der Leyermark, München: Nymphenburger 1979
Die starke Position oder Ganz normale MAMUS (C), München: Süddeutscher Verlag 1985
Die Wallfahrer, München: Süddeutscher Verlag 1986

Amis, Kingsley (William)

(1922 –   )

Englischer Autor, geboren in London. A. studierte in Oxford und Cambridge und war von 1949 bis 1961 Dozent für Anglistik am University College in Swansea. Aus Gastvorlesungen über SF an der Princeton University (1958) entstand 1960 das Buch NEW MAPS OF HELL, eine kritische Würdigung der SF. Als Autor von Fiction trat A., der für den Roman LUCKY JIM (1954) den Somerset Maugham Award erhielt, vor allem mit Kriminalromanen in Erscheinung, aber gelegentlich wandte er sich auch der SF und Phantastik zu, etwa mit den *Spectra*-Anthologien (gemeinsam mit Robert Conquest herausgegeben) oder den Romanen THE GREEN MAN (1969), RUSSIAN HIDE AND SEEK (1980) und THE ALTERATION (1976). Letzterer schildert eine Alternativwelt, in der es im Christentum keine Reformation gegeben hat.

Bibliografie:

Das Auge des Basilisken (RUSSIAN HIDE AND SEEK), München 1984, H 4042
Die Verwandlung (THE ALTERATION), München 1986, H 4314
Der grüne Mann (THE GREEN MAN), Frankfurt am Main 1986, Fi 2717

Amosow, Nikolai M(ichailowitsch) (1913 –)

Russischer Autor, Chirurg, Kybernetiker und Ingenieur, der durch die Konstruktion der ersten Herz-Lungen-Maschine weltberühmt wurde. A. studierte in Moskau, war im Zweiten Weltkrieg Feldarzt und spezialisierte sich schließlich auf Herz- und Lungenchirurgie. Als Autor gelang ihm mit dem Titel *Tagebuch eines Herzchirurgen* ein internationaler Bestsellererfolg. ZAPISKI IZ BUDUSHCHEGO (1970; die zweite Hälfte durfte in der Sowjet-Union nicht erscheinen, Originaltitel für die übersetzte, ungekürzte Version: NOTES FROM THE FUTURE, 1970) schildert, wie ein todkranker Arzt per Kälteschlaf in die Zukunft gelangt, geheilt wird, sich in dieser von Robotern bestimmten Welt aber nicht zurechtfindet.

Bibliografie:

Die zweite Zukunft (ZAPISKI IZ BUDUSHCHEGO), München: Droemer Knaur 1971

Andermann, Joachim (1880 – ?)

Bibliografie:

Der Exzentrische und der Aprilscherz. Eine Zukunftsvision, Dresden: Pierson 1909

Anders, Ann

Bibliografie:

(Hrsg.) *Der Aufstand der Radfahrer,* Darmstadt: Luchterhand 1982

Anders, Bo Siehe Brandis, Mark

Anders, Ralph Siehe von Puttkamer, Jesco

Anderson, Chester (1932 –   )

Amerikanischer Autor, geboren in Stoneham, Massachusetts. Nach einem Studium an der Universität von Miami war A. zeitweise als Schriftsetzer, Pförtner, Korrektor, Manager eines Motels sowie als Zeitschriftenredakteur *(Crawdaddy)* tätig. Zwei von seinen insgesamt sieben Büchern (darunter auch zwei Gedichtbände; A. versteht sich ohnehin in erster Linie als Poet) sind der SF zuzurechnen: TEN YEARS TO DOOMSDAY (1964), eine gemeinsam mit Michael Kurland geschriebene Satire auf einige Romane des Namensvetters Poul Anderson, und der ›Rock-Dope-Greenwich-Village-SF-Klassiker‹ THE BUTTERFLY KID, eine abgefahrene, witzig-satirische Geschichte über Rockmusiker und Hippies und Invasoren aus dem All: Riesige blaue Hummer von einem anderen Planeten wollen die Erde erobern, indem sie ein sehr starkes Dope verteilen, das alle möglichen Halluzinationen und Wunschträume real werden läßt. Aber Chester und seine Band, die ›Tripouts‹, stellen sich den Fremden zu einer irren Entscheidungsschlacht um Wohl und Wehe der Menschheit. THE BUTTERFLY KID ist Teil einer Trilogie, die von Michael Kurland und T. A. Waters fortgeführt wurde, wobei diese drei Autoren jeweils als Charaktere in den Romanen auftauchen.

Bibliografie:

Die Drohung aus dem All (TEN YEARS TO DOOMSDAY) (mit Michael Kurland), Hamburg 1967, Wi 2001
Schmetterlingskind (THE BUTTERFLY KID), Rastatt 1985, M 3664

Anderson, Poul (William) (1926 –   )

Der amerikanische Autor A. wurde in Bristol/Pennsylvania geboren; seine Vorfahren waren dänische Einwanderer (die eigentlich Andersen hießen). Er wuchs in Texas auf und studierte in Minnesota Physik. 1948 schloß er dieses Studium mit Auszeichnung ab. Während seines Studiums hatte er mit dem Schreiben von SF begonnen (seine erste veröffentlichte Erzählung trug den Titel ›Tomorrow's Children‹, gemeinsam verfaßt mit F. N. Waldrop, 1947 in *Astounding* erschienen und später in den Roman TWILIGHT WORLD, 1961, eingefügt). Er finanzierte damit die letzten Semester seines Studiums. Als A. sein Studium abschloß, war er als SF-Autor bereits so weit etabliert, daß er sich angesichts der Schwierigkeit, einen Job zu finden, entschloß, freier Schriftsteller zu werden. Bis heute hat er rund 50 Bücher und etwa 200 Erzählungen veröffentlicht. Das meiste davon gehört der Science Fiction und Fantasy an, aber A. hat auch Krimis, Jugendbücher, historische Romane, allgemeine Romane und Sachbücher geschrieben sowie zwei Anthologien herausgegeben. Er erhielt im Laufe der Jahre eine Reihe von Preisen, darunter den August Derleth-Preis, fünf Hugo Gernsback- und zwei Nebula-Awards (jeweils für Kurzgeschichten) und den Tolkien Memorial Award. Charakteristisch für sein Gesamtwerk ist, daß er sich mit einigen aufsehenerregenden Romanen und Kurzgeschichten einen Namen machte, in der großen Breite seiner Arbeiten aber meist nur mittelmäßiges Niveau erreicht. Zu den herausragenden Werken zählt ohne Zweifel der Roman BRAIN WAVE (1954), sein SF-Erstling: Eine Strahlung aus dem Kosmos bewirkt einen evolutionären Sprung bei Menschen und Tieren, d. h., die Tiere werden so intelligent wie Menschen, die Menschen werden zu Genies. A. versteht es hier, die Tragik, die in diesem abrupten Herausbrechen aus allen vertrauten Lebensbereichen steckt, eindringlich zu schildern. Recht fesselnd auch STAR WAYS (1956), eine romantische Geschichte über Weltraumnomaden, die mit ihren Schiffen durch das All ziehen, Handel treiben und sich gelegentlich wieder versammeln, um Erfahrungen auszutauschen etc. Unter den späteren Romanen ist THE DANCER FROM ATLANTIS (1971, *Die Tänzerin von Atlantis*) besonders erwähnenswert, eine Zeitreisegeschichte, die den Helden auf die Insel Kreta zur Blütezeit der minoischen Kultur führt und ihn den Untergang von ›Atlantis‹ miterleben läßt.

Gute Kurzgeschichten von A. sind u. a.: ›Call me Joe‹, ›The Queen of Air and Darkness‹ und ›The Man Who Came Early‹.

Populär, aber weniger überzeugend sind seine Stories und Romane um Serienhelden wie den galaktischen Händler *Nicholas Van Rijn,* den interstellaren Agenten *Dominic Flandry* oder die unter dem Namen TIME PATROL zusammengefaßten Stories über eine Zeitpolizei, die als ›Ordnungsfaktor‹ eingreift, um Veränderungen der Vergangenheit durch andere Zeitreisende zu verhindern. Gesammelt erschienen in GUARDIANS OF TIME (1960) und TIME PATROLMAN (1983).

Bibliografie:

Die fremden Sterne (NO WORLD OF THEIR OWN), Menden: Bewin 1956
Die Wing-Dynastie (WAR OF THE WING MEN), Balve: Zimmermann 1959
(auch: *Entscheidungen über den Wolken*)
Unter kosmischen Nebeln (BRAIN WAVE), Balve: Zimmermann 1961
(auch: *Die Macht des Geistes/Der Nebel weicht*)
Hüter der Zeiten (GUARDIANS OF TIME), München 1961, GZ 21
Die Menschheit sucht Asyl (TWILIGHT WORLD), München 1961, GZ 23
Der Untergang der Erde (AFTER DOOMSDAY), München 1962, GZ 34
Die Zeit und die Sterne (C) (TIME AND STARS), München 1965,
TTB 103
Kontakt mit Jupiter (THREE WORLDS TO CONQUER), München 1966,
H 3063
Der Sternenhändler (TRADER TO THE STARS), München 1966, H 3079
Freibeuter im Weltraum (THE STAR FOX), München 1966, TTB 116
Die unsichtbare Sonne (THE TROUBLE TWISTERS), München 1967,
TTB 124 (auch: *Die Friedensstifter*)
Dominic Flandry, Spion im All (ENSIGN FLANDRY), München 1967,
TTB 126 (auch: *Im Dienst der Erde*)
Korridore der Zeit (THE CORRIDORS OF TIME), München 1968, H 3115
Das letzte Sternenschiff (ORBIT UNLIMITED), München 1969, H 3169
Das Horn der Zeit (C) (THE HORN OF TIME), München 1970, H 3212
Rebellion auf Alpha Crucis (THE REBEL WORLDS), München 1971,
H 3253 (auch: *Rebellenwelt*)
Siegeszug im All (C) (SEVEN CONQUESTS), München 1972, H 3281
Universum ohne Ende (TAU ZERO), München 1972, H 3306
Jenseits der Unendlichkeit (C) (BEYOND THE BEYOND), München 1972,
H 3316
Operation Chaos (OPERATION CHAOS), München 1973, H 3329
Der Außenweltler (OUTWORLDER), München 1973, H 3338
Die Satanswelt (SATAN'S WORLD), Rastatt 1973, TTB 204 (auch: *Satans Welt*)
Höllenzirkus (A CIRCUS OF HELLS), München 1973, H 3350
Feind aus dem All (THE WAR OF TWO WORLDS), Frankfurt am Main/
Berlin/Wien 1974, U 2990 (auch: *Der Zweiwelten-Krieg*)
Die Tänzerin von Atlantis (THE DANCER FROM ATLANTIS), München 1974,
H 3404
Terra gegen Avalon (THE PEOPLE OF THE WIND), München 1975,
GWTB 0191
Zwischen den Milchstraßen (C) (THE QUEEN OF AIR AND DARKNESS AND
OTHER STORIES), München 1975, GWTB 0213

Nomaden des Weltalls (STAR WAYS), Frankfurt am Main/Berlin/Wien 1976, U 3266

Planet ohne Wiederkehr (PLANET OF NO RETURN), München 1977, GWTB 0247

Die Zeit wird kommen (THERE WILL BE TIME), München 1977, GWTB 0249

Welt ohne Sterne (WORLD WITHOUT STARS), München 1978, G 23270

Zeit des Feuers (FIRE TIME), München 1978, H 3599

Die längste Reise (C) (THE BEST OF POUL ANDERSON), München 1979, G 23315

Söhne der Erde (THE ENEMY STARS), Frankfurt am Main/Berlin/Wien 1979, U 31001

Die fliegenden Berge (TALES OF THE FLYING MOUNTAINS), Rastatt: Moewig 1979

Geheimagent von Terra (C) (FLANDRY OF TERRA), Rastatt: Moewig 1980 (auch: *Geheimagent von Terra & Virus der Macht*)

Das Avatar (THE AVATAR), Bergisch Gladbach 1981, B 24022

Des Erdenmannes schwere Bürde (C) (EARTHMAN'S BURDEN) (mit Gordon R. Dickson), München 1981, M 3530

Die Flandry-Dossiers (C) (AGENT OF THE TERRAN EMPIRE), Bergisch Gladbach 1982, B 21148

Sir Rogers himmlischer Kreuzzug (THE HIGH CRUSADE), München 1982, M 3566

Schattenwelt (A KNIGHT OF GHOSTS AND SHADOWS), Bergisch Gladbach 1982, B 21151

Am Ende des Weges (A STONE IN HEAVEN), Bergisch Gladbach 1982, B 21153

Das Erdenbuch von Sturmtor (C) (THE EARTHBOOK OF STORMGATE), München 1983, H 3966

Mirkheim (MIRKHEIM), Bergisch Gladbach 1984, B 21172

Orion wird sich erheben (ORION SHALL RISE), München 1984, G 8405 *(Edition 1984)*

Ruinen des Imperiums (THE GAME OF EMPIRE), Bergisch Gladbach 1986, B 22095

Das Tor der fliegenden Messer (C) (FANTASY), München 1986, H 4366

Bibliografie/H:

Planet der Amazonen (VIRGIN PLANET), TS 38 (1960)

Schach dem Unbekannten (WE CLAIM THESE STARS), TS 41 (1961)

Rebellion auf der Venus (THE BIG RAIN), UG 148 (1961)

UNO-Agent im Einsatz (UN-MAN), UG 170 (1962)

Geheimagent auf Altai (MAYDAY ORBIT), T 226 (1962)
Erdenmenschen unerwünscht (EARTHMEN, GO HOME), T 340 (1964)
Raumfahrer, Vorsicht! (LET THE SPACEMEN BEWARE), T 347 (1964)
Die Sternzigeuner (C) (STRANGERS FROM EARTH), T 376 (1965)
Der Unangreifbare (SHIELD), TS 93 (1965)
Das Archiv in der Geisterstadt (VAULT OF THE AGES), T 537 (1967)
Notlandung auf Jupiter u. a. Stories (C/OA),TN 23 (1968)
Raumschiff Modell Eigenbau (THE MAKESHIFT ROCKET), UZ 585 (1968)

Anderson, William C(harles) (1920 –)

Amerikanischer Autor, geboren in La Junta, Colorado. A. war amerikanischer Offizier (Pilot der US Air Force). Sein erster Roman, THE VALLEY OF THE GODS, erschien 1957 unter dem Pseudonym Andy Anderson. Von seinen insgesamt fünf Romanen wurde nur ADAM M-1 (1964), ein Garn über den ersten weltraumtauglichen Menschen in einem Roboterkörper, ins Deutsche übersetzt.

Bibliografie:
Weltraumroboter (ADAM M-1), München 1967, H 3105

Andreae, Johann Valentin (1586 – 1656)

Deutscher lutherischer Theologe und Autor. A. strebte eine christliche Gesellschaftsordnung an, die auf praktischer Nächstenliebe basiert: *Christianopolis*.

Bibliografie:
Christianopolis. Reise nach der Insel Caphar Salama und Beschreibung der darauf gelegenen Republic Christiansburg (1619)

Andreas, Jürgen Siehe Alpers, Hans Joachim

Andrevon, Jean Pierre (1937 –)

Französischer Autor, geboren in Grenoble, der vor allem mit SF-Stories, aber auch mit einigen -Romanen in Erscheinung getreten ist. A. hat sich vor allem mit sozialkritischen Texten und als Tabubrecher einen Namen gemacht und zählt inzwischen zu den bekanntesten französischen SF-Autoren. Unter dem Pseudonym Alphonse Brutsche hat er außerdem eine Reihe von eher seichten Romanen geschrieben.

Andrew, Bert

Pseudonym eines dt. Autors, der in den fünfziger und frühen sechziger Jahren für den Leihbuchverlag Feldmann eine Vielzahl von Romanen schrieb (außer SF auch, mit leicht abgewandelten Pseudonymen, Liebesromane, Abenteuerromane usw.). Unterhaltungsliteratur der untersten Stufe, die bezeichnenderweise, anders als die meisten Leihbücher, niemals nachgedruckt wurde, in der SF-Versatzstücke als Hintergrund für obskure Spionage-, Weltuntergangs-, Welteroberungs-, Kalter-Krieg- und Gelbe-Gefahr-Plots herhalten müssen.

Bibliografie:

Spekulationen im Atlantik, Marl-Hüls: Feldmann 1950
Millionen im Äther, Marl-Hüls: Feldmann 1951
Feuerströme über Utopia, Marl-Hüls: Feldmann 1952
SOS aus der Tiefsee, Marl-Hüls: Feldmann 1952
Spionage über den Tod, Marl-Hüls: Feldmann 1952
Menschen im Kosmos, Marl-Hüls: Feldmann 1953
Auf den Spuren der Ewigkeit, Marl-Hüls: Feldmann 1953
Schattenlichter der Unendlichkeit, Marl-Hüls: Feldmann 1953
Begegnung im Äther, Marl-Hüls: Feldmann 1953
Tödliche Strahlen, Marl-Hüls: Feldmann 1954
Das Gold der Uraniden, Marl-Hüls: Feldmann 1955
Abgrund ohne Brücken, Marl-Hüls: Feldmann 1955
Der kosmische Tod, Marl-Hüls: Feldmann 1956
Silberne Nächte, Marl-Hüls: Feldmann 1956
Duell im Kosmos, Marl-Hüls: Feldmann 1957
Alpha Centauri, Marl-Hüls: Feldmann 1958
Substanzen der Galaxis, Marl-Hüls: Feldmann 1959
Weltbrand am Sirius, Marl-Hüls: Feldmann 1959
Kampf im All, Marl-Hüls: Feldmann 1960
Der Mann aus den Sternen, Marl-Hüls: Feldmann 1960
Treibstoff HDH 509, Marl-Hüls: Feldmann 1960
Mord auf Station XB 15, Marl-Hüls: Feldmann 1960
RF 10 überfällig, Marl-Hüls: Feldmann 1961

Anet, Claude (1868–1931)

Pseudonym für Jean Schopfer.

Bibliografie:
Ende einer Welt, Leipzig: Weller 1926

Angelov, Dimitǎr (1904 –)
Bulgarischer Autor, geboren in Blatešnica (bei Radomir). A. studierte in Sofia Philosophie und war anschließend als Lehrer, Schulinspektor, Dramaturg, Redakteur und Publizist tätig. Er schrieb Jugendbücher und SF-Romane, darunter ZEMJATA PRED GIBEL (1956, ›Die Erde vor dem Untergang‹).

Antares, Enrico Siehe Wells, J. E.

Anthony, Piers (1934 –)
Geboren in Oxford, zog A. im Alter von vier Jahren mit seinen Eltern nach Spanien, wo sie prompt in die Unruhen des Bürgerkrieges hineingerieten. 1940 wurden sie nach einem einjährigen Gefängnisaufenthalt des Vaters des Landes verwiesen, gingen nach Amerika und ließen sich schließlich in New York nieder. Die Lehrer des jungen A. hatten zunächst einige Schwierigkeiten mit ihm und unterstellten ihm Sprachschwächen, bis man schließlich herausfand, daß er in seinem britischen Akzent verharrte und nicht so ohne weiteres dem New Yorker Slang verfiel. 1947 entdeckte er die SF in Form einer *Astounding*-Ausgabe und verschlang fortan alles, was ihm in dieser Richtung in die Finger geriet. Erwähnenswert ist in diesem Zusammenhang die Tatsache, daß er gegen Ende seiner Collegezeit statt der vorgesehenen Abschlußarbeit einen umfangreichen selbstgeschriebenen Roman ablieferte.

Seiner ersten Story ›Possible to Rue‹ (*Fantastic* 4/63) folgten bis 1967 noch etwa zwei Dutzend weitere Kurzgeschichten, die jedoch nichts Besonderes waren; doch mit seinem ersten Roman CHTHON (1967) konnte er einen Achtungserfolg verbuchen, der für Hugo und Nebula nominiert wurde, ohne einen der Preise zu gewinnen. 1984 gelang es A., die Anzahl seiner Romane mit der seiner Lebensjahre auf den gleichen Stand zu bringen; zur Zeit hat sich seine Produktion auf etwa drei bis fünf Romane pro Jahr eingependelt. A., der laut eigener Aussage immer schon Schwierigkeiten mit dem Rechnen hatte, gilt als Erfinder des Piers-Anthony-Effektes, der immer dann auftritt, wenn ein achtbändiger Zyklus immer noch als Trilogie bezeichnet wird. Gut die Hälfte seiner Produktion ist der Fantasy zuzurechnen. Seine Science Fiction macht einen merkwürdig schematisierten Eindruck und ähnelt manchmal in ihrem Aufbau einem Strategiespiel – eine Haltung, die sich weder auf Inhalt noch auf Stil sonderlich positiv auswirkt. A. verarbeitet philosophische und esoterische Konzepte wie das Tarot in seinen zahlreichen Zyklen. In seinen besten Arbeiten legt er lesbare Unterhaltung mit philosophischem Hintergrund vor. Seine bislang größten Erfolge sind neben CHTHON und dem ›Cluster‹-Zyklus (ab 1977) jedoch die Fantasy-Serien ›Xanth‹ (seit 1977 neun Bände) und ›Incarnations of Immortality‹ (1983 – 1987, fünf Bände).

Bibliografie:

Chthon oder Der Planet der Verdammten (CHTHON), Düsseldorf: MvS 1971

Das Erbe der Titanen (SOS THE ROPE), Bergisch Gladbach 1972, B 7

Der Retter von Dent-All (C) (PROSTHO PLUS), Bergisch Gladbach 1972, B 11

Die Macht der Mantas (OMNIVORE), Bergisch Gladbach 1972, B 17 (auch: *Omnivor*)

Der Ring (THE RING) (mit Robert E. Margroff), Frankfurt am Main 1973, FO 23

Makroskop (MACROSCOPE), München 1975, H 3452

Die Kinder der Titanen (VAR THE STICK), Bergisch Gladbach 1979, B 20014

Steppe (STEPPE), München 1980, H 3756

Der Sturz der Titanen (NEQ THE SWORD), Bergisch Gladbach 1980, B 20018

Flint von Außenwelt (CLUSTER), München 1981, H 3784

Melodie von Mintaka (CHAINING THE LADY), München 1981, H 3828

Der Gott von Tarot (GOD OF TAROT), Rastatt 1982, M 3576

Die Visionen von Tarot (VISION OF TAROT), Rastatt 1982, M 3604

Die Hölle von Tarot (FAITH OF TAROT), Rastatt 1983, M 3616

Herald der Heiler (KIRLIAN QUEST), München 1983, H 3898

Tausendstern (THOUSANDSTAR), MÜNCHEN 1984, H 4115

Orn (ORN), Bergisch Gladbach 1985, B 24067

Ox (OX), Bergisch Gladbach 1985, B 22080

Der Flüchtling (REFUGEE), München 1986, Kn 5807

Zeit der Kämpfer (C) (BATTLE CIRCLE), Bergisch Gladbach 1986, B 24084 (Gesamtausgabe der ›Titanen‹-Trilogie)

Der Söldner (MERCENARY), München 1986, Kn 5839

Anton, Ludwig (1872 – ?)

Deutscher Autor, der drei Romane zur utopisch-phantastischen Literatur beisteuerte. *Brücken über den Weltenraum* (1922) schildert einen ersten Raumflug zur Venus und wurde für Hugo Gernsbacks Magazin *Wonder Stories Quarterly* ins Amerikanische übersetzt.

Bibliografie:

Die japanische Pest, Bad Rothenfelde: Holzwarth 1922
Brücken über den Weltraum, Bad Rothenfelde: Holzwarth 1922
Der Mann im Schatten, Braunschweig: Westermann 1926

Anton, Uwe (1956 –)

Deutscher Autor und Übersetzer, geboren in Remscheid, heute in Wuppertal lebend, der auch unter Pseudonymen wie L. D. Palmer oder Carsten Braun SF veröffentlicht, vor allem jedoch Horror-Romane schreibt (Pseudonyme: Logan Derek, Henry Quinn, John Spider, Olsh Trenton etc. sowie unter Verlags- und Agenturpseudonymen wie Henry Ghost, Frank de Lorca, Robert Lamont, Dan Shocker) und Comics übersetzt. A. studierte einige Semester Germanistik und Anglistik, entschied sich dann jedoch für eine freiberufliche Tätigkeit im literarischen Bereich. Neben einigen Stories veröffentlichte er unter seinem richtigen Namen zwei Romane, die in Zusammenarbeit mit Thomas Ziegler entstanden. A. ist als SF- und Comic-Experte auch mit zahlreichen sekundärliterarischen Arbeiten hervorgetreten und gilt als Kenner des Werks von Philip K. Dick, von dem er eine repräsentative Collection mit z. T. unpubliziertem Material unter dem Titel *Kosmische Puppen* (1986) zusammenstellte. Unter dem Pseudonym Carsten Meurer arbeitete er an der SF-Serie *Star Gate* mit.

Bibliografie:

Die Zeit der Stasis (mit Thomas Ziegler), München 1979, H 3680
Erdstadt (mit Thomas Ziegler), München 1985, H 4198
(Hrsg.) *Philip K. Dick: Kosmische Puppen und andere Lebensformen* (C/OA), München 1986, H 4328

Bibliografie/H:

Als Carsten Braun:

Wettlauf um Venkarra, ZSF 221 (1980)
Aufstand auf TORM, ZSF 229 (1980)
Gehirnseuche, ZSF 233 (1981)

Als L. D. Palmer:

Der Mond fällt auf die Erde, KA 11 (1976)
Dem Erdball drohte die Vernichtung, ESF 14 (1977)
Kinder des Chaos, TA 519 (1981)
Vor dem Ende der Welt, (C), TA 537 (1981)
Roboter in Warnstreik (C), TA 559 (1982)
Flucht vor der Unsterblichkeit, TA 580 (1983)
Kampf um die Unsterblichkeit, TA 581 1983)
Odyssee auf Himmelssturm, ZSF 284 (1984)
Kosmische Intrigen, ZSF 290 (1985)

Sekundärliteratur:

(Hrsg.) *Die seltsamen Welten des Philip K. Dick,* Meitingen: Corian 1984
Siehe Anhang SERIEN: *Star Gate*

Antscharow, Michail (1923 –)

Sowjetischer Autor von Gedichten, Erzählungen, Liedern und Drehbüchern, der sich auch als Maler betätigte. Der utopisch-phantastischen Literatur zuzurechnen ist die *Sonne-Soda*-Trilogie, die in deutscher Übersetzung unter dem Titel *Ein Clown stellt Fragen* erschienen ist.

Bibliografie:

Ein Clown stellt Fragen (C) (SODA-SOLNCE/GOLUBAJA ŽILKA AFRODITY/POVO-DYŔ KROKODILA), Moskau: Progreß 1976

Anvil, Christopher

Pseudonym des amerikanischen Autors Harry C. Crosby jr., der 1956 mit ›Cinderella, Inc.‹ (damals noch unter seinem richtigen Namen) seine erste SF-Story in *Imagination* und 1964 seinen ersten -Roman (THE DAY THE MACHINES STOPPED) veröffentlichte. Etwa hundert

Stories und fünf Romane umfaßt sein SF-Werk inzwischen, wobei seine produktivste Phase zwischen 1957 und 1971 liegt, als er einer der von Campbell favorisierten *Astounding/Analog*-Mitarbeiter war. Über unterhaltsamen Durchschnitt gelangte A. allerdings nur selten hinaus. Unter seinen Romanen ist sein Erstling, der das Chaos nach einem weltweiten Zusammenbruch der Stromversorgung schildert, noch am interessantesten.

Bibliografie:
Pandoras Planet (PANDORA'S PLANET), Rastatt 1984, TTB 360

Bibliografie/H:
Hände weg von der Erde (THE GENTLE EARTH), T 467 (1966)
Alle Räder standen still (THE DAY THE MACHINES STOPPED),
UZ 473 (1966)
Die Boten des Unheils (PANDORA'S ENVOY), T 499 (1967)

Appleton, Victor (Verlagspseudynom)

Bibliografie:
Tom Swift startet den Silbervogel (TOM SWIFT AND HIS FLYING LAB),
München: Schneider 1973
Tom Swift – Tauchfahrt ins Abenteuer (TOM SWIFT AND HIS JETMARINE),
München: Schneider 1974

Aramă, Horia (1930 –   )
Rumänischer Autor und Redakteur einer Zeitschrift für Kinder, in Bukarest lebend. A. schreibt Lyrik, Kinderbücher und SF. Sein erster SF-Roman, TARMUL INTERZIS (›Das verbotene Ufer‹), erschien 1972. Einige seiner Erzählungen sind auch in deutscher Sprache erschienen.

Arango, Ángel (1926 –   )
Kubanischer Autor, geboren in La Habana. A. ist Jurist und arbeitet im kubanischen Verkehrsministerium. Als einer der ersten Autoren seines Landes wandte er sich der SF zu, schreibt daneben aber auch legendenhafte historische Erzählungen. Eine seiner SF-Stories erschien in dem Almanach *Lichtjahr 3* (DDR 1984).

Arbes, Jakub (1840 – 1914)
Tschechischer Autor, der nach seinem Studium am Prager Polytechnikum Redakteur und Herausgeber von Zeitungen und Zeitschriften war, bevor er ab 1879 freier Schriftsteller wurde. Mit Kurzromanen wie ›Svatý Xaverius‹ (1873, *Der heilige Xaverius*), ›Newtonův mozek‹ (1877, *Das Gehirn Newtons*) oder ›Posledni dnové lidstva‹ (1895, *Die letzten Tage der Menschheit*), in denen er für wissenschaftlichen Fortschritt und Rationalismus plädierte, wurde er zu einem der Väter der tschechischen utopisch-phantastischen Literatur. ›Das Gehirn Newtons‹ ist 1962 vollständig, 1981 gekürzt auch in dt. Sprache erschienen (*Schatten der Nacht,* Prag 1962, *Zeitschleifen,* Berlin/DDR 1981).

Arch, E. L. Siehe Payes, Rachel Cosgrove

Arenhoevel, Fritz (1886 – 1954)
Bibliografie:
Bazillus Napoleonis, München: Universal 1919

Armer, Karl Michael (1950 –   )
Deutscher Autor und Herausgeber, der auch unter dem Pseudonym Michael Lindberg veröffentlicht hat. A. ist in der Werbung tätig und veröffentlicht nur gelegentlich SF-Kurzgeschichten, vor allem sozialkritischen Inhalts, darunter ›Mit beiden Beinen fest auf der Erde‹ (1977, in Wolfgang Jeschke, Hrsg.: *Die große Uhr*), ›Es ist kein Erdbeben, Ihnen zittern nur die Knie‹ (1981, in Ronald M. Hahn, Hrsg.: *Gemischte Gefühle*), ›Die Eingeborenen des Betondschungels‹ (erschienen in Wolfgang Jeschke, Hrsg.: *Heyne Science Fiction Jahrsband 1984*) und ›Die Endlösung der Arbeitslosenfrage‹ (1987, in Wolfgang Jeschke, Hrsg.: *L wie Liquidator*). Ungeachtet seines schmalen Werkes ist er ein profilierter Autor, dessen Stories auch in andere Sprachen übersetzt wurden. Eine seiner Kurzgeschichten, ›Durch das Weltall, schubiduwah‹, erschien zuerst in den USA. Für seine Erzählung ›Umkreisungen‹ wurde A. mit dem Kurd-Laßwitz-Preis ausgezeichnet.

Bibliografie:

(Hrsg.) *Die Fußangeln der Zeit* (mit Wolfgang Jeschke), München 1984, HSFB 28
(Hrsg.) *Zielzeit* (mit Wolfgang Jeschke), München 1985, HSFB 29
(Hrsg.) *Das Leben der Erdbewohner,* Darmstadt 1986, SL 634

Bibliografie/H:
Als Michael Lindberg:
Duell der Magier, TA 83 (1973)

Arming, Jo Siehe Danner, Peter

Armstrong, John
Pseudonym eines dt. Autors.

Bibliografie/H:
Die Erde antwortet nicht, ESF 18 (1977)

Arndt, Dietrich Deutscher Autor.

Bibliografie:
Kommen wird der Tag! Die Geschichte der nächsten deutschen Befreiung, Leipzig: Th. Weicher 1921

Arold, Marliese
Deutsche Autorin. A. verfaßte die Jugendbuchserie *ZM streng geheim,* einen aus zehn Bänden bestehenden Zeitreisezyklus.

Bibliografie:
Das Geheimnis des alten Professors, Hannover: Pelikan 1983
Grabraub im Tal der Könige, Hannover: Pelikan 1983
Die Sonnenstadt von Ol-Hamar, Hannover: Pelikan 1983
Die Feuerhexe, Hannover: Pelikan 1984
Das Rätsel von Machu Picchu, Hannover: Pelikan 1984
Der Herrscher von Atlantis, Hannover: Pelikan 1984
Die Geisterhand Roms, Hannover: Pelikan 1985
Der Schatten Dschingis Khans, Hannover: Pelikan 1985
Im Land der tausend Träume, Hannover: Pelikan 1985
Todeszeichen Drachenschiff, Hannover: Pelikan 1986

Artner, Robert Siehe Miehe, Ulf

Asimov, Isaac (1920 –   )

Amerikanischer Biochemiker und Verfasser von populärwissenschaftlichen Büchern, einer der bekanntesten und am meisten vermarkteten SF-Autoren überhaupt. A. wurde in Petrowitsch, einem Vorort von Smolensk, in der UdSSR geboren. 1923 wanderten seine Eltern in die USA aus und ließen sich in New York nieder. Auf Wunsch seiner Eltern sollte er Medizin studieren, er aber zog die Chemie vor. Während seines Studiums an der Columbia University lernte er über die ›Futurian Science Literary Society‹ – einen SF-Club, den er selbst 1938 mitgegründet hatte – mehrere SF-Autoren kennen und begann auch selbst SF zu schreiben. 1939 machte er in Chemie seinen Bachelor of Arts, das Magisterexamen folgte 1941. 1948 wurde Asimov Doktor der Philosophie und später Professor für Biochemie an der Universität von Boston. Seine erste SF-Story, ›Marooned Off Vesta‹, erschien im Juli 1939 in *Amazing.* Noch im selben Jahr nahm John W. Campbell, der Herausgeber von *Astounding,* ihn unter seine Fittihe, und danach schrieb A. fast nur noch für diese Zeitschrift. Dort erschienen in rascher Folge die Stories und Romanentwürfe, die ihn berühmt machten: die ›Foundation‹-Stories, später als Trilogie in Buchform herausgebracht, seine Robotergeschichten, in denen die drei Regeln der Robotik postuliert wurden, und seine Story ›Nightfall‹ *(Astounding,* 9/41), die von vielen Fans als die beste angesehen wird, die das Genre je hervorgebracht hat. ›Nightfall‹ geht auf eine Idee von John W. Campbell jr. zurück und von der Hypothese aus, für die Bewohner eines Planeten, der sich in einem multiplen System mit mehreren Sonnen bewegt, bräche aufgrund einer totalen Sonnenfinsternis nur einmal in zwei Jahrtausenden die Nacht herein, worauf sie zum ersten Mal die Sterne sähen. 1968 wurde diese häufig anthologisierte und zitierte Geschichte von den Science Fiction Writers of America zur besten SF-Story gewählt, die vor 1965 geschrieben wurde. Die besten Robotergeschichten A.s, die fast alle während der vierziger Jahre in *Astounding* erschienen, kamen 1950 unter dem Titel I, ROBOT in Buchform heraus. Weitere Robotgeschichten sind in THE REST OF THE ROBOTS (1964) gesammelt. Die ›Foundation‹ Trilogie schließlich setzt sich aus mehreren Geschichten unterschiedlicher Länge zusammen, die zwischen 1942 und

1949 in *Astounding* publiziert und später zu den Romanen FOUNDATION (1951), FOUNDATION AND EMPIRE (1952) und SECOND FOUNDATION (1953) zusammengefaßt wurden. Dieser Klassiker berichtet von den Anstrengungen der Psychohistoriker, den voraussehbaren Niedergang eines galaktischen Imperiums zu verkürzen, was mit Hilfe von Fundationen geschieht, in denen der Mensch sich auf eine neue Kultur vorbereiten soll. 1966 gewann die ›Foundation‹-Serie einen Hugo als beste SF-Serie aller Zeiten. Weitere Romane, die das riesige Imperium der Trilogie als Hintergrund haben, sind PEBBLE IN THE SKY (1950), THE STARS LIKE DUST (1951) und THE CURRENTS OF SPACE (1952). Unter dem Pseudonym Paul French schrieb A. in den fünfziger Jahren sechs Jugendromane um den Weltraumdetektiv David ›Lucky‹ Starr. Ebenfalls kriminalistisch angehaucht waren THE CAVES OF STEEL (1953) und THE NAKED SUN (1957). Beide Romane beruhen auch teilweise auf den Robotgesetzen. Ein rasantes Zeitreisedrama ist THE END OF ETERNITY (1955). Nachdem er für die SF in den vierziger und fünfziger Jahren viel geleistet hatte, wandte er sich in den sechziger Jahren mehr dem populärwissenschaftlichen Sachbuch zu, und erst die siebziger Jahre brachten wieder so etwas wie eine Asimov-Renaissance mit dem Roman THE GODS THEMSELVES (1972), der dann auch prompt den Nebula- und Hugo-Award gewann. Zum zweihundertjährigen Geburtstag der Vereinigten Staaten legte A. die Novelle ›The Bicentennial Man‹ (in STELLAR 2) vor, die ebenfalls die beiden SF-Preise einheimste. Seine endgültige Rückkehr zur SF brachten die achtziger Jahre: Mit FOUNDATION'S EDGE (1983) setzte er den ›Foundation‹-Zyklus fort und gewann mit diesem Roman einen weiteren Hugo. Es folgten mit THE ROBOTS OF DAWN (1984) eine Fortsetzung der Roboterromane, und mit FOUNDATION AND EMPIRE (1985) schließlich die Verknüpfung der beiden Zyklen. Weiter entstanden drei Jugendbücher in Zusammenarbeit mit seiner Frau Janet sowie eine neue Kurzgeschichtensammlung. Daneben hat A., der 1987 den Nebula Grand Master Award erhielt, allein seit 1978 etwa 60 Anthologien (hauptsächlich in Zusammenarbeit mit anderen) herausgegeben. Insgesamt bewegt sich die Zahl seiner Bücher inzwischen auf die Marke 300 zu. Seine Popularität spiegelt u. a. darin wider, daß ein SF-Magazin seinen Namen trägt, ohne daß A. für den Inhalt verantwortlich ist.

Bibliografie:
Ich, der Robot (C) (I, ROBOT), Düsseldorf: Rauch 1952
Der Mann von drüben (THE CAVES OF STEEL), München: AWA 1956

Der fiebernde Planet (THE CURRENTS OF SPACE), München: Goldmann 1960, GZ 1

Sterne wie Staub (THE STARS LIKE DUST), München: Goldmann 1960, GZ 2

Radioaktiv...! (PEBBLE IN THE SKY), München: Goldmann 1960, GZ 7

Wasser für den Mars (C) (THE MARTIAN WAY), München: Goldmann 1960, GZ 8

Die nackte Sonne (THE NAKED SUN), München: AWA 1960

Geliebter Roboter (C) (EARTH IS ROOM ENOUGH), München 1966, H 3066

Unendlichkeit × 5 (C) (NINE TOMORROWS), München 1966, TTB 109

Der Tausendjahresplan (FOUNDATION), München 1966, H 3080

Der galaktische General (FOUNDATION AND EMPIRE), München 1966, H 3082

Alle Wege führen nach Trantor (SECOND FOUNDATION), München 1966, H 3084

Am Ende der Ewigkeit (THE END OF ETERNITY), München 1967, H 3088

Science Fiction-Kriminalgeschichten (C) (ASIMOV'S MYSTERIES), München 1969, H 3135

Lunatico (THE GODS THEMSELVES), Bern/München: Scherz 1972

Und Finsternis wird kommen (C) (NIGHTFALL, 1. TEIL), München 1973, TTB 207

Der Todeskanal (C) (NIGHTFALL, 2. TEIL), München 1973, TTB 209

Vergangene Zukunft (C) (NIGHTFALL, 3. TEIL), München 1973, TTB 211

Gift vom Mars (auch: *Lucky Starr*) (DAVID STARR − SPACE RANGER), München 1974, TTB 240

Flug durch die Sonne (auch: *Lucky Starr im Astroidengürtel*) (LUCKY STARR AND THE PIRATES OF THE ASTEROIDS), München 1974, TTB 242

Im Ozean der Venus (auch: *Lucky Starr auf der Venus*) (LUCKY STARR AND THE OCEANS OF VENUS), München 1974, TTB 244

Im Licht der Merkur-Sonne (auch: *Lucky Starr im Licht der Merkursonne*) (LUCKY STARR AND THE BIG SUN OF MERCURY), München 1974, TTB 246

Auf den Monden des Jupiter (auch: *Lucky Starr auf den Jupitermonden*) (LUCKY STARR AND THE MOONS OF JUPITER), München 1974, TTB 248

Die Ringe des Saturn (auch: *Lucky Starr und die Saturnringe*) (LUCKY STARR AND THE RINGS OF SATURN), München 1974, TTB 250

Wenn die Sterne verlöschen (C) (THE BEST OF I. ASIMOV, 1. TEIL), München 1975, TTB 264

Die Verschwender vom Mars (C) (THE BEST OF I. ASIMOV, 2. TEIL), München 1975, TTB 267

Das Ende der Dinosaurier (C) (BUY JUPITER AND OTHER STORIES, 1. TEIL),
München 1977, TTB 289

Landung ohne Wiederkehr (C) (BUY JUPITER AND OTHER STORIES, 2. TEIL),
München 1977, TTB 291

Der Zweihundertjährige (C) (THE BICENTENNIAL MAN), München 1978,
H 3621

(Hrsg.) *Die besten Stories von 1940* (A) (THE GREAT SF STORIES 2, 1940)
(mit Martin H. Greenberg), München 1980, P 6711

(Hrsg.) *Die besten Stories von 1941* (A) (THE GREAT SF STORIES 3, 1941)
(mit Martin H. Greenberg), München 1981, P 6713

(Hrsg.) *Die besten Stories von 1942* (A) (THE GREAT SF STORIES 4, 1942)
(mit Martin H. Greenberg), München 1981, P 6717

(Hrsg.) *Das Forschungsteam* (A) (THE HUGO WINNERS), München 1982,
HSFB 13

(Hrsg.) *Die besten Stories von 1943* (A) (THE GREAT SF STORIES 5, 1943),
München 1982, P 6724

(Hrsg.) *Die besten Stories von 1939* (A) (THE GREAT SF STORIES 1, 1939),
München 1982, P 6727

Alle Robotergeschichten (C) (THE COMPLETE ROBOT), Bergisch
Gladbach 1982, B 28101

Die Psycho-Historiker (THE FOUNDATION TRILOGY), Bergisch Gladbach
1983, B 28108

(Hrsg.) *Science Fiction-Erzählungen des 19. Jahrhunderts* (A)
(ISAAC ASIMOV PRESENTS THE BEST SCIENCE FICTION OF THE 19TH CENTURY),
München 1983, H 4022

Die phantastische Reise (FANTASTIC VOYAGE), München 1983,
G 23436

Best of Asimov (C) (THE BEST OF ISAAC ASIMOV), Bergisch Gladbach
1983, B 28113

Auf der Suche nach der Erde (FOUNDATION'S EDGE), München 1984,
H 01/6401

Das Imperium von Trantor (THE CORMENTS OF SPACE/PEBBLE IN THE SKY/
THE STARS, LIKE DUST), München 1984, G 23500

Opus 200, Band 1 (OPUS 200), Rastatt 1984, M 3658

Opus 200, Band 2 (OPUS 200), Rastatt 1984, M 3678

Wenn der Wind sich dreht (C) (THE WINDS OF CHANGE AND OTHER
STORIES), Bergisch Gladbach 1984, B 28119

(Hrsg.) *Feuerwerk der SF* (MICROCOSMIC TALES) (mit Martin H. Greenberg und Joseph Olander), München: Bertelsmann 1984

(Hrsg.) *Sternenpost, 1. Zustellung* (SPACE MAIL) (mit Martin H. Greenberg und Joseph Olander), Rastatt 1984, P 6733

(Hrsg.) *Sternenpost, 2. Zustellung* (SPACE MAIL) (mit Martin H. Greenberg und Joseph Olander), Rastatt 1984, P 6734

(Hrsg.) *Sternenpost, 3. Zustellung* (SPACE MAIL) (mit Martin H. Greenberg und Joseph Olander), Rastatt 1984, P 6735

(Hrsg.) *Fragezeichen Zukunft* (THE FUTURE IN QUESTION) (mit Martin H. Greenberg und Joseph Olander), Rastatt 1984, P 6736

(Hrsg.) *Die sieben Todsünden der Science Fiction* (THE SEVEN DEADLY SINS OF SCIENCE FICTION) (mit Charles Waugh und Joseph Olander), Rastatt 1984, PSF 6738

(Hrsg.) *Der letzte Mensch auf Erden* (THE LAST MAN ON EARTH), München 1984, H 4074

Aurora oder der Aufbruch zu den Sternen (THE ROBOTS OF DAWN), München 1985, H 01/6579

(Hrsg.) *Faszination der Science Fiction* (THE SEVEN VIRTUES OF SCIENCE FICTION) (mit Martin H. Greenberg und Joseph Olander), Bergisch Gladbach 1985, B 24068

(Hrsg.) *Computerverbrechen* (COMPUTER CRIMES AND CAPERS), Bergisch Gladbach 1985, BP 28129

(Hrsg.) *Zukünfte – nah und fern* (NEAR FUTURES AND FAR) (mit Martin H. Greenberg und Charles G. Waugh), München 1985, H 4215

Das galaktische Imperium (FOUNDATION AND EMPIRE), München 1986, H 01/6607

(Hrsg.) *Utopia der Detektive* (THE 13 CRIMES OF SCIENCE FICTION), Bergisch Gladbach 1986, B 23057

(Hrsg.) *Spekulationen* (SPECULATIONS) (mit Alice Laurance), München 1986, H 4274

(Hrsg.) *Die Wunder der Welt* (ASIMOV'S WONDERS OF THE WORLD), München 1986, H 4332

Die Rückkehr zur Erde (FOUNDATION AND EARTH), München 1987, H 01/6861

Sekundärliteratur:

Isaac Asimov über Science Fiction (ASIMOV ON SCIENCE FICTION), Bergisch Gladbach 1984, B 24048

Askon, Tom (1951 –   )

Pseudonym für Klaus Diedrich, geb. in Biberach/Riss, der unter anderen Pseudonymen auch mehrere Westernhefte veröffentlichte und Mitarbeiter der *Science Fiction Times* war.

Bibliografie/H:
Der Mann aus dem Transmitter, Ge 41 (1977)

Als H. P. Howard
(mit Ronald M. Hahn und Horst Pukallus):
Sternenjäger im Kosmos, Ge 2 (1976)

Asprin, Robert (Lynn) (1946 –   )
A. wurde in St. Johns/Michigan geboren und debütierte 1977 mit dem Roman THE COLD CASH WAR, der den Privatkrieg zwischen multinationalen Konzernen zum Thema hat. Da der Konflikt in der Dritten Welt stattfindet, schenkt ihm niemand besondere Aufmerksamkeit, bis sich die Japaner einmischen. Am Ende übernehmen die Konzerne, nachdem sie die Nationalarmeen aufgerieben haben, nun auch offiziell die Macht.

Es folgten zwei Space Operas, THE BUG WARS und TAMBU (1979), beide nicht besonders herausragend. Ein weiterer Roman, MIRROR FRIEND, MIRROR FOE, entstand in Zusammenarbeit mit George Takei, dem Darsteller des Mr. Sulu in STAR TREK, und handelt von Ninjas im Weltraum. A., der jahrelang als Buchhalter für einen Elektronikkonzern tätig war, verarbeitet in seinen Romanen oft satirische Momente, die auf seine diesbezüglichen Erfahrungen zurückgehen. Seinen größten Erfolg hatte er zweifellos mit den Fantasyprojekten MYTHWORLD und THIEVES' WORLD (seit 1979 sechs bzw. neun Bände), wobei er mit dem letzteren Werk das Konzept der ›Shared World‹-Anthologien populär gemacht hat. Nach einer langen Pause im SF-Bereich hat A. jetzt wieder mehrere kürzere Texte vorgelegt und konzentriert sich weiterhin auf Fantasyarbeiten nach dem ›Shared World‹-Prinzip.

Bibliografie:
Der Weltkriegskonzern (THE COLD CASH WAR), Bergisch Gladbach 1979, B 22008
Die Käfer-Kriege (THE BUG WARS), Bergisch Gladbach 1980, B 22027

Atlas, Martin (1878 – ?)

Bibliografie:
Die Befreiung, Berlin: Dümmler 1910

Attanasio, A. A. (1951 –   )

A. ist ein amerikanischer Autor und wurde in Newark, New Jersey, geboren. Er studierte auf der University of Pennsylvania (BA in Literatur 1973), der Columbia University (Master of Fine Arts in Schreibkunst 1975) und der New York University (MA in Literatur 1976). Mit dem Schreiben begann er schon als Jugendlicher, wobei es sich um eine Reihe von experimentellen Stories handelte, die in Underground-Zeitschriften, darunter auch in A.s eigenem Blatt *Tamlacht* erschienen. Zur SF fand er durch den damaligen *Analog*-Redakteur John W. Campbell, der ihm riet, seine experimentellen Ideen in dieses Genre einzubringen. (A. lernte C. durch Vermittlung seiner Tante kennen, die im gleichen Häkelclub wie Mrs. Campbell aktiv war.) Inzwischen hat A. die Romane RADIX (1981), IN OTHER WORLDS (1983) und ARC OF THE DREAM (1986) sowie die Kurzgeschichtensammlung BEASTMARKS (1985) veröffentlicht. Aus diesen Publikationen ragt der Erstling RADIX heraus, ein voluminöses Werk mit einem detailliert ausgeformten, komplexen Hintergrund, basierend auf der Annahme einer künftigen Erde, die der genverändernden Strahlung eines Schwarzen Loches ausgesetzt ist und zu einem bizarren Ort wird, in dem sich menschliche Mutanten, mutierte Tierrassen sowie fremde Geistwesen neben letzten Menschenstämmen tummeln. A. lebt heute in Honolulu auf Hawaii.

Bibliografie:

Radix (RADIX), Bergisch Gladbach 1984, B 24059

Atwood, Margaret (1939 –   )

Geboren in Ottawa. A. ist wohl die prominenteste Autorin der kanadischen Gegenwartsliteratur. Die Dystopie THE HANOMAID'S TALE (1986), die das Schicksal der rechtlosen Frau in einer patriarchalischen Gesellschaft der Zukunft schildert, ist ein feministischer Roman, der an Joanna Russ und Suzette Haden Elgin erinnert, und ihr erster Ausflug in die SF.

Bibliografie:

Der Report der Magd (THE HANDMAID'S TALE), Düsseldorf: Claassen 1987

Aue, Walter (1930–)
Deutscher Autor, Herausgeber und Rundfunkmitarbeiter, geboren in Schönbach/ČSSR. A. veröffentlicht seit 1963 Gedichtbände und Romane, trat aber vor allem als Autor zahlreicher Hörspiele in Erscheinung.

Bibliografie:
(Hrsg.) *Science & Fiction*, Darmstadt: Joseph Melzer 1971

Augenrieth, Otto

Bibliografie:
Die drei kommenden Kriege, Naumburg: Tancre 1920
Bismarck II., München: Heimatland 1921

Avallone, Michael (Angelo) (1924–)
Amerikanischer Autor, geboren in New York, der unter diversen Pseudonymen (Ed Noon, Troy Conway, Sidney Stuart) in zahlreichen Genres eher seichte Unterhaltung publiziert. Er novellisierte u.a. Drehbücher der TV-Serie ›The Man from U.N.C.L.E.‹ sowie der Filmserie ›Planet of the Apes‹.

Bibliografie:
Rückkehr zum Planet der Affen (BENEATH THE PLANET OF THE APES), München 1971, H 3225

Babbitt, Natalie

Amerikanische Autorin. Erhielt für TUCK EVERLASTING (1975) die Janusz-Korczak-Medaille.

Bibliografie:
Die Unsterblichen (TUCK EVERLASTING), Würzburg: Arena 1984

Bach, Hans (1940–)

DDR-Autor, geboren in Berlin. B. legte nach einem beruflichen Nomadenleben ein externes Abitur ab und studierte an der Humboldt-Universität in Berlin Psychologie. Anschließend war er zehn Jahre lang im Gesundheitsministerium der DDR tätig, bevor er sich entschloß, freischaffender Autor zu werden.

Bibliografie:
Sternenjäger (C), Berlin/DDR: Das Neue Berlin 1982
Sterndroge Tyrsoleen, Berlin/DDR: Das Neue Berlin 1983
Wandelsterne (C), Berlin/DDR: Das Neue Berlin 1984
Germelshausen 0.00 Uhr, Berlin/DDR: Das Neue Berlin 1985

Bachmann, Richard Siehe King, Stephen

Bachnow, Wladlen (1924–)

Der russische Schriftsteller B. (Vladlen Bachnov) ist Absolvent des Gorki-Literaturinstituts in Moskau und veröffentlicht seit 1946. Er verfaßt Gedichtbände, Bühnen- und Filmkomödien und wandte sich 1970 verstärkt der Science Fiction zu. B.s SF ist zumeist in der Nähe der humoristischen Groteske angesiedelt. Einige seiner Erzählungen erschienen in deutscher Übersetzung in der DDR.

Bacon, (Sir) Francis (1561–1626)

Englischer Politiker und Autor, geboren in London, der es bis zum Lord High Chancellor brachte, dann aber in einen Bestechungsskandal verwickelt wurde, zurücktreten mußte und sich fortan seinen philosophischen und literarischen Interessen widmete. In der 1627 (in SYLVA SYLVARUM) erschienenen Utopie NOVA ATLANTIS propa-

giert B. Technik und Naturwissenschaften am Beispiel eines Insel-
staates, dessen Bewohner sogar über Raketen, U-Boote und ein Perpetuum mobile verfügen. Unter den klassischen Staatsutopien ist
NOVA ATLANTIS noch am ehesten vage mit der später aufkommenden
SF verwandt.

Bibliografie:
Neu-Atlantis (NOVA ATLANTIS), Berlin: Puttkamer & Mühlbrecht 1890

Bade, Wilfried (1906 – 1945)

Bibliografie:
Gloria über der Welt, Berlin: Ullstein 1937

Baen, James

Amerikanischer Magazinredakteur (*Galaxy,* in der Spätphase), Lektor und Verleger (Baen Books).

Bibliografie:
(Hrsg.) *Science Fiction Stories 73* (THE BEST FROM GALAXY), Frankfurt am
Main/Berlin/Wien 1978, U 3515

Baerwald, Richard (1867 – 1929)

Bibliografie:
*Ladokkas Malstrom. Vision des Weges, der uns zu den Vereinigten
Staaten von Europa führen wird,* Buchenbach: Felsen 1923

Baeurle, Philippine Demuth

Bibliografie:
Reisen in den Mond, in mehrere Sterne und in die Sonne, Heil-
bronn: Landherr 1846 (anonym)
Neue Reisen in den Mond, die Planeten, Sonne und andere Sterne,
Ulm: Ebner 1852 (anonym)

Bagemühl, Arthur

Bibliografie:
Das Weltraumschiff, Berlin/DDR: Altberliner Verlag 1952

Bahrdt, Karl Friedrich (1741–1792)

Bibliografie:
Zamor oder Der Mann aus dem Monde, Berlin: Mylius 1787

Bailey, Hilary (1937–)

Englische Autorin und Herausgeberin, von 1962–1978 mit dem SF-Autor Michael Moorcock verheiratet. Sie schrieb etwa ein Dutzend SF-Stories, gab die *New Worlds*-Anthologien 7–10 heraus und veröffentlichte Romane außerhalb der SF.

Baker, Scott (1947–)

Amerikanischer Autor, der in Paris lebt. Sein erster SF-Roman erschien 1978 unter dem Titel SYMBIOTE'S CROWN, gefolgt von NIGHT-CHILD (1979) und DRINK THE FIRE FROM THE FLAME (1980).

Balchin, Nigel (Martin) (1908–1970)

Englischer Autor, Militärwissenschaftler und Unternehmer, der mit KINGS OF INFINITE SPACE (1967) seinen einzigen SF-Roman schrieb, in dem er über amerikanische Weltraumprogramme fabulierte, sich damit aber wenig Ruhmeslorbeer an seinen Bowler heften konnte.

Bibliografie:
Könige des Weltraums (KINGS OF INFINITE SPACE), Zürich: Müller 1969

Baldwin, Freddy J.

Pseudonym eines dt. Autors.

Bibliografie/H:
Blaue Riesensonne Tangali, UG 158 (1961)

Ball, Brian N(eville) (1932–)

Der englische Lehrer und freiberufliche Autor unternimmt seit 1964 Ausflüge in die Science Fiction. Zunächst stellte er die für Jugendliche gedachte Anthologie TALES OF SCIENCE FICTION (1964) zusammen, dann schrieb er den Roman SUNDOG (1965). Es folgten weitere sieben SF-Romane, darunter eine Nacherzählung aus der Fernsehserie SPACE: 1999 (bei uns: *Mondbasis Alpha*). Sein Einfluß auf das Genre hält sich in engen Grenzen.

Bibliografie:

Im Zeitbrennpunkt (TIMEPIECE), München 1970, GWTB 0117
Blockade (SUNDOG), Frankfurt am Main 1972, FO 6
Die Nacht der Roboter (THE NIGHT OF THE ROBOTS), München 1973, GWTB 0164
Zeitpunkt Null (TIMEPIT), München 1974, GWTB 0169
Erstarrt in der Zeit (SINGULARITY STATION), München 1975, GWTB 0206

Ball, Kurt Herwarth (1903 – 1977)

Pseudonym des DDR-Autors Joachim Dreetz, geboren in Berlin, der zeitweise Landwirt, Arbeiter in einer Holzteerfabrik und Heizer in einem Berliner Wohnblock war. Nach dem Krieg zunächst als Hilfsarbeiter in einer Leipziger Eisengießerei tätig, wandte er sich schließlich dem Journalismus und der Literatur zu. B. war u.a. Redakteur der Leipziger *Nationalzeitung*. In der SF trat er insofern in Erscheinung, als er Lothar Weise bei dessen ersten Gehversuchen im Genre unterstützte und an den ersten Weise-Texten mitarbeitete.

Bibliografie:

Atomfeuer über dem Pazifik (mit Lothar Weise), Berlin/DDR: Neues Leben 1959

Bibliografie/H:

Alarm auf Station Einstein (mit Lothar Weise), DNA 119/120 (1957)
Signale von der Venus (mit Lothar Weise), DNA 134 (1957)
Brand im Mondobservatorium (mit Lothar Weise), DNA 161 (1959)
Im Eis des Kometen (mit Lothar Weise), DNA 270 (1968)

Ballard, J(ames) G(raham) (1930 –)

J. G. Ballard wurde als Sohn eines englischen Geschäftsmannes in Schanghai geboren. Während des Zweiten Weltkrieges war seine Familie drei Jahre in japanischen Lagern interniert, ehe sie 1946 nach England zurückkehren konnte. Dort ging B. zur Schule und begann in Cambridge Medizin zu studieren, ein Unterfangen, das er nach zwei Jahren wieder aufgab, um sich der Schriftstellerei zu widmen. Bevor er hauptberuflich Schriftsteller wurde, war er Flieger bei der R.A.F., Skriptschreiber für eine wissenschaftliche Filmgesellschaft und Copywriter an der Londoner Oper Covent Garden. Seinen ersten Schreibversuchen, die dem Gewinn eines Kurzgeschichtenwettbewerbs im Jahre 1951 folgten, war kein Erfolg beschieden. Erst als er sich der SF zuwandte, konnte er seine Kurzgeschichten verkaufen. ›Prima Belladonna‹ und ›Escapement‹ erschienen beide im Dezember 1956 in *Science Fantasy* bzw. *New Worlds*. In den nächsten Jahren kristallisierte sich heraus, daß mit B., dessen erste Geschichten ausschließlich in den genannten englischen Magazinen publiziert wurden, ein großes Talent aufgetreten war. Seine Prosa unterschied sich wohltuend von der anderer SF-Autoren. Er entwickelte einen völlig eigenen Stil, und Mitte der sechziger Jahre war er bereits einer der bekanntesten britischen SF-Autoren. Sein Name war Ende der sechziger Jahre eng mit der ›New Wave‹ in der SF verknüpft. Viele seiner umstrittenen Beiträge erschienen seinerzeit im SF-Avantgarde-Magazin *New Worlds,* dem wichtigsten Organ der ›New Wave‹. In *Ambit,* einem weiteren Literaturmagazin, veröffentlichte er experimentelle Texte, so ›The Assassination of John Fitzgerald Kennedy Considered As a Downhill Motor Race‹ (1966), die den amerikanischen Botschafter in England auf den Plan rief. Ein weiterer Skandal bahnte sich an, nachdem er Redakteur von *Ambit* geworden war und seine Autoren aufrief, Texte einzureichen, die unter der Einwirkung halluzinogener Drogen entstanden waren. Auch in den siebziger Jahren lieferten seine Romane und Stories eine Menge Sprengstoff. Von vielen konservativen SF-Anhängern angefeindet, von der Kritik indes hoch gelobt, konnte B. seinen Ruf als einer der wichtigsten zeitgenössischen Schriftsteller Englands weiter ausbauen. Sein Werk umfaßt bis heute zehn Romane und knapp 100 Kurzgeschichten. Die vier frühen Romane entstanden in den sechziger Jahren. Es sind Katastrophenromane, die auf der englischen Tradition in diesem Bereich aufbauen und die vier Urelemente Erde, Feuer, Wasser und Luft behandeln. Von ihnen fällt THE WIND FROM NOWHERE (1962), Ballards Erstling, qualitätsmäßig stark ab. Die anderen drei, THE DROWNED WORLD (1962), THE DROUGHT (1964) und THE CRYSTAL WORLD (1966) sind mit herkömmlichen Katastrophenromanen nicht vergleichbar. Äußere Katastrophen wirken sich auf die Psyche von B.s Helden (in fast allen Büchern nur ein wichtiger Protagonist) aus und verändern sie. Dabei stehen die drei Romane sinnbildlich für Vergangenheit, Zukunft und Gegenwart, ausgedrückt durch die Metaphern Wasser, Sand und Diamant. Bei den Romanen aus den siebziger Jahren, CRASH (1973), CONCRETE ISLAND (1974) und HIGH RISE (1975), stehen ebenfalls Katastrophen im Mittelpunkt, hier allerdings psychologische Desaster. B.s Maßstab ist kleiner geworden, er beschreibt urbane Alpträume wie Autounfälle, eine Robinsonade in Beton zwischen drei Autobahnzubringern und die langsam der Barbarei anheimfallenden Bewohner eines vierzigstöckigen Appartementhauses. Wichtiger noch als B.s Romane sind seine Stories. Unter ihnen sind eine Anzahl hervorragender Erzählungen. In dieser Hinsicht läßt sich sein Schaffen in drei Phasen einteilen: Die erste, von 1956–1964, umfaßt ca. 50 Stories, die eher den Vorstellungen von SF entsprechen als spätere Werke. Ihr Hauptthema ist die Isolierung der Protagonisten, physischer und psychischer Zerfall des Helden, der gegen ein unbezwingbares Universum ankämpft oder sich resignierend treiben läßt. Ohne auf Raumfahrt zurückzugreifen, behandelt er in ›Built-Up‹ und ›Billennium‹ die Dimension des Raumes. ›Chronopolis‹, ›Time of Passage‹ und ›The Voices of Time‹ sind Zeit-Geschichten. Letztere, eine äußerst dicht geschriebene Novelle, enthält sämtliche Höhepunkte von Ballards Prosa. 1964 deutet sich mit ›The Terminal Beach‹ ein Übergang an. Ballard gibt bei dieser Story die lineare Schreibweise auf und führt ein simultanes Auftreten der Ereignisse ein. In der zweiten Phase widmet er sich verstärkt dem ›Inner Space‹, der für die ›New Wave‹ zu einem Schlagwort wurde, mit dem man sich von der herkömmlichen SF und ihren Raumfahrtgeschichten abzugrenzen versuchte. Mehr aber noch als die psychedelisch bunten Stories aus VERMILION SANDS (1971), die ein dekadent lethargisches, imaginäres Palm Springs schildern, wurden gegen Ende der sechziger Jahre die provokativen ›condensed novels‹, gesammelt in THE ATROCITY EXHIBITION (1970), zu seinem Markenzeichen. Diese Kurzgeschichten sind B.s Antwort auf Gewalt, Chaos und Paranoia in den USA der sechziger Jahre. Die dritte Phase umfaßt bislang nur wenige Geschichten. Sie sind in der Sammlung LOW FLYING AIRCRAFT (1976) vereint. Ein dominierendes Thema hier sind die Luxusgüter und Fetische unserer Gesellschaft, ähnlich wie in CRASH, wo er das Automobil in psychosexuelle Visionen einwob. Viele seiner Kurzgeschichten wurden in Collections nachgedruckt oder erschienen dort original. Die wichtigsten sind THE FOUR-DIMENSIONAL NIGHTMARE (1963), THE TERMINAL BEACH (1964), THE DISASTER AREA (1967) und vor allem: THE BEST SCIENCE FICTION OF J. G. BALLARD (1977). B. ist zweifellos zu den besten Autoren in der SF zu zählen. Sein Stil ist bemerkenswert ausdrucksstark. Im Hinblick auf Stil und atmosphärische Dichte hat man ihn oft mit Joseph Conrad verglichen. In den letzten Jahren veröffentlichte er neben den Storysammlungen THE VENUS HUNTERS (1980) und MYTHS OF THE NEAR FUTURE (1982) mit HELLO AMERICA (1981) einen neuen Roman, in dem er sich über die amerikanische Kultur lustig macht: Erstmals nach langer Zeit erhält das entvölkerte und vergessene Amerika wieder Besuch von einer europäischen Expedition, deren Mitglieder die verbliebenen Relikte der amerikanischen Zivilisation bestaunen. EMPIRE OF THE SUN (1984), ein autobiografisch gefärbter Non-SF-Roman über B.s Erfahrungen während der Internierung in Japan, katapultierte den Kultautor dann unversehens in ganz andere Auflagenziffern: Der Roman wurde weltweit ein Bestseller und von Steven Spielberg zur Verfilmung angekauft.

Bibliografie:

Der Sturm aus dem Nichts (THE WIND FROM NOWHERE), München 1964, H 3028

Welt in Flammen (THE BURNING WORLD, US-Titel), München 1968, H 3114 (auch: *Die Dürre*)

Kristallwelt (THE CRYSTAL WORLD), Düsseldorf: MvS 1969

Karneval der Alligatoren (THE DROWNED WORLD), Düsseldorf: MvS 1970

Liebe & Napalm = Export USA (C) (THE ATROCITY EXHIBITION), Frankfurt am Main: Melzer 1970 (auch: *Die Schreckensgalerie*)

Der unmögliche Mensch (C) (THE IMPOSSIBLE MAN), Düsseldorf: MvS 1971

Die tausend Träume von Stellavista (C) (VERMILION SANDS), Düsseldorf: MvS 1972

Der vierdimensionale Alptraum (C) (THE FOUR-DIMENSIONAL NIGHTMARE), Düsseldorf: MvS 1973

Die Betoninsel (CONCRETE ISLAND), München 1981, H 3803

Der ewige Tag (THE DAY OF FOREVER), Frankfurt am Main 1981, st 727

Der Block (HIGH RISE), München 1982, H 3855

Freiflüge (THE UNLIMITED DREAM COMPANY), Frankfurt am Main: Robinson 1982 (auch: *Traum GmbH*)

Billenium (C) (THE TERMINAL BEACH), Frankfurt am Main 1982, st 896

Das Katastrophengebiet (C) (THE DISASTER AREA), Frankfurt am Main 1983, st 924

Der tote Astronaut (C) (LOW FLYING AIRCRAFT), Frankfurt am Main 1983, st 940

Hallo Amerika! (HELLO AMERICA!), Frankfurt am Main 1984, st 895
Die Zeitgräber und andere phantastische Erzählungen (C) (THE VENUS HUNTERS), Frankfurt am Main 1984, st 1082
Crash (CRASH), Linkenheim: Edition Phantasia 1985
Mythen der nahen Zukunft (C) (MYTHS OF THE NEAR FUTURE), Frankfurt am Main 1985, st 1167

Balmer, Edwin (1883–1959)

Amerikanischer Autor und Redakteur. Nach einer Ingenieursausbildung betätigte er sich als Autor in einer Reihe von Unterhaltungsgenres. In der SF wurde er vor allem durch seine Zusammenarbeit mit Philip Wylie bekannt, der die Romane WHEN WORLDS COLLIDE (1933) und AFTER WORLDS COLLIDE (1934) entsprangen. Ein eigener Beitrag zum Genre ist THE FLYING DEATH (1927). Einige gemeinsam mit seinem Schwager William MacHarg verfaßte und schon 1910 veröffentlichte Detektivgeschichten mit utopischen Elementen wurden in Gernsbacks Magazin *Amazing Stories* nachgedruckt.

Bibliografie:

Wenn Welten zusammenstoßen (WHEN WORLDS COLLIDE) (mit Philip Wylie), Berlin: Gebr. Weiß 1959
Auf dem neuen Planeten (AFTER WORLDS COLLIDE) (mit Philip Wylie), Berlin: Gebr. Weiß 1960

Bambeck, Jörn J. (1942–)

Promovierter Psychologe, Psychotherapeut und Autor. Neben etlichen Kurzgeschichten veröffentlichte er ›Romeo und Julia‹ (1975, in Wolfgang Jeschke, Hrsg.: *Science Fiction Story Reader 5*), ›Das Schachspiel‹ (1980, in Wolfgang Jeschke, Hrsg.: *Science Fiction Story Reader 14*), ›Jour Fix‹ (1981, in Wolfgang Jeschke, Hrsg.: *Science Fiction Story Reader 16*). Ein Teil seiner Erzählungen sind in seiner Collection *Innenwelten* zusammengefaßt.

Bibliografie:

Innenwelten (C), München 1983, H 4032

Banister, Manly (Miles) (1914–   )

Der Amerikaner B. publizierte seine erste Erzählung 1939. Er war hauptsächlich als Texter für die Werbung, aber auch als Verfasser von Skripts für den Rundfunk tätig. Er publizierte in *Weird Tales, Beyond, Galaxy* und *Amazing.* Während des Zweiten Weltkriegs diente er bei der US-Marine im Pazifik. Neben CONQUEST OF EARTH (1957) wurde sein bekanntester Roman MAGNANTHROPUS (1961): Zwei Dimensionen überlappen einander, und als Folge davon verschmelzen die Erde und der Planet Eloraspon zu einer neuen Welt.

Bibliografie/H:

Wenn Welten sich begegnen (MAGNANTHROPUS), T 424 (1965)

Barbet, Pierre (1925–   )

Pierre Barbet ist das Pseudonym des französischen Schriftstellers und Doktors der Pharmazie Claude Avice. 1962 begann er für die SF-Reihe *Le Rayon Fantastique* (VERS UN AVENIR PERDU) zu schreiben. Heute gehört er zu jenem kleinen Trupp französischsprachiger SF-Autoren, die auch gelegentlich in den USA veröffentlicht werden. Seit 1966 sind in der Reihe *Anticipation* bei Fleuve Noir mehr als 35 seiner Romane erschienen. Barbet startete 1972 eine Agentenserie bei Albin Michel unter dem Pseudonym Olivier Sprigel, publizierte in der Phantastik-Reihe *Le Masque* und wurde ebenso bekannt als Verfasser zahlreicher Mysteries in Magazinen wie *Mystère, Espionnage, Horizons du Fantastique* und *Fiction Special.* Er liebt ›straight SF‹ und gehört zu den wenigen SF-Autoren Frankreichs, die sich auch der Heroic Fantasy zugewandt haben. Er war eines der ersten europäischen Mitglieder der Science Fiction Writers of America und betätigt sich aktiv in der internationalen SF-Autorenvereinigung World SF. B.s Bücher sind bisher in den USA, Polen, Ungarn und Brasilien erscheinen. Seine Hauptwerke: EVOLUTION MAGNETIQUE (1968), LES GROGNARDS D'ERIDAN (1970), LIANE DE NOLDAZ (1973), VENUSINE (1976) und das unter Pseudonym erschienene LENDEMAINS INCERTAINS, ein soziologischer SF-Roman (1978).

Barbree, Jay
Siehe Anhang SERIEN: *Der Sechs-Millionen-Dollar-Mann*

Barclay, Alan
Englischer Autor von drei Romanen der Kategorie leichte Unterhaltung, die der SF oder Fantasy zuzurechnen sind. OF EARTH AND FIRE (1974), ein dumpfes Epos über den Kampf irdischer Raumsoldaten gegen fremde Bedroher, war sein erstes Werk.

Bibliografie:

Die Raumsoldaten (OF EARTH AND FIRE), Bergisch Gladbach 1974, B 21061

Barjavel, René (1911 – 1985)
B. begann während des Zweiten Weltkriegs zu schreiben und veröffentlichte 1943 mit RAVAGE seinen ersten Roman: eine Weltuntergangsvision; nach Ende eines verheerenden Krieges existiert in Frankreich nur noch eine bäuerliche Kultur. Bevor die Amerikaner (ähnlich wie in der Bundesrepublik) zu Beginn der fünfziger Jahre den französischen Markt mit ihrer SF überschwemmten, galt er als einer der wirklich großen Autoren des Genres. Zwischen 1943 und 1948 publizierte er LE VOYAGEUR IMPRUDENT (1944), einen Zeitreiseroman, und LE DIABLE L'EMPORTE (1948), ein Buch über einen Krieg mit derart schrecklichen Waffen, daß auf der Erde sämtliches Leben vernichtet wird und nur ein ins All geschossenes Pärchen überlebt. B. zog sich dann aus der SF-Szene völlig zurück, verfaßte eine Reihe anderer Romane und Erzählungen und kehrte dann mit COLOMB DE LA LUNE (1962) wieder zurück. In seinem ausgezeichneten Werk LA NUIT DES TEMPS (1968) geht es um die Entdeckung zweier Überlebender einer seit 900 000 Jahren ausgestorbenen Kultur. Sie haben eingefroren im Eis der Antarktis eine Katastrophe überlebt. Da Elea, der weibliche Partner, über eine offensichtlich robustere körperliche Konstitution verfügt, weckt man sie allein. Sie berichtet von ihrem früheren Leben auf der Erde, entwickelt jedoch Haßgefühle gegen die Wissenschaftler, da man sie von ihrem Geliebten getrennt hält, und vergiftet sich schließlich, ohne zu ahnen, daß sie damit auch den Tod ihres Partners herbeiführt, da man ihm eine Transfusion ihres Blutes verabreicht. 1973 erschien LE GRAND SECRET: Ein indischer Wissenschaftler findet eine Unsterblichkeitsdroge. Nur die Staatschefs der Großmächte werden davon unterrichtet, weil eine allge-

meine Verbreitung zu einer unbeschreiblichen Bevölkerungsexplosion führen würde. Doch die Geheimhaltung versagt, die Katastrophe droht. Nur noch ein radikales Mittel kann sie verhindern: die Vernichtung der Droge, aller Unterlagen und all jener, die von der Droge genommen haben.

Bibliografie:

Sintflut der Atome (LE DIABLE D'EMPORTE), Berlin: Gebr. Weiß 1953
Das große Geheimnis (LE GRAND SECRET), München 1975, H 3437
Elea (LA NUIT DES TEMPS), Bremen: Schünemann 1969
Eine Arche für morgen (UNE ROSE AU PARADIS), Wien: Zsolnay 1983

Barmeyer, Eike (1939–   )

Deutscher Autor, Fernsehjournalist und Filmemacher, geboren in Bielefeld. Nach einem Studium der Philosophie, Germanistik und Psychologie in München (wo er auch heute lebt) promovierte er 1967 in Philosophie. Nachdem er schon während des Studiums als Journalist tätig geworden war, wandte er sich Anfang der siebziger Jahre dem Schreiben von Drehbüchern und später dem Gestalten eigener TV-Features zu. Er verfaßte zwei Drehbücher zu Kinofilmen sowie Drehbücher zu TV-Serien wie ›Lokalseite‹ und ›Onkel Bräsig‹ (letztere nach Fritz Reuter). Sein SF-Hörspiel ›Du hast die Wahl, Junge‹ wurde 1986 urgesendet. In letzter Zeit drehte er vor allem Dokumentarsendungen über Kinder und Jugendliche. B. begann sich bereits als Jugendlicher für SF zu interessieren und gab 1972 die Essaysammlung *Science Fiction – Theorie und Geschichte* heraus. Bislang verfaßte er vier SF-Stories, darunter ›Brainstorming‹ (erschienen in Görden, Michael & Kubiak, Michael, Hrsg.: *Brainstorming und andere ausgezeichnete Stories,* 1984), die 1983 mit dem vom Bastei-Lübbe Verlag ausgeschriebenen Robert-Sheckley-Preis ausgezeichnet wurde.

Sekundärliteratur:

(Hrsg.) *Science Fiction – Theorie und Geschichte,* München: Fink 1972

Barnes, Arthur K(elvin) (1911–1969)

B. wurde in Bellingham/Massachusetts geboren, studierte an der University of California in Los Angeles, der Stadt, in deren Umgebung er den größten Teil seines Lebens verbrachte. Er war (wie auch sein Kollege Alan E. Nourse) Mitglied der Phi Beta Kappa-Bruderschaft, einer Vereinigung von Akademikern, die mit besonders guten Noten graduiert hatten, schrieb in allen Genres (einschließlich Horror, Crime und Abenteuer) und verkaufte 1931 seine erste SF-Story, LORD OF LIGHTNING, an Hugo Gernsbacks *Wonder Stories*. Am beliebtesten bei den Lesern waren seine Geschichten um Gerry Carlyle, die zwischen 1937 und 1954 in *Thrilling Wonder Stories* und *Fantastic Story Magazine* erschienen und 1956 in dem Buch INTERPLANETARY HUNTER gesammelt wurden. Die Abenteuer des Zoologen-Teams, das auf fremden Planeten nach exotischen Tieren für irdische Tierparks suchte, erschienen auch in deutscher Sprache.

Bibliografie/H:

Jagd im Weltall (INTERPLANETARY HUNTER, Teil 1), UZ 106 (1957)
Jenseits des Mondes (INTERPLANETARY HUNTER, Teil 2), UZ 107 (1957)
Almussens Komet (INTERPLANETARY HUNTER, Teil 3), UZ 111 (1958)

Barnes, Steven (Emory) (1952 –   )

Amerikanischer Autor, geboren in Los Angeles, wo er auch studierte. B., der hauptberuflich für Film und Fernsehen tätig ist (er schrieb u. a. eine Reihe von Fernsehspielen, etwa nach Pipers LITTLE FUZZY oder Lems ›Der Test‹, sowie Drehbücher für ›The Twilight Zone‹), hat seit 1974 einige wenige Stories sowie die SF-Romane DREAM PARK (mit Larry Niven, 1981), THE DESCENT OF ANASI (mit Larry Niven, 1982) und STREETLETHAL (1983) und THE KUNDALINI EQUATION (1986) veröffentlicht. Bekannt wurde er durch die erwähnten Co-Produktionen mit Bestsellerautor Niven. Der SF-Thriller STREETLETHAL schildert ein erdbebenzerstörtes Los Angeles, das zum Slumghetto der Kriminellen und Ausgestoßenen wurde. B. hat auch Theaterstücke verfaßt sowie Artikel (er schreibt regelmäßig über Kung-Fu in *Black Belt*) und ein Buch über fernöstliche Kampfsportarten veröffentlicht.

Bibliografie:

Traumpark (DREAMPARK) (mit Larry Niven), Bergisch Gladbach 1984
Die Landung der Anasi (THE DESCENT OF ANASI) (mit Larry Niven), Bergisch Gladbach 1986, B 24079

Barr, Tyrone C.

Englischer Autor. SPLIT WORLDS (1959), seine zum Glück einzige Veröffentlichung im Genre, schildert das Schicksal von vierzehn Besatzungsmitgliedern einer Raumstation, die als einzige Menschen die Vernichtung der menschlichen Rasse überleben und sich nun um Wiederaufforstung zu kümmern haben.

Bibliografie/H:
Abschied von der Erde (SPLIT WORLDS), UG 172 (1962)

Barran, R.
Pseudonym eines dt. Autors.

Bibliografie:
Im Jahre 2100, Mannheim: Helena 1956

Barrett, William E(dmund) (1900 – 1986)
Amerikanischer Autor, geboren in New York, gestorben in Denver. B. schrieb u.a. für *Weird Tales.* Sein erster SF-Roman erschien 1939 unter dem Titel FLIGHT FROM YOUTH, gefolgt von THE EDGE OF THINGS (1960) und THE FOOLS OF TIME (1963). Letzterer behandelt das Thema Unsterblichkeit und ist mitnichten ein Glanzlicht des Genres.

Bibliografie:
Serum 223 (THE FOOLS OF TIME), Freiburg: Herder 1964

Bartel, Hermann Deutscher Autor.

Bibliografie:
Der weiße Elefant, Bad Harzburg: Röttger 1950

Bartels, P.
Siehe Anhang SERIEN: *Zeitkugel*

Barth, J. Österreichischer Autor.

Bibliografie:
Die Wahnsinnswiese, Wien: Selbstverlag 1950

Barton, Erle Siehe Fanthorpe, R. L.

Baruch-Lean, W.
Pseudonym eines dt. Autors.

Bibliografie:

Die Formel X, Osnabrück: Möve 1954

Bibliografie/H:

Der Diktator von Hamburg, UZ 240 (1960)

Basil, Otto (1901 – 1983)

Der österreichische Autor wurde in Wien geboren und studierte Germanistik und Paläontologie. Seit 1920 veröffentlichte er Lyrik, übersetzte und schrieb Essays. Zwischen den beiden Kriegen war er zeitweise als Barpianist, Sprachlehrer, Verlagslektor, Journalist und Industrieangestellter tätig. 1937 begründete Basil die avantgardistische Kunstzeitschrift *Plan,* die nach dem Einmarsch der nazideutschen Truppen verboten wurde. B. wurde wegen ›Verspottung des Führers‹ von der Gestapo verhört und arbeitete mit Beginn des Krieges als dienstverpflichteter Übersetzer und kaufmännischer Angestellter in der Schwerindustrie. Er schloß sich der österreichischen Untergrundbewegung an. Nach dem Kriege war er Verlagsleiter und Dramaturg, gab einige Jahre erneut den *Plan* heraus und arbeitete anschließend als Kritiker bei einer Wiener Tageszeitung. Er schrieb u.a. verschiedene Biografien, die in Buchform oder als Rundfunksendungen herauskamen. 1965 erhielt B. den Preis der Stadt Wien für Publizistik. Mit dem Roman *Wenn das der Führer wüßte* (1966) schrieb er ein Buch, das – wie z.B. Philip K. Dicks THE MAN IN THE HIGH CASTLE *(Das Orakel vom Berge)* – eine Welt schildert, in der die Nazis den Krieg gewonnen haben: Nach Adolf Hitlers Tod in den sechziger Jahren tritt sein Nachfolger Ivo Köpfler die Herrschaft an und entfacht einen dritten Weltkrieg. Eine ätzende politische Satire und eines der herausragendsten Werke der dt. SF.

Bibliografie:

Wenn das der Führer wüßte, Wien/München: Molden 1966

Bass, T. J. (1932 –   )

Pseudonym des amerikanischen SF-Autors Thomas J. Bassler. Lediglich sein Erstling, der Kurzroman ›Star Itch‹, im September 1968 in *If* publiziert, erschien unter seinem richtigen Namen. Bislang ist das Werk des Autors nicht sehr umfangreich – eine Handvoll Geschichten, die in den Magazinen *Galaxy* und *If* erschienen und von denen einige zu seinen beiden bisher einzigen Romanen verarbeitet wurden. Diese Romane, HALF PAST HUMAN (1971) und THE GODWHALE (1974), sind thematisch miteinander verwandt und greifen urbane Probleme und veränderte Umweltbedingungen einer übervölkerten Erde der Zukunft auf. Genetische Veränderungen, eine von Computern gesteuerte subterrane Silozivilisation, Cyborgs und die Rückkehr der Menschen zu einem lebenswürdigeren Dasein sind die zentralen Punkte in einer mit biologischen Fachtermini und fiktionalen Begriffen angereicherten Sprache.

Bibliografie:

Die Ameisenkultur (HALF PAST HUMAN), München 1973, GWTB 0163
Der Gottwal (THE GODWHALE), München 1982, Kn 5751

Bastian, Hartmut Siehe Eigk, Claus

Bastine, Wilhelm Deutscher Autor.

Bibliografie:

Die wiedergefundene Zeitmaschine, Karlsruhe: Gutsch 1915

Batchelor, John Calvin (1948–)

Amerikanischer Autor, geboren in Bryn Mawr, Pennsylvania. B. studierte in Princeton, Edinburgh und New York und ist als Redakteur und Buchkritiker tätig. Seine beiden SF-Romane THE FURTHER ADVENTURES OF HALLEY'S COMET (1981) und THE BIRTH OF THE PEOPLE'S REPUBLIC OF ANTARCTICA (1983) sind literarisch anspruchsvolle Werke, die von der Kritik gelegentlich mit Thomas Pynchons GRAVITY'S RAINBOW verglichen, von den SF-Lesern aber wenig beachtet wurden.

Bibliografie:

Aufstieg und Fall der Volksrepublik Antarktis (THE BIRTH OF THE PEOPLE'S REPUBLIC OF ANTARCTICA), Bergisch Gladbach 1986, B 13050

Bates, Harry (Hiram Gilmore) (1900–1981)

Amerikanischer Autor und Redakteur. B., der bereits im Magazinverlag Clayton ein Abenteuermagazin redigierte, übernahm 1930 die Redaktion von *Astounding Stories of Super Science* und veröffentlichte dort auch eine Reihe von eigenen Stories. Bekannt wurde er vor allem durch eine Serie von Stories um den Raumfahrer Hawk

Carse, die er gemeinsam mit Desmond W. Hall verfaßte und unter dem Pseudonym Anthony Gilmore veröffentlichte. Daneben ist sein Name vor allem mit einer Story verbunden, die bis heute populär geblieben ist und sogar Spuren in der Popmusik hinterlassen hat: ›Farewell to the Master‹. Sie dreht das Invasionsklischee um und schildert die Konfrontation friedlicher Extraterrestrier mit aggressiven Menschen. Robert Wise machte daraus den Kinofilm THE DAY THE EARTH STOOD STILL (1951, *Der Tag, an dem die Erde stillstand*), wobei allerdings auf die Pointe der Story (der Roboter Gort, im Original Gnut, erweist sich als Herr über seinen vermeintlichen Meister Klaatu) verzichtet wurde.

Bibliografie:

Als Anthony Gilmore (mit (D.W. Hall):

Der unsichtbare Asteroid (SPACE HAWK) , München: AWA 1954
Rivalen im All (SPACE HAWK II), München: AWA 1954

Bauer, Heinz Dieter Deutscher Autor.

Bibliografie:
Roboter Kasimir, Rastatt: Favorit 1977

Bauer, Winfried Deutscher Autor.

Bibliografie/H:
Der Mann aus dem Weltraum, T 522 (1967)
Planet ohne Himmel, TN 19 (1968)
Wo der Raum zu Ende ist…, TN 92/93 (1969)
Der Mann, der seine Zeit verlor, TA 98 (1973)

Baum, Editha Maria (Petra)

Bibliografie:
Jockel fliegt zum blauen Stern, Balve: Engelbert 1966
Kritzel-Kratzel will zum Mond, Balve: Engelbert 1969

Baumann, O. Deutscher Autor.

Bibliografie:
Mitlatan, die versunkene Stadt, Marl-Hüls: Feldmann 1951

Bautze, Hanna

Bibliografie:

(Hrsg.) *Das Marsungeheuer,* Ravensburg: Otto Maier 1972
(Hrsg.) *Der irre Müllschlucker,* Ravensburg: Otto Maier 1973
(Hrsg.) *Die vergessene Stadt,* Ravensburg: Otto Maier 1975
(Hrsg.) *Das Zeitgericht,* Ravensburg: Otto Maier 1976
(Hrsg.) *Placet ist ein irrer Ort,* Solothurn/Schweiz: Aare 1982

Baxter, John (1939 –   )

Australischer Autor, geboren in Sydney. B., der seit vielen Jahren in verschiedenen Funktionen für Film und Fernsehen (heute als Produzent bei der Australian Broadcasting Corporation) tätig ist, hat sich vor allem als Filmexperte mit Sachbüchern (darunter auch SCIENCE FICTION IN THE CINEMA, 1970, dem ersten Buch über den SF-Film) einen Namen gemacht. Er wurde mehrfach mit Film- und Fernsehpreisen bedacht und erhielt 1971 den Ditmar Award. Seine erste SF-Story (›Vendetta's End‹) erschien 1962 in *Science Fiction Adventures,* und auch die meisten anderen Stories kamen in England in den von John Carnell editierten Magazinen heraus. B. hat starken Anteil am Aufbau der australischen SF-Szene, die er als Fanzine-Herausgeber, Kritiker und Herausgeber von zwei Anthologien australischer SF ankurbelte. Sein Romanwerk – THE OFF-WORLDERS (1966, auch: THE GOD KILLERS), THE HERMES FALL (1978), THE BLACK YACHT (1982) – ist, gemessen an seinen 15 Filmbüchern, eher schmal zu nennen. Als Martin Loran schrieb er auch zwei Stories in Kooperation mit Ron Smith.

Bayley, Barrington J(ohn) (1937 –   )

Englischer Autor, geboren in Birmingham, der u. a. im Zivildienst arbeitete, zwei Jahre bei der Royal Air Force war und als Bergarbeiter sein Brot verdiente. SF veröffentlicht er seit den frühen fünfziger Jahren (zunächst unter Pseudonymen wie P. F. Woods, Alan Aumbry und John Diamond, später unter seinem richtigen Namen). Bei einigen Stories kooperierte er mit Michael Moorcock. Mit THE STAR VIRUS erschien 1970 sein erster Roman; inzwischen sind es rund ein Dutzend geworden. B. hat oft bizarre Ideen, kann sie aber nicht immer adäquat umsetzen. Hinzu kommt, daß er als Autor kein klares Profil hat und häufig von ihm geschätzte Kollegen zu imitieren versucht, etwa Jack Vance (THE GARMENTS OF CAEN, 1977) oder Philip K. Dick (THE GRAND WHEEL). Sein wohl bestes Buch ist THE SOUL OF THE ROBOT (1974), ein absurd-komischer Roman über die Vermenschlichung und das Erwachsenwerden einer Maschine, das John T. Sladeks RODERICK (1978) vorwegnimmt. B.s Stärke sind jedoch Kurzgeschichten. Seine Sammlungen THE SEED OF EVIL (1979) und vor allem THE KNIGHTS OF THE LIMIT (1978) enthalten einige Erzählungen, die zum Besten gehören, was in den siebziger Jahren in England an SF-Kurzprosa entstand. Insgesamt ist B.s Werk jedoch extrem uneinheitlich: Sternstunden wechseln mit erschreckend Banalem ab.

Bibliografie:

Das Zwei-Welten-Imperium (EMPIRE OF TWO WORLDS), Frankfurt am Main/Berlin/Wien 1984, U 31075
Die Seele des Roboters (THE SOUL OF THE ROBOT), Rastatt 1984, M 3642
Die Saat des Bösen (C) (THE SEED OF EVIL), Frankfurt am Main/Berlin/Wien 1984, U 31088
Der Vernichtungsfaktor (ANNIHILATION FACTOR), Frankfurt am Main/Berlin/Wien 1985, U 31093
Die Grenzritter (THE KNIGHTS OF THE LIMITS), Rastatt 1985, P 6741

Bibliografie/H:

Der Sternenvirus (THE STAR VIRUS), Ge 40 (1977)

Bear, David

Bibliografie:

Wer hat mir meine Zeit gestohlen? (KEEPING TIME), Bergisch Gladbach 1981, B 24021

Bear, Greg(ory Dale)

(1951 –   )
Wie Gregory Benford ist auch B. Sohn eines Marineangehörigen, so daß er bereits in seiner Jugend Bekanntschaft mit Japan, Texas, Rhode Island, den Philippinen und Alaska gemacht hat. Im Alter von neun Jahren versuchte er sich erstmalig als Geschichtenschreiber, und seine erste veröffentlichte Story ›Destroyers‹ erschien immerhin bereits 1967 in dem von Robert A. Lowndes herausgegebenen Magazin *Famous Science Fiction*. Ab 1973 konnte er seine Texte regelmäßig an den Mann bringen; sie erschienen meist

in Originalanthologien, aber auch in Magazinen wie *Analog* oder *Galaxy*. Sein erster Roman HEGIRA (1979) verbindet Elemente des Science Fiction-Romans mit denen des Krimi-Genres und schildert die Suche nach und die allmähliche Enthüllung der Struktur eines künstlichen Planeten. Für seine Erzählungen ›Hardfought‹ (*IASFM*, 2/83) erhielt B. den Nebula Award, für ›Blood Music‹ (*IASFM*, 6/83) und ›Tangents‹ (*Omni* 1986) erhielt B. jeweils den Nebula Award und den Hugo Gernsback Award. Mit Werken wie EON (1985) und THE INFINITY CONCERTO (1984) hat sich B. in den letzten Jahren trotz stilistischer Schwächen vor allem im Bereich der Hard SF eine aufsteigende Reputation erschrieben, einem Genre, dem er sich trotz gelegentlicher Ausflüge in die Fantasy *Unknown*scher Prägung am stärksten verbunden fühlt. Besonders mit seinem Roman EON hat er der Hard SF buchstäblich neue Dimensionen erschlossen, indem er neueste Spekulationen der Kosmologie bzw. Theoretischen Physik aufgriff und als Hintergrund verwendete (der Kosmos als Struktur aus elf Raum- resp. Zeitdimensionen). Zu seinen Publikationen gehören neben dem SF-Roman BEYOND HEAVEN'S RIVER (1980) auch der Horror-Roman PSYCHLONE (1979) sowie THE OFFICIAL SPOTTER'S GUIDE TO UFOS: THE SKYSIGN MANUAL, ein in Zusammenarbeit mit dem Grafiker Rick Sternbach entstandenes Sachbuch. Der Autor, der zu seinen Einflüssen u.a. Harry Harrison, Ray Bradbury und Elizabeth Chater zählt, ist in zweiter Ehe mit Poul Andersons Tochter Karen verheiratet und lebt in Kalifornien.

Bibliografie:

Die Obelisken von Hegira (HEGIRA), Rastatt 1980, M 3554
Das Lied der Macht (THE INFINITO CONCERTO), München 1987, H 4382
Äon (EON), München 1987, H 4433

Beaumont, Charles (1929–1967)

Pseudonym für Charles Nutt, geboren in Chicago, gestorben (nach einer langen und rätselhaften Krankheit, die ihn stark schwächte und vergreisen ließ) in Los Angeles. Er war ein Autor, der viel für die *slick magazines* (wie etwa *Playboy)* schrieb. Seine erste Story erschien 1951 unter dem Titel ›The Devil, You Say‹ in *Amazing,* richtigen Erfolg hatte er aber erst seit ›The Crooked Man‹ (1956, *Playboy)* wo eine Homosexuellen-Gesellschaft geschildert wird, in der Heteros geächtete Außenseiter sind. B. (der seinen Namen in Beaumont ändern ließ) arbeitete für den Rundfunk, versuchte sich (allerdings erfolglos) als Schauspieler in Hollywood, war ›Inker‹ für MGM-Trick-filme und zuletzt ein erfolgreicher Drehbuchautor (etwa von Horrorfilmen nach E. A. Poe oder Abraham Merritt, wobei das letztere Drehbuch nach BURN, WITCH, BURN! 1964 in Zusammenarbeit mit Richard Matheson entstand). Sein schmales Kurzgeschichtenwerk bietet oft eine Synthese aus Horror und SF und ist manchmal mit einer Prise Humor gewürzt.

Beauvais, Robert
Französischer Autor. QUAND LE CHINOIS... (1966) ist ein satirischer Roman über eine chinesische Besetzung Westeuropas.

Bibliografie:
Als die Chinesen... (QUAND LE CHINOIS...), Berlin: Argon 1967

Becker, Benoît Französischer Autor.

Bibliografie:
Tu alle Hoffnung ab (LAISSE TOUTE ESPERANCE), München 1986, H 4293

Bibliografie/H:
Die Todesspinne (EXPEDITION EPOUVANTE), UK 2 (1956)

Beer, Otto F. (1910–)
Österreichischer Autor und Redakteur, geboren in Wien, der seit 1946 Romane, Dramen, Erzählungen, Filmdrehbücher und Hörspiele veröffentlicht. Sein Roman *Christin-Theres* (1967) – auch als Bühnenstück aufgeführt – schildert, wie bei Ausschachtungsarbeiten vier Menschen aus dem Rokoko aufgefunden werden, die unter dem Einfluß eines Sickergases dort scheintodartig überdauert haben und nun mit der modernen Zivilisation konfrontiert werden. *Ich, Rodolfo, Magier* (1965) gehört der phantastischen Literatur an.

Bibliografie:
Christin-Theres, München/Wien: Langen Müller 1967

Beljajew, Alexander (Romanowitsch) (1884–1942)
B. (Aleksandr Belja'ev) wurde in Smolensk geboren und studierte nach der Ausbildung in einem Priesterseminar Jura und Musik. 1914 erschien sein Märchenstück ›Großmutter Moira‹, und zehn Jahre später begann er mit dem Schreiben von utopisch-phantastischen

Romanen und Erzählungen, in denen er den Menschen zum Beherrscher der Natur werden läßt. Vor allem befaßte er sich mit dem Problem der Organtransplantation – etwa in GOLOVA PROFESSORA DOUÈLJA (>Professor Dowells Kopf‹, 1925) oder ČELOVEK-AMFIBIJA (>Der Amphibienmensch‹, 1928). Andere Werke erschienen unter Titeln wie ZWEZDA KEZ (>Der Stern KEZ‹, 1936), IZOBRETENIJA PROFESSORA WAGNERA (>Die Erfindungen des Professor Wagner‹, 1930), ARIEL (>Ariel‹), POSLEDNIJ ČELOVEK IZ ATLANTIDY (>Der Letzte aus Atlantis‹), VLASTELIN MIRA (>Die Herrscher der Welt‹), PRYŽOK V NIČTO (>Der Sprung ins Nichts‹) usw. In deutscher Übersetzung liegen die Erzählungen >Hoity-Toity‹ und >Amba‹ vor. B. gilt als einer der Begründer der russischen Science Fiction; etliche seiner Werke wurden in andere Sprachen übersetzt, einige sogar in der UdSSR verfilmt. Die Vorliebe für das Thema Organtransplantation hatte möglicherweise einen tragischen persönlichen Hintergrund: B. litt an Wirbelsäulentuberkulose und war lange Jahre ans Bett gefesselt.

Bibliografie:
Der Amphibienmensch (ČELOVEK-AMFIBIJA), Berlin/DDR: Neues Leben 1984

Beljajew, Sergej Sowjetischer Autor.

Bibliografie:
Der zehnte Planet (DESJATAJA PLANETA), Berlin/DDR: SWA 1947

Bell, Thornton Siehe Fanthorpe, R. L.

Bellamy, Edward (1850–1898)
Amerikanischer Autor, geboren in Chicopee Falls, Massachusetts. B. kam durch eine Europareise (1868) mit hiesigen sozialen Mißständen in Berührung und begann sich für die Theorien von Marx und Engels zu interessieren. Nach früher Prosa (darunter Phantastik), die noch nicht das spätere Engagement zeigt, erschien 1888 mit LOOKING BACKWARD 2000–1887 die wohl wichtigste soziale Utopie des 19. Jahrhunderts, entstanden unter dem Eindruck wirtschaftlicher Krisen in den USA. Der Roman wurde teils begeistert begrüßt, teils erbittert befehdet, u.a. mit Gegenentwürfen in Roman- und Traktatform. B. machte den Kampf für eine gerechtere Sozialord-

nung fortan zu seinem Lebensinhalt und schrieb zu dem Werk die Fortsetzung EQUALITY (1897). Kurz nach Erscheinen des Buches starb er an Tuberkulose.

Bibliografie:

Ein Rückblick aus dem Jahr 2000 auf das Jahr 1887 (LOOKING BACKWARD 2000–1887), Leipzig: Reclam 1890
Gleichheit (EQUALITY), Stuttgart: DVA 1898

Bemmann, Hans (1922–   )

Deutscher Autor, Lektor und Lehrbeauftragter der Hochschule in Bonn, geboren in Groitsch bei Leipzig. B. studierte zunächst Medizin, dann Musikwissenschaft und Germanistik, promovierte mit einem musikwissenschaftlichen Thema, trat vom evangelischen zum katholischen Glauben über, war Hilfsbibliothekar der Bibliothek des Jesuitenkollegs in Innsbruck und wurde schließlich zunächst Lektor, dann Cheflektor und Generalsekretär des Borromäusvereins. Er veröffentlicht seit 1961, als die Novelle ›Jäger im Park‹ erschien, und sein erster Roman kam 1963 unter dem Titel *Lästiger Besuch* heraus. Beide Titel wurden unter dem Pseudonym Hans Martinson veröffentlicht und verarbeiten Kriegserlebnisse. 1983 veröffentlichte er mit *Stein und Flöte* ein umfangreiches Werk, das in der Tradition der romantischen Märchenromane steht und 1987 mit dem Buchpreis des Deutschen Verbandes Evangelischer Büchereien ausgezeichnet wurde. Der SF zuzurechnen ist *Erwins Badezimmer oder Die Gefährlichkeit der Sprache* (1984), eine Dystopie im Fahrwasser von Orwell, Huxley oder Samjatin. Thematisiert wird eine sprachbereinigte Welt, in der es aber natürlich einige Abtrünnige gibt, deren Phantasie sich nicht der von oben verordneten Gleichförmigkeit anpassen will. Obwohl es ihm nicht gelingt, die Schrecken eines Orwell zu beschwören, wird auf recht eindringliche Weise eine Gesellschaft geschildert, die ohne dichterische Phantasie auskommt, ohne sich dieses Mangels bewußt zu sein.

Bibliografie:

Erwins Badezimmer oder Die Gefährlichkeit der Sprache, Stuttgart: Ed. Weitbrecht 1984

Bender, Werner

Bibliografie:

Messeabenteuer 1999, Berlin/DDR: Der Kinderbuchverlag 1956

Benford, Gregory (Albert)
(1941 –)

B. wurde als Sohn eines amerikanischen Offiziers in Mobile/Alabama geboren und lebte von 1949 bis 1957 abwechselnd in Japan, Mexiko und der Bundesrepublik. Laut eigener Aussage fühlt sich B. wegen der unsteten Jugend überall als eine Art Fremder, und diese Entfremdung klingt auch in den Figuren seiner Romane oft an. B., der bereits 1955 in Deutschland das englischsprachige Fanzine *Void* herausgegeben hatte und nach der Rückkehr in die USA an der University of California Physik studierte, veröffentlichte seine erste SF-Story unter dem Titel ›Stand-In‹ (*F&SF*, 6/65) und verfaßt seit 1967 regelmäßig Science Fiction, um einen Ausgleich für seine Forschungsarbeiten auf dem Gebiet der Astrophysik zu haben. Sein erster Roman, DEEPER THAN DARKNESS, erschien 1970; er wurde später umgeschrieben, erweitert und unter dem Titel THE STARS IN SHROUD (1978) neu veröffentlicht. 1975 folgte JUPITER PROJECT, ein Jugendbuch. 1977 erschienen zwei Romane, die jeweils aus thematisch zusammenhängenden Kurzgeschichten entstanden: IF THE STARS ARE GODS (in Zusammenarbeit mit Gordon Eklund) und IN THE OCEAN OF NIGHT. In beiden Romanen spielt ein Wissenschaftler, der sich gegen Bürokratie und Inkompetenz stellt, die Hauptrolle. 1980 erschienen drei Romane aus seiner Feder, FIND THE CHANGELING (mit Gordon Eklund), SHIVA DESCENDING (mit William Rotsler) und TIMESCAPE, das B. u.a. den Nebula und den John Campbell Memorial Award einbrachte, in den USA zu einer eigenen Taschenbuchreihe, *Timescape Books,* führte und allgemein als einer der reifsten Romane des Zeitreise-Genres gilt. Wie James P. Hogan in THRICE UPON A TIME gelingt B. nicht nur eine zwar spekulative, aber wissenschaftlich fundierte Theorie der Zeitreise (hier der Nachrichtenübermittlung aus der Zukunft), sondern überzeugt zugleich als Schriftsteller mit einer eindrucksvollen Schilderung der Welt der Naturwissenschaftler. AGAINST INFINITY (1983) ist eher ein Remake von Heinleins FARMER IN THE SKY. ACROSS THE SEA OF SUNS (1984) ist die Fortsetzung zu IN THE OCEAN OF NIGHT, der noch ein dritter Band mit dem Titel STARSCAPE folgen soll. ARTIFACT ist eine Art Wissenschaftsthriller um ein eingefangenes Schwarzes Loch, das während einer Ausgrabung entdeckt wird. In Zusammenarbeit mit David Brin entstand 1986 der

Roman IN THE HEART OF THE COMET, der den Halleyschen Kometen bei seiner Wiederkehr im Jahre 2062 in den Mittelpunkt der Handlung stellt. Es wird eine bemannte Expedition ausgesandt, um eine Wissenschaftlergruppe darauf abzusetzen, die den Himmelskörper als Raumschiff an die Grenzen des Sonnensystems benutzen soll. Benford, der streng naturwissenschaftlich ausgerichtet schreibt, gilt neben James P. Hogan und Greg Bear als Erneuerer der Hard SF.

Bibliografie:

Das Jupiterprojekt (THE JUPITER PROJECT), Stuttgart: Boje 1978
Im Meer der Nacht (IN THE OCEAN OF THE NIGHT), München 1980, H 3770
Schiwas feuriger Atem (SHIVA DESCENDING) (mit William Rotsler), Rastatt 1980, M 3557
Der Bernstein-Mensch (C) (IF THE STARS ARE GODS) (mit Gordon Eklund), Rastatt 1982, M 3573
Die Masken des Alien (FIND THE CHANGELING) (mit Gordon Eklund), Rastatt 1982, M 3582
Die Asche des Imperiums (THE STARS IN SHROUD), Rastatt 1984, M 3651
Zeitschaft (TIMESCAPE), Rastatt 1984, M 3652
Wider die Unendlichkeit (AGAINST INFINITY), München 1985, Kn 5798
Im Herzen des Kometen (IN THE HEART OF THE COMET) (mit David Brin), München 1986, H 4236
Durchs Meer der Sonnen (ACROSS THE SEA OF SUNS), München 1986, H 4237
Artefakt (ARTIFACT), München 1987, H 4363

Bennet, D.

Pseudonym eines dt. Leihbuchautors.

Bibliografie:

Gestern ging die Welt unter, Balve: Zimmermann 1955
Menschen vom Himmel, Balve: Zimmermann 1955

Bennett, Gary L. (1940–)

B. ist ein amerikanischer Autor, geboren in Twin Falls, Idaho. Er studierte an Universitäten in Idaho und Washington und promovierte 1970 zum Doktor der Physik. Er ist ein anerkannter Fachmann für Kernphysik und Reaktorsicherheit mit einer Reihe von wissenschaftlichen Ehrungen und Auszeichnungen, arbeitete an NASA-Forschungsprojekten mit, gehörte zum Bodenteam beim Mondflug von Apollo 17 und war an der Untersuchung des Reaktorunfalls von Three Miles Island beteiligt. Heute ist er Abteilungsleiter in der US-Energiebehörde. B. veröffentlichte Artikel über sein Fachgebiet und trat 1980 mit dem Roman THE STAR SAILORS auch erstmals als SF-Autor hervor. Er schildert darin vier Raumfahrer, deren Expedition außerhalb der Grenzen der bestehenden galaktischen Föderation zu einem Fiasko zu werden droht, als die Männer auf einem Planeten durch Einwirkung feindlicher Aliens mit den Schattenseiten ihres Lebens konfrontiert werden. Der Roman erhielt in Amerika sehr gute Kritiken.

Benni, Stefano (1947 –)
Geboren in Bologna, Mitarbeiter mehrerer italienischer Zeitschriften. TERRA! (1983) ist sein erster SF-Roman.

Bibliografie:
Terra! (TERRA!), München: Piper 1985

Bensen, Donald R(oynold) (1927 –)
Amerikanischer Autor und Lektor, geboren in Brooklyn, New York. Von Jugend auf an SF interessiert, setzte er sich als Lektor (insbesondere bei Pyramid, wo er von 1957 bis 1968 tätig war) entschieden für diese Literaturgattung ein und machte Pyramid zu einem wichtigen SF-Forum in Amerika. B. gab zwei SF-Anthologien heraus und meldete sich 1978 ziemlich überraschend mit dem Alternativweltroman AND HAVING WRIT... auch als Autor zu Worte, einem Roman, der zu den besten Beispielen dieses Subgenres zu zählen ist.

Bibliografie:
Zwischenhalt (AND HAVING WRIT...), München 1984, H 4052

Benson, Robert Hugh (1871 – 1914)
Britischer Autor. B. war wie seine Brüder Edward und Arthur (alle drei sind Söhne des damaligen Erzbischofs von Canterbury) zu seiner Zeit ein recht bekannter Autor, der nach einem Theologiestudium und der Weihe zum Priester der anglikanischen Kirche zum Katholizismus konvertierte und zu schreiben begann. In seinen Romanen und Erzählungen propagiert er die Lehren der katholischen Kirche. LORD OF THE WORLD (1907) schildert die schreckliche Zukunft

einer Welt, die den sozialistischen und humanistischen Lockungen des Leibhaftigen erliegt, während THE DAWN OF ALL (1911) zeigt, wie glorreich alles wird, wenn der Papst das Sagen hat. B.s missionarischer Eifer dürfte nicht jedermanns Sache sein, was aber nichts daran ändert, daß er ein bemerkenswerter Autor war, der vor allem stilistisch zu überzeugen wußte.

Bibliografie:
Im Dämmerschein der Zukunft. Ein Roman in Traumbildern (THE DAWN OF ALL), Einsiedeln: Benziger 1912
Der Herr der Welt (LORD OF THE WORLD), München: Kösel & Pustet 1923

Bentheim, Tony

Bibliografie/H:
Das Ding aus dem Nichts, ZSF 293 (1985)

Beresford, J(ohn) D(avys) (1873 – 1947)

Britischer Autor und Architekt. B. schrieb eine Vielzahl von Erzählungen, von denen auch eine ganze Reihe dem phantastischen Genre zuzuordnen ist. Allerdings ist es sein Roman THE HAMPDEN-SHIRE WONDER (1911), der ihn für das SF-Genre interessant macht. THE HAMPDEN-SHIRE WONDER war einer der frühen ›Übermensch-Romane‹ der SF und gilt heute als Klassiker des Genres, gleichzustellen mit Olaf Stapledons ODD JOHN und Stanley G. Weinbaums THE NEW ADAM. Übermenschliche Fähigkeiten waren ein Zentralthema im Schaffen Beresfords; ein Ausbruchsversuch möglicherweise aus seinem eigenen tristen Leben, denn er war seit seinem dritten Lebensjahr gelähmt. Ein weiterer Roman von ihm, THE CAMBERWELL MIRACLE (1933), behandelt eine ähnliche Thematik.

Bergius, C. C. (1910 –   )

In Westfalen geboren, begann B. nach dem Zweiten Weltkrieg seine Karriere als Schriftsteller.

Bibliografie:
Endstation Tibet, München: Goldmann 1984

Bergner, Wolf H.

Deutscher Übersetzer und Anthologist. Herausgeber der deutschen Ausgabe des amerikanischen *The Magazine of Fantasy & Science Fiction* von 1966 bis 1975.

Berk, Howard (1926 –   )

Amerikanischer Autor, dessen einziger SF-Roman, THE SUN GROWS COLD (1971), eine alptraumhafte Zukunftswelt skizziert.

Bibliografie:

Das Zeichen der Lemminge (THE SUN GROWS COLD), München 1973, GWTB 0149

Berning, Frank
(auch: **Berning, Frank W.**)

Pseudonym eines dt. Leihbuchautors.

Bibliografie:

Nordpol ruft Atlantis, Menden: Bewin 1960
Alarm aus Station U 3, Menden: Bewin 1960
Planet der Verfluchten, Menden: Bewin 1961
Unternehmen Gelbe Flotte, Menden: Bewin 1961
Im Dschungel der Venus, Menden: Bewin 1961
Sterbender Ganymed, Menden: Bewin 1961
Weltraumkreuzer über Afrika, Menden: Bewin 1961
SK III ruft Alma Ata, Menden: Bewin 1961
Utopia, die neue Welt, Menden: Bewin 1962
Kampf um Utopia, Menden: Bewin 1962
Gesetz der Mutanten, Menden: Bewin 1962
Uranfrachter überfällig, Menden: Bewin 1963
Raumschiff der Toten, Menden: Bewin 1963
System 2000, 3. Planet, Menden: Bewin 1964
Das Geisteratoll, Menden: Bewin o.J.
Sterbender Planet, Menden: Bewin o.J.

Als Frank W. Berning:

Fluch der Verbannung, Menden: Bewin 1962
Das Geheimnis des schwarzen Planeten, Menden: Bewin 1962

Berriff, Ben

Pseudonym eines dt. Leihbuchautors.

Bibliografie:

Kampf um die Weltrauminsel, Wuppertal: Wiesemann 1958 (auch:
Überfall auf die Weltrauminsel)
Sie starteten in Remincona, Wuppertal: Wiesemann 1959

Berry, Bryan (1930–1955)

Der englische SF-Autor Bryan B. las bereits mit 11 Jahren begeistert
SF. Bevor er um 1952 damit begann, auch selbst zu schreiben, war
er in der Werbung tätig. Innerhalb weniger Jahre schrieb er eine
Reihe von abenteuerlichen SF-Romanen, von denen die Venus-Tri-
logie RESURGENT DUST (1953), THE IMMORTALS (1953) und THE INDESTRUC-
TIBLE (1954) – in Großbritannien alle unter dem Pseudonym Rolf
Garner erschienen – am bekanntesten ist. Ein tragischer Tod setzte
seiner Karriere früh ein Ende.

Bibliografie:

Weltraumspione am Werk (FROM WHAT FAR STAR), Menden:
Bewin 1954
Tödliche Grenze im All (AND THE STARS REMAIN), Menden: Bewin 1955
Flucht in das Weltall (AFTERMATH), Menden: Bewin 1955
In der Ewigkeit verschollen (THE VENOM SEEKERS), Balve: Zimmermann
1957

Bibliografie/H:

Der dritte Planet (RETURN TO EARTH), UG 22 (1955)

Als Rolf Garner:

Die Unsterblichen von Gryllar (THE IMMORTALS), UZ 190 (1959)
Der Weltregent (THE INDESTRUCTIBLE), UZ 193 (1959)

Bertelsbeck, Norbert (1958–   )

Deutscher Autor, geboren in Coesfeld/Westfalen, lebt und arbeitet
in Gießen.

Bibliografie:

Aufzeichnungen einer verlorenen Zukunft, Gießen: Edition Durabel
1984
Menschen nach ihrem Bilde, Gießen: Focus 1984

Bertin, Eddy C(harly)
(1944 –   )

Belgischer Autor, als Sohn eines Flamen und einer Deutschen in Hamburg-Altona geboren, aber in Belgien aufgewachsen. B. ist Bankangestellter und schreibt zum Teil in englischer Sprache. Seine erste Story, ›The Whispering Horror‹, erschien 1968 in England, und auch sein erster Roman, DEATH'S OF A BLOODBIRD (1978), kam zuerst im Ausland (in diesem Fall in den USA) auf den Markt. Selbst ein profunder Experte in Sachen Phantastik, ist B. besonders von Lovecraft geprägt. Ungeachtet zahlreicher SF-Stories (meistens mit Horrorelementen) liegt der Schwerpunkt seines Werkes eindeutig im Horrorbereich.

Bessiere, R. Richard

Bibliografie/H:

Finale für Sol 3 (LES DERNIER JOURS DE SOL 3), U 361 (1963)

Bester, Alfred (1913 – 1987)

Als Sohn jüdischer Eltern in New York geboren, studierte B. an der University of Pennsylvania Naturwissenschaften und Kunstgeschichte; diese Kombination stand ganz im Zeichen seiner selbst auferlegten Ausbildung zum Renaissancemenschen. Mit seiner ersten Story, ›The Broken Axiom‹ (1939), gewann er einen Kurzgeschichtenwettbewerb, begann freiberuflich zu schreiben und verfaßte dreizehn Geschichten, von denen ›Adam and No Eve‹ und ›A Push of a Finger‹ herausragende Beispiele sind. Ab 1942 textete B., wie auch seine Kollegen Edmond Hamilton und Manly Wade Wellman, für diverse Comic-Serien wie *Green Lantern, Captain Marvel, Superman, The Star-Spangled Kid*. 1951 fand er wieder zur Science Fiction zurück und schrieb THE DEMOLISHED MAN *(Galaxy)*; der Roman erhielt 1953 den ersten Hugo überhaupt und wurde zu einem Klassiker des Genres. Es handelt sich um eine geglückte Synthese aus SF- und Kriminalroman, bei dem der Täter von Anfang an bekannt, das Motiv zunächst jedoch unklar ist. Der Mörder wird von einem telepathischen Polizisten gejagt und benutzt einen Ohrwurm-Schlager als Gedankenschirm. B. verwendet neben der spannenden Handlung jede Menge stilistischer und typographischer Tricks, lockert dadurch den Roman visuell auf und vertieft das Leseerlebnis.

Neben einigen ausgezeichneten Kurzgeschichten wie ›Disappearing Act‹, ›Fondly Fahrenheit‹ und ›The Pi-Man‹ erschien ein zweiter Roman THE STARS MY DESTINATION (auch: TIGER! TIGER!), der sich mit der Parafähigkeit der Teleportation auseinandersetzt: Gulliver Foyle entwickelt die Fähigkeit des ›Jauntens‹, wie B. es nennt, nachdem er hilflos in einem zerschossenen Raumschiff gefangen ist. Sein Erlebnis hat seine Persönlichkeit verändert. Aus dem primitiven Maschinenmaat 3. Klasse wird ein von seinen Leidenschaften getriebener rachsüchtiger Jäger. Einige Szenen aus dem Roman, der streckenweise Dumas' *Der Graf von Monte Christo* nachempfunden ist, gemahnen an surrealistische Alpträume.

Die wahrhaft durchschlagende Wirkung seiner beiden ersten Romane wurde von den Folgewerken THE COMPUTER CONNECTION (1974/75), THE DECEIVERS (1980) und GOLEM 100 (1981) nicht wieder erreicht, obwohl B. in den letzten beiden Arbeiten erneut mit typografischen Elementen experimentierte. B.s Ideenfülle zeigt sich ungebrochen, doch geraten ihm seine neueren Werke lediglich zu rasanten Abenteuergeschichten, die nicht mehr über die bahnbrechende Wirkung seiner Arbeiten aus den fünfziger Jahren verfügen, in denen er Stilmittel und Anspruch der New Wave mehr als ein Jahrzehnt vorweggenommen hat. Sein Einfluß läßt sich vor allem bei Charles L. Harness und bei den frühen Arbeiten Michael Moorcocks ausmachen.

Bibliografie:

Sturm aufs Universum (THE DEMOLISHED MAN), München: Goldmann 1960, GZ 3 (auch: *Demolition*)
Die Rache des Kosmonauten (THE STARS MY DESTINATION/TIGER! TIGER!), München 1965, H 3051 (auch: *Tiger! Tiger!*)
Der Computer und die Unsterblichen (THE COMPUTER CONNECTION, auch: EXTRO), Rastatt 1976, TTB 276
Hände weg von Zeitmaschinen (C) (STARBURST), München 1978, Kn 5705
Golem 100 (GOLEM 100), Bergisch Gladbach 1983, B 28110

Alles oder nichts (THE DECEIVERS), Bergisch Gladbach 1985, B 22068
Galathea und andere Hexen (WITCHES TIMES FOUR), Bergisch Gladbach 1986, B 22096
Der Erde dunkle Seite (THE DARK SIDE OF THE EARTH), Bergisch Gladbach 1987, B 22100

Beuchler, Klaus (1926–)

Deutscher Autor, geb. in Kattnitz (Sachsen), in der DDR lebend. B. ist Reporter, Feuilletonist, Kinderbuch- und Hörspielautor, politischer Publizist und Erzähler. Er war Mitarbeiter einer Tageszeitung in Halle, studierte Wirtschaftsgeschichte, Germanistik und Kunstgeschichte ab 1949 in Berlin und arbeitete in den fünfziger Jahren für den Deutschlandsender. Drei Jahre lang hielt er sich als Vertreter des Rundfunkrats in Genf auf. B., Literaturpreisträger des FDGB, hat vor allem mit SF-Kinderbüchern Erfolg, die allerdings oft vordergründig didaktisch wirken.

Bibliografie:

Einer zuviel im Lunakurier, Berlin/DDR: Der Kinderbuchverlag 1964
Zepp und hundert Abenteuer, Berlin/DDR: Der Kinderbuchverlag 1967
Silvanus contra Silvanus, Berlin/DDR: Das Neue Berlin 1969

Bialkowski, St(anislaus) (1897–)

B., ein deutschsprachiger Autor, wurde in Kähme, in der Nähe von Posen, geboren. Er arbeitete als kaufmännischer Angestellter in einem Flugzeugwerk und schrieb nebenher einige Romane, die mit Sport und Sportlern zu tun hatten, sowie sechs utopische Romane.

Bibliografie:

Leuchtfeuer im Mond, Leipzig: Grunow 1934
Krieg im All, Leipzig: Grunow 1935
Die Macht des unsichtbaren Sterns, Leipzig: Grunow 1936
Der Radiumkrieg, Leipzig: Grunow 1937
Der Stratosphärenflieger, Leipzig: Grunow 1938
Start ins Weltall, Leipzig: Grunow 1941

Bickel, Alice

Bibliografie:

Argusauge ruft Raumschiff Charlie, Zürich: Schweizer Verlagshaus 1975

Biegel, Paul Niederländischer Autor.

Bibliografie:
Die schwarze Witwe (DE ZWARTE WEDUVE), Würzburg: Arena 1986

Biegel, Udo
Deutscher Leihbuchautor.

Bibliografie:
Galaxis ohne Morgen, Menden: Bewin 1968
Kosmische Saat, Menden: Bewin 1969
Dämon der Sterne, Menden: Bewin 1970
Gestrandet im All, Menden: Bewin 1970
30000 Jahre nach Atlantis, Menden: Bewin 1970
Inspektor der Galaxis, Menden: Bewin 1970
Das Ende der Technokraten, Menden: Bewin 1971
Der Suggestor von Archimedes, Menden: Bewin o.J.
Diese Welt gehört euch, Menden: Bewin o.J.
Fluch der Unsterblichkeit, Menden: Bewin o.J.

Bibliografie/H:
Terras Ende, Rastatt 1965, UZ 453

Biemiller, Carl L(udwig) (1912–)
Amerikanischer Autor, der mehrere SF-Jugendbücher schrieb, als erstes THE MAGIC BALL FROM MARS (1953).

Bibliografie:
Vier junge Aquanauten (THE HYDRONAUTS), Rüschlikon: Müller 1975
Geheimauftrag für Aquanauten (FOLLOW THE WHALES/ESCAPE FROM THE CRATER), Rüschlikon: Müller 1975

Bierkowski, Heinz Deutscher Autor.

Bibliografie:
Der Mann ohne Gesicht, Berlin: Scherl 1938
Die Welt ohne Schlaf, Berlin: Scherl 1940

Biggle jr., Lloyd (1923 –   )
Der deutschstämmige (seine Großeltern väterlicherseits hießen Bickle) amerikanische Autor hat Musikwissenschaft studiert, auf diesem Gebiet promoviert, mehrere Jahre lang Musik unterrichtet und auch einmal in einem landesweiten Komponistenwettbewerb den ersten Preis geholt. Seine Frau ist ebenfalls Musikerin (Violinistin). Geboren wurde B. in Waterloo, Iowa. Mit der U.S.-Army war er von 1936 – 1946 in Europa. Seit etwa 1954 betätigt er sich als Schriftsteller, und 1956 erschien mit ›Gypped‹ seine erste SF-Story. ›Gypped‹ und andere Stories, vor allem jedoch der Roman THE STILL, SMALL VOICE OF TRUMPETS (1968), zeigen in der Handlung deutlich die Vorliebe des Autors für Musik. Zu seinen weiteren Lieblingsthemen zählen Transmitter (ALL THE COLORS OF DARKNESS, 1963) und PSI-Fähigkeiten (THE ANGRY ESPERS, erstmals 1959 in Magazinform erschienen, sein erster SF-Roman; und WATCHERS OF THE DARK, 1966). Besondere Aufmerksamkeit verdienen die Romane THE LIGHT THAT NEVER WAS (1972) und MONUMENT (1974 – erweiterte Fassung einer für den Hugo Award nominierten Story), weil in ihnen nicht nur dem Thema Außerirdische und außerirdische Kulturen interessante Aspekte abgewonnen werden, sondern auch das Recht technisch unterentwickelter Kulturen auf Eigenständigkeit proklamiert wird. Von Lloyd Biggle liegen insgesamt zehn SF-Romane und drei Story-Sammlungen vor, wobei die Romane THE STILL, SMALL VOICE OF TRUMPETS und THE WORLD MENDERS (1971) thematisch miteinander verbunden sind. Weitere vier Romane bilden den sog. *Jan Darzek*-Zyklus. Außer Science Fiction hat B. vor allem Kriminalgeschichten – viele davon für *Ellery Queen's Mystery Magazine* – geschrieben.

Bibliografie:

Für Menschen verboten (ALL THE COLORS OF DARKNESS), München: Goldmann 1964, GZ 59
Spiralen aus dem Dunkel (THE FURY OUT OF TIME), München 1968, GWTB 096
Verbrechen in der Zukunft (C) (THE RULE OF THE DOOR AND OTHER FANCIFUL REGULATIONS), München 1968, GWTB 098

Fanfaren der Freiheit (THE STILL, SMALL VOICE OF TRUMPETS), München 1969, GWTB 0100
Invasion der Supermenschen (THE ANGRY ESPERS), München 1969, GWTB 0109
Wächter der Dunkelheit (WATCHERS OF THE DARK), München 1970, TTB 173
Die Muse aus Metall (C) (THE METALLIC MUSE), München 1974, GWTB 0174
Die Weltverbesserer (THE WORLD MENDERS), Rastatt 1974, TTB 233
Planet des Lichts (THE LIGHT THAT NEVER WAS), Rastatt 1974, TTB 239
Der Tag ist nicht mehr fern (C) (A GALAXY FOR STRANGERS), München 1979, G 23303
Monument für ein Genie (MONUMENT), Rastatt: Moewig 1980
Die Sonnenmacher (THE WHIRLIGIG OF TIME), Rastatt 1981, TTB 341
Das tödliche Schweigen (SILENCE IS DEADLY), München 1982, H 3865

Bilenkin, Dmitri (1933 –)

Der russische Autor wurde in Moskau geboren, studierte an der Moskauer Universität Geologie und arbeitete anschließend als Geochemiker in Sibirien und Mittelasien. Heute ist er wissenschaftlicher Redakteur einer populärwissenschaftlichen Zeitschrift. Neben mehreren populärwissenschaftlichen Sachbüchern schrieb er zahlreiche SF-Kurzgeschichten, die in bislang drei Sammelbänden – MARSIANSKIJ PRIBOJ (›Marsbrandung‹, 1967), NOČ KONTRABANDOJ (›Nächtliche Konterbande‹, 1971) und PROVERKA NA RAZUMNOST (›Intelligenztest‹) – vorliegen, von denen die besten in der Collection *Das Unsicherheitsprinzip* vereint sind, die auch in den USA erschien.

Bibliografie:

Der Intelligenztest (C/OA), Berlin/DDR: Volk und Welt 1978
Das Unsicherheitsprinzip (C) (THE UNCERTAINTY PRINCIPLE), München 1984, H 4067

Binder, Eando (1911 – 1974)
Pseudonym des amerikanischen Autors Otto Oskar Binder, geboren
in Bessemer, Michigan, das von 1932 bis 1940 in erster Linie für Ko-
operationen mit seinem Bruder Earl Andreas stand. Die Binders
stammen von österreichischen Einwanderern ab und waren in den
Pulps Verfasser einer Vielzahl von Stories und Romanen. Ab 1940
benutzte Otto Binder das Pseudonym allein und wechselte als Texter in den Comicbereich, wo er Superheldenserien wie *Captain
Marvel, Captain America* und *Superman* zu ihren Sprechblasen verhalf. Zeitweise war B. auch Literaturagent und Redakteur eines populärwissenschaftlichen Magazins. Seine SF-Texte sind typisch für
die Pulp-SF, obwohl ihnen aus heutiger Sicht dank ihrer unbeküm-
merten Naivität ein gewisser nostalgischer Reiz nicht abzusprechen
ist.

Bibliografie/H:

Antarkta (LORDS OF CREATION), UG 87 (1958)
Adam der Roboter (ADAM LINK, ROBOT), TN 65 (1969)
Anton York, der Unsterbliche (ANTON YORK, IMMORTAL), TA 5
(1971)
UFOs bedrohen die Welt (MENACE OF THE SAUCERS), TA 47
(1972)
Die Nacht der UFOs (NIGHT OF THE SAUCERS), TA 51 (1972)
Geheimnis auf Jupiter (SECRET OF THE RED SPOT), TA 107
(1973)
Der Doppelmensch (DOUBLE MAN), TA 131 (1974)
Aus dem Inneren der Erde (GET OFF MY WORLD), TA 141 (1974)

Bingham, Carson (1920 –   )
Pseudonym des amerikanischen Autors Bruce Bingham Cassidy, der
auch als Radioansager, Texter für den Rundfunk und Redakteur
(u.a. *Argosy*) arbeitete. Er verfaßte eine Novellisation des Films
GORGO und war Mitverfasser der *Flash Gordon*-Serie.

Bibliografie:

Flash Gordon und die Hexe von Mongo (THE WITCH QUEEN OF MONGO)
(mit Alex Raymond), Bergisch Gladbach 1980, B 21125
Flash Gordon und die Cybernauten (THE WAR OF THE CYBERNAUTS) (mit
Alex Raymond), Bergisch Gladbach 1980, B 21132

Bings, Henry (1922 – 1964)
Pseudonym des deutschen Autors Heinz Bingenheimer. B. diente nach dem Abitur bei der Marine, war später Handelsvertreter, trat als SF-Enthusiast dem sich gerade formierenden Science Fiction Club Deutschland bei, betreute zunächst dort eine Buchabteilung und baute schließlich mit ›Transgalaxis‹ eine auf SF spezialisierte Versandbuchhandlung auf, die heute von seinem Sohn Rolf geleitet wird. In den fünfziger Jahren, als die deutsche SF-Szene in erster Linie auf Heftromane und Leihbücher beschränkt war, erwies sich seine Spezialbuchhandlung für die Leihbuchverlage mit ihren ohnehin kleinen Auflagen als interessanter Faktor, da B. ihnen (bei immerhin 2000 Dauerkunden) die Abnahme von einigen hundert Exemplaren garantieren konnte. B. nutzte dies, indem er Einfluß auf die Programmgestaltung speziell des Gebr. Zimmermann Verlags nahm. Auf diese Weise erschienen etliche Werke von amerikanischen Autoren (aber z. B. auch EDEN von Stanislaw Lem) in Leihbuchausgaben, die zum Teil speziell für ›Transgalaxis‹ eine Sonderaufmachung erhielten. Zu B.' besonderen Verdiensten zählt die im Eigenverlag erschienene deutsche Erstausgabe von Olaf Stapledons STAR MAKER, wohingegen sein Lieblingsprojekt, das SF-Magazin *SF Omnibus,* mangels Interesse bei seinen Kunden nie realisiert wurde. Ferner hat B. mit dem *Katalog der deutschsprachigen utopisch-phantastischen Literatur aus fünf Jahrhunderten 1460 – 1960* (1959/60) die erste deutsche SF-Bibliografie veröffentlicht, die lange Zeit die einzige Orientierungshilfe für Leser und Sammler war. Und schließlich gab er mit *Lockende Zukunft* die erste SF-Anthologie mit ausschließlich deutschen Autoren (darunter K. H. Scheer, Wolfgang Jeschke etc.) nach dem Krieg heraus. Als Autor ist B. von geringer Bedeutung. Neben einigen Stories legte er den Roman *Welten in Brand* vor, während das Romanfragment *Der Sprung ins Nichts* von Walter Ernsting (Clark Darlton) beendet wurde.

Bibliografie:

Welten in Brand, Balve: Zimmermann 1956
(Hrsg.) *Lockende Zukunft,* Menden: Bewin 1957
Der Sprung ins Nichts (mit Clark Darlton), Balve: Zimmermann 1964

Birner, Otto (auch: **Birner, Otto J.**)

Siehe Anhang SERIEN: *Zeitkugel, Erde 2000*

Bischoff, David F(rederick)

(1951–)

Amerikanischer Autor, geboren in Washington D. C. B. studierte an der Universität von Maryland (B. A. 1973), arbeitete als Tellerwäscher, Barmixer sowie als Verkäufer und ist seit 1974 bei dem Fernsehsender NBC angestellt. Zeitweise gehörte er auch der Redaktion von *Amazing* an. Sein erstes Buch erschien 1976 (THE SEEKER, gemeinsam mit Christopher Lampton). Er schrieb insgesamt bislang elf SF-Romane (fünf davon in Zusammenarbeit mit anderen Autoren) und ein rundes Dutzend Stories, dazu einige Romane außerhalb der SF (THE SILKIE, 1982, ein Horror/Fantasyroman, gemeinsam mit Charles Sheffield, sowie einige Jugendbücher). DAY OF THE DRAGONSTAR (1983, mit Thomas F. Monteleone) und die Fortsetzung NIGHT OF THE DRAGONSTAR (1985, mit Thomas F. Monteleone) schildert die Erforschung eines gigantischen fremden Raumschiffes, das sich als eine Art Zoo erweist, während in WARGAMES (1983), der Drehbuchadaption des gleichnamigen Kinofilms, ein jugendlicher Hacker in ein militärisches Computersystem eindringt und über ein vermeintliches Kriegsspiel beinahe den Dritten Weltkrieg auslöst.

Bibliografie:

Wargames – Kriegsspiele (WARGAMES), München 1983,
H 01/6199
Mandala (MANDALA), München 1984,
H 4129
Drachengestirn (DAY OF THE DRAGONSTAR) (mit Thomas F. Monteleone),
Hamburg: Hohenheim 1985
Star Fall (STAR FALL), München 1986,
H 4339

Bishop, Michael (1945 –   )

B. wurde in Lincoln/Nebraska geboren. Sein Vater war Offizier der Luftwaffe; in der Folge zog die Familie häufig um, und der junge B. lebte u.a. in Tokio, Sevilla sowie etlichen US-Bundesstaaten. Sein Magisterexamen in Englischer Literatur legte er 1968 an der University of Georgia in Athens mit einer Arbeit über Dylan Thomas ab. Für kurze Zeit arbeitete er bei der Luftwaffe und übernahm anschließend einen Lehrauftrag, um sich ab 1974 als freier Schriftsteller selbständig zu machen.

B., dessen erste Geschichte ›Pinon Fall‹ im Oktober 1970 in *Galaxy* erschien, gilt als äußerst sorgfältiger Autor, dessen Texte zwar eher handlungsarm sind, aber eine außergewöhnliche Liebe zum Detail verraten. Die Wissenschaft in seinen Geschichten ist immer auf dem aktuellen Stand, was ihn in die Nähe etablierter Größen der Hard SF wie Gregory Benford oder Larry Niven rückt, wobei seine stilistischen Fähigkeiten die seiner meisten Kollegen übertreffen. Zentrale Aspekte seines bisherigen Schaffens sind die Schilderungen fremder Kulturen und Gesellschaften, die von einer humanistischen Perspektive aus beleuchtet werden. Bisher erfolgreichste Arbeit des Autors, der mehrere Male für Hugo und Nebula erfolglos nominiert wurde, ist der 1983 dann doch verdienterweise mit dem Nebula ausgezeichnete Roman NO ENEMY BUT TIME (1982), der teilweise im prähistorischen Afrika spielt und sich des Themas der geistigen Zeitreise annimmt. Ein weiterer wichtiger Themenkomplex innerhalb seines Werkes ist der sogenannte ›Urban Nucleus‹-Zyklus, der unter anderem aus den Bänden CATACOMB YEARS (1979) und A LITTLE KNOWLEDGE (1977) besteht und eine Art ›future history‹ der Jahre 1994 bis 2075 darstellt, die sich uncharakteristischerweise hauptsächlich innerhalb der in B.s Vision überkuppelten Stadt Atlanta/Georgia abspielt. In letzter Zeit ist B. dazu übergegangen, in seinen Augen schwächere Texte neu zu überarbeiten. In seinen frühen Werken neigte er eher dazu, seine Texte mit allerlei sprachlichen Ornamenten zu versehen, mit denen er die Leser ein wenig verschreckte; dies hat sich in seinen jüngeren Arbeiten gelegt, ohne daß B. deshalb zum Massenautor geworden wäre. Neben Gene Wolfe gilt er als einer der großen Stilisten und als eine der größten Hoffnungen der Science Fiction-Literatur.

Bibliografie:

Die seltsamen Bäume von Ectaban (AND STRANGE AT ECTABAN THE TREES), München 1978, H 3610

Gestohlene Gesichter (STOLEN FACES), München 1979, H 3654

Die Cygnus-Delegation (A LITTLE KNOWLEDGE), München 1980, H 3743

Flammenaugen (A FUNERAL FOR THE EYES OF FIRE), München 1981, H 3844

Die Jahre in den Katakomben (C) (THE CATACOMB YEARS), München 1982, H 3893

Arachne (C) (BLOODED ON ARACHNE, 1. Teil), Frankfurt am Main/Berlin/Wien 1983, U 31054

Raumfahrer und Sternzigeuner (C) (BLOODED ON ARACHNE, 2. Teil), Frankfurt am Main/Berlin/Wien 1983, U 31063

Nur die Zeit zum Feind (NO ENEMY BUT TIME), München 1984, H 4095

Transfigurationen (TRANSFIGURATIONS), München 1986, H 4331

Bixby, (Drexel) Jerome (Lewis) (1923 –   )
Amerikanischer Autor, geboren in Los Angeles. B. war zeitweise Konzertpianist (brachte es als Orchestermitglied auch zu Rundfunkauftritten), Versicherungsvertreter, Pianist in einer Tanzkapelle, Cartoonist, Porträt-Bildhauer und in verschiedenen Funktionen in der Musikindustrie tätig. Seit 1949 ist er freier Autor. Seine erste Story, ›Tubemonkey‹, erschien 1949. Er war Redakteur bzw. Redaktionsassistent bei verschiedenen SF-Magazinen, schrieb Drehbücher für die TV-Serie *Star Trek* sowie für Kinofilme und ist der Autor der Story, nach der der Film *Fantastic Voyage* (Isaac Asimov machte aus dem Drehbuch einen Roman) gedreht wurde. B. betätigt sich in zahlreichen Genres der Unterhaltungsliteratur und widmet sich der Science Fiction eher beiläufig. Mit Stories wie ›The Bad Life‹, ›Small War‹, ›It's a Good Life‹ oder ›The Holes Around Mars‹ hat er jedoch einige herausragende Beiträge abgeliefert.

Black, Ernest G.
Pseudonym eines dt. Autors

Bibliografie/H:

Imperium Atlantis, UZ 446 (1965)

Raumschiff des Todes, UZ 490 (1966)

Blasy, J.

Bibliografie:

Die Frau im Mond, Dresden: Pierson 1904

Blish, James (Benjamin)

(1921 – 1987)

Amerikanischer Autor, geboren in East Orange, New Jersey. B. studierte an der Rutgers University Mikrobiologie und nach dem Krieg an der Universität von Columbia Zoologie. Wie Isaac Asimov, Damon Knight, Frederik Pohl, Donald A. Wollheim, Judith Merril, Richard Wilson, C. M. Kornbluth u. a. gehörte B. der New Yorker Fangruppe ›The Futurians‹ an, die sich auch politisch engagierte und zeitweise wie eine Kommune zusammenlebte. 1940 veröffentlichte er mit ›Emergency Refueling‹ seine erste Kurzgeschichte und schrieb in der Folge auch unter Pseudonymen wie Donald Laverty, John McDougal und Arthur Merlyn. Den Durchbruch erlebte er aber erst in den fünfziger Jahren, als herausragende Geschichten wie ›Beep‹ (1954), ›A Work of Art‹ (1956), ›Surface Tension‹ (1952) oder ›Common Time‹ (1953) erschienen. Viele dieser Stories sind in Sammelbänden wie GALACTIC CLUSTER (1959), SO CLOSE TO HOME (1961), ANYWHEN (1970) und THE BEST OF JAMES BLISH (1979) später neu aufgelegt worden. Mit der *Oakie*-Serie (später zur ›Cities in Flight‹-Tetralogie ausgeweitet) sowie der ›Pantropy‹-Serie etablierte sich B. als einer der führenden SF-Autoren der fünfziger Jahre. Sein größter Erfolg war dann der ›theologische Thriller‹ A CASE OF CONSCIENCE (1958), der ihm einen Hugo Award bescherte. Daneben sind aber auch eher actionorientierte Werke wie JACK OF EAGLES (1952) und THE WARRIORS OF DAY (1953) zu Klassikern der modernen SF geworden. A CASE OF CONSCIENCE band B. später in eine aus vier Bänden bestehende Romanfolge ein, die zum Teil okkulte Thematik präsentiert. Mit A CASE OF CONSCIENCE hatte er allerdings seinen Höhepunkt als Autor überschritten. Die folgenden Romane, darunter A TORRENT OF FACES (1967; mit Norman L. Knight), AND ALL THE STARS A STAGE (1971), MIDSUMMER CENTURY (1972), erreichten nicht mehr den Standard früherer Werke, und mit den *Star Trek*-Büchern (nach der gleichnamigen Fernsehserie) begab sich B. endgültig in die Niederungen der

Unterhaltungsliteratur. Insgesamt muß man ihn als widersprüchlichen Autor bezeichnen: In seinem politischen Engagement schwankte er zeitweise zwischen Sozialismus und Faschismus, in seinem Werk verwirklichte er sich teilweise als Intellektueller, der er war, ließ sich daneben aber auch auf die Produktion von Massenware ein. Er war mit der Literaturagentin Virginia Kidd und mit der Illustratorin Judith Ann Lawrence verheiratet, gab einige Anthologien heraus und war unter dem Pseudonym William Atheling jr. einer der fähigsten Kritiker der SF. Obwohl seine Texte oft rationale Kühle widerspiegeln und naturwissenschaftliche Themen im Vordergrund stehen, war B. einer der ersten SF-Autoren, die Geisteswissenschaften, Religion und Kunst in ihr Werk einbezogen.

Bibliografie:

Stadt zwischen den Planeten (EARTHMAN COME HOME), München: Goldmann 1960, GZ 6

Auch sie sind Menschen (THE SEEDLING STARS), München: Goldmann 1960, GZ 12

Terras letzte Chance (JACK OF EAGLES), Balve: Zimmermann 1962 (auch: *Der Psi-Mann*)

Das Zeichen des Blitzes (THE STAR DWELLERS), München: Goldmann 1963, Z 44

Tausend Milliarden glückliche Menschen (A TORRENT OF FACES) (mit Norman L. Knight), Düsseldorf: MvS 1970

Der Gewissensfall (A CASE OF CONSCIENCE), München 1973, H 3334

Brücke zur Ewigkeit (THEY SHALL HAVE STARS), München 1973, H 3346

Triumph der Zeit (THE TRIUMPH OF TIME), München 1973, H 3365

Die Zeit der Vögel (MIDSUMMER CENTURY), München 1974, H 3381

Der Tag nach dem Jüngsten Gericht (THE DAY AFTER JUDGEMENT), München 1974, H 3390

Irgendwann (C) (ANYWHEN), München 1974, GWTB 0179

Eine Handvoll Sterne (C) (GALACTIC CLUSTER), München 1974, GWTB 0189

Die Supernova (AND ALL THE STARS A STAGE), München 1975, GWTB 0209

Das Rätsel von Xotha (THE WARRIORS OF DAY), München 1981, G 23390

Der Zeitagent (THE QUINCUNX OF TIME), München 1982, G 23398

Der kopierte Mann (THE DUPLICATED MAN) (mit Robert A. W. Lowndes), Bergisch Gladbach 1982, B 21155

Die fliegenden Städte (CITIES IN FLIGHT), Bergisch Gladbach 1985, B 24073

Bibliografie/H:

Die Tochter des Giganten (TITAN'S DAUGHTER), UZ 384 (1964)
Der Prophet von Thrennen (GET OUT OF MY SKY), UZ 531 (1967)

Siehe Anhang SERIEN: *Raumschiff Enterprise*

Bloch, Robert (Albert)

(1917 –   )

Amerikanischer Autor, geboren in Chicago. B. arbeitete in einer Werbeagentur und war später als Drehbuchautor für Kino, Rundfunk und Fernsehen tätig. Seine Reputation leitet sich zum Teil von seinen Krimi- und Horrorromanen ab und gründet sich vor allem auf dem 1959 erschienenen Roman PSYCHO, der in der Verfilmung von Alfred Hitchcock ein Riesenerfolg wurde. Sein SF-Werk ist schmal (drei Romane und einige Erzählungen) und relativ unbedeutend, obwohl er aus dieser Ecke kommt und schon im Alter von 15 Jahren ein SF-Fanmagazin veröffentlichte. Für seine (Fantasy-)Erzählung ›The Hellbound Train‹ erhielt er allerdings 1958 den Hugo. Daneben bemerkenswert ist die Novelle ›This Crowded Earth‹ (1968).

Bibliografie:

Das Regime der Psychos (SNEAK PREVIEW), München 1974, H 3407
Die besten Stories von Robert Bloch (THE BEST OF ROBERT BLOCH), Rastatt: Moewig 1980

Bibliografie/H:

Kein Platz auf der Erde (THIS CROWDED EARTH), UZ 516 (1966)
Die Göttin der Weisheit (C/OA), T 514 (1967)

Bloodstone, John Siehe Byrne, Stuart J.

Blum, Ralph (1932 –   )

Amerikanischer Autor. THE SIMULTANEOUS MAN (1970), sein einziger SF-Roman, schildert, wie die Identität eines Forschers auf einen Straftäter, dessen Bewußtsein ausgelöscht wurde, übertragen wird, und reflektiert Kenntnisse des Autors über die Drogenforschung.

235

Bibliografie:
Der Simultanmensch (THE SIMULTANEOUS MAN), München 1975,
H 3426

Bobrow, Sergej (1889–1971)
Sowjetischer Autor, der noch vor der Revolution als Lyriker debütierte und von Valerij Brjussow und Andrej Bely beeinflußt war. In der Folge schrieb B. Prosa, betätigte sich als Kritiker und Übersetzer, absolvierte die Hochschule für Malerei, Bildhauerei und Architektur, malte und verfaßte kunstwissenschaftliche Aufsätze. Eine weitere Facette seiner Persönlichkeit war eine mathematische Begabung, die er für Forschungsarbeiten im Bereich Statistik und Ökonomie sowie für populärwissenschaftliche Kinderbücher nutzte. Schließlich war er noch ein hervorragender Schachspieler und Schachtheoretiker. B. verfaßte drei SF-Romane: *Ein Misanthropen-Aufruhr* (1922), *Das Spezifikum Iditol* (1923) und *Der Schatzfinder* (1931), von denen *Das Spezifikum Iditol* der bedeutendste und prophetischste ist. Es geht darin um die Entdeckung der Atomspaltung, die unabhängig voneinander drei Forschern in drei verschiedenen Ländern zugleich gelingt. Ein geschäftstüchtiger Amerikaner nutzt das Verfahren für die Entwicklung eines Supersprengstoffes und wirft die ›Atombombe‹ über einem abgelegenen Atoll ab, wo sich ausgerechnet zu diesem Zeitpunkt die drei Forscher versammelt haben...

Bodelsen, Anders (1937–   )
Der dänische Autor wuchs in Kopenhagen auf und studierte Rechtswissenschaft, Volkswirtschaft und Literaturwissenschaft. Später, ab 1959, arbeitete er als freier Mitarbeiter für verschiedene dänische Zeitungen sowie als Herausgeber einer Literaturzeitschrift. Heute ist er Kritiker beim dänischen Fernsehen und bei der Tageszeitung *Politiken*. Sein SF-Roman FRYSEPUNKTET (1970) behandelt das Thema Kälteschlaf. Er hat ferner Krimis und Mainstream verfaßt.

Bibliografie:
Brunos tiefgekühlte Tage (FRYSEPUNKTET), Düsseldorf: MvS 1971

Bogdanov, Alexander A. (1873–1928)
Pseudonym von Aleksandr Malinovskij, einem der Führer der russischen sozialdemokratischen Bewegung. Mit KRASNAJA ZVEZDA (1908) schrieb er eine der ersten marxistischen Sozialutopien über den

Marsflug eines russischen Revolutionärs, wobei sich eine Zivilisation auf dem Mars als kommunistische Gesellschaft erweist. Eine Fortsetzung erschien 1912 unter dem Titel INŻZENER MENNI (›Ingenieur Menni‹). Obwohl als propagandistische Utopien gedacht, gelangen B. auch bemerkenswerte technische Voraussagen: Es gibt in KRASNAJA ZVEZDA bereits Atomenergie, Computer, synthetische Materialien usw. B. hatte großen Einfluß auf die nächste Generation der russischen SF-Autoren, insbesondere auf Iwan Jefremow, obwohl Lenin seine Bücher als zu machistisch und idealistisch kritisierte.

Bibliografie:

Der rote Stern (KRASNAJA ZVEZDA), Berlin: Verlag der Jugendinternationalen 1923

Boisgilbert, Edmund (1831–1901)
Pseudonym für Ignatius Donnelly.

Bibliografie:

Weltuntergang, (CAESAR'S COLUMN), Stuttgart: DVA 1893

Bokelmann, Siegfried

Bibliografie:

Sie kamen von den Enden der Erde, Lochham: Türmer 1971

Boland, (Bertram) John (1913–   )
Englischer Autor und Journalist, geboren in Birmingham. B. war in einer Reihe von Berufen (vom Hilfsarbeiter bis zum Vertreter) tätig, bevor er 1956 freier Autor wurde, der vor allem im Krimibereich tätig ist. Mit WHITE AUGUST (1955) und NO REFUGE (1956) schrieb er zwei SF-Romane. Der eine gehört zum Subgenre des Katastrophenromans (durch Wettermanipulationen kommt es zu verheerenden Schneefällen im August), der andere schildert, wie zwei flüchtige Kriminelle in einem abgekapselten arktischen Utopia notlanden. SF-Elemente weist OPERATION RED CARPET (1959) auf.

Bibliografie:

Flucht ins Ungewisse (NO REFUGE), München/Wien/Basel: Desch 1964

Bibliografie/H:

Weißer August (WHITE AUGUST), T 108 (1960)

Bond, Nelson (Slade) (1908 –   )
Eigentlich wollte B. Ingenieur werden, aber die harten Zeiten der
Wirtschaftsdepression zwangen ihn, nach etwas anderem Ausschau
zu halten. Zunächst schrieb er Artikel, dann zunehmend auch Kurz-
geschichten, wobei er das Glück hatte, daß eine seiner frühen Stories, ›Mr. Mergenthwirker's Lobblies‹ (in *Scribner's Magazine,* 1937),
Grundlage für eine Rundfunkserie und ein Theaterstück wurde. Er
schrieb für *Blue Book, Amazing, Fantastic Adventures* und andere
Magazine. Popularität erlangte seine ›Lancelot Biggs‹-Serie, eine Reihe von lustigen SF-Kurzgeschichten, die in dem Band LANCELOT
BIGGS: SPACEMAN (1950) nachgedruckt wurden. Weitere vier SF- und
Fantasy-Story-Sammlungen sowie der Roman EXILES OF TIME (1940),
der den Mythos der Götterdämmerung aufgreift, folgten. In den
letzten Jahren arbeitete B. als Theaterdramaturg.

Bibliografie:
Lancelot Biggs' wundersame Weltraumfahrten (C) (LANCELOT BIGGS:
SPACEMAN), Berlin: Gebr. Weiß 1953
Insel der Eroberer (C) (NO TIME LIKE THE FUTURE), München 1964,
H 3034
Herrn Mergenthwirkers Lobblies (C) (MR. MERGENTHWIRKER'S LOBBLIES
AND OTHER FANTASTIC TALES), München 1983, H 3960

Bibliografie/H:
Im Zeitexil (EXILES OF TIME), T 516 (1967)

Bone, J(esse) F(ranklin) (1916 –   )
Amerikanischer Autor, geboren in Tacoma, Washington. B. studierte in Pullman und Corvallis, war von 1937 – 1946 in der US Army,
brachte es schließlich zum Professor für Veterinärmedizin und war
u.a. auch in Westindien, Ägypten und Kenia als Hochschullehrer
tätig. Seine erste SF-Story erschien 1957 unter dem Titel ›Survival
Type‹ in *Galaxy.* Etliche seiner rund dreißig Stories – wie etwa ›Trig-
german‹ (1958) oder ›On the Fourth Planet‹ (1963) – sind durchaus
lesenswert, während seine fünf Romane – THE LANI PEOPLE (1962),
LEGACY (1976), THE MEDDLERS (1976), GIFT ON THE MANTI (mit Ray Myers,
1977), CONFEDERATION MATADOR (1978) – geringe Bedeutung haben.

Bibliografie:
Die Sklavinnen von Kradon I (THE LANI PEOPLE), Bergisch Gladbach
1972, B 20

Bonhoff, Otto (1931 –)

Deutscher Autor, in Leipzig geboren, in der DDR lebend. B. war nach der Ausbildung an einer Schauspielschule als Theaterschauspieler und Volontär bei der Zeitschrift *Thüringer Nachrichten,* anschließend als freischaffender Journalist in Berlin tätig. 1975 erhielt er den Theodor-Körner-Preis, 1979 das Banner der Arbeit. Neben vielen anderen Romanen (in der Mehrzahl Krimis) veröffentlichte er 1974 seinen bisher einzigen SF-Roman, *Besuch aus dem Nebel,* der aus einem 1973 uraufgeführten Schauspiel hervorging. B. ist auch als Autor von Hörspielen und Fernsehspielen in Erscheinung getreten.

Bibliografie:

Besuch aus dem Nebel, Halle (Saale): Mitteldeutscher 1974

Borgholm, Hilding

Pseudonym eines deutschen, in Schweden lebenden Autors.

Bibliografie/H:

Vorposten Ganymed, UZ 217 (1960)
Die Lotosinsel auf Venus, UZ 241 (1960)
Die Söldner vom Fomalhaut, UZ 261 (1961)
Schatz in der Marswüste, UZ 277 (1961)
Zwischenlandung auf Kallisto, UG 156 (1961)
Unheimliche Raumfahrt, UZ 308 (1962)
Wer ist Moskow?, UZ 327 (1962)
Das Reich im Zwielichtsland, UZ 353 (1962)
In den Sternen verschollen, UZ 464 (1965)
Der zehnte Planet, UZ 539 (1967)
Flucht durch die Sternenräume, A 12 (1972)

Born, Nicolas

Bibliografie:

Oton und Iton. Abenteuer in der 4. Dimension, Reinbek: Rowohlt 1973

Borun, Krzysztof (1923 –)

Der polnische Autor arbeitet als Fachjournalist in Warschau und ist Mitbegründer und Vorstandsmitglied der Polnischen Astronautischen und Polnischen Kybernetischen Gesellschaft. Er schreibt seit

1952 Science Fiction, und einige seiner Erzählungen und Romane wurden ins Russische, Ukrainische, Tschechische und Ungarische übersetzt. Ins Deutsche übersetzt wurde eine Story, die in der Auswahl polnischer SF, *Galaxisspatzen,* in der DDR erschien. B. ist auch Mitautor eines Librettos für ein Musical und eines Wörterbuchs der Kybernetik.

Both, Sergius Siehe Franke, Herbert W.

Botond-Bolics, György (1913–1975)

Der Autor wurde in Arad/Ungarn geboren. Er studierte Staatswissenschaft, Nationalökonomie und Maschinenbau und promovierte 1935. Er war Betriebsorganisator und wechselte später in einen Budapester Verlag über. Sein erster SF-Roman erschien 1957 unter dem Titel HA GELSÁLL A KÖD (›Wenn der Nebel sich hebt‹). Neben weiteren SF-Romanen schrieb Botond-Bolics auch Mainstream-Romane, Sachbücher sowie Drehbücher zu populärwissenschaftlichen Filmen, Fernsehfeatures und Fernsehspielen.

Bibliografie:

Tausend Jahre auf der Venus (EZER ÈV A VÉNUSZON), Düsseldorf: MvS 1969
Das Marsgehirn denkt anders (REDIVIVUS TÜZET KÉR), Düsseldorf: MvS 1970

Boucher, Anthony (1911–1968)

Pseudonym des amerikanischen Autors William Anthony Parker White, geboren in Oakland, Kalifornien. B. machte sich sowohl als Krimi- wie als SF-Autor einen Namen, war für die SF aber vor allem als Herausgeber von Bedeutung. Er war Redakteur von *F&SF* und machte dieses Magazin zur qualitativ führenden Publikation des Genres. Die von ihm herausgegebenen Sammelbände mit Material aus diesem Magazin begründeten seinen Ruf, einer der wichtigsten Anthologisten der SF zu sein. Als Autor meldete sich B. nur selten zu Wort (1941 erschien mit ›Snulbug‹ seine erste Story, sein bestes Werk dürfte ›A Quest for Saint Aquin‹ sein, eine SF-Erzählung mit religiöser Thematik). Als Kritiker war er um so fleißiger. So schrieb er von 1946 bis zu seinem Tod regelmäßig Rezensionen über SF- und Krimititel für so bekannte Zeitungen wie *New York Times* und *New York Herald Tribune.*

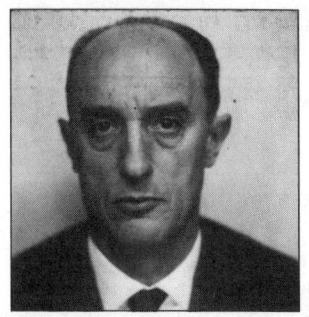

Boulle, Pierre (1912–)

Der Franzose B. ist hauptsächlich durch zwei Bücher bekanntgeworden: den Kriegsroman LE PONT DE LA RIVIÈRE KWAI (1957 verfilmt – *Die Brücke am Kwai)* und das SF-Spektakel LE PLANETE DES SINGES (1963), das in mehrere Sprachen übersetzt wurde. LE PLANÈTE DES SINGES wurde, unter dem Einfluß des Films, zu einem Bestseller und zog eine ganze Nachfolgeindustrie mit sich: Das amerikanische Fernsehen produzierte eine TV-Serie nach B.s Motiven, die Comic-Industrie griff das Thema auf, selbst die Filmleute wollten nach dem Erfolg ihres Streifens nicht mehr aufhören: Aus LE PLANÈTE DES SINGES wurde eine ganze Serie von Affen-Filmen, und am Ende schlachtete man noch die dazu geschriebenen Drehbücher aus, indem man sie von prominenten SF-Autoren zu Romanen umschreiben ließ. B. stammt aus Avignon, war Ingenieur von Beruf und ging 1936 als Pflanzer nach Malaya. Während des Zweiten Weltkrieges betätigte er sich als Guerillakämpfer in Indochina, kehrte später nach Malaya zurück und lebt heute in Paris als Schriftsteller, der nur gelegentlich Ausflüge in die Phantastik unternimmt. Werke von Interesse für SF-Leser sind LE JARDIN DE KANASHIMA (1964), die Geschichte des ersten Menschen auf dem Mond, sowie seine Kurzgeschichtensammlungen CONTES DE L'ABSURDE (1953) und $E = MC^2$. In seinem Roman LES JEUX DE L'ESPRIT (1973) geht es um Zukunftsspiele.

Bibliografie:

Planet der Affen (LE PLANÈTE DES SINGES), München 1965, GWTB 059
Die Liebe und die Schwerkraft (C/OA), Berlin/DDR: Volk und Welt 1970

Bounds, Sydney J(ames) (1920–)

Englischer Autor, geboren in Brighton. B. studierte Elektrotechnik, war bei der Londoner U-Bahn beschäftigt und wurde schließlich freiberuflicher Schriftsteller. Er schreibt in den verschiedensten Sparten der Unterhaltungsliteratur und verwendet u.a. die Pseudonyme James Marshal, Wes Sanders und James Ross. Sein erster SF-Roman war THE MOON RAIDERS (1955).

Bibliografie:

Als James Ross:

Im Namen der Menschheit (THE GOD KILLERS), München 1973, GWTB 0151

Bova, Ben(jamin William)

(1932–)

Geboren in Philadelphia, besuchte B. die dortige Temple University, schloß sein Journalistik-Studium 1954 ab und nahm danach mehrere redaktionelle Jobs bei technisch-wissenschaftlich orientierten Zeitschriften an. Ein erster SF-Jugendroman, STAR CONQUEROR, erschien bereits 1959, die Fortsetzung, STAR WATCHMAN, erschien 1964. Dies waren im wesentlichen Abenteuerfetzer *Analog*-scher Prägung. 1967 erschien THE WEATHERMAKERS; der Roman handelt von dem Kampf idealistischer Wissenschaftler, die die von ihnen entdeckten Möglichkeiten der Wetterkontrolle nicht in die Hände des Establishments fallen lassen wollen. Von 1971 bis 1978 war B. Redakteur von *Analog,* das er von dem verstorbenen Vorgänger John Campbell übernommen hatte. *Analog* befand sich in einem traurigen Zustand. Campbells in den letzten Jahren zunehmend reaktionäre Politik hatte für eine intellektuelle Stagnation gesorgt. B. liberalisierte das Magazin und förderte eine Reihe von Nachwuchsautoren, die heute zu den wichtigsten Vertretern der neueren Science Fiction gehören. George R. R. Martin, John Varley, Joan D. Vinge, Spider Robinson sind nur einige Namen. 1973 gab B. die Anthologie SCIENCE FICTION HALL OF FAME 2 heraus, die eine Art Ewige Bestenliste der Prä-Nebula-Ära darstellt. Ab 1979 übernahm er für einige Jahre die Redaktion des Populärmagazins *Omni,* das auch ab und an SF-Texte herausbrachte. Zwischenzeitlich veröffentlichte B. immer wieder eigene Texte, die sich qualitätsmäßig durchaus steigerten. Zwei Collections, AS ON A DARKLING PLAIN (1972) und KINSMAN (1979), sowie die Romane THE MULTIPLE MAN (1975), MILLENNIUM (1976), COLONY (1978) und VOYAGERS (1981) etablierten B.s Ruf als Vertreter der Hard SF, der technisch orientierten Spielart also, in der amerikanische Patrioten Heinleinscher Prägung das (bei B. oft düstere) Bild bestimmen. KINSMAN, MILLENNIUM und COLONY gehören zu einer Future History, die sich mit der Besiedelung des Weltraums und einer durch ökologischen Mißbrauch immer unwirtlicher werdenden Erde auseinandersetzt. Eine in Ansätzen vorhandene Gesellschaftskritik sowie ein sorgfältig recherchierter wissenschaftlicher Hintergrund und komplexe Charaktere machen aus der Trilogie eine interessante, wenn auch problematische Lektüre. B.s Protagonisten sind oft Funktionsträger, deren Rolle in ihren Namen zum Ausdruck kommt, wodurch B. seinen Texten eine allegorische Komponente verleiht. Fast schon zum Wissenschaftskrimi geraten VOYAGERS und die Fortsetzung VOYAGERS II: THE ALIEN WITHIN (1986), die vom Eindringen eines außerirdischen Flugkörpers in unser Sonnensystem und den Reaktionen auf der Erde berichten: Keith Stoner, ein verbitterter ehemaliger Astronaut, nimmt Kontakt mit dem Schiff auf, wird eingefroren und erwacht achtzehn Jahre später mit einem Alien als Symbionten. THE MULTIPLE MAN handelt von ei nem Komplott zur Beseitigung des amerikanischen Präsidenten, nur: Den gibt es siebenmal, einen Klonbruder für jedes Fachgebiet...

Neuere Romane sind ORION (1984) und PRIVATEERS (1985), von denen der erste B.s Allegorie des Champions einer bedrängten Menschheit in Reinform übermittelt, während PRIVATEERS wohl eher ein Ausrutscher ist: Ein aufrechter Amerikaner gegen eine russische Weltherrschaft.

Alles in allem stellt sich B. als Hard-SF-Autor der Heinleinschen Tradition dar, der actionreiche lesbare Romane mit einer Spur Tiefgang vorlegt, die meist in der nahen Zukunft angesiedelt sind, der sich jedoch von einem liberalen Demokraten zu einem hemdsärmeligen Republikaner gewandelt zu haben scheint.

Bibliografie:

Das Drogenparadies (THX 1138), Bergisch Gladbach 1975, B 21067 (auch: *THX 1138 – Das Drogenparadies*)
Die dunklen Wüsten des Titan (AS ON A DARKLING PLAIN), München 1975, H 3422
Planet der Katzenwölfe (THE WINDS OF ALTAIR), Stuttgart: Boje 1975
Der Mehrfachmensch (THE MULTIPLE MAN), München 1978, G 23260
(Hrsg.) *Titan 8* (SCIENCE FICTION HALL OF FAME, 2A, Auswahl)
(mit W. Jeschke), München 1978, H 3597
Jahrtausendwende (MILLENNIUM), München 1978, H 3577
Gefangen in New York (CITY OF DARKNESS), Stuttgart: Boje 1978
(Hrsg.) *Titan 10* (S.F.H. OF F., 2A, Auswahl) (mit W. Jeschke) München 1979, H 3633

(Hrsg.) *Titan 11* (s.f.h. of f., 2a, Auswahl) (mit W. Jeschke),
München 1979, H 3651
(Hrsg.) *Titan 12* (s.f.h. of f., 2a/2b, Auswahl) (mit W. Jeschke),
München 1979, H 3669
(Hrsg.) *Titan 13* (s.f.h. of f., 2b, Auswahl) (mit W. Jeschke),
München 1979, H 3691
Die Kolonie (colony), München 1980, H 3764
(Hrsg.) *Titan 14* (s.f.h. of f., 2b, Auswahl), (mit W. Jeschke),
München 1980, H 3734
(Hrsg.) *Titan 16* (s.f.h. of f., 2b, Auswahl), (mit W. Jeschke),
München 1980, H 3827
Die Duellmaschine (the dueling machine), Bergisch Gladbach 1980,
B 22022
Im Exil (end of exile), München 1982, H 3885
Als der Himmel Feuer fing (when the sky burned), München 1982,
G 23402
Erstkontakt (voyagers), München 1982, G 23416
Kinsman (kinsman), München 1983, H 4031
(Hrsg.) *Das Beste aus Omni 1* (the best of omni i and ii, Auswahl),
München 1983, G 23421
(Hrsg.) *Das Beste aus Omni 2* (the best of omni iii), München 1983,
G 23422
(Hrsg.) *Das Beste aus Omni 3* (the best of omni iv) (mit Don Myers),
München 1983, G 23435

Bibliografie/H:

Bezwinger der Galaxis (star conquerors), München 1966, T 443
Der Mann von der Sternenwache (star watchman), München 1966,
T 446/447
Projekt Tornado (the weathermakers), München 1968, TN 32

Bowles, Albert C. Siehe Grams, Jay

Boyd, John (1919 –   )
John Boyd ist das Pseudonym des amerikanischen Autors Boyd
Bradfield Upchurch, der in Georgia geboren wurde, jedoch im
Zweiten Weltkrieg in der Royal Navy diente (die Familie Upchurch
stammt aus England). Nach dem Krieg zog er nach Los Angeles,
handelte mit Grafiken und wurde 1970 freiberuflicher Schriftsteller.
Sein erster und zugleich bester SF-Roman ist the last starship from
earth, der 1968 erschien und auf Anhieb stark beachtet wurde. Kol-

lege Heinlein beispielsweise setzte THE LAST STARSHIP FROM EARTH auf eine Stufe mit *1984* und BRAVE NEW WORLD. Tatsächlich handelt es sich um eine eindringliche Anti-Utopie über eine strenge Klassengesellschaft, in der Wissenschaftler (Mathematiker, Psychologen) im Verein mit der Kirche die Macht ausüben und Abweichler auf den Planeten ›Hölle‹ verbannen. Dies widerfährt auch dem Sohn eines anerkannten Mathematikers, als er sich unstandesgemäß in eine Kunststudentin verliebt und mit ihr ein Kind zeugt. Diese Abweichung wurde allerdings vom Planeten Hölle aus provoziert, und zum Schluß zeigt sich, daß die Handlung nicht in unserer Zukunft, sondern in einer Alternativwelt spielt, aus der durch das Eingreifen der Höllenbewohner (sie verhindern, daß Jesus Christus ein hohes Alter auf Erden erreicht) unsere Welt wird. B., der es inzwischen auf elf Romane brachte und auch – allerdings nur gelegentlich – Kurzgeschichten in Magazinen veröffentlichte, hat an den Erfolg und die Qualität des Erstlings niemals so recht wieder anschließen können. Lediglich THE POLLINATORS OF EDEN (in dem eine Wissenschaftlerin von einer außerirdischen Pflanze vergewaltigt und geschwängert wird) und THE RAKEHELLS OF HEAVEN (US-Astronauten werden mit ›unmoralisch-anarchistischen‹ Nackedeis auf einem anderen Planeten konfrontiert), beide 1969 erschienen, konnten in etwa überzeugen. Spätere Romane leiden unter Ideenmangel. B. beschränkte sich dabei im wesentlichen auf seichte sexuelle Spielereien und Andeutungen, garniert mit einem nicht immer leicht erträglichen ›Humor‹, hinter dem sich diverse Ressentiments (etwa gegen die Emanzipation der Frau) verbargen. B.s Erstling, der wie THE LAST STARSHIP FROM EARTH 1968 erschien, war übrigens ein Mainstream-Roman, der eine Gesamtauflage von 300000 Exemplaren erreichte und verfilmt wurde. Und THE LAST STARSHIP FROM EARTH wurde von der American Library Association zu einem der besten Romane des Jahres gewählt, erlebte eine Buchklubausgabe und schon vor Jahren die Option zur Verfilmung.

Bibliografie:
Der Überläufer (THE LAST STARSHIP FROM EARTH), München 1978, Kn 706
Die schwarze Kartei (THE DOOMSDAY GENE), Frankfurt am Main/Berlin/Wien 1981, U 31022
Die Sirenen von Flora (THE POLLINATORS OF EDEN), München 1982, Kn 5746
Der Andromeda-Gunman (ANDROMEDA GUN), München 1982, H 3879

Boye, Karin (1900–1941)

Schwedische Autorin, die als Pazifistin angesichts des Naziterrors und der Entwicklung der Sowjetunion unter Stalin (in die sie große Hoffnungen gesetzt hatte) Selbstmord beging. KALLOCAIN (1940) ist eine bedeutende Anti-Utopie, die B.s Bedrückung über den Zustand der Welt (u. a. nach einer Reise in die Sowjetunion) reflektiert und manches vorwegnimmt, was später in George Orwells *1984* (1949) thematisiert wurde, beispielsweise den totalen Überwachungsstaat.

Bibliografie:

Kallocain (KALLOCAIN), Berlin: Neuer Malik 1947

Bracharz, Kurt (1947–)

Österreichischer Autor, geboren in Bregenz, ist Berufsschullehrer und wohnt in Dornbirn. Er schrieb neben Kinderbüchern (*Wie der Maulwurf beinahe in der Lotterie gewann*, 1981) und Krimis (*Pappkameraden*, 1986) eine Reihe von Erzählungen, von denen einige der SF zuzurechnen sind, wie etwa ›Vorschlag zur Kopfarbeit‹ (1978), ›Das Tremendum‹ (1983), ›Der Schlunz‹ (1984), ›Venice 2‹ (1984), ›Zwei Kinder im Nichts‹ (1986), ›Abu Alis Geburtstag‹ (1987), ›Das andere Ufer‹ (1987), die zum größten Teil in den internationalen Anthologien im Heyne Verlag erschienen sind.

Brackett, Leigh (Douglas) (1915–1978)

Amerikanische Autorin, geboren in Los Angeles. B. war mit dem SF-Autor Edmund Hamilton verheiratet und vertrat wie dieser die abenteuerliche SF. Sie publizierte seit den vierziger Jahren und verfaßte im SF/Fantasy-Bereich hauptsächlich Stoffe in der Tradition von Edgar Rice Burroughs. Ihr bekanntester Charakter ist der Merkurier Eric John Stark. Ihr Hauptwerk liegt jedoch außerhalb von SF und Fantasy. Sie schrieb Krimis und Western und verfaßte eine Vielzahl von Drehbüchern für Kinofilme und für das Fernsehen, darunter die Vorlagen für so bekannte Filme wie THE BIG SLEEP (nach Raymond Chandler), RIO BRAVO, EL DORADO und RIO LOBO.

Bibliografie:

Der Weg nach Sinharat (C) (THE SECRET OF SINHARAT), Rastatt 1977, TF 40

Wächter am Todestor (PEOPLE OF THE TALISMAN), Rastatt 1977, TF 41

Das Erbe der Marsgötter (THE SWORD OF RHIANNON), Rastatt 1978, TF 49

Alpha Centauri sehen und sterben (ALPHA CENTAURI OR DIE), Bergisch Gladbach 1978, B 21111

Der sterbende Stern (THE GINGER STAR), Rastatt 1979, TTB 320

Dämon aus dem All (THE HOUNDS OF SKAITH), Rastatt 1980, TTB 324

Planet im Aufbruch (THE REAVERS OF SKAITH), Rastatt 1980, TTB 326

Die besten Stories von Leigh Brackett (C) (THE BEST OF LEIGH BRACKETT), München 1981, P 6715

Am Morgen einer anderen Zeit (THE LONG TOMORROW), Rastatt 1983, UC 50

Das Schiff von Orthis (THE STARMEN OF LLYRDIS), Rastatt 1983, UC 52

Der große Sprung (THE BIG JUMP), Rastatt 1983, TTB 353

Bibliografie/H:

Revolte der Verlorenen (ENCHANTRESS OF VENUS), UZ 95 (1957)

Hände weg vom Mars! (C) (THE COMING OF THE TERRANS), TA 317 (1977)

Schatten über dem Mars (THE NEMESIS FROM TERRA), TA 329 (1977)

Bradbury, Ray (1920 –)
Amerikanischer Autor, geboren in Waukegan, Illinois. 1934 zog seine Familie nach Los Angeles, wo B. den High-School-Abschluß machte. Schon in jungen Jahren nahm B. Kontakt zur SF-Szene in L. A. auf und lernte u. a. Forrest Ackerman, Henry Kuttner sowie Ray Harryhausen kennen, der später einer der bekanntesten Trickspezialisten des phantastischen Kinos wurde. 1939 gab B. ein eigenes Fanzine heraus, und 1941 erschien seine erste, in Zusammenarbeit mit Henry Hasse entstandene Story ›Pendulum‹ in dem Magazin *Super Science Stories.* Er

lernte weitere SF-Autoren kennen, darunter Leigh Brackett, die ihn anfangs stark beeinflußte und mit der zusammen er die Story ›Lorelei of the Mist‹ (1946) schrieb. Ab 1943 fand er zu einem anderen, deutlich poetischeren Stil und wandte sich thematisch immer häufiger unheimlich-makabren Stoffen zu, die häufig auf der Grenzlinie zwischen SF und Phantastik angesiedelt sind. Einen repräsentativen Querschnitt aus diesen Jahren bietet vor allem die Sammlung DARK CARNIVAL (1947; weitgehend identisch damit ist THE OCTOBER COUNTRY, 1955). Sein SF-Story-Werk besteht zu einem guten Teil aus bunten, farbigen Abenteuer-SF-Geschichten, die in Magazinen wie *Planet Stories* oder *Thrilling Wonder Stories* erschienen. Ein Highlight aus dieser Zeit ist vor allem ›The Million Year Picnic‹ (1946), eine Story, die später Bestandteil eines jener drei Werke wurde, die ihm höchste Reputation in und außerhalb der Science Fiction verschafften: THE MARTIAN CHRONICLES (1950). Diese Chronik der Kolonisierung des Mars durch den Menschen umfaßt 36 Kurzgeschichten, in denen geschildert wird, wie aus dem friedlichen, unberührten Mars mit seinen seltsamen Urbewohnern eine hektische, übervölkerte Welt wird. Die Marsianer sterben aus, und auch die Menschen verlassen den Planeten wieder. Zurück bleibt eine Friedhofsruhe mit Geisterstädten der Menschen und zerfallenen Siedlungen der ausgestorbenen Marsianer.

B.s einziger SF-Roman, *Fahrenheit 451* (1953), wurde ein unumstrittenes Meisterwerk des Genres und gehört nicht nur zu den wichtigsten Anti-Utopien, sondern wird auch zu den wichtigsten Prosawerken der amerikanischen Nachkriegsliteratur überhaupt gerechnet. François Truffaut hat das Buch 1966 mit einem bemerkenswerten Film noch populärer gemacht. Der Titel bezieht sich auf den Hitzegrad, bei dem Papier Feuer fängt, und das Verbrennen von Büchern in einem totalitären Staat ist denn auch das zentrale Thema: Bücher zu lesen oder zu besitzen ist ein schweres Verbrechen, und die Feuerwehr ist umfunktioniert worden zu einer Organisation, die mit Kerosin und Flammenwerfern anrückt, sobald irgendwo Bücher entdeckt werden. Die letzten Rebellen dieser Welt, die sich nicht wie die anderen von den TV-Familiensendungen auf wandgroßen Bildschirmen verblöden lassen wollen, flüchten in die Wildnis, wo sie ihre auswendig gelernten Lieblingsbücher rezitieren, um sie für die Nachwelt zu erhalten.

Ein weiterer Höhepunkt ist die Kurzgeschichtensammlung THE ILLUSTRATED MAN (1951). B. hat hier einige seiner berühmtesten Stories wie ›The Veldt‹, ›The Rocket‹, ›The Long Rain‹, ›Marionettes,

Inc.‹ oder ›The Concrete Mixer‹ nicht nur gesammelt, sondern mit einer Rahmenhandlung versehen: Zwei Männer treffen sich auf einer Landstraße, einer ist von Kopf bis Fuß tätowiert, und nachts beginnen die einzelnen Bilder ihre Geschichte zu erzählen. Auch dieses Buch wurde (1968 von Jack Smight) mit Rod Steiger in der Hauptrolle verfilmt.

Insgesamt hat sich B. mit einem relativ schmalen SF-Werk einen bis heute ungeschmälerten Ruhm erschrieben. Ihm kam dabei zugute, daß er zu einer Zeit, als die literarische Seite der Science Fiction noch extrem unterentwickelt war (während die technisch-naturwissenschaftliche Seite überbetont war), auf Poesie setzte und sich damit selbst zu verwirklichen suchte, statt den gängigen Trends zu folgen.

B. schrieb neben *Fahrenheit 451* den Fantasyroman SOMETHING WICKED THIS WAY COMES (1962) sowie 1986 mit DEATH IS A LONELY BUSINESS einen in Venice bei Los Angeles, wo er als junger Mann wohnte, angesiedelten Krimi.

Bibliografie:

Fahrenheit 451 (FAHRENHEIT 451), Frankfurt am Main/Berlin/Wien 1956, U 214

Der illustrierte Mann (C) (THE ILLUSTRATED MAN), Zürich: Diogenes 1962

Medizin für Melancholie (C) (A MEDICINE FOR MELANCHOLY), Düsseldorf: MvS 1969

Geh nicht zu Fuß durch stille Straßen (C) (THE GOLDEN APPLES OF THE SUN), Düsseldorf: MvS 1970

Die Mars-Chroniken (C) (THE MARTIAN CHRONICLES), Düsseldorf: MvS 1972

Gesänge des Computers (auch: *Das Kind von Morgen/Gesänge des Computers & Die vergessene Marsstadt*) (C) (I SING THE BODY ELECTRIC), Düsseldorf: MvS 1973

Lange nach Mitternacht (C) (LONG AFTER MIDNIGHT), München 1979, G 23278

Löwenzahnwein (C) (DANDELION WINE), Zürich: Diogenes 1983

Die Mechanismen der Freude (C) (THE MACHINERIES OF JOY), Zürich: Diogenes 1985

Sauriergeschichten (C) (DINOSAUR TALES), Bergisch Gladbach 1985, B 28136

Familientreffen (C) (THE OCTOBER COUNTRY), Zürich: Diogenes 1986

Bradley, Marion Zimmer

(1930 –)

Amerikanische Autorin, geboren als Marion Zimmer in Albany, New York, die auch unter Pseudonymen wie Lee Chapman, John Dexter, Miriam Gardner, Valerie Graves, Morgan Ives und John J. Wells veröffentlicht hat. Den Namen Bradley trägt sie aus erster Ehe. 1952 erschien in *Vortex* ihre erste Story ›Keyhole‹. B. hatte sich schon als junges Mädchen eine Phantasiewelt ausgedacht, die in veränderter Form Grundlage ihrer ›Darkover‹-Romane wurde. Im Mittelpunkt steht dabei eine Kultur, die aus gestrandeten irdischen Raumfahrern erwachsen und zum Zeitpunkt ihrer Wiederentdeckung nicht nur mittelalterlich, sondern auch durch die Herausbildung von PSI-Kräften geprägt ist. Die ›Darkover‹-Romane nutzen das Spannungsfeld zwischen Tradition und technischem Fortschritt, wie es sich in der Konfrontation zwischen der Darkover-Kultur und der irdischen Zivilisation, die in Form einer Enklave präsent ist, ergibt. In ihren besten Werken wie THE BLOODY SUN (1964, neue Fassung 1978), THE HERITAGE OF HASTUR (1975) oder THE SHATTERED CHAIN (1976) gelang es B. besonders gut, diesen Gegensatz herauszuarbeiten. Ihr besonderes Verdienst ist zweifellos auch, daß sie tabuisierte Themen wie Homosexualität (THE HERITAGE OF HASTUR) aufgriff und sich für die Emanzipation der Frau einsetzte. Ihr Durchbruch zur Bestsellerautorin liegt allerdings außerhalb der SF: THE MISTS OF AVALON (1983), eine Interpretation der Artus-Sage, war weltweit ein Riesenerfolg und ebnete den Weg für weitere Bestseller.

Bibliografie:

Raubvogel der Sterne (THE DOOR THROUGH SPACE/BIRD OF PREY), Balve: Zimmermann 1959 (auch: *Das Weltraumtor*)
Herrin der Stürme (STORMQUEEN), München 1979, Kn 5717
Die Matriarchen von Isis (THE RUINS OF ISIS), Bergisch Gladbach 1979, B 22014
Hasturs Erbe (THE HERITAGE OF HASTUR), München 1981, M 3515
Die Jäger des Roten Mondes (HUNTERS OF THE RED MOON), München 1981, M 3528
Die Flüchtlinge des Roten Mondes (THE SURVIVORS) (mit Paul Edwin Zimmer), München 1981, M 3540

Reise ohne Ende (ENDLESS VOYAGE), München 1981, M 3548
Der verbotene Turm (THE FORBIDDEN TOWER), München 1981, M 3553
Die blutige Sonne (THE BLOODY SUN), Rastatt 1982, M 3572
Die Zeit der Hundert Königreiche (TWO TO CONQUER), München 1982, M 3584
Das Haus zwischen den Welten (THE HOUSE BETWEEN THE WORLDS), Bergisch Gladbach 1983, B 28112
Sharras Exil (SHARRA'S EXILE), Rastatt 1983, M 3613
Landung auf Darkover (DARKOVER LANDFALL), Rastatt 1984, M 3653
Herrin der Falken (HAWKMISTRESS), München: Droemer 1984
Der Bronzedrache (THE BRASS DRAGON), München 1984, H 4144
Sie kamen von den Sternen (SEVEN FROM THE STARS), Frankfurt am Main/Berlin/Wien 1985, U 31123
Die Schwarze Schwesternschaft (CITY OF SORCERY), Düsseldorf: Fantasy Productions 1985
Das Schwert des Aldones (THE SWORD OD ALDONES), Rastatt 1985, M 3670
Die zerbrochene Kette (THE SHATTERED CHAIN), Rastatt 1985, M 3671 (auch: *Die Amazonen von Darkover*)
Die Weltenzerstörer (THE WORLD WRECKERS), Rastatt 1985, M 3677
Die Winde von Darkover (THE WINDS OF DARKOVER), Rastatt 1985, M 3683
Das Zauberschwert (THE SPELL SWORD), Rastatt 1985, M 3685
Der lange Weg der Sternenfahrer (SURVEY SHIP), Bergisch Gladbach 1985, B 23019
Die Kräfte der Comyn (STAR OF DANGER), Rastatt 1986, M 3693
(Hrsg.) *Der Preis des Bewahrers* (THE KEEPER'S PRICE), Rastatt 1986, M 3700
(Hrsg.) *Schwert des Chaos* (SWORD OF CHAOS), Rastatt 1986, M 3702
Die Farben des Alls (THE COLORS OF SPACE), Bergisch Gladbach 1986, B 23056
Die Sterne warten (C/OA), Bergisch Gladbach: Lübbe 1986
Gildenhaus Thendara (THENDARA HOUSE), Rastatt 1986, M 3728

Bibliografie/H:

Die Sterne warten (C) (THE DARK INTRUDER AND OTHER STORIES), München 1971, TN 177
Die Falken von Narabedla (FALCONS OF NARABEDLA), München 1971, TN 181
Retter eines Planeten (THE PLANET SAVERS), München 1971, TA 7

Brand, Horst Siehe Brandhorst, Andreas

Brand, Kurt (1917 –   )
Deutscher Autor, geboren in Wuppertal, heute in Italien lebend. B. diente im Krieg bei einer V2-Einheit und gründete in der Nachkriegszeit in Köln eine Leihbücherei. Er begann zu schreiben (zunächst Western) und veröffentlichte 1951 mit *Türme in der Sahara* seinen ersten SF-Roman. In der Folge schrieb er für verschiedene Leihbuchverlage SF und andere Unterhaltungsliteratur und hatte es 1959 schon auf 85 Bücher gebracht. Von 1963 – 1965 arbeitete er an *Perry Rhodan* mit, avancierte dann zum Chefautor der Konkurrenzserie *Ren Dhark* und wurde 1972 Exposéredakteur von *Raumschiff Promet*. Ferner konzipierte er die Krimi-SF-Serie *Checkpart 2000* und schrieb bei *Zeitkugel* sowie bei *Mondstation 1999* mit. Er benutzte im SF-Bereich auch die Pseudonyme C. R. Munro, Bert Stranger, Peter L. Starne, T. W. Marks, Ted Scout und veröffentlichte unter den Verlagspseudonymen I. S. Osten und Lars Torsten. B., der in den verschiedensten Genres (Krimi, Western, Horror) publizierte, war vor allem in seinen frühen Jahren für (im Rahmen von Heft und Leihbuch) oft ausgefallene Ideen und nicht minder ausgefallene Namen seiner Protagonisten bekannt. Bei damaligen Fans beliebt waren Romane wie *Der Galaxant* (1962), *Der Sternenjäger* (1962), *Treibsand zwischen den Sternen* (1962) sowie der Romanzyklus über die Abenteuer eines Weltraumreporters. Über reine Unterhaltung ist B. allerdings nie hinausgelangt.

Bibliografie:
Türme in der Sahara, Eulenthal: Anker 1951
Außenstation VII explodiert, Köln: Alka 1956
Milchstraße M 1, Köln: Alka 1956
Trans-Universum, Köln: Kölner Verlagsanstalt 1957
Weltraum zwo fünf, Köln: Steinebach 1957
Raum der schwarzen Sonnen, Köln: Steinebach 1957
Das unmögliche Weltall, Köln: Steinebach 1958
Aus Weltraumtiefen, Köln: Kölner Verlagsanstalt 1958
Die geheimnisvolle Formel, Düsseldorf: Dörner 1958
Die Zukunft war gestern, Düsseldorf: Dörner 1958
Die Zeitspirale, Köln: Steinebach 1958
Am Ende der Ewigkeit, Düsseldorf: Dörner 1959
Treibsand zwischen den Sternen, Balve: Zimmermann 1962

Der Weltraumreporter, Band 1 (enthält: *Der Ewige* und
Kolumbus der Milchstraßen), Bergisch Gladbach 1983,
B 23016
Der Weltraumreporter, Band 2 (enthält: *Der Sternbaron*
und *Falschmeldungen von Sagittarius*), Bergisch Gladbach 1983,
B 23020
Der Weltraumreporter, Band 3 (enthält: *Sondereinsatz Trifidnebel*
und *Im Para-Dschungel*), Bergisch Gladbach 1983, B 23023

Als C.R. Munro:

Gefesselte Planeten, Köln: Kölner Verlagsanstalt 1958
Er nahm die Erde mit, Köln: Steinebach 1958
Stern ohne Wiederkehr, Ratingen: Andra 1958
Phänomen Galaxis, Ratingen: Andra 1958
Das Sternenschiff, Ratingen: Andra 1958
Die Ewigkeit ist voller Sterne, Köln: Steinebach 1958
Ein Tag wie der andere, Köln: Steinebach 1959
Sie kamen nie an, Köln: Steinebach 1959
Raum hinter der Zeit, Köln: Steinebach 1959

Als Lars Torsten:

Der Gral-Mutant, Köln: Steinebach 1959

Bibliografie/H:

Der Sternenjäger, T 221 (1962)
Der Galaxant, T 251 (1962)
Sterbliche Sternengötter, T 381 (1965)
Gesetz 23, T 396 (1965)
Kontrakt mit der Hölle, T 425 (1965)
Deserteure der Cosmic Police, T 440 (1966)
Leuchtfeuer in der Galaxis, UZ 472 (1966)
Der Letzte der Ersten, UZ 482 (1966)
Der Tod greift nach den Sternen, UZ 503 (1966)
Herr über 1000 Sonnen, T 505 (1967)
Das Geheimnis der Zyklopen, T 515 (1967)
Verbindung kommt, T 528 (1967)
Planet R-987, T 536 (1967)
Der knisternde Planet, ZSF 99 (1970)
Genies vom Fließband, A 2 (1972)
Die Erde frißt sie alle, Inferno 1 (1975)

Als C. R. Munro:

Schatten der Vergangenheit, ZSF 75 (1968)
Tote gehen ihren Weg allein, ZSF 104 (1971)
Die Para-Zange, ZSF 121 (1972)
Welten sterben wie Fliegen, ZSF 122 (1972)
Für Terra: Alarmstufe 1, ZSF 129 (1972)

Als Ted Scout:

Die Monster von Polaris, EGKD 32 (1976)
Skorpione aus dem Silur, EGKD 36 (1976)
Der Boß – Welten sterben wie Fliegen, ESF 20 (1978)
Geheimnis der schwarzen Lilie, ESF 20/21 (1978)

Siehe Anhang SERIEN: *Checkpart 2000, Mondstation 1999, Perry Rhodan, Perry Rhodan Taschenbuch, Raumschiff Promet, Ren Dhark, Ren-Dhark-Taschenbuch, Zeitkugel*

Brandhorst, Andreas

(1956 –   )
Deutscher Autor und Übersetzer, geboren in Sielhorst, Kreis Minden, der auch unter Pseudonymen wie Thomas Lockwood, Andreas Werning, Andreas Weiler, Horst Brand sowie dem Verlagspseudonym Robert Lamont Horrorhefte schreibt. B. besuchte die Mittelschule, die Höhere Handelsschule, absolvierte eine Lehre als Industriekaufmann und war zeitweise als Jeans-Verkäufer im Geschäft seiner Eltern tätig, bevor er freiberuflicher Autor und Übersetzer wurde. Mit einer Italienerin verheiratet, lebt er heute in Fiume Veneto/Norditalien. B., der u. a. eine Reihe von Romanen für die Serie *Die Terranauten* schrieb, neigt zur Science Fantasy und hat sich auch als Fantasyautor betätigt. Mit *Verschwörung auf Gilgam* schrieb er außerdem ein SF-Jugendbuch. 1982 erhielt er für die Erzählung ›Die Planktonfischer‹ den Kurd-Laßwitz-Preis.

Bibliografie:

Schatten des Ichs, Rastatt 1983, M 3623
Der Netzparasit, Meitingen: Corian 1983

254

Mondsturmzeit, München 1984, G 23458

Verschwörung auf Gilgam, München: Schneider 1984

Planet der wandernden Berge, Bergisch Gladbach 1985, B 24066

In den Städten, in den Tempeln (mit Horst Pukallus), Frankfurt am Main/Berlin/Wien 1984, U 31084

Die Renegatin von Akasha (mit Horst Pukallus), Frankfurt am Main/Berlin/Wien 1986, U 31130

Der Attentäter (mit Horst Pukallus), Frankfurt am Main/Berlin/Wien 1986, U 31131

Das Exil der Messianer (mit Horst Pukallus), Frankfurt am Main/Berlin/Wien 1986, U 31135

Als Andreas Werning:

Die Sirenen von Kalypso, Rastatt 1983, TTB 354

Bibliografie/H:

Als Horst Brand:

Schatten der Nacht, ZSF 260 (1982)

Als Thomas Lockwood:

Die Unterirdischen, ZSF 197 (1978)

Entscheidung auf Sigma sechs, ZSF 203 (1978)

Der Mikro-Tod, ZSF 206 (1979)

Auf den Spuren der Unbekannten, ZSF 207 (1979)

Die Reservewelt, ZSF 208 (1979)

Welt der Psionen, ZSF 210 (1979)

Urlaub auf Wega IX, ZSF 212 (1979)

Die Kristallwelt, ZSF 218 (1979)

Die Vergessenen, ZSF 224 (1980)

Computer-Parasiten (mit Arl Duncan), ZSF 227 (1980)

Als Andreas Werning:

Rendezvous mit der Hölle, TA 490 (1981)

Pfad ins Nichts, TA 507 (1981)

Planeten-Odyssee, TA 517 (1981)

Zwischen gestern und morgen, TA 529 (1981)

Leclerc, der Ketzer, TA 530 (1981)

Siehe auch Anhang SERIEN: *Die Terranauten, Die Terranauten Taschenbücher*

Brandis, Jewgeni

Bibliografie:

(Hrsg.) *Der Wurfspieß des Odysseus,* Berlin/DDR: Neues Leben 1981

Brandis, Mark (1931–)

Pseudonym des deutschen Autors Nikolai von Michalewsky, geboren in Dahlewitz, Krs. Teltow. Michalewsky, der auch unter den Pseudonymen Victor Karelin, Bo Anders und Nick Norden schreibt, lebt heute in Schleswig-Holstein. Obwohl in erster Linie Verfasser von Jugendbüchern, hat er auch als Autor und Regisseur für Rundfunk und Fernsehen (Dokumentarfilme über Seefahrt und Fischerei) gearbeitet. Im SF-Jugendbuchbereich wurde er durch die erfolgreiche und langlebige Serie *Weltraumpartisanen* bekannt, die mit zum Besten gehört, was die deutsche Jugend-SF zu bieten hat. M. versteht sich darauf, engagiert aktuelle Themen zu extrapolieren und in eine spannende SF-Handlung der nahen Zukunft einzubinden. Konkreter Handlungshintergrund der Serie ist der Kampf gegen Polizeistaat, Militarismus und Terrorismus im solaren System. Weniger erfolgreich war die nur vier Bände umfassende Serie *Kennwort P,* in der eine private Geheimdienstorganisation (›Gesellschaft für positives Handeln‹) mit humanitärem und moralischem Engagement als ausgleichende Kraft in politischen, wirtschaftlichen und umweltbedingten Spannungszonen auftritt.

Bibliografie:

Bordbuch Delta VII, Freiburg: Herder 1970
Verrat auf der Venus, Freiburg: Herder 1971
Unternehmen Delphin, Freiburg: Herder 1971
Aufstand der Roboter, Freiburg: Herder 1972
Vorstoß zum Uranus, Freiburg: Herder 1972
Die Vollstrecker, Freiburg: Herder 1973
Testakte Kolibri, Freiburg: Herder 1973
Raumsonde Epsilon, Freiburg: Herder 1974
Salomon 76, Freiburg: Herder 1974
Aktenzeichen: Illegal, Freiburg: Herder 1975
Operation Sonnenfracht, Freiburg: Herder 1975
Alarm für die Erde, Freiburg: Herder 1976
Countdown für die Erde, Freiburg: Herder 1976
Kurier zum Mars, Freiburg: Herder 1977

Die lautlose Bombe, Freiburg: Herder 1977
Pilgrim 2000, Freiburg: Herder 1978
Der Spiegelplanet, Freiburg: Herder 1978
Sirius-Patrouille, Freiburg: Herder 1979
Astropolis, Freiburg: Herder 1980
Triton-Passage, Freiburg: Herder 1981
Blindflug zur Schlange, Freiburg: Herder 1981
Raumposition Oberon, Freiburg: Herder 1982
Vargo-Faktor, Freiburg: Herder 1982
Testbuch (C), Freiburg: Herder 1982
Astronautensonne, Freiburg: Herder 1983
Planetaktion Z, Freiburg: Herder 1983
Aufbruch zu den Sternen (C), Freiburg: Herder 1983
Ikarus, Ikarus, Freiburg: Herder 1984
Pandora-Zwischenfall, Freiburg: Herder 1984
Metropolis-Konvoi, Freiburg: Herder 1985
Zeitspule, Freiburg: Herder 1985
Die Eismensch-Verschwörung, Freiburg: Herder 1986
Weltraumpartisanen (enthält *Bordbuch Delta VII, Kurier zum Mars, Pilgrim 2000* und *Blindflug zur Schlange*), Freiburg: Herder 1986

Als Nick Norden:

Feuerprobe in Kalkutta, Freiburg: Herder 1979
Letzte Chance vor Beirut, Freiburg: Herder 1979
Geh und rette Assuan Freiburg: Herder 1980
Keine Straße nach Wanjanga, Freiburg: Herder 1980

Als Bo Anders:

Omega 2 im Bannkreis der Venus, Bayreuth: Loewes 1982
Omega 2 und der Planet der Verschollenen, Bayreuth: Loewes 1983

Brändle Alec (1923 –   )
Pseudonym für Alexander Brändle, geboren in Weingarten.

Bibliografie/H:

Gesucht wird Psychonaut, ZSF 115 (1971)
Das Geheimnis von Sub-Terra, ZSF 119 (1972)
Revolte der Mutanten, ZSF 241 (1981)
Das Geheimnis der Orbit-Garage, ZSF 242 (1981)

Branstner, Gerhard (1927 –   )

Seit 1968 arbeitet der DDR-Autor B. freiberuflich als Schriftsteller. Vorher war der in Blankenheim, südlich von Weimar, geborene Autor Verwaltungslehrling, nahm am Krieg teil und geriet in Gefangenschaft; danach studierte er Philosophie, wurde Dozent, promovierte und arbeitete als Cheflektor in einem Verlag. Sein erster SF-Roman war *Die Reise zum Stern der Beschwingten* (1968), der wie die meisten seiner utopischen Texte humorvoll-satirisch ist. Neben SF schreibt er Lyrik, Bühnenstücke und Gegenwartsprosa.

Bibliografie:

Zu Besuch auf der Erde (C), Halle/Leipzig: Mitteldeutscher Verlag 1961

Die Reise zum Stern der Beschwingten, Rostock: Hinstorff 1968

Der falsche Mann im Mond, Rostock: Hinstorff 1970

Der Narrenspiegel (C), Rostock: Hinstorff 1971

Der astronomische Dieb, Berlin/DDR: Das Neue Berlin 1973

Vom Himmel hoch, Berlin/DDR: Das Neue Berlin 1973

Der verliebte Roboter, Berlin/DDR: Neues Leben 1974

Der Sternenkavalier, Berlin/DDR: Das Neue Berlin 1976

Der Himmel fällt aus den Wolken (C), Berlin/DDR: Der Morgen 1977

Handbuch der Heiterkeit (C), Halle/Leipzig: Mitteldeutscher Verlag 1979

Der indiskrete Roboter (C), Halle/Leipzig: Mitteldeutscher Verlag 1980

Der negative Erfolg (C), Halle/Leipzig: Mitteldeutscher Verlag 1985

Brantenberg, Gerd (1941 –   )

Norwegische Autorin, geboren in Oslo. B. studierte Englisch und Geschichte und arbeitet heute als Lehrerin. Sie ist in der autonomen Frauenbewegung Norwegens und Dänemarks aktiv. Mit EGALIS DOTRE (1977) veröffentlichte sie – neben anderen Büchern außerhalb des Genres – einen utopischen Roman über eine Gesellschaft, in der die heutige Rollenverteilung zwischen Mann und Frau umgekehrt ist.

Bibliografie:

Die Tochter des Egalias (EGALIS DOTRE), Berlin: Olle & Wolter 1980

Braun, Carsten Siehe Anton, Uwe

Braun, Hans-Fried (1899 –   )

Bibliografie:
Die Expedition der Senta II, Bremen: Burmester 1937

Braun, Günter (1928 –   )
Braun, Johanna (1929 –   )

J. und G. B., geboren in Magdeburg bzw. in Wismar, sind ein in der DDR ansässiges Autorenehepaar, das seine Romane und Erzählungen gemeinschaftlich verfaßt. J. B. arbeitete, bevor sie sich 1955 zusammen mit ihrem Mann als freie Schriftstellerin in Magdeburg niederließ, als Sekretärin und Lektorin, ebenso wie G. B., der über den Journalismus und Lektorentätigkeit zum Schreiben kam.

Zwischen 1955 und 1970 verfaßten sie eine Reihe von Jugendbüchern, Kriminalerzählungen, historischen Romanen und unter anderem auch ein Fernsehspiel, bis sie sich ab 1972 fast ausschließlich der SF widmeten. Nach zwei SF-Kurzgeschichten erschien 1972 ihr erster SF-Roman, *Der Irrtum des großen Zauberers,* der deutlich in der Tradition der Utopie steht. In dieser Parabel auf Uniformismus und Individualität, verkörpert durch den allesbeherrschenden Technokraten Multiplikato und den jugendlichen Held Oliver Input, sind noch deutlich die Wurzeln der Brauns im Jugendbuch spürbar. Am Schluß des Romans siegt das Prinzip der Individualität über eine bis ins letzte durchorganisierte Gesellschaft. Was sich in diesem ersten SF-Roman aber auch schon andeutet, ist die Kritik an den gesellschaftlichen Verhältnissen in der DDR, die unter der Tarnkappe SF verborgen wird.

Es folgte das Buch *Unheimliche Erscheinungsformen auf Omega XI* (1974), in dem ein Astronautenehepaar sich aufmacht, den Lebewesen auf Omega XI zu Hilfe zu eilen, um allerdings feststellen zu müssen, daß die Probleme dort denen auf der Erde entsprechen. Obwohl in diesem Roman einige SF-Elemente ironisch gebrochen dargestellt werden, müssen nicht zuletzt aufgrund eines überaus versöhnlichen Schlusses gewisse Abstriche gemacht werden. Anders dagegen *Conviva Ludibundus* (1978), in dem eine deutliche Absage an die Technisierung der Umwelt gemacht wird und der einige Anklänge an Karel Čapeks *Der Krieg mit den Molchen* enthält.

Die beiden bislang letzten Romane, *Das kugeltranszendentale Vorhaben* (1983) und *Die unhörbaren Töne* (1984), betonen den gesellschaftskritischen Aspekt, besonders am System der DDR, so daß sie dort nicht erscheinen konnten, was auch für die Kurzgeschichtensammlung *Der x-mal vervielfachte Held* (1985) zutrifft, für die das Ehepaar B. 1985 den Phantastik-Preis der Stadt Wetzlar erhielt.

Neben den fünf Romanen wurden seit 1972 auch noch eine Anzahl von Erzählungen und eine Reihe recht eigenartiger Texte verfaßt, die sich mit der Philosophie, Medizin und Architektur beschäftigen und in einem Freiraum zwischen Erzählung und Betrachtung schweben.

Alle Texte zeigen eine Spielart der SF, die weit entfernt von den gängigen Mustern ist. Anklänge zu klassischen Vorbildern wie Jean Paul und E.T.A. Hoffmann sind nicht zu leugnen, doch auch ein deutlicher Hang zu Satire und Gesellschaftskritik ist in den Werken nachzuweisen. Das Ehepaar B. benutzt die SF mehr als ein Medium für Parabeln vom Leben heute denn als eigenes Sujet. Dieser Anspruch hat zur Folge, daß dadurch − zumal sie auf die Situation der DDR zugeschnitten sind − der BRD-Leser manchmal überfordert wird, wie es auch bei einigen Werken der Gebrüder Strugatzki der Fall ist.

Bibliografie:

Die Nase des Neandertalers (C), Berlin/DDR: Neues Leben 1969
Der Irrtum des großen Zauberers, Berlin/DDR: Das Neue Berlin 1972
Unheimliche Erscheinungsformen auf Omega XI, Berlin/DDR: Das Neue Berlin 1974
Der Fehlfaktor (C), Berlin/DDR: Das Neue Berlin 1975
Conviva Ludibundus, Berlin/DDR: Das Neue Berlin 1978
Der Utofant (C), Berlin/DDR: Das Neue Berlin 1981
Das kugeltranszendentale Vorhaben, Frankfurt am Main 1983, st 948
Die unhörbaren Töne, Frankfurt am Main 1984, st 983
Der x-mal vervielfachte Held (C), Frankfurt am Main 1985, st 1137

Braunburg, Rudolf (1924 –   )
Geboren in Landsberg/Warthe. Nach dem Krieg Studium der Pädagogik und Lehrtätigkeit in Hamburg. Von 1959 bis 1979 Flugkapitän. 1955 erster Roman *Dem Himmel näher als der Erde,* seither Veröffentlichung von rund 50 Büchern und zahllosen Zeitungs- und Zeitschriftenartikeln. Engagiert im Umwelt- und Naturschutz. Dieses Engagement spiegelt sich in seinem bislang einzigen SF-Roman, *Rauchende Brunnen* (1986), wider, in dem eine gigantische Umweltkatastrophe große Gebiete der Bundesrepublik verheert hat.

Bibliografie:
Rauchende Brunnen, München: Schneekluth 1986

Breda, Ars von Deutscher Autor.

Bibliografie:
Das Mädchen und die Nebelkammer, Stuttgart: Gärtner 1948

Brehmer, Fritz (1873 – 1952)

Bibliografie:
Nebel der Andromeda, Leipzig: Straackmann 1920

Bremer, Maxim Siehe Maximovič, Gerd

Bremer, Uwe
Deutscher Grafiker und Autor. Als Grafiker erregte B. u. a. durch seine ausgefallenen Buchumschläge für die *Bibliotheca Dracula* des Hanser Verlags Aufsehen.

Bibliografie:
Die vierte Dimension, Hamburg: Merlin 1970
Alter Kapitän, Vastorf: Merlin 1984

Brennecke, Wolf D. (1922 –   )
DDR-Autor, geboren in Magdeburg. B., Sohn des Autors Bert Brennecke, absolvierte nach der Volksschule zunächst eine Lehre als Außenhandelskaufmann und war nach dem Krieg in einer Reihe von Berufen tätig, zuletzt als Druckereikaufmann, bevor er 1949 freier Autor wurde (in Magdeburg lebend). Er schrieb neben mehre-

ren Kinder- und Jugendbüchern sowie Abenteuerromanen mit *Die Straße durch den Urwald* (1972) auch einen SF-Roman.

Bibliografie:

Die Straße durch den Urwald, Berlin/DDR: Das Neue Berlin 1972

Brenner, Robert (1931 –   )

Der deutsche Jugendbuchautor B. wurde in Salzburg geboren, studierte Physik und Mathematik und promovierte mit einer Arbeit aus der Theorie der Elementarteilchen. Von 1953 bis 1964 war er in der Firma Siemens als theoretischer Physiker in der metallphysikalischen Grundlagenforschung tätig, seit 1966 arbeitet er als freier Schriftsteller. Er schrieb eine Reihe von SF-Jugendbüchern – er selbst nennt sie ›realistische Raumfahrtromane‹ –, die in verschiedenen Verlagen erschienen, darunter eine zehnbändige Reihe ›Menschen und Planeten‹, von der aber nur vier Romane erschienen. Dann gab es Streit mit dem Verlag (Hallwag) über Werbung und Buchausstattung, und die Reihe wurde eingestellt (die restlichen sechs Romane liegen in Manuskriptform vor).

Brenners erster SF-Jugendroman, *Signale vom Jupitermond,* erschien 1968 und wurde 1978 vom ORF als Hörspiel gesendet; sein größter Erfolg bislang war das Sachbuch *So leben wir morgen,* von dem der Bertelsmann-Lesering 168000 Exemplare verkaufte. Brenner lebt heute in Filderstadt und ist Vorsitzender des Freien Deutschen Autorenverbandes in Baden-Württemberg.

Bibliografie:

Signale vom Jupitermond. Ein Bericht aus dem Jahre 2028, Stuttgart: Ehapa 1968
Duell mit der Sonne, Stuttgart: Boje 1970
Der Mann vom Neptun, Stuttgart: Boje 1970
Unternehmen Aldebaran, Stuttgart: Boje 1971
Der schwarze Planet, Kemnat b. Stuttgart: Hallwag 1972
Hopkins und sein Mond, Kemnat b. Stuttgart: Hallwag 1972
Die Spur des Roboters, Kemnat b. Stuttgart: Hallwag 1972
Es lebe Marsilia, Kemnat b. Stuttgart: Hallwag 1972

Brentan, Merdrit J.

Pseudonym eines dt. Autors.

Bibliografie/H:

Das Geheimnis der Sperrzone, ZSF 181 (1976)

Bretnor, R(eginald)

(1911–)

Bretnor stammt aus Wladiwostok/ UdSSR, wanderte, nachdem seine Eltern viereinhalb Jahre in Japan gelebt hatten, 1920 in die USA aus und besuchte eine ganze Reihe von Privatschulen und Colleges. Er ist seit 1947 freischaffender Autor und schrieb während der Kriegsjahre Propagandabroschüren und Texte für das amerikanische Kriegsministerium. Von ihm stammt ein Artikel über Science Fiction in der ENCYCLOPEDIA BRITANNICA, sowie ein Sammelband über SF, der Aufsätze von fünfzehn prominenten SF-Autoren enthält (SCIENCE FICTION, TODAY AND TOMORROW, 1974), das nach seinem ersten Titel dieser Art (MODERN SCIENCE FICTION. ITS MEANING AND ITS FUTURE, 1953), an dem u.a. Isaac Asimov, Arthur C. Clarke, Anthony Boucher u.v.a. mitarbeiteten, zu seinem größten Publizitätserfolg wurde. In der SF selbst ist Bretnor hauptsächlich durch Kurzgeschichten bekannt, die in den Bänden THROUGH TIME AND SPACE WITH FERDINAND FEGHOOT (1962; unter dem Pseudonym Grendel Briarton) und THE SCHIMMELHORN FILE (1979) sowie SCHIMMELHORN'S GOLD (1986) gesammelt herausgegeben wurden. Seine erste SF-Story erschien unter dem Titel MAYBE JUST A LITTLE ONE (1947) in *Harper's Magazine*. Seither hat er ständig in Zeitschriften wie *Esquire, Today's Woman, Southwest Review, Ellery Queen's Mystery Magazine* u.v.a. publiziert. 1974 erschien ein weiteres SF-Symposium als THE CRAFT OF SCIENCE FICTION (Mitarbeiter: u.a. Frederik Pohl, Hal Clement, Jack Williamson, John Brunner, Harlan Ellison) und 1979 die dreibändige Anthologie THE FUTURE AT WAR, die sich in Erzählungen und Artikeln mit Zukunftskriegen auseinandersetzt.

B. hat sehr viel außerhalb der SF publiziert, darunter zahlreiche Artikel über Militärtheorie, u.a. das Buch DECISIVE WARFARE: A STUDY IN MILITARY THEORY (1969). Sein Roman A KILLING IN SWORDS (1978) zeigte ihn als Kriminalschriftsteller.

Bibliografie:

Die Schimmelhorn-Akte (C) (THE SCHIMMELHORN FILE), München 1987, H 4408

Schimmelhorns Gold (C) (SCHIMMELHORN'S GOLD), München 1987, H 4409

Brett, Leo Siehe Fanthorpe, R. L.

Breuer, Miles J(ohn) (1889–1947)
Amerikanischer Autor tschechoslowakischer Abstammung. Der in Chicago geborene B. war für seine Kurzgeschichten mit medizinischem Einschlag bekannt, die hauptsächlich in *Amazing* erschienen, denn B.s Haupttätigkeit war die eines praktizierenden Arztes. Bevor er als Internist in Lincoln, Nebraska, arbeitete, hatte er an der Universität von Texas und dem Rush Medical College studiert. Seine erste SF-Geschichte hieß ›The Man with the Strange Head‹ und erschien im Januar 1927 in *Amazing Stories*, der bis 1941 weitere drei Dutzend folgten. B. schrieb nur zwei Romane, von denen PARADISE AND IRON (*Amazing Stories Quarterly*, Sum 1930) sein vielleicht bekanntestes Werk ist. Zusammen mit Jack Williamson verfaßte er BIRTH OF A NEW REPUBLIC (*Amazing Stories Quarterly*, Win 1931). Obgleich B. heute nur selten in Anthologien auftaucht, etwa in GREAT SCIENCE FICTION BY SCIENTISTS (Conklin, 1962) oder GREAT SCIENCE FICTION ABOUT DOCTORS (Conklin/Fabricant, 1963), ist er zu den wichtigsten Verfassern von SF-Stories der frühen Pulp-Ära zu rechnen.

Brik, Hans Theodor (1899–1982)
Pseudonym für den österreichischen Autor Johannes Brik, geboren in Wolfsberg/Kärnten. B. war Oberstudienrat, Diplomingenieur und Professor und schrieb neben einem Hörspiel (1951) eine Anzahl von Sachbüchern sowie Jugendbüchern, darunter zwei SF-Romane.

Bibliografie:
Fahrt ins Unheimliche, Würzburg: Arena 1955
Festung im Weltall, Würzburg: Arena 1956

Brin, David (1950–   )
Amerikanischer Autor, geboren in Glendale, Kalifornien. Nach einem Studium an der Technischen Hochschule in Kalifornien (B.S. in Astronomie 1973) war er vier Jahre lang als Ingenieur in dem Forschungslabor einer Firma der Luft- und Raumfahrtindustrie tätig, setzte dann sein Studium fort und promovierte 1981 mit einer Arbeit über Kometen. Anschlie-

ßend war er drei Jahre lang Dozent für Physik und Astronomie in San Diego und Mitarbeiter des California Space Institute. Seit 1985 ist er freiberuflicher Autor und lebt in Santa Monica, Kalifornien. B.s erste Veröffentlichung war der Roman SUNDIVER (1980), dem bislang fünf weitere Romane – STARTIDE RISING (1983), THE PRACTISE EFFECT (1984), THE UPLIFT WAR (1985), THE POSTMAN (1985), HEART OF THE COMET (1986, mit Gregory Benford) –, eine Reihe von Kurzgeschichten sowie die Storysammlung THE RIVER OF TIME (1986) folgten. B. ist einer der interessantesten neuen Autoren in der SF und schaffte es, mit STARTIDE RISING gleich drei Preise abzuräumen: den Nebula, den Hugo und den Locus Award. THE PRACTISE EFFECT wurde mit dem Balrog Award ausgezeichnet, während THE POSTMAN ihm abermals den Locus Award sowie den John W. Campbell Award und Nominierungen für Hugo und Nebula einbrachten. Er arbeitet zur Zeit an zwei weiteren Romanen über Gentechnologie sowie über ein ›science mystery‹ der nahen Zukunft. Außer SF hat er auch eine Reihe von wissenschaftlichen und populärwissenschaftlichen Artikeln veröffentlicht. Trotz seiner naturwissenschaftlichen Ausbildung und Praxis sind seine SF-Texte eher der modernen Spielart der Space Opera als der Hard SF zuzurechnen, und ihn interessieren insbesondere PSI-Phänomene, Mysterien und Mythologien. STARTIDE RISING, sein bekanntestes Buch, schildert die Notlandung eines von Menschen, einem (intelligenten) Schimpansen und vor allem (nicht minder intelligenten) Delphinen bemannten Raumschiffes auf einer Wasserwelt, wo bald die Flotten feindlicher Aliens auftauchen, die den Terranern ihr Geheimnis abjagen wollen: die Position einer Flotte von 50000 verlassenen riesigen, uralten Raumschiffen unbekannter Herkunft. Wer sich in den Besitz dieser Schiffe und ihrer Supertechnologie setzt, dürfte zur dominierenden Macht im Kosmos werden... Die Themen der anderen Romane: SUNDIVER beschäftigt sich mit dem Versuch, Kontakt zu intelligenten Lebensformen aufzunehmen, die in der Photosphäre der Sonne zu Hause sind, THE PRACTISE EFFECT, ein eher unbedeutendes Buch, handelt von der Entführung eines Wissenschaftlers auf eine ferne Zukunftswelt mit feudaler Gesellschaftsordnung, THE POSTMAN ist in einer Post Doomsday-Welt angesiedelt, und HEART OF THE COMET schildert das Leben irdischer Kolonisten auf dem Halleyschen Kometen. 1985 gewann B. mit der Story ›The Crystal Spheres‹ erneut einen Hugo.

Bibliografie:

Sternenflut (STARTIDE RISING), München 1985, Kn 5794

Im Herzen des Kometen (HEART OF THE COMET) mit Gregory Benford,
München 1986, H 4236
Der Übungseffekt (THE PRACTISE EFFECT), München 1986, Kn 5834

Britz, Norbert Deutscher Autor.

Bibliografie/H:
Energiesperre, ZSF 145 (1974)

Brjussow, Valerij (Jakowlewitsch) (1873 – 1924)

Russischer Lyriker, Prosaschriftsteller, Stückeschreiber, Übersetzer,
Historiker und Literaturwissenschaftler, der als einer der Väter des
russischen Symbolismus gilt. In seiner Lyrik treten vor allem städti-
sche und historisch-literarische Motive hervor. B. trat 1920 der KP
bei, war einer der ersten sowjetischen Volksbildungsfunktionäre
und organisierte 1921 die Gründung einer Hochschule für Literaturgeschichte und übernahm deren Leitung. Zu seinem literarischen
Werk gehören auch phantastische bzw. utopische Erzählungen (wie
etwa ›Der Wurfspieß des Odysseus‹ oder ›Erwecke mich nicht‹) und
Romane wie OGNENNYJ ANGEL *(Der feurige Engel)*.

Bibliografie:
Die Republik des Südkreuzes (C) (RESPUBLICA JUŽNOGO KRESTA),
München: H. v. Weber 1908

Brock, Peter

Bibliografie:
Düsenversuchspilot Caesar II, Hannover: Weichert 1953
Atomraumschiff V 10 startklar, Hannover: Weichert 1953
Die Macht der Unsichtbaren, Hannover: Weichert 1955

Broderick, Damien (1944 –   )

Australischer Autor, geboren in Melbourne. B. studierte in Clayton,
Victoria. Er veröffentlicht seit 1965 SF und ist auch als Kritiker her-
vorgetreten. Je zweimal erhielt er den Literary Board of Australian
Fellowship sowie den Ditmar Award. Bislang sind fünf Romane von
ihm erschienen: SORCERER'S WORLD (1970, auch: THE BLACK GRAIL), THE
DREAMING DRAGONS (1980), THE JUDAS MANDALA (1982), VALENCIES (mit
Rory Barnes, 1983) und TRANSMITTERS (1984). Obwohl selbst kein Ka-

tholik, setzt sich B. in seinem Werk – so in seinen besten Romanen THE DREAMING DRAGONS und THE JUDAS MANDALA – mit dem katholischen Glauben, dem katholischen Dogma und der Kirchenstruktur auseinander.

Bibliografie:

Die träumenden Drachen (THE DREAMING DRAGONS), Bergisch Gladbach 1983, B 22059

Bröll, W(olfgang) W. (1913–)

Deutscher Autor, geboren in Gelsenkirchen, heute in Gummersbach lebend. B., der sich auch des Pseudonyms Peter Wolick bedient, veröffentlicht seit 1938 Krimis, Abenteuerromane, SF, Jugendbücher und ist auch Verfasser von Hör- und Fernsehspielen sowie Drehbüchern von Kinofilmen. Als Peter Wolick schrieb er u. a. Jugendbücher nach Fernsehserien wie ›Bonanza‹, ›Lieber Onkel Bill‹, ›Lassy‹ und ›Skippy‹. Sein SF-Werk, darunter die Jugendbücher *Alarm in Zone X, Ruf aus dem All* und *Das Geheimnis der Planetoiden* (alle 1956, der letztere Titel wurde auch ins Italienische übersetzt), steht in der deutschen Tradition des technischen Zukunftsromans der Vorkriegszeit und ist von geringer Bedeutung für das Genre.

Bibliografie:

Das tönende Licht, Balve: Zimmermann 1952
Atomstadt UTO 2, Balve: Zimmermann 1952
Tod aus dem All, Balve: Zimmermann 1952
Unternehmen Atlantis, Balve: Zimmermann 1953
Die gläsernen Türme, Balve: Zimmermann 1953
Und die Uhren standen still, Balve: Zimmermann 1954
Die Stadt der Unsichtbaren, Balve: Zimmermann 1954
Geheimexperiment A 13, Balve: Zimmermann 1955
Der magische Strahl, Balve: Zimmermann 1955
Spione aus dem All, Balve: Zimmermann 1955
Der Herr der vierten Dimension, Balve: Zimmermann 1955
Die tödlichen Nebel, Balve: Zimmermann 1956
Der Herrscher von Suent Ling, Balve: Zimmermann 1956
Alarm in Zone X, Balve: Engelbert 1956
Ruf aus dem All, Balve: Engelbert 1956
Das Geheimnis der Planetoiden, Balve: Engelbert 1956

Phantome unter uns, Balve: Zimmermann 1957
Das Laboratorium des Satans, Balve: Zimmermann 1958
Die Stadt der toten Seelen, Balve: Zimmermann 1958
Im Zeichen des Dreiecks, Balve: Zimmermann 1958
Im Vorhof der Hölle, Balve: Zimmermann 1959
Im Raum der roten Monde, Balve: Zimmermann 1960
Das Monstrum, Balve: Zimmermann 1960
Koordinaten des Todes, Balve: Zimmermann 1961
Im Banne der Stählernen, Balve: Zimmermann 1961

Brook, Peter

Bibliografie/H:
Gefährliches Cirkan, UG 159 (1961)

Broszkiewicz, Jerzy (1922 –   )

Polnischer Dramatiker, Romancier und Kinderbuchautor, geboren
in Lwów. B. studierte an der Musikakademie in Lwów und war nach
dem Krieg als Musikkritiker sowie von 1953 bis 1963 Redaktionsmitglied des *Przeglad kulturalny* tätig. Seit 1959 ist er Literarischer Leiter
des Theaters in Nowa Huta. Seine SF-Kinderbücher sind gute Beispiele für die Einbringung technisch-abenteuerlicher Science
Fiction in den Kinderbuchbereich.

Bibliografie:
Die rot-weiße Sonne (CI Z DZIESIETEGO TYSIACA), Berlin/DDR:
Der Kinderbuchverlag 1973
Mein Pech mit der Mondreise (MÓJ KSIEZYCOWY PECH), Berlin/DDR:
Der Kinderbuchverlag 1978

Bibliografie/H:
Das Auge des Centaurus (Auszug aus OKO CENTAURA), kap 53 (1968)

Brown, Fredric (William) (1906 – 1972)

B. gehörte zu den wenigen SF-Autoren, die auch lustige und gelegentlich satirische Texte schreiben können. Gleich mit seinem ersten Roman, WHAT MAD UNIVERSE (1949), nahm er das Genre auf die
Hörner: Ein SF-Redakteur wird in ein Paralleluniversum versetzt, in
dem die allerschlimmsten SF-Klischees Realität sind – Weltraum-

kriege mit bösen Außerirdischen, Superhelden mit superwissen-
schaftlichem Durchblick, und was es alles so gibt. Ein weiterer lusti-
ger Roman ist MARTIANS, GO HOME (1954 in *Astounding*, 1955 als
Buch) – urplötzlich fallen Horden von kleinen grünen Marsmänn-
chen über die Erde her, tauchen überall und jederzeit aus dem
Nichts auf, sind nicht greifbar und durch nichts zu verscheuchen
und nerven die Menschen durch ihre frechen Sprüche und ihre Bos-
haftigkeit. Privatleben gibt es nicht mehr, bis die Burschen ebenso
plötzlich wieder verschwinden, wie sie gekommen sind. B.s ›ernst-
hafte‹ SF-Romane, THE LIGHTS IN THE SKY ARE STARS (1953), ROGUE IN
SPACE (1957) und THE MIND THING (1960), fallen dagegen ab, wenngleich THE LIGHTS IN THE SKY ARE STARS als facettenreiche und ›realistische‹ Darstellung der Startvorbereitungen einer Jupiterexpedition
eine gewisse Popularität erlangte. Seinen Romanerfolgen zum Trotz
galt Fredric Brown jedoch in erster Linie als meisterhafter Autor von
Kurzgeschichten, insbesondere von witzigen Vignetten, die von ihrer Pointe leben. In Sammlungen wie ANGELS AND SPACESHIPS (1954),
HONEYMOON IN HELL (1958) und NIGHTMARES AND GEEZENSTACKS (1961)
sind solche kurzen und längeren Skizzen versammelt, wobei die
letztere der drei Sammlungen auch phantastische und Krimi-Stories
enthält. B.s populärste Story dürfte ›Arena‹ sein – sie erschien erstmals 1944 in *Astounding* und wurde ungezählte Male nachgedruckt
und übersetzt –, in der geschildert wird, wie eine überlegene Rasse
eine kriegerische Auseinandersetzung zwischen Menschen und
einer dritten Rasse dadurch beendet, indem sie je einen Vertreter
beider Parteien waffenlos miteinander konfrontiert und den Sieg im
Krieg von der Lösung dieser Auseinandersetzung in einer ›Arena‹
abhängig macht. – Fredric William Brown wurde in Cincinnati/USA
geboren und arbeitete nach dem Besuch des College zunächst als
Journalist in verschiedenen amerikanischen Städten, bevor er sich
ganz dem Schreiben zuwandte. Der Schwerpunkt seiner Arbeit lag
bei Kriminalromanen (er schrieb ein gutes Dutzend), und mit THE
FABULOUS CLIPJOINT gewann er den Edgar, ein Krimi-Pendant zum
Nebula. Außerdem schrieb er mit THE OFFICE einen Mainstream-
Roman mit autobiografischen Zügen. In der SF jedoch – sein in
Buchform veröffentlichtes Werk umfaßt fünf Romane und Story-
Sammlungen – war er immer gut für Späße wie den folgenden, als
kürzeste SF-Story aller Zeiten bezeichnet: »Nach dem letzten
atomaren Krieg war die Erde ein toter Stern; nichts wuchs mehr,
kein Tier hatte überlebt. Der letzte Mensch saß allein in einem
Zimmer. Da klopfte es an der Tür...«

Bibliografie:

Die grünen Teufel vom Mars (MARTIANS, GO HOME), Berlin: Gebr. Weiß
1959
Alpträume (C) (NIGHTMARES AND GEEZENSTACKS), Wien: Hunna 1963
Der Unheimliche aus dem All (THE MIND THING), München 1965,
H 3050
Der engelhafte Angelwurm (C) (Auswahl aus NIGHTMARES AND
GEEZENSTACKS/HONEYMOON IN HELL/ANGELS AND SPACESHIPS), Zürich:
Diogenes 1966 (auch: *Flitterwochen in der Hölle*)
Das andere Universum (WHAT MAD UNIVERSE), München 1970, H 3215
Sternfieber (THE LIGHTS IN THE SKY ARE STARS), Frankfurt am Main/Berlin/
Wien 1972, U 2925
Die besten Stories von Fredric Brown (C) (THE BEST OF FREDRIC BROWN),
Rastatt: Moewig 1981
Das verlorene Paradox (C/OA), Darmstadt: Luchterhand 1986

Bibliografie/H:

Flitterwochen in der Hölle (C) (HONEYMOON IN HELL), TS 71 (1963)
Einzelgänger des Alls (ROGUE IN SPACE), TS 75 (1963)
Sehnsucht nach der grünen Erde (C) (SPACE ON MY HANDS), TS 94
(1965)

Brown, George Sheldon

Englischer Autor, der Anfang der fünfziger Jahre vier triviale SF-
Romane abdrückte, darunter den ins Deutsche übersetzten Titel
THE PLANETOID PERIL (1952).

Bibliografie/H:

Der geheimnisvolle Planet (THE PLANETOID PERIL), UG 3 (1954)

Brown, Rosel George (1926–1967)

Amerikanerin, geb. in New Orleans. B. veröffentlichte seit 1958 (erste Story: ›From an Unseen Censor‹) und beeindruckte vor allem
durch eindrucksvoll geschilderte weibliche Charaktere (die, damals
noch ungewohnt, oft die Protagonisten der Handlung waren) sowie
witzige Einfälle. Von ihren drei Romanen ist SIBYL SUE BLUE (1966),
eine Abenteuergeschichte mit einem weiblichen Polizeisergeant
von der Erde, der im All Drogenhändlern auf der Spur ist, am besten. THE WATERS OF CENTAURUS (1970) bietet ein weiteres Abenteuer
mit Sibyl, während man über EARTHBLOOD (1966), eine Kooperation
mit dem Routinier Keith Laumer, besser den Mantel des Schweigens

270

breitet. Ein Dutzend ihrer Kurzgeschichten liegen gesammelt unter dem Titel A HANDFUL OF TIME vor.

Bibliografie:

Das Blut der Erde (EARTHBLOOD, mit Keith Laumer), München 1969, H 3146/47
Die Plasmagötter (SIBYL SUE BLUE), Bergisch Gladbach 1971, B 2

Brown, W. Siehe Peschke, Hans, und Shols, W.W.

Brown, William Siehe Richter, Ernst H.

Brown, Winston
Pseudonym eines dt. Leihbuchautors.

Bibliografie:

Der Friedensdiktator greift ein, Frankfurt am Main: Fresco 1955
Der silberne Schatten, Frankfurt am Main: Fresco 1956

Broxon, Mildred Downey
(1944 –   )
Amerikanische Autorin, geboren in Atlanta, Georgia, aufgewachsen in Indiana und Rio de Janeiro. B. studierte Psychologie und war als Krankenschwester und Lehrerin für geistig Behinderte in der psychiatrischen Abteilung eines Krankenhauses tätig. Sie nahm 1972 an einem Seminar des Clarion Workshop (eine Art Autorenschule) teil und verkaufte wenig später ihre erste Story ›Asclepius Has Paws‹ (1973). Der Schwerpunkt ihres Werkes, das mittlerweile etwa zwanzig Kurzgeschichten und drei Romane umfaßt, liegt im Bereich der Fantasy. B. hat unter dem Pseudonym Sigfridur Skaldaspillir auch eine Fortsetzung zu H. Rider Haggards ERIC BRIGHTEYES geschrieben.

Bruckner, Karl (1906 – 1982)
Österreichischer Autor, geboren in Wien. B. veröffentlichte ab 1948 eine Reihe von Jugendbüchern und erhielt mehrmals den Jugendbuchpreis der Stadt Wien.

Bibliografie:

Das wunderbare Leben, Wien: Sexl 1948
Nur zwei Roboter, Wien: Jugend & Volk 1963

Bruckner, Winfried (1937 –)

Der Österreicher B. wurde in Krems an der Donau geboren, besuchte das Realgymnasium und studierte anschließend Zeitungswissenschaft und Kunstgeschichte. Heute arbeitet er als Journalist – er ist Chefredakteur der *Solidarität* – und schreibt nebenher Romane und Theaterstücke. Außerdem hat er einige Sachbücher (z. B. über Wien) verfaßt. 1967 stellte er sich mit einem SF-Roman vor, der 1972 als Taschenbuch nachgedruckt wurde: *Tötet ihn.* Ein weiterer Ausflug in das Gebiet der Science Fiction ist der Bildband *Spuren ins All, Science Fiction – das seltsame Fremde,* in dem der Autor über Zukunft und Schicksal der Menschheit im All philosophiert.

Bibliografie:

Tötet ihn, Baden-Baden: Signal 1967
Spuren ins All, Science Fiction – das seltsame Fremde, Wien: Volksbuch 1970

Brugg, E. van

Bibliografie:

Raketenfahrt in die Urzeit, Eulenthal: Anker 1950

Brugger, Wolfgang

Bibliografie:

Kampf um ›EA1‹, Berlin: Auffenberg 1936

Brunner, John (Kilian Houston) (1934 –)

Englischer Autor, geboren in Preston Crowmarsh, Oxfordshire. B. studierte moderne Sprachen (u. a. Französisch und Deutsch) am Cheltenham College, entdeckte die SF, begann selbst zu schreiben und verkaufte noch als Schüler den Roman GALACTIC STORM (1951) (der unter dem Verlagspseudonym Gill Hunt erschien). Er diente bei der RAF, veröffentlichte SF-Stories in diversen englischen und amerikanischen Magazinen unter Namen wie K. Houston Brunner, John Loxmith und Keith Woodcott (erste Story: ›Thou God and Faithful‹, *Astounding* 1953, als John Loxmith), arbeitete in zwei Bürojobs unter den SF-Kollegen John Christopher und Jonathan Burke und wurde 1958 freier Schriftsteller. Nebenher betätigte er sich politisch aktiv in der britischen Ostermarschbewegung, verfaßte für diese einen Song (der auch in Vinyl gepreßt wurde) und organisierte gemeinsam mit seiner Frau Marjorie 1959 eine Ausstellung zum Thema der nuklearen Abrüstung, die auch in der Bundesrepublik zu sehen war. 1972 nahm er als Beobachter an der Weltfriedenskonferenz in Moskau teil.

Nachdem B. am Anfang seiner schriftstellerischen Karriere noch bunte SF-Abenteuer ohne größeren Tiefgang geschrieben hatte (erster Roman: THRESHOLD OF ETERNITY, 1959), begann er in den sechziger Jahren damit, sich Themen wie Umweltzerstörung, Datenmißbrauch, Verplanung des Menschen oder modernem Kolonialismus zuzuwenden. Gleichzeitig fand er zu einem eigenen Stil, entwickelte komplexe Romanstrukturen und wurde zu einem Meister in der Darstellung differenzierter Charaktere.

Erste kritische Ansätze zeigen sich bereits in THE DREAMING EARTH (1963), wo ein UNO-Agent gegen die Drogensucht bei den Armen in der Dritten Welt ankämpft, aber angesichts der Perspektivlosigkeit der jungen Generation nichts ausrichten kann. Als er die Droge selbst nimmt, findet er sich auf einer idyllischen Parallelerde wieder.

THE WHOLE MAN (1964) schildert den Werdegang eines besonders talentierten Telepathen, der jedoch zugleich ein verbitterter Krüppel ist. Er wird schließlich von der Weltgesundheitsorganisation entdeckt und arbeitet fortan als Psychotherapeut in einer telepathischen Spezialeinheit der UNO, die in Krisengebieten als Vermittler auftritt. Seine Aufgabe besteht darin, andere Telepathen, die sich bei Überlastung in Traumwelten zurückziehen und alle Kontakte zur Wirklichkeit abbrechen, zurückzuholen. Er hat Erfolg und wird berühmt, ist aber immer noch kein ›ganzer Mensch‹. Erfüllung findet er erst, als er einen Künstler vor dem Selbstmord bewahrt und dabei erkennt, daß er anderen Menschen durch ›Vordenken‹ auf geistigem Wege helfen kann. Der neue Freund seinerseits verhilft ihm dazu, auf geistigem Wege (durch ›Ausborgen‹ von dessen Regenerationszentrum) die geistig bedingte körperliche Verkrüppelung zu überwinden.

THE SQUARES OF THE CITY (1965) schildert, wie ein bekannter Städteplaner engagiert wird, um in der aus dem Boden gestampften Hauptstadt eines südamerikanischen Staates durch neue Trassenführungen Verkehrsprobleme zu lösen. Als er jedoch erkennt, daß er nur als Alibi dazu dienen soll, die Hauptstadt von dem zugezogenen Landproletariat in den Slums rundum zu ›säubern‹, nimmt er den Kampf gegen das diktatorische Regime des Landes auf und spielt eine herausragende Rolle bei dessen Sturz.

Eines von B.s Meisterwerken erschien 1968: STAND ON ZANZIBAR. Es handelt sich hierbei um eine Chronik des frühen 21. Jahrhunderts. Die Rohstoffe und Ölreserven sind fast aufgebraucht, die Erde leidet unter bedrückender Überbevölkerung. Rassische Spannungen, kalter Krieg und Stellvertreterkriege, Drogen, Amokläufer, totale Geburtenkontrolle, Zwänge allenthalben, genetische Manipulationen bis hin zu künstlichen Rassen – dies alles prägt diese Welt. B. hat sich mit diesem Roman radikal von seiner früheren Erzählweise abgewandt und an John Dos Passos orientiert. Das Buch setzt sich zu einem großen Teil aus Impressionen aller Art, aus Zitaten (etwa Werbespots, Rundfunkdurchsagen), Dokumenten des täglichen Lebens etc. zusammen, während lediglich der Hauptstrang einen kontinuierlichen Handlungsablauf präsentiert. Insgesamt entsteht so aus zahllosen Mosaiksteinchen das faszinierende Panorama einer deprimierenden Zukunftswelt. STAND ON ZANZIBAR wurde mit dem Hugo ausgezeichnet.

Ein weiterer großer Roman von John Brunner ist THE SHEEP LOOK UP (1972), in dem er die in STAND ON ZANZIBAR praktizierte multiperspektivische Darstellungsweise konsequent fortsetzt. THE SHEEP LOOK UP rechnet kompromißlos mit den Umweltzerstörern und Verschwendern ab. Dieses bedrohlich realistische Horrorgemälde einer Welt mit ölverpesteten Küsten, mit Luftverschmutzung, mit Gift im Meer, im Trinkwasser und in der Nahrung, unbewohnbar gewordenen Großstädten, mit explodierenden Tanklastzügen, den dahinsiechenden Opfern von ausgetretenen Giftstoffen, dazu dem Millionenheer der Arbeitslosen, Hoffnungslosen und Verzweifelten, ist eine einzige Anklage gegen jene, die es dazu haben kommen lassen, Konzerne wie Regierungen. Am Ende geht das größte Verschwenderland, die USA, wie durch ein Strafgericht in Flammen auf, was der restlichen Welt die Hoffnung zurückgibt, die globale Katastrophe doch noch abwenden zu können. THE SHEEP LOOK UP gehört neben STAND ON ZANZIBAR ohne Zweifel zu den eindrucksvollsten SF-Romanen überhaupt.

Weitere Hauptwerke von B. sind THE JAGGED ORBIT (1969), THE STONE THAT NEVER CAME DOWN (1973) und THE SHOCKWAVE RIDER (1975), allesamt wie STAND ON ZANZIBAR und THE SHEEP LOOK UP eindringliche Dystopien, die in der modernen SF ihresgleichen suchen.

B. hat über fünfzig SF-Romane sowie zehn Romane außerhalb des Genres geschrieben, sich in den letzten Jahren (seit 1980 nur zwei neue Bücher) in der Science Fiction jedoch rar gemacht.

Bibliografie:

Anfrage an Pluto (C) (NO FUTURE IN IT), München 1963, GZ 43

Die Wächter der Sternstation (TO CONQUER CHAOS), München 1965, TTB 102

Beherrscher der Träume (TELEPATHIST), München 1966, GZ 67 (auch: *Der ganze Mensch*)

Botschaft aus dem All (THE LONG RESULT), München 1967, GZ 74

Transit ins All (THE DAY OF THE STAR CITIES), München 1967, GZ 75 (auch: *Im Zeitalter der Wunder*)

Spion aus der Zukunft (THE PRODUCTIONS OF TIME), München 1969, H 3137 (auch: *Probe für die Zukunft*)

Bürger der Galaxis (INTO THE SLAVE NEBULA; auch: SLAVERS OF SPACE), München 1970, H 3203

Treffpunkt Unendlichkeit (MEETING AT INFINITY), München 1970, TTB 182

Die Zeitsonde (TIMESCOOP), München 1971, H 3234

Die Pioniere von Sigma Draconis (BEDLAM PLANET), München 1971, H 3238

Im Zeichen des Mars (BORN UNDER MARS), München 1971, H 3268

Geheimagentin der Erde (SECRET AGENT OF TERRA; auch: THE AVENGERS OF CARRIG), München 1972, H 3286

Ein Stern kehrt zurück (CATCH A FALLING STAR), München 1972, H 3293

Die Dramaturgisten von Yan (THE DRAMATURGES OF YAN), Bergisch Gladbach 1974, B 21046

Der Kolonisator (POLYMATH), Bergisch Gladbach 1975, B 21063

Das Geheimnis der Draconier (TOTAL ECLIPSE), Bergisch Gladbach 1975, B 21066

Durchstieg ins Irgendwann (C) (ENTRY TO ELSEWHEN), München 1975, H 3427

Echo der Sterne (THE STAR DROPPERS), Bergisch Gladbach 1976, B 21087

Der galaktische Verbraucherservice (C) (TIME JUMP), München 1976, GWTB 0235

Die dunklen Jahre (THE STONE THAT NEVER CAME DOWN), München 1977, H 3565

Der ganze Mensch (THE WHOLE MAN), München 1978, H 3609 (Neufassung von TELEPATHIST)

Schafe blicken auf (THE SHEEP LOOK UP), München 1978, H 3617

Sie schenkten uns die Sterne (INTERSTELLAR EMPIRE), München 1978, Kn 707

Am falschen Ende der Zeit (THE WRONG END OF TIME), München 1979, Kn 5712

Der Schockwellenreiter (THE SHOCKWAVE RIDER), München 1979, H 3667

Die Plätze der Stadt (THE SQUARES OF THE CITY), München 1980, H 3688

Morgenwelt (STAND ON ZANZIBAR), München 1980, H 3750

Verbotene Kodierungen (WEB OF EVERYWHERE), München 1980, Kn 5725

Doppelgänger (DOUBLE, DOUBLE), München 1981, H 3850

Das Gottschalk-Komplott (auch: *Morgen geht die Welt aus den Angeln*) (THE JAGGED ORBIT), München 1981, M 3565

Reisender in Schwarz (C), (TRAVELLER IN BLACK), München 1982, H 3884

Treibsand (QUICKSAND), München 1982, H 3902

Sternenlauscher (LISTEN, THE STARS!), Bergisch Gladbach 1982, B 23015

Der Infinitiv von Go (THE INFINITIF OF GO), München 1983, H 3964

Mehr Dinge zwischen Himmel und Erde (MORE THINGS IN HEAVEN), München 1983, H 3982

Warnung an die Welt (GIVE WARNING TO THE WORLD), München 1983, H 4007

Träumende Erde (THE DREAMING EARTH), Köln: Hohenheim 1983

Das Menschenspiel (PLAYERS AT THE GAME OF PEOPLE), München 1984, H 4056

Von diesem Tag an (C) (FROM THIS DAY FORWARD), München 1984, H 4125

Sonnenbrücke (MANSHAPE), Bergisch Gladbach 1984, B 21181

Die Gußform (THE CRUCIBLE OF TIME), München 1985, H 4226

Zeiten ohne Zahl (C) (TIMES WITHOUT NUMBER), München 1985, H 4238

Fremde Konstellationen (C) (FOREIGN CONSTELLATIONS), München 1985, H 4239

Die Gezeiten der Zeit (THE TIDES OF TIME), München 1987, H 4430

Bibliografie/H:

Ein Planet zu verschenken (THE WORLD SWAPPERS), TS 63 (1962)
Asyl zwischen den Sternen (SANCTUARY IN THE SKY), UG 204 (1963)
Der große Zeitkrieg (THRESHOLD OF ETERNITY), TS 77 (1963)
Die Riten der Oheaner (THE RITES OF OHE), UZ 407 (1964)
Flucht vor der Nova (CASTAWAY'S WORLD), T 445 (1966)
Endlose Schatten (ENDLESS SHADOWS), TN 145 (1970)
Planet der Ausgestoßenen (A PLANET OF YOUR OWN), TN 179 (1971)
Mechaniker der Unsterblichkeit (THE REPAIRMEN OF CYCLOPS), TN 189 (1971)
Das Monstrum aus der Tiefe (THE ATLANTIC ABOMINATION), TA 111 (1973)

Als Keith Woodcott:

Ich spreche für die Erde (I SPEAK FOR EARTH), T 247 (1962)
Der Ruf des Todes (THE PSIONIC MENACE), UZ 386 (1964)
Der Ring des Terrors (LADDER IN THE SKY), TN 33 (1968)

Brunngraber, Rudolf (1901 – 1960)
Österreichischer Autor. *Radium* (1936) schildert den Einsatz von Radium zur Heilung von Krebs und die dabei in einem Krankenhaus auftretenden Probleme.

Bibliografie:

Radium. Roman eines Elements, Stuttgart: Rowohlt 1936
Die Engel in Atlantis, Stuttgart: Rowohlt 1938

Brussolo, Serge Französischer Autor.

Bibliografie:

Der Schlaf des Blutes (SOMMEIL DE SANG), München 1985, H 4176

Bryant, Edward (Winslow, jr.) (1945 –   )
Bryant, geboren in White Plains/New York, zog im Alter von sechs Jahren mit seinen Eltern, die eine Viehzucht aufbauen wollten, nach Wyoming, besuchte dort zunächst die Dorfschule, wechselte in der Oberstufe auf eine größere Schule über, ging auf ein College, wurde Ingenieur und schwenkte im nachhinein auf die geisteswissenschaftliche Fakultät um. 1967 machte er seinen Bachelor of Arts, ein

Jahr danach auch den Master of Arts und schlug sich anschließend – wie die meisten seiner Kollegen – in völlig anderen Branchen herum: Er wurde Discjockey, Verkäufer in einem Warenhaus und Nachrichtensprecher beim Rundfunk. 1957 hatte er das SF-Magazin *Amazing* entdeckt, interessierte sich stark für SF und gab zeitweise ein eigenes Fanzine heraus. Als Robin Scott Wilson 1968 an verschiedenen amerikanischen Universitäten seine Clarion-Workshops (Schreibschulen für angehende SF-Autoren) etablierte, meldete B. sich zu einem Kursus bei ihm an und traf dort auf den bereits bekannten Harlan Ellison, mit dem er sich anfreundete. Unter Ellisons Anleitung entwickelte er recht bald schriftstellerische Qualitäten und verkaufte binnen weniger Jahre zahlreiche Kurzgeschichten an Originalanthologien wie QUARK, ORBIT und NOVA; an Magazine wie *Fantasy & Science Fiction, If, New Worlds,* aber auch an viele Herrenmagazine und die satirische Zeitschrift *National Lampoon*. 1975 schrieb er nach einem TV-Drehbuch seines Freundes Harlan Ellison PHOENIX WITHOUT ASHES; ein Jahr darauf folgte sein erstes eigenes Buch: CINNABAR (1976), ein ›Mosaikroman‹ über eine Stadt am Ende der Zeit und am Ende menschlichen Strebens. B. ist ein brillanter Stilist, der formal gesehen zwar SF schreibt, im Grunde aber zur metaphorischen Phantastik zu rechnen ist. Besonders CINNABAR mit seinen surreal und halluzinativ anmutenden Sequenzen zeigt B. auf der Höhe seines Könnens. 1978 (›Stone‹) und 1979 (›giANTS‹) wurde er mit dem Nebula ausgezeichnet.

Bibliografie:
Eine Stadt namens Cinnabar (CINNABAR), Rastatt 1983, M 3611

Bryant, Peter Siehe George, Peter Bryan

Buchard, Robert Französischer Autor.

Bibliografie:
Dreißig Sekunden über New York (TRENTE SECONDES SUR NEW YORK), Hamburg: Hoffmann & Campe 1970

Bucher, François (1927 –   )
Geboren in Lausanne. Lehrte nach Studien in Bern als Professor für mittelalterliche Kunst und Architektur an amerikanischen Universitäten.

Bibliografie:
Ein strahlendes Ende, München: Bertelsmann 1984

Budrys, Algis (Algirdas Jonas)
(1931 –   )

Amerikanischer SF-Autor und Herausgeber, wurde als Sohn litauischer Eltern in Königsberg, Ostpreußen, geboren. Sein Vater war Angehöriger des diplomatischen Dienstes und Abgeordneter der Exilregierung Litauens, nachdem die Familie 1936 in die USA übergesiedelt war. B. arbeitete eine Zeitlang bei der American Express Co., wurde 1952 Assistant Editor bei Gnome Press, einem frühen Hardcoververlag für SF. Ein Jahr später ging er zu Galaxy Publications, wo er dieselbe Stellung innehatte. In den folgenden Jahren wechselten freiberufliche Schriftstellerei und Jobs bei verschiedenen Verlagen. 1963 wurde er Editorial Director von Playboy Press, dem Buchverlag des weltbekannten Herrenmagazins. Durch seine Kolumne, die er ab 1965 für *Galaxy* schrieb, machte er sich auch als SF-Rezensent einen Namen. Budrys erste veröffentlichte SF-Erzählung war ›The High Purpose‹ (*Astounding,* 11/52). Schon seine frühen Stories wiesen ihn als guten Stilisten aus, der es verstand, mit knappen Schilderungen den Leser in seinen Bann zu ziehen. Daß sie manchmal über einen gewissen Tiefgang – und für den Durchschnittsleser oftmals auch eine gewisse Schwerverständlichkeit – verfügen, trug nur zu seinem wachsenden Ruf bei. ›Ironclad‹ (*GAL,* 3/54), ›The Real People‹ (*BFF,* 11/53) und ›The Executiner‹ (*Astounding,* 1/56) sind Beispiele aus dieser Zeit. Sie verraten B.' Stärke, Menschen in extremen Situationen glaubhaft darzustellen und ihre Beweggründe zu erhellen. In seinen Romanen wirkte B. zwiespältig. MAN OF EARTH (1958), THE FALLING TORCH (1959) und THE AMSIRS AND THE IRON THORN (1967) sind reine Actionromane, die alte Themen aufwärmen. Der letzte von den dreien ist noch am genießbarsten. SOME WILL NOT DIE (1961), WHO? (1958) und vor allem ROGUE MOON (1960) dagegen sind Beispiele für beste SF. Bezeichnenderweise stellen alle drei Erweiterungen früherer Magazingeschichten dar. SOME WILL NOT DIE beschreibt eine hoffnungslose Zukunft, in der nach einer Katastrophe jeder gegen jeden kämpft. WHO? ist ein spannender Thriller aus der Zeit des kalten Krieges, der auch verfilmt wurde. Im Mittelpunkt steht das Identitätsproblem eines US-Wissenschaftlers, der nach einem Unfall in der UdSSR wieder ›zusammengeflickt‹ wird und den nach seiner Rückkehr in den Westen niemand mehr identifizieren kann. Am bekanntesten aber ist ROGUE MOON, ein Roman, in dem wichtige Fragen über den Sinn menschlicher Existenz und menschlichen Strebens gestellt werden. Symbolisiert wird dies durch eine unerklärliche Labyrinthstruktur auf dem Mond, die früher oder später jeden Eindringling tötet. Der Tod ist für die Betroffenen jedoch nicht endgültig, denn die Materietransmitter, die die Forscher zum Mond transportieren, erwecken die Toten aus ihren gespeicherten Mustern wieder zum Leben. Der Zweck der Struktur bleibt unerkannt und stellt eine ewige Herausforderung für den Menschen dar, der er sich immer wieder stellt. Dieser vielschichtige Roman ließ für B. Großes erwarten. Er wurde für den Hugo nominiert, traf aber in der Endabstimmung unglücklicherweise auf Walter M. Millers A CANTICLE FOR LEIBOWITZ (1960), der den begehrten Preis erhielt. B. aber hatte mit ROGUE MOON seinen schriftstellerischen Zenit erreicht. Danach ließ die Qualität seiner Romane merklich nach. Sein ehrgeiziger Comebackversuch nach zehnjähriger SF-Abstinenz glückte nach Meinung der Kritiker nicht ganz: Doch sicher ist MICHAELMAS (1977) ein wichtiger Roman über die ungeheure Macht der Medien und die unglaublichen Möglichkeiten, die sich durch weltweite Datennetze und immer intelligenter werdende Computer auftun. Auch wenn er die Erwartungen, die manche an sein Erscheinen geknüpft hatten, vielleicht nicht ganz erfüllte, beweist er doch, daß B. neben Brunner, Ballard, Disch und Spinrad zu den Autoren gehört, die sich besonders kritisch mit Entwicklungen der Gegenwart auseinandersetzen.

Bibliografie:

Projekt Luna (ROGUE MOON), München 1965, H 3041
Die sanfte Invasion (C) (THE FURIOUS FUTURE; auch: BUDRYS' INFERNO), München 1965, GWTB 063
Das verlorene Raumschiff (THE IRON THORN), München 1972, H 3301
Michaelmas (MICHAELMAS), München 1979, H 3683
Einige werden überleben (SOME WILL NOT DIE), München 1981, M 3517
Zwischen zwei Welten (WHO?), Frankfurt am Main/Berlin/Wien 1983, U 31049

Ungeahnte Dimensionen (C) (THE UNEXPECTED DIMENSION), Frankfurt am Main/Berlin/Wien 1983, U 31066

Bibliografie/H:
Auf Pluto gestrandet (MAN OF EARTH), UG 112 (1959)
Exil auf Centaurus (THE FALLING TORCH), TS 99 (1965)
Helden-GmbH (C/OA), TN 104 (1969)

Bugariu, Voicu (1939 –   )
Rumänischer Kritiker, Essayist, Redakteur der Literaturzeitschrift *Luceafărul* sowie SF-Autor. Sein 1970 erschienener Kurzgeschichtenband VOCILE VIKINGILOR (Stimmen der Wikinger) wurde vom Verband der Kommunistischen Jugend ausgezeichnet. Im Vorwort vertritt er die Auffassung, SF stimme mit der Theorie der offenen Strukturen und ungelösten Konflikte überein, eine These, die er in den Romanen SEFLETUL (Die Seele) und SFERA (Die Kugel, 1973) dann auch zu verdeutlichen suchte. Für seine Beiträge zur SF-Sekundärliteratur wurde er 1973 auf dem internationalen SF-Autoren-Treffen in Poznán mit einem Preis bedacht.

Bulgakow, Michail (1891 – 1940)
Russischer Autor, geboren in Kiew, gestorben in Moskau. B. war als regimekritischer Satiriker und Phantast in der Sowjetunion lange Zeit verfemt, so daß seine Hauptwerke erst in den späten sechziger Jahren zur Publikation veröffentlicht wurden. Während sein Hauptwerk MASTER I MARGARITA (1938 geschrieben, 1967 erstmals veröffentlicht) eine Variante des Faustthemas ist, kann man die Erzählung ›Rokovyje jaiza‹ (1925) und den Roman SOBAC'E SERDČE (1925) zumindest der Form nach der SF zurechnen. Letzterer schildert die operative Umwandlung des Hundes Moppel in einen Menschen, wobei ihm seine Gutherzigkeit abhanden kommt – eine Parabel auf den russischen Menschen, der laut B. im Sozialismus (gemessen an zaristischen Zeiten) materiell hinzugewann, aber zugleich hartherziger wurde.

Bibliografie:
Hundeherz (SOBAC'E SERDČE), Neuwied/Darmstadt: Luchterhand 1968
Die verhängnisvollen Eier (ROKOWYJE JAIZA), Neuwied/Darmstadt: Luchterhand 1984

Bulmer, (Henry) Kenneth
(1921 –   )

B. wurde in London geboren. Schon in früher Jugend interessierte er sich stark für Science Fiction, was zu einem starken Engagement im recht jungen britischen Fandom führte. Von 1939 bis 1945 diente er im königlichen Nachrichtenkorps und arbeitete eine Zeitlang an einer Militärzeitschrift mit. Als ihn Kollegen darauf hinwiesen, daß in Hiroshima eine Atombombe abgeworfen worden sei, reagierte er mit Unglauben. Erste Romane erschienen 1952 – ENCOUNTER IN SPACE, CYBERNETIC CONTROLLER, SPACE TREASON (die letzten beiden in Zusammenarbeit mit A.V. Clarke) –, in denen B. bereits Beispiele seiner thematischen Vielseitigkeit wie seiner Vorliebe für die Space Opera und verwandte Stoffe lieferte. Ein Angebot, in der Sternwarte von Greenwich zu arbeiten, lehnte B. ab. Fortan produzierte er in raschester Folge Romane und Stories in diversen britischen Magazinen wie *Authentic, Nebula* und *New Worlds*, wobei er nicht nur seinen eigenen Namen, sondern auch ein Dutzend Pseudonyme verwendete. Neben der Space Opera spielten seine Romane auch oft unter der Meeresoberfläche und schilderten Unterwasserzivilisationen (der Ausdruck ›aquiculture‹ für Meereslandwirtschaft ist als Bulmersche Sprachschöpfung in die SF-Terminologie eingegangen). B. übernahm 1973 in Nachfolge des verstorbenen John Carnell die Herausgabe der britischen Originalanthologien-Serie NEW WRITINGS IN SF mit der 23. Ausgabe. Ebenfalls zu Beginn der siebziger Jahre startete B. mehrere Serien, die zu seinen größten kommerziellen Erfolgen gehören; zwei davon waren im historischen Bereich angesiedelt, während die unter dem Pseudonym Alan Burt Akers veröffentlichte Dray-Prescot-Serie dem Genre der Science Fantasy Burroughsscher Prägung zuzurechnen ist und hier nicht weiter behandelt wird und nicht in der Bibliografie zu finden ist. Eine weitere Serie um Ryder Hook, den Novamann, erschien unter dem Pseudonym Tully Zetford. B., der zu den fleißigsten Autoren der Szene gehört, hat sich mit seinen über hundert Romanen einen soliden Ruf als leichter Unterhaltungsautor spannender Lektüre erschrieben, dessen Begabung und Erfahrung es ihm möglich macht, sich auf dem Gebiet der Science Fiction ebenso zu tummeln wie auf dem der Fantasy.

Bibliografie:

Welt des Schreckens (EMPIRE OF CHAOS), Menden: Bewin 1957
Sklaven der Tiefe (CITY UNDER THE SEA, auch: GREEN DESTINY), Balve: Zimmermann 1959
Verbotene Welten (CHANGELING WORLDS), Balve: Zimmermann 1960
Im Reich der Dämonen (THE DEMONS), München 1966, TTB 110
Sterbendes Land Utopia (TO OUTRUN DOOMSDAY), München 1968, TTB 151
Tod auf Widerruf (THE DOOMSDAY MEN), München 1969, G 23106
Kontrollstation Altimus (ON THE SYMB-SOCKET CIRCUIT), München 1974, GWTB 0175
Von Robotern beherrscht (THE STARS ARE OURS), Frankfurt am Main/ Berlin/Wien 1977, U 3345
Der Novamann (HOOK: WHIRLPOOL OF STARS), Bergisch Gladbach 1979, B 21116
Die Hypno-Falle (HOOK: THE BOOSTED MAN), Bergisch Gladbach 1979, B 21121
Stadt des Wahnsinns (THE INSANE CITY), Frankfurt am Main/Berlin/ Wien 1979, U 31005
Star City (HOOK: STAR CITY), Bergisch Gladbach 1980, B 21129
Das Männlichkeits-Gen (HOOK: THE VIRILITY GENE), Bergisch Gladbach 1981, B 21137
Hinter den silbernen Himmeln (BEYOND THE SILVER SKY), Frankfurt am Main/Berlin 1986, U 31137
Die Propheten der Erde (THE EARTH GODS ARE COMING, auch: OF EARTH FORETOLD), Frankfurt am Main/Berlin 1986, U 31139

Bibliografie/H:

Das Robotgehirn (CYBERNETIC CONTROLLER) (mit A. V. Clarke), UG 8 (1954)
Todesfalle Jupiter (SPACE SALVAGE), UG 21 (1955)
Rebellen des Weltraums (SPACE TREASON) (mit A. V. Clarke), T 30 (1958)
Zwischenfall auf Luralye (GALACTIC INTRIGUE), T 42 (1958)
Begegnung im All (ENCOUNTER IN SPACE), UZ 115 (1958)
Forschungskreuzer Saumarez (DEFIANCE), TS 45 (1961)
Der Große Blitz (NO MAN'S WORLD), T 388 (1965)
Freiheit für die Erde (THE SECRET OF ZI, auch: THE PATIENT DARK), T 394 (1965)
Der Hexer der Poseidon (THE WIZARD OF STARSHIP POSEIDON), UZ 422 (1965)

Das verhängnisvolle Feuer (THE FATAL FIRE), UZ 443 (1965)
Wegweiser ins Grauen (LAND BEYOND THE MAP), UZ 458 (1965)
Die letzte Hoffnung (THE MILLION YEAR HUNT), UZ 487 (1966)
Transit zu den Sternen (BEHOLD THE STARS), T 530 (1967)
Schatzjäger der Galaxis (STAR TROVE), TA 25 (1972)
Brennende Sterne (QUENCH THE BURNING STARS), TA 31 (1972)
Planet der Kriegsspiele (THE ELECTRIC SWORD SWALLOWER), TA 37 (1972)
Die andere Dimension (THE KEY TO IRUNIUM), TA 53 (1972)
Das Tor nach Venudine (THE KEY TO VENUDINE), TA 57 (1972)
Die Zauberer von Senchuria (THE WIZARDS OF SENCHURIA), TA 62 (1972)
Tramps zwischen den Welten (THE SHIPS OF DUROSTORUM), TA 67 (1972)
Die Jäger von Jundagai (THE HUNTERS OF JUNDAGAI), TA 73 (1973)
Die Ebenen des Todes (THE CHARIOTS OF RA), TA 81 (1974)

Bulwer-Lytton, Edward George (1803 – 1873)

Englischer Autor, geboren in London. Der adlige B.-L. war Mitglied des britischen Oberhauses und schrieb vor allem historische Romane wie z. B. THE LAST DAYS OF POMPEI (1834). Gelegentlich wandte er sich aber auch der Science Fiction zu, so mit der reaktionären Utopie THE COMING RACE (1870) und THE HAUNTED AND THE HAUNTERS (1905).

Bibliografie:

Das Geschlecht der Zukunft (THE COMING RACE), Leipzig: Altmann 1907 (auch: *Das kommende Geschlecht/VRIL oder Eine Menschheit der Zukunft*)

Bulytschow, Kirill (1934 –   )

B. (Bulyčov) ist ein Pseudonym des russischen Historikers Igor Moshejko, der in Moskau geboren wurde und 1965 erstmals eine SF-Story veröffentlichte. Bulytschow gilt als Experte für Südostasien und schrieb über diesen Gegenstand auch mehrere wissenschaftliche und populärwissenschaftliche Werke. 1970 erschien sein bisher einziger SF-Roman POSLEDNJAJA VOJNA (›Der letzte Krieg‹). SF-Kurzgeschichten von ihm liegen in den Sammlungen ČUDESA V GUSLARE (*Wunder in Guslar*, 1972), ›Das Mäd-

284

chen von der Erde‹ (1974) und LJUDI KAK LJUDI (›Ganz gewöhnliche Menschen‹, 1975) vor. Neben einzelnen Geschichten in Anthologien wurden die Kurzgeschichtenbände *Wunder in Guslar* und *Ein Takan für die Kinder der Erde* in die deutsche Sprache übertragen.

Seine Erzählung *Eine Lokomotive für den Zaren* ist die Titelgeschichte einer Anthologie, die, hrsg. von Wolfgang Jeschke, 1980 im Heyne Verlag erschien.

Bibliografie:

Wunder in Guslar (C) (TSCHUDESA W GUSLARE), Berlin: Neues Leben 1975

Ein Takan für die Kinder der Erde (C) (TAKAN DWA DETEJ ZEMLI), Moskau: MIR 1976; Berlin/DDR: Das Neue Berlin 1976

Das Mars-Elixier (basiert auf dem Originalmanuskript WITJASI NA PEREKRESTKE und MARSIANSKOE SELBE), Berlin/DDR: Das Neue Berlin 1980

Das Mädchen von der Erde (DEWOTSCHKA C SEMLI), Berlin/DDR: Der Kinderbuchverlag 1984

Der Gebirgspaß (NEPEBAL), Berlin/DDR: Das Neue Berlin 1986

Die lila Kugel (NINOWYI SCHAR), Berlin/DDR: Der Kinderbuchverlag 1986

Bibliografie/H:

Besuch aus dem Kosmos (C/OA) DNA 428 (1982)

Bunch, David R.

B. wurde in Lowry City, Missouri, geboren. Nachdem er High School und College hinter sich gebracht hatte, studierte er an der Washington University, wo er mit einem Master of Arts in Englischer und Amerikanischer Literatur abschloß. Danach war er als Angestellter des Aeronautical Chart and Information Center in St. Louis tätig. Seine erste Publikation im Bereich der SF war ›Routine Emergency‹ (*IF*, 12/57). Allerdings hatte er schon davor Geschichten an kleinere literarische Magazine verkauft. Anfang der sechziger Jahre war es besonders Cele Goldsmith, Herausgeberin von *Amazing* und *Fantastic*, die B. förderte. Seine allegorischen Kurzgeschichten erschienen nun mit steter Regelmäßigkeit in diesen beiden Magazinen. Viele dieser Stories sind eher Vignetten, kommen über eine Länge von fünf Seiten nicht hinaus und sind zu dem Episodenroman MODERAN zusammengefaßt, in dem B. eine völlig durchtechnisierte Welt schildert, in der die Menschen sich ihres lästigen Fleisches entledigt haben und nurmehr Roboter sind. Da die Kurzgeschichten einzeln nur facettenhaft B.s Zukunftsvision wiedergaben, fanden sie bei der Leserschaft ein äußerst geteiltes Echo. Viele SF-Fans konnten sich mit diesen intelligent geschriebenen Blech- und Plastikdystopien nicht anfreunden, daher blieb dem Autor letztendlich auch der Durchbruch versagt.

Bibliografie:

Festung zehn (C) (MODERAN), Frankfurt am Main 1974, FO 40

Burdick, Eugene (Leonard) (1918–1965)

Amerikanischer Autor und Politikwissenschaftler, dessen bekanntestes Buch THE UGLY AMERICAN ((1958, gemeinsam mit William Lederer verfaßt) mit der amerikanischen Südostasienpolitik abrechnete. Der ›häßliche Amerikaner‹ ging nach diesem Buch in den allgemeinen Sprachgebrauch über. B. verfaßte neben anderen Büchern gemeinsam mit J. Harvey Wheeler den SF-Roman FAIL SAFE (1962), der 1964 auch verfilmt wurde (Regie: Sidney Lumet). Es geht darin um einen Atomkrieg aus Versehen. Am Rande vermerkt: Peter Bryant, Autor des Romans TWO HOURS TO DOOM (1958, auch: RED ALERT), der von Stanley Kubrick satirisch verzerrt unter dem Titel DR. STRANGELOVE: OR HOW I LEARNED TO STOP WORRYING AND LOVE THE BOMB 1963 eindrucksvoll verfilmt worden war, klagte erfolgreich auf Plagiat. Wheelers Story, die FAIL SAFE zugrunde lag, war – zumindest nach Meinung des Gerichts – bei Bryant abgekupfert worden.

Bibliografie:

Feuer wird vom Himmel fallen (FAIL SAFE) (mit H. Harvey Wheeler), Hamburg: Rütten & Loehning 1963

Burgdorf, Karl-Ulrich

(1952–   )

B. wurde in Hagen geboren, volontierte nach dem Abitur von 1971 bis 1973 bei zwei Tageszeitungen und studierte danach in Münster Publizistik, Soziologie und Literaturwissenschaft mit den Schwerpunkten ›Audiovisuelle Medien‹ und ›Publizistische Fachdidaktik‹. Seit 1964 befaßt er sich mit Science Fiction, schrieb bereits während der Gymnasialzeit seine ersten Geschichten und veröffentlichte 1974 seinen ersten Roman *Nijha, der Attentäter.* 1977 folgte das SF-Jugendbuch *Delphinenspiele,* dessen Handlung auf dem ersten veröffentlichen Sachbuch über Delphinologie (Verfasser Anthony Alpers) fußt. B., der unter Pseudonymen auch Horrorheftromane schreibt, hat gemeinsam mit Wolfgang Hohlbein einen Roman der Jugendbuchserie *Sternenschiff der Abenteuer* verfaßt.

Bibliografie:
Delphinenspiele, Würzburg: Arena 1977

Als Martin Hollburg
(mit Wolfgang Hohlbein):
Der Tiger von Vaultron, Stuttgart: Franckh 1984

Bibliografie/H:
Nijha, der Attentäter, ZSF 149 (1974)

Bürgel, Bruno H. (1875 – 1948)
Deutscher Autor, der in Berlin geboren wurde und dort auch starb. Er brachte es vom Fabrikarbeiter zum Astronomen und Privatgelehrten und war für seine volkstümliche Philosophie bekannt. In der utopischen und phantastischen Literatur wurde er vor allem durch den Roman *Der Stern von Afrika* (1920) und zwei Story-Sammlungen um *Dr. Ulebuhle* bekannt.

Bibliografie:
Die seltsamen Geschichten des Dr. Ulebuhle (C), Berlin: Ullstein 1920
Der Stern von Afrika, Berlin: Ullstein 1921
Dr. Ulebuhles Abenteuerbuch (C), Berlin: Ullstein 1928

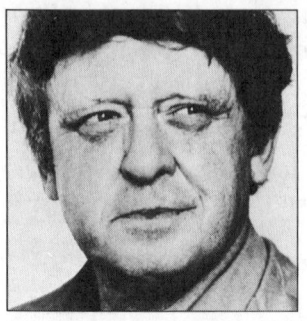

Burgess, Anthony (1917 –   )
Der englische Kritiker und Romanautor studierte in seiner Geburtsstadt
Manchester, diente von 1940 – 1946
in der Armee, arbeitete von
1946 – 1948 als Dozent an der Universität von Birmingham und nahm
anschließend einen Job beim britischen Kultusministerium an, der ihn
bis 1959 in verschiedene Länder
Asiens führte. Er schrieb unter den
Pseudonymen Joseph Kell und John B. Wilson einige unbeachtete
Romane und wandte sich dann – unter eigenem Namen – der SF
zu. Seine Anti-Utopien THE WANTING SEED (1962) und A CLOCKWORK
ORANGE (1962) erweckten nicht nur das Interesse der SF-Leser, sondern auch im Fall des letzteren Titels das des Regisseurs Stanley Kubrick, der aus dem Buch, in dem es um einen jungen Kriminellen
der Zukunft geht, den man durch eine geistige Konditionierung von
seiner ›Veranlagung‹ zu ›heilen‹ versucht, zehn Jahre später einen
vielbeachteten Film machte. B. schrieb auch eine der eindrucksvollsten Zeitreiseerzählungen der SF, ›The Muse‹ (1968), die merkwür-
digerweise ziemlich unbekannt blieb. Es ist die Geschichte eines Li-
teraturhistorikers, der mit Hilfe einer Zeitmaschine Shakespeare
aufsucht, um endlich einige strittige Punkte der Verfasserschaft zu
klären. Im London des 16. Jahrhunderts angekommen, muß der
Zeitreisende feststellen, daß er in ein Paralleluniversum geraten ist,
das einige makabre Überraschungen für ihn bereithält. Die Erzählung erschien in der Anthologie THE LIGHT FANTASTIC, die Harry Harrison 1971 edierte und die auf deutsch unter dem Titel *Gezeiten des
Lichts* 1973 bei Kindler herausgebracht und immer wieder nachgedruckt wurde.

Bibliografie:

Uhrwerk Orange (A CLOCKWORK ORANGE), München 1972, Heyne
01/928
Das Uhrwerk-Testament (THE CLOCKWORK TESTAMENT), München 1974,
H 01/5124
1985 (1985), München 1982, H 01/5981
Erlöse uns, Lynx (THE END OF THE WORLD NONS), Stuttgart, Klett-Cotta
1986

Burke, Jonathan (John Frederick) (1922 –   )
B. wurde in Sussex/England geboren und arbeitete nach dem Besuch einer Hochschule in verschiedenen Jobs, als Redakteur in Verlagen sowie als PR-Beauftragter bei Shell. 1963 nahm er eine Stellung bei der Twentieth Century Fox an und arbeitete dort vor allem Drehbücher zu Romanen um. Mit SWIFT SUMMER, einer Satire, gewann er den Atlantic Award für Literatur der Rockefeller-Stiftung. Er schreibt außer Science Fiction vor allem Krimis, Hörspiele und übersetzt aus dem Dänischen. B. gilt als Unterhaltungsroutinier, der in vielen Sätteln gut sitzt. Zwar wurden vereinzelt SF-Romane von B. auch in Amerika veröffentlicht bzw. ins Italienische übersetzt – vor allem jedoch in der Frühphase der deutschen SF-Entwicklung in die deutsche Sprache –, aber im wesentlichen blieb die Verbreitung von B.s SF-Romanen auf England beschränkt. Im Nachbargenre *Weird Fiction* hat Burke mehrere Anthologien herausgegeben.

Bibliografie:
Die letzte Schlacht (THE ECHOING WORLDS), Menden: Bewin 1954
Tor der Dämonen (DARK GATEWAY), Menden: Bewin 1954
Hotel Cosmos (HOTEL COSMOS), Balve: Zimmermann 1960

Bibliografie/H:
Parasiten (TWILIGHT OF REASON), UG 16 (1955)
Revolte der Menschheit (REVOLT OF THE HUMANS), UG 38 (1956)

Burkett, William R. jr. (1943 –   )
Amerikanischer Autor und Journalist, geboren in Georgia. SLEEPING PLANET (1965), sein einziger SF-Roman, ist eine reichlich banale Space Opera über einen Konflikt zwischen den Terranern und Aliens, die eher in die vierziger Jahre gepaßt hätte.

Bibliografie:
Die schlafende Welt (SLEEPING PLANET), Rastatt 1966, TTB 118

Burkley, Randolph
Pseudonym eines österreichischen Autors.

Bibliografie/H:
Raubzug aus dem Weltall, Ur 10 (1957)

Burmester, Albert Karl (1908–1974)

Deutscher Autor, der auch unter den Pseudonymen Geo Barring und Axel Berger zahlreiche Westernromane veröffentlichte.

Bibliografie:

Der Damm von Amazonis, Bremen: Burmester 1936
Die Stadt im Krater, Bremen: Burmester 1937
Die Sonne Sixta, Bremen: Burmester 1938
Die Erde reißt, Bremen: Burmester 1938
Rohrbahn Nord, Castrop: Mühlbusch 1954

Als Geo Barring:

Erdball in Ketten, Bremen: Burmester 1935
Panzerfort Nova Atlantis meutert, Hamburg: Sauerberg 1935

Burroughs, Edgar Rice (1875–1974)

Amerikanischer Autor, geboren in Chicago als Sohn eines Fabrikanten. Nach dem Besuch einiger Privatschulen ging er zur US-Kavallerie, arbeitete in einer Goldmine, war Eisenbahnpolizist und Verkäufer in einem Drugstore. Depressionen hätten ihn 1912 fast in den Selbstmord getrieben, als das Magazin *All Story* eine lange Erzählung von ihm akzeptierte: ›Under the Moons of the Mars‹. Sie erschien unter dem Pseudonym Norman Baen. Fortan widmete sich B. ganz und gar dem Schreiben und erschuf noch im gleichen Jahr mit Tarzan jene Figur, die bis heute – forciert durch Comics und Kinofilme – ungemein populär geblieben ist. Ansonsten blieb B. jedoch der SF verwachsen. Er schrieb ganze Serien von Romanen, die auf dem Mars, der Venus oder in dem unterirdischen Reich Pellucidar angesiedelt sind. Um wissenschaftliche Fakten kümmerte er sich wenig: Im Mittelpunkt stehen die Abenteuer kühner Schwertkämpfer und schöner Prinzessinnen. Aus heutiger Sichtweise ist B.' Werk eher Fantasy als SF, historisch gesehen war es jedoch wegweisend für die Pulp-SF der zwanziger und dreißiger Jahre. Vor allem wegen seines Einflusses auf spätere Autoren muß man ihn als den eigentlichen Begründer der Science Fantasy und weitgehend auch der Heroic Fantasy bezeichnen, der immer mal wieder Kollegen der schreibenden Zunft zu fröhlichem Plagiieren reizte.

Bibliografie:

Eine Marsprinzessin (A PRINCESS OF MARS), Stuttgart: Dieck 1925
(auch: *Die Prinzessin vom Mars*)

290

Die Marsgötter (THE GODS OF MARS), Stuttgart: Dieck 1925
(auch: *Göttin des Mars*)
Piraten der Venus (PIRATES OF VENUS), München 1970, H 3188
Auf der Venus verschollen (LOST ON VENUS), München 1970,
H 3192
Krieg auf der Venus (CARSON OF VENUS), München 1971, H 3222
Odyssee auf der Venus (ESCAPE ON VENUS), München 1971, H 3241
Der Kriegsherr des Mars (THE WARLORD OF MARS), Alsdorf: Williams
1972
Thuvia, das Mädchen vom Mars (THUVIA, MAID OF MARS), Alsdorf:
Williams 1973

Burroughs, William S(eward) (1914 –   )

Amerikanischer Autor, geboren in St. Louis. Er entstammt einer reichen und bekannten amerikanischen Industriellenfamilie (Burroughs Rechenmaschinen), studierte in St. Louis und Harvard, wurde nach einer Europareise drogenabhängig und führte fortan ein
unstetes Leben, das dem vorgegebenen Weg wenig entsprach. B.
gehört neben Jack Kerouac, Allen Ginsberg und Charles Bukowski
zu den führenden Köpfen des literarischen Undergrounds der fünfziger und sechziger Jahre und avancierte wie die anderen Genannten zu Kultautoren der Beat-Generation. Er las SF-Magazine, und etliche seiner Arbeiten weisen SF-Einflüsse auf, etwa wenn von einem
›Nova-Mob‹ die Rede ist, womit interstellare Gangster gemeint sind,
die insgeheim die Erde übernommen haben. Insbesondere THE NA-
KED LUNCH (1959), eine bittere Satire, ist den Anti-Utopien zuzurechnen. THE SOFT MACHINE (1961), THE TICKET THAT EXPLODED (1962), NOVA
EXPRESS (1964), THE WILD BOYS (1971) und EXTERMINATOR! (1973) sind
geprägt von B.' experimenteller Cut up-Technik und zeigen SF-
Strukturen. Da er J.G. Ballard und andere New Wave-SF-Autoren
erheblich beeinflußte, ist sein Einfluß auf die SF der späten sechziger Jahre nicht zu unterschätzen.

Bibliografie:

Naked Lunch (NAKED LUNCH), Wiesbaden: Limes 1962
Nova Express (NOVA EXPRESS), Wiesbaden: Limes 1970
The Soft Machine (THE SOFT MACHINE), Köln: Kiepenheuer & Witsch
1971
The Ticket That Exploded (THE TICKET THAT EXPLODED), Wiesbaden:
Limes 1972

Busby, F(rancis), M(arion) (1921 –   )
Amerikanischer Autor, geboren in Indianapolis, Indiana. Nach Studium und Dienst in der Nationalgarde und US Army war B. in der Fernmeldetechnik tätig, z. B. als Projektleiter in Alaska und dann als Fernmeldeingenieur. Seit 1970 ist er freier Autor. B.s Karriere als SF-Autor begann 1957 mit der Kurzgeschichte ›A Gun for Grandfather‹, die in dem Magazin *Future* erschien. Insgesamt brachte er es bislang auf knapp 40 Stories und 9 Romane, wobei sich letztere fast alle um zwei Seriencharaktere (zum einen ›Barton‹, zum anderen ›Rissa‹) ranken. Sein Romanerstling CAGE A MAN (1973, ein ›Barton‹-Titel) wurde auch ins Deutsche übertragen. Impulse für die Entwicklung der SF gingen von ihm nicht aus: Seine Romane sind größtenteils klischeehafte Space Operas, seine Stories bis auf wenige Ausnahmen – etwa ›If This Is Winnetka, You Must Be Judy‹ (1974) oder ›Tell Me All About Yourself‹ – nicht mehr als relativ belanglose Unterhaltungsliteratur.

Bibliografie:
Mensch im Käfig (CAGE A MAN), Bergisch Gladbach 1975, B 21062

Busch, H. P Siehe Ellmer, Arndt

Butler, Octavia E(stelle) (1947 –   )
B. ist eine der wenigen farbigen SF-Autorinnen. Sie ist aus dem sogenannten Clarion-Workshop hervorgegangen, der SF-Nachwuchsautoren ›ausbildet‹, und ihre erste Geschichte erschien in der Anthologie CLARION (1970) unter dem Titel ›Crossover‹. In der Folge wurde Harlan Ellison auf B. aufmerksam, der sie unter seine Fittiche nahm, finanziell unterstützte und sich bei einigen Verlagen für sie stark machte. 1976 erschien schließlich bei Doubleday der Roman PATTERNMASTER, der einen weitgespannten Zyklus einleitete. In PATTERNMASTER wird eine Welt geschildert, die vielleicht eintausend Jahre in der Zukunft liegt und in der eine parapsychisch begabte Gruppe, die Musternisten, über die Erde herrscht. Die Hierarchie richtet sich nach der Stärke der parapsychischen Fähigkeiten; die Stummen, Menschen ohne Parabegabungen, sind praktisch Sklaven der Angehörigen des Musters, des telepathischen Verbundes der Begabten. Der Roman ist mit großem inneren Engagement geschrieben, droht jedoch unter der Last seiner eigenen Allegorie zusammenzubrechen. MIND OF MY MIND (1977) schildert die Entstehung der im Erstling

skizzierten Gesellschaftsordnung. Doro, ein unsterblicher Nubier, versucht durch gezielte Zuchtwahl eine ebenfalls unsterbliche Rasse zu erschaffen. Auftretende Telepathen tut er zunächst als Nebenprodukt ab, bis eines seiner stärksten Talente den Musterverbund erschafft und sich rasch den Rest seiner Zucht einzuverleiben droht. Für Doro ist im Muster kein Platz mehr. Der Roman übertrifft qualitativ den Vorgänger und überzeugt durch eine differenzierte Darstellung der Protagonisten, von denen interessanterweise keiner als Sympathieträger geeignet ist.

SURVIVOR (1978) spielt ein paar hundert Jahre nach der Etablierung des Musters. Auf einem fremden Planeten hat sich eine Gruppe menschlicher Missionare angesiedelt, die den Eingeborenenstämmen die Überlegenheit der Menschen über die Kreaturen des Universums predigen will. Alanna, von den Missionaren auf der Erde adoptiert, wird von einem Stamm entführt. Die Missionare werden nach einigen Auseinandersetzungen von den Eingeborenen dominiert sein, nur Alanna wird gestärkt aus ihrer Situation hervorgehen. Wie schon in ihrem ersten Roman treibt die Autorin die Allegorie zu weit, als daß man das Werk noch als SF ansehen möchte, ein Fehler, der sich in ihrem Roman KINDRED (1979) fortsetzt.

WILD SEED (1980) schildert Streiflichter aus den Jahren 1690 bis 1820. Doro, der hier noch mitten in seinem Projekt steckt, begegnet einer langlebigen Mutantin, zu der er eine Art Haßliebe entwickelt. Wie schon in dem nicht zu dem Zyklus gehörenden Roman KINDRED bedient sich die Autorin auch in WILD SEED der Techniken des historischen Romans, doch überzeugt der Roman noch eher als SF.

Zwei Kurzgeschichten, ›Speech Sound‹ (*IASFM*, 12/83) und ›Bloodchild‹ (*IASFM*, 6/84), brachten der Autorin zweimal den Hugo ein. Die letztere Arbeit ist eine biologische Fantasy und handelt von Insekten, die mit Terranern eine Symbiose eingegangen sind. CLAYS ARK (1984) greift den Pattern-Komplex wieder auf und handelt von einer außerirdischen Seuche, die die betroffenen Menschen zu sphingoiden Geschöpfen mutieren läßt. Eine Trilogie unter dem Arbeitstitel XENOGENESIS, die sich ebenfalls mit biologischen Themen befaßt, ist in Vorbereitung.

<u>Bibliografie:</u>
Als der Seelenmeister starb (PATTERNMASTER), Bergisch Gladbach 1982, B 24037
Der Seelenplan (MIND OF MY MIND), Bergisch Gladbach 1983, B 24039
Vom gleichen Blut (KINDRED), Bergisch Gladbach 1983, B 24042

Alanna (SURVIVOR), Bergisch Gladbach 1984, B 24052
Wilde Saat (WILD SEED), Bergisch Gladbach 1984, B 24060

Butler, Samuel (1835 – 1902)

Englischer Autor, geboren in Langar bei Bingham, Nottinghamshire. B. studierte in Oxford und wanderte 1859 nach Neuseeland aus. Bekannt wurde er durch seine Utopien EREWHON OR OVER THE RANGE (1872) und EREWHON REVISITED (1901), in denen B. eine pastorale, gegen Maschinen und Technik eingestellte Gesellschaft einer englischen Kolonie (vermutlich ist seine Wahlheimat Neuseeland gemeint) schildert. In satirischer Überzeichnung kritisiert B. Darwins Evolutionstheorie, die englische Oberschicht und den Klerus. Mit seinen Schriften übte er u.a. Einfluß auf G.B. Shaw aus. B. war außerdem Maler und Komponist.

Bibliografie:

Ergindwon oder Jenseits der Berge (EREWHON OR OVER THE RANGE), Leipzig: Barth 1879 (auch: *Erewhon*)

Butterworth, Michael (1947 –)

Englischer Autor, zu Hause in Manchester, nicht zu verwechseln mit einem Krimiautor sowie einem Comictexter *(Trigan)* gleichen Namens. B. veröffentlichte 1966 mit ›Girl‹ seine erste Story in *New Worlds* und publizierte weitere Geschichten in verschiedenen Anthologien. Er ist Herausgeber einer Reihe von ›small press‹-Magazinen und gründete 1977 gemeinsam mit David Britton den Kleinverlag Savoy Books, der nach 29 Publikationen 1981 aufgeben mußte. Anfangs eher der New Wave verpflichtet, verfaßte er später die Romane nach der TV-Serie *Space 1999*, schrieb andererseits aber auch eine mit Michael Moorcock abgestimmte SF-Rock-Trilogie über die Gruppe *Hawkwind* und ein Instrument, das alle Schmerzen und Spannungen zu lindern vermag.

Siehe Anhang SERIEN: *Mondstation 1999*

Buttlar, Johannes von

Deutscher Sachbuchautor.

Bibliografie:

Das Alpha-Fragment, München 1983, G 6492

Buwert, Harald
Deutscher Buchhändler und Autor.

Bibliografie:
Die Flüsterzentrale (mit Ronald M. Hahn), München 1977, H 3556

Bibliografie/H:
Der Psycho-Planet (mit Bernt Kling), TN 150 (1970)
Computer der blauen Rebellen (mit P.R. Jung), TA 61 (1972)
Planet in Ekstase, Ge 4 (1976)

Als Thorn Forrester:
Krisenherd Partos, Ge 1 (1976)

Buzias, D.

Bibliografie:
Globula, der Telefonplanet, München: Praeger 1973

Byrd, Roger E.
Pseudonym eines dt. Autors.

Bibliografie/H:
Report eines Seelenlosen, ZSF 187 (1977)
Durchbruch nach Samanol, ZSF 202 (1978)
Aufstand der Unsterblichen, ZSF 232 (1980)
Die Kosmochronisten, ZSF 269 (1983)

Byrne, Stuart J(ames) (1916 –   )
Amerikanischer Autor irisch-schottischer Abstammung, geboren in St. Paul, Minnesota, der auch unter dem Pseudonym John Bloodstone schreibt. B.s erste Story erschien 1935 in *Amazing.* Seine Werke sind von geringer Relevanz für die SF.

Bibliografie/H:
Invasion der Seelenlosen (THE METAMORPHS), UZ 199 (1959)

Als John Bloodstone:
Im Banne der Mondwelt (THE GOLDEN GODS), UZ 89 (1957)
Opfer der Zukunft (CHILDREN OF THE CHRONOTRON), UZ 497 (1966)

Caelestes, Junior (1862–1931)
Pseudonym für Elisabeth von Otto.

Bibliografie:
Die Raketen-Reise nach dem Mond, Leipzig: Twietmeyer 1928

Caidin, Martin (1927–   )
Amerikanischer Wissenschaftler und Flugzeugfachmann. Wurde schon mit 16 Jahren Associate Editor zweier Flugzeugfachzeitschriften und gründete später Martin Caidin Associates Inc., eine Agentur, die Radio- und Fernsehanstalten mit Nachrichten aus dem Gebiet der Aero- und Astronautik belieferte. In den frühen fünfziger Jahren begann er seine Karriere als Schriftsteller populärwissenschaftlicher Bücher, deren Themen sich auf Raumfahrt, Raketentechnik und die Geschichte der Luftfahrt beschränkten. In den sechziger Jahren wechselte er mehr und mehr auf Unterhaltungsstoffe über. Es entstanden eine Reihe von SF-Romanen, die allesamt eine solide technische Basis aufweisen und in der frühen Zukunft oder gar der Gegenwart angesiedelt sind. THE LAST FATHOM (1967) handelt von amerikanischen und sowjetischen Atom-U-Booten, die sich in den Tiefen der Meere belauern. THE GOD MACHINE (1968) ist ein Kybernetik-Roman typisch amerikanischer Prägung: Das große Elektronengehirn wendet sich gegen seine Erbauer und will die Macht über die Erde an sich reißen. Roboter und kybernetische Organismen sind ein Spezialthema von C., wie etwa in CYBORG (1972), auf dem (und dessen Fortsetzungsromanen um den Protagonisten Steve Austin) die erfolgreiche US-Fernsehserie *The Six-Million-Dollar-Man* beruht. Ebenfalls verfilmt wurde ein anderer Roman C.s: MAROONED (1964), in dem es um eine großangelegte Rettungsaktion im Weltraum geht. Nach längerer Pause erschienen zuletzt zwei neue SF-Romane, die in der näheren Zukunft handeln: ZOBOA (1986) und EXIT EARTH (1987).

Bibliografie:
Gefangen im All (MAROONED), München: Lichtenberg 1965
Alarm in der Tiefsee (THE LAST FATHOM), München 1968, H 3129

Der große Computer (THE GOD MACHINE), München 1969, H 3163/64
Alarm in der Raumstation (FOUR CAME BACK), München 1970, H 3189
Die Straße der Götter (HIGH CRYSTAL), München 1976, GWTB 0218
Der korrigierte Mensch (CYBORG), München: Goldmann 1974
Die Menschmaschine (OPERATION NUKE), Bergisch Gladbach 1978,
B 21106
Cyborg IV (CYBORG IV), Bergisch Gladbach 1979, B 21113
Unternehmen Aquarius (AQUARIUS MISSION), München 1979,
GWTB 23313
Das letzte Countdown (THE FINAL COUNTDOWN), München 1981,
GWTB 23380

Caine, Staff Siehe Peters, Hermann

Calcum, Carl (1907 –   )
Pseudonym für Karl August Lohausen.

Bibliografie:
Wall im Weltraum, Iserlohn: Ultra 1948

Caldwell, Taylor (1900 – 1985)
Amerikanische Autorin. C. arbeitete seit 1931 als hauptberufliche
Schriftstellerin. Sie verfaßte zumeist historische Romane, einige
ihrer Werke sind jedoch SF-Titel, wie THE DEVIL'S ADVOCATE (1952),
YOUR SINS AND MINE (1955) und THE ROMANCE OF ATLANTIS (1975; mit
Jess Stearn).

Bibliografie:
Der Anwalt des Teufels (THE DEVIL'S ADVOCATE), München: Schnee-
kluth 1979
Die Atlantis Saga (THE ROMANCE OF ATLANTIS) (mit Jess Stearn), Wien/
Berlin; Neff o. J. (ca. 1982)

Callenbach, Ernest

Bibliografie:
Ökotopia (ECOTOPIA), Berlin: Rotbuch 1979
Ein Weg nach Ökotopia (ECOTOPIA EMERGING), Berlin: Ökotopia 1983

Calhoun, Alexander
Pseudonym eines dt. Leihbuchautors.

Bibliografie:

Verbotene Fracht, Münster: Borgsmüller 1960
Treffpunkt Aiino Two, Münster: Borgsmüller 1960
Die sechste Dimension, Münster: Borgsmüller 1960
Die Formalhaut-Passage, Münster: Borgsmüller 1961
Androids Planet, Münster: Borgsmüller 1961
Empire Terra, Münster: Borgsmüller 1961
Der große Plan, Münster: Borgsmüller 1962
Der Philosoph von Caranac, Münster: Borgsmüller o. J.

Bibliografie/H:

Westlich Sirius, UTR 13 (1959)

Cameron, Berl
Englisches Verlagspseudonym. Der Verfasser von LOST AENOS (1953) war Dennis Talbot Hughes.

Bibliografie/H:

Geister der Vergangenheit (LOST AEONS), UG 6 (1954)
Raumschiff der Vergeltung (SOLAR GRAVITA), UG 7 (1954)

Cameron, Ian (1924 –)
Pseudonym des englischen Autors Donald Gordon Payne, geboren in London. P. studierte in Oxford, war bis 1957 als Lektor tätig und ist seither freier Autor (anderes Pseudonym: James Vance Marshall). Mit THE LOST ONES (1961, anderer Titel, unter dem 1974 auch nach dieser Vorlage ein Kinofilm entstand: THE ISLAND AT THE TOP OF THE WORLD) und THE MOUNTAINS AT THE BOTTOM OF THE WORLD (1972, auch: DEVIL COUNTRY) veröffentlichte er auch zwei SF-Romane durchschnittlicher Qualität.

Bibliografie:

Insel am Ende der Welt (THE LOST ONES), Berlin: Universitas 1971
Die Monster der Sierra Moreno (THE MOUNTAINS AT THE BOTTOM OF THE WORLD), Frankfurt am Main/Stuttgart: Goverts/Krüger/Stahlberg 1973

Campanella, Tommaso (1568–1639)

Geboren in Stilo, Kalabrien. Mit fünfzehn trat er dem Dominikaner-orden bei, wurde 1599 von der Inquisition verhaftet und gefoltert, da er eine Revolte angezettelt haben sollte. Erst 1626 kam er frei, mußte aber weiter vor seinen Häschern fliehen, bis ihm Richelieu 1634 Asyl gewährte. C. hat mit CIVITAS SOLIS (1623) die neben Morus' UTOPIA und Bacons NOVA ATLANTIS bekannteste Utopie der Renaissance geschrieben, in der ein christlicher Idealstaat geschildert wird.

Bibliografie:

Der Sonnenstaat (CIVITAS SOLIS), München: M. Ernst 1900

Campbell, H(erbert) J. (1925–   )

Englischer Autor und Redakteur, der sich in der Hauptsache nur zwischen 1952 und 1956 mit Science Fiction befaßte. In dieser Zeit war er Redakteur des britischen Magazins *Authentic Science Fiction,* schrieb einige Kurzgeschichten und Romane wie BEYOND THE VISIBLE (1952) und gab zwei Anthologien heraus. C., der schon vor seinem SF-Abstecher Chemiker war, der durch aufsehenerregende Forschungsergebnisse von sich reden machte – was sich auch auf *Authentic* insofern auswirkte, daß er unverhältnismäßig viele wissenschaftliche Artikel veröffentlichte –, konzentrierte sich nach 1956 wieder voll auf seinen Beruf. Er schrieb auch unter den Verlagspseudonymen Jon J. Deegan (siehe dort) und Roy Sheldon.

Bibliografie:

Die unsichtbare Gefahr (BEYOND THE VISIBLE), Goslar: Rappen 1953
Ein anderer Raum – eine andere Zeit (ANOTHER SPACE – ANOTHER TIME), Goslar: Rappen 1953

Bibliografie/H:

Als Roy Sheldon:

Zwei Tage der Angst (TWO DAYS OF TERROR), UZ 161 (1959)

Campbell, John Scott

Amerikanischer Autor der frühen dreißiger Jahre. Seine ins Deutsche übersetzte Novelle BEYOND PLUTO (1932) wurde ursprünglich in dem Magazin *Wonder Stories Quarterly* veröffentlicht und schildert die Entdeckung von Aliens in einer ›vergessenen‹ Stadt auf der Erde.

Bibliografie/H:

Die vergessene Stadt (BEYOND PLUTO), UG 135 (1960)

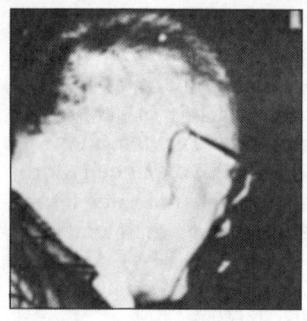

Campell, jr., John W(ood)
(1910–1971)

Amerikanischer SF-Herausgeber und -Autor, der das Genre wie kaum eine andere Persönlichkeit beeinflußte. C. wurde in Newark/New Jersey geboren. Er besuchte das Massachusetts Institute of Technology, ein Umstand, der sicher viel zur wissenschaftlichen Akkuratheit seiner späteren Geschichten beitrug, ihn aber auch immer wieder nach neuen Wegen suchen ließ, aus allzu starren Systemen auszubrechen. Als Fan der ersten Space Operas von E. E. Smith, begann er selbst Geschichten dieser Art zu schreiben. Er debütierte in *Amazing Stories* mit ›When the Atoms Failed‹ (1/30). Kurz darauf folgte die ›Arcot, Morey and Wade‹-Serie, die sich an Smiths THE SKYLARK OF SPACE orientierte. Die einzelnen Romane und Kurzromane dieser Serie erschienen bis 1932 in *Amazing* und *Amazing Quarterly*. Später wurden sie in Buchform publiziert: THE BACK STAR PASSES (1953), ISLANDS OF SPACE (1956) und INVADERS FROM THE INFINITE (1961). Die Super-Science-Geschichten um Arcot, Morey und Wade machten C. nach nur drei Jahren aktiven Schreibens zu einem der führenden Autoren des Genres, dessen Popularität allenfalls von der E. E. Smith' übertroffen wurde. 1934 wechselte C. zu *Astounding* über, das unter seinem neuen Herausgeber F. Orlin Tremaine zur führenden und finanziell attraktivsten Publikation des Feldes geworden war. Im Dezember 1934 erschien THE MIGHTIEST MACHINE, eine Space Opera, die seine früheren Produkte weit in den Schatten stellte. Aber mittlerweile hatte C. stilistisch dazugelernt. ›Twilight‹ (11/34), eine stimmungsvolle Story über das Ende der menschlichen Zivilisation, war von seinen anderen Texten stilistisch so verschieden, daß sie unter C.s Pseudonym Don A. Stuart herauskam, das der Autor dem Mädchennamen seiner Frau, Dona Stuart, entlehnt hatte. ›Twilight‹ wurde so populär, daß Don A. Stuart mit nur einer veröffentlichten Geschichte fast den Ruf von John W. Campbell jr. bedrohte. Als Folge davon lehnte Tremaine drei Fortsetzungen ZU THE MIGHTIEST MACHINE ab, obwohl sie C.s rasanteste Space Opera darstellten. Aber Tremaine hielt die intergalaktischen Abenteuer für passé. (THE INCREDIBLE PLANET erschien erst 1949). Unter dem Namen Don A. Stuart schrieb C. für *Astounding* eine Reihe Stories, die für die damalige Zeit von herausragender Qualität waren: ›Night‹ (10/35), ›Forgetfulness‹ (6/37) und ›Cloak of Aesir‹ (3/39) sind davon die bekanntesten. Eine entscheidende Wende in seiner Karriere erfuhr C. 1937, als er die Herausgeberschaft von *Astounding* übernahm. Nun mußte sein eigener Ausstoß an Geschichten zwangsläufig abnehmen. Allerdings war seine heute berühmteste Erzählung, der Kurzroman ›Who Goes There?‹ (*ASF,* 8/38), noch nicht erschienen. ›Who Goes There?‹, einer der spannendsten SF-Krimis, handelt von einer Antarktis-Expedition, die ein fremdes Lebewesen aus dem Weltraum entdeckt, das seine Form verändern kann und die Gestalt sowohl von Tieren als auch von Menschen aus dem Forschercamp annimmt. ›Who Goes There?‹ wurde von den Science Fiction Writers of America bei deren Abstimmung zum besten Kurzroman vor 1965 gewählt und zweimal verfilmt. Danach schrieb C. nur noch sporadisch, wie etwa den Roman THE MOON IS HELL (1951). Trotz seiner literarischen Erfolge war seine Herausgebertätigkeit für die SF weitaus wichtiger. Mit einer ganzen Reihe von neuen, besseren Autoren wie Asimov, del Rey, van Vogt, Sturgeon und Heinlein begann 1939 in *Astounding* das ›Goldene Zeitalter‹ der SF, das bis 1946 andauerte. In diesen Jahren erschienen die meisten heutigen Klassiker der Genres. C. nahm als Kenner und ausgewiesener SF-Schriftsteller Einfluß auf seine Autoren, versorgte sie mit Ideen und ermunterte sie, sich besonderer Themenbereiche anzunehmen. So geht etwa Asimovs berühmte Geschichte ›Nightfall‹ auf C.s Initiative zurück. Auch an der Idee und der Ausformulierung der drei ›Regeln der Robotik‹, die gemeinhin Isaac Asimov zugeschrieben werden, hatte er maßgeblichen Anteil. Es war sein Verdienst, daß die SF in den vierziger Jahren eine derartige Blüte erlebte und eine Autorengeneration geformt wurde, die auf Jahrzehnte hinaus das Gesicht der SF bestimmte. C. war bis 1971 Herausgeber von *Astounding,* das er 1960 in *Analog Science Fiction/Science Fact* umbenannt hatte. Unter ihm gewann das Magazin nicht weniger als siebenmal den Hugo Award.

Bibliografie:

Der unglaubliche Planet (THE INCREDIBLE PLANET), Düsseldorf: Rauch 1952
Das Ding aus einer anderen Welt (C) (WHO GOES THERE?), Berlin: Gebr. Weiß 1958
Kosmische Kreuzfahrt (ISLANDS OF SPACE), Balve: Zimmermann 1960
Das unglaubliche System (THE MIGHTIEST MACHINE), Balve: Zimmermann 1960

Invasion aus der Unendlichkeit (INVADERS FROM THE INFINITE),
München 1975, H 3453
Die tote Sonne (THE BLACK STAR PASSES), München 1975, H 3458
Die besten Stories von John W. Campbell (THE BEST OF JOHN W.
CAMPBELL), München 1980, P 6706

Bibliografie/H:

Gefangene des Mondes (THE MOON IS HELL), UG 57 (1957)
Das Erbe der Vergangenheit (CONQUEST OF THE PLANET), T 258 (1962)
Der Angriff von Mira (THE ULTIMATE WEAPON), TN 163 (1971)

Cane, Terry
Pseudonym eines deutschen Autors, der die sechsbändige Jugendbuchserie *Raumpatrouille* verfaßte.

Bibliografie:

Angriff der Praitaner, Hannover: Weichert 1982
Kampf auf dem Planeten Prait, Hannover: Weichert 1982
Rettung der Basis Imperial, Hannover: Weichert 1982
Unbekannte Dimension, Hannover: Weichert 1982
Flugechsen im Fadenkreuz, Hannover: Weichert 1983
Der falsche Commander, Hannover: Weichert 1983

Canter, Cal
Pseudonym eines dt. Autors.
Siehe Anhang SERIEN: *Ren Dhark*

Čapek, Karel (1890–1938)
Tschechischer Autor, der in Kleinschadowitz/Tschechoslowakei geboren wurde, in Prag Philosophie studierte, promovierte und anschließend als Dramaturg und Journalist arbeitete. Zusammen mit
seinem Bruder Joseph führte Č. ein Theater, und gemeinsam mit
ihm schrieb er auch seine ersten Bücher. Č. wurde mit seinen Romanen, Theaterstücken und Erzählungen bald weltweit bekannt.
Ein Teil davon gehört heute zum klassischen Schatz der Science
Fiction. So ist sein Name zum Beispiel untrennbar mit dem Begriff
›Roboter‹ verbunden. Č. schrieb zwar nicht über den ersten Roboter – da gibt es Vorläufer –, aber er prägte den Begriff ›Robots‹
(tschech. Wort für Zwangsarbeit). Das Ganze geht zurück auf Č.s
Theaterstück R.U.R. – ROSSUMS UNIVERSAL ROBOTS, das 1920 entstand

und 1921 uraufgeführt wurde. Darin geht es um eine Firma, die Roboter herstellt, bis diese Intelligenz entwickeln und gegen die Menschen revoltieren. Sie rotten die Menschheit aus und kehren an eine inzwischen sinnlos gewordene Arbeit zurück. Eine Komödie, 1922 uraufgeführt, war auch die Grundlage für den Roman VEČ MAKROPULOS, eine Antwort auf H.G. Wells FOOD OF THE GODS (1904), in dem eine Frau durch ein Lebenselixier 300 Jahre alt wird, aber erkennen muß, daß ihr langes Leben leer und sinnlos geworden ist. KRAKATIT (1924), eines der bekanntesten Werke C.s, das auch verfilmt wurde, erzählt von der Erfindung eines höchst wirksamen Sprengstoffs, mit dem buchstäblich alles in die Luft gejagt werden kann. Eine ähnliche Thematik hat der Roman TOVARNÁ NA ABSOLUTNO (1922), wo so etwas wie Atomwaffen an jedermann verkauft werden kann, woraufhin es zum letzten aller Kriege kommt.

VALKA S. MLOKY (1936) schließlich behandelt einen Konflikt mit riesigen intelligenten Amphibien. Darüber hinaus hat Č. weitere utopisch-phantastische Theaterstücke und Kurzgeschichten geschrieben, die zum großen Teil meisterhafte Satiren sind. Er war ein hellhöriger Autor, der ein Gespür für die nähere Zukunft hatte. Ihm entging nicht der wachsende Faschismus in Europa, den er in seinen Werken mehrfach als moderne ›wissenschaftliche Barbarei‹ anprangerte.

Bibliografie:

W. U. R. Werstand Universal Robots (R. U. R. ROSSUMS UNIVERSAL ROBOTS), Prag: Orbis 1922
Das Absolutum oder Die Gottesfabrik (TOVARNÁ NA ABSOLUTNO), Berlin: Die Schmiede 1924 (auch: Die Fabrik des Absoluten)
Der Krieg mit den Molchen (VALKA S MLOKY), Wien: Passer 1937
Krakatit. Die große Versuchung (KRAKATIT), Berlin: Cassirer 1950

Capon, (Harry) Paul (1912 – 1969)

Harry Paul Capon war ein britischer Autor; er wurde in Kenton Hall, Suffolk, geboren und schrieb auch unter Noel Kenton. Im Hauptberuf Redakteur und Drehbuchautor für mehrere große Film- und Fernsehgesellschaften, veröffentlichte er daneben insgesamt 37 Romane, in der Mehrzahl Krimis und Jugendbücher. Acht dieser Romane sind der Science Fiction zuzurechnen, darunter die ›Antigeos‹-Trilogie (THE OTHER HALF OF THE SUN, 1950, THE OTHER HALF OF THE PLANET, 1952, DOWN TO EARTH, 1954), in der es um eine Zwillingswelt der Erde geht (Teile daraus wurden von der BBC als Hörspiele ausgestrahlt). Bis auf INTO THE TENTH MILLENNIUM (1956), ein für Erwachsene konzipiertes Buch über eine utopische Gesellschaft, handelt es sich bei den restlichen Titeln – so auch bei THE WORLD OF BAY (1953), seiner einzigen SF-Übersetzung ins Deutsche – um Abenteuerromane für Jugendliche.

Bibliografie/H:
Schwarzer Stern Nero (THE WORLD AT BAY), UG 122 (1960)

Card, Orson Scott (1951 –   )

C. wurde in Richland, Washington, geboren, verbrachte seine Jugendjahre jedoch in Kalifornien. Zeitweilig war er Redakteur einer Studenten-Zeitung, später Dramaturg und Impresario einer Theatergruppe. Als mormonischer Missionar verbrachte er einige Zeit in Brasilien, danach nahm er eine Stelle als Lehrer einer Erwachsenen-Sonntagsschule in Salt Lake City an. Bereits 1970 konzipierte C. seine erste Story ›Ender's Game‹, schrieb sie 1975 nieder und konnte sie schließlich an Ben Bova verkaufen (*ASF*, 10/77). Fast zehn Jahre später erweiterte er den Text auf Romanlänge und konnte dafür 1985 bzw. 1986 den Hugo und den Nebula Award in Empfang nehmen. 1986 folgte mit SPEAKER FOR THE DEAD eine ebenfalls sehr erfolgreiche Fortsetzung, die wieder sowohl den Nebula Award 1986 wie auch den Hugo Gernsback Award 1987 gewann. Bereits 1977 hatte C. den John W. Campbell Award als bester Nachwuchsautor erhalten. SONGMASTER (1978/79/80) und A PLANET CALLED TREASON (1979) sind gelungene SF-Romane. Ebenfalls 1979 erschien die Kurzgeschichtensammlung UNACCOMPANIED SONATA (1979). CAPITOL (1980) und HOT SLEEP (1979) gehören inhaltlich zusammen und befassen sich mit der Flucht eines Telepathen aus einer drogenbeherrschten Gesellschaft und dem Neuaufbau auf einem fremden Planeten. Im Vergleich zu den Vorläufern enttäuscht der Zyklus jedoch durch unangebrachte Gewaltschilderungen und Konstruktionsschwächen. Nach einer längeren Pause Anfang der achtziger Jahre ist C. wieder mit etlichen Texten hervorgetreten, hat dem Mormonenglauben abgeschworen und unterhält auf SF-Conventions das Publikum mit Predigten über den säkularen Humanismus, eine von ihm erfundene Religion, deren einziger Anhänger er selbst ist.

Bibliografie:
Der Spender-Planet (A PLANET CALLED TREASON), Bergisch Gladbach 1980, B 22026
Meistersänger (SONGMASTER), Bergisch Gladbach 1980, B 24018
Play Cosmos (C) (UNACCOMPANIED SONATA), Bergisch Gladbach 1982, B 22043
Capitol (CAPITOL), Bergisch Gladbach 1982, B 24032
Heißer Schlaf (HOT SLEEP), Bergisch Gladbach 1983, B 22052
Das große Spiel (ENDER'S GAME), Bergisch Gladbach 1986, B 24089

Carmin, E. R.

Bibliografie:
Fünf Minuten vor Orwell, Zürich: Schweizer Verlagshaus 1979

Carnell, E(dward) J(ohn) (1912–1972)

Englischer Herausgeber und Literaturagent. C. hatte als langjähriger Redakteur der Magazine *New Worlds, Science Fantasy* und *Science Fiction Adventures* großen Einfluß auf die britische SF-Szene nach dem Zweiten Weltkrieg. Mit der Hardcover-Anthologienreihe NEW WRITINGS IN SF, die er bis zu seinem Tode betreute (21 Bände kamen heraus), schuf er ab 1964 britischen und australischen SF-Autoren abermals ein wichtiges Forum und bot u.a. den späteren New Wave-Matadoren Ballard, Aldiss, Moorcock, Brunner u.a. Veröffentlichungsmöglichkeiten. Mittelbar wirkte C. auch auf die deutsche SF-Szene der fünfziger Jahre ein, da Walter Ernsting, Motor der frühen Heftreihen, damals sein deutscher Partneragent war und die Carnell-Autoren zu plazieren wußte.

Bibliografie:
(Hrsg.) *Die Phase des Schreckens* (LAMBDA 1 AND OTHER STORIES), Rastatt 1966, PU 277

Bibliografie/H:
(Hrsg.) *Roboter bluten nicht* (NO PLACE LIKE EARTH), UZ 449 (1965)

Carr, Alexander

Pseudonym eines dt. Autors.

Bibliografie/H:

Die schwarzen Adler, UG 146 (1961)
Riesentermiten greifen an, UZ 306 (1962)
Der letzte Einsatz, UZ 325 (1962)

Carr, Jayge (1940 –   )

Amerikanische Autorin, geboren in Houston, Texas, früher Kernphysikerin bei der NASA. C. hat bislang über 30 Stories – acht davon liegen auch in deutscher Übersetzung vor – und drei Romane geschrieben, wobei das Spektrum von Hard Science bis Fantasy reicht.

Carr, Terry (Gene) (1937 – 1987)

Bereits Anfang der fünfziger Jahre, nach erstem Kontakt mit dem Fandom, betätigte sich C. als Herausgeber von Fanzines und Artikelschreiber. Während der Collegezeit wandte er sich von dieser Tätigkeit jedoch ab, las Autoren wie Jack Kerouac, William Saroyan oder J. D. Salinger, und versuchte sich selbst – eher erfolglos – als Mainstreamautor. 1961 übersiedelte er nach New York, arbeitete bei der Scott Meredith Literary Agency und wurde Assistant Editor bei Ace Books, die von Donald A. Wollheim betreut wurden. Zuvor hatte er an Avram Davidson, den damaligen Herausgeber von *The Magazine of Fantasy & Science Fiction,* einige Stories verkaufen können; seine erste Geschichte war ›Who Soups With the Devil?‹ (*F&SF,* 5/62). C. initiierte die Reihe der Ace SF Specials, die fast durchweg herausragende Titel brachte. Zusammen mit Wollheim lancierte er dann die Anthologie WORLD'S BEST SF (ab 1965) und ab 1971 im Alleingang die Originalanthologienreihe UNIVERSE, von der ein Band jährlich erscheint und inhaltlich ebenfalls Bemerkenswertes bringt. 1963 und 1964 erschienen zwei Weltraumfetzer unter dem gemeinsam mit Ted White verwendeten Pseudonym Norman Edwards: WARLORD OF KOR und INVASION FROM 2500. C.s erster Alleingang in die Roman-SF erschien 1978: CIRQUE handelt von einer Stadt auf einer Erde der fernen Zukunft, die von einem Ungeheuer heimgesucht wird. Die Kritiker lobten CIRQUE wegen der Heraufbeschwörung plastischer Bilder, die die teilweise nachdenkliche Stimmung des Buches gut vermitteln. C., der 1959 und 1973 einen Hugo für seine Fan-Aktivitäten erhielt, hat neben über fünfzig Anthologien und dem einen oder anderen Roman nur wenige Kurzgeschichten veröffentlicht, von denen ›The Dance of the Changer and the Three‹ (1968) hervorzuheben ist, ein ambitionierter Versuch, eine außerirdische Kultur darzustellen. Posthum wurde C. 1987 der Hugo Gernsback Award als bester Herausgeber verliehen.

Bibliografie:

(Hrsg.) *Die Superwaffe* (SCIENCE FICTION FOR PEOPLE WHO HATE SCIENCE FICTION), München 1968, GWTB 095
(Hrsg.) *Die Welt, die Dienstag war* (BEST SF OF THE YEAR: 1972), München 1973, K 7
(Hrsg.) *Die Königin der Dämonen* (BEST SF OF THE YEAR: 1972), München 1973, K 29
(Hrsg.) *Science Fiction Stories 27 (mit Donald Wollheim)* (WORLD'S BEST SF 1967), (I), Frankfurt am Main/Berlin/Wien 1973, U 2976
(Hrsg.) *Science Fiction Stories 31* (WORLD'S BEST SF 1967) (II), Frankfurt am Main/Berlin/Wien 1973, U 3006
(Hrsg.) *Science Fiction Stories 32* (WORLD'S BEST SF 1970) (I), Frankfurt am Main/Berlin/Wien 1973, U 3012
(Hrsg.) *Science Fiction Stories 33* (WORLD'S BEST SF 1968) (I), Frankfurt am Main/Berlin/Wien 1973, U 3021
(Hrsg.) *Die Zeitfalle* (UNIVERSE 2), München 1974, TTB 247
(Hrsg.) *Science Fiction Stories 35* (WORLD'S BEST SF 1968) (II), Frankfurt am Main/Berlin/Wien 1974, U 3037
(Hrsg.) *Science Fiction Stories 36* (WORLD'S BEST SF 1970) (II), Frankfurt am Main/Berlin/Wien 1974, U 3046
(Hrsg.) *Science Fiction Stories 38* (WORLD'S BEST SF 1970) (III), Frankfurt am Main/Berlin/Wien 1974, U 3060
(Hrsg.) *Science Fiction Stories 39* (WORLD'S BEST SF 1968) (III), Frankfurt am Main/Berlin/Wien 1974, U 3067
(Hrsg.) *Science Fiction Stories 47* (WORLD'S BEST SF 1971) (I), Frankfurt am Main/Berlin/Wien 1975, U 3130
(Hrsg.) *Science Fiction Stories 48* (WORLD'S BEST SF 1971) (II), Frankfurt am Main/Berlin/Wien 1975, U 3139
(Hrsg.) *Science Fiction Stories 49* (WORLD'S BEST SF 1971) (III), Frankfurt am Main/Berlin/Wien 1975, U 3148

(Hrsg.) *Science Fiction Stories 51* (WORLD'S BEST SF 1969) (I),
Frankfurt am Main/Berlin/Wien 1975, U 3159
(Hrsg.) *Science Fiction Stories 54* (WORLD'S BEST SF 1969) (II),
Frankfurt am Main/Berlin/Wien 1975, U 3187
(Hrsg.) *Science Fiction Stories 55* (WORLD'S BEST SF 1965) (I),
Frankfurt am Main/Berlin/Wien 1975, U 3195
(Hrsg.) *Science Fiction Stories 60* (WORLD'S BEST SF 1966) (I),
Frankfurt am Main/Berlin/Wien 1976, U 3250
(Hrsg.) *Science Fiction Stories 61* (WORLD'S BEST SF 1966) (II),
Frankfurt am Main/Berlin/Wien 1976, U 3260
(Hrsg.) *Science Fiction Stories 62* (ON OUR WAY TO THE FUTURE) (I),
Frankfurt am Main/Berlin/Wien 1976, U 3265
(Hrsg.) *Science Fiction Stories 64* (WORLD'S BEST SF 1965) (II),
Frankfurt am Main/Berlin/Wien 1976, U 3298
(Hrsg.) *Science Fiction Stories 65* (ON OUR WAY TO THE FUTURE) (II),
Frankfurt am Main/Berlin/Wien 1976, U 3314
Cirque – Die Stadt einer fernen Zukunft (CIRQUE), München 1980,
H 3846
(Hrsg.) *Die schönsten Science Fiction Stories des Jahres, 1*
(THE BEST SCIENCE FICTION OF THE YEAR 10), München 1983, H 4021
(Hrsg.) *Die schönsten Science Fiction Stories des Jahres, 2*
(BEST SCIENCE FICTION OF THE YEAR 11), München 1984, H 4047
(Hrsg.) *Die schönsten Science Fiction Stories des Jahres, 3*
(BEST SCIENCE FICTION OF THE YEAR 12), München 1985, H 4165

Bibliografie/H:
Als Norman Edwards (mit T. E. White):
Überfall aus der Zukunft (INVASION FROM 2500), TN 107 (1970)

Carrel, E.
Pseudonym eines dt. Autors.
Bibliografie/H:
Die Marsrebellen, UZ 229 (1960)

Carstens, Frank C.
Pseudonym eines dt. Autors.
Bibliografie/H:
Todeshölle Ringplanet, ZSF 11 (1966)

Carstens, Kurt Siehe Giesa, W. K.

Carter, Angela (1940–)

Englische Autorin, die viel in der Welt herumreiste und lange Zeit in Japan lebte. Der Schwerpunkt der mehrfach preisgekrönten Autorin liegt außerhalb der SF. HEROES AND VILLAINS (1969) ist ein Post Doomsday-Roman, der in den Ruinenstädten und den bizarr mutierten Wäldern Englands spielt, während THE INFERNAL DESIRE MACHINES OF DOCTOR HOFFMANN (1972) schildert, wie mit einer Maschine den Menschen ihre Träume gestohlen und, verändert, zurückprojiziert werden. Hier drückt sich C.s zentrales Anliegen, das ihr Gesamtwerk durchzieht, besonders deutlich aus: Hinterfragen der Realität. Zur SF bzw. Phantastik sind ferner die Storysammlung FIREWORKS (1974) sowie der Roman THE PASSION OF NEW EVE (1977) zu rechnen.

Bibliografie:
Die infernalischen Traummaschinen des Doktor Hoffmann (INFERNAL DESIRE MACHINES OF DOCTOR HOFFMANN), Stuttgart: Klett-Cotta 1984

Carter, Bruce (1922–)

Pseudonym für den englischen Autor Richard Alexander Hough, geboren in Brighton. C. war RAF-Pilot, Lektor und Geschäftsführer eines Verlags und veröffentlicht seit 1951. Das Jugendbuch THE DEADLY FREEZE erschien 1976.

Bibliografie:
Wettlauf mit der Zeit (THE DEADLY FREEZE), Stuttgart: Boje 1979

Carter, Lin(wood Vrooman) (1930–)

Amerikanischer Autor, geboren in St. Petersburg, Florida. C. studierte in New York und ist seit 1969 freiberuflicher Autor. Der Schwerpunkt seines Werks als Autor und Herausgeber liegt im Bereich der Heroic Fantasy, wo er mit einer Unmenge von Romanen im Stil von Edgar Rice Burroughs oder Robert E. Howard hervortrat bzw. im Fall Howard dessen Werk fortschrieb.

Bibliografie:
Der Zeitkämpfer (TIME WAR), Bergisch Gladbach 1975, B 21075
Kaiser des Mars (THE MAN WHO LOVED MARS), Rastatt 1980, TTB 322
Meister der Sterne (STAR ROGUE), Rastatt 1984, UC 64
Die Magier von Bargelix (OUTWORLDER), Rastatt 1984, UC 71
Mann ohne Planet (THE MAN WITHOUT A PLANET), Rastatt 1985, UC 73

Cartmill, Cleve (1908 – 1964)

Amerikanischer Autor, geboren in Platteville, Wisconsin, der in einer Reihe von Berufen tätig war, bevor er 1941 seine erste Story (›Oscar‹) an John W. Campbells *Unknown* verkaufen konnte. In der Folge schrieb er vor allem für die Campbell-Magazine, und posthum erschien 1975 sein Roman THE SPACE SCAVENGERS. Obwohl C. einige lesenswerte Erzählungen wie ›A Bit of Tapestry‹ (1941), ›Prelude to Armageddon‹ (1942) und ›Hell Hath Fury‹ (1943) geschrieben hatte, wäre er sicher einer unter vielen geblieben, hätte ihm nicht die Story ›Deadline‹ (1944) unvermuteten Ruhm eingebracht. Wenige Monate vor der Zündung der ersten Atombombe beschrieb er darin diese Bombe so detailliert, daß das FBI Geheimnisverrat witterte und dem *ASF*-Redakteur Campbell auf die Pelle rückte.

Bibliografie:
Raumgeier (THE SPACE SCAVENGERS), Bergisch Gladbach 1978, B 21107

Bibliografie/H:
Unsichtbare Fäden (A BIT OF TAPESTRY), UZ 536 (1967)

Casanova (1725 – 1798)

Geboren in Venedig. Giacomo Casanova, Chevalier de Seingalt, wie er mit vollem Namen hieß, Sproß einer Künstlerfamilie, erwarb schon mit sechzehn Jahren den Doktor der Rechte. Seine Frühreife verschaffte ihm Gönner (wie bekannt auch und vor allem Gönnerinnen), aber auch Feinde. Liebe, Haß, Geschenke, Flucht, Gefängnis bestimmten sein Leben. 1785 nahm C. eine Bibliothekarsstelle beim Grafen Waldstein in Dux (Böhmen) an und begann zu schreiben. Dabei entstanden nicht nur seine berühmten Memoiren, sondern auch fünf Bände eines Werkes namens *Ikosameron oder Geschichte von Eduard und Elisabeth* (1788). Ähnlich wie bei Holbergs *Nicolai Klims Unterirdische Reise* (1741) vollzieht sich die Handlung zum Teil im Inneren der Erde. Dieser aufklärerische utopisch-phantastische Roman fand zunächst nur wenig Resonanz, und erst dieser zeitbedingte Mißerfolg führte nach Ansicht von Casanova-Experte Erich Loos dazu, daß C. zur Abfassung seiner Memoiren getrieben wurde.

Bibliografie:
Eduard und Elisabeth bei den Megamikren, Berlin: Harz 1922

Casares, Adolfo Bioy (1914 –)

Argentinischer Autor, geboren in Buenos Aires, der eher der Phantastik als der Science Fiction zuzurechnen ist und zu den bedeutendsten Autoren der spanischsprachigen Phantastik gehört. C., der schon als Fünfzehnjähriger seinen ersten Roman veröffentlichte, wurde vor allem durch den mehrfach preisgekrönten Roman LA INVENCION DE MOREL (1939) bekannt, der – auf der Grenzlinie zwischen Phantastik und SF – schildert, wie ein politischer Gefangener auf eine scheinbar unbewohnte Insel gelangt und dort auf Menschen stößt, die nur dreidimensionale Projektionen einer Maschine sind.

Bibliografie:
Morels Erfindung (LA INVENCION DE MOREL), München: Nymphenburger 1965

Casewit, Curtis W(erner) (1922 –)

Amerikanischer Autor, geboren in Mannheim. C. verlebte seine frühen Jahre in verschiedenen Ländern, beherrscht entsprechend viele Sprachen, studierte in Florenz und lebt seit 1948 in den USA: Seit seiner ersten Story ›The Mask‹ *(Weird Tales)* veröffentlichte er in zahlreichen Genres. THE PEACEMAKERS (1960) ist sein einziger SF-Roman und schildert, wie sich ein ehemaliger Soldat nach einem dritten Weltkrieg zum Diktator aufzuschwingen versucht.

Bibliografie/H:
Der Diktator (THE PEACEMAKERS), UZ 460 (1965)

Castillo, Gabriel Bermudez (1934 –)

Spanischer Autor, geboren in Zaragoza. C. ist hauptsächlich Rechtsberater und gilt als bester spanischer SF-Autor. Sein erster Roman, AMOR EN UNA ISLA VERDE, erschien 1972. Eine Reihe seiner Stories wurde auch in andere Sprachen übersetzt.

Castle, Jefferey Lloyd (1898 –)

Englischer Autor, der zwei wenig bedeutende SF-Romane schrieb: SATELLITE E ONE (1954) und VANGUARD TO VENUS (1957). Im ersten geht es um eine Raumstation, im zweiten um UFOs, die von Nachfahren der alten Ägypter bemannt sind.

Bibliografie:

Raumstation E 1 (SATELLITE E ONE), München: Goldmann 1960, GZ 5
Raumschiff Omega (VANGUARD TO VENUS), München: Goldmann 1960, GZ 9

Cavendish, Marc

Pseudonym eines dt. Leihbuchautors.

Bibliografie:

Grauen auf Palla, Menden: Bewin 1967
Das Erbe der Lavuaner, Menden: Bewin 1967
Ginger, der Fremde von den Sternen, Menden: Bewin 1968

Cervulus, Franz

Bibliografie:

Das Ende des Feuers, Berlin: Fontane 1922

Cevlovski, F(edor)

Bibliografie:

Ceron, Wien: Recla 1946

Chalker, Jack L(aurence)
(1944 –)

C. ist einer der zahlreichen Autoren der jüngeren Generation, die aus dem Fandom in die Professionellenriege aufgestiegen sind. Der in Norfolk/Virginia geborene C. betrieb bereits 1961 den Kleinverlag Mirage Press, der zuerst noch mit Hektographiermaschinen arbeitete, sich jetzt jedoch als durchaus respektables Unternehmen präsentiert, das unter anderem auch solche Produkte wie AN INFORMAL BIOGRAPHY OF SCROOGE MCDUCK herausgebracht hat.

Von 1966 bis 1978 unterrichtete C. Geschichte, Geographie und englische Sprache an diversen High Schools in Baltimore. Das Schreiben soll er als Selbsttherapie begonnen haben, um private Probleme eine Weile auf die Seite schieben zu können. Es entstand der Roman A JUNGLE OF STARS (1976), eine recht gewalttätige Space Opera, die sich wie eine aufgemotzte Version von Doc Smith' ›Lensmen‹-Zyklus liest. Von seinem zweiten Roman MIDNIGHT AT THE WELL OF SOULS (1977) wurden innerhalb von drei Monaten 100 000 Exemplare verkauft. Bis 1980 folgten weitere vier Bände um die Sechseck-Welt, die C.s bis heute bekanntestes Werk darstellen. Die Sechseckwelt ist das Erzeugnis einer ausgestorbenen Rasse und ist in 1560 Hexagons aufgeteilt, die in sich abgeschlossene Umweltzonen darstellen. Gestrandete Raumfahrer werden in jeweils eines der bizarren Geschöpfe verwandelt, die die Hexagons bewohnen. Nathan Brazil, ein jahrhundertealter Raumschiffkapitän, landet durch Zufall im Hexagon der Menschen und macht sich auf, um seine transformierten Passagiere wieder einzusammeln. In späteren Bänden der Serie wird das Zusammenspiel der Hexagons bei kriegerischen Auseinandersetzungen geschildert. C. verwendet Spieltheorien, um auf seiner Bühne/Spielfläche die beschriebenen verschiedenen Umwelten in ihrer Wechselwirkung zu schildern. Tatsächlich gibt es bereits seit Jahren Pläne der Rollenspielindustrie, ein diesbezügliches Projekt vorzubereiten.

Weitere Science Fiction-Romane Chalkers sind WEB OF THE CHOZEN (1978), DANCERS IN THE AFTERGLOW (1978) und A WAR OF SHADOWS (1979), die sich – dies jedoch recht undifferenziert – mit totalitären Systemen und deren Zerschlagung beschäftigen. Eine weitere Serie, ›The Four Lords of the Diamond‹, zeigt C.s Stärke der reinen Action-SF. Zur Abwehr einer Invasion von Aliens wird das Bewußtsein eines Regierungsagenten auf vier verschiedene Körper aufgeprägt und auf vier Planeten eingesetzt. Von den sechsundzwanzig Romanen, die C. bis 1986 vorgelegt hat, ist nur etwa ein Dutzend der Science Fiction zuzurechnen, der Rest ist sogenannte Science Fantasy. Ihnen gemeinsam ist jedoch folgendes Grundmuster: Eine oder mehrere Personen werden in eine fremdartige Umwelt versetzt (nicht selten geht damit ein Körper- und/oder Geschlechtswechsel einher!) und machen sich auf die Suche nach einem oder mehreren Artefakten/magischen Gegenständen, die sie aus ihrer mißlichen Lage befreien können. Das Ganze geht in oft rasantem Tempo und mit viel Action ab, der Wettlauf gegen die Zeit spielt eine große Rolle, und obwohl die Texte selten hochliterarisches Niveau erreichen, stellen sie doch immer lesbare Unterhaltung dar. C. hat sich eine feste Reputation als Non-Stop-Abenteuerfetzer erschrieben; inwieweit seine Arbeiten jedoch die Zeit überdauern können, bleibt abzuwarten.

Bibliografie:

Armee der Unsterblichen (A JUNGLE OF STARS), Bergisch Gladbach 1978, B 21100

Die Sechseck-Welt (MIDNIGHT AT THE WELL OF SOULS), München 1980, G 23338

Exil Sechseck-Welt (EXILES AT THE WELL OF SOULS), München 1980, G 23346

Entscheidung in der Sechseck-Welt (QUEST FOR THE WELL OF SOULS), München 1980, G 23348

Das Netz der Chozen (THE WEB OF THE CHOZEN), München 1981, H 3785

Rückkehr in die Sechseck-Welt (THE RETURN OF NATHAN BRAZIL), München 1981, G 23801

Dämmerung auf der Sechseck-Welt (TWILIGHT AT THE WELL OF SOULS: THE LEGACY OF NATHAN BRAZIL), München 1981, G 23804

Der Touristenplanet (DANCERS IN THE AFTERGLOW), München 1982, G 23407

Lilith – Eine Schlange im Gras (LILITH: A SNAKE IN THE GRASS), München 1985, G 23466

Cerberus – Ein Wolf in der Schlinge (CERBERUS: A WOLF IN THE FOLD), München 1985, G 23467

Charon – Ein Drache am Tor (CHARON: A DRAGON AT THE GATE), München 1985, G 23468

Medusa – Ein Tiger am Schwanz (MEDUSA: A TIGER BY THE TAIL), München 1985, G 23469

Chaloupka, Otakar (1935 –)

Tschechoslowakischer Autor, geboren in Liberec. C. studierte Literaturwissenschaft an der Prager Karls-Universität und leitet heute das Kabinett für Kinderliteratur am Pädagogischen Institut der Tschechoslowakischen Akademie der Wissenschaften. Er veröffentlicht seit 1965, SF seit 1970. Neben theoretischen und literaturwissenschaftlichen Arbeiten schrieb er seit 1967 eine Reihe von Romanen und Erzählungen, darunter die SF-Titel MODRÝ PREZIDENT (Der blaue Präsident, 1980) und JENOM ZRNKO PISKU (Nur ein Sandkörnchen, in Vorb.). Seine SF-Erzählung ›Geoid‹ wurde als ›Das Geoid‹ in der Anthologie *Neue Sterne* (Berlin/DDR 1985) auch ins Deutsche übersetzt. C. erhielt mehrere Auszeichnungen, darunter 1983 den Preis des Ministeriums für Kultur der ČSSR.

Chandler, A(rthur) Bertram
(1912 – 1984)

C. wurde in Aldershot in England geboren, ging als Teenager zur See und verbrachte praktisch sein gesamtes Arbeitsleben bis 1975 bei der Handelsmarine. In den fünfziger Jahren ließ er sich in Australien häuslich nieder. 1944 besuchte C. während eines Landganges in New York John W. Campbell, den Redakteur von *Astounding,* der ihn zum Schreiben animierte. Sein erster Text war ›This Means War‹! (*ASF,* 5/44), dem noch etliche folgten. C. schrieb auch unter dem Pseudonym George Whitley, das er ursprünglich für von Campbell abgelehnte Geschichten verwendete. In *Astounding* erschien auch ›To Run the Rim‹ (1/59); der Text wurde 1961 zu THE RIM OF SPACE erweitert und legte den Grundstein für das bekannteste Werk C.s, den etwa drei Dutzend Bände umfassenden Rimworld-Zyklus. Den Hauptteil des Zyklus bilden die zahlreichen Romane um Commander Grimes von den Randwelten, dazu kommen noch einige Bände um die Kaiserin der Galaxis und zwei Romane um Derek Calver, Chandlers ersten RIM-Helden, sowie einige weitere Bände, etwa BRING BACK YESTERDAY (1961), die am Rande (!) mit dem Zyklus zu tun haben. Die Serie ist in ihrer Gesamtheit ein auf reine Unterhaltung angelegter Lesestoff, der eher von seiner Gesamtkonzeption sowie etlichen Insidergags lebt als durch herausragende Einzelleistungen. Die Parallele Seefahrt/Raumfahrt, die immer wieder anklingt und John Grimes das Fanprädikat ›Hornblower des Weltraums‹ angedeihen ließ, ist durch C.s berufliche Tätigkeiten bedingt und durchaus gewollt. Romane außerhalb der Rimworld-Serie wie THE HAMELIN PLAGUE (1963), GLORY PLANET (1964) und THE COILS OF TIME (1964) machen den kleinsten Teil des Chandlerschen OEuvres aus, weichen dabei aber von den Abenteuerschemata des Zyklus kaum ab, so daß zunächst C.s Arbeiten im bundesdeutschen Raum hauptsächlich in Heftform erschienen. Sein letzter Roman, KELLY COUNTRY, eine ambitionierte Alternativweltstory, erschien posthum 1985; C., der 1969, 1971, 1974 und 1976 mit dem Ditmar

Award für die beste australische Science Fiction ausgezeichnet wurde, starb an den Folgen eines Herzversagens.

Bibliografie:

Vagabunden der Galaxis (THE RIM OF SPACE), Bergisch Gladbach 1976, B 21081

Universum der Roboter (THE BROKEN CYCLE), München 1977, TTB 295 (auch: *Abenteuer Randwelt 4: Grimes im Paradies des Todes*)

Flug ins Gestern (THE WAY BACK), München 1978, TTB 300

Abenteuer Randwelt 1: Grimes reist in die Unendlichkeit (THE ROAD TO THE RIM), München 1983, G 23756

Abenteuer Randwelt 2: Grimes auf El Dorado (TO PRIME THE PUMP), München 1983, C 23757

Abenteuer Randwelt 3: Grimes macht Karriere (C) (THE HARD WAY UP), München 1983, G 23758

Abenteuer Randwelt 5: Grimes bei den Rebellen von Sparta (SPARTAN PLANET), München 1984, G 23760

Abenteuer Randwelt 6: Grimes und die vergessene Kolonie (THE INHERITORS), München 1984, G 23761

Abenteuer Randwelt 7: Grimes und die Liebesdroge (THE BIG BLACK MARK), München 1984, G 23762

Abenteuer Randwelt 8: Grimes und das Schiff aus Gold (C) (THE FAR TRAVELLER), München 1984, G 23763

Abenteuer Randwelt 9: Grimes gegen die Piratenkönigin (STAR COURIER), München 1984, C 23764

Abenteuer Randwelt 10: Grimes in gefährlicher Mission (TO KEEP THE SHIP), München 1984, C 23765

Abenteuer Randwelt 11: Grimes als Gladiator (MATILDA'S STEPCHILDREN), München 1985, G 23766

Abenteuer Randwelt 12: Grimes, Freibeuter des Weltraums (STAR LOOT), München 1985, G 23768

Abenteuer Randwelt 13: Grimes bei den Anarcholords (THE ANARCH LORDS), München 1985, G 23769

Abenteuer Randwelt 14: Grimes und die letzte Amazone (THE LAST AMAZON), München 1985, G 23771

Die Australische Revolution (KELLY COUNTRY), München 1986, G 23497

Bibliografie/H:

Planet ohne Umkehr (SPECIAL KNOWLEDGE), UG 150 (1961)

Die Welt der Roboter (RENDEZVOUS ON A LOST WORLD), T 263 (1963)

Im Zeitkreis gefangen (BRING BACK YESTERDAY), T 331 (1964)
Der Mann, der zu den Sternen flog (THE DEEP REACHES OF SPACE),
T 465 (1966)
Die Kaiserin der Galaxis (EMPRESS OF OUTER SPACE), T 498 (1966)
Im Spalt zwischen den Universen (INTO THE ALTERNATE UNIVERSE),
UZ 518 (1967)
Sprung in die Zeit (THE COILS OF TIME), UZ 538 (1967)
Das Wrack aus der Unendlichkeit (CONTRABAND FROM OTHERSPACE),
TN 18 (1968)
Das Universum der Rebellen (NEBULA ALERT), TN 79 (1969)
Die Götter der Randwelten (THE RIM GODS), TN 106 (1970)
Der Sternensegler (CATCH THE STAR WINDS), TN 153 (1970)
Weltraumspuk (C) (ALTERNATE ORBITS), TA 35 (1972)
Raumschiff aus dem Nichts (THE DARK DIMENSIONS), TA 55
(1972)
Das Tor zum Nichts (THE GATEWAY TO NEVER), TA 101 (1973)

Charbonneau, Louis (Henry) (1924–   )

Amerikanischer SF-Autor. Wurde in Detroit geboren, wo er auch bis
1952 lebte. Dann siedelte er nach Los Angeles über. Während des
Krieges diente er bei der US Air Force in England, wo er seine Frau
kennenlernte. Sein Studium an der University of Detroit schloß er
1950 mit dem Magisterexamen ab. Danach lehrte er vier Jahre lang
Englisch. Von 1959 an war er bei einer Werbeagentur angestellt. C.
ist ein typischer Romanschriftsteller, der die Magazine als Markt für
seine Karriere nicht nötig hatte. Er schrieb kaum Kurzgeschichten.
Sein erster Roman war NO PLACE ON EARTH (1958), eine Anti-Utopie
mit stark psychologischem Einschlag. Auch andere seiner Bücher,
etwa PSYCHEDELIC-40 (1940) oder THE SENTINEL STARS (1963) zeigen negative Seiten zukünftiger Gesellschaften auf. Neben acht SF-Romanen, von denen EMBRYO (1976) der bislang neueste ist, schrieb C.
auch Belletristik und eine größere Anzahl von Hörspielen.

Bibliografie:

Flucht zu den Sternen (NO PLACE ON EARTH), München: Goldmann
1960, GZ 11
Die Wunderdroge (PSYCHEDELIC-40), München: Goldmann 1965,
GZ 66
Tod eines Roboters (DOWN TO EARTH), München: Goldmann 1967,
GZ 73

Der Gott der Perfektion (BARRIER WORLD), München 1971,
GWTB 0132
Die Übersinnlichen (THE SENSITIES), München 1972, GWTB 0144
Rache per Computer (INTRUDER), Frankfurt am Main/Berlin/Wien
1986, U 39154

Charles, Robert

Bibliografie:

Wenn Halley kommt (NIGHT WORLD), Bergisch Gladbach 1985,
B 13018

Charnas, Suzy McKee (1939 –   )

Amerikanische Autorin, geboren in New York. C. studierte Musik,
Kunst und Wirtschaftsgeschichte, war Lehrerin und arbeitete für das
Friedenskorps in Nigeria. Sie engagierte sich bei der Bekämpfung
des Drogenmißbrauchs und arbeitete eine Zeitlang als psychologische Beraterin in Krankenhäusern und Schulen. 1968 heiratete sie
einen Rechtsanwalt und lebt seit 1969 in Albuquerque, New Mexico. Ihr erster Roman, WALK TO THE END OF THE WORLD, erschien 1974
und ist ihre erste Veröffentlichung überhaupt. Sie schildert darin
eine postnukleare Gesellschaft, die auf patriarchalischer Sklavenhal-
tung beruht, und engagiert sich dabei für die entrechteten Frauen –
allerdings so drastisch, daß dabei eine Art Anti-GOR (Fantasyromane
von John Norman) herauskam, von dem sich die Autorin später
selbst distanzierte. Die schon etwas moderatere Fortsetzung
MOTHERLINES erschien 1978 und schildert die weiteren Abenteuer
der Heldin Alldera unter Amazonen, die sich von Pferdehengsten
begatten lassen. Ihre bislang beste Arbeit ist der Soft-Horror-Roman
THE VAMPIRE TAPESTRY (1980), eine moderne Version des alten Vampir-
themas. Ein Fragment dieses Romans, THE UNICORN TAPESTRY (1980),
brachte ihr einen Nebula Award ein und wurde auch als Theaterstück aufgeführt.

Bibliografie:

Tochter der Apokalypse (WALK TO THE END OF THE WORLD), München
1983, Kn 5770
Alldera und die Amazonen (MOTHERLINES), München 1984, Kn 5772

Chase, Adam Siehe Fairman, Paul und Lesser, Milton

Chatschaturjanc, Levon S.

Sowjetischer Autor, Professor der Medizinischen Wissenschaften und Psychophysiologie und führender Spezialist der sowjetischen Raumfahrtmedizin.

Bibliografie:

Der Weg zum Mars (PUT' K MARSSU) (mit E. V. Chrunov), München 1982, H 3905

Chayefsky, Paddy (1923 –)

Amerikanischer Dramatiker und Filmautor, geboren in New York. Vor allem sein Drama *Der zehnte Mann* und der Film *Marty* machten ihn bekannt. Sein erster Roman, ALTERED STATES (1978), wurde auch erfolgreich verfilmt.

Bibliografie:

Die Verwandlungen des Edward J. (ALTERED STATES), Köln: Kiepenheuer & Witsch 1970

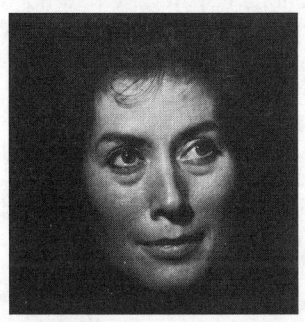

Cherryh, C(aroline) J(anice) 1942 –)

C. wurde in St. Louis/Missouri geboren. 1946 zog die Familie nach Oklahoma. Nach Abschluß eines Studiums in Latinistik und klassischer Literatur lehrte sie von 1965 bis 1976 an den öffentlichen Schulen von Oklahoma Latein und Alte Geschichte. Von Kindesbeinen an hatte sie sich als Schriftstellerin versucht, und ein erster Erfolg durch den Ankauf ihres Erstlings GATE OF IVREL (1975) durch DAW-Books sowie eine steigende Frustration über die Bürokratie des amerikanischen Bildungssystems veranlaßten sie dazu, sich ab 1977 ausschließlich als freie Schriftstellerin zu betätigen. Ihr Erstling brachte ihr den John Campbell Award ein, eine drei Jahre später erschienene Kurzgeschichte, ›Cassandra‹ (*F&SF*, 10/78), den Hugo. In den meisten ihrer mittlerweile zwei Dutzend Romane schildert sie eine Geschichte der Zukunft, in der zwei menschliche Supermächte, die Union und die Allianz, in ständiger Auseinandersetzung um Handelsräume und Territorien begriffen sind. C.s Stärke liegt im Erzählen einer Handlung vom Standpunkt des Alien. Hervorragende Beispiele dafür sind die Unterzyklen ›The Faded Sun‹ und ›Chanur‹. 1980 erschien ihr bisher erfolgreichstes Buch, DOWNBELOW STATION, das der Autorin den zweiten Hugo einbrachte. Der Roman spielt im Jahr 2352 und stellt den chronologischen Ausgangspunkt ihres Zukunftszyklus dar. Die Menschheit hat sich von Stern zu Stern ausgebreitet, so daß sich die Erde am Ende einer immer länger werdenden Nachschublinie befindet. Die Entdeckung von lebensfähigen Planeten sowie des Sprungantriebes führen zu einer Unterwanderung des irdischen Einflusses. Eine sternfahrende Union entsteht, die sich gegen die Erdkompanie zur Wehr setzt. Eine Station bei Pells Stern (Tau Ceti) wird zum Zentrum der Auseinandersetzungen. C. versorgt den Leser mit einer in sich geschlossenen und logischen Zukunftsperspektive, die sie in weiteren Romanen wie MERCHANTER'S LUCK (1981) und 40000 IN GEHENNA (1983) ausbaut. GATE OF IVREL wurde mit WELL OF SHIUAN (1978) und FIRES OF AZEROTH (1979) fortgesetzt: Zeitexperimente einer ausgestorbenen Rasse drohen die Realität zu zerstören. Die Vernichtung der Zeittore soll durch ein Team der Union vorgenommen werden, das die Tore durchschreitet und versiegelt. Generationen später ist nur noch eine Frau des Trupps am Leben. Morgaine rekrutiert sich auf der Welt Ivrel einen barbarischen Gefolgsmann, mit dem sie eine merkwürdige, von Haßliebe geprägte Beziehung eingeht.

1985 erschien ANGEL WITH THE SWORD, ein auf der Welt Merovin angesiedelter Roman, der den Auftakt zu C.s ›Shared World‹-Projekt MEROVINGEN NIGHTS darstellt. Das ›Shared World‹-Prinzip wurde zuerst von Harlan Ellison entwickelt und später durch Robert Asprin populär gemacht. Ein Autor erschafft einen Planeten oder eine Stadt und lädt Kollegen dazu ein, sich darin zu versuchen, wobei man sich dann gegenseitig die Charaktere ausleiht. Ein fünfzig Seiten langer Anhang versorgt den Leser mit Informationen über die Kanalstadt Merovingen, und eine Zeittafel erleichtert die Zuordnung im Gesamtwerk. Ein weiteres ›Shared World‹-Projekt, an dem C. als Autor maßgeblich beteiligt ist, ist Janet Morris' HEROES IN HELL.

Insgesamt ist C. als eine Vertreterin der neuen Space Opera anzusehen, die neben einem gehörigen Actionanteil auch Psychologie oder Religion nicht zu kurz kommen läßt. Ihr Interesse an Geschichte, Archäologie und Anthropologie fließt ständig in ihre Bücher mit ein, und eines ihrer Hauptthemen ist die Konfrontation zwischen Mensch und Alien, das besonders im ›Chanur‹-Zyklus in 40000 IN GEHENNA sowie SERPENTS REACH zum Tragen kommt. Unbestritten gilt sie als eine der interessantesten Autorinnen der achtziger Jahre.

Bibliografie:

Das Tor von Ivrel (THE GATE OF IVREL), München 1979, H 3629
Brüder der Erde (BROTHERS OF EARTH), München 1979, H 3648
Der Quell von Shiuan (WELL OF SHIUAN), München 1980, H 3732
Weltenjäger (HUNTER OF WORLDS), München 1980, H 3772
Kesrith – Die sterbende Sonne (THE FADED SUN: KESRITH), München 1982, H 3857
Die Feuer von Azeroth (FIRES OF AZEROTH), München 1982, H 3921
Shon'jir – Die sterbende Sonne (THE FADED SUN: SHON'JIR), München 1982, H 3936
Kutath – Die sterbende Sonne (THE FADED SUN: KUTATH), München 1983, H 3948
Pells Stern (DOWNBELLOW STATION), München 1984, H 4038
Das Schiff der Chanur (THE PRIDE OF CHANUR), München 1984, H 4039
Kauffahrers Glück (MERCHANTER'S LUCK), München 1984, H 4040
Der Biß der Schlange (SERPENT'S REACH), München 1984, H 4081
Die letzten Städte der Erde (C) (SUNFALL), München 1985, H 4174
Tore ins Chaos – Der Morgaine-Zyklus (THE BOOK OF MORGAINE), München 1985, H 4204 (enthält: *Das Tor von Ivrel*, *Der Quell von Shivan* und *Die Feuer von Azeroth*)
40000 in Gehenna (40000 IN GEHENNA), München 1986, H 4263
Das Unternehmen der Chanur (CHANUR'S VENTURE), München 1986, H 4264
Die Kif schlagen zurück (THE KIF STRIKE BACK), München 1987, H 4401
Die Rückkehr der Ghanur (CHANUR'S HOMECOMING), München 1988, H 4402

Chess, Derek Siehe Hess, Dirk

Chester, Michael C. Siehe Mielke, Thomas R. P.

Chester, Roy Siehe Shepherd, Conrad

Chetwynd-Hayes, R(onald Henry Glynn) (1919 –   )
Englischer Autor, geboren in Isleworth, Middlesex, der außer SF vor allem Weird Fiction schreibt und herausgibt. THE MAN FROM THE BOMB (1959), der erste SF-Roman des früheren Möbelverkäufers, schilderte das Leben eines Mannes, der sich im Zentrum einer Atomexplosion befand, überlebte und dank der Mutation seiner Gehirnzellen zu einem Übermenschen wird.

Bibliografie:
Der ewige Kreis (THE MAN FROM THE BOMB), Balve: Zimmermann 1961

Childs, Peter

Pseudonym eines dt. Autors.

Bibliografie/H.:
Der Schrecken des siebten Spiralarms, ZSF 39 (1967)
Piraten im All, ZSF 54 (1967)
Bordhund Bolko, ZSF 59 (1967)
Im Reich der 17 Sonnen, ZSF 79 (1968)
Der vergiftete Planet, ZSF 95 (1970)

Chilson, Robert (1945 –   )

Amerikanischer Autor, geboren in Ringwood, Oklahoma. C. besuchte die High School und ist seit 1967 freier Schriftsteller. Seine erste Veröffentlichung war die Story ›The Mind Raider‹ (*Analog,* Juni 1968). Bislang hat er rund zwei Dutzend Erzählungen (hauptsächlich in *Analog*) sowie die Romane AS THE CURTAIN FALLS (1974), THE STAR-CROWNED KINGS (1975) und THE SHORES OF KANSAS (1976) veröffentlicht. Mit Abstand das beste dieser Bücher ist AS THE CURTAIN FALLS, ein bunter Abenteuerroman, angesiedelt auf einer sterbenden Erde in einer Milliarde Jahren, thematisch und teilweise auch stilistisch bewußt an den ›Dying Earth‹-Zyklus von Jack Vance angelehnt.

Bibliografie:
Wo die letzten Menschen hausen (AS THE CURTAIN FALLS), München 1979, G 23305

Chilton, Irma Britische Autorin.

Bibliografie:
Weltraumpilot Tom Davis in Aktion (C) (THE DAVIES SYNDROME), Stuttgart: Boje 1978

Chippers, David (1924 –   )

Pseudonym der deutschen Autorin und Übersetzerin Friedl(inde) Cap, die auch unter dem Namen Alexander Robé veröffentlicht hat.

322

Bibliografie:

Als David Chippers:

Zeit der Wanderungen, München 1981, H 3797
Die Botschaft, München 1983, H 4003

Als Alexander Robé:

SOS von der Venus, Berlin: Gebr. Weiß 1959

Choice, D.

Pseudonym eines dt. Leihbuchautors.

Bibliografie:

Das Geheimnis des Schneemenschen, Ratingen: Andra 1958
Die Körperlosen, Ratingen: Andra 1958

Christoff, Eva Siehe Eppers, Eva

Christoph, Hans (1918 – 1969)

Bibliografie:

Die Fahrt in die Zukunft, Stuttgart: DVA 1922
Die Rache des Molochs, Bischofswiesen/Berlin: Delta 1951

Christopher, John (1922 –   )
Englischer SF-Autor. Der in Knowsley bei Liverpool geborene Christopher Samuel Youd, besser bekannt unter seinem Pseudonym John Christopher, war schon im Alter von zehn Jahren ein eingefleischter Science Fiction-Fan. Später gab er ein Fanzine heraus und verfaßte selbst Stories. Kurz nach dem Zweiten Weltkrieg gewann er den Atlantic Award des Rockefeller Instituts im Fach Literatur. Seine erste Veröffentlichung war die Story ›Christmas Tree‹ (*ASF,* 2/49). Während der fünfziger Jahre schrieb er noch eine ganze Reihe Kurzgeschichten, etwa 45 an der Zahl, aber nicht sie charakterisieren den Autor C., sondern die Romane, die er verfaßte. Sein erster, THE YEAR OF THE COMET

(1955), die Geschichte einer zukünftigen Business-Zivilisation, fällt noch aus dem Rahmen, aber schon sein zweiter, THE DEATH OF GRASS (1956), der ein Jahr später unter dem Titel NO BLADE OF GRASS in der *Saturday Evening Post* als Fortsetzungsroman erschien, ist typisch für C. Ein Virus, das sämtliche Gras- und Getreidearten vernichtet, breitet sich über die Welt aus. Die Katastrophe läßt sich nicht aufhalten, und die Zivilisation bricht zusammen, Mensch und Tier sind dem Hungertod preisgegeben. THE DEATH OF GRASS war der erste einer Anzahl von Katastrophenromanen C.s, die − man denke an Ballard, Sheriff oder Wyndham − für die englische SF typisch, ja fast symptomatisch sind. Weitere Katastrophenromane C.s sind THE WORLD IN WINTER (1962), in welchem sich eine neue Eiszeit über die geplagte Menschheit senkt, A WRINKLE IN THE SKIN (1965), wo nach einem gigantischen Erdbeben Nordsee und Kanal verschwinden, sowie PENDULUM (1968) und THE GUARDIANS (1970), die beide Aufruhr und Revolutionen zum Thema haben. Bei allen diesen Romanen ist es nicht die Katastrophe an sich, die C. interessiert, sondern wie die Menschen mit ihr fertig werden. Die chaotischen Zustände, die nach Eintreten eines weltumfassenden Unglücks herrschen, geben C. die Möglichkeit, archaische Gesellschaftsformen wieder einzuführen. Nach der Katastrophe steht jeder gegen jeden, und nur der Stärkere überlebt. Vergessen sind gemeinsames Handeln und Solidarität; der Mensch wird wieder zu der Bestie, die er eigentlich immer war. Und deshalb steht nicht die Katastrophe selbst im Mittelpunkt, sondern Mord und Totschlag danach, oder, wie es ein englischer Kritiker ausdrückte, »…die Vergewaltigung des Individuums im weitesten Sinne«. − Ein zweites Hauptthema C.s ist die Bedrohung von außen. So entstanden mehrere Invasionsromane wie THE POSSESSORS (1964) und die Jugendbuch-Trilogie: THE WHITE MOUNTAINS (1967), THE CITY OF GOLD AND LEAD (1967) und THE POOL OF FIRE (1968).

Bibliografie:

Das Tal des Lebens (THE DEATH OF GRASS), Berlin: Gebr. Weiß 1959
Insel ohne Meer (A WRINKLE IN THE SKIN), München: Goldmann 1966, Z 70
Die Unheimlichen (THE POSSESSORS), Hamburg: Hoffmann & Campe 1966
Der Fürst von morgen (THE PRINCE IN WAITING), Bonn: Hörnemann 1971
Dreibeinige Monster auf Erdkurs (THE WHITE MOUNTAINS), Würzburg: Arena 1971

Das Geheimnis der dreibeinigen Monster (THE CITY OF GOLD AND LEAD),
Würzburg: Arena 1972
Der Untergang der dreibeinigen Monster (THE POOL OF FIRE),
Würzburg: Arena 1972
Hinter dem brennenden Land (BEYOND THE BURNING LAND), Bonn:
Hörnemann 1972
Das Schwert des Geistes (THE SWORD OF THE SPIRITS), Bonn:
Hörnemann 1972
Die Wächter (THE GUARDIANS), Recklinghausen: Bitter 1975
Abenteuer zwischen zwei Welten (WILD JACK), Würzburg: Arena
1978
Die Lotushöhlen (THE LOTUS CAVES), Recklinghausen: Bitter 1978
Die Feuerkugel (FIREBALL), Würzburg: Arena 1983
Leere Welt (EMPTY WORLD), Recklinghausen: Bitter 1983
Flucht vor den Göttern (NEW FOUND LAND), Würzburg: Arena
1984

Chrunov, E. V. Sowjetischer Autor und Kosmonaut.

Bibliografie:
Der Weg zum Mars (PUT' K MARSSU) (mit Levon S. Chatschaturjanc),
München 1982, H 3905

Chruszczewski, Czeslaw (1922 –   )
Der Pole C. arbeitet seit Kriegsende als Journalist und Schriftsteller
und wurde 1958 literarischer Leiter von Polski Radio Poznań. Sein
literarisches Werk umfaßt rund hundert Hör- und neun Fernsehspiele, das Libretto zu einer phantastischen Oper und neun Bücher.
Er erhielt mehrere Literaturpreise und Auszeichnungen, und mehrere seiner SF-Erzählungen wurden in andere Sprachen übersetzt (was
auch für mehrere SF-Hörspiele von ihm gilt).

Bibliografie:
Die Nuancen der weißen Farbe (C), Berlin/DDR: Das Neue Berlin
1976

Chrysler, Mike
Pseudonym eines dt. Autors.

Bibliografie:
Ich und der unsichtbare Boss, UK 11 (1956)
Großalarm im Labor, UK 15 (1957)

Churchill, R(eginald) C(harles) (1916–)

Englischer Autor, der mit A SHORT HISTORY OF THE FUTURE (1955) anhand einer Auswahl von SF-Romanen und -Erzählungen den imaginären Verlauf der nächsten 5000 Jahre skizzierte.

Bibliografie:
*Welt wohin? Kurze Geschichte von morgen und übermorgen.
1957–6601* (A SHORT HISTORY OF THE FUTURE), Konstanz/Zürich: Diana 1956

Cicellis, Kay (1926–)

Französische Autorin griechischer Herkunft, die in Englisch schreibt. THE DAY THE FISH CAME OUT (1967) ist eine Novellisierung des gleichnamigen Films von Michael Cacoyannis und schildert, wie ein US-Bomber über den griechischen Inseln in Schwierigkeiten gerät, sich seiner Bombenlast entledigt, darunter eine Geheimwaffe, die ein großes Fischsterben verursacht.

Bibliografie:
Der Tag, an dem die Fische kamen (THE DAY THE FISH CAME OUT), München: Moewig 1968

Claesen, Claudius

Pseudonym eines österreichischen Autors.

Bibliografie/H.:
Die Herrschaft der Marsmolche, IJ 2000 3 (ca. 1952)

Claggett, John

Bibliografie:
Das perverse Paradies (A WORLD UNKNOWN), München 1980, G 23364

Clarke, Arthur C(harles)

(1917 –   )

Der breiten Öffentlichkeit ist C. wohl hauptsächlich durch Stanley Kubricks Verfilmung seines Buches 2001 – A SPACE ODYSSEY bekannt geworden. C. besuchte von 1927 bis 1936 die Huish's Grammar School in Taunton und entdeckte die Science Fiction durch die Romane von H.G. Wells und Olaf Stapledon. Ab 1935 war er Mitglied der British Interplanetary Society und von 1946 bis 1947 auch deren Vorsitzender. 1945 diskutierte er erstmals den Einsatz von Satelliten zu Nachrichtenzwecken. Von 1946 bis 1948 studierte C. am Londoner King's College Mathematik und Physik. Bereits seit 1937 veröffentlichte C. SF-Stories in Fanzines. Seine erste professionelle Story war ›Loophole‹ (*ASF*, 44/46), seine erste verkaufte Story, ›Rescue Party‹ (*ASF*, 5/46), erschien einen Monat später. Ab 1950 etablierte sich C. als freier Schriftsteller. Sein erster Roman, AGAINST THE FALL OF NIGHT, den er bereits 1937 begonnen hatte, erschien 1948 in *Startling Stories* (11/48) und wurde später zu THE CITY AND THE STARS (1956) erweitert. 1950 kam einer seiner berühmtesten Romane heraus, CHILDHOOD'S END, der den Einfluß des Vorbildes Stapledon zeigt. In seinen frühen Arbeiten der fünfziger und frühen sechziger Jahre wie PRELUDE TO SPACE (1951), HANDS OF MARS (1951), ISLANDS IN THE SKY (1952), THE DEEP RANGE (1957) oder A FALL OF MOONDUST (1961) konzentrierte sich C. auf die streng wissenschaftlich orientierte Extrapolation bestimmter technischer Möglichkeiten. Bereits in CHILDHOOD'S END kündigte sich jedoch eine Tendenz zum Mystisch-Religiösen an. In der mit dem Hugo ausgezeichneten Story THE STAR (*Infinity*, 11/55) schildert C. einen Planeten, der durch die Novabildung des Muttergestirns verwüstet worden ist; die Zivilisation des Planeten wurde vernichtet. Bei der Nova handelte es sich um den Stern von Bethlehem… ›The Sentinel‹ (1951) lieferte die Vorlage für den Roman 2001 – A SPACE ODYSSEY (1968). Seit den siebziger Jahren hat C., der durch den finanziellen Erfolg des Films 2001 vom Zustand eines reichen Armen in den eines armen Reichen versetzt wurde, einige neue Romane vorgelegt: RENDEZVOUS WITH RAMA (1973), der mit allen wichtigen SF-Preisen ausgezeichnet wurde. IMPERIAL EARTH (1975), THE FOUNTAINS OF PARADISE (1979), für den er ebenfalls Hugo und Nebula erhielt, und schließlich 2010 – ODYSSEY TWO (1982/83), mit dem C. nach mehrjähriger Pause wieder zur SF zurückkehrte, sowie 1985 THE SONGS OF A DISTANT EARTH.

Geschätzt wird stets seine Sachkenntnis, mit der er wissenschaftliche Überlegungen in Romanform vermitteln kann – was ihm auch zu einem guten Ruf als Sachbuchautor verholfen hat. C., der seit 1956 auf Sri Lanka (dem früheren Ceylon) ansässig ist, verzichtet seit einigen Jahren auf Honorarvorschüsse, die leicht Millionenhöhe erreichen würden, da seine Bücher ihm durch die Tantiemen ohnehin Beträge einbringen, wie sie sonst eher in der Schallplattenindustrie üblich sind.

Bibliografie:

Projekt: Morgenröte (SANDS OF MARS), Berlin: Gebr. Weiß 1953
Die Erde läßt uns los (PRELUDE TO SPACE), Berlin: Gebr. Weiß 1954
(auch: *Aufbruch zu den Sternen*)
In den Tiefen des Meeres (THE DEEP RANGE), Berlin: Gebr. Weiß 1957
Um die Macht auf dem Mond (EARTHLIGHT), Berlin: Gebr. Weiß 1957
(auch: *Erdlicht*)
Inseln im All (ISLAND IN THE SKY), München 1958, AWA
Die letzte Generation (CHILDHOOD'S END), Berlin: Gebr. Weiß 1960
Verbannt in die Zukunft (C) (EXPEDITION TO EARTH), München: Goldmann 1960, GZ 10
Die sieben Sonnen (THE CITY AND THE STARS), München: Goldmann 1960, GZ 13
Die andere Seite des Himmels (C) (THE OTHER SIDE OF THE SKY), München: Goldmann 1961, GZ 25
Im Mondstaub versunken (A FALL OF MOONDUST), München: Goldmann 1962, GZ 29
Unter den Wolken der Venus (C) (TALES OF TEN WORLDS), München: Goldmann 1963, GZ 47
2001 – Odyssee im Weltraum (2001 – A SPACE ODYSSEY), Düsseldorf: Econ 1969
Science Fiction Stories 37 (C) (THE WIND FROM THE SUN), Frankfurt am Main/Berlin/Wien 1974, U 3054
Die Delphininsel (DOLPHIN ISLAND), Stuttgart: Boje 1974
Vergessene Zukunft (AGAINST THE FALL OF NIGHT), Frankfurt am Main/Berlin/Wien 1975, U 3103
Rendezvous mit 31/439 (RENDEZVOUS WITH RAMA), Düsseldorf: MvS 1975
Makenzie kehrt zur Erde heim (IMPERIAL EARTH), Düsseldorf: MvS 1977

Sunjammer/Rescue Party (C/OA), Paderborn: Schöningh 1976
Fahrstuhl zu den Sternen (THE FOUNTAINS OF PARADISE), München:
Moewig 1979
2001 – Aufbruch zu verlorenen Welten (C) (THE LOST WORLDS OF 2001),
München 1983, G 23426
Geschichten aus dem Weißen Hirschen (C) (TALES FROM THE WHITE
HART), München 1984, H 4055
Odyssee 2010 – Das Jahr, in dem wir Kontakt aufnehmen
(2010 – ODYSSEY TWO), Bern: Scherz 1985
Das Lied der fernen Erde (SONGS OF A DISTANT EARTH), München 1986,
H 01/6813
Ein Treffen mit Medusa (C/OA), Bergisch Gladbach 1986, B 24086

Clarke, A. V. Siehe Bulmer, H. Kenneth

Clayton, Chester Clark
Pseudonym eines dt. Autors.

Bibliografie:

Mutanten im Kosmos, Menden: Bewin 1960 (auch: *Geheimbund
Saud-Ara schlägt zu*)

Clayton, Jo (1939 –   )
Die in Kalifornien geborene und auf einer Milchwirtschaftsfarm auf-
gewachsene Autorin kam laut eigener Aussage zur Schriftstellerei,
»...um mich zu vergewissern, daß so etwas wie die englische Sprache tatsächlich existiert...« Zuvor war sie einige Jahre in New Orleans als Lehrerin tätig. 1977 debütierte sie mit dem bei DAW-Books
erschienenen Roman DIADEM FROM THE STARS, der der Untergattung
des farbigen Planetenabenteuers zuzurechnen ist und in der Wahl
der Stilmittel einige Ähnlichkeit mit den frühen Arbeiten von C.J.
Cherryh aufweist, was Verlage dazu veranlaßte, von einer ›Tradition‹ zu sprechen. C. schildert in dem Roman und seinen acht Fortsetzungen die Entwicklung von Aleytys, einer parapsychisch begabten Frau, die sich auf die Suche nach der Heimatwelt ihrer Mutter
macht, dabei eine permanente Symbiose mit einem Diadem eingeht, als Brutkörper für eine Insektenkönigin dienen soll, sich mit
planetaren Diktaturen anlegt und ein Abenteuer nach dem anderen
erlebt. Der Autorin kommt dabei das Verdienst zu, eine glaubwür-
dige eigenständige Frauenfigur in einem interessant geschilderten

Universum, das dem Leser nur in Streiflichtern präsentiert wird, agieren zu lassen. Ihre fremden Kulturen sind stimmig und vielschichtig dargestellt, obwohl eine romantische Verklärung der ›edlen Wilden‹ die Handlung gelegentlich banalisiert. Einige ihrer Geschichten, die ebenfalls im Aleytys-Universum spielen, wurden 1985 zu dem Episodenroman A BAIT OF DREAMS zusammengefaßt, in dem die in den anderen Romanen anklingenden Fantasy-Akzente stärker betont werden. Eine von der Autorin 1983 begonnene Fantasy-Trilogie, DUEL OF SORCERY, wurde 1986 abgeschlossen.

Bibliografie:
Diadem von den Sternen (DIADEM FROM THE STARS), Rastatt 1981, M 3532
Lamarchos (AMARCHOS), Rastatt 1981, M 3544
Irsud (IRSUD), Rastatt 1981, M 3552
Maeve (MAEVE), Rastatt 1982, M 3560
Unter Sternenjägern (STAR HUNTERS), Rastatt 1982, M 3588
Die Nirgendwojagd (THE NOWHERE HUNT), Rastatt 1983, M 3625
Geisterjagd (GHOSTHUNT), Rastatt 1985, M 3672

Clear, Ralph
Pseudonym für den Leihbuchautor Randolf Klar.

Bibliografie:
Unbekannte Galaxis, Menden: Bewin 1966
Zwischen zwei Imperien, Menden: Bewin 1966

Clement, Hal (1922 –   )
Der unter seinem Pseudonym Hal Clement bekannt gewordene amerikanische SF-Autor Harry Clement Stubbs wurde in Somerville/Massachusetts geboren. Er studierte an den Universitäten von Boston und Harvard Chemie, Astronomie und Erziehungswissenschaften. Im Zweiten Weltkrieg war er Co-Pilot einer B-24 und flog 33 Feindeinsätze. Nach dem Krieg wurde er Lehrer an der Milton Academy in Massachusetts und kurze Zeit Technischer Instrukteur an einer Trainingsschule für Spezialwaffen in New Mexico. Schreiben war für den langjährigen Pfad-

finderführer immer Freizeitbeschäftigung. Dennoch gelangte er dadurch zu höherem Ansehen als mancher Profi. Seine erste Story war ›Proof‹ (6/42) in *Astounding*. Hier erschienen auch alle anderen Geschichten, die der Autor in den vierziger Jahren schrieb, denn sein naturwissenschaftlicher Background und die Methode wissenschaftliche Fakten zu einem integralen Teil seiner Stories werden zu lassen, prädestinierten ihn geradezu für dieses Magazin. Auf *Astoundings* Seiten hatte C. zwischen 1949 und 1953 auch seine beste Zeit, als drei Fortsetzungsromane von ihm abgedruckt wurden. NEEDLE (1949) ist ein ungewöhnlicher Detektivroman, bei dem ein interstellarer ›Polizist‹ auf der Erde einen außerirdischen Verbrecher jagt. Beide Fremdwesen sind virusartige Symbionten, die menschliche Körper ›übernehmen‹ können. Mit seinem Wirt, einem sechzehnjährigen Jungen, macht sich der ›Polizist‹ auf die Suche nach der berüchtigten Nadel im Heuhaufen. ICEWORLD (1951) schildert aus der Sicht eines außerirdischen Rauschgiftagenten dessen Einsatz auf einem Kälteplaneten, auf dem solch grimmige Temperaturen herrschen, daß dort sogar Schwefel in festem Aggregatzustand vorkommt. Der Planet stellt sich als die Erde heraus, und die gefährliche Droge ist Tabak. MISSION OF GRAVITY (1953) schließlich begründete C.s Ruhm. Auf einem Planeten mit ungeheurer Schwerkraft ist eine terranische Meßsonde von unschätzbarem Wert abgestürzt. Die irdischen Raumfahrer können sie nicht bergen, wohl aber der gerissene einheimische mesklinitische Handelsmann Barlennan, ein vielbeiniges, vierzig Zentimeter langes Wesen, das auch mit den widrigsten Umständen fertig wird. In allen drei Romanen zeigte sich C. als hervorragender Schilderer außerirdischer Lebensformen und Umweltbedingungen. Wie kein anderer SF-Autor vermochte er sich in die Aliens hineinzuversetzen und dem Leser durch ihre Augen eine fremdartige Welt vorzuführen. Auch seine späteren Romane wie CYCLE OF FIRE (1957), CLOSE TO CRITICAL (1958) und STAR LIGHT (1971) weisen ähnliche Handlungsschemata auf, ohne die Faszination von MISSION OF GRAVITY ganz erreichen zu können: Menschen von der Erde geraten auf Extremplaneten in Schwierigkeiten, aus denen ihnen dann fremde Lebensformen heraushelfen müssen. C.s Name steht in der SF stellvertretend für die ›hard sciences‹. Mehr noch als Clarke und Asimov versteht er es, die Handlung seiner Romane logisch und plausibel aufzubauen, die Konsequenzen einer einmal aufgestellten Hypothese glasklar zu verfolgen und dabei dem Leser dennoch die absonderlichsten Welten und Lebensformen ›realistisch‹ vor Augen zu führen.

Bibliografie:
Symbiose (NEEDLE), Balve: Zimmermann 1960 (auch:
Die Nadelsuche)
Botschafter von den Sternen (CLOSE TO CRITICAL), München 1966,
H 3074
Unternehmen Schwerkraft (MISSION OF GRAVITY), München 1968,
H 3121
Expedition zur Sonne (C) (SMALL CHANGES), München 1974, TTB 252
Der Feuerzyklus (CYCLE OF FIRE), München 1975, H 3446
Stützpunkt auf Dhrawn (STAR LIGHT), München 1975, H 3469
Unternehmen Tiefsee (OCEAN ON TOP), Bergisch Gladbach 1978,
B 21110
In der Stickstoffklemme (NITROGEN FIX), Bergisch Gladbach 1982,
B 24036
Das Nadelöhr (THROUGH THE EYE OF THE NEEDLE), München 1983,
H 3994
Eiswelt (ICEWORLD), Bergisch Gladbach 1983, B 22060

Clifford, Geo

Bibliografie:
Das Leben beginnt erst morgen, Wien: Vernay 1925

Clifton, Mark (1906 – 1963)

C., amerikanischer SF-Autor, wollte ursprünglich Lehrer werden, ar-
beitete dann aber 25 Jahre in der Industrie. In den fünfziger Jahren
begann er zu schreiben. Seine erste SF-Story war ›What Have I
Done?‹ (*ASF* 5/52). Einige seiner Stories schrieb er zusammen mit
Alex Apostolides, so z.B. ›We're Civilized‹ (*GAL,* 8/53), ›Hide!
Hide! Witch!‹ (*ASF,* 12/53) oder ›What Thin Partitions‹ (*ASF,* 9/53).
Sieben seiner frühen Stories erschienen als *McKenzies Experiment*
(Originalcollection) auf deutsch, wobei man allerdings vergaß,
Apostolides bei einigen Geschichten als Co-Autor anzugeben. Die
Mehrzahl dieser Stories spiegeln C.s humanistische Einstellung wi-
der; das menschliche Verhalten, auch Minderheiten oder Gruppen
bzw. Einzelpersonen mit Psi-Fähigkeiten gegenüber, stellt eines sei-
ner Lieblingsthemen dar. Andere Geschichten ranken sich um den
Supercomputer Bossy, wie der Roman THEY'D RATHER BE RIGHT (1954),
den er zusammen mit Frank Riley schrieb und der 1955 den Hugo
Award gewann. Bossy versteht es, dem Menschen Unsterblichkeit
zu verleihen und ihn mit Psi-Fähigkeiten auszustatten. Das gefällt

den Mächtigen der Welt gar nicht, die zu einer Hexenjagd auf die Behandelten aufrufen. Ein anderer Storyzyklus ist der um ›Ralph Kennedy‹, zu dem auch der Roman WHEN THEY COME FROM SPACE (1962) gehört. EIGHT KEYS TO EDEN (1960) ist ein weiterer Roman: Eine irdische Kolonie gibt keine Lebenszeichen mehr von sich. Die daraufhin eintreffenden Erkunder müssen feststellen, daß auf dem Planeten eine perfekte Harmonie zwischen Geist und Materie herrscht, ein Idealzustand für die erdgeborenen Kolonisten.

Bibliografie:

Der Berg aus Quarz (EIGHT KEYS TO EDEN), München 1961, GZ 18
McKenzies Experiment (C/OA), München 1962, GZ 33
Computer der Unsterblichkeit (THEY'D RATHER BE RIGHT), München 1967, TTB 119

Coblentz, Stanton A(rthur) (1896–)

Der amerikanische Dichter und Schriftsteller war einer der ersten Mitarbeiter an den frühen Gernsback-Magazinen der zwanziger Jahre. C. studierte zwar zuerst Jura an der University of California, wandte sich aber nach kurzer Zeit schon der Literatur zu. Er verfaßte Sachbücher, schrieb Lyrik, gab Anthologien heraus und gründete 1933 *Wings,* ein periodisch erscheinendes Magazin, das der Dichtkunst gewidmet war und bis 1960 existierte. Sein erster Beitrag zu den SF-Magazinen war THE SUNKEN WORLD, ein abenteuerlicher Atlantisroman, der im Sommer 1928 in *Amazing Stories Quarterly* erschien. Insgesamt publizierte C. etwa zwanzig SF-Romane, von denen viele in den damaligen *Quarterlies* von *Amazing* oder *Wonder Stories* veröffentlicht wurden, sich nicht selten jedoch Nachdrucken in neuerer Zeit erfreuten. Die besseren davon, wie AFTER 12000 YEARS (*ASQ,* Spr 1929) oder ›Hidden World‹ (auch: IN CAVERNS BELOW, *WS,* sr3, 3/35) zeichnen sich durch leicht satirische Anklänge und verhaltene Zivilisationskritik aus, halten einem Vergleich mit späteren Arbeiten auf diesem Gebiet aber keinesfalls stand. Die schwächeren Romane C.' waren, wie die über fünfzig Kurzgeschichten, reine Unterhaltungslektüre, die oft genug noch stilistisch recht hölzern daherkam.

Coen, Franklin

Bibliografie:

Meteor (METEOR) (mit Edmund H. North), München 1980, H 3762

Cogswell, Theodore R(ose)
(1918 – 1987)

Amerikanischer Autor, geboren in Coatesville, Pennsylvania. C. steuerte im spanischen Bürgerkrieg auf Seiten der Republikaner einen Krankenwagen, studierte in Boulder, Denver und Minneapolis, war von 1942 bis 1946 als Offizier der US Army in Indien, Burma und China und schlug schließlich eine akademische Karriere ein, in der er es bis zum Professor für Englisch brachte. SF veröffentlichte er seit 1952 (Erstlingsstory: ›The Specter General‹, in *ASF*). Seine etwa vierzig Stories liegen zum Teil auch in den Sammelbänden THE WALL AROUND THE WORLD (1962; die Titelstory zählt zu C.s besten und bekanntesten Arbeiten) und THE THIRD EYE (1968) vor. Die meisten seiner Stories sind amüsant und lesenswert, manchmal Satiren auf das Militär. Sein einziger Roman, das gemeinsam mit Charles L. Spano verfaßte *Star Trek*-Abenteuer SPOCK, MESSIAH! (1976), ist unbedeutend.

Bibliografie:

Der falsche Prophet (SPOCK MESSIAH!), München 1978, TTB 296

Bibliografie/H:

Die Mauer um die Welt (C) (THE WALL AROUND THE WORLD), T 296 (1963)

Coleman, James Nelson

Amerikanischer Autor, der zwei SF-Abenteuerromane der unteren Kategorie geschrieben hat.

Bibliografie/H:

Mörder aus dem All (THE NULL-FREQUENCY IMPULSER), TN 123 (1970)
Der Sucher von den Sternen (SEEKER FROM THE STARS), TN 147 (1970)

Colerus (von Geldern) Egmont (1888 – 1939)

Österreichischer Autor, geboren in Linz, gestorben in Wien. C. war Statistiker (zuletzt Vizesekretär des österreichischen Amtes für Statistik) und schrieb zahlreiche Romane, Dramen sowie populärwissenschaftliche Bücher, besonders zur Mathematik. Einige seiner Romane gehören der SF an, so sein Erstling ANTARKTIS (1920), in dem zum Südpol verschlagene Wikinger aus Thule ein geheimnisvolles Reich entdecken.

Bibliografie:

Antarktis, Wien: Ilf 1920
Der dritte Weg, Wien: Ilf 1921
Wieder wandert Behemoth, Roman einer Spätzeit, Wien: Atlantischer 1924
Die neue Rasse, Wien: Zsolnay 1928

Colin, Vladimir (1921 –   )

Rumänischer Autor, geboren in Bukarest. Nach einem Philosophiestudium wurde er Redaktionssekretär der Literaturzeitschrift *Viata românescă.* C. hat Lyrik, Theaterstücke, Essays, Romane und Kinderbücher verfaßt, darunter die SF-Titel A ZECEA LUME (*Die zehnte Welt,* 1964, sein SF-Debut), VIITORUL AL DOILEA (*Die zweite Zukunft, C,* 1966), CAPCANELE TIMPULUI (*Die Fallen der Zeit, C,* 1972) und BABEL (1978). C. erhielt 1953 den rumänischen Staatspreis für Literatur, 1972 den Preis des Schriftstellerverbandes und 1977 einen Sonderpreis des Eurocon III in Posnán. Mehrere seiner Erzählungen liegen auch in deutscher Übersetzung vor.

Bibliografie:

Planet Babel (BABEL), Berlin/DDR: Neues Leben 1980
(Kompaß-Bücherei 272)

Collins, Erroll

Englischer Autor, der zwei SF-Abenteuer für Jugendliche schrieb: MARINERS OF SPACE (1949) und SUBMARINE CITY (1949).

Bibliografie/H:

Krieg zwischen den Welten (MARINERS OF SPACE, 1. Teil), UG 12 (1954)
Flucht zur Erde (MARINERS OF SPACE, 2. Teil), UG 13 (1954)

Collins, Larry

Amerikanischer Journalist und Autor.

Bibliografie:

Der fünfte Reiter (THE FIFTH HORSEMAN) (mit Dominique Lapierre), München: Bertelsmann 1980

Collins, Michael (1930 –   )
Pseudonym des amerikanischen Autors Dennis Lynds, der vor allem
Krimis schreibt, aber auch zwei SF-Romane verfaßt hat.

Bibliografie/H:
Brennendes Universum (LUKAN WAR), TN 175 (1971)
Planeten des Todes (THE PLANETS OF DEATH), TA 71 (1972)

Collins, Paul
Australischer Herausgeber und Verleger.

Bibliografie:
(Hrsg.) *SF aus Australien* (mit Peter Wilfert), München 1982,
G 23410

Comptom, David G(uy)
(1930 –   )
Der britische Autor C. stellt innerhalb
der Science Fiction einen Sonderfall
dar. C. begann erst relativ spät mit
dem Schreiben von SF, nachdem er
bereits seit 1956 als Hörspielautor erfolgreich war. Sein erster Roman, THE
QUALITY OF MERCY (1965), befaßt sich
mit dem Problem der Überbevölkerung; die von den Biotechnikern im
Roman angebotene Lösung entspricht einer Art Zufallsgenozid: Alle
Menschen mit einem negativen Rhesusblutfaktor werden einer
künstlichen Seuche zum Opfer fallen. In diesem Roman wie auch in
THE ELECTRIC CROCODILE (1968) oder AN USUAL LUNACY (1978) gehen von
einer pervertierten Wissenschaft Zwänge aus, denen sich das Individuum nicht entziehen kann. Oft sind C.s Protagonisten Gescheiterte und Manipulierte, Opfer des von der Wissenschaft Denkbaren,
damit dem Möglichen, und in der Konsequenz auch des Angewandten. C.s Roman THE CONTINUOUS KATHERINE MORTENHOE (1974)
wurde 1979 mit Romy Schneider in der Hauptrolle verfilmt: In einer
Welt ohne Krankheiten wird einer Frau fälschlicherweise mitgeteilt,
daß sie tödlich erkrankt sei. Ihre Ängste werden von einem ›Freund‹
mit einoperierter Kamera einem sensationsgeilen Fernsehpublikum
in Farbe präsentiert. C., der sich als von Philip K. Dick beeinflußt be-

zeichnet – was man seinen Arbeiten auch ansieht –, nennt es »…ein Zeichen von Schwäche, SF zu schreiben. Ich schreibe über die Zukunft, weil ich so die Möglichkeit erhalte, aus der Entfernung über die Gegenwart zu schreiben, und das auf leichtere Weise«. Sein letzter Roman ist SCUDDER'S GAME (1984), der in deutscher Originalausgabe erschien. C. hat seinen Ausstieg aus der SF bekanntgegeben, da er laut eigener Aussage keine Möglichkeit sieht, bei der derzeiten Verlagslage seine Arbeiten, die er mit einem bestimmten Anliegen verbindet, an den Mann zu bringen. Kritiker warfen C. vor, keine SF zu verfassen, sondern die gängigen Vorsatzstücke der Science Fiction als austauschbare Staffage zu verwenden. Das ist insofern richtig, als ihm die SF als Mittel der Verfremdung dient bei seinem sozialkritischen Engagement, wie dies bei Thomas Disch, J. G. Ballard und Reinmar Cunis ebenso der Fall ist.

Bibliografie:
Angst im Nacken (THE QUALITY OF MERCY), Bern/München: Scherz 1966
Das elektrische Krokodil (THE ELECTRIC CROCODILE, auch: THE STEEL CROCODILE), München 1973, H 3347
Die Zeit-Moleküle (CHRONOCULES, auch: HOT WIRELESS SETS, ASPIRIN TABLETS, THE SANDPAPER SIDE OF USED MATCHES, AND SOMETHING THAT MIGHT HAVE BEEN CASTOR OIL), Bergisch Gladbach 1973, B 21038
Schlaflose Augen (THE CONTINOUS KATHERINE MORTENHOE, auch: THE UNSLEEPING EYE bzw. DEATH WATCH), München: Goldmann 1975 (auch: *Der gekaufte Tod*)
Lebwohl, gute Erde (FAREWELL, EARTH'S BLISS), München 1976, H 3513
Zerfall (THE SILENT MULTITUDE), München 1977, H 3561
Mit meinem Auge (WINDOWS), Bergisch Gladbach 1981, B 24024
Die übliche Verrücktheit (AN USUAL LUNACY), München 1982, H 3886
Narrenwelt (ASENDANCIES), Bergisch Gladbach 1982, B 24033
Scudders Spiel (SCUDDER'S GAME), München 1984, H 4128
Synthetische Freuden (SYNTHAJOY), München 1985, H 4184

Condray, Bruno
Pseudonym des britischen Autors Leslie George Humphreys.

Bibliografie/H:
Strafkolonie des Jupiter (EXILE FROM JUPITER), UZ 397 (1964)

Coney, Michael G(reatrex)

(1932 –   )

C. wurde in England geboren und besuchte die King Edward's School in Birmingham, wo sich schon früh seine Vorliebe für Sprachen und Literatur sowie seine Abneigung gegen Mathematik zeigte. Während der fünfziger Jahre übte er in Süd-England eine Vielzahl von Berufen aus, wie Campingplatzleiter, Buchhalter oder Dorfkneipier. Eine Zeitlang arbeitete er als Hotelmanager auf Antigua/Westindische Inseln und nahm parallel dazu eine Tätigkeit bei der kanadischen Feuerforstüberwachung auf, eine eintönige Tätigkeit, bei der er genügend Zeit fand, eigene schriftstellerische Gehversuche zu unternehmen. Seine ersten Geschichten erschienen 1969 unter den Titeln ›Sixth Sense‹ und ›Symbiote‹ in *Visions of Tomorrow* respektive *New Writings in SF* 15. Der Hauptteil seines Werkes besteht jedoch aus Romanen, von denen bis jetzt etwa ein Dutzend vorliegen. C. konzentriert sich dabei neben einer gewissen Gesellschaftskritik auf die Beschreibung fremder Landschaften und außerirdischer Lebensformen, die zwar den Fluchtcharakter seiner Erzählungen – wie C. es selbst nennt – nicht verleugnen, dank des streckenweise lyrischen Stiles, in dem sie dem Leser präsentiert werden, C. jedoch zu einem der interessantesten Autoren der siebziger Jahre gemacht haben. C., der seinen langsam wachsenden Ruf durch Romane wie HELLO SUMMER, GOODBYE (1975) und BRONTOMEK! (1976) begründete, konnte seine Reputation durch Arbeiten wie THE CELESTIAL STEAM LOCOMOTIVE (1983) weiter ausbauen.

Bibliografie:

Planet der Angst (MORROR IMAGE), Bergisch Gladbach 1974, B 21041
Die Freundschaftsboxen (FRIENDS COME IN BOXES), Bergisch Gladbach 1974, B 21048
Eiskinder (WINTER'S CHILDREN), Bergisch Gladbach 1975, B 21072
Der Sommer geht (HELLO SUMMER, GOODBYE), München 1979, H 3673
Sklaven der Zukunft (THE JAWS THAT BITE, THE CLAWS THAT CATCH), München 1979, G 23298
Flut (SYZYGY), München 1981, H 3810
Brontomek! (BRONTOMEK!), München 1983, H 3953
Das letzte Raumschiff (THE ULTIMATE JUNGLE), München 1983, H 4004

Die Galaktische Dampflokomotive (THE CELESTIAL STEAM LOCOMOTIVE —
VOLUME I OF THE SONG OF EARTH), München 1985, H 4214
Neptuns Hexenkessel (NEPTUNE'S CAULDRON), München 1986, H 4257
Der Monitor im Orbit (C) (MONITOR FOUND IN ORBIT), München 1986,
H 4258

Conklin, Groff (1904–1968)

Amerikanischer Lektor, Anthologist und Rezensent, der mit seinen
frühen SF-Anthologien dazu beitrug, der Science Fiction zu mehr
Reputation zu verhelfen. Seine erste Anthologie, THE BEST OF SCIENCE
FICTION (1946), präsentierte auf knapp 800 Seiten vierzig Erzählungen von Heinlein, Sturgeon, Simak, Wells, Doyle, Poe, van Vogt
u. a. und war eine der ersten (die vierte, um genau zu sein) Sammlungen amerikanischer Science Fiction dieses Jahrhunderts.

Bibliografie:
(Hrsg.) *Unirdische Visionen* (5 UNEARTHLY VISIONS), Rastatt 1971,
TTB 171
(Hrsg.) *Science fiction stories 44* (SEVEN TRIPS THROUGH TIME AND SPACE),
Frankfurt am Main/Berlin/Wien 1975, U 3102

Conquest, Robert (1917–   )

Englischer Autor und Herausgeber, geboren in Great Malvern, Worcestershire. C. studierte in Oxford und war von 1946–1956 Mitglied des Diplomatischen Korps. Anschließend gab er den *Spectator*
heraus. Gemeinsam mit Kingsley Amis stellte er ab 1961 die *Spectrum*-Anthologien zusammen, deren fünf bis 1967 erschienene Bände der SF in England zu höherem Ansehen verhalfen. Als Autor trat
C. mit Gedichten und politischen Essays sowie dem Roman A WORLD
OF DIFFERENCE (1955) an die Öffentlichkeit, in dem eine atomkriegs-
bedrohte Welt der Zukunft geschildert wird, in der man versucht,
ein Photonentriebwerk zu entwickeln, um die Sterne zu erreichen.

Conrad, Johannes

Bibliografie:
Vom Marsflug zurück, General! (C), Berlin/DDR: Eulenspiegel 1977

Conrad, M(ichael) G(eorg) (1846–1927)

Deutscher Autor, der mit *In purpurner Finsternis* in der Tradition
von Holberg (die Handlung vollzieht sich größtenteils in einem

Höhlensystem) einen der besten SF-Romane des wilhelminischen Zeitalters schrieb.

Bibliografie:
In purpurner Finsternis, Berlin: Storm 1895

Conway, Troy
Unter diesem Namen erschienen die futuristischen Abenteuer des ›Coxaman‹ Rod Damon.

Bibliografie:
Scharfe Bomben in Belgravia (IT'S GETTING HARDER ALL THE TIME), Alsdorf: Bildschriften 1970
Make Love, not War (A GOOD PEACE), Alsdorf: Bildschriften 1970
Die Millionen-Dollar-Nummer (JUST A SILLY MILLIMETER LONGER), Alsdorf: Bildschriften 1970
Eine Nummer zuviel (THE BEST LAID PLANS), Alsdorf: Bildschriften 1970
Rod und die Fließband-Puppen (THE SEX MACHINE), Alsdorf: Bildschriften 1971
Bis zum allerletzten Tropfen (HAD ANY LATELY), Alsdorf: Bildschriften 1971
Hexen töten um Mitternacht (THE SON OF A WITCH), Alsdorf: Bildschriften 1972
Tödliche Lust (THE BILLION DOLLAR SNACHT), Alsdorf: Bildschriften 1972
Liebe mich − dann fahr zur Hölle (LAST LICKS), Alsdorf: Bildschriften 1972
Der Doppelgänger (ROD PLEASE STAND UP?) Alsdorf: Bildschriften 1972

Cook, Glen (Charles) (1944−)
Amerikanischer Autor. C. studierte in Missouri, war bei der US Navy und ist seit 1965 für General Motors tätig. Er veröffentlicht seit 1971 und hat es bislang neben etwa zwanzig Stories auf fünfzehn Romane gebracht. Sein Spezialgebiet sind in die Zukunft verlegte Kriegs- und Söldner-›Abenteuer‹ übelster Machart.

Cook, Paul H.
Amerikanischer Autor, dessen Romanerstling TINTAGEL (1981) schildert, wie eine Seuche fast alle Menschen befällt. Die Infizierten ziehen sich ganz in sich selbst zurück und können über das Medium Musik individuelle Traumwelten erreichen.

Bibliografie:
Tintagel (TINTAGEL), München 1985, Kn 5799

Cook, Robin (1940–)

Amerikanischer Arzt, Dozent und Autor. In COMA (1977) beschäftigt sich C. mit dem Thema des illegalen Organhandels (wurde auch verfilmt), in FEVER (1982) prangert er die gefährlichen Praktiken der Pharmaindustrien an.

Bibliografie:
Koma (COMA), Frankfurt am Main/Berlin/Wien: Ullstein 1979
Fieber (FEVER), Bayreuth: Hestia 1983

Coombs, Charles (Ira)

Bibliografie:
Raumpioniere (THE CELESTIAL SPACE), Wiesbaden: Krauskopf 1956

Cooper, Edmund (1926–1982)

C. wurde in Manchester/England geboren, verließ mit fünfzehn Jahren die Schule, schlug sich als Arbeiter und Seemann durch, bis er seine spätere Frau, eine vier Jahre ältere Lehrerin, traf, die ihn dazu brachte, die Schulausbildung zu beenden und selbst dem Lehrberuf nachzugehen. Nach kurzer Lehrtätigkeit wurde er jedoch Industriejournalist und begann ab 1954 mit dem Verfassen von Science Fiction. Er schrieb auch oft Beiträge für die BBC und verfaßte das Drehbuch für den SF-Film THE INVISIBLE BOY, der bei der Kritik wenig Freunde fand. Im Rahmen der SF veröffentlichte C. etwa dreißig Romane, die jedoch weder in England noch anderswo ein besonders breites Publikum fanden, was zum Teil an seinem knappen, schmucklosen Stil lag, zum anderen an seinen politischen und gesellschaftlichen Ansichten, die z.B. die Frau als Heimchen am Herd propagierten und den Männern die biologisch bedingte Vorherrschaft zusprachen. In der Folge sind seine Protagonisten oft glorreiche Einzelgänger oder ruhmreiche Anführer, die mit den Frauen dekorativ im Hintergrund die Kastanien aus dem Feuer holen. Unter dem Pseudonym Richard Avery verfaßte C. den vierbändigen Space Opera-Zyklus ›The Expendables‹, in dem eine Gruppe rauhbeiniger Haudegen für Selbstmordmissionen eingesetzt wird. C. gilt als Unterhaltungsautor mit breitgestreutem Themenspektrum, dessen

Werke übrigens keinesfalls so gewaltorientiert sind, wie man annehmen könnte: Sein Roman TRANSIT (1964) z. B. schildert die vorsichtige Kontaktaufnahme zwischen einer menschlichen und einer außerirdischen Gruppe auf einem Testplaneten. SEA-HORSE IN THE SKY (1969) verfolgt ein ähnliches Thema; in beiden Romanen kann die Lösung nur durch eine pazifistische Haltung erlangt werden.

Bibliografie:

Aufstand der Roboter (THE UNCERTAIN MIDNIGHT, auch: DEADLY IMAGE), München 1961, H 103
Die Welt der zwei Monde (TRANSIT), München 1964, H 3037
Die Söhne des Alls (SEED OF LIGHT), München 1965, H 3042
Unter den Strahlen von Altair (A FAR SUNSET), München 1968, H 3118
Das Regime der Frauen (FIVE TO TWELVE), München 1969, H 3160
Die Herren des Kosmos (SEA-HORSE IN THE SKY), München 1970, H 3190
Der letzte Kontinent (THE LAST CONTINENT), München 1971, H 3223
Die neue Zivilisation (THE OVERMAN CULTURE), München 1973, H 3325
Der Eisplanet (THE TENTH PLANET), Rastatt 1975, TTB 269
Sklaven des Himmels (THE SLAVES OF HEAVEN), Rastatt 1977, TTB 286
Der Wolkengänger (THE CLOUD WALKER), München 1978, G 23276
Die übersinnliche Waffe (PRISONER OF FIRE), München 1978, G 23288
Erreger P 339 (KRONK), München 1980, G 23376
Stiefkinder der Sonne (ALL FOOL'S DAY), Rastatt 1981, M 3524
Freiwild Mann (WHO NEEDS MEN?), Rastatt 1981, M 3536
Testplanet Kratos (THE DEATH WORMS OF KRATOS), Rastatt 1983, TTB 356
Die Ringe des Tantalus (THE RINGS OF TANTALUS), Rastatt 1983, TTB 357
Kriegsspiele auf Zelos (THE WAR GAMES OF ZELOS), Rastatt 1984, TTB 359
Das Gift von Argus (THE VENOM OF ARGUS), Rastatt 1984, TTB 361

Bibliografie/H:

Endstation Zukunft (C) (TOMORROW'S GIFT), TS 85 (1964)
Als die Ufos kamen (C) (TOMORROW CAME), T 386 (1965)

Cooper, Sonni

Bibliografie:

Schwarzes Feuer (BLACK FIRE), München 1986, H 4270

Coover, Wayne
Siehe Rohr, Wolf Detlef und Dubina, Peter

Coppel, Alfred (1921 –   )

Pseudonym des amerikanischen Autors Alfredo José de Arana-Marini y Coppel, geboren in Oakland. C. besuchte die Stanford University von 1939 – 1942, war anschließend als Werbetexter tätig und schrieb nebenher für SF-Magazine. Seine erste Story erschien 1947 in *Astounding*. Später wandte er sich dem Krimi und Agententhriller zu und brachte es inzwischen zu Bestsellerehren. Der SF zuzurechnen sind u.a. DARK DECEMBER (1960), THE DRAGON (1977), THE HASTINGS CONSPIRACY (1980), THE APOCALYPSE BRIGADE (1981), sowie eine vierbändige Jugendserie, die er unter dem Pseudonym Robert Cham Gilman verfaßte (THE REBEL OF RHADA, 1968, THE NAVIGATOR OF RHADA, 1969, THE STARKAHN OF RHADA, 1970, THE WARLOCK OF RHADA, 1985).

Bibliografie:

Nach der Stunde Null (DARK DECEMBER), München 1966, H 3078
34° Ost (THIRTY-FOUR EAST), Wien/München/Zürich: Molden 1974
Der Drache (THE DRAGON), Wien/München/Zürich: Molden 1977
Hastings Zwei (THE HASTINGS CONSPIRACY), Bern/München:
Scherz 1982
Finale in der Wüste (THE APOCALYPSE BRIGADE), Bern/München:
Scherz 1983

Corell, H. B.

Pseudonym für den deutschen Autor Hubert Fürst von Blücher. *Gründe für Rosinen* (1968), ein SF-Roman über eine auf Computerisierung und Sexualisierung basierende Gesellschaft, wurde mit dem getürkten englischen ›Originaltitel‹ REASONS FOR RAISINS versehen. SF-Elemente enthalten auch die Romane *Finger einer Handvoll Angst* (1968) und *Superfalle* (1970).

Bibliografie:

Gründe für Rosinen, Darmstadt: Melzer 1968
Finger einer Handvoll Angst, Darmstadt: Melzer 1968
(auch: *Geheimprojekt DDD*)
Superfalle, Darmstadt: Melzer 1970

Corey, Paul (Frederick) (1903 –   )

Amerikanischer Autor, geboren am in Shelby County, Iowa, der schon seit 1934 publiziert, aber erst 1962 mit der Story ›Operation Survival‹ *(New Worlds)* zur SF stieß. Sein einziger SF-Roman, THE PLA-

NET OF THE BLIND (1968), variiert die H.-G.-Wells-Story ›The Country of the Blind‹ (1904): Ein Mann mit normalem Augenlicht wird auf einem Planeten festgehalten, dessen technisch überlegene Bewohner blind sind.

Bibliografie:
Die Radarwelt (THE PLANET OF THE BLIND), Bergisch Gladbach 1972, B 6

Corley, Edwin (1931 –   )

C., der auch als Theatermanager, Verleger und in der Werbung tätig war, wurde in Bayonne, New Jersey, geboren und ist seit 1969 freiberuflicher Autor. Der SF zuzurechnen sind seine Romane SIEGE (1969) – Thema ist eine schwarze Revolution in Amerika –, THE JESUS FACTOR (1970) und ACAPULCO GOLD (1972).

Bibliografie:
Belagerung (SIEGE), München: Desch 1970

Correy, Lee (1928 –   )

Pseudonym für den amerikanischen Autor George Harry Stine, geboren in Philadelphia, Pennsylvania. Stine studierte Physik in Colorado Springs und war viele Jahre lang in der Raumfahrtindustrie tätig. Seit 1985 betätigt er sich nur noch als Fachjournalist sowie als Sachbuch- und SF-Autor. Seine erste SF-Story (›Galactic Gadgeteers‹) erschien 1951 in *Astounding,* sein erster Roman, das Jugendbuch STARSHIP THROUGH SPACE, kam 1954 heraus. 1955 folgten CONTRABAND ROCKET und ROCKET MAN. Danach pausierte Stine 25 Jahre lang als Romanautor, bis er 1980 STAR DRIVER veröffentlichte. Die nächsten Romane waren SHUTTLE DOWN (1981), SPACE DOCTOR (1981), THE ABODE OF LIFE (1982) und MANNA (1984). Thematisiert werden dabei immer wieder Probleme der Weltraumfahrt in nicht allzu ferner Zukunft, wobei Stine nicht nur sein Fachwissen einbringt, sondern sich auch für die Weiterentwicklung der bemannten Raumfahrt engagiert.

Bibliografie:
Hort des Lebens (THE ABODE OF LIVE), München 1984, H 4083

Coulson, Juanita (Ruth) (1933–)

Amerikanische Autorin, geboren als Juanita Ruth Wellons in Anderson, Indiana, studierte Pädagogik und Englische Literatur, war u.a. als Grundschullehrerin tätig, heiratete 1954 den SF-Autor Robert Coulson und ist heute als freie Autorin tätig. Ihre erste Veröffentlichung war die Story ›Another Rib‹ *(F&SF)*, die in Zusammenarbeit mit Marion Zimmer Bradley entstand und 1963 unter dem gemeinsamen Pseudonym John Jay Wells erschien. In der Folge schrieb sie SF, Fantasy, Gothics, Historical Romances und trat gelegentlich auch als Folksängerin auf. In ihren beiden ersten Romanen CRISIS ON CHEIRON (1967) und THE SINGING STONES (1968) engagiert sich C. für den Schutz fremder Welten, Spezies und Ökosysteme vor dem Zugriff und Eingriff des Menschen, während in UNTO THE LAST GENERATION (1975) das drohende Aussterben der Menschheit durch selbstverschuldete Unfruchtbarkeit thematisiert wird und in SPACE TRAP (1976) Menschen und telepathische Aliens in einer Extremsituation aneinandergeraten. Nach den Fantasyromanen THE WEB OF WIZARDRY (1978) und THE DEATH GOD'S CITADEL (1980) kehrte C. mit der Familiensage CHILDREN OF THE STARS inzwischen zur SF zurück: Die beiden ersten Bände TOMORROW'S HERITAGE (1981) und OUTWARD BOUND (1982) schildern vor dem Hintergrund einer Kontaktaufnahme zu technologisch überlegenen Aliens das Ringen um die Entwicklung eines eigenen überlichtschnellen Raumschiffantriebs, exemplarisch beleuchtet anhand einer großbürgerlichen Familie, die besonderen Einfluß darauf nimmt.

Coulson, Robert (1928–)

C. (Pseudonym auch: Thomas Stratton) ist ein amerikanischer Autor, geboren in Sullivan, Indiana. Er studierte Elektrotechnik, war anschließend in einer Reihe von Arbeiter- und Angestelltenberufen tätig, zuletzt vor allem als technischer Zeichner, Konstrukteur und, seit 1976, in der Verwaltung eines Stromversorgungsunternehmens. Seit 1954 ist er mit der SF-Autorin Juanita Coulson verheiratet. Beide gaben lange Jahre das 1953 gegründete und 1965 mit einem Hugo bedachte Fan-Magazin *Yandro* heraus. C. veröffentlicht seit 1967 SF-Romane und -Stories, wobei er häufig mit seinem langjährigen Freund Gene DeWeese zusammenarbeitet, so auch bei den beiden ersten Veröffentlichungen (C. unter dem Pseudonym Thomas Stratton), Texten nach der TV-Serie *The Man from U.N.C.L.E.* Lediglich einen Roman (TO RENEW THE AGES, 1976) und eine Story (›Soy la Libertad‹, 1976 in Sandra Ley, Hrsg.: BEYOND TIME), schrieb er allein. Bei dem Roman BUT WHAT OF EARTH? (1976) wird er zwar als Co-Autor von Piers Anthony angegeben, war aber nur mit der Bearbeitung eines Anthony-Manuskripts befaßt. Dieses Buch ausgeklammert, hat er sechs Romane vorzuweisen, die der leichten Unterhaltungsliteratur zuzurechnen sind.

Cover, Arthur Byron

Bibliografie:

Flash Gordon (FLASH GORDON), Bergisch Gladbach 1981, B 28002

Cowley, Stewart

Bibliografie:

Die Schlacht im Weltraum (GREAT SPACE BATTLES, I) (mit Charles Herridge), Frankfurt am Main: Condor 1981
Der Kampf zwischen den Sternen (GREAT SPACE BATTLES II) (mit Charles Herridge), Frankfurt am Main: Condor 1981
Die Kampfraumer des Imperiums (SPACECRAFT 2000 TO 2100 A.D. I), Frankfurt am Main: Condor 1981
Der Vorstoß in die Galaxis (SPACECRAFT 2000 TO 2100 A.D. II), Frankfurt am Main: Condor 1981
Die Eroberung der Galaxis (SPACEWRECK, GHOSTSHIPS AND DERELICTS OF SPACE I), Frankfurt am Main: Condor 1982
Die stählernen Festungen zwischen den Sternen (SPACEWRECK, GHOSTSHIPS AND DERELICTS OF SPACE II), Frankfurt am Main: Condor 1982
Die Beherrscher der Galaxis (STARLINERS. COMMERCIAL SPACETRAVEL IN 2200 A.D.I), Frankfurt am Main: Condor 1982
Die Sternenkämpfer der Raumpatrouille (STARLINERS. COMMERCIAL SPACETRAVEL IN 2200 A.D.II), Frankfurt am Main: Condor 1983

Cowper, Richard (1926–)

Richard Cowper ist das Pseudonym des englischen Autors Colin Middleton Murry, eines Sohnes des Literaturkritikers und Philosophen John Middleton Murry. Bereits als Schuljunge begeisterte er sich für die Romane von H. G. Wells. 1964 schrieb er seinen ersten eigenen Roman, BREAKTHROUGH, der 1967 veröffentlicht wurde. Positive Reaktionen in

Amerika und England ermutigten ihn, mit dem Schreiben fortzufahren; sein zweiter Roman, PHOENIX, erschien 1968. Im gleichen Jahr gab er seine Stellung als Lehrer in Sussex auf, zog nach Südwales, übernahm dort für zwei Jahre die Leitung der Englischabteilung des Atlantic College und machte sich 1970 als freier Schriftsteller selbständig. Seitdem entstand pro Jahr durchschnittlich ein SF-Roman. In seinen Texten zeigt sich C. selten innovativ, konzentriert sich jedoch auf die überzeugende Schilderung seiner Charaktere und ihrer Beziehungen zueinander. Als seine besten Arbeiten gelten neben seinem Erstling der Roman TWILIGHT ON BRIAREUS (1974) sowie die Kurzgeschichte ›Piper at the Gates of Dawn‹ (1976) und die dadurch eingeleitete ›Corlay‹-Trilogie, die ein in mehrere Inselstaaten zerfallenes England des 31. Jahrhunderts schildert. C. gilt als einer der besseren Stilisten der SF, der außerhalb der Science Fiction mehrere Mainstream-Romane sowie eine mehrbändige Autobiografie unter seinem richtigen Namen verfaßt hat.

Bibliografie:

Phönix (PHOENIX), München 1969, G 23099
Morgen der Unendlichkeit (BREAKTHROUGH), München 1969, G 23102
Welt ohne Sonne (KULDESAK), München 1973, G 23159
Homunkulus 2072 (CLONE), München 1973, G 23162
Gefährliches Paradies (TIME OUT OF MIND), München 1974, G 23185
Dämmerung auf Briareus (THE TWILIGHT OFF BRIAREUS), München: Goldmann 1975
Zwei Welten − ein Gedanke (WORLDS APART), München 1975, G 23204
Die Zeitspirale (C) (THE CUSTODIANS AND OTHER STORIES), München 1977, G 23244
Am Tor der Dämmerung (THE ROAD TO CORLAY), München 1979, G 23301
Proteus und ich (PROFUNDIS; 1979), München 1981, G 23335
Das Tal des Schicksals (C) (THE WEB OF THE MAGI), München 1981, G 23372
Sänger am Ende der Zeit (A DREAM OF KINSHIP), München 1982, G 23406
Das Webmuster der Zeit (A TAPESTRY OF TIME), München 1986, G 23490

Cramer, Heinz (Tilden) von (1924–   )

Deutscher Autor und Regisseur, geboren am 12. Juli 1924 in Stettin, der seit 1946 Romane, Dramen, Oper-Libretti, Novellen, Essays und Hörspiele veröffentlicht sowie als Übersetzer tätig ist.

Bibliografie:

Der Paralleldenker, Hamburg: Hoffmann & Campe 1968

Cremaschi, Inisero (1928–   )

C. wurde geboren in Fontanellato/ Italien. Er ist Journalist, Schriftsteller, Drehbuchautor für das italienische Fernsehen, Verlagsberater und hat zehn Jahre lang als Discjockey für das italienischsprachige Programm des Schweizer Rundfunks gearbeitet. Recht früh schon schrieb er Gedichte, gewann 1959 den Firenze-Preis, machte sich als Mainstream-Autor einen Namen und stieg schließlich auch in die SF ein. Seine erste SF-Erzählung war ›Il Quinto Punto Cardinale‹ (1962). C. hat etwa 300 Stories in Zeitungen, Magazinen und Anthologien veröffentlicht. Erst 1972, als er Herausgeber beim Verlag Dell'Oglio und später bei Editrice Nord wurde, ging seine eigene Textproduktion merklich zurück. C. war der erste, der italienische SF in Buchform auf den Markt brachte. Er hat für das italienische Fernsehen zehn Originaldrehbücher (davon zwei mit SF-Inhalten) verfaßt und war für die Drehbuchfassung des von Fred Hoyle und J. Elliot geschriebenen SF-Romans A FOR ANDROMEDA verantwortlich.

Crichton, J. Michael (1942–   )

Summa cum laude, meinten seine Lehrer am Harvard College, als sie C.s Anthropologie-Studien zu begutachten hatten. Dies sollte nicht der einzige Erfolg des in Chicago geborenen Amerikaners bleiben. Er unterrichtete an der englischen Cambridge University und promovierte anschließend in Harvard 1969 zum Doktor der Medizin. Nach einem Intermezzo am Salk-Institut für Biologie in La Jolla/ Kalifornien wandte er sich hauptberuflich der Arbeit als Schriftsteller und Filmregisseur zu. Inzwischen lebt er in Los Angeles und hat mehr als ein Dutzend Bücher veröffentlicht, darunter mehrere SF-

Titel. Sein erster großer SF-Erfolg war THE ANDROMEDA STRAIN (1969), von Robert Wise 1971 verfilmt. Darin geht es um den Kampf einer Gruppe von Wissenschaftlern gegen fremde Mikroorganismen, die die menschliche Rasse bedrohen. Der Roman WESTWORLD wurde ebenfalls verfilmt (1974), dieses Mal saß Crichton selbst im Regiesessel. Es geht um eine Ferienattraktion: Urlauber können inmitten von Robotakteuren in pseudohistorischer Umgebung ihre Wunschträume verwirklichen, Showdowns mit garantiert glücklichem Ausgang inklusive. Bis einer der Roboter, der sonst immer zu verlieren hat, außer Kontrolle gerät und zu einer Killermaschine wird. Das Thema erfuhr filmisch eine Fortsetzung mit FUTUREWORLD (1976/77). Ein weiterer Crichton-Film ist COMA (1977/78), ein perfekt gemachter Horror-Streifen über unfreiwillige Organspender nach dem Roman von Robin Cook.

Bibliografie:

Andromeda (THE ANDROMEDA STRAIN), München: Droemer 1969
Endstation (THE TERMINAL MAN), München 1973, Kn 516

Crispin, Edmund (1921 – 1978)

Pseudonym des englischen Autors, Anthologisten und Komponisten Robert Bruce Montgomery. Er schrieb neun Krimis und komponierte für eine Reihe von britischen Kinofilmen die Musik. Seine sieben BEST SF-Anthologien (1955 – 1970) trugen wesentlich dazu bei, die Science Fiction in Großbritannien salonfähig zu machen.

Bibliografie:

(Hrsg.) *Science Fiction Stories 69* (BEST SF/BEST SF TWO, Auswahl), Frankfurt am Main/Berlin/Wien 1977, U 3378

Crohn, Peter (1953 –)

Pseudonym des deutschen Autors Helmut Krohne, geboren in Hameln, heute als Studienrat an einer kaufmännischen Berufsschule tätig. C. ist auch unter anderen Pseudonymen sowie unter seinem richtigen Namen als Verfasser von Sachbüchern, Reiseberichten, Artikeln und Kurzgeschichten in einer Reihe von Zeitungen, Zeitschriften und Buchpublikationen in Erscheinung getreten und verfaßte Beiträge zur SF-Sekundärliteratur.

Bibliografie:

Duell mit Raumpiraten (mit Jörn deVries), Ge 15 (1976)
Magma Centauri (mit Jörn deVries), Ge 28 (1977)

Croixelles, R. (1898 –   )
Pseudonym für den dt. Autor Heinrich Kreisel.

Bibliografie:
Der schwarze Stern, Celle: Schneekluth 1950

Crosby, David Siehe Hahn, Ronald M.

Crossen, Kendall Foster (1910 – 1971)
Amerikanischer Autor, Journalist und Herausgeber, geboren in Albany, Ohio, der unter einer Reihe von Pseudonymen Unterhaltungsliteratur aller Art, vor allem Krimis, schrieb. Seine ersten beiden SF-Stories, ›The Boy Who Cried Wolf 359‹ und ›Restricted Clientele‹ erschienen im Februar 1951 in *Amazing* bzw. *Thrilling Wonder Stories.* Seine SF-Buchveröffentlichungen sind ONCE UPON A STAR (1953, vier zusammengefaßte Stories der ›Manning Draco‹-Serie aus *TWS*), YEAR OF CONSENT (1954), THE REST MUST DIE (als Richard Foster, 1959) sowie die Anthologien ADVENTURES IN TOMORROW (1951) und FUTURE TENSE (1952). Die Novelle ›Passport to Pax‹ war in Amerika keine eigenständige Veröffentlichung.

Bibliografie/H:
Pax, Planet der Rätsel (PASSPORT TO PAX), UZ 252 (1960)

Crowley, John (1942 –   )
In Vermont geboren, arbeitete C. zunächst als Photograph, dann ab 1966 in der Filmbranche, schrieb Drehbücher für Dokumentarfilme und Fernsehserien, bevor er sich der Science Fiction zuwandte. Sein Romanerstling THE DEEP (1975), der am Rand der Fantasy angesiedelt ist, erregte Aufsehen durch seinen klaren Stil und eine ungewöhnliche, wenngleich stellenweise etwas verworrene Handlung. Eine auf einer Scheibe befindliche Welt wird beschrieben, auf der verkrustete Feudalstrukturen vorherrschen. Die Scheibe wiederum ruht auf einem Pfeiler, der in eine unbekannte Tiefe entschwindet, in der einige wenige Sterne zu sehen sind. Die Handlung wird aus mehreren Perspektiven geschildert, u. a. aus der Sicht eines schadhaften Androiden, der von außen in diese Welt eingedrungen ist und sich nach einigen Auseinandersetzungen mit den Bewohnern der Scheibenwelt auf den Weg in die Tiefe macht.

C.s zweiter Roman, BEASTS, erschien 1976 und greift Minderheitenprobleme der Gegenwart in verfremdeter Form auf. Durch DNA-Rekombination entstandene Geschöpfe mit menschlicher Intelligenz, Produkte einer skrupellosen Wissenschaft, werden von ›normalen‹ Menschen als ›widernatürlich‹ und ›gotteslästerlich‹ verfolgt und in Reservate abgedrängt. ENGINE SUMMER (1979) bedient sich wie der Vorgänger BEASTS der Szenerie eines in unzählige Kleinstaaten zerfallenen nordamerikanischen Kontinents. Die Menschen leben in ländlichen Gemeinschaften, die Bevölkerungszahl ist stark zurückgegangen. Rush, der Held des Romans, muß sich auf einer Wanderung bewähren, die zu einer Reise in die Vergangenheit der menschlichen Rasse wird.

Mit LITTLE BIG (1982) und AEGYPT (1987) hat C. zwei Romane vorgelegt, die eher der Phantastik zuzurechnen sind. Seine Ankündigung, sich nicht länger mit den traditionellen Genres in Reinform zu befassen, findet in ihnen ihren Niederschlag. Allgemein gilt C. als eines der bedeutendsten Talente, die während der siebziger Jahre an die Öffentlichkeit traten.

Bibliografie:

Geschöpfe (BEASTS), München 1979, H 3684
In der Tiefe (THE DEEP), München 1980, H 3821
Maschinensommer (ENGINE SUMMER), München 1982, H 3932
Little, Big oder Das Parlament der Feen (LITTLE BIG), Frankfurt am Main: Fischer 1984
Maschinensommer – Drei phantastische Romane, München 1985, H 4182 (enthält *In der Tiefe, Geschöpfe* und *Maschinensommer*)

Cruz-Smith, Martin

THE INDIANS WON (1970) ist ein Alternativweltroman über ein Amerika, in dem die Indianer gewonnen haben.

Bibliografie:

Der andere Sieger (THE INDIANS WON), Bergisch Gladbach 1984, B 10349

Csernai, Zoltan (1926–)

Ungarischer Autor, geboren in Békéscsaba (Südungarn). C. studierte Wirtschaftswissenschaften, arbeitete in der Zuckerindustrie, begann für Zeitungen zu schreiben und veröffentlichte 1961 mit dem

SF-Jugendbuch TITOK A VILAG TETETJEN seinen ersten Roman. 1964 erschien die Fortsetzung, AZ ÖZÖNVIZ BALLADAJA. Es geht darin um
außerirdische Besucher der Erde in vorgeschichtlicher Zeit, wobei
sich die Yetis im Himalaya als deren Nachfahren erweisen. Von
ähnlicher Thematik ist auch C.s dritter Roman, ATLEONTISZ (1971):
Überlebende eines Krieges im Kosmos etablieren auf der Mittel-
meerinsel Thera das sagenhafte Atlantis.

Bibliografie:
Geheimnis auf dem Dach der Welt (TITOK A VILAG TETEJEN), Berlin/
DDR: Neues Leben 1970 (Kompaß-Bücherei 140)
Die Ballade von der Sintflut (AZ ÖZÖNVIZ BALLADAJA), Berlin/DDR:
Neues Leben 1971

Cublesan, Constantin (1939–)

Rumänischer Autor und Kritiker, Cheflektor des Dacia Verlags in
Cluj-Napoca. Seine erste SF-Story erschien 1965 unter dem Titel
›Săgetile dianei‹ (›Die Pfeile der Diana‹, dt. in *Das präparierte Klavier,*
Bukarest 1982, Kriterion). Es folgten der Storyband NEPĂSĂTOARELE
STELE (*Die gleichgültigen Sterne,* 1968) sowie die Romane LARBA CERU-
LUI (*Das Gras des Himmels,* 1973) – 1974 mit dem Preis des Schrift-
stellerverbandes ausgezeichnet – und PARADOXALA INTOARCERE (*Die
seltsame Rückkehr,* 1978).

Cueni, Claude (1956–)

Schweizer Autor, geboren in Basel. Erhielt 1982 den Welti-Preis der
Stadt Bern für das Drama *1982.*

Bibliografie:
Weißer Lärm. Alptraum vom Großen Bruder, Aarau/Frankfurt am
Main: Sauerländer 1981

Culbreath, Myrna

Amerikanische SF-Autorin und Star-Trek-Expertin, die zusammen
mit Sondra Marshak Star-Trek-Episoden und -Romane für Paramount schreibt.

Bibliografie:
Der Preis der Unsterblichkeit (THE PRICE OF THE PHOENIX) (mit Sondra
Marshak), Rastatt 1980, TTB 333

Der Fluch des Phönix (THE FATE OF THE PHOENIX), Rastatt 1981,
TTB 338
Das Prometheus-Projekt (THE PROMETHEUS DESIGN) (mit Sondra
Marshak), München 1987, H 4379
Tödliches Dreieck (TRIANGLE) (mit Sondra Marshak) München 1987,
H 4411

Bibliografie/H:

(Hrsg.) *Schnittpunkt im All* (STAR TREK: THE NEW VOYAGES, 1. Teil)
(mit Sondra Marshak), TA 306 (1977)
(Hrsg.) *Die geflügelten Träumer* (STAR TREK: THE NEW VOYAGES, 2. Teil)
(mit Sondra Marshak), TA 311 (1977)

Cummings, Ray(mond King) (1887 – 1957)

Amerikanischer Autor und Redakteur, geboren in New York. C. studierte in Princeton, arbeitete zeitweise in Puerto Rico, Wyoming und Alaska auf Orangenplantagen, in Minen und auf Ölfeldern, war Redakteur verschiedener Hauszeitungen von Thomas A. Edison und veröffentlichte schließlich mit ›The Girl in the Golden Atom‹ (*All Story Weekly*, 1919) eine Geschichte über Abenteuer in einer mikroskopisch kleinen Welt, die sich bei den Lesern großer Popularität erfreute und von C. mit ›People of the Golden Atom‹ (1920) fortgesetzt wurde. Insgesamt schrieb C. über hundert SF-Stories und -Romane, viele davon, bevor es auf SF spezialisierte Magazine gab. Er war ein typischer Pulp-Autor, für den Raumpiraten, Zeitabenteuer, Verfolgungsjagden im Weltraum, Invasionen und BEMs im Vordergrund standen.

Bibliografie:

Raub auf Sternenstraßen (BRIGANDS OF THE MOON), Balve: Zimmermann 1961
Eroberer der Unendlichkeit (EXPLORERS INTO INFINITE), München 1969,
H 3712
Besucher aus dem Jahre X (THE EXILE OF TIME), München 1970, H 3174

Bibliografie/H:

Im Banne des Meteors (THE MAN ON THE METEOR), WF 7 (1958)
Merkur in Flammen (THE FIRE PEOPLE), WF 8 (1958)
Schatten der Zukunft (THE SHADOW GIRL), UZ 203 (1960)
Der rote Wahnsinn (A BRAND NEW WORLD), UZ 433 (1965)

Cunis, Reinmar (1933 –   )
Der in Bremen geborene Autor veröffentlichte mit siebzehn Jahren seine
erste Kurzgeschichte, schrieb danach
für verschiedene Zeitungen und Zeitschriften, versuchte sich als Maler,
machte eine Banklehre und studierte
im Anschluß danach in Berlin und
Köln Soziologie, Psychologie und
Wirtschaftswissenschaften. 1964 promovierte er mit einer Arbeit über Mo-
delle einer künftigen demokratischen Wehrverfassung. C. war Regieassistent, arbeitete als Wirtschaftsjournalist, Fernsehmoderator,
Redakteur, Nachrichtenmann und Dramaturg. In der 1966 vom
Norddeutschen Rundfunk ausgestrahlten Reihe *Alpträume und
Wunschbilder* befaßte er sich mit dem Trivialaspekt der Science Fiction, wie er sich zum Beispiel in Groschenheften darstellt. Wenig
später wurde in den dritten Fernsehprogrammen von NDR, SFB und
Radio Bremen ein Bericht von C. ausgestrahlt, der sich unter dem
Titel *Die Erforschung der Zukunft* mit futurologischen Fragen befaß-
te; sein Gesprächspartner war Robert Jungk. Es folgten weitere Fern-
sehreportagen zu wirtschafts- und sozialpolitischen Tagesthemen.
C. ist seit 1983 Leiter des Fernsehspiel-Lektorats beim Norddeutschen Rundfunk in Hamburg. Der 1981 erstmals gestiftete Kurd-
Laßwitz-Preis, mit dem deutsche Science Fiction ausgezeichnet
wird, geht unter anderem auf seine Anregung zurück.

1978 erschien sein erster Science Fiction-Roman, *Livesendung*: Er
handelt vom Besuch eines Aliens, der von einer sensationslüsternen
Presse nicht wahrgenommen wird. Auch die ›Experten‹ eines europäischen Raumfahrtzentrums verstricken sich eher in politischen
und betriebsinternen Auseinandersetzungen, anstatt sich dem Ge-
samtbild zu widmen. Der Roman ist in *Das Auge des Phönix* (Hrsg.:
Wolfgang Jeschke, H 4235) neuaufgelegt worden, der verschiedene
herausragende Beispiele für bundesdeutsche SF vereinigt.

1979 erschien der Roman *Zeitsturm,* der sich mit dem Thema Zeitreise befaßt. C. löst sich hier teilweise von der linearen Erzählweise,
indem er Vergangenheit, Gegenwart und traumähnliche Erlebnisse
ineinander übergehen läßt. In *Der Mols-Zwischenfall* (1981) wird
das Thema der parapsychologischen Forschung aufgegriffen. *Ende
eines Alltags* (1982) ist eine Kurzgeschichtensammlung. Obwohl C.
bisher noch nicht das Aufsehen erregt hat, wie es einige jüngere

Kollegen teilweise durch geschickte Vermarktung erreicht haben, ist er als einer der bedeutendsten Vertreter der deutschen Science Fiction anzusehen.

In seinem jüngsten, umfangreichsten und ambitioniertestem Werk, dem Roman *Wenn der Krebsbaum blüht,* unternimmt es C., die Geschichte Europas in der ersten Hälfte des 21. Jahrhunderts zu schreiben. Der Titel geht auf eine lappische Legende zurück, nach der am Himmel eine Sternformation leuchtet, der Krebsbaum, wenn ein neues Zeitalter anbricht. Dies ist in der Tat der Fall: um die Jahrtausendwende erfolgt der ökologische Zusammenbruch der Industrienationen. Durch Vergiftung und Verstrahlung sowohl in den USA, der UdSSR und in Mitteleuropa. Die Flüchlinge, meist krank und genetisch geschädigt, drängen sich in Lagern in den Mittelmeerländern und in Skandinavien. 35 Jahre nach der Katastrophe beginnt der Roman. Er zeigt am Schicksal des jungen Hude Leblinski, der in einem Flüchtlingslager in Stockholm aufgewachsen ist, den Beginn einer neuen Zeit, zeigt den Versuch von Idealisten, eine bessere Gemeinschaft aufzubauen, und den von unbelehrbaren Politikern, die Welt von gestern zu restaurieren, zeigt die neuen Machtkonstellationen, den Aufstieg der Araber zur Weltmacht, und der Lateinamerikaner, die in das Machtvakuum hineinwachsen, das die unbewohnbar gewordenen USA hinterlassen haben, und die Erneuerung eines nordischen Königtums, und er deutet die Entstehung einer ›sanften‹ Technologie an, die auf einer Art Quantentheorie der Zeit aufbaut, mit deren Hilfe Energie aus dem Gefälle zwischen den verschiedenen Zeitebenen der Materie gewonnen wird. *Wenn der Krebsbaum blüht* kann bisher als das Hauptwerk des Autors gelten. Vor Tschernobyl geschrieben, hat er durch die Ereignisse nach dem Reaktorunfall nur noch an Aktualität und vor allem (leider) auch an Plausibilität gewonnen.

Bibliografie:

Livesendung, München 1978, H 3596
Zeitsturm, München 1979, H 3668
Der Mols-Zwischenfall, München 1981, H 3786
Ende eines Alltags (C), München 1982, H 3937
Wenn der Krebsbaum blüht, München 1987, H 4404

Curry, H. E.

Pseudonym eines dt. Leihbuchautors, der auch die Pseudonymvarianten Curry, Harry E. und Curry, Harry B. benutzte.

Bibliografie:
Operation Sol, Wuppertal: Pfriem 1959
Gläserne Meteore, Wuppertal: Pfriem 1959
Drei Punkte im Raum, Wuppertal: Pfriem 1959
Die eisernen Gräber des Mars, Wuppertal: Pfriem 1959

Als Harry B. Curry:
Glitzernde Nacht auf Ganymed, Wuppertal: Pfriem o.J.
Venutia, Wuppertal: Pfriem o.J. (1959)

Bibliografie/H:
Als Harry E. Curry:
Das große Gehirn, ZSF 192 (1977)

Curry, Madman Siehe Strassl, Hubert

Curtius, Theo
Pseudonym eines österreichischen Autors.

Bibliografie:
Saboteure im All, SU 6 (1958)

Curtoni, Vittorio (1949–   )
Italienischer Autor, geboren in Piacenza. 1969 übernahm er zusammen mit seinem Freund Gianni Montanari die Redaktion des SF-Magazins *Galassia* und der Buchreihe SFBC. 1974 gab er seine Anstellung auf, um sich ganz dem Schreiben zu widmen. Bereits 1972 war mit DOVE STIAMO VOLANDO sein erster Roman erschienen, und 1973 graduierte er im Fachbereich Moderne Literatur mit einem langen Essay über italienische SF, der 1978 unter dem Titel LE FRONTIERE DELL'IGNOTO bei Editrice Nord als Buch herauskam. 1975 nahm er einen Job als Herausgeber für Arminia Editore an und gründete das SF-Magazin *Robot,* das neben dem Versuch, der italienischen SF eine Chance zu geben, auch viele kritische Aufsätze über SF publizierte. 1978 schließlich etablierte C. sich als freischaffender Übersetzer für SF und veröffent-

lichte eine Sammlung eigener Stories unter dem Titel LA SINDROME LUNARE E ALTRE STORIE und einen Führer durch die SF (zusammen mit Guiseppe Lippi): GUIDA ALLA FANTASCIENZA.

Curval, Philippe (1929 –)

C. (eigentlich Philippe Tronche) versuchte sich zunächst in allen möglichen Jobs und wurde 1953 Verkäufer im ersten auf Science Fiction spezialisierten Buchladen Frankreichs. Er schloß sich einem SF-Club an und begann selbst SF zu schreiben. Im gleichen Jahr verkaufte er erste Erzählungen an *Fiction* (eine Lizenzausgabe des amerikanischen *The Magazine of Fantasy & Science Fiction,* das aber auch französische Autoren publiziert) und *Satellite,* für das er auch als regelmäßiger Buchkritiker arbeitete. Nach der Veröffentlichung seines ersten Romans, LE RESSAC DE L'ESPACE (1962), verschwand er lange von der Bildfläche und arbeitete als wissenschaftlicher Redakteur und Journalist. 1970 erschien LE SABLE DE FALUN, ein SF-Abenteuerroman, der auf den wissenschaftlichen Schriften Raymond Roussels basiert. Seit den frühen siebziger Jahren gehört C. zu den französischen SF-Autoren, die Überdurchschnittliches erwarten lassen. Mit L'HOMME À REBOURS (1974) legte er eine neue Darstellung des Parallelweltenthemas vor, und mit CETTE CHÈRE HUMANITÉ brachte er einen soziologischen SF-Roman, der 1979 auch in England erschien. Ein Querschnitt des Schaffens französischer SF-Talente erschien unter seiner Herausgeberschaft in der Anthologie FUTURS AU PRÉSENT (1978).

Bibliografie:

Ist da jemand? (Y A QUELQU'UN?), München 1982, H 3919
Das Wunschgesicht (LA FACE CACHÉE DU DESIR), München 1985, H 4025

Cussler, Clive (1933 –)

Autor von Thrillern, die zumeist in der nahen Zukunft angesiedelt sind und Dirk Pitt vom Geheimdienst NUMA als Protagonisten haben.

Bibliografie:

Hebt die Titanic! (RAISE THE TITANIC!), München: Blanvalet 1977
Eisberg (ICEBERG), München 1978, G 3513

Der Todesflieger (THE MEDITERRANEAN CAPER), München 1978, G 3657
Cargo 03 (VIXEN 03), München: Blanvalet 1979
Um Haaresbreite (NIGHT PROBE), Bayreuth: Hestia 1982
Im Todesnebel (PACIFIC VORTEX), Bayreuth: Hestia 1984
Tiefsee (DEEP SIX), München: Goldmann 1985

Cyborg, Thomas
Pseudonym des dt. Autors Franz-Rudolf Bündgen.

Bibliografie/H.:
Sein letzter Auftrag, Ge 8 (1976)

Cyrano de Bergerac, Savinien (1619 – 1655)
Geboren in Paris. Von seinem Gesamtwerk an früher ›Science Fiction‹ existieren heute nur noch Fragmente, nämlich das Bruchstück eines Romans sowie ein weiterer Kurzroman, L'AUTRE MONDE. Die beiden Texte erschienen in Deutschland in einem Band und sind ›Voyages Imaginaires‹ mit satirischem und gesellschaftspolitischem Einschlag. Die beiden Schriften erschienen erstmals 1656 bzw. 1662, wurden aber von C.s Freund Henry le Bret von vornherein zensiert, um Ärger mit der Kirche zu vermeiden. C.s Werk hatte großen Einfluß auf Voltaire u.a. Schriftsteller im 18. Jahrhundert. In unserer Zeit ist C. vor allem als Held in dem nach ihm benannten Bühnenstück (1897) von Edmond Rostand populär geblieben.

Bibliografie:
Mondstaaten und Sonnenreiche, München: G. Müller 1913 (auch: *Die Reise zu den Mondstaaten und Sonnenreichen*)

Czechowski, Andrzej (1947 –   )
Polnischer Autor, geboren in Slupsk. C. studierte Physik in Warschau, Biophysik in Moskau und promovierte Mitte der siebziger Jahre am Institut für Theoretische Physik der Warschauer Universität. Im Alter von fünfzehn Jahren verfaßte er seine erste Story (›Der Anthropid‹), mit der er den ersten Preis eines SF-Kurzgeschichtenwettbewerbs der Zeitschrift *Mlody Technik* gewann (auch aus dem zweiten Wettbewerb dieser Zeitschrift ging er 1973 als Sieger hervor). Bislang hat er rund zwanzig SF-Erzählungen geschrieben, die zum Teil in den Sammelband PRZYBYSZE (*Ankömmlinge,* 1966) aufgenommen wurden. Mehrere seiner Erzählungen wurden auch ins Deutsche übersetzt.

Dahl, Jürgen (1929–)

Deutscher Autor, Herausgeber und Journalist, geboren in Moers/ Rheinland, der vor allem Essays veröffentlicht und 1965 den Deutschen Journalisten-Preis erhielt.

Bibliografie:

Reisen nach Nirgendwo, Düsseldorf: Rauch 1965

Daiber, Albert

Bibliografie:

Anno 2222, Stuttgart: Strecker & Schröder 1905
Die Weltensegler, Stuttgart: Levy & Müller 1910
Vom Mars zur Erde, Stuttgart: Levy & Müller 1910
Im Luftschiff nach dem Mars, Stuttgart: Levy & Müller 1913

Daley, Brian (C.) (1947–)

Amerikanischer Autor. D. arbeitete u.a. als Kellner und Anstreicher, bevor er entdeckte, daß sich auch mit Schreiben Geld machen läßt. Seither fabriziert er Romane und Hörspiele, vorzugsweise im Troß von STAR WARS.

Bibliografie:

Han Solo auf Stars' End (HAN SOLO AT STARS' END), München 1980, G 23344
Han Solos Rache (HAN SOLO'S REVENGE), München 1980, G 23370
Han Solo und das verlorene Vermächtnis (HAN SOLO AND THE LOST LEGACY), München 1982, G 23411
Tron (TRON), München 1982, G 23755

Dalos, György (1943–)

Ungarischer Autor und Übersetzer, Mitglied des Ungarischen Schriftstellerverbands und des PEN.

Bibliografie:

Neunzehnhundertfünfundachtzig, Berlin: Rotbuch 1982

Dammin, W. H.
Deutscher Leihbuchautor.

Bibliografie:

Geheimnis Alzellin, München: Bielmannen 1951

Dann, Jack (Mayo) (1945 –   )
Amerikanischer Autor, als Sohn eines
Rechtsanwalts in Johnson City geboren. D. studierte in Hempstead und
Binghampton Soziologie, Politik und
Jura und war anschließend als Lehrer
und Dozent tätig, bevor er freier
Schriftsteller wurde. Er arbeitet für
Radio und Fernsehen (und hier vor
allem für Bildungsprogramme). Seine
erste Story, ›Traps‹, die in Zusam-
menarbeit mit George Zebrowski entstand, erschien 1970 in *If.* Inzwischen hat er rund sechzig Stories, fünfzehn Anthologien sowie
drei Romane, eine Story-Collection und eine Gedichtesammlung
veröffentlicht. Er wurde zehnmal für die Endrunde des Nebula
Award nominiert (was eine wirklich stolze Zahl ist), konnte ihn bislang aber niemals gewinnen. Möglicherweise liegt es daran, daß seine SF sehr eigenwillig ist und in einem solchen Maße intellektuelle,
poetische, mystische und Horror-Elemente beinhaltet, daß die Gou-
tierung kontrovers ausfällt.

Nach etlichen anspruchsvollen Stories veröffentlichte D. 1977 mit
STARHIKER seinen ersten Roman, einen als Space Opera getarnten
Psychotrip. Es folgten JUNCTION (1981) und THE MAN WHO MELTED
(1984), der ihn erstmals auch mit einem Roman in die Nähe eines
Nebula Award brachte. THE MAN WHO MELTED ist eine Dystopie, die in
erster Linie durch die Beziehungen der drei zerrissenen Protagonisten zueinander fasziniert. COUNTING COUP (1987) ist ein Gegenwartsroman, das Porträt zweier alter Männer, die auf einem Trip quer
durch Amerika versuchen, Sinn und Ziel ihres Lebens herauszufinden.

Jack Dann entzieht sich in der Regel flinkem Konsum, wirkt
manchmal düster und schwer verständlich, gehört aber zu den ambitioniertesten amerikanischen SF-Autoren. Ein rundes Dutzend seiner Stories gehören mit zum Besten, was die Science Fiction der
siebziger und achtziger Jahre zu bieten hat.

Bibliografie:

Weltenvagabund (STARHIKER), München 1979, Kn 5713
Das Zeit-Tippen (C) (TIMETIPPING), Rastatt 1985, M 3665
Grenzland der Hölle (JUNCTION), Rastatt 1985, M 3689
(Hrsg.) *Einhörner* (UNICORNS) (mit Gardner Dozois), Rastatt 1985,
P 6744 (auch: *Die schönsten Einhorn-Geschichten*)

Danner, Herbert (1912 –)

Bibliografie:

Jagd nach Atomen, Stuttgart: Behrendt 1946

Danner, Peter

Pseudonym für den österreichischen Autor Nikolai Stockhammer, der auch unter dem Namen Jo Arming schrieb.

Bibliografie/H:

Alles Licht der Welt (C) (mit Madman Curry), UZ 513 (1967)
Die Rebellen von Malvus, UZ 535 (1967)

Als Jo Arming:

Kampf gegen Sternengilden (mit Carl Riegl), UZ 569 (1968)

Darázs, Endre (1926 – 1972)

Ungarischer Lyriker, Erzähler und Kritiker, der zu den herausragenden ungarischen Autoren der Nachkriegsgeneration gerechnet wird. Seinem Interesse an den Naturwissenschaften entsprangen auch eine Reihe von SF-Erzählungen und -Romanen. Zwei seiner Kurzgeschichten erschienen in deutscher Übersetzung in der Anthologie *Raketen, Sterne, Rezepte* (Berlin/DDR: Neues Leben 1980).

d'Argyre, Gilles Siehe Klein, Gérard

Darlton, Clark Siehe Ernsting, Walter

Darrington, Hugh (1940 –)

Englischer Autor, geboren in Bisitor Stortford, Essex. D. ist hauptberuflich Zeitschriftenredakteur. Sein einziger SF-Roman, GRAVITOR, erschien 1971.

Bibliografie:

Satellit auf falscher Bahn (GRAVITOR), München 1973, GWTB 0150

Daumann, Rudolf H(einrich) (1896–1957)

D. wurde in Groß-Gerau bei Neumarkt als Sohn eines Bauern geboren und starb in Potsdam. Er war zunächst Volksschullehrer, unternahm etliche Auslandsreisen nach dem Ende des Ersten Weltkriegs und betätigte sich als Korrespondent. 1933 mußte er wegen seiner politischen Einstellung den Schuldienst verlassen. Während des Zweiten Weltkriegs nahm er aktiv am Widerstand gegen das Nazi-Regime teil. D. schrieb eine Anzahl von utopischen Romanen, die zwischen 1937 und 1943 erschienen (sein Erstling hieß *Dünn wie eine Eierschale,* 1937) und die technisch orientiert waren. D. gehört zu den bekanntesten Verfassern des traditionellen deutschen Zukunftsromans, schrieb daneben aber auch sozialkritische Romane, historische Abenteuerromane und Jugendabenteuer. Dabei benutzte er gelegentlich das Pseudonym Haerd. Einige seiner utopischen Romane kamen nach dem Krieg in Neuauflagen heraus, und in der DDR erschienen einige seiner Abenteuererzählungen in der Heftreihe *Das Neue Abenteuer.* Er war zuletzt Sendeleiter beim Rundfunk der DDR. Für seine Jugendbücher erhielt er mehrere Preise.

Bibliografie:

Dünn wie eine Eierschale, Berlin: Schützen 1937
Macht aus der Sonne, Berlin: Schützen 1937
Das Ende des Goldes, Berlin: Schützen 1938
Gefahr aus dem Weltall, Berlin: Schützen 1939
Abenteuer mit der Venus, Berlin: Schützen 1940
Protuberanzen, Berlin: Schützen 1940
Die Insel der 1000 Wunder, Berlin: Schützen 1940
Treffpunkt S III Jupiter, Berlin: Schützen 1943

Daventry, Leonard (John) (1915–)

Englischer Autor, geboren in Brixton, London. D. war Soldat, Lkw-Fahrer, Buchhalter und Gemüsehändler. Sein erster SF-Roman (zugleich seine erste Veröffentlichung), angesiedelt in einem von Telepathen dominierten Zeitalter nach einem Atomkrieg, A MAN OF DOUBLE DEED (1965), blieb auch sein bester.

Bibliografie:

Mr. Coman hoch drei (A MAN OF DOUBLE DEED), Hamburg/Düsseldorf: MvS 1970
Erinnert euch an uns (YOU MUST REMEMBER US …?), München 1987, H 4442

David, Jean Französischer Autor.

Bibliografie/H:

Das Experiment des Grauens (UNE CHOSE DANS LA NUIT), UK 1 (1956)

Davidson, Avram A. (1923 –   )
Amerikanischer SF-Autor und Herausgeber. D. wurde in Yonkers im Staate New York geboren. Er besuchte vier Colleges und war im Zweiten Weltkrieg als Marinesoldat im Pazifischen Ozean eingesetzt. 1948 – 1949 kämpfte er auf seiten der israelischen Armee im Nahen Osten. Anfang der fünfziger Jahre begann er SF-Erzählungen zu schreiben. Seine erste Veröffentlichung war ›My Boyfriend's Name is Jello‹ (*F&SF*, 7/54), und seither publizierte er im SF-Bereich kanpp fünfzig Stories, die in Magazinen wie *Galaxy, If,* in erster Linie aber in *The Magazine of Fantasy & Science Fiction* erschienen. Seinen bislang größten Erfolg in der SF verbuchte er mit ›Or All the Seas with Oysters‹ (*GAL*, 5/58), einer Kurzgeschichte, die den Hugo Gernsback Award gewann. D. stellt in seinen SF-Erzählungen den Menschen in den Mittelpunkt und kommt ohne technische ›Gimmicks‹ aus. Oft fließen Mystery- oder Fantasy-Elemente mit ein. Von seinen dreizehn Romanen ragt keiner besonders hervor; sie stellen gute Durchschnittskost dar. Erwähnenswert sind JOYLEG (1962), eine Kooperation mit Ward Moore, ROGUE DRAGON (1965), ein Science-Fantasy-Roman, der in ferner Zukunft spielt, und vielleicht RORK! (1965), eine Abenteuergeschichte auf einem fremden Planeten. D.s Stärke ist die Kurzgeschichte, die er besser als Transportmittel für seine Aussagen einsetzen kann, wie etwa in ›Jury-Rig‹ (*VEN*, 11/57) oder in ›Now Let Us Sleep‹ (*VEN*, 9/57).

Davies, B.
Siehe Anhang SERIEN: *Plutonium Police*

Davies, Leslie P(urnell) (1914 –   )
D., geboren in Crewe, Cheshire, lebt heute auf den Kanarischen Inseln. D. war Apotheker, Soldat in Nordafrika und Italien, Maler, Postbeamter und Optiker, bevor er damit begann, unter einer gan-

zen Reihe von Pseudonymen sowie unter seinem richtigen Namen in verschiedenen Genres zu veröffentlichen. Seine erste SF-Veröffentlichung war die Story ›The Wall of Time‹ (1960), sein erster Roman THE PAPER DOLLS (1964), aus dem auch ein Fernsehfilm gemacht wurde. D.' Texte sind oft eine Mischung aus SF-, Horror- und Thrillerelementen.

Bibliografie:

Der Mann aus der Zukunft (THE ARTIFICIAL MAN), München 1968, GWTB 090
Reise ins Zwielicht (TWILIGHT JOURNEY), München 1974, GWTB 0177

Davis, Gerry (1930–)

Englischer Autor, geboren in London, der gemeinsam mit Kit Pedler bislang drei SF-Romane schrieb. D. war Schauspieler und Seemann, arbeitete in Kanada für Film und Fernsehen und schrieb schließlich gemeinsam mit Kit Pedler an der TV-Serie *Dr. Who* mit. Anschließend kreierte das Autorengespann mit *Doomwatch* auch eine eigene Serie. Ihre SF-Romane MUTANT 59 – THE PLASTIC EATER (1972), BRAINRACK (1974) und THE DYNOSTAR MENACE (1975) sind apokalyptische Dystopien.

Bibliografie:

Die Plastikfresser (MUTANT 59 – THE PLASTIC EATER) (mit Kit Pedler), München 1974, H 3382 (auch: *Mutant 59: Der Plastikfresser*)
Gehirnpest (BRAINRACK) (mit Kit Pedler), München 1976, H 3474
Die Dynostar-Drohung (mit Kit Pedler), München 1979, H 3635

Davis, Richard

Englischer Autor, Anthologist, Filmproduzent, geboren in London.

Bibliografie:

(Hrsg.) *Weltraum Nr. 1* (SPACE 1), Würzburg: Arena 1974
(Hrsg.) *Star Boy* (ARMADA SF 1+2, Auswahl), Stuttgart: Franckh 1981
(Hrsg.) *Der Drachengott* (ARMADA SF 3+4, Auswahl), Stuttgart: Franckh 1982

d'Eaubonne, Francoise (1920–)

Französische Autorin, lebt in Paris. LE SATELLITE DE L'AMANDE (1975) schildert vor dem Hintergrund einer nur noch von Frauen bewohnten Erde die Expedition einer Gruppe von Frauen zum Mandelplaneten. Gewürzt mit Ironie und sexuellen Anspielungen, zählt dieser Roman zu den wichtigsten feministischen Texten der Science Fiction.

Bibliografie:

Das Geheimnis des Mandelplaneten (LA SATELLITE DE L'AMANDE), Reinbek 1978

de Beauvoir, Simone (1908 – 1986)

Geboren in Paris, war die Autorin die langjährige Lebensgefährtin und geistige Weggenossin von Jean Paul Sartre. TOUS LES HOMMES SONT MORTELS (1946) ist die Geschichte eines Unsterblichen und unter den Werken der Autorin der einzige Titel mit SF-Elementen.

Bibliografie:

Alle Menschen sind sterblich (TOUS LES HOMMES SONT MORTELS), Reinbek: Rowohlt 1949

Debresse, Pierre Französischer Autor.

Bibliografie:

Zeitschiff Janus V: Aufbruch in die Vergangenheit (LES ENFANTS IMMORTELS AUX TEMPS BARBARES), München: Schneider 1981

De Camp, L(yon) Sprague
(1907 –   )

D. wurde in New York geboren, studierte in seiner Heimatstadt, lebte in verschiedenen amerikanischen Südstaaten und in Kalifornien, erreichte 1930 den akademischen Grad eines Bachelor of Science am California Institute of Technology (CalTech) und machte 1933 seinen Master of Science am Stevens Institute of Technology. Obwohl er gelegentlich auch als Dozent, Ingenieur, Patentanwalt, Werbetexter und Offizier der US Naval Reserve beschäftigt war, verbrachte er doch den größten Teil der letzten vierzig Jahre als freier Autor und Herausgeber. Er ist als Verfasser von mehr als achtzig Büchern hervorgetreten, von denen jedoch nur ein geringer Teil Science Fiction ist. Seine erste Story, ›The Isolinguals‹, erschien 1937 in *Astounding,* aber schon bald wandte De Camp sich (teilweise mit Fletcher Pratt und P. Schuyler Miller) dem Romaneschreiben zu. Er hat neben einiger SF hauptsächlich Fantasy geschrieben, die in John W. Campbells Magazin *Unknown* erschien, aber auch populärwissenschaftliche Sachbücher. Sein herausragender SF-Roman ist LEST DARKNESS FALL (1939), in dem ein amerikanischer Archäologe im Römischen Reich versucht, den Ablauf der Geschichte zu verändern. Für seine Fantasywerke erhielt er mehrere Preise, und 1979 wurde ihm der Nebula Award für sein Lebenswerk, der *Grand Master Award,* verliehen.

Bibliografie:

Vorgriff auf die Vergangenheit (LEST DARKNESS FALL), Frankfurt am Main/Berlin/Wien 1973, U 2931

Der Turm von Zanid (THE TOWER OF ZANID), Frankfurt am Main/Berlin/ Wien 1973, U 2952

Der Raub von Zei (THE SEARCH FOR ZEI), Frankfurt am Main/Berlin/ Wien 1973, U 2977 (auch: *Die Suche nach Zei*)

Die Rettung von Zei (THE HAND OF ZEI), Frankfurt am Main/Berlin/ Wien 1973, U 3000

Thalia – Gefangene des Olymp (THE GLORY THAT WAS), Frankfurt am Main/Berlin/Wien 1974, U 3038 (auch: *Von glorreichen Zeiten*)

Das Orakel der Fremden (ROGUE QUEEN), München 1978, H 3584

Die Räder der Zeit (C) (THE WHEELS OF IF), München 1978, H 3575

Ein Yankee bei Aristoteles (C) (A GUN FOR DINOSAUR) (I), München 1980, H 3719

Neu-Arkadien (C) (A GUN FOR DINOSAUR) (II), München 1980, H 3728

Der große Fetisch (THE GREAT FETISH), München 1980, TTB 332

Die neuen Herrscher (GENUS HOMO) (mit P. Schuyler Miller), Rastatt 1980, UC 13

Die besten Stories von L. Sprague de Camp (THE BEST OF L. SPRAGUE DE CAMP), München 1981, P 6714

Die Königin von Zamba (THE QUEEN OF ZAMBA), München 1984, H 4086

Die Geisel von Zir (THE HOSTAGE OF ZIR), München 1984, H 4089

Die Jungfrau von Zesh (THE VIRGIN OF ZESH), München 1984, H 4080

Der Gefangene von Zhamanak (THE PRISONER OF ZHAMANAK), München 1984, H 4092

Die Gebeine von Zora (THE BONES OF ZORA), München 1986, H 4093

Bibliografie/H:

Menschenjagd im Kosmos (COSMIC MANHUNT), UG 82 (1958)

De Capoulet-Junac, Edward Georges (1930–)

Französischer Autor, der in Paris Soziologie und Jura studierte. D. schrieb u.a. den von Stanislaw Lem sehr gelobten Roman PALLAS OU LA TRIBULATION (1967), in dem es um sexuelle Erlebnisse zweier Menschen unter außerirdischen Monstren geht.

Bibliografie:

Pallas oder die Heimsuchung (PALLAS OU LA TRIBULATION), Frankfurt am Main: Insel 1971

Dee, Roger (1914–)

Pseudonym für den amerikanischen Autor Roger Dee Aycock, der im Bereich der SF erstmals 1949 mit der Story ›The Weel Is Death‹ *(Planet Stories)* in Erscheinung trat. AN EARTH GONE MAD (1952 als ›The Star Dice‹ in *Startling Stories*) ist sein einziger SF-Roman.

Bibliografie:

Das Geheimnis der Würfel (AN EARTH GONE MAD), Balve: Zimmermann 1957 (auch: *Die Macht des Kyrill*)

Deegan, Jon J.

Englisches Verlagspseudonym, unter dem die englischen Autoren Robert Sharp und H. J. Campbell, möglicherweise auch andere schrieben. Von den ins Deutsche übersetzten Titeln werden UNDERWORLD OF ZELLO (1952) und ANTRO, THE LIVE-GIVER (1953) Robert Sharp zugeschrieben, die anderen sind wahrscheinlich von H. J. Campbell.

Bibliografie:

Lockung der Khama (UNDERWORLD OF ZELLO), Balve: Zimmermann 1960

Bibliografie/H:

Durch die Energieschranke (PLANET OF POWER), T 55 (1959)
Die Monstren von Antro (ANTRO, THE LIVE-GIVER), T 273 (1963)
Die weißen Henker von Orbis (OLD GROWLER AND ORBIS), TN 31 (1968)
Die singenden Kugeln (THE SINGING SPHERES), TN 35 (1968)

Defoe, Daniel (1660–1731)

Der in London geborene D. ist vor allem durch den Roman ROBINSON CRUSOE (1719) bis heute weltweit bekannt geblieben. D. war nicht nur ein ungemein produktiver Autor, dem über 250 Werke zugeschrieben werden, sondern auch Kaufmann und Spion. ROBINSON CRUSOE gab den ›Robinsonaden‹ ihren Namen und war Vorbild für ungezählte SF-Stories und -Romane. Ferner schrieb D. mit THE CONSOLIDATOR: OR MEMOIRS OF SUNDRY TRANSACTIONS FROM THE WORLD OF THE MOON (1705) einen frühen Vorläufer der SF, während A JOURNAL OF THE PLAGUE YEAR (1722) als Prototyp des SF-Katastrophenromans gilt.

Defresne, A.

Bibliografie:

Professor Kaspars Entscheidung (PROFESSOR KASPER), Berlin: Universitas 1953

Degenhardt, Franz Josef (1931 –   )

Deutscher Liedermacher und Autor, geboren in Schwelm/Westfl. D. ist promovierter Jurist, PEN-Mitglied und politisch links engagierter Künstler. *Die Abholzung* (1985) handelt von einem fiktiven Autor in einer fernen Zukunft, der herauszufinden versucht, warum sich in unserer Zeit eine Ahnin von ihm an einen Baum gekettet und Polizisten bespuckt hat.

Bibliografie:

Die Abholzung, München: Bertelsmann 1985

Deighton, Len (1929 –   )

Englischer Autor, geboren in London. D. hat als Koch, Kellner und Fotograf gearbeitet und ist heute Bestsellerautor, der Actionthriller und Spionageromane schreibt. Mehrere seiner oft in der nahen Zukunft angesiedelten Romane wurden verfilmt. Mit SS-GB (1979) schrieb er einen kriminalistischen Alternativweltroman, in dem die Nazis Großbritannien erobert haben.

Bibliografie:

SS-GB (SS-GB), Wien/München/Zürich: Molden 1980

Dekobra, M. Französischer Autor.

Bibliografie:

Die rote Armee ist in New York, Baden-Baden: Wervereis 1955

Delamonde, F. G.

Pseudonym eines österreichischen Autors.

Bibliografie/H:

Die Xantonen greifen an!, Ur 16 (1958)

Delaney, Joseph H. (1932 –   )

Amerikanischer Autor, geboren in Alton, Illinois, heute in Arlington, Texas ansässig. D. studierte in Baltimore, war anschließend fünfundzwanzig Jahre lang als Rechtsanwalt tätig und begann spät mit dem Schreiben: Im Alter von 50 Jahren, 1982, erschien seine erste Erzählung, ›Brainchild‹, in *Analog.* 1983 zog er sich vom Anwaltsberuf zurück und lebt seither als freier Autor. Inzwischen hat er fast zwanzig, zumeist längere Erzählungen (ausnahmslos in *Analog)* veröffentlicht und kam mit ›Brainchild‹, ›In the Face of My Enemy‹ (1983) und ›Valentina‹ (1984) jeweils in die Finalrunde der Hugo-Wahl. Sein erster Roman, VALENTINA (1984), basierte auf der gleichnamigen Novelle und entstand in Zusammenarbeit mit Marc Stiegler. Es geht darin um ein Computerprogramm, das ein eigenes Bewußtsein entwickelt, und ist eine recht originelle Version dieses Themas. Wie häufig in seinen Texten, bringt D. dabei seinen alten Beruf ein und beschäftigt sich auch mit der juristischen Seite der Angelegenheit. Es folgte die Romanfassung von IN THE FACE OF MY ENEMY (1985).

Bibliografie:

Valentina, Computerfrau (VALENTINA, A SOUL IN SAPPHIRE) (mit Marc Stiegler), Rastatt 1986, M 3697

Del'Antonio, Eberhard (1926 –   )

Der DDR-Autor wurde als Sohn eines Schlossers in Lichtenstein/ Sachsen geboren, lernte Metallhandwerker, arbeitete als Technischer Zeichner und wollte eigentlich Ingenieur werden. Die Einberufung zur Wehrmacht unterbrach 1944 sein Studium. Nach Internierung und Dienstverpflichtung arbeitete er in Bremerhaven als Hafenarbeiter, Entroster, Schmied, Maler und Kranführer, bevor er, illegal, in die sowjetische Besatzungszone zurückkehrte. Dort betätigte er sich u. a. als Reklamezeichner, bevor er als Konstrukteur tätig wurde und später das ›Büro für Erfindungswesen‹ aufbaute. Seit 1959 ist er freischaffender Schriftsteller, lebt in Dresden und ist Mitglied der Kammer der Technik sowie der Astronautischen Gesellschaft der DDR. Bereits 1957 veröffentlichte er mit *Gigantum* seinen ersten SF-Roman, dem in den folgenden Jahren drei weitere Titel folgten. Diese Bücher sind stark an den Vorbildern traditioneller deutscher Zukunftsromane orientiert. Auf dem EUROCON, der 1973 in Posen stattfand, erhielt D. den Sonderpreis der internationalen Jury.

Bibliografie:

Gigantum, Berlin: Das Neue Berlin 1957
Titanus, Berlin: Das Neue Berlin 1959
Projekt Sahara, Berlin: Tribüne 1962
Heimkehr der Vorfahren, Berlin: Das Neue Berlin 1966

Delany, Samuel R(ay)

(1942 –   )
Amerikanischer SF-Autor und Literaturkritiker, geboren in New York. D. wuchs in Harlem auf, dem New Yorker Slum-›Getto‹ der Schwarzen. Da sein Vater gut verdiente, konnte er dem Sohn den Besuch von privaten Schulen für Privilegierte ermöglichen, u. a. der renommierten Bronx High School. Das College verließ er nach nur einem Semester. Seine Erfahrungen in Harlem und sein eigenes Leben als Mitglied der Mittelklasse bedingten bei ihm, der einer der wenigen Farbigen in der SF ist, einen doppelten kulturellen Hintergrund, der in allen seinen Werken evident wird. Kaum zwanzig Jahre alt, wurde sein erster SF Roman, THE JEWELS OF APTOR (1962), veröffentlicht. Vorher hatte er schon einige Gedichte verfaßt und eine literarische Collegezeitschrift herausgegeben. Nach dem Erfolg des ersten Romans folgte die Trilogie ›Toromon‹ mit den Bänden: CAPTIVES OF THE FLAME (auch: OUT OF THE DEAD CITY) (1963), THE TOWERS OF TORON (1964) und CITY OF A THOUSAND SUNS (1966). Diese Trilogie schildert die Kämpfe einer zukünftigen Menschheit bei dem Versuch, sich neu zu etablieren. Mitte der sechziger Jahre begann der kometenhafte Aufstieg von D., als in kurzer Folge die Romane THE BALLAD OF BETA 2 (1965), THE EMPIRE STAR (1966), BABEL-17 (1966), THE EINSTEIN INTERSECTION (1967) und NOVA (1968) erschienen. Daneben wandte sich D. der SF-Erzählung zu und erhielt 1967 sowohl für sei-

nen Roman THE EINSTEIN INTERSECTION als auch für die Kurzgeschichte
›Aye, and Gomorrah‹ den Nebula Award. 1970 gewann die Erzäh-
lung ›Time Considered As a Helix of Semi-Precious Stones‹ den
Hugo und den Nebula Award. Diese beiden und einige andere Erzählungen sind in dem Storyband DRIFTGLASS (1971) gesammelt. Die
Romane dieser Schaffensperiode zeichnen sich durch eine relativ
gleichbleibende Grundstruktur aus, die immer eine phantastische
Reise bzw. eine Quest zum Inhalt hat. Die Protagonisten sind in den
meisten Fällen körperlich bzw. psychisch Deformierte, und die
Handlung findet vor dem Prospekt des *post diem* statt. Durchgängig
ist, wie in THE EINSTEIN INTERSECTION, die Einbeziehung der Mythologie und die Problematisierung der sprachlichen Kommunikation
festzustellen, wobei D. manchmal bis an die Grenzen der Verständ-
lichkeit vordringt. In BABEL-17 (Nebula Award 1966) und THE BALLAD OF
BETA 2 steht der sprachliche Aspekt im Vordergrund. Zusammen mit
Roger Zelazny und Harlan Ellison gehörte Delany zu den Wegberei-
tern der amerikanischen New Wave, die sich von der englischen
durch ihre dem Sprachmanierismus verwandten Ausdrucksformen
unterschied. Nach dieser fast hektischen Schaffensphase wurde es
um den Autor, der oft als Verfasser einer *Campus SF* (seine Romane
werden besonders von Studenten und im allgemeinen Umfeld der
Universitäten gelesen) bezeichnet wird, ruhiger. Ab 1968 gab er zusammen mit seiner Frau, der Dichterin Marilyn Hacker, der er in der
Person der Rydra Wong in BABEL-17 ein Denkmal gesetzt hat, die
Anthologienreihe QUARK heraus. Zugleich widmete er sich in den
frühen siebziger Jahren mehr der Literaturkritik und verfaßte einige
beachtliche Untersuchungen und Essays, u.a. zu T. M. Dischs Roman 334. Als 1975 das wohl umfangreichste Einzelwerk in der SF,
D.s Roman DHALGREN, veröffentlicht wurde, war das Buch sogleich
in aller Munde, und bis heute sind sich die Kritiker noch nicht einig,
ob es *der* Roman der SF ist oder eine reine Selbstbespiegelung des
Autors, bei der er alles, was seine früheren Werke auszeichnete,
über Bord geworfen hat. Die Handlung von DHALGREN, wenn man
überhaupt von einer solchen sprechen kann – was in gleicher Weise für STARS IN MY POCKET LIKE GRAINS OF SAND (1984) zutrifft –, beschränkt sich auf einen anonym bleibenden Jugendlichen, Kid, der
sich in einer von der Umwelt abgeschlossenen, sich im Niedergang
befindlichen Stadt Bellona aufhält, die auf der Erde liegt, aber
nachts von zwei Monden beschienen wird. Im wesentlichen geht es
um die Probleme und Schwierigkeiten von Jugendbewegungen und
der schriftstellerischen Wahrnehmung. Trotz des Umfangs und der

hohen Ansprüche, die das Werk an den Leser stellt, wurde es ein Bestseller. In TRITON (1976) findet D. dann zurück zu einer mehr traditionellen Erzählweise. In diesem Roman schildert er anhand verschiedener, durch bestimmte sexuelle Verhaltensnormen definierter Beziehungen ein doppelsinniges Heterotopia. Als Ausflug in die Fantasy müssen der Episodenroman TALES OF NEVERYON (1980) und der Roman NEVERYONA (1982) gewertet werden. Beide spielen, wie der Titel schon andeutet, in einem *Nirgendwo,* das allerdings gar nicht so weit weg zu liegen scheint. Während im ersten Band in fünf lose miteinander verbundenen Erzählungen Sagen des Landes Neveryona vorgestellt werden, nimmt der zweite mit einer durchgehenden Handlung auf dieses Material Bezug, ist aber keine reine Fortsetzung des ersten. Auch in diesen beiden Fantasyromanen ist D.s deutlicher Zweifel an der Allgemeingültigkeit der schriftstellerischen Wahrnehmung zu spüren. Hatte er sich in seinen frühen Romanen noch Versatzstücke aus bekannten Mythologien genommen, so versucht er jetzt eigene Mythen zu schaffen. Als vorläufig letzter Versuch in dieser Richtung muß der Roman STARS IN MY POKKET LIKE GRAINS OF SAND angesehen werden, in dem D. versucht, eine Welt zu erschaffen bzw. zu beschreiben, ohne auf bekannte Versatzstücke zurückzugreifen.

Bibliografie:

Einstein, Orpheus und andere (THE EINSTEIN INTERSECTION), Hamburg/Düsseldorf: MvS 1972
Dhalgren (DHALGREN), Bergisch Gladbach 1980, B 24011
Triton (TRITON), Bergisch Gladbach 1981, B 24016
Treibglas (C) (DRIFTGLASS), Bergisch Gladbach 1982, B 24029
Babel-17 (BABEL-17), Bergisch Gladbach 1982, B 24035
Nova (NOVA), Bergisch Gladbach 1983, B 22058
Die Türme von Toron (OUT OF THE DEAD CITY, THE TOWERS OF TORON, CITY OF A THOUSAND SUNS), Bergisch Gladbach 1985, B 24072
In meinen Taschen die Sterne wie Staub (STARS IN MY POCKET LIKE GRAINS OF SAND), Bergisch Gladbach 1985, B 22084
Die Ballade von Beta 2 (THE BALLAD OF BETA 2, IMPERIAL STAR, THE JEWELS OF APTOR), Bergisch Gladbach 1986, B 24976

Delgado, Manuel S. Siehe Hahn, Ronald M.

Delmont, Joseph (1873 – 1935)

Joseph Delmont war das Pseudonym des in Loiwein geborenen und in Bad Pystian gestorbenen deutschen Autors Karl Pick. Er schrieb eine größere Anzahl von Romanen und Erzählungen, darunter die utopischen Titel *Die Stadt unter dem Meer* (1925) und *Der Ritt auf dem Funken* (1928).

Bibliografie:

Die Stadt unter dem Meer, Leipzig: Grunow 1925
Der Ritt auf dem Funken, Berlin/Leipzig: Janke 1928

del Rey, Lester (1915 –   )

Pseudonym für den amerikanischen Autor Ramon Alvarez-del Rey, geboren in Clydesdale, Minnesota, der auch die Pseudonyme Edson McCann, Philip St. John, Erik Van Lhin und Kenneth Wright benutzt. D. studierte in Washington, war Metallarbeiter, arbeitete in einer Literarischen Agentur, gründete einen kleinen (erfolglosen) Verlag und war zeitweise Redakteur bei den SF-Magazinen *Space Science Fiction, Science Fiction Adventures, Fantasy Fiction, Rocket Stories, Galaxy, If* und *Worlds of Fantasy.* Er betätigte sich als Rezensent für *Analog* und ist seit 1977 Lektor des Verlags Ballantine Books, der ihm zu Ehren die SF-Reihe in *Del Rey Books* umtaufte. Seine (inzwischen verstorbene) vierte Frau Judy-Lynn war bis zu ihrem Tod ebenfalls für Ballantine als Lektorin tätig.

D. veröffentlicht seit 1938 SF (erste Story: ›The Faithful‹), wurde von Campbell gefördert und machte sich auch als Jugendbuchautor einen Namen. Obwohl er nie zu den ganz Großen in der Science Fiction gehörte, hat er eine Anzahl von sehr guten Erzählungen geschrieben, darunter die klassische Roboterstory ›Helen O'Loy‹ (1938) und die weitsichtige Novelle NERVES (1942, erweitert 1956, überarbeitet 1976), in der es um einen Unfall in einem Kernkraftwerk geht. Interessant auch die Romane THE ELEVENTH COMMANDMENT (1962), in dem er sich als einer der ersten SF-Autoren des Themas Überbevölkerung annimmt, PREFERRED RISK (mit Frederik Pohl als Edson McCann) und PSTALEMATE (1971). Einige der unter seinem Namen erschienenen Jugendbücher wurden (nach umfangreichen Exposés) von seinem Freund Paul W. Fairman geschrieben.

Bibliografie:

Im Banne der Marswelt (MAROONED ON MARS), München: AWA 1955

Der unschuldige Roboter (THE RUNAWAY ROBOT) (mit Paul W. Fairman),
Rastattt 1967, PU 297
Psi-Patt (PSTALEMATE), München 1974, GWTB 0168
Marsfieber (BADGE OF INFAMY), München 1974, GWTB 0182
Götter und Golems (C) (GODS AND GOLEMS), München 1975,
GWTB 0196
Die besten Stories von Lester del Rey (C) (THE BEST OF LESTER DEL REY),
München 1980, P 6707
Das elfte Gebot (THE ELEVENTH COMMANDMENT), München 1981,
M 3511
Der Wohlfahrtskonzern (PREFERED RISK) (mit Frederik Pohl), München
1981, M 3519 (auch: *Das große Wagnis* von Edson McCann)
Nervensache (NERVES), Bergisch Gladbach 1981, B 22032

Als Philip St. John:

Die Jagd der Astronauten (ROCKET JOCKEY), München: AWA 1954

Als Erik van Lhin:

Die Elektriden des Merkur (BATTLE ON MERCURY), München:
AWA 1957

Als Kenneth Wright:

Der rätselhafte Planet (THE MYSTERIOUS PLANET), München: AWA 1954

Bibliografie/H:

Der Schritt ins All (STEP TO THE STARS), UG 56 (1957)
Epidemie auf Ganymed (OUTPOST OF JUPITER), T 543 (1967)
Die Weltenspringer (THE INFINITE WORLDS OF MAYBE), TN 8 (1968)

Als Erik van Lhin:

Attentat auf Mars (POLICE YOUR PLANET), UG 85 (1958)

Delward, Frank
Pseudonym eines dt. Leihbuchautors.

Bibliografie:

Alarm für System CAPELLA, Balve: Zimmermann 1962

Démon, Roy Siehe Puhle, Joachim

Demuth, Michel (1939–)
Pseudonym für den französischen Autor Jean-Michel Ferrer, geboren in Lyon. D. war bis 1977 Herausgeber des Magazins *Galaxie* und

anschließend Lektor einer Buchreihe. Als Autor hat er über fünfzig Erzählungen veröffentlicht, die zum Teil auch in den Sammelbänden LES GALAXIALES (1976) und LES ANNÉES MÉTALLIQUES (1977) nachgedruckt wurden.

Denaerde, Stefan

Bibliografie:

Menschen vom Planeten Jarga (BUITEN-AARDSE BESCHAVING), Düsseldorf: Econ 1971

Derleth, August W(illiam) (1909–1971)

Amerikanischer Autor, Herausgeber und Verleger (Arkham House), geboren in Sauk City, Wisconsin, der sich vorrangig der Weird Fiction und hier vor allem der Pflege des Werkes von H. P. Lovecraft widmete. D. gab etliche SF-Anthologien heraus.

Bibliografie:

(Hrsg.) *Paradies II* (TIME TO COME), München 1970, H 3181

Desberry, Lawrence H.

Bibliografie:

Der blaue Strahl, Stuttgart: Wagner 1922
EJUS, Jena: Neue Welt 1925

de Silva, Carlos

Pseudonym eines österreichischen Autors.

Bibliografie:

Botschaft von der Venus, IJ 2000 1 (1952)
Plan-Rak II antwortet nicht, IJ 2000 2 (1952)

Detre, L.

Bibliografie:

Kampf zweier Welten, Budapest: Rozsavölgyi 1935

De Vet, Charles V. (1911–   )

Amerikanischer Autor, geboren in Fayette, Michigan. D. arbeitete nach dem Studium zunächst als Lehrer, wechselte aber 1940 den Beruf und war bis 1968, als er in Rente ging, Transportarbeiter bei der Post. 1950 veröffentlichte er mit ›The Unexpected Weapon‹ in *Amazing* seine erste Story. Er schrieb zwei Romane: COSMIC CHECKMATE (1958, mit Katherine MacLean) und SPECIAL FEATURE (1958 als Magazinveröffentlichung, 1975 als erweiterter Text in Taschenbuchform). COSMIC CHECKMATE, der interessantere der beiden Titel, schildert eine Gesellschaft, die auf einem schachähnlichen Spiel basiert.

Bibliografie/H:
Schach für die Erde (COSMIC CHECKMATE) (mit Katherine MacLean), UZ 561 (1968)
Der Erdenmann u. a. Stories (C/OA), TN 16 (1968)

de Vries, Jörn Siehe Alpers, Hans Joachim

Dewdney, Alexander K.

Bibliografie:
Das Planiversum. Computerkontakt mit einer zweidimensionalen Welt (THE PLANIVERS. COMPUTERCONTACT WITH A TWO-DIMENSIONAL WORLD), Wien/Hamburg: Zsolnay 1985

De Weese, Gene (1934–)
Amerikanischer Autor (voller Name Thomas Eugene De Weese), der auch als Jean De Weese und Thomas Stratton veröffentlicht, geboren in Rochester, Indiana. Er studierte Elektrotechnik und war Fachautor für die Industrie, bevor er 1974 freier Autor wurde. Er hat in diversen Genres veröffentlicht und brachte es im SF-Bereich bislang auf elf Romane, von denen fünf in Zusammenarbeit mit Robert Coulson entstanden.

Dick, Philip K(indred)
(1928–1982)
Amerikanischer SF-Autor. D. wurde in Chicago geboren. Nach High School und College studierte er an der Universität von Berkeley/Kalifornien, wo er sich vor allem mit Literatur und Literaturgeschichte beschäftigte. Zunächst noch unterbrochen von vielen Gelegenheitsjobs, u. a. war er Verkäufer in einem Plattenla-

den, begann er 1952 seine Karriere als SF-Schriftsteller, als seine Story ›Beyond Lies the Wub‹ in der Juliausgabe von *Planet Stories* erschien. Ihr folgten ca. 110 Kurzgeschichten und Novellen in den verschiedensten SF-Magazinen, später auch in Originalanthologien. Der Löwenanteil seiner Kurzprosa kam in den Jahren 1952 – 1956 heraus, danach wandte sich D. mehr dem Roman zu. Schon seine frühen Kurzgeschichten weisen D. als typischen Vertreter der SF der fünfziger Jahre aus. Zwar handelt es sich bei den allerersten oft um Raumfahrt- oder Planetenabenteuer, dennoch werden sie von D. anders präsentiert als ähnliche Werke seiner Kollegen. Die Entfremdung des Menschen im Kosmos ist ein wichtiges Thema und ›Colony‹ (*GAL,* 6/53) eines der besten Beispiele hierfür. Die meisten seiner besseren Geschichten aus den fünfziger Jahren zeigen Entwürfe möglicher Gesellschaftsformen (die fast immer dystopischen Charakter haben) und einzelner Individuen, die sich mit diesen Gesellschaftsformen auseinandersetzen müssen. Dabei stehen soziologische, politische und psychologische Aspekte im Vordergrund. Um ihre Einbeziehung in die Magazin-SF hat sich D. verdient gemacht, und neben Pohl/Kornbluth und einigen anderen gehört er zu den Erneuerern der SF in den fünfziger Jahren. ›The Second Variety (*Space SF,* 5/53), ›The Preserving Machine (*F&SF,* 6/53), ›The Minority Report (*FU,* 1/56), vor allem aber ›Foster, You're Dead (*Star SF* No. 3, 1/55) zählen zu seinen Spitzengeschichten. Spätere Glanzlichter sind ›Oh, to Be a Blobel‹ (*GAL,* 2/64) und ›Faith of Our Fathers‹ in (*Dangerous Visions,* 1967), die ganz deutlich D.s Hauptthema, die Suche nach der Realität, widerspiegeln. Nahezu jeder seiner 31 Romane weist diesen Topos auf: Der Mensch auf der Suche nach Wahrheit und Realität, in einem widrigen, nicht kontrollierbaren Universum voller Tücken und Gefahren. Es sind keine strahlenden Helden, die in D.s Romanen agieren, sondern unscheinbare Leute, Verkäufer oder Vertreter, gegen die sich die ganze Welt im wahrsten Sinne des Wortes verschworen hat. SOLAR LOTTERY (1955) war sein Erstling, ein komplexer, an den frühen Van Vogt erinnernder Roman, dessen Plot auf der Spieltheorie basierte, auf die D. später noch öfter zurückgriff. Herausragend aus seiner frühen Phase, die etwa bis 1960 reicht, sind EYE IN THE SKY (1957) und TIME OUT OF JOINT (1959). Ersterer ist eine Variation des Alternativweltenthemas, bei der acht Besucher einer Bevatronanlage durch einen technischen Defekt bewußtlos werden und sich in der jeweils privaten Realität des Erwachenden wiederfinden, während der Held VON TIME OUT OF JOINT in einer friedlichen Welt seinen Lebensunterhalt mit dem Lösen von Kreuzworträtseln verdient, bis er merkt, daß seine ganze Welt eine kolossale Täuschung ist und er als mathematisches Genie die Flugbahnen von Interkontinentalraketen berechnet. Seinen größten literarischen Erfolg hatte D. 1963 mit seinem Roman THE MAN IN THE HIGH CASTLE; mit Einfluß des chinesischen I GING geschrieben, dürfte dies der bekannteste Alternativweltroman in der SF sein. D. entwickelte in ihm ein USA unserer Zeit, das nach dem Sieg des Nazi-Deutschlands und Japans im Zweiten Weltkrieg von diesen beiden Mächten untereinander aufgeteilt wurde. Dann folgte eine äußerst fruchtbare Schaffensperiode. Allein im Jahre 1964 kamen drei seiner bedeutendsten Romane heraus: MARTIAN TIME SLIP, THE THREE STIGMATA OF PALMER ELDRITCH und THE SIMULACRA. Nach einigen Büchern mit unterschiedlicher Qualität kulminierte seine Produktivität gegen Ende der sechziger Jahre erneut mit DO ANDROIDS DREAM OF ELECTRIC SHEEP? (1968), A MAZE OF DEATH (1969) und UBIK (1969). Unter ihnen ist zweifellos UBIK der beste Titel, in dem erneut die Frage aufgeworfen wird, in wessen Realität man lebt. Zu Beginn der siebziger Jahre war D. schweren Krisen ausgesetzt: einer psychischen – er hatte unter wirtschaftlichem Druck zu viel und teilweise unter dem Einfluß von Aufputschmitteln geschrieben – und einer sozialen, denn er bekam wachsenden Ärger mit Kaliforniens Behörden, die in ihm aus unerfindlichen Gründen einen Staatsfeind sahen. Eigene Erlebnisse aus dieser Zeit flossen in den Roman FLOW MY TEARS, THE POLICEMAN SAID (1974) ein, der die USA als totalitären Zukunftsstaat schildert und 1975 bei Hugo- und Nebula-Wahl jeweils den zweiten Platz belegte. Mit FLOW MY TEARS... hatte D. zu früherer Stärke zurückgefunden. Der Roman ist eines der besten SF-Bücher der siebziger Jahre, das vom nachfolgenden A SCANNER DARKLY (1977), einer düsteren Vision über Drogenmißbrauch, und dem in Zusammenarbeit mit Roger Zelazny entstandenen Roman DEUS IRAE (1976) nicht mehr erreicht wurde. In den letzten Jahren seines Lebens wandte sich D. religiösen bzw. religionsphilosophischen Fragen zu. Sein Spätwerk, die ›Valis‹-Trilogie (VALIS, 1981, THE DIVINE INVASION, 1981, THE TRANSMIGRATION OF TIMOTHY ARCHER, 1982), spiegelt dies wider und setzte erneut einen Höhepunkt. Stark vereinfacht und der SF-Elemente entkleidet, geht es hierbei um den Kampf zwischen Gott und Satan, d.h., das Gute versucht die Vorherrschaft des Bösen auf der Erde zu brechen. Eine Urfassung von VALIS, die Mitte der siebziger Jahre entstand, wurde im Nachlaß gefunden und 1985 unter dem Titel RADIO FREE ALBEMUTH veröffentlicht. Der Roman enthält schon das VALIS-Kernmotiv, liegt ansonsten aber vor allem in thematischer Nähe von FLOW MY TEARS: Ein ultrakonservativer Präsident der USA tyrannisiert die Minderheiten.

D. war zu Lebzeiten in Frankreich und Deutschland geschätzter als in seiner Heimat, wo inzwischen aber ein Umdenken stattgefunden hat: Selbst seine unveröffentlichten Mainstream-Romanmanuskripte finden plötzlich Verleger. Den großen Erfolg des nach DO ANDROIDS DREAM OF ELECTRIC SHEEP? gedrehten Kinofilms BLADE RUNNER (1982, Regie: Ridley Scott) hat er nicht mehr erleben können.

D.s Gesamtwerk steht innerhalb der amerikanischen SF wohl einzigartig da. Kein anderer, der eine ähnlich große Zahl von Publikationen vorzuweisen hat, schrieb so wenige schwache Texte oder verbiß sich so ausdauernd in ein Generalthema wie Dick. Sein Universum ist undurchschaubar; in ihm wird der größte Manipulator am Ende selbst manipuliert. Der komplizierte Aufbau seiner Romane, die oft mehrere Realitätsebenen haben, hat nicht nur manchen allein auf Unterhaltung bedachten SF-Konsumenten vor den Kopf gestoßen, sondern führte auch dazu, daß D. als Drogenapostel denunziert und seine Werke als zu Papier gebrachte Wahnvorstellungen verunglimpft wurden. In Wahrheit war D. jedoch einer der wenigen SF-Autoren, die unsere Realität hinterfragen, sich auf die Suche nach der Wahrheit hinter den Dingen begeben. Daß dabei auch Metaphysik einfloß, liegt in der Natur der Sache. D. war der Chronist einer Welt, die sich bei genauerem Hinsehen in ihre Bestandteile auflöst.

Bibliografie:

Zeit ohne Grenzen (TIME OUT OF JOINT), Balve: Zimmermann 1962 (auch: *Zeitlose Zeit*)
Träumen Roboter von elektrischen Schafen? (DO ANDROIDS DREAM OF ELECTRIC SHEEP?), Düsseldorf: MvS 1969 (auch: *Blade Runner*)
Zehn Jahre nach dem Blitz (THE PENULTIMATE TRUTH), München 1970, GWTB 0112
Und die Erde steht still (EYE IN THE SKY), München 1971, GWTB 0123
Die seltsame Welt des Mr. Jones (THE WORLD JONES MADE), München 1971, GWTB 0126
Hauptgewinn: Die Erde (SOLAR LOTTERY), München 1971, GWTB 0131 (auch: *Griff nach der Sonne*)
LSD-Astronauten (THE THREE STIGMATA OF PALMER ELDRITCH), Frankfurt am Main: Insel 1971
Mozart für Marsianer (MARTIAN TIME SLIP), Frankfurt am Main: Insel 1973

Das Orakel vom Berge (THE MAN IN THE HIGH CASTLE), München 1973,
K 34

Joe von der Milchstraße (GALACTIC POT-HEALER), Frankfurt am Main
1974, FO 10

Vulkan 3 (VULCAN'S HAMMER), München 1974, GWTB 0170

Irrgarten des Todes (A MAZE OF DEATH), München 1974, H 3397

Die Invasoren vom Ganymed (THE GANYMED TAKEOVER) (mit Ray
Faraday Nelson), Bergisch Gladbach 1976, B 21082

Die Zeit läuft zurück (COUNTER-CLOCK WORLD), München 1977,
GWTB 0248

Die rebellischen Roboter (WE CAN BUILD YOU), München 1977,
GWTB 0252

Eine andere Welt (FLOW MY TEARS, THE POLICEMAN SAID), München 1977,
H 3528

Ubik (UBIK), Frankfurt am Main: Insel 1977

Die Mehrbegabten (OUR FRIENDS FROM FROLIX 8), München 1978,
G 23275

Das Globus-Spiel (THE GAME PLAYERS OF TITAN), München 1978,
G 23272

Simulacra (THE SIMULACRA), München 1978, Kn 708

Der Gott des Zorns (DEUS IRAE) (mit Roger Zelazny), Bergisch
Gladbach 1979, B 22006

Das Labyrinth der Ratten (THE ZAP GUN), München 1979, G 23300

Kleiner Mond für Psychopathen (CLANS OF THE ALPHANE MOON),
Bergisch Gladbach 1979, B 22012

Der dunkle Schirm (A SCANNER DARKLY), Bergisch Gladbach 1980,
B 22018

Warte auf das letzte Jahr (NOW WAIT FOR LAST YEAR), München 1981,
M 3520

Der heimliche Rebell (THE MAN WHO JAPED), München 1981,
M 3529

Eine Handvoll Dunkelheit (C/OA), München 1981, M 3543

Der goldene Mann (C) (THE GOLDEN MAN), Rastatt: Moewig 1981

Die besten Stories von Philip K. Dick (C) (THE BEST OF PHILIP K. DICK),
München 1981, P 6712

Das Jahr der Krisen (THE CRACK IN SPACE), München 1982, M 3581

Schachfigur im Zeitspiel (DR. FUTURITY), Rastatt 1983, M 3614

Kinder des Holocaust (DR. BLOODMONEY OR, HOW WE GET ALONG AFTER
THE BOMB), Rastatt 1984, M 3638 (auch: *Nach dem Weltuntergang*)

Valis (VALIS), Rastatt 1984, M 3649

Die göttliche Invasion (THE DIVINE INVASION), Rastatt 1984, M 3650

Die Wiedergeburt des Timothy Archer (THE TRANSMIGRATION OF TIMOTHY ARCHER), Rastatt 1984, M 3659
Der unteleportierte Mann (THE UNTELEPORTED MAN), Bergisch Gladbach 1984, B 22069
Eine Spur Wahnsinn (C/OA), Darmstadt: Luchterhand 1986
Kosmische Puppen und andere Lebensformen (C/OA), München 1986, H 4328

Bibliografie/H:

Eine Handvoll Dunkelheit (C) (A HANDFULL OF DARKNESS), TS 76 (1963)
Krieg der Automaten (C) (THE VARIABLE MAN), T 322/323 (1964)

Dickinson, Peter (1927–)

D., der ausdrücklich darauf hingewiesen haben möchte, nicht nur SF-Autor zu sein, hat bisher fünf Romane geschrieben, die der Science Fiction oder Fantasy zuzurechnen sind: THE WEATHERMONGER (1968), THE BLUE HAWK (1976), THE GREEN GENE (1973), THE POISON ORACLE (1974) und KING & JOKER (1976). Zum Teil sind diese Romane vor allem für jugendliche Leser gedacht. Als sein bestes Werk gilt THE GREEN GENE, in dem ein Gen dafür verantwortlich ist, daß weißen Eltern in England plötzlich dunkelhäutige Babies geboren werden (was natürlich zu einem Chaos führt). D. wurde »mitten in Afrika geboren, in Hörweite der Victoria-Fälle«, wie er versichert, und verbrachte seine Kindheit in Rhodesien. Sein scharfer Blick und sein ätzender Zynismus in Rassenfragen verraten seine Herkunft wie seine Einstellung. Er gehört zu den wenigen Autoren, die humorvolle SF zu schreiben vermögen. – D. wurde in Eton erzogen und studierte in Cambridge, war zeitweise Redakteur beim *Punch* und arbeitet seit 1968 als freier Schriftsteller. Sein Hauptwerk liegt indes auf dem Gebiet des Kriminalromans, wo inzwischen mehr als zehn Titel von ihm vorliegen, und des phantastischen Kinderbuchs.

Bibliografie:

Das grüne Gen (THE GREEN GENE), München 1978, H 3586

Dicks, Terrance

Bibliografie:

Dr. Who: Der Planet der Daleks (DOCTOR WHO AND THE PLANET OF THE DALEKS), München: Schneider 1980
Dr. Who: Kampf um die Erde (DOCTOR WHO AND THE DALEK INVASION OF EARTH), München: Schneider 1981

Dickson, Gordon R(upert)
(1923–)

D. wurde in Edmonton/Alberta geboren, besuchte vier Jahre lang die University of Minnesota, mußte aber sein Studium unterbrechen, als er 1943 zum Kriegsdienst eingezogen wurde. 1946 aus dem Krieg zurückgekehrt, schloß er 1950 sein Studium ab und wurde freier Schriftsteller. Er ist es noch heute. In fast vier Jahrzehnten veröffentlichte er über 200 Stories und etwa 60 Bücher. Sein Romanerstling war 1956 ALIEN FROM ARCTURUS. 1965 erhielt er den Hugo Award für seine Novelle ›Soldier, Ask Not‹ (1964), die er 1967 zu einem Roman ausarbeitete; 1966 errang er den Nebula-Award mit seiner Erzählung ›Call Him Lord‹ (1965), 1975 den E. E. Smith Memorial Award for Imaginative Fiction und 1976 den August Derleth-Award für den Fantasy-Roman THE DRAGON AND THE GEORGE (1976). Sein Roman TIME STORM (1977) war 1978 für den Hugo Award nominiert. Im Zentrum seines schriftstellerischen Werks steht der ›Childe‹-Zyklus, ein auf zwölf Prosatexte angelegter Komplex, der nach seiner Vollendung aus sechs in der Zukunft spielenden, drei historischen und drei Gegenwartsromanen bestehen wird. Bisher liegen sechs Childe-Romane vor, die allesamt von der Zukunft handeln, nämlich THE GENETIC GENERAL (1960, auch: DORSAI!), NECROMANCER (1962), SOLDIER, ASK NOT (1967), THE TACTICS OF MISTAKE (1971), THE SPIRIT OF DORSAI (1979), THE FINAL ENCYCLOPEDIA (1984) sowie der Storyband LOST DORSAI (1980). (Die Bezeichnung ›Dorsai‹-Zyklus für dieselben Bücher rührt daher, daß THE GENETIC GENERAL in der Magazinversion und als gekürztes Ace-Taschenbuch unter dem Titel DORSAI erschien; erst 1976 wurde der Roman ungekürzt als DAW-Taschenbuch publiziert.) In diesem ehrgeizigen Prosawerk, das einen Zeitraum vom 13. bis zum 23. Jahrhundert umfassen wird, ist viel Autobiografisches eingeflossen, vor allem Erlebnisse auf den Kriegsschauplätzen des Zweiten Weltkriegs. Der gesamte Zyklus soll eine Art Bildungsroman der gesamten Menschheit werden, dessen grundlegende Idee darin besteht, daß mit der Renaissance die Evolution eines neuen Menschen einsetzte, die im 23. Jahrhundert zur Vollendung gedeihen wird. Insgesamt gesehen gelingt es Dickson in seinen besten Werken, psychologisch interessante Charakterstudien vorzulegen oder fremdartige Perspektiven aufzuzeigen, so in den Childe-Romanen THE GENETIC GENERAL und SOLDIER, ASK NOT oder in THE ALIEN WAY. Vieles andere erreicht dagegen nur Mittelmaß.

Bibliografie:

Fremde vom Arcturus (ALIEN FROM ARCTURUS), Hannover 1957, UTR 3
Gewalt zwischen den Sternen (NAKED TO THE STARS), Hamburg 1967, Wi 2002
Vorsicht – Mensch! (C) (DANGER – HUMAN), München 1972, TTB 191
Geschöpfe der Nacht (SLEEPWALKER'S WORLD), München 1972, TTB 202
Die Fremden (THE ALIEN WAY), München 1973, K 14 (auch: *Mit den Augen der Fremden*)
Im galaktischen Reich (WOLFLING), München 1973, TTB 218 (auch: *Der Wolfling*)
Pioniere des Kosmos (THE OUTPOSTER), München 1973, TTB 228
Das Millionen-Bewußtsein (THE PRITCHER MASS), München 1975, TTB 259
Charlies Planet (ALIEN ART), Rastatt 1975, TTB 263
Utopia 2050 (THE R-MASTER), München 1976, TTB 280
Kurs auf 20B-40 (LIFEBOAT) (mit Harry Harrison), München 1976, GWTB 0222
Der Agent (SPACEPAW), München 1978, TTB 297
Weltraum-Schwimmer (THE SPACE SWIMMER), München 1978, TTB 307
Nichts für Menschen (NECROMANCER, auch: NO ROOM FOR MEN), München 1979, H 3656
Der ferne Ruf (THE FAR CALL), München 1979, H 3662
Uralt, mein Feind (C) (ANCIENT MY ENEMY), München 1979, H 3682
Die Herren von Everon (MASTERS OF EVERON), München 1981, M 3513
Des Erdenmannes schwere Bürde (C) (THE EARTHMAN'S BURDEN) (mit Poul Anderson), München 1981, M 3530
Sturm der Zeit (TIME STORM), München 1982, H 3871
Die Söldner von Dorsai (TACTICS OF MISTAKE), München 1982, M 3580 (auch: *Das Planeten-Duell*)
Unter dem Banner von Dorsai (SOLDIER, ASK NOT), München 1982, M 3596
Der General von Dorsai (DORSAI!, auch: THE GENETIC GENERAL), Rastatt 1983, M 3608 (auch: *Söldner der Galaxis*)
Vom Geist der Dorsai (THE SPIRIT OF DORSAI), Rastatt 1983, M 3619
Der Dorsai-Pazifist (C) (LOST DORSAI), Rastatt 1983, M 3627

Bibliografie/H:

Hetzjagd im All (MANKIND ON THE RUN), AiW 1 (1958)
Planet der Phantome (DELUSION WORLD), T 249 (1962)
Regierungspost für Dilbia (SPACIAL DELIVERY), T 260 (1963)
Mission im Universum (MISSION TO UNIVERSE), T 500 (1967)
Vorsicht – Mensch! (C/OA), TN 78 (1969)

Dietrich, Siegfried

Bibliografie/H:

›R 113‹ *antwortet nicht,* Neuenhagen b. Berlin/DDR: Sport und
Technik 1957 (Technische Abenteuer Jg. 1, Nr. 4)

Dietz, Frank

Bibliografie:

(Hrsg.) *Die Kinder Utopias* (mit Michael Kunath), München:
Nymphenburger 1985

Diluv, Ljuben (1927–)

Ljuben Diluv (andere Schreibweise: Dilow), ein bulgarischer Schriftsteller, gehört zu den bekanntesten SF-Autoren Südosteuropas. Mit ›Der Atommensch‹ gab er 1958 sein Debüt; es folgten die Romane *Die vielen Namen der Angst* (1967) und *Die Last des Skaphanders* (1969), ein Band mit Erzählungen unter dem Titel *Mein seltsamer Freund, der Astronom* (1971), zwei weitere Romane: *Der Weg des Ikarus* (1974) und *Das Paradoxon des Spiegels* (1976), und zwei weitere Bände mit Erzählungen: *Wenn du den Adler fütterst* (1977) und *Der Doppelstern* (1979). Ljuben Diluv verfaßte darüber hinaus 15 Bücher Nicht-SF und gab eine Reihe von Anthologien mit Erzählungen aus aller Welt heraus; außerdem ist er Mitherausgeber der bulgarischen SF-Reihe *Galaktika* im Verlag G. Bakalor, Warna.

Bibliografie:

Der Doppelstern (C/OA), Berlin/DDR: Das Neue Berlin 1981
Die Last des Skaphanders (TEAESTTA NA SKAFANYA), München 1984,
H 4121

Disch, Thomas M(ichael)

(1940 –   )

Amerikanischer SF-Autor und einer der wichtigsten Exponenten der New Wave. D. wurde in Des Moines, Iowa, geboren und besuchte die Universität von New York. Nach Abschluß seines Geschichtsstudiums arbeitete er anderthalb Jahre in der Werbung, bevor er als freier Schriftsteller tätig wurde. Seine erste SF-Story erschien im Oktober 1962 in *Fantastic* und hieß ›The Doubletimer‹. Sein erster Roman, THE GENOCIDES (1965), erzählt von galaktischen ›Landwirten‹, die die Erde in eine für sie nützliche Farmlandschaft verwandeln wollen und dabei Fauna und Flora aus dem Weg räumen. Ab 1966 tauchte der Name Disch immer häufiger in den Seiten des britischen Magazins *New Worlds* auf, dessen Herausgeber Michael Moorcock sich nicht scheute, unkonventionelle Stoffe zu publizieren, die in den USA praktisch unverkäuflich waren. Neben einer ganzen Reihe Stories erschien dort zunächst der Roman ECHO ROUND HIS BONES (12/66 – 1/67) und später einer der wichtigsten SF-Romane der ausgehenden sechziger Jahre, CAMP CONCENTRATION (sr4, 7/67 bis 10/67). In ihm entwirft D. die düstere Zukunft eines totalitären Amerikas. In Konzentrationslagern werden politische Gefangene als Versuchskaninchen bei inhumanen Forschungen verwendet. Ein kritischer, stilistisch hervorragender Roman, der sich dadurch, daß er die damals herrschenden Zustände nur leicht extrapolierte, massiv gegen die militärisch-industrielle Elite wandte, die vom Vietnamkrieg profitierte. Neben diesen Romanen wurden auch einige Story-Sammlungen zuerst in England publiziert, so 102 H-BOMBS (1966) und UNDER COMPULSION (1968). Von seinen Stories wurden ›Come to Venus Melancholy‹ (*F&SF,* 11/65) und ›The Asian Shore‹ (*Orbit 6,* 1970) für den Nebula nominiert. Hervorragend ist auch seine Zeitreisegeschichte ›Now is Forever‹ (*AMZ* 3/64). Nach längeren Auslandsaufenthalten – er hatte einige Zeit in Rom gelebt – kehrte D. in die Vereinigten Staaten zurück und legte 1974 den Roman 334 vor, der bei der Nebula-Wahl im gleichen Jahr den dritten Platz erreichte. Diese episodenhaft angelegte Erzählung schildert die finstere Zukunft der Stadt New York im 21. Jahrhundert als Müllkippe der Zivilisation, gesehen durch die Augen der Bewohner des Hauses 334 East 11th Street, eines gigantischen Wohnsilos. Spätestens mit diesem glänzend geschriebenen, sozial engagierten, schonungslos die Unbewohnbarkeit amerikanischer Großstädte anprangernden Buch bewies D., daß er zu den besten amerikanischen SF-Autoren gehört. Neben BLACK ALICE (1968), einem engagierten Kriminalroman, den er zusammen mit John T. Sladek verfaßte, gab D. auch zwei wichtige Anthologien heraus, die ganz die Themen seiner Romane treffen: THE RUINS OF EARTH (1973) und BAD MOON RISING (1974). In den letzten Jahren machte er sich rar und legte nur noch den SF-Roman ON WINGS OF SONG (1979) und den Horror-Roman THE BUSINESSMAN (1984) vor.

Bibliografie:

Camp Concentration (CAMP CONCENTRATION), München: Lichtenberg 1971

Die Duplikate (ECHO ROUND HIS BONES), München 1972, H 3294

Jetzt ist die Ewigkeit (C) (UNDER COMPULSION), München 1972, H 3300

Die Feuerteufel (THE GENOCIDES), München 1975, H 3457

Angoulême (334) (C), München 1977, H 3560

Die Herrschaft der Fremden (MANKIND UNDER THE LEASH), München 1979, Kn 5719

(Hrsg.) *Die letzten Blumen* (THE RUINS OF EARTH), Bergisch Gladbach 1981, B 22029

Auf Flügeln des Gesanges (ON WINGS OF SONG), Köln: Hohenheim 1982

Dittfeld, Hans-Jürgen (1938 –)

DDR-Autor, geboren in Potsdam. Nach Abitur und Tätigkeit als Laborgehilfe studierte D. an der Humboldt-Universität Physik und war dann wissenschaftlicher Mitarbeiter im Halbleiterwerk Stahnsdorf. Heute ist er als Arbeitsgruppenleiter am Zentralinstitut für Physik der Erde in Potsdam tätig. Er promovierte 1972. Neben zahlreichen wissenschaftlichen Veröffentlichungen publizierte er SF-Erzählungen in Anthologien, die Novelle *Raumschiff ›Neptun‹ kehrt um* (1975) sowie den Storyband *Landung in Targestan* (1986).

Bibliografie:

Landung in Targestan (C), Berlin/DDR: Neues Leben 1986 (Kompass-Bücherei 339)

Bibliografie/H:

Raumschiff ›Neptun‹ kehrt um, DNA 350 (1975)

Dixon, Peter L.

Bibliografie:

Sealab 2020 (SEALAB 2020), München: Heyne 1977

Dneprow, Anatolij (1919–1975)

Der russische Autor (Pseudonym für A. P. Mizkewitsch) wurde in Dnepropetrowsk geboren und studierte an der Physikalischen Fakultät der Universität seiner Heimatstadt. Er schloß das Studium der physikalisch-mathematischen Wissenschaften kurz vor Beginn des Krieges ab. 1958 begann D. mit regelmäßiger schriftstellerischer Arbeit, nachdem seine ersten Versuche auf dem Gebiet der SF schon 1946 erfolgten. 1960 erschien sein erster Band mit Erzählungen, URAVNENIJA MAKSVELLA (*Maxwellsche Gleichungen*), gefolgt von weiteren Erzählungen und Romanen, etwa MIR, V KOTOROM JA ISČEZ (*Die Welt, in der ich verschwand,* 1963), FORMULA BESSMERTIJA (*Die Formel der Unsterblichkeit,* 1963) oder PURPURNAJA MUMIJA (*Die purpurne Mumie,* 1965). Zu seinen besten und bekanntesten Erzählungen gehört KRABY IDUT PO OSTROVU (*Insel der Krebse,* im Original 1959 erstmals erschienen), die unter diesem und unter anderen Titeln auch mehrfach ins Deutsche übersetzt wurde. Diese Geschichte – eine von Menschen initiierte künstliche Evolution von krebsartigen Robotern mit dem Ziel, auf diese Weise zu der bestmöglichen Kriegsmaschine zu gelangen (eine Fehlkalkulation, wie sich zeigt) – wurde auch für das Fernsehen verfilmt und in der Bundesrepublik ausgestrahlt. Dneprow zählt zu den interessantesten russischen SF-Autoren der späten fünfziger und der sechziger Jahre.

Bibliografie/H:

Krebse greifen an (KRABY IDUT PO OSTROVU), kap 57 (1968)

Dobb, Arthur

Bibliografie:

Heller Wahnsinn (C) (SHEER MADNESS), Tecklenburg: Burg 1986

Doberer, K(urt) K(arl) (1904–   )

Deutscher Autor, geboren in Nürnberg, wo er nach Naziverfolgung (als Antifaschist) und Exil auch heute wieder lebt. D., der zunächst als Ingenieur tätig war, veröffentlicht seit 1934 Kurzgeschichten,

Artikel, Romane und Sachbücher, darunter den utopischen Roman *Republik Nordpol* (1936), in dem Antifaschisten in der Kriegsmarine des Dritten Reichs revoltieren und einen eigenen Staat gründen, sowie einige SF-Kurzgeschichten und -Gedichte.

Bibliografie:
Todesstrahlen und andere Kriegswaffen (mit Max Seydewitz), London: Malik 1936
Republik Nordpol, Bratislava 1936
Elektrokrieg, Wien: Saturn 1938
Die Sterne rufen (C), Nürnberg: Nürnberger Presse 1968

Döblin, Alfred (1878–1957)

Deutscher Autor, geboren in Stettin. D. studierte Medizin und Philosophie in Berlin, begann aber schon während des Studiums zu schreiben. Er promovierte in Freiburg zum Dr. med., schrieb Fachaufsätze, eröffnete eine Kassenpraxis als Psychiater in Berlin und gab nebenher die Literaturzeitschrift *Der Sturm* heraus. Nach der Machtergreifung der Nazis emigrierte D. (der Jude war), kehrte aber 1945 zurück. Sein bekanntestes Werk ist *Berlin Alexanderplatz. Die Geschichte vom Franz Biberkopf* (1929). Mit *Berge, Meere und Giganten* (1924) schrieb er auch einen utopischen Roman, der das Schicksal der Menschheit bis zum 27. Jahrhundert schildert, von großer visionärer Kraft ist und zum Anspruchsvollsten gehört, das die deutsche utopische Literatur hervorgebracht hat. Überbevölkerung, Massenvernichtung, Strahlenwaffen, ›atomare‹ Verwüstung, Mutanten und unterirdische Städte sind ebenso Stichworte dieser Chronik der menschlichen Zukunft wie Ratlosigkeit und Pessimismus angesichts der sich abzeichnenden technischen und gesellschaftlichen Umwälzungen in den zwanziger Jahren. Der Roman übte einen nachhaltigen Einfluß auf Cordwainer Smith, einen der besten SF-Autoren der sechziger Jahre, aus, hatte ansonsten aber kaum Auswirkungen auf die Genre-SF.

Bibliografie:
Berge, Meere und Giganten (auch: *Giganten*), Berlin: Fischer 1924

Dodderidge, Esmé

Geboren in Swansea (Wales). THE NEW GULLIVER ist nach mehreren Kurzgeschichten D.s erster Roman.

Bibliografie:

Eine höchst bequeme Vermessenheit der Frauen (THE NEW GULLIVER OR THE ADVENTURES OF LEMUEL GULLIVER, JR., IN CAPOVOLTA), München: Ehrenwirth 1983

Dolezal, Erich (1902 –   )

Österreichischer Astronom und Fachjournalist, geboren in Villach. D. war lange Zeit Vorstandsmitglied der Österreichischen Gesellschaft für Weltraumforschung in Wien. 1959 besuchte er auf Einladung des US State Departments zwei Monate lang amerikanische Raketenabschußbasen. In einer Zeit, in der die Verleger von ›Zukunftsromanen‹ auf eine wissenschaftliche Ausbildung ihrer Autoren Wert legten, galten Dolezals Werke als die ideale Jugendlektüre. Obwohl man ihm bescheinigte, wissenschaftlich komplizierte Dinge einfach ausdrücken zu können, ist er doch eher ein Vertreter hausbackener, technokratischer SF (wie etwa sein deutscher Kollege Richard Koch), in der sich alles um die Technik dreht und die Menschen lediglich Beiwerk darstellen.

Bibliografie:

Der Ruf der Sterne, Wien/Berlin: Krystall 1932
Grenzen über uns, Leipzig: Lipsia 1940
Jenseits von Raum und Zeit, Leipzig: Lipsia 1946
RS 11 schweigt, Wien: Österreichischer Bundesverlag 1953
Mond in Flammen, Wien: Österreichischer Bundesverlag 1954
Unternehmen Mars, Wien: Österreichischer Bundesverlag 1955
Alarm aus Atomville, Wien: Österreichischer Bundesverlag 1956
Sekunde X, Himmelsschiffe landen, Wien: Jugend und Volk 1957
Neues Land im Weltall, Wien: Österreichischer Bundesverlag 1958
Die Astronauten, Wien: Österreichischer Bundesverlag 1959
Festung Sonnensystem, Wien: Österreichischer Bundesverlag 1960
Raumfahrt-Traumfahrt, Wien: Österreichischer Bundesverlag 1961
Planet im Nebel, Wien: Österreichischer Bundesverlag 1963
Flucht in die Weltraum-City, Wien: Österreichischer Bundesverlag 1964
Von Göttern entführt, Wien: Jugend & Volk 1973

Dolguschin, Juri (1896 –   )

Sowjetischer Autor, dessen Roman ›Der Wundergenerator‹ (1939/40 in der Zeitschrift *Technika – Molodioshi* abgedruckt, später auch als Buch erschienen) nach Meinung von Iwan Jefremow für die Entwicklung der sowjetischen SF wichtig war. Das Werk ist geprägt von dem Glauben an die Omnipotenz von Physik und Biologie sowie speziell an die Möglichkeit der damals noch in den Kinderschuhen steckenden Elektronik und Kybernetik. D. war in den dreißiger Jahren auch an der Entwicklung des sowjetischen Fernsehens beteiligt.

Bibliografie/H:
Das Geheimnis des alten Schlosses (TAJNA NEVIDIMKI), KJ 2 (1954)

Dolinsky, Mike (1923 –   )

Amerikanischer Autor, richtiger Name Meyer ›Mike‹ Dolinsky, geboren in Chicago, Illinois. Nach einem Studium in Los Angeles schrieb er vor allem Drehbücher für Film und Fernsehen. Sein einziger SF-Roman, MIND ONE (1972), handelt von einem Medikament zur Behandlung von psychisch Kranken, das die Fähigkeit zur Telepathie bewirkt.

Bibliografie:
Die PSI-Droge (MIND ONE), München 1976, H 3490

Dominik, Hans (Joachim)
(1872 – 1945)

Geboren in Zwickau als Sohn eines Journalisten. D. besuchte ein humanistisches Gymnasium, wechselte aber, da ihm die Naturwissenschaften besser lagen, auf eine Schule in Gotha über, wo einer seiner Lehrer der Schriftsteller Kurd Laßwitz war. Nach dem Abitur (1893) studierte er Maschinenbau an der TH Berlin, besuchte zweimal die USA und arbeitete dort als Elektroingenieur. Da er über ausgezeichnete Sprachkenntnisse verfügte und die Industrie ihn mit günstigen Angeboten lockte, brach er das Studium ab und wurde Projektleiter einer Firma, die Zechen und Fabriken elektrifizierte. Nach mehrmaligen Stellenwechseln ging er zu Siemens & Halske, wo er um die Jahrhundertwende die Öffentlichkeitsarbeit betreute. 1901 machte er sich als Fachautor selbständig, verfaßte Werbebroschüren für die Industrie, technische Artikel für die Tagespresse und ›technische Märchen‹. Nachdem er Lokalreporter des

Berliner Lokalanzeigers geworden war, nahm er Kontakt mit einem Buchverlag auf und schrieb mehrere Unterhaltungsromane. Ab 1907 publizierte er utopische Kurzgeschichten im *Neuen Universum,* einem Jahrbuch für Jungen. 1922 erschien sein erster ›echter‹ SF-Roman, *Die Macht der Drei,* in einer Zeitschrift. Ab 1924 verlegte er sich ganz auf die Schriftstellerei und verfaßte neben utopischen Romanen populärwissenschaftliche Sachbücher. D.s ›Zukunftsromane‹ sind ausschließlich naturwissenschaftlich-technisch orientiert, wobei die Anwendung der Elektrizität eine große Rolle spielt. Seine Charaktere sind in jeglicher Hinsicht idealisiert; wenn er Ausländer beschreibt, werden diese selten vorurteilsfrei gesehen. D.s Thema ist der technische Fortschritt an sich: Wo clevere deutsche Ingenieure eine Erfindung machen, erweist sich stets, daß sie dazu dient, der Welt zu zeigen, wer man ist. Die Auflagen seiner mehr als fünfzehn utopischen Romane gehen in die Millionen. Ihre Wirkung blieb allerdings auf den deutschen Sprachraum beschränkt.

Bibliografie:

Technische Märchen, Berlin: Steinitz 1903
Die Macht der Drei, Leipzig: E. Keil's Nachfolger 1922
Die Spur des Dschingis-Khan, Leipzig: E. Keil's Nachfolger 1923
Atlantis, Leipzig: E. Keil's Nachfolger 1925
Der Brand der Cheopspyramide, Leipzig: E. Keil's Nachfolger 1926
Das Erbe der Uraniden, Berlin: E. Keil's Nachfolger 1928
König Laurins Mantel (auch: *Unsichtbare Kräfte*), Berlin: E. Keil's Nachfolger 1928
Kautschuk, Berlin: E. Keil's Nachfolger 1930
Befehl aus dem Dunkel, Berlin: Scherl 1933
Der Wettflug der Nationen, Leipzig: Hase & Koehler 1933
Das stählerne Geheimnis, Berlin: Scherl 1934
Ein Stern fiel vom Himmel, Leipzig: Hase & Koehler 1934
Atomgewicht 500, Berlin: Scherl 1935
Lebensstrahlen, Berlin: Scherl 1938
Land aus Feuer und Wasser, Berlin: Hase & Koehler 1939
Himmelskraft, Berlin: Scherl 1939
Treibstoff SR (auch: *Flug in den Weltraum*), Berlin: Scherl 1940
Moderne Piraten, Berlin: Gebr. Weiß 1955
Ein neues Paradies (C), München 1977, H 3562

Donleavy, J(ohn) P(atrick) (1926–)
Irischer Autor und Dramatiker, geboren in New York. MEET MY MAKER
THE MAD MOLECULE (1964) vereint 27 Stories, die zum Teil der SF oder
Fantasy zuzurechnen sind.

Bibliografie:
Das tollgewordene Molekül (C) (MEET MY MAKER THE MAD MOLECULE),
München: Kindler 1970

Donrath, Martin (1924–1986)
Pseudonym für den dt. Autor Michael Horbach (außerhalb der SF
unter diesem Namen auch bekannter), geboren in Aachen, zuletzt
in Frankreich lebend und mit der Bestsellerautorin Alexandra Cor-
des verheiratet. H. veröffentlichte eine Reihe von Unterhaltungsro-
manen, darunter *Sühne im All* (1970), sowie Dokumentarberichte
und geriet in die Spalten der Boulevardpresse durch einen dramatischen Abgang: Er erschoß seine Frau und beging dann Selbstmord.

Bibliografie:
Sühne im All, Bayreuth: Hestia 1970

Als Michael Horbach:
Unternehmen Morgenröte, München: Schneekluth

Dorémieux, Alain (1933–)
Französischer Autor, Übersetzer, Kritiker und Herausgeber. War jahrelang Cheflektor bei Editions Opta. Er
prägte seit Anfang der fünfziger Jahre
das eigenständige Bild der französischen SF und gehört zu den herausragenden Autoren im phantastischen
Genre, dessen Erzählungen durch
ihre morbide Atmosphäre faszinieren.

Bibliografie:
Spaziergänge am Rande des Abgrunds (C) (PROMENADES AU BORD DU
GOUFFRE), München 1982, H 3858
Symbiose Phase Eins (C) (COULOIRS SANS ISSUE), München 1986,
H 4330

Dorsch, Adolf

Pseudonym eines dt. Autors.

Bibliografie/H:

Weltraumpiraten, UZ 189 (1959)

Dovski, Lee van (1896 –)

Pseudonym für Herbert Lewandowski, geboren am 23. März 1896 in Kassel, heute in Genf lebend. L. promovierte in der Geisteswissenschaft und ist seit 1919 Autor von Biografien, Romanen, Hörspielen und Jugendbüchern sowie Herausgeber und Übersetzer.

Bibliografie:

Reise ins Jahr 3000, Hamburg: Gala 1960

Doyle, (Sir) A(rthur) Conan (1850 – 1930)

Der Vater von Sherlock Holmes wurde in Edinburgh als Sohn eines Kunstmalers geboren, besuchte ein von Jesuiten geführtes College in Stonyhurst, verbrachte ein Jahr lang in einem österreichischen Jesuitengymnasium und studierte dann Medizin. Bereits in jungen Jahren faszinierten ihn die Stories von Edgar Allan Poe. Als Schiffschirurg fuhr er zur See auf einem Walfänger, das Diplom als Arzt, die Eröffnung einer wenig erfolgreichen Praxis in der Nähe von Portsmouth und die Promotion folgten. Schon Ende der siebziger Jahre des letzten Jahrhunderts hatte er ein paar Kurzgeschichten geschrieben und veröffentlicht, aber um 1886 begann er seinen ersten Roman, einen Krimi (A STUDY IN SCARLET), in dem bereits Dr. Watson und Sherlock Holmes auftauchten. Ein weiterer, kürzerer Holmes-Roman machte Doyle schon recht bekannt, aber den Durchbruch brachte seine dritte Erzählung, A SCANDAL IN BOHEMIA, die Doyles Agent, A. P. Watt – diese sehr angesehene Agentur existiert noch immer in England –, an die neue Zeitschrift *Strand Magazine* verkaufte. Als Sir Arthur 1930 starb, hinterließ er insgesamt 56 Holmes-Erzählungen und 4 Holmes-Romane. Sein Detektiv-Duo ging in die Literaturgeschichte ein und wurde ungemein populär. Holmes machte Doyle zu einem reichen Mann und verhalf auch den anderen Romanen und Stories des Autors zum Erfolg – auch seinen Science Fiction-Erzählungen. Doyle schrieb ingesamt nur wenig SF, aber sein Roman THE LOST WORLD (1912) wurde zu einem der größten Klassiker des Genres. Darin entdeckt Professor Challenger in den

Dschungeln Südamerikas eine ›vergessene‹ prähistorische Welt. Dieser Stoff wurde zweimal verfilmt, zuletzt 1960 von Irwin Allen. Professor Challenger taucht auch in THE POISON BELT (1913) und in mehreren Kurzgeschichten auf, die als THE PROFESSOR CHALLENGER STORIES (1952) auch gesammelt vorliegen. Eine weitere Sammlung mit SF-Stories ist THE MARACOT DEEP AND OTHER STORIES (1929) und vereinzelte andere SF-Geschichten, etwa die sehr bekannten Erzählungen ›The Great Kleinplatz Experiment‹ und ›The Horror in the Heights‹, findet man gemeinsam mit anderen Stories in zahlreichen Anthologien. Doyle war in England so prominent, daß er sich zweimal als Kandidat für Unterhauswahlen aufstellen ließ (er verlor nur knapp).

Bibliografie:

Der Tauchbootkrieg (DEEP WAR), Stuttgart: Lutz 1915
Im Giftstrom (THE POISON BELT), Wien: Stephenson 1923
Die verlorene Welt (THE LOST WORLD), Berlin: Scherl 1926
(auch: *Die vergessene Welt* oder *Der streitbare Professor*)
Das Nebelland (THE LAND OF MIST), Berlin: Wille 1927
Professor Challenger und das Ende der Welt (C/OA), Bergisch Gladbach 1981, B 72004
Die Maracot-Tiefe (C) (THE MARACOT DEEP), Bergisch Gladbach 1981, B 72011

Dozois, Gardner R(aymond)
(1947 –   )
Amerikanischer Autor, Anthologist und Redakteur, geboren in Salem, Massachusetts. D. diente von 1966 – 1969 als Militärjournalist in Nürnberg, verkaufte seine erste Story 1966 und wurde Freiberufler, als ihm die Abfindung am Ende der Militärzeit die Möglichkeit bot, diesen Sprung zu wagen. Er ist ein Meister der kurzen Form und gewann 1984 mit ›The Peacemaker‹ und 1985 mit ›Morning Call‹ jeweils den Nebula Award. Er hat eine ganze Reihe von SF-Stories für Zeitschriften wie *Omni, Playboy* oder *Penthouse* sowie natürlich für SF-Magazine geschrieben und einen Sammelband (THE VISIBLE MAN, 1977) veröffentlicht. Zusammen mit George Alec Effinger schrieb er den für ihn recht untypischen SF-Abenteuerroman NIGHTMARE BLUE (1975). Von ganz anderem Kaliber

ist dagegen sein einziger anderer Roman, STRANGERS (1978), der auf der gleichnamigen, für den Hugo nominierten Erzählung basiert. Wie in THE LOVERS von Philip José Farmer wird eine Liebesbeziehung zwischen einem terranischen Mann und einer Alienfrau dargestellt, die tragisch endet. Für D. steht dabei allerdings die Alienkultur im Vordergrund, die eindringlich dargestellt ist: Die Unfähigkeit des Protagonisten, die Strukturen dieser Kultur zu verstehen, führen schließlich zum Tod seiner Frau.

D. arbeitet als Autor und Anthologist häufig mit Jack Dann zusammen, und tatsächlich trennt die beiden auch in ihrem sonstigen Werk nicht viel. Als Herausgeber hat er sich mit über einem Dutzend Anthologien – darunter fünf Bände der Reihe *Best Science Fiction Stories of the Year* – einen sehr guten Namen gemacht und ist heute Redakteur von *Isaac Asimov's Science Fiction Magazine*.

Bibliografie:

Fremde (STRANGERS), München 1981, M 3512

(Hrsg.) *Aliens und andere Fremde* (ALIENS!), Bergisch Gladbach 1983, B 24041

(Hrsg.) *Einhörner* (UNICORNS) (mit Jack Dann), Rastatt 1985, P 6744 (auch: *Die schönsten Einhorn-Geschichten*)

Draber, Uwe

In Hannover ansässiger Kleinverleger, Herausgeber sowie Redakteur des semiprofessionellen *Deutschen Science Fiction Magazins*. D. war ebenfalls Redakteur des professionellen Magazins *Phantastic Times,* das aber nur eine Nummer auf den Markt brachte.

Bibliografie:

(Hrsg.) *Expedition zum Zahn der Zeit,* Hannover: ID-Verlag 1983

(Hrsg.) *Diesseits von 1984* (mit Heinz-Peter Tjaden), Hannover: ID-Verlag 1984

Dragomir, Mihu (1919–1964)

Rumänischer Autor, der sich vor allem von den Rätseln alter Zivilisationen sowie der These vom Besuch kosmischer Gäste auf der Erde angezogen fühlte. Durch seinen frühen Tod blieb sein Werk allerdings im wesentlichen auf den Storyband DEOCAMDATĂ POVESTIRI FANTASTICE (1962) beschränkt. Eine Erzählung aus dem Nachlaß ist eine Hommage an Edgar Allan Poe, den D. sehr verehrte und dessen Werk er auch übersetzte.

Bibliografie:

Vorläufig phantastische Geschichten (C) (POVESTIRI DEOCAMDATĂ FANTASTICE), Bukarest: Jugendbuchverlag 1965

Dragt, Tonke
Niederländische Autorin.

Bibliografie:

Forscher elf an Venusstation (TORENHOOG EN MIJLEN BREED), Balve: Engelbert 1973

Drake, David A. (1945 –)
Amerikanischer Autor, geboren in Dubuque, Iowa. D. studierte in Durham, North Carolina, diente in der Armee, war Rechtsberater und Busfahrer und ist seit 1981 freier Autor. Neben drei Storysammlungen hat er innerhalb von zwei Jahren sieben SF- und Fantasyromane veröffentlicht. Er schreibt formal gekonnte, aber inhaltlich sehr fragwürdige SF-Actionromane über Söldner und andere Killer, die seit RAMBO in den USA Konjunktur haben.

Dreyer, Harry Deutscher Autor.

Bibliografie:

Kurier aus dem Weltall, Berlin/DDR: Neues Leben 1955

Droog, Cor
Pseudonym eines österreichischen Autors.

Bibliografie/H:

Flucht von der Erde, Ur 3 (1957)
Planet des Schreckens, Ur 9 (1957)
Ein Raumschiff voll Sträflinge, Ur 15 (1958)
Späher aus dem All, Ur 18 (1958)

Duane, Diane
Amerikanische Autorin, die vor allem für *Star Trek* schreibt, daneben aber auch Fantasy veröffentlicht.

Dubina, Peter (1940–)

Der auch unter den Pseudonymen Peter Derringer und Peter Dörner veröffentlichende D. wurde in der Tschechoslowakei geboren und lebt seit 1946 in Bayern. Neben zahlreichen Jugendbüchern im Abenteuerbereich (vor allem Indianerromanen) schrieb er etwa 150 Krimis und Western, die zum Teil u.a. auch in den USA, England, Schweden und Belgien erschienen. Er veröffentlichte einen SF-Heftroman, unter dem W.D.Rohr-Pseudonym Wayne Coover etliche SF-Leihbücher und die SF-Jugendbücher *Mars – Planet der Geister* (1969) sowie *Entscheidung im Weltraum* (1973); das eine wurde ins Holländische, das andere ins Englische übersetzt.

Bibliografie:

Mars – Planet der Geister, Stuttgart: Boje 1969
Entscheidung im Weltraum, Stuttgart: Boje 1973

Als Wayne Coover:

Bis ans Ende der Welt, Düsseldorf: Dörner, o. J.
Der graue Stern, Düsseldorf: Dörner o. J.
Geschäft mit der Sonne, Düsseldorf: Dörner o. J.
Phantom, Düsseldorf: Dörner o. J.
Planet der Träume, Düsseldorf: Dörner o. J.

Bibliografie/H:

Waffenschmuggel im Kosmos, UZ 184 (1959)

Du Maurier, Daphne (1907–)

Englische Autorin, geboren am 13. Mai 1907, deren größter Erfolg wohl der Roman REBECCA (1938) war. D. ist die Enkelin von George Du Maurier, einem Autor und Grafiker mit einem Hang zur Phantastik. Sie selbst bringt gelegentlich Fantasyelemente in ihre (vor allem) historischen Romanzen ein. Eine ihrer Stories, ›The Birds‹ (1952), war Grundlage für den gleichnamigen Hitchcock-Film (1963, Thema: Vögel greifen plötzlich Menschen an). Sie schrieb einen Roman über Zeitreise durch Drogen (THE HOUSE ON THE STRAND, 1968) und widmete sich in RULE BRITANNIA (1972) einem weiteren SF-Thema: England wird von amerikanischen Truppen besetzt, und lokale Widerstandsgruppen bilden sich.

Bibliografie:

Ein Tropfen Zeit (THE HOUSE ON THE STRAND), Bern/München: Scherz 1970

Duncan, Arl

Bibliografie/H:

Planet des blauen Feuers, ZSF 211 (1979)
Computer-Parasiten (mit Thomas Lockwood), ZSF 227 (1980)

Siehe Anhang SERIEN: *Erde 2000*

Duncan, David (1913 –   )

Der in Billings/Montana geborene SF-Autor schloß sein Studium an der Universität von Montana mit dem Bachelor of Arts ab und arbeitete ab 1935 als Sozialarbeiter und Ökonom. Ab 1946 schrieb er nur noch, und zwar in erster Linie Scripts für den Film und später fürs Fernsehen, u. a. eine Adaption von H. G. Wells' THE TIME MACHINE. Sein erster SF-Roman war THE SHADE OF TIME (1946). Es folgten DARK DOMINION (1954) und BEYOND EDEN (1955), in dem es um das seltsame Nebenprodukt einer atomaren Entsalzungsanlage geht. Seine vielleicht bekannteste SF-Erzählung ist ›Occam's Razor‹ (1957), eine Parallelweltgeschichte.

Bibliografie:

Unternehmen Neptun (BEYOND EDEN), Berlin: Gebr. Weiß 1957

Dunn, Saul (1946 –   )

Pseudonym des englischen Verlegers Philip M. Dunn. Als SF-Autor verfaßte er u. a. den *Steeleye*-Space-Opera-Dreibänder (1976), der ihm allerdings wenig Ruhm einbrachte.

Bibliografie:

Stahlauge: Die Elastowelt (THE COMING OF STEELEYE), Bergisch
Gladbach 1981, B 23002
Stahlauge: Die Multizeit-Welt (STEELEYE: THE WIDEWAYS), Bergisch
Gladbach 1982, B 23004
Stahlauge: Die Wasserwelt (STEELEYE: WATERSPACE), Bergisch Gladbach
1982, B 23007

Durrell, Lawrence (1912 –   )

Englischer Autor, geboren in Dschalandhar/Indien, der außerhalb der SF bekannt wurde, mit TUNC (1968) und NUNQUAM (1970) jedoch zwei thematisch miteinander verbundene Werke schrieb, die SF-Strukturen aufweisen: Ein Computer vermag die Zukunft vorauszusagen und treibt den Protagonisten in den Wahnsinn (TUNC). Dieser erholt sich wieder, erschafft sich ein Abbild der getöteten Geliebten in Form einer Androidin, aber auch diese künstliche Frau wird zerstört (NUNQUAM).

Bibliografie:

Tunc (TUNC), Reinbek: Rowohl 1969
Nunquam (NUNQUAM), Reinbek: Rowohlt 1970

Dürrenmatt, Friedrich (1921 –   )

Schweizer Autor, bekannt vor allem als Dramatiker, geboren am 5. Januar 1921, der mit Bühnenstücken wie *Die Ehe des Herrn Mississippi* (1952), *Grieche sucht Griechin* (1955), *Der Besuch der alten Dame* (1956) oder *Die Physiker* (1962) weltweit Anerkennung fand und dessen Werke zum Teil auch verfilmt wurden. Zur SF zählen kann man *Die Physiker* und das Hörspiel ›Der Untergang der Wega‹ (1959).

Bibliografie:

Der Untergang der Wega, Zürich: Die Arche 1959
Die Physiker, Zürich: Die Arche 1962
Der Winterkrieg in Tibet. Stoffe 1, Zürich: Diogenes 1981

Dvorkin, David (1943 –   )

Als Sohn eines Rabbiners in Berkshire/England geboren, kam D., den verschiedenartigen Verpflichtungen seines Vaters gemäß, schon früh in der Welt herum. Zunächst zog seine Familie 1947 nach Südafrika, war auch dort nirgendwo lange an einem Ort, dann folgte 1952 – 1954 ein knapp zweijähriger USA-Aufenthalt, die Rückkehr nach Südafrika und schließlich – 1957 – die endgültige Übersiedlung nach Amerika. Nach dem Studium in Indiana nahm D. einen Job als Raumfahrtingenieur im NASA-Zentrum für bemannte Raumfahrt in Houston, Texas, an und arbeitete an den Apollo-, Skylab-, Space-Shuttle- und Viking-Mars-Projekten mit. 1971 zog er nach Denver und arbeitete in einem Zulieferwerk für das Viking-Unternehmen, 1974 nahm er eine Stellung als Programmierer bei einer Behörde an, die für Sicherheit und Gesundheit im Bergbau zuständig ist. Während seiner Zeit in Houston erwarb er nebenher einen akademischen Grad in Mathematik. Da der Vater einiges an SF-Lektüre (z. B. Wells) im Haus hatte, las D. schon als Kind SF und unternahm früh auch erste eigene Schreibversuche. Seine ersten Stories verkaufte er an Herrenmagazine.

Bibliografie:

Die Kinder der leuchtenden Berge (THE CHILDREN OF SHINY MOUNTAIN), München 1978, G 23271

Dwinger, E(dwin) E(rich) (1898 – 1981)

Deutscher Autor, geboren am 23. April 1898 in Kiel. D. veröffentlichte seit 1926 Romane, ferner Lyrik, Essays und Dramen. Sein einziger SF-Roman ist *Es geschah im Jahre 1965* (1957).

Bibliografie:

Es geschah im Jahre 1965, Salzburg/München: Pilgram 1957

Dwynn, J. C. (1941 –   )

Pseudonym für Jürgen Duensing, geboren in Aschaffenburg, der unter den Pseudonymen Terence Brown, John Blood, Robert Lamont und Marcus Mongo zahlreiche Horrorhefte publiziert hat.

Bibliografie:

Die Flucht aus dem All, Wuppertal-Barmen: Wiesemann 1958
Ranger, Roboter und Raketen, Wiesbaden: Wiesemann 1958
Menschen – Mächte – Mutanten, Wiesbaden: Wiesemann 1959
Das Zeitphantom, Menden: Bewin 1963
Gehirne, Geister und Gewalten, Menden: Bewin 1963
Die Stimme aus dem All, Menden: Bewin o. J.

Earnshaw, Brian (1929 –   )

Britischer Autor, geboren in Wrexham, Wales. E. studierte in Cambridge und Bristol und ist hauptberuflich Lehrer. Sein Erstlingswerk war der Thriller AND MISTRESS PURSUING (1966), gefolgt von PLANET IN THE EYE OF TIME (1968), einem Zeitreise-Krimi. Weiterhin veröffentlichte er die SF-Jugendbücher DRAGONFALL FIVE AND THE SPACE COWBOYS (1972), DRAGONFALL FIVE AND THE ROYAL BEAST (1972) sowie DRAGONFALL FIVE AND THE EMPTY PLANET (1973), DRAGONFALL FIVE AND THE HIJACKERS (1975), DRAGONFALL FIVE AND THE MASTERMIND (1975) und DRAGONFALL FIVE AND THE SUPER HORSE (1977), in denen es um humoristische Abenteuer einer vierköpfigen Familie plus Hund und ›Minims‹ (flinke, freche, schwatzhafte Wesen) geht, die mit ihrem altersschwachen Weltraumfrachter im All unterwegs sind.

Bibliografie:

Weltraumfrachter Drache 5 (DRAGONFALL FIVE AND THE ROYAL BEAST/ DRAGONFALL FIVE AND THE EMPTY PLANET/DRAGONFALL FIVE AND THE SPACE COWBOYS/DRAGONFALL FIVE AND THE HIJACKERS), Ravensburg: Otto Maier 1976

Weltraumfrachter Drache 5 fliegt weiter (DRAGONFALL FIVE AND THE SUPER HORSE/DRAGONFALL FIVE AND THE MASTERMIND), Ravensburg: Otto Maier 1980

Ebeling, Hermann (1935 –   )

Deutscher Autor und Rundfunkmitarbeiter, geboren in Essen, der seit geraumer Zeit in Wissembourg im Elsaß lebt und eine Reihe von bemerkenswerten SF-Hörspielen verfaßt hat, darunter das berühmte ›Daisy Day‹ (1968), ›Projekt Pandora‹ (1975), ›Ein Experiment des Dr. E. über die Bewohnbarkeit der Hölle‹ (1976), ›N.O.A.H. – Studie in Himmelblau und Schwarz‹ (1977), ›Das Leben ein Test – der Test ein Leben‹ (1979), ›An der Eisgrenze‹ (1981), ›Euglena – oder: Bericht über die Beweglichen‹ (1981) und ›EDIT – Große Schwester‹ (1985).

Bibliografie:

Daisy Day über New York, Frankfurt am Main: S. Fischer 1983

Ebly, Philippe (1920 –)

Bibliografie:

Mein Name ist Thibaut (CELUI QUI REVENAIT DE LOIN), Augsburg: Junior Press 1973

Edmondson, G. C. (1922 –)

Pseudonym des in Rachuachitlan, Mexiko (lt. anderen Quellen auch Guatemala), geborenen amerikanischen Autors José Mario Garry Ordonez Edmondson y Cotton, der in Wien studierte und als Übersetzer für die US Navy arbeitete. Seine erste SF-Story erschien 1955 unter dem Titel ›Blessed Are the Meek‹ in *Astounding*. An Büchern hat er im SF-Genre STRANGER THAN YOU THINK (1965, eine Sammlung thematisch miteinander verbundener Stories) sowie die Romane THE SHIP THAT SAILED THE TIME STREAM (1965), CHAPAYECA (1971), T.H.E.M. (1974) und THE ALUMINIUM MAN (1975) veröffentlicht. Unter dem Pseudonym Kelly P. Gast schreibt er auch Western.

Bibliografie:

Kleines Schiff im Strom der Zeit (THE SHIP THAT SAILED THE TIME STREAM), München 1975, GWTB 0210
Die A.N.D.E.R.E.N (T.H.E.M.), München 1976, GWTB 0232
Wann erobern wir die Welt? (CHAPAYECA), München 1976, GWTB 0234
Der Aluminiummann (THE ALUMINIUM MAN), München 1976, GWTB 0237

Efer, Viktor

Bibliografie:

Die entfesselten Atome, Wuppertal: Die Lampions 1948

Effinger, George Alec (1947 –)

E. wurde in Cleveland, Ohio, geboren. Er studierte an der Yale Universität und nahm 1970 am Clarion Writers' Workshop teil, aus dem eine ganze Reihe bemerkenswerter Talente hervorging. Noch im selben Jahr verkaufte er seine erste Kurzgeschichte, und zwar an Harlan Ellison,

in dessen THE LAST DANGEROUS VISIONS sie erschienen ist. Inzwischen
hat der Autor über 100 Stories an verschiedene Magazine und Anthologien verkauft. Sein erster Roman, WHAT ENTROPY MEANS TO ME, erschien 1972. Darauf folgten RELATIVES (1973), THOSE GENTLE VOICES
(1976), und, in Zusammenarbeit mit Gardner Dozois, NIGHTMARE
BLUE (1975). MIXED FEELINGS (1974) und IRRATIONAL NUMBERS (1976)
sind zwei Story-Sammlungen. E.s Werk ist eher surrealer Natur und
hat mit herkömmlicher SF wenig gemein. In seinen oft humorvollen
Geschichten gebraucht er seine Protagonisten eher wie Theater-
oder Filmschauspieler, die er eine Rolle durchspielen läßt. E.s Charaktere haben sich in einer traumhaften, oft bizarren Szenerie zu-
rechtzufinden und zu bewähren. Sie sind Versuchskaninchen in
phantastischen Spielen. WHAT ENTROPY MEANS TO ME wurde 1972 für
den Nebula-Award nominiert, seine Story ›The City on the Sands‹
1973 für den Hugo. Im gleichen Jahr belegte E. in der Abstimmung
um den John W. Campbell Award als ›bester SF-Nachwuchs-Autor
des Jahres‹ hinter Jerry Pournelle den zweiten Platz. Spätestens mit
THE WOLFES OF MEMORY (1981) hat er die in ihn gesetzten Hoffnungen
erfüllt: ein ambitionierter Roman über das Verhältnis des Menschen
zur Wirklichkeit und zu Gott, die schreckliche Odyssee eines Mannes, dem man immer wieder seine Erinnerungen nimmt.

Bibliografie:
Hetzjagd auf dem Planet der Affen (MAN THE FUGITIVE), München
1977, TTB 287
Terror auf dem Planet der Affen (ESCAPE TO TOMORROW), München
1977, TTB 290
Gefangen auf dem Planet der Affen (JOURNEY INTO TERROR), München
1977, TTB 293
Endzeit (C) (IRRATIONAL NUMBERS), München 1978, G 23291
Die Wölfe der Erinnerung (THE WOLVES OF MEMORY), München 1986,
H 4329

Efremov, Iwan Siehe Jefremow, Iwan

Eggebrecht, Axel (1899 –   )
Deutscher Autor, geboren in Leipzig, heute in Hamburg lebend. E.
war Mitarbeiter der *Weltbühne,* veröffentlichte Erzählungen, Essays
und Romane, schrieb zahlreiche Drehbücher für den Film und eine
Reihe von Hörspielen. Er war maßgeblich am Aufbau des öffentlich-

rechtlichen Rundfunks nach dem Kriege beteiligt, war ein vielbeachteter Rundfunkkommentator und ist bis heute ein streitbarer Humanist geblieben. Sein einziger utopischer Text ist das Hörspiel *Was wäre, wenn...*, das 1947 auch als Broschüre erschien und 1981 im *Science Fiction Almanach 1982* (hrsg. von Hans Joachim Alpers) nachgedruckt wurde.

Bibliografie:
Was wäre, wenn... Ein Rückblick auf die Zukunft der Welt,
Hamburg: Hammerich und Lesser 1947

Eggers, Herbert Deutscher Autor.

Bibliografie:
Der Wettlauf mit dem Planeten, Eulenthal: Anker 1950

Ehnmark, Anders (1931–)
Schwedischer Journalist und Autor.

Bibliografie:
Mann im Pool (DOKTOR MABUSES NYA TESTAMENTE) (mit Per Olov
Enquist), Düsseldorf: Marion von Schröder 1985

Ehrhardt, Paul (1922–)
Deutscher Autor. E. wurde in Caßdorf bei Kassel geboren und lebt heute in der DDR. Er war zunächst Maschinenschlosser, studierte dann und arbeitete als Ingenieur für Elektrotechnik. Heute ist er als Diplomingenieur wissenschaftlicher Mitarbeiter eines Betriebs, der sich mit Rationalisierung befaßt. *Nachbarn im All* (1975) war sein erster SF-Roman.

Bibliografie:
Nachbarn im All, Berlin/DDR: Neues Leben 1975
Spuren im Mondstaub, Berlin/DDR: Neues Leben 1979
Boten der Unendlichkeit, Berlin/DDR: Neues Leben 1984

Ehrhardt, Paul G(eorg) (1889–1961)
Deutscher Autor und Ingenieur, geboren in Saarbrücken. E. schrieb eine Reihe von Romanen, Novellen, Essays und Hörspielen, teilweise unter dem Pseudonym Janus. Mehrmals unternahm er dabei auch Ausflüge in den Bereich der SF. E. starb in München.

Bibliografie:
Die letzte Macht, München: Drei Masken 1921
Transozean M1, Stuttgart: Levy & Müller 1929
Der Flieger-Robinson, Stuttgart: Herold 1934

Ehrmann, Theophil Friedrich (1762–1811)

Bibliografie:
Der Luftwagen oder Die Reise in den Mond, Straßburg 1785

Eichacker, Reinhold (1886–1931)

Bibliografie:
Panik (nach einer technischen Idee von Max Valier), München: Universal 1924
Der Kampf ums Gold, München: Universal 1924
Die Fahrt ins Nichts (wissenschaftliche Idee von Max Valier), München: Universal 1924

Eickermann, Wilhelm Friedrich

Bibliografie:
Großmacht Saturn, Berlin: Buchwarte 1938

Eigk, Claus (1905–   )

Pseudonym für den deutschen Autor Hartmut Bastian, geboren in Berlin, der auch unter seinem richtigen Namen veröffentlichte. Bastian schrieb diverse populärwissenschaftliche Bücher und war Herausgeber von Lexikonwerken im Ullstein Verlag. Er schrieb insgesamt vier SF-Romane, drei davon als Claus Eigk, dem Protagonisten seines ersten Romans.

Bibliografie:

Der Tag Null, Berlin: Pinguin 1950
Das Rote Rätsel, Berlin: Gebr. Weiß 1955
Ufer im Weltenraum, Berlin: Gebr. Weiß 1958

Als Hartmut Bastian:

Das Vermächtnis des Ingenieurs Eigk, Berlin: Aufwärts 1943

Bibliografie/H:

Flucht ins Weltall, Erber Grusel-Krimi-Doppelband 34 (1975)

Eisele, Martin (1954 –)

Deutscher Autor und Übersetzer, geboren in Eislingen/Fils. E., von Beruf Steuergehilfe, veröffentlicht seit 1974 in zahlreichen Sparten der Unterhaltungsliteratur und benutzt dabei u. a. die Pseudonyme Mareike Berger, Mike Burger, Claudia Torwegge, Mike Shadow, Ryder Delgado und Roger Damon (zus. mit Roland Rosenbauer). Vier *John Sinclair*-Titel schrieb er unter dem Verlagspseudonym Jason Dark. Insgesamt hat er bislang rund 180 Romane verfaßt, etwa die Hälfte davon als Ghostwriter für andere Autoren. Unter seinem richtigen Namen veröffentlicht er seit 1981 Kurzgeschichten und seit 1984 Taschenbücher und Jugendbücher. Seine erste SF-Veröffentlichung war ›Lemming-Dasein‹ (1981 in H. J. Alpers, Hrsg.: *Der große Ölkrieg),* sein erster SF-Roman die Drehbuchadaption des Roland-Emmerich-Films *Das Arche Noah Prinzip* (1984). E. schrieb auch den Roman zum Emmerich-Film *Joey* (1985). Im Jugendbuchbereich verfaßte er unter dem Pseudonym Martin Hollburg einen Band der Serie *Sternenschiff der Abenteuer,* die insgesamt 6 Bände umfassende Fantasy-Serie *Camelon* (1984/85), wo ein Junge unserer Zeit Abenteuer in einer märchenhaft-phantastischen Welt erlebt, sowie seit 1984 in jedem Jahresband der Reihe *Das Große Jugendbuch* (Verlag Das Beste) eine Kurzgeschichte.

Bibliografie:

Das Arche Noah Prinzip, München 1984, H 4026

Als Martin Hollburg:

Schatten an Bord, Stuttgart: Franckh-Kosmos 1984

Eisenhuth, P.

Pseudonym des Redakteurs und Autors Horst W. Hübner.

Siehe Anhang SERIEN: *Zeitkugel, Erde 2000*

Eisenkolb, Gerhard

Bibliografie:

In diesem unserem Land, München: Schneekluth 1983

Eisfeld, Dieter (1934 –)

Deutscher Autor, der in Göttingen und Köln Jura, Soziologie und Literatur studierte, 1962 die juristische Staatsprüfung ablegte und anschließend u. a. freier Mitarbeiter beim Film war. Seit 1972 ist E. Leiter des Bauverwaltungsamtes in Hannover. Nachdem er zuvor vorrangig Aufsätze und Sachbücher zu urbanen Themen veröffentlichte, legte er 1986 mit *Das Genie* einen SF-Roman vor, in dem es um die machtpolitisch orientierte Manipulierung des Wetters geht.

Bibliografie:

Das Genie, Zürich: Diogenes 1986

Eklund, Gordon (1945 –   )

Amerikanischer Autor, geboren in Seattle, Washington. E. diente in der US Air Force und begann seine schriftstellerische Laufbahn mit 25 Jahren. 1970 wurde in *Fantastic* seine erste Kurzgeschichte veröffentlicht: ›Dear Aunt Annie‹. Konnte man diese Geschichte noch als harmloses Garn bezeichnen, mußte man dem Autor spätestens 1973 Qualität bescheinigen, als nämlich die in Zusammenarbeit mit Gregory Benford entstandene Novelle IF THE STARS ARE GODS erschien, die ein Jahr danach den Nebula-Award gewann. In ihr geht es um das Zusammentreffen der Menschen mit einer außerirdischen Rasse, nach deren Glauben die Sterne Götter sind. Den in dieser, später zum Roman ausgeweiteten Erzählung gesetzten Standard konnte Eklund jedoch nicht halten. Waren seine frühen Romane wie THE ECLIPSE OF DAWN (1971, Thema: Zerfall der USA) oder BEYOND THE RESURRECTION (1973) stilistisch wie inhaltlich noch sehr vielversprechend, so verlegte sich Eklund um die Mitte dieses Jahrzehnts auf seichtere Stoffe, über die gelegentliche Lichtblicke im Kurzgeschichtenbereich nicht hinwegtäuschen können. E. veröffentlichte bislang etwa sechzig Stories und knapp zwanzig Romane.

Bibliografie:

Der Bernsteinmensch (IF THE STARS ARE GODS) (mit Gregory Benford), München 1982, M 3573

Die Masken des Alien (FIND THE CHANGELING!) (mit Gregory Benford), München 1982, M 3582

Lord Tedric (LORD TEDRIC) (mit E. E. Smith), Bergisch Gladbach 1982, B 21154

Raumpiraten (SPACE PIRATES) (mit E. E. Smith), Bergisch Gladbach 1982, B 21156

Die Raumfestung (BLACK KNIGHT OF THE IRON SPHERE) (mit E. E. Smith), Bergisch Gladbach 1982, B 21160

Dämmerfluß (THE TWILIGHT RIVER), Bergisch Gladbach 1983, B 23017

Im Kern der Galaxis (THE STARLESS WORLD), Rastatt 1985, TTB 368

Elam, Richard M(ace) (1920 –)

Amerikanischer Autor. E., geboren in Richmond, Virginia, studierte an der Arizona State University und ist hauptberuflich Beamter.

Bibliografie:

Jenseits der Erde (YOUNG VISITOR TO MARS), Hamburg: Oetinger 1957

Elder, Michael (1931 –)

Das erste Werk des englischen Rundfunksprechers, Bühnen- und Fernsehschauspielers war ein 1951 veröffentlichtes Kinderbuch, THE AFFAIR AT INVERGARROCH. Mit dem 1970 erschienenen Roman PARADISE IS NOT ENOUGH wandte sich E. der Science Fiction zu und schrieb in der Folge ein bis zwei SF-Romane pro Jahr. Sein zweiter SF-Roman, THE ALIEN EARTH (1971), wurde ins Deutsche und ins Italienische übersetzt. PARADISE IS NOT ENOUGH, THE ALIEN EARTH, NOWHERE ON EARTH (1972) und THE PERFUMED PLANET (1973) erlebten auch Taschenbuchauflagen in Amerika, und OIL-SEEKER (1977) liegt in einer zusätzlichen Ausgabe des Science Fiction Book Club vor. Die Mehrzahl seiner nunmehr 15 SF-Romane blieb bislang jedoch auf Buchausgaben im englischen Robert Hale Verlag beschränkt. E. redigiert außerdem seit 1967 die Zeitschrift *The Scottish Life-Boat* für die Royal National Life-Boat Institution.

Bibliografie:

Die fremde Erde (THE ALIEN EARTH), München 1972, GWTB 0142

Elgin, (Patrice Anne) Suzette Haden (1936 –)

Amerikanische Autorin, geboren als P. A. S. Wilkens in Louisiana, Missouri. E. studierte in San Diego Sprachen und Linguistik und ist heute als Professor für Linguistik an der University of California in San Diego tätig, wo sie Indianersprachen (Navajo, Hopi und Kumeyaay) lehrt. Neben einigen Kurzgeschichten verfaßte sie auch acht SF-Romane, die alle mit ihrem Fachgebiet zu tun haben, wobei jeweils drei die Zyklen ›Communipath World‹ bzw. ›Ozark‹ bilden. Neben dem linguistischen Hintergrund sind in ihrem Werk starke weibliche Charaktere und feministische Aspekte prägend. Dies kommt besonders in ihren neueren Romanen NATIVE TONGUE (1984) und THE JUDAS ROSE (1987) zum Ausdruck. Wie Margaret Atwoods THE HANDMAID'S TALE schildert E. die Schicksale von Frauen in einem patriarchalischen Gesellschaftssystem in Nordamerika, in dem die Frauen in ihren Rechten auf Sklavinnenstatus reduziert sind. Doch man braucht sie, bzw. ihre neugeborenen Kinder, weil allein der Geist der Neugeborenen elastisch genug ist, um noch eingehen zu können auf Vorstellungsinhalte von Aliens, mit denen man in komplizierten Wirtschaftsverhandlungen steht. In der Entwicklung einer Kunstsprache, welche die Männer nicht verstehen, gelingt es den ausgebeuteten Frauen, sich wenigstens einen Freiraum für Informationen zu sichern.

Bibliografie:

Der Q-Faktor (THE COMMUNIPATHS), Frankfurt am Main 1972,
FO 17
Amerika der Männer (NATIVE TONGUE), München 1987,
H 4412

Elliot, John (1918 –)

Englischer Autor, der vornehmlich für das Fernsehen arbeitet und gemeinsam mit Fred Hoyle die TV-Serien *A for Andromeda* und *Andromeda Breakthrough* sowie deren Novellisationen schrieb.

Bibliografie:

A wie Andromeda – Geheimbotschaft aus dem All (A FOR ANDROMEDA/ ANDROMEDA BREAKTHROUGH) (mit Fred Hoyle), Stuttgart: Goverts 1967

Elliot, Lee

Bibliografie/H:

Flucht in die Zukunft (OVERLORD NEW YORK), UG 5 (1954)

Elliott, Sumner Locke (1917 –)

In Sydney geboren, lebt E. seit 1948 in den USA und schreibt Romane und Bühnenstücke.

Bibliografie:

Der vorbestimmte Tag (GOING), Reinbek: Rowohlt 1978

Ellison, Harlan (Jay)

(1934–)

Amerikanischer Autor und Anthologist, geboren in Cleveland, Ohio. E. studierte in Columbus, diente in der US Army und war zeitweise als Redakteur *(Rogue)* bzw. Lektor (Regency Books) tätig. Seine erste SF-Story erschien 1956 in *Infinity* unter dem Titel ›Glowworm‹. In der Folge veröffentlichte er eine Reihe von weiteren Erzählungen, teilweise auch unter Pseudonymen wie Lee Archer, Cordwainer Bird, Robert Courtney, Wallace Edmondson, Ellis Hart, E. K. Jarvis und Clyde Mitchell. 1961 ging er nach Hollywood und schrieb dort Drehbücher für den Kinofilm und diverse TV-Serien. Obwohl seine Arbeiten anfangs wenig beachtet wurden, ist er inzwischen einer der prominentesten Verfasser von SF-Kurzgeschichten, der insgesamt bisher 15 Preise (vom Nebula und Hugo bis zum Edgar sowie Auszeichnungen für Fernsehdrehbücher) kassierte. Seine vier SF-Romane (zwei davon Adaptionen von Fernsehdrehbüchern) sind dagegen relativ unbedeutend. Seine Stories liegen in bislang 18 Sammelbänden vor, wobei viele Bände allerdings eher der allgemeinen Phantastik oder auch dem Krimi zuzurechnen sind, wie sich E. ohnehin nicht auf ein bestimmtes Genre festlegen lassen will und seit einiger Zeit darauf besteht, daß seine Titel nicht in auf SF spezialisierten Reihen erscheinen.

Zu E.s besten Arbeiten gehören ›»Repent, Harlequin«, Said the Ticktockman‹ (Hugo und Nebula 1966), ›I Have No Mouth and I Must Scream‹ (Nebula 1967), ›The Beast That Shouted Love at the Heart of the World‹ (Nebula 1968), ›Pretty Maggie Moneyeyes‹ (1967), ›A Boy and His Dog‹ (1967, diese Story wurde verfilmt und erhielt ebenfalls den Hugo), ›The Deathbird‹ (Hugo 1974), ›Adrift Just off the Islets of Langerhans: Latitude 38 54′ N, Longitude 77 00′ 13″ W‹ (Hugo 1975). Als Autor wie als Mensch (er liebt die Show und neigt zu der Rolle des Selbstdarstellers) hat E. für allerlei Kontroversen gesorgt. Insbesondere wurde ihm oft vorgeworfen, seine schon in der Auswahl der Titel oft marktschreierisch anmutenden Stories seien mit viel Getöse inszenierte Inhaltlosigkeit, aber dieser Vorwurf, wenngleich nicht ganz und gar von der Hand zu weisen, trifft den Kern der Sache nicht. Tatsächlich ist es E. nicht nur gelungen, immer wieder durch Thematik und Stil zu provozieren, sondern viele seiner Stories sind auch bitterböse, stilistisch ausgefeilte Satiren und Reflexionen auf die amerikanische Gesellschaft. Obwohl er vielleicht in der Summe den einen oder anderen Preis zuviel erhalten hat, gehört er zu den wichtigsten SF-Autoren der sechziger und siebziger Jahre, und zwar zu jenen, die die SF nicht einfach fortgeschrieben, sondern geprägt und weiterentwickelt haben. Neben seiner Tätigkeit als Autor erwarb er sich besondere Verdienste durch die Herausgabe der bahnbrechenden Originalanthologien DANGEROUS VISIONS (1967) und AGAIN, DANGEROUS VISIONS (1972), in denen er die beteiligten Autoren thematisch und stilistisch von allen Fesseln befreite und so dem amerikanischen Ableger der englischen New Wave entscheidend in die Schuhe verhalf.

Bibliografie:

(Hrsg.) *15 SF-Stories* (DANGEROUS VISIONS, 1. Teil), München 1969, Heyne Anthologien 32
(Hrsg.) *15 SF-Stories* (DANGEROUS VISIONS, 2. Teil), München 1970, Heyne Anthologien 34
Die Puppe Maggie Moneyeyes (C) (I HAVE NO MOUTH AND I MUST SCREAM), Düsseldorf: MvS 1972
Der silberne Korridor (C) (ELLISON WONDERLAND), München 1973, GWTB 0152

Ellmer, Arndt (1954–)

Pseudonym für den deutschen Autor Wolfgang Kehl, der auch unter den Pseudonymen H. P. Busch, K. U. Hansen (mit Klaus Bultmann) und Hendrik Villard schreibt. K. kam über Hansrudi Wäschers Comicserie *Nick der Weltraumfahrer* zur SF, war dann eine Weile im Fandom aktiv und veröffentlichte schließlich 1980 seinen ersten Heftroman in der Reihe *Terra Astra*. 1983 wurde er in das *Perry Rhodan*-Team aufgenommen. Seither ist er hauptberuflich Autor, studiert aber noch nebenher an der Universität Würzburg Literaturwissenschaft.

Bibliografie/H:

Entfernung 14 Lichtjahre (C), TA 465 (1980)
Stadt in der Wüste, TA 475 (1980)
Einsatz in Louden, TA 498 (1981)
Der Kaiser von Louden, TA 499 (1981)
Die Osterinvasion, (C), TA 522 (1981)
Akitar, der Chailide, TA 527 (1981)

Operation Bumerang, TA 533 (1981)
Das Geheimnis der Taggari, TA 535 (1981)
Der Kopfjäger von Rykvar, TA 539 (1981)
Der Kampf von Dhubaj, TA 543 (1981)
Experiment Black Hole, TA 547 (1981)
Wall zwischen den Sonnen, TA 551 (1981)
Das Urteil der Makronomons, TA 555 (1982)
Welt ohne Sterne, TA 557 (1982)
Der Verräter von Tarkus, TA 561 (1982)
Planet der Träumer, TA 563 (1982)
Die Rückkehr der Sternenkinder, TA 565 (1982)
Die Schlangensonne, TA 571 (1982)
Blumen für Hiroshima (C), TA 577 (1983)
Tod den Lorrigans, TA 595 (1983)
Prometheus, TA 634 (1985)

Als H. P. Busch:

Rebellion des Zodiak, ZSF 264 (1983)
Alpha Orbit, ZSF 275 (1984)
Das Rätsel von Shondyke, ZSF 280 (1984)
Kapitän Graubart, ZSF 281 (1984)
Tausend Jahre Frist, ZSF 293 (1985)

Als K. U. Hansen (mit Klaus Bultmann):

Die Welt der Homunkeln, ZSF 223 (1980)

Als Hendrik Villard:

Wächter des Regenbogens, ZSF 252 (1982)
Der Todesplanet, ZSF 259 (1982)
Das Weltentor, ZSF 270 (1983)
Im Bann des Hlyrus, ZSF 276 (1984)
Felsastronauten, ZSF 279 (1984)
Erben der Sternenpest, ZSF 286 (1985)
Galaxis in Gefahr, ZSF 289 (1985)

Siehe Anhang SERIEN: *Atlan, Perry Rhodan, Perry-Rhodan-Taschenbücher*

Elton, James

Bibliografie/H:

Todessturz (THE QUEST OF THE SEEKER), UZ 243 (1960)

Elwood, Roger (1943 –   )
Amerikanischer Anthologist, geboren in Atlantic City, New Jersey, der zunächst (zum Teil in Zusammenarbeit mit Sam Moskowitz) in den sechziger Jahren eine Reihe von Anthologien mit Nachdruckmaterial veröffentlichte, in den siebziger Jahren jedoch dazu überging, in großer Zahl Originalanthologien herauszugeben. Insgesamt brachte er es auf ca. achtzig Bücher, und zeitweise kontrollierte er gut ein Viertel des gesamten SF-Kurzgeschichtenmarktes in den USA, was ihm wegen seiner restriktiven Haltung in Sachen Religion und Sexualität Kritik einbrachte. Von 1975 – 1977 redigierte er die Buchreihe Laser Books, die als Wegwerfliteratur für Eisenbahnreisende konzipiert war, im Schnitt ein dementsprechendes Niveau aufwies und ein Flop wurde.

Bibliografie:

(Hrsg.) *Der Robotspion* (THE HUMAN ZERO) (mit Sam Moskowitz), München 1969, H 3150 (auch: *Die imaginäre Größe*)
(Hrsg.) *Reise in die Unendlichkeit* (FUTURE KIN), Stuttgart: Boje 1976
(Hrsg.) *Jenseits von Morgen* (THE OTHER SIDE OF TOMORROW), Wien: Ueberreuter 1976

Bibliografie/H:

(Hrsg.) *Der Traumplanet,* TA 240 (1976)

Ely, David (1927 –   )
E. ist ein amerikanischer Autor und Journalist, der hauptsächlich psychologische Thriller schreibt. Er verfaßte den SF-Roman SECONDS (1963), der auch (mit Rock Hudson in der Hauptrolle) verfilmt wurde, in dem es um das Thema Verjüngung geht, sowie die Novelle ›Time Out‹ (1968), die in deutscher Übersetzung als eigenständiges Buch erschien. Sie schildert den atomaren Holocaust.

Bibliografie:

Aus! (TIME OUT), Zürich: Diogenes 1972
Das vertauschte Leben (SECONDS), München: Droemer Knaur 1964

Emshwiller, Carol (1921 –   )
Amerikanische Autorin, geboren als Carol Fries in Ann Arbor, Michigan, Frau des Filmemachers und SF-Grafikers Ed Emshwiller (›Emsh‹). Sie studierte u. a. in Paris Musik und Kunst und hat zwei Fernsehspiele geschrieben. Obwohl sie in der SF nur ca. dreißig Sto-

ries veröffentlicht hat (zum Teil gesammelt in JOY IN OUR CAUSE, 1974), gilt sie seit ihrer Erstveröffentlichung im Jahre 1955 als jederzeit interessante und experimentierfreudige Autorin.

Engel, Leopold (1858 – ?)

Bibliografie:

Mallona. Die letzten Zeiten eines untergegangenen Planeten. Lorch: Rohm 1911

England, Barry

Bibliografie:

Die Flucht (FIGURES IN A LANDSCAPE), Wien/Hamburg: Zsolnay 1969

England, George Allan (1877 – 1936)

Einer der großen SF-Autoren aus der Zeit vor 1920. E. wurde in Fort McPherson, Nebraska, geboren und begann zu schreiben, als er in den Wäldern von Maine seine Tuberkulose auskurierte. Ab 1905 war er regelmäßiger Mitarbeiter an den Magazinen des Verlegers Frank Munsey. Seine Romane erschienen, teilweise als lange Fortsetzungsserien, in Cavalier, All Story Weekly und People's Favourite Magazine zwischen 1910 und 1920 und wurden später oftmals nachgedruckt. Am bekanntesten ist seine Trilogie DARKNESS AND DAWN (1912), BEYOND THE GREAT OBLIVION (1913) und THE AFTERGLOW (1913). Darin wachen ein junger amerikanischer Ingenieur und dessen hübsche Sekretärin nach jahrhundertelangem Tiefschlaf in einem zerstörten New York auf und müssen sich als modernes Adam-und-Eva-Paar gegen mannigfaltige Gefahren durchsetzen. Diese Roman-Trilogie ist ein Musterbeispiel für die sogenannten ›Scientific Romances‹, Liebesgeschichten, die in actionreicher Handlung vor einem möglichst farbigen SF-Hintergrund ablaufen. E. verteidigte bei mehreren Anlässen die, wie er sie nannte, ›pseudowissenschaftliche Literatur‹ und kann somit als Vorkämpfer für die SF angesehen werden. Seine Romane THE ELIXIR OF HATE (1911) und THE FLYING LEGION (1919) sind von ähnlichem Strickmuster, während er sich in THE GOLDEN BLIGHT (1912) als engagierter Sozialist entpuppt. Neben Edgar Rice Burroughs war er wahrscheinlich der populärste und einflußreichste amerikanische SF-Autor im zweiten Jahrzehnt unseres Jahrhunderts.

Enquist, Per Olov (1934–)
Schwedischer Romancier und Dramatiker.

Bibliografie:
Mann im Pool (DOKTOR MABUSES NYA TESTAMENTE) (mit Anders Ehnmark), Düsseldorf: Marion von Schröder 1985

Enskat, Fritz E. W.
Bibliografie:
Gefangen am Zipfel der Welt/Im Nordmeer verschollen, Halle: Mitteldeutsche Druckerei und Verlagsanstalt 1949

Entner, Heinz (1932–)
Deutscher Herausgeber und Literaturkritiker, in der Tschechoslowakei geboren, heute in der DDR lebend. E. ist promovierter Philologe und gehört zu den wenigen Literaturkritikern der DDR, die sich gelegentlich auch der SF zuwenden. So veröffentlichte er 1976 in der Zeitschrift *Neue Deutsche Literatur* den Beitrag ›Mauserung einer Gattung‹ (Nr. 12/1976) und gab zusammen mit seiner Frau eine Anthologie skandinavischer SF heraus.

Bibliografie:
(Hrsg.) *Wiedersehen beim Sirius* (mit Irma Entner), Berlin/DDR: Das Neue Berlin 1979

Entner, Irma Siehe Entner, Heinz

Eppers, Eva
Deutsche Autorin und Übersetzerin, die unter ihrem richtigen Namen Fantasy verfaßt und unter dem Pseudonym Eva Christoff an der Heftserie *Die Terranauten* mitgearbeitet hat.

Siehe Anhang SERIEN: *Die Terranauten*

Erdmann, Paul E. Amerikanischer Autor.

Bibliografie:
Crash '81 (THE CRASH OF '79), Frankfurt am Main: Krüger 1978
Die letzten Tage von Amerika (THE LAST DAYS OF AMERICA), Hamburg: Hoffmann und Campe 1982

Erdmann, Herbert (1926–)

Deutscher Autor und Redakteur, geboren in Bochum. E. hat seit 1960 eine große Zahl von Jugendbüchern verfaßt. *Mit Maulwurf 1 zum Kern der Erde* ist sein bislang einziges utopisches Werk.

Bibliografie:
Mit Maulwurf 1 zum Kern der Erde, Düsseldorf: Schwann 1969

Erl, Volkhard S. Ch.

Bibliografie/H:
Fora I, UG 55 (1957)
Kein Golfstrom mehr, UG 93 (1959)

Erlenberger, Maria

Bibliografie:
Singende Erde, Reinbek: Rowohlt 1980

Erler, Rainer (1933–)

Deutscher Autor und Filmemacher, geboren in München. Nach dem Abitur (1952) war er Regieassistent bei Regisseuren wie Rudolf Jugert, Harald Braun, Kurt Hoffmann und Franz Peter Wirth und lernte bei Eric Pommer (dem Produzenten des *Blauen Engel),* wie man Filme produziert. Nach einigen Kurzfilmen war die phantastische Komödie *Seelenwanderung* sein erster Kinofilm, der (wie andere Erler-Filme auch) mit mehreren Preisen ausgezeichnet wurde. Mit dem pseudo-dokumentarischen Fernsehfilm *Die Delegation,* in dem ein Reporter dem Ufo-Phänomen auf die Spur zu kommen versucht, legte er einen ersten SF-Film vor, dem fünf Filme unter dem Titel *Das blaue Palais* folgten, die sich kritisch mit den Erkenntnissen moderner Wissenschaft auseinandersetzen. E. gründete eine eigene Produktionsfirma und realisierte mit ihr u. a. die SF-Filme *Operation Ganymed, Plutonium* und *Fleisch* (letzterer ein Thriller über Organraub). Als Autor trat E. mit SF-Kurzgeschichten in verschiedenen Anthologien sowie mit den nach den eigenen Filmdrehbüchern geschriebenen Romanen in Erscheinung.

Bibliografie:

Die Delegation, München: Bertelsmann 1972
Das Genie, München: Goldmann 1978
Der Verräter, München: Goldmann 1979
Das Medium, München: Goldmann 1979
Gespensterjagd, München: Goldmann 1979
Unsterblichkeit, München: Goldmann 1980
Der Gigant, München: Goldmann 1980
Fleisch, München: Goldmann 1980
Plutonium, Frankfurt am Main: Eichborn 1983
Das schöne Ende dieser Welt, Planegg: Mirapuri 1984
Reise in eine strahlende Zukunft, Bergisch Gladbach: Lübbe 1986

Ernsting, Walter (1920 –   )

E., geboren in Koblenz, lebt heute in Irland. Er wurde vor allem unter dem Pseudonym Clark Darlton bekannt, veröffentlichte aber auch unter Fred McPatterson SF sowie unter Tom Chester und Frank Haller Western. Nach dem Besuch des Gymnasiums in Essen wurde er zum Arbeitsdienst eingezogen, war als Soldat in Polen, Norwegen, Finnland und der Sowjetunion, geriet in Kriegsgefangenschaft (Karaganda, Sibirien) und wurde 1950 entlassen. Er arbeitete als Dolmetscher für die britischen Besatzungsbehörden und lernte, nachdem er sich schon als Jugendlicher für utopische Literatur interessiert hatte, in den NAAFI-Shops die angloamerikanische SF kennen. Ihm kam die Idee, hierfür einen deutschen Verleger zu suchen. Er hatte Erfolg beim Pabel Verlag, der mit E. als Lektor und Übersetzer 1954 die Heftreihe *Utopia Großband* startete. E. begann selbst zu schreiben, mußte aber, um seine Romane in der eigenen Reihe veröffentlichen zu können, anfangs mogeln, da er dem Verlag ja die Idee angedient hatte, in dieser Reihe vorrangig angloamerikanische SF zu bringen. Er legte sich daher das Pseudonym Clark Darlton zu und türkte angebliche Originaltitel. (Sein Erstlingswerk, *Ufo am Nachthimmel,* erschien 1955.) Bald allerdings war E. als Autor bei den Lesern so beliebt, daß er die Maske fallen lassen konnte. In der Folge wechselte E. als Autor wie als Lektor mehrmals zwischen den Verlagen Pabel und Moewig, schrieb für Leihbuchverlage und erwarb sich besondere Verdienste durch die Herausgabe des ersten deutschen SF-Magazins (*Utopia Sonderband,* später *Utopia Magazin*). Daneben war er als Gründer des Science Fiction Club Deutschland der Motor für die Entwicklung des deutschen SF-Fandoms. Sein größter Erfolg wurde die 1961 gestartete Heftserie *Perry Rhodan,* die auf einem Konzept von ihm und K. H. Scheer beruht und an der er als Autor besonders in den ersten Jahren maßgeblichen Anteil hatte. E. war zeitweise Herausgeber der deutschen Taschenbuchausgaben von *F&SF* und *Galaxy,* hat eine Reihe von Jugendbüchern geschrieben und kooperierte mit Autoren wie Robert Artner (Ulf Miehe), Jesco von Puttkamer, Raymond Z. Gallun und Henry Bings (Heinz Bingenheimer). Viele seiner frühen Werke behandeln die Themen Zeitreise und Zeitdilatation. Ein weiteres Thema, das E. immer wieder beschäftigt hat, war der Besuch von Außerirdischen in prähistorischer Zeit auf der Erde. Sein Freund Erich von Däniken wurde erst durch E.s Romane auf die Idee gebracht, über dieses Thema Bücher zu veröffentlichen, während E. wiederum 1979 mit *Der Tag, an dem die Götter kamen* noch einmal Dänikens Thesen novellisierte. Bei den damaligen Lesern besonders beliebt waren E.s Zeitdilatationsromane *Die Zeit ist gegen uns* (1956) und *Raum ohne Zeit* (1957, auch: *Zurück aus der Ewigkeit,* 1972), seine Trilogie *Der galaktische Krieg* (*Attentat auf Sol, Zurück aus der Ewigkeit, Die galaktische Föderation,* alle 1958), der Zweiteiler *Und Satan wird kommen* (1956)/*Die Schwelle zur Ewigkeit* (1957) − späterer Titel für beide: *An der Schwelle zur Ewigkeit* (1981), *Das ewige Gesetz* (1957), *Das Leben endet nie* (1959, 1980) sowie die beiden gemeinsam mit Robert Artner verfaßten Postdoomsday-Romane *Der strahlende Tod* (1967) und *Leben aus der Asche* (1968), denen E. 1986 noch die Fortsetzung *So grün wie Eden* folgen ließ. Viele seiner frühen Texte sind später (zum Teil überarbeitet) in Taschenbuchform neu erschienen, und zwar vor allem in der ihm gewidmeten Reihe *Clark Darlton Taschenbücher.* Als Autor blieb E. stets der abenteuerlichen Unterhaltung verhaftet, in seinem gesamten Wirken hat er jedoch einen prägenden Einfluß auf die deutsche SF-Szene der fünfziger und sechziger Jahre gehabt.

Bibliografie:

Das Marsabenteuer, Gütersloh: Mohn 1964

(Hrsg.) *Wanderer durch Raum und Zeit,* (*F&SF* 10), München 1964, H 3031

(Hrsg.) *Roboter auf dem Kriegspfad* (*F&SF* 11), München 1964, H 3035

(Hrsg.) *Galaxy 1,* München 1965, H 3040
(Hrsg.) *Galaxy 2,* München 1965, H 3044
(Hrsg.) *Die letzte Stadt der Erde (F&SF 12),* München 1965, H 3048
(Hrsg.) *Galaxy 3,* München 1965, H 3052
(Hrsg.) *Galaxy 4,* München 1965, H 3060
(Hrsg.) *Im Dschungel der Urzeit (F&SF 14),* München 1965, H 3064
(Hrsg.) *Neun Science Fiction Stories,* München 1965, Heyne
Anthologien 14
Das Weltraumabenteuer, Gütersloh: Mohn 1965 (auch: *Der geheimnisvolle Asteroid*)
Das Planetenabenteuer, Gütersloh: Mohn 1966 (auch: *Mit Lichtgeschwindigkeit zu Alpha II*)
(Hrsg.) *Galaxy 5,* München 1966, H 3068
(Hrsg.) *Galaxy 6,* München 1966, H 3077
(Hrsg.) *Galaxy 7,* München 1966, H 3085
(Hrsg.) *Galaxy 8,* München 1967, H 3093
(Hrsg.) *Galaxy 9,* München 1967, H 3103
(Hrsg.) *Galaxy 10* (mit Thomas Schlück), München 1968, H 3116
(Hrsg.) *Galaxy 11* (mit Thomas Schlück), München 1968, H 3128
(Hrsg.) *Galaxy 12* (mit Thomas Schlück), München 1969, H 3138
(Hrsg.) *Galaxy 13* (mit Thomas Schlück), München 1969, H 3155
(Hrsg.) *Galaxy 14* (mit Thomas Schlück), München 1970, H 3175
Das Geheimnis im Atlantik, Stuttgart: Boje 1976
Das Rätsel der Urwaldhöhle, München 1974, Heyne Jugend-TB 50
Das Rätsel der Marsgötter, München 1974, Heyne Jugend-TB 59
Das Rätsel der Milchstraße, München 1974, Heyne Jugend-TB 67
Raumschiff Neptun: Der verzauberte Planet, München 1978, Heyne Jugend-TB 145
Raumschiff Neptun: Begegnung im Weltraum, München 1978, Heyne Jugend-TB 158
Raumschiff Neptun: Der Tempel der Götter, München 1979, Heyne Jugend-TB 172
Der Tag, an dem die Götter starben, Düsseldorf: MvS 1979
Blick in die Zukunft (C), Hannover: Pelikan 1981
Siedler vom anderen Stern (C), Hannover: Pelikan 1981
(Hrsg.) *Die Zukunft wird anders,* Hannover: Pelikan 1981

Als Clark Darlton:

Überfall aus dem Nichts, Hannoversch Münden: Zwei Schwalben 1956
Die strahlenden Städte, Düsseldorf: Dörner 1958

Der Sprung ins Ungewisse, Düsseldorf: Dörner 1958
Der Tod kam von den Sternen, Düsseldorf: Dörner 1958
Experiment gelungen, Düsseldorf: Dörner 1959
Raumschiff der toten Seelen, Düsseldorf: Dörner 1959
Das unsterbliche Universum (mit Jesco von Puttkamer), Düsseldorf: Dörner 1959
Wanderer zwischen drei Ewigkeiten, Düsseldorf: Dörner 1960
Der fremde Zwang, Balve: Zimmermann 1960
Die Zeitlosen, Balve: Zimmermann 1960
Die letzte Zeitmaschine, Balve: Zimmermann 1961
Welt ohne Schleier, Balve: Zimmermann 1962
Der Sprung ins Nichts (mit Henry Bings), Balve: Zimmermann 1964
Der strahlende Tod (mit Robert Artner), München 1967, TTB 123
Perry Rhodan: SOS aus dem Weltall, München: Moewig 1967
Hades, die Welt der Verbannten, München 1967, TTB 127
Der Sprung ins Jenseits, München 1968, H 3123
Am Ende der Furcht (C) (mit Robert Artner), München 1968, H 3075
Leben aus der Asche (mit Robert Artner), München 1968, TTB 139
Todesschach, München 1970, TTB 184
Zurück aus der Ewigkeit, Bergisch Gladbach 1972, B 14
Wir, die Unsterblichen (C), München 1974, TTB 235
Zwischen Tod und Ewigkeit, München 1974, TTB 243
Die Zeit ist gegen uns, Rastatt 1980, UC 20
An der Schwelle zur Ewigkeit, Rastatt 1981, UC 32 (enthält
Und Satan wird kommen, Die Schwelle zur Ewigkeit)
Der Todeskandidat (C), Rastatt 1982, CDTB 3
Attentat auf Sol, Rastatt 1982, CDTB 4
Roboter irren nie (C), Rastatt 1983, CDTB 5
Zurück aus der Ewigkeit, Rastatt 1983, CDTB 6
Planet Lerks III, Rastatt 1983, CDTB 7
Die galaktische Föderation, Rastatt 1983, CDTB 8
Die neun Unbekannten, Rastatt, CDTB 9
Planet YB 23, Rastatt 1983, CDTB 10
Der Clark Darlton Reader, München 1983, M 3612 (enthält *Ufo am
Nachthimmel, Der Mann, der die Zukunft stahl, Das ewige Gesetz)*
Vater der Menschheit, Rastatt 1984, CDTB 12
Geheime Order für Andromeda, Rastatt 1984, CDTB 16
Raum ohne Zeit, Rastatt 1985, UC 17
Befehl aus der Unendlichkeit, Rastatt 1985, UC 19
Kein Morgen für die Erde (C), Rastatt 1986, CDTB 23
So grün wie Eden, Rastatt 1986, CDTB 24

Bibliografie/H:

Als Clark Darlton:

Der Ring um die Sonne (mit Raymond Z. Gallun), UG 34 (1956)
Finale, UZ 100 (1957)
Das Leben endet nie, UG 101 (1959)
Havarie der Gnom, UZ 259 (1961)
Die Stadt der Automaten, UZ 263 (1961)
Als die Sonne erlosch, UZ 267 (1961)
Die strahlende Macht, UZ 271 (1961)
Rückkehr verboten, UZ 276 (1961)
Das Raum-Zeit-Experiment, UZ 292 (1961)
Rastor 3 – senden Sie!, UZ 301 (1961)
Der Eisenfresser, UZ 319 (1962)
Das Geheimnis der Handelsflotte, UZ 329 (1962)
Kosmischer Schwindel, UZ 335 (1962)
Das Erbe von Hiroshima, TS 72 (1963)
Die dritte Chance, TS 90 (1964)
Satellit Uranus III, TE 40 (1964)
Das Riff der Andromeda (Teil 1), T 430 (1966)
Das Riff der Andromeda (Teil 2), T 431 (1966) (auch: *Die Götter siegen immer*)
Die Gravitationssonne, T 554 (1968)
Expedition ins Nichts, TN 81 (1969)
Die Sonnenbombe, TA 54 (1972)

Als Fred McPatterson:
Utopia stirbt, T 49 (1959)
Planet der 1000 Wunder, T 76 (1959)

Siehe Anhang SERIEN: *Atlan, Perry Rhodan, Perry-Rhodan-Taschenbücher*

Ervin, Thomas

Bibliografie/H:
Befohlene Gefühle, UZ 501 (1966)

Eshbach, Lloyd Arthur (1910–)

Amerikanischer Autor, geboren in Palm, Pennsylvania. E. war im Anzeigengeschäft tätig, wurde Verleger des Kleinverlags Fantasy Press sowie eines Verlags für christliche LIteratur und war von

1975–1978 Prediger. Seine erste SF-Story erschien 1931 unter dem Titel ›The Voice from the Ether‹ in *Amazing*. Er verfaßte insgesamt eine Reihe von Kurzgeschichten, die zum Teil auch in zwei Sammelbänden neu aufgelegt wurden. Mit der Essaysammlung OF WORLDS BEYOND (1947), an der u.a. Robert A. Heinlein, E. E. Smith und John Taine mitarbeiteten, gab er in seinem eigenen Verlag Fantasy Press das erste Sekundärwerk zur Science Fiction heraus.

Bibliografie/H:
Rächer vom Jupiter (MUTINEERS OF SPACE), UZ 97 (1957)

Ettighofer, Paul Coelestin (1896–1975)

Bibliografie:
Atomstadt, Bonn: Glöckner 1949

Evans, Christopher (Riche) (1931–   )

Englischer Autor, geboren in Aberdovey, Merionethshire. E. studierte in London und Reading, promovierte und arbeitet als Psychologe in der Forschung. Er schrieb zwei SF-Stories sowie die Romane CAPELLA'S GOLDEN EYES (1980) und THE INSIDER (1981), die sein Interesse und Wissen an/über Psychologie widerspiegeln.

Bibliografie:
Visionen eines Insiders (THE INSIDER), Hamburg: Hohenheim 1984

Evans, E(dward) Everett (1893–1958)

E., geboren in Los Angeles, stammte wie viele amerikanische SF-Autoren aus dem Fandom und tat sich dort lange Zeit lediglich als Herausgeber einer Fan-Zeitschrift und Organisator von Conventions hervor. Er besaß eine große Reputation als ›Grand Old Man‹ und begann erst relativ spät damit, selbst SF zu schreiben. 1953 erschien mit MAN OF MANY MINDS die Geschichte eines jungen Telepathen, der als Spion auf anderen Planeten eingesetzt wird. Die Fortsetzung dazu war ALIEN MINDS (1955); ein Jugendbuch, THE PLANET MAPPERS (1955), folgte, das von einer sternenfahrenden Familie berichtet, die sich karthographisch im All betätigt. Er gewann damit einen Preis. 1971 erschien posthum eine Sammlung seiner Geschichten. Titel: FOOD FOR DEMONS.

Bibliografie:

Gefahr von Simonides IV (MAN OF MANY MINDS), Balve: Zimmermann 1961

Bibliografie/H:

Kampf der Telepathen (ALIEN MINDS), T 190 (1961)

Ewers, H. G. (1930 –   )

H. G. Ewers ist ein Pseudonym für Horst Gehrmann. Er stammt aus Weißenfeld/Saale (DDR), absolvierte 1945 eine kaufmännische Lehre und schrieb nebenher kritisch-satirische Beiträge für Zeitungen. Nach Abschluß der Lehre wechselte er in die Verwaltung über und wurde Referent für Kommunalstraßenwesen und Personalleiter im Schulamt seiner Heimatstadt. Er holte das Abitur nach, studierte an der Martin-Luther-Universität in Halle/Saale und wurde anschließend Lehrer an einer Polytechnischen Oberschule für Deutsch, Biologie, Physik und Astronomie. 1962 kehrte er der DDR den Rücken, lebte zuerst in Köln, dann in Oberbayern. E. schrieb zunächst einzelne Heftromane für die Reihe *Terra,* wurde aber recht bald Mitautor der Reihen *Perry Rhodan* und *Atlan.* Als Hans Kneifel sich von der Heftserie *Orion* zurückzog, übernahm Ewers den Posten des Chefautors. Er schreibt daneben auch Kriminalromane.

Bibliografie:

Wächter der Venus, München 1967, TTB 129
Der Weltraumkrieg, Rastatt 1982, UC 46
Intrige auf Chibbu, Rastatt 1984, UC 70

Bibliografie/H:

Der Tod eines Botschafters, T 304 (1963)
Ruf aus dem Jenseits, TA 328 (1964)
Der Scout im Reich der Schatten, T 349 (1964)
Vermächtnis der toten Augen (I), T 364 (1964)
Vermächtnis der toten Augen (II), T 365 (1964) (auch:
Nova Alpha Centauri)
Nacht in der Sonne, T 368 (1964)
Die Hyperfalle, T 371 (1965)
Die schlafende Drude, T 373 (1965)
Die Herren des Universums, T 377 (1965)

Finale auf Esre, T 380 (1965)
Der Scout und der Roboterfürst, T 389 (1965)
Konterbande für Linga, T 397 (1965)
Die Gruft des Sternfahrers, T 411 (1965)
Androiden im Einsatz, T 437 (1966)
Das Ende der Zeitreise (C), TS 88 (1964)
Friedhof der Roboter (C), TS 98 (1965)
Der Scout und der stählerne Götze, T 476 (1966)
Der Scout und der Friedensmacher, T 513 (1967)
Der Scout und der verbotene Planet, TA 117 (1973)
Der Scout und die träumenden Toten, TA 150 (1974)

Siehe Anhang SERIEN: *Atlan, Perry Rhodan, Perry-Rhodan-Taschenbücher, Orion*

Fahlberg, H. L.
Pseudonym für Hans Werner Fricke.

Bibliografie:

Ein Stern verrät den Täter, Berlin/DDR: Das Neue Berlin 1955
Erde ohne Nacht, Berlin/DDR: Das Neue Berlin 1956
Betatom, Berlin/DDR: Das Neue Berlin 1957

Faine, Claude
Pseudonym eines deutschen Autors.

Bibliografie/H:

Die Mars-Mission, ZSF 255 (1982)
Irrwege durch die Galaxis, ZSF 267 (1983)
Erstkontakt, ZSF 273 (1984)
Ein Utopia namens Gordim, ZSF 278 (1984)
Der Fund, ZSF 291 (1985)
Die Mond-Sekte, ZSF 295 (1985)

Fairbairns, Zoë (1948–)
Britische Journalistin und Autorin.

Bibliografie:

Der Frauenturm (BENEFITS), Berlin: Rotbuch 1981

Fairman, Paul W. (1916–1977)
Amerikanischer Redakteur und Autor, der sich in einer Reihe von Genres der Unterhaltungsliteratur und gelegentlich auch als Ghostwriter von Lester del Rey betätigte. F. war zeitweilig Redakteur der SF-Magazine *If, Fantastic Adventures, Amazing* und *Fantastic.* Als Autor schrieb er unter zahlreichen eigenen (Robert Eggert Lee, Mallory Storm, F. W. Paul) sowie Verlagspseudonymen (E. K. Jarvis, Paul Lohrman Clee Garson), von denen Ivar Jorgensen (man achte auf den feinen Unterschied zu Ivar Jorgenson; unter diesem Namen schrieb Robert Silverberg) das bekannteste ist. Er veröffent-

lichte auch als Ellery Queen einen Thriller und schrieb mit Milton Lesser unter dem Gemeinschaftspseudonym Adam Chase den SF-Roman THE GOLDEN APE (1959).

Bibliografie:
Ein Roboter muß pfiffig sein (THE FORGETFUL ROBOT), Balve: Engelbert 1972
Ich, die Maschine (I, THE MACHINE), Bergisch Gladbach 1975, B 21074

Bibliografie/H:
Als Adam Chase (mit Milton Lesser):
Der weiße Gott (THE GOLDEN APE), T 180 (1961)

Als Ivar Jorgensen:
Zehn aus dem All (TEN FROM INFINITY, auch: TEN DEADLY MEN), UZ 409 (1964)

Faldbekken, Knut (1941 –   )
Norwegischer Autor, geboren in Oslo. Seit 1967 veröffentlichte F. über zehn Romane, einen Band Kurzgeschichten und ein Schauspiel. UÅR (1974), der Roman einer ökologischen Katastrophe, ist sein bisher bedeutendstes Werk.

Bibliografie:
Unjahre (UÅR), München: Schneekluth 1983

Falkner, John
Englischer Autor, der zwei SF-Romane der unteren Kategorie schrieb: UNTRODDEN STREETS OF TIME (1954) und OVERLORDS OF ANDROMEDA (1955).

Bibliografie:
Die Ketten der Galaxis (OVERLORDS OF ANDROMEDA), Balve: Zimmermann 1959

Bibliografie/H:
Götze der Zukunft (UNTRODDEN STREETS OF TIME), UZ 379 (1963)

Fane, Bron Siehe Fanthorpe, R. Lionel

Fanthorpe R(obert) Lionel (1935 –   )

Englischer Autor, geboren in Dereham, Norfolk, im Hauptberuf Schuldirektor. F., der auch die Pseudonyme Erle Barton, Lee Barton, Thornton Bell, Leo Brett, Bron Fane, Lionel Roberts, Trebor Thorpe, Pel Torro und gelegentlich die Verlagspseudonyme John E. Muller und Karl Zeigfried benutzte, veröffentlichte in den sechziger Jahren etwa 180 SF-Romane und Hunderte von Erzählungen. F. galt als einer der schnellsten Autoren der gesamten SF-Szene, der seine Texte auf Band sprach und später abschreiben ließ. Pro Buch investierte er maximal ein Wochenende. Heraus kam dabei actionorientierte Routine-SF ohne Bedeutung, die aber andererseits den Vergleich mit der Produktion vergleichbarer Vielschreiber nicht scheuen muß.

Bibliografie:

Welt des Verderbens (DOOMED WORLD), Balve: Zimmermann 1962

Bibliografie/H:

Der Herr der Asteroiden (ASTEROID MAN), T 223 (1962)
Die lebende Fackel (FLAME MASS), UZ 363 (1963)
Das schwarze Ungeheuer (HYPERSPACE), UZ 390 (1964)
Dorora, das Marsungeheuer (THE WAITING WORLD), UZ 417 (1965)

Als Erle Barton:

Anders als wir Menschen (THE PLANET SEEKERS), UZ 423 (1965)

Als Thornton Bell:

Gestrandet auf Terra (SPACE TRAP), UZ 411 (1964)

Als Leo Brett:

Der Weg zur Vernichtung (EXIT HUMANITY), UZ 339 (1962)

Als Bron Fane:

Das blaue Monster (BLUE JUGGERNAUT), UG 182 (1962)
Die Seuche reiste mit (THE INTRUDERS), UZ 399 (1964)

Als John E. Muller:

Gefährliche Heimkehr (SPACE VOID), UZ 314 (1962)
9000 Jahre wie ein Tag (IN THE BEGINNING), UZ 375 (1963)
Die Mikro-Waffe (MICRO INFINITY), UZ 378 (1963)
Geborgen in Stahl (INFINITY MACHINE), UZ 382 (1963)

Mord im Hyperraum (THE MIND MAKERS), UZ 419 (1965)
Gefahr aus der Galaxis (PERILOUS GALAXY), ZSF 175 (1976)

Als Lionel Roberts:
Qualta weckt Tote (THE FACE OF X), UZ 367 (1963)

Als Pel Torro:
Der Sucher (FROZEN PLANET), UG 178 (1962)
Im gelben Nebel (WORLD OF THE GODS), UZ 362 (1963)
Der letzte Astronaut (THE LAST ASTRONAUT), UZ 392 (1964)

Als Karl Zeigfried:
Gift säte Haß (ANDROID), UZ 372 (1963)
Weg ins Morgen (WALK THROUGH TOMORROW), UZ 374 (1963)
Das Atom-Gespenst (ATOMIC NEMESIS), UZ 399 (1964)

Fărcăsan, Sergiu (1924 –   )
Rumänischer Autor, ab 1947 jahrzehntelang Redakteur der Zeitschrift *Scienteia*. Neben Bühnenwerken und Satiren schreibt F. SF-
Erzählungen und Romane. Seine Roman O IUBIRE DIN ANUL 41042 behandelt das Thema ›Lange Reise‹. VA CAUTA UN TAUR (1970) wurde
1972 in Triest als bester rumänischer SF-Roman ausgezeichnet. F.
lebt inzwischen nicht mehr in Rumänien.

Bibliografie:
Arche Noah im Weltenraum (O IUBIRE DIN ANUL 41042), Berlin/DDR:
Volk und Welt 1964

Farley, Ralph Milne (1887 – 1963)
Pseudonym des amerikanischen Journalisten und Patentanwalts Roger Sherman Hoar. F. studierte in Harvard, betätigte sich als Sportre-
porter für die *Boston Daily Post* und war zeitweise Senator von Wisconsin. Er gehörte zu den Freunden Stanley G. Weinbaums und
schrieb bereits 1924 für das Magazin *Argosy*. Gemeinsam mit Weinbaum verfaßte er eine Detektivserie für *True Gang Life*. Bekannt
wurden vor allem seine im Stil von Edgar Rice Burroughs gehaltenen
Abenteuer um den Erfinder und ›Radio Man‹ Myles Cabot, die dieser auf einem Dschungelplaneten zu bestehen hat. Die ›Radio Man‹-
Stories erschienen ab 1930 und wurden später auch in Buchform
neu herausgebracht.

Farmer, Philip José (1918–)
Der in North Terre Haute/Indiana geborene Autor entdeckte 1929 die SF
in Form einer Magazinausgabe von
Science Wonder Stories, nachdem er
bereits als Kind ein begeisterter Anhänger von Burroughs, Doyle, Haggard und Verne war. Seine Ange-
wohnheit, keinen Baum der Nachbarschaft unbeklettert zu lassen, trug
ihm den Spitznamen Tarzan ein, eine
Figur, die ihn ein Leben lang nicht losließ. F. verdingte sich in einer
Reihe verschiedener Jobs: Elektriker, Erdarbeiter, Kinokartenabrei-
ßer, Vorarbeiter in einer Drahtfabrik. Ein erster Ausflug in die Literatur fand 1946 statt: Bei der Geschichte ›O'Brien and Obrenov‹ handelt es sich jedoch nicht um Science Fiction. 1950 schloß F. das College mit einem Bachelor of Arts in Englisch ab. Seine erste SF-Story,
›The Lovers‹ *(Startling Stories,* 8/52), die von John W. Campbell
(Astounding) und Horace Gold *(Galaxy)* mit Kommentaren wie ›widernatürlich‹ und ›ekelhaft‹ abgelehnt worden war, behandelte erstmalig den sexuellen Kontakt zwischen Menschen und Aliens und
brachte F. sowohl den Ruf eines Tabubrechers wie auch den Hugo
als bestem Nachwuchsschriftsteller ein. 1953 nahm F. an einem Ro-
manpreisausschreiben des Shasta-Verlages teil, schrieb den 150 000
Worte langen Roman I OWE FOR THE FLESH in vier Wochen herunter,
gewann auch, hörte aber mehrere Monate lang nichts von Shasta
und stand schließlich, nachdem der Verlag in Konkurs gegangen
war, mit hohen Schulden und ohne einen Pfennig Geld da. Die
Sache hatte ihn schwer erschüttert, und von 1955 bis 1959 veröffentlichte er kaum etwas. Während der sechziger Jahre schrieb er
einige satirische Pornografien im SF-Gewand wie FLESH (1960), THE
IMAGE OF THE BEAST (1968) und BLOWN (1969). Aus seinem Roman I
OWE FOR THE FLESH entwickelte sich sein preisgekrönter ›Flußwelt‹-Zy-
klus, bestehend aus den Bänden TO YOUR SCATTERED BODIES GO (1971;
Hugo 1972), THE FABULOUS RIVERBOAT (1971), THE DARK DESIGN (1977),
THE MAGIC LABYRINTH (1978) und GODS OF RIVERWORLD (1985). Die
Handlung: Nach dem Ende der Welt werden alle Menschen, die je-
mals gelebt haben, auf einem künstlichen Planeten wiedererweckt,
dessen Oberfläche aus einem einzigen, sich zwischen unersteigba-
ren Berghängen dahinschlängelnden Flußtal besteht. Sir Richard
Francis Burton, John Lackland, Mark Twain, Hermann Göring, Tom

Mix, Manfred von Richthofen und Wolfgang Amadeus Mozart machen sich auf, um die Quelle des Flusses zu finden und die Rätsel ihrer neuen Heimat zu lösen.

Der Kurzroman RIDERS OF THE PURPLE WAGE (*Dangerous Visions,* 1967) brachte Farmer seinen zweiten Hugo ein. Eine Tour de Force durch die amerikanische Neomythologie, stellt der Text gleichzeitig auch eine Hommage an die (von den etablierten SF-Profis der alten Campbell-Garde mißtrauisch beäugten) New Wave dar. Gleichzeitig leitet RIDERS OF THE PURPLE WAGE eine neue Phase in Farmers Werk ein. Schon vorher hatte er sich mit der Mythologie des 20. Jahrhunderts beschäftigt, wie in seinem auf sieben Bände angelegten (und bisher unvollendeten) ›Etagenwelt‹-Zyklus, doch unternahm er ab 1971 erst in seinem ›Flußwelt‹-Zyklus, dann in einer Serie von Stories und Romanen den Versuch, die wichtigsten Helden der Abenteuerliteratur in einer einzigen Genealogie zu vereinigen. Bekannteste Produkte dieses sorgfältig recherchierten ›Wold-Newton-Zyklus‹ sind THE OTHER LOG OF PHILEAS FOGG (1973), TARZAN ALIVE (1972) und DOC SAVAGE: HIS APOCALYPTIC LIFE (1973/1975). F. erstellt fiktive Biografien, weist anderen ›Biografen‹ wie Edgar Rice Burroughs und Jules Verne Fehler nach und geht allmählich dazu über, sein eigenes Gesamtwerk dieser Struktur zu unterwerfen. Eine mit dem ›Wold-Newton-Zyklus‹ verwandte Serie, der der Roman TIME'S LAST GIFT (1972) als Prolog vorausgeht, besteht zur Zeit aus den pseudohistorischen Romanen HADON OF ANCIENT OPAR (1974) und FLIGHT TO OPAR (1976), die fast ohne jedes phantastische Element auskommen und sich daher einer Einordnung in die gängigen Kategorien entziehen.

F.s wichtigste Arbeiten neben den bereits genannten Texten sind u. a. die in der Collection FATHER TO THE STARS (1983) gesammelten Geschichten um Father Carmody, einen interstellaren Gauner, der einem religiösen Orden beitritt. In den Geschichten kommt F.s Interesse an religiösen Fragen deutlich zum Ausdruck – er selbst ist katholisch erzogen, bezeichnet sich jedoch als Atheisten.

F. gilt innerhalb der Science Fiction-Szene als Ideenmann. Doch zeigt er deutliche stilistische Schwächen, die unter anderem darauf zurückzuführen sind, daß er nahezu jahrzehntelang gezwungen war, seine Romane unter Zeitdruck zu schreiben, um sich wirtschaftlich über Wasser halten zu können. Doch zeigt er mit neueren Arbeiten wie THE ADVENTURE OF THE THREE MADMEN (1983) und DAYWORLD (1986) stilistische Sorgfalt und Verbesserungen, die sicher dazu angetan sind, seinen guten Ruf, den er als Abenteuerschriftsteller genießt, weiter auszubauen.

Bibliografie:

Die Irrfahrten des Mr. Green (THE GREEN ODYSSEY), München 1969,
H 3127

Das Tor der Zeit (THE GATE OF TIME), München 1969, H 3144

Als die Zeit stillstand (THE DAY OF TIMESTOP), München 1970,
H 3173

Der Sonnenheld (FLESH), München 1971, H 3265

Der Mondkrieg (TONGUES OF THE MOON), München 1972, H 3302

Die synthetische Seele (INSIDE OUTSIDE), München 1973, H 3326

Der Steingott erwacht (THE STONE GOD AWAKENS), München 1974,
H 3376

Brücke ins Jenseits (TRAITOR TO THE LIVING), Bergisch Gladbach 1975,
B 21070

Lorg Tyger (LORD TYGER), München 1976, H 3450

Das echte Log des Phileas Fogg (THE OTHER LOG OF PHILEAS FOGG),
München 1976, H 3494

Prometheus (C) (DOWN IN THE BLACK GANG), München 1977,
GWTB 0242

Die Liebenden (THE LOVERS), München 1978, Kn 703

Meister der Dimensionen (THE MAKER OF UNIVERSES), München 1979,
Kn 5715

Die Flußwelt der Zeit (TO YOUR SCATTERED BODIES GO), München 1979,
H 3639

Welten wie Sand (THE GATES OF CREATION), München 1979, Kn 5718

Auf dem Zeitstrom (THE FABULOUS RIVERBOAT), München 1979, H 3653

Das dunkle Muster (THE DARK DESIGN), München 1980, H 3693

Die Krone von Opar (HADON OF ANCIENT OPAR), Bergisch Gladbach
1980, B 20017

Lord der Sterne (A PRIVATE COSMOS), München 1980, Kn 5723

Dunkel ist die Sonne (DARK IS THE SUN), München 1980, M 3502

Hinter der irdischen Bühne (BEHIND THE WALLS OF TERRA), München
1980, Kn 5728

Ismaels fliegende Wale (THE WIND WHALES OF ISHMAEL), München 1980,
M 3508

Flucht nach Opar (FLIGHT TO OPAR), Bergisch Gladbach 1980, B 20025

Planet der schmelzenden Berge (THE LAVALITE WORLD), München 1981,
Kn 5732

Das magische Labyrinth (THE MAGIC LABYRINTH), München 1981,
H 3836

Die Welt der Wiyr (DARE), München 1982, Kn 5744

Vermächtnis der Zeit (TIME'S LAST GIFT), München 1983, Kn 5764

Die Welt der tausend Ebenen (C) (THE WORLD OF TIERS), München 1983, Kn 5766

Pater der Sterne (C) (FATHER TO THE STARS), München 1983, Kn 5767

Bizarre Beziehungen (C/OA), München 1983, Kn 5771

Der Erlöser vom Mars (JESUS ON MARS), München 1984, Kn 5777

Schockvisionen (C/OA), München 1984, Kn 5779

Der Dienstagsmensch (C/OA), Darmstadt-Neuwied: Luchterhand 1984

Die toten Welten des Bolg (THE UNREASONING MASK), München 1985, Kn 5833

Ein Himmelsstürmer in Oz (A BARNSTORMER IN OZ), München 1985, Kn 5800

Die Götter der Flußwelt (GODS OF RIVERWORLD), München 1986, H 4256

Weltraumaventüren (C) (THE GRAND ADVENTURE), Bergisch Gladbach 1986, B 24088

Bibliografie/H:

Vom Himmel fielen Teufel (CACHE FROM OUTER SPACE), Rastatt 1964, UZ 394

Als Kilgore Trout:

Die Geburt der Venus (VENUS ON A HALF SHELL), München 1984, Kn 5784

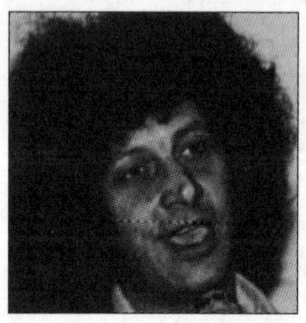

Farren, Mick (1943 –)
Der Engländer F. ist einer der Beweise dafür, daß Science Fiction und Rock-Musik eine gewisse Verwandtschaft miteinander haben. Ende der sechziger Jahre war Farren Mitglied der englischen Underground-Band *The Deviants*. Darüber hinaus machte er zwei Jahre lang die Alternativzeitung *IT*, gab Comics heraus und schrieb einige Bücher über die Rock-Musik. Sein erster SF-Roman, THE TEXTS OF FESTIVAL, kam 1975 heraus; er stellt eine Synthese zwischen SF und Rockmythos dar: Nach dem Zusammenbruch der Zivilisation in Großbritannien bleiben nur noch die Texte der alten Götter Dhillon, Djeggar und Morrizen, die

dem Kenner der Rockszene natürlich keine Unbekannten sind. Inzwischen hat F. sechs weitere SF-Romane sowie etliche Sachbücher veröffentlicht.

Farrere, Claude (1876–1957)

Pseudonym von Frédéric Charles Bargone, geboren in Lyon. Autor zahlreicher erotischer Romane.

Bibliografie:

Die Todgeweihten (LES CONDAMNÉS À MORT), München: Drei Masken 1921

Fast, Howard (Melvin) (1914–   )

Amerikanischer Schriftsteller, wurde in New York geboren, studierte an der National Academy of Design, gründete 1948 die Progressive Party und erhielt 1954 den Internationalen Friedenspreis. F. schrieb eine ganze Reihe von außergewöhnlichen Büchern – fast alle behandeln sie historische Stoffe –, die sich durch ungebrochenen Humanismus und fortschrittliches Denken auszeichnen, darunter CITIZEN TOM PAINE (1943) sowie sein berühmter Bestseller SPARTACUS (1951). Zur SF stieß er 1959, als er eine Reihe von Stories an das *The Magazine of Fantasy & Science Fiction* verkaufte, von denen einige unter dem Titel THE EDGE OF TOMORROW (1961) zu einer Collection zusammengefaßt wurden. Unter dem Pseudonym E. V. Cunningham hat er sich außerdem einen Namen als Verfasser von Kriminalromanen gemacht. Sein Sohn Jonathan – mit Bestsellerautorin Erica Jong verheiratet – schreibt ebenfalls SF.

Bibliografie:

Die neuen Menschen (C) (THE EDGE OF TOMORROW), München: Goldmann 1963, GZ 40

Fayad, Samy

Bibliografie:

Das Zeit-Dilemma (LA COLLINA DI HAWOTACK), München 1965, T 412

Fear, W. H.

Bibliografie/H:

Die 500-Jahr-Bombe (THE ULTIMATE), UZ 244 (1960)

Fearn, John Russell (1908 – 1960)

Englischer Autor, geboren in Manchester. F. benutzte nicht weniger als 32 Pseudonyme (am bekanntesten: Conrad G. Holt, Brian Shaw [ein Verlagspseudonym, unter dem F. in deutscher Sprache nicht publiziert hat], Paul Lorraine, Thornton Ayre, Vargo Statten sowie Volsted Gridban – letzteres teilte er sich mit E. C. Tubb) und schrieb rund zweihundert Romane und etwa ebenso viele Kurzgeschichten. Zeitweise redigierte er auch das nach einem seiner Pseudonyme benannte *Vargo Statten SF Magazine*. Am bekanntesten wurde seine Storyserie *The Golden Amazon* (ab 1939), die später auch in Buchform herauskam. Es geht darin um die Abenteuer einer Superfrau im Körper eines künstlichen Geschöpfes. Sein Werk blieb von geringer Bedeutung.

Bibliografie/H:

Mister Seacombe, der Besucher vom Mars (I CAME – I SAW – I WONDERED), ESF 16 (1977)

Als Paul Lorraine:

Grenze zwischen den Welten (DARK BOUNDARIES), UG 4 (1954)

Als Lawrence F. Rose:

Tödlicher Rausch (THE HELL FRUIT), UZ 368 (1963)

Als Vargo Statten:

Der Doppelgänger (MAN IN DUPLICATE), UZ 164 (1959)
Pulverfaß Erde (THE G-BOMB), UZ 211 (1960)

Fechter, Paul (1880 – 1958)

Bibliografie:

Alle Macht den Frauen, Gütersloh: Bertelsmann 1950

Federbush, Arnold

Amerikanischer Autor. F. veröffentlichte 1973 den Roman THE MAN WHO LIVED IN INNER SPACE, dessen Titel schon andeutet, daß er von der New Wave der späten Sechziger beeinflußt wurde: Ein durch einen Industrieunfall zum Krüppel gewordener Mensch flieht aus dieser Welt in eine Zufluchtsstätte unter dem Meer, steigt in die eigene Psyche hinab und paßt sich der Urmutter des Lebens, der See, völlig an. F.s zweiter Roman, ICE! (1978), behandelt das Thema Anpassung konventioneller: Eine neue Eiszeit bricht an, die New Yorker flüchten gen Süden, Wissenschaftler versuchen vergeblich, der Natur Einhalt zu gebieten, während einige wenige unter Leitung einer Eskimoforscherin beschließen, sich der veränderten Umwelt anzupassen.

Bibliografie:
Eis! (ICE!), München 1980, H 3771

Federmann, Reinhard

Bibliografie:
Die Chinesen kommen, Tübingen: Erdmann 1972

Fekete, Gyula (1922 –   )

Ungarischer Autor und Publizist, der neben etlichen Romanen und Erzählungen, welche die sozialistische Entwicklung behandeln, auch mehrere SF-Romane bzw. Gesellschaftsutopien schrieb.

Bibliografie:
Planet der Verliebten (SZERELMESEK BOLYGÓJA), Berlin/DDR: Eulenspiegel 1967

Feld, Friedrich

Bibliografie:
Besuch aus Baramba, Wien: Jungbrunnen 1958

Felden, Emil (1874 – 1959)

Bibliografie:
Menschen von morgen, Leipzig: Oldenburg 1918

Feldman, Mark

Pseudonym des dt. Autors Mario Werder.

Bibliografie:
Die Rache des Genies, Ge 11 (1976)
Die Sklavenhändler von Dormak, Ge 23 (1976)

Siehe Anhang SERIEN: *Zeitkugel*

Felice, Cynthia (1942 –   )
Amerikanische Autorin, als Cynthia Lindgren in Chicago, Illinois, geboren und seit 1971 in Colorado Springs, Colorado, ansässig. Sie studierte in Colorado, war Verkaufsingenieurin einer Elektronikfirma, Besitzerin und Managerin eines Motels und leitet heute die Dokumentationsabteilung eines Unternehmens der Mikroelektronik. 1984 erhielt sie den Preis der Society for Technical Communication für eine herausragende Arbeit über die Entwicklung von Computersoftware.

F. nahm seit 1976 an mehreren Writer Workshops teil und hat ihrerseits an verschiedenen Colleges Vorträge über ihr Fachgebiet, die Technische Dokumentation, gehalten. Sie ist verheiratet und hat zwei Söhne.

Seit 1976, als ihre Story ›Longshanks‹ in *Galileo* erschien, veröffentlicht sie SF. Insgesamt sind es bisher fünf Stories sowie die Romane GODSFIRE (1978), THE SUNBOUND (1981), WATER WITCH (mit Connie Willis, 1982), ECLIPSES (1983), DOWNTIME (1985) und DOUBLE NOCTURNE (1986). F. ist ohne Frage ein Zugewinn für die SF und versteht sich auf gut durchdachte Szenarien mit exotischem Flair. Insbesondere ihr Erstling, GODSFIRE, der von den Lesern und der Kritik stark beachtet wurde und ihr eine Nominierung für den Campbell Award einbrachte, vermag durch die kompetent herausgearbeitete Konfliktsituation zwischen einer dominierenden Katzenrasse und ihren menschlichen Sklaven auf einem Planeten des ewigen Regens zu überzeugen. Ihr Kollege Edward Bryant beschrieb dieses anthropologisch geprägte Buch zutreffend als eine Mischung aus Margaret Mitchell und der frühen Ursula K. Le Guin.

Von gleicher Qualität ist WATER WITCH, ein Roman, den sie zusammen mit Connie Willis schrieb, in dem ein Wüstenplanet namens Mahali beschrieben wird, auf dem das Finden und Besitzen von Wasser Grundlage der Zivilisation und dadurch natürlich ein ungeheurer Machtfaktor ist. Trotz der Nähe zu Frank Herberts DUNE gelang hier Originäres, vor allem weil die Autorinnen einen Sinn für Humor beweisen. Die anderen Romane sind vergleichsweise schwächer.

Bibliografie:

Im Schatten des Ringes (GODSFIRE), Rastatt 1982,
M 3577
Die Wasserhexe (WATER WITCH) (mit Connie Willis), München 1984,
Kn 5786

Ferman, Edward L(ewis)

(1937 –   )

Amerikanischer Verleger, Redakteur und Herausgeber, geboren in New York. F. übernahm das über die Jahrzehnte hinweg qualitativ beste amerikanische SF-Magazin *The Magazine of Fantasy & Science Fiction,* das seit 1949 erscheint, von seinem Vater Joseph W. Ferman (1900 – 1974) im Jahre 1966. Er hielt nicht nur den guten Standard, sondern legte qualitativ noch zu, was von den Fans mit einer schier endlosen Kette von Hugo Awards belohnt wurde. Das Magazin ist heute neben dem *Isaac Asimov's Science Fiction Magazine* das bedeutendste Periodikum der USA auf dem SF-Sektor, ein Forum, auf dem sich viele, heue namhafte junge Autoren zum ersten Mal vorstellten und Aufmerksamkeit auf sich zogen. F. zeichnet natürlich auch für die jährlichen *F&SF*-Auswahlbände verantwortlich und hat außerdem einige andere Anthologien herausgegeben, die hauptsächlich Material aus *F&SF* verwerten.

Bibliografie:

(Hrsg.) *30 Jahre Magazine of Fantasy and Science Fiction* (THE MAGAZINE OF FANTASY AND SCIENCE FICTION: A 30 YEAR RETROSPECTIVE), München 1981, H 3763
(Hrsg.) *Brennpunkt Zukunft 1* (FINAL STAGE, 1. Teil) (mit Barry N. Malzberg), Frankfurt am Main/Berlin/Wien 1982, U 31039
(Hrsg.) *Brennpunkt Zukunft 3* (FINAL STAGE, 2. Teil) (mit Barry N. Malzberg), Frankfurt am Main/Berlin/Wien 1984, U 31086

Fernau, Friedrich

Bibliografie:
Die leuchtende Kugel, Pfullingen: Prana 1926

Fetz, August Friedrich

Bibliografie:
Ein Blick in die Zukunft, Leipzig: R. Hahn 1907

Fialkowski, Konrad (1939–)

F. ist ein polnischer Autor, der an der Technischen Hochschule in Warschau Elektronik studierte, mit einem Thema aus dem Bereich der Rechenmaschinen promovierte und lange an der gleichen Hochschule als Dozent unterrichtete. Er veröffentlichte wissenschaftliche Arbeiten aus seinem Fachgebiet und schreibt nebenher SF-Erzählungen, die zum Teil ins Deutsche, Bulgarische, Ungarische, Tschechische, Russische und Rumänische übersetzt wurden. F. wurde 1962 für seine Story ›Das Recht der Entscheidung‹ bei einem internationalen Phantastik-Wettbewerb in Moskau ausgezeichnet und gewann 1974 als Mitglied eines Autorenkollektivs den ersten Preis der Zeitung *Kurier Polski* für die Gestaltung einer Sendefolge des Polnischen Rundfunks. Abgesehen von vereinzelten Geschichten (u. a. zwei Erzählungen, die in dem populärwissenschaftlichen *X-Magazin* (Deutsche Verlags-Anstalt, Stuttgart) erschienen, kam in der DDR ein Sammelband mit Erzählungen F.s heraus. Sein Hauptwerk ist der Roman HOMO DIVISUS (1979). F. wohnt heute in Wien.

Bibliografie:

Die fünfte Dimension (C/OA), Berlin: Neues Leben 1971
Allein im Kosmos (C) (WITALIZACJA KOSMOGATORA), München 1977, H 3566
Homo divisus (HOMO DIVISUS), München 1980, H 3752
Adam, einer von uns (ADAM JEDEN Z NAS), München 1982, H 3934

Bibliografie/H:

Die fünfte Dimension (C) (nicht identisch mit der gleichnamigen Buchausgabe), kap 112 (1971)

Fienhold, Wolfgang G(ünther) (1948–)

Der Frankfurter Journalist und Schriftsteller, geboren in Darmstadt, trat in den sechziger Jahren als Verfasser von Gedichten und Stories hervor, die in den Publikationen des literarischen Undergrounds erschienen, und zeichnete als verantwortlicher Herausgeber der von

Rolf Dieter Brinkmann gegründeten alternativen Literaturzeitschrift *Gummibaum*. Sein Science Fiction-Werk ist im Vergleich zu seinen übrigen Publikationen eher schmal. F., der eine Reihe von Gedicht- und Erzählungsbänden veröffentlicht hat, hat im SF-Bereich etwa ein Dutzend kürzere Texte in *Comet* und diversen Anthologien veröffentlicht. Er arbeitet hauptsächlich für Zeitschriften und den Rundfunk, schrieb die Romanfassung des Kinofilms *Die flambierte Frau* und hat sich in letzter Zeit auf das Verfassen von Satiren und Parodien konzentriert, die bekanntere Arbeiten aus dem SF- und Fantasy-Bereich *(Conan, Die unendliche Geschichte)* auf die Schippe nehmen. Auf diesem Gebiet hat er sich bereits 1979 mit einer Sammlung sogenannter ›schwarzer SF-Stories‹ erfolgreich versucht. Eine Anzahl seiner außerhalb der Science Fiction angesiedelten Satiren ist im Eichborn Verlag erschienen.

Bibliografie:

Draußen auf Terra (C), Hannoversch Münden: Dittmer 1979
(Hrsg.) *Die letzten 48 Stunden* (mit Harald Braem), München 1984, H 3985
Peepshow auf der Wega, Reinbek: Rowohlt 1985

Figdor, Karl (1881 – 1957)

Bibliografie:

Das Reich von morgen, Berlin: Ullstein 1916
Die Herrin der Welt, Berlin: Eysler 1920

Finney, Jack (1911 –   )
Walter Braden Finney, so lautet sein eigentlicher Name, wurde in Milwaukee geboren. Er arbeitete zunächst als freiberuflicher Journalist, bevor er auch Erzählungen und Romane schrieb. Er war 35, als die erste Story veröffentlicht wurde. Hauptsächlich schrieb er Krimi-Geschichten, gewann einen zweiten Preis im jährlichen Preisausschreiben des *Ellery Queen's Mystery Magazine* und schrieb später für Magazine wie *Collier's* (diese Stories wurden teilweise in *The Magazine of Fantasy & Science Fiction* nachgedruckt und erschienen u.a. auch in der Sammlung THE THIRD LEVEL, 1956). Neben sehr erfolgreichen Romanen außerhalb der Science Fiction (FIVE AGAINST THE HOUSE, THE HOUSE OF NUMBERS) schrieb er den SF-Roman THE BODY SNATCHERS (1954), der als INVASION OF THE BODY SNATCHERS zweimal (1956 und 1978) verfilmt wurde: ein SF-Thriller, in dem Außerirdi-

sche menschliche Körper ›übernehmen‹ und sich so klammheimlich ausbreiten. Ein weiterer SF-Roman (THE WOODROW WILSON DIME, 1968) ist eine Parallelweltgeschichte – ein Mann findet Zugang zu einer Parallelerde, wo er mit einer Superfrau verheiratet ist. Mit TIME AND AGAIN (1970) schrieb er einen nostalgischen Zeitreiseroman über das New York des 19. Jahrhunderts, ein Buch, für das er Jahre recherchierte und das er mit vielen historischen Fotos ausstattete.

Bibliografie:

Unsichtbare Parasiten (THE BODY SNATCHERS), München 1962, H 3008 (166) (auch: *Die Körperfresser kommen*)
Das andere Ufer der Zeit (TIME AND AGAIN), München 1981, H 3800

Firsow, Wladimir (1925 –   )
Sowjetischer Autor, geboren in Kaluga. F. begann 1941 als Schlosser in einer Moskauer Flugzeugfabrik, holte dann nach dem Krieg den Schulabschluß nach und besuchte anschließend das Moskauer Polygraphische Institut. Ab 1949 war er im Fremdspracheninstitut (Moskau) tätig, heute arbeitet er im Verlag ›Mir‹. Seit 1966 hat er rund zwanzig SF-Erzählungen veröffentlicht. Einige davon sind auch in der DDR erschienen.

Fischer, Erno Siehe Hary, W. A.

Fischer, Klaus
Deutscher Autor, der mit seinem einzigen serienunabhängigen Taschenbuch *Raumschiff der Generationen* einen Roman zum Thema des generationenlangen unterlichtschnellen Raumflugs beisteuerte.

Bibliografie:

Raumschiff der Generationen, Rastatt 1974, TTB 237

Bibliografie/H:

Die schwarzen Maschinen, TN 186 (1971)
Leben aus Andromeda, TA 20 (1972)
Mission der Todgeweihten, TA 34 (1972)
Legende der Roboter, TA 58 (1972)
Flucht aus der Hölle, TA 66 (1972)
Kurs ins Verderben, TA 82 (1973)
Der unheimliche Planet, TA 90 (1973)

Siehe Anhang SERIEN: *Perry-Rhodan-Taschenbücher*

Fischer, Kurt

Deutscher Autor, wahrscheinlich identisch mit Klaus Fischer.

Siehe Anhang SERIEN: *Atlan*

Fischer, Wilhelm (1846 – 1932)

Bibliografie:
Übermenschen, Mülheim: J. Bagen 1912
Das Geheimnis des Weltalls (C), Stuttgart: Strecker & Schröder 1921

Fisher, Michael

Bibliografie:
Der Spiegelkäfig (THE CAPTIVES), München: Lichtenberg 1971

Fisk, Nicholas (1923 –)

Englischer Autor, geboren in London. F. diente im Krieg bei der RAF und veröffentlichte schon 1939 seine erste Story im *Strand Magazine*. Er spielte zeitweise Theater, war Jazzmusiker, textete und zeichnete für die Werbung, illustrierte Bücher und begann schließlich Jugendbücher zu schreiben, die häufig SF- oder Fantasymotive aufgreifen.

Bibliografie:
Trillionen (TRILLIONS), Augsburg: Junior Press 1973
Der Ballon (HIGH WAY HOME), Augsburg: Junior Press 1974

FitzGibbon, Constantine (Robert Louis) (1919 –)

Amerikanischer Autor, der inzwischen Ire geworden ist, geboren in Lenox, Massachusetts, und der vor allem als Verfasser von (politischen) Sachbüchern, aber auch von Romanen (darunter zwei SF-Titel) hervortrat. THE IRON HOOP (1949) schildert das Leben in einer vom Feind besetzten Stadt nach einem dritten Weltkrieg, während WHEN THE KISSING HAD TO STOP (1960) beschreibt, wie sich ein kommunistisches Regime in Großbritannien etabliert und Land und Leute in den Abgrund treibt.

Bibliografie:
Wenn alle Küsse enden (WHEN THE KISSING HAD TO STOP), München: Droemer Knaur 1961

Flammarion, Camille (1842 – 1925)
Französischer Autor und bekannter Astronom, geboren in Montigny-le-Roi, der sein erstes Buch, LA PLURALITÉ DES MONDES HABITÉS (1862), im Selbstverlag veröffentlichte und wegen der dort geäußerten Hypothesen prompt seinen Job als Hilfskraft auf einer Sternwarte verlor. Später ermöglichten ihm vermögende Privatleute die Gründung einer eigenen Sternwarte, und F. wurde zu einem der bekanntesten Astronomen des 19. Jahrhunderts, der durch Vorträge und zahlreiche wissenschaftliche sowie populärwissenschaftliche Veröffentlichungen (darunter allein ca. 50 Bücher) von sich reden machte. Seine unermüdlichen Bemühungen, einer breiteren Öffentlichkeit Erkenntnisse der Astronomie zu verdeutlichen, führte schließlich dazu, daß F. sich auch der Erzählung als Medium bediente, so in zahlreichen Geschichten, die in den Sammelbänden RÉCITS DE L'INFINI (1872) und LA FIN DU MONDE (1894) herauskamen, und in den Romanen URANIE (1889) und STELLA (1897). F. hat sich auch mit Spiritismus und Parapsychologie beschäftigt und darüber Bücher veröffentlicht.

Bibliografie:

Urania (URANIA), Pforzheim: E. Haug 1894
Das Ende der Welt (LA FIN DU MONDE), Pforzheim: E. Haug 1895
Lumen (LUMEN), Berlin: Vita 1900
Komet und Erde (HISTOIRE D'UNE COMÈTE), Leipzig 1910,
RUB 5183

Fleck, Herbert (1941 –   )
Geboren in Wien. F. ist seit 1970 literarisch tätig. *Die Stadt* ist sein erster Roman.

Bibliografie:
Die Stadt, Graz: Leykam 1980

Fleiss, Irene (1958 –   )
Österreichische Autorin, geboren in Wien. F. arbeitet an der Hochschule für angewandte Kunst in Wien. *Die Leibwächterin und der Magier* ist nach einigen Kurzgeschichten ihr erster Roman.

Bibliografie:
Die Leibwächterin und der Magier, Frankfurt: Medea 1984

Flesch(-Brunningen) Hans (1895 – 1981)

F. wurde in Brünn geboren, promovierte als Jurist, lebte in Wien und ab 1938 in London (dort als Rundfunkkommentator). Zwischen 1917 und 1948 veröffentlichte er zwei Sachbücher und elf Romane, darunter die Anti-Utopie *Balthasar Tipho* (1919), eine expressionistische Zivilisationskritik über einen Despoten, der einer verdorbenen elitären, kapitalistischen Gesellschaft des Planeten Karina und ihrer autarken Technik ihr Gesicht gibt. Ein bedeutendes Werk deutschsprachiger utopischer Literatur.

Bibliografie:
Balthasar Tipho, Wien: Thal 1919

Flint, Homer Eon (189? – 1924)

Amerikanischer Autor. Schrieb hauptsächlich für die *Munsey*-Magazine, insbesondere für *All-Story-Weekly*. Zusammen mit Austin Hall schrieb er den bekannten Roman THE BLIND SPOT, der 1921 in *Argosy* erschien, einige Nachdrucke erlebte und heute als Klassiker gilt. Flint starb in jungen Jahren und unter mysteriösen Umständen.

Flyer, John

Pseudonym eines dt. Leihbuchautors.

Bibliografie:
Die neue Macht, Wuppertal: Wiesemann 1958

Fondanèche, Daniel

Bibliografie:
(Hrsg.) *Die gezinkten Karten der Zukunft* (LES CARTES TRUQUEES DU FUTUR), München 1981, H 3837

Fontana, D(orothy) C.

Amerikanische Autorin, die vor allem für das Fernsehen arbeitet. Sie hatte als Redakteurin mit den TV-Serien *Star Trek, The Fantastic Journey* und *Logan's Run* zu tun und novellisierte mit THE QUESTOR TAPES (1974) den Pilotfilm für eine nicht realisierte TV-Serie gleichen Titels, wo es um die Erschaffung eines Androiden geht.

Bibliografie:
Ein Computer wird gejagt (THE QUESTOR TAPES), Bergisch Gladbach 1978, B 21104

Fontenay, Charles L(ouis) (1917 –   )
Amerikanischer Autor, geboren in Sao Paulo, aufgewachsen in Tennessee. Er war Captain der US Army, Reporter, Sport- und Lokalredakteur bei mehreren Zeitungen. F. begann 1954 mit dem Schreiben von SF und veröffentlichte vor allem in *If* (erste Story: ›Disqualified‹, 1954). Insgesamt umfaßt sein Werk drei Romane und etwas über dreißig Stories. Am interessantesten ist seine letzte Veröffentlichung, der Roman THE DAY THE OCEANS OVERFLOWED (1964), wo eine von explodierenden Kernkraftwerken ausgelöste Flutkatastrophe geschildert wird.

Bibliografie:
Legion der Zeitlosen (TWICE UPON A TIME), Balve: Zimmermann 1962

Bibliografie/H:
Die Marsrebellen (REBELS OF THE RED PLANET), T 326 (1964)

Forrester, Thorn
Agenturpseudonym, unter dem Hans Joachim Alpers, Harald Buwert, Ronald M. Hahn, Gerd Maximović und Uwe A. Thomas veröffentlichten. Siehe jeweils beim betreffenden Autor. Die Thomas-Romane sind:

Bibliografie/H:
Fremde unter uns, Ge 9 (1976)
Die Pflanzenmaschine, Ge 30 (1977)

Forster, E(dward) M(organ) (1879 – 1970)
Englischer Autor, der durch die Verfilmung seines Romans A PASSAGE TO INDIA (1924) auch in jüngerer Zeit wieder populär wurde. Sein einziger Beitrag zur SF ist die Erzählung ›The Machine Stops‹ (1909), die zu den wichtigsten antiutopischen Klassikern gehört.

Bibliografie:
Die Maschine versagt (THE MACHINE STOPS), Wien: Amandus 1947

Förster, Karl

Bibliografie:
Die Welt von übermorgen, Bochum: Schürmann & Klagges 1933

Forsyth, Frederick (1938 –   )

Geboren in Ashford (Kent). F. war mit 19 Jahren jüngster Jet-Pilot der Royal Air Force, arbeitete in der Folge als Journalist und Auslandsreporter. Von seinen Romanen, die alle Bestseller wurden, gehören THE DEVIL'S ALTERNATIVE (1979) und THE FOURTH PROTOCOL (1984) dem SF-Genre an.

Bibliografie:

Des Teufels Alternative (THE DEVIL'S ALTERNATIVE), München: Piper 1979
Das vierte Protokoll (THE FOURTH PROTOCOL), München: Piper 1984

Forward, Robert L(ull) (1932 –   )

Amerikanischer Autor und Physiker, geboren in Geneva, New York. F. studierte in Maryland und promovierte 1965 mit einer Arbeit über Gravitation; seither ist er hauptberuflich in einer führenden Position für ein Unternehmen der Raumfahrtforschung tätig. Er hat ca. 100 wissenschaftliche Aufsätze sowie populärwissenschaftliche Artikel veröffentlicht, ca. zwanzig Patente (vor allem im Bereich der Gravitationsforschung und Niederfrequenztechnik) angemeldet und wurde in seinem Fachgebiet mehrmals ausgezeichnet. Mit seinen drei SF-Romanen DRAGON'S EGG (1981), THE FLIGHT OF THE DRAGONFLY (1984) und STARQUAKE (1985) wurde F. neben James P. Hogan zum derzeit führenden Exponenten einer ›harten‹, d. h. stark naturwissenschaftlich geprägten SF. Insbesondere sein Erstling DRAGON STAR, der den Locus Award erhielt, sorgte für Aufsehen. Er schildert sehr anschaulich und fundiert intelligentes Leben auf einem Neutronenstern mit einer ungeheuren Schwerkraft und erinnert an Hal Clements MISSION OF GRAVITY, ist aber ›härter‹ im obigen Sinne, während Clement sich besser auf die Darstellung lebendiger Charaktere versteht. THE FLIGHT OF THE DRAGONFLY behandelt einen hantelförmigen Planeten mit verschiedenen Atmosphären und chemischen Strukturen, die jedoch gelegentlich miteinander in Berührung kommen und den intelligenten Bewohnern einigen Kummer machen.

Bibliografie:

Das Drachenei (DRAGON'S EGG), Bergisch Gladbach 1981, B 24019
Der Flug der Libelle (THE FLIGHT OF THE DRAGONFLY), Bergisch Gladbach 1985, B 24078

Foster, Alan Dean (1946–)

F. wird hier wie auch in seiner Heimat als Einmannschreibfabrik angesehen. Von 1972 bis 1986 hat er etwa vierzig Romane und eine gleiche Anzahl Kurzgeschichten vorgelegt. 1971 erschien seine erste Kurzgeschichte in August Derleths *Arkham Collector,* sein erster Roman kam 1972 unter dem Titel THE TAR-AIYM KRANG bei Ballantine heraus und war der Auftakt für seine bekannteste Schöpfung, den Zyklus um das Humanx-Commonwealth. 1974 erschienen mehrere Filmromane aus seiner Feder sowie die ersten Bände einer zehnteiligen Adaption der STAR-TREK-Zeichentrickserie. Fortan galt F. als der Autor, der aus mittelmäßigen Filmen noch gute Romane machen konnte. Doch im Mittelpunkt seines SF-Werkes steht das bereits erwähnte Humanx-Commonwealth, eine Sternenunion, in der die Menschen und die insektoiden Thranx eine Art psychologisch-symbiotisches Verhältnis eingegangen sind, wobei die Thranx ein positives Gegenstück zu den ›bug-eyed monsters‹ der frühen Tage der SF darstellen. In diesem Universum siedelt F. spannende exotische Abenteuer an, die einen gehörigen Actionanteil aufweisen, ohne in die leider allzuoft im Genre auftretende Brutalität zu verfallen. In seinem ersten Roman stellte er den Gelegenheitstelepathen Flinx vor, den er noch in vier weiteren Romanen auftreten ließ: BLOODHYPE (1974), ORPHAN STAR (1977), THE END OF THE MATTER (1977) und FOR LOVE OF MOTHER-NOT (1983). Eine Trilogie innerhalb des Commonwealth-Zyklus spielt auf der Eiswelt Trank-ky-ky, einer gut durchkonstruierten Welt mit liebenswert dargestellten Eingeborenen, die sich gegen außer- und innerplanetarische Ausbeutung zur Wehr setzen; sie besteht aus den Romanen ICERIGGER (1974), MISSION TO MOULOKIN (1979) und THE DELUGE DRIVERS (1987). Die Regierungsvertreter in F.s Commonwealth »...werden durch rigorose Testprozeduren ausgewählt. Um ihre Eignung für ihren jeweiligen Posten zu beweisen, müssen sie in periodischen Abständen neue Tests durchlaufen. Dieses System würde ich gerne für unsere Regierungen einführen. Es ist etwas beleidigend Primitives an Regierungen – ob nun demokratisch, sozialistisch oder kommunistisch –, die von jedem ihrer Postbeamten einen Nachweis seiner geistigen Kompetenz fordern, aber keine vergleichbaren Tests für jene vorsehen, die als Präsidenten, Premierminister, Kanzler oder Parteisekretäre eingesetzt werden sollen...« Zwei amerikanische Fans haben eine sogenannte Commonwealth-Konkordanz zusammengestellt, die F. die Orientierung in der eigenen Schöpfung erleichtern soll (dt. in: *Heyne Science Fiction Magazin* 12, H 4167). F., der noch nie für den Hugo oder Nebula nominiert wurde, ist dennoch einer der kommerziell erfolgreichsten SF-Autoren, der sich auf leichte Unterhaltung konzentriert, in der eine Vorliebe für spannende und auch erotische Situationen deutlich zum Ausdruck kommt. Sein bislang eindrucksvollstes Werk dürfte MIDWORLD (1979) sein, wo es um ein geschlossenes Ökosystem geht, dessen Grundlage ein Wald mit Riesenbäumen ist. Auf ausgedehnten Reisen sammelt F. Eindrücke für seine Romane, wobei er seine terranischen Protagonisten verschiedenen Kulturkreisen entstammen läßt.

Bibliografie:

Reiseziel: Ewigkeit (DARK STAR), Bergisch Gladbach, B 21090 (auch: *Dark Star*)
Die Eissegler von Tran-ky-ky (ICERIGGER), München 1978, H 3591
Die neuen Abenteuer des Luke Skywalker (SPLINTER OF THE MIND'S EYE), München 1978, G 3696
Das Tar-Aiym Krang (THE TAR-AIYM KRANG), München 1979, H 3640
Die denkenden Wälder (MIDWORLD), München 1979, H 3660
Alien – Das unheimliche Wesen aus einer fremden Welt (ALIEN), München 1979, H 3722
Der Waisenstern (ORPHAN STAR), München 1980, H 3723
Der Kollapsar (THE END OF THE MATTER), München 1980, H 3736
Das Schwarze Loch (THE BLACK HOLE), München/Wien: Schneider 1980
Die Moulokin-Mission (MISSION TO MOULOKIN), München 1981, H 3777
Outland (OUTLAND), München 1981, H 3841
Vorposten des Commonwealth (BLOODHYPE), Rastatt 1982, M 3597
Das Ding aus einer anderen Welt (THE THING), München 1982, H 01/6107
Cachalot (CACHALOT), München 1983, H 4002
Meine galaktischen Freunde (C) (WITH FRIENDS LIKE THESE), München 1984, H 4049
Dunkle Mission (THE MAN WHO USED THE UNIVERSE), München 1984, Kn 5789
Starfight (THE LAST STARFIGHTER), München 1984, Kn 1218

Auch keine Tränen aus Kristall (NOR CRYSTAL TEARS), München 1985, H 4160

Flinx (FOR LOVE OF MOTHER-NOT), München 1985, H 4219

Homanx Eins (C/OA), München 1985, H 4220 (enthält: *Das Tar-Aiym-Krang, Der Waisenstern* und *Der Kollapsar*)

Starman (STARMAN), München 1985, H 01/6369

Die Reise zur Stadt der Toten (VOYAGE TO THE CITY OF THE DEAD), München 1986, H 4308

Aliens – Die Rückkehr (ALIENS II), München 1986, H 01/6839

Colligatarch (THE I INSIDE), München 1987, H 4338

El Magico (SLIPT), München 1987, H 4355

Als George Lucas:

Krieg der Sterne (STAR WARS), München 1978, G 3633

Foster, M(ichael) A(nthony) (1939–)

Amerikanischer Autor, geboren in Greesboro, North Carolina. F. studierte in New York, Maryland und Oregon slawische Sprachen und Türkisch, war für die US Army und den Geheimdienst tätig, verließ den Staatsdienst 1978, betätigte sich als Systemanalytiker, Fotograf und Geschäftsmann, bis er 1984 freier Autor wurde. Nach zwei Gedichtbänden im Eigenverlag war THE WARRIORS OF DAWN (1975) seine erste SF-Veröffentlichung, gefolgt von THE GAMEPLAYERS OF ZAN (1977) und THE DAY OF THE KLESH (1979). Diese drei Romane bilden den *Ler*-Zyklus, in dem es um eine durch Genmanipulation entstandene Rasse von Übermenschen geht. Ihm gelang damit trotz seiner Neigung zu epischer Breite ein Stück recht phantasievoller und relativ eigenständiger SF, und er verarbeitete (in GAMEPLAYERS) u. a. Spieltheorien und neuartige Konzepte von Computerexperten. Insgesamt gehört der Zyklus zu den wichtigen SF-Werken zum Thema Übermenschen/Mutanten/Gentechnologie. Auch im *Morphodite*-Zyklus – THE MORPHODITE (1981), TRANSFORMER (1983), PRESERVER (1985) – geht es um Genetik, in diesem Fall um Gestaltwandler. Interessant ist ferner WAVES (1980), eine Art Detektivroman vor dem Hintergrund eines von einem türkisch-sowjetischen Kombinat erschlossenen Planeten mit einem (wie in Lems SOLARIS) lebenden Ozean. Mit OWL TIME (1985) hat F. auch einen Storyband vorgelegt, obwohl er sonst zur längeren Form neigt und außer mit ›Dreams‹ in THE JOHN W. CAMPBELL AWARDS 5 (Hrsg. George R. R. Martin) als Kurzgeschichtenautor bislang nicht in Erscheinung getreten war.

Bibliografie:

Morgenrötes Krieger (THE WARRIORS OF DAWN), München 1980, M 3503
Die Zan-Spieler (THE GAMEPLAYERS OF ZAN), München 1981, M 3518
Stunde der Klesh (THE DAY OF THE KLESH), München 1981, M 3533
Das Mulcahen-Rätsel (WAVES), Rastatt 1985, M 3668

Fowler, Karen Joy

Amerikanische Autorin, die in den letzten Jahren durch die Qualität ihrer Erzählungen auffiel und 1987 den John W. Campbell Award als beste Nachwuchsautorin erhielt. F. studierte in Berkeley/Kalifornien politische Wissenschaften und in Davis Nordasiatische Kultur. Nebenbei belegte sie Kurse in SF-Schreiben, bei denen der Autor Kim Stanley Robinson ihr Lehrer war. Sie arbeitet heute als Ballettlehrerin und als freiberufliche Schriftstellerin. Ihre ersten Stories erschienen 1985 in *Isaac Asimov's Science Fiction Magazine* und in WRITERS OF THE FUTURE, die inzwischen gesammelt unter dem Titel ARTIFICIAL THINGS bei Bantam erschienen sind, ein Band, der ausgezeichnete Rezensionen erhielt. Zu den herausragenden Erzählungen gehören ›Recalling Cinderella‹, ›The Lake Was Full of Artificial Things‹ und vor allem ›Face Value‹.

Fox, Gardner F(rancis) (1911 – 1986)

F., geboren in Brooklyn, New York, studierte Jura, arbeitete in einem Anwaltsbüro und wurde 1937 freier Schriftsteller. Er textete Comics wie *Superman* oder *Batman,* schrieb Abenteuer- und SF-Stories sowie rund hundert Romane, teilweise unter Pseudonymen wie Bart Somers, Jefferson Cooper und Simon Majors. Während er als Comictexter einige Reputation erlangt hat, blieb sein SF- und Fantasy-Werk von geringer Bedeutung.

Bibliografie:

Als Bart Somers:

Zeitbombe Galaxis (ABANDON GALAXY!), Frankfurt am Main/Berlin/Wien 1972, U 2872
Welten am Abgrund (BEYOND THE BLACK ENIGMA), Frankfurt am Main/Berlin/Wien 1972, U 2893

Fragner, Wolfram (1906 –   )
Deutscher Autor, geboren in München. F., promovierter Oberstudienrat a. D., schrieb Bühnenstücke, Lyrik, Hörspiele, Drehbücher sowie Romane, darunter *Kaiser von Europa,* in dem es um den 3. Weltkrieg, die Krönung eines neuen Kaisers in Aachen sowie um Prophezeiungen, Endzeitvisionen und den Antichrist geht.

Bibliografie:
Kaiser von Europa, Köln: Ellenberg 1975

France, Anatole (1844 – 1924)
Pseudonym für den französischen Autor und Nobel-Preisträger (1921) Anatole-François Thibault, geboren am 16. April 1944, gestorben am 12. Oktober 1924, der in Werken wie L'ILE DES PINGOUINS (1908) oder LA RÉVOLTE DES ANGES (1914) Sujets aus SF und Fantasy (hier zum einen die Evolution einer Pinguinrasse als Allegorie auf die menschliche Entwicklung, zum anderen eine Revolte der Engel gegen theologische Papierberge) zu satirischen Zwecken benutzte.

Bibliografie:
Die Insel der Pinguine (L'ILE DES PINGOUINS), München: Piper 1909

Francis, Edward
Pseudonym eines österreichischen Autors.

Bibliografie/H:
In den Klauen der Merkurmenschen, Ur 1 (1957)
Tote verschwinden, SU 8 (1958)

Francis, H. G. (1936 –   )
Pseudonym des deutschen Autors Hans Gerhard Franciskowsky, geboren in Itzehoe, heute in Barsbüttel bei Hamburg lebend. F., der auch die Pseudonyme Hans G. Francis, Gunther Frank, R. C. Quoos-Raabe, H. G. Francisco benutzt sowie unter dem Verlagspseudonym Ted Scott veröffentlicht hat, war mehrmals schleswig-holsteinischer Jugendmeister im Schwimmen, studierte Wirtschafts- und Sozialwissenschaften in Hamburg, begann nebenher zu schreiben, war zeitweise Werbekaufmann und wurde schließlich freier Autor. Sein erster Roman erschien 1962 unter dem Titel *Die fünf Oligos.* Er schrieb für die Serien *Mark Powers, Ren Dark, Rex Corda*

und *Ad Astra* (die beiden letzteren hatte er auch selbst konzipiert), bevor er 1971 zum *Perry Rhodan*-Team stieß, dem er bis heute angehört. F. gehört zu den produktivsten und vielseitigsten Autoren der deutschen Unterhaltungsliteratur und hat neben etwa dreihundert Heftromanen auch zwei Fernseh-Drehbücher, eine erkleckliche Anzahl von Jugendbüchern, zwei Sachbücher (über Mofas und Formaldehyd) sowie dreihundertsechzig Hörspiele für den Schallplatten- und Kassettenanbieter Europa geschrieben (neben SF wie *Commander Perkins, Flash Gordon, Masters of the Universe* und *Perry Rhodan* auch Krimi- und Gruselstoffe sowie Bestselleradaptionen). F., der nach eigenem Selbstverständnis (auch als Heftromanautor) in erster Linie für Jugendliche schreibt, hat mit *Die vom fünften Hundert* (Heftromanfassung als R. C. Quoos-Raabe 1971, später erweitert) einen Roman geschrieben, der thematisch und in seiner gesellschaftskritischen Aussage aus seiner sonstigen Produktion herausragt.

Bibliografie:

Die vom fünften Hundert, München 1986, M 3698

Als H. G. Francisco:

Geheime Befehle aus dem Jenseits, München: Schneider 1978
Die Rache des Kuklukan, München: Schneider 1979
Der rote Nebel, München: Schneider 1979
Planet der Seelenlosen, München: Schneider 1979
Der verbotene Stern, München: Schneider 1980
Im Land der grünen Sonne, München: Schneider 1980
Verloren in der Unendlichkeit, München: Schneider 1981
Im Bann der glühenden Augen, München: Schneider 1981
Der dritte Mond, München: Schneider 1983
Das Rätsel der sieben Säulen, München: Schneider 1984
Die Zeitfalle, München: Schneider 1984

Bibliografie/H:

Die fünf Oligos, UG 166 (1962)
Sonderauftrag Cano, UZ 444 (1965)
Der Kampf des Mutanten, UZ 481 (1966)
Der große Bluff, UZ 486 (1966)
Die Horden aus dem All, ZSF 1 (1966)
Sendbote der Erde, TN 66 (1969)
Terras Mann auf Hloga, TN 98 (1969)

Spezialisten auf Essta-4, TN 105 (1970)
Der Held des Imperiums, TA 4 (1971)
Der Gefangene vom Pluto, TA 38 (1972)
Cosmoport, TA 147 (1974)
Rebellion der Tiere, TA 173 (1974)
Der Seelendieb, TA 177 (1974)
Die Götter von Hamath, TA 181 (1975)
Der Abtrünnige, TA 185 (1975)
Götze der Mutanten, TA 189 (1975)
Krieg der Lenkhellen, TA 248 (1976)

Als R. C. Quoos-Raabe:
Die vollkommene Maske, ZSF 103 (1970)

Als Ted Scott:
Andromeda beherrscht die Erde, UZ 316 (1962)
Die ultimate Waffe, UG 188 (1963)
Der graue Koloß, UG 189 (1963)

Siehe Anhang SERIEN: Ad Astra, Atlan, Mark Powers, Orion, Perry Rhodan, Perry-Rhodan-Taschenbücher, Ren Dhark, Rex Corda, ZBV

Francisco, H. G. Siehe Francis, H. G.

François
Pseudonym eines französischen Generalstabsoffiziers.

Bibliografie:
Wenn die Russen angreifen ... (LE 6E COLONNE. SI LES RUSSES ATTA-QUAIENT ... ROMAN SANS FICTION), Stuttgart-Degerloch: Seewald 1980

Frank, Alain Französischer Autor.

Bibliografie:
Morgen bist du ein anderer (L'HOMME AU CERVEAU GREFFE)
(mit V. Vicas), München: Scherz 1970

Frank, Karlhans (1937 –   )

Bibliografie:
Auf Quazar 17 braucht man keine Ohren, Würzburg: Arena 1981

Frank, Pat (1907 –   )

Pseudonym für den amerikanischen Autor Harry Hart, der hauptberuflich als Beamter für die Regierung sowie bei der UNO tätig war. Er schrieb eine Reihe von Stories und Romanen, darunter als Romanerstling den satirisch-komischen SF-Titel MR. ADAM (1946), in dem nach einer Atomkatastrophe nur ein einziger fortpflanzungsfähiger Mann übrigbleibt. Weitere Romane aus seiner Feder, die der SF zuzurechnen sind: der Thriller FORBIDDEN AREA (1956) und der Post Doomsday-Titel SALAS, BABYLON (1959). Mit der SF-Szene jener Jahre stand F. allerdings nicht in Verbindung.

Bibliografie:

Adam und die Frauen (MR. ADAM), München: Desch 1946

Franke, Charlotte Siehe Winheller, Charlotte

Franke, Herbert W. (1927 –   )

F. wurde in Wien geboren, studierte an der Universität Wien Chemie, Physik, Psychologie und Philosophie und dissertierte 1950 in theoretischer Physik. Seit 1956 ist er als freier Fachpublizist und Schriftsteller tätig.

Um 1935 kam F. erstmals mit der Science Fiction in Kontakt, als er einen Marsroman in einer technischen Zeitschrift las, die sein Vater abonniert hatte. Später verschlang er die Romane der von Freder van Holk geschriebenen Serie *Sun Koh,* von der die meisten vor dem Krieg aufgewachsenen deutschsprachigen Autoren in der einen oder anderen Form beeinflußt wurden. Bereits 1953 veröffentlichte F. erste phantastische Erzählungen in der österreichischen Literaturzeitschrift *Neue Wege.* Ab 1960 war er als Berater bei Goldmann tätig, der zu veröffentlichende SF-Bücher auf ihre wissenschaftliche Stichhaltigkeit überprüfte. Sein erstes Buch war der Band *Der Grüne Komet* (1960); der schmale Band enthielt fünfundsechzig SF-Vignetten aus den unterschiedlichsten Bereichen der SF, allesamt recht konventionell, viele mit offenem Ende, einer Form, die für entsprechende Aufmerksamkeit sorgte. Bis 1965 erschienen sechs Romane bei Goldmann, die sich thematisch mit der Manipulation des Individuums und der Wirklichkeitssimulation befassen. Einer seiner besten Romane, *Das Gedankennetz* (1961), vereint diese beiden Themen in eindrucksvoller Weise und gilt auch heute noch als einer der besten deutschen SF-Romane überhaupt. F. baut seine Romane meist nicht chronologisch auf, sondern läßt die Handlung auf mehreren Ebenen ablaufen, versorgt den Leser nach und nach mit Informationsschnipseln, die dann erst gegen Ende der Handlung die Hintergründe offenbaren. Mit dem Einstellen der Goldmann-Hardcoverreihe wandte F. der SF zunächst einmal für fünf Jahre den Rücken, bevor er 1970 mit *Zone Null* einen neuen Roman veröffentlichte. Des weiteren sind sieben Storysammlungen erschienen, in denen auch Hörspiele aus seiner Feder Aufnahme gefunden haben. 1974 wurde er neben Wolfgang Jeschke Mitherausgeber der Heyne Science Fiction-Taschenbuchreihe, bis er 1979 als Herausgeber der SF-Reihe zum Goldmann-Verlag zurückkehrte, eine Tätigkeit, die er bis 1982 fortführte. F. hat sich vor allem auch als Herausgeber einschlägiger Anthologien um die Publikation osteuropäischer Science Fiction verdient gemacht, etliche SF-Hörspiele geschrieben und gilt im Sachbereich als Verfechter der Verbindung von Technik und Kunst, insbesondere der sogenannten Computerästhetik. Seit 1982 hat er erneut Romane vorgelegt, die jedoch längst nicht mehr den wegweisenden Einfluß haben wie seine Werke der sechziger Jahre. Sein 1985 erschienener Roman *Endzeit* wurde als bester SF-Roman des Jahres 1986 mit dem Kurd-Laßwitz-Preis ausgezeichnet.

Bibliografie:

Der grüne Komet (C), München: Goldmann 1960, GZ 4
Das Gedankennetz, München: Goldmann 1961, GZ 16
Der Orchideenkäfig, München: Goldmann 1961, GZ 24
Die Glasfalle, München: Goldmann 1962, GZ 32
Die Stahlwüste, München: Goldmann 1962, GZ 38
Fahrt zum Licht. Utopische Kurzgeschichte (C), Tokio: Sansyusya 1963
Der Elfenbeinturm, München: GZ 60 1965
Zone Null, München: Kindler 1970
Einsteins Erben (C), Frankfurt am Main: Insel 1972
(Hrsg.) *Science Fiction Story Reader 2,* München 1974, H 3398
(Hrsg.) *Science Fiction Story Reader 4,* München 1975, H 3451
(Hrsg.) *Science Fiction Story Reader 6,* München 1976, H 3498
Ypsilon Minus, Frankfurt am Main 1976, st 358
Zarathustra kehrt zurück (C), Frankfurt am Main 1977, st 410

(Hrsg.) *Science Fiction Story Reader 8,* München 1977, H 3549
Ein Kyborg namens Joe (C), Berlin/DDR: Das Neue Berlin 1978
(Hrsg.) *Science Fiction Story Reader 10,* München 1978, H 3602
Sirius Transit, Frankfurt am Main 1979, st 535
Schule für Übermenschen, Frankfurt am Main 1980, st 730
(Hrsg.) *SF International I,* München 1980, G 23345
(Hrsg.) *SF International II,* München 1981, G 23388
Paradies 3000 (C), Frankfurt am Main 1981, st 664
Keine Spur von Leben. Hörspiele (C), Frankfurt am Main 1982, st 741
(Hrsg.) *SF International III,* München 1982, G 23412
(Hrsg.) *SF aus Rumänien* (mit Mircea Oprita), München 1982,
G 23424
Tod eines Unsterblichen, Frankfurt am Main 1982, st 772
Transpluto, Frankfurt am Main 1982, st 841
Die Kälte des Weltraums, Frankfurt am Main 1984, st 990
Endzeit, Frankfurt am Main 1985, st 1153
(Hrsg.) *Kontinuum 1,* Frankfurt am Main/Berlin/Wien 1986,
U 31111
(Hrsg.) *Kontinuum 2,* Frankfurt am Main/Berlin/Wien 1986,
U 31124
(Hrsg.) *Kontinuum 3,* Frankfurt/Berlin/Wien 1986, U 31134
Der Atem der Sonne (C), Frankfurt am Main 1986, st 1265

Als Sergius Both:
Planet der Verlorenen, München 1963, GWTB 014

Frankson, Edgar
Pseudonym eines österreichischen Autors.

Bibliografie/H:
Rakete zur Hölle, Ur 8 (1957)

Frayn, Michael (1933 –   )
Britischer Autor, geboren in London. F. war Reporter und Kolumnist
für Zeitungen wie *The Guardian* und *The Observer,* hat zahlreiche
Drehbücher für das Fernsehen sowie Bühnenstücke geschrieben
und wurde hierfür mit einer Reihe von Preisen bedacht. Er schrieb
bislang drei SF-Romane (Erstling: THE TIN MEN, 1965; es folgten A VERY
PRIVATE LIFE, 1968, und SWEET DREAMS, 1973), und zwei weitere Romane außerhalb des Genres, aber in erster Linie ist F. Dramatiker.

Bibliografie:
Blechkumpel (THE TIN MEN), München 1982, H 3938

Frederic, Al
Pseudonym von Holger Friedrichs.

Siehe Anhang SERIEN: *Plutonium Police*

Free, Colin Australischer Autor.

Bibliografie:
Das Gift der Glückseligkeit (THE SOFT KILL), Bergisch Gladbach 1977,
B 21089

Freed, Cecil V. Siehe Rock, C. V.

Freedman, Nancy (1920 –   )
Amerikanische Autorin, geboren als Nancy Mars in Chicago. F. studierte in Los Angeles und war zunächst Schauspielerin, die u.a. im *Faust* auf der Bühne stand und für eine Max-Reinhardt-Tournee (1937/38) engagiert war. Gemeinsam mit ihrem Mann Benedikt Freedman hat sie zehn Romane außerhalb der SF verfaßt. Ihr einziger – allein verfaßter – SF-Roman kam 1973 unter dem Titel JOSHUA SON OF NONE heraus und schildert das Schicksal eines Klons des ermordeten Präsidenten Kennedy.

Bibliografie:
Joshua Niemanssohn (JOSHUA SON OF NONE), München 1976, H 3518

Frehse, Martin (1870 – ?)

Bibliografie:
Botschaft vom Mars und andere besinnliche Geschichten (C),
Bielefeld: Velhagen & Klasing 1929

Freiberg, H(ans) J(oachim)
Deutscher Autor, der auch unter dem Pseudonym John Fryberg veröffentlichte.

Als John Fryberg:
Erfolgsaussichten 11%, Hamburg: Kelter 1969

Siehe Anhang SERIEN: *Rhen Dhark*

Freiová, Ludmilla (1926–   )

Tschechoslowakische Autorin, geboren in Prag. F. studierte an der Karls-Universität Bohemistik und Philosophie und war bis vor kurzem als Lehrerin in einem Prager Gymnasium tätig. Sie schreibt seit Ende der fünfziger Jahre und wurde zweimal mit Preisen ausgezeichnet. 1975 wandte sie sich erstmals der SF zu, der sie sich seit 1977 ausschließlich widmet. Neben Erzählungen sind dabei folgende Romane entstanden: LETNI KURSY (*Sommerkurse,* 1977), VYŘAZENÝ EXEMPLÁŘ (*Das ausgesonderte Exemplar,* 1980) und STRACH NA PLANETĚ KVARA (*Angst auf dem Planeten Quara,* 1982). In Vorbereitung befinden sich die Romane CIZINICI NA PLANETĚ KVARA (*Fremdlinge auf dem Planeten Quara*) und ODKUD PŘIŠEL SILVESTR STIN? (*Woher kam Silvester Stin?*). Auch zwei ihrer Stories wurden ins Deutsche übersetzt.

Freksa, Friedrich (1882–1955)

Pseudonym des dt. Autors Kurt Friedrich-Freksa, geboren in Berlin. F. war zeitweise Mitarbeiter der satirischen Zeitschrift *Phosphor* und schrieb eine Reihe von Romanen und Erzählungen. Neben Kurzgeschichten trug er zur SF der Weimarer Zeit den Roman *Druso – Die gestohlene Menschheit* (1931) bei. Das Werk ragt zwar thematisch aus dem eher biederen Milieu des deutschen Zukunftsromans jener Tage heraus, ist aber dennoch umstritten: Kritiker unterstellen F., in *Druso* rassistische und faschistische Ideologie umgesetzt zu haben.

Bibliografie:

Druso – die gestohlene Menschheit, Berlin: Reckendorf 1931

French, Paul Siehe Asimov, Isaac

Frey, Alexander Moritz (1881–1956)

Bibliografie:

Solnemann der Unsichtbare, München: Delphin 1914

Frey, H. J.

Pseudonym für Hans Jürgen Freytag.

Bibliografie/H:

Tramp im All, TN 144 (1970)
Die Zeitkorrektur, TA 16 (1971)
Hinter der Antimaterie-Wolke, TA 79 (1973)

Siehe Anhang SERIE: *Perry-Rhodan-Taschenbücher*

Frick, Martin (1933 –   )
Deutscher Autor, seit 1958 in der Schweiz ansässig. F. studierte Elektronik, Kunstgeschichte und Astronomie in Bern und schloß als Diplom-Astronom ab. Sein einziger SF-Roman, *Patina* (1969), erzählt eine mystische Liebesgeschichte, die Seelenwanderung und Zeitdilatation einschließt und schließlich in einem utopischen Idealstaat auf dem Titan Erfüllung findet.

Bibliografie:
Patina, Bern: Lukianos 1969

Friebel, G(isela) S. (1941 –   )
Deutsche Autorin, voller Name Gisela Friebel-Röhring, geboren am 22. Februar 1941 in Greven, Kripo-Angestellte in Münster, die auch unter Gisela de Fries und Thea Moosbach schreibt. F. veröffentlichte bislang weit über 350 Heftromane in den verschiedensten Genres sowie mehrere Kinderbücher.

Bibliografie/H:
Siehe Anhang SERIEN: *Raumschiff Promet*

Friedberg, Gertrude (1908 –   )
Amerikanische Autorin, geboren in New York. F. war als Lehrerin tätig und schrieb nebenher Theaterstücke. Zur SF fand sie erst 1963 mit der Story ›The Short and Happy Death of George Frumkin‹. THE REVOLVING BOY (1966) handelt von einem hypersensitiven Kind, das im Weltraum geboren wurde und später Signale aus dem All empfängt.

Bibliografie:
Ruf aus dem Weltraum (THE REVOLVING BOY), München: Goldmann 1967, GZ 77

Friedell, Egon (1878 – 1938)
Österreichischer Autor, Theaterkritiker und Kulturhistoriker, geboren in Wien. F. promovierte über Novalis, war Schauspieler in Berlin und Wien, konzentrierte sich schließlich auf das Schreiben und war eine der bekanntesten Persönlichkeiten der deutschen Kulturszene der zwanziger und dreißiger Jahre. Er nahm sich das Leben, als 1938 die SS in sein Haus eindrang (F. war Jude). Sein Roman *Die Reise mit der Zeitmaschine* (posthum 1946 veröffentlicht, neuerer

Titel: *Die Rückkehr der Zeitmaschine)* ist eine Fortsetzung von H. G. Wells' Klassiker THE TIME MACHINE.

Bibliografie:

Die Reise mit der Zeitmaschine, München: Piper 1946

Friedrich, Herbert (1926–)

DDR-Autor, geboren in der Nähe von Dresden. Nach der Rückkehr aus der Kriegsgefangenschaft betätigte er sich als Lehrer, studierte von 1958–1961 am Johannes-R.-Becher-Institut in Leipzig Literatur und schreibt seit 1956 Erzählungen, Kinderbücher und Fernsehspiele. 1966 erhielt er den Kunstpreis der Stadt Dresden. *Der Damm gegen das Eis* (1964) ist ein am traditionellen deutschen Zukunftsroman orientierter technisch-utopischer Stoff.

Bibliografie:

Die Reise nach dem Rosenstern, Berlin/DDR: Der Kinderbuchverlag 1963
Der Damm gegen das Eis, Halle/Saale: Mitteldeutscher Vlg. 1964

Friend, Oscar J(erome) (1897–1963)

Amerikanischer Autor und Redakteur, geboren in St. Louis, der in den frühen vierziger Jahren zum Redaktionsstab der Standard Magazine (dazu gehörten die SF-Magazine *Thrilling Wonder Stories, Startling Stories* und *Captain Future)* gehörte. F. verfaßte für die Standard Magazine allerlei Stories (neben SF auch Krimis und Western), die allerdings überwiegend der verdienten Vergessenheit anheimfielen.

Bibliografie:

Mann vom Mars in besonderer Mission (THE KID FROM MARS), Berlin: Gebr. Weiß 1956

Friesel, Uwe (1939–)

Deutscher Autor und Übersetzer, geboren am 10. Februar 1939 in Braunschweig, heute in Hamburg lebend. F., der vor allem durch Kinderbücher bekannt wurde, schrieb auch eine Reihe von Hörspielen sowie Drehbücher zu einem Fernsehspiel und dem Film *Der lautlose Tod – Giftgas in Hamburg.* In den Bereich der SF fällt sein Kinderbuch *Maicki Astromaus* (1970, als Hörspiel 1971).

Bibliografie:

Maicki Astromaus, Köln: Middelhauve 1970

Fritz, Alfred

Das erste SF-Jugendbuch dieses deutschen Autors, *Astropol,* schildert Abenteuer auf einer Raumstation.

Bibliografie:

Astropol, Reutlingen: Ensslin & Laiblin 1951
Start in die dritte Dimension, Stuttgart: Herold 1958

Frühauf, Klaus (1933 –   )

DDR-Autor, geboren in Halle, heute in Rostock lebend. F. studierte Maschinenbau, arbeitete als Konstrukteur, brachte es zum Hauptkonstrukteur und ›Verdienten Techniker‹. Er schreibt seit 1970 in seiner Freizeit, seit 1980 als freischaffender Autor SF, wobei er mehr zur abenteuerlichen Seite des Genres neigt. *Am Rande wohnen die Wilden* (1976) erschien auch in einer bundesdeutschen Lizenzausgabe. Es geht darin um eine extraterrestrische Zivilisation, die sich in Kunststoff und anderer Künstlichkeit völlig abgekapselt hat und diesen Zustand für die allein wahre Lebensart hält – bis sie auf die ›Wilden‹ von der Erde trifft, die sich ihre natürliche Umwelt bewahrt haben und den Fremden durchaus etwas zu geben haben.

Bibliografie:

Mutanten auf Andromeda, Berlin/DDR: Neues Leben 1974
Am Rande wohnen die Wilden, Berlin/DDR: Neues Leben 1976
(Dortmund: Weltkreis 1976)
Das Wasser des Mars (C), Berlin/DDR: Neues Leben 1977
Stern auf Nullkurs, Berlin/DDR: Neues Leben 1979
Der Flug in die Sonne (C/OA), Stuttgart: Boje 1979
Genion, Berlin/DDR: Neues Leben 1981
Das fremde Hirn (C), Berlin/DDR: Neues Leben 1982
Die Bäume von Eden, Halle/Leipzig: Mitteldeutscher Verlag 1983
Das verhängnisvolle Experiment, Berlin/DDR: Neues Leben 1984

Bibliografie/H:

Kurs zur Erde, DNA 345 (1975)

Fryberg, John Siehe Freiberg, H. J.

Fuchs, Ernst Siehe Fuchs, Werner

Fuchs, Walter A. (1956 –   )

Geboren in Österreich. F. war Anfang der achtziger Jahre Angestellter des Moewig Verlags und dort speziell für die *Perry-Rhodan*-Fanbetreuung zuständig.

Bibliografie (mit H. J. Alpers und Hansjürgen Kaiser):

(Hrsg.) *Science Fiction Jahrbuch 1983,* München 1982, M 3600
(Hrsg.) *Science Fiction Jahrbuch 1984,* München 1983, M 3624

Fuchs, Walter R. (1937 – 1978)

Geboren in Princeton/New Jersey, absolvierte F. eine Ausbildung als Feinmechaniker und Elektrotechniker. Nach einem Praktikum als technischer Zeichner studierte er Physik, Mathematik und Elektrotechnik in München und schloß 1961 mit der Promotion (summa cum laude) ab. 1962 wurde F. Wissenschaftsredakteur des Bayerischen Rundfunks. Später leitete er dort den Programmbereich Außerschulische Ausbildungsprogramme (Telekolleg, Teleberuf, Universitätsfernsehen). Neben zahlreichen Sachbüchern über physikalische, mathematische und kybernetische Themen veröffentlichte er 1973 ein Buch über mögliche andere Lebensformen im Kosmos *(Leben unter fernen Sonnen? Wissenschaft und Spekulation).* Ebenfalls 1973 erschien der SF-Roman *Der Hundeplanet,* ›verfaßt‹ von dem Hund Welsh Corgi, ›nacherzählt‹ von Walter R. Fuchs, ein satirischer Roman über einen Planeten, auf dem Hunde eine eigene Computerzivilisation errichtet haben. Sie nehmen Kontakt zur Erde auf und entdecken hier ihre irdischen Verwandten.

Bibliografie:

Der Hundeplanet, München: Droemer Knaur 1973

Fuchs, Werner (1949 –   )

Deutscher Autor, Lektor und Anthologist, geboren in Hüttlingen-Sulzdorf bei Aalen. F. studierte Wirtschaftswissenschaften in Bochum sowie Anglistik und Germanistik in Düsseldorf, bevor er sich freiberuflich als Buch- und Spielehändler, Übersetzer, Lektor, Autor und Verleger betätigte. Er war Außenlektor der

461

SF-Taschenbuchreihe *Fischer Orbit*. Redakteur des SF-Magazins *Comet*, Herausgeber einer Reihe von Anthologien für Verlage wie Hohenheim, Tosa, Reclam und Droemer Knaur, gab von 1980–1987 die Reihe *Knaur Science Fiction* heraus und ist als Lektor und Autor im Rollenspielbereich tätig. Außerdem veröffentlicht er Sachbücher und Hörspiele.

Bibliografie:

(Hrsg.) *Science Fiction-Anthologie, Bd. 1: Die fünfziger Jahre I* (mit Hans Joachim Alpers), Köln-Lövenich: Hohenheim 1981
(Hrsg.) *Science Fiction-Anthologie, Bd. 2: Die fünfziger Jahre II* (mit Hans Joachim Alpers), Köln-Lövenich: Hohenheim 1982
(Hrsg.) *Science Fiction-Anthologie, Bd. 3: Die vierziger Jahre I* (mit Hans Joachim Alpers), Köln-Lövenich: Hohenheim 1982
(Hrsg.) *Neue Science Fiction-Geschichten* (mit Hans Joachim Alpers), Wien: Tosa 1982 (durch ein Versehen des Verlags als Ernst Fuchs)
(Hrsg.) *Visum für die Ewigkeit,* München 1982, Kn 5743
(Hrsg.) *Licht des Tages, Licht des Todes,* München 1982, Kn 5749
(Hrsg.) *Grotte des tanzenden Wildes,* München 1982, Kn 5754
(Hrsg.) *Straße der Schlangen,* München 1983, Kn 5761
(Hrsg.) *Science Fiction-Anthologie, Bd. 4: Die vierziger Jahre II* (mit Hans Joachim Alpers), Köln-Lövenich: Hohenheim 1983
(Hrsg.) *Science Fiction-Anthologie, Bd. 5: Die sechziger Jahre I,* (mit Hans Joachim Alpers), Köln-Lövenich: Hohenheim 1983
(Hrsg.) *Science Fiction-Anthologie, Bd. 6: Die sechziger Jahre II* (mit Hans Joachim Alpers), Hamburg: Hohenheim 1984
(Hrsg.) *Das Fest des Heiligen Dionysos,* München 1984, Kn 5790
(Hrsg.) *13 Science Fiction Stories* (mit Hans Joachim Alpers und Ronald M. Hahn), Stuttgart: Reclam 1985
(Hrsg.) *Licht- und Schattenjahre,* München 1985, Kn 5838

Sekundärliteratur:

Dokumentation der Science Fiction ab 1926 in Wort und Bild (mit Hans Joachim Alpers und Ronald M. Hahn), Celle: Tandem 1978
Lexikon der Science Fiction Literatur (mit Hans Joachim Alpers, Ronald M. Hahn und Wolfgang Jeschke), München 1980, H 01/7111 u. 01/7112 (2 Bde.)
Reclams Science Fiction Führer (mit Hans Joachim Alpers und Ronald M. Hahn), Stuttgart: Reclam 1982

Fühmann, Franz (1922–1984)

Der Sohn eines Apothekers, in Rokytnice (heute ČSSR) geboren, wurde als Oberschüler zur Wehrmacht eingezogen, schrieb 1942 erste Gedichte, war in sowjetischer Kriegsgefangenschaft (Rückkehr 1949 und lebte von 1950 bis zu seinem Tod als freier Schriftsteller in der DDR. Er wurde mit dem Vaterländischen Verdienstorden (1955), dem Nationalpreis (1957, 1974), dem Heinrich-Mann-Preis (1956), dem Kunstpreis des FDGB (1962) sowie dem Lion-Feuchtwanger-Preis (1972) ausgezeichnet und war Mitglied der Akademie der Künste der DDR. Neben Romanen, Gedichten, Novellen und Erzählungen veröffentlichte er 1981 den Erzählungsband *Saiäns-Fiktschen.*

Bibliografie:

Saiäns-fiktschen (C), Rostock: Hinstorff 1981

Fuhrmann, Rainer (1940–   )

DDR-Autor, der in Berlin geboren wurde. Nach einer Lehre als Dreher arbeitet er heute als Mechanikermeister in einem Betrieb, der orthopädische Geräte entwickelt und herstellt. 1976 erschien seine erste SF-Erzählung, *Das Experiment,* in der Anthologie *Begegnung im Licht.* 1977 veröffentlichte er seinen ersten SF-Roman: *Homo sapiens 10^{-2},* 1978 folgte *Das Raumschiff aus der Steinzeit.* Der Roman schildert, wie unter Geröllschichten ein 250000 Jahre altes Raumschiff gefunden wird. Die Suche nach den Außerirdischen, die mit diesem Raumschiff auf der Erde gestrandet sind, führt zum Mars und schließlich zum Jupitermond Ganymed.

Bibliografie:

Homo sapiens 10^{-2}, Berlin: Das Neue Berlin 1977
Das Raumschiff aus der Steinzeit, Berlin: Neues Leben 1978
Planet der Sirenen, Berlin/DDR: Das Neue Berlin 1981
Die Untersuchung, Berlin/DDR: Das Neue Berlin 1984
Medusa, Berlin/DDR: Das Neue Berlin 1985

Bibliografie/H:

Per Kippschalter, Blaulicht 209 (1981)
Herzstillstand, Blaulicht 212 (1981)

Funk, Richard (1926 –   )

F. wurde auf einem Friedhof in Warschau geboren, wo sein Vater eine Dienstwohnung hatte. Er begeisterte sich frühzeitig für Jules Verne und Bruno H. Bürgel, kam nach dem Krieg in die DDR und wurde dort Chemieingenieur. Er schreibt in seiner Freizeit Gedichte, SF-Erzählungen und veröffentlichte bisher einen Roman (*Gerichtstag auf Epsi,* 1973).

Bibliografie:

Gerichtstag auf Epsi, Berlin: Das Neue Berlin 1973

Fuschlberger, Hans

Bibliografie:

Der Flug in die Zukunft, Leipzig: Grunow 1937

Fyfe, H(orace) B(rown) (1918 –   )

Amerikanischer Autor, geboren in Jersey City, New Jersey. F. studierte an der Columbia University und veröffentlichte 1940 mit ›Locked Out‹ seine erste Story in *Astounding.* In der Folge schrieb er rund fünfzig Stories für die verschiedensten Magazine sowie den Roman D-99.

Gabler, John (Pseudonym)

Bibliografie/H:

Das Experiment, UZ 448 (1965)

Gail, Otto Willi (1896 – 1956)

Geboren in Gunzenhausen/Mittelfranken. Studium der Elektrotechnik und Physik an der TH München. Tätigkeit als Wissenschaftsjournalist. Verfasser etlicher Sachbücher über Physik, Astronomie und Raumfahrt. G. erlangte große Popularität, obwohl er nur wenige utopische Romane verfaßte. Sein erzählerisches Werk kreist mehr oder weniger um das Thema Raumfahrt. Persönlich von diesem Gedanken begeistert, wollte er vor allem die Jugend ansprechen und die noch in ersten Vorversuchen experimentierende Raumfahrt in ihrer technischen Durchführbarkeit vorstellen. Für G. stand die SF im ›Vorhof‹ von Naturwissenschaft und Technik, was ihn mit den meisten deutschen SF-Autoren verband, die an den Fortschritt glaubten. Da er selbst Fachmann war und sich vom deutschen Raketenpionier Max Valier in technischen Details beraten ließ, steht sein Werk, was ihre rein technische Vorausschau angeht, über dem Durchschnitt der SF-Produktion seiner Zeit. Sein Erstling, *Der Schuß ins All,* sah ein Wettrennen zweier Nationen zum Mond voraus – wobei die Deutschen allerdings gegen die Russen gewinnen. *Der Stein vom Mond* ist eine Fortsetzung dieses Titels. Beide Romane wurden auch ins Amerikanische übertragen und erschienen 1929/1930 in Hugo Gernsbacks Magazin *Science Wonder Quaterly.*

Bibliografie:

Der Schuß ins All, Breslau: Bergstadt 1925
Der Stein vom Mond, Breslau: Bergstadt 1926
Hans Hardts Mondfahrt, Stuttgart: Union 1928

Die blaue Kugel (C), Breslau: Bergstadt 1929
Energiesammler HaDeWe, Breslau: Bergstadt 1929
Der Griff nach dem Atom, München: Reich 1947
Der Herr der Wellen, Nürnberg: Sebaldus 1949

Gakow, W.

Bibliografie: (Hrsg.)
Gut eingerichtete Planeten, Berlin/DDR: Das Neue Berlin 1982

Galaxis, Henry (Pseudonym)

Bibliografie/H:
Der neue Herrscher, Ge 7 (1976)

Gallagher, Steve Amerikanischer Autor.

Bibliografie:
Saturn 3 (SATURN 3), Bergisch Gladbach 1980, B 21134

Gallun, Raymond Z(inke)

(1910–   )
Geboren in Beaver Dam/Wisconsin. Ex-Jurastudent, arbeitete u.a. als ›technical writer‹ für eine Sonarausrüstungsfirma, vagabundiert durch die Welt und schreibt. Seine ersten Stories – ›The Crystal Ray‹ *(Air Wonder Stories)* und ›The Space Dwellers‹ *(Science Wonder Stories)* – erschienen im November 1929. G. hat auch unter Pseudonymen (z.B. Arthur Allport, William Callahan, Dow Elstar, E.V. Raymond) Erzählungen für allerlei Magazine geschrieben. Sein Romanwerk ist schmal und relativ bedeutungslos: PEOPLE MINUS X (1957) handelt von Mini-Menschen und Persönlichkeitsaufzeichnungen; THE PLANET STRAPPERS (1961) beschreibt jugendliche Helden, die im Asteroidengürtel zu Männern heranwachsen, und das Spätwerk THE EDEN CYCLE (1974) ist eine Space Opera, die zeigt, daß G. sich von den Traditionen der Pulp-Ära nie hat lösen können. Obwohl er zu den altgedientesten SF-Autoren zählt, konnte er nur mit der aus drei Geschichten bestehenden ›Old Faithful‹-Serie (1934–1936 in *Astounding*) gewisse Popularität erzielen. Zum klas-

sischen Fundus der SF trug er wenig bei. 1979 zeichnete man ihn mit dem ›First Fandom Man of the Year‹ Award aus, einem Preis, der kein literarisches Werk, sondern einen ›netten Kerl‹ ehren soll.

Bibliografie:
Menschen Minus X (PEOPLE MINUS X), Düsseldorf: Dörner 1959
Bruderwelten (C/OA), Rastatt 1985, UC 79

Bibliografie/H:
Der Ring um die Sonne (A STEP FARTHER OUT) (mit Clark Darlton), UG 34 (1956)
Tödliche Träume (PASSPORT TO JUPITER), TS 37 (1961)
Sternenfieber (THE PLANET STRAPPERS), TS 66 (1963)
Die Lotos-Maschine (C) (THE LOTUS ENGINE), TA 549 (1982)

Galouye, Daniel F(rancis)
(1920 – 1976)
Geboren in New Orleans/Louisiana. Testpilot, Journalist und Schriftsteller (Ps. Louis G. Daniels). G. studierte an der Louisiana State University, war einer der ersten Raketenpiloten der Welt, und arbeitete nach dem Krieg als Zeitungsreporter. 1951 tauchte er erstmals in William L. Hamlings vorwiegend interplanetare Räuberpistolen publizierendem Magazin *Imagination* auf: ›Rebirth‹ (1951) gehört zu einer erklecklichen Anzahl ideenreicher Kurzromane, die seinen Ruf als Verfasser nichtweltraumbezogener Erzählungen begründeten. G. veröffentlichte zwar nur wenige Romane, doch eine Menge ›Ideen‹-Geschichten – hauptsächlich in *Imagination, Galaxy* und *Magazine of Fantasy & Science Fiction* –, die für das von der Space Opera dominierte Genre neu waren. 1967 mußte er seine Reportertätigkeit aufgrund nicht ausgeheilter Kriegsverletzungen aufgeben und war nur noch als Lokalredakteur tätig. Typisch für sein Werk sind wie bei A. E. van Vogt Helden, die nicht wissen, was um sie herum vorgeht – trotz geheimer Kräfte, die sie im Laufe der Handlung zu erkennen und zu meistern lernen. In THE LOST PERCEPTION (1966) wird die Erde von einer Seuche befallen; die Menschen leiden unter entsetzlichen Schreikrämpfen, werden manchmal nach langem Siechtum wieder gesund, aber häufiger sind ihr Schicksal

Wahnsinn und Tod. Das ›Sicherheitsbüro‹, eine internationale Organisation, die nach dem Zerfall der Nationalregierungen die Ordnung aufrechterhält, gibt Außerirdischen die Schuld an der Seuche, die daraufhin gejagt und getötet werden. Doch die Ursache der Epidemie sind kosmische Strahlen: Die Erde ist aus einem Feld hervorgetreten, das sie bisher unterdrückt hat. Die Überlebenden verfügen nun über den ›sechsten Sinn‹; die ›Schreiphase‹ war nur ein Übergangsstadium auf dem Weg zur Erlangung übersinnlicher Fähigkeiten. DARK UNIVERSE (1961) wurde für den Hugo Award nominiert; SIMULACRON-3 (1964) wurde von Rainer W. Fassbinder verfilmt: Hier geht es um ein von der Großindustrie finanziertes Institut, das in einem Supercomputer eine künstliche Welt simuliert, um anhand der Reaktionen ihrer ›Bewohner‹ Erfahrungswerte zu sammeln. Einer der an dem Projekt beteiligten Forscher entdeckt, daß die ›Kunstmenschen‹ ein Eigenleben entwickeln und danach streben, in die ›nächst höhere Dimension‹ (die ihrer ›Erzeuger‹) aufzusteigen. Die Pointe dieses Romans ist von außergewöhnlicher Härte: Der Protagonist muß erkennen, daß auch er – wie seine Welt – nur eine von höheren Mächten erzeugte Computersimulation ist.

Bibliografie:

Dunkles Universum (DARK UNIVERSE), München 1962, GZ 37
Welt am Draht (SIMULACRON-3), München 1965, GZ 64 (auch: *Simulacron-3*)
Die gefangene Erde (LORDS OF THE PSYCHON), München 1965, GZ 62
Die stummen Schwingen (C) (MINDMATE AND OTHER STORIES), Rastatt 1967, PU 313
Weltraumschiff Nina meldet (THE LOST PERCEPTION), München 1968, GWTB 087
Basis Alpha (C/OA), München 1968, TTB 131
Jenseits der Barrieren (C) (THE LAST LEAP AND OTHER STORIES OF THE SUPERMIND), München 1975, GWTB 0190
Das Reich der Tele-Puppen (C) (PROJECT BARRIER), München 1975, GWTB 0198
Der unendliche Mann (THE INFINITE MAN), Frankfurt am Main/Berlin/Wien 1984, U 31082
Abstieg in den Mahlstrom (C/OA), Frankfurt am Main/Berlin/Wien 1984, U 31085
Der Tag, an dem die Sonne starb (TONIGHT THE SKY WILL FALL/THE DAY THE SUN DIED), Frankfurt am Main/Berlin 1986, U 31138

Bibliografie/H:

Das Gericht der Telepathen (C/OA), T 408 (1965)
Zweikampf der Giganten (THE FIST OF SHIVA), T 482 (1966)
Welt der Finsternis/Geheimprojekt Lichtmauer (C) (PHANTOM WORLD/
REBIRTH), UZ 483 (1967)
Das Geheimnis der Unsterblichen (C/OA), UZ 557 (1968)

Gamarick, Henry

Bibliografie/H:

Schiffbruch zwischen Erde und Mond, SG 119 (1956)
Wettkampf um den Weltraum, SG 123 (1956)
Pioniere des Mars, SG 127 (1956)
Der Weg nach Hesperos, SG 131 (1956)
Die Stunde des roten Planeten, SG 135 (1956)
Der Flug in die Zukunft, SG 139 (1956)

Gandon, Yves (1899–)

Französischer Autor.

Bibliografie:

Der letzte Weiße (LE DERNIER BLANC), Urach: Port 1948

Gansowski, Sewer (Felixowitsch) (1918–)

Geboren in Kiew. G. arbeitete als Matrose, Schauermann und Elektromonteur in Leningrad, wo er eine zehnklassige Abendschule besuchte. Nach einer schweren Verwundung im Zweiten Weltkrieg – er hatte sich 1941 freiwillig zum Fronteinsatz gemeldet – war er in Kasachstan auf einem Gestüt tätig. Später kehrte er nach Leningrad zurück, um an der Philosophischen Fakultät der dortigen Universität zu studieren. Erste Veröffentlichungen während der Studienzeit in Zeitungen und Zeitschriften; in den fünfziger Jahren erschienen zwei Bände mit Erzählungen für Kinder. G. war auch als Bühnenautor tätig und wurde bei internationalen Wettbewerben mehrfach ausgezeichnet. Anfang der sechziger Jahre wandte er sich der SF zu: SAGI V NEIZVESTNOE (›Schritte ins Ungewisse‹) (C, 1963) war sein erster Band mit utopischen Erzählungen. Weitere Werke in russischer Sprache: TRI SAGA K OPASNOSTI (›Drei Schritte auf die Gefahr zu‹), (C, 1969) und IDET CELOVEK (›Der Mensch kommt‹) (C, 1971). Der Zeitreiseroman VINSENT VAN GOG (1972) erfuhr unter dem Titel *Besuch bei Van Gogh* (DDR 1985; Regie: Horst Seemann) eine Verfilmung und ragt aus seinem Werk besonders hervor.

Bibliografie:

Der sechste Genius (C) (SEST GENIEV), Berlin/DDR: Das Neue Berlin 1967
Die Stimme aus der Antiwelt (C) (GOLOS IZ ANTIMIRA), Berlin/DDR: Volk und Welt 1972 (auch: Phantastische Erzählungen/Der Kristall)
Vincent van Gogh (VINSENT VAN GOG), Berlin/DDR: Volk und Welt 1972

Bibliografie/H:

Die gestohlene Techmine u. a. phantastische Erzählungen (C/OA), kap 51 (1968)
Schritte ins Ungewisse (C) (SAGI V NEIZVESTNOE), kap 1 (1966)

Gardener, Rolf (Pseudonym)

Bibliografie:

Skymaster II/X/13 antwortet nicht, Köln: Luro 1958
Explosion um Mitternacht, Köln: Luro 1958
Sternenpest, Köln: Luro 1958

Garner, Rolf Siehe Berry, Bryan

Garnett, David S. (1947 –)

Geboren in Cheshire. Studium der Wirtschaftswissenschaften an der Universität London. G. schrieb seinen ersten Roman, MIRROR IN THE SKY (1969), während der Semesterferien im Alter von 19 Jahren. Nach diesem Erfolg beschloß er, freiberuflicher Schriftsteller zu werden; eine Tätigkeit, die durch Nebenjobs wie dem Fahren von Lastwagen gelegentlich unterbrochen wurde. Der Enkel des bekannten britischen Autors gleichen Namens (1892 – 1981) hat auch zahlreiche Erzählungen in Periodika wie *Magazine of Fantasy & Science Fiction*, *Mayfair* und *Men Only* publiziert.

Bibliografie:

Das Rätsel der Creeps (MIRROR IN THE SKY), München 1977, H 3557
Zeitfinsternis (TIME IN ECLIPSE), München 1982, M 3592

Garr, Mullin Amerikanischer Autor.

Bibliografie:

Sanfte Hügel (A SUNDAY KIND OF LOVE), Frankfurt am Main: Olympia Press 1971

Garrett, J. A. Siehe Grams, Jay

Garrett, Randall (Philip)
(1927 –   )
Geboren in Lexigton, Missouri. Studium der Naturwissenschaften an der Texas Tech University in Lubbock, anschließend Tätigkeit als Industriemechaniker. G. schreibt seit 1951 sowohl unter seinem Namen als auch unter Pseudonymen wie Darrell T. Langart, David Gordon, Gordon Aghill und Gerald Vance. Seine Geschichten erschienen in nahezu allen amerikanischen SF-Magazinen, doch am bekanntesten sind eigentlich jene Texte geworden, an denen er nur als Ko-Autor beteiligt war: THE SHROUDED PLANET (1957) und THE DAWNING LIGHT (1959) entstanden in Zusammenarbeit mit Robert Silverberg unter dem Pseudonym Robert Randall. Mit Laurence M. Janifer publizierte er unter dem Namen Mark Phillips mehrere Psi-Thriller. Bücher, die neben G.s Namen noch den seiner Gattin Vicki Ann Heydron tragen, entstanden nach seinen Exposés, ohne daß er selbst noch etwas dazu beigetragen hat. Viele der Kurzgeschichten und Novellen G.s sind Bestandteile von Serien – z.B. ›Lord Darcy‹, ›Kenneth J. Malone‹ oder ›Nidor‹. Flott geschriebene Psi-Detektiv-Stories findet man in den Abenteuern des Parallelwelten-Sherlock-Holmes Lord Darcy.

Bibliografie:

Das elektronische Genie (UNWISE CHILD), München 1963, GZ 41
Komplott der Zauberer (TOO MANY MAGICIANS), Bergisch Gladbach 1981, B 20033
Mord und Magie (C) (MURDER AND MAGIC), Bergisch Gladbach 1982, B 20041
Des Königs Detektiv (C) (LORD DARCY INVESTIGATES), Bergisch Gladbach 1986, B 20082

Als Darrel T. Langart:

Die fremde Macht (ANYTHING YOU CAN DO), München 1963, GZ 45

Als Mark Phillips:

Die Lady mit dem 6. Sinn (BRAIN TWISTER) (mit Laurence M. Janifer), Frankfurt am Main/Wien 1974, U 3073
Kampf gegen die Unsterblichen (THE IMPOSSIBLES) (mit Laurence M. Janifer), Frankfurt am Main/Berlin/Wien 1975, U 3119

Als Robert Randall:

Nidor erwacht (THE DAWNING LIGHT) (mit R. Silverberg), T 359 (1964)
Der verborgene Planet (THE SHROUDED PLANET) (mit Robert Silverberg), T 358 (1964)

Bibliografie/H:

Der Denker und die Rebellen (C/OA), T 480 (1966)
Das verrückte Raumschiff (A SPACESHIP NAMED MCGUIRE), TN 72 (1969)
Virus Y und andere Stories (C/OA), TN 120 (1970)
Die Erfindung des Mr. B und andere Stories (C/OA), TN 173 (1971)

Gartmann, Heinz (1917–1960)

Bibliografie:

Raketen von Stern zu Stern, Worms: Lot 1949
Wahrscheinlichkeit Null (C), Stuttgart: Union 1963

Gary, Romain (1914–1980)

Pseudonym für Romain Kacewgari, geboren als Kind polnischer Eltern in Wilna, UdSSR. G. betätigte sich während des Zweiten Weltkriegs aktiv in der Resistance. Er gehörte (er endete durch Selbstmord) zu den prominentesten Schriftstellern Frankreichs.

Bibliografie:

Der Tanz des Dschingis Cohn (LA DANSE DE GENGIS COHN), München: Piper 1969
Atemkraftwerk (CHARGE D'AME), Frankfurt am Main/Berlin/Wien 1985, U 20117

Gasbarra, Felix (1895–   )

Geboren in Rom. Journalist, Schriftsteller und Übersetzer. Sein einziger SF-Roman ist eine Satire in der Tradition Jonathan Swifts.

Bibliografie:

Schule der Planeten, Zürich: Diogenes 1968

472

Gatz, Udo

Bibliografie/H:
Der unheimliche Marsnebel, DNA 230 (1964)

Gautschi, Karl (1939 –   )
Schweizer Autor.

Bibliografie:
Die Morgenstern-Rakete (C), Aarau: Sauerländer 1979

Gearhart, Sally Miller
Amerikanische Autorin.

Bibliografie:
Das Wanderland (THE WANDERGROUND), München:
Frauenoffensive 1982

Gedge,Pauline (1945 –   )

Bibliografie:
Durch mich geht man hinein zu Welten der Trauer (STARGATE),
München 1984, G 8401

Geen, Eric (1939 –   )
Englischer Autor.

Bibliografie:
Tolstoi lebt in 12NB9 (TOLSTOY LIVES IN 12NB9), Zürich: Diogenes 1975

Geier, Chester S. (1921 –   )
Amerikanischer Autor.

Bibliografie/H:
Zum Leben verdammt (FOREVER IS TOO LONG), UZ 220 (1960)

Geiger, Carl Ignaz (1756 – 1791)

Bibliografie:
Reise eines Erdbewohners in den Mars, Philadelphia
(Frankfurt/Main): 1790 (Stuttgart: Metzler 1967)

Geis, Richard E(rwin) (1927 –   )

Geboren in Portland, Oregon. SF-Fan und Autor, der für seine qualitativ hochwertigen Fanzines *Science Fiction Review* und *The Alien Critic* mehrmals mit dem Hugo Award ausgezeichnet wurde. Seine SF-Romane weisen ausnahmslos pornografischen Charakter auf.

Bibliografie:

Die Sex-Maschine (THE SEX-MACHINE), Vaduz: Senator 1970

Geller, Uri (1947 –   )

Israelischer Mutant, der bei Fernsehauftritten Löffel verbiegt.

Bibliografie:

Auf Biegen und Brechen (PAMPINI), München: Goldmann 1980

Gellert, Wilhelm

Bibliografie:

Die Tragödie dreier Erdteile, Stendhal: Rusch 1922

Gentle, Mary (1956 –   )

Englische Autorin, die bereits während ihres Geschichtsstudiums (Schwerpunkt 17. Jahrhundert) Science Fiction schrieb und publizierte. Ihr Roman GOLDEN WITCHBREED (1983) bestach durch seine stimmige und farbige Schilderung einer Alien-Zivilisation. Inzwischen hat G. einen historischen Roman (nicht SF) fertiggestellt und arbeitet an einer Fortsetzung von GOLDEN WITCHBREED.

Bibliografie:

Goldenes Hexenvolk (GOLDEN WITCHBREED), München 1986, H 4268

George, Peter (Bryan) (1924 – 1966)

Geboren in Wales, diente in der RAF. Seine Angst vor dem Ausbruch eines Atomkrieges führte dazu, daß er sich 1966 erschoß. Sein größter Erfolg war der Roman TWO HOURS TO DOOM (1958; auch RED ALERT bzw. DR. STRANGELOVE, OR HOW I LEARNED TO STOP WORRYING AND LOVE THE BOMB), den Stanley Kubrick unter dem Titel ›Dr. Seltsam, oder wie ich lernte, die Bombe zu lieben‹ 1963 verfilmte.

Bibliografie:

Die Welt am letzten Tag (COMMANDER-1), Wien/Hamburg: Zsolnay 1966

Bibliografie/H:

Als Peter Bryant:

Bei Rot: Alarm! (TWO HOURS TO DOOM/RED ALERT), UZ 300 (1961)

Gercke, Hermann

Bibliografie:

Durch den Weltenraum, Karlsruhe: Gutsch 1920

Gerlier, Charles (Pseudonym)

Bibliografie/H:

Das Licht der Dämonen, IJ 2000 Bd. 4 (ca. 1953)

German, Günther (1904–1969)

Pseudonym für Arnold Mehl, geboren in Königsberg/Ostpreußen.

Bibliografie:

Priemel und die 300 PS, Leipzig: Anton 1934
Schatten der aufgehenden Sonne, Leipzig: Goldmann 1935
Der Weg in die Luft, Stuttgart: Loewe 1936

Gernsback, Hugo (1884–1967)

Im April 1926 erschien in den USA mit der Zeitschrift *Amazing Stories* das erste reine SF-Magazin der Welt. Verleger war der aus Luxemburg stammende Ingenieur Hugo Gernsback (eig. Gernsbach). Der Sohn eines Weinhändlers hatte an der Ecole Industrielle in Luxemburg und am Technikum in Bingen studiert und betrieb in New York einen Radio-Versandhandel. Die technischen Zeitschriften *Modern Electrics, Radio News, Electrical Experimenter* und *Science and Invention*, die er für seine Kunden publizierte, glänzten hin und wieder auch mit utopischen Kurzgeschichten. Als G. auffiel, daß viele Leser seine Blätter hauptsächlich wegen des Fiction-Teils kauften, kam ihm die Idee, ein Magazin herauszubringen, das sich ausschließlich dieser Thematik annehmen sollte. »*Amazing Stories* ist eine völlig neue Art Unterhaltungsmagazin!« kündigte er das neue Blatt an. »Es ist absolut neuartig und bislang noch nie dagewesen! Schon deswegen sollten Sie *Amazing Stories* Ihre Aufmerksamkeit schenken!« Zwar hatte es schon zuvor in Periodika wie *The Thrill Book, Weird Tales* und *Argosy* Phantastisches gegeben, doch diese Magazine enthielten ebenso Abenteuer-, Krimi- und Horrorgeschichten. Daß in *Amazing Stories* ausschließlich utopische Erzählungen erscheinen sollten, war in der Tat neu. G. stellte den fünfundsiebzigjährigen Ex-Dozenten, Wissenschaftsautor und Erfinder Dr. T. O'Conor Sloane (einen Schwiegersohn Thomas Alva Edisons) als Herausgeber und Berater ein, der die *Amazing*-Geschichten auf ihre wissenschaftliche Haltbarkeit überprüfen sollte. Für Literatur und Übersetzungen verantwortlich war C. A. Brandt, ein aus Deutschland stammender Chemiker, den man G. als »größte lebende Kapazität auf dem Gebiet der utopischen Literatur« empfahl. G. übernahm die Schlußredaktion, schrieb Leitartikel, kümmerte sich um Illustrationen, die hauptsächlich der gebürtige Österreicher Frank R. Paul anfertigte, und machte der Konkurrenz rasch die beliebtesten Autoren seiner Zeit abspenstig: George Allan England (1877–1936), Austin Hall (1882–1933), Abe Merritt (1884–1943), Edgar Rice Burroughs, Murray Leinster, Ray Cummings, H. P. Lovecraft (1890–1937) und Otis A. Kline (1891–1946). Doch in *Amazing* erschienen auch Werke von Autoren mit internationalem Ruf, darunter solche von Jules Verne, H.G. Wells und Edgar Allan Poe. 1929 brach über G.s Unternehmen eine finanzielle Krise herein, die mit dem Verlust seines SF-Magazin-Imperiums endete. Mit Unterstützung zahlreicher Abonnenten kam er jedoch wieder auf die Beine, stieg erneut ins SF-Geschäft ein und publizierte *Science Wonder Stories, Air Wonder Stories, Wonder Stories* und *Amazing Detective Tales.* In den dreißiger Jahren folgte ein erneuter Rückschlag, und G. sah sich gezwungen, seine Periodika nach und nach zu verkaufen. 1953 kehrte er unter der Assistenz von Sam Moskowitz mit *Science Fiction Plus* noch einmal zur SF zurück. Sein erster Roman, RALPH 124C 41+ (1911, Buchausgabe 1925) ist nur von historischem Interesse, da er viele Erfindungen beschreibt, die heute zum täglichen Gebrauch gehören. 1971 erschien posthum ULTIMATE WORLD, eine niveaulose Schwarte voller Pappcharaktere und dämlicher Dialoge. G. war ein Verfechter der These, die SF solle den Leser ›wissenschaftlich bilden‹ (und mithin zu 75% aus Beschreibungen technischer Vorgänge und zu 25% aus eingestreuten Dialogen bestehen); und so sehen seine eigenen Werke auch aus. Der jährliche verliehene ›Science Fiction Achievement Award‹ erhielt ihm zu Ehren den Spitznamen ›Hugo‹.

Bibliografie:

Ralph 124C 41+ (RALPH 124C 41+), München 1973, H 3343
Invasion 1996 (ULTIMATE WORLD), München 1973, H 3351

Gerrold, David (1944 –   )
Pseudonym für Jerrold David Friedman, geboren in Chicago. Studium der Theaterwissenschaft (B. A. 1967). Obwohl man ihn hauptsächlich als Buchautor kennt, fing er beim Fernsehen an und landete mit dem Drehbuch ›Trouble with Tribbles‹ (TV-Serie ›Star Trek‹) einen Achtungserfolg. Dadurch ermutigt, versuchte er zunächst vergeblich im TV-Business Fuß zu fassen. Nach dem gescheiterten Versuch, Heinleins SF-Roman STRANGER IN A STRANGE LAND (1961) für den Film zu bearbeiten, verlegte er sich auf das Schreiben von Romanen. 1971 erschien in Zusammenarbeit mit Larry Niven die köstliche SF-Humoreske THE FLYING SORCERERS; 1972 publizierte er mit YESTERDAY'S CHILDREN, WHEN HARLIE WAS ONE und SPACE SKIMMER gleich drei Bücher. Der Zeitreiseroman THE MAN WHO FOLDED HIMSELF (1973) wurde für den ›Nebula‹ nominiert, konnte sich jedoch gegen einen so gewichtigen Konkurrenten wie Arthur C. Clarkes RENDEZVOUS WITH RAMA (1973) nicht durchsetzen. Heute ist G. vornehmlich als Drehbuchautor tätig.

Bibliografie:

Ich bin Harlie (WHEN HARLIE WAS ONE), München 1974, H 3416
Raumspringer (SPACE SKIMMER), Bergisch Gladbach 1975, B 21073
Zeitmaschinen gehen anders (THE MAN WHO FOLDED HIMSELF),
München 1976, H 3478
Die Schlacht um den Planet der Affen (BATTLE FOR THE PLANET OF THE APES), München 1976, TTB 275
Die fliegenden Zauberer (THE FLYING SORCERERS) (mit Larry Niven),
München 1976, H 3489
Unter dem Mondstern (MOONSTAR ODYSSEY), München 1978, Kn 704
Raumschiff der Verlorenen (YESTERDAY'S CHILDREN), Bergisch Gladbach 1978, B 21099
Die Bestie (DEATHBEAST), München 1978, H 3663
Der galaktische Mahlstrom (THE GALACTIC WHIRLPOOL), Rastatt 1981, TTB 346

Die biologische Invasion (A MATTER FOR MEN), München 1986, H 4304
Der Tag der Verdammnis (A DAY FOR DAMNATION), München 1986,
H 4305
Enemy Mine − Geliebter Feind (ENEMY MINE) (mit Barry Longyear),
München 1986, H 01/6777

Gesell, Silvio (1862 – 1930)
Deutscher Wirtschaftstheoretiker.

Bibliografie:

Der abgebaute Staat, Berlin: Burmester 1927

Geston, Mark S(ymington) (1946 –   )
Geboren in Atlantic City. Jura-Studium in New York. G. begann als
Student mit dem Schreiben von SF und hatte auf Anhieb Erfolg.
LORDS OF THE STARSHIP (1967) behandelt den Generationen dauern-
den Bau eines riesigen Sternenschiffes, OUT OF THE MOUTH OF THE
DRAGON (1969) schildert den letzten Krieg der Menschen nach einer
jahrtausendealten Tradition, der alle Lebenskraft der Erde zerstört.
Beide Titel bilden zusammen mit THE DAY STAR (1972) eine Trilogie.
THE SIEGE OF WONDER (1976) ist ein Einzelroman. G. wurde für seine
dramaturgisch geschickt angelegten Handlungen und seinen ungewöhnlich eindrucksvollen Stil gelobt.

Bibliografie:

Das Sternenschiff (LORDS OF THE STARSHIP), München 1974, H 3419
Die Ruinenwelt (OUT OF THE MOUTH OF THE DRAGON), München 1975,
H 3423
Der Stern der Hoffnung (THE DAY STAR), München 1975, H 3428

Gevé, Gaston
Pseudonym für Karl Voigt. Unter weiteren Pseudonymen Verfas-
ser zahlreicher Kriminalromane (u.a. ›Jerry Cotton‹/›Kommissar X‹-
Serien).

Bibliografie/H:

Kampf um die Lorca-Sonne, UZ 102 (1957)
Ashton-Robot & Co., UZ 113 (1958)
Pater, Planet des Grauens, UZ 198 (1959)
Die Rückseite des Mondes, UZ 212 (1960)

Gibbons, (Raphael) Floyd (1886–1939)

Bibliografie:
Der rote Napoleon (THE RED NAPOLEON), Berlin: Rowohlt 1932

Gibson, William Ford
(1948–)

G., geboren in Conway, South Carolina, ist der wohl aufsehenerregendste Autor der SF-Szene Mitte der achtziger Jahre, weil er mit seinem Roman NEUROMANCER einer neuen postmodernen Richtung in der SF den Namen gab: Die ›Neuromancer‹ bzw. ›Cyberpunks‹, zu der etwa ein halbes Dutzend junger Autoren zählen, wie Bruce Sterling, Walter Jon Williams, John Shirley, Pat Cadigan, Lewis Shiner und evtl. Rudy Rucker. Ihre Erzählungen und Romane spielen meist in einer nahen Zukunftswelt, die von der Elektronik absolut beherrscht wird, mit elektronischen Implantaten im Körper, die ein direktes Interface mit dem Computer erlauben und so die Möglichkeiten des Menschen ungeheuer erweitern, ihn aber auch einschränken und total kontrollierbar und beherrschbar machen. So auch in NEUROMANCER, einem Roman, der in einem zwielichtigen, trostlosen Milieu spielt, in dem Software und Hormone wie Drogen gehandelt werden. NEUROMANCER ist der erste Band einer Trilogie, die des weiteren die Bände COUNT ZERO und MONA LISA OVERDRIVE umfaßt. Der bekannte Drogen- und Underground-Guru Timothy Leary geriet darüber ins Schwärmen: »Die Bibel des 21. Jahrhunderts hat ein Altes Testament und ein Neues. Das Alte, geschrieben von Thomas Pynchon, verfaßt im Jahre 1973, heißt GRAVITY'S RAINBOW ... Das Neue Testament des 21. Jahrhunderts findet sich in Gibsons Trilogie NEUROMANCER, COUNT ZERO und MONA LISA OVERDRIVE. Gibson schließt nahtlos an Pynchon an und präsentiert ein enzyklopädisches Epos für die Cybermonitor-Kultur der unmittelbaren Zukunft.« Für G. kam der Erfolg überraschend, nachdem er jahrelang arbeitslos gewesen war und seine Frau die Haushaltskosten der Familie mit zwei Kindern bestreiten mußte, die unter ärmlichsten Bedingungen in Vancouver, Kanada, lebte. NEUROMANCER gewann, wie kein Roman zuvor, alle amerikanischen SF-Preise des Jahres (1985): den Nebula Award, den Hugo, den Locus

Award und den Philip K. Dick Award. G. studierte englische Sprache und Literatur an der Universität von Baja California, wo er 1976 seinen Bachelor of Arts machte. Seine erste Geschichte verkaufte er 1977 an UnEarth Publications: ›Fragments of a Hologram Rose‹; seit 1981 tauchten immer wieder Erzählungen von ihm in *Omni* auf, von denen einige zusammen mit Bruce Sterling und Michael Swanwick entstanden. Sie liegen inzwischen gesammelt unter dem Titel BURNING CHROME vor. Inzwischen erhielt G. den lukrativen (100000$) Auftrag, das Drehbuch zum Film *Alien III zu schreiben.*

Bibliografie:

Neuromancer (NEUROMANCER), München 1987, H 4400

Giesa, W(erner) K(urt) (1954–)

Geboren in Hamm. Abitur 1974. Kunst- und Germanistikstudium. Verfasser Hunderter Horror-Heftchen unter Pseudonymen wie Olsh Trenton, Mike Shadow, Robert Lamont, Roger Damon. Als Curt Carstens war er auch an der SF-Serie *Star Gate* beteiligt.

Bibliografie/H:

Das Friedensprogramm, TA 467 (1980)
Ein Schatten in deiner Welt, TA 569 (1983)
Transmitterwelt, TA 608 (1984)
Planetentod, TA 618 (1985)

Siehe Anhang SERIEN: *Perry-Rhodan-Taschenbücher, Star Gate*

Gilbert, Stephen (1912–)

Geboren in Newcastle, Südwales. Sohn eines Samen- und Teegroßhändlers aus Belfast. G. war als Zeitungsreporter tätig, wurde bei Kriegsausbruch als Kanonier eingezogen und engagierte sich nach dem Krieg in der Anti-Atom-Bewegung Nordirlands, deren Sekretär er zwei Jahre lang war. Nach der Veröffentlichung mehrerer Romane landete er mit RATMAN'S NOTEBOOKS (1968) einen Bestseller, der unter dem Titel ›Willard‹ (USA 1970; Regie: Daniel Mann) verfilmt wurde. Es geht darin um einen jungen Mann, der mutierte Ratten pflegt und mit ihrer Hilfe Rache an der menschlichen Gesellschaft nimmt.

Bibliografie:

Aufstand der Ratten (RATMAN'S NOTEBOOKS), Hamburg/Düsseldorf: MvS 1970

Gilliland, Alexis A. Amerikanischer Autor.

Bibliografie:

Neuanfang auf Rosinante (THE REVOLUTION FROM ROSINANTE), München 1983, G 23448
Unabhängigkeit auf Rosinante (LONG SHOT FOR ROSINANTE), München 1984, G 23449
Machtkampf auf Rosinante (THE PIRATES OF ROSINANTE), München 1984 G 23450

Gillon, Diane (Pleasence) (1915 –   )
Geboren in London. Journalistin und Filmkritikerin von 1935 bis 1945; seither als freie Autorin für die BBC tätig. Verfaßte zusammen mit Meir Gillon (siehe dort) einen SF-Roman.

Gillon, Meir (Selig) (1907 –   )
Geboren in Sibiu, Rumänien. Studierte an der Universität von London, war von 1941 – 1946 Regierungsbeamter in Palästina und von 1949 – 1950 Redakteur bei der BBC; seither freier Schriftsteller.

Bibliografie:

Welt ohne Schlaf (THE UNSLEEP) (mit Diane Gillon), München 1971, H 3233

Gilman, Charlotte Perkins

Bibliografie:

Herland (HERLAND), Reinbek: Rowohlt 1980

Gilmore, Anthony Siehe Bates, Harry

Ginsburg, Mirra
Geboren in Bobruisk (Minsk), UdSSR. Studierte in der UdSSR, Litauen, Kanada und den USA und arbeitet als Redakteurin und Übersetzerin. Mitglied des PEN.

Bibliografie:

(Hrsg.) *Draußen im Weltraum* (LAST DOOR TO AIYA), München 1970, H 3216

Gipe, George Amerikanischer Autor.

Bibliografie:
Zurück in die Zukunft (BACK TO THE FUTURE), Bergisch Gladbach: Bastei 1985
Explorers (EXPLORERS), Bergisch Gladbach: Bastei 1985

Giuliani, Pierre (1947 –)

Französischer Autor, Film- und Literaturkritiker. Geboren in Dublin, Irland.

Bibliografie:

Die Grenzen von Ulan Bator (LES FRONTIERS DU ULAN BATOR), München 1986, H 4269

Glasby, John S. (1928 –)

Britischer Autor, geboren in East Retford. Studium an der Nottingham University (B. Sc., 1952). Chemiker und Verfasser von neun SF-Romanen, die bis auf PROJECT JOVE (1971) unter Pseudonymen erschienen.

Bibliografie:

Als A. J. Merak:

Geheimauftrag Andromeda (DARK ANDROMEDA), Menden: Bewin 1957

Bibliografie/H:

Atomversuch Erdball (THE DARK MILLENNIUM), UZ 255 (1961)
Pioniere im Weltall (BARRIER UNKNOWN), UZ 333 (1962)
Die Reise ins Licht (HYDROSPHERE), UZ 345 (1962)
Unternehmen Alpha I (THE FROZEN PLANET), TA 15 (1971)

Als J. L. Powers:

Vorstoß in die Galaxis (BLACK ABBYSS), Balve: Zimmermann 1962

Als Rand Le Page:

Die Stunde Null (ZERO POINT), UG 10 (1954)
Asteroid Forma (ASTEROID FORMA), UG 68 (1958)
Die Tyrannei der Zeitkönige (TIME AND SPACE), UZ 480 (1966)

Glass, Max (1882 – ?)

Bibliografie:
Die entfesselte Menschheit, Leipzig: Staackmann 1919

Glut, Donald F(rank) (1944–)

Amerikanischer Filmpublizist und Schriftsteller; war u. a. als Werbe-texter, Buchhändler, Schauspieler, Musiker und Sänger tätig und schrieb zehn neue Romane um Frankensteins Monster.

Bibliografie:

Das Imperium schlägt zurück (THE EMPIRE STRIKES BACK) (mit George Lucas), München 1980, G 3920

Glynn, A(nthony) A(rthur) (1929–)

Englischer Autor, der auch unter dem Verlagspseudonym John E. Muller publiziert hat.

Bibliografie/H:

Tante Eve mordet (PLAN FOR CONQUEST), UZ 391 (1963)

Gobsch, Hanns (1883–1957)

Bibliografie:

Wahn-Europa, Hamburg: Fackelreiter 1931

Godwin, Francis (1562–1633)

Bibliografie:

Der fliegende Wandersman nach dem Mond: oder eine gar kurtz-weilige u. seltzame Beschrebung der neuen Welt des Monds, wie solche von D. Gonsales beschrieben ist (THE MAN IN THE MOONE: OR A DISCOURSE OF A VOYAGE THITHER. BY DOMINGO GONSALES THE SPEEDY MESSENGER), Wolfenbüttel: 1659

Godwin, Parke Amerikanischer Autor.

Bibliografie:

Meister der Einsamkeit (THE MASTERS OF SOLITUDE) (mit Marvin Kaye), München: Moewig 1980

Godwin, Tom (1915–)

US-Autor, Geburtsort unbekannt. G. war lange Zeit Prospektor in Nevada. Er debütierte mit dem Kurzroman ›The Gulf Between‹ (1953) in *Astounding.* Seine Romane THE SURVIVORS (1958) und THE

SPACE BARBARIANS (1964) sind Space Operas voller blutiger Kämpfe, Sklaverei im All und dem Überlebenskampf in feindlicher Umwelt, die letztendlich Sozialdarwinismus und völkischen Zusammenhalt propagieren. Besser ist G.s Erzählung ›The Cold Equations‹ (*Astounding*, 1954), die in Robert Silverbergs Anthologie SCIENCE FICTION HALL OF FAME (1970) aufgenommen wurde. Sie hat das »universelle Dilemma des Opfergangs eines einzelnen zur Rettung vieler« (Brian Ash) zum Thema und trifft exakt die melancholische Stimmung, die für die SF der fünfziger Jahre typisch war.

Bibliografie:
Die Barbaren von Ragnarök (THE SPACE BARBARIANS), München 1973, TTB 205

Bibliografie/H:
Sie starben auf Ragnarök (THE SURVIVORS), TS 34 (1960)

Goetz, Bruno (1885–1954)

Bibliografie:
Das Reich ohne Raum, Konstanz: See 1925

Gohde, Hermann (1916–   )
Pseudonym für den in Wien geborenen Philosophieprofessor und Redakteur Friedrich Heer.

Bibliografie:
Der achte Tag, Innsbruck: Tyrolia 1950

Goldin, Stephen (Charles)
(1947–   )
Geboren in Philadelphia. G. studierte Astronomie und arbeitete von 1968–1971 als Raumfahrtspezialist für die US-Marine. Seine erste SF-Story war ›The Girls of USSF 193‹ (*If*, 1965). 1975 legte er mit HERDS und CARAVAN seine ersten Romane vor. SCAVENGER HUNT (1976) schildert eine interstellare Rallye aus dem Blickwin-

kel eines Androiden. Nach Notizen und einigen nachgelassenen Kurzgeschichten von E. E. Smith verfaßte er den mehrbändigen ›d'Alembert‹-Zyklus.

Bibliografie:

Die stählerne Festung (IMPERIAL STARS) (mit E. E. Smith), Bergisch Gladbach 1977, B 21094
Der Killer-Mond (STRANGLER'S MOON) (mit E. E. Smith), Bergisch Gladbach 1977, B 21096
Die Robot-Bombe (THE CLOCKWORK TRAITOR) (mit E. E. Smith), Bergisch Gladbach 1977, B 21098
Der Asyl-Planet (GETAWAY WORLD) (mit E. E. Smith), Bergisch Gladbach 1978, B 21102
Scavenger-Jagd (SCAVENGER HUNT), München 1978, H 3582
Treffpunkt: Todesstern (APPOINTMENT AT BLOODSTAR) (mit E. E. Smith), Bergisch Gladbach 1979, B 21115
Anschlag auf die Götter (ASSAULT ON THE GODS), Bergisch Gladbach 1979, B 21120
Das Puritaner-Komplott (THE PURITY PLOT), Bergisch Gladbach 1980, B 21127
Das private Universum (TREK TO MADWORLD), Rastatt 1980, TTB 328
Sklaven der Träume (AND NOT MAKE DREAMS YOUR MASTER), München 1984, Kn 5780
Der Letzte der Robotwelt (A WORLD CALLED SOLITUDE), München 1985, Kn 5801
Die Verräter-Welt (PLANET OF TREACHERY) (mit E. E. Smith), Bergisch Gladbach 1986, B 23055
Die Doppelgänger-Falle (ECLIPSING BINARIES) (mit E. E. Smith), Bergisch Gladbach 1986, B 23058
Die Omicron-Invasion (THE OMICRON INVASION) (mit E. E. Smith), Bergisch Gladbach 1986, B 22095
Tod dem Sternenkaiser (REVOLT OF THE GALAXY) (mit E. E. Smith), Bergisch Gladbach 1986, B 22097

Golding, Louis (1895 – 1958)
Britischer Autor.

Bibliografie:

Der Mann mit dem zweiten Gesicht (THE FRIGHTENED TALENT), München: Desch 1976

Golding, William (Gerald)
(1911 –   )

Geboren in Columb Minor, Cornwall; Schulbesuch in Oxford. G. war im Zweiten Weltkrieg Marineleutnant, dann Volksschullehrer in Salisbury. Sein bekanntester und als Klassiker geltender Roman ist LORD OF THE FLIES (1954), in dem sich nach Ausbruch eines nuklearen Krieges eine Gruppe von Kindern zu einer archaischen Gesellschaftsform mit barbarischen Riten zurückentwickelt. In der Ausgangssituation Jules Vernes L'ECOLE DES ROBINSONS (1882) ähnelnd, ist der Roman das pessimistische Gegenstück zu Vernes optimistischer Darstellung der Entwicklung isolierter Kinder auf einer einsamen Insel. Weitere Romane G.s sind ebenfalls im Grenzbereich der SF anzusiedeln: THE INHERITORS (1955) spielt in der Urzeit und schildert die ›Ablösung‹ des ›naiven‹ Neandertalers durch den intelligenteren, geschickteren und skrupelloseren Cro-Magnon-Menschen. Hauptthema all dieser Romane ist G.s Auffassung, daß das menschliche Tun zwar mit Sünde verbunden ist und böse wie gute Mächte mit dem Menschen ein unentwirrbares Spiel treiben, daß aber letztlich über alle Schuld hinweg das Leben als Selbstzweck triumphiert. Der Autor wurde 1983 mit dem Nobelpreis für Literatur ausgezeichnet.

Bibliografie:

Herr der Fliegen (LORD OF THE FLIES), Frankfurt am Main: Fischer 1957
Der Felsen des zweiten Todes (PINCHER MARTIN), Frankfurt am Main: Fischer 1960
Die Erben (THE INHERITORS), Frankfurt am Main: S. Fischer 1964
Der Turm der Kathedrale (THE SPIRE), Frankfurt am Main: S. Fischer 1966
Der Sonderbotschafter (THE SCORPION GOD), Düsseldorf: Claassen 1974

Goldman, Alexander

Bibliografie/H:

Der Kontakt, ZSF 283

Goldmann, Otto (1884–1947)

Bibliografie:
Der Herr des Äthers, Stuttgart: Engelhorn 1921
Das Ende der Meere, Leipzig: W. Hartung 1922

Golluch, Norbert
Deutscher Autor und Journalist.

Bibliografie:
Die Grüne Wende (mit Stano Kochan), Frankfurt am Main: Eichborn 1985

Golubew, Gleb Sowjetischer Autor.

Bibliografie:
Signale aus der Tiefe, Berlin/DDR: Neues Leben 1973

Bibliografie/H:
Der Feuergürtel (OGNENNYJ POJAS), kap 15 (1966)
Das fluchbeladene Tal (DOLINA, PROKLJATAJA ALLACHOM), kap 64 (1968)

Goorden, Bernard (1953–   )
Geboren in Brüssel. Belgischer Übersetzer, Essayist und Experte für südamerikanische SF-Literatur; seit 1974 Herausgeber des Magazins *Ides… et autres,* das in jeder Nummer die SF und Phantastik eines anderen Landes vorstellt.

Bibliografie:
(Hrsg.) *Die Venusnarbe* (mit A. E. van Vogt), München 1982, H 3878

Gor, Gennadi (1907–1981)
Geboren in Ulan Ude, UdSSR. Studium der Kunstgeschichte an der historisch-philosophischen Fakultät der Universität Leningrad. G.s erster Erzählungsband erschien 1933; sein Gesamtwerk besteht aus über 20 Büchern. Nur ein kleiner Teil seines Œuvres kann jedoch der SF zugerechnet werden; im Mittelpunkt stehen vielmehr Themen, die sich mit dem Leben der Völker im Norden der UdSSR sowie den Leistungen sowjetischer Wissenschaftler befassen. G. publizierte 1961 erstmals SF; inzwischen hat er sich jedoch ganz auf das

Genre konzentriert und eine Reihe längerer Texte zu Papier gebracht, darunter GLINJANYJ PAPUAS (1966). Mehrere seiner Erzählungen wurden ins Deutsche übersetzt.

Bibliografie:

Die Statue (IZWAJANIE), Berlin/DDR: Das Neue Berlin 1978

Bibliografie/H:

Der elektronische Melmoth (ELEKTRONNYJ MEL'MOT), kap 28 (1967)

Görden, Michael (1954 –   )

Geboren in Wuppertal. Verlagslektor zunächst bei Bastei, seit 1986 bei Goldmann; Herausgeber zahlreicher Fantasy- und Horror-Anthologien; Übersetzer von SF und Phantastik (u.a. VON BILLION YEAR SPREE von Brian W. Aldiss).

Bibliografie:

(Hrsg.) *Abenteuer Weltraum,* Bergisch Gladbach 1981, B 24017
(Hrsg.) *Fremde aus dem All,* Bergisch Gladbach 1982, B 24031
(Hrsg.) *Abenteuer Weltraum II,* Bergisch Gladbach 1984, B 24051
(Hrsg.) *Festival-Almanach,* Bergisch Gladbach 1983 (mit Michael Kubiak), B 24054
(Hrsg.) *Brainstorming* (mit Michael Kubiak), Bergisch Gladbach 1984, B 24055
(Hrsg.) *Die Zukunft spinnt,* München 1986, G 23499

Gordon, Flash (Pseudonym)

Bibliografie:

Das Jahrtausend-Erbe (MASSACRE IN THE 21ST CENTURY), Bergisch Gladbach 1982, B 23013
Krieg der Zitadellen (WAR OF THE CITADELS), Bergisch Gladbach 1983, B 23018
Krise auf Zitadelle II (CRISIS ON CITADEL II), Bergisch Gladbach 1983, B 23021
Streitkräfte der Föderation (FORCES FROM THE FEDERATION), Bergisch Gladbach 1983, B 23025
Großangriff (CITADELS UNDER ATTACK), Bergisch Gladbach 1984, B 23029
Zitadellen auf der Erde (CITADELS ON EARTH), Bergisch Gladbach 1984, B 23031

Gordon, Frank (Pseudonym)

Bibliografie:
Endstation Sirius, Lengerich: Kleins 1959

Gordon, Fred

Bibliografie:
Endstation Sirius, Wien: Hirundo o. J.

Gordon, Rex (1917 –   )

Pseudonym für Stanley Bennett Hough, geboren in Lancashire. Britischer Thriller- und SF-Autor, dessen SF-Roman NO MAN FRIDAY (1956; auch: FIRST ON MARS) eine SF-Umsetzung des Robinson-Crusoe-Themas ist. FIRST TO THE STARS (1959; auch: THE WORLD OF ECLOS) ist ähnlich aufgebaut: Hier versucht ein Pärchen auf einem öden Planeten zu überleben, nachdem ihr Sternenschiff bruchgelandet ist.

Bibliografie:
Der Zeitfaktor (THE TIME FACTOR), München 1966, GZ 68

Bibliografie/H:
Im Kosmos verschollen (FIRST TO THE STARS), TS 69 (1963)
Der Mars-Robinson (FIRST ON MARS), TS 79 (1964)

Gordon, Stuart (1947 –   )

Pseudonym für Richard Gordon, schottischer Autor. Seine ›Eyes‹-Trilogie beschreibt das Leben nach einem atomaren Holocaust.

Bibliografie:
Der Krähengott (SUAINE AND THE CROW-GOD), München 1978, H3589
Messias der Mutanten (ONE-EYE), Bergisch Gladbach 1979, B 20013
Gesang der Mutanten (TWO-EYES), Bergisch Gladbach 1980, B 20020
Traum der Mutanten (THREE-EYES), Bergisch Gladbach 1980, B 20022

Gorf, Peter

Bibliografie:
Der grüne Diktator, Hersbruck: Windelberg 1980

Gorm, Curd (Pseudonym)

Bibliografie/H:

Angriff von Gora, UZ 80 (1956)
Unternehmen Maulwurf, UZ 87 (1957)
Die Ungeheuer von Gem, UZ 103 (1957)
Das Erbe Hydros, UZ 157 (1959)

Gormander, Doktor
Pseudonym des schwedischen Autors Gunnar Ohrlander.

Bibliografie:

Als die Kinder die Macht ergriffen (NÄR BARNEN TOG MAKTEN), Frankfurt am Main: März 1970

Gotlieb, Phyllis (Fay)
(1926 –   )
Kanadische Autorin. Anglistik- und Literaturstudium an der Universität Toronto. Ihre erste Erzählung, ›A Grain of Manhood‹, erschien 1959 in *Fantastic;* ihr erster Roman, SUNBURST (1964) handelt von erbgeschädigten Kindern nach einem verheerenden Reaktorunfall, der weite Teile der Bevölkerung radioaktiv verseucht hat. Unter den Kindern sind Mutanten mit paranormalen Fähigkeiten, die mit der Gesellschaft in Konflikt geraten, bis sie sich – ähnlich wie in Theodore Sturgeons ›Baby Is Three‹ (1952) – zu einer Art ›Homo Gestalt‹ zusammenfinden. Mit der Novelle ›Son of the Morning‹ (1972) gelangte G. in die Endausscheidung um den Nebula Award. O MASTER CALIBAN! (1976) spielt auf einem lebensfeindlichen Dschungelplaneten. Hier hat der Forscher Dahlgren ein Labor für genetische Versuche eingerichtet, die er mit robotischer Hilfe und menschlichem und tierischem Genmaterial durchführt. Das intelligente Gibbonweibchen Esther, die sprechende Ziege Yigal und der vierarmige Junge Sven sind Produkte seiner Experimente, die inzwischen von den Robotern fortgeführt werden. Ihre Versuche, auf mechanische Weise Duplikate ihres Meisters herzustellen, haben das Labor in eine uneinnehmbare Festung verwandelt. Erst einem mutierten Jungen, der telepathisch mit Computergehirnen kommuni-

zieren kann, gelingt es, die außer Kontrolle geratenen Roboter un-
schädlich zu machen. Der Roman besticht vor allem durch die Stim-
migkeit seiner technischen Details.

Bibliografie:

Die Geißel des Lichts (SUNBURST), München 1981, H 3794
Oh, Meister Caliban! (O MASTER CALIBAN!), München 1982, H 3864

Götz, Wilhelm

Bibliografie:

Vor neuen Weltkatastrophen, Stuttgart: Gewerblicher Fachzeit-
schriften-Verlag 1931

Goulart, Ron(ald) (Joseph)
(1933 –   )

Geboren in Berkeley, Kalifornien.
Studium an der Universität von Berkeley. G. arbeitete zeitweilig in der
Werbung, gilt als SF-Humorist und
wurde besonders durch seine Romane und Erzählungen um defekte
Roboter und andere Maschinen bekannt. Auch seine Serie um das Chamäleon-Korps, eine Agentenorgani-
sation, deren Angehörige ihre Physiologie nach Belieben verändern
können, sind weithin bekannt. AFTER THINGS FELL APART (1970) beschreibt ein in unzählige Gruppen und Institutionen zerfallenes
Amerika. Neben über 40 SF-Romanen und einigen Krimis hat G. unter wechselnden Pseudonymen auch zahlreiche sogenannte ›Brot-
arbeiten‹ abgefaßt, d. h. er war als Ghostwriter und Verfasser von
Filmbüchern tätig. CHEAP THRILLS (1972) ist eine intelligent und witzig
geschriebene Abhandlung über die Fließbandschreiber der amerikanischen Pulps.

Bibliografie:

Maschinenschaden (C) (BROKE DOWN ENGINE), München 1972,
GWTB 0139
Als alles auseinanderfiel (AFTER THINGS FELL APART), München 1974,
GWTB 180

Der Unsichtbare (A TALENT FOR THE INVISIBLE), Bergisch Gladbach 1975, B 21065
Die Androiden-Hölle (SHAGGY PLANET), Bergisch Gladbach 1976, B 21080
Die Machtpyramide (THE HELLHOUND PROJECT), München 1978, GWTB 0280
Unternehmen Capricorn (CAPRICORN ONE), München 1979, H 3721
Nemo (NEMO), Bergisch Gladbach 1979, B 21122
Das Chamäleon-Korps (C/OA), Rastatt 1982, M 3590
Tod und Spiele (DEATH CELL), Bergisch Gladbach 1984, B 23033
Unser Mann auf Noventa (PLUNDER), Bergisch Gladbach 1984, B 23037
Kampfstern Galactica 8: Grüße von der Erde (BATTLESTAR GALACTICA 8: GREETINGS FROM EARTH) (mit Glen A. Larson), München 1984, G 23792
Kampfstern Galactica 9: Verschollen im Chaos (BATTLESTAR GALACTICA 9: EXPERIMENT IN TERRA) (mit Glen A. Larson), München 1985, G 23793
Kampfstern Galactica 10: Wächter in der Zeit (BATTLESTAR GALACTICA 10: THE LONG PATROL) (mit Glen A. Larson), München 1985, G 23794

Als Con Steffanson:

Flash Gordon und die Löwenmenschen (FLASH GORDON: THE LION MEN OF MONGO) (mit Alex Raymond), Bergisch Gladbach 1978, B 21103
Flash Gordon und die Harmonie des Todes (FLASH GORDON: THE PLAGUE OF SOUND) (mit Alex Raymond), Bergisch Gladbach 1978, B 21108
Flash Gordon und der Weltraum-Zirkus (THE SPACE CIRCUS) (mit Alex Raymond), Bergisch Gladbach 1978, B 21112
Flash Gordon und die Zeitfalle (FLASH GORDON AND THE TIME TRAP OF MING XIII) (mit Alex Raymond), Bergisch Gladbach 1979, B 21119

Bibliografie/H:
Der Blechengel (THE TIN ANGEL), TA 217 (1975)
Siehe auch Koautor: Glen A. Larson

Gracq, Julien (1910–)

Pseudonym für Louis Poirier, geboren in St. Florent le Vieil, Frankreich. LE RIVAGE DES SYRTES wurde 1951 mit dem Prix Goncourt ausgezeichnet, den der Autor ablehnte.

Bibliografie:
Das Ufer der Syrten (LE RIVAGE DES SYRTES), Düsseldorf: Rauch 1952

Graf, Oskar Maria (1894–1967)

Bibliografie:
Die Eroberung der Welt (auch: *Die Erben des Untergangs*),
München: Desch 1949

Graff, Sigmund

Bibliografie:
(Hrsg.) *Nach dem nächsten Mal,* Hannover: Pfeiffer 1970

Grafner, Sam
Siehe Anhang SERIEN: *Dr. Bendany, der Weltraumdetektiv*

Graham, David (1919–)
Englischer Techniker, Pilot und Fluglehrer. DOWN TO A SUNLESS SEA
(1979), die Fiktion vom Inferno eines globalen Atomkriegs, ist sein
einziger SF-Roman.

Bibliografie:
Bis an das Ende der Welt (DOWN TO A SUNLESS SEA), Wien/Zürich/
München: Molden 1980

Grams, Jay (1940–)
Pseudonym für Jürgen Grasmück, geboren in Hanau. G. debütierte
als Siebzehnjähriger mit dem SF-Roman *Die Macht des Kosmos*
(1957) und gehörte während der fünfziger Jahre zu den fleißigsten
Leihbuch-Schreibern der BRD. Anfang der sechziger Jahre wechselte er zum Heftchenmarkt über, wo er sich bald als Autor von SF-,
Horror-, Fantasy-, Western- und Kriminalromanen, die unter Pseudonymen wie J. A. Garrett, Dan Shocker, Albert C. Bowles, Jeff
Hammon, Owen L. Todd, J. A. Gormann, Bert Floorman und Rolf
Murat erschienen, einen Namen machte. Allein unter dem Pseudonym Dan Shocker hat er über 200 Grusel-Krimis veröffentlicht.

Bibliografie:
Die Macht des Kosmos, Menden: Bewin 1957
Herrscher über die Ewigkeit, Menden: Bewin 1957
Und die Sterne verblaßten, Wuppertal: Wiesemann 1958
Feinde im Universum, Wuppertal: Wiesemann 1958
Es gab keine Rettung, Wuppertal: Wiesemann 1958

Kosmos der Verdammnis, Wuppertal: Wiesemann 1958
Für Menschen verboten, Menden: Bewin 1959
Planet der Finsternis, Menden: Bewin 1960
Tarko Tan, Menden: Bewin 1960
Geisterplaneten, Menden: Bewin 1960
Und Yoyl erwacht, Menden: Bewin 1962
Temportations-Debakel, Menden: Bewin 1962
Testament des Grauens, Menden: Bewin 1962
Die lebenden Gräber, Menden: Bewin 1963
Die Angst geht um, Menden: Bewin 1963
Der Letzte von Tobor III, Menden: Bewin 1963
Schattenexperiment CO-112, Menden: Bewin 1964
Welt ohne Sterne, Menden: Bewin 1964

Bibliografie/H:

Die Darav-Brut, UZ 331 (1962)

Als Albert C. Bowles:

Das Wissen der Dhomks, UZ 551 (1967)

Als Jürgen Grasse:

Das All der dunklen Sonnen, ZSF 32 (1967)
Die Welt der Biums, ZSF 36 (1967)
Die mordende Galaxis, ZSF 40 (1967)
Polymers Universum, ZSF 45 (1967)
Die Falle des Bio-Meds, ZSF 51 (1967)
Duramen im Einsatz, ZSF 56 (1967)
Die Insel der unsichtbaren Sonnen, ZSF 60 (1967)
Die Puppen des Tschillo-Yths, ZSF 64 (1968)
Der flüsternde Stern, ZSF 68 (1968)
Die Rückkehr des sterbenden Gottes, ZSF 70 (1968)
Sklave der Erde, ZSF 72 (1968)
Das Geheimnis der Pholym, ZSF 76 (1968)
Gefangen zwischen fremden Sternen, ZSF 78 (1968)
Angriff aus dem Mikrokosmos, ZSF 80 (1968)
Die Hüter des Lebens, ZSF 82 (1968)
Begegnung auf Mhala-Uitt, ZSF 84 (1969)
Ich, Jeremy Snork, Raumwächter, ZSF 88 (1969)
PC-Agent in geheimer Mission, ZSF 94 (1969)
Das Reich der 1000 Sternen-Inseln, ZSF 96 (1970)
Zeugen des Chaos, ZSF 191 (1977)

Ruf aus der Unendlichkeit, ZSF 194 (1978)
Feinde aus der Vergangenheit, ZSF 288 (198?)

Siehe Anhang SERIEN: *Mark Powers; Rex Corda*

Grandisch, Richard

Bibliografie:
Heimat auf fremden Sternen, Wien/Heidelberg: Ueberreuter 1950

Grasse, Jürgen Siehe Grams, Jay

Grassegger, W.

Bibliografie:
Die rächende Stunde, Naumburg: Tancre 1922
Der zweite Weltkrieg, Naumburg: Tancre 1922

Grau, Wernher von
Pseudonym für Erika Schoeb.

Bibliografie:
Eine Sex-Odyssee (A SEX ODYSSEY), Kopenhagen: Svea 1970

Graves, Robert (1895 – 1985)
Geboren in London. Philosophie- und Geschichtsstudium in Oxford. War Offizier im Ersten Weltkrieg, ab 1926 Professor für englische Literatur in Ägypten, später freier Schriftsteller. Lebte in England und auf Mallorca, von 1961 – 1966 Professor in Oxford. Wurde bekannt durch seine historischen Romane I, CLAUDIUS (1934) und CLAUDIUS THE GOD (1934). SEVEN DAYS IN NEW CRETE (1949) ist der einzige utopische Roman des Autors.

Bibliografie:
Sieben Tage Milch und Honig (SEVEN DAYS IN NEW CRETE), Stuttgart: Klett-Cotta 1982

Gray, Charles Siehe Tubb, E. C.

Gray, George P.
Pseudonym für Gudrun Voigt.

Bibliografie:

Das blaue Netz, Menden: Bewin 1958
Geißel des Orion, Menden: Bewin 1958
Der Marsrubin, Menden: Bewin 1958
Retter aus zeitlosen Welten, Menden: Bewin 1958
Titanen im All, Menden: Bewin 1958
Geburt der Venus, Menden: Bewin 1959
Spur: Roter Planet, Menden: Bewin 1959
Heimat der Terraner, Menden: Bewin 1960

Bibliografie/H:
Siehe Anhang SERIEN: *Raumschiff Promet*

Gray, Jim

Pseudonym für Joachim Rennau, der unter dem Namen Rolf Randall auch zahlreiche Western-Romane geschrieben hat.

Bibliografie:
Die weiße Pest, Menden: Bewin 1955 (auch: *Botschaft aus dem Universum*)

Bibliografie/H:

Als James S. White:
Frauen für Pleja, UG 9 (1954)

Green, Joseph (Lee) (1931 –)

Geboren in Compass Lake, Florida. Seine erste Story, ›Once Around Arcturus‹ (1962), erschien in *Worlds of If.* Seither hat G. über 60 Erzählungen publiziert. Sein erster Roman, THE LOAFERS OF REFUGEE (1965), schildert die Kontaktaufnahme irdischer Kolonisten mit vernunftbegabten Außerirdischen. CONSCIENCE INTERPLANETARY (1973), ein Episodenroman, ist sein wichtigstes Werk. Auch hier geht es um Erstkontakte mit fremden Intelligenzen. AN AFFAIR WITH GENIUS (1969) ist ein Erzählungsband. G. mag zwar im Schildern von fremden Rassen kein Hal Clement und im Darstellen diffiziler Beziehungen zwischen Menschen und

496

Außerirdischen keine Ursula K. Le Guin sein, doch er schreibt handwerklich solide und lesbare Bücher, die ohne großes Herumgeblastere spannend sind.

Bibliografie:

Experiment Genius (C) (AN AFFAIR WITH GENIUS), München 1970, GWTB 0118
Invasion aus dem Nichts (STAR PROBE), Bergisch Gladbach 1976, B 21085
Welt der Chaoten (THE LOAFERS OF REFUGEE), Frankfurt am Main/Berlin/Wien 1978, U 3445
Der schlafende Gigant (GOLD THE MAN), München 1980, G 23363
Meine Freunde, die Aliens (CONSCIENCE INTERPLANETARY), München 1981, H 3843

Greenaway, Peter Van (1929 –   )

Britischer Autor, dessen parapsychologischer Thriller THE MEDUSA TOUCH unter dem Titel ›Der Schrecken der Medusa‹ (Großbritannien/Frankreich 1978; Regie: Jack Gold) verfilmt wurde.

Bibliografie:

Der Schrecken der Medusa (THE MEDUSA TOUCH), Frankfurt am Main/Berlin/Wien 1986, U 31128 (auch: *Bruder der Gorgonen*)

Greenberg, Martin (1918 –   )

Amerikanischer Anthologist und Kleinverleger, dessen Unternehmen Gnome Press in den frühen fünfziger Jahren regelmäßig High-Quality-SF im Hardcover auf den Markt brachte. Auch die Anthologien G.s enthalten viele Kleinodien der SF-Literatur.

Bibliografie:

(Hrsg.) *8 Science Fiction-Stories* (JOURNEY TO INFINITY), München: Heyne 1964

Bibliografie/H:

(Hrsg.) *Die Roboter und wir* (THE ROBOT AND THE MAN), TS 50 (1962)

Greenberg, Martin Harry (1941 –   )

Professor für politische Wissenschaften an der University of Wisconsin/Green Bay. Die Titelflut seiner Themen-Anthologien, die mit wechselnden Mitherausgebern (meist Isaac Asimov) erscheinen, ist unerschöpflich und meist von hohem Niveau. G. hat mehr als

50 Anthologien und zahlreiche Werke der Sekundärliteratur über SF-Autoren herausgegeben, die ihn als hervorragenden Kenner der Materie ausweisen.

Bibliografie:

(Hrsg.) *Die besten Stories von 1940* (THE GREAT SF STORIES 2 – 1940) (mit Isaac Asimov), München 1980, P 6711
(Hrsg.) *Die besten Stories von 1941* (THE GREAT SF STORIES 3 – 1941) (mit Isaac Asimov), München 1981, P 6713
(Hrsg.) *Die besten Stories von 1942* (THE GREAT SF STORIES 4 – 1942) (mit Isaac Asimov), München 1981, P 6717
(Hrsg.) *Die besten Stories von 1943* (THE GREAT SF STORIES 5 – 1953) (mit Isaac Asimov), München 1982, P 6724
(Hrsg.) *Die besten Stories von 1939* (THE GREAT SF STORIES 1 – 1939) (mit Isaac Asimov), München 1982, P 6727
(Hrsg.) *Science Fiction-Erzählungen des 19. Jahrhunderts* (THE BEST SF OF THE 19TH CENTURY), (mit Isaac Asimov und Charles G. Waugh), München 1983, H 4022
(Hrsg.) *Faszination der SF* (THE SEVEN VIRTUES OF SCIENCE FICTION/ CATASTROPHES) (mit Isaac Asimov und Joseph D. Olander), Bergisch Gladbach 1985, B 24068
(Hrsg.) *Sternenpost – 1. Zustellung* (SPACE MAIL, 1. Teil) (mit Isaac Asimov und Joseph D. Olander), Rastatt 1983, P 6733
(Hrsg.) *Fragezeichen Zukunft* (THE FUTURE IN QUESTION) (mit Isaac Asimov und Joseph D. Olander), München 1984, P 6736
(Hrsg.) *Sternenpost – 2. Zustellung* (SPACE MAIL, 2. Teil) (mit Isaac Asimov und Joseph D. Olander), Rastatt 1984, P 6734
(Hrsg.) *Sternenpost – 3. Zustellung* (SPACE MAIL, 3. Teil) (mit Isaac Asimov und Joseph D. Olander), Rastatt 1984, P 6735
(Hrsg.) *Der letzte Mensch auf Erden* (THE LAST MAN ON EARTH) (mit Isaac Asimov und Charles G. Waugh), München 1984, H 4074
(Hrsg.) *Die sieben Todsünden der Science Fiction* (THE SEVEN DEADLY SINS OF SCIENCE FICTION) (mit Isaac Asimov und Charles G. Waugh), Rastatt 1984, P 6738
(Hrsg.) *Feuerwerk der SF* (MICROCOSMIC TALES) (mit Isaac Asimov und Joseph Olander), München: Bertelsmann 1984
(Hrsg.) *Der letzte Mensch auf Erden* (THE LAST MAN ON EARTH) (mit Isaac Asimov und Charles G. Waugh), München 1984, H 4074
(Hrsg.) *Utopia der Detektive* (THE 13 CRIMES OF SCIENCE FICTION) (mit Isaac Asimov und Charles G. Waugh), Bergisch Gladbach 1985, B 23057

(Hrsg.) *Zukünfte nah und fern* (NEAR FUTURES AND FAR) (mit Isaac Asimov und Charles G. Waugh), München 1985, H 4215
(Hrsg.) *Drachenwelten* (DRAGON TALES) (mit Isaac Asimov und Charles G. Waugh), München 1985, H 4159

Greene, Joseph (Ingham) (1897 – 1953)

Bibliografie:
Rebellion im Weltraum (CAPTIVES IN SPACE), Stuttgart/Zürich: Delphin 1967
Gefangene der Sonne (THE FORGOTTEN STAR), Stuttgart/Zürich: Delphin 1968

Greener, Leslie (1900 – 1974)

Geboren in Cape Town, Südafrika. Britischer Offizier; später journalistische und schriftstellerische Tätigkeit in den unterschiedlichsten Ländern.

Bibliografie:
Flug ins Ungewisse (MOON AHEAD), Wien/Heidelberg: Ueberreuter 1954

Greenhough, Terry (1944 –)

Britischer Autor.

Bibliografie:
Wandernde Welten (WANDERING WORLDS), Frankfurt am Main/Berlin/Wien 1981, U 31028

Greg, Percy

Bibliografie:
Jenseits des Zodiakus (ACROSS THE ZODIAC), Berlin: Kogge & Fritze 1882

Greiwe, Ulrich (1945 –)

Deutscher Publizist, geboren in Osnabrück.

Bibliografie:
Die letzten Hunde von Babbelbeckie, Reinbek: Rowohlt 1972

Grenier, Charles (Pseudonym)

Bibliografie/H:
Das Licht der Dämonen, IJ 2000 4 (1953)

Grenier, Christian

Bibliografie:
Verrat an Alpha Centauri (LA MACHINATION), Würzburg: Arena 1976
Aio, der unsichtbare Planet (AIO, TERRE INVISIBLE), Aschaffenburg: Pattloch 1977
Der Fremde, der aus der Zukunft kam (LES CASCADEURS DU TEMPS), Stuttgart: Boje 1981

Grettler, Hermann

Bibliografie:
Ultimatum des Weltalls, München: Drei Eichen 1955

Grey, Charles Siehe Tubb, E. C.

Grey, Walt (1900 –   )

Pseudonym für Walter Greiling, geboren in Weidenhausen/Hessen. Der hauptberufliche Landwirt ist Verfasser von Biografien, Jugendbüchern und Hörspielen.

Bibliografie/H:
Vernichtungsstrahlen, Düsseldorf: Hoch 1952

Gridban, Volsted Siehe Tubb, E. C./Fearn, John Russell

Griese, Peter (1938 –   )

Geboren in Frankfurt/Main. Übersetzer und Autor von Heftromanen und Kurzgeschichten.

Bibliografie/H:
Im Bann der Psi-Intelligenz, TA 294 (1977)
Er kam aus der Sonne (C), TA 304 (1977)
Die Intelligenzfresser, TA 322 (1977)
Sturz in die Vergangenheit (C), TA 349 (1978)

Invasion der Symbionten, TA 361 (1978)
Am Tag der sechs Monde, TA 389 (1979)
Das Energie-Labyrinth, TA 421 (1979)
Mann aus der Tiefe, TA 429 (1979)
Mondgeschichten (C), TA 501 (1981)
Als die Sonne erlosch, TA 511 (1981)
Die unsichtbare Grenze, TA 622 (1985)
Der galaktische Bote, TA 624 (1985)

Siehe Anhang SERIEN: *Atlan, Perry-Rhodan-Taschenbücher*

Griffin, Russell M. (1944–1986)
Amerikanischer Autor.

Bibliografie:
Die Blinden und der Elefant (THE BLIND MEN AND THE ELEPHANT),
München 1986, H 4324

Grigorjew, Wladimir (1935–   )
Sowjetischer Schriftsteller. Studium an der TH Moskau und Teil-
nahme an Forschungsexpeditionen in Sibirien.

Bibliografie:
Axiome des Zauberstabs (C) (AKSIOMY VOLSEBNOY PALOCKI), Berlin/DDR:
Neues Leben 1970

Grimaud, Michael Französischer Autor.

Bibliografie:
Stadt ohne Sonne (LA VILLE SANS SOLEIL), Augsburg: Junior Press 1975
Sonne auf Kredit (SOLEIL A CREDIT), München 1980, H 3689
Die Stadt der verlorenen Träume (LES ESCLAVES DE LA JOIE), München:
Schneider 1982

Grimm, Jim

Bibliografie:
Der Mensch, der aus dem Kosmos kam, Genf/Hamburg: Kossodo
1969

Grimminger, Bernhard

(1946 –   )

Deutscher Autor, geboren in Memmingen, holte nach einer Lehre als Stahlbauschlosser das Abitur nach und studierte drei Semester fürs höhere Lehramt, bevor er aus Ärger über das Bildungssystem die Hochschule verließ und sich als freier Schriftsteller versuchte. Seine Texte sind eher der phantastischen Satire zuzurechnen. Er lebt als Buch- und Kassettenverleger in München, wo er die Reihe ›Die Phantastische Nekrothek‹ herausgibt, Sammlungen mit skurrilen Kurzgeschichten. Sein Roman *Der Zeitmann* ist eine gesellschaftskritische Groteske über ein deprimierendes München der Zukunft und ein Ulk über die Idee der Zeitreise.

Bibliografie:

Pyronia (C), Mainz: Liber 1982
Die Fabrik, Meitingen: Carian 1984
Das Dorf (C), Fürstenfeldbruck: Tick-Tack 1983
Der Zeitmann, München 1987, H 4388

Grinnell, David Siehe Wollheim, Donald A.

Grob, Helmut G. (1929 –   )

Geboren in Würzburg, von Beruf Justizbeamter. Unter Pseudonym auch Verfasser von etwa zwei Dutzend Krimis.

Bibliografie:

Intermezzo im Kosmos, Düsseldorf: Dörner 1960

Bibliografie/H:

Die Kinder des Chaos, UZ 201 (1960)
Unternehmen Vergangenheit, UZ 222 (1960)
Ben Clair, UZ 227 (1960)
Nur ein Monster, UZ 312 (1962)

Groeger, Rose-Marie

Bibliografie:

(Hrsg.) *Mit bloßen Füßen zum Mond,* Mühlacker: Stieglitz 1971

Groeger, William G. (Pseudonym)

Bibliografie:

Das Vermächtnis der Astronauten, Menden: Bewin 1967
Sonne für Pluto, Menden: Bewin 1968
Die Unbesiegbaren, Menden: Bewin 1970

Grohskopf, Bernice

Bibliografie:

30-Tage-Buch. Evelyns Aufzeichnungen aus der Zukunft (NOTES ON THE HAUTER EXPERIMENT), Freiburg: Herder 1978

Grolms, Maximilian (1926 –)

Pseudonym für den Pastor Ekkehard Hieronymus, geboren in Crossen/Oder.

Bibliografie:

(Hrsg.) *Mondwanderungen,* Hamburg: Wegner 1970

Gross, Richard (1921 –)

Geboren in Königsberg. Verfasser von Romanen, Erzählungen, Hörspielen und Filmdrehbüchern.

Bibliografie:

Der Mann aus dem anderen Jahrtausend, Berlin/DDR: Neues Leben 1961

Gross, Rolf H.

Pseudonym für Rolf H. Grosshans.

Bibliografie/H:

Das grausame Spiel, UZ 477 (1966)
Die Insel des Grauens, UZ 484 (1966)
Die Piraten von Paspa, UZ 511 (1967)

Grosser, Reinhold Fritz

Bibliografie:

Asaka Fu mobilisiert den Osten, Bremen: Burmester 1934

Grote, Hermann

Bibliografie:
Zum Mars in 44 Stunden, Berlin/München: Erich Schmidt 1951

Gruber, Marianne (1944–)

Geboren in Wien, studierte mehrere Semester Medizin und Psychologie bei Viktor Frankl. Ihr bislang einziger Roman ist DIE GLÄSERNE KUGEL (1981). Zahlreiche phantastische Erzählungen wurden in Anthologien aufgenommen.

Bibliografie:
Die gläserne Kugel, Graz: Styria 1981
Protokolle der Angst (C), St. Pölten-Wien: Niederösterreichisches Pressehaus 1983

Gruda, Konrad (1915–)

Geboren in Bielitz. TV-Redakteur.

Bibliografie:
Zwölf Uhr einundvierzig, Wien/München: Jugend & Volk 1975

Grunert, Carl (H.) (1865–1918)

Geboren in Naumburg. G. war als Lehrer in Naumburg und Berlin tätig und gehört zu den frühesten Klassikern der deutschen SF-Literatur. Im Gegensatz zu den meisten seiner Zeitgenossen verfaßte er ausschließlich Kurzgeschichten. Seine erste Veröffentlichung erschien unter dem Pseudonym Carl Friedland; seine Story ›Feinde im Weltall‹ erschien unter dem Titel ›Enemies in Space‹ in der von Groff Conklin herausgegebenen Anthologie INVADERS OF EARTH (1952) auch in den USA.

Bibliografie:
Im irdischen Jenseits (C), Berlin: Continent 1904
Menschen von Morgen (C), Berlin: Continent 1905
Feinde im Weltall (C), Stuttgart: Franckh 1907
Der Marsspion (C), Berlin: Deutsches Haus 1908

Grünewald, Lothar

Bibliografie:
(Hrsg.) *Flug zum Alpha Eridiani,* Berlin/DDR: Volk und Welt 1970

(Hrsg.) *Index J-81 arbeitet für Mr. Faust,* Berlin/DDR: Volk und Welt 1971

Guben, Berndt (1923 –   )

Pseudonym für Karl-Heinz Berndt, geboren in Guben/Niederlande. TV-Redakteur. Verfasser von Seeabenteuer-Romanen und Übersetzer.

Bibliografie:

Orjana, Stern der Nackten, Frankfurt am Main: Normalverlag 1972

Guggenberger, Siegmund (1891 – ?)

Bibliografie:

Eurafasia, Wien: Volksbund 1927

Guha, Anton Andreas (1937 –   )

Bibliografie:

Ende. Das Tagebuch aus dem Dritten Weltkrieg, Königstein: Athenäum 1983

Guieu, Jimmy Französischer Autor.

Bibliografie/H:

Das gläserne Sterben (L'AGONIE DU VERRE), UG 40 (1956)
Ungeheuer aus dem Nichts (LES MONSTRES DU NEANT), UZ 162 (1959)
Dimension X (LA DIMENSION X), UZ 166 (1959)

Gunn, James E(dwin)

(1923 –   )

Geboren in Kansas City/Missouri als Sproß einer Familie, in der die Beschäftigung mit der Schreiberei oder Gedrucktem seit Generationen gang und gäbe ist. G. studierte Journalismus an der University of Kansas, verbrachte den Zweiten Weltkrieg als Marinesoldat im Pazifik und legte 1951 sein Magisterexamen in Englisch ab. Ab 1947 schrieb er für verschiedene Zeitungen und Rundfunksender; 1949 erschien mit ›Communications‹ unter dem Pseudonym Edwin James in *Startling Stories* seine erste SF-Story. G.s Examensarbeit, eine Abhandlung über SF, erschien 1953 in *Dynamic SF*. Neben seiner literarischen Tätigkeit, die sich keinesfalls auf SF beschränkt, arbeitete er als Herausgeber einer Taschenbuchreihe und in der Zivilverteidigung. Heute lehrt er an der Universität von Kansas Englisch. G.s SF-Produktion besteht hauptsächlich aus Kurzgeschichten, die er später zu Romanen zusammenfaßte, so bei THE JOY MAKERS (1961), der Geschichte einer zukünftigen Gesellschaft, in der jedermann verpflichtet ist, glücklich zu sein, und THE IMMORTALS (1962), wo es um die Hatz wohlhabender Industriemagnaten auf das Blut von Unsterblichen geht. THE IMMORTALS wurde auch zur Basis einer TV-Serie gemacht. Auch die Erzählung ›The Cave of the Night‹ (*Galaxy*, 1955) wurde fürs Fernsehen verfilmt. ›The Listeners‹ (*Galaxy*, 1968–1972) behandelt das Thema der Dechiffrierung interstellarer Botschaften und wurde 1972 ebenfalls zu einem Roman ausgeweitet. Viele der Stories G.s, die in mehreren Sammlungen erschienen, handeln von Problemen, die die nähere Zukunft für die Menschheit bereithält. Space Operas waren weniger sein Fall; eine Ausnahme bildet lediglich STAR BRIDGE (1955), ein Garn, das in Zusammenarbeit mit Jack Williamson entstand. Während der siebziger Jahre wurde G. zunehmend aktiver: THE MAGICIANS (1976) und KAMPUS (1977) bildeten nach mehrjähriger Abstinenz seine Rückkehr zur SF. ALTERNATE WORLDS (1975) ist eine reich illustrierte Geschichte des Genres, die, obwohl aus amerikanischer Sicht geschrieben, unter den Nachschlagewerken einen der vorderen Plätze einnimmt. Seine Geschichte der SF-Literatur in ihren herausragenden Beispielen erschien unter den Titeln THE ROAD TO SCIENCE FICTION: FROM GILGAMESH TO WELLS (1977), FROM WELLS TO HEINLEIN (1979) und FROM HEINLEIN TO HERE (1979).

Bibliografie:

Der Gamma-Stoff (THE IMMORTALS), München 1964, GZ 57
Die Wächter des Glücks (THE JOY MAKERS), Rastatt 1966, PU 290
Das Vermächtnis der Terraner (THIS FORTRESS WORLD), Bergisch Gladbach 1973, B 25
Zeichen aus einer anderen Welt (C) (BREAKING POINT), München 1976, GWTB 0219
Die Venus-Fabrik (C) (FUTURE IMPERFECT), München 1976, GWTB 0231

SF-Stories 70 (C) (STATION IN SPACE), Frankfurt am Main/Berlin/Wien 1978, U 3404
Die Tagung der Magier (THE MAGICIANS), München 1979, G 23320
Brücke zwischen den Sternen (STAR BRIDGE) (mit Jack Williamson), München 1980, UC 21
Die letzte Revolution (KAMPUS), Frankfurt am Main/Berlin/Wien 1982, U 31040
(Hrsg.) *Der Tag vor der Revolution* (NEBULA AWARD STORIES 10), München 1982, P 6732
Die Horcher (THE LISTENERS), München 1983, H 3951
Die Träumer (THE DREAMERS), München 1986, H 4292

Bibliografie/H:
Das Gravitationsproblem (C/OA), TN 113 (1970)

Gunn, Neil M(iller) (1891 – 1973)
Schottischer Beamter und Schriftsteller; Verfasser mehrerer Romane mit Fantasy-Thematik. THE GREEN ISLE OF THE GREAT DEEP (1944) schildert die Abenteuer eines alten Mannes und eines Jungen in einer Alternativwelt.

Bibliografie:
Felsen der Herrschaft (THE GREEN ISLE OF THE GREAT DEEP), München: Nymphenburger 1949

Günter, Karlheinz
Bibliografie:
Leben auf Liliput 38?, Würzburg: Arena 1973
Landung auf Astroterra, Würzburg: Arena 1976

Günther, Gotthard (1900 – 1985)
Deutscher Hochschullehrer und Philosoph (mehrwertige Logik), in Schlesien geboren, floh vor den Nazis 1937 nach Südafrika, wo er an der Universität Stellenbosch lehrte. 1940 ging er in die USA, wo er zunächst am Colby College in Maine und später an der Universität von Cambridge, Mass., lehrte. 1948 naturalisiert, war er 1961 bis 1972 Professor

for Electrical Engeneering (d.h. er las über Kybernetik) an der University of Urbana, Illinois. Er war in den New Yorker SF-Kreisen ein gern gesehener Gast, kannte zahlreiche SF-Autoren persönlich und war mit John W. Campbell befreundet. 1972 emeritiert, kehrte er nach Deutschland zurück, wo er hoch betagt in Hamburg starb. Er versuchte die gehobene amerikanische SF in Deutschland publik zu machen und begann 1952 mit der Herausgabe von ›Rauchs Weltraum Büchern‹ im Karl Rauch Verlag in Düsseldorf. Dem Unternehmen war leider kein verlegerischer Erfolg beschieden; es kam nicht über vier Bände hinaus. Für diese Art von SF gab es um diese Zeit noch keinen Markt in Deutschland. Seine hervorragende und programmatische Anthologie *Überwindung von Raum und Zeit* (1952) war der erste SF-Titel, der nach dem Zweiten Weltkrieg in einem ›seriösen‹ deutschen Verlag erschien, und gehört heute zu den meistgesuchten Sammlerstücken.

Bibliografie:

(Hrsg.) *Überwindung von Raum und Zeit,* Düsseldorf: Rauch 1952

Günther, Hans (1891 – 1968)

Bibliografie:

In 100 Jahren, Leipzig: Kosmos 1932

Günther, Leo (1942 –   )

Pseudonym für Hagen Zboron. Bibliografie: Siehe Kling, Bernt.

Güntsche, Georg (1886 – ?)

Bibliografie:

Omu-Ssai, die Königin von Afrika, München: Knorr & Hirth 1927
Panropa, Köln: Gilde 1930

Guny, Hans

Pseudonym für Hans Grunsky.

Bibliografie:

Der Kristall des Sirius, München: Buchgewerbehaus 1950

Gurewitsch, Georgij (Josifowitsch) (1917 –   )

Geboren als Sohn eines Architekten in Moskau. G. absolvierte eine Ausbildung als Bauingenieur, wandte sich nach dem Zweiten Weltkrieg der SF zu und wurde freiberuflicher Schriftsteller. 1946 erschien mit ČELOVEK RAKETA sein erster Roman. Ihm folgten über ein Dutzend weitere SF-Werke, darunter PLENNIKI ASTEROIDA (1962), MY − IZ SOLNEČNOJ SISTEMY (1965), MESTOROŽDENIE VREMENI (1972) und PRIGLASNEIJE V CENIT (1974). Ein theoretisches Werk des Autors über SF ist KARTA STRANY FANTAZII (1967).

Bibliografie:
Wir aus dem Sonnensystem (MY − IZ SOLNEČNOJ SISTEMY), Moskau: Mysl 1965

Bibliografie/H:
Rauhreif auf Palmen (JNEJ NA PAL'MACH), KJ 22/24 (1953)
Notsignale vom Planetoiden (NA PROZRACNOJ PLANETE), KJ 9 (1964)
Die Achtnulligen (VOS'MINULEVYE), kap 99 (1970)

Gurk, Paul (Fritz Otto) (1880–1953)

Geboren in Frankfurt/Oder. G. schrieb auch unter dem Pseudonym Franz Grau. Er war Beamter von Beruf und brachte es zum Stadtobersekretär. Neben zahlreichen Dramen, Fabeln, Märchen, Hörspielen und Lyrikbänden schrieb er mit *Tuzub 37* (1935) einen vielgelobten SF-Klassiker im Stil der Anti-Utopien von Aldous Huxley und Jewgenij Samjatin.

Bibliografie:
Palang, Stuttgart: Union 1930
Tuzub 37, Berlin: Holle 1935
Der Kaiser von Amerika, Essen: Chamier 1949

Gurney, David

Britischer Autor, Pseudonym für Patrick Bair.

Bibliografie:
Die wilden Vögel (THE F CERTIFICATE), München: Herbig 1969

Gutsch, Jürgen (1939–)

Geboren in Wiesbaden. Autor und Herausgeber.

Bibliografie:
Siehe Leiner, Friedrich

Haber, Heinz (1913–)

Bibliografie:

(Hrsg.) *Geschichten aus der Zukunft* (C) (mit Irmgard Haber);
(Autor: Karl Wittlinger), Stuttgart: DVA 1978

Hackett, Sir John (1910–)

Britischer Offizier, Rektor und Vorsitzender der Britischen Gesellschaft für klassische Sprachen.

Bibliografie:

Der dritte Weltkrieg (THE THIRD WORLD WAR: AUGUST 1985), München/
Gütersloh/Wien: Bertelsmann 1978
Welt in Flammen (THE THIRD WORLD WAR: THE UNTOLD STORY), München/
Gütersloh/Wien: Bertelsmann 1982

Hackmann, August

Bibliografie:

Der Kampf um die Weltmacht oder Der fliegende Mensch, Karlsruhe: Gutsch 1917

Hädecke, Wolfgang (1929–)

Geboren in Weißenfels. Studium der Germanistik und Anglistik, danach im Schuldienst. Mitglied des deutschen PEN. 1965 Förderpreis
für Literatur des Landes Nordrhein-Westfalen. Verfasser von Essays,
Reiseberichten und Lyrik.

Bibliografie:

Die Leute von Gomorrha, München: Piper 1978

Haden-Elgin, Suzette Siehe Elgin, Suzette Haden

Haderer, Christian (1963 –)
Österreichischer Autor, geboren in Wiener Neustadt, studierte an der Technischen Universität Wien Textilmaschinentechnik und arbeitet heute für eine Software-Firma, für die er Handbücher über Computersysteme schreibt, des weiteren verfaßt er Artikel für Computerzeitschriften und ist regelmäßiger freier Mitarbeiter beim ORF, für den er u.a. über Filme berichtet und Features schreibt (u.a. Sendungen über SF). Nebenher entstanden einige bemerkenswerte SF-Erzählungen wie ›Die Band‹, ›Exposed‹, ›Im Schatten‹, ›In einer Ecke‹, die seit Beginn der achtziger Jahre in den *Story Readern* bei Heyne bzw. im *Heyne Science Fiction Magazin* erschienen.

Hadley, Franklin Siehe Winterbotham, Russ

Haefs, Gisbert Österreichischer Autor.

Bibliografie:

Barakuda der Wächter 1: Die Waffenschmuggler von Shilgat, München 1986, G 23782
Barakuda der Wächter 2: Die Mördermütter von Posdan, München 1986, G 23780
Barakuda der Wächter 3: Die Freihändler von Cadhras, München 1986, G 23781
Barakuda der Wächter 4: Die Gipfel von Banyadir, München 1986, G 23782

Haensel, Hubert (1952 –)

Bibliografie/H:

Das Geisterschiff, TA 379 (1978)
Forschungskreuzer Cimarron, TA 395 (1979)
Gestrandet im Hyperraum, TA 411 (1979)
Mein Freund, der Roboter, TA 437 (1980)
Reinkarnation, TA 463 (1980)
Tödliche Fracht, TA 603 (1984)

Siehe Anhang SERIEN: *Atlan, Perry-Rhodan-Taschenbücher*

Hagen, Hans Wolfgang

Bibliografie:

Flucht durchs Jenseits, Salzburg: Festungsverlag 1946

Hagen, Richard (1893 – ?)

Bibliografie:

Der brennende Kontinent, Berlin: Weltbücher 1928
Flucht durchs Jenseits, Salzburg: Festungsverlag 1928

Hahn, Ronald M. (1948 –)

Geboren in Wuppertal. Gelernter Schriftsetzer, anschließend Tätigkeit als Autor, Übersetzer, Literaturagent und Lektor. Erste professionelle Veröffentlichung 1971. Von 1969 – 1984 Redakteur und Herausgeber der Zeitschrift *Science Fiction Times.* Herausgeber der SF-Reihen Fischer Orbit (1972 – 1974) und Ullstein SF (1982 bis 1988). Unter dem Pseudonym Daniel Herbst (allein und mit H. J. Alpers) Verfasser von Jugendbüchern. Zahlreiche Sachbücher und satirische SF-Stories. Die in der Bibliografie ›mit HJA‹ gekennzeichneten Titel entstanden in Zusammenarbeit mit Hans Joachim Alpers. Unter dem Verlagspseudonym Gregory Kern schrieb er an der Heftserie *Commander Scott* mit; unter dem Namen Conrad C. Steiner trug er zur *Terranauten*-Serie bei; und als *I. S. Osten* war er bei *Raumschiff Promet* dabei.

Bibliografie:

(Hrsg.) *Science Fiction aus Deutschland* (mit HJA), Frankfurt am Main 1974, FO 43
Die Flüsterzentrale (mit Harald Buwert), München 1977, H 3556
Das Raumschiff der Kinder (mit HJA), Reutlingen: Ensslin 1977
Planet der Raufbolde (mit HJA), Reutlingen: Ensslin 1977
Wrack aus der Unendlichkeit (mit HJA), Reutlingen: Ensslin 1977
Bei den Nomaden des Weltraums (mit HJA), Reutlingen: Ensslin 1977
Die rätselhafte Schwimminsel (mit HJA), Reutlingen: Ensslin 1978
Der Ring der dreißig Welten (mit HJA), Reutlingen: Ensslin 1979

(Hrsg.) *Die Tage sind gezählt,* München 1979, H 3694
(Hrsg.) *Titan 17* (mit Wolfgang Jeschke), München 1981, H 3847
(Hrsg.) *Gemischte Gefühle,* München 1981, M 3527
(Hrsg.) *Das fröhliche Volk von Methan,* München 1981, H 3946
(Hrsg.) *Piloten durch Zeit und Raum,* Reutlingen: Ensslin 1983
(Hrsg.) *Cyrion in Bronze,* München 1983, H 3965
(Hrsg.) *Im fünften Jahr der Reise,* München 1983, H 4005
(Hrsg.) *Dinosaurier auf dem Broadway,* München 1983, H 4027
Die Temponauten (mit Harald Pusch), Meitingen: Corian 1983
(Hrsg.) *Welten der Wahrscheinlichkeit,* Frankfurt am Main/Berlin/
Wien 1983, U 31061
Ein Dutzend H-Bomben (C), Frankfurt am Main/Berlin/Wien 1983,
U 31052
(Hrsg.) *Jack London: Der Feind der Welt* (C), Bergisch Gladbach
1983, B 72027
Inmitten der großen Leere (C), Frankfurt am Main/Berlin/Wien 1984,
U 31074
(Hrsg.) *Mythen der nahen Zukunft,* München 1984, H 4062
(Hrsg.) *Nacht in den Ruinen,* München 1984, H 4099
(Hrsg.) *Willkommen in Coventry,* München 1984, H 4127
(Hrsg.) *Kryogenese,* München 1985, H 4169
(Hrsg.) *Visionen von Morgen,* Frankfurt am Main/Berlin/Wien 1985,
U 31096
(Hrsg.) *Der Drachenheld,* München 1985, H 4208
(Hrsg.) *13 Science-Fiction-Stories* (mit HJA und Werner Fuchs),
Stuttgart: Reclam 1985
Auf dem Großen Strom (C), Bergisch Gladbach 1986, B 22088
(Hrsg.) *Der Zeitseher,* München 1986, H 4265
(Hrsg.) *Der Schatten des Sternenlichts,* München 1986,
H 4315

Bibliografie/H:

Als David Crosby:

Die Amazone von Coral-D, ZSF 159 (1975)

Als Manuel S. Delgado:

Proteus, Planet des Todes, ZSF 120 (1971)
Im Netz der Dimensoren (mit Mischa Morrison), Ge 17 (1976)

Als Thorn Forrester:

Die Ruinenwelt, ZSF 143 (1973)

Als Ronald M. Harris:
Gestrandet auf Korvia, Ge 12 (1976)
Operation Vergangenheit, Ge 24 (1976)

Als Daniel Monroe:
Das galaktische Syndikat, A 54 (1973)

Als Mischa Morrison:
In den Höhlen des Tantalus, TA 218 (1975)

Siehe Anhang SERIEN: *Commander Scott, Raumschiff Promet, Die Terranauten*

Haiblum, Isidore (1935 –   )
Geboren in Brooklyn, New York, wuchs H. in der jiddischen Sprache auf, bevor er Englisch studierte. Er war als Interviewer für ein Meinungsforschungsinstitut, als Agent für Folk-Sänger und in verschiedenen Jobs tätig, bevor er sich als Autor versuchte. Er schrieb zunächst jiddische Texte, die er selbst vortrug, dann wandte er sich mehr den verschiedenen Genres der Unterhaltungsliteratur zu, schrieb SF-Romane, Krimis und vor allem humoristische Romane, aber auch Essays und Rezensionen für Zeitschriften.

Bibliografie:
Die Rückkehr des Astronauten (THE RETURN), Rastatt 1982, TTB 348
Interwelt (INTERWORLD), Rastatt 1985, TTB 367
Die Mutanten kommen (THE MUTANTS ARE COMING), Rastatt 1986, TTB 371

Haining, Peter (1940 –   )
Britischer Publizist. Ex-Verlagsleiter eines Taschenbuchverlages. Seit 1966 erfolgreich als Herausgeber zahlreicher Anthologien im SF- und Horror-Genre tätig.

Bibliografie:
(Hrsg.) *Das Ungeheuer von Menschenhand* (THE MONSTER MAKERS),
Stuttgart: Franckh 1977

Halacy jr., D(aniel) S(tephen) (1919 –   )

Amerikanischer Publizist, geboren in Charleston, South Carolina.
War im Zweiten Weltkrieg als Air-Force-Pilot tätig, arbeitete später
im Flugzeugbau. Sein Jugendbuch ROCKET RESCUE (1968) handelt von
telepathisch begabten Zwillingen.

Bibliografie:
Rettung im Weltall (ROCKET RESCUE), Balve: Engelbert 1971

Haldane, J(ohn) B(urdon) S(anderson) (1892 – 1964)

Bibliografie:
Dädalus (THE MAN WITH TWO MEMORIES), München: Drei Masken 1925

Haldeman, Jack C(arroll) (1941 –   )

Geboren in Hopkinsville, Kentucky;
Bruder von Joe Haldeman. Naturwissenschaftliches Studium an der Hopkins University, anschließend Tätigkeit als Medizintechniker. Leiter von
Fotografier-, Schreib- und SF-Kursen.
Erste Veröffentlichung: ›Garden of
Eden‹ (1971) in *Fantastic*. H. hat über
fünf Dutzend SF-Erzählungen in allen
wichtigen US-Magazinen publiziert. Sein Romanerstling VECTOR ANA-
LYSIS (1978), eine routiniert geschriebene Abenteuergeschichte,
basiert auf einer Erzählung, die zuvor in *Analog* erschien. PERRY'S
PLANET (1979) ist ein Roman aus dem ›Star Trek‹-Universum.

Bibliografie:
Das fremde Virus (VECTOR ANALYSIS), München 1980, Kn 5729
Captain Perrys Planet (PERRY'S PLANET), München 1985, TTB 366
Und fürchtet keine Finsternis (THERE SHALL BE NO DARKNESS) (mit Joe
Haldeman), Bergisch Gladbach 1985, B 22083

Haldeman, Joe (William)
(1943 –   )

Geboren in Oklahoma City; Bruder des SF-Autors Jack C. Haldeman. Wuchs in Puerto Rico, New Orleans, Washington D.C. und Alaska auf, studierte an der University of Maryland und schloß mit einem B. Sc. in Physik und Astronomie ab. H. wurde 1967 zum Militär eingezogen, kämpfte als Pionier im zentralen Hochland Vietnams, wurde verwundet, mit dem Purple-Heart-Orden ausgezeichnet und vertritt seither die Einstellung, daß *nichts* auf der Welt einen Krieg rechtfertigt. In die USA zurückgekehrt, jobbte er als Bibliothekar, Programmierer, Statistiker und Hilfsarbeiter. Einen »katastrophalen« (Haldeman) Monat lang war er Chefredakteur des Magazins *Astronomy,* doch hauptsächlich schlug er sich mit kleineren Lehraufträgen (Rhetorik, SF, klassische Gitarre) durch. 1969 publizierte *Galaxy* seine erste Story, ›Out of Phase‹, die keinen besonders nachhaltigen Eindruck hinterließ. Doch H.s Stil verbesserte sich ständig, und die Themen, derer er sich annahm, wurden immer ehrgeiziger. Mit ›Hero‹ (*Analog,* 1972) und ›We Are Very Happy Here‹ (*Analog,* 1973) konnte er Achtungserfolge erzielen. Später faßte er diese Erzählungen mit anderem Material zu dem ihn schlagartig berühmt machenden Romanerstling THE FOREVER WAR (1974) zusammen. Hier verwertete H. seine Vietnam-Erfahrungen, transponierte sie ins All und schrieb einen Weltraumkriegsroman, der in brutaler Detailschilderung und pazifistischer Aussage in der SF seinesgleichen sucht. Es war eine literarische Abrechnung mit dem sinnlosen Krieg, durch den er gegangen war, aber auch die Entglorifizierung eines anderen bekannten SF-Romans und jeglicher Militär-SF schlechthin, die konsequente Antithese zu Robert A. Heinleins STARSHIP TROOPERS (1959). THE FOREVER WAR wurde mit dem ›Nebula‹, dem ›Hugo‹ und dem australischen ›Ditmar‹ ausgezeichnet. Für MINDBRIDGE (1976) kassierte H., nun in aller Munde, die bis dahin unglaubliche Honorarvorschußsumme von 100000 $. Obwohl der Roman die Qualitäten von THE FOREVER WAR nicht erreicht, ragt er dennoch stilistisch heraus: Ein molluskenartiges Lebewesen dient als ›Denkbrücke‹ zwischen zwei Menschen und ermöglicht eine telepathische Verständigung. In ALL MY SINS REMEMBERED (1977) geht es um einen interstellaren Agenten, der für allerhand schmutzige Einsätze mißbraucht wird, die Schändlichkeit seines Tuns später einsieht und sich Gedanken über die Ziele seiner Auftraggeber macht. Daß H. aber auch in der kurzen Form Ausgezeichnetes leisten kann, beweist die Erzählung ›Tricentennial‹ (1977), die ebenfalls mit dem ›Hugo‹ ausgezeichnet wurde. Seine Anthologie STUDY WAR NO MORE (1977) ist ein Band mit Anti-Kriegs-Geschichten. Die unter dem Pseudonym Robert Graham geschriebenen Romane ATTAR'S REVENGE und WAR OF NERVES (1975) sind ebenso wie H.s ›Star Trek‹-Romane – PLANET OF JUDGMENT (1977) und WORLD WITHOUT END (1979) – reine Brotarbeiten ohne sonderlichen Tiefgang.

Bibliografie:

Der ewige Krieg (THE FOREVER WAR), München 1977, H 3572
Die Denkbrücke (MINDBRIDGE), München 1978, G 23283
Der befleckte Engel (ALL MY SINS REMEMBERED), München 1978, Kn 702
Welt ohne Sterne (WORLD WITHOUT END), Rastatt 1980, TTB 323
Duell der Mächtigen (PLANET OF JUDGMENT), Rastatt 1980, TTB 325
(Hrsg.) *Nie wieder Krieg* (STUDY WAR NO MORE), München 1982, H 3863
Kreisende Welten (WORLDS), Rastatt 1984, M 3633
Unendliche Träume (C) (INFINITE DREAMS), München 1985, H 4177
Und fürchtet keine Finsternis (THERE SHALL BE NO DARKNESS) (mit Jack C. Haldeman), Bergisch Gladbach 1985, B 22083
Isolierte Welten (WORLDS APART), Rastatt 1986, M 3701

Hall, Sandi Englische Autorin.

Bibliografie:

Feuer auf der See (THE GODMOTHERS), Berlin: Amazonen 1984

Hamilton, Edmond (Moore) (1904 – 1977)
Geboren auf einer Farm bei Youngstown, Ohio. H. schloß mit 14 Jahren die High School ab und veröffentlichte seine erste Story, ›The Monster-God of Mamurth‹ (1926), eine von Abe Merritt inspirierte Fantasy, in *Weird Tales,* zu dessen bekanntesten Mitarbeitern er wurde. In der ›Interstellar Patrol‹-Serie (1928 – 1930) nahm er E. E. Smith' ›Lensmen‹-Zyklus vorweg. H. bewegte sich fast ausschließlich auf dem Gebiet der Space Opera; seine Helden vereitelten dermaßen viele außerirdische Invasionen, daß er unter dem Namen ›Weltenretter‹ bekannt wurde. Als der Verleger Leo Margulies (»We don't want it good – we want it Wednesday«) 1939 den Plan ent-

wickelte, eine SF-Serie für Jugendliche auf den Markt zu bringen, wandte er sich an H., der daraufhin den Weltraumhelden ›Captain Future‹ konzipierte, dessen Abenteuer in einem eigens gegründeten Magazin und später in *Startling Stories* erschienen. 1946 heiratete H. Leigh Brackett, die sich rasch einen Namen als Verfasserin spannender SF-Abenteuer für *Planet Stories* und als Drehbuchautorin machte. Die Werke H.s gehen in die Hunderte. Längst nicht alle Veröffentlichungen des Autors erschienen in Buchform. Kurz vor seinem Tod sagte H.: »Ich bin dankbar dafür, daß ich in die SF-Szene kam, als sich noch niemand Gedanken darüber machte, was Qualität und was Schund war. Mit den Sachen, die ich damals schrieb, könnte ich heute keinen Hund mehr hinter dem Ofen hervorlocken. SF war damals eine esoterische Literatur, geschrieben und gelesen von einer anonymen Gruppe von Menschen. Wer heute anfängt, sie zu produzieren, ist gezwungen, gleich richtig anzufangen. Die jungen Leute haben es heute einwandfrei schwerer, und ich bin sicher, daß die meisten von uns alten Burschen, begännen wir heute noch einmal mit dem Können von damals, nicht eine einzige Zeile verkaufen würden.« H.s bekannteste Titel sind THE STAR KINGS (1949) und CITY AT WORLD'S END (1951). Obwohl er bis in die sechziger Jahre hinein schrieb, lag es hauptsächlich an seiner Frau (die inzwischen relativ gut beim US-TV untergekommen war), für das Renommee zu sorgen. Obwohl H. der erste Pulp-SF-Autor gewesen war, dem es gelang, mit THE HORROR ON THE ASTEROID (1936) einen Erzählungsband als Hardcover herauszubringen, erschienen erst in den sechziger Jahren zwei weitere seiner Collections als Taschenbuch: OUTSIDE THE UNIVERSE (1964) sowie CRASHING SUNS (1965), die gesammelten Abenteuer der ›Interstellar Patrol‹. Gleichzeitig verlegte H. sich wieder auf das Schreiben von Romanen, die nicht mehr in Magazinen, sondern gleich in Buchform erschienen: THE WEAPON FROM BEYOND (1967), THE CLOSED WORLDS (1968) und WORLDS OF THE STARWOLVES (1968). Doch die alten Space-Opera-Zeiten waren dahin. Die Titelgeschichte des Sammelbandes WHAT'S IT LIKE OUT THERE? (1974) zeigt jedoch, daß auch ›Weltenretter‹ H. etwas gelernt hat: Sie schildert den verlogenen Mythos vom atemberaubend schönen Erlebnis der Weltraumforschung und kratzt gehörig an den Vorstellungen mancher SF-Schreiber, die noch immer vom angeblichen ›Drang des Menschen zu den Sternen‹ und seiner ›Bestimmung im Weltall‹ schwärmen. H.s letztes Buch, der Erzählungsband THE BEST OF EDMOND HAMILTON (1977), erschien posthum und ist ein repräsentativer Querschnitt seiner besten Arbeiten.

Bibliografie:

Herrscher im Weltraum (THE STAR KINGS), Berlin: Gebr. Weiß 1952
(auch: *Die Sternenkönige*)

SOS, die Erde erkaltet (CITY AT WORLD'S END), Berlin: Gebr. Weiß 1952

Heimat der Astronauten (BATTLE FOR THE STARS), München 1964,
H 3032

Die Macht der Valkan (THE SUN SMASHER), Frankfurt am Main/Berlin/
Wien 1978, U 3434

Die besten Stories (C) (THE BEST OF EDMOND HAMILTON), München 1980,
P 6701

Wächter der Zeiten (C) (WHAT IT'S LIKE OUT THERE?), Rastatt 1980,
UC 17

Ihre Heimat sind die Sterne (C) (RETURN TO THE STARS), München 1981,
H 3781 (auch: *Rückkehr zu den Sternen*)

Die lebende Legende (CAPTAIN FUTURE AND THE SPACE EMPEROR),
Bergisch Gladbach 1981, B 25001

Kollisionsziel Erde (CALLING CAPTAIN FUTURE), Bergisch Gladbach 1981,
B 25002

Die Gravium-Sabotage (CAPTAIN FUTURE'S CHALLENGE), Bergisch
Gladbach 1982, B 25003

Der Lebenslord (THE TRIUMPH OF CAPTAIN FUTURE), Bergisch Gladbach
1982, B 25004

Diamanten der Macht (CAPTAIN FUTURE AND THE SEVEN SPACE STONES),
Bergisch Gladbach 1982, B 25005

Sternstraße zum Ruhm (STAR TRAIL TO GLORY), Bergisch Gladbach
1982, B 25006

Der Marsmagier (MAGICIAN OF MARS), Bergisch Gladbach 1982,
B 25007

Im Zeitstrom verschollen (THE LOST WORLD OF TIME), Bergisch Gladbach
1982, B 25008

Die Materiequelle (QUEST BEYOND THE STARS), Bergisch Gladbach 1983,
B 25009

Das Erbe der Lunarier (OUTLAWS OF THE MOON), Bergisch Gladbach
1983, B 25010

Im Schatten der Allus (THE COMET KINGS), Bergisch Gladbach 1983,
B 25011

Held der Vergangenheit (PLANETS IN PERIL), Bergisch Gladbach 1983,
B 25012

Planetoid des Todes (THE FACE OF THE DEEP), Bergisch Gladbach 1983,
B 25013

Stern des Grauens (STAR OF DREAD), Bergisch Gladbach 1984, B 25015

Bibliografie/H:

Unternehmen Walhalla (A YANK IN VALHALLA), UG 75 (1958)
Die Radium-Falle (OUTLAW WORLD), UZ 354 (1961)
Das Gestirn der Ahnen (THE HAUNTED STARS), TS 84 (1964)
Das Gestirn des Lebens (THE STAR OF LIFE), T 374/375 (1965)
Das Tal der Schöpfung (VALLEY OF CREATION), T 436 (1966)
In den Klauen Jupiters (THUNDER WORLD), UZ 489 (1966)
Kinder der Sonne (C/OA), T 545 (1968)
Der Sternenwolf (THE WEAPON FROM BEYOND), TN 80 (1969)
Todesschranke um Allubane (THE CLOSED WORLDS), TN 83 (1969)
Die singenden Sonnen (WORLD OF THE STARWOLVES), TN 87 (1969)
Flüchtling der Randwelten (FUGITIVE OF THE STARS), TA 27 (1972)

Als Brett Sterling:

Die Krypta der Kangas (RED SUN OF DANGER), UZ 305 (1961)

Hammer, Carl Emil

Bibliografie/H:

Liebe und Abenteuer auf anderen Welten, Heidenheim: Editha 1949

Hamsun, Tore (1912–)

Sohn des Schriftstellers Knut Hamsun, geboren in Hamaröy/Nordnorwegen. H. ist Kunstmaler, MANNEN FRA HAVET (1984) ist sein erster Roman.

Bibliografie:

Der Mann aus dem Meer (MANNEN FRA HAVET. EN BERETNING),
München: List 1985

Hansen, K. U. Siehe Ellmer, Arndt

Hansen, Karl

Bibliografie/H:
Das eisige Grauen, UZ 142 (1958)

Hansen, Peter Siehe Peschke, Hans

Hansen, Vilhelm

Bibliografie:
Die vierte Waffe, Leipzig: Dietrich 1913

Hanstein, Otfried von (1869–1959)

Geboren in Bonn. Verfasser von ca. 150 Romanen in den unterschiedlichsten Genres, teilweise auch unter dem Pseudonym Otto Zehlen. Die fünf SF-Romane H.s wurden ins Amerikanische übersetzt und erschienen in Fortsetzungen in Hugo Gernsbacks SF-Magazinen *Wonder Stories* und *Wonder Stories Quarterly.*

Bibliografie:

Der Kaiser der Sahara, Leipzig/Stuttgart: DVA 1922
Die Farm der Verschollenen, Dresden: Münchmeyer 1924
Elektropolis, Stuttgart: Levy & Müller 1927
Ein Flug um die Welt und die Insel der seltsamen Dinge, Leipzig: Koehler & Amelang 1927
Mond-Rak 1, Stuttgart: Levy & Müller 1929

Harald, Herbert

Bibliografie:

Flugboot Luxury abgestürzt, Darmstadt: Darmstädter Verlagshaus 1950

Harbecke, Ulrich (1943–   )

Geboren in Witten/Ruhr. Studium der Theaterwissenschaft, Musik und Kunstgeschichte in Köln und Wien. Zeitweilige Tätigkeit als Gastdozent für Journalismus an der Universität Tunis. Seit 1969 arbeitet H. für den Westdeutschen Rundfunk; zunächst als freier Journalist, später als Redakteur für Politik und Geschichte des WDR-Fernsehens. Sein SF-Roman-erstling *Invasion* (1979) schildert die Landung eines außerirdischen Raumschiffes auf der Erde. Von der CIA und amerikanischen Militärs geschürte Invasionshysterie macht aus den harmlosen Fremden böse Feinde und Angreifer, deren Ermordung dann die logische Konsequenz ist. Seine Erzählung ›Faber‹ wurde 1983 mit dem vom Bastei Verlag gesponsorten ›Robert-Sheckley-Preis‹ ausgezeichnet.

Bibliografie:

Invasion, München 1979, H 06/3632

Harbou, Thea von (1888–1954)

Geboren in Teuperlitz bei Hof als Tochter eines Forstmeisters. In Berlin, wo sie später lebte, lernte sie den Regisseur Fritz Lang kennen, heiratete ihn und verfaßte in der Folgezeit mehrere Drehbücher, die Lang für die UFA realisierte. *Frau im Mond* (1926) und *Metropolis* (1926) wurden verfilmt; letzterer gehört zu den wenigen SF-Filmklassikern, die in deutschen Landen entstanden und trotzdem weltweit bekannt wurden: Die Stadt Metropolis wird von dem Großkapitalisten Fredersen beherrscht, der die Arbeitermassen unter unvorstellbaren Bedingungen in einer Art Unterwelt schuften läßt. Sein Sohn Freder, ein Müßiggänger, steigt der Arbeiterin Maria nach und wird vom Elend der Arbeiter dermaßen gerührt, daß er ihnen helfen will. Maria, deren Tätigkeit hauptsächlich darin besteht, den Darbenden christliche Demut zu predigen und ihnen die ›Erlösung‹ am Sankt Nimmerleinstag zu prophezeien, gilt Fredersen Senior freilich als gefährliche Propagandistin. Er beauftragt den Wissenschaftler Rotwang, einen Roboter zu bauen, der Maria aufs Haar gleicht. Dieser soll die Arbeiter zum Aufstand anstacheln. Die falsche Maria tut ihr Bestes, und die Arbeiter schlagen alle lebenswichtigen Anlagen der Stadt kurz und klein. Die echte Maria und Fredersen Junior retten die Kinder der Arbeiter vor dem Ertrinken, und so kommt alles zum Happy-End, wie Hitler, Hugenberg und Goebbels (der ›Metropolis‹ für den besten Film aller Zeiten hielt) es sich nicht besser wünschen konnten: Die Klassen sind versöhnt, alles bleibt beim alten. Fredersen gibt seinen Segen, als sein Sohn Maria heiratet.

Bibliografie:

Die Masken des Todes, Stuttgart: Cotta 1915
Metropolis, Berlin: Scherl 1926
Die Insel der Unsterblichen, Berlin: Scherl 1926
Die Frau im Mond, Berlin: Scherl 1928

Harder, Gustav

Bibliografie:

Das Atomschiff, Wien: Kremayr & Scheriau 1954

Harder, Hermann (1901–1944?)

Bibliografie:

Die versunkene Stadt, Potsdam: Protte 1932

Hardy, B.

Bibliografie:

Die unheimliche Macht, Marl-Hüls: Feldmann 1953 (auch: *Im Tal des Schweigens*/von Werner Scheff [1888–1947], Berlin: Kulturverlag 1928)

Harker, Kenneth Britischer Autor.

Bibliografie:

Die Sonne wird kälter (THE FLOWERS OF FEBRUARY), München 1971, GWTB 0129

Harness, Charles L(eonard) (1915–   )

Geboren in Colorado City, Texas. Der Patentanwalt H. debütierte 1948 mit der Novelle ›Time Trap‹ in *Astounding.* FLIGHT INTO YESTERDAY (1953; auch THE PARADOX MAN) ist ein Endzeitroman, während THE RING OF RITORNEL (1968) eine Menge SF-Standardthemen mixt und in ein zyklisches Zeitbild einbaut. Von der Kritik am meisten gelobt wurde der surrealistische Kurzroman ›The Rose‹ (*Authentic,* 1953), der in Form einer Parabel die Beziehung zwischen Wissenschaft und Kunst schildert. Die wenigen Romane des Autors zeichnen sich durch hohe Qualität aus, was sie zu einem Geheimtip unter SF-Kennern machte. H., der in den amerikanischen Magazinen Jahre relativ wenig Beachtung fand, erlebte während der sechziger Jahre im britischen *New Worlds* seinen zweiten literarischen Frühling: Michael Moorcock hatte seine besten Stories ausgegraben und präsentierte sie einem weniger voreingenommenen Leserpublikum. Auch für manchen Autor der ›Neuen Welle‹ war H. mit seinen komplizierten Handlungssträngen, die er mit Vorliebe zu Zeitparadoxa verknüpfte, ein Vorbild. In Großbritannien wurden seine Texte begeistert aufgenommen, so z.B. ›The New Reality‹ (*Thrilling Wonder Stories,* 1950) und ›The Chessplayers‹ (*Magazine of Fantasy & Science Fiction,* 1953).

Bibliografie:

Todeskandidat Erde (THE RING OF RITORNEL), München 1970, H 3209
Die Rose (C) (THE ROSE), München 1971, H 3242
Der Mann ohne Vergangenheit (THE PARADOX MAN), München 1981, M 3541
Der Katalysator (THE CATALYST), Rastatt 1982, M 3594

Der Feuervogel (FIREBIRD), Rastatt 1984, M 3631
Die in der Tiefe (WOLFHEAD), Rastatt 1984, M 3644

Harris, Brian Amerikanischer Autor.

Bibliografie:
Der nächste Weltkrieg (WORLD WAR III), München 1983, H 4008

Harris, Marilyn (1931 –   )
Pseudonym für M. H. Springer, geboren in Oklahoma City. Besuchte die University of Oklahoma (B. A. 1953, M. A. 1955).

Bibliografie:
Die grüne Rache (THE PORTENT), Wien: Zsolnay 1983

Harris, Ronald M. Siehe Hahn, Ronald M.

Harrison, Harry (1925 –   )
Geboren in Stamford, Connecticut. Studium an verschiedenen amerikanischen Universitäten. An einer Kunsthochschule lernte er den späteren Comic-Zeichner Wally Wood kennen, mit dem er eine Comic-Produktion begann. H. leitete später eine Werbeagentur, redigierte Comic-Texte und Unterhaltungsliteratur aller Art und war zehn Jahre lang für die Texte der ›Flash Gordon‹-Serie verantwortlich. ›Rock Diver‹, seine erste SF-Story, erschien 1951 in *Worlds Beyond,* doch H. betätigte sich erst gegen Ende der fünfziger Jahre kontinuierlich als SF-Autor, als das Genre sich für ihn als tragbare Existenzgrundlage erwies. H. ist ein Weltenbummler: Er lebte in Mexiko, Italien, Dänemark und ließ sich schließlich in Irland nieder. Populär wurden seine Roman-Serien über die ›Stahlratte‹ Jim DiGriz und Jason din-Alt, den Helden seiner ›Deathworld‹-Trilogie. MAKE ROOM! MAKE ROOM! (1966) war H.s erster kommerzieller Erfolg: Hier geht es um das Thema Überbevölkerung und die Frage, wie sich die Menschheit ernähren soll, wenn die Umwelt so verschmutzt ist, daß nichts mehr wächst (Verfilmung als ›Jahr 2022 ... die überleben wollen‹,

USA 1973; Regie: Richard Fleischer). H., der kurzfristig Redakteur der SF-Magazine *Amazing, Fantastic, Science Fiction Adventures* und *Impulse* war, hat auch mehrere Anthologien (teilweise mit Brian W. Aldiss) herausgegeben und gehört zu den wenigen SF-Autoren, deren Werke sich durch Humor auszeichnen, wenn er auch hauptsächlich dem reinen Abenteuer verhaftet ist.

Bibliografie:

Die Roboter rebellieren (C), (WAR WITH THE ROBOTS), München 1964, GZ 51

Retter einer Welt (PLANET OF THE DAMNED), München 1965, H 3058

Die Todeswelt (DEATHWORLD), München 1966, H 3067

Die Sklavenwelt (DEATHWORLD 2), München 1966, H 3069

Die Pest kam von den Sternen (PLAGUE FROM SPACE), München 1966, TTB 108 (auch: *Tod vom 5. Planeten*)

Agenten im Kosmos (THE STAINLESS STEEL RAT), München 1966, H 3083

Brüder im All (C), (TWO TALES AND EIGHT TOMORROWS), München 1968, GWTB 97

Die Barbarenwelt (DEATHWORLD 3), München 1969, H 3136

New York 1999 (MAKE ROOM! MAKE ROOM!), München 1969, GWTB 0103

Zeitreise in Technicolor (THE TECHNICOLOR TIME MACHINE), München 1970, TTB 172

Der Daleth-Effekt (IN OUR HANDS THE STARS), München: Lichtenberg 1971

(Hrsg.) *Gezeiten des Lichts* (THE LIGHT FANTASTIC), München: Lichtenberg 1971

(Hrsg.) *Der Tag Million* (NEBULA AWARD STORIES 2) (mit Brian W. Aldiss), München: Lichtenberg 1971

Stationen im All (C) (ONE STEP FROM EARTH), Bergisch Gladbach 1972, B 19

Primzahl (C) (PRIME NUMBER), München 1972, GWTB 0143

Welt im Fels (CAPTIVE UNIVERSE), München: Lichtenberg 1972

Der Chinger-Krieg (BILL, THE GALACTIC HERO), Bergisch Gladbach 1973, B 28

(Hrsg.) *Nova* (NOVA 1), Bergisch Gladbach 1973, B 31

(Hrsg.) *Nova 2* (NOVA 2), Bergisch Gladbach 1973, B 40

(Hrsg.) *Anthropofiction* (APEMAN, SPACEMAN) (mit Leon E. Stover), Frankfurt am Main 1974, FO 21

Rachezug im Kosmos (THE STAINLESS STEEL RAT'S REVENGE), München 1974, H 3393

Der große Tunnel (TUNNEL THROUGH THE DEEPS), München 1974,
GWTB 0178
Ein Fall für Bolivar diGriz, die Stahlratte (THE STAINLESS STEEL RAT SAVES
THE WORLD), München 1974, H 3417
Kurs auf 20B-40 (LIFEBOAT) (mit Gordon R. Dickson), München 1975,
GWTB 0222
Raumschiff in Gefahr (SPACESHIP MEDIC), München 1976, HJTB 34
Das Prometheus-Projekt (SKYFALL), München: List 1978
Mechanismo (MECHANISMO), Rastatt: Moewig 1978
Jim diGriz, die Edelstahlratte (THE STAINLESS STEEL RAT WANTS YOU),
München 1979, H 3678
Planeten-Story (PLANET STORY) (mit Jim Burns), Rastatt: Moewig 1980
Heimwelt (HOMEWORLD), München 1982, H 3910
Radwelt (WHEELWORLD), München 1982, H 3911
Sternwelt (STARWORLD), München 1982, H 3912
Die Galaxis-Rangers (STAR SMASHERS OF THE GALAXY RANGERS), Rastatt
1983, TTB 358
Macht Stahlratte zum Präsidenten (THE STAINLESS STEEL RAT FOR
PRESIDENT), München 1984, H 4096
Im Süden nichts Neues (REBEL IN TIME), Bergisch Gladbach 1984,
B 22070
Diesseits von Eden (WEST OF EDEN), München 1984, G 8409
Der Tag, als die Erde besetzt wurde (INVASION: EARTH), Bergisch
Gladbach 1985, B 21186
Der Planeten-Retter (PLANET OF THE DAMNED/PLANET OF NO RETURN),
Bergisch Gladbach 1986, B 24085

Harrison, M(ichael) John (1947 –   )
Geboren in Rugby, Großbritannien. H. arbeitete zeitweilig in einem
Reitstall. Er wollte Lehrer werden, doch er verließ das College sehr
schnell wieder, frustriert darüber, daß man dort »nur Angepaßte
produzierte«, und ging nach London. Schon 1963 hatte er »die Sex-
Phantasien eines Sechzehnjährigen« in einer Schülerzeitschrift publiziert; seine erste professionelle Erzählung, ›The Impotence of Being Stagg‹, erschien 1966 in *New Worlds,* dessen redaktioneller Mitarbeiter er bald wurde. In der Folgezeit veröffentlichte er eine Reihe
bemerkenswerter Kurzgeschichten, Artikel und Rezensionen. Sein
erster Roman, THE PASTEL CITY (1971), ist eine leichte Science Fantasy,
die ohne Schlächtereien auskommt. 1972 folgte THE COMMITTED MEN,
ein qualitativ bemerkenswertes Stück SF: Hier geht es um ein völlig
verseuchtes England, in dem sich ein Wissenschaftler mit einer

Gruppe von Körperbehinderten um die Aufzucht eines Babys bemüht, das in der Lage sein soll, sich der zerstörten Umwelt anzupassen, um in ihr zu überleben.

Bibliografie:

Die Pastell-Stadt (THE PASTEL CITY), Bergisch Gladbach 1973, B 21037
In meiner Hand – die Erde (THE CENTAURI DEVICE), Bergisch Gladbach 1981, B 22031
Idealisten der Hölle (THE COMMITTED MEN), Bergisch Gladbach 1982, B 22049
Das Rauschen dunkler Schwingen (A STORM OF WINGS), Bergisch Gladbach 1984, B 20058
Die Götter der Pastell-Stadt (IN VIRICONIUM/THE FLOATING GODS), Bergisch Gladbach 1985, B 20078

Hartman, Evert (1937 –   )

Bibliografie:

Neunzehnhundertsiebenundneunzig – das erste Jahr der neuen Zeit (VECHTEN VOR OVERMORGEN), Würzburg: Arena 1984

Hartmann, Claus (Pseudonym)

Harum, Brigitte Österreichische Autorin.

Bibliografie:

Der geheimnisvolle Stern, Graz/Stuttgart: Stocker 1969

Hary, W(ilfried) A(ntonius) (1947 –   )

Geboren in St. Ingbert an der Saar. Von Beruf Zollbeamter, dessen SF-Interesse durch K. H. Scheer erweckt wurde. H. schrieb zunächst Artikel, Glossen und Kurzgeschichten für Zeitungen und Illustrierte; 1971 erschien unter dem Pseudonym W. A. Travers sein erster SF-Roman. Neben zahllosen Veröffentlichungen im Horror-Genre hat er auch an SF-Serien wie *Atlan, Erde 2000, Die Terranauten* (Pseudonym Erno Fischer) und *Star Gate* mitgearbeitet.

Bibliografie/H:

Planet der Ausgestoßenen, Ge 3 (1976)
Flucht ins Ungewisse, Ge 6 (1976)
Erde im Umbruch, TA 316 (1977)
Die Milliardenwelt, TA 345 (1978)
Planet der Wunder, TA 367 (1978)
Versuchsanordnung Erde, TA 399 (1979)
Ich, der Computer, TA 407 (1979)
Hundert Jahre Frist, TA 415 (1979)
Jordans Planet, TA 423 (1979)
Brennpunkt Candor, TA 447 (1980)
Zukunftsträume (C), TA 457 (1980)
Kinder des Nichts, TA 474 (1980)
Aktion Götterdämmerung, TA 487 (1980)
Wege im Nirgendwo, TA 493 (1981)
Die Reise zum Atom, TA 513 (1981)
Mahlstrom Universum, TA 526 (1981)
Bullmans Weltraumfahrten, TA 546 (1982)
Das Tor zur Welt, TA 586 (1983)
Treffpunkt Zukunft (C), TA 598 (1984)
Wahrscheinlichkeiten, TA 627 (1985)

Als W. A. Travers:

Unternehmen Dunkelplanet, ZSF 107 (1971)
Das Geheimnis der Unsterblichen, ZSF 128 (1973)
Supernova, Ge 18 (1976)
Erben der Menschheit, Ge 22 (1976)
Ein Planet wird versteigert, Ge 25 (1976)
Das Metallmonster, Ge 27 (1977)
Kampf der Mutanten, Ge 34 (1977)

Siehe Anhang SERIEN: *Atlan, Erde 2000, Die Terranauten, Star Gate*

Hasse, Henry L. (19?? – 1977)
Amerikanischer SF-Fan, der einige kurze Erzählungen publizierte und an ›The Pendulum‹ (1941, *Super Science Stories*), Ray Bradburys erster professioneller Veröffentlichung, als Ko-Autor beteiligt war.

Bibliografie:
Die Irrfahrt der Agfalon (THE STARS WILL WAIT), Bergisch Gladbach 1974, B 21042

Hasse, Paul

Bibliografie:
Nachrichten vom Mars, Rostock: Hasse 1929

Hassel, Georg von (1871 – ?)

Bibliografie:
Der Untergang New Yorks, Größenwörden: Rusch 1923

Hasselblatt, Dieter (1926 –   )

Geboren in Reval/Estland. H. studierte Volkskunde, Geschichte, Kunstgeschichte, vergl. Religionswissenschaft, vergl. Literaturwissenschaft, Musikwissenschaft, Philosophie und Germanistik in Marburg und Freiburg und war in den unterschiedlichsten Jobs tätig. Er hat mehrere sprachlich eigenwillige SF-Geschichten, darunter ›Notlandung‹ (1975), ›Marija und das Tier‹ (1978), ›Etwas‹ (1979), ›Das kommt davon‹ (1980), ›Die blaue Lust-Gonchris‹ (1981), ›Der mit dem Gesicht‹ (1982), ›Den Schluß machen‹ (1982), sowie eine Reihe kritischer Aufsätze zum Thema SF verfaßt, war Herausgeber einer kurzlebigen SF-Buchreihe und eines Bandes zum Orwell-Jahr unter dem Titel *1984 – Orwells Jahr ist die Zukunft von Gestern die Gegenwart von Heute?* (1983) und publizierte unter dem Titel *Grüne Männchen vom Mars* (1974) eins der ersten SF-Sachbücher in deutscher Sprache. Vor allem wurde er durch seine Hörspielarbeit bekannt. Im Deutschlandfunk und im Bayerischen Rundfunk setzte er sich unermüdlich dafür ein, der SF zu größerer Verbreitung zu verhelfen. H. schrieb, realisierte und produzierte zahlreiche SF-Hörspiele und trug wesentlich dazu bei, einem breiteren Publikum anspruchsvolle Hörbilder zugänglich zu machen. Zu seinen wichtigsten eigenen Hörspielen gehören ›Modelle Kirke, Kleistbär, Heisenberg usw.‹ (1974), ›Flashback-Fleifleisch‹ (1975), ›Fix und fertig‹ (1983), ›Modelle Delphin, Hiob, Säurebad usw.‹ (1985). Er schrieb und produzierte u.a. ›Die vierte Dimension‹ nach Konrad Fiałkowski, ›Absolut unnachgiebig‹ nach Robert Silverberg, ›Testflug‹ nach Stanisław Lem, ›Die Lotusesser‹ nach Stanley G. Weinbaum und ›R. U. R.‹

nach Karel Čapek, führte bei ca. 50 Hörspielen Regie und schrieb einige Hörspiel-Musiken. 1986 wurde er für seine Verdienste um das deutsche SF-Hörspiel mit dem Kurd-Laßwitz-Sonderpreis ausgezeichnet.

Bibliografie:

(Hrsg.) *Das Experiment,* Stuttgart: Thienemann 1975
(Hrsg.) *Orwells Jahr,* Frankfurt am Main/Berlin/Wien: Ullstein 1983

Hassler, Kenneth W(ayne) (1932–)

Geboren in Wernersville, Pennsylvania. Besuchte von 1950–1953 ein College und arbeitet seither in einem Personalbüro.

Bibliografie:

Die Traumpolizei (THE DREAM SQUAD), Bergisch Gladbach 1973, B 21036
Die Jäger von Sarkania (INTERGALACTIC AGENT), Bergisch Gladbach 1974, B 21054

Haugen, Christian (1894?–?)

Bibliografie:

Der große Schlag, Berlin: Ehrlich 1924
Die Reise nach dem Ken, Berlin: Eden 1927

Hauptmann, Gerhart (Johann Robert) (1862–1946)

Geboren als Sohn eines Gastwirts und Hotelbesitzers in Ober-Salzbrunn, Schlesien. Kunst- und Geschichtsstudium in Jena, Dresden und Berlin. Sein Roman *Die Insel der grossen Mutter* (1924) beschreibt die Gründung eines matriarchalischen Staatswesens durch eine Gruppe schiffbrüchiger Europäerinnen auf einer paradiesischen Südseeinsel.

Bibliografie:

Die Insel der großen Mutter, Berlin/Frankfurt am Main/Hamburg: S. Fischer 1924

Hauser, Heinrich (1901–1955)

Geboren in Berlin. H. nahm als kaiserlicher Seekadett am Ersten Weltkrieg teil und arbeitete später als Matrose, Stahlarbeiter, Automechaniker, Fotograf, Pilot, Farmer und Journalist. Er schrieb Reportagen, Reiseberichte und Romane. 1938 emigrierte er in die USA, kehrte 1949 in die BRD zurück und lebte zuletzt in Hamburg. Sein SF-Roman *Gigant Hirn* (1958) beschreibt ein Elektronengehirn mit eigenem Bewußtsein, das nach der Herrschaft über die Menschheit strebt.

Bibliografie:
Gigant Hirn, Berlin: Gebr. Weiß 1958

Haushofer, Max (1840 – 1907)

Bibliografie:
Planetenfeuer, Stuttgart: Cotta 1899
An des Daseins Grenzen (C), München: C. H. Beck 1908

Havlik, E(rnst) J. (1944 –   )

Geboren in Korneuburg, Österreich. Studium der Physik und Mathematik in Wien. Promotion. Tätigkeit als wissenschaftlicher Mitarbeiter in der Optikindustrie (1971 – 1972), seit 1973 als Physiker in einem Wiener Krankenhaus tätig. 1978 – 1981 Mitherausgeber des Comic-Magazins *Stress.* H.s Kurzgeschichte ›Meinhard Fleckers letzte Jagd‹ (1983) wurde mit dem vom Bastei-Verlag gesponsorten ›Robert-Sheckley-Preis‹ ausgezeichnet.

Bibliografie/H:
Langes Leben, Liebling!, ZSF 133/134 (1973)

Hawel, Rudolf

Bibliografie:
Im Reiche der Homunkuliden, Wien: Gerlach & Wiedling 1910

Hawkey, Raymond

Amerikanischer Journalist und Autor.

Bibliografie:
Die Computermorde (SIDE-EFFECT), München: Moewig 1981
Mord auf höchster Ebene (WILD CAR) (mit Roger Bingham), München: Moewig 1981

Hay, George (1922 –)

Britischer SF-Fan, der in den fünfziger Jahren mit FLIGHT OF THE HES-PER (1951), MAN, WOMAN AND ANDROID (1951), THIS PLANET FOR SALE (1952) und TERRA! (ca. 1953, Pseudonym King Lang) vier SF-Romane verfaßte und erst in den Sechzigern als Anthologist wieder aus der Versenkung kam.

Bibliografie:

Planet der Tränen (THIS PLANET FOR SALE), Balve: Zimmermann 1958

Haydu, Julius (1886 –)

Bibliografie:

Roman der Sonne, Wien: Phaidon 1928

Heichen, Walter (1876 – 1970)

Geboren in Berlin. Verlagslektor, Verfasser von abenteuerlichen Jugendbüchern und Geistergeschichten (letztere unter dem Pseudonym Lothar Helfenstein). Übersetzer von Emile Zola, Alexandre Dumas, Jules Verne, Edgar Allan Poe, Lord Byron, Walter Scott, Charles Dickens, Honoré de Balzac und Gustave Flaubert.

Bibliografie:

Jenseits der Stratosphäre, Berlin: Weichert 1937 (auch: *Luftschiff im Weltenraum)*
Der U-Bootpirat, Berlin: Weichert 1941

Heidtmann, Horst (1948 –)

Geboren in Hamburg. Ausbildung zum Groß- und Außenhandelskaufmann, dann Studium der Volkswirtschaft, Sinologie, Soziologie und Literaturwissenschaft (1971 – 1972) sowie Germanistik und Arbeitswissenschaft (1972 – 1980) in Hamburg. Herausgeber zahlreicher Anthologien zum Thema SF und Phantastik. Ein informatives Sachbuch des Autors ist *Utopisch-phantastische Literatur in der DDR* (1982).

Bibliografie:

(Hrsg.) *Von einem anderen Stern,* München: dtv 1981
(Hrsg.) *Im Jenseits,* München: dtv 1981
(Hrsg.) *Die gestohlene Techmine,* München: dtv 1982
(Hrsg.) *Der letzte Frieden,* Baden-Baden: Signal 1983

(Hrsg.) *Die letzte Tür,* München: dtv 1983
(Hrsg.) *Auf der Suche nach dem Garten Eden,* Baden-Baden: Signal 1984
(Hrsg.) *Die Glücksinsel,* Frankfurt am Main: S. Fischer 1984
(Hrsg.) *Willkommen im Affenhaus,* Weinheim/Basel: Beltz 1984

Heim, Malte (1940 –   )
Geboren in Köln. Ex-Buchhändler. Übersetzer und Verfasser von SF-Novellen und Kurzgeschichten. Ein SF-Roman.

Bibliografie:

Das Ende des Sehers, Meitingen: Corian 1983

Heim, Michael (1936 –   )
Deutscher Journalist und Fernsehredakteur. Für seinen internationalen Bestseller *Assuan* erhielt H. den Hamburger Literaturpreis.

Bibliografie:

Assuan – Wenn der Damm bricht, München: Desch 1971
Ausflug ins Morgen, Bergisch Gladbach 1984, B 28116

Heinlein, Robert A(nson)
(1907 –   )
Geboren als Nachfahre eines um 1700 nach Amerika ausgewanderten Bayern in Butler/Missouri. Nach der High School in Kansas City besuchte H. fünf Jahre lang die Militärakademie von Annapolis. Er wurde Geschützoffizier auf einem Flugzeugträger, mußte die Marine jedoch 1934 nach fünf Jahren wegen körperlicher Untauglichkeit verlassen: ein harter Schlag, denn er hatte um jeden Preis Berufsoffizier werden wollen. Auch das Studium (Mathematik und Physik) mußte er aus gesundheitlichen Gründen abbrechen. H. war u. a. in der Politik, der Architektur, der Landwirtschaft und im Bergbau tätig, bevor er sich der SF zuwandte. Er wurde mehr oder weniger aus Zufall und gegen seinen Willen SF-Autor, und das Gefühl, ein Versager zu sein, hielt sich bei ihm auch noch dann, als er längst zum SF-›Star‹ geworden war. H. ist beidhändig ein sehr guter Pistolenschütze, war 1925 Marinemeister im Degenfechten und galt

als ausgezeichneter Eiskunstläufer. ›Lifeline‹, seine erste SF-Story, erschien 1939 in *Astounding* und bildete den Auftakt für seine später berühmt gewordene ›Future History‹ (= ›Geschichte der Zukunft‹). Noch im selben Jahr erschienen im gleichen Magazin seine Stories ›Misfit‹ und ›Requiem‹. Fortan verging kaum ein Monat, in dem kein Magazin eine Heinlein-Story veröffentlichte. Um mit zwei Erzählungen in der gleichen *Astounding*-Nummer vertreten zu sein, legte er sich das Pseudonym Anson McDonald zu; in *Super Science Stories* schrieb er unter dem Namen Lyle Monroe. Weitere Pseudonyme sind Caleb Saunders, John Riverside und Simon York. Nach dem Eintritt der USA in den Zweiten Weltkrieg wurde H. als Maschinenbauingenieur in den technischen Dienst der US-Kriegsmarine gestellt und arbeitete u. a. an der Entwicklung von Radaranlagen mit. 1941 hatte man ihn als Ehrengast zum SF-Welt-Convent nach Denver eingeladen und bei einer Fan-Umfrage zum populärsten SF-Schreiber gewählt. Nach der ihm nicht unwillkommenen Unterbrechung durch den Militärdienst trat er nach Kriegsende wieder als SF-Autor in Erscheinung: 1947 publizierte die *Saturday Evening Post* mit ›The Green Hills of Earth‹ eine weitere ›Future History‹-Story. Im gleichen Jahr erschien neben diversen Erzählungen auch ROCKETSHIP GALILEO, H.s erstes Jugendbuch, dem bis 1958 jedes Jahr ein weiteres folgen sollte. Als Irving Pichel 1950 den Film ›Destination Moon‹ drehte, benutzte er ROCKETSHIP GALILEO nicht nur als Vorlage, sondern engagierte den Autor auch als Berater. H.s Gesamtwerk umfaßt eine Fülle von Romanen und Kurzgeschichten, die es bei den Lesern zu großer Popularität brachten. Außer dem schon erwähnten ›Future History‹-Zyklus, der aus den Sammlungen THE MAN WHO SOLD THE MOON (1950), THE GREEN HILLS OF EARTH (1951) und REVOLT IN 2100 (1953) sowie dem Roman METHUSELAH'S CHILDREN (1958) und den Novellen ›Universe‹ (1941) und ›Common Sense‹ (1941) besteht, die als ORPHANS OF THE SKY (1963) in einem Band veröffentlicht wurden, kann H. viele weitere berühmte Romane vorweisen: THE PUPPET MASTERS (1951), THE DOOR INTO SUMMER (1957), FARNHAM'S FREEHOLD (1964), THE MOON IS A HARSH MISTRESS (1966) und STRANGER IN A STRANGE LAND (1961). Die Romane DOUBLE STAR (1956), THE MOON IS..., STARSHIP TROOPERS (1959) und STRANGER... brachten ihm den Hugo Award ein, wobei STRANGER... auch außerhalb der SF-Szene Furore machte: Dieser Titel erreichte bis 1974 eine US-Auflage von 7 Millionen Exemplaren und war besonders in den Kreisen der Hippies sehr beliebt. Hunderte von Langhaarigen belagerten nach der Lektüre das Haus ihres Idols, ohne zu ahnen, daß sie wirklich die letzten waren, auf deren Verehrung H. Wert legte: Er umgab seinen Besitz sofort mit einer hohen Mauer. I WILL FEAR NO EVIL (1970) brachte es im Sog des Erfolges immerhin noch auf stolze 5 Millionen Exemplare. THE NUMBER OF THE BEAST (1980) wurde für die (damalige) Rekordsumme von 500 000 $ versteigert, was nicht unbedingt etwas mit der Qualität des Werkes zu tun hat, wie die Kritik meint, sondern eher ein Zeichen dafür ist, daß die SF in wachsendem Maße von Managern ›gemacht‹ wird, die von der Materie nichts verstehen und blind auf eingeführte Namen setzen. Trotz seiner großen Erfolge ist H. ein umstrittener Autor. Kritiker werfen ihm einen Hang zum Militarismus vor (besonders in dem berüchtigten Roman STARSHIP TROOPERS, wo demokratische Rechte nur dem gewährt werden, der Wehrdienst geleistet hat) und gelegentlich sogar Ansätze zu faschistischem Gedankengut. Des weiteren zeigt er eine deutliche Vorliebe für autoritäre Starrköpfe. Hinzu kommt bei seinen Spätwerken ein Drang zu oft als peinlich empfundenen Schilderungen sexueller Beziehungen alternder Protagonisten zu jungen Frauen. Unbestritten sind jedoch seine – besonders aus der SF der vierziger und fünfziger Jahre herausragenden – schriftstellerischen Fähigkeiten und sein großer Einfluß auf die Entwicklung des Genres. H. schrieb wesentliche Romane und Erzählungen über Themen wie Unsterblichkeit und ›Lange Reise‹; er entwickelte das Konzept der ›Waldos‹ und schrieb neben dem Zeitreiseroman THE DOOR INTO SUMMER (den einige Kritiker für seinen besten halten) zwei Zeitreisestories, die es in sich haben: ›By His Bootstraps‹ (1941) und ›All You Zombies‹ (1959) sind echte Klassiker. H. wurde auch als Kipling der SF bezeichnet.

Bibliografie:

Pioniere im Weltall (FARMER IN THE SKY), Berlin: Gebr. Weiß 1951 (auch: *Farmer im All*)
Endstation Mond (ROCKETSHIP GALILEO), Berlin: Gebr. Weiß 1951
Der rote Planet (THE RED PLANET), Berlin: Gebr. Weiß 1952
Weltraumpiloten (SPACE CADET), Berlin: Gebr. Weiß 1952 (auch: *Weltraumkadetten*)
Abenteuer im Sternenreich (STARMAN JONES), Berlin: Gebr. Weiß 1954
Zwischen den Planeten (BETWEEN PLANETS), Berlin: Gebr. Weiß 1955
Tunnel zu den Sternen (TUNNEL IN THE SKY), Berlin: Gebr. Weiß 1956
Von Stern zu Stern (TIME FOR THE STARS), Berlin: Gebr. Weiß 1957
Weltraummollusken erobern die Erde (THE PUPPET MASTERS), Berlin: Gebr. Weiß 1957

Bewohner der Milchstraße (CITIZEN OF THE GALAXY), Berlin: Gebr. Weiß 1958

Piraten im Weltraum (HAVE SPACE SUIT – WILL TRAVEL), Berlin: Gebr. Weiß 1960 (auch: *Kip überlebt auf Pluto*) (auch: *Die Invasion der Wurmgesichter*)

Ein Doppelleben im Kosmos (DOUBLE STAR), Berlin: Gebr. Weiß 1961

Tür in die Zukunft (THE DOOR INTO SUMMER), München 1963, GZ 48

Die Ausgestoßenen der Erde (METHUSELAH'S CHILDREN), München 1963, GZ 50

Bürgerin des Mars (PODKAYNE OF MARS), München 1964, GZ 52

Revolte im Jahre 2100 (C) (REVOLT IN 2100), München 1964, GZ 53

Die grünen Hügel der Erde (C) (THE GREEN HILLS OF EARTH), München 1964, GZ 55

Die Reise in die Zukunft (FARNHAM'S FREEHOLD), München 1967, H 3087

Die lange Reise (C) (ORPHANS OF THE SKY), München 1967, H 3101

Revolte auf Luna (THE MOON IS A HARSH MISTRESS), München 1968, H 3132-33

Ein Mann in einer fremden Welt (STRANGER IN A STRANGE LAND), München 1970, H 3170-72

Straße des Ruhms (GLORY ROAD), München 1970, H 3179-80

Die Tramps von Luna (THE ROLLING STONES), München 1970, TTB 180

Die Zeit der Hexenmeister (WALDO AND MAGIC INC.), München 1970, H 3220

Entführung in die Zukunft (C) (THE UNPLEASANT PROFESSION OF JONATHAN HOAG), München 1971, H 3229

Die sechste Kolonne (THE DAY AFTER TOMORROW), München 1971, H 3243

Unternehmen Alptraum (C) (THE MENACE FROM EARTH), München 1971, H 3251

Utopia 2300 (BEYOND THIS HORIZON), München 1971, H 3262

Der Mann, der den Mond verkaufte (C) (THE MAN WHO SOLD THE MOON), München 1971, H 3270

Welten (C) (THE WORLDS OF ROBERT A. HEINLEIN), München 1972, H 3277

Nächste Station: Morgen (C) (ASSIGNMENT IN ETERNITY), München 1972, H 3285

Das geschenkte Leben (I WILL FEAR NO EVIL), München 1973, H 3358

Die Leben des Lazarus Long (TIME ENOUGH FOR LOVE), München 1976, H 3481

Sternenkrieger (STARSHIP TROOPERS), Bergisch Gladbach 1979, B 24001
Die Zahl des Tiers (THE NUMBER OF THE BEAST), München 1981, H 3796
Freitag (FRIDAY), München 1983, H 4030
Die Sternenbestie (STAR BEAST), Bergisch Gladbach 1984, B 21179
(auch: *Das Ultimatum von den Sternen*)
Das Neue Buch Hiob (JOB: A COMEDY OF JUSTICE), Bergisch Gladbach
1985, B 28132

Bibliografie/H:
Am Rande des Abgrunds (GULF), UG 127 (1960)

Heinrich, Reinhard

Bibliografie:
Die ersten Zeitreisen (mit Erik Simon), Berlin/DDR: Neues Leben
1977

Heinrichka, Max

Bibliografie:
100 Jahre deutsche Zukunft, Leipzig: Backhaus 1913
Ein Flug auf den Marsplaneten und eine Reise um den Mars, Berlin:
Freya 1918

Heinze, M. R. Deutscher Autor.

Bibliografie:
Siehe Anhang SERIEN: *Die Zeitkugel*

Helios, Alexander (1906 –)
Pseudonym für Herbert Herden, geboren in Tiefenort, Thüringen.
Von Beruf Ingenieur. *Weltraum-Wunder* ist der einzige Roman des
Autors.

Bibliografie:
Weltraum-Wunder, Stuttgart: Riegler 1954

Hellberg, Thomas

Bibliografie:
Mondstation Helicon, Lengerich: Kleins 1956
Raumstation Terra, Lengerich: Kleins 1957

Heller, Alfred (1885 – 19??)
Geboren in Linz/Donau. Unter dem Pseudonym Susan Harwell von 1920 – 1968 Verfasser zahlreicher Mädchenbücher.

Bibliografie:
Zwischen Gott und Teufel, Salzburg: Berglandbuch 1952

Bibliografie/H:
Terra, Feind des Friedens, UZ 173 (1958)

Heller, Marcus van Siehe Hughes, Zach

Hellinga, Gerben Niederländischer Autor.

Bibliografie:
Coriolis (CORIOLIS), München 1986, H 4228

Henders, Ralph (Pseudonym)

Bibliografie:
Krieg gegen den Sternenvogel, München: Schneider 1979
Notsignal aus dem All, München: Schneider 1979
Das Rätsel der Kristallwelt, München: Schneider 1981

Henderson, Chester Siehe Liersch, Rolf W.

Henderson, Zenna (1917 – 1983)
Geboren in Tucson/Arizona. Pädagogik- und Sprachenstudium an der Arizona State University, anschließend Betätigung als Grundschullehrerin (u. a. unterrichtete sie amerikanische Staatsbürger japanischer Abstammung, die während des Zweiten Weltkriegs in Internierungslagern festgehalten wurden). H. verbrachte zwei Jahre als Lehrerin in Paris. Ihre erste Erzählung erschien im *Christian Science Monitor;* ihre erste SF-Story, ›Come on, Wagon‹ (1951) wurde im *Magazine of Fantasy & Science Fiction* publiziert. Besonders beliebt waren ihre ›People‹-Geschichten über ein Volk psi-begabter Aliens, das versteckt auf der Erde lebt und in der Maske amerikanischer Hinterwäldler bemüht ist, nicht die Aufmerksamkeit der Menschen auf sich zu ziehen. Die einzelnen Episoden behandeln hauptsächlich Konflikte, die beim Kontakt mit Menschen entstehen, wobei die Protagonisten meist Lehrer/innen und Schüler sind. Das

Ganze hat eindeutig biblische Anklänge und erinnert an das zerstreute Volk der Juden. Die ›People‹-Stories erschienen ab 1952 im *Magazine of Fantasy & Science Fiction* und wurden später zu Sammelbänden zusammengefaßt. Weitere Erzählungsbände sind THE ANYTHING BOX (1965) und HOLDING WONDER (1971). H.s Stärke und Schwäche zugleich ist die emotionsbeladene Atmosphäre ihrer Geschichten, ihr Verdienst die vermenschlichte Darstellung der in der SF sonst eher funktional präsentierten Psi-Talente.

Bibliografie:

Wo ist meine Welt? (PILGRIMAGE: THE BOOK OF THE PEOPLE), München 1961, GZ 26
Aufbruch ins All (THE PEOPLE: NO DIFFERENT FLESH), München 1968, GWTB 088

Hentschels, Henky (Pseudonym)

Bibliografie:

2036, Bensheim/Löhrbach: Grüner Zweig 1979

Herbert, Frank (Patrick)

(1920–1986)
Geboren in Tacoma, Washington. Als der Ex-Journalist, -TV-Kameramann, -Rundfunksprecher, -Dozent und -Austerntaucher H. 1963 den ersten Teil seines Romans DUNE in *Analog* publizierte, waren die Leser nicht nur des Lobes voll, sondern verliehen ihm auch den Hugo Award für den besten SF-Roman des Jahres. Daß H., der erst Mitte der sechziger Jahre professionell zu schreiben anfing, sie noch ein paar Jahre zuvor mit eher mäßigen Kurzgeschichten gelangweilt hatte, war spontan vergessen. Dennoch war DUNE vorerst kein kommerzieller Erfolg beschieden: Das Thema – in einem galaktischen Kaiserreich der Zukunft wird das Fürstenhaus Atreides auf den Wüstenplaneten Arrakis geschickt und muß sich dort gegen allerlei Intriganten behaupten – sprach die Fans zwar an, doch der Umfang war eher ein ›Lese-Hemmer‹. H. produzierte noch einige andere SF-Titel, ehe er seinem HUGO-Sieger mit DUNE MESSIAH (1969) eine Fortsetzung folgen ließ. Mit dem Manuskript des dritten Teils,

CHILDREN OF DUNE (1976), das beinahe den Umfang des ersten erreichte, mußte er dann schon bei den Verlagen hausieren gehen. CHILDREN OF DUNE erschien in einer Auflage von 5000 Exemplaren, doch die Situation änderte sich, als es aufgrund von Mundpropaganda plötzlich in die Bestsellerlisten von *Publisher's Weekly* geriet. Von nun an war H. ständiger Gast in Talk Shows, gab Presse- und Rundfunkinterviews und unternahm eine mehrmonatige Signiertournee durch die USA. Erst jetzt erfuhr das Publikum, daß es lediglich den 1. Teil eines Zyklus erstanden hatte, der schließlich auf sechs Bände ausgedehnt wurde. Es kam zu einem Run auf DUNE und DUNE MESSIAH, die nun ebenfalls zu Bestsellerehren kamen. Die Auflagen der drei Bücher gingen in astronomische Höhen, die Filmindustrie meldete sich, und ab sofort war H. ein gefragter SF-Autor. Nach der Verfilmung durch David Lynch (1984) wurde der Roman zum Weltbestseller, und in wiederholten Umfragen nach dem besten SF-Roman aller Zeiten landete DUNE jeweils mit weitem Vorsprung auf dem ersten Platz. H., dessen ›Wüstenplanet‹-Bücher mit einem bemerkenswert niedrigen Wortschatz auskommen und eher handlungsarm sind, weiß seine Leser vorrangig durch die Darstellung exotischer Religionen und sektiererischer Bewegungen zu fesseln – etwa dem Orden der Bene Gesserit in DUNE, die unter Drogen stehenden Bewohner von Santaroga (in THE SANTAROGA BARRIER, 1968) oder die insektenartig veränderten Menschen in HELLSTROM'S HIVE (1972). Philosophisch-theologische Spekulationen bilden auch die Grundlage seiner Romane DESTINATION VOID (1966), THE GODMAKERS (1972), THE WHIPPING STAR (1969), THE DOSADI EXPERIMENT (1978) und THE JESUS INCIDENT (1979).

Bibliografie:

Atom-U-Boot S1881 (THE DRAGON IN THE SEA), München 1967, H 3091
Revolte gegen die Unsterblichen (THE EYES OF HEISENBERG), München 1968, H 3125 (auch: *Die Augen Heisenbergs*)
Die Leute von Santaroga (THE SANTAROGA BARRIER), München 1969, H 3156-57
Ein Cyborg fällt aus (DESTINATION VOID), München: Lichtenberg 1971
Gefangen in der Ewigkeit (THE HEAVEN MAKERS), München 1972, H 3298
Der letzte Caleban (THE WHIPPING STAR), München 1972, H 3317
Der Kampf der Insekten (THE GREEN BRAIN), München 1973, TTB 225 (auch: *Das grüne Herz*)

Herrscher der Erde (C) (THE BOOK OF FRANK HERBERT), München 1974, TTB 249
Die Riten der Götter (THE GODMAKERS), München 1975, H 3460
Hellstroms Brut (HELLSTROM'S HIVE), München 1977, H 3536
Der Wüstenplanet (DUNE), München 1978, H 3108
Der Herr des Wüstenplaneten (DUNE MESSIAH), München 1978, H 3266
Die Kinder des Wüstenplaneten (CHILDREN OF DUNE), München 1978, H 3615
Das Dosadi-Experiment (THE DOSADI EXPERIMENT), München 1980, H 3699
Der Jesus-Zwischenfall (THE JESUS INCIDENT) (mit Bill Ransom), München 1981, H 3834
Der Gottkaiser des Wüstenplaneten (GOD EMPEROR OF DUNE), München 1982, H 3916
Die weiße Pest (THE WHITE PLAGUE), München 1984, H 4120
Die Ketzer des Wüstenplaneten (HERETICS OF DUNE), München 1984, H 4141
Die Ordensburg des Wüstenplaneten (CHAPTER HOUSE DUNE), München 1985, H 4234
Der Lazarus-Effekt (THE LAZARUS EFFECT), München 1986, H 4320 (mit Bill Ransom)
Auge (EYE), München 1987, H 4441 (mit Jim Burns, Illustrator)

Herburger, Günter
(1932 –)
Geboren in Isny/Allgäu. Philosophie- und Sanskritstudium in München und an der Pariser Sorbonne. H. übte verschiedene Berufe in verschiedenen Ländern aus und ist als Verfasser von Romanen, Erzählungen, Filmdrehbüchern und Hörspielen Mitglied des deutschen PEN.

Bibliografie:
Jesus in Osaka, Neuwied/Berlin: Luchterhand 1970

Herck, Paul van (1938 –)

Belgischer Lehrer, unterrichtet in Antwerpen Niederländisch und Französisch. Seine SF-Satiren, die laut eigenem Bekunden stets als »todernste Sache« anfangen, sind bei den europäischen und amerikanischen Lesern sehr beliebt – bloß nicht im niederländisch-flämischen Sprachraum, wo der Autor von den Verlegern beinahe völlig ignoriert wird. H.s erste Veröffentlichung, die Kurzgeschichtensammlung DE CIRKELS (1965), war ein Totalflop; seine Space Opera APOLLO XXI (1973) wurde immerhin mit einem Hörspielpreis bedacht. Viel, viel witziger sind jedoch seine Romane, und hier besonders SAM, OF DE PLUTERDAG (1968), der in den USA, der BRD und in Schweden erschien. OH, CAROLINE (1976) existiert lediglich als französische Ausgabe; LOHENGRIN und HET ZESDE CONTINENT warten seit Jahren auf eine Publikation.

Bibliografie:

Framstag Sam (SAM, OF DE PLUTERDAG), München 1981, H 3793

Herhaus, Ernst (1932 –)

Geboren in Ründeroth bei Köln. Nach längeren Aufenthalten in Wien, Paris und Zürich Arbeit in verschiedenen deutschen Verlagen. Mitglied des deutschen PEN.

Bibliografie:

Die Eiszeit, München: Piper 1970

Hermann, Franz (1903 –)

Bibliografie:

Die Erde in Flammen, Berlin: Heyer 1933

Hermes, Rolf

Bibliografie:

Von Tasrak bedroht, Münster: Borgsmüller o. J.

Hermes, W.

Bibliografie:
Nordwärts, Berlin: Continent 1922

Herridge, Charles Siehe Cowley, Steward

Hersey, John (Richard) (1914 –   )

Geboren in Tientsin, China. Amerikanischer Autor und Redakteur, der für *Time, Life* und *The New Yorker* gearbeitet hat. Pulitzer-Preis 1945.

Bibliografie:
Der Kindkäufer (THE CHILD BUYER), Konstanz/Zürich: Diana 1963

Herzog, Arthur (1927 –   )

Geboren in New York. Besuchte die Stanford University (B. A. 1950) und die Columbia University (M. A. 1956). War von 1954 – 1957 Lektor eines Taschenbuchverlages; ist seit 1957 als freier Schriftsteller tätig. THE SWARM (1974) ist ein Katastrophenroman, der unter dem Titel ›*Der tödliche Schwarm*‹ (USA 1978; Regie: Irwin Allen) verfilmt wurde und zahlreiche filmische Plagiate nach sich zog.

Bibliografie:
Die Mörderbienen (THE SWARM), Frankfurt am Main/Berlin/Wien: Ullstein 1977

Herzog, Siegfried

Bibliografie:
Der Herr der Kraft, Freiburg: Urban 1927

Herzog, W(ilhelm) P(eter) (1918 –   )

Geboren in Köthen. Verlagsleiter; schreibt auch unter den Pseudonymen Peter Helmi und Peter Duka. Mitarbeiter des populärwissenschaftlich-unterhaltenden Jahrbuches *Das neue Universum* und Autor zweier SF-Jugendbücher.

Bibliografie:
Jochens Flug in den Weltraum, München: Schneider 1957
Start zu den Sternen, München: Schneider 1959

Hess, Dirk (1946 –   )
Geboren in Frankfurt. 1965 Abitur, Bankkaufmann, Studium der Psychologie in Frankfurt/Main. Durch ›Perry Rhodan‹ inspiriert, gab H. zunächst ein Fanzine heraus. Später textete er ›Perry‹-Comics, schrieb Horror-Heftchen und arbeitete an der ›Atlan‹-Serie mit.

Bibliografie/H:
Rebellion der Vergessenen, TA 246 (1976)

Als Derek Chess:
Spion für Terra, ZSF 110 (1971)

Siehe Anhang SERIEN: *Atlan*

Hess, Ottmar

Bibliografie:
Atlantis – sterbendes Land, München: Drei Eichen 1962

Hess, Robert (1927 –   )
Geboren in Groß-Umstadt. Lehrer. ›2085‹ ist ein Roman über die Zukunft des Sports.

Bibliografie:
›2085‹, Zukunftstraße, Berlin: Bertels & Warnitz 1966

Hess, Walter

Bibliografie:
Mit Atomkraft zum Mond, Aarau/Frankfurt am Main: Sauerländer 1952

Hesse, Hermann (1877 – 1962)
Geboren in Calw. Abgebrochenes Theologiestudium, Uhrmacherlehre, dann Tätigkeit als Buchhändler und Schriftsteller; wurde 1946 mit dem Literatur-Nobelpreis ausgezeichnet. H.s Roman *Das Glasperlenspiel* (1946) ist eine Utopie, die in einem imaginären Zukunftsland spielt.

Bibliografie:
Das Glasperlenspiel, Berlin: Suhrkamp 1946

Hetman, Frederik (1934 –   )

Pseudonym für Hans Christian Kirsch, geboren in Breslau. Studium der Philologie, Politik und Pädagogik. Längere Auslandsaufenthalte in GB, Frankreich, Spanien, Griechenland, USA. Tätigkeit als Lehrer, Lektor und Redakteur, Übersetzer, Rundfunk- und TV-Autor. Verfasser zahlreicher Jugend- und Sachbücher, Anthologist. *Die Freuden der Fantasy* (1984) dokumentiert H.s Interesse für das Phantastische.

Bibliografie:

Zeitsprung (mit Harald Tondern), Stuttgart: Klett 1984

Hevesi, Ludwig (1843 – 1910)

Pseudonym für Ludwig Hirsch.

Bibliografie:

MacEck's sonderbare Reisen zwischen Konstantinopel und San Francisco, Stuttgart: Bonz 1901

Hey, Richard (1926 –   )

Geboren in Bonn. Studium der Musik, Theaterwissenschaft und Philosophie in Frankfurt/Main. Regieassistent beim Film, später Musikkritiker und Journalist. Autor und Regisseur von Hör-, Fernseh- und Schauspielen sowie Verfasser der Kriminalromane *Ein Mord am Lietzensee* (1973), *Engelmacher & Co.* (1975) und *Ohne Geld singt der Blinde nicht* (o. J.), die auch in der TV-Reihe ›Tatort‹ Verwendung fanden. Mitglied des deutschen PEN. Von seinen SF-Hörspielen sind vor allem ›Andromeda im Brombeerstrauch‹ (1975) und ›Dr. John Federbaums Reise durch die Bundesrepublik im August des Jahres 2040‹ (1985) zu erwähnen. Sein Roman *Im Jahr 95 nach Hieroshima,* in dem die fortschreitende Vereisung Europas, insbesondere der Schweiz, und der Zerfall der abendländischen Zivilisation geschildert wird. Für dieses Buch wurde der Autor 1982 mit dem Kurd-Laßwitz-Preis geehrt.

Bibliografie:

Im Jahr 95 nach Hiroshima, Hamburg: Hoffmann & Campe 1982

Heyck, Hans (1891 – 1972)
Geboren in Freiburg/Breisgau. Verfasser von Romanen, Novellen, Bühnenstücken, Hörspielen und Lyrik.

Bibliografie:
Deutschland ohne Deutsche, Leipzig: Staackmann 1930

Heym, Stefan (1913 –   )
Geboren in Chemnitz. 1933 Emigration in die USA, Rückkehr als amerikanischer Offizier. Wegen prokommunistischer Haltung Verfolgung während der McCarthy-Ära. Gab daraufhin Kriegsauszeichnungen und US-Bürgerschaft zurück und siedelte in die DDR über; dort Nationalpreisträger.

Bibliografie:
Schwarzenberg, München: Bertelsmann 1984

Heymann, Robert, senior (1879 – ?)
Geboren in München. Tätigkeit als Journalist (Chefredakteur der Zeitschrift *Die Moderne*), Theaterdramaturg in Zürich und Regisseur des Wiener Kabaretts ›Simplizissimus‹. H. war als Autor in zahlreichen Genres der Unterhaltungsliteratur aktiv, schrieb u.a. historische Romane, Militärromane, Kriminalromane und utopisch-phantastische Romane und arbeitete (z.T. unter dem Pseudonym Max Ladenburg) an zahlreichen Heftserien mit, die zu Anfang des Jahrhunderts erschienen. Nach dem Ersten Weltkrieg bediente er sich häufig des Pseudonyms Sir John Retcliffe d. J., schrieb vornehmlich Kriminalromane und gab zusammen mit Edgar Wallace Ende der zwanziger Jahre das *Kriminal-Magazin* im Goldmann Verlag heraus. In den dreißiger Jahren verliert sich der Name des älteren Robert H. Möglicherweise hatte er als Halbjude Schwierigkeiten als Autor, verließ Deutschland und ist im Ausland (Kanada?) gestorben.

Bibliografie:
Die Weltkatastrophe, Leipzig: Püttmann 1910

Bibliografie/H:
Der unsichtbare Mensch vom Jahre 2111, Leipzig: Püttmann 1909
Der rote Komet, Leipzig: Püttmann 1909
Die unter und über der Erde, Leipzig: Püttmann 1909

Die Seele des ägyptischen Priesters, Leipzig: Püttmann 1909
Die Schreckensfahrt der Atlantik, Leipzig: Püttmann 1909
Die dreizehn Femrichter, Leipzig: Püttmann 1909

Heymann, Robert, junior (1901–1963)

In München geboren, taucht der Sohn Robert H. nachweislich erst Mitte der dreißiger Jahre auf unter dem Pseudonym Robert Arden in der Reihe der ›Uhlen-Bücher‹ im Ullstein Verlag. Ob er an den phantastischen Büchern seines Vaters mitgearbeitet hat, ist nicht zu ermitteln, wahrscheinlich hat er nur Krimis, Wildwest- und Abenteuer-Romane geschrieben.

High, Philip E(merson) (1914–   )

Geboren in Biggleswade, England. H. arbeitete als Vertreter, Busfahrer und Journalist. 1927 entdeckte er die SF, ab 1956 gehörte er zu den ständigen Mitarbeitern des Magazins *New Worlds,* einem Tummelplatz hausbackener Abenteuerschriftsteller. Sein Interesse für Psychologie, Literatur und Theater hat sich auf seine literarische Tätigkeit jedoch nicht erkennbar ausgewirkt. Sein Romanerstling, THE PRODIGAL SUN (1964), erschien zuerst in den USA, und er brauchte vier weitere Veröffentlichungen, ehe er mit INVADER ON MY BACK (1968) erstmals ein Buch in England publizierte. NO TRUCE WITH TERRA (1964), THE MAD METROPOLIS (1966) und REALITY FORBIDDEN (1967) gehören zur zweiten SF-Garnitur. H. zählt zu den technisch interessierten SF-Autoren und bedient sich aller Klischees, die das Genre hervorgebracht hat. Besonders deutlich wird dies in der Schmonzette SOLD FOR A SPACESHIP (1973), in der die Überlebenden einer weltweiten Katastrophe der Besatzung eines Raumschiffs, die sich zuvor abgesetzt hat, das Recht auf eine Rückkehr zur Erde absprechen.

Bibliografie:

Verbotene Wirklichkeit (REALITY FORBIDDEN), München 1970, GWTB 0114
Armee aus der Retorte (THE TIME MERCENARIES), Bergisch Gladbach 1971, B 3
Planet der Schmetterlinge (BUTTERFLY PLANET), München 1972, GWTB 0138
Nach dem Inferno (SOLD FOR A SPACESHIP), Bergisch Gladbach 1974, B 21051

Bibliografie/H:

Wahrscheinlichkeit fast Null (C/OA), UZ 575 (1968)
Die Zwillingsplaneten (TWIN PLANETS), TN 91 (1969)
Diktatur der Parasiten (INVADER ON MY BACK), TN 99 (1969)
Die verlorene Sonne (THE PRODIGAL SUN), TN 115 (1970)
Die verrückte Metropole (THE MAD METROPOLIS), TN 126 (1970)
Die Metalloiden (NO TRUCE WITH TERRA), TN 149 (1970)
Die Insel der Wissenschaftler (THESE SAVAGE FUTURIANS), TN 157 (1970)

Hildebrand, A. D.
Niederländischer Jugendbuchautor, der während der fünfziger Jahre mehrere SF-Romane publizierte.

Bibliografie:

Monus, der Mann vom Mond (MONUS, DE MAN VAN DE MAAN), Berlin: Gebr. Weiß 1958

Hildenbrandt, Fred (1892 – 1963)

Bibliografie:

Der Sand läuft falsch im Stundenglas, Stuttgart: Union 1930

Hill, Douglas Britischer Autor.

Bibliografie:

Der Weltraumspion (GALACTIC WARLORD), Stuttgart: Boje 1981
Alarm im All (DEATHWING OVER VEYNAA), Stuttgart: Boje 1981

Hill, James
Pseudonym eines spanischen Autors.

Bibliografie/H:

Konflikt im Kosmos (CAPITAN RIDO), T 35 (1958)

Hillgenberg, Egon

Bibliografie/H:

Frei von Materie, LU 50 (1959)

Hilton, James (1900 – 1954)
Britischer Schriftsteller, der ab 1935 in den USA lebte. THE LOST
HORIZON (1933) ist eine Utopie, die in einem paradiesischen Land
namens Shangri-La spielt und völlig ohne die üblichen SF-Versatz-
stücke auskommt. – Zwei Verfilmungen: ›In den Fesseln von
Shangri-La‹ (USA 1937; Regie: Frank Capra) und ›Der verlorene
Horizont‹ (USA 1972; Regie: Charles Jarrot).

Bibliografie:
Irgendwo in Tibet (LOST HORIZON), Wien: Reichner 1937 (auch:
Der verlorene Horizont)

Hinton, Charles Howard (1853 – 1907)
Britischer Essayist und Schriftsteller, der sich in seinem Werk oft mit
anderen Raum-Zeit-Kontinua auseinandersetzte. Seine Kurzromane
›Stella‹ (1895) und ›An Unfinished Communication‹ (1895) wurden
zusammen mit mehreren Essays zu dem Sammelband SCIENTIFIC
ROMANCES (1896) zusammengefaßt.

Bibliografie:
Wissenschaftliche Erzählungen (SCIENTIFIC ROMANCES), Stuttgart: Weitbrecht 1985

Hiss, Clifford (Pseudonym)

Bibliografie/H:
Die Wahnsinnsdroge, SU 5 (1958)

Hoch, Edward D(entinger) (1930 –   )
Geboren in Rochester, New York. Besuchte von 1947 – 1949 die
University of Rochester und war anschließend in der Verlagsbran-
che und in der Werbung tätig. Schon seine erste Erzählung, ›Village
of the Dead‹ (1955, *Famous Detective Stories),* deutete an, wohin
sich seine Karriere entwickeln würde: H. hat sich (u.a. unter dem
Verlagspseudonym Ellery Queen) hauptsächlich im Bereich des
Krimis etabliert.

Bibliografie:
Die Computer-Cops (THE TRANSVECTION MACHINE), Bergisch Gladbach
1974, B 21052

Hodder-Williams, (John) Christopher (1926–)

Geboren in London. 1957 reichte H. unter dem Pseudonym James Brogan beim Verlag Hodder & Stoughton (in dessen Aufsichtsrat sein Vater saß) den Thriller THE CUMMINGS REPORT ein, der angekauft wurde, ohne daß man die wahre Identität des Autors herausfand. Er arbeitete in der Schallplattenindustrie, als Komponist für die BBC, diente bei den Royal Signals im Mittleren Osten, gilt als Kapazität auf dem Gebiet der Flugkollisionsprobleme, ist ein exzellenter Pilot und hat in Afrika mehrere Filme gedreht. Neben CHAIN REACTION (1959), THE MAIN EXPERIMENT (1964) und THE EGG-SHAPED THING (1967) wurde sein bekanntester SF-Roman A FISTFUL OF DIGITS (1968), in dem die elektronische Revolution stürmisch auf dem Vormarsch ist und die Maschinen schrittweise und lautlos die Macht übernehmen.

Bibliografie:

Kettenreaktion (CHAIN REACTION), München: List 1964
Der große summende Gott (A FISTFUL OF DIGITS), Hamburg/Düsseldorf: MvS 1969
Die Gebetsmaschine (THE PRAYER MACHINE), München 1977, GWTB 0243
Der unsichtbare Krieg (THE SILENT VOICE), München 1979, G 23295
Virus der Angst (PANIC O'CLOCK), München 1981, H 3829
Das Paradies der Feiglinge (COWARD'S PARADISE) München 1986, H 4291

Hodgson, William Hope (1877–1918)

Geboren in Blackmore End, England. H.s Werk tendiert mehr zur Weird Fiction als zur SF, doch seine Romane THE HOUSE ON THE BORDERLAND (1907) und THE NIGHTLAND (1912) sind dem Genre zuzurechnen. Während ersteres eine finstere Gegend beschreibt, die ein Überwechseln in eine andere Dimension ermöglicht, handelt letzteres von einer von schrecklichen Monstern bevölkerten unendlich fernen Erde der Zukunft.

Bibliografie:

Das Haus an der Grenze (C/OA), Frankfurt am Main: Insel 1973
Das Nachtland (THE NIGHTLAND), Bergisch Gladbach 1982, B 24030

Hoehne, Edmund (1893 – ?)

Bibliografie:
Der Herzog von Sylt, Berlin: Spaeth 1926
Die Reportage Gottes, Jena: Diedrichs 1928

Hoerhammer, Arthur

Bibliografie:
Nessukareni und andere Geschichten von irgendeinem Planeten, München: Langen 1912

Hoevel, Jürgen ten Deutscher Journalist.

Bibliografie/H:
Zwischenfall auf Wannop IV, UZ 498 (1966)
Der achthundertjährige Krieg, ZSF 4 (1966)
Durchbruch nach K-Ceti 6, ZSF 47 (1967)

Hofbauer, Friedl (1924 –)
Pseudonym für Friedl Kauer, geboren in Wien. Übersetzerin und Autorin zahlreicher Kinder- und Jugendbücher.

Bibliografie:
Zwei Kinder und ein Mondkalb, Recklinghausen: Bitter 1972

Hofbauer, Ludwig

Bibliografie:
Der Pestkrieg, Regensburg: Rath 1927

Hoff, Harry

Bibliografie:
Die gläserne Welt, Frankfurt am Main: Pandion 1955

Hoffmann, Horst (1950 –)
Geboren in Bergheim/Erft. Abgebrochenes Volkswirtschaftsstudium, jetzt Verlagslektor. H. begann als Herausgeber des mit satirischem Witz gepfefferten Fanzines *Watchtower* und betätigte sich zunächst als Illustrator. Seine ersten professionellen Veröffentli-

chungen, unter dem Pseudonym Neil Kenwood erschienen, erweckten das Interesse des SF-Autors William Voltz, der ihn förderte.

Bibliografie/H:

Entscheidung auf Hades, TA 280 (1976)
Begegnung in der Tiefe, TA 286 (1977)
Rückkehr der Verdammten (C), TA 291 (1977)
Die Spur der Totenschiffe, TA 297 (1977)
Invasion aus dem Dunkel, TA 301 (1977)
Stadt der Gläsernen, TA 308 (1977)
Kind des Universums, TA 313 (1977)
Die Wächter von Caalis, TA 318 (1977)
Mission im Pleistozän, TA 334 (1978)
Im Berg der Götter, TA 351 (1978)
Die galaktische Rallye, TA 363 (1978)
Tollhaus Galaxis, TA 483 (1980)
Wiedergeboren (C), TA 605 (1984)
(Hrsg.) *Als die Menschen starben,* TA 630 (1985)
(Hrsg.) *Spuren im Weltall,* TA 643 (1985)

Als Neil Kenwood:

Sie warteten jenseits der Sterne, Ge 5 (1976)
Fühler der Ewigkeit, Ge 32 (1977)
Die Ahnen aus Raum und Zeit, Ge 35 (1977)

Siehe Anhang SERIEN: *Atlan, Orion-Hefte, Perry Rhodan, Perry-Rhodan-Taschenbücher*

Hoffmann, Oskar (1866 – ?)

Geboren in Gotha. Neben Robert Kraft, Carl Grunert, Robert Heymann und Kurd Laßwitz gehörte er um die Jahrhundertwende zu den bekanntesten Verfassern utopischer Literatur im deutschen Kaiserreich. Sein Erstling *Mac Milfords Reisen im Universum – Von der Terra zur Luna oder Unter den Seleniten* erschien in der ›Kollektion Kosmos‹. Neben utopischer Literatur schrieb er auch populärwissenschaftliche Lehrbücher.

Bibliografie:

MacMilfords Reisen im Universum, Leipzig: Kosmos 1902
Die Eroberung der Luft, Berlin: Seemann 1902
Bezwinger der Natur, Berlin: Seemann 1903
Unter Marsmenschen, Breslau: Schlesische Verlagsanstalt 1905

Der Goldtrust, Berlin: Seemann 1907
Bezwinger der Natur, Berlin: Seemann 1908
Die vierte Dimension, Berlin/Leipzig: Seemann 1909
Das Rätsel des Lebens, Leipzig: Bilz 1911

Hoffmanns, W. P. Siehe Scott, Ted
Siehe Anhang SERIEN: *Mark Powers*

Hofmann, Ota

Bibliografie:
Die Besucher (NAVSTIEVNICI), Köln: VGS 1983

Hogan, D. C.
Pseudonym von Dietrich Hogl.

Bibliografie/H:
Marsfieber, TN 168 (1971)
Die verlorene Welt, TA 63 (1972)
Rückkehr nach Sol III, TA 74 (1973)
Der stählerne Gott, TA 115 (1973)
Flucht zu den Sternen, TA 155 (1974)
Der Mann von Xinh, TA 186 (1975)
Nacht über Balun, TA 234 (1976)
Projekt Aurora, TA 299 (1977)
Entscheidung auf Paradies II, TA 353 (1978)
Die letzten Stunden der Ewigkeit, TA 481 (1980)
Welt hinter Glas (C), TA 553 (1982)
Die verbotene Generation, TA 592 (1984)
Das Generationenschiff, TA 640 (1985)

Hogan, James P(atrick)
(1941 –   )
Geboren in London. Studierte am Royal Aircraft Establishment in Farnborough und spezialisierte sich auf elektronische und digitale Systeme. Anschließend Tätigkeit als Elektronik-Designer und Computervertreter. 1977 zog er in die USA, wo er im Verkauf einer Computerfirma tätig war. Nach der Veröffentlichung seines

ersten SF-Romans, INHERIT THE STARS (1977), gab er seinen Beruf auf und wurde freier Schriftsteller. H. wurde von Lester Del Rey entdeckt und von Isaac Asimov als zweiter Arthur C. Clarke gepriesen, weil er vornehmlich technisch-naturwissenschaftliche Themen bearbeitet und der Zukunft vorwiegend positive Aspekte abgewinnt. Er weiß gut zu erzählen, schreibt witzig, intelligent und gelegentlich aggressiv und zeichnet echte Charaktere, die sich wohltuend von der Schablonenhaftigkeit der üblichen Action-Schreiberei abheben. Ein besonderer Wurf gelang ihm mit THE PROTEUS OPERATION (1985), einer Alternativwelt-Geschichte, in der wieder einmal Hitler den Krieg gewann, was den Amerikanern keine Ruhe läßt, bis sie eine Zeitmaschine erfunden haben, um eine Spezialtruppe in die dreißiger Jahre zu entsenden, die deutsche A-Bombe zu verhindern und Churchill zu überreden, gegen Hitler Front zu machen, der, wie sich herausstellt, wiederum von Faschisten aus der Zukunft unterstützt wird, was Rambo in Raum und Zeit verhindern möge.

Bibliografie:

Der tote Raumfahrer (INHERIT THE STARS), München 1981, M 3538
Die Riesen von Ganymed (THE GENTLE GIANTS OF GANYMEDE), München 1981, M 3556
Die Schöpfungsmaschine (THE GENESIS MACHINE), München 1982, M 3564
Der Computersatellit (THE TWO FACES OF TOMORROW), München 1982, M 3593
Die Kinder von Alpha Centauri (VOYAGE FROM YESTERYEAR), München 1983, G 23437
Stern der Riesen (GIANT'S STAR), München 1983, M 3662
Der Schöpfungscode (CODE OF THE LIFEMAKER), München 1984, Kn 5781
Es war dreimal (THRICE UPON A TIME), München 1985, M 3661
Unternehmen Proteus (THE PROTEUS OPERATION), München 1987, H 4461

Hohlbein, Wolfgang E. (1953 –   )
Geboren in Weimar. Zunächst als Industriekaufmann tätig, etablierte sich H. 1982 als freier Schriftsteller. Unter Pseudonym Veröffentlichung von Horror-Heften, u.a. *Der Hexer* (als Robert Craven). H.s anspruchsvollere Publikationen sind der Fantasy zuzuordnen. Mit *Märchenmond* (1983) gewann er den Ueberreuter-Roman-Wettbewerb und den Phantastik-Preis der Stadt Wetzlar.

Bibliografie:

Nach dem großen Feuer, Stuttgart: Franckh 1984

Als Martin Hollburg:

Der Findling im All, Stuttgart: Franckh 1984
Die eisige Welt (mit Martin Eisele), Stuttgart: Franckh 1984
Der Tieger von Vaultron (mit K. U. Burgdorf), Stuttgart: Franckh 1984
Der Sonnenfresser, Stuttgart: Franckh 1984
Das Kristallhirn, Stuttgart: Franckh 1985
Die Zeitfalle des Delamere, Stuttgart: Franckh 1985

Holberg, Ludvig (1684 – 1754)

Geboren in Bergen, Norwegen. Dänischer Dramatiker, Essayist und Historiker. Dozent für Philosophie, Metaphysik, lateinische Rhetorik und Geschichte in Kopenhagen. Sein in lateinischer Sprache geschriebener Roman NICOLAI KLIMII INTER SUBTERRANEUM (1741) ist eine satirische Utopie über die Reise eines Menschen ins Erdinnere.

Bibliografie:

Nicolai Klims unterirdische Reise, worinnen eine ganze neue Erdbeschreibung wie auch eine umständliche Nachricht von der fünften Monarchie, die uns bishero ganz und gar unbekannt gewesen, enthalten ist (NICOLAI KLIMII INTER SUBTERRANEUM), Kopenhagen/Leipzig: 1765 (auch: *Nils Klims Wallfahrt in die Unterwelt*), Leipzig: Brockhaus 1847

Holden, Richard (Cort)

Bibliografie:

Tödlicher Schnee (SNOW FURY), AiW 11 (1959)

Holdstock, Robert (1948 –   )

Geboren in der Grafschaft Kent. Studium der Zoologie und Parasitologie in Bangor (Süd-Wales), danach Tätigkeit in der Immunologieforschung. Seine erste Story erschien in *New Worlds,* und bald publizierte er in Magazinen wie *Vortex* und *SF Monthly.* Auch Anthologisten wußten H.s Geschichten stets zu schätzen. EYE AMONG THE BLIND (1976) war sein erster SF-Roman. Unter dem Pseudonym Chris Carlsen publizierte er einige Heroic-Fantasy-Epen, die auch in deutscher Sprache (hier freilich unter seinem echten Namen) vorliegen, und unter Pseudonym Richard Kirk einen fünfbändigen Zyklus um die Schwertkämpferin Raven. EYE AMONG THE BLIND und EARTHWIND (1977) sind zwar eindringlich geschrieben, weisen jedoch einen Hang zum Irrationalen auf (wie H.s Interesse neben der SF auch dem Okkultismus gilt). Mit Christopher Priest gab er 1979 die Anthologie STARS OF ALBION heraus, und 1978 war er maßgeblich an der Herausgabe der großformatigen, reich bebilderten ENCYCLOPEDIA OF SCIENCE FICTION beteiligt, die Beiträge von Brian Stableford, Harry Harrison, Christopher Priest und Isaac Asimov enthält.

Bibliografie:

Im Tal der Statuen (EYE AMONG THE BLIND), München 1976, GWTB 0230
Erdwind (EARTHWIND), München 1981, M 3522
Zeitwind (WHERE THE TIME WINDS BLOW), München 1984, G 8403
(Hrsg.) *Unter fremden Sonnen* (ALIEN LANDSCAPES) (mit Malcolm Edwards), Rastatt: Moewig 1980

Holk, Freder van (1901 – 1970)

Pseudonym für Paul Alfred Müller, geboren in Halle. (Weitere Ps.: Lok Myler, Jan Holk, Werner Keyen.) M. war Gewerbelehrer, bevor er in den dreißiger Jahren mit dem Schreiben von utopischen Romanen begann. Zwischen 1933 und 1936 verfaßte er unter dem Pseudonym Lok Myler im Alleingang die 150 Fortsetzungen umfassende Heftserie ›Sun Koh, der Erbe von Atlantis‹ (Nachkriegsausgaben wurden unter dem Namen Freder van Holk publiziert). Darin geht es um einen geheimnisvollen Nachkommen der Atlantis-Herrscher, der auserkoren ist, den wiederauftauchenden Kontinent zu übernehmen. Die Serie war außerordentlich erfolgreich und wurde noch vor dem Abschluß der Erstausgabe neu aufgelegt. Eine weitere Serie M.s (120 Hefte) nach einem ähnlichen Schema hieß ›Jan Mayen‹ (1936 – 1938) und handelt vom Erben von Thule, der Grönland mit Sonnenspiegeln wieder grün macht. Beide Serien übten nachhaltigen Einfluß auf jene jugendlichen SF-Leser aus, die nach dem Krieg selbst SF-Autoren wurden – u.a. wurden Clark Darlton und Herbert W. Franke mehr oder weniger von ihnen in den Bann geschlagen. Nach dem Krieg konnte M. keinen rechten Anschluß mehr finden. Seine beiden Erfolgsserien hatten immerhin Erstauflagen von 60000 bis 90000 Exemplaren erzielt. Die Nachkriegs-Neuausgaben konnten damit nicht konkurrieren. M. schrieb zwar noch eine ganze Reihe von Romanen für diverse Buchverlage, doch seine Versuche, auf dem Nachkriegsmarkt Fuß zu fassen, scheiterten letztlich: die aufblühende angloamerikanische Spielart der SF hatte ihn literarisch überholt und drängte ihn ins Abseits. 1949/50 übernahm er ab Band 13 die im Münchner Bielmannen Verlag erscheinende, wenig attraktive Heftserie ›Rah Norten‹ (die Bände 1 – 12 schrieb H. K. Schmidt unter dem Ps. Ive Steen), aber auch sie wurde mit Band 20 eingestellt. Auch die Heftserie ›Mark Powers‹, zu der M. diverse Folgen beitrug, konnte sich nicht auf dem Markt behaupten. ›Sun Koh‹ erlebte zwischen 1978 und 1981 im Erich Pabel Verlag eine Neuausgabe im Taschenbuch, die inhaltlich der Leihbuch-Nachkriegsausgabe des Borgsmüller-Verlags folgte: dort wurden jeweils mehrere der ursprünglichen Kurznovellen (teilweise vermehrt um ›Jan Mayen‹-Romane) zu einem Band vereint.

Bibliografie:

Sonnenmotor Nr. 1, München: A. Bergmann 1940
Und alle Feuer verlöschen auf Erden, Braunschweig:
Löwen 1948
Vielleicht ist morgen schon der letzte Tag, Braunschweig:
Löwen 1948
Der große Spiegel, München: Bielmannen 1949
Attentat auf das Universum, München: Bielmannen 1949
Die wachsende Sonne (C), München: Bielmannen 1950
Strahl aus dem Kosmos, München: Bielmannen 1950
Die Erde brennt, Berlin: Herbig 1951
Das Ende des Golfstroms, München: Bielmannen 1952
Humus, München: Bielmannen 1952
Weltraumstation, München: Bielmannen 1952
Die Unsterblichen, München: Bielmannen 1952
Die Narbe, München: Bielmannen 1952
Unheimliche Leuchtscheiben, Berlin: Gebr. Weiß 1953
Trauben aus Grönland, Berlin: Gebr. Weiß 1953
Ferngelenkte Seelen, Berlin: Gebr. Weiß 1954
Kosmotron, Berlin: Gebr. Weiß 1955
Unter uns die Hölle, Berlin: Gebr. Weiß 1956
Die entfesselte Erde, Berlin: Gebr. Weiß 1957
Weltuntergang, Berlin: Gebr. Weiß 1959

Als Werner Keyen:

Jenseits vom Licht, Münster: Borgsmüller 1958
Menschen im Mond, Münster: Borgsmüller 1959
Sprung über die Zeiten, Münster: Borgsmüller 1959

Als Paul A. Müller:

Und sie bewegt sich doch nicht, Frankfurt am Main: Schirmer & Mahlau 1939
Die Seifenblasen des Herrn Vandenberg, Leipzig: A. Bergmann 1939

Als Lok Myler:

Blaue Kugel, Leipzig: A. Bergmann 1938

Bibliografie/H:

Der Sprung über die Lichtschranke, UG 161 (1961)
Der Krieg, den keiner wollte, UG 164 (I/II) (1962)
Das Geheimnis des Zyklotrons, U 321 (1962)
Minus-Materie, UG 167 (1962)

Siehe Anhang SERIEN: *Sun Koh, Jan Mayen, Rah Norten, Mark Powers*

Holk, Jan Siehe Holk, Freder van

Holland, Cecelia (Anastasia) (1943 –   )
Geboren in Henderson, Nevada. Studium an der Pennsylvania State University und am Connecticut College in New London (B. A. 1965). Nach diversen historischen Romanen wie THE FIREDRAKE (1966) versuchte H. sich erstmals im SF-Genre. Als FLOATING WORLDS (1976) erschien, waren Kenner übereinstimmend der Meinung, daß die SF mit ihr ein Talent errungen hatte, das zu großen Hoffnungen berechtigt. Der umfangreiche Roman erzählt vor einem geschickt mit Space-Opera-Elementen durchsetzten Hintergrund eine komplexe Story – die Lebensgeschichte einer Erdfrau, die das Schicksal auf verschiedene Planeten des Sonnensystems verschlägt. Die Zeit: 4000 Jahre in der Zukunft. Die Menschheit hat die Planeten besiedelt, die Schwerkraft besiegt und in der halbflüssigen Atmosphäre der Planeten Jupiter, Saturn und Neptun schwebende Kolonien errichtet. Doch die verschiedenartige Umwelt und die relative Isolierung hat die Menschen genetisch und gesellschaftlich verändert. Während auf der ökologisch ruinierten Erde im Schutz von Plastikdomen friedliche Anarchisten hausen, haben sich anderswo Militär-

diktaturen entwickelt, wird der Mars von der rassistischen Sonnen-licht-Liga beherrscht. Auf den Gasriesen der äußeren Planeten sind unter dem Einfluß heftiger planetarer Strahlung die Stythen entstanden, eine schwarzhäutige Rasse von Sklavenhaltern und Herrenmenschen, die teilweise über parapsychologische Fähigkeiten verfügen. Der höchste Lebensinhalt der Stythen ist der Kampf. Sie sind unüberwindlich, todesmutig und gnadenlos, kein Schiff ist vor ihnen sicher. Das Komitee der Erd-Anarchisten, die Militärs von Luna und die marsianischen Faschisten sehen sich gezwungen, über alle ideologischen Differenzen hinweg zu einer Zusammenarbeit zu finden und mit den Stythen zu einem Friedensvertrag zu kommen. Die Protagonistin Paula Mendoza, eine überzeugte Anarchistin mit eisernem Willen, souveränem diplomatischem Geschick und unbeirrbarer Menschlichkeit, macht sich ganz allein auf, um die dunklen, fremdartigen Welten der Stythen zu besuchen, die Menschen sonst nur als Sklaven erreichen.

Bibliografie:
Wandernde Welten (FLOATING WORLDS), München 1979, H 3658

Hollanek, Adam (1922 –   )
Geboren in Lwow, Polen. Verfasser zahlreicher populärwissenschaftlicher Sachbücher, SF-Romane und Erzählungsbände.

Bibliografie:
Noch ein bißchen leben (JESZCZE TROCHE PZYC), München 1984, H 4075

Hollburg, Martin
Sammelpseudonym für Martin Eisele, Karl-Ulrich Burgdorf und Wolfgang E. Hohlbein. Die drei Autoren haben unter diesem Namen die siebenbändige Jugendbuch-Serie ›Sternenschiff der Abenteuer‹ geschrieben.

Bibliografie:
Der Findling im All, Stuttgart: Franckh 1984
Schatten an Bord, Stuttgart: Franckh 1984
Die eisige Welt, Stuttgart: Franckh 1984
Die Tiger von Vaultron, Stuttgart: Franckh 1984
Der Sonnenfresser, Stuttgart: Franckh 1984
Das Kristallhirn, Stuttgart: Franckh 1985
Die Zeitfalle des Delamere, Stuttgart: Franckh 1985

Holling, H. P.

Pseudonym für Heinz Peter Fröhlich.

Bibliografie:
Gefahr aus der Zukunft, Balve: Zimmermann 1961 (auch: *Ein Robot lernt lügen*)

Bibliografie/H:
Zym beherrscht die Welt, UZ 202 (1960)

Holly, Joan Hunter (1932–1982)

Pseudonym für Joan Carol Holly, geboren in Lansing, Michigan. Die amerikanische Psychologin interessierte sich für amerikanische Folkloristik und Anthropologie und war aktiv im Autorenverband der Science Fiction Writers of America. Ihr erster Roman, ENCOUNTERS, erschien 1959, doch ihr bestes Werk ist unzweifelhaft THE GREEN PLANET (1960), in dem es um exilierte irdische Oppositionelle auf einem fremden Planeten geht. In H.s spannungsbetonten SF-Romanen, die die psychologischen Interessen der Autorin verraten, geht es häufig um die Konfrontation mit Außerirdischen. H. hat auch eine Anzahl respektabler Novellen und Kurzgeschichten veröffentlicht, unter denen vor allem ›Psi Clone‹ (1977) herausragt.

Bibliografie/H:
Der geheimnisvolle Fremde (ENCOUNTER), UG 149 (1961)
Der grüne Planet (THE GREEN PLANET), T 206 (1962)
Das große Sterben (THE DARK PLANET), UZ 396 (1964)
(auch: *Die Virusrakete*)
Vom Grauen gejagt (THE RUNNING MAN), UZ 400 (1964)
Die fremden Schatten (THE GREY ALIENS), T 535 (1967)
Die Zeitverdreher (THE TIME TWISTERS), TA 19 (1971)

Holm, Sven (1940–   )

Geboren in Kopenhagen. H. studierte von 1960–1962 an der Universität Kopenhagen und arbeitete als Hauslehrer, Zeitschriftenredakteur, Bibliothekar, Landvermesser und Moderator für das dänische Fernsehen. 1961 erschien DEN STORE FJENDE, sein erster Roman. Sein Werk (Romane und Erzählbände) ist jedoch überwiegend dem Mainstream zuzuordnen. Über die Landesgrenzen hinaus bekannt machte ihn die utopische Novelle TERMUSH, ATLANTERHAUSKYSTEN (1967), in der es um ein Unternehmen geht, das zahlungskräftigen

Interessenten für den Fall der radioaktiven Verseuchung der Umwelt einen sicheren und luxuriösen Platz in einem Riesenbunker anbietet. Als die Katastrophe eintritt, kommt es zum Kampf mit den Nichtprivilegierten.

Bibliografie:
Termush, Atlantikküste (TERMUSH, ATLANTERHAUSKYSTEN), Frankfurt am Main: S. Fischer 1970

Holmar, Rolf

Bibliografie/H:
Galaktisches Intermezzo, ZSF 247 (1982)

Holten, Fritz

Bibliografie:
Das Aeromobil, Stuttgart: Union 1920
Das Polarschiff, Stuttgart: Union 1921

Holtz, Heinrich

Bibliografie:
Nach 600 Jahren, Leipzig: W. Fiedler 1907

Holzer, Hans (1920–)

Geboren in Wien. Studierte in Wien, New York und London und betätigt sich als Autor und Parapsychologe in den USA, wo er oft im Fernsehen auftritt und an Universitäten lehrt.

Bibliografie:
Fenster zur Vergangenheit (WINDOW TO THE PAST), Berg: Keller 1970

Homann, Ludwig (1942–)

Geboren in Gläsersdorf, Schlesien. Im Hauptberuf Lehrer.

Bibliografie:
Jenseits von Lalligalli, Frankfurt am Main: S. Fischer 1973

Hooker, P. T. Siehe Theodor, Peter

Hoover, Edmund B. (Pseudonym)

Bibliografie:
Wie man Präsidenten mordet, Kopenhagen: Svea 1970

Höpfner, Jürgen

Bibliografie:
Karneval in Bio-Bio (C) Halle/Leipzig: Mitteldeutscher 1983

Hoppe, Hermann (1865 – 1926)

Bibliografie:
Weltende, Schweidnitz: L. Heege 1911

Horbach, Michael Siehe Donrath, Martin

Horbelt, Rainer (1944 –   )
Geboren in Wismar. Journalist und Schriftsteller. Autor zahlreicher TV-Features und wissenschaftlicher Arbeiten zu Problemen der Massenmedien.

Bibliografie:
Das Projekt Eden, Frankfurt am Main: Eichborn 1984

Horla, Alexander
Pseudonym für Hans-Joachim Flechtner. Sein Roman *Stafetten des Todes* (1952) ist eigentlich ein Krimi mit SF-Elementen.

Bibliografie:
Stafetten des Todes, Gütersloh: Bertelsmann 1952

Horsley, Bert
Pseudonym des Literaturagenten und Herausgebers Walter Spiegl.

Bibliografie/H:
Der unsichtbare Planet, UZ 104 (1957)
Station Einstein, UZ 114 (1958)
Die verlorene Erfindung, UZ 116 (1958)
Warnung im roten Nebel, UZ 121 (1958)
Wir wußten zuviel, UZ 129 (1958)

Als Bert Koeppen:

Rakete Mond startet, UG 84 (1958)
Gefangene des Atoms, UZ 283 (1961)

Horstmann, Hubert (1937–)

Geboren in Mosbach bei Eisenach. Gärtnerlehre, Abitur, Studium der Philosophie mit Abschluß als Dr. phil. H.s besonderes Interesse gilt der materialistischen Dialektik als Denkweise, der Sprachphilosophie sowie der marxistischen Positivismus-Kritik. An der SF schätzt er Autoren wie Stanislaw Lem, Ray Bradbury, die Brüder Strugazki, Stanley G. Weinbaum und die Möglichkeit, eingefahrene Denkweisen zu durchbrechen, ohne den Rahmen des logisch Möglichen zu verlassen. Er haßt interstellare Kriegsromane und schreibt SF nur nebenher.

Bibliografie:

Die Stimme der Unendlichkeit, Berlin/DDR: Das Neue Berlin 1965
Das Rätsel des Silbermonds, Berlin/DDR: Das Neue Berlin 1971

Horx, Matthias (1955–)

Bibliografie:

Es geht voran – ein Ernstfallroman, Berlin: Rotbuch 1982
Glückliche Reise, Berlin: Rotbuch 1984

Bibliografie/H:

Parody R. Hodan: Die galaktische Gurke, München: Maya 1986

Hoshi, Shinichi (1926–)

Geboren in Tokio. Absolvierte ein naturwissenschaftliches Studium in seiner Heimatstadt (Magister der Agrikulturchemie, 1950), anschließend Tätigkeit in der elterlichen pharmazeutischen Fabrik. Er begann 1957 mit dem Schreiben und wurde bald Mitarbeiter der Zeitschrift *Hoseki,* die seine Erzählungen abdruckte. 1961 erfolgten erste Buchveröffentlichungen: drei Bände mit Mini-Kurzgeschichten. H. ist neben Mayumura und Komatsu der bekannteste SF-Autor Japans.

Bibliografie:
Ein hinterlistiger Planet (C/OA), München 1982, H 3892

Hougron, Jean Französischer Autor.

Bibliografie:
Das Zeichen des Hundes (LE SIGNE DU CHIEN), Hamburg: Zsolnay 1963

Houston, Patrick (Pseudonym)

Bibliografie/H:
Die Faust vom anderen Stern, Ur 6 (1957)

Howard, H. P. (Agenturpseudonym)

Bibliografie/H:
Sternenjäger im Kosmos, Ge 2 (1976)
Revolte der Verlorenen, Ge 33 (1977)

Howard, Ivan
Amerikanischer Anthologist, der in den sechziger Jahren ein halbes Dutzend Anthologien herausgab und sonst nicht viel von sich reden machte.

Bibliografie:
(Hrsg.) *Gespenst aus der Zukunft* (THINGS), München 1970, TTB 175

Bibliografie/H:
(Hrsg.) *Flucht zur Erde* (ESCAPE TO EARTH), T 452 (1966)
(Hrsg.) *Der Mensch und das Universum* (NOVELETS OF SCIENCE FICTION), T 551 (1968)

Howard, Robert E(rvin) (1906 – 1936)
Geboren in Peaster (Texas). H. schrieb ab seinem 18. Lebensjahr Krimi-, Abenteuer-, Western-, Horror- und Fantasy-Geschichten für die Pulp-Magazine. Schöpfer der Fantasy-Serien um Conan von Cimmerien, König Kull und Solomon Kane. ALMURIC ist sein einziger SF-Roman. Er erschien erstmals 1938 in drei Teilen in *Weird Tales*.

Bibliografie:
Almuric (ALMURIC), München 1973, H 3363

Howells, William Dean (1837–1920)

Geboren in Martin's Ferry, Ohio. Schriftsetzer; bildete sich autodidaktisch und arbeitete als Journalist für *Atlantic Monthly* und *Harper's*. Der christliche Sozialist war Förderer von Stephen Crane und Frank Norris. Er war von 1861–1865 amerikanischer Konsul in Venedig.

Bibliografie:

Ein Reisender aus Altrurien (A TRAVELER FROM ALTRURIA), Berlin/DDR: Rütten & Loening 1980

Hoyle, Fred (1915–   )

Britischer Astronom, besuchte das St. John's College in Cambridge und arbeitete zeitweise in den großen Observatorien von Mount Wilson und Mount Palomar. Heute ist er Professor für Astronomie und Philosophie in Cambridge. Als SF-Autor trat er mit mehreren Romanen hervor, wobei sein Erstling THE BLACK CLOUD (1957) auch sein berühmtester ist. Die Handlung ist eigentlich recht simpel: Eine ›schwarze Wolke‹ nähert sich der Erde und erweist sich als intelligente Lebensform – aber der Roman wird allgemein wegen seiner ausgetüftelten Details und wissenschaftlichen Authentizität gelobt. Zwar konnte H. mit OSSIAN'S RIDE (1959) und A FOR ANDROMEDA (1962) – Fortsetzung: THE ANDROMEDA BREAKTHROUGH (1964); entstanden in Zusammenarbeit mit John Elliott – Interesse wecken, doch den Erfolg seines Erstlings nicht wiederholen. H. veröffentlichte 13 SF-Romane und eine Story-Collection, wobei die meisten Titel in Zusammenarbeit mit seinem Sohn Geoffrey entstanden. Er hat auch zahlreiche Sachbücher geschrieben.

Bibliografie:

Die schwarze Wolke (THE BLACK CLOUD), Köln: Kiepenheuer & Witsch 1958

Das Geheimnis der Stadt Caragh (OSSIAN'S RIDE), Köln: Kiepenheuer & Witsch 1962

A wie Andromeda/Geheimbotschaft aus dem All (A FOR ANDROMEDA/ THE ANDROMEDA BREAKTHROUGH) (mit John Elliott), Stuttgart: Goverts 1967

Raketen auf Ursa Major (ROCKETS ON URSA MAJOR) (mit Geoffrey Hoyle), Hamburg/Düsseldorf: MvS 1970

Der schwarze Stern (INTO DEEPEST SPACE), Frankfurt am Main/Berlin/ Wien 1979, U 20008

Hoyle, Geoffrey (1942 –   ) Siehe Hoyle, Fred

Hubbard, L(afayette) Ron(ald)
(1911 – 1986)

Geboren in Tilden, Nebraska. Studierte an der George Washington University Ingenieurswissenschaften und promovierte 1950 an der Sequoia University zum Dr. phil. H. nahm während der dreißiger Jahre in der Karibik und in Alaska an diversen Forschungsexpeditionen teil und verfaßte Reiseberichte, Horror-, SF- und Fantasy-Stories. Darüber hinaus ist er der Gründer der sogenannten Scientology-Kirche. Seine SF-Karriere begann 1938 mit ›The Dangerous Dimension‹ in *Astounding,* und seine Elaborate erschienen unter sechs Pseudonymen in 72 Publikationen. Seine SF-Stories fallen zwar hauptsächlich in die Zeit des Golden Age (1939 – 1946), als die SF in den Magazinen *Unknown* und *Astounding* in Sachen Qualität Hochkonjunktur hatte, doch H. trug dazu nichts Wesentliches bei, auch wenn seine Anhänger heute das Gegenteil behaupten. Er war eher ein mittelmäßiger Autor. Sein bekanntester Roman ist FINAL BLACKOUT (1940), in dem ein Leutnant nach einem erneuten Weltkrieg Diktator von England wird. Obskurer geht es in den Psycho-Fantasies FEAR (*Unknown,* 1940) und TYPEWRITER IN THE SKY (*Unknown,* 1940) zu, während THE KINGSLAYER (1949) oder die Geschichten um Old Doc Methusalem recht konventionelle, wenn nicht gar banale SF darstellen. Andere Stories weisen einen starken Horror-Einschlag auf. 1950 gab H., der sich während der Kriegsjahre nicht geniert hatte, das deutsch klingende Pseudonym Kurt von Rachen zu gebrauchen, die SF auf und konzentrierte sich auf ›Dianetics‹ (später: ›Scientology‹), seine neue Heilslehre. Zunächst wurde *Astounding* zur Diskussionsplattform dieser neuen Therapieform. H.s Artikel ›Dianetics‹ erschien dort im Mai 1950, zog manchen Leser und Autor in den Bann und ließ das Magazin in die Gefilde der Pseudowissenschaften abgleiten. Zu H.s frühesten Jüngern gehörten A. E. van Vogt und Manly Wade Wellman, aber aus dem SF-Lager gab es auch scharfe Kritik an derlei Mummenschanz, namentlich von Arthur Jean Cox. Bald darauf gründete H. seine Scientology-Vereinigung und ließ sie, als er bei den Behörden auf wachsenden Widerstand stieß, als Kirche eintragen. Heute hat die Sekte mehrere Millionen Mitglieder, die ihrem Gründer das ermöglichten, was die Tantiemen von *Astounding, Unknow* & Co. nicht vermochten: ihn steinreich zu machen. Er hinterließ ein Vermögen von 45 Millionen Dollar.

Bibliografie:

Gefangen in Raum und Zeit (RETURN TO TOMORROW), Balve: Zimmermann 1957
Versklavte Seelen (SLAVES OF THE SLEEP), Frankfurt am Main/Berlin/ Wien 1978, U 3517
Kampf um die Erde (BATTLEFIELD EARTH), Dreieich: New Era 1986

Bibliografie/H:

Rebell der Milchstraße (THE KINGSLAYER), UZ 105 (1957)
Die Kämpfer des Lichts (C) (OLE DOC METHUSELAH), T 512 (1967)
Doktor Methusalem (C) (OLE DOC METHUSELAH), TA 135 (1974)

Hubert, Fred (1930 –   )
Geboren in Berlin. H. begann eine Lehre als Chemigraph, betätigte sich nach dem Zweiten Weltkrieg als Kranführer, Maschinenwäscher, Druckereiarbeiter, Heizungsmonteur, Sachbearbeiter und Hausmeister eines Wohnblocks in der DDR. Er ist Musik-Fan und verwaltet ein umfangreiches Tonband- und Schallplattenarchiv. Seine erste SF-Veröffentlichung war *Die Traumfalle* (1974). *Zeitsprung ins Ungewisse* (1975) schildert den Besuch eines Menschen der Zukunft in der Gegenwart.

Bibliografie:

Zeitsprung ins Ungewisse, Berlin/DDR: Neues Leben 1975

Bibliografie/H:

Die Traumfalle, DNA 338 (1974)

Hüfner, Heiner (1940 –   )
DDR-Autor und promovierter Mathematiker.

Bibliografie:

Utopische und phantastische Geschichten (C) (mit Ernst-Otto Luthard), Rudolstadt: Greifen 1981
Juliane und der Synthorg, Rudolstadt: Greifen 1983

Hughes, Monica

Englische Jugendbuchautorin, geboren in Liverpool. Erhielt zahlreiche Preise und wurde für ihr Gesamtwerk mit dem Jugendbuchpreis der kanadischen Schriftstellervereinigung ausgezeichnet.

Bibliografie:

Die Herrscherin von Isis (THE KEEPER OF THE ISIS LIGHT), München: Schneider 1984
Das Rätsel von Isis (THE GUARDIAN OF ISIS), München: Schneider 1984
Wenn das Eis kommt (RING-RISE, RING-SET), Ravensburg: Otto Maier 1985
Der Zauberer von Isis (THE ISIS PEDLAR), München: Schneider 1985
Hinter dem Dunklen Fluß (BEYOND THE DARK RIVER), Ravensburg: Otto Maier 1986

Hughes, Ted (1930 –)

Geboren in Mytholmroyd, England. Studium in Cambridge. Ein bekannter Lyriker der sechziger Jahre, der hin und wieder auch Kinder- und Jugendliteratur verfaßt.

Bibliografie:

Der Eisenmann (THE IRON MAN), Bayreuth: Loewes 1969

Hughes, Zach (1928 –)

Wirklicher Name: Hugh Zachary. Der in Holdenville, Oklahoma geborene Autor wurde in den sechziger Jahren unter den Pseudonymen Marcus van Heller und Peter Kanto als Verfasser einer Flut pornographischer Romane bekannt, die gelegentlich auch SF-Elemente enthielten. 1972 wechselte er ins SF-Lager über, wo er mit THE BOOK OF RACK THE HEALER in *Galaxy* debütierte. H.s SF-Romane beschäftigen sich gelegentlich mit der Umweltproblematik, doch ob er ein Zugewinn für die Szene ist, bleibt noch abzuwarten.

Bibliografie:

Die rote Flut (TIDE), München 1977, G 0239
Mücken gibt es überall (THE ST. FRANCIS EFFECT), München 1979, G 23292
Unter Millionen von katalogisierten Gestirnen gab es eine kleine gelbe Sonne mit einer Schar von Planeten (SEED OF THE GODS), München 1979, G 23306
Die Legende von Miaree (THE LEGEND OF MIAREE), München 1982, G 23396

Als Peter Kanto:

Das große Sexspiel (UNNATURAL URGES), Darmstadt: Olympia Press 1970
Sexplanet (WORLD WHERE SEX WAS BORN), Darmstadt/Frankfurt am Main: Olympia Press 1971

Hull, E(dna) Mayne (1905–1975)

Tochter eines kanadischen Journalisten, geboren in Brandon, Manitoba. 1939 heiratete sie A. E. van Vogt, mit dem sie gelegentlich auch zusammenarbeitete. Ihr bekanntestes Werk ist eine Serie galaktischer Intrigengeschichten um den Geschäftsmann Arthur Blord, die ab 1943 in *Astounding* lief und (bis auf die erste Folge) zu dem Roman PLANETS FOR SALE (1954) zusammengefaßt wurde. Aus H.s Zusammenarbeit mit van Vogt ging der Roman THE WINGED MEN (1944) hervor: Darin wird ein U-Boot Millionen Jahre in die Zukunft geschleudert und in einen Konflikt zwischen Vogel- und Fischmenschen hineingezogen. Auch die in OUT OF THE UNKNOWN (1948) gesammelten Erzählungen hatten van Vogt als Ko-Autor.

Bibliografie:

Im Reich der Vogelmenschen (THE WINGED MEN) (mit A. E. van Vogt), München 1967, TTB 121
Planeten zu verkaufen (PLANETS FOR SALE) (mit A. E. van Vogt) (als A. E. van Vogt), Bergisch Gladbach 1984, B 21178

Hundeiker, Egon

Bibliografie:
Alumnit, Berlin: Schlieffen 1934

Hunt, Gill

Ein Verlagspseudonym, das in diesem Fall E. C. Tubb (siehe dort) gehört.

Bibliografie/H:
Ein Mann zwischen drei Welten (PLANET FALL), T 50 (1959)

Hunt, Wray

Bibliografie:
In den Tiefen des Ozeans (GALLEONS DOOM DEEP), Wien/Heidelberg: Ueberreuter 1952

Hunter, George W. (Pseudonym)

Bibliografie/H:

Kampf um die U-Strahlen, Ur 11 (1957)

Hurd, Douglas (Richard) (1930 –   )
Geboren in Marlborough, England. Besuchte das Trinity College in Cambridge (B. A. 1952) und war bis 1966 im diplomatischen Dienst tätig; seither Parlamentsabgeordneter.

Bibliografie:

Bericht über den Versuch, den englischen König zu ermorden (SEND HIM VICTORIOUS), Hamburg/Düsseldorf: Marion von Schröder 1970

Hutten, Hans

Bibliografie:

Der Arzt der Welt, Leipzig: Grethlein 1931

Hüttner, Hannes (1932 –   )
Geboren in Zwickau. Journalist, Soziologe und Autor.

Bibliografie:

Grüne Tropfen für den Täter, Berlin/DDR: Neues Leben 1985

Huxley, Aldous (Leonard)
(1894 – 1963)
Geboren in Goldalming, England. H., der jüngere Bruder des Biologen und Nobelpreisträgers Julian Huxley, wurde in Eton erzogen, mußte das Internat aber vorzeitig verlassen, da ihm eine Augenkrankheit zu schaffen machte, die ihn zeitlebens mit Blindheit bedrohte. Später setzte er seine Ausbildung fort. Er studierte in Oxford und machte sich als Journalist, der rasch durch sarkastische und stilistisch glänzende Beiträge auffiel, einen Namen. H. hielt sich lange in Frankreich und Italien auf. 1937 ließ er sich in den USA nieder, wo er den Rest seines Lebens verbrachte. Weltberühmt wurde er durch seine Anti-Utopie BRAVE NEW WORLD (1932), die er als Reaktion auf H. G. Wells' MEN LIKE GODS (1923) verstanden wissen wollte.

Er kritisiert darin die moderne Zivilisation mit ihrem technischen Fortschrittsglauben, indem er einen Alptraum aus sinnentleerter Technik, genormtem Leben und Manipulation als Zukunftswelt entwirft. Dagegen stellt er den ›Wilden‹ aus dem Reservat, der von all den Segnungen nichts wissen will und das ›Recht auf Unglück‹ fordert – ein bewußter kleinbürgerlicher Angriff auf großbürgerlichen Kapitalismus und sozialistische Utopie zugleich. Dieser Roman wurde neben Orwells NINETEEN EIGHTY-FOUR die meistgelesene und einflußreichste Anti-Utopie der westlichen Welt. Weitere Romane H.s mit SF-Bezug sind APE AND ESSENCE (1948), über eine neue, dekadente Gesellschaft, die sich nach dem Atomkrieg herausgebildet hat, mittelalterlich geprägt ist und unter kirchlicher Herrschaft steht; AFTER MANY A SUMMER DIES THE SWAN (1939), wo sich am Beispiel eines per Lebenselixier zweihundert Jahre alt gewordenen britischen Aristokraten, der sich zu einem Affen entwickelt hat, herausstellt, daß der Mensch Gott und Natur respektieren sollte, während die Zivilisation ›böse‹ ist; und ISLAND (1962) – paradoxerweise eine Utopie, die dem Kapitalismus eine an den Buddhismus angelehnte Philosophie der Liebe entgegenstellt. Für AFTER MANY A SUMMER... erhielt H. den James Tait-Black Memorial Award. Er schrieb außerdem noch andere bedeutende Romane und Essays.

Bibliografie:

Welt – wohin? (BRAVE NEW WORLD), Leipzig: Insel 1932 (auch: Wakkere neue Welt/Schöne neue Welt)
Affe und Wesen (APE AND ESSENCE), Zürich: Steinberg 1950
Zeit muß enden (TIME MUST HAVE A STOP), Zürich: Steinberg 1950
Nach vielen Sommern (AFTER MANY A SUMMER DIES THE SWAN), Frankfurt am Main: S. Fischer 1959
Eiland (ISLAND), München: Piper 1973

Hyams, Edward (Solomon) (1910–1975)
Geboren in London. Studierte in London und Lausanne. Schriftsteller und Übersetzer.

Bibliografie:
Weltraum ohne Tränen (SYLVESTER), Zürich: Die Arche 1954

Hyan, Hans (1868–1944)
Bibliografie:
Die Flugmaschine, Berlin: H. Hilger 1901

Iggensen, Igor Siehe Rasch, Carlos

Illing, Werner (1895 – 1979)

Geboren in Chemnitz, als Luftwaffenfunker Teilnehmer am Ersten Weltkrieg. I. brach ein vor dem Krieg begonnenes Medizin- und Germanistikstudium ab, um nach dem Tod seines Vaters die Leitung der elterlichen Fabrik zu übernehmen. Sein erstes Buch (1921) war ein Gedichtband; sein erster Roman die sozialistische Utopie *Utopolis* (1930), einer der besten, doch auch unbekanntesten SF-Romane aus dieser Zeit. I. war Mitarbeiter der *Vossischen Zeitung* und wurde von einer dem SPD-Parteiorgan *Vorwärts* angeschlossenen Buchgemeinschaft angeregt, eine sozialistische Zukunftsvision zu schreiben. UTOPOLIS ist die Geschichte zweier Seeleute, die vor der Küste der freien Arbeitergenossenschaft Utopien stranden und in die Ereignisse um einen – scheiternden – Putschversuch der in Utopien entmachteten Kapitalisten und Militärs hineingezogen werden. Das Ganze ist eine Satire auf reale Personen und Konflikte in der Weimarer Zeit. Das vor allem von linken Parteigenossen viel und gern gelesene Buch brachte dem Autor nach der Machtergreifung durch die Nazis 1935 eine Vorladung zu einem Gestapo-Verhör ein. Man beließ es jedoch bei einer Verwarnung, da I. sich inzwischen als Redakteur des Deuschlandsenders unverdächtiger Unterhaltungsliteratur widmete. Nach dem Krieg schrieb er noch mehrere andere Romane, Erzählungen und Fernsehspiele, die jedoch mit SF nichts zu tun haben. Ein kommerzieller Reinfall war der Film ›Der Herr vom anderen Stern‹, 1948 von Heinz Rühmann produziert, zu dem I. das Drehbuch schrieb.

Bibliografie:

Utopolis, Berlin: Bücherkreis 1930
Der blaue Stern (C), Berlin: Ullstein 1931
Das Spiel der Könige (C), Berlin: Wedding 1949

Inführ, Heinrich

Pseudonym für Rudolf Lämmle.

Bibliografie:
Alis – die neue deutsche Kolonie, Friedeberg: Iser 1924

Inkiow, Dimiter (1932–)

Geboren in Haskowo, Bulgarien; lebt in München. Regisseur, Jugendbuchautor und Mitglied des deutschen PEN. Pseudonym: Dimiter Janakieff.

Bibliografie:
Transi Schraubenzieher, München: Bertelsmann 1975
Transi hat 'ne Schraube locker, München: Bertelsmann 1976
Planet der kleinen Menschen, München: Schneider 1978
Der Club der Unsterblichen, München: Schneider 1978
Das Geheimnis der Gedankenleser, München: Schneider 1979

Als Dimiter Janakieff:
Sprung über die Jahrhunderte, Berlin/DDR: Sport und Technik 1958

Inna, T.

Bibliografie/H:
Atomspion XB, Frankfurt am Main: Verleger-Union 1950

Intrus (1851 – ?)

Pseudonym für Paul Oswald Koehler.

Bibliografie:
Passyrion über Deutschland, Rostock: Volckmann 1905

Iovita, Vlad

Bibliografie:
Kadersorgen im Paradies (SE KAUTE UN PAZNIK), Berlin/DDR: Volk und Welt 1968

Iskander, Fasil (Abdulovic) (1929–)

Geboren in Suchumi, UdSSR. Journalist und Zeitungsredakteur, Verfasser zahlreicher Gedichte und Satiren.

Bibliografie:
Das Sternbild des Ziegentur (SOZVEZDIE KOZLOTURA), Berlin/DDR: Volk und Welt 1968

Iwanow, Valentin (Dmitrievic)
Sowjetischer Autor.

Bibliografie:

Duell im Weltenraum (ENERGIJA PODVLASTMA NAM), Berlin/DDR: Kultur und Fortschritt 1955

Iwoleit, Michael K. (1962–)
Geboren in Düsseldorf. Abitur und Abschluß als staatlich geprüfter biologisch-technischer Assistent 1982. Studium der Philosophie, Germanistik und Sozialwissenschaften in Düsseldorf. I. hat mehrere SF-Erzählungen publiziert, die in Aufbau und Stil seinen literarischen Vorbildern (J. G. Ballard, Philip K. Dick) nachempfunden sind. Sein Romanerstling *Rubikon* (1984) ist eine Art Hommage an Stanislaw Lem. I. ist in letzter Zeit mit verschiedenen Artikeln als Kritiker vor allem deutscher SF-Autoren und ihrer Werke hervorgetreten.

Bibliografie:

Rubikon, Frankfurt am Main/Berlin/Wien 1984, U 31091

Jaques, Norbert (1880 – 1954)

Bibliografie:
Ingenieur Mars, München: Drei Masken 1923

Jadom, Victor
Pseudonym eines österreichischen Autors.

Bibliografie/H:
Kontrakte vom Xorul, T 319 (1964)

Jägersberg, Otto (1942 –   )
Geboren in Hiltrup/Westfalen. Tätigkeit als Buchhändler in Berlin, Zürich, München und als Redakteur in Köln. Mitglied des deutschen PEN.

Bibliografie:
Seniorenschweiz, Zürich: Diogenes 1976

Jahn, Michael

Bibliografie:
Der Atombomben-Coup (WINE, WOMEN AND WARS), Bergisch Gladbach 1978, B 23001
Unheimliche Begegnung (THE RESCUE OF THE ATHENA ONE), Bergisch Gladbach 1978, B 23004
Duell der Giganten (THE SECRET OF BIG FOOT PASS), Bergisch Gladbach 1978, B 23005
Verschwörung gegen die USA (INTERNATIONAL INCIDENTS), Bergisch Gladbach 1979, B 23006

Jakes, John (William) (1932 –   )
Geboren in Chicago. J. arbeitete als Englischlehrer und verlor seine Stellung, als seine Vorgesetzten herausfanden, in welchen ›literarischen Niederungen‹ er sich herumtrieb. Er veröffentlichte 1950 seine erste Story im *Magazine of Fantasy & Science Fiction,* doch in-

zwischen ist er mit mehr als 200 Erzählungen und über 60 Romanen zu einem Viel- und Bestseller-Schreiber geworden, der in allen erdenklichen Genres zu Hause ist. Auch Magazine wie *Playboy* schätzen J.s Werk, und in der Fantasy ist er weit bekannter als in den Gefilden der SF. Sein eher schmales SF-Werk ist weniger aufregend als seine historischen Romane, die so richtig nach dem Herzen jedes aufrechten ›Dallas‹-Fans sind. Lediglich ON WHEELS (1973) wartet mit einem originellen Hintergrund auf: der Roman schildert eine vollmotorisierte amerikanische Kultur, in der es niemand mehr wagt, sein Auto zu verlassen.

Bibliografie:

Im Banne des Feuervogels (ON WHEELS), Bergisch Gladbach 1976, B 21076
Aufstand der Affen (CONQUEST OF THE PLANET OF THE APES), München 1977, TTB 283
Keine Rettung für den Mars (THE ASYLUM WORLD), Bergisch Gladbach 1979, B 21117

Bibliografie/H:

Der Halbmensch (THE HYBRID), TN 161 (1971)
Das Tor zur anderen Zeit (TIME GATE), TA 187 (1975)

Jakobs, Karl-Heinz (1929 –   )
Geboren in Kiauken/Ostpreußen. Lebt in der DDR. Verfasser von Lyrik, Romanen, Erzählungen, Fernsehspielen, Hörspielen, Essays und Dramen.

Bibliografie:

Fata Morgana (C), Berlin/DDR: Neues Leben 1977

Jakubowski, Maxim (1944 –   )
Geboren als Sohn französischer Eltern in England. M. hat einige experimentelle Erzählungen publiziert, schreibt sowohl in Englisch als auch in Französisch und betätigt sich vorrangig als literarischer Agent und Anthologist.

Bibliografie:

(Hrsg.) *Quasar 2* (TWENTY HOUSES OF THE ZODIAC), Bergisch Gladbach 1980, B 22019
(Hrsg.) *Phantasien aus Niemandsland* (LANDS OF NEVER), Stuttgart: Klett-Cotta 1985

Janakieff, Dimiter Siehe Inkiow, Dimiter

Janifer, Laurence M(ark) (1933 –   )
Geboren in Brooklyn, New York. Besuchte das New Yorker City College, betätigte sich als Literaturagent, Redakteur, Komponist, Musiker und Theaterproduzent. Neben eigenen Stories und Romanen verfaßte er in Zusammenarbeit mit Randall Garrett diverse Psi-Abenteuer unter dem Gemeinschaftspseudonym Mark Phillips.

Bibliografie:

Als Mark Phillips:

Die Lady mit dem 6. Sinn (BRAIN TWISTER) (mit Randall Garrett), Frankfurt am Main/Berlin/Wien 1974, U 3073
Kampf gegen die Unsichtbaren (THE IMPOSSIBLES) (mit Randall Garrett), Frankfurt am Main/Berlin/Wien 1975, U 3119

Janke, Jutta

Bibliografie:

(Hrsg.) *Der redende Goldstaub,* Berlin/DDR: Volk und Welt 1984

Jankowiak, Johannes

Bibliografie:

(Hrsg.) *Galaxisspatzen,* Berlin/DDR: Das Neue Berlin 1975

Jannausch, Doris (1925 –   )
Pseudonym für Dorothea Maria Schmidt, geboren in Teplitz-Schönau. Autorin von Jugendbüchern, Hörspielen und Kindermusicals.

Bibliografie:

Rixi vom Regulus, Bayreuth: Loewes 1973
Rixi – bitte kommen!, Bayreuth: Loewes 1974

Janson, R.

Bibliografie:

Menschen aus Agarta, Frankfurt am Main: Die Dreizehn 1956

Janus, Marco (1922 – 1978)
Pseudonym für Horst Zahlten, geboren in Görlitz. Der bekannte deutsche Hörspielautor publizierte während der fünfziger Jahre

einige SF-Romane, die dem Genre zwar keine neuen Impulse gaben, als Routinearbeiten jedoch bestehen können.

Bibliografie:
Der Kosmos ruft, Düsseldorf: Möhring 1958
Gangster im All, Düsseldorf: Möhring 1959
Stern der Väter, Düsseldorf: Möhring 1959
Höhere Gewalt, Düsseldorf: Möhring 1959

Als Horst Zahlten:
Ultimatum vom Himmel, Bayreuth: Heros o. J.
Rückfahrkarte in die Zukunft, Stuttgart: Thienemann 1976

Bibliografie/H:
Start ins Grauen, UZ 219 (1960)

Jaritz, Kurt

Bibliografie:
(Hrsg.) *Utopischer Mond,* Graz: Stiasny 1965

Jarl, Uwe

Bibliografie:
Die Marsbrücke, Berlin: Monopol 1921

Javor, F(rank) A.

US-Autor, dessen erste Story, ›Patriot‹, 1963 in *Analog* erschien.

Bibliografie/H:
Das Vermächtnis der Randwelten (THE RIM-WORLD LEGACY), TA 171 (1974)

Jeffers, Axel (1917–)

Pseudonym für Hans Peter Weißfeld, geboren in Hilden/Rheinland. J. gehörte in den frühen fünfziger Jahren zu den bekanntesten Leihbuch-Autoren und war später als Redakteur tätig. Er hat über 500 Bücher und Romanhefte produziert, die unter Pseudonymen wie Georg Altlechner, Ludwig Starnberger, Peter Gamsler, Sebastian Martini, Sepp Ferngruber, John Jersey, Freddy Koweit, Rita Moll und Käthe Lambrecht erschienen.

Bibliografie:

Die Kugeln mit der blauen Flamme, Balve: Zimmermann 1953
Der Mondsatrap, Balve: Zimmermann 1953
Die Sternenspinne, Balve: Zimmermann 1953
Die Sternvagabunden, Balve: Zimmermann 1953
Kaiser Titanios, Balve: Zimmermann 1953
Die Äpfel der Hesperiden, Balve: Zimmermann 1953
Der stählerne Nebel, Balve: Zimmermann 1953
Wo die Sterne enden, Balve: Zimmermann 1954
Der Fakir und die Tigerin, Balve: Zimmermann 1954
Die Karawane des letzten Kalifen, Balve: Zimmermann 1954
Lemuria, Balve: Zimmermann 1955
Raumschiff Wega, Balve: Zimmermann 1956

Jefferies, (John) Richard (1848–1887)

Geboren bei Swindon, North Wiltshire, England, als Sohn eines Farmers. Begann im Alter von achtzehn Jahren für Londoner Zeitungen
zu schreiben und wurde von William Morris gefördert. WOOD MAGIC
(1881) war sein erster Fantasy-Roman; AFTER LONDON, OR WILD ENG-
LAND (1885) ist ein Werk über den Zusammenbruch Englands aufgrund von Umweltverschmutzung.

Bibliografie:

Der Wald kehrt zurück (AFTER LONDON, OR WILD ENGLAND), Bergisch
Gladbach 1983, PhBL 72026

Jefremow, Iwan (Antonowitsch) (1907–1972)

Sowjetischer Wissenschaftler und
Schriftsteller, Geburtsort unbekannt.
Studierte ab 1924 Biologie an der
Universität Leningrad. Anschließend
Tätigkeit als Laborant und Fernstu-
dent des Bergbauinstituts. J. reiste mit
mehreren geologischen und paläon-
tologischen Expeditionen durch die
Sowjetunion und erhielt für seine
wissenschaftlichen Arbeiten den Staatspreis der UdSSR. Seine letzte
Position war die eines Professors für Paläontologie. 1944 wandte er
sich mit dem Erzählungsband VSTREČA NAD TUSKAROROJ der SF zu.

Viele seiner frühen Erzählungen beschäftigen sich mit prähistorischen Themen, doch sein Roman TUMANNOST' ANDROMEDY (1957) machte ihn weltberühmt. Fortsetzungen dazu sind ČAS BYKA (1968) und LEZWIJE BRITWY (1963). TUMMANOST' ANDROMEDY wurde auch verfilmt. Im Mittelpunkt von J.s Werk steht der Versuch, den Menschen in einer kommunistischen Zukunft darzustellen, wobei der Autor die These vertritt, andere raumfahrende Zivilisationen müßten Freunde des Menschen sein, da technisch-wissenschaftlicher Fortschritt ohne ethische Weiterentwicklung nicht denkbar sei. So griff er Murray Leinsters von übertriebener Vorsicht und gegenseitigem Mißtrauen geprägte Story ›First Contact‹ an und schrieb als Antwort darauf SERDCE ZMEI (1959), eine Erzählung über einen friedlichen Erstkontakt zwischen Menschen und Extraterrestriern. J. war unter den sowjetischen SF-Autoren derjenige, der am meisten der philosophisch orientierten traditionellen Utopie verpflichtet blieb.

Bibliografie:

Der Tod in der Wüste (C) (OLGOJ-CHORCHOJ), Berlin/DDR: Neues Leben 1953
Das Land aus dem Meeresschaum (PUTEŠESTVIJA BAURDŽEDA), Moskau: Verlag für fremdsprachige Literatur 1961
Das Mädchen aus dem All (TUMANNOST' ANDROMEDY), Berlin/DDR: Kultur und Fortschritt 1967 (auch: *Andromeda-Nebel*)

Bibliografie/H:

Der Schatten der Vergangenheit (TEN MINUVŽEGO), Berlin/DDR: SWA 1946
Das Observatorium von Nur-I-Descht/Tod in der Wüste (C) (OBSERVATORIJA NUR-I-DES-CAT), Berlin/DDR: Kultur und Fortschritt 1951
Das weiße Horn/Am See der Berggeister (BELYJROG/OZERO GORNYCH DUCHOW), Berlin/DDR: Kultur und Fortschritt 1952
Atoll Fakaofu (ATOLL FAKAOFU), KJ 14 (1956)
Das letzte Marssegel (POSLEDNIJ MARSEL), KJ 14 (1956)
Das Herz der Schlange (SERDCE ZMEI), DNA 174/175 (1960)
Begegnung im All, Meridian 18 (1969)

Jemzew, Michail (1930 –   )

Geboren in Cherson, UdSSR. Studium der Feinchemie am Moskauer Institut für Technologie, anschließend Tätigkeit am Institut für brennbare Bodenschätze der Akademie der Wissenschaften. J. publizierte seit 1961 neben einem populärwissenschaftlichen Sachbuch zusammen mit Jeremej Parnow zahlreiche SF-Stories, die später zu Collections zusammengefaßt wurden. Ein noch nicht übersetzter SF-Roman aus seiner Feder (ebenfalls mit J. P.) ist POSLEDNEE PUTESESTVIE POLKOVNIKA FOSETTA (1965).

Bibliografie/H:

Die letzte Tür (POZLEDNJAJA DVER') (mit Jeremej Parnow), KJ 11 (1965)
Die Gleichung des bleichen Neptun (URAVNENIE S BLEDNOGO NEPTUNA) (mit Jeremej Parnow), *Junge Welt,* 28. 12. 1966 – 13. 1. 1967
Kongomato (KONGOMATO) (mit Jeremej Parnow), DNA 318 (1973)

Jenkins, Will(iam) F(itzgerald) Siehe Leinster, Murray

Jens, Walter (1923 –)
Geboren in Hamburg. J. besuchte von 1933 – 1941 die Gelehrtenschule des Johanneums und studierte klassische Philologie und Germanistik in Hamburg. 1944 Promotion in Freiburg, 1949 Habilitation in Tübingen. Inhaber eines Lehrstuhls für klassische Philologie und Rhetorik an der Universität Tübingen. Sein Roman *Nein. Die Welt der Angeklagten,* kurz nach dem Zweiten Weltkrieg entstanden, ist wie *Die Stadt hinter dem Strom* von Hermann Kasack ein zeittypischer und wichtiger Beitrag zur deutschen Nachkriegs-SF von hohem literarischen Rang.

Bibliografie:

Nein. Die Welt der Angeklagten, Hamburg/Leipzig/Stuttgart: Rowohlt 1950

Jensko, Ewald

Bibliografie:

Station Nordpol, Berlin: Neues Werden 1947

Jeppson, Janet O(pal) (1926 –)
Geboren in Ashland, Pennsylvania. Studium der Medizin und Psychiatrie an der New York University. Verheiratet mit Isaac Asimov.

Bibliografie:

Der letzte Unsterbliche (THE LAST IMMORTAL), München 1983, G 23430

Jersild, Per Christian (1935 –   )

Geboren in Katrineholm, Schweden. J. studierte Medizin und ist in Stockholm beim Staatlichen Personalamt tätig. DJURDOKTORN (1975) ist eine nur wenige Jahre in die Zukunft verlegte Anti-Utopie, in der an einer ›zu humanen‹ Tierärztin eine ›Verhaltenskorrektur‹ vorgenommen wird, um sie zu effizienterem Handeln zu veranlassen.

Bibliografie:

Die Tierärztin (DJURDOKTORN), Frankfurt am Main: Röderberg 1975

Jeschke, Wolfgang (1936 – ˅   )

Geboren in Tetschen (Děčin), ČSR. J. wuchs in Asperg bei Ludwigsburg/ Württemberg auf, absolvierte nach der mittleren Reife 1953 – 1956 eine Werkzeugmacherlehre und war im Maschinenbau tätig. 1959 Abitur, danach Studium der Germanistik, Anglistik und Philosophie an der Universität München. Zugleich Praktikum in der C. H. Beck'schen Verlagsbuchhandlung. Ab 1969 Redaktionsassistent, dann Redakteur an *Kindlers Literatur-Lexikon*, von 1971 – 1979 verantwortlicher Redakteur der biographischen Enzyklopädie *Die Großen der Weltgeschichte*, 1969 – 1971 Herausgeber der Reihe ›Science Fiction für Kenner‹ im Lichtenberg Verlag. Ab 1973 Mitherausgeber der Taschenbuchreihe ›Heyne SF‹, seit 1977 alleiniger Herausgeber und Lektor der Reihe. Seit 1970 gibt er regelmäßig Anthologien heraus. Eigene Arbeiten entstanden seit 1955, vor allem SF-Erzählungen, die in Zeitschriften und Anthologien erschienen und zum Teil ins Englische, Französische, Spanische, Niederländische, Japanische und Polnische übersetzt, in der DDR publiziert sowie für den Rundfunk bearbeitet wurden. Sein erster Roman, *Der letzte Tag der Schöpfung* (1981), der sich wie die meisten seiner Erzählungen mit der Zeitreise befaßt und in dem die Amerikaner versuchen, sich durch eine militärische Operation 5 Millionen Jahre in der Vergangenheit die arabischen Ölquellen zu sichern – um damit unversehens unsere Gegenwart zu zerstören. Für *Der letzte Tag der Schöpfung* erhielt J. den

Kurd-Laßwitz-Preis, ebenso für seine Erzählungen ›Dokumente über den Zustand des Landes vor der Verheerung‹ (1981), ›Osiris Land‹ (1982) und ›Nekyomanteion‹ (1985) und für seine Verdienste um die Förderung deutschsprachiger SF. J. ist auch als Hörspielautor hervorgetreten: ›Der König und der Puppenmacher‹ (1976), ›Sibyllen im Herkules oder Instant Biester‹ (1986) und ›Jona im Feuerofen‹ (1988). J. hat an die 100 Anthologien herausgegeben, viele davon mit den besten SF-Stories aus aller Welt. Für seine Verdienste um die internationale Science Fiction wurde er von World SF 1987 mit dem Harrison Award geehrt.

Bibliografie:

Der Zeiter, München: Lichtenberg 1970 (erweitert: München 1978, H 3328)

(Hrsg.) *Planetoidenfänger,* München: Lichtenberg 1971

(Hrsg.) *Die sechs Finger der Zeit,* München: Lichtenberg 1971

(Hrsg.) *SF Story Reader 1,* München 1974, H 3374

(Hrsg.) *SF Story Reader 3,* München 1975, H 3421

(Hrsg.) *SF Story Reader 5,* München 1976, H 3473

(Hrsg.) *Titan 1* (mit Frederik Pohl), München 1976, H 3646

(Hrsg.) *Titan 2* (mit Frederik Pohl), München 1976, H 3507

(Hrsg.) *Titan 3* (mit Frederik Pohl), München 1976, H 3520

(Hrsg.) *SF Story Reader 7,* München 1977, H 3523

(Hrsg.) *Titan 4* (mit Frederik Pohl), München 1977, H 3533

(Hrsg.) *Die große Uhr,* München 1977, H 3541

(Hrsg.) *Titan 5* (mit Frederik Pohl), München 1977, H 3546

(Hrsg.) *Titan 6* (mit Robert Silverberg), München 1978, H 3558

(Hrsg.) *SF Story Reader 9,* München 1978, H 3574

(Hrsg.) *Titan 7* (mit Robert Silverberg), München 1978, H 3579

(Hrsg.) *Im Grenzland der Sonne,* München 1978, H 3592

(Hrsg.) *Titan 8* (mit Ben Bova), München 1978, H 3597

(Hrsg.) *Titan 9* (mit Robert Silverberg), München 1978, H 3614

(Hrsg.) *SF Story Reader 11,* München 1979, H 3627

(Hrsg.) *Titan 10* (mit Ben Bova), München 1979, H 3633

(Hrsg.) *Spinnenmusik,* München 1979, H 3646

(Hrsg.) *Titan 11* (mit Ben Bova), München 1979, H 3651

(Hrsg.) *Titan 12* (mit Ben Bova), München 1979, H 3669

(Hrsg.) *Der Tod des Dr. Island,* München 1979, H 3674

(Hrsg.) *SF Story Reader 13,* München 1980, H 3685

(Hrsg.) *Titan 13* (mit Ben Bova), München 1980, H 3691

(Hrsg.) *Eine Lokomotive für den Zaren,* München 1980, H 3725

(Hrsg.) *Heyne SF Jahresband 1980,* München 1980, H 3729

(Hrsg.) *Titan 14* (mit Ben Bova), München 1980, H 3734

(Hrsg.) *SF Story Reader 14,* München 1980, H 3737

(Hrsg.) *Aufbruch in die Galaxis,* München: Lentz 1980

Der letzte Tag der Schöpfung, München: Nymphenburger 1981

(Hrsg.) *SF Story Reader 15,* München 1981, H 3780

(Hrsg.) *Titan 15* (mit Robert Silverberg), München 1980, H 3787

(Hrsg.) *Heyne SF Jahresband 1981,* München 1981, H 3790

(Hrsg.) *Feinde des Systems,* München 1981, H 3805

(Hrsg.) *SF Story Reader 16,* München 1981, H 3818

(Hrsg.) *Titan 16* (mit Ben Bova), München 1981, H 3827

(Hrsg.) *Titan 17* (mit Ronald M. Hahn), München 1981, H 3847

(Hrsg.) *Heyne Science Fiction Magazin 1,* München 1981, H 3848

(Hrsg.) *SF Story Reader 17,* München 1982, H 3860

(Hrsg.) *Heyne Science Fiction Magazin 2,* München 1982, H 3869

(Hrsg.) *Heyne SF Jahresband 1982,* München 1982, H 3870

(Hrsg.) *SF Story Reader 18,* München 1982, H 3897

(Hrsg.) *Titan 18* (mit Brian W. Aldiss), München 1982, H 3920

(Hrsg.) *Titan 19* (mit Brian W. Aldiss), München 1983, H 3949

(Hrsg.) *Heyne SF Jahresband 1983,* München 1983, H 3962

(Hrsg.) *Arcane* (mit Helmut Wenske), München 1982, H 3970

(Hrsg.) *Heyne Science Fiction Magazin 3,* München 1982,
H 3888

(Hrsg.) *Heyne Science Fiction Magazin 4,* München 1982,
H 3908

(Hrsg.) *Heyne Science Fiction Magazin 5,* München 1982,
H 3935

(Hrsg.) *SF Story Reader 19,* München 1983, H 3944

(Hrsg.) *Heyne Science Fiction Magazin 6,* München 1983, H 3954

(Hrsg.) *Heyne Science Fiction Magazin 7,* München 1983,
H 3989

(Hrsg.) *Titan 20* (mit Brian W. Aldiss), München 1983, H 3991

(Hrsg.) *SF Story Reader 20,* München 1983, H 3995

(Hrsg.) *Heyne Science Fiction Magazin 8,* München 1983,
H 4019

(Hrsg.) *Titan 21* (mit Brian W. Aldiss), München 1983, H 4036

(Hrsg.) *Heyne Science Fiction Magazin 9,* München 1984,
H 4015

(Hrsg.) *Heyne Science Fiction Magazin 10,* München 1984,
H 4085

(Hrsg.) *Titan 22* (mit Brian W. Aldiss), München 1983, H 4118

(Hrsg.) *SF Story Reader 21,* München 1984, H 4041
(Hrsg.) *Die Gebeine des Bertrand Russell,* München 1984, H 4057
(Hrsg.) *Heyne SF Jahresband 1984,* München 1984, H 4060
(Hrsg.) *Heyne Science Fiction Magazin 11,* München 1984, H 4124
(Hrsg.) *Chroniken der Zukunft 1,* München 1984, H 1001
(Hrsg.) *Chroniken der Zukunft 2,* München 1984, H 1002
(Hrsg.) *Chroniken der Zukunft 3,* München 1984, H 1003
(Hrsg.) *Das Gewand der Nessa,* München 1984, H 4097
(Hrsg.) *Das digitale Dachau,* München 1984, H 4161
(Hrsg.) *Die Fußangeln der Zeit* (mit Karl Michael Armer), München 1984, HSFB 28
(Hrsg.) *Welten der Zukunft 4,* München 1985, H 1004
(Hrsg.) *Welten der Zukunft 5,* München 1985, H 1005
(Hrsg.) *Welten der Zukunft 6,* München 1985, H 1006
(Hrsg.) *Welten der Zukunft 7,* München 1985, H 1007
(Hrsg.) *Welten der Zukunft 8,* München 1985, H 1008
(Hrsg.) *Welten der Zukunft 9,* München 1985, H 1009
(Hrsg.) *Heyne Science Fiction Magazin 12,* München 1985, H 4167
(Hrsg.) *Titan 23* (mit Brian W. Aldiss), München 1985, H 4171
(Hrsg.) *Venice 2,* München 1985, H 4199
(Hrsg.) *Heyne SF Jahresband 1985,* München 1985, H 4183
(Hrsg.) *Zielzeit* (mit Karl Michael Armer), München 1985, HSFB 29
(Hrsg.) *Science Fiction Jubiläumsband – Das Lesebuch,* München 1985, H 4000
(Hrsg.) *Science Fiction Jubiläumsband – Das Programm,* München 1985, H 4100
(Hrsg.) *Welten der Zukunft 10,* München 1986, H 1010
(Hrsg.) *Welten der Zukunft 11,* München 1986, H 1011
(Hrsg.) *Welten der Zukunft 12,* München 1986, H 1012
(Hrsg.) *Entropie,* München 1986, H 4255
(Hrsg.) *Langsame Apokalypse,* München 1986, H 4325
(Hrsg.) *Das Science Fiction Jahr 1986,* München 1986, H 4260
(Hrsg.) *Heyne SF Jahresband 1986,* München 1986, H 4262
Osiris Land, Düsseldorf: Fantasy Productions 1986
(Hrsg.) *Das Science Fiction Jahr 1987,* München 1987, H 4371
(Hrsg.) *Schöne nackte Welt,* München 1987, H 4380
(Hrsg.) *Heyne SF Jahresband 1987,* München 1987, H 4385
(Hrsg.) *L wie Liquidator,* München 1987, H 4410
(Hrsg.) *Das Science Fiction Jahr 1988,* München 1988, H 4464
(Hrsg.) *Second Hand Planet,* München 1988, H 4470

Jeury, Michel (1934–)

J. arbeitete als Angestellter der britischen Handelskammer in Frankreich, später als Krankenpfleger, und legte 1958 unter dem Pseudonym Albert Higon einen ersten SF-Roman vor. 1960 tauchte er als Kurzgeschichten-Autor im Magazin *Fiction* auf, publizierte im gleichen Jahr mit AUX ETOILES DU DESTIN einen weiteren Roman und zog sich aus der Szene zurück. Erst 1973, nach einigen Pseudonym-Veröffentlichungen, gewann er mit dem Roman LE TEMPS INCERTAIN einen Literaturpreis. J. trug stark zu einer Erneuerungsbewegung der französischen SF bei. Wie Gerard Klein und Pierre Pelot gehört auch er zu den politisch engagierten Autoren. Die unter seiner Herausgeberschaft entstandene Anthologie PLANETE SOCIALISTE (1978) behandelt die Auswirkungen des Sozialismus in einer nahen Zukunft. SOLEIL CHAUD, POISSON DES PROFONDEURS (1976) und die Collections SIMULATEUR! SIMULATEUR! (1974) und VERS LA HAUTE TOUR (1974) gehören zu seinen besten Werken.

Bibliografie:

Robert Holzachs chronolytische Reisen (LES TEMPS INCERTAIN), Bergisch Gladbach 1982, B 24027
Die Inseln im Monde (LES ILES DE LA LUNE), München 1985, H 4162

Joffe, Josef

Bibliografie:

Das waren die 80er Jahre (mit Anna von Münchhausen/Michael Naumann), München: Rogner & Bernhard 1980

Johannesson, Olof (1908–)

Pseudonym des schwedischen Nobelpreisträgers (Physik, 1970) Hannes Alfven, geboren in Norrkoeping. Studium der Physik an der Universität Uppsala; seit 1940 als Professor am Technologischen Institut in Stockholm tätig.

Bibliografie:
Saga vom großen Computer (SAGAN UM DEN STORA DATAMASKINEN), Wiesbaden: Limes 1970

Johannsen, Anatol

Bibliografie:
Das Weltraumtorpedo, Düsseldorf: Schwann 1973

John, Philip St. Siehe Del Rey, Lester

Johns, W(illiam) E(arl) (1893 – 1968)
Britischer Autor.

Bibliografie:
Abenteuer im Weltall (KINGS OF SPACE), Bern: Hallwag 1958

Johnson, George Clayton Siehe Nolan, William F.

Jókai, Maurus (Moric) (1825 – 1904)
Geboren in Komárom, Ungarn. J. gehörte zu den fleißigsten Autoren und den dominierendsten Gestalten der ungarischen Literatur des 19. Jahrhunderts. Er hat über hundert Bücher verfaßt, die oft phantastischen Gehalt aufweisen, heute jedoch fast völlig vergessen sind.

Bibliografie:
Der Roman des künftigen Jahrhunderts (A JÖVO SZAZAD REGENYE), Preßburg/Leipzig: Stampfel 1879 (4 Bde.) (auch: *Der Prophet des Weltenbrandes*)
Oceanien (OCEANIEN), Berlin: Janke 1884
Ein entgleister Stern (o. O. T.), Leipzig: Friese 1895
Zwanzigtausend Jahre unter dem Eise (o. O. T.), Berlin: Janke 1914
Reise in die Vergangenheit (EGESZ AZ ESZAKI POLUSIG), Zürich: Schweizer Druck- und Verlagshaus 1957

Joly, Cyril
Englischer Offizier und Autor.

Bibliografie:
Operation Stille Nacht (SILENT NIGHT), München: Meyster 1981

Jones, D(ennis) F(eltham) (ca. 1915–1981)
Britischer Autor, Marineoffizier und Geologe. COLOSSUS (1966), sein erster Roman, war sofort ein Erfolg und wurde 1970 von Joseph Sargent verfilmt: Die beiden größten Denkmaschinen der USA und der UdSSR schließen sich zu einem Supercomputer zusammen, der die Welt gegen den Willen der Menschen regiert. Der Filmerfolg führte mit THE FALL OF COLOSSUS (1974) und COLOSSUS AND THE CRAB (1977) zu zwei Romanfortsetzungen. In IMPLOSION (1967) hat eine Droge die Frauen Großbritanniens unfruchtbar gemacht, was das Land mit einem starken Geburtenrückgang bedroht. Die Bedrohung der Menschheit gehört zu J.' Lieblingsthemen. Auch in seinen Kurzgeschichten spiegelt sich die Katastrophenthematik des öfteren wider.

Bibliografie:

Colossus (COLOSSUS), München 1968, GWTB 094
Implosion (IMPLOSION), München 1970, GWTB 0116
Laß die Blumen stehen (DON'T PICK THE FLOWERS), München 1973, GWTB 0147
Der Sturz des Colossus (THE FALL OF COLOSSUS), München 1976, GWTB 0214

Jones, Langdon (1942–)
Britischer Autor und Anthologist. J. wurde in der Blütezeit des avantgardistischen Magazins *New Worlds* aktiv und übernahm an der Zeitschrift gleich mehrere Tätigkeitsbereiche. Nebenher betätigte er sich als Fotograf, Lektor, Herausgeber einer Taschenbuchreihe und Manager einer Poster-Firma. J. hat eine Reihe erstklassiger Stories geschrieben, die meist allegorischen Charakter aufweisen. Nach eigener Aussage verdanken seine Texte Kafka mehr als Heinlein. Seine Erzählungen ›The Great Clock‹ (1966), »Symphony No. 6 in C-Minor, ›The Tragic‹ – by Ludwig van Beethoven II« (1968) und ›The Hall of Machines‹ (1968) bestätigen dies. Eine Story-Collection seiner eigenen Werke erschien unter dem Titel THE EYE OF THE LENS (1972); seine Anthologien THE NEW SF (1969) und THE NATURE OF THE CATASTROPHE (1971; Ko-Herausgeber: Michael Moorcock) versammeln beispielhafte Texte prominenter *New-Worlds*-Mitstreiter.

Bibliografie:

(Hrsg.) *Neue Science Fiction* (THE NEW SF), Frankfurt am Main 1973, FO 31/32

Jones, Neil R(onald)
(1909 –   )

Geboren in Fulton, New York. J.' erste SF-Story, ›The Death's Head Meteor‹, erschien 1930 in *Air Wonder Stories* und ist die erste, die das Wort ›Astronaut‹ verwendet. J. wurde vor allem durch langlebige Serien bekannt: Seine 23 Professor-Jameson-Stories begannen 1931 in *Amazing*, liefen bis 1951 u.a. in *Astonishing* und *Super Science*, erschienen 1967 – 1968 gesammelt in fünf Bänden und liegen auch in deutscher Sprache vor. Zwei andere seiner Serien sind ›Tales of the 24th Century‹ und ›Tales of the 26th Century‹. Viele dieser Geschichten haben einen wissenschaftlichen Kult namens Durna Rangue zum Thema. Nach dem Zweiten Weltkrieg ebbte J.' SF-Produktion merklich ab. 1964 konzipierte er das Weltraumspiel ›Interplanetary‹, einen Vorboten des seit den siebziger Jahren auch im deutschen Sprachraum grassierenden Konflikt-Simulations-Spiel-Fiebers.

Bibliografie:

Professor Jamesons Weltraumabenteuer: Das Zeitmausoleum (THE PLANET OF THE DOUBLE SUN/THE SUNLESS WORLD), München 1984, M 3629
Professor Jamesons Weltraumabenteuer 2: Die Zwillingswelten (SPACE WAR/TWIN WORLDS, 1. Teil), München 1985, M 3673
Professor Jamesons Weltraumabenteuer 3: Metallmond (TWIN WORLDS, 2. Teil/DOOMSDAY ON AJIAT), Rastatt 1986, M 3674

Jones, Raymond F. (1915 –   )

Geboren in Salt Lake City. Begann seine Karriere in den vierziger Jahren als Mitarbeiter von *Astounding*. J. hat eine meteorologische Ausbildung und wurde durch seinen Roman THIS ISLAND EARTH (1952) bekannt, der 1955 von Joseph Newman unter dem Titel ›Metaluna 4 antwortet nicht‹ verfilmt wurde. (Die deutsche Fassung des Romans wurde vom Übersetzer Walter Ernsting stark bearbeitet und der Filmhandlung angepaßt.) Beachtung verdienen J.' Jugendbücher. *Sohn der Sterne* ist eine stark gekürzte Zusammenfassung seiner Bücher-Titel SON OF THE STARS (1952) und PLANET OF LIGHT (1953). Auch

THE CYBERNETIC BRAINS (1950), RENAISSANCE (1944) und THE ALIEN (1951) sind erwähnenswert.

Bibliografie:

Sohn der Sterne (SON OF THE STARS/PLANET OF LIGHT), München: AWA 1957
Der Mann zweier Welten (RENAISSANCE), München 1968, TTB 130
Die Syntho-Menschen (SYN), Bergisch Gladbach 1976, B 21078

Bibliografie/H:

Insel zwischen den Sternen (THIS ISLAND EARTH), UG 37 (1956)
Experiment Genetik (THE SECRET PEOPLE), DW 6 (1958)
Das Erbe der Hölle (THE ALIEN), TS 14 (1959)
Sternenstaub (THE YEAR WHEN STARDUST FELL), UG 124 (1960)
Außenseiter dieser Welt (C) (THE NON-STATISTICAL MAN), TN 534 (1967)
Die neuen Gehirne u. a. Stories (C/OA), TN 159 (1970)

Als Alf Tjörnsen:

Weiße Hölle Mond (THE MOON IS DEATH), UZ 58 (1956)

Jordan, G.P.

Kanadischer Jugendbuchautor, Verfasser der Computer-Krimi-Serie ›The Microkidz Mystery Adventures‹, in der drei Jugendliche der Zukunft mit den wissenschaftlichen Mitteln ihrer Zeit Fälle lösen.

Bibliografie:

Geheimprogramm Bienenstich (THE CAGEY BEE BYTE), München: Schneider 1985
Projekt Gedankenschnüffler (COMPUTER MIND GAMES), München: Schneider 1985
Daten-Piraten (THE CASE OF THE DATA SNATCHERS), München: Schneider 1985
Strahlenfalle (FISSION CHIPS), München: Schneider 1986
Satellitenraub (SATELLITE SKYJACK), München: Schneider 1986

Jorgensen, Ivar Siehe Fairman, Paul W.

Jorgenson, Ivar Siehe Garrett, Randall/Silverberg, Robert

Josefini, Joseph

Bibliografie:
Eine Schlacht im Jahre 2002, Dresden: Pierson 1901

Joyston, Ralph

Pseudonym für den Schweizer Nils Andersen.

Bibliografie:
Licht aus der Tiefe, Menden: Bewin 1958
Verräter der Galaxis, Menden: Bewin 1959 (auch:
Hypnose über Terra)

Judd, Cyril Siehe Merril, Judith/Kornbluth, C. M.

Jung, P. R. Siehe Kling, Bernt

Jünger, Ernst (1895 – 　)

Geboren in Heidelberg. Verfasser zahlreicher Romane und Erzählungen. J.s Werk wird von der Kritik zwiespältig beurteilt, besonders seine Produktion während der Zeit des Dritten Reiches.

Bibliografie:
Heliopolis, Tübingen: Heliopolis 1949
Die gläsernen Bienen, Stuttgart: Klett 1957

Jurjew, Sinowi (1925 – 　)

Sowjetischer Autor.

Bibliografie/H:
Der Mann, der Gedanken las (CELOVEK, KOTORYJ CITAL MYSLI), kap 46 (1967)
Mr. Groppers seltsamer Tod (FINANSIST NA CETVERENKACH), KJ 16 (1965)

Justinius, Otto

(1839 – 1893) Pseudonym für Otto Cohn.

Bibliografie:
Die Zehnmillionenstadt, Dresden: Pierson 1890

Kabur, Boris Estnischer Autor.

Bibliografie:
Die Spur führt zum Hermes (KOSMOSE RANNAVETES), Berlin/DDR:
Neues Leben 1970

Kades, Hans (1906 –)
Pseudonym für Hans Werlberger, geboren in Innsbruck. Dipl.-Kauf-
mann und Dr. oec. publ. Autor von Romanen, Essays und Hörspielen.

Bibliografie:
Das Monstrum, München: Desch 1967

Kägi, Ulrich Schweizer Autor.

Bibliografie:
Volksrepublik Schweiz, Olten: Walter 1975

Kahn, James
Amerikanischer SF- und Fantasy-Autor.

Bibliografie:
Zeit und Welt genug (WORLD ENOUGH AND TIME), München 1982,
G 23810
Neue Zeit und Welt (TIME'S DARK LAUGHTER), München 1982, G 23822
Die Rückkehr der Jedi-Ritter (RETURN OF THE JEDI), München 1983,
G 6639

Kahnt, Rose (1940 –)
Geboren in Sömmerda, Thüringen. Studium der Germanistik; Tätigkeit in einem Antiquariat.

Bibliografie:
Allein in der Stadt, Reutlingen: Ensslin & Laiblin 1976

Kaiser, Georg (1878–1945)
Geboren in Magdeburg. Expressionistischer Dramatiker.

Bibliografie:
Gas (Ein Schauspiel), Potsdam: Kiepenheuer 1924

Kaiser, Hans Jürgen Siehe Alpers, Hans Joachim

Kaiser, Hans K(urt) (1911–   )
Geboren in Hannover. Physiker.

Bibliografie:
Im Banne des roten Planeten, Stuttgart: Thienemann 1956
Der künstliche Mond, Stuttgart: Thienemann 1958
Raumschiff Hesperos auf großer Fahrt, Bamberg: Bayerische
Verlagsanstalt 1958

Bibliografie/H:
Als R. J. Richard:
Ultimatum vom Planeten X, T 11 (1958)
Ruf aus dem Mond, T 13 (1958)
Die Pyramiden von Metos, T 19 (1958)
Der blaue Planet, T 22 (1958)
Raumstadt Weiße Sonne, T 39 (1958)
Die Erde ist ein fremder Stern, T 44 (1958)
Der Rächer von Tetan, ZSF 65 (1968)
Angriff der Is, UZ 593 (1968)

Als Richard Oliver:
Das Licht aller Sonnen, T 114 (1960)

Kalkum, B.

Bibliografie:
Utopia 2048, München: Rausch 1958

Kals, Hans (1927–   )

Bibliografie:
1984–jetzt (C), Freiburg: Herder 1984

Kämmerer, Theodor

Bibliografie:
Venus- und Merkurmenschen, Erfurt: Bartholomäus 1928

Kandyba, Fjodor (Lv'ovic) Sowjetischer Autor.

Bibliografie:
Heiße Erde (GORJACAJA ZEMLJA), Berlin/DDR: Kultur und Fortschritt 1952

Kanto, Peter Siehe Hughes, Zach

Kapp, Colin (1929 –   )

Britischer Autor, von Beruf Techniker in der Elektronikforschung. K. veröffentlicht seit 1958; seine ersten Stories erschienen in *New Worlds,* wie auch THE TRANSFINITE MAN (1963), sein erster Roman, der von einem Mann handelt, den man nicht töten kann. Weitere Werke K.s sind THE CHAOS WEAPON (1977), THE SURVIVAL GAME (1976) und THE WIZARD OF ANHA-RITTE (1973). Wie in seinem Erstling stellt K. auch gern männliche Helden in lebensbedrohende Situationen: In THE PATTERNS OF CHAOS (1973) und THE CHAOS WEAPON ist es ein Mann, der gewaltsame Entladungen magisch anzieht.

Bibliografie:
Dimensionen des Satans (THE DARK MIND), Bergisch Gladbach 1972, B 18
Der Meister des Chaos (THE PATTERNS OF CHAOS), Bergisch Gladbach 1973, B 21033

Kappelmeyer, Otto

Bibliografie:
ABC, Berlin: Nauck 1947

Karinthy, Frigyes (1887 – 1938)

Geboren in Budapest. K. gehört zu den Klassikern der ungarischen phantastischen Literatur: Er war Humorist, Poet, Theaterautor, Essayist und gehörte zu den populärsten Autoren seiner Zeit. Neben anderen utopisch-phantastischen Texten wurden besonders seine Novellen UTAZÁS FAREMIDÓBA (1916) und CAPILLÁRIA (1921) bekannt und in andere Sprachen übersetzt. UTAZÁS... beschreibt einen von Robotern beherrschten, maschinell durchorganisierten Planeten und die unwichtigen, untüchtigen und irrationalen Menschen, während CAPILLÁRIA eine von Frauen beherrschte Zivilisation auf dem Boden des Meeres schildert. K. schrieb außerdem Kabarettszenen, Erzählungen und literarische Parodien; kein Wunder also, daß in beiden obigen Werken Swifts Gulliver auftaucht. K. war Jude, er starb, bevor der Nazi-Terror ihn heimsuchen konnte; seine Frau wurde von den Faschisten in Auschwitz ermordet.

Bibliografie:

Die Reise nach Faremido (UTAZÁS FAREMIDÓBA), Zürich: Rascher 1919
Die Legende von der tausendgesichtigen Seele (LEGENDA AZ EZERARCU LELEKTROL), Zürich: Rascher 1919
Die neuen Reisen des Lemuel Gulliver (C) (UTAZÁS FAREMIDÓBA/ CAPILLÁRIA), Berlin/DDR: Das Neue Berlin 1983

Karlin, Alma Maximiliane (1891 – 1950)

Bibliografie:

Isolanthis, Leipzig: Grethlein 1936

Karoly, Alexander

Pseudonym für den ungarischen Autor Sandor Karoly.

Bibliografie:

Die 500. Etage, Salzburg: Berglandbuch 1931

Kärrner, Dietrich

Bibliografie:

Gösta Ring entdeckt Värnimöki, Berlin: Nachbarschafts 1938
Verschollen im Weltall, Berlin: Nachbarschafts 1938
Per Krag und sein Stern, Berlin: Nachbarschafts 1939

Kasack, Hermann (1896–1966)

Geboren in Potsdam. Studium der Germanistik. War Verlagslektor, später freier Schriftsteller, ab 1953 Präsident der Deutschen Akademie für Sprache und Dichtung. *Die Stadt hinter dem Strom* (1949) ist die »aus dem Chaos des Krieges geborene Vision des Totenreichs, das zum Sinnbild eines entseelten und mechanisierten Daseins in einem totalitären Staat wird« (Manfred Brauneck, *Weltliteratur im 20. Jahrhundert*). In *Das große Netz* (1952) persiflierte K. den bürokratischen Staat, gegen den das Individuum trotz aller Gegenwehr schlußendlich verlieren muß.

Bibliografie:

Die Stadt hinter dem Strom, Frankfurt am Main: Suhrkamp 1947
Das große Netz, Frankfurt am Main: Suhrkamp 1952

Kasanzew, Alexander (Petrowitsch) (1906–)

Geboren als Sohn eines russischen Beamten in Akmolinsk (heute Celinograd), Kasachstan. K. wuchs in Sibirien auf, studierte an der Technischen Hochschule in Tomsk und war später als wissenschaftlicher Mitarbeiter verschiedener Moskauer Institute tätig. 1939 war er leitender Ingenieur der Industrieabteilung des sowjetischen Pavillons auf der Weltausstellung in New York. Sein erster SF-Roman, PYLAJUŠČIJ OSTROV (1941), war ein Jugendbuch. Im Krieg leitete er ein Kriegsforschungsinstitut, bei Kriegsende war er Oberster Regierungsbevollmächtigter des sowjetischen Rüstungskomitees in Wien. Seit 1946 betätigt er sich als freier Schriftsteller und Redakteur populärwissenschaftlicher Zeitschriften. K.s bevorzugte Themen sind technische Projekte, wie die Kultivierung der Arktis oder die Kontaktaufnahme der Menschheit mit außerirdischen Lebensformen. Seine Romane zeichnen sich durch wissenschaftlich-technischen Erfindungsreichtum aus und stehen ganz in der Tradition des technisch-utopischen Zukunftsromans.

Bibliografie:
Stärker als die Zeit (SILNEJE VREMENI), München 1978, H 3630
Auf drei Planeten (FAETI), München 1983, H 4040
Die Kuppel der Hoffnung (KUPOL NADEZHDY), München 1984, H 4126

Käsbauer, Margret
Deutsche SF-Autorin; lebt in München.

Bibliografie:
Der Ruf der Götter, München 1984, H 4068

Käser, Hildegard

Bibliografie:
Das Karussell, Köln: Benziger o. J.

Kaufmann, Brigitte

Bibliografie:
Das Mädchen mit dem Kupferhaar, München: Schneider 1983

Kauka, Rolf
Deutscher Ex-Verleger (Comic-Serie ›Fix und Foxi‹).

Bibliografie:
Roter Samstag oder Der dritte Weltkrieg findet nicht statt, München: Herbig 1980

Kaye, Marvin Amerikanischer Autor.

Bibliografie:
Meister der Einsamkeit (THE MASTERS OF SOLITUDE) (mit Parke Godwin), München: Moewig 1980

Keene, Day (1904 – 1969)
Amerikanischer Krimi-Autor, der (zusammen mit Leonard Pruyn) einen SF-Roman verfaßt hat, den man nur als Machwerk bezeichnen kann.

Bibliografie:

Welt ohne Frauen (WORLD WITHOUT WOMEN) (mit Leonard Pruyn), München 1969, H 3176

Keene, Floyd (Pseudonym)

Bibliografie/H:

Zeitpunkt X – Operation Urknall, Ge 29 (1977)
Terra lockt Malcolm, Ge 42 (1977)

Keene, Mac (Verlagspseudonym)

Bibliografie:

SOS Weltraumpiraten, Frankfurt am Main: Reihenbuch 1953
Todesboten, Frankfurt am Main: Reihenbuch 1953
Riesenameisen, Frankfurt am Main: Reihenbuch 1954
Kampf um die Planetenstadt, Frankfurt am Main: Reihenbuch 1954
Explosion im Kosmos, Frankfurt am Main: Reihenbuch 1954

Kegel, Walther (1907 – 1945)

Geboren in Flensburg. Ingenieur und Verfasser von Zukunfts- und anderen Romanen.

Bibliografie:

Rakete 33, Halle: Aufwärts 1934
Tiefsee (mit H. Heuer), Leipzig: Goldmann 1934
Tod im Strahlenring, Berlin: Buchwarte 1937
Dämme im Mittelmeer, Berlin: Buchwarte 1937
Metall X, Berlin: Buchwarte 1937
Feuer über dem Atlantik, München: Braun & Schneider 1939

Kehl, Wolfgang Siehe Ellmer, Arndt

Keiser, H. J.

Bibliografie/H:

Expedition in das Nichts, Hannover: Sponholtz 1953

Kellar, Von

Verlagspseudonym, in diesem Fall für den englischen Autor John Bird.

Bibliografie/H:

Invasion aus dem Weltraum (TRI-PLANET), UG 1 (1954)

Kelleam, Joseph E(veridge) (1913 –   )

Geboren in Boswell, Oklahoma. Ex-Ingenieur in den Diensten der US Army und US Air Force. Verfaßte ab 1939 Kurzgeschichten für die Magazine und zwischen 1956 und 1966 vier SF-Romane. In OVERLORDS OF SPACE (1956) zeigen tapfere amerikanische Recken außerirdischen Invasoren, was eine Harke ist.

Bibliografie:

Das Geheimnis der Zarlen (OVERLORDS OF SPACE), AiW 1 (1958)

Kellermann, Bernhard
(1879 – 1950)

Geboren in Fürth. Studium an der TH München. K. reiste viel und lebte oft im Ausland: 1907 startete er zu einer Reise um die Erde und verbrachte dabei ein halbes Jahr in Japan. 1926/27 schickte ihn das Berliner Tageblatt in verschiedene asiatische Länder. Seine Reiseerlebnisse hielt er in vier Büchern fest. Seine Romane *Yester und Li* (1904) und *Das Meer* (1910) brachten ihm sofort Anerkennung, doch berühmt wurde er vor allem durch *Der neunte November* (1920) und *Der Tunnel* (1913): Letzteres Werk, sein einziger SF-Roman, gehört zu den bekanntesten Klassikern des deutschen Zukunftsromans und schildert gesellschaftskritisch den Bau eines Atlantiktunnels, der Europa mit Amerika verbinden soll. Im Mittelpunkt der Handlung stehen die Tunnelbauer, die Intrigen, Spekulanten und Katastrophen zum Trotz ihr Werk vollenden wollen. (Verfilmt 1933; Regie: Kurt Bernhardt.) Kellermann wurde unter den Nazis aus der Akademie der Dichtkunst ausgeschlossen und hatte allerlei Repressalien zu erleiden. Nach dem Krieg lebte er in der DDR.

Bibliografie:

Der Tunnel, Berlin/Frankfurt am Main/Hamburg: S. Fischer 1913

Kelley, Leo P(atrick) (1928 –   )

Amerikanischer Werbetexter und Romanautor. 1955 publizierte er in *If* mit ›Dreamtown, U.S.A.‹ seine erste Erzählung. K. hat zehn SF-Romane, zwei Anthologien und eine erkleckliche Anzahl Erzählungen veröffentlicht, doch nie zu den wirklich Großen des Genres gehört.

Bibliografie:

Die Priester des Murph (THE COINS OF MURPH), Bergisch Gladbach 1973, B 22

Kellner, Wolfgang (1928 –   )

Geboren in Berlin. Der in der DDR lebende Autor kam vor allem deshalb zur SF, weil er sich darüber ärgerte, daß das Genre in seinem Heimatland zu sehr auf naturwissenschaftliche Problematik abgestellt war. K. will sie mehr als Möglichkeit verstanden wissen, Details einer kommunistischen Zukunft auszumalen.

Bibliografie:

Der Rückfall, Berlin/DDR: Das Neue Berlin 1974
Die große Reserve (C), Rudolstadt/DDR: Greifen 1982

Kellock, William (Verlagspseudonym)

Bibliografie:

Das Rätsel der Sia, Menden: Bewin 1958
Treffpunkt Ewigkeit, Menden: Bewin 1959
Unternehmen Teleportation, Menden: Bewin 1960
Als der Dodor brannte, Menden: Bewin 1960

Kelly, James Patrick (1951 –   )

Amerikanischer SF-Autor, wurde in Mineola, Ney York, geboren, studierte an der Notre Dame University in Indiana Englische Sprache und Literatur und kam durch sein Interesse an der SF in einen der ›Clarion Workshops‹ an der Michigan State University. Nach Abschluß verkaufte er seine erste Story an das Magazin *Galaxy*. Inzwischen publizierte K.

mehr als 30 Erzählungen und Kurzgeschichten, die sich durch ihren Einfallsreichtum und neue Ideen auszeichnen. Mit seiner Novelle ›The Prisoner of Chillon‹ gewann er den Leser-Poll des *Asimov's Science Fiction Magazine* 1986, und mehrere seiner Geschichten wurden für den Hugo und den Nebula Award nominiert. Er schrieb auch zwei Romane: FREEDOM BEACH (mit John Kessel) und PLANET OF WHISPERS. In seiner SF bezieht sich K. häufig auf die neuesten Erkenntnisse der Kybernetik und der Psychologie. Er wird deshalb häufig den sog. Cyberpunks zugeordnet, läßt sich selbst aber keineswegs auf eine bestimmte ›Richtung‹ festlegen.

Kennedy, Edgar Rees (Pseudonym)

Bibliografie/H:

Der geheimnisvolle Planet (THE MYSTERY PLANET), UG 2 (1954)

Kent, Philip Siehe Bulmer, Kenneth

Kenton, L. P. Britischer Autor.

Bibliografie:

Spinne 4 tötet den Grünen (DESTINATION MOON), UZ 293 (1961)

Kenwood, Neil Siehe Hoffmann, Horst

Kenyon, Charles S. B. Britischer Autor.

Bibliografie:

Die verschwundene Interkontinentalrakete (ACTION FIRESTAR), UZ 288 (1961)

Kepler, Johannes (1571 – 1630)

Geboren in Weil der Stadt. Astronom. *Somnium* (1634, auch *Traum vom Mond,* 1898) ist eine wissenschaftliche Beschreibung des Mondes in Form einer Erzählung.

Bibliografie:

Traum vom Mond, Leipzig: Teubner 1898

Kermit, Alan G. (Pseudonym)

Bibliografie:

Das Loch im Weltraum, München: Schneider 1979
Planet der bösen Träume, München: Schneider 1980
Die unheimliche Raumstation, München: Schneider 1981

Kern, Gregory
Pseudonym für E. C. Tubb (siehe dort), das aber in der BRD auch als Gemeinschaftspseudonym für mehrere Autoren Verwendung fand.

Siehe Anhang SERIEN: *Commander Scott*

Kersh, Gerald (1911 – 1968)
Geboren in London, auch wenn er behauptete, in Rußland zur Welt gekommen zu sein. K. schlug sich als Bodyguard, Bäcker, Ringer und Rausschmeißer durch und verfaßte zahlreiche phantastische Kurzgeschichten, die teilweise hohen SF-Gehalt aufweisen. THE HORRIBLE DUMMY AND OTHER STORIES (1944), THE BRIGHTON MONSTER (1953), MEN WITHOUT BONES (1955), ON AN ODD NOTE (1958), NIGHTSHADE AND DAMNATION (1968) und der Roman THE GREAT WASH bzw. THE SECRET MASTERS (1953) sind gute Beispiele seiner Produktivität.

Bibliografie:

Mann ohne Gesicht (C/OA), Zürich: Diogenes 1977

Kesteven, G. R.

Bibliografie:

Wasser der Freiheit (THE AWAKENING WATER), Stuttgart: Union 1980

Kevin, Kelly
Pseudonym für Susanne Wiemer.

Siehe Anhang SERIEN: *Plutonium Police*

Key, Alexander (1904 –   )
Geboren in La Plata, Maryland. Studierte am Chicago Arts Institute; Illustrator und Jugendbuchautor, der u.a. oft in Hochglanz-Illustrierten wie *Saturday Evening Post* und *Cosmopolitan* publiziert hat.

Bibliografie:

Die Tür zur anderen Welt (THE FORGOTTEN DOOR), Stuttgart: Boje 1976
Die Kinder vom anderen Stern (ESCAPE TO WITCH MOUNTAIN), Stuttgart: Boje 1977

Keyen, Werner Siehe Holk, Freder van

Keyes, Daniel (1927 –   )
US-Autor und Redakteur. 1950 half K. bei der Herausgabe des zweitklassigen SF-Magazins *Marvel Stories* aus, dessen Niveau er jedoch steigern konnte; seine berühmte (später zum Roman erweiterte) Novelle ›Flowers for Algernon‹ (1959) wurde mit dem Hugo Award ausgezeichnet: Charly Gordon, der geistig zurückgebliebene Protagonist der einfühlsam geschriebenen Erzählung, wird künstlich zum Genie gemacht, fällt aber dann in seinen ursprünglichen Geisteszustand zurück. K.' gefühlvolles Drama, das stilistisch den jeweiligen IQ Charlys widerspiegelt, hinterließ einen dermaßen nachhaltigen Eindruck, daß auch die Romanfassung 1966 mit einem Literaturpreis – dem Nebula Award – ausgezeichnet wurde. 1968 verfilmte Ralph Nelson die Geschichte; Cliff Robertson, der Hauptdarsteller, erhielt für seine Rolle den Oscar. Ein weiterer hervorragender Roman K.' ist THE TOUCH (1968): Hierin geht es um die Streßsituation und wachsende Entfremdung eines Ehepaares, das bei einem Strahlungsunfall radioaktiv verseucht wurde und von seinen Nachbarn wie vom Aussatz Befallene gemieden wird.

Bibliografie:

Charly (FLOWERS FOR ALGERNON), München: Nymphenburger 1970
Wer fürchtet sich vor Barney Stark (THE TOUCH), München: Nymphenburger 1971 (auch: *Kontakt radioaktiv*)
Die fünfte Sally (THE FIFTH SALLY), München: Nymphenburger 1983
Die Leben des Billy Milligan (THE MINDS OF BILLY MILLIGAN), München 1985, H 4218

Khuon, Ernst von (1915 –   )
Pseudonym für Ernst von Khuon-Wildegg, geboren in Pasing bei München. Der prominente TV-Journalist hat seit 1954 über 200 Fernseh-Features und zahlreiche Hörspiele, Filmdrehbücher, Romane und Sachbücher verfaßt. ›Raumstation I beherrscht die Erde‹ und ›Der Traum von Atlantropa‹ sind SF-Hörspiele. Zu K.s bekanntesten populärwissenschaftlichen Arbeiten gehören Däniken-kritische Essays wie *Waren die Götter Astronauten?* (1970). *Helium* (1949) ist sein einziger SF-Roman (auch hiervon existiert eine Hörspielfassung).

Bibliografie:

Helium, München: Hanns Reich 1949

Kidd, Virginia (1921 –   )
Geboren in Germantown, Pennsylvania. Ex-Gattin des verstorbenen SF-Autors James Blish; seit 1965 Literaturagentin mit Schwerpunkt Science Fiction/Fantasy, in bescheidenem Maße auch als Autorin (›Ghostwriter eines Ghostwriters‹) hervorgetreten. Nebenher Betätigung als Anthologistin.

Bibliografie:

(Hrsg.) *Futura* (MILLENIAL WOMEN), München 1982, H 3856
(Hrsg.) *Kanten* (EDGES) (mit Ursula K. LeGuin), München 1983, H 4015

Kiesel, Otto Erich (1880 – 1956)

Bibliografie:

Der Golfstrom, Braunschweig: Westermann 1923

Killough, (Karen) Lee (1942 –   )
Amerikanische Autorin, aufgewachsen in Kansas. K. ist am College für Veterinärmedizin der Kansas State University tätig. Ihrem bisher schmalen Werk attestierte die Kritik eine bemerkenswerte Begabung. K. kam durch die Bücher Leigh Bracketts und C. L. Moores zur SF; ihre erste Erzählung, ›Caveat Emptor‹, erschien 1970 in *Analog*. Ihr Romanerstling A VOICE OUT OF RAMAH (1979) beschreibt einen hauptsächlich von Frauen bewohnten Planeten. Obwohl die meisten Männer während der Pubertät von einer rätselhaften Krankheit heimgesucht werden, stellen sie die Führungselite. In klösterlicher

Gemeinschaft lebend, üben sie die Herrschaft über die Kolonie aus – bis sich herausstellt, daß ihre Machtposition darauf beruht, daß sie sich als männliche Spezies rar machen und der Tod der Halbwüchsigen reale machtpolitische Gründe hat. THE DOPPELGANGER GAMBIT (1979) ist ein rasantes und originelles Garn über auf rätselhafte Weise verschwindende Siedlerschiffe und den Einsatz von Doppelgängern, mit denen man selbst das perfekteste elektronische Überwachungssystem unterlaufen kann.

Bibliografie:

Das Doppelgänger-Gambit (THE DOPPELGANGER GAMBIT), München 1982, H 3933
Die Pest der Götter (A VOICE OUT OF RAMAH), München 1983, H 4016

Kilworth, Garry (1941 –   )

Britischer Autor, geboren in Aden. Hauptberuflich Ingenieur für Telekommunikation. War im Fernen Osten und in der Südsee tätig. K. gab sein Debüt als Verfasser der Erzählung ›Let's Go to Golgatha‹ (1975), mit der er den 1. Preis eines vom Verlagshaus Victor Gollancz und der *Sunday Times* ausgeschriebenen Wettbewerbs gewann. Sein Romanerstling, IN SOLITARY (1977), spielt in ferner Zukunft; die Menschheit ist fast ausgestorben und wird seit vierhundert Jahren von einer vogelähnlichen Rasse beherrscht.

Bibliografie:

Einsiedler (IN SOLITARY), München 1981, H 3828
Die Nacht von Kadar (THE NIGHT OF KADAR), München 1981, Kn 5738
Der Zeitriß (SPLIT SECOND), München 1982, Kn 5745
Gemini-Götter (GEMINI GODS), München 1983, Kn 5765

Kindermann, Eberhard Christian

Bibliografie:

Die Geschwinde Reise auf dem Lufft-Schiff nach der oberen Welt, Berlin: Otto 1923 (EA: 1744)

King, Stephen (1947 –)
Geboren in Portland, Maine. Besuchte die University of Maine in Orono (B. Sc. 1970), rezensierte für die dortige Studentenzeitung Bücher, TV-Sendungen und Filme. Seine erste Story, eine Persiflage auf das Horror-Genre, hieß ›I Was A Teenage Grave Robber‹ und erschien 1965 in einem Comic-Fanzine. Seine erste professionelle Veröffentlichung war ›The Glass Door‹ (1967) in *Startling Mystery Stories*. K. wechselte schon kurz darauf zum besser zahlenden Herrenmagazin *Cavalier* und ähnlichen anderen Blättern, auch wenn er gelegentlich wieder in Magazinen auftauchte, deren Herausgeber und sonstige Beiträge der SF-Szene entstammten. Anfangs zollte niemand seinen Erzählungen besondere Aufmerksamkeit. Zu Beginn der siebziger Jahre verlegte er sich auf das Schreiben umfangreicher Romane, die ihn rasch in die Bestsellerlisten brachten; dabei ist sein Werk eher der allgemeinen Phantastik als dem traditionellen Horror oder der SF zuzurechnen. Seinem Erstling CARRIE (1974) war ein Riesenerfolg beschieden, und auch die nachfolgenden Werke K.s wurden von den Phantastik-Interessierten geradezu verschlungen. Viele seiner Romane und Erzählungen wurden verfilmt. In den USA ist K. mittlerweile zu einem Kultautor avanciert, dessen Neuerscheinungen meist ausverkauft sind, bevor sie den Markt auch nur erreichen.

Bibliografie:

Carrie (CARRIE), München: Schneekluth 1977
Das Attentat (THE DEAD ZONE), München 1981, P 6110 (auch: *Dead Zone*)
Feuerkind (FIRESTARTER), Bergisch Gladbach 1981, B 28103 (auch: *Feuerteufel*)
Nachtschicht (C) (NIGHT SHIFT), Bergisch Gladbach 1984, B 28114
Shining (THE SHINING), Bergisch Gladbach 1980, B 28100
Das letzte Gefecht (THE STAND), Bergisch Gladbach 1985, B 28126

Als Richard Bachman:

Der Fluch (THINNER), München 1985, H 6601
Menschenjagd (THE RUNNING MAN), München 1986, H 6687

King, Vincent (1935 –   )
Pseudonym für Rex Thomas Vinson, geboren in Falmouth, Cornwall, England. K. war Kunstlehrer, ist jedoch seit 1968 als Illustrator und Schriftsteller tätig.

Bibliografie:
Piloten der Hoffnung (ANOTHER END), Bergisch Gladbach 1973, B 29

Kingsbury, Donald
Geboren in San Francisco, lebt K. in Kanada als Mathematikdozent an der Universität von Montreal. Verfasser atmosphärisch dichter Novellen und eines umfangreichen ›Sternenschiff‹-Romans. COURTSHIP RITE (1982) erhielt den Crompton Crook Memorial Award und wurde für den Hugo nominiert.

Bibliografie:
Die Riten der Minne (COURTSHIP RITE), München 1984, G 8406

Kinson, Ed (Verlagspseudonym)
Bibliografie/H:
Der tödliche Strahl, UZ 167 (1959)
Alarm auf Station 169, UZ 170 (1959)
Bell-X-50 antwortet nicht, UZ 177 (1959)
Sklaven der Unterwelt, UZ 233 (1960)
Curium, das Verhängnis der Raumfahrer, UG 100 (1959)

Kirban, Salem
Bibliografie:
... und seine Zahl ist 666 (666), Wetzlar: Hermann Schulte 1970

Kirchhofer, Fritz
Bibliografie:
Piraten im Äther, Berlin: Kirchhofer 1934

Kirsch, P. G.
Bibliografie:
Ehe der Hahn kräht, Menden: Bewin 1957

Kirsch, Sarah (1935 –   )
Geboren in Limlingerode/Harz. Studium der Biologie, Tätigkeit in verschiedenen Betrieben, u. a. auch in einer LPG der DDR. Studium am Literaturinstitut Johannes R. Becher in Berlin/DDR. Mehrere Lyrikveröffentlichungen und Preise. Mitglied des deutschen PEN.

Bibliografie:
Geschlechtertausch (mit Irmtraud Morgner/Christa Wolf), Neuwied/Berlin: Luchterhand 1980

Kirst, Hans Hellmut (1914 –   )
Geboren in Osterode/Ostpreußen. Journalist und Filmkritiker. K. wurde durch seine Antikriegsromane *08/15 in der Kaserne* (1954), *08/15 im Kriege* (1954) und *08/15 bis zum Ende* (1955) bekannt. *Keiner kommt davon* (1957) spielt kurz nach Ausbruch des Dritten Weltkriegs. John Brunner bezeichnete den Roman als eines der fünf Bücher, die für jeden Politiker Pflichtlektüre sein sollten.

Bibliografie:
Keiner kommt davon, München: Desch 1957

Klee, Falk-Ingo Deutscher Autor.

Bibliografie/H:

Das neue Leben, TA 358 (1978)
Sklaven für Anur, TA 398 (1979)
Planet der Saurier, TA 405 (1979)
Station der Biorobots, TA 417 (1979)
Der Anticomputer, TA 451 (1980)
Zielplanet Mercator, TA 461 (1980)
Die Insel der Manipulierten, TA 469 (1980)
Intelligentes Leben unbekannt, TA 478 (1980)
Im Zeichen des Schwertes, TA 495 (1981)
Formeln des Seins, TA 523 (1981)
UFO-Kontakt, TA 531 (1981)
Friedensmusik, TA 567 (1983)
Wechsel der Dimensionen, TA 573 (1983)
Gefangene des Systems, TA 575 (1983)
Der mystische Planet, TA 587 (1983)
Der kybernetische Despot, TA 604 (1984)

Siehe Anhang SERIEN: *Atlan, Perry-Rhodan-Taschenbücher*

Kleemann, Georg (1920 –   )

Deutscher Wissenschaftsjournalist.

Bibliografie:

Wegwerfmenschen und andere Geschichten (C), München: Meyster 1982

Klein, Ernst (1876 – 1951)

Bibliografie:

Das Gold im Meer, Berlin: Eysler 1923

Klein, Gerard (1937 –   )

Geboren in Neuilly, Frankreich. Studium der Psychologie und politischen Wissenschaften. K. ist neben seiner schriftstellerischen Tätigkeit als Herausgeber einer erfolgreichen SF-Paperbackreihe beschäftigt und schreibt auch unter dem Pseudonym Gilles d'Argyre. Seine ersten Erzählungen erschienen 1955 in *Fiction, Galaxie* und *Satellite.* Um sich wegen der beschränkten Marktlage der SF in Frankreich nicht ins Lager der professionellen Autoren ziehen zu lassen, arbeitet er vorrangig als Lektor im Verlag Robert Laffont. K. publizierte in den sechziger Jahren drei Romane und eine Reihe hervorragender Erzählungen unter seinem Namen, doch auch fünf SF-Abenteuerromane unter Pseudonym, die relativ hohes Niveau aufweisen. Er ist ein ideenreicher Stilist und beschäftigt sich oft mit Zeitreise-Themen, wie in LE TEMPS N'A PAS D'ODEUR (1963). In LES SEIGNEURS DE LA GUERRE (1971) geht es um einen Zeitkrieg. K.s beste Romane sind LE SCEPTRE DU HASARD (1968), LES TUEURS DE TEMPS (1965) und LES VOILIERS DU SOLEIL (1961). Seine gesammelten Kurzgeschichten erschienen in den Bänden UN CHANT DE PIERRE (1966), LA LOI DU TALION (1973) und HISTOIRES COME SI (1975).

Bibliografie:

Die Herren des Krieges (LES SEIGNEURS DE LA GUERRE), Rastatt 1980, TTB 330

Als Gilles d'Argyre:

Die Herrschaft des Zufalls (LA SCEPTRE DU HAZARD), München 1978, H 3583

Bibliografie/H:

Zwischen den Zeiten (LE TEMPS N'A PAS D'ODEUR), TA 129 (1974)
Schachbrett der Sterne (LES TUEURS DE TEMPS), TA 298 (1977)

Klesl, Wolfgang

Bibliografie:

UFO: In den Fängen der Außerirdischen (mit V. Straub), Wien/
München/Zürich: Breitschopf 1971 (auch: *Gefahr aus dem All*)

Kleynn, Peter von Siehe Tramin, Peter von

Kling, Bernt (Bernhard) (1947 –   )

Geboren in Stuttgart. Studium der Politologie, anschließend Betätigung als SF-Übersetzer, Comic-Texter (›Perry – Unser Mann im All‹)
und Autor von Kurzgeschichten und Heftromanen. K. hat als Autor
(teilweise unter dem Pseudonym P. R. Jung) nur ein kurzes Gastspiel in der SF gegeben. Er lebt heute als Buchhändler in Berlin.

Bibliografie/H:

Schatzinsel im All, TN 58 (1969)
Medusa im All (mit Leo Günther), TN 103 (1969)
Galaxis im Aufruhr (mit Leo Günther), TN 112 (1970)
Der unendliche Traum, TN 127 (1970)
Das rosa Universum, TN 142 (1970)
Der Psycho-Planet (mit Harald Buwert), TN 150 (1970)
Der Computer Utopia (mit Leo Günther), TN 174 (1971)

Als P. R. Jung:

Das Super-Experiment, TA 40 (1972)
Computer der blauen Rebellen (mit Harald Buwert), TA 61 (1972)
Im Auftrag der Solar Police, TA 130 (1974)

Kloepfer, Walther (1891 – 1950)

Bibliografie:

Luzifers Ende, Leipzig: Goldmann 1922

Klontz, Günther (1917 –   )

Deutscher Autor.

Bibliografie:

Auf höheren Befehl, Tecklenburg: Leeden 1982

Kluge, Manfred (1938 –   )

Lektor und Herausgeber von SF-, Horror- und Fantasy-Anthologien.

Bibliografie:

(Hrsg.) *Das Geschenk des Fakirs,* München 1976, H 3486
(Hrsg.) *Wegweiser ins Nirgendwo,* München 1976, H 3502
(Hrsg.) *Ein Affe namens Shakespeare,* München 1976, H 3519
(Hrsg.) *Tod eines Samurai,* München 1977, H 3537
(Hrsg.) *Frankensteins Wiegenlied,* München 1977, H 3553
(Hrsg.) *Cagliostros Spiegel,* München 1977, H 3569
(Hrsg.) *Jupiters Amboß,* München 1978, H 3587
(Hrsg.) *Die Cinderella-Maschine,* München 1978, H 3605
(Hrsg.) *Katapult zu den Sternen,* München 1978, H 3623
(Hrsg.) *Altar Ego,* München 1979, H 3642
(Hrsg.) *Die Trägheit des Auges,* München 1979, H 3659
(Hrsg.) *Lektrik Jack,* München 1979, H 3681
(Hrsg.) *Sterbliche Götter,* München 1980, H 3718
(Hrsg.) *Jeffty ist fünf,* München 1980, H 3739
(Hrsg.) *Insekten in Bernstein,* München 1980, H 3767
(Hrsg.) *Grenzstreifzüge,* München 1981, H 3792
(Hrsg.) *Eine irre Show,* München 1981, H 3811
(Hrsg.) *Das Zeitsyndikat,* München 1981, H 3845
(Hrsg.) *Fenster,* München 1982, H 3866
(Hrsg.) *Gefährliche Spiele,* München 1982, H 3899
(Hrsg.) *Terrarium,* München 1982, H 3931
(Hrsg.) *Schöne Zukunftswelt,* München 1986, H 01/6611

Knappe, Heinz (1924 –   )
Deutscher Autor.

Bibliografie:

Bei Hamburg leichter Niederschlag, Baden-Baden: Signal 1982

Knebel, Fletcher (1911 –   )
Geboren in Dayton, Ohio. Studium an der Miami University in Ohio (B. A. 1934). K. war vorwiegend journalistisch tätig, u. a. für den *Cleveland Plain Dealer.* Seit 1964 freischaffend, hat er einige erfolgreiche, meist in sehr naher Zukunft spielende SF-Polit-Thriller produziert, die des öfteren auch verfilmt wurden.

Bibliografie:

Von der Nacht verschlungen (VANISHED), München: Droemer Knaur 1969

Gefangene der Schuld (TRESPASS), München: Droemer Knaur 1971
Der Präsident (NIGHT OF CAMP DAVID), Reinbek: Rowohlt 1971

Kneifel, Hans (1936 –   )

Geboren in Gleiwitz. K. kam 1945 nach Oberbayern. 1960 Abitur, Meisterprüfung als Konditor. 1967 Staatsexamen, anschließend Berufsschullehrer. 1951 regte ihn Irving Pichels SF-Film ›Endstation Mond‹ (nach ROCKETSHIP GALILEO von Robert A. Heinlein) zum Schreiben an. Sein Erstling war *Uns riefen die Sterne* (1956), dann folgten *Oasis, Tor zu den Sternen* (1958) und *Ferner als du ahnst* (1959). K. gehört zu den fleißigsten deutschen SF-Autoren und hat über 400 Romanhefte und Taschenbücher produziert. Er war für den Rundfunk und als Sachbuchautor (*Menschen zum Mond*, 1969) tätig, hat für die Serien *Perry Rhodan, Atlan, Dragon* und *Mythor* geschrieben und sich unter dem Pseudonym Hivar Kelasker auch im Horror-Genre versucht. Ab 1968 novellisierte er die Drehbücher der TV-Serie ›Raumpatrouille‹ (von Rolf Honold/W. G. Larsen) und führte sie (mit Hilfe anderer Autoren) fort. Besonders bekannt wurde sein zehnbändiger Zyklus um die ›Interstellaren Händler‹, ein gewieftes Konsortium von Jet-Set-Typen, die ein galaxisweites Handelsnetz aufbauen und dabei recht zynisch vorgehen (wobei ihnen deutlich die Sympathien des Autors gehören). Die meisten Werke K.s zeichnen sich durch eine Handlungsarmut und gedrechselt wirkende Dialoge aus. Seine Protagonisten sind stets blasierte Intellektuelle, die sich als erfolgreiche Karrieristen entpuppen. *Der Traum der Maschine* (1965) und *Lichter des Grauens* (1966) erweckten einige Hoffnungen, doch die Erwartungen der Kritik erfüllten sich nicht. *Das brennende Labyrinth* (1967) ist ein Sammelsurium aus der üblichen Abenteuerromantik, die mit allen bekannten Klischees der Heftchenschreiberei aufwartet. K. ist heute Chefredakteur einer Münchner Schickeria-Zeitschrift.

Bibliografie:

Uns riefen die Sterne, München: Awa 1956
Oasis, Tor zu den Sternen, München: Awa 1958
Ferner als du ahnst, München: Awa 1959
Der Traum der Maschine, München 1965, TTB 100
Lichter des Grauens, München 1966, TTB 117
Die Männer der Raumstation, München 1967, TTB 132
Das brennende Labyrinth, München 1967, H 3104
Die metallenen Herrscher, München 1968, TTB 149

Sohn der Unendlichkeit, München 1971, TTB 199
Krieger des Imperiums, München 1973, TTB 212
Planet am Scheideweg, München 1974, TTB 251
Apokalypse auf Cythera, München 1975, TTB 256
Planet in Flammen, Rastatt 1986, UC 85

Bibliografie/H:

Das Serum des Gehorsams, T 195 (1961)
Gejagt zu den Sternen, T 215 (1962)
Das Logbuch der Silberkugel, T 234 (1962)
Die Gilde der Mutanten, T 264 (1963)
Die verbotene Stadt, T 286 (1963)
Der 38. Sprung, T 291 (1963)
Dämonen der Nacht, T 310 (1963)
Herrin der Fische, T 312 (1963)
Projekt Eiszeit, T 314 (1963)
Attentat im Hyperraum, T 333 (1964)
Der Götze des Untergangs, T 342 (1964)
Im Licht der gelben Sonne, T 345 (1964)
Das verlorene System, T 348 (1964)
Die Welt der stählernen Spinnen, T 351 (1964)
Die Barbaren kommen, T 355 (1964)
Geist ohne Fesseln, TS 86 (1964)
Attacke der Mikrowesen (C), T 369 (1964)
Die Saat der Ewigkeit, T 392 (1965)
Nemesis von den Sternen, T 401 (1965)
Das unsichtbare Netz, T 449 (1966)
Die Sklaven von Argoos, T 451 (1966)
Die letzte Schlacht der Aimara, T 453 (1966)
Der schwarze Planet, T 469 (1966)
Der lautlose Fremde, T 481 (1966)
Freihändler der Galaxis, T 520 (1967)
Die Milliarden von Aikmon, T 525 (1967)
Die Jäger der goldenen Pelze, T 533 (1968)
Wettlauf in der Galaxis, T 538 (1968)
Geheimauftrag für Ronrico, T 542 (1968)
Der Kampf um das Vulkan-System, T 546 (1968)
Die unheimlichen Feinde, T 549 (1968)
Das Syndikat der Mächtigen, T 552 (1968)
Die Welt der Genies, TN 4 (1968)
Sturm über fremden Sonnen, TN 9 (1968)

Shindana, Welt aus Eisen, TN 114 (1970)
Gast aus der Unendlichkeit, TN 118 (1970)
Der Clan der blauen Schlangen, TN 121 (1970)
Invasion der Echsen, TN 125 (1970)
Ritter des Gesetzes, TN 129 (1970)
Die Welt der weißen Stürme, TN 129 (1970)
Die Stadt der Astronauten, TA 113 (1973)

Siehe Anhang SERIEN: *Atlan, Orion-Taschenbücher, Orion-Hefte, Perry Rhodan, Perry-Rhodan-Taschenbuch*

Knight, Damon (Francis)
(1922 –   )
Geboren in Baker, Oregon. Autor, Anthologist und SF-Kritiker von Format. Seine erste Story, ›Resilience‹ (1941), erschien in *Stirring Science Stories.* K. war auch als Herausgeber von SF-Magazinen tätig: 1943 wurde er Redaktionsassistent bei Poular Publications, unterstützte Ejler Jakobson in der Redaktion von *Super Science Stories,* war kurzfristig für *If* tätig und redigierte *Worlds Beyond,* das aber trotz (oder wegen) einiger Qualitäten nach drei Ausgaben eingestellt wurde. In den fünfziger Jahren folgte eine schriftstellerisch recht fruchtbare Zeit, in der K. etwa 50 Stories und mehrere Romane publizierte. Besondere Beachtung fanden seine SF-Kritiken, die manche heilige Kuh schlachteten, später in dem Band IN SEARCH OF WONDER (1956, 1967) gesammelt wurden und ihm einen Hugo Award einbrachten. K. gehört zwar zu den intelligentesten Kritikern der anglo-amerikanischen Szene, doch es ist schade, daß er in seinem Romanwerk nicht die Leistung erbringt, die man aufgrund seiner Kurzgeschichten erwarten könnte. Er ist hauptsächlich als Anthologist und (Gelegenheits-)Übersetzer französischer SF-Stories tätig gewesen. Seine von 1966 bis 1974 erschienenen *Orbit*-Anthologien (dt. nur in Auswahlen) gelten als bahnbrechend und publizierten viele Jungtalente, die sich inzwischen einen eigenen Markt erschrieben haben. K. war auch Gründer des Autorenverbandes Science Fiction Writers of America (SFWA). Sein Buch THE FUTURIANS (1977) schildert den Werdegang einer New Yorker Fangruppe, der eine Reihe bekannter SF-Autoren entsprungen ist.

Bibliografie:

Welt ohne Maschinen (C) (THREE NOVELS), München 1968, GWTB 092

(Hrsg.) *Computer streiten nicht* (NEBULA AWARD STORIES 1, 1. Teil), München: Lichtenberg 1970

(Hrsg.) *Der Gigant* (NEBULA AWARD STORIES 1, 2. Teil), München: Lichtenberg 1971 (auch: *Panne in der Hölle*)

(Hrsg.) *Damon Knights Collection 1* (ORBIT 1), Frankfurt am Main 1972, FO 1

(Hrsg.) *Damon Knights Collection 2* (ORBIT 1, 2), Frankfurt am Main 1972, FO 3

(Hrsg.) *Damon Knights Collection 3* (ORBIT 2), Frankfurt am Main 1972, FO 5

(Hrsg.) *Damon Knights Collection 4* (ORBIT 2, 3, 4), Frankfurt am Main 1972, FO 7

(Hrsg.) *Damon Knights Collection 5* (ORBIT 3, 4), Frankfurt am Main 1972, FO 9

(Hrsg.) *Damon Knights Collection 6* (ORBIT 4, 5), Frankfurt am Main 1972, FO 12

(Hrsg.) *Damon Knights Collection 7* (ORBIT 6), Frankfurt am Main 1972, FO 14

(Hrsg.) *Damon Knights Collection 8* (ORBIT 4, 5, 6), Frankfurt am Main 1972, FO 15

(Hrsg.) *Damon Knights Collection 9* (ORBIT 5, 6), Frankfurt am Main 1972, FO 16

(Hrsg.) *Damon Knights Collection 10* (ORBIT 7), Frankfurt am Main 1972, FO 19

Zweibeiner sehen dich an (MIND SWITCH), Frankfurt am Main 1973, FO 20

(Hrsg.) *Damon Knights Collection 11* (ORBIT 5, 7), Frankfurt am Main 1973, FO 29

Sprung über die Zeitbarriere (BEYOND THE BARRIER), Bergisch Gladbach 1973, B 27

Invasion des Grauens (DOUBLE MEANING), Bergisch Gladbach 1974, B 21053

Die Analog-Maschine (ANALOGUE MEN), München 1975, GWTB 0201

Welt ohne Kinder (WORLD WITHOUT CHILDREN/THE EARTH QUARTER), München 1975, GWTB 0208

Babel II (FAR OUT) (C), München 1976, GWTB 0225

Sturz in die Unterwelt (THE WORLD AND THORINN), München 1983, Kn 5758

Knight, Eric (1897 – 1943)

Bibliografie:
Sam Small fliegt wieder, Bern: Scherz & Goverts 1943

Knight, Norman L(ouis) (1895 – 1970)
Siehe Blish, James

Knobloch, Karl-Georg

Bibliografie/H:
Sternenspur im Ozean, Meridian-Heft 34 (1972)

Knox, Calvin M. Siehe Silverberg, Robert

Kober, Wolfram (1950 –   )

Bibliografie:
Nova (C), Berlin/DDR: Das Neue Berlin 1983
Exoschiff, Berlin/DDR: Das Neue Berlin 1984

Koch, Eric (1919 –   )
Kanadischer Schriftsteller, geboren in Frankfurt. K. emigrierte als Fünfzehn-jähriger zu Beginn der Nazi-Herr-schaft nach England und ging später nach Kanada, wo er seit fast vierzig Jahren für die TV-Gesellschaft CBC tätig ist. Er hat unzählige Radio- und TV-Sendungen produziert und war 1971 – 1977 Direktor des englisch-sprachigen Rundfunks in Montreal. Seither arbeitet er in einer ›Denkzelle‹ der CBC und als freier Schriftsteller. Seine SF-Romane THE LEISURE RIOTS (1973) und THE LAST THING YOU'D WANT TO KNOW (1976) spielen in einer nahen Zukunft der USA und nehmen auf satirische Art und in stilistisch glänzender Ma-nier den ›American Way of Life‹ aufs Korn: die Frustration der Wohl-standsgesellschaft, die Unfähigkeit, mit der wachsenden Freizeit fer-tig zu werden und das Leben selbst zu gestalten, die Verdrossenheit an den exakten Naturwissenschaften, die nicht mehr in der Lage

sind, sich verständlich zu machen, und eine wachsende Sehnsucht nach dem Übersinnlichen, die immer kuriosere Blüten treibt und von Geschäftemachern ausgebeutet wird. In beiden Romanen ist der Protagonist ein deutscher Emigrant, Friedrich Bierbaum, der sich seine Sporen bei Göring verdient hat und seinem einstigen Brotherrn in mancher Hinsicht gleicht (nur daß er alles andere als ein Nazi ist). Er hat sich seinen europäisch-abendländischen Scharfblick bewahrt, sich glänzend der Neuen Welt angepaßt und betreibt eine ›Denkfabrik‹ namens CRUPP (Center for Research on Urban Policy and Planning), die ihre Aufträge von Washington erhält und vor vertrackte Probleme gestellt wird, die sich für Bierbaum und seine Crew oftmals als schier unlösbar erweisen – und pointierte Einblicke in menschliche Schwächen im allgemeinen und amerikanische im besonderen erlauben.

Bibliografie:
Die Freizeit-Revoluzzer (THE LEISURE RIOTS), München 1976, H 3522
Die Spanne Leben (THE LAST THING YOU'D WANT TO KNOW), München 1978, H 3622

Koch, Reinald

Bibliografie:
Der gläserne Wald, München: Lichtenberg 1972

Koch, Richard (1895 – 1970)

Geboren in Magdeburg. Studium der Mathematik und Naturwissenschaften in Jena, Freiburg und Heidelberg. K. war lange an einer Sternwarte tätig und erlebte beide Weltkriege als Offizier (höchster Dienstgrad: Oberst) einer Nachrichteneinheit. Schon seit frühester Jugend hatten ihn die Werke von Kurd Laßwitz und Jules Verne fasziniert, aber Möglichkeiten einer schriftstellerischen Karriere boten sich ihm erst nach dem Zweiten Weltkrieg. 1948 wurde er freier Schriftsteller und schrieb naturwissenschaftliche Artikel und Kurzgeschichten für Zeitungen und Zeitschriften. *Plan von Polaris* (1950) war sein erster SF-Roman. 1959 wählte ihn die ›Eurotopia‹ (eine Vereinigung deutscher und österreichischer SF-Clubs) zu ihrem Präsidenten. K. publizierte bis 1969, schaffte jedoch nicht mehr den Anschluß an die Entwicklung, die in der SF mehr Stil als technisches

Verständnis verlangte. Die Zeiten, in denen seine Werke in angesehenen Buchverlagen erschienen, waren unwiederbringlich dahin. Was ihm in den letzten Lebensjahren blieb, war der Heftchenmarkt, auf dem er anfangs noch verschämt unter dem Pseudonym K. Richards agiert hatte.

Bibliografie:

Plan von Polaris, Schwabach: Pfeil 1950
Überfall aus dem Weltraum, München: Baur 1950 (auch unter dem Pseudonym K. Richards, 1958)
Anti-Atom D 172, Schwabach: Pfeil 1951
Unlöschbare Feuer, Hattingen: Imma 1952 (auch: *Flammende Erde*)
Der Stein der Weisen, Berlin: Gebr. Weiß 1954
Die Erde geht nicht unter, Frankfurt am Main: Reihenbuch 1954 (auch: *Der drohende Stern*)
Weltraumgespenster, Solingen: Mars 1955
Macht aus fernen Welten, München: Awa 1956
Der heruntergeholte Stern, Berlin: Gebr. Weiß 1957
Sternenreich Mo, Berlin: Gebr. Weiß 1958
Das Reich in der Tiefe, Düsseldorf: Dörner 1959
Spuk auf dem roten Planeten, München: Awa 1960
Der Ring der sechs Welten, Berlin: Gebr. Weiß 1961
Sonnenfeuer, München: Awa 1962
Ozeano, der Wasserplanet, Berlin: Gebr. Weiß 1963

Als H. C. Nulpe:

Lebende Zukunft, Frankfurt am Main: Reihenbuch 1953

Bibliografie/H:

Die lebende Sphinx (Motor im Bild, 1962)
Das Reich der 11 Planeten, T 267/268 (1964)
Heimkehr nach 526 Jahren, T 460 (1966)
Flug in die Antimaterie, T 474 (1966)
Die Mondpyramide, T 501 (1967)
Seelentausch, TN 56 (1969)

Koch, Werner

Bibliografie:
See-Leben 1, Pfullingen: Neske 1971

Kocher, Hugo

Bibliografie/H:

Der Kampf um den Mond, Wien: St. Gabriel o. J.

Koczian, Johanna von (1933 –   )

Geboren in Berlin. Schauspielerin, Theaterausbildung am Mozarteum Salzburg. Zahlreiche Filme seit 1952.

Bibliografie:

Abenteuer in der Vollmondnacht, München: Blanvalet 1977
Der geheimnisvolle Graf, München: Blanvalet 1979
Flucht von der Insel, München: Bertelsmann 1981
Poseidons Karneval (C), München: Blanvalet 1984

Koekoek, Hans L. Niederländischer Autor.

Bibliografie:

Lauter Unsinn (LOUTER ONZIN), München: Goldmann 1970
Eine Liebesnacht (EEN NACHT VAN LIEFDE), München: Goldmann 1970

Koeppen, Bert Siehe Horsley, Bert

Koestler, Arthur (1905 –   )

Geboren als A. Köstler in Budapest als Sohn eines ungarischen Kaufmanns und einer Österreicherin. K. sprach zunächst Ungarisch und schrieb erst ab dem 17. Lebensjahr deutsch, ab 1940 englisch. THE AGE OF LONGING (1951) und das Theaterstück TWILIGHT BAR (1933, im Druck erschienen 1945) können der SF zugerechnet werden.

Bibliografie:

Gottes Thron steht leer (THE AGE OF LONGING), Frankfurt am Main: S. Fischer 1951

Köhl, Heinar

Bibliografie:

(Hrsg.) *Phantastische Raumfahrt,* München: Goldmann 1972

Kohlenberg, Karl F. (1915 –   )

Geboren in Berlin. Autor zahlreicher Sachbücher.

Bibliografie:

Apokalypse, München/Wien: Langen-Müller 1981

Köhler, Erich (1928–)

Geboren in Karlsbad (Karlovy Vary). Bäcker-, Schneider- und Maler-lehre (alles ohne Abschluß), dann Tätigkeit als Bergmann. Von 1958–1961 Studium am Literaturinstitut Leipzig. Lebt als Dramati-ker und Verfasser von Romanen und Novellen in der DDR.

Bibliografie:

Der Krott, Rostock/DDR: Hinstorff 1976
Reise um die Erde in acht Tagen, Berlin/DDR: Neues Leben 1979
Kiplag-Geschichten (C), Berlin/DDR: Neues Leben 1980

Köhrer, Reinhard

Bibliografie:

Weg der Erde, München 1983, H 3959

Kölbl, C. H. (1912–)

Pseudonym für Konrad Kölbl, Verleger und Autor zahlreicher Westernromane (›Conny Cöll‹-Serie).

Bibliografie:

Das Meer der Seelen, Grünwald: Cöll 1983
Der neue Mensch, Grünwald: Cöll 1984

Kolditz, Gottfried (1922–)

Geboren in Altenbach. K. lebt als Theater- und Filmregisseur in der DDR und hat u.a. die utopischen Streifen ›Signale‹ (1970) und ›Im Staub der Sterne‹ (1976) inszeniert.

Bibliografie/H:

Havarie, DNA 309 (1972)

Kolnberger, Anton M. (1906–1976)

Kunstmaler, geboren in Reisbach/Vils. Sein Roman *Auf unbekann-tem Stern* (1948) schildert auf spannende Weise die Erlebnisse eines gestrandeten Astronauten auf einem fremden Planeten und zählt zu den wenigen deutschen SF-Klassikern der Nachkriegszeit.

Bibliografie:

Auf unbekanntem Stern, Nürnberg: Die Egge o.J. (1948)

Kolupajew, Viktor (1936 –   )

Geboren in Aldan/UdSSR. Studium am Polytechnischen Institut in Tomsk; Tätigkeit als Radioingenieur im Bionik-Labor eines physikalisch-technischen Instituts in Sibirien. Publiziert seit 1969.

Bibliografie:

Die Schaukel des Eremiten (KAČELI OTŠEL'NIKA) (C), Berlin/DDR: Das Neue Berlin 1977

Komatsu, Sakyô (1931 –   )

K., einer der japanischen Bestsellerautoren auf dem Gebiet der SF, wurde in Ôsaka geboren, studierte italienische Literatur an der Staatlichen Universität von Kyôto, war Redakteur einer Wirtschaftszeitschrift und arbeitete seit 1957 als Reporter für Radio Ôsaka und als Journalist. 1962 debütierte er als SF-Autor mit der Story ›Chi ni wa heiwa o‹ (›Friede auf Erden‹), eine Geschichte, in der eine ›Behörde für Zukunftskontrolle‹ eine Geschichtskorrektur veranlaßt, woraufhin Japan im August 1945 kapituliert. Mit ihr begann eine fruchtbare Schriftstellerkarriere, zu deren Höhepunkten YAMI NO NAKA NO KODOMO (›Kinder der Finsternis‹, 1970), CHIKYÛ NI NATTA OTOKO (›Der Mann, der zur Erde wurde‹, 1973) und vor allem die Romane NIHON CHIMBOTSU (1973, *Wenn Japan versinkt*) – das Buch wurde 1973 von Shiro Moritani unter dem Titel ›Der Untergang Japans‹ verfilmt und machte den Autor über die Grenzen seines Landes hinaus bekannt – und FUKKATSU NO HI (1964, *Der Tag der Auferstehung*) gehören. FUKKATSU NO HI, die Schilderung eines verhängnisvollen Virus-Experiments in einem B-Waffenlabor, das zur Auslöschung fast der gesamten Erdbevölkerung führt – heute aktueller denn je –, wurde einer der erfolgreichsten SF-Romane überhaupt und erreichte in Japan allein zwischen 1964 und 1980 nicht weniger als 30 Auflagen!

Bibliografie:

Wenn Japan versinkt (NIHON CHIMBOTSU), Wien: Zsolnay 1979
Der Tag der Auferstehung (FUKKATSU NO HI), München 1987, H 4443

König, Dieter
Deutscher SF-Autor; lebt in der Nähe von Tübingen.

Bibliografie:

Feuerblumen, München 1983, H 3947
Betondschungel, München 1985, H 4216

Kondor (Pseudonym)

Bibliografie:

Gelb gegen Weiß, Leipzig: Weicher 1932

Konsalik, H. G. (1921–)
Pseudonym für Heinz Günther, geboren in Köln. Studium der Medizin, Theaterwissenschaft, Germanistik und Literaturgeschichte in Köln, München und Wien, dann Tätigkeit als Kriegsberichterstatter. K. arbeitete nach dem Zweiten Weltkrieg als Journalist, Redakteur, Lektor und Dramaturg. Ab 1951 verfaßte er eine Reihe von Kriegs-, Arzt- und Abenteuerromanen, durchweg Bestseller, die in viele Sprachen übersetzt und oftmals erfolgreich verfilmt wurden. Seine ›SF‹-Romane sind – wie sein übriges Werk – die reinste Kolportage und höchstens für eingeschworene Konsalik-Fans goutierbar.

Bibliografie:

Die Sterne sollen weiterleuchten, Regensburg: Royal 1954
Ein Komet fällt vom Himmel, München 1974, H 5119

Koontz, Dean R(ay) (1945–)
Geboren in Everett, Pennsylvania. K. gehört zwar nicht zur anglo-amerikanischen SF-Prominenz, ist aber möglicherweise der finanziell erfolgreichste Autor, den das Genre neben John Jakes, Marion Zimmer Bradley, Arthur C. Clarke, Isaac Asimov und Robert Silverberg hervorgebracht hat. Er besuchte das College und ließ sich als Lehrer in einem Minenstädtchen nieder, wo er zunehmend Ärger mit den konservativen Eltern seiner Schüler bekam. »Sie... behaupteten, ich würde im Literaturunterricht obszöne Bücher verwenden, was natürlich auch den Rektor

gegen mich aufbrachte.« (Die fraglichen Bücher waren STRANGER IN A STRANGE LAND von Robert A. Heinlein und CATCH-22 von Joseph Heller.) Zunehmende Frustration dämpfte schließlich K.' pädagogischen Idealismus: er sah sich nach einem anderen Betätigungsfeld um. 1968 hatte er mit STAR QUEST eine SF-Abenteuerschwarte publiziert, ab 1969 wurde er freier Schriftsteller. Nach ca. 20 SF-Titeln wechselte er ins Krimi- und Thriller-Fach über und konnte schon 1973 fünfzig Buchveröffentlichungen vorweisen. DEMON SEED (1973) wurde 1976 von Donald Cammell verfilmt. K. schreibt unter zahlreichen (auch Verlags-) Pseudonymen; die bekanntesten (im Thriller-Bereich) sind Brian Coffey, K. M. Dwyer und David Axton.

Bibliografie:

Der Lebens-Automat (THE FLESH IN THE FURNACE), Bergisch Gladbach 1973, B 21032
Das Höllentor (HELL'S GATE), Bergisch Gladbach 1974, B 21060
Des Teufels Saat (DEMON SEED), Bergisch Gladbach 1977, B 21095

Kopernikulus (1888 – 1951)
Pseudonym für Georg Loerke.

Bibliografie:

Weltuntergang, Leipzig: Koehler & Amelang 1928

Körber, Joachim (1958 –   )
Kurzgeschichtenautor, Übersetzer und Mitinhaber eines Kleinverlages, der sich auf bibliophile Ausgaben phantastischer Literatur spezialisiert hat. K. ist Anhänger der britischen ›New Wave‹; seine Anthologie *Neue Welten* (1983) ist ein beredtes Beispiel jener Art SF, wie sie Mitte der sechziger Jahre in Michael Moorcocks Magazin *New Worlds* gepflegt wurde.

Bibliografie:

(Hrsg.) *Neue Welten,* Basel: Sphinx 1983

Korf, Georg (1871 – ?)

Bibliografie:

*So werden wir fliegen!,*Oranienburg: Orania 1909
Die andere Seite der Welt, München: Wiechmann 1914
Das kommende Flugzeug für jedermann, Hamburg: Falken 1928

Kornbluth, C(yril) M. (1923 – 1958)

Geboren in New York. K. gehört zu jenen amerikanischen SF-Autoren, die nie die Würdigung und Aufmerksamkeit erfuhren, die sie verdienen. Er begann im Alter von 15 Jahren zu schreiben, und Anfang der vierziger Jahre tauchten seine Stories unter einem Wust von Pseudonymen (z. B. S. D. Gottesman/Cecil Corwin) in den verschiedensten Magazinen auf. K. graduierte an der Universität Chicago, diente im Zweiten Weltkrieg in Europa als Infanterist, arbeitete später als Redakteur bei Trans-Radio-Press und entschloß sich 1951, Schriftsteller zu werden. Seine bekanntesten Romane entstanden in Zusammenarbeit mit Frederik Pohl, etwa THE SPACE MERCHANTS (1953), WOLFBANE (1959) und SEARCH THE SKY (1954). Besonders THE SPACE MERCHANTS, ein echter Klassiker, ging als bissige Satire in die Ruhmeshalle der SF ein. Entscheidende Teile dieses Romans wurden von K. geschrieben, denn seine Stärke war die Satire, und bis zu einem gewissen Grad auch die Sozialkritik. Auch in Zusammenarbeit mit Frederik Pohls Gattin Judith Merril verfaßte er zwei Romane: OUTPOST MARS (1952) und GUNNER CADE (1952) wurden unter dem Pseudonym Cyril Judd veröffentlicht. Aber auch K.s Solo-Werke, etwa TAKEOFF (1952), THE SYNDIC (1953) und NOT THIS AUGUST (1955), sind beachtenswert. TAKEOFF, ein SF-Krimi um den ersten bemannten Flug zum Mond, soll angeblich in drei Tagen entstanden sein; er verfehlte 1953 den International Fantasy Award nur knapp und ließ mit dem 2. Platz hervorragende andere Romane hinter sich. THE SYNDIC ist eine futuristische Mafia-Geschichte, in der Gangster ganz offiziell die Welt regieren (eine Vorstellung, an der heutzutage eh kein Mensch mehr zweifelt). In NOT THIS AUGUST haben die Sowjetunion und China die USA besetzt. Wichtiger für die SF der fünfziger Jahre waren K.s Kurzgeschichten, die meist in den gerade populär werdenden Magazinen *Galaxy* und *Magazine of Fantasy & Science Fiction* erschienen. Seine besten Erzählungen, etwa ›The Marching Morons‹ (1951), ›The Little Black Bag‹ (1950), ›The Altar at Midnight‹ (1952) und ›MS. Found in a Fortune Cookie‹ (1957), zeigen eine deutliche Abkehr von der optimistischen, himmelsstürmenden SF des Golden Age und brachten erstmals eine deutliche Hinwendung zu den ›weichen‹ Wissenschaften, den ›social‹ und ›psychological‹ sciences. Der Mensch rückte stärker in den Mittelpunkt der Geschichten und verdrängte die bislang dominierende naturwissenschaftlich-technische Idee. Neben bahnbrechenden Erfindungen und der Planetenkolonisation spielten jetzt soziale, menschliche Probleme eine Rolle, deren Einführung in die SF vor allem K. zu verdanken ist. Sein früher Tod setzte einer hoffnungsvollen Karriere ein jähes Ende. Dennoch hat sein Werk die SF des folgenden Jahrzehnts entscheidend mitgeprägt und zu ihrem Wandel vom Weltraumabenteuer zu einer relevanten Literaturgattung beigetragen.

Bibliografie:

Gladiator des Rechts (GLADIATOR-AT-LAW) (mit Frederik Pohl), Balve: Zimmermann 1962 (auch: *Die gläsernen Affen*)
Herold im All (THE BEST SCIENCE FICTION STORIES OF C. M. KORNBLUTH), München 1969, GWTB 0108
Eine Handvoll Venus und ehrbare Kaufleute (THE SPACE MERCHANTS) (mit Frederik Pohl), Hamburg/Düsseldorf: MvS 1971
Welt auf neuen Bahnen (WOLFBANE) (mit Frederik Pohl), München 1972, GWTB 0136
Die letzte Antwort (SEARCH THE SKY) (mit Frederik Pohl), München 1972, H 3321
Die Worte des Guru (C) (A MILE BEYOND THE MOON), München 1975, GWTB 0194
Katalysatoren (THE WONDER EFFECT) (C) (mit Frederik Pohl), München 1977, GWTB 0251
Nicht in diesem August (NOT THIS AUGUST), Bergisch Gladbach 1985, B 22078
Schwarze Dynastie (THE SYNDIC), Bergisch Gladbach 1986, B 22087

Als Cyril Judd:

Die Rebellion des Schützen Cade (GUNNER CADE) (mit Judith Merril), Frankfurt am Main/Berlin/Wien 1972, U 2839
Außenstation Mars (OUTPOST MARS) (mit Judith Merril), Frankfurt am Main/Berlin/Wien 1984, U 31087

Bibliografie/H:

Start zum Mond (TAKEOFF), UG 76 (1958)

Kosch, Erich (1913 –   )

Geboren in Sarajevo, Jugoslawien. Studium in Belgrad, anschließend kurze Zeit Tätigkeit als Rechtsanwalt. K. ist als Journalist und Übersetzer tätig und hat zahlreiche Romanveröffentlichungen vorzuweisen. SNEG I LED (1961), sein einziger SF-Roman, beschreibt das Hereinbrechen einer Eiszeit über das sonnige Jugoslawien. Übersetzungen seiner Werke liegen in englischer, niederländischer, finnischer und russischer Sprache vor.

Bibliografie:

Eis (SNEG I LED), Hamburg/Düsseldorf: Claassen 1970

Kossak-Raytenau, Karl Ludwig (1891 – 1949)

Bibliografie:

Katastrophe 1940, Oldenburg: Stalling 1930
Lermantow vernichtet die Welt, Burg: Schildhorn 1936
Die Welt am laufenden Band, Wien: Höger 1937
Abenteuer im Zepp, Leipzig: Lipsia 1939
Der Stoß in den Himmel, Leipzig: Lipsia 1940

Kotzwinkle, William (1943 –)

Amerikanischer Autor, der mit HERMES 3000 (1972) und DR. RAT (1976) recht vielversprechend begann, sich dann jedoch von der Filmmaschinerie Hollywoods vereinnahmen ließ und neuerdings nur mehr ›Das Buch zum Film‹ abliefert, sobald Steven Spielberg oder ein anderes ›Hollywood-Brat‹ ein neues Zelluloid-Spektakel abgedreht hat. DR. RAT, sein SF-relevantestes Werk, handelt von einer intelligenten Laborratte, die sich als ›Mitarbeiter‹ des menschlichen Laborpersonals sieht.

Bibliografie:

E. T. Der Außerirdische (E. T.), Wien: Zsolnay 1982
Superman III (SUPERMAN III), München 1984, H 6334
Dr. Ratte (DR. RAT), München: Rogner & Bernhard 1984
E. T. – Das Buch vom grünen Planeten (E. T. – THE BOOK OF THE GREEN PLANET), München 1985, H 6516

Kraft, Robert (1869 – 1916)

Geboren in Leipzig. Besuchte das Thomas-Gymnasium, riß mehrere Male aus, absolvierte eine Schlosserlehre, fuhr zur See, trieb sich in der Welt herum (Ägypten, England, Frankreich, Italien, Monte Carlo) und betätigte sich ab 1894 als Autor sogenannter Kolportage-Romane. Er verfaßte zahllose See- und Abenteuerschinken. Seine Verleger bauten ihn als ›deutschen Jules Verne‹ auf. Die zehnbändige, von K. allein gestaltete Heftreihe *Aus dem Reiche der Phantasie* (1901) ist ein Paradebeispiel des frühen deutschen SF-Heftromans, auch wenn er im Grunde auf einer Fantasy-Prämisse (der Held, ein gelähmter Junge, träumt seine phantastischen Abenteuer nur) fußt. K. hat auch unter den Pseudonymen Graf Leo von Hagen, Harry Drake und Knut Larsen geschrieben.

Bibliografie:

Im Panzerautomobil um die Erde, Dresden: Münchmeyer 1906
Im Aeroplan um die Erde, Dresden: Münchmeyer 1908
Der Herr der Lüfte, Dresden: Münchmeyer 1909
Das Rätsel von Garden Hall, Dresden: Münchmeyer 1909
Novacassas Abenteuer, Dresden: Münchmeyer 1910
Die Nihilit-Expedition, Dresden: Münchmeyer 1910
Die neue Erde, Leipzig: Mutze 1910
Im Zeppelin um die Welt, Dresden: Münchmeyer 1911

Siehe Anhang SERIEN: *Aus dem Reich der Phantasie*

Kral, Werner A.

Bibliografie:

Atlantis – Ende einer Macht, Menden: Bewin 1963
Hilfe vom Nebel der Andromeda, Menden: Bewin 1963
Und sie existieren doch, Menden: Bewin 1964
Inferno, Menden: Bewin 1964
Geheimnis im Urwald, Menden: Bewin 1964
Die explodierende Sonne, Menden: Bewin 1964

Krämer, Peter Siehe Theodor, Peter

Krapp, Robert

Bibliografie:

Relaisstation Mond, Krefeld: Evertz 1959
RM1 antwortet nicht, Krefeld: Evertz 1960

Krause, Evelyne (1943 –   )
Geboren in Stockteich, Schlesien. Journalistin.

Bibliografie:

Das Kugeltier und die Ferienkinder, Würzburg: Arena 1977

Krausnick, Michail (1943 –   )
Geboren in Berlin. Übersetzer und Autor von Romanen, Sachbüchern und Hörspielen; gelegentliches Pseudonym: Rainer Wolf. 1975 erschien *Die Paracana-Affäre*, ein eindrucksvoll engagiertes Jugendbuch über einen Journalisten, der in naher Zukunft für eine Bildschirmzeitung arbeitet. Er kommt einem Verbrechen auf die Spur: Ein großer Chemiekonzern ist – Gesetzen, die derartiges verbieten, zum Trotz – in dem fiktiven Staat Paracana an einer ›Entlaubungsaktion‹ beteiligt, d. h. an der Ermordung der dort kämpfenden Revolutionäre. Man will den Protagonisten bestechen und einschüchtern und macht ihn schließlich mittels einer Droge zu einem ›glücklichen Menschen‹, der nichts mehr über Paracana wissen will. Ein skeptischer Kollege setzt sein Werk jedoch fort.

Bibliografie:
Die Paracana-Affäre, Würzburg: Arena 1975 (auch: *Lautlos kommt der Tod*)
Im Schatten der Wolke, München: Schneider 1980

Krauß, A(rnulf) D(ieter) (1943 –   )
›Nuffi‹ Krauß ist Polizeijurist in Wien und hat mit H. W. Mommers (siehe dort) eine Reihe von SF-Anthologien herausgegeben, die sich sehen lassen können!

Kreimeier, Bernd (1964 –   )
Geboren in Frankfurt/Main. Studium der Physik in Dortmund. Erhielt für *Seterra* den Phantastik-Preis der Stadt Wetzlar.

Bibliografie:
Seterra 1: Die Trägheit der Masse, München 1985,
G 23480
Seterra 2: Die Macht der Ursachen, München 1986,
G 23481
Seterra 3: Die Erhaltung der Wirklichkeit, München 1986,
G 23482

Kremp, Irmtraud (1934 –   )
Geboren in Essen, Ausbildung zur kaufmännischen Angestellten, Auslandsaufenthalte in den USA, langjährige Übersetzertätigkeit; seit 1976 Mitarbeit in der Literaturwerkstatt der Volkshochschule Essen. K. veröffentlichte neben Lyrik einige bemerkenswerte SF-

bzw. phantastische Erzählungen, die bei Heyne in den *Story Readern* und in den internationalen Anthologien erschienen, darunter ›Das Bild‹ (1979), ›Der Spaziergang‹ (1979), ›Kontaktaufnahme‹ (1979), ›Der Tag der goldenen Reifen‹ (1980), ›Spielereien‹ (1983), ›Paulette‹ (1983), ›Cinderella's Castle‹ (1984) und vor allem ›Der Bronzespiegel‹ (1980) und ›Die Stunde des Horus‹ (1980). K. hat sich auch als hervorragende SF-Übersetzerin aus dem Amerikanischen einen Namen gemacht.

Kremplen, Herbert

Bibliografie:

(Hrsg.) *Fenster zur Unendlichkeit,* Berlin/DDR: Das Neue Berlin 1974

Kriese, Reinhard (1954 –   )

Geboren in Weißenfels. 1972 Abitur, dann Studium an der Ingenieurhochschule Zwickau; 1976 Abschluß als Diplom-Ingenieur für Maschinenbau.

Bibliografie:

Eden-City, die Stadt des Vergessens, Berlin/DDR: Neues Leben 1985
Mission SETA II, Berlin/DDR: Neues Leben 1986

Kringel, Ferdinand

Pseudonym für Waldemar Schilling.

Bibliografie:

Von der Erde zum Mars, Berlin/Leipzig: Modernes Verlagsbüro 1907
Der Mondanzünder, Leipzig: Sattler 1908

Krinow, E. L.

Bibliografie:

Zwergplaneten, DDR: Urania 1955

Kröger, Alexander (1934 –   )

Pseudonym für Helmut Routschek. Studium an der Bergakademie Freiberg, 1962 Promotion zum Dr. Ing. Arbeitet im Wissenschaftsbereich des Gaskombinats ›Schwarze Pumpe‹ in Hoyerswerde/ DDR. Sein erster SF-Roman, *Sieben fielen vom Himmel* (1969), wurde mit einem Preis ausgezeichnet. In *Die Kristallwelt der Robina Crux* (1977) geht es um einen weiblichen Robinson Crusoe: Als Teilnehmerin einer interstellaren Expedition überlebt die Heldin als einzige einen Raumunfall und schlägt sich auf einem Asteroiden durch. *Die Marsfrau* (1980) beschreibt einen Flug zum Mars und eine Alge, die es Haustieren ermöglichen soll, durch in der Haut abgelagertes Chlorophyll Sonnenenergie zu nutzen.

Bibliografie:

Sieben fielen vom Himmel, Berlin/DDR: Neues Leben 1969
Antarktis 2020, Berlin/DDR: Neues Leben 1973
Expedition Mikro, Berlin/DDR: Neues Leben 1976
Die Kristallwelt der Robina Crux, Berlin/DDR: Neues Leben 1977
Die Marsfrau, Berlin/DDR: Neues Leben 1980
Das Kosmodrom im Krater Bond, Berlin/DDR: Neues Leben 1981
Energie für Centaur, Berlin/DDR: Neues Leben 1983

Krupkat, Günther (1905 –   )

Geboren in Berlin. Ingenieurstudium, war nach dem Zweiten Weltkrieg Chefredakteur und arbeitet seit 1955 freiberuflich in der DDR. Als Neunzehnjähriger durch Alexej Tolstois SF-Roman AELITA (1923) angeregt, versuchte er sich an einem utopischen Roman, der jedoch keinen Verleger fand, weil er als ›zu links‹ empfundene Gesellschaftskritik enthielt. Erste Kurzgeschichten des Autors erschienen noch vor dem Krieg. K. beteiligte sich am Widerstand gegen die Nazis und mußte in die Tschechoslowakei flüchten. Er reiste viel (Europa, Mittelamerika, Nordafrika, Vorderasien) und ist Vorsitzender des Arbeitskreises Utopische Literatur im Schriftstellerverband der DDR.

Bibliografie:

Die große Grenze, Berlin/DDR: Das Neue Berlin 1960
Als die Götter starben, Berlin/DDR: Das Neue Berlin 1963
Nabou, Berlin/DDR: Das Neue Berlin 1968
(Hrsg.) *Der Mann vom Anti,* Berlin/DDR: Das Neue Berlin 1975

Bibliografie/H:

Gefangene des ewigen Kreises, DNA 86 (1956)
Die Unsichtbaren, RZ 86 (1956)
Kobalt 60, DNA 114 (1957)
Nordlicht über Palmen, KJ 4 (1957)

Kruse, Iris

Pseudonym von Rubahn, Horst-Günter.

Bibliografie/H:

Jupiter, Io und ein Asteroidenjunge, TA 515 (1981)
Asteroidengeschichten (C), TA 583 (1983)

Kruse, Max (1921 –)

Geboren in Bad Kösen a.d. Saale. Abitur in Weimar, kurze Studienzeit in Jena. Verließ Thüringen nach dem Krieg. Mitglied des deutschen PEN und Verfasser zahlreicher märchenhafter Kinderbücher.

Bibliografie:

Urmel fliegt ins All, Reutlingen: Ensslin & Laiblin 1970

Krzepkowski, Andrzej Polnischer Autor.

Bibliografie:

Diskrete Zone (OBSZAR NIECIAGLOSCI) (mit Andrzej Wójcik), München 1985, H 4170

Kubiak, Michael (1948 –)

Geboren in Herne. Verlagslektor, Übersetzer und Anthologist.

Bibliografie:

(Hrsg.) *Höhenflüge,* Bergisch Gladbach 1982, B 22044
(Hrsg.) *Kontakte,* Bergisch Gladbach 1985, B 22079

Kubin, Alfred (1877 – 1959)

Geboren in Leitmeritz, Böhmen. Maler und Schriftsteller. Sein Roman *Die andere Seite* (unter dem Titel ›Traumstadt‹ von Johannes Schaaf 1973 verfilmt) ist eine »traumhaft-absonderliche Mischung aus Bildungsgut (indische Mythologien, Schopenhauer, Privatkosmologien), literarischen Traditionen (Romantik, Expressionismus, Meyrink) und Selbstanalyse (Bewältigung scharfer persönlicher Polaritäten)«. (Manfred Brauneck, *Weltliteratur im 20. Jahrhundert*)

Bibliografie:

Die andere Seite, München: Georg Müller 1923

Kuczka, Péter

Bibliografie:

(Hrsg.) *Raketen, Sterne, Rezepte,* Berlin/DDR: Neues Leben 1980

Kuehnelt-Leddin, Erik (Maria) Ritter von (1909 –)

Geboren in Tobelbad, Österreich. Studierte Politik in Wien und Budapest und war von 1935 – 1947 als Universitätsprofessor in England und den USA tätig. Zahlreiche Veröffentlichungen (Romane und Essays) seit 1931.

Bibliografie:

Moskau 1997, Zürich: Thomas 1949

Kühn, Dieter

Bibliografie:

Auf der Zeitachse (C), Frankfurt am Main: Suhrkamp 1980

Kuhn, W.

Bibliografie:

Keine Chancen für Terra, UZ 150 (1958)

Kunath, Michael (1959 –)

Bibliografie:

(Hrsg.) *Die Kinder Utopias* (mit Frank Dietz), München: Nymphenburger 1985

Kunetka, James (1944 –)

Bibliografie:

War Day – Kriegstag (WARDAY AND THE JOURNEY ONWARD), München: Piper 1984

Küppers, Karl

Bibliografie:

Verständigung zwischen Erde und Mars, Berlin: Widar 1924

Kurland, Michael (Joseph) (1938 –)

Geboren in New York. Studium am Hiram College, an der University of Maryland und an der Columbia University. Betätigte sich als Journalist beim *National Examiner* und beim Pop-Magazin *Crawdaddy*. Seine erste SF-Story, ›Elementary‹, gemeinsam mit Laurence M. Janifer verfaßt, erschien 1964. Seit 1965 freier Schriftsteller. Verfasser mehrerer pop-artiger und satirischer SF-Romane, von denen THE WHENABOUTS OF BURR (1975) der beste ist.

Bibliografie:

Die Drohung aus dem All (TEN YEARS TO DOOMSDAY) (mit Chester Anderson), Hamburg/Zürich/Wien 1967, W 2001
Wo steckt Aaron Burr? (THE WHENABOUTS OF BURR), Frankfurt am Main/Berlin/Wien 1983, U 31058

Kurowski, Franz (1923 –)

Geboren in Dortmund. Verfasser zahlreicher Jugend- und Sachbücher, Hörspiele und Erzählungen.

Bibliografie:

Im Reich der Delphinmenschen, Hamburg: Tessloff 1981
Diamanten auf dem Meeresgrund, Hamburg: Tessloff 1981
Untersee-Schleppzug spurlos verschwunden, Hamburg: Tessloff 1981
SOS von Atlantic City, Hamburg: Tessloff 1981
Jagd auf die Handelspiraten, Hamburg: Tessloff 1982
Ölpest-Alarm vor Südamerika, Hamburg: Tessloff 1982
Hilferuf der Silberdelphine, Hamburg: Tessloff 1983
Nordseestation Alpha ... Tödliches Gift, Hamburg: Tessloff 1983

Kurten, Björn

Bibliografie:

Der Tanz des Tigers (DEN SVARTA TIGERN), Hamburg: Knaus 1981

Kurth, Hanns (1904 – 1976)

Geboren in Heimbach-Schleiden. War Redakteur und Autor vieler Essays, Sachbücher und Hörspiele, aber auch von Western-, Abenteuer- und SF-Romanen. K.s SF-Titel (14 an der Zahl, doch nicht alle eindeutig identifiziert) erschienen hauptsächlich unter dem Pseudonym C. C. Zanta. (Der Name Hanns Kurth wurde lange Zeit für ein Ps. von H. K. Kaiser gehalten.) Siehe auch Merten, K.

Bibliografie:

Die Stimme aus dem Nichts, Leipzig/Hamburg: Deutscher Literatur Verlag 1950

Als C. C. Zanta:

Der Mann auf dem Lichtstrahl, Iserlohn: Iris 1948
Der Gedankenticker, Iserlohn: Iris 1948
Der Geheimagent von Planet X, Iserlohn: Iris 1949
Die lebende Feuerkugel, Iserlohn: Engelbert (Iris) 1949
Treffpunkt Mond, Frankfurt am Main: Reihenbuch 1952 (auch: *Ein Stern rebelliert)*

Bibliografie/H:

Duell im Weltall, LU 35 (1958)

Kurtz, Carmen
Spanische Jugendbuch-Autorin.

Bibliografie:

Weltraumfahrer Oscar (OSCAR, ESPIA ATOMICO), Bielefeld: E. Schmidt 1965

Kuttner, Henry (1914–1958)
Geboren in Los Angeles. K. besuchte die High School, bis die Weltwirtschaftskrise seiner Ausbildung ein Ende setzte und er in einer Literaturagentur Arbeit fand. Erst Jahre später nahm er sein Studium wieder auf (B. A. 1957, Universität von Südkalifornien). Die Lektüre des Horror-Magazins *Weird Tales* regte ihn zum Schreiben an. Seine erste Geschichte, ›The Graveyard Rats‹ (1936), zeigt deutlich den Einfluß von H. P. Lovecraft, der ihm auch riet, mit der Autorin C. L. Moore zusammenzuarbeiten. Die ersten gemeinsamen Texte der beiden wurden 1937 publiziert. In der Folgezeit schrieb K. unter einer Vielzahl von Pseudonymen alles, was verlangt wurde, und ließ dabei keine Facette des phantastischen Genres aus: Sword & Sorcery, Horror, Satiren und Hard-SF waren nur einige seiner Themenbereiche. So entstanden auch mehrere Serien: ›Elak of Atlantis‹ (Fantasy) in *Weird Tales,* ›Hollywood on the Moon‹ in *Thrilling Wonder Stories,* und mit Arthur K. Barnes verfaßte er für *Weird Tales*

unter dem Pseudonym Kelvin Kent die ›Pete Manx‹-Serie. Dort erschienen in den späten vierziger Jahren auch seine ›Hogben‹-Stories. K., der seine Vorbilder Lovecraft und Van Vogt geschickt kopierte und die Leserschaft mit vielen Pseudonymen narrte, ›mußte‹ demnach auch mit Jack Vance identisch sein, obwohl sich die beiden stilistisch erheblich unterscheiden. Eine einschneidende Veränderung in K.s Laufbahn vollzog sich nach seiner Hochzeit mit C. L. Moore: Von nun an schrieben die beiden fast alles gemeinsam, ob es nun unter den Pseudonymen Keith Hammond, Lewis Padgett, Lawrence O'Donnell oder ihren wirklichen Namen publiziert wurde. Ihre besten Arbeiten erschienen während der vierziger Jahre vornehmlich in *Astounding.* Dazu gehören die Erzählungen ›The Twonky‹ (1942), die zehn Jahre später verfilmt wurde, und ›Mimsy Were the Borogroves‹ (1943), ihre bekannteste Story, die in der SF Hall of Fame den 7. Platz belegte. Sowohl diese als auch die ›Baldy‹-Stories (1945–1953) – in Romanform unter dem Titel MUTANT (1953) erschienen – und die Erzählungen um den versoffenen Erfinder Galloway Gallagher wurden unter dem Pseudonym Lewis Padgett veröffentlicht. Als Lawrence O'Donnell brillierten die Kuttners bei den Klassikern ›Clash by Night‹ (1943) und FURY (1947): Darin hat sich die Menschheit nach einem weltweiten Atomkrieg in Kuppelstädte auf dem Grund der Venus-Ozeane zurückgezogen und kämpft ums Überleben. Viele ihrer besseren Erzählungen und Romane wurden in Buchform nachgedruckt. Neben ihren 170 Stories und Romanen erschienen noch etwa 20 weitere Titel, die in Magazinen publiziert wurden. Dazu kommen noch 35 Horrorgeschichten in *Weird Tales* und diverse Kriminalromane, die Mitte der fünfziger Jahre – kurz vor K.s Tod – veröffentlicht wurden.

Bibliografie:

SF-Stories 57 (C/OA), Frankfurt am Main/Berlin/Wien 1976, U 3212
Alle Zeit der Welt (FURY), München 1979, Kn 5716

Als Lewis Padgett:

Die Mutanten (C) (MUTANT), München 1966, H 3065
SF-Stories 56 (C) (ROBOTS HAVE NO TAILS), Frankfurt am Main/Berlin/Wien 1976, U 3202

Bibliografie/H:

Der verrückte Erfinder (C) (RETURN TO OTHERNESS), T 444 (1966)
Der Brunnen der Unsterblichkeit (EARTH'S LAST CITADEL) (mit C. L. Moore), T 450 (1966)

Das goldene Schiff (THE CREATURE FROM BEYOND INFINITY), TN 119 (1970)
Gespräche aus der Zukunft (C) (LINE TO TOMORROW), TN 143 (1970)

Als Lewis Padgett:

Der stolze Roboter (C/OA), UG 96 (1959)
Gefährliches Schachspiel (THE FAIRY CHESSMEN) (mit C. L. Moore), UG 108 (1960)

-ky (1938 –   )
Pseudonym für Horst Bosetzky, geboren in Berlin. Ein Krimi-Autor von Format, der als Student Groschenhefte (›John Drake‹) schrieb und sich Anfang der siebziger Jahre einen Namen als Verfasser sozialkritischer Romane machte.

Bibliografie:

Feuer für den Großen Drachen, Reinbek: Rowohlt 1982

Kyle, David A. (1912 –   )
Amerikanischer SF-Fan und Besitzer mehrerer Rundfunksender, nebenher Verfasser diverser SF-Kurzgeschichten sowie der Sekundärwerke A PICTORIAL HISTORY OF SCIENCE FICTION (1976) und THE ILLUSTRATED BOOK OF SCIENCE FICTION IDEAS & DREAMS (1977), und Mitbegründer des Verlages Gnome Press.

Bibliografie:

Drachen-Lensmen (DRAGON LENSMEN), München 1985, H 4191
Lensmen von Rigel (LENSMEN OF RIGEL), München 1985, H 4192
Z-Lensmen (Z-LENSMEN), München 1987, H 4193

Kyle, Duncan

Bibliografie:

Der Eiskäfig (A CAGE OF ICE), Frankfurt am Main: Goverts Krüger Stahlberg 1972

Laffert, Karl August von (1872 – 1938)

Geboren in Dannenbüttel bei Gifhorn. Als Oberstleutnant a. D. und Rittergutsbesitzer lebte er später in Garlitz/Mecklenburg und schrieb vorwiegend technisch orientierte Zukunftsromane.

Bibliografie:

Gefährliche Wissenschaft, Berlin: Stilke 1919
Kospoli, Berlin: Stilke 1919
Der Untergang der Luna, Berlin: Stilke 1921
Gold, Berlin: Paetel 1922
Feuer am Nordpol, Berlin: Keils 1924
Fanale am Himmel, Berlin: Keils 1925
Flammen aus dem Weltenraum, Berlin: Kyffhäuser 1927
Giftküche, Berlin: Scherl 1929

Lafferty, R(aphael) A(loysius) (1914 –   )

Geboren in Neola, Iowa. 1920 zog L.s Familie nach Tulsa/Oklahoma, wo der Autor noch heute lebt. Der Elektroingenieur mit wenig Freizeit begann erst im Alter von 45 Jahren mit dem Schreiben; er ist einer der wenigen Produzenten humoristischer Geschichten. Seine erste Story, ›The Day of the Glacier‹ (1960), erschien in *Original Science Fiction Stories.* Seither hat er über 150 Erzählungen publiziert, von denen viele – laut L.s Meinung nicht unbedingt die besten – in Sammelbänden wie NINE HUNDRED GRANDMOTHERS (1970), STRANGE DOINGS (1972) und DOES ANYONE ELSE HAVE SOMETHING FURTHER TO ADD? (1974) veröffentlicht wurden. Dazu kommt ein Dutzend Romane, drei davon historischer Natur. L. wurde für ›Eurema's Dam‹ (1972) mit dem Hugo Award ausgezeichnet. Der Autor über sich selbst: »...ich bin römisch-katholisch und konservativ; politisch unabhängig, und meine Interessen liegen auf den Gebieten Geschichte, Sprachen, Mathematik, Psychologie – alles Sachen, von denen ich nicht viel verstehe. Die erste biographische Information, die ich vor einigen Jahren gab, lautete: Ich bin fünfzig Jahre alt, Junggeselle, Elektroingenieur, ein fetter Mann. Die erste Aussage wurde mittlerweile von der Zeit korrigiert, der Rest stimmt aber immer noch.« – Alfred Bester sagte in Bewunderung über ihn: »Er hat Stories geschrieben, um die ich ihn beneide. Ich wollte, ich hätte solche Geschichten schreiben können.«

Bibliografie:

Neunhundert Großmütter (NINE HUNDRED GRANDMOTHERS), Frankfurt am Main 1974, FO 38/39
Die Odyssee des Captain Roadstrum (SPACE CHANTEY), München 1980, M 3504
Astrobe, der goldene Planet (PAST MASTER), München 1981, Kn 5737

La Fuente, Dick (Pseudonym)

Bibliografie/H:

Die Unmenschlichen, UZ 442 (1965)

Lagin, Lasar (Josifovic) (1903 – 1979)
Sowjetischer Autor.

Bibliografie:

Patent A. V. (PATENT A. V.), Berlin/DDR: SWA 1947
Neujahrsschnee (GOLUBOJ ČELOVEK), Berlin/DDR: Neues Leben 1970

Lamar, Cecil (Pseudonym)

Bibliografie/H:

Der Outsider, ZSF 235 (1981)
Die Kinder von Schat-Kawara, ZSF 245 (1982)
Ad Astra, Baxter, ZSF 250 (1983)
Endstation, ZSF 296 (1985)

Landfinder, Thomas Siehe Scheidt, Jürgen vom

Landolfi, Tommaso (1908 – 1979)
Italienischer Autor.

Bibliografie:

Erzählungen (C) (DIALOGO DEI MASSIMI SISTEMI), Frankfurt am Main: Suhrkamp 1966
Cancroregina – *Die Krebskönigin oder Eine seltsame Reise zum Mond* (CANCROREGINA), Freiburg: Beck & Glückler 1986

Lang, Jak (1943 –   )
Schriftsetzer, geboren in Dachau.

Bibliografie:

Mein Freund vom anderen Stern, Berlin: Gebr. Weiß 1959

Lang, King Siehe Tubb, E. C.

Lang, Othmar (1921 –   )
Geboren in Wien. Verfasser von Jugendbüchern, Romanen und Fernsehspielen.

Bibliografie:

Die beispiellosen Erfindungen des Felix Hilarius, München: Pfeiffer 1960

Langart, Darrel T. Siehe Garrett, Randall

Lange, Hellmuth (1903 –   )
Geboren in Thorn. Zahlreiche Romane, Dramen und Drehbücher. L. war langjähriger Herausgeber der *Vierteljahreszeitschrift für Theatererziehung.* Sein utopischer Roman *Blumen wachsen im Himmel* (1948), entstanden unter dem Eindruck der Atombombenabwürfe auf Hiroshima und Nagasaki, ist von tiefem Zweifel an Technologie und Fortschrittsgläubigkeit durchdrungen. Es geht um eine sterbende Erde ohne Sonne, in der die letzten Menschen gegen das Eis kämpfen. Die Hoffnung auf eine Rettung durch Kernenergie erweist sich als zweischneidiges Schwert, das den Untergang nur noch beschleunigt.

Bibliografie:

Die Stadt unterm Meeresgrund, Braunschweig: Löwen 1947
Blumen wachsen im Himmel, Berlin/Hannover: Minerva 1948

Lange, Oliver

Bibliografie:

Vandenberg oder Als die Russen Amerika besetzten (VANDENBERG), Düsseldorf: Marion von Schröder 1973

Langelaan, George (1908 – 1969)

Britischer Schriftsteller französischer Abstammung. L. war lange in den USA tätig, bevor er nach Frankreich ging. Viele seiner Erzählungen sind an der Grenze zwischen SF und Horror angesiedelt. ›The Fly‹ (1957) schildert ein mißglücktes Materietransmitter-Experiment, bei dem der Versuchsperson im entscheidenden Augenblick eine Fliege in die Versuchsanordnung gerät, wodurch als Ergebnis der Transmission ein Mensch mit einem Fliegenkopf und eine Fliege mit dem Kopf eines Menschen entstehen. (Verfilmung 1958 durch Kurt Neumann, 1986 durch David Cronenberg.) Seit seinem Umzug nach Frankreich publizierte L. SF-Stories in französischer Sprache, die u. a. in den Sammelbänden NOUVELLES DE L'ANTIMONDE (1962) und LE VOL DE L'ANTI-G (1967) vorliegen.

Bibliografie:

Die Fliege (C) (NOUVELLES DE L'ANTI-MONDE), Bern/Stuttgart/Wien: Scherz 1964
Die Stimme (C) (TREIZE FANTOMES), München: Scherz 1972

Langhanki, Viktor (1914 –)

Geboren in Hamburg. Roman- und Rundfunkautor.

Bibliografie:

Urkraft, Hamburg: Sauerberg 1937

Langour, Fritz

Bibliografie:

Alpha ruft Erde, München: Schneider 1970

Langrenus, Manfred (1903 –)

Pseudonym für Friedrich Hecht, geboren in Wien. Österreichischer Universitätsprofessor. Seine beiden utopischen Jugendbücher wurden als Alternative zu den Leihbuch- und Heftpublikationen der frühen fünfziger Jahre von den Lesern stark beachtet.

Bibliografie:
Reich im Mond, Leoben: F. Loewe 1951
Im Banne des Alpha Centauri, Leoben: F. Loewe 1955

Lanier, Sterling (1927–   )
Studium der englischen Sprache und Literatur in Harvard. L. kämpfte nach dem Examen (1951) in Korea, studierte später Anthropologie und Archäologie und arbeitete als Juwelier, Bildhauer und Lektor des Buchverlags Chilton, wo er sich für die Veröffentlichung des umfangreichen SF-Romans DUNE (1965) von Frank Herbert einsetzte. Seine erste Erzählung, ›Join Our Gang‹, erschien 1962 in *Analog.* Die meisten seiner Erzählungen, die in den folgenden Jahren in *Magazine of Fantasy & Science Fiction* erschienen, sind der Fantasy zuzurechnen und erschienen 1972 in dem Sammelband THE PECULIAR EXPLOITS OF BRIGADIER FFELLOWES. 1969 erschien sein erster Roman: THE WAR FOR THE LOT, eine Fantasy für Kinder, die einen Literaturpreis erhielt. HIERO'S JOURNEY (1973) ist ein SF-Roman mit Fantasy-Elementen: In einem Amerika 7476 Jahre nach dem Atomkrieg macht sich der Mönch Hiero auf den Weg, um die Küste des legendären Atlantiks zu suchen, wo es der Überlieferung nach einst große Städte und Computer gegeben haben soll, in denen das Wissen der Menschheit gespeichert war. Hiero, der über paranormale Fähigkeiten verfügt, durchquert auf einem mutierten Riesenelch die Landschaft der amerikanischen Binnenseen und muß sich dabei gegen alptraumhafte, mutierte Lebewesen zur Wehr setzen, vor allem gegen intelligente Tiere und die starken Telepathen der das Land beherrschenden ›Schwarzen Bruderschaft‹. Für viele Kenner des Genres ist HIERO'S JOURNEY einer der farbigsten und phantasievollsten Romane der siebziger Jahre.

Bibliografie:

Hieros Reise (HIERO'S JOURNEY), München 1975,
H 3425
Der unvergessene Hiero (THE UNFORSAKEN HIERO), München 1985,
H 4197

Lao, She (1899–1966)
Pseudonym für Shu Qingchung, geboren in Peking. Studierte in Peking und Tianjin. Lehrtätigkeit an verschiedenen chinesischen Universitäten, Vizevorsitzender des chinesischen Schriftstellerverbandes und Abgeordneter des Volkskongresses. Beging während der Kulturrevolution Selbstmord. MAO CHEN JI (1933) ist eine auf den Mars verlegte scharfe Satire auf die chinesische Gesellschaft.

Bibliografie:
Die Stadt der Katzen (MAO CHEN JI), Frankfurt am Main 1985, st 1154

Lapierre, Dominique Siehe Collins, Larry

Laredo, F.

Siehe Anhang SERIEN: *Zeitkugel*

Larionowa, Olga (1935–   )
Geboren in Leningrad. Studium der Physik in Leningrad, dann Tätigkeit als Ingenieurin in einem wissenschaftlichen Forschungsinstitut. 1964 erschien ihre erste SF-Erzählung, und im gleichen Jahr gab sie ihren Beruf auf, um als Schriftstellerin zu arbeiten. Neben zahlreichen Erzählungen, die teilweise in dem Band OSTROV MUŠESTVA (1971) erschienen, verfaßte sie mit LEOPARD S VERSINY KILIMANDZARO (1965) einen Roman, der nicht nur in der UdSSR, sondern auch in der DDR und der BRD Furore machte und als herausragendes Werk osteuropäischer SF gilt.

Bibliografie:
Der Leopard vom Kilimandscharo (LEOPARD S VERSINY KILIMANDZARO), Berlin/DDR: Neues Leben 1974
Herausforderung zum Duell (C/OA), Berlin/DDR: Neues Leben 1980

Larkens, Heinrich

Bibliografie:
Kein Doppelgänger – ich! Salzburg: Ried 1947

La Rocca, Ed Siehe Liersch, Rolf W.

Larsen, Johannes

Bibliografie:

Die Gemeinde, die in den Himmel wächst, Leipzig: Grethlein 1928

Larson, Glen A.

Amerikanischer TV-Produzent und Drehbuchautor; sein größter Erfolg dürfte die Seifenoper ›Dallas‹ sein. Auch die (in Europa in den Kinos gelaufene) TV-Serie ›Battlestar Galactica‹ entstammt seiner Feder – weniger jedoch die unten aufgeführten Bücher, die in Wahrheit ganz und gar von seinen ›Ko-Autoren‹ geschrieben wurden.

Bibliografie:

Kampfstern Galactica (BATTLESTAR GALACTICA) (mit Robert Thurston), München 1978, G 23302
Kampfstern Galactica 2: Die Todesmaschine von Cylon (THE CYLON DEATH MACHINE) (mit Robert Thurston), München 1979, G 23329
Kampfstern Galactica 3: Die Gräber von Kobol (THE TOMBS OF KOBOL) (mit Robert Thurston), München 1982, G 23750
Kampfstern Galactica 4: Die jungen Krieger (THE YOUNG WARRIORS) (mit Robert Thurston), München 1983, G 23751
Kampfstern Galactica 5: Die Entdeckung der Erde (GALACTICA DISCOVERS EARTH) (mit Michael Resnick), München 1983, G 23752
Kampfstern Galactica 6: Zu Lebzeiten Legende (THE LIVING LEGEND) (mit Nicholas Yermakov), München 1984, G 23790
Kampfstern Galactica 7: Krieg der Götter (WAR OF THE GODS) (mit Nicholas Yermakov), München 1984, G 23791
Kampfstern Galactica 8: Grüße von der Erde (GREETINGS FROM EARTH) (mit Ron Goulart), München 1984, G 23792
Kampfstern Galactica 9: Verschollen im Chaos (EXPERIMENT IN TERRA) (mit Ron Goulart), München 1985, G 23793
Kampfstern Galactica 10: Wächter in der Zeit (THE LONG PATROL) (mit Ron Goulart), München 1985, G 23794
Kampfstern Galactica 11: Die Teufelsmaschine (THE NIGHTMARE MACHINE) (mit Michael Resnick), München 1985, G 23795

La Salle, Victor (Verlagspseudonym)

Bibliografie/H:

Die letzten auf Merkur (TWILIGHT ZONE), UZ 246 (1960)

Laßwitz, Kurd (1848–1910)

Geboren als Sohn eines Eisengroß-händlers in Breslau. Sein Vater war zeitweise Abgeordneter des Preußi-schen Abgeordnetenhauses. L. stu-dierte von 1866–1869 in seiner Heimatstadt und 1870 in Berlin Ma-thematik und Physik. Schon in der Jugend lagen seine Interessen auf naturwissenschaftlichem Gebiet, hier vor allem in der Astronomie. 1873 promovierte er mit einer Arbeit ›über Tropfen, die an festen Körpern hängen und der Schwerkraft unterworfen sind‹ in Breslau zum Dok-tor der Philosophie. Die erhoffte Hochschulprofessur erhielt er je-doch nie. So blieb er bis 1908 Gymnasiallehrer für Mathematik und Physik an Breslauer und Gothaer Schulen, wo er auch Hans Domi-nik unterrichtete. Heute ist L. in Deutschland zwar ziemlich unbe-kannt, doch zu seinen Lebzeiten war er einer der meistgelesenen SF-Autoren. Sein Meisterwerk *Auf zwei Planeten* (1897) gehört zum Eindrucksvollsten, was das Genre hierzulande hervorgebracht hat. Das über tausend Seiten starke Buch wurde kurz nach Veröffentli-chung in mehrere Sprachen übersetzt, war möglicherweise die be-kannteste europäische Weltraumutopie ihrer Zeit und erreichte bis 1930 eine Auflage von 70000 Exemplaren, bevor es von den Faschi-sten als ›demokratisch‹ verboten wurde. Der amerikanische SF-Kri-tiker Anthony Boucher mutmaßte gar, *Auf zwei Planeten* habe die Wissenschaft – namentlich die deutschen Raketen- und Raumfahrt-pioniere – stärker beeinflußt als jedes andere SF-Werk. L.' erste Geschichte, ›Bis zum Nullpunkt des Seins‹ (1871), erschien in der *Schlesischen Zeitung* und später in der Sammlung *Bilder aus der Zukunft* (1878).

L. hat in seinen Werken viele SF-Themen vorweggenommen und große Autoren inspiriert. Inwiefern *Bilder aus der Zukunft* Hugo Gernsbacks frühen SF-Roman RALPH 124 C41+ beeinflußt hat, ist nicht feststellbar, jedoch wahrscheinlich. Ebenso interessant wäre es, zu wissen, ob H. G. Wells L.' Werke kannte, da sich auch hier etliche Gemeinsamkeiten finden. Der überzeugte Kantianer L. wollte in sei-nem Hauptwerk *Auf zwei Planeten* nicht nur ein technisches Zukunftsbild entwerfen, sondern auch Ethik und Philosophie mit einbeziehen, was ihn wohltuend von den meisten SF-Autoren sei-ner Zeit unterscheidet. Wissenschaft und Technik waren für ihn nur

Mittel zu einer ethischen Verbesserung der Menschheit. Dabei orientierte er sich allerdings nicht an der Gesellschaft, sondern am einzelnen. In einer Zeit, in der man an intelligente Marsbewohner glaubte, lag der Gedanke an eine Invasion deshalb nicht so fern. Im Gegensatz zu H. G. Wells *Krieg der Welten* (1898), wo die Marsianer als häßliche, menschenmordende Ungeheuer dargestellt werden, sind sie bei L. Ebenbild des Menschen und ihm moralisch wie technisch überlegen. Sie stellen eigentlich das L.sche Ideal des Menschen dar. *Auf zwei Planeten* schildert eine Expedition, die herausfindet, daß sich in einer Weltraumstation über dem Nordpol Marsianer niedergelassen haben. Zwei der Forscher werden zum Mars gebracht, erleben dort staunend die Wunder des fremden Planeten und müssen später zusehen, wie es zu einem Konflikt zwischen Marsianern und Terranern kommt – mit der Konsequenz, daß ein marsianisches Protektorat über Europa entsteht. Die Menschen revoltieren gegen die Fremdherrschaft, doch schließlich kommt es zum Frieden, obwohl die Marsianer die Möglichkeit hätten, die Menschen niederzuzwingen.

L. gelangen dabei einige auch heute noch beeindruckende technische Voraussagen. So hat seine Weltraumstation nicht nur die Form eines Speichenrades, sondern dürfte die allererste literarische Konzeption eines künstlichen Erdsatelliten überhaupt sein. L. ließ sich eine Fülle von technischen Extrapolationen einfallen, von rollenden Straßen, Wolkenkratzern, synthetischen Stoffen, Fotozellen, Lichttelegrafen und ›Fühlkunst‹ bis hin zu Solarzellen und Kabinenbahnen. Vor allem jedoch vertrat er eine Auffassung, die in ähnlicher Form später der sowjetische Autor Iwan Jefremow betonte: Wer so hoch auf der Stufenleiter der zivilisatorischen Entwicklung steht, muß sich auch moralisch weiterentwickelt haben. Für den Kantianer L. hieß dies Verwirklichung des sittlichen Willens, Trennung von Pflicht und Neigung. Selbst wenn man seinen Ideen heute nicht mehr in allen Punkten zustimmen kann, so ist doch vor allem seine pazifistische Einstellung in einer Zeit des Imperialismus besonders hoch einzuschätzen. L. hat noch einige weitere utopische Romane geschrieben, etwa *Aspira* (1906) und *Sternentau* (1909), die jedoch weniger bekannt wurden; ferner zahlreiche Erzählungen wie die amüsante, oft anthologisierte Geschichte ›Auf der Seifenblase‹ (1897), in der es um das Thema Miniaturwelten geht. Außerdem schrieb er Sachbücher, von denen *Geschichte der Atomistik vom Mittelalter bis Newton* (1890) ein bekanntes wissenschaftliches Standardwerk wurde.

Bibliografie:

Bilder aus der Zukunft, Breslau: Schottlaender 1878 (2 Bde.)
Seifenblasen (C), Hamburg: Voss 1890
Auf zwei Planeten, Weimar: Felber 1897 (2 Bde.)
Traumkristalle (C), Leipzig: Elischer 1902
Aspira, Leipzig: Elischer 1905
Sternentau. Die Pflanze vom Neptunsmond, Leipzig: Elischer 1909
Erfundenes und Erkanntes, Aus dem Nachlasse (C), Leipzig: Elischer 1919
Die Welt und der Mathematikus, Leipzig/Berlin: Elischer 1924
Bis zum Nullpunkt des Seins (C/OA), Berlin/DDR: Das Neue Berlin 1979
Traumkristalle (C/OA), München 1981, M 3535
Traumkristalle (C/OA), Berlin/DDR: Das Neue Berlin 1982
Homchen und andere Erzählungen (C/OA), München 1986, H 4309

Latham, Philip (1902 –   )
Pseudonym des amerikanischen Astronomen Robert S. Richardson.

Bibliografie:

Irrfahrt zur Venus (FIVE AGAINST VENUS), München: Awa 1956

Laub, Gabriel (1928 –   )
Geboren in Bochnia (Polen). Studium in Prag. 1968 emigrierte L. und lebt seither als Übersetzer, Journalist und Autor in Hamburg.

Bibliografie:

Der Aufstand der Dicken, Bergisch Gladbach: Lübbe 1983

Laumer, (John) Keith (1925 –   )
Geboren in Syracuse, New York. Studium am Coffeyville Junior College in Kansas und an der Phillips University in Enid, Oklahoma. L. trat 1943 in die Armee ein und kämpfte bis 1945 in Europa. 1946 studierte er an der University of Illinois Architektur, verbrachte zwei Semester in Stockholm und schloß 1952 mit einem B. Sc. ab. Von 1952 – 1956 diente er bei der US Air Force, ging danach in den diplomatischen Dienst und arbeitete als Luftwaffenattaché in der US-Botschaft von Burma. 1960 kehrte er zur Air Force zurück; er brachte es bis zum Captain. Seine erste Story war ›Diplomat at Arms‹ *(Fantastic,* 1960), eine Geschichte der späteren ›Retief‹-Serie. In den sechziger und siebziger Jahren publizierte L. eine riesige An-

zahl von Erzählungen und knapp 50 Bücher. Neben SF verfaßte er auch Novellisationen von TV-Serien wie ›The Avengers‹ und ›The Invaders‹, Kriminalromane und Bücher über Flugzeugmodelle. Neben den ›Retief‹-Geschichten, in denen L. unfreiwillig die Praktiken einer imperialistischen Politik bloßlegt, sind noch seine Romane um Lafayette O'Leary und TIME TRAP (1970) erwähnenswert. Retief haut in zynischer und kaltschnäuziger Manier die Regierungen unterentwickelter Planeten übers Ohr. Der Großteil von L.s restlichen Romanen sind entweder abenteuerliche Zeitreisegeschichten oder Space Operas mit militaristischem Anstrich, deren Niveau nicht allzu hoch ist, was freilich der Beliebtheit des Autors bei den Lesern keinen Abbruch tut.

Bibliografie:

Im Banne der Zeitmaschinen (THE GREAT TIME MACHINE HOAX), München 1966, TTB 111

Diplomat der Galaxis (C) (GALACTIC DIPLOMAT), München 1966, TTB 115

Krieg auf dem Mond (A PLAGUE OF DEMONS), München 1967, TTB 128

Das große Zeitabenteuer (THE TIME BENDER), München 1968, TTB 143

Diplomat und Rebell von Terra (RETIEF'S WAR), München 1968, TTB 159

Galaktische Odyssee (GALACTIC ODYSSEY), München 1968, H 3130

Blut der Erde (EARTH BLOOD) (mit Rosel George Brown), München 1969, H 3146 – 47

Invasoren der Erde (THE INVADERS), München 1969, TTB 167

Feinde aus dem Jenseits (ENEMIES FROM BEYOND), München 1969, TTB 168

Diplomat der Grenzwelten (RETIEF AND THE WARLORDS), München 1970, TTB 176

Der Drachentöter (C) (RETIEF: AMBASSADOR OF SPACE), München 1970, TTB 183

Invasion der Nichtmenschen (THE HOUSE IN NOVEMBER), München 1971, TTB 187

Universum der Doppelgänger (THE WORLD SHUFFLER), München 1972, TTB 194

Das vergessene Universum (A TRACE OF MEMORY), Bergisch Gladbach 1972, B 8

Zeitlabyrinth (TIME TRAP), Frankfurt am Main 1972, FO 4

Duell der Unsterblichen (THE LONG TWILIGHT), München 1972, TTB 197

Der Mann vom CDT (C) (RETIEF OF THE CDT), München 1972, TTB 200
Invasion der Monitoren (THE MONITORS), München 1973, TTB 206
Invasion aus der Null-Zeit (THE OTHER SIDE OF TIME), Bergisch Gladbach 1973, B 23
Fremde Dimensionen (C) (TIMETRACKS), München 1973, TTB 214
Zeit-Odyssee (DINOSAUR BEACH), München 1973, TTB 219
Diplomat der Sterne (C) (ENVOY TO NEW WORLDS), München 1973, TTB 226
Jenseits von Zeit und Raum (C) (ONCE THERE WAS A GIANT), München 1974, TTB 229
Friedenskommissare der Galaxis (RETIEF'S RANSOM), München 1974, TTB 236
(Hrsg.) *Der Zwischenbereich* (FIVE FATES), München 1975, H 3443
Der Krieg gegen die Yukks (C) (IT'S A MAD, MAD GALAXY), München 1976, TTB 273
Die Katastrophen-Welt (CATASTROPHE PLANET), München 1977, TTB 284
Intelligenz aus dem Nichts (THE INFINITE CAGE), Rastatt 1979, TTB 312
Der Ultimax (THE ULTIMAX MAN), Bergisch Gladbach 1980, B 21130
Der Krieg mit den Hukk (THE GLORY GAME), Rastatt 1984, TTB 362

Laurence, W. L.

Bibliografie:
Dämmerung über Punkt Null, München: List 1948

Lautenschlag, Marockh (1949 –)

Pseudonym des deutschen Autors Christian Lautenschlag, der den weiblichen Vornamen wählte, um leichter seine ersten Werke veröffentlichen zu können. Nach dem Erzählband *Der Wald* (1980), dem Gedichtband *Artemis ging zur Jagd* (1981) und dem Fantasy-Roman *Araquin* (1981) erschien 1983 sein erster SF-Roman *Sweet America*. Weitere einschlägige Erzählungen folgten.

Bibliografie:
Sweet America, Frankfurt am Main: Medea Frauenverlag 1983

Lawrence, H(enry) L(ionel) (1908 –)

Geboren in London. L. arbeitet seit 1933 als Texter für verschiedene Londoner Werbeagenturen und ist Mitglied des britischen PEN.

Sein SF-Roman CHILDREN OF LIGHT (1960) lieferte die Vorlage für den Film ›Sie sind verdammt‹ (GB 1962; Regie: Joseph Losey).

Bibliografie:

Kinder des Lichts (CHILDREN OF LIGHT), München 1962, H 3010 (188)

Lawson, Robert (1892 – 1957)

Bibliografie:

Der Mann, der mit dem Elefanten sprach (MR. WILMER), München: Braun & Schneider 1960

Laxness, Halldór (1902 –   )
Geboren in Reykjavik, Island.

Bibliografie:

Atomstation (ATOMSTÖDIN), Berlin/DDR: Aufbau 1955

Lé, John Siehe Sandow, Gerd

Le Blanc, Thomas
(1951 –   )
Geboren in Wetzlar. Studium der Mathematik, Physik und Pädagogik. Gymnasiallehrer, Autor, Übersetzer und Herausgeber zahlreicher Anthologien, vornehmlich im Goldmann Verlag, deren Beiträger fast ausnahmslos Nachwuchsautoren des deutschen Sprachraums sind.

Bibliografie:

(Hrsg.) *Die Anderen,* München 1979, H 3650
(Hrsg.) *Antares,* München 1980, G 23365
(Hrsg.) *Start zu neuen Welten,* Freiburg/Basel/Wien: Herder 1980
(Hrsg.) *Beteigeuze,* München 1981, G 23385
(Hrsg.) *Canopus,* München 1981, G 23391
(Hrsg.) *Deneb,* München 1982, G 23405
(Hrsg.) *Eros,* München 1982, G 23417
(Hrsg.) *Fomalhaut,* München 1983, G 23425

(Hrsg.) *Ganymed,* München 1983, G 23440
(Hrsg.) *Noch Leben auf KA III?,* Stuttgart: Franckh 1983
(Hrsg.) *Halley,* München 1984, G 23454
(Hrsg.) *Io,* München 1985, G 23475
(Hrsg.) *Die spannendsten Weltraumgeschichten,* München:
Südwest 1985
(Hrsg.) *Jupiter,* München 1986, G 23483

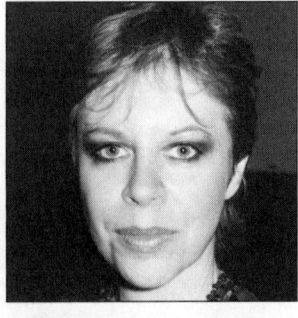

Lee, Tanith (1947 –   )

Geboren in London. Ihr Romandebüt war THE DRAGON HOARD (1971), ein Jugendbuch, doch den internationalen Durchbruch schaffte sie erst, als Donald A. Wollheim ihre meist in den Bereichen der Fantasy angesiedelten Bücher in die USA importierte: THE BIRTHGRAVE (1975) nahm die Leser im Sturm, zwei Fortsetzungen waren die Folge: VAZKOR, SON OF VAZKOR (1978) und QUEST FOR THE WHITE WITCH (1978). Auch die nachfolgenden Romane L.s waren durchweg gut verkäuflich, und es ist nicht immer einfach, sie einem bestimmten Genre zuzuordnen. Ihr Hauptwerk, mit all den mannigfachen und wenig originellen, aber immer gut lesbaren Neudeutungen klassischer Sagen- und Märchenstoffe, gehört aber eindeutig dem Fantasy-Genre an. Für ihre Kurzgeschichten *The Gorgon* und *Elle Est Trois* (La Mort) wurde L. mit dem World Fantasy Award 1983 bzw. 1984 ausgezeichnet.

Bibliografie:

Trinkt den Saphirwein (DRINKING SAPHIRE WINE), München 1978,
G 23296
Beiß nicht in die Sonne (DON'T BITE THE SUN), Rastatt 1982,
M 3585
Sabella oder Der letzte Vampir (SABELLA OR THE BLOOD STONE),
Bergisch Gladbach 1982, B 20045
Tagtraum und Nachtlicht (DAY BY NIGHT), Bergisch Gladbach 1984,
B 22063
Liebhaber in Silber (THE SILVER METAL LOVER), Bergisch Gladbach 1984,
B 22067
Im elektrischen Wald (ELECTRIC FOREST), Bergisch Gladbach 1986,
B 24081

Le Guin, Ursula K(roeber)
(1929 –   )

Geboren in Berkeley, Kalifornien. Tochter der Schriftstellerin Theodora K. Kroeber und des Ethnologen und Kultur-Anthropologen Alfred L. Kroeber. Sie besuchte das Radcliffe College (B. A. 1951), studierte französische und italienische Geschichte der Renaissance an der Columbia University (M. A. 1952), erhielt ein Stipendium für ein Aufbaustudium in Frankreich und lernte dort ihren Mann, den Historiker Charles A. Le Guin kennen, den sie 1953 heiratete. L. unterrichtete in den fünfziger Jahren an amerikanischen Universitäten, bevor sie in den sechziger Jahren mit dem Schreiben begann. 1966/67 erschienen dicht hintereinander ihre drei ersten Romane: ROCANNON'S WORLD, PLANET OF EXILE und CITY OF ILLUSIONS. Es folgte der erste Band ihrer für Kinder geschriebenen, aber bei Erwachsenen ebenso beliebten ›Erdsee‹-Trilogie: A WIZARD OF EARTHSEA (1968). Ein weiteres Jugendbuch erschien 1976: FAR AWAY FROM ANYTHING ELSE. Innerhalb weniger Jahre hat sie sich mit einer vergleichsweise kleinen Zahl von Werken unumstritten zu einer der wichtigsten Persönlichkeiten der SF-Szene der Gegenwart entwickelt. Obwohl ihr gelegentlich der Vorwurf gemacht wird, daß sie »zu akademisch« (Philip K. Dick) schreibt, sind sich die Kritiker und Fans über die Qualität ihrer Werke einig – was dazu führte, daß sie nicht nur von Kritikern vergebene Preise, sondern auch wiederholt den Hugo gewann. Aber auch mit allgemeinen literarischen Preisen wurde sie überhäuft: Für A WIZARD OF EARTHSEA erhielt sie den Boston Globe-Hornbook Award (1968) für herausragende Leistungen auf dem Gebiet des Jugendbuchs; den National Book Award (1972) für THE FARTHEST SHORE; das Newbury Honor Book (1972) für THE TOMBS OF ATUAN, und den Hugo Award für THE WORD FOR WORLD IS FOREST (1972) und ›The Ones Who Walk Away From Omelas‹ (1973), während ›The Day Before the Revolution‹ (1975) mit dem Nebula Award ausgezeichnet wurde. Hugo und Nebula gleichzeitig gewannen THE LEFT HAND OF DARKNESS (1969) und THE DISPOSSESSED (1974). Für letzteres Werk erhielt sie obendrein noch den Jupiter Award und belegte beim John W. Campbell Award den zweiten Platz. Auf dem World Convention in Brighton wurde sie 1969 mit dem Gandalf Grand Master Award ausgezeichnet. Ihre Hauptwerke in der SF sind die großen Romane THE LEFT HAND OF DARKNESS, THE LATHE OF HEAVEN (1971), THE DISPOSSESSED und THE WORD FOR WORLD IS FOREST (1976). Inzwischen liegen auch Story-Sammlungen der Autorin vor: THE WIND'S TWELVE QUARTERS (1975) und ORSINIAN TALES (1976), dazu ein Gedichtband, eine Anthologie der Nebula-Preisträger und drei Broschüren und ein Buch mit Aufsätzen. Der 1979 erschienene Roman MALAFRENA ist – wie ORSIANIAN TALES – keine ausgesprochene SF, sondern ein historischer Roman, der zu Beginn des 19. Jahrhunderts in einem fiktiven Staat der Habsburger Monarchie im slawisch-italienischen Raum spielt. THE LEFT HAND OF DARKNESS beschreibt auf eindringliche Weise einen eisbedeckten Planeten, dessen Bewohner zweigeschlechtlich sind, wobei sich Monat für Monat stets neu entscheidet, ob sie sich in Richtung eines weiblichen oder männlichen Geschlechtspartners entwickeln. Mit einem dieser Wesen wird ein Besucher von einem hochentwickelten Planeten konfrontiert. Der Protagonist von THE LATHE OF HEAVEN entdeckt, daß er mit seinen Träumen die Realität verändern kann. Sein Psychiater versucht, die Träume so zu lenken, daß sie eine Idealwelt erschaffen, erwirbt schließlich selbst die Fähigkeit des kreativen Träumens, wird darüber wahnsinnig und reißt die Welt fast in den Abgrund. (Der Roman wurde 1979 fürs Fernsehen verfilmt.) THE WORD FOR WORLD IS FOREST ist eine Antwort auf die Vernichtungskriege des weißen Amerika gegen Indianer und Vietnamesen. Hier werden Extraterrestrier, deren Überleben vom perfekten Funktionieren ihres ökologischen Systems abhängt, zum Verteidigungskampf gegen Menschen gezwungen, die ihren Planeten ausplündern wollen. THE DISPOSSESSED schließlich, L.s reifstes Werk, knüpft an die sozialutopische Tradition der SF an und schildert den Gegensatz zwischen dem reichen kapitalistischen Planeten Urras und dem kargen, von Urras-Rebellen besiedelten Planeten Anarres, auf dem eine klassenlose, in gewisser Weise anarchistische Gesellschaft verwirklicht wurde. Einer der ›Habenichtse‹, ein genialer Physiker, kehrt Anarres den Rücken, wird mit den Verhältnissen auf Urras konfrontiert und kehrt schließlich ernüchtert zurück. Das große Verdienst der L. ist es, der SF durch ihre reiche, bildhafte Sprache im Verein mit eindringlicher Gestaltungskraft und gedanklicher Tiefe eine neue Dimension gegeben zu haben. Sie hat in der SF neue Maßstäbe gesetzt.

Bibliografie:

Die Geißel des Himmels (THE LATHE OF HEAVEN), München 1974, H 3373

Winterplanet (THE LEFT HAND OF DARKNESS), München 1974, H 3400
Das Wort für Welt ist Wald (THE WORD FOR WORLD IS FOREST), München 1975, H 3466
Planet der Habenichtse (THE DISPOSSESSED), München 1976, H 3505
Rocannons Welt (ROCANNON'S WORLD), München 1977, H 3578
Das zehnte Jahr (PLANET OF EXILE), München 1978, H 3604
Der Magier der Erdsee (WIZARD OF EARTHSEA), München 1979, H 3675
Die Gräber von Atuan (THE TOMBS OF ATUAN), München 1979, H 3676
Das ferne Ufer (THE FARTHEST SHORE), München 1979, H 3677
Stadt der Illusionen (CITY OF ILLUSIONS), München 1979, H 3672
Die zwölf Striche der Windrose (C) (THE WIND'S TWELVE QUARTERS), München: Nymphenburger 1980
Das Auge des Reihers (THE EYE OF THE HERON), München 1982, in H 3856
(Hrsg.) *Kanten* (EDGES) (mit Virginia Kidd), München 1983, H 4015
Das Wunschtal (THE BEGINNING PLACE), München 1984, H 4077
Malafrena (MALAFRENA), München: Nymphenburger 1984
Die Kompaßrose (C) (THE COMPASS ROSE), München 1985, HSFB 47
(Hrsg.) *Grenzflächen* (INTERFACES), München 1985, H 4175

Leiber, Fritz (1910 –   )

Geboren 1910 als Sohn des gleichnamigen Stummfilmstars, dessen Vorfahren aus dem Mannheimer Raum in die USA emigrierten. L. studierte an der Universität Chicago, brachte es zum Dr. phil. und verkaufte nach dem Studium einige Erzählungen für Kinder an ein Kirchenblatt. 1933 lernte er einen jungen Mann namens Harry Otto Fischer kennen, der ihn zum Schreiben einer Fantasy-Serie inspirierte, die seither ständig Neuauflagen erlebt. Während der Depression schloß L. sich dem herumziehenden Bühnenensemble seines Vaters an, spielte in einigen Hollywood-Filmen mit, ohne im Vorspann genannt zu werden, und besann sich wieder seiner schriftstellerischen Versuche. 1939 schrieb er regelmäßig ›übernatürliche Geschichten‹ für *Weird Tales*. Der größte Teil seiner literarischen Produktion besteht aus Erzählungen und Novellen, aber auch seine Romane sind durchaus erwähnenswert: THE BIG TIME (1958), ein ausgeflipptes Garn über einen galaktischen Zeitkrieg, brachte L. den Hugo ein. THE WANDERER (1965), ebenfalls mit dem Hugo ausgezeichnet, erzählt die Geschichte eines sich der Erde nähernden Planeten, der eine Katastrophe heraufbeschwört. Gleichfalls zu Hugo-Ehren kam L.s Novelle ›Ship of Shadows‹ (1970). Seine von der Kritik für ein Stück New Wave gehaltene Novelle ›Gonna Roll the Bones‹ (1967, Nebula Award) ist in Wahrheit eine Auseinandersetzung mit dem Alkoholismus, der L. seit den vierziger Jahren – trotz langjähriger Trockenphasen – in den Krallen hat. Auch seine Kurzgeschichte ›Catch That Zeppelin‹ (1976) erhielt den Nebula.

Bibliografie:

Die programmierten Musen (THE SILVER EGGHEADS), Frankfurt am Main 1972, FO 8

Eine tolle Zeit (THE BIG TIME), Frankfurt am Main 1974, FO 41 (auch: *Eine große Zeit*)

Ein Gespenst sucht Texas heim (A SPECTER IS HAUNTING TEXAS), München 1974, H 3409

Spekulationen (C) (THE SECRET SONGS), München 1976, GWTB 0229

Die Spiegelwelt (C) (NIGHT MONSTERS), München 1977, GWTB 0253

Das grüne Millenium (THE GREEN MILLENIUM), München 1978, H 3611

Wanderer im Universum (THE WANDERER), München 1979, H 3679

Die besten Stories (C) (THE BEST OF FRITZ LEIBER), München 1980, P 6709

Schicksal mal drei (DESTINY TIMES THREE), Bergisch Gladbach 1981, B 23001

Die Sündhaften (THE SINFUL ONES), Köln: Hohenheim 1983

Das Licht der Finsternis (GATHER, DARKNESS), Bergisch Gladbach 1983, B 22053

Bibliografie/H:

Tödlicher Mond (C) (SHIPS TO THE STARS), UZ 445 (1965)

Leiber, Justin

Amerikanischer Hochschuldozent, Sohn des Schriftstellers Fritz Leiber.

Bibliografie:

Ego-Transfer (BEYOND REJECTION), Bergisch Gladbach 1984, B 22064

Leiner, Friedrich (1927 –   )
Geboren in Großefehn, Autor und Herausgeber.

Bibliografie:

(Hrsg.) *Science Fiction*. Eine Textsammlung für die Schule (mit Jürgen Gutsch), Frankfurt am Main: Diesterweg 1971
(Hrsg.) *Neue Science Fiction* (mit Jürgen Gutsch), Frankfurt am Main: Diesterweg 1975

Leinster, Murray (1896 – 1975)
Pseudonym für William Fitzgerald Jenkins, geboren in Norfolk, Virginia. L. publizierte schon im Alter von 13 Jahren und war zeitweilig der jüngste Schriftsteller der USA. Seit seiner ersten SF-Story, ›The Runaway Skyscraper‹ (1919) hat er über 1000 Erzählungen und Romane herausgebracht. L. war ein typischer Magazin-Schreiber und produzierte in der Regel leichte Kost für jedermann. Seine besten Werke sind die Planeten-Inspektor-Serie, gesammelt in COLONIAL SURVEY (1956), die ›Weltraumarzt‹-Serie, bestehend aus THE MUTANT WEAPON (1959), THIS WORLD IS TABOO (1961), DOCTOR TO THE STARS (1964) und S.O.S. FROM THREE WORLDS (1967), und der Roman THE FORGOTTEN PLANET (1954). SIDEWISE IN TIME (1934) ist angeblich die erste Parallelwelt-Geschichte. Die Novelle ›Exploration Team‹ (1956) wurde mit dem Hugo Award ausgezeichnet, THE PIRATES OF ZAN (1960) erreichte immerhin eine Nomination. L., der bis zu seinem Tod für zahlreiche TV-Sender, Zeitschriften und Buchverlage arbeitete und seinen echten Namen nur für Non-SF-Texte verwendete, hat sich stets als reiner Unterhaltungsschriftsteller gesehen. Wie Robert Moore Williams und Edmond Hamilton, die wie er Unmengen an Texten produzierten, war es auch ihm nie vergönnt, in die Riege derjenigen aufzusteigen, von denen junge Talente gern behaupten, sie hätten sie beeinflußt. 1969 schenkte er seine gesamten Akten und Manuskripte der Universität von Syracuse. Nebenher war er auch ein begabter Erfinder, der Dutzende amerikanischer Patente auf den Gebieten Film und Fotografie kontrollierte.

Bibliografie:

Piratenflotte über Darth (THE PIRATES OF ZAN), Balve: Zimmermann 1962
Der Planeten-Inspektor (C) (THE PLANET EXPLORER), München 1967, H 3098
Eroberer des Alls (MEN INTO SPACE), München 1968, TTB 148

Das Ende der Galaxis (C) (TWISTS IN TIME), München 1969, TTB 162
Die galaktische Verschwörung (TALENTS, INC.), Bergisch Gladbach 1972, B 12
Patrouille des Friedens (C) (DOCTOR TO THE STARS), Bergisch Gladbach 1972, B 21
Die Irrfahrten der Spindrift (THE HOT SPOT), Frankfurt am Main/Berlin/Wien 1972, U 2917
Im Reich der Giganten (UNKNOWN DANGER), Frankfurt am Main/Berlin/Wien 1973, U 2937
Die schwarze Galaxis (THE BLACK GALAXY), Frankfurt am Main/Berlin/Wien 1976, U 3242
Die Mondstadt (CITY ON THE MOON), Frankfurt am Main/Berlin/Wien 1976, U 3251
Die besten Stories (THE BEST OF MURRAY LEINSTER), München 1980, P 6704

Bibliografie/H:

Die andere Welt (THE OTHER WORLD), UZ 92 (1957)
Projekt Raumstation (SPACE PLATFORM), UK 16 (1957)
Zwischen Erde und Mond (SPACE TUG), UG 49 (1957)
Der vergessene Planet (THE FORGOTTEN PLANET), UG 62 (1957)
Gesetz des Zufalls (THE LAWS OF CHANCE), UZ 125 (1958)
Gefährliche Invasion (THE STRANGE INVASION), UZ 130 (1958)
Das letzte Raumschiff (THE LAST SPACESHIP), UG 79 (1958)
Fernsehstudio Galaxis (OPERATION OUTER SPACE), UG 83 (1958)
Invasion aus einer anderen Welt (THE OTHER SIDE OF HERE), T 94 (1960)
Der Weltraumarzt (THE MUTANT WEAPON), TS 49 (1961)
Der Weltraumarzt und die Seuche von Dara (THIS WORLD IS TABOO), TS 52 (1961)
Vampire aus dem All (THE BRAIN STEALERS), T 200 (1961)
Die Kinder vom fünften Planeten (FOUR FROM PLANET FIVE), TS 70 (1963)
Terrorstrahlen (OPERATION TERROR), T 366 (1964)
Der Ruf des Asteroiden (THE WAILING ASTEROID), T 416 (1965)
Die Revolution der Uffts (THE DUPLICATORS), T 426 (1965)
Freibeuter des Alls (INVADERS OF SPACE), UZ 465 (1965)
Die fünfte Dimension (C/OA), UZ 450 (1965)
Der Tunnel in die Vergangenheit (TIME TUNNEL), T 457 (1966)
Die feindlichen Planeten (C/OA), UZ 470 (1966)
Quer durch die Zeit (SIDEWISE IN TIME), UZ 500 (1966)
Die Lauscher in der Tiefe (CREATURES OF THE ABBYSS), T 490 (1966)

Die Wand ins Gestern (C/OA), UZ 510 (1966)
Captain Trent und die Piraten (SPACE CAPTAIN), UZ 514 (1966)
Planet der Kleinen (PLANET OF THE SMALL MEN), UZ 523 (1967)
Monster vom Ende der Welt (MONSTER FROM EARTH'S END), UZ 549 (1967)
Drei Welten funken SOS (C) (S.O.S. FROM THREE WORLDS), TN 36 (1968)
Unternehmen Zeittunnel (THE TIME TUNNEL), TN 47 (1968)
Unternehmen Zeittransport (TIMESLIP), TN 50 (1968)
Im Land der Giganten (LAND OF THE GIANTS), TN 88 (1969)
Monstren und andere Zeitgenossen (C) (MONSTERS AND SUCH), TA 29 (1971)
Phantome (C) (THE ALIENS), TA 91 (1973)

Leixner, Otto von (1847 – 1907)
Pseudonym für Otto von Leixner-Gruenberg.

Bibliografie:

2086 – Das Weltalter der Gleichheit, Berlin: Koelitzer 1887

Le Lon, Terry (Pseudonym von Kurt Brand)
Siehe Anhang SERIEN: *Ren Dhark*

Lem, Stanislaw (1921 –)
Der »dialektische Weise aus Krakow«, wie ihn sein Bewunderer Franz Rottensteiner nennt, gilt mittlerweile weltweit als Ausnahmeerscheinung in der SF. Er vereint ein erstaunliches interdisziplinäres Wissen, philosophischen Tiefsinn und literarisches Geschick mit intelligenten SF-Themen, wobei das Ergebnis in der Regel durchaus keine abgehobene Literatur mit SF-Elementen, sondern literarische SF mit Unterhaltungswert ist. L. begann im Alter von sechzehn Jahren mit dem Schreiben und studierte – als Arztsohn – Medizin, bevor der Einmarsch der deutschen Truppen ihn zum Abbruch seines Studiums zwang. Während der Besatzungszeit arbeitete er als Automechaniker, wobei er lernte, »deutsche Kraftwagen so zu beschädigen, daß es nicht sofort entdeckt werden konnte«. Nach dem Krieg studierte er Medizin, Philosophie, Physik und Biologie. Er war nur kurze Zeit als Arzt tä-

tig. Sein erster Roman, entstanden 1948, 1955 in Buchform veröffentlicht, schildert das Schicksal eines bürgerlichen Intellektuellen im besetzten Polen. L. hatte schon in der Jugend begeistert utopisch-phantastische Literatur verschlungen und während der Besatzungszeit die Novelle ›Der Marsmensch‹ verfaßt, die im Familienkreis gelesen wurde. Die Möglichkeit, einen SF-Roman zu veröffentlichen, ergab sich jedoch erst 1950 nach einem Gespräch mit einem Verleger: L. erhielt eine Zusage. Das Ergebnis war ASTRONAUCI (1951), die Beschreibung einer Venusexpedition, die 1959 als deutsch-polnische Koproduktion unter dem Titel ›Der schweigende Stern‹ (Regie: Kurt Maetzig) verfilmt wurde und in der BRD zunächst als Heftroman mit dem Titel *Vorstoß zum Abendstern* erschien. Es folgte SEZAM I INNE OPOWIADANIA (1954), ein Erzählungsband, der bereits erste Abenteuer Ijon Tichys enthielt und später um weitere Episoden ergänzt wurde (DZIENNIKI GWIAZDOWE, 1957). 1955 schloß sich OBLOK MAGELLANA an, ein Roman, der den Flug eines mit über 200 Menschen besetzten Raumschiffs zu den Sternen schildert – ungewöhnlich für L., steht hier die Handlung eindeutig im Dienst der Übermittlung sozialistischer Ideen und Menschenbilder. Nach ›kybernetischen Dialogen‹, weiteren Erzählungen – darunter die ersten Geschichten um den Weltraumpiloten Pirx – und einem Kriminalroman erschien EDEN (1959), ein Roman über die Landung eines Raumschiffes auf einem bizarren Planeten, wo es u. a. lebendige Fabriken sowie Pläne der Bewohner gibt, sich selbst durch eine Mutanten-Rasse zu ersetzen. POWROT Z GWIAZD und SOLARIS erschienen 1961. SOLARIS dürfte L.s populärster Roman sein; er wurde in 20 Sprachen übersetzt und erlebte durch Andrej Tarkowski 1972 eine bemerkenswerte Verfilmung in der Sowjetunion. Darin geht es um eine Lebensform, die sich als gallertartiger Ozean präsentiert, mit der trotz aller Versuche keine Kommunikation gelingt, weil die Menschen sich als unfähig erweisen, dieses fremde Leben voll zu erfassen. Auf eine andere seltsame Lebensform stoßen Weltraumfahrer in NIEZWYCIEZONY I INNE OPOWIADANIA (1964): winzige kybernetische Organismen organisieren sich zu einem metallischen Schwarm, der die vermeintlichen Eindringlinge abwehrt. L. schrieb auch außerhalb der SF, so z. B. PAMIETNIK ZNALEZIONY W WANNIE (1961) und GLOS PANA (1968), einen autobiographischen Roman, einen Band mit ›Einleitungen zu nichtexistenten Büchern‹, eine empirische Theorie der Literatur sowie FANTASTYKA I FUTUROLOGIA (1970), ein Werk über SF. Hinzu kommen zahlreiche Fernsehspiele und Erzählungen, darunter märchenhafte Humoresken und Satiren, die in

BAJKI ROBOTOW (1964) und CYBERIADA (1965) veröffentlicht wurden. Wie es heißt, entstanden die meisten Werke in Zakopane, wo L. zurückgezogen meist in einen regelrechten Arbeitsrausch verfällt. L. ist sehr selbstkritisch, einige seiner Texte wurden bis zu einem Dutzendmal neu geschrieben. Seine Bücher sind vor allem in der UdSSR, der DDR und der BRD so populär, daß sie ungeheure Auflagen erzielen. L. ist der meistübersetzte Autor der polnischen Gegenwartsliteratur.

Bibliografie:

Der Planet des Todes (ASTRONAUCI), Berlin/DDR: Volk und Welt 1954 (auch: *Die Astronauten*)

Gast im Weltraum (OBLOK MAGELLANA), Berlin/DDR: Volk und Welt 1956

Eden (EDEN), Balve: Gebr. Zimmermann 1960

Der Unbesiegbare (NIEZWYCIEZONY), Berlin/DDR: Volk und Welt 1967

Robotermärchen (BAJKI ROBOTOW CYBERIADA), Berlin/DDR: Eulenspiegel 1969

Test (C/OA), Frankfurt am Main: S. Fischer 1971

Solaris (SOLARIS), Hamburg/Düsseldorf: MvS 1972

Nacht und Schimmel (C) (OPOWIADANIA), Frankfurt am Main: Insel 1972

Die Jagd (C) (OPOWIESCI O PILOCIE PIRXIE), Frankfurt am Main: Insel 1973

Sterntagebücher (C) (DZIENNIKI GWIAZDOWE), Frankfurt am Main: Insel 1973

Die vollkommene Leere (C) (DOSKONALA PROZNIA), Frankfurt am Main: Insel 1973

Transfer (POWROT Z GWIAZD), Düsseldorf: MvS 1974

Memoiren, gefunden in der Badewanne (PAMIETNIK ZNALEZIONY W WANNIE), Frankfurt am Main: Insel 1974

Der futurologische Kongreß (C) (KONGRESS FUTUROLOGICZNY), Frankfurt am Main: Insel 1974

Der getreue Roboter (C) (NOC KSIEZYCOWA), Berlin/DDR: Volk und Welt 1975

Mondnacht (C/OA), Frankfurt am Main: Insel 1976

Imaginäre Größe (WIELKOSC UROJONA), Frankfurt am Main: Insel 1976

Pilot Pirx (OPOWIESCI O PILOCIE PIRXIE), Frankfurt am Main: Insel 1978

Golem XIV (C/OA), Frankfurt am Main: Suhrkamp 1978

Erzählungen (C/OA), Frankfurt am Main: Insel 1979

Die phantastischen Erzählungen des Stanislaw Lem (C/OA), Frankfurt
am Main: Insel 1980
Mehr phantastische Erzählungen des Stanislaw Lem (C/OA),
Frankfurt am Main: Insel 1981
Terminus (C/OA), Frankfurt am Main 1981, st 740
Die Stimme des Herrn (GZOS PANA), Frankfurt am Main: Insel 1981
Die Ratte im Labyrinth (C/OA), Frankfurt am Main 1982, st 806
Kyberiade (CYBERIADA), Frankfurt am Main: Insel 1983 (auch: *Wie die
Welt noch einmal davonkam + Altruizin*)
Eine Minute der Menschheit (ONE HUMAN MINUTE), Frankfurt am
Main 1983, st 955
Waffensysteme des 21. Jahrhunderts (WEAPON SYSTEMS OF THE 21ST
CENTURY OR THE UPSIDE DOWN EVOLUTION), Frankfurt am Main 1983,
st 998
Das Katastrophenprinzip (THE WORLD AS HOLOCAUST), Frankfurt am
Main 1983, st 999
Also sprach GOLEM (GOLEM XIV), Frankfurt am Main: Insel 1984
Lokaltermin (WIZJA LOKALNA), Frankfurt am Main: Insel 1985
Frieden auf Erden (POKÓJ NA ŚWIECIE), Frankfurt am Main: Insel 1986
Fiasko (FIASKO), Frankfurt am Main: S. Fischer 1986

Leman, Alfred (1925 –   )

Geboren in Nordhausen. Studium der Biologie in Jena, Promotion.
L. freundete sich als Student mit Hans Taubert an, der ebenfalls in
Jena Biologie studierte. Fortan arbeiteten sie häufig zusammen. Als
Resultat ihrer Arbeit am Institut für Botanik in Jena entstand u.a. ein
zweibändiges Lehrwerk über Botanik für die Verwendung an Hoch-
schulen. Später arbeiteten sie in Jenaer Industriebetrieben. Da
beide sich schon früh für SF interessierten, entschlossen sie sich,
auch auf diesem Gebiet zu kooperieren. Ihr Erzählungsband *Das
Gastgeschenk der Transsolaren* (1973) wird häufig als eins der besten
Beispiele der DDR-SF gelobt.

Bibliografie:

Das Gastgeschenk der Transsolaren (mit Hans Taubert), Berlin/
DDR: Neues Leben 1973
Der unsichtbare Dispatcher (C), Berlin/DDR: Neues Leben 1980

Bibliografie/H:

Der geheimnisvolle Meteorit (mit Hans Taubert), DNA 232
(1974)

L'Engle, Madeleine
(1918 –   )
Geboren in New York. Betätigte sich nach dem College als Schauspielerin am Broadway und als Grundschullehrerin. Freiberufliche Autorin seit 1945; zahlreiche Jugendbuchveröffentlichungen. Für A WRINKLE IN TIME (1962) gewann die Autorin einen amerikanischen Kinderbuchpreis. L. schreibt SF mit Fantasy-Elementen, in der es um den Kampf zwischen guten und bösen Kräften im Universum geht.

Bibliografie:
Spiralnebel 101 (A WRINKLE IN TIME), München: Claudius 1968 (auch: *Die Zeitfalte*)
Der Riß im Raum (A WIND IN THE DOOR), Stuttgart: Thienemann 1985
Durch Zeit und Raum (A SWIFTLY TILTING PLANET), Stuttgart: Thienemann 1985

Lengyel, Peter Ungarischer Autor.

Bibliografie:
Der zweite Planet der Ogg (OGG MASODIK BOLYGOJA), Hamburg/Düsseldorf: MvS 1972

Leocum, Leonard (1940 –   )

Bibliografie:
Weitere Aussichten: Tödlich (WEATHER WAR) (mit Paul Posnick), Düsseldorf: Marion von Schröder 1980

Le Page, Rand Siehe Glasby, John S.

LeQueux, William (1864 – 1927)
Britischer Autor.

Bibliografie:
Die Invasion von 1910 (THE INVASION OF 1910, WITH A FULL ACCOUNT OF THE SIEGE OF LONDON), Berlin: Concordia 1906

Lerch, Hans (1895 – ?)

Bibliografie:

Pestilenz, Dresden: Kommerst & Schobloch 1925
Sintflut über Europa, Leipzig: Lipsia 1933
Der rasende Tod, Leipzig: Rekord 1935

Leroy, H. Ch. Pseudonym für H. K. Schmidt.

Bibliografie/H:

Sternengeschenk im Eis, LU 41 (1958)

Lesch, Gerd

Bibliografie:

Der Tunnel im Eis, UZ 302 (1961)

Lesser, Milton (1928 –   )

Geboren in New York City. Studium der Philosophie am College of William and Mary in Williamsburg, Virginia. Verfasser von SF- und Kriminalromanen, die unter den Pseudonymen Stephen Marlowe, Andrew Frazer, Jason Ridgeway und C. H. Thames erschienen sind. Der SF-Fan L. gab während der vierziger Jahre ein Fanzine heraus, tauchte in den Fünfzigern mit Kurzgeschichten und Novellen in verschiedenen SF-Magazinen auf, publizierte mit dem ebenfalls sehr pseudonymreichen Paul W. Fairman den SF-Abenteuerroman THE GOLDEN APE (1959) und machte sich dann als Verfasser exotisch-abenteuerlicher Action-Romane einen Namen, die als pure Unterhaltung etwas taugen mögen, ansonsten jedoch recht wenig hergeben. Als Krimi-Autor wird L. ungleich höher eingeschätzt.

Bibliografie:

Als Bogutin die Stadt verließ (THE SUMMIT), Wien/München/Zürich: Molden 1971

Bibliografie/H:

Verpflichtet für das Niemandsland (RECRUIT FOR ANDROMEDA), TS 27 (1960)
Jagd durch die Welten (SOMEWHERE I'LL FIND YOU), UZ 468 (1965)
Die Weltensucher (THE STAR SEEKERS), T 475 (1966)

Als Adam Chase:

Der weiße Gott (THE GOLDEN APE) (mit Paul W. Fairman), T 180 (1961)

Lessing, Doris (1919–)

Geboren als Tochter eines Farmers in Persien, aufgewachsen in Südrhodesien, lebt heute in England. L. schrieb eine Reihe von Erzählungen, die mit unerhörtem Scharfblick und in stilistisch einzigartiger Weise das Leben der Weißen in Afrika schildern und die kleinbürgerlich enge und von Tradition und Gewohnheiten verkrustete Haltung darstellen, die es ihnen unmöglich macht, die Natur und Kultur dieses fremden Kontinents zu begreifen. Anders die Autorin, die den größten Teil ihres Lebens unter Arabern und Afrikanern verbrachte und zu den wenigen Europäern gehört, die mit dem Sufismus, der arabischen Mystik, vertraut sind. Neben einigen eindrucksvollen Romanen, die sich vor allem mit der Rolle der Frau in der modernen Gesellschaft beschäftigen, darunter das berühmte THE GOLDEN NOTEBOOK (1962), schrieb sie zwischen 1952 und 1969 den Zyklus CHILDREN OF VIOLENCE, der das Leben der Martha Quest zwischen dem Ersten und Dritten Weltkrieg schildert, ein Romanwerk, das zu den bedeutendsten Werken der Weltliteratur gezählt werden kann. Der fünfte Teil, THE FOUR-GATED CITY (1969), der umfang- und aspektreichste des Zyklus, beschreibt das Leben in Europa zwischen den fünfziger Jahren bis etwa ins Jahr 2000, in dem die Zivilisation in der Apokalypse eines Atomkriegs versinkt. Der tristen Wirklichkeit wird ›die viertürige Stadt‹ gegenübergestellt, die visionäre archetypische ›Stadt in der Wüste‹: So der Titel eines Romans, an dem ein Schriftsteller arbeitet, mit dem die Protagonistin Martha zusammenlebt. In den Umkreis dieses Werkes gehören zwei Romane, die zwei Aspekte von THE FOUR-GATED CITY weiterverfolgen: THE MEMOIRS OF A SURVIVOR (1974, verfilmt) und BRIEFING FOR A DESCENT INTO HELL (1971). MEMOIRS... schildert den Zerfall der Zivilisation und die Verrohung der Bewohner einer Großstadt der nahen Zukunft; BRIEFING... lotet in beängstigender Weise die Tiefen des menschlichen Bewußtseins aus, schildert den ›inner-space‹-Trip eines geistig erkrankten Cambridge-Professors der Altphilologie. Bilder von archetypischer Wucht, zum Teil aus der islamischen Mystik und der afrikanischen Mythologie entlehnt, sind in diesen Roman eingebettet, der eine Tiefendimension aufweist, wie sie nur in den besten klassischen Werken der Fantasy erreicht wurde, etwa in Flauberts SALAMMBO (1963) oder in Lindsays A VOYAGE

TO ARCTURUS (1920). L. galt schon seit vielen Jahren Kennern des Genres als Geheimtip gehobener SF und Fantasy.

Mit CANOPUS IN ARGOS: ARCHIVES wandte sich L. Ende der siebziger Jahre dem ehrgeizigen Unternehmen zu, mit den Mitteln der SF die Entwicklungsgeschichte der Menschheit und den Kampf zwischen Gut und Böse auf Erden, wie er in den Schriften der großen Religionen in vielfältiger Weise zum Ausdruck kommt, sozusagen aus kosmischer Perspektive zu schildern und als Machtkampf alter außerirdischer Rassen zu interpretieren.

Der Zyklus ist inzwischen auf 5 ›Berichtsbände‹ gediehen, aber noch nicht abgeschlossen.

Bibliografie:

Die Memoiren einer Überlebenden (MEMOIRS OF A SURVIVOR), Frankfurt am Main: S. Fischer 1979

Anweisung für einen Abstieg zur Hölle (BRIEFING FOR A DESCENT INTO HELL), Frankfurt am Main: S. Fischer 1981

Shikasta (CANOPUS IN ARGOS: ARCHIVES. RE: COLONISED PLANET 5, SHIKASTA), Frankfurt am Main: S. Fischer 1983

Die Ehen zwischen den Zonen drei, vier und fünf (CANOPUS IN ARGOS: ARCHIVES. THE MARRIAGES BETWEEN ZONES THREE, FOUR AND FIVE), Frankfurt am Main: S. Fischer 1984

Die viertorige Stadt (THE FOUR-GATED CITY), Stuttgart: Klett-Cotta 1984

Die sirianischen Versuche (CANOPUS IN ARGOS: ARCHIVES. THE SIRIAN EXPERIMENTS), Frankfurt am Main: S. Fischer 1985

Die Entstehung des Repräsentanten von Planet 8 (CANOPUS IN ARGOS: ARCHIVES. THE MAKING OF THE REPRESENTATIVE FOR PLANET 8), Frankfurt am Main: S. Fischer 1985

Die sentimentalen Agenten im Reich Volyen (CANOPUS IN ARGOS: ARCHIVES. THE SENTIMENTAL AGENTS IN THE VOLYEN EMPIRE), Frankfurt am Main: S. Fischer 1985

Letsche, Curt (1912 –   )

Geboren als Sohn eines Fabrikarbeiters in Zürich. L. war nach dem Abitur im Buchhandel tätig, beteiligte sich am antifaschistischen Widerstand, wurde 1939 wegen ›Vorbereitung zum Hochverrat‹ verhaftet, 1945 aus dem Zuchthaus befreit und arbeitete anschließend als Angestellter in Stuttgart. 1957 siedelte er in die DDR über, wo er bis 1960 als Bibliothekar tätig war. Seit 1961 ist er freischaffender Schriftsteller. Neben Kriminalromanen und einem autobiographischen Werk über den Widerstand gegen die Nazis hat er auch einige SF-Romane geschrieben. 1970 wurde er mit dem Max-Reger-Preis ausgezeichnet.

Bibliografie:
Verleumdung eines Sterns, Rudolstadt: Greifen 1968
Der Mann aus dem Eis, Rudolstadt: Greifen 1970
Raumstation Anakonda, Rudolstadt: Greifen 1974
Das andere Gesicht, Rudolstadt: Greifen 1981

Leukefeld, Peter (1937 – 1983)
Deutscher Journalist und Schriftsteller, lebte in München und war bekannt durch seine ›Schnellschuß‹-Bücher über aktuelle gesellschaftliche Ereignisse.

Bibliografie:
Im Zeichen des Kreuzes (mit H. R. Minow), München: Knaur 1983

Leutnant X (Pseudonym für N. N. Volkoff)
Französischer Autor.

Bibliografie:
Geheimagent Lennet unter Verdacht (LANGELOT SUSPECT), München/Wien: Schneider 1971
Geheimagent Lennet und die Astronauten (LANGELOT ET LES COSMONAUTES), München: Schneider 1973
Geheimagent Lennet und der Satellit (LANGELOT ET LE SATELLITE), München: Schneider 1977

Leven, Jeremy   Amerikanischer Autor.

Bibliografie:
Geliebtes Monster (CREATOR), Bergisch Gladbach: Bastei 1986
Satan (SATAN), Bergisch Gladbach: Bastei 1986

Levene, Philip
Britischer Hörspielautor. Der Roman CITY OF THE HIDDEN EYES (1960) war ursprünglich ein BBC-Hörspiel, das J. L. Morrissey lediglich adaptierte.

Bibliografie/H:
Das Grauen kommt aus der Tiefe (CITY OF THE HIDDEN EYES), (mit J. L. Morrissey), UG 187 (1962)

Levett, Oswald Österreichischer Autor.

Bibliografie:
Verirrt in die Zeiten, Berlin: Knaur 1928

Levie, Rex Dean (1937 –   )
Amerikanischer Autor.

Bibliografie/H:
Im Land der Insekten (THE INSECT WARRIOR), TA 167 (1974)

Levin, Ira (1929 –   )
Geboren in New York. Besuchte die New York University (B. A. 1950) und betätigte sich anschließend als Autor von Bühnenstücken. Sein Kriminalroman A KISS BEFORE DYING (1953) wurde mit dem Edgar Allan Poe Award der Mystery Writers of America ausgezeichnet. L. wandte sich SF-verwandten Themen erst in den siebziger Jahren zu; mehrere seiner Werke wurden verfilmt.

Bibliografie:
Die sanften Ungeheuer (THIS PERFECT DAY), Hamburg: Hoffmann & Campe 1972
Die Roboterfrauen (THE STEPFORD WIVES), München 1977, H 5311

Lewis, C(live) S(taples)
(1898 – 1963)
Geboren in Belfast, Nordirland. Der bekannte Romancier, Kritiker und Lehrer, der starken Einfluß auf intellektuelle und literarische Kreise in England ausübte, ließ sich nach dem Militärdienst im Ersten Weltkrieg an der Universität von Oxford immatrikulieren. Nach dem Studium erhielt er dort einen Lehrauftrag. Später hatte er als Professor einen Lehrstuhl für das Englisch des Mittelalters und der Renaissance an der Universität Cambridge. Bekannt

wurde L. in SF-Kreisen vor allem durch die Trilogie um Dr. Ransom, die aus den Romanen OUT OF THE SILENT PLANET (1938), PERELANDRA (1943) und THAT HIDEOUS STRENGTH (1945) besteht. Mit dieser Trilogie versuchte er, christliche Moralvorstellungen und Werte durch das Medium der Science Fiction zu propagieren. Dr. Ransom, sein Protagonist, begibt sich auf den Mars und findet dort eine alte marsianische Kultur vor. In PERELANDRA unternimmt er eine Reise auf die Venus, und der letzte Band handelt vom Kampf gegen die Mächte des Bösen, hier durch atheistische Verwissenschaftlichung symbolisiert, für den der wiedererweckte Zauberer Merlin (die mystische Figur der englischen Literatur schlechthin) herhalten muß. Insgesamt vermittelt Lewis seine Botschaft ein wenig zu schulmeisterhaft, und gewiß ist seine Ideologie fragwürdig (seine naturwissenschaftlichen Kenntnisse sind es noch mehr), aber durch die Reichhaltigkeit an philologischen Ansätzen, verwoben mit alten englischen Legenden, gewinnt seine ›Weltraum-Trilogie‹, die überdies vor dem Hintergrund des Zweiten Weltkriegs gesehen werden muß, an zeitkritischem Gewicht. Das neben diesen Romanen bekannteste Werk L.' ist der siebenbändige ›Narnia‹-Zyklus (1950 – 1956), ein Fantasy-Abenteuer für Kinder, geschrieben im Stil Lewis Carrolls.

Bibliografie:
Der verstummte Planet (OUT OF THE SILENT PLANET), Wien: Amandus 1948 (auch: *Jenseits des schweigenden Sterns*)
Perelandra (PERELANDRA), Köln: Hegner 1957
Die böse Macht (THAT HIDEOUS STRENGTH), Köln: Hegner 1958

Lewis, (Harry) Sinclair (1885 – 1951)
Amerikanischer Autor.

Bibliografie:
Das ist bei uns nicht möglich (IT CAN'T HAPPEN HERE), Amsterdam: Querido 1936

Lhande, Pierre (1877 – 19??)

Bibliografie:
Bilbilis, die versunkene Stadt, Einsiedeln: Benziger 1931

Lhin, Erik van Siehe Del Rey, Lester

Lichtenberg, Jacqueline
(1942 –   )

Geboren in Flushing, New York. Chemiestudium an der University of California in Berkeley (B. Sc. 1964). Ihre erste Story, ›Operation High Time‹, erschien 1968 in *If* und war der Auftakt ihrer ›Sime‹-Serie. Später interessierte sie sich für das ›Star Trek‹-Fandom und verfaßte das Buch STAR TREK LIVES! (1974, mit Sondra Marshak und Joan Winston). HOUSE OF ZEOR (1974) und UNTO ZEOR, FOREVER (1978) gehören der ›Sime‹-Serie an und schildern eine Zukunft, in der sich die Menschheit in zwei verschiedene Spezies aufgespalten hat, die voneinander symbiotisch abhängigen ›Gen‹ und ›Sime‹, was zu einer Fülle von Konflikten führt. Der detailliert ausgetüftelte Hintergrund dieser Situation führt dazu, daß besonders UNTO ZEOR, FOREVER von der Kritik beachtet wurde. L. hat auch einige Kurzgeschichten und in Zusammenarbeit mit Jean Lorrah mehrere Romane verfaßt.

Bibliografie:

Das Haus Zeor (HOUSE OF ZEOR), München 1983, M 3610
Für Zeor, auf ewig (UNTO ZEOR, FOREVER), Rastatt 1986, M 3721

Liebenfels, Jörg von (1930 –   )
Geboren in Graz. Im Hauptberuf Schauspieler.

Bibliografie:

Die unheimliche Statue, Göttingen: W. Fischer 1982
Satelliten-Piraten, Göttingen: W. Fischer 1982
Die Rätselprinzessin oder Robot und Futurandot, Göttingen: W. Fischer 1985

Lieckfeld, Claus-Peter (1948 –   )
Lokalreporter, Redakteur (*natur*) und Autor.

Bibliografie:

427 – Im Land der grünen Inseln (mit F. Wittchow), München: Schönberger 1986

Liepelt, Karin (1957 –   )

Bibliografie:
Anathema, Meitingen: Corian 1984

Liersch, Rolf W(erner) (1943 –   )

Geboren in Berlin. Werbeberater. Unter den Pseudonymen Chester Henderson, Ed La Rocca und Arno Zoller Verfasser eines Serien-Taschenbuchs und von 19 SF-Heftromanen.

Bibliografie:
Sternenstaub, Bergisch Gladbach 1981, B 28003

Bibliografie/H:
Der Fänger, UZ 282 (1961)

Als Chester Henderson:
Wasser für Travens Planet, ZSF 18 (1966)
Die Ausgestoßenen der Erde, ZSF 23 (1967)
Der Schlüssel zur Ewigkeit, ZSF 34 (1967)
Kosmischer Irrtum, ZSF 41 (1967)
Kinder der Sterne, ZSF 53 (1967)
Kampf um Centurium, ZSF 91 (1969)

Als Ed La Rocca:
Der Terra-Agent, UZ 522 (1967)

Als Arno Zoller:
Siehe Anhang SERIEN: *Ad Astra, Rex Corda, Die Terranauten*

Lightner, A. M. (1904 –   )

Pseudonym für Alice Martha Hopf, geboren in Detroit. Ihre erste Story erschien 1959 in *Boys' Life,* der Hauszeitschrift der amerikanischen Pfadfinder. Sie hat seither hauptsächlich – und unter dem Namen Alice L. Hopf – populäre Bücher zum Thema Naturkunde für Jugendliche publiziert.

Bibliografie:
Rebellen der Galaxis (THE GALACTIC TROUBADOURS), Bergisch Gladbach 1973, B 26

Bibliografie/H:
Der Planetendoktor (DOCTOR TO THE GALAXY), TN 59 (1969)
Die Weltraumarche (THE SPACE-ARK), TN 75 (1969)
Die Tage der Drohnen (THE DAY OF THE DRONES), TN 95 (1969)

Linckens, Hendrik P. (1940 –   )
Pseudonym für Paul Heinz Linckens, geboren in Aachen. Im Hauptberuf Lehrer.

Bibliografie:
Fremdkontakt auf Ibiza, Meitingen: Corian 1983

Bibliografie/H:
Die Sucher, ZSF 162 (1975)

Lindberg, Michael Siehe Armer, Karl Michael

Linden, Fred K. (Pseudonym)

Bibliografie/H:
Die Stahlgruft, ZSF 219 (1980)
Kurier wider Willen, ZSF 248 (1983)

Lindenau, Erik

Bibliografie:
Jenseits von Raum und Zeit, Wien: K. Walter 1946

Lindroder, Wolfgang

Bibliografie:
Die Brücke des Schicksals, Leipzig: A. H. Payne 1936

Lindsay, David (1878 – 1945)
Geboren in Blackheath, Schottland. War Versicherungsangestellter und diente im Ersten Weltkrieg als Grenadier, ohne jedoch in den Einsatz zu gelangen. L. ist bis heute relativ unbekannt geblieben, obwohl ihn Kenner der phantastischen Literatur neben John Milton und William Blake stellen und er zu den bedeutendsten Autoren der englischen Mystik der Neuzeit zählt. Er hat einige Romane geschrieben, die zur klassischen Fantasy zählen, doch der interplanetarische Roman A VOYAGE TO ARCTURUS (1920) hat ihn auch in SF-

Kreisen bekannt gemacht und rief zahlreiche Interpreten auf den Plan. Der durch seine archaischen Traumbilder unglaublich eindrucksvolle und vielschichtige Roman beschreibt eine mystische Reise zum Planeten Tormance, eine metaphysische Pilgerfahrt in ein Reich der Alpträume im Gewand einer nordischen Mythologie, in dem grundlegende Fragen nach der Schuld menschlichen Handelns aufgeworfen werden; ein Roman, der bei aller Nüchternheit der Diktion eine Atmosphäre der Beklemmung heraufbeschwört, wie man sie in der Literatur nur selten findet. Dasselbe, sozusagen als Kammerspiel inszeniert, versucht er in THE HAUNTED WOMAN (1922) von neuem anklingen zu lassen, das nicht auf einem fernen Planeten, sondern in einer uns vertrauten Umwelt spielt. Die Erlebnisse einer jungen Frau in einem alten Haus, in dem zu verschiedenen Zeiten Räume zugänglich werden, die zu anderen Zeiten auf rätselhafte Weise verschwunden sind, und gleichzeitig die Erinnerung an die Erlebnisse, die sie in diesen Räumen hatte. Nur sehr allmählich beginnt die Literaturwissenschaft L. zu entdecken und einem Autor gerecht zu werden, der zu den bedeutendsten Vertretern der phantastischen Literatur dieses Jahrhunderts zählt, der zwar ein schmales, aber um so gewichtigeres Werk hinterlassen hat.

Bibliografie:
Die Reise zum Arcturus (A VOYAGE TO ARCTURUS), München 1975, H 3440
Fenster ins Frühlicht (THE HAUNTED WOMAN), München 1986, H 4356

Linke, Wolf

Bibliografie:
Wettlauf ins Nichts, Gütersloh: Bertelsmann 1950

Linklater, Leslie Britischer Autor.

Bibliografie/H:
Die große Mammuthöhle (A WORLD BELOW), UG 23 (1955)

Lipp, Manfred

Bibliografie/H:
Das Tor zur Ewigkeit (C), T 517 (1967)

Lisenius, Michael
Pseudonym für Heinz Liesen.

Bibliografie:
Magie, Eulenthal: Anker 1951

Lloyd, John Uri (1849 – 1936)

Bibliografie:
Edithorpa oder das Ende der Erde (EDITHORPA OR THE END OF THE WORLD) (2 Bde.), Leipzig: W. Friedrich 1899

Loacker, Norbert
(1939 –   )
Geboren in Altach, Österreich. Studien der Philosophie und Altphilologie in Wien, Lehrer, lebt in Zürich. Sein Roman *Aipotu,* eine ins Negative (wie der Titel) gespiegelte Utopie, schildert die Irrfahrt eines hochtechnisierten Floßes, dessen Besatzung, stellvertretend für die Menschheit, in Barbarei versinkt.

Bibliografie:
Aipotu, München/Zürich: Kindler 1980
Die Vertreibung der Dämonen, München: Hanser 1984

Lockwood, Thomas Siehe Brandhorst, Andreas

Lodemann, Jürgen (1936 –   )
Geboren in Essen. Studium der Germanistik und Geographie in Freiburg, Promotion 1962. Seit 1965 TV-Redakteur. 1977 Alfred-Kerr-Preis für Literaturkritik. Mitglied des deutschen PEN.

Bibliografie:
Der Jahrtausendflug, Stuttgart: Thienemann 1983

Loden, Erle van (Pseudonym)

Bibliografie/H:
Fluch der Vergangenheit (THE CURSE OF PLANET KUZ), UZ 118 (1958)

Loggem, Manuel van
(1916–)

Geboren in Amsterdam. Verfasser zahlreicher Theaterstücke, Fernsehfilme, Hörspiele und Kurzgeschichten. L. studierte Literaturwissenschaft und Psychologie, arbeitet als Psychotherapeut in den Niederlanden und gehört dort zu den bekanntesten Autoren literarischer Phantastik. Von 1971–1975 gab er das SF-Magazin *Morgen* heraus, das vornehmlich europäische Autoren publizierte. Neben einem Roman über das Leben Moses' hat L. auch mehrere SF/Phantastik-Erzählungsbände veröffentlicht, darunter HET LIEFDELEVEN DER PRIARGEN (1968) und PAARPOPPEN (1975). Eine von ihm herausgegebene Anthologie niederländisch-flämischer SF ist HET TOEKOMEND JAAR 3000 (1976). L. ist ein Autor, der mit zahlreichen Preisen ausgezeichnet wurde. Sein bisher einziger SF-Roman, DE LIJNEN VAN DE TIJD (1984), ist ein komplexes, finsteres Werk über den Zerfall des menschlichen Geistes und hätte, wäre er in den sechziger Jahren entstanden, problemlos in das New-Wave-Magazin *New Worlds* gepaßt.

Bibliografie:

Die Linien der Zeit (DE LIJNEN VAN DE TIJD), Frankfurt am Main/Berlin/Wien 1974, U 31095

Logsdon, Syd

Bibliografie:

Todesgesänge (A FOND FAREWELL TO DYING), München 1984, G 23446

Lohmann, H.

Bibliografie:

Die dritte Macht, Frankfurt am Main: Reihenbuch 1952

Loikaja, Thomas Siehe Schattschneider, Peter

Loiseau, Y. M. Französischer Autor.

Bibliografie:

UFO: Die Mauer der Kälte (LE MUR DU FROID), Wien/München/Zürich: Breitschopf 1974

Lombard, A.

Bibliografie:

SOS vom Mond, Köln: Bachem 1950

Lomm, Alexander Tschechischer Autor.

Bibliografie/H:

Der Skaphander Ahasvers (C) (SKAFANDR AGASFERA/ZAPRESCENNYJ VOSSTANOVITEL'), kap 74 (1969)

London, Jack (John Griffith)

(1876 – 1916)

Geboren als unehelicher Sohn von Flora Wellman und William Chaney in Oakland, Kalifornien; erhielt nach der Heirat seiner Mutter den Namen London. L. wuchs in ärmlichen Verhältnissen auf, fuhr als Vierzehnjähriger zur See, wurde Austernräuber, besaß mit sechzehn ein eigenes Boot und trampte als junger Arbeitsloser quer durch die USA. Seine Erlebnisse aus dieser Zeit verwertete er später in Reisebüchern und Erzählungen. 1896 machte er sich nach Alaska auf, um auf den Goldfeldern am Klondike sein Glück zu machen, doch außer etwas Katzengold und starkem Skorbut brachte er nichts an Wert mit heim. Seine Erlebnisse, die er literarisch verwertete, brachten ihm jedoch ein Vermögen: Er erlebte so viele spannende Geschichten, daß sie Stoff für etwa 50 Bücher abgaben. L. gehörte zu den ersten naturalistischen Romanciers der USA und den ersten sozialistischen Schriftstellern. Seine krassen Beschreibungen von Elendsquartieren, Goldschürfern und halbwilden Tieren ähneln zuweilen Reportagen. Er zeigte sich ebenso stark von Karl Marx wie von Friedrich Nietzsche beeinflußt und war ein leidenschaftlicher, allerdings nicht dialektisch geschulter Sozialist, der

Hunderte von politischen Vorträgen vor Hunderttausenden von Menschen hielt. Kurz vor seinem Tod brach er aufgrund einiger privater Angriffe mit seiner Partei, jedoch nicht mit dem Sozialismus. Obwohl er hauptsächlich wegen seiner Goldgräber-, Tier- und Seefahrergeschichten bekannt ist, hat er auch eine Reihe autobiografischer Werke – wie JOHN BARLEYCORN (1913), THE ROAD (1907) – sowie utopische und phantastische Schriften verfaßt: BEFORE ADAM (1906) ist ein prähistorischer Roman, THE SCARLET PLAGUE (1915) schildert den Untergang der Menschheit nach dem Ausbruch einer schrecklichen Seuche und ihren Rückfall in die Barbarei; THE STAR ROVER (1915) berichtet von einem Zuchthausinsassen, der eine Art geistige Zeitreise antritt, frühere Existenzen noch einmal durchlebt und sogar der Kreuzigung Christi beiwohnt. THE ASSASSINATION BUREAU (1963, vollendet von Robert L. Fish) handelt von einer mysteriösen Mordagentur, die Menschen auf Bestellung tötet, sofern man beweisen kann, daß die Opfer in spe den Tod ›verdient‹ haben. Über THE IRON HEEL (1907), L.s bekanntestes SF-Werk, schrieb Anatole France: »Es ist der Roman vom ungleichen Kampf zwischen Kapital und Arbeit, der erste proletarische Roman Amerikas. Er zeigt, wie ›Die Eiserne Ferse‹, das Geld, sich die diktatorische Macht aneignet, nachdem das Proletariat in Wahlen die Parlamentsmehrheit gewonnen hat. Das Kapital kämpft gegen den Sozialismus, es setzt Militär, Polizei, Schläger, Detektive und Spitzel ein, um die im Untergrund agierenden Arbeiter zu vernichten.« L. sah in diesem Werk nicht nur die blutig niedergeschlagenen Arbeiteraufstände in den USA voraus, sondern auch den Ersten Weltkrieg, den deutschen Faschismus und in gewisser Weise auch den faschistischen Putsch in Chile. Auch sein Kurzgeschichtenwerk enthält SF.

Bibliografie:

Die eiserne Ferse (THE IRON HEEL), Konstanz: Wöhrle 1922
Die Zwangsjacke (THE STAR ROVER), Berlin: Universitas 1930
Das Mordbüro (THE ASSASSINATION BUREAU LTD.), Köln: Kiepenheuer & Witsch 1963
Die Scharlachpest (C/OA), Berlin: Universitas 1976
Der Rote (C/OA), Berlin: Universitas 1978
Bevor Adam kam (BEFORE ADAM), Bergisch Gladbach 1981, B 72001 (auch: *Vor Adams Zeiten*)
Der Feind der Welt (C/OA), Bergisch Gladbach 1983, B 72027
Geschichten vom Rand der Wirklichkeit (C/OA), Frankfurt am Main/Berlin/Wien 1985, U 21018

Long, Frank Belknap
(1903 –   )

Geboren in New York. Studium des Journalismus an der University of New York. L. ging schon mit 21 Jahren in die Unterhaltungsbranche. Er begann in dem legendären Magazin *Weird Tales* mit der Geschichte ›Death Waters‹ (1924), gehörte bald zum regulären Mitarbeiterstab des Blattes und publizierte im Laufe der Zeit weit über 500 Stories, Gedichte, Romane und Artikel. Viele seiner Texte wurden in Schallplatten gepreßt, im Rundfunk gesendet oder zu Fernsehspielen verarbeitet. L. arbeitete u. a. für *Satellite Science Fiction, Short Stories* und *Mike Shayne's Mystery Magazine.* Er publizierte in nahezu jedem SF-Magazin, das seit 1926 das Licht der Welt erblickte, interessiert sich für Archäologie, Anthropologie und Geschichte und hat etwa zwei Dutzend SF-Romane geschrieben, die zwar gegenüber seinem Kurzwerk (das mehr im Bereich des Horror-Genres liegt) etwas abfallen, jedoch als Unterhaltungsliteratur durchaus bestehen können. L. war einer der engsten Freunde des Schriftstellers H. P. Lovecraft.

Bibliografie/H:

Die Marsfestung (SPACE STATION NO. 1), T 51 (1959)
Es kam aus der Tiefe (MONSTER FROM OUT OF TIME), TA 324 (1978)

Longyear, Barry (1942 –   )

Geboren in Harrisburg, Pennsylvania. L. hat unter seinem Namen und den Pseudonymen Mark Ringdahl und Frederick Longbeard bis 1980 über 20 Stories in *Isaac Asimov's Science Fiction Magazin* publiziert. Viele davon handeln von der Zirkuswelt Momus, und fast alle spielen im Neunten Quadranten. Seine drei ersten Romane, MANIFEST DESTINY, CITY OF BARABOO und CIRCUS WORLD, erschienen 1980. Seine Novelle ›Enemy Mine‹ (1979) wurde mit dem Nebula Award ausgezeichnet und von Wolfgang Petersen verfilmt.

Bibliografie:
Ein Zirkus für die Sterne (CITY OF BARABOO), München 1982, M 3598
Zirkuswelt (CIRCUS WORLD), München 1983, M 3621
Erbfeinde (MANIFEST DESTINY), München 1984, P 6739
Wie die Elefanten starben (ELEPHANT SONG), München 1985, M 3691
Enemy Mine – Geliebter Feind (ENEMY MINE) (mit David Gerrold), München 1986, H 6677

Loomis, Noel (Miller) (1905 –)

Geboren in Wakita, Oklahoma. Besuchte 1921 das Clarendon College, 1930 die University of Oklahoma und arbeitete anschließend als Drucker, Redakteur und freier Schriftsteller, wo er hauptsächlich Western-Romane zu Papier brachte (er ist Mitglied des Western Clubs Düsseldorf).

Bibliografie/H:
Die gläserne Stadt (CITY OF GLASS), UZ 53 (1955)

Als Silas Water:

Jenseits der Sterne (THE MAN WITH THE ABSOLUTE MOTION), AiW 19 (1959)

Lorenz, Helmut (1898 –)

Korvettenkapitän a. D. Dramatiker, Lyriker, Romanautor (auch Filmdrehbücher und Hörspiele).

Bibliografie:
Das Echo von Meganta, Berlin: Volkstum, Wehr und Wirtschaft 1935

Lorenz, Michael (1928 –)

Geboren in Hamburg wurde L. als 15jähriger eingezogen, studierte nach dem Krieg Geschichte, Literaturwissenschaft und Philosophie und arbeitete anschließend als Journalist.

Bibliografie:
Die nackten Wilden, München 1982, H 3917

Lorenz, Peter (1944 –   )
Studium der Biologie und Chemie, dann Tätigkeit als Lehrer und Lehrmeister sowie als selbständiger Kunsthandwerker. L. hat Erzählungen in Zeitschriften und Anthologien veröffentlicht. In *Homunkuli* (1978) geht es um die Erzeugung künstlichen Lebens.

Bibliografie:
Homunkuli, Berlin/DDR: Neues Leben 1978
Quarantäne im Kosmos, Berlin/DDR: Neues Leben 1981

Lorenz, Ralf
Siehe Anhang SERIEN: *Ren Dhark*

Lornsen, Boy (1922 –   )
Geboren in Keitum/Sylt.

Bibliografie:
Robbi, Tobbi und das Fliewatüüt, Stuttgart: Thienemann 1967
Abakus an Mini-Max, Stuttgart: Thienemann 1970

Lorraine, Paul Siehe Fearn, John Russell

Lory, Robert (Edward) (1936 –   )
Geboren in Troy, New York. Machte seinen B. A. am Harper College und ließ sich 1964 von der Famous Writers School zum Autor ausbilden, der seither Dutzende von Horror-Romanen ausgestoßen und eine eigene ›Schreibschule‹ gegründet hat. L. ist seit 1967 als Redakteur einer Firmenzeitschrift tätig.

Bibliografie:
Das siebte Ich (IDENTITY SEVEN), Bergisch Gladbach 1976,
B 21084

Lovelace, Delos W(heeler) (1894 – 1967)
Geboren in Brainerd, Minnesota. Studium an der University of Minnesota (1916 – 1917), der Cambridge University (1919) und der Columbia University (1921). Anschließend Tätigkeit als Journalist bei bekannten New Yorker Zeitungen. L. hat einen der berühmtesten SF-Horror-Filme aller Zeiten novellisiert, nämlich Ernest B. Schoedsacks ›King Kong‹ (USA 1933; nach einem Drehbuch von Merian C. Cooper und Edgar Wallace).

Bibliografie:
King Kong (KING KONG), München: Moewig 1968

Low, A(rchibald) M(ontgomery) (1888 – 1956)

Bibliografie:
Steuerlos in der Stratosphäre (ADRIFT IN THE STRATOSPHERE), Hamburg: Oetinger 1955

Löwenthal, J. Freiherr von

Bibliografie:
Die unsterbliche Stadt, Berlin/Wien: Zsolnay 1936

Lowndes, Robert A(ugustine) W(ard) (1916 –   )

Geboren in Bridgeport, Connecticut. ›Doc‹ L. studierte kurz am Stamford Community College, doch seine zahlreichen Interessen – Geschichte, Politik, indianische Philosophie, Musik, Oper, Astrologie, Spiritualismus und Science Fiction – verhinderten, daß er ein Examen machte. 1941 übernahm er die Redaktion der SF-Magazine *Future Science Fiction* und *Science Fiction Quarterly,* die zwar während der Kriegsjahre eingestellt, doch später wiederbelebt wurden. Von 1940 – 1960 redigierte er ein halbes Dutzend Unterhaltungsmagazine für den Verlag Columbia; später gab er das Sexologie-Magazin *Real Life Guide* und das Okkult-Blatt *Exploring the Unknown* heraus. L. hat zwar unter mehr als 50 Pseudonymen in allen Genres publiziert, doch nur wenig ›reine‹ SF geschrieben, deswegen ist er hauptsächlich als Magazin-Redakteur bekannt. Von 1963 – 1970 brachte er eine Flut – freilich meist kurzlebiger – SF-, Horror-, Fantasy- und Western-Blätter auf den Markt: so *Magazine of Horror* (gegründet 1963), *Startling Mystery Stories* (1966), *Famous Science Fiction* (1966), *World Wide Adventure* (1967), *Thrilling Western Magazine* (1968), *Weird Terror Tales* (1968) und *Bizarre Fantasy Tales* (1970). Von 1956 – 1968 war er zudem Herausgeber einer SF-Buchreihe, die ein Gemisch aus altbewährten Vielschreibern und ebensolchen Neulingen auf den Markt brachte. L.' eigene SF-Romane behandeln Abenteuer auf fremden Planeten, ohne sonderlichen Tiefgang, ganz der Stoff, den er auch für die Magazine bevorzugte, die er herausgab.

Bibliografie:

Der kopierte Mann (THE DUPLICATED MAN) (mit James Blish), Bergisch Gladbach 1982, B 21155

Bibliografie/H:

Das Rätsel Carolus (THE PUZZLE PLANET), UZ 357 (1963)
Planet der Erleuchteten (BELIEVERS' WORLD), UZ 364 (1963)

Lübke, Anton (1890 –   )
Geboren in Betzdorf/Sieg.

Bibliografie:

Technik und Mensch im Jahre 2000, München: Kösel & Pustet 1927

Lubos, Arno (1928 –   )
Geboren in Beuthen/Oberschlesien. L., der als Studienrat in Coburg lebt, ist Mitglied des Deutschen Schriftstellerverbands und des PEN-Klubs. Nach literaturwissenschaftlichen Veröffentlichungen und kürzeren Prosatexten ist *Schwiebus* (1980), die Fiktion eines gegenwärtigen NS-Reiches, das den Zweiten Weltkrieg gewonnen hat, sein erster Roman.

Bibliografie:

Schwiebus. Ein deutscher Roman, München/Wien: Langen-Müller 1980

Lucas, George (1945 –   )
Geboren in Modesto, Kalifornien. Besuchte die Filmhochschule der University of Southern California. Seine Abschlußarbeit war der SF-Kurzfilm ›THX-1138‹, der 1965 mit einem 1. Preis beim National Student Festival bedacht, später verlängert wurde und in die Kinos kam. Sein Film ›American Graffiti‹ ist mittlerweile zum Kultfilm avanciert. L. machte sich als Regisseur rasch einen Namen; seine ›Star Wars‹-Saga – es sollten ursprünglich 9 Filme werden – schlug nicht nur sämtliche Kassenrekorde der Filmgeschichte, sondern inspirierte den US-Präsidenten-Darsteller Ronald Reagan, sich ins Lager der SF-Fans zu begeben, um ein erdumspannendes Blaster-System (SDI) zu entwickeln (um die Bereiche SF, Filmindustrie und politische Realität endlich so zu verquicken, daß sie für den Fernsehzuschauer restlos zu durchblicken sind). Ob L. an den Büchern, die seinen Namen tragen, mitgeschrieben hat, ist höchst zweifelhaft.

Bibliografie:
Das Imperium schlägt zurück (THE EMPIRE STRIKES BACK) (mit Donald F. Glut), München 1980, G 3920

Ludlum, Robert

Amerikanischer Bestsellerautor von Polit-Thrillern mit teilweisem SF-Einschlag.

Bibliografie:
Der Maltarese-Bund (THE MALTARESE CIRCLE), Bayreuth: Hestia 1980
Das Jesus-Papier (THE GEMINI CONTENDERS), München 1982, H 01/6044
Die Aquitaine-Verschwörung (I NEED YOU DARLING), Bayreuth: Hestia 1985

Lukens, Adam (1930 –   )

Pseudonym für Diane Detzer, geboren in Ridgefield, Connecticut.

Bibliografie:
Die Anderen (THE SEA PEOPLE), Balve: Zimmermann 1961

Bibliografie/H:
Gehaßt, gehetzt, gefangen (THE GLASS CAGE), UZ 360 (1963)
Magier, Menschen, Wölfe (SONS OF THE WOLF), UZ 366 (1963)
Welt hinter Spiegeln (THE WORLD WITHIN), UZ 385 (1963)
Der Priester-König (ALIEN WORLD), UZ 402 (1964)

Lüling, Alfred

Bibliografie:
Als ich die Erde gründete, Wuppertal: R. Brockhaus 1953

Lundmark, Knut (1889 – ?)

Bibliografie:
Das Leben auf anderen Sternen (VÄRLDSRYMDENS LIV), Leipzig: Brockhaus 1930

Lundwall, Sam J(errie)

(1941 –   )

Geboren in Stockholm. L. ist ein SF-Allroundman. Seine erste Story, ›Kalles Planetariumfärd‹ (1952), wurde, als er 11 Jahre alt war, von einer Rundfunkstation gesendet. In den sechziger Jahren betätigte er sich als Sänger und Komponist, aber auch als TV-Produzent, der eine ganze Reihe von SF-Fernsehfilmen realisieren half. Seit 1972 gibt er die Anthologienreihe ›Det Hände i Morgon‹ sowie das *Jules Verne Magasinet* heraus, das noch älter als *Amazing* ist. Die meisten seiner Romane wurden in mehrere Sprachen übersetzt; die englischen Versionen besorgte L. dabei gleich selbst. L. hat eine Reihe von bio-bibliografischen und theoretischen Werken über SF geschrieben und leitet einen Verlag, der ausschließlich SF und Phantastik produziert.

Bibliografie:

2018 oder Der King Kong Blues (KING KONG BLUES), Frankfurt am Main/Berlin/Wien 1984, U 20450
Alices Welt (ALICE! ALICE!), Frankfurt am Main/Berlin/Wien 1985, U 31113

Bibliografie/H:

Der Schrecken des Universums (BERNHARD THE CONQUEROR), TA 183 (1975)

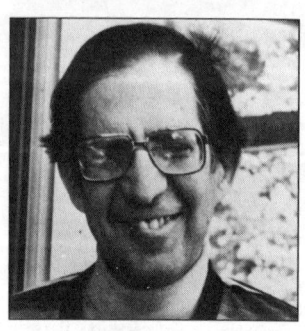

Lupoff, Richard A(llen)

(1935 –   )

Geboren in New York. Studium an der University of Miami. L. diente zwei Jahre bei der US Army, später folgten Jobs als Computer-Experte bei IBM und Sperry Univac, bis er 1970 seinen Beruf aufgab, um Schriftsteller zu werden. Nachdem er sich schon während der fünfziger Jahre als Herausgeber eines anspruchsvollen Fanzines einen Namen gemacht hatte, begann er mit einem Buch über Edgar Rice Burroughs. Sein erster Roman, ONE MIL-LION CENTURIES (1967), erweckte allerdings, wie auch seine späteren Titel THE CRACK IN THE SKY (1969) und SANDWORLD (1971), wenig Begeisterung. THE TRIUNE MAN (1976) verquickt die Geister dreier Personen in einem Körper; SPACE WAR BLUES (1978) ist ein schwieriges, sprachlich sehr kniffliges Buch über eine apokalyptische und rassistische Zukunftsgesellschaft; INTO THE AETHER (1974) eine vergnügliche Persiflage auf Wissenschaftler, die im Hintergärtchen interstellare Raumschiffe bauen.

Bibliografie:

Space War Blues (SPACE WAR BLUES), Frankfurt am Main/Berlin/Wien 1983, U 31055
Der Dreifaltigkeitsmann (THE TRIUNE MAN), München 1984, M 3641
Vorstoß in den Äther (INTO THE AETHER), Frankfurt am Main/Berlin/ Wien 1985, U 31101

Als Eddison E. Steele:

Buck Rogers (BUCK ROGERS IN THE 25TH CENTURY), Bergisch Gladbach 1979, B 24004

Luserke, Uwe
Lehrer und lit. Agent (Agentur VEGA).

Bibliografie:

(Hrsg.) *Zwischenfall in Luna City* (mit Denis Scheck), Stuttgart: Franckh 1983

Luthard, Ernst Otto (1948 –)
DDR-Autor, Kritiker und promovierter Literaturwissenschaftler.

Bibliografie:

Die klingenden Bäume (C), Rudolstadt: Greifen 1982
Utopische und phantastische Geschichten (C) (mit Heiner Hüfner), Rudolstadt: Greifen 1981

Lynn, Elizabeth A. (1946 –)
Geboren in New York. Studium an der Case Western Reserve University in Cleveland und an der University of Chicago, Abschluß M. A. L. arbeitete als Volksschullehrerin, als Angestellte in diversen Hospitälern und im Frauen-Bildungsprogramm der San Francisco

State University. Ihre ersten Kurzgeschichten erschienen in der *San Francisco Review of Books*. 1978 trat sie erstmals mit einem Roman an die Öffentlichkeit: A DIFFERENT LIGHT wurde von der Kritik sehr positiv aufgenommen. THE WATCHTOWER (1979) ist der erste Band einer Fantasy-Trilogie.

Bibliografie:

Das Wort heißt Vollkommenheit (A DIFFERENT LIGHT), München 1981, G 23375

Die Zwingfeste (WATCHTOWER), München 1983, H 3955

Die Tänzer von Arun (THE DANCERS OF ARUN), München 1983, H 3956

Die Frau aus dem Norden (THE NORTHERN GIRL), München 1983, H 3957

Sardonyxnetz (THE SARDONYX NET), München 1983, H 4033

Die Frau, die den Mond liebte (C) (THE WOMAN WHO LOVED THE MOON), München 1983, H 4116

MacApp, C. C. (1919–1971)

Pseudonym für Carroll M. Kapps. Amerikanischer Autor. Seine erste Story, ›A Pride of Islands‹ (1960), erschien in *Galaxy*. K. hat ca. 40 Erzählungen und ein halbes Dutzend klischeehafter SF-Romane geschrieben.

Bibliografie:

Söldner einer toten Welt (RECALL NOT EARTH), Frankfurt am Main/Berlin/Wien 1973, U 2968
Murno, der Befreier (OMHA ABIDES), Bergisch Gladbach 1973, B 21039
Das Rätsel der Subbs (SUBB), Bergisch Gladbach 1974, B 21047
Die Verbannten von Outside (BUMSIDER), Bergisch Gladbach 1974, B 21050
Die Dunkelwelt (SECRET OF THE SUNLESS WORLD), Bergisch Gladbach 1974, B 21057
Gefangene der Galaxis (PRISONERS OF THE SKY), Bergisch Gladbach 1975, B 21068

MacAuley, Robie

Amerikanischer Autor und Redakteur.

Bibliografie:

Dunkel kommt die Zukunft (A SECRET HISTORY OF TIME TO COME), München 1982, Kn 5755

MacDonald, John D(ann)
(1916–1986)

Geboren in Sharon, Pennsylvania. M. studierte an der Syracuse University und besuchte die Harvard Graduate School of Business. In den sechziger Jahren galt er als einer der erfolgreichsten Autoren der USA. Dort allein hatte man 15 Millionen seiner Bücher abgesetzt, die darüber hinaus in mehr als 10 Sprachen übersetzt wurden. Obwohl der Löwenanteil seiner Produktion in die Kategorie des Kriminalromans fällt, schrieb M. auch Mainstream-Romane und SF. Eine Reihe seiner Stories erschien gegen Ende der vierziger Jahre in den verschiedensten Magazinen. WINE OF THE DREAMERS (1951), sein erster SF-Roman, fand auch in der BRD viele Fans. Darin sind die Menschen Spielzeug einer auf einem sterbenden Planeten lebenden außerirdischen Rasse, die mit ihren destruktiven Geisteskräften andere Lebewesen in ihren Bann zieht. Einen ähnlichen Plot weist auch BALLROOM OF THE SKIES (1952) auf. Hier werden die Menschen als Marionetten einer galaktischen Zivilisation geschildert. THE GIRL, THE GOLD WATCH AND EVERYTHING (1962) ist dagegen ein humorvolles Garn um eine Uhr, die ihren Träger unsichtbar macht, indem sie die Zeit verlangsamt.

Bibliografie:

Herrscher der Galaxis (BALLROOM OF THE SKIES), München 1967, H 3092
Planet der Träumer (WINE OF THE DREAMERS), München 1969, H 3166
Flucht in die rote Welt (THE GIRL, THE GOLD WATCH AND EVERYTHING), München 1970, TTB 179

MacGrath, Thomas (1916 –   )

Geboren in Sheldon, North Dakota. Universitätsdozent und Autor von Filmdrehbüchern und Kinderbüchern.

Bibliografie:

Die Tore der Träume (THE GATES IVORY, THE GATES OF HORN), Berlin/ Weimar 1973

MacGregor, Ellen (1906 – 1954)

Bibliografie:

Miß Pickerell fliegt zum Mars (MISS PICKERELL GOES TO MARS), Stuttgart: 1961

MacInnes, Helen

Bibliografie:

Das Spiegelbild (THE DOUBLE IMAGE), München: Droemer Knaur 1968

MacIsaak, Fred(erick John) (1886 – 1940)
Amerikanischer Autor.

Bibliografie/H:

Am Anfang war nur Chaos (HOTHOUSE WORLD), UG 27 (1955)

Mackelworth, R(ondald) W(alter) (1930 –)
Geboren in London. M. war Abwehroffizier der britischen Armee und Angestellter eines Reisebüros, ehe er als Verkaufsleiter in die Versicherungsbranche ging. Seine erste SF-Stoy, ›The Statue‹, erschien 1963 in *New Worlds*.

Bibliografie:

Der Mond-Staat (STARFLIGHT 3000), Bergisch Gladbach 1977, B 21092

MacKenzie, (Sir Edward Montague) Compton (1883 – 1972)
Geboren in West Hartlepool County, Durham, England. Besuchte die Universität Oxford, siedelte auf den Äußeren Hebriden, war Mitbegründer der Scottish Nationalist Party und brachte es zum Rektor der Universität Glasgow. Anschließend Tätigkeit als Rezensent bei der *Daily Mail* in London.

Bibliografie:

Die Mondrepublik (THE LUNATIC REPUBLIC), Einsiedeln: Benziger 1961

MacLean, Alistair (1923 – 1987)
Geboren in Daviot, Schottland. Nach dem Zweiten Weltkrieg wurde M. Lehrer und begann, in seiner Freizeit Kurzgeschichten zu schreiben. Mit einer dieser Geschichten gewann M. einen Wettbewerb und wurde dazu ermuntert, einen Roman zu verfassen. Alles in allem publizierte M. über dreißig Romane, fast alle davon wurden Bestseller. Etliche enthielten SF-Elemente, wie THE SATAN BUG (1962), GOODBYE, CALIFORNIA (1977) oder sein letztes Werk, SANTORINI (1987).

Bibliografie:

Der Satanskäfer (THE SATAN BUG), München: Lichtenberg 1970
Goodbye, Kalifornien (GOODBYE, CALIFORNIA), München: Lichtenberg 1979
Geiseldrama in Paris (HOSTAGE TOWER) (mit John Denis), München: Lichtenberg 1980
Höllenflug der Air Force 3 (AIR FORCE ONE IS DOWN) (mit John Denis), München: Kindler 1982

MacLean, Katherine (Anne)
(1925 –   )
Geboren in Glen Ridge, New Jersey. M. besuchte das Barnard College in New York. Tätigkeit als Kaufhausdetektivin, Laborassistentin, Qualitätskontrolleurin einer Lebensmittelfabrik und kaufmännische Angestellte. Sie erfreut sich trotz ihres schmalen Werkes eines guten Rufes in der SF-Szene. Ihre erste Story, ›Defense Mechanism‹, erschien 1949 in *Astounding*, wo auch die meisten ihrer knapp 30 Erzählungen publiziert wurden, u. a. auch ›Incommunicado‹ (1950), ihre beste Geschichte überhaupt. Nachdem es Anfang der sechziger Jahre recht still um sie geworden war, machte sie mit einigen herausragenden Stories gegen Ende des Jahrzehnts wieder von sich reden: ›Fear Hound‹ (*Analog,* 1968), ›Rescue Squad For Ahmed‹ (*Analog,* 1970) und vor allem ›The Missing Man‹ (*Analog,* 1971), die den Nebula Award gewann. Der Erfolg ermutigte sie wieder zu verstärkter Produktion. Zusammengefaßt erschienen die drei Novellen als Roman unter dem Titel THE MISSING MAN (1976). COSMIC CHECKMATE (1962) ist eine frühere Produktion, die in Zusammenarbeit mit Charles V. DeVet entstand.

Bibliografie:

Der Esper und die Stadt (THE MISSING MAN), München 1982, M 3586

Bibliografie/H:

Schach für die Erde (COSMIC CHECKMATE) (mit Charles V. DeVet), UZ 561 (1967)

MacLeod, Sheila
Schottische Schriftstellerin, verheiratet mit dem Ex-Pop-Sänger und Schauspieler Paul Jones, der in den frühen sechziger Jahren bei Manfred Mann mitjammte.

Bibliografie:

Die Emanzipation der Roboter (XANTHA AND THE ROBOTS), München 1980, G 23340

MacOkay, A. (1905 – 1960)
Pseudonym für Manes Kadow.

Bibliografie:
Futurrummel, Bonn: Schwippert 1947

Als Hermann Wodak:
Roboter, die Mensch-Maschine, Bonn: Schwippert 1947

MacRoy, Calvin F. Siehe Wegener, Manfred

Macskassy, György Ungarischer Autor.

Bibliografie:
Dieters Fahrt in den Weltraum, Budapest: Corvina 1970
Felix und der Maschinenhund, Budapest: Corvina 1970

MacVicar, Angus (1908 –   )
Geboren als Sohn eines Geistlichen in Duror, Argyll, Schottland.
Besuchte die Glasgow University (B. A. 1930), arbeitete von
1931 – 1933 als Zeitungsreporter und ist seither als freier Schriftsteller tätig. – »Meine Science Fiction hat stets eine Moral gehabt –
Liebe ist die Antwort auf die meisten Probleme.« Sein SF-Hauptwerk
ist die achtbändige LAST WORLD-Serie.

Bibliografie:
Der verlorene Planet (THE LOST PLANET), Stuttgart: Koehler 1957
Zurück zum verlorenen Planeten (RETURN TO THE LOST PLANET),
Stuttgart: Koehler 1957
Das Geheimnis des verlorenen Planeten (SECRET OF THE LOST PLANET),
Stuttgart: Koehler 1958
Super Nova und der fremde Satellit (SUPER NOVA AND THE ROGUE
SATELLITE), Stuttgart: Franckh 1973
Super Nova und der Mann im Eis (SUPER NOVA AND THE FROZEN MAN),
Stuttgart: Franckh 1973

Maddock, Larry (1913 –   )
Pseudonym für Jack Owen Jardine, geboren in Eaton Rapids, Michigan. In der utopischen Agentenserie ›Agent of T.E.R.R.A.‹ geht es
um einen Supermann namens Hannibal Fortune, der die Menschheit auf der Erde wie im All vor Zeitverbrechen schützt.

Bibliografie:

Agenten der Galaxis (THE FLYING SAUCER GAMBIT), München 1968, TTB 153
Die goldene Göttin (THE GOLDEN GODDESS GAMBIT), München 1968, TTB 155
Räuber von den Sternen (THE EMERALD ELEPHANT GAMBIT), München 1968, TTB 157
Gefangener in Raum und Zeit (THE TIME TRAP GAMBIT), Frankfurt am Main/Berlin/Wien 1971, U 2857

Madelung, Aage (1872–1949)

Bibliografie:

Zirkus Mensch, München: Kurt Wolff 1918

Mader, (Ernst Friedrich) W(ilhelm) (1866–1947)

Deutscher Erzähler, Dramatiker und Lyriker, geboren in Nizza. M. wurde vor allem als Reiseschriftsteller und Jugendbuchautor bekannt (*El Dorado,* 1903; *Am Kilimandjaro,* 1927; *Im Weltmeer verirrt,* 1929), hat aber auch eine Reihe von Romanen und Erzählungen verfaßt, die der SF zuzurechnen sind. Auch hierbei handelt es sich um Jugendbücher, in denen auf unterhaltsame und spannende Weise naturwissenschaftliche Kenntnisse vermittelt werden. In *Wunderwelten* (1911), dem bemerkenswertesten deutschen SF-Roman der Kaiserzeit, geht es um die Astronomie: der Gelehrte Lord Charles Filmore unternimmt in einem Raumschiff mittels Antigrav-Antrieb eine Reise zum Mars, wo man einem alten Marsbewohner begegnet. Dann geht es weiter zum Jupiter und zum Saturn, bis die Astronauten von einem Kometen erfaßt und in ein anderes Sternensystem entführt werden. Dort entdeckt man einen erdähnlichen Planeten und kehrt schließlich zur Erde zurück. Der Leser erfährt dabei alles Wichtige über den Aufbau des Sonnensystems und die Planeten. *Wunderwelten* erschien 1932 auch in den USA.

Bibliografie:

Der König der unnahbaren Berge, Stuttgart: Union 1909
Wunderwelten, Stuttgart: Union 1911
Der letzte Atlantide, Stuttgart: Union 1923
Die tote Stadt, Stuttgart: Union 1923
Die Messingstadt, Stuttgart: Union 1924
El Dorado, Stuttgart: Union o. J.

Madsack, Paul

Bibliografie:

Tamotua, Stadt der Zukunft, München: Georg Müller 1931

Madsen, Svend Age (1939 –)

Dänischer Autor, geboren in Århus. 1972 Preis der dänischen Akademie für SEAT VERDEN ER TIL. Bricht in seinen Werken mit allen traditionellen Erzähltechniken.

Bibliografie:

Lüste und Leichen (LIGET OG LYSTEN), Darmstadt: März 1969
Dem Tag entgegen (SE DAGENS LYS), Frankfurt am Main 1984, st 1020

Mähr, Christian (1952 –)

Österreichischer Autor und Redakteur, geboren in Nofels bei Feldkirch in Vorarlberg. Studierte an der Universität Innsbruck Chemie und ist seit seiner Promotion über ein Thema der organischen Chemie 1982 ständiger freier Mitarbeiter beim ORF, hauptsächlich tätig für Radio Vorarlberg in den Bereichen Wissenschaft und Kultur. Mit *Magister Dorn* hat M. seinen ersten Roman vorgelegt. Er trägt streckenweise autobiografische Züge und ist insgesamt trotz wissenschaftlichen Gehalts eher der phantastischen Literatur im engeren Sinne zuzurechnen. M. ist auch als Hörspielautor hervorgetreten: ›Futurum Exactum‹ (1983), ›Das Schwarze Loch‹ (1984), ›Chlorophyll‹ (1985) und ›Die transplutonische Plage‹ (1986), sämtlich vom ORF produziert, zeichnen sich durch skurrilen Witz und Einfallsreichtum aus.

Bibliografie:

Magister Dorn, München 1987, H 4365

Maggin, Elliot S. Amerikanischer Autor.

Bibliografie:

Superman: Kryptons letzter Sohn (SUPERMAN: LAST SON OF KRYPTON), Stuttgart: Ehapa 1979

Superman: Der Meister von Oric (SUPERMAN: LAST SON OF KRYPTON),
Stuttgart: Ehapa 1979

Magnan, Pierre Französischer Autor.

Bibliografie:
Ummauerte Welt (LE MONDE ENCERCLÉ), Stuttgart: Victoria 1953

Mahr, Kurt (1936 –   )
Geboren in Darmstadt. Studium der Physik an der TH Darmstadt.
M. siedelte 1962 in die USA über und arbeitete in der Privatwirt-
schaft an einem Forschungsprojekt auf dem Gebiet elektrochemi-
scher Brennstoffzellen. 1966 zog er nach Orlando, Florida, war an
der Entwicklung der Pershing-Rakete beteiligt und wechselte dann
ins Computerfach über. Von 1972 – 1977 arbeitete er in München
bei einem Software-Unternehmen, von 1978 – 1985 arbeitete er
wieder in Florida, diesmal an rechnergesteuerten Redigier- und
Satzsystemen. Seither ist er als SF-Autor in der Nähe von Frankfurt
ansässig. M. hatte bereits 1959 versucht, als Verfasser von Liebes-
romanen anzukommen, doch erst 1960 hatte er mit *Zeit wie Sand*
bei Moewig Erfolg. Im gleichen Jahr begann er, unter dem Pseudonym Cecil O. Mailer bei der Konkurrenz SF zu veröffentlichen.
1961 bat ihn sein Kollege K. H. Scheer, an der Serie *Perry Rhodan*
mitzuarbeiten. M. nahm an, er füllt diese Position (abgesehen von
einer zweijährigen Pause) noch heute aus. Als Autor steht er für
technokratische SF mit politisch konservativen Untertönen. Seine
Bedeutung für das Genre ist eher quantitativer denn qualitativer
Natur. Seit 1986 gemeinsam mit Ernst Vlcek mit der Exposè-Gestal-
tung von *Perry Rhodan* betraut.

Bibliografie:
Die Diktatorin der Welt, München 1968, TTB 135
Die Zeitstraße (C), München 1974, TTB 232
Das Rätsel des Universums, Rastatt 1979, UC 11
Die Milliardenstadt, Rastatt 1980, UC 18
Bluff der Jahrtausende, Rastatt 1981, UC 26
Raumschiff der Verdammten, Rastatt 1981, UC 33
Ringplanet im NGC 3031, Rastatt 1982, UC 42
Zeit wie Sand, Rastatt 1983, UC 61
Der Nebel frißt sie alle, Rastatt 1984, UC 72
Eine Welt für Menschen, Rastatt 1983, TTB 355

Bibliografie/H:

Die Geschöpfe des Palin, T 119 (1960)
Spinnen aus dem Weltraum, T 122 (1960)
110000 Jahre später, T 129 (1960)
Feldzug der Gläubigen, T 139 (1960)
Todeskommando Solar, T 146 (1960)
Die Welt des Ursprungs, T 157 (1961)
2× Professor Manstein, T 164 (1961)
Der Blaustern-Fürst, T 171/172 (1961)
Havarie auf Antares, T 179 (1961)
Die zweite Schöpfung, T 185/186 (1961)
Menschen zwischen der Zeit, T 193 (1961)
Aus den Tiefen der Erde, T 198 (1961)
Das Gigant-Gehirn, T 205 (1961)
Die Klasse der Alphas, T 212 (1962)
Ein Planet verschwindet, T 224 (1962)
Die Hypno-Sklaven, T 227 (1962)
In einer fremden Galaxis, T 230 (1962)
Geheimstützpunkt Point Maler, T 233 (1962)
Unternehmen Winterschlaf, T 236 (1962)
Die Welt der Silikos, T 239 (1962)
Projekt Ranger, T 259 (1963)
Die Ratten, T 289 (1963)
Die Plasma-Hölle, T 300 (1963)
Die Dunkelwolke, T 317 (1964)
Das letzte Raumschiff, T 320 (1964)
Der Fremde von Royale, T 324 (1964)
Im Banne der roten Zwerge, T 327 (1964)
Planet der Gespenster, T 330 (1964)
Der Sternentöter, T 346 (1964)
Das Gestirn der Einsamen, T 357 (1964)
Der Diktator von Tittakat, T 372 (1965)
In der Maske eines Roboters, T 456 (1966)
Mars, Welt der Rätsel, T 544 (1967)
Die Psi-Menschen von Simsk, TN 60 (1969)
Der Tunnel durchs All, TN 131 (1970)
Die Jagd durch die Dunkelwolke, TN 137 (1970)
Die Verschwörung der Computer, TN 152 (1970)
Planet der Geschäftemacher, TN 160 (1971)
Die Flieger von Ghunn, TN 190 (1971)
Die häßlichen Zwerge von Artaria, TA 12 (1971)

Die Stadt der Alten, TA 28 (1972)
Welt der Ungeheuer, TA 50 (1972)
Kampf der Androiden, TA 105 (1973)
Zarastra, die Zauberin, TA 125 (1973)
Der Planetenkönig, TA 134 (1974)
Die Hyänen von Sacanor, TA 145 (1974)
Der Krieger mit dem Flammenschwert, TA 239 (1976)

Als Cecil O. Mailer:

2× Mr. Beeches, UZ 224 (1960)
Vulkan kontra Erde, UZ 228 (1960)
Die Union der 2000 Welten, UZ 232 (1960)
Geheimnisvoller Meteor, UZ 237 (1960)
Sabotage mit Feuerwasser, UZ 247 (1960)
Treffpunkt Zukunft, UZ 251 (1960)
Der große Tunnel, UZ 281 (1961)
Ordnungszahl 201, UG 152 (1961)

Siehe Anhang SERIEN: *Atlan, Perry Rhodan, Perry-Rhodan-Taschen-bücher, ZBV*

Maidhof-Christig, Benno

Bibliografie/H:
Baumeister der Galaxis, TA 616 (1984)

Mailer, Cecil O. Siehe Mahr, Kurt

Maine, Charles Eric (1921 –)

Pseudonym für David McIlwain, geboren in Liverpool. M. war Nachrichtenoffizier bei der RAF, bevor er einen Beruf als Fernseh-techniker ergriff und mit dieser Tätigkeit journalistische Arbeiten verband. M. hatte sich in seiner Freizeit schon früh mit SF beschäf-tigt, und so war es kein Wunder, daß er seinen populärwissenschaft-lichen Artikeln über TV und Rundfunk alsbald SF-Geschichten fol-gen ließ. Sein erster Roman, SPACEWAYS (1953), war die Adaption ei-nes eigenen Hörspiels. Während der fünfziger und sechziger Jahre war er schriftstellerisch äußerst produktiv: knapp zwanzig Romane erschienen in dieser Zeit. Inhaltlich bieten sie spannende Unterhal-tung mit einem Schwergewicht auf Problemen der näheren Zu-kunft. So schrieb er mit HIGH VACUUM (1957) einen Roman über die

694

erste Mondlandung und die Gefahren, die die Expedition dort überwinden muß. Andere Themen sind: Gefahren der Radioaktivität
(THE ISOTOPE MAN, 1957), Atomkatastrophen (THE TIDE WENT OUT, 1958)
und biologische Evolutionen (B.E.A.S.T., 1966). M. wäre freilich kein
britischer SF-Autor, wenn er nicht wenigstens einen Katastrophenroman verfaßt hätte: In IN THE DARKEST NIGHTS (1962) kämpfen die
Überlebenden einer weltweiten Virusepidemie ums Überleben.

Bibliografie:

Krise im Jahr 2000 (CRISIS IN 2000), Berlin: Gebr. Weiß 1959
Zwei... eins... null (COUNTDOWN), München 1961,
GZ 17
Heimweh nach der Erde (THE MAN WHO OWNED THE WORLD), München
1961, GZ 22
Dr. Gilleys Wunderwesen (B.E.A.S.T.), München 1966,
GZ 72
Die Brücke über den Saturn (THE RANDOM FACTOR), München 1972,
GWTB 0141

Bibliografie/H:

In Nevada ist der Teufel los (SPACEWAYS), UG 200 (1963)

Malaguti, Ugo (1945 –   )
Italienischer Autor. Geboren in Bologna. M. veröffentlicht SF seit
1960 und war Redakteur des Magazins *Galassia* und Herausgeber
einer Buchreihe.

Bibliografie:

Palast hinter den Wolken (IL PALAZZO NEL CIELO), München 1985,
M 3686

Malec, Alexander (1929 –   )
Amerikanischer Autor.

Bibliografie:

Sperrzone Mond (C) (EXTRAPOLASIS), München 1970,
G 0121

Maliskat, Herbert

Bibliografie:

Im Reiche der Mondroboter, Berlin: Condor 1948

Malita, Mircea Rumänischer Autor.

Bibliografie:
Chronik für das Jahr 2000 (CRONICA ANULUI 2000), Bukarest: Kriterion 1973

Maly, Herbert W(ilhelm) (1931 –   )
Geboren in Ratibor; lebt in Bietigheim bei Stuttgart.

Bibliografie:
(Hrsg.) *Der metallene Traum,* München: Lichtenberg 1971

Malzberg, Barry N(orman)
(1939 –   )

Geboren in New York. M. arbeitete in der Literatur-Agentur Scott Meredith, verkaufte 1966 zwei Stories an ein Magazin namens *Wildcat,* publizierte 1967 seine erste SF-Story, ›We're Coming Through the Windows‹, in *Galaxy,* und versuchte sich als Redakteur zweier Fachzeitschriften über Diätnahrung und Haustierhaltung, was ihn ziemlich frustrierte. 1967 verkaufte er eine Story an *Mike Shayne's Mystery Magazine* und vier Soft-Pornos. Bald darauf tauchte er in *Magazine of Fantasy & Science Fiction* und einigen Anthologien auf und übernahm 1968 einen Redakteursposten beim Herrenmagazin *Escapade.* Schließlich wurde er Herausgeber der SF-Magazine *Amazing* und *Fantastic,* wo er gleich in seinem ersten Leitartikel behauptete, der größte Teil der SF sei banal, unwichtig, schlecht geschrieben und unsäglich dumm. Unter dem Pseudonym K. M. O'Donnell verfaßte er einige kurze Romane, die sich weniger mit Außerirdischen als mit SF-Fans und Autoren beschäftigten. Er etablierte sich als Verfasser stilistisch brillanter Romane, die manches Tabu brachen. Mit kritischem Blick für signifikante Details kratzte er in THE FALLING ASTRONAUTS (1971) und BEYOND APOLLO (1972) unverfroren am Glanz-und-Gloria-Mythos tapferer amerikanischer Raumfahrt-Helden, während er in HEROVIT'S WORLD (1974) die Misere und Trostlosigkeit der trivialen SF-Fabrikation schildert und die beklemmenden Marktmechanismen bloßlegt, unter denen durchschnittlich begabte Zeilenschinder zu leiden haben. In HEROVIT'S WORLD geht es um einen erbarmungswürdigen Fließbandautor, der über der 84. Folge der Abenteuer seines Weltraumhelden Mack Miller allmählich den Verstand verliert, von seinem Alter ego (dem Pseudonym Kirk Poland) ›übernommen‹ wird und letztendlich die Identität des stahlharten Sternenstürmers selbst annimmt. Wie Robert Silverberg und Michael Moorcock hat M. mehrmals versucht, das SF-Getto zu verlassen und sich in anderen Bereichen (z. B. im Kriminalroman) zu etablieren. Unter dem Pseudonym Mike Barry verfaßte er in der ersten Hälfte der 70er Jahre die zehnbändige Serie WOLFSKILLER, in der ein Ex-Polizist einen Ein-Mann-Krieg gegen die Mafia führt.

Bibliografie:

Das gefangene Gehirn (IN THE ENCLOSURE), Bergisch Gladbach 1974, B 21045

Der Sturz der Astronauten (THE FALLING ASTRONAUTS), München 1975, H 3432

Das Venus-Trauma (BEYOND APOLLO), Bergisch Gladbach 1975, B 21064

Herovits Welt (HEROVIT'S WORLD), München 1977, H 3548

Auf einer Welt jahrtausendweit (ON A PLANET ALIEN), Bergisch Gladbach 1978, B 22002

Die Zerstörung des Tempels (THE DESTRUCTION OF THE TEMPLE), München 1979, H 3641

Ein schwarzer Tag im Universum (UNIVERSE DAY), Bergisch Gladbach 1979, B 22009

Mein Freund Lucas (THE DAY OF THE BURNING), Bergisch Gladbach 1979, B 22017

Malzbergs Amerika (C/OA), Bergisch Gladbach 1980, B 24014

(Hrsg.) *Brennpunkt Zukunft 1* (FINAL STAGE, 1. Teil) (mit Edward L. Ferman), Frankfurt am Main/Berlin/Wien 1982, U 31039

(Hrsg.) *Brennpunkt Zukunft 2* (FINAL STAGE, 2. Teil) (mit Edward L. Ferman), Frankfurt am Main/Berlin/Wien 1984, U 31086

Der letzte Krieg (FINAL WAR AND OTHER FANTASIES/GATHER IN THE HALL OF THE PLANETS), Frankfurt am Main/Berlin/Wien 1985, U 31092

Als K. M. O'Donnell:

Jagd in die Leere (THE EMPTY PEOPLE), Frankfurt am Main 1974, FO 36

Mampell, Klaus

Bibliografie:
Die Sternenreise, Frankfurt am Main/Berlin/Wien 1986, U 31129

Mandrake, Frederik W. (Pseudonym)

Bibliografie:
Höllenfinsternis, UZ 180 (1959)

Mann, Carol H. (Pseudonym)

Bibliografie:
Der Unsichtbare, UZ 163 (1959)

Mann, M. H.

Bibliografie:
Europolis, Konstanz: International 1948

Mann, Phillip (1942 –   )

Geboren in Northallerton, Yorkshire, England, wuchs M. zwischen der Nordsee und den nördlichen Yorkshire Mooren auf, was – wie er versichert – großen Einfluß auf sein Werk ausübte. Es fiel ihm schwer, sich zwischen einem naturwissenschaftlichen und einem geisteswissenschaftlichen Studium zu entscheiden, da er sich für das Theater ebenso leidenschaftlich interessierte wie für die Biologie, wählte er schließlich doch ein Studium der englischen Literatur und des Dramas an der Universität Manchester, folgte nach Studienabschluß einem Ruf an die Humboldt State University in Kalifornien und ließ sich nach ausgedehnten Reisen schließlich in Neuseeland nieder, wo er an der Wellington University Vorlesungen hält und sich dem Schreiben von Büchern widmet. Sein erster Roman, THE EYE OF THE QUEEN, erschien 1982 bei Gollancz in London und ist wohl einer der tiefgründigsten und besten Romane, die je über die Begegnung des Menschen mit einer intelligenten, in ihrem Lebensablauf und ihrer Psyche absolut fremden nichtmenschlichen Rasse geschrieben wurde. 1986 bzw. 1987 erschienen (ebenfalls bei Gollancz) THE MASTER OF PAXWAX und die Fortsetzung THE FALL OF THE FAMILIES; beide Romane schildern die Gefährlichkeit des Menschen, der über seinen Lebensbereich hinausgreift, bis die Aliens merken, wie leicht er zu besiegen ist, weil er eine Schwäche hat: seine Gier nach Macht.

Bibliografie:

Das Auge der Königin (THE EYE OF THE QUEEN), München 1985, H 4213

Mann, W. L.

Pseudonym für Wolfgang Ludwig Hausmann.

Bibliografie:

Der Gigant, München 1971, H 3235
Die Biomaten, München 1971, H 3244

Bibliografie/H:

Operation Dornröschen, UZ 256 (1961)

Manning, Laurence (Edward) (1899–1972)

Geboren in St. John, New Brunswick, Kanada. M. kam nach seinem College-Abschluß 1920 in die USA und versuchte sich dort als Schriftsteller. Er war Gründungsmitglied der American Interplanetary Society und wurde in der SF durch zwei Serien bekannt, die in *Wonder Stories* erschienen. THE MAN WHO AWOKE bestand ursprünglich (1933) aus fünf Erzählungen, die dem Leser durch die Augen eines erwachten ›Schläfers‹ verschiedene Stadien der Zukunft zeigten. Die ›Stranger Club‹-Serie (ebenfalls fünf Erzählungen in *Wonder Stories,* 1933–1935) ist eher der Horror-Literatur zuzurechnen. M. schrieb SF von 1933–1939 und arbeitete gelegentlich mit Fletcher Pratt zusammen.

Bibliografie:

Der Jahrtausendschläfer (THE MAN WHO AWOKE), München 1977, H 3529

Manns, William (Pseudonym)

Bibliografie/H:

Rote Kugeln über New York, UZ 317 (1962)

Mano, Keith D. (1942 –)
Geboren in New York. Besuchte das Columbia College und die Cambridge University und arbeitete als Theaterschauspieler, bevor er zum Leiter einer Baustoff-Firma wurde. Seither betätigt er sich nebenher als Rezensent, Filmkritiker und Buchautor. THE BRIDGE (1973), ein stilistisch ambitionierter Roman, ist der SF zuzurechnen und wurde von der Literaturkritik enthusiastisch aufgenommen (die *New York Times* verglich M. mit Graham Greene, Evelyn Waugh und George Bernanos): Im Jahr 2035 wird die Erde von den sog. Ökologisten beherrscht, die das Töten aller lebendigen Kreaturen strengstens verbieten. Inzwischen nehmen alle möglichen ›natürlichen‹ Plagegeister derart überhand, daß sich der Mensch, aller Reglementierung zum Trotz, zum Rundumschlag genötigt sieht, um sich zu behaupten.

Bibliografie:

Die Brücke (THE BRIDGE), München 1980, H 3766

Mantegazza, Paolo Italienischer Autor.

Bibliografie:

Das Jahr 3000 (L'ANNO 3000), Jena: Costenoble 1897

Mantley, John (Truman) (1920 –)
Geboren in Toronto, Kanada. Er studierte an der Universität von Toronto, nahm als Pilot am Zweiten Weltkrieg teil und wandte sich als Schauspieler dem Theater zu, wo er auch Regie führte und als Sprecher in Hörspielen auftrat. THE TWENTY-SEVENTH DAY (1956), sein einziger SF-Roman, wurde noch im gleichen Jahr von William Asher (Drehbuch: Mantley) verfilmt: Außerirdische entführen Angehörige der unterschiedlichsten Nationen auf ihr Raumschiff und geben jedem eine ultimate Waffe in die Hand, die die Menschheit vernichten kann. Die Fremden haben zwar vor, die Erde zu übernehmen, doch wollen sie sich selbst die Finger nicht schmutzig machen.

Bibliografie:

Der 27. Tag (THE 27TH DAY), Zürich: Diana 1957

Marburg, Michael

Bibliografie:
Gestrandet im All, Würzburg: Zettner o. J.

Margroff, Robert E(rvin) (1930 –   )

Geboren auf einer Farm in Fayette County, Iowa. Gelernter Schrift-setzer. Hat mit Piers Anthony drei SF-Romane geschrieben.

Bibliografie:
Der Ring (THE RING) (mit Piers Anthony), Frankfurt am Main 1973, FO 23

Mark, Jan

Englische Autorin. Ihr Roman THUNDER AND LIGHTNINGS wurde 1976 mit der Carnegie Medal ausgezeichnet.

Bibliografie:
Die Welt aus Stein (THE ENNEAD), München 1985, G 23457

Marken, Wolfgang (1895 – 1966)

Pseudonym für Fritz Mardicke.

Bibliografie:
Karner der Diktator, Werdau: Meister 1929 (auch: *Der große Karner,* Rosenheim: Meister 1955)
Das große Australiengeheimnis, Hamburg: Mardicke 1936

Als Ludwig Osten:
Die große Flut, Leipzig: Müller 1934 (auch als Wolfgang Marken, Rosenheim: Meister 1956)

Marks, T. W. Siehe Brand, Kurt

Marrytt, Rod K. St. (Pseudonym)

Bibliografie:
Teufel zwischen den Sternen, Menden: Bewin 1966

Marshak, Sondra

Amerikanische Autorin und STAR-TREK-Expertin. Verfaßte gemeinsam mit Jacqueline Lichtenberg und Joan Winston das Sachbuch STAR

TREK LIVES!. Gemeinsam mit Myrna Culbreath gab M. zwei STAR-TREK-Anthologien heraus und schrieb bislang vier Romane um Kirk und seine Mannen.

Bibliografie:

Der Preis der Unsterblichkeit (THE PRICE OF THE PHOENIX) (mit Myrna Culbreath), Rastatt 1980, TTB 333
Der Fluch des Phoenix (THE FATE OF THE PHOENIX) (mit Myrna Culbreath), Rastatt 1981, TTB 338
Das Prometheus-Projekt (THE PROMETHEUS DESIGN) (mit Myrna Culbreath), München 1987, H 4379
Tödliches Dreieck (TRIANGLE) (mit Myrna Culbreath), München 1987, H 4411

Bibliografie/H:

(Hrsg.) *Schnittpunkt im All* (STAR TREK: THE NEW VOYAGES, Teil 1) (mit Myrna Culbreath), TA 306 (1977)
(Hrsg.) *Die geflügelten Träumer* (STAR TREK: THE NEW VOYAGES, Teil 2) (mit Myrna Culbreath), TA 311 (1977)

Marshall, Ellis Britischer Autor.

Bibliografie:

Rückkehr in die Finsternis (RETURN TO DARKNESS), Frankfurt am Main/Berlin/Wien 1985, U 31105

Marsten, Richard (1926 –   )
Geboren in New York. Pseudonym für Salvatore A. Lombino, der unter dem Namen Evan Hunter zu Bestsellerehren kam und Krimi-Fans unter dem Pseudonym Ed McBain ein Begriff ist. Seine Karriere begann in den Pulps, er ließ auch die SF-Magazine nicht aus. Utopische Stories aus seiner Feder erschienen auch unter dem Namen Hunt Collins.

Bibliografie:

Rakete ab, zum Mond (ROCKET TO LUNA), München: Awa 1954

Martel, Serge Französischer Autor.

Bibliografie/H:

Abschied von den Sternen (L'ADIEU AUX ASTRES), T 336 (1964)

Martell, Gunter (1931 –   )
Pseudonym für Kurt Becker, geboren in Düsseldorf.

Bibliografie:
Die Scouts und der perfekte Planet, Würzburg: Arena 1974
Das phantastische Abenteuer (C), Würzburg: Arena 1976

Martin, Ed(gar A.) Amerikanischer Autor.

Bibliografie:
Frankenstein 69 (FRANKENSTEIN 69), Darmstadt: Olympia Press 1970

Martin, F.
Pseudonym eines spanischen Autors.

Bibliografie/H:
Das mißlungene Experiment (EL HOMBRE DE LA LUNA), UZ 192 (1959)

Martin, George R(aymond) R(ichard) (1948 –   )
Geboren in Bayonne, New Jersey. M. studierte Journalismus an der Northwestern University von Evanston, Illinois, war anschließend zwei Jahre für das soziale Hilfswerk VISTA tätig und organisierte zahlreiche Schachturniere im Auftrag der Continental Chess Association. Von 1976 – 1978 lehrte er Journalismus am Clark College in Dubuque, Iowa. Seither ist er als freier Autor tätig, der für sein erzählerisches Werk mehrmals mit dem Hugo Award ausgezeichnet wurde. M. ist einer der bedeutendsten amerikanischen SF-Autoren. Seine erste Story, ›The Hero‹, entstand 1969 und wurde 1971 in *Galaxy* publiziert. Von diesem Erfolg beflügelt, schrieb er weitere Erzählungen – Stories unterschiedlicher, doch zum Teil bemerkenswerter Qualität. Er wurde sehr oft für den Hugo und den Nebula Award nominiert – so z. B. für ›With Morning Comes Mistfall‹ (*Analog,* 1973), ›Seven Times Never Kill Man‹ (*Analog,* 1975) und ›The Storms of Windhaven‹ (*Analog,* 1975, mit Lisa Tuttle). ›A Song For Lya‹ (Analog, 1974) wurde mit dem Hugo ausgezeichnet;

den gleichen Preis und den Nebula erhielt ›Sandkings‹ (1979). ›The Way of Cross and Dragon‹ (1979) wurde ebenfalls mit dem Nebula ausgezeichnet. M.s erzählerisches Werk, das einen gemeinsamen Hintergrund aufweist, liegt fast zur Gänze in deutscher Sprache vor. Sein Roman DYING OF THE LIGHT (1977) ist ein Werk epischer Breite: Durch Kriege mit zwei Fremdrassen ist das Terranische Sternenimperium zerbrochen. Nach langen Zeiten des Chaos bricht eine neue Entdeckungsphase an, bei der Abkömmlinge der menschlichen Rasse wieder aufeinandertreffen. Vor diesem Hintergrund läßt M. viele seiner Stories spielen. Emotionsreich schildert er das Schicksal einzelner, die nicht selten einen aussichtslosen Kampf führen. Seine Protagonisten sind oft romantische Idealisten, während ihre Gegenspieler rational denken und ihnen bei Auseinandersetzungen überlegen sind. Auch DYING OF THE LIGHT wurde für den Hugo nominiert, konnte sich aber gegen GATEWAY (1979), einen Roman Frederik Pohls, nicht behaupten. M.s Erfolg dürfte in der Verbindung herkömmlicher SF mit romantischen Themen liegen, die allerdings nie klischeehaft ausgeführt wird und in der Happy-Ends nur selten vorkommen. Sein von der Kritik sehr beachteter Roman ARMAGEDDON RAG (1983) – Stephen King bezeichnete ihn als »den besten Roman über die Popmusik-Kultur der sechziger Jahre« – ist nur bedingt der SF zuzuordnen, obwohl er zahlreiche phantastisch-traumhafte Passagen aufweist, in denen sowohl die Atmosphäre des Milieus als auch die geistige Haltung der Musiker jener Zeit in ihrem Erfolgszwang und in ihrer politischen Protesthaltung meisterhaft nachgezeichnet wird. In den letzten Jahren hat M. eine Reihe Erzählungen um den Helden Tuf, einen sympathischen galaktischen Handlungsreisenden, geschrieben (TUF VOYAGING), der auf seinen Fahrten in die unverhofftesten Abenteuer gestürzt wird, die er dank seiner Intelligenz, seiner Diplomatie, seines Geschäftssinns und seiner Gelassenheit immer wieder glänzend besteht.

Bibliografie:

Die Flamme erlischt (DYING OF THE LIGHT), München 1978, Kn 5701 (701)
Lieder von Sternen und Schatten (C) (SONGS OF STARS AND SHADOWS), München 1979, G 23331
Die zweite Stufe der Einsamkeit (C) (A SONG FOR LYA), Rastatt 1982, M 3567
Kinder der Stürme (Bd. 1) (WINDHAVEN) (mit Lisa Tuttle), Rastatt 1985, M 3669

Kinder der Stürme (Bd. 2) (WINDHAVEN) (mit Lisa Tuttle), Rastatt 1985, M 3681

Im Haus des Wurms (C) (SANDKINGS, 1. Teil), Frankfurt am Main/Berlin/Wien 1985, U 31104

Sandkönige (C) (SANDKINGS, 2. Teil), Frankfurt am Main/Berlin/Wien 1985, U 31107

(Hrsg.) *Science Fiction Preisträger 1* (NEW VOICES 1), Rastatt 1985, P 6742

(Hrsg.) *Science Fiction Preisträger 2* (NEW VOICES 2), Rastatt 1985, P 6745

Armageddon Rock (ARMAGEDDON RAG), Düsseldorf: Fantasy Productions 1986

Martin, Graham

Bibliografie:

Das Land im Spiegel (THE SOUL MASTER), München 1985, G 30050

Martin, Rudolf (1867 – ?)

Bibliografie:

Die Zukunft Rußlands und Japans, Berlin: Heymann 1905
Berlin – Bagdad, Stuttgart: DVA 1907
Der Weltkrieg in den Lüften, Stuttgart: DVA 1909

Martinson, Harry (Edmund) (1904 – 1978)

Geboren in Jämshög/Blekinge (Schweden) als Sohn eines Kapitäns. M. fuhr im Alter von 16 Jahren als Schiffsjunge und Heizer zur See und hielt sich längere Zeit in Südamerika und Indien auf, bis er 1925 lungenkrank in die Heimat zurückkehrte. Er führte ein Landstreicherleben und bildete sich autodidaktisch. 1929 fand er Zugang zu der literarischen Gruppe ›Fem Uga‹; seine Gedichtbände SPÖKSEPP (1929) und NOMAD (1934) und seine Reiseerzählungen RESORT UTAN MAL (1932) und KAP FARVÄL (1933) machten ihn rasch bekannt. 1938 erhielt er den Preis der Gruppe ›De Nio‹; 1974 wurde er zusammen mit Eyvind Johnson mit dem Nobelpreis für Literatur ausgezeichnet. M.s Beitrag zur SF ist das Vers-Epos ANIARA (1956), in dem er auf höchst künstlerische Weise das SF-Thema des Generationenraumschiffs aufgreift: Ein Raumschiff mit menschlicher Besatzung ist vom Kurs abgekommen und treibt hinein in die Leere des Alls. M. bringt in dem Epos die tiefe Skepsis zum Ausdruck, ob der Mensch überhaupt fähig sei, den technischen Fortschritt tatsächlich zu lenken, oder ob die Entwicklung nicht längst außer Kontrolle geraten ist.

Bibliografie:

Aniara (ANIARA), München: Nymphenburger 1961

Martynow, Georgij (1906–)
Geboren in Grodno, UdSSR. M. publiziert seit 1955 SF. Er schreibt vor allem für Kinder und Jugendliche.

Bibliografie:

220 Tage im Weltraumschiff (220 DNEY NA ZWEZDO LJOTE), Berlin/DDR: Kultur und Fortschritt 1957
Das Erbe der Phaetonen (NASDLEDSTWO FAETONZEW), Berlin/DDR: Kultur und Fortschritt 1964

Bibliografie/H:

Gäste aus dem Weltall (GOST IZ BEZDNY), KJ 11/12 (1958)

Mason, Allan P. (Pseudonym)

Bibliografie:

Legionäre im All, Düsseldorf: Heru 1959
Goldene Roboter, Düsseldorf: Heru 1959

Mason, Douglas R(ankine) (1918–)
Geboren in Wales, seit 1954 als Rektor im Schuldienst tätig. M.s erste SF-Story ›Two's a Company‹ erschien 1964 in der von John Carnell herausgegebenen Anthologie NEW WRITINGS IN SF. Unter dem Pseudonym John Rankine hat er diverse Space Operas publiziert.

Bibliografie:

Stadt unter Glas (FROM CARTHAGE THEN I CAME), München 1969, GWTB 0107
Matrix (MATRIX), München 1970, GWTB 0120
Der Rebell von Metropolis (HORIZON ALPHA), Bergisch Gladbach 1972, B 13
Das Janus-Syndrom (THE JANUS SYNDROME), München 1973, GWTB 0166
Diktatur der Androiden (THE RESURRECTION OF ROGER DIMENT), Bergisch Gladbach 1973, B 30

Das Paradies der Roboter (THE END BRINGERS), Bergisch Gladbach 1974, B 21058
Der Zeiteffekt (DILATION EFFECT), Bergisch Gladbach 1975, B 21069
Satellit 54-Null (SATELLITE 54-ZERO), Bergisch Gladbach 1976, B 21077
Die Telepathen-Kolonie (MOONS OF TRIOPUS), Bergisch Gladbach 1976, B 21083
Der Turm von Rizwan (THE TOWER OF RIZWAN), Frankfurt am Main/Berlin/Wien 1978, U 3502

Als John Rankine:

Die Weisman-Idee (THE WEISMAN EXPERIMENT), München 1970, GWTB 119
Unbekannte Invasoren (MOON ODYSSEY), Wien/München/Zürich: Breitschopf 1975

Bibliografie/H:

Die Odyssee der Zenobia (LANDFALL IS A STATE OF MIND), Ge 44 (1977)

Masovius, Werner
Pseudonym für Werner Mialki.

Bibliografie:

Neotherm C, Berlin: Schützen 1943
Gefesselte Stürme, Berlin: Schützen 1943

Masson, David I(rvine) (1915–)
Geboren in Edinburgh, Schottland. Studium der englischen Sprache an der Universität Oxford. Tätigkeit als Antiquar. M.s wenige Erzählungen erschienen während der sechziger Jahre in *New Worlds,* beschäftigen sich vorrangig mit Zeitphänomenen und gelten unter Kennern als Geheimtip, obwohl ihre Lektüre nicht einfach ist, da ihnen leichte Lesbarkeit abgeht.

Bibliografie:

An den Grenzen der Zeit (THE CALTRAPS OF TIME), Frankfurt am Main/Berlin/Wien 1984, U 31077

Masson, Lois

Bibliografie:

Wenn der Blitz kommt (LES SEXES FOUDROYES), Karlsruhe: Stahlberg 1962

Matheson, Richard (Burton) (1926 –   )

Geboren in Allendale, New Jersey. Studium des Journalismus an der University of Missouri. Im SF-Genre trat er 1950 in Erscheinung, als *Magazine of Fantasy & Science Fiction* die Story ›Born of Man and Woman‹ abdruckte, die heute als Klassiker des Genres gilt. M. hat eine unnachahmliche Art, SF- und Horrorthemen miteinander zu verquicken, was in seinen zahlreichen Kurzgeschichtensammlungen wie THIRD FROM THE SUN (1954), THE SHORES OF SPACE (1956) oder den SHOCK-Bänden I – III (1961 – 1967) und teilweise auch in den Romanen THE SHRINKING MAN (1956) und I AM LEGEND (1954) zum Ausdruck kommt. Beide Romane wurden mehrmals verfilmt; I AM LEGEND unter den Titeln ›Ultimo Uomo Della Terra‹ (Italien 1964; Regie: Ubaldo Ragona) und ›Der Omega-Mann‹ (USA 1971; Regie: Boris Sagal); THE SHRINKING MAN unter den Titeln ›Die unglaubliche Geschichte des Mr. C‹ (USA 1957; Regie: Jack Arnold) und ›Die unglaubliche Geschichte der Mrs. K.‹ (USA 1981; Regie: Joel Schumacher). Als sich sein Durchbruch im Filmgeschäft anbahnte, zog M. sich aus der SF zurück und ist heute hauptsächlich als Drehbuchautor für Film und Fernsehen tätig.

Bibliografie:

Der dritte Planet (C) (THIRD FROM THE SUN), München 1965, TTB 106
Der letzte Tag (C) (THE SHORES OF SPACE), München 1972, GWTB 0146
Ich bin Legende (I AM LEGEND), München 1982, HSFB 12 (auch: *Ich, der letzte Mensch*)
Die seltsame Geschichte des Mr. C (THE SHRINKING MAN), München 1983, HSFB 22 (auch: *Die unglaubliche Geschichte des Mr. C*)

Matheson, William (Pseudonym)

Bibliografie:

(Hrsg.) *Die besten klassischen Science-Fiction-Geschichten,* Zürich: Diogenes 1979

Matthaey, Lore

Langjährige Lektorin der SF-Heftreihen ›Utopia Zukunft‹ und ›Mark Powers‹; seit den frühen siebziger Jahren zunehmend als geschätzte Übersetzerin im Fantasy- und SF-Bereich tätig. M., die mit dem Autor Hugh Walker (siehe dort) alias Hubert Strassl verheiratet ist, hat zahlreiche SF-Anthologien in Heftchenform herausgegeben.

Bibliografie/H:

(Hrsg.) *Der rationierte Raum,* UZ 403 (1964)
(Hrsg.) *Die Tyrannei der Uhren,* UZ 415 (1964)
(Hrsg.) *Der Teufel Rastignac,* UZ 421 (1965)
(Hrsg.) *Die steinernen Tränen,* UZ 424 (1965)
(Hrsg.) *Fort mit dem Alten,* UZ 427 (1965)
(Hrsg.) *Der Massenmensch,* UZ 430 (1965)
(Hrsg.) *Eiland des Todes,* UZ 432 (1965)
(Hrsg.) *Science Fiction-Cocktail 1,* UZ 435 (1965)
(Hrsg.) *Science Fiction-Cocktail 2,* UZ 436 (1965)
(Hrsg.) *Science Fiction-Cocktail 3,* UZ 437 (1965)
(Hrsg.) *Das kosmische Rad,* UZ 456 (1965)
(Hrsg.) *Die Schreckenswaffe,* UZ 461 (1965)
(Hrsg.) *Geheimagent einer anderen Welt,* UZ 466 (1965)
(Hrsg.) *Sieben aus Raum und Zeit,* UZ 474 (1966)
(Hrsg.) *Die galaktische Prüfung,* UZ 485 (1966)
(Hrsg.) *Heimweh nach Terra,* UZ 492 (1966)
(Hrsg.) *Der Fall Sagginer,* UZ 499 (1966)
(Hrsg.) *Alles dreht sich um die Erde,* UZ 506 (1967)
(Hrsg.) *Bestie im Haus,* UZ 521 (1967)
(Hrsg.) *Die Zeit des Regenbogens,* UZ 526 (1967)
(Hrsg.) *Ein anderes Zeitalter,* UZ 534 (1967)
(Hrsg.) *Die Insel der Toten,* UZ 543 (1967)
(Hrsg.) *Außerirdische mal drei,* UZ 565 (1968)
(Hrsg.) *Ich bin Morgen,* UZ 594 (1968)

Matzke, Gerhard (1925 –   )

Geboren in Waltershausen/Thüringen. M. besuchte die Handels-schule, doch die Kriegsereignisse verhinderten einen Abschluß. Als Angestellter in einem Gummiwerk wurde er gegen Kriegsende ein-gezogen, geriet in britische Gefangenschaft und publizierte in einer Lagerzeitschrift seine ersten literarischen Versuche. Später kehrte er in seine alte Firma zurück, arbeitete in der Planungs- und Norm-abteilung und leitete eine Betriebs-Laienspielgruppe. In *Marsmond Phobos* geht es um eine Marsexpedition, an der ein Junge als Blin-der Passagier teilnimmt.

Bibliografie:

Marsmond Phobos, Berlin: Neues Leben 1967
Projekt Pluto, Berlin: Neues Leben 1976

Maurus (Pseudonym)

Bibliografie:

Ave Caesar!, Berlin: T. Weicher 1909

Mauthe, Jörg (1924–1986)
Österreichischer Autor und Politiker.

Bibliografie:

Die große Hitze oder Die Errettung Österreichs durch den Legations-rat Dr. Tuzzi, München/Wien: Molden 1974

Maximović, Gerd (Otto)
(1944–   )
Geboren in Langenau, ČSSR. Der in Bremen lebende Studienrat wuchs in Schwäbisch-Gmünd auf und studierte in Saarbrücken Volkswirtschaft. Wie viele deutsche SF-Autoren kam auch er aus dem SF-Fandom zur Schriftstellerei, und seine ersten Stories, die später in Zeitschriften und Anthologien erschienen, wurden zunächst in hektographierten Fan-Zeitschriften publiziert. Seine erste Veröffentlichung außerhalb der Fan-Subkultur war ›Die helfende Hand‹ (1974), in der Anthologie *Science Fiction aus Deutschland.* Außer Kurzgeschichten, die in Herrenmagazinen wie *Playboy, Er* und Anthologien erschienen, schrieb M. auch Heftromane. Seine besten Erzählungen wurden in zwei Bänden gesammelt.

Bibliografie:

Die Erforschung des Omega-Planeten (C), Frankfurt am Main 1979, st 508
Das Spinnenloch (C), Frankfurt am Main 1984, st 1035

Bibliografie/H:

Als Maxim Bremer:

Agent unter den Sternen, ZSF 153 (1974)

Als Thorn Forrester:

Der elektronische Rebell (mit H. J. Alpers), Ge 14 (1976)

May, Julian

Amerikanische SF-Autorin, wurde zwar schon 1951 von John W. Campbell jr. publiziert (eine Erzählung mit dem Titel ›Dune Roller‹), trat aber erst 30 Jahre später mit einem Monumentalwerk an die Öffentlichkeit: ihrem mehr als 2000 Seiten umfassenden Epos, der ›Saga vom Pliozän-Exil‹. THE MANY COLORED LAND (1981), THE GOLDEN TORC (1982), THE NONBORN KING (1983) und THE ADVERSARY (1984) entfalten das riesige Panorama einer Welt 5 Millionen Jahre in der Vergangenheit, in der über Psi-Kräfte verfügende Aliens die Erde beherrschen und die arglos in die unberührte Natur einer frühen Epoche reisenden Zivilisationsmüden versklaven. Was als farbige SF-Zeitreise-Erzählung beginnt, rutscht über Science Fantasy ins Kostümfest einer Monstershow ab, in der das Pliozän Europas zum Disneyland eines Fantasy-Mummenschanzes umfunktioniert wird.

Bibliografie:

Das vielfarbene Land (THE MANY COLORED LAND), München 1986, H 4300
Der goldene Ring (THE GOLDEN TORC), München 1986, H 4301
Kein König von Geburt (THE NONBORN KING), München 1987, H 4302
Der Widersacher (THE ADVERSARY), München 1987, H 4303

Mayer, Theodor Heinrich (1884 – 1949)

Geboren in Wien, Studium der Philosophie, Promotion. Verfasser zahlreicher Romane und Novellen, darunter auch fünf Titel aus dem utopisch-phantastischen Bereich.

Bibliografie:

Von Maschinen und Menschen (C), Leipzig: Staackmann 1915
Wir, Leipzig: Staackmann 1921
Rapanui, der Untergang einer Welt, Leipzig: Staackmann 1923
Die Macht der Dinge (C), Leipzig: Staackmann 1924
Tod über der Welt, Leipzig: Staackmann 1930

Mayumura, Taku
(1934–)
Japanischer Autor, geboren in Osaka. Debütierte 1960 als Erzähler in der SF-Zeitschrift *Uchûjin.* 1963 erschien sein erster Roman. Bislang publizierte M. 10 Romane, 25 Erzählbände, 16 Jugendbücher und 3 Essaybände. Gehört mit Sakyô Komatsu und Shinichi Hoshi zu den populärsten japanischen SF-Autoren.

Bibliografie:

Der Lange Weg zurück zur Erde (C/OA), München 1983, H 3948

McAllister, Angus
Schottischer Rechtsanwalt; die Erstausgabe seines Romans A VARIETY OF SENSATIONS (1985) erschien in der BRD.

Bibliografie:

Der Computermensch (A VARIETY OF SENSATIONS), Frankfurt am Main/ Berlin/Wien 1985, U 31097

McCaffrey, Anne (Inez)
(1926–)
Geboren in Cambridge, Massachusetts, aufgewachsen in New Jersey. Sprachen- und Literaturstudium, anschließend Tätigkeit als Werbetexterin. In den USA und Düsseldorf studierte sie Gesang und Opernregie; beides setzte sie bei der amerikanischen Premiere von Carl Orffs ›Ludus de nato infante mirificus‹ (1963) in die Praxis um. Später war M. auch mit Operninszenierungen in Delaware befaßt. Nach zwanzigjähriger Ehe geschieden, siedelte sie 1970 nach Irland über. Ihre erste SF-Story, ›Freedom of Race‹, erschien 1954 in *Science Fiction Plus,* Hugo Gernsbacks letztem Versuch, ein SF-Magazin auf die Beine zu stellen. RESTOREE (1967) war ihr erster Roman. Sehr erfolgreich sind ihre ›Drachenwelt‹-Romane, die man – je nach Standpunkt – auch als Fantasy sehen kann. Die

712

Erzählungen ›Weyr Search‹ (*Analog,* 1967) und ›Dragonrider‹ (*Analog,* 1969), aus denen sich die Serie entwickelte, wurden mit dem Hugo und dem Nebula Award ausgezeichnet. Die Romane dieser Serie spielen auf dem Planeten Pern, einer vergessenen Erdkolonie, wo sich zwischen Drachen und Menschen ein enges Zusammenleben ergeben hat, weil die Drachen teleportieren und ihre Reiter vor zyklisch aus dem All einfallenden tödlichen Sporen schützen können. RESTOREE ist eine SF-Romanze, die von einem Mädchen handelt, das bösen Außerirdischen in die Hände fällt und von mutigen Männern gerettet wird. M.s bedeutendster Beitrag zur SF dürfte THE SHIP WHO SANG (1970) sein: Hier geht es um das verkrüppelte Mädchen Helva, dessen Gehirn die Zentraleinheit eines interstellaren Raumschiffes abgibt. Zwar gab es schon ähnliche Themen in der SF (etwa Henry Kuttners ›Camouflage‹), doch hier entstand eine eindringliche und romantische Schilderung aus der Sicht eines Cyborgs. THE SHIP WHO SANG und DRAGONFLICHT (1968) wurden für den Hugo Award nominiert.

Bibliografie:

Die Welt der Drachen (DRAGONFLIGHT), München 1972, H 3291
Planet der Entscheidung (DECISION AT DOONA), München 1972, H 3314
Die Suche der Drachen (DRAGONQUEST), München 1973, H 3330
Ein Raumschiff namens Helva (THE SHIP WHO SANG), München 1973, H 3354
Die Wiedergeborene (RESTOREE), München 1973, H 3362
Drachengesang (DRAGONSONG), München 1981, H 3791
Drachensinger (DRAGONSINGER), München 1981, H 3849
Der weiße Drache (THE WHITE DRAGON), München 1982, H 3918
Drachentrommeln (DRAGONDRUMS), München 1983, H 3996
Die Kristall-Sängerin (THE CRYSTAL SINGER), Bergisch Gladbach 1984, B 24057
Dinosaurier-Planet (DINOSAUR PLANET), München 1985, H 4168
Moreta – Die Drachenherrin von Pern (MORETA: DRAGONLADY OF PERN), München 1985, H 4196
Wilde Talente (TO RIDE PEGASUS), München 1986, H 4289
Die Überlebenden (THE SURVIVORS), München 1986, H 4347

McCann, Edson (Pseudonym)
Siehe Lester del Rey & Frederik Pohl

McCarthy, Shawna

Amerikanische Anthologistin und Redakteurin.

Bibliografie:

(Hrsg.) *Isaac Asimov's Weltraum-Frauen 1* (ISAAC ASIMOV'S SPACE OF HER OWN, 1.), Frankfurt am Main/Berlin 1986, U 31126
(Hrsg.) *Isaac Asimov's Weltraum-Frauen 2* (ISAAC ASIMOV'S SPACE OF HER OWN, 2.), Frankfurt am Main/Berlin 1986, U 31129

McClary, Thomas Calvert

Amerikanischer SF-Autor, Lebensdaten unbekannt. M. debütierte 1934 mit dem zweiteiligen Fortsetzungsroman REBIRTH in *Astounding*. Dieser Roman – heute ein anerkannter Klassiker – kann als Reaktion auf die Weltwirtschaftskrise gedeutet werden. Unzufrieden mit der gesellschaftspolitischen Entwicklung in den USA setzt ein Professor seine neue Erfindung ein, die die Menschheit jeglicher zivilisatorischer Charakteristika beraubt und auf eine archaische Stufe bar jeden Wissens zurücksinken läßt. Ein weiteres wichtiges Werk M.s ist THREE THOUSAND YEARS (*Astounding,* 1938): Auch hier haben wir es mit einem Katastrophenroman zu tun. Die Erde wird 3000 Jahre in Tiefschlaf versetzt. Nach dem Aufwachen machen sich die Überlebenden daran, eine neue Welt aufzubauen, diesmal eine bessere. Trotz seiner gelegentlichen Abstecher in den Fantasy-Bereich kann man M. als Vorkämpfer der gesellschaftskritischen SF betrachten; er schrieb schon in den dreißiger Jahren Romane, die eher typisch für die fünfziger sind.

Bibliografie/H:

Die neue Menschheit (REBIRTH), UZ 447 (1965)

McCullough, Colleen

Australische Autorin. Geboren in Wellington. Besonderen Erfolg hatte ihr Roman *Dornenvögel*, der auch im TV für Furore sorgte. A CREED FOR THE THIRD MILLENIUM (1985) ist bislang ihr einziger Abstecher ins SF-Genre.

Bibliografie:

Credo (A CREED FOR THE THIRD MILLENIUM), München: Bertelsmann 1986

McCoy, Steve (Pseudonym)

Siehe Anhang SERIEN: *Plutonium Police*

McDade, Rowena B.

Bibliografie:

Raumstation Alpha 9: Fremde Freunde (ALPHA 9), Ravensburg: Otto Maier 1984

McDaniel, David (Edward) (1939 – 1977)

Geboren in Toledo, Ohio. Besuchte das Pasadena City College, das San Diego State College, die University of California und arbeitete anschließend als Discjockey für einen lokalen TV- und Fernsehsender. Von 1963 – 1977 freier Schriftsteller und Standfotograf für eine Filmgesellschaft. THE ARSENAL OUT OF TIME (1967) ist sein einziger serienungebundener Roman; die anderen basieren auf den mit utopischen Effekten arbeitenden TV-Serien ›The Man From U.N.C.L.E.‹ (dt. ›Solo für O.N.C.E.L.‹) und ›The Avengers‹ (dt. ›Mit Schirm, Charme und Melone‹).

Bibliografie/H:

Das Arsenal der Vergangenheit (THE ARSENAL OUT OF TIME), TN 97 (1969)

McDunn, Garry Siehe Sydow, Marianne

McDyke, Tensor

Pseudonym für Michael D. Tensor.

Bibliografie/H:

Das Geheimnis von Mekol, ZSF 14 (1966)
Die gnadenlose Macht, ZSF 17 (1966)
Geheimauftrag Unsterblichkeit, ZSF 20 (1966)
Gefahr im Raumsektor 709, ZSF 21 (1967)
Menschen zu den Sternen I/II, ZSF 26/27 (1967)
Freiheit für Arkturus, ZSF 31 (1967)
Rettung für Gamma VI, ZSF 35 (1967)
Die Hölle von Kallan, ZSF 38 (1967)

Als Michael D. Tensor:

Cyborgs, die perfekten Roboter, UZ 595 (1968)

Siehe Anhang SERIEN: *Ren Dhark*

McGuire, John J(oseph) (1917 –   )
Amerikanischer Autor, Lehrer und Nachrichtenredakteur.

Bibliografie/H:

Krisenjahr 2140 (CRISIS IN 2140) (mit H. Beam Piper), AiW 3 (1958)

McIntosh, J. T. (1925 –   )
Pseudonym für James Murdock McGregor, geboren in Paisley, Schottland. M. studierte in Aberdeen und arbeitete zeitweise als Journalist und Redakteur. Seine erste veröffentlichte Story ist ›The Curfew Tolls‹, die 1950 in *Astounding* erschien. Sein erster Roman war WORLD OUT OF MIND (1953), wie THE FITTEST (1955) und ONE IN 300 (1954) ein Katastrophenroman, in dem sozialdarwinistisch argumentiert wird: Nur Tatmenschen, Killer und Führerfiguren erweisen sich als würdig, den Untergang zu überleben.

Bibliografie:

Sechs Tore zur Hölle (SIX GATES FROM LIMBO), München 1969, H 3154
Die Überlebenden (THE FITTEST), München 1969, H 3162
Einer von Dreihundert (ONE IN THREE HUNDRED), München 1970, H 3201
Der Seelenwanderer (TRANSMIGRATION), München 1972, H 3322
Flucht vor dem Leben (FLIGHT FROM REBIRTH), Bergisch Gladbach 1974, B 21055
Die Crock-Expedition (GALACTIC TAKEOVER BID), München 1976, H 3485

Bibliografie/H:

Der Weg zurück (THE WAY HOME), T 3 (1957)
Der Solomonplan (THE SOLOMON PLAN), TS 23 (1960)
Die Saboteure von Nwylla (WORLD OUT OF MIND), T 283 (1963)

McIntyre, Vonda N. (1948 –   )
Geboren in Louisville, Kentucky. Studium der Biologie an der University of Washington. Ihre erste SF-Story, ›Breaking Point‹ (1970), erschien in *Venture,* dem kleinen Bruder des bekannten *Magazine of Fantasy & Science Fiction.* Nach einem absolvierten Schreibkurs im ›Clarion Workshop‹ konnte M. recht bald ihre ersten schriftstellerischen Erfolge verbuchen: 1974 erhielt sie für die Novelle ›Of Mist, And Grass, And Sand‹ (1973) den Nebula Award; 1975 publizierte sie mit THE EXILE WAITING ihren ersten Roman, der von einer Telepathin handelt, die nach einem verheerenden Atomkrieg in einer unterirdischen Stadt lebt. 1976 gab sie mit Susan Anderson die feministische Anthologie AURORA: BEYOND EQUALITY heraus. Ihre bisher größte Leistung ist der aus ›Of Mist, And Grass, And Sand‹ und anderen Erzählungen entstandene Roman DREAMSNAKE (1978), der mit dem Nebula und dem Hugo Award ausgezeichnet wurde: Hier zieht ein Mädchen als Heilerin mit mutierten, zur Heilgifterzeugung gezüchteten Schlangen über eine Erde der fernen Zukunft, wo die Menschen nach einem lange zurückliegenden Atomkrieg in primitiven Stammeskulturen leben. M. zeigte sich mit diesem Roman als begabte Erzählerin. Eine Sammlung ihrer besten Erzählungen ist FIRE FLOOD AND OTHER STORIES (1979).

Bibliografie:

Traumschlange (DREAMSNAKE), München 1979,
Kn 5714
Feuerflut (C) (FIREFLOOD AND OTHER STORIES), München 1981,
M 3551
Die Asche der Erde (THE EXILE WAITING), München 1981,
H 3778
Star Trek II: Der Zorn des Khan (STAR TREK II: THE WARTH OF KHAN),
München 1982, H 3971
Der Entropie-Effekt (THE ENTROPY EFFECT), München 1983,
H 3988
Star Trek III: Auf der Suche nach Mr. Spock (STAR TREK III: THE SEARCH FOR SPOCK), München 1984, H 4181
Die Braut (THE BRIDE), München 1985, H 6672

McLaughlin, Dean (Benjamin) (1931 –   )
Geboren in Ann Arbor, Michigan, von Beruf Buchhändler. M.s Geschichten erschienen hauptsächlich in *Astounding/Analog*. Seine erste Veröffentlichung war ›For Those Who Follow After‹ (1951). Bis Mitte der sechziger Jahre publizierte er ein gutes Dutzend Erzählungen und drei Romane. Sein bekanntestes Werk ist die Novelle ›A Hawk Among the Sparrows‹ (1986), in der ein US-Düsenjägerpilot samt Maschine durch eine Atomexplosion in die Zeit des Ersten Weltkriegs zurückgeschleudert wird. THE FURY FROM EARTH (1963) und THE MAN WHO WANTED THE STARS (1965) weisen ihn bestenfalls als durchschnittlichen Genre-Autor aus.

Bibliografie:

Im Schatten der Venus (THE FURY FROM EARTH), München 1965, GZ 61
Noch 1000 Meilen (THE MAN WHO WANTED THE STARS), München 1975, GWTB 0202

McMan, Marc Siehe Mielke, Thomas R. P.

McMason, Fred (Pseudonym)
Siehe Anhang SERIEN: *Plutonium Police*

McNeil, John (Pseudonym)
Bibliografie/H:
Im Weltall ausgesetzt, Ur 5 (1957)

McPatterson, Fred Siehe Darlton, Clark

McQuay, Mike Amerikanischer Autor.
Bibliografie:
Flucht aus New York (ESCAPE FROM NEW YORK), Bergisch Gladbach 1982, B 71009

Mead, (Charles) Harold (Hugh) (1910 –   )
Geboren in Ootacamund, Indien. Ausbildung an der Militärakademie Sandhurst (England). M. erwarb einen akademischen Grad in Cambridge, bevor er von 1930 – 1947 als Berufssoldat diente. Anschließend nahm er eine Tätigkeit als Lehrer auf. M. ist kein typischer SF-Autor, doch zwei seiner Werke lassen sich dem Genre zu-

rechnen. THE BRIGHT PHOENIX (1955) beschäftigt sich mit der Zeit nach dem dritten Weltkrieg. Ein vorgeblich sozialistischer Staat schickt genetisch selektierte Siedler zur Landnahme aus, scheitert aber letztlich an den weniger perfekten Überlebenden dieser Zonen. Ähnlich auch die Thematik von MARY'S COUNTRY (1957): Durch einen Unfall werden für einen bakteriologischen Krieg gelagerte Krankheitskeime freigesetzt und verseuchen diesseits und jenseits der Grenze ein großes Territorium. Kinder, die in einem Erziehungsheim eines totalitär-perfektionistischen Staates überlebt haben, müssen sich durch dieses Gebiet schlagen; sie überleben nur, weil sie es schaffen, die ihnen aufgepropfte Normung abzustreifen. Wie Orwell lag auch M. die Warnung vor totalitären Systemen am Herzen, und wie er sah er diese Gefahr vor allem im Osten. Ein geschickter Handlungsaufbau, hervorragende Charakterisierungen und eindringliche, emotional packende Gestaltung haben beide Werke zu Klassikern werden lassen.

Bibliografie:
Marys Land (MARY'S COUNTRY), Zürich: Fretz & Wasmuth 1959

Bibliografie/H:
Der strahlende Phoenix (THE BRIGHT PHOENIX), TS 18 (1959)

Meck, Barbara (1945 –   )
Geboren in Hagenow/Mecklenburg.

Bibliografie:
Das Gitter, München 1980, H 3758

Meder, Harald

Bibliografie/H:
Unternehmen Firestone, UZ 146 (1958)

Meier-Lemgo, Karl

Bibliografie:
Eine Mondfahrt, Stuttgart: Franckh 1921

Meindl, Josef

Bibliografie:
Mondflug und Sternenwunder, München: Ehrenwirth 1951

Meissel, Wilhelm (Josef) (1922 –   )
Geboren in Wien.

Bibliografie:
Onkel Seidenstroh und die zukünftige Vergangenheit, Wien/
München: Jugend & Volk 1978

Meixner, Fritz

Bibliografie:
Bevor es zu spät ist, Berlin: Wiking 1940 (auch: *Wettlauf mit der
Zeit*)

Mejerow, Alexander (1915 –   )
Geboren in Charkov, UdSSR. Ausbildung zum Chemieingenieur,
langjährige Tätigkeit an wissenschaftlichen Forschungsinstituten.
M.s erster Roman war ZAŠČITA 240 (›Verteidigung 240‹) (1955). Zwei
Romane des Autors wurden bis 1985 ins Deutsche übertragen.

Bibliografie:
Der fliederfarbene Kristall (SIRENEVIJ KRISTALL), Berlin/DDR: Kultur
und Fortschritt 1968
Vetorecht (PRAVO VETO), Berlin/DDR: Volk und Welt 1973

Mendelson, Drew Amerikanischer Autor.

Bibliografie:
Die vergessenen Zonen der Stadt (PILGRIMAGE), München 1985,
M 3666

Mendelssohn, Peter de (1908 – 1982)
Geboren in München. Begann beim *Berliner Tageblatt,* ging 1933
nach England. Politischer Journalist und Übersetzer, während des
Krieges im britischen Staatsdienst. Buchveröffentlichungen in englischer und deutscher Sprache. 1950 – 1970 Londoner Korrespondent des BR, übersiedelte 1970 in die BRD. Seit 1975 Präsident der
Deutschen Akademie für Sprache und Dichtung. Mitglied des deutschen PEN.

Bibliografie:
Festung in den Wolken (FORTRESS IN THE SKIES), Zürich: Amstutz,
Herdeg & Co. 1947

Menke, Hannelore

Bibliografie:
(Hrsg.) *Fluchtversuch,* Berlin/DDR: Neues Leben 1976
(Hrsg.) *Der unheimliche Fahrstuhl,* Berlin/DDR: Neues Leben 1976
(Hrsg.) *Genie auf Bestellung,* Berlin/DDR: Volk und Welt 1982

Mensing, Hermann (1948 –   )
Deutscher Autor.

Bibliografie:
Der radikale Träumer, Reinbek bei Hamburg: Rowohlt 1984

Merak, A. J. Siehe Glasby, John S.

Mercier, Louis-Sebastian (1740 – 1814)

Bibliografie:
Das Jahr 2440 (L'AN 2440), London (Leipzig): 1772

Mereschkowsky, C. von

Bibliografie:
Das irdische Paradies, Berlin: Gottheiner 1903

Meric, Victor (1848 – ?)
Französischer Autor.

Bibliografie:
Die Verjüngten (LE CRIME DES VIEUX), Berlin: Knaur 1928

Merle, Robert (1908 –   )
Geboren in Algerien. M. gehört zwar nicht zu den typischen SF-Autoren seines Landes, hat aber mehrere bemerkenswerte Romane geschrieben, die die SF als Vehikel zur Gesellschaftskritik nutzen. (M. ist Mitglied der KPF.) Am eindrucksvollsten ist der auch verfilmte Roman UN ANIMAL DOUE DE RAISON (1967), in dem sich die Intelligenz der Delphine der des Menschen als ebenbürtig erweist – woraufhin man versucht, sie militärisch zu mißbrauchen. Im ebenfalls verfilmten MALEVIL (1972) geht es um die Überlebenden einer

nuklearen Katastrophe, während LES HOMMES PROTEGÉS (1974) nach einer Epidemie spielt: Die meisten männlichen Bewohner der USA sind von der Seuche hinweggerafft worden – nun üben die Frauen über die Verbliebenen jene Macht aus, die die Männer zuvor über die Frauen ausgeübt haben. M.s Gegenwartsromane sind ähnlich gesellschaftspolitisch engagiert, und er ist dafür bekannt, daß er Nebenthemen und -figuren aus vorherigen Romanen später wieder aufgreift und so eine Verzahnung seines Gesamtwerkes erzielt.

Bibliografie:
Der Tag der Delphine (UN ANIMAL DOUE DE RAISON), Karlsruhe: Stahlberg 1967 (auch: *Ein vernunftbegabtes Tier*)
Malevil (MALEVIL), Berlin/DDR und Weimar: Aufbau 1975
Die geschützten Männer (LES HOMMES PROTEGÉS), Berlin/DDR: Aufbau 1976

Merlin, Gilbert (Pseudonym)

Bibliografie:
Ein Marsmensch reist durch unsere Zeit, Bonn: Hieronimi 1948

Merliss, R. R. Amerikanischer Autor.

Bibliografie/H:
Kampfroboter (THE STUTTERER), T 149 (1960)

Merril, (Josephine) Judith (1923 –)
Geboren als J. Zissmann in New York. Verh. Grossmann, verh. Pohl. M. begann 1947 mit dem hauptberuflichen Schreiben von SF. Ihre erste und zugleich beste SF-Geschichte war ›That Only a Mother‹ (*Astounding,* 1948), die, wie einige bemerkenswerte Stories der Nachkriegszeit, von der Prämisse ausging, radioaktive Strahlung könne Mutationen verursachen (die Bombe hatte auch bei SF-Autoren einen tiefen Eindruck hinterlassen). In der genannten Erzählung muß eine junge Mutter feststellen, daß die Tätigkeit ihres Gatten in einem Atombomben-Versuchszentrum nicht ohne genetische Auswirkungen auf ihr Neugeborenes geblieben ist. In den fünfziger Jahren schrieb M. noch etwa zwei Dutzend Erzählungen und zwei Romane: THE TOMORROW PEOPLE (1960) und SHADOW ON THE HEARTH (1950). Bekannter aber wurden ihre gemeinsam mit C. M. Kornbluth unter dem Pseudonym Cyril Judd entstandenen Werke:

GUNNER CADE (1952) handelt von einem indoktrinierten Raumsoldaten, der plötzlich zum selbständigen Denken gezwungen wird; OUTPOST MARS (1951) ist die Geschichte um die ersten irdischen Kolonisten auf dem Mars und ihre Schwierigkeiten beim Aufbau einer unabhängigen Kultur. Neben ihrer Tätigkeit als Schriftstellerin machte sich M. einen Namen als Herausgeberin bahnbrechender Anthologien. 1968 machte sie von sich reden, als sie mit dem Sammelband ENGLAND SWINGS SF zur Apologetin der New Wave wurde. Ihre jährlich unter dem Titel YEAR'S BEST SF publizierten Anthologien zählen neben denen von Groff Conklin, Frederik Pohl und Anthony Boucher zu den wichtigsten der Zeit zwischen 1950 und 1965.

Bibliografie:

Töchter der Erde (THE BEST OF JUDITH MERRIL), Frankfurt am Main/Berlin/Wien 1983, U 31051
Dunkle Schatten (SHADOW ON THE HEARTH), Frankfurt am Main/Berlin/Wien 1983, U 31056
Menschen von Morgen (THE TOMORROW PEOPLE), Frankfurt am Main/Berlin/Wien 1984, U 31069

Als Cyril Judd:

Die Rebellion des Schützen Cade (GUNNER CADE)
(mit C. M. Kornbluth), Frankfurt am Main/Berlin/Wien 1972, U 2839
Außenstation Mars (OUTPOST MARS) (mit C. M. Kornbluth), Frankfurt am Main/Berlin/Wien 1984, U 31087

Merriman, John (Pseudonym)

Bibliografie:

Das lenkbare Luftschiff, Berlin: Schreiters 1908
Die Marsmenschen kommen, Berlin: Schreiters 1908
Die künstlichen Menschen, Berlin: Schreiters 1908
Die Welt verhungert, Berlin: Schreiters 1908
Der Weltstreik, Berlin: Schreiters 1908

Merritt, Abraham (1884–1943)

Geboren in Beverly, New Jersey. Seine Vorfahren kamen 1621 ins Land; einer seiner Ahnen soll James Fenimore Cooper gewesen sein. M. schloß die High School mit dreizehn ab und wollte als Anwalt Karriere machen. Tagsüber studierte er Jura, abends arbeitete er in einem Notariat. Er war bekannt dafür, schnell zu lesen und nichts zu vergessen. 1902 wechselte er zum Journalismus und arbeitete für den *Philadelphia Enquirer,* ein Sensationsblättchen, für das er Berichte über Morde, Vergewaltigungen, Lynchjustiz und politische Skandale lieferte. Nebenher schrieb er für das zum Hearst-Konzern gehörende Magazin *The American Weekly,* in dessen Redaktion er 1912 eintrat, zum Stellvertretenden Chefredakteur avancierte und von 1937 bis zu seinem Tod leitete. 1917 erschien seine erste Story, ›Through the Dragon Glass‹, in *All Story Weekly.* 1918 folgte dortselbst ›The People of the Pit‹. M. erwarb sich rasch einen großen Fankreis, und so dauerte es nicht lange, bis das Publikum in Leserbriefen lautstark nach ihm fragte. ›The Moon Pool‹ (1918), seine erste Novelle, war so erfolgreich, daß er ihr auf Drängen der Leserschaft die sechsteilige Fortsetzung ›The Conquest of the Moon Pool‹ (1919) hinzufügte. Beide Novellen erschienen zusammen als Buch unter dem Titel THE MOON POOL (1919). 1920 folgte mit THE METAL MONSTER eine Fortsetzung dazu.

Bibliografie:

Der Mondsee (THE MOON POOL), München 1978, H 3603

Merritt, Cade C. (Pseudonym)

Bibliografie/H:

Menschheit am Abgrund, ZSF 49 (1967)
Der Unheimliche aus der Unendlichkeit, ZSF 61 (1969)

Merten, K. (Verlagspseudonym) (u. a. Hanns Kurth)

Bibliografie:

Griff nach der Sonne, Frankfurt am Main: Reihenbuch 1952
Time Radar, Frankfurt am Main: Reihenbuch 1952
Im Todesstrahl der Luna, Frankfurt am Main: Reihenbuch 1952
Diamantenraub um Venus, Frankfurt am Main: Reihenbuch 1952
B 13 greift ein, Frankfurt am Main: Reihenbuch 1953
Mord im Mondexpreß, Frankfurt am Main: Reihenbuch 1953
Das Gift der Unsichtbaren, Frankfurt am Main: Reihenbuch 1953
Rotgelbe Teufel, Frankfurt am Main: Reihenbuch 1953
Der unsichtbare Strahl, Frankfurt am Main: Reihenbuch 1953
Goldregen über Rio, Frankfurt am Main: Reihenbuch 1953
Gangster im All, Frankfurt am Main: Reihenbuch 1953
Der Mars brennt, Frankfurt am Main: Reihenbuch 1953
(auch: *Duell im All;* von Hanns Kurth)

Invasion beginnt, Frankfurt am Main: Reihenbuch 1953
Sturm auf Alpha III, Frankfurt am Main: Reihenbuch 1953
Aufstand im Kosmos, Frankfurt am Main: Reihenbuch 1953
Todesmeteor, Frankfurt am Main: Reihenbuch 1953

Merwin, Sam jr. (1910 –   )
Geboren in Plainfield, New Jersey. M. wurde 1950 Redakteur von *Thrilling Wonder Stories* und *Startling Stories,* die er zu den besten SF-Blättern ihrer Zeit machte. Ferner redigierte er die auf Nachdrucke spezialisierten Zeitschriften *Fantastic Story Magazine* und *Wonder Story Annual.* 1951 verließ er den Standard-Verlag und arbeitete kurze Zeit freiberuflich, um dann die ersten Ausgaben von *Fantastic Universe* herauszugeben. Später war er unter Horace L. Gold in der Redaktion von *Galaxy, Galaxy SF Novel* und *Beyond* tätig. Zwischen 1954 und 1956 arbeitete er freiberuflich, redigierte zwei Ausgaben von *Satellite SF* und setzte sich schließlich nach Hollywood ab. Seine erste SF-Story war ›The Scourge Below‹ (1939) in *Thrilling Wonder Stories.* M. schrieb gelegentlich auch unter den Pseudonymen Stanley Vurson und Matt Lee. Sein Roman THE WHITE WIDOWS (1953) schildert den Versuch einer Gruppe feministischer Terroristen, das männliche Geschlecht auszurotten.

Bibliografie/H:
Piraten im All (THE DARK SIDE ON THE MOON), UK 17 (1957)
Centaurus (CENTAURUS), UZ 136 (1958)
Die Zeitagenten (THREE FACES OF TIME), TS 65 (1963)
In geheimer Mission auf Erde II (THE HOUSE OF MANY WORLDS), TN 40 (1968)

Merz, Gerhard
Siehe Anhang SERIEN: *Zeitkugel*

Mescalero, Jeff Siehe Peters, Hermann

Meske, Felix (1904 –   )
Geboren in Ozarow. Diplom-Ingenieur, Redakteur.

Bibliografie:
Sieg über die Entfernung, Mannheim: Laemmel 1949

Meurer, Carsten Siehe Anton, Uwe

Meyer, J. A. Siehe Nourse, Alan E.

Meyer-Oldenburg, Christian (1936–)
Geboren in Berlin. Bauingenieur; als Hobby-Autor Verfasser zweier
SF-Romane und diverser Erzählungen.

Bibliografie:
Stadt der Sterne, München 1971, H 3252
Im Dunkel der Erde, München 1973, H 3361

Meyern, Wilhelm-Friedrich von (1762–1829)
Pseudonym für W. F. Meyer.

Bibliografie:
Dya-na-sore, oder die Wanderer, Leipzig: Stahel 1787–1791 (3 Bde.)

Meyn, Nils

Bibliografie:
Die Reise zur Venus, Dresden: Abshagen 1930

Michael, Benno

Bibliografie:
Einmal Mond und zurück, Düsseldorf: Schwann 1970
Robos auf dem Ferienmond (C), Würzburg: Arena 1976

Michaelis, Richard C.

Bibliografie:
Ein Blick in die Zukunft, Leipzig: Reclam 1890

Michaelis, Sophus (1865–1932)
Dänischer Autor.

Bibliografie:
Das Himmelsschiff (HIMMELSKIBET), Berlin: S. Fischer 1926

Michalek, Karl

Bibliografie:
Botschaften aus dem Weltall: Raumschiffe landen, Heiden/Schweiz:
1958

Michels, Tilde (1920–)

Geboren in Frankfurt am Main. Verfasserin zahlreicher Kinderbücher und Hörspiele.

Bibliografie:

Hilferuf von Galamax, Bayreuth: Loewe 1984

Middeldorf, Wilhelm

Bibliografie:

An Bord des Sirius, Trier: Paulinus 1913

Miehe, Ulf (1940–)

Verlagslektor, Schriftsteller und Filmemacher, geboren in Wusterhausen/Dosse. Buchhändlerlehre, dann Lektor im Sigbert Mohn Verlag. M. interessierte sich bereits als Lehrling für SF und war eine Zeitlang im Science Fiction Club Deutschland aktiv. Er initiierte Clark Darltons (Walter Ernsting) erstes Jugendbuch und verfaßte später mit ihm (als Robert Artner) zwei Romane und eine Kurzgeschichtensammlung. Als Autor von Krimis und Drehbüchern ist M. jedoch weit bekannter: Seine Romane *Ich hab noch einen Toten in Berlin* (1973) und *Puma* (1976) waren sehr erfolgreich. Mit Volker Vogeler schrieb er den Spielfilm ›Jaider, der einsame Jäger‹ (1970). In eigener Regie entstand der Film ›John Glückstadt‹ (1974, nach einer Novelle von Theodor Storm).

Bibliografie:

Als Robert Artner:

Der strahlende Tod (mit Clark Darlton), München 1967, TTB 123
Leben aus der Asche (mit Clark Darlton), München 1968,
TTB 139
Am Ende der Furcht (C) (mit Clark Darlton), München 1968,
H 3075

Mielke, Heinz (1923–)

Geboren in Berlin. Studium der Physik, Astronomie und Mathematik in Berlin. Arbeitete an einer Sternwarte, in einem Forschungskollektiv, als Publizist und ist seit 1962 beim DDR-Fernsehen tätig.

Bibliografie:

Der Weg ins All, Berlin/DDR: Neues Leben 1956

Bibliografie/H:

Gefährliches Ziel, Berlin/DDR: Berliner Lesebogen 18 (1955)
Käpt'n Yppolith und die Venus-Eidechse, Berlin/DDR: Berliner Lesebogen 37 (1956)

Mielke, Thomas R(udolf) P(eter) (1940–)

Geboren in Detmold. Werbekaufmann. M. interessierte sich schon in den fünfziger Jahren für SF, landete schließlich als Mitglied im Science Fiction Club Deutschland und betätigte sich dort als Fanzine-Herausgeber. Vom ersten Manuskriptverkauf seines Freundes W. W. Shols angetan, beschloß er, sich ebenfalls als SF-Autor zu versuchen. Sein erster Roman, *Unternehmen Dämmerung* (1960), erschien unter dem Namen Mike Parnell. M. diente sechs Jahre bei der Bundeswehr, wo er nebenher (mit Genehmigung) unter Pseudonym Spionage- und SF-Romane verfaßte und an der Heftserie *Rex Corda* mitarbeitete. Später ging er in die Werbung, wo er heute noch tätig ist. Er war (mit Rolf W. Liersch) Ideen-Lieferant der Heftserie *Die Terranauten* und begann Anfang der achtziger Jahre, nach einem umfangreichen Heftroman-Ausstoß (hauptsächlich unter den Pseudonymen Marcus T. Orban, Michael C. Chester und Marc McMan) mit ›ernsthaftem‹ Schreiben. In dieser Hinsicht gleicht er Robert Silverberg, der ebenfalls relativ spät seine ›eigene Stimme‹ fand. Den bisherigen Höhepunkt in M.s Werk stellt der Roman *Das Sakriversum* (1983) dar. Die Geschichte der Schander und Bankerts, die jahrhundertelang unter dem Dach einer Kathedrale abgeschlossen von der Außenwelt leben und den Neutronenbombenangriff überleben, begeisterte Leserschaft und Kritik gleichermaßen. Der Roman erhielt verdient den Kurd-Laßwitz-Preis 1984.

Bibliografie:

Grand Orientale 3301, München 1980, H 3773
Der Pflanzen Heiland, München 1981, H 3842
Das Sakriversum, München 1983, H 3997
Der Tag, an dem die Mauer brach, Bergisch Gladbach 1985, B 13024
Die Entführung des Serails, Bergisch Gladbach 1986, B 28183

Als Mike Parnell:

Unternehmen Dämmerung, Balve: Zimmermann 1961

Bibliografie/H:

Die Psychotechniker, ZSF 2 (1966)
Irrtum vorbehalten, ZSF 3 (1966)
Von Menschen gejagt, ZSF 102 (1970)
Reporter unter fremder Sonne, TN 166 (1971)

Als Michael C. Chester:

Ihre Heimat ist das Nichts, ZSF 9 (1966)
Laportes Planet, ZSF 10 (1966)

Als Marc McMan:

Unternehmen Barnavaal, A 14 (1972)

Als Marcus T. Orban:

Galaxisagent Omega 8, ZSF 13 (1966)
Die Zeitfalle, ZSF 16 (1966)
Gehetzt von Stern zu Stern, ZSF 19 (1966)
Die Totenburgen von Capella, ZSF 24 (1967)
Flucht von der Dunkelwelt, ZSF 25 (1967)
Die Nacht der Sonnenwölfe, ZSF 28 (1967)
Rallye zum Höllenstern, ZSF 33 (1967)
Die Gravonauten, ZSF 43 (1967)
Der Letzte der Gravonauten, ZSF 44 (1967)
Im Hyperraum verschollen, ZSF 50 (1967)
Extremwelt, ZSF 58 (1967)
Der galaktische Faustkeil, ZSF 63 (1967)
Entscheidung auf Katabor, ZSF 67 (1968)
Rekruten für Terra, ZSF 73 (1968)
Das Zwölfeinhalb-Mann-Gesetz, ZSF 77 (1968)
Befehl aus dem Jenseits, ZSF 105 (1970)
Mit den Waffen des Friedens, ZSF 108 (1971) (auch: *Medoc 1
antwortet nicht*)
Die Stadt in den Sternen, ZSF 109 (1971)
Zeichen der Zukunft, ZSF 114 (1971)
Der Tausend-Jahre-Irrtum, ZSF 118 (1971)
Schatten der Parawelt, ZSF 125 (1972) (auch: *Das Geheimnis
von Zoe*)
Sternwärts, ho!, ZSF 127 (1972)

Rebellion der Verdammten, ZSF 130 (1972)
Kinder des Regenbogens, ZSF 132 (1973)
Wer Axxon wirklich war, ZSF 137 (1973)
Terror der schwarzen Sonne, ZSF 141 (1973)
Das Ende der Logenmeister, ZSF 150 (1974)
Brain X-90, Android, ZSF 157 (1975)
Cosmoral ruft Echo-Mann, ZSF 167 (1975)
Kurier ins Jenseits, ZSF 174 (1976)
Die anonymen Mystiker, ZSF 183 (1977)
Treffpunkt Think 3000, ZSF 200 (1978)
Die Stadt der Vertikalls, ZSF 214 (1979)
Die von der Überwelt, ZSF 265 (1983)

Siehe Anhang SERIEN: *Rex Corda*

Miethke, Willie

Bibliografie:
Der Mann mit dem Schlangenstab, Ravensburg: Otto Maier 1984
Die Gefangene von Zorra, Ravensburg: Otto Maier 1985

Milankovitch, Milutin

Bibliografie:
Durch ferne Welten und Zeiten, Leipzig: Koehler & Amelang 1936

Miller, Barry P. (1939 – 1980)
Amerikanischer Autor.

Bibliografie/H:
Unendlichkeit × *3* (TRI-INFINITY), T 72 (1959)

Miller, P(eter) Schuyler (1912 – 1974)
Geboren auf einem Bauernhof bei Troy, New York. Studierte Chemie (M. S. 1932) und arbeitete u. a. für das Schenectady Department of Education. Neben der Archäologie galt seine Liebe der SF. 1930 gewann er mit der Erzählung ›The Red Plague‹ einen Wettbewerb, den *Air Wonder Stories* ausgeschrieben hatte. In den dreißiger und vierziger Jahren folgten noch ca. 40 Stories, von denen ›The Sands of Time‹ (*Astounding,* 1937) und die Fortsetzung ›The Coils of Time‹ (*Astounding,* 1939) die bekanntesten sind. Aus dieser Zeit stammt auch sein einziger Roman, GENUS HOMO (*Super Science Sto-*

ries, 1941, mit L. Sprague de Camp). Eine Sammlung von M.s Kurzgeschichten erschien unter dem Titel THE TITAN (1953). Nach dem Krieg schrieb er nur noch wenig. Um so aktiver war er als Rezensent. 1951 führte er in *Astounding* die Rubrik ›Reference Library‹ ein, die er bis zu seinem Tod fortführte. In dieser Kolumne besprach er neue SF-Bücher und wurde dadurch zu einem bekannten Rezensenten.

Bibliografie:

Die neuen Herrscher (GENUS HOMO) (mit L. Sprague de Camp), UC 13, Rastatt 1980

Miller, Walter M(ichael)
(1923 –   )

Geboren in New Smyrna Beach, Florida. Nach einem Ingenieurstudium wurde er zur US Air Force eingezogen und flog im Zweiten Weltkrieg 53 Einsätze. Nach Kriegsende studierte er an der Universität von Texas und begann nach einem Autounfall während der Rekonvaleszenz zu schreiben. Seine erste Geschichte, ›MacDougal's Wife‹ (1950), hat nichts mit SF zu tun, obwohl sie schon Motive seiner späteren SF-Werke vorwegnahm: der Dualismus Religion/Wissenschaft war das Zentralthema. M.s erste SF-Erzählung war ›Secret of the Death of Dome‹ (*Amazing,* 1951), und nahezu alles, was er danach schrieb, gehört zur SF: insgesamt 41 Stories, Novellen und Kurzromane. 1957 publizierte *Magazin of Fantasy & Science Fiction* den Kurzroman ›The Lineman‹; mit ihm nahm M., obwohl auf dem Gipfel seiner schriftstellerischen Schaffenskraft, Abschied von der SF. Zu seinen besten Erzählungen gehören ›Conditionally Human‹ (*Galaxy,* 1952), ›Dumb Waiter‹ (*Astounding,* 1952), ›Command Performance‹ (*Galaxy,* 1952) und ›Crucifixus Etiam‹ (*Astounding,* 1953), sowie der Kurzroman ›The Darfsteller‹ (*Analog,* 1955), der mit dem Hugo ausgezeichnet wurde. Die genannten Erzählungen hatten nicht ausgereicht, um M. einem Kreis, der über die engeren SF-Fans hinausging, bekannt zu machen. Doch 1955 – 1957 erschienen in *Magazine of Fantasy & Science Fiction* drei seiner Kurzromane, die – zusammengefaßt und erweitert – den wohl berühmtesten Nachatomkriegsroman bilden: A CANTICLE

FOR LEIBOWITZ (1960). Das Buch schildert in drei Schritten den Aufstieg der Menschheit nach einem Atomkrieg durch erneute Entwicklungsstadien, die dem Mittelalter, der Renaissance und der Neuzeit entsprechen, bis ein vierter Weltkrieg alle Anstrengungen erneut zunichte macht. Diese Zukunftshistorie wird durch die Augen der Mönche von St. Leibowitz gesehen, einem Orden, der in den Jahren nach dem Chaos das wissenschaftliche Erbe der Menschen konserviert. Ironischerweise kommt der katholischen Kirche in den nächsten 2000 Jahren die Rolle zu, die sie schon in den letzten 2000 Jahren innehatte. Nicht ohne Seitenhieb auf Kirche und Gesellschaft behandelt Miller den Gegensatz Religion/Wissenschaft, ohne allerdings zu hart mit einem der beiden Bereiche ins Gericht zu gehen. Manchmal naiv-sarkastisch, über weite Strecken jedoch ergreifend, malt er eine düstere Zukunft der Menschheit, wobei seine Kriegserlebnisse vom Monte Cassino sein negativ zyklisches Weltbild beeinflußt haben dürften. A CANTICLE FOR LEIBOWITZ wurde sofort ein Bestseller. Allein in den USA setzte man 750000 Exemplare des Buches ab, und M. wurde mit dem Hugo Award ausgezeichnet. Durch seine Erzählungen prägte M. den SF-Stil der fünfziger Jahre entscheidend mit, der von Schriftstellern wie Pohl, Kornbluth und Dick (die vor allem sozialkritische Themen in die SF einbrachten) sowie den sich auf dem Höhepunkt ihrer Karriere befindlichen Sturgeon, Bester, Bradbury, Sheckley und Blish repräsentiert wurde. Insofern hat er entscheidenden Anteil an der Überwindung des Technizismus Campbellscher Prägung und der Einführung relevanterer Dimensionen in die SF.

Bibliografie:

Lobgesang auf Leibowitz (A CANTICLE FOR LEIBOWITZ), Hamburg/ Düsseldorf: MvS 1971
Bedingt menschlich (C) (THE BEST OF WALTER M. MILLER, JR.), München 1986, H 4307

Mitchison, Naomi (Margaret) (1897 –   )
Britische Autorin.

Bibliografie:

Memoiren einer Raumfahrerin (MEMOIRS OF A SPACEWOMAN), Bergisch Gladbach 1980, B 22020
Lösung drei (SOLUTION THREE), Bergisch Gladbach 1984, B 22073

Mittenzwei, Johannes

Bibliografie:

(Hrsg.) *Phantastische Weltraumfahrten,* Berlin/DDR: Volk und Welt 1981

Mnacko, Ladislav (1912–)

Tschechischer Autor. Lebt seit 1968 in der Emigration.

Bibliografie:

Der Gigant, München: Langen Müller 1978

Möckel, Klaus (1934–)

Geboren in Kirchberg (Sachsen). Werkzeugschlosserlehre, dann Besuch der Arbeiter- und Bauernfakultät und Studium der Romanistik in Leipzig. Wissenschaftlicher Assistent und Verlagslektor. Seit 1969 freier Schriftsteller, Übersetzer und Herausgeber.

Bibliografie:

Die Einladung, Berlin/DDR: Neues Leben 1976
Die gläserne Stadt (C), Berlin/DDR: Das Neue Berlin 1979
Die sonderbare Verwandlung des Lenny Frick (C), Berlin/DDR: Das Neue Berlin 1985

Mommers, H(ellmuth) W. (1943–)

Geboren in Wien. Österreichischer Übersetzer, Anthologist und Autor, der mit A. D. Krauß mehrere bahnbrechende Anthologien und mit Ernst Vlcek einige originale Heftromane und Erzählungsbände verfaßt hat.

Bibliografie:

(Hrsg.) *10 Science Fiction-Kriminalstories* (mit A. D. Krauß), München: Heyne 1965
(Hrsg.) *Die Nacht der zehn Milliarden Lichter* (mit A. D. Krauß), München 1967, H 3106
(Hrsg.) *7 Science Fiction-Stories* (mit A. D. Krauß), München: Heyne 1966
(Hrsg.) *8 Science Fiction-Stories* (mit A. D. Krauß), München: Heyne 1967
(Hrsg.) *9 Science Fiction-Stories* (mit A. D. Krauß), München: Heyne 1969

Bibliografie/H:
Das Problem Epsilon (C) (mit Ernst Vlcek), TS 81 (1964)
Treffpunkt der Mutanten (C) (mit Ernst Vlcek), T 361 (1964)
Sturm über Eden 13 (mit Ernst Vlcek), T 415 (1965)
Die Schockwelle (mit Ernst Vlcek), T 417 (1965)
Die Psychowaffe (mit Ernst Vlcek), T 420 (1965)
Agenten des Galaktikums (mit Ernst Vlcek), T 422 (1965)

Monod, Martine Französische Autorin.

Bibliografie:
Die Wolke (LE NUAGE), Berlin/DDR: Dietz 1957

Monroe, Daniel Siehe Hahn, Ronald M.

Montanari, Gianni (1949 –)
Italienischer Autor, wurde in Piacenza geboren, war lange Jahre als Übersetzer und u.a. als Herausgeber des Magazins *Galassia* tätig. M. ist heute Editor für SF im größten SF-Verlag Italiens (Mondadori, Mailand). Sein Roman DAIMON (1978), der sich anfangs wie eine Fantasy-Erzählung liest, entpuppt sich schließlich als waschechte Science Fiction. Daimon, der wie ein Gott eine in Primitivität zurückgesunkene Welt kontrolliert und neu zu schaffen versucht, ist der letzte Überlebende unserer technischen Zivilisation, den es nur deshalb noch gibt, weil er sich zur Zeit der nuklearen Katastrophe im Orbit befand.

Bibliografie:
Daimon (DAIMON), München 1986, H 4272

Montanus, Dolf (Pseudonym)

Bibliografie/H:
Terror der Formel Q, UK 7 (1956)

Monteleone, Thomas F. (1946 –)
Geboren in Baltimore, Maryland. Studium der Psychologie und Literatur an der University of Maryland, anschließend Tätigkeit als Psychotherapeut, Dozent, Schreiner und Fotograf. Aus dem amerikanischen Fandom stammend, publizierte M. seine erste Story, ›Agony in the Garden‹ (1973), in *Amazing,* einem Magazin, dem er bereits

als Buchkritiker verbunden war. Seither ist er in vielen Anthologien vertreten gewesen. Sein Romanerstling SEEDS OF CHANGE (1975) wurde als Anreißer einer neuen SF-Taschenbuchreihe an interessierte Kunden verschenkt. M. schreibt – im Romanbereich – abenteuerliche Texte. Seine bisher besten Werke sind THE TIME-SWEPT CITY (1976) und THE SECRET SEA (1979), ein spaßiges Garn, das auf Jules Verne fußt und die Geschichte eines amerikanischen College-Lehrers beschreibt, der entdeckt, daß Old Jules sich seine tollen Stories mitnichten aus den Fingern gesogen hat.

Bibliografie:

Time Connection (THE TIME CONNECTION), München 1981, Kn 5734
Die heimgesuchte Stadt (THE TIME-SWEPT CITY), München 1981, H 3838
Zitadelle des Wächters (GUARDIAN), München 1982, M 3602
Ozymandias (OZYMANDIAS), München 1983, M 3620
Drachengestirn (DRAGONSTAR) (mit David Bischoff), Köln: Hohenheim 1984
Die Tore in der Tiefe (THE SECRET SEA), München 1986, H 4323

Mooney, Ted (1951 –)

Geboren in Dallas, Texas. Für EASY TRAVEL TO OTHER PLANETS (1981) erhielt M. den Sue Kaufman Prize, der jeweils für einen Romanerstling vergeben wird.

Bibliografie:

Fahrkarte zu anderen Welten (EASY TRAVEL TO OTHER PLANETS), Stuttgart: Klett-Cotta 1983

Moorcock, Michael (John)

(1939 –)

Geboren in Mitcham, Surrey, England. M. besuchte ein College, das er jedoch ohne Abschluß verließ, und verkaufte seine erste Erzählung – die Fantasy-Story ›Sojan the Swordsman‹ – 1957 an das Magazin *Tarzan Adventures* (ein Comic-Heft), für das er Blasentexte schrieb und dem er als Herausgeber vorstand. THE GOLDEN BARGE (1978), sein erster Roman, entstand bereits 1958. Bald verlor er jedoch wieder das Interesse an der Sache und beschäftigte sich mit Autoren wie Mervyn Peake, Franz Kafka, J. G. Ballard und Brian W. Aldiss. Obwohl M. schon als Fünfzehnjähriger SF von A. E. van Vogt und E. E. Smith gelesen hatte, bekundete er wenig Interesse für derlei Stoffe und hielt sich lieber an frühe Phantasten wie Edgar Rice Burroughs und andere Verfasser von Heroic Fantasy. Er wurde Lektor der Krimi-Taschenbuchreihe ›Sexton Blake Library‹, schrieb unter Pseudonym selbst einen Roman für die Serie und verdiente laut eigener Aussage »schweres Geld« mit dem Verfassen von Blasentexten für Comics. Der Literaturagent John Carnell verpflichtete ihn zum Schreiben einer Sword-and-Sorcery-Serie; als M. diesen Job hinter sich hatte, ging er nach Skandinavien, um dort als Bluessänger und Gitarrist aufzutreten. Nach London zurückgekehrt, stieg er erneut in die SF-Szene ein und schrieb Erzählungen für die *SF Adventures* und *Science Fantasy*. Als ihm durch Vermittlung Carnells die Übernahme des heruntergewirtschafteten *New Worlds* angeboten wurde, griff er zu – in der Absicht, aus dem biederen ein avantgardistisches Periodikum zu machen. M. las Unmengen von SF, erkannte ihre Schwächen und kam zu der Ansicht, man könne erst dann etwas aus ihr machen, wenn man ihre traditionellen Strukturen zerbrechen und neuen Schreibtechniken das Feld öffnen würde. *New Worlds* wurde zu einem Magazin, wie er es sich vorgestellt hatte: ein Forum neuer Autoren, in dem auch etablierte Schreiber das veröffentlichen konnten, was anderen Verlegern zu experimentell, zu ›high-brow‹ oder einfach zu ausgeflippt war. Die finanziellen Probleme des Magazins waren jedoch von Anfang an groß. Zudem wurde es ständig von Vertriebsgesellschaften behindert und von betrügerischen Finanziers ausgenommen. M. sah sich gezwungen, von etablierten Kollegen wie J. G. Ballard und Brian W. Aldiss Material zu erbitten, aus denen er Anthologien machte, um *New Worlds* mit dem daraus erzielten Gewinn am Leben zu erhalten. Aldiss, der Autor mit den besten Beziehungen zur literarischen Welt, besorgte vom britischen Arts Council eine jährliche Subvention. Dennoch konnte *New Worlds* sich nicht halten; die Einstellung erfolgte 1970. M. zog sich später aus der SF-Szene zurück und publizierte viele Fantasy- und Mainstream-Romane; SF hat ihn laut eigener Aussage nie interessiert. Seine Novelle ›Behold the Man‹ (1968) wurde mit dem Nebula ausgezeichnet und später zu einem Roman ausgearbeitet. Weitere herausragende Werke sind THE ICE SCHOONER (1969), THE BLACK CORRIDOR (1969), WARLORDS OF THE AIR (1971), sein ›Legenden vom Ende der Zeit‹-Zyklus und die ›Jerry Cornelius‹-Chronik. Insgesamt macht M.s Werk, soweit es der SF zuzurechnen ist, einen eher schwachen Eindruck und besteht hauptsächlich aus hastig heruntergeschriebenen ›Pot Boilers‹. Im Rahmen der Fantasy hat er jedoch stellenweise Beträchtliches geleistet. M. wurde als Herausgeber stets höher eingeschätzt denn als Autor, doch inzwischen hat er sich in Großbritannien ein Leserpublikum geschaffen, das nach allem greift, was aus seiner Feder stammt, ob es nun SF, Fantasy oder Mainstream ist.

Bibliografie:

Eiszeit 4000 (THE ICE SCHOONER), München 1970, GWTB 0111
Zerschellt in der Zeit (THE TITUALS OF INFINITY), München 1971, GWTB 0156 (auch: *Rituale der Unendlichkeit*)
Miß Brunners letztes Programm (THE FINAL PROGRAMME), Hamburg/ Düsseldorf: MvS 1971
I.N.R.I. oder Die Reise mit der Zeitmaschine (BEHOLD THE MAN), Hamburg/Düsseldorf: MvS 1972
Der schwarze Korridor (THE BLACK CORRIDOR), Frankfurt am Main 1972, FO 11
Die Herren der Lüfte (WARLORDS OF THE AIR), München 1973, K 19 (auch: *Der Herr der Lüfte*)
Die Zeitmenagerie (AN ALIEN HEAT), München 1976, H 3492 (auch: *Ein unbekanntes Feuer*)
Das blutrote Spiel (THE BLOOD RED GAME), Bergisch Gladbach 1979, B 21114
Das Cornelius-Rezept (A CURE FOR CANCER), Bergisch Gladbach 1981, B 22036
Ein Mord für England (THE ENGLISH ASSASSIN), Bergisch Gladbach 1981, B 22039
Das Lachen des Harlekin (THE CONDITION OF MUZAK), Bergisch Gladbach 1982, B 22041
Entropie-Tango (C/OA), Bergisch Gladbach 1982, B 22051
Der Landleviathan (THE LAND LEVIATHAN), München 1982, H 3903
Der Stahlzar (THE STEEL TSAR), München 1984, H 4122
Das Tiefenland (THE HOLLOW LANDS), Frankfurt am Main/Berlin/Wien 1984, U 31067
Wo die Gesänge enden (THE END OF ALL SONGS), Frankfurt am Main/ Berlin/Wien 1984, U 31071
Die Transformation der Mavis Ming (THE TRANSFORMATION OF MISS MAVIS MING), Frankfurt am Main/Berlin/Wien 1984, U 31076
Legenden vom Ende der Zeit (C) (LEGENDS FROM THE END OF TIME), Frankfurt am Main/Berlin/Wien 1984, U 31083

Die Stadt des Ungeheuers (CITY OF THE BEAST), Frankfurt am Main/
Berlin/Wien 1985, U 31103
Der Herr der Spinnen (THE LORD OF THE SPIDERS), Frankfurt am Main/
Berlin/Wien 1985, U 31106
Die Herrscher der Tiefe (THE MASTERS OF THE PIT), Frankfurt am Main/
Berlin/Wien 1985, U 31109

Bibliografie/H:

Wenn die Erde stillsteht (THE TWILIGHT MAN), TA 224 (1975)

Moore, C(atherine) L(ucile)
(1911 – 1985)
Geboren in Indianapolis, Indiana.
Ehefrau des Autors Henry Kuttner,
mit dem sie sehr oft schriftstellerisch
zusammenarbeitete, auch unter den
Pseudonymen Lewis Padgett, Keith
Hammond und Lawrence O'Donnell. Ihre erste Story, ›Shambleau‹
(1933), erschien in *Weird Tales* und
bildete den Grundstein für eine Serie
interplanetarer Abenteuergeschichten um den Helden Northwest
Smith. Eine zweite Serie um die Heldin Jirel von Joiry ist in der Fantasy angesiedelt. M. galt lange Zeit als wichtigste SF-Autorin, die erheblichen Einfluß auf die Entwicklung der SF der vierziger und fünfziger Jahre hatte. Eine ihrer besten Erzählungen entstand in Zusammenarbeit mit Henry Kuttner unter dem Pseudonym Lewis Padgett:
›Mimsy Were the Borogroves‹ (*Astounding,* 1943).

Bibliografie:

Alle Zeit der Welt (FURY) (mit Henry Kuttner), München 1979, Kn 5716
Der Kuß des schwarzen Gottes (THE BEST OF C. L. MOORE), München
1982, H 3874
Die Nacht des Gerichts (JUDGMENT NIGHT), Bergisch Gladbach 1985,
B 23045

Als Lewis Padgett:

Die Mutanten (C) (MUTANT) (mit Henry Kuttner), München 1966,
H 3065
SF-Stories 56 (C) (ROBOTS HAVE NO TAILS) (mit Henry Kuttner), Frankfurt
am Main/Berlin/Wien 1976, U 3202

Bibliografie/H:
Der Brunnen der Unsterblichkeit (EARTH'S LAST CITADEL) (mit Henry Kuttner), T 450 (1966)

Als Lewis Padgett:
Gefährliches Schachspiel (THE FAIRY CHESSMEN) (mit Henry Kuttner), UG 108 (1959)

Moore, Gerald (Pseudonym)

Bibliografie/H:
Die Invasion der Whings, ESF 7

Moore, Harris

Pseudonym für Arthur Moore und Alfred Harris.

Bibliografie:
Die Wasserwelt (SLATER'S PLANET), Bergisch Gladbach 1974, B 21044

Moore, Patrick (Alfred) (1923 –   )

Geboren in Pinner, Middlesex, England. Tätigkeit als Direktor eines Planetariums in Armagh, Nordirland. Erste Veröffentlichung um 1946; seit 1957 über 100 Bücher zum Thema Astronomie.

Bibliografie:
Verrat im Weltraum (SPY IN SPACE), München: Schneider 1979
Der Katastrophen-Planet (PLANET OF FEAR), München: Schneider 1980

Moore, Ward (1903 – 1978)

Geboren in Madison, New Jersey. Schulbildung: »Keine – und das ist auch gut so.« Literarische Auszeichnungen: »Es hat seit Generationen keine Helden mehr in unserer Familie gegeben.« Seine Liebe galt schon früh der Literatur, und nachdem er zwei Gedichte publiziert hatte, beschloß er Schriftsteller zu werden. M. arbeitete als Buchverkäufer in New York und machte später im Mittelwesten eine Buchhandlung auf. 1929 zog er nach Kalifornien, wo er bei Los Angeles eine kleine

Farm bewirtschaftete. Sein erstes Buch, BREATHE THE AIR AGAIN, erschien 1942. Sein erster SF-Roman war GREENER THAN YOU THINK (1947), in dem ein Wunderdünger eine bestimmte Grasart ungeheuer schnell wachsen läßt, was für die Zivilisation verheerende Folgen hat. Später tauchte M. gelegentlich mit Erzählungen in den SF-Magazinen auf. Bemerkenswert sind ›Lot‹ und ›Lot's Wife‹ (*Magazine of Fantasy & Science Fiction*, 1953 bzw. 1954), die 1962 unter dem Titel ›Panic in the Year Zero‹ von Ray Milland verfilmt wurden. M.s bekanntester Roman ist BRING THE JUBILEE (1953), ein Alternativwelten-Roman, in dem die Südstaaten den amerikanischen Bürgerkrieg gewonnen haben. Auch JOYLEG (1962), in Zusammenarbeit mit Avram Davidson entstanden, weist Bürgerkriegsreminiszenzen und einen etwas rustikalen Touch auf. Möglicherweise sind dies die Gründe, warum M. bislang weitgehend unbekannt geblieben ist. Seine Themen sind zu amerikanisch. Der Autor verlegte sich danach auf Kinderbücher und Drehbücher für Film und TV. Nach über zehnjähriger SF-Abstinenz kehrte er Mitte der siebziger Jahre in die Magazine zurück.

Bibliografie:
Der große Süden (BRING THE JUBILEE), München 1980, H 3760
Es grünt so grün (GREENER THAN YOU THINK), München 1981, M 3510

Morgan, Cecil B. (Pseudonym)
Bibliografie:
Im Banne der Libro-Strahlen, Ur 14 (1957)

Morgan, Dan (1925 –   )
Geboren in Holbeach, Lincolnshire/England. Ex-Jazzgitarrist; nun tätig als Geschäftsführer eines Einzelhandelsgeschäfts für Herrenbekleidung. M.s erste Story war ›Alien Analysis‹ (1952) in *New Worlds,* aber seine Erzählungen erschienen bald darauf auch in zahlreichen anderen britischen und US-Magazinen. Seine ›Mind‹-Romane beschäftigen sich mit der Auswirkung von Psi-Talenten auf die Umwelt und das Bewußtsein der Mutanten. Drei SF-Romane, die nicht ins Deutsche übertragen wurden, entstanden in Zusammenarbeit mit John Kippax.

Bibliografie:

AT-Kraft über Terra (CEE TEE MAN), Balve: Zimmermann 1958 (auch: *Der Gehirnwäscher*)
Hetzjagd der Telepathen (THE UNINHIBITED), Balve: Zimmermann 1960
Das Labor der Esper (THE NEW MINDS), München 1969, TTB 164
Esper in Aktion (THE SEVERAL MINDS), Rastatt 1972, TTB 189
Die Psi-Agenten (MIND TRAP), Rastatt 1972, TTB 192
Experiment unter der Kuppel (INSIDE), Frankfurt am Main/Berlin/Wien 1980, U 3101
Esper unter uns (THE COUNTRY OF THE MIND), Rastatt 1981, TTB 336
Herrscher der 13 Welten (HIGH DESTINY), Frankfurt am Main/Berlin/Wien 1982, U 31036

Morgan, Fred (Pseudonym)

Bibliografie/H:
Atomfeuer über dem Pazifik, UG 190 (1963)
Neutronenbomber, UG 192 (1963)

Morgental, Michael

(1943 –   )
Geboren in Nissa (Schlesien). Herausgeber der Literaturzeitschrift *Das Senfkorn*. Mitglied des japanischen PEN-Clubs. M. arbeitet als Programmierer und Software-Spezialist, ist freiberuflich als Autor und Übersetzer aus dem Japanischen tätig. Seine Erzählungen sind mehr der Phantastik im engeren Sinne zuzurechnen.

Bibliografie:
Garten zwischen Lebensbäumen (C), München 1983, H 4017

Morlins, Jacques (Pseudonym)

Bibliografie:
Weltraumschiff HC3, Düsseldorf: Merkur 1947

Morressy, John (1930 –)

Geboren in Brooklyn, New York. Studierte Englisch an der St. John's University und der New York University (M. A. 1961). Seither als College-Lehrer tätig. Seine erste Story, ›Don't Count Your Tigers‹, erschien 1955 in *Esquire*. Seither hat er sich auf humorvolle Fantasy-Stories und SF-Romane verlegt.

Bibliografie:

Labyrinth zwischen den Sternen (UNDER A CALCULATING STAR), Frankfurt am Main/Berlin/Wien 1980, U 31018
Kind der Sterne (STARBRAT), Frankfurt am Main/Berlin/Wien 1981, U 31032
Söldner des Alls (NAIL DOWN THE STARS), Frankfurt am Main/Berlin/ Wien 1982, U 31035
Frostwelt und Traumfeuer (FROSTWORLD AND DREAMFIRE), München 1982, Kn 5747

Morris, Clyde

Pseudonym für Karl Heinz Biege.

Bibliografie:

Jenseits Sol, Menden: Bewin 1957
Gnosis II, Menden: Bewin 1957
Gesetz zwischen den Sternen, Menden: Bewin 1958
Das galaktische Kommando, Menden: Bewin 1961
Der Ring der Planetoiden, Menden: Bewin 1961
Taygethe, Planet des Unheils, Menden: Bewin 1962

Morris, Janet E(llen) (1946 –)

Geboren in Boston, Massachusetts. Besuchte die New York University und arbeitete u.a. als Bassistin einer Band und Sängerin. Ihre ›Silistra‹-Serie beschreibt die Abenteuer einer Alternativwelten-Kurtisane. Außerdem hat sie in Zusammenarbeit mit einem Linguisten Biographien vorsintflutlicher Könige verfaßt. Mitautorin des HELL-Zyklus und der THIEVES' WORLD-Serie.

Bibliografie:

Traumtänzer (DREAM DANCER), München 1983, G 23418
Traumschiffe (CRUISER DREAMS), München 1983, G 23419
Traumwelt (EARTH DREAMS), München 1983, G 23420

Morris, William (1834–1896)

Englischer Schriftsteller und Frühsozialist, dessen Werk hauptsächlich der Fantasy zugeordnet werden muß. NEWS FROM NOWHERE (1890) ist eine Reaktion auf Edward Bellamys LOOKING BACKWARD 2000–1887 (1888) und wurde aus sozialistisch-marxistischer Sicht geschrieben.

Bibliografie:

Neues aus Nirgendland (NEWS FROM NOWHERE), Leipzig: Seemann 1901 (auch: *Kunde von Nirgendwo*)

Morrison, Mischa Siehe Alpers, Hans Joachim

Morrissey, J. L. Siehe Levene, Philip

Morrow, James Amerikanischer Autor.

Bibliografie:

Der Wein des Frevels (THE WINE OF VIOLENCE), München 1983, G 23432

Morselli, Guido (1912–1973)

Italienischer Autor.

Bibliografie:

Rom ohne Papst (ROMA SENZA PAPA), Frankfurt am Main: Insel 1974
Licht am Ende des Tunnels (CONTRO PASSATO PROSSIMO), Düsseldorf: Claassen 1977

Morus, Thomas (1478–1535)

Englischer Staatsmann und Schriftsteller, geboren in London als Thomas More. Er wurde enthauptet, weil er sich weigerte, König Heinrich VIII. den Suprematseid zu leisten. *Utopia* (1516) ist der erste Staatsroman der Welt und spielt auf einer fiktiven Insel, auf der man das Privateigentum abgeschafft hat.

Bibliografie:

Utopia (DE OPTIMO STATU REI PUBLICAE DEQUE NOVA INSULA UTOPIA), München: M. Ernst 1896

Moskowitz, Sam (1920 –)

Geboren in Newark, New Jersey. Besuchte eine Handelsschule und eine TH in New York. M., ein SF-Fan der ersten Stunde, war schon während der dreißiger Jahre im amerikanischen Fandom aktiv und hat u. a. als Literaturagent, Redakteur für Fast-Food-Fachzeitschriften und Verlagsleiter gearbeitet. Seine Autorenporträts, gesammelt in EXPLORERS OF THE INFINITE (1963) und SEEKERS OF TOMORROW (1966), waren eine erste solide und kenntnisreiche Bestandsaufnahme der Geschichte des Genres. Sie wurden ergänzt durch Anthologien wie MODERN MASTERPIECES OF SCIENCE FICTION (1965), MASTERPIECES OF SCIENCE FICTION (1966), SCIENCE FICTION BY GASLIGHT (1980) und UNDER THE MOON OF MARS (1970).

Bibliografie:

(Hrsg.) *Der Robotspion* (THE HUMAN ZERO) (mit Roger Elwood), München 1969, H 3150
(Hrsg.) *Die Gesichter der Zukunft* (FUTURES TO INFINITY), München 1973, TTB 200
(Hrsg.) *Science Fiction-Stories 42* (FUTURES UNLIMITED) (mit Alden H. Norton), Frankfurt am Main/Berlin/Wien 1974, U 3081

Moss, Jerry Siehe Rasch, Carlos

Mountgreen, Charles (Pseudonym)

Bibliografie:
Teuflische Erfindung, Ur 4 (1957)
Wettlauf zur Sonne, Ur 13 (1957)

Mountgreen, Edward (Pseudonym)

Bibliografie:
Die Spur führt auf den Mars, SU 7 (1958)

Mudrich, Eva Maria (1927 –)

Geboren in Berlin. Verfasserin zahlreicher Hörspiele. ›Das Glück von Ferida‹ (1972) ist auch in Romanform erschienen.

Bibliografie:
Das Glück von Ferida, Stuttgart: Thienemann 1976

Müggenburg, H. J.

Bibliografie/H:
Auf Tod programmiert, ZSF 139 (1973)
In Memoriam G. H. Walker, ZSF 148 (1974)
Jupiter-Plutonium, ZSF 151 (1974)
Jon Penders großer Irrtum, ZSF 154 (1974)
Gehirndiebstahl, ZSF 156 (1975)
Begegnung auf S 2079, ZSF 158 (1975)
Eine durchaus friedliche Invasion, ZSF 160 (1975)
Psychomechanik, ZSF 165 (1975)
Die Auserwählten, ZSF 171 (1976)
Der verhexte Planet, ZSF 172 (1976)
Die Sauerstoffbombe, ZSF 178 (1976)
Die Jagd, ZSF 186 (1977)
Briants Universum, ZSF 190 (1977)
Die Welt der Zwanzigjährigen, ZSF 195 (1978)
Das Planspiel, ZSF 199 (1978)
Sie wollten die Erde, ZSF 217 (1979)
Expansion, ZSF 220 (1980)
Galaktischer Handel, ZSF 222 (1980)
Transmitter-Spedition, ZSF 228 (1980)
Die vierte Generation, ZSF 237 (1981)
Errol Minors Fahrten, ZSF 244 (1981)

Müller, Erika

Siehe Anhang SERIEN: *Mark Powers*

Müller, Ernst

Bibliografie:
Ein Rückblick aus dem Jahre 2037 auf das Jahr 2000, Berlin: Ulrich
1891

Müller, Hermann

Bibliografie:
Marcon 1937 – 1975. Das Auge am Nordpol, Berlin: Neues Werden
1949

Müller, Horst (1923 –)

Geboren in Frankfurt/Oder. M. war in der Jugendarbeit, als Abgeordneter der Volkskammer der DDR tätig und ist Ehrenmitglied des Jugendverbandes. Der hauptberufliche Bibliothekar entdeckte die SF Ende der fünfziger Jahre.

Bibliografie:

Signale vom Mond, Bautzen/DDR: Domowina 1960
Kurs Ganymed, Bautzen/DDR: Domowina 1962

Muller, John E. Siehe Fanthorpe, Robert Lionel

Müller-Felsenburg, Alfred (1926 –)

Pseudonym für Alfred Müller, geb. in Bochum. Der hauptberufliche Volksschullehrer hat zahlreiche Gedichte, Erzählungen und Jugendbücher verfaßt.

Bibliografie:

Morgen ist Vergangenheit (C), Nettetal: Steyler 1984

Multon, Edward (Verlagspseudonym)

Bibliografie:

Geheimnis der O-Strahlen, Frankfurt am Main: Reihenbuch 1953
Planet der Verdammten, Frankfurt am Main: Reihenbuch 1954

Münchhausen (Pseudonym)

Bibliografie:

Wie ich mich selbst ins All schleuderte, Solingen: Mars 1955
Wie uns der Himmelsriese fraß, Solingen: Mars 1956

Mundus

Pseudonym für Jakob Vetsch-Hübscher.

Bibliografie:

Die Sonnenstadt, Leipzig: Freidenker 1922

Munro, C. R. Siehe Brand, Kurt

Münzer, Harald

Pseudonym von Burgdorf, Karl-Ulrich.

Siehe Anhang SERIEN: *Die Terranauten*

Murdock, M. S. Amerikanischer Autor.

Bibliografie:

Das Netz der Romulaner (THE WEB OF THE ROMULANS), München 1985, H 4209

Murphy, Walter F. Amerikanischer Autor.

Bibliografie:

Der Statthalter (THE VICAR OF CHRIST), München/Zürich: Droemer 1981

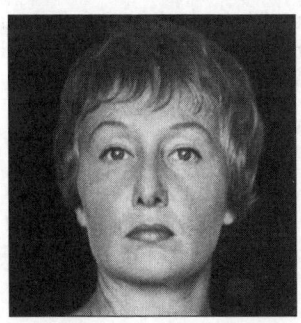

Musa, Gilda

Geboren in Romagna, Italien. Studium der Germanistik in Heidelberg. M. hat zahlreiche Lyrikbände veröffentlicht, wurde für ihr dichterisches Werk mehrmals mit Preisen ausgezeichnet, interessiert sich für deutsche Dichtung und ist als Übersetzerin und Essayistin aktiv. Allein und mit Inisero Cremaschi hat sie bislang über 50 Erzählungen und Romane publiziert. M. gehört zu den herausragendsten SF-Talenten Italiens; ihre Geschichten sind fast alle anthologisiert worden. GIUNGLA DOMESTICA (1975) wurde mit großem Beifall aufgenommen. Darin geht es um die Extrapolation einer wissenschaftlichen Entdeckung der Gegenwart. Weitere wichtige Veröffentlichungen der Autorin sind LE GROTTE DI MARTE (1974), DOSSIER EXTRATERRESTRI (1978, beide mit Inisero Cremaschi) und FESTA SULL'ASTEROIDE (C, 1972).

Bibliografie:

Der häusliche Dschungel (GIUNGLA DOMESTICA), München 1984, H 4098

Myler, Lok Siehe Holk, Freder van

Nagula, Michael
(1959 –   )

Geboren in Hohenlimburg. Autor von SF- und Horror-Heftromanen (unter dem Pseudonym Mike Caroon und dem Agenturpseudonym Dan Shocker). N. ist als Übersetzer und Herausgeber hervorgetreten und hat sich vor allem als Rezensent und Verfasser von Aufsätzen über SF und ihre Autoren (Priest, Såsårman, Stapledon u. a.) einen Namen gemacht.

Bibliografie:

(Hrsg.) *SF-Stories 85,* Frankfurt am Main/Berlin/Wien 1980, U 31021
(Hrsg.) *SF-Stories 90,* Frankfurt am Main/Berlin/Wien 1981, U 31031
(Hrsg.) *SF-Stories 92,* Frankfurt am Main/Berlin/Wien 1982, U 31034
(Hrsg.) *No Future – Die Lust am Untergang* (mit Manfred Riepe), Basel: Sphinx 1982
(Hrsg.) *Fenster ins Licht,* München 1983, H 3952
(Hrsg.) *Der zeitlose Traum,* Frankfurt am Main/Berlin/Wien 1984, U 31080
(Hrsg.) *Jenseits der Finsternis,* Rastatt 1985, TTB 370

Bibliografie/H:

Eine Handvoll Ewigkeit, TA 427 (1979)
Plasma-Jäger (mit Roland Rosenbauer), TA 435 (1979)
Haß, TA 455 (1980)
Die Wahnsinnigen, TA 503 (1981)

Nakamura, Masanori (1929 –   )
Japanischer Autor, Direktor der Beschaffungsabteilung der Japan Air Lines. Für GENSHU NO BOHAN erhielt N. den Naoki-Literaturpreis.

Bibliografie:

Operation Heimkehr (GENSHU NO BOHAN), München: Droemer 1982

Naujack, Peter

Bibliografie:
(Hrsg.) *Roboter,* Zürich: Diogenes 1962 (auch: *Die besten Science Fiction Geschichten/Die besten SF-Geschichten des Golden Age*)

Naundorf, Gerhard (1909 –   )

Bibliografie:
Stern in Not, Berlin: Nikolai 1938
Welt ohne Sonne, Berlin: Nikolai 1939

Naver, Manfred

Bibliografie:
Piloten und Schabis, Salzburg: Pfad 1949

Naviglio, Luigi (1936 –   )

Italienischer SF-Autor, dessen erste Erzählungen in *Cosmo* unter dem Pseudonym Louis Navire erschienen. N. verfaßt vorwiegend abenteuerliche Romane; sein einziges ins Deutsche übersetzte Werk schildert das Leben nach dem Zeitalter der Bombe. ERA OS-CURA (1977), eine Art soziologischer SF-Roman, gilt als sein bestes Werk: Es schildert die menschliche Zivilisation als eine Art Ameisenstaat, in dem die Bürger von der Regierung ernährt, gekleidet und unterhalten werden; dennoch existiert so etwas wie Individualismus und die Hoffnung, daß noch nicht alles verloren ist.

Bibliografie/H:
Gefährliche Erinnerungen (UN CARRO NEL CIELO), UZ 495 (1966)

Neff, Hans

Bibliografie:
Xap oder müssen Sie arbeiten, fragte der Computer, Zürich: Diogenes 1973

Neher, F(ranz) L. (1896 – 1970)

Flugkapitän, Autor von Romanen, Erzählungen, Biografien, Essays, Tatsachenberichten, Hörspielen und Filmen.

Bibliografie:
Menschen zwischen den Planeten, Eßlingen: Bechtle 1953

Nelson, Buck Amerikanischer Autor.

Bibliografie:

Meine Reise zum Mars, zum Mond und zur Venus (MY TRIP TO MARS, THE MOON AND VENUS), Wiesbaden-Schierstein: Ventla 1964

Nelson, Ray F(araday) (1931 –   )
Geboren als Radell Faraday in Schenectady, New York. Kunststudium an der University of Chicago und an der Sorbonne, anschließend Tätigkeit als Stoffdrucker, Schriftzeichner, Karikaturist, Programmierer, Traktorfahrer, Beatnik-Poet, Statist, Dekorateur, Banjospieler, Folk-Gitarrist und Sänger. Seine erste Erzählung, von Harlan Ellison als ›erste New-Wave-Story‹ bezeichnet, erschien 1963 in *Magazine of Fantasy & Science Fiction* und hieß ›Turn Off the Sky‹. Mit Philip K. Dick schrieb er THE GANYMED TAKEOVER (1967); unter dem Pseudonym R. N. Elson publizierte er einige pornografische Romane. Erst Mitte der siebziger Jahre startete N. eine eigene Romanproduktion (auch unter dem Verlagspseudonym Jeffrey Lord), aus der BLAKE'S PROGRESS (1975) besonders herausragt: Hier erlebt der Maler William Blake während einer Reise auf dem ›Zeitstrom‹, die ihm als Inspiration für sein phantastisches Werk dient, unglaubliche Abenteuer. Weitere Romane N.s sind THEN BEGGARS COULD RIDE (1979), THE ECOLOG (1977) und THE REVOLT OF THE UNEMPLOYABLES (1977).

Bibliografie:

Die Invasoren von Ganymed (THE GANYMED TAKEOVER) (mit Philip K. Dick), Bergisch Gladbach 1976, B 21082

Nemzow, Wladimir (Ivanovic)
Sowjetischer Autor.

Bibliografie:

Goldener Grund (ZOLOTOE DNO), Berlin: Neues Leben 1954

Nesvadba, Josef (1926–)

Geboren in Prag, ČSSR. Studium der Medizin und Philosophie an der Karlsuniversität. Der schreibende Psychiater wurde von der Kritik häufig mit Ray Bradbury, Karel Čapek und Stanislaw Lem verglichen. Obwohl sein schmales OEuvre nur wenige Erzählungen umfaßt, zählt er doch zur Spitzengruppe der osteuropäischen SF-Autoren. Seine Story-Bände erlebten in der ČSSR hohe Auflagen und wurden auch in der UdSSR, Polen, Österreich, den USA und der BRD veröffentlicht. N. bekam nach dem Ende des sogenannten Prager Frühlings Schwierigkeiten und emigrierte nach Österreich. Seine deutschen Buchveröffentlichungen überlappen sich inhaltlich sehr stark.

Bibliografie:

Die Erfindung gegen sich selbst (C), Wien: Neff 1962
Das verlorene Gesicht (C), Hanau: Müller & Kiepenheuer 1964
Die absolute Maschine (C), Prag: Artia 1966 (erweitert: Frankfurt am Main 1983)
Einsteins Gehirn (C) (EINSTEINUV MOZEK), München 1975, H 3430
Wie Kapitän Nemo starb (C), Berlin/DDR: Das Neue Berlin 1978
Die absolute Maschine (C/OA), Frankfurt am Main 1983, st 961
Vor Eltern sei gewarnt! (C) (ŘIDIČSKÝ PRŮKAZ RUDIČŮ), Frankfurt am Main: S. Fischer 1985

Bibliografie/H:

Kapitän Nemos letztes Abenteuer (POSLEDNI DOBRODRUZSTI KAPITAN NEMO), DNA 437 (1983)

Neubert, H. G.

Siehe Anhang SERIEN: *Mark Powers*

Neumann, Felix (1878–?)

Bibliografie:

Der Sender und die Sängerin, Berlin: Hackebeil 1928

Neville, Kris (Ottman) (1925 – 1980)

Geboren in Carthage, Missouri. Englischstudium an der University of California (B. A. 1960), anschließend Tätigkeit in der Kunststoffindustrie. Seine erste Story war ›The Hand From the Stars‹ (*Super Science Stories,* 1949). N. hat nur sechs Romane veröffentlicht, die bei Verlagen erschienen, die mehr Wert auf Abenteuer und ›Sense of Wonder‹ statt literarische Qualität legten, darunter BETTYANN (1970) und THE UNEARTH PEOPLE (1964). Sein letztes Werk, RUN THE SPEARMAKER (1975), schildert die Abenteuer eines Frühmenschen-Stammes zu Beginn der letzten Eiszeit und liegt nur in einer japanischen Ausgabe vor.

Bibliografie:

Experimental-Station (C) (MISSION: MANSTOP), München 1973, G 0155
Jenseits der Mondumlaufbahn (THE MUTANTS), München 1973, G 0160

Bibliografie/H:

Tödliche Fracht aus dem All (SPECIAL DELIVERY), T 506 (1967)
Bettyann, das Mädchen vom anderen Stern (BETTYANN), TA 9 (1970)
Invasoren auf dem Mond (INVADERS ON THE MOON), TA 21 (1970)

Newhome, W. (Pseudonym)

Bibliografie:

Die Ära des Friedens, Menden: Bewin 1966
Der Befehl, Menden: Bewin 1967
Problem Starara, Menden: Bewin 1967
Der Feigling, Menden: Bewin 1968

Newman, Bernard (Charles) (1897 – 1968)

Britischer Autor, der vor allem Kriminal- und Spionageromane veröffentlicht hat.

Bibliografie:

Drei Mann und ein Planet (THE FLYING SAUCER), Berlin/München: Gebr. Weiß 1953

Niederreuther, Thomas

Bibliografie:

Die vollautomatische Großmutter, München: Ehrenwirth 1972

Nielsen, Niels E. (1924 –   )
Dänischer Autor. Mitglied des Club of Rome.

Bibliografie:
Stadt ohne Sonne (AKERONS PORTE), Unterägi: Bergh 1980

Niemann, August (1839 – 1919)

Bibliografie:
Der Weltkrieg, Berlin/Leipzig: Vobach 1904
Aetherio, Regensburg: Wunderling 1909

Niklitschek, Alexander (1892 – 1953)
Österreichischer Autor.

Bibliografie:
Mord an der Welt, Linz: Demokratischer 1949
Ausflug ins Sonnensystem, Wien: Brücken 1949
Adam der Zweite, Linz: Demokratischer 1950
Der betrogene Storch, Wien: Waldheim-Eberle 1950
Die Gedankenwaage, Linz: Demokratischer 1950
In den Tiefen des Weltenraumes, Linz: Brücken 1950

Nithack-Stahn, Walther (1866 – ?)

Bibliografie:
Dies Illa – Der letzte Tag, Berlin: Mosse 1923

Niven, Larry (1938 –   )
Pseudonym für Laurence van Cott Niven, geboren in Los Angeles. Studium der Mathematik und Physik an der Washburn University und an der University of California (B. A. 1962). N. sagte dem akademischen Leben recht schnell Ade und konzentrierte sich (gelegentlich mit Ko-Autoren) auf das Schreiben von SF-Stories und Romanen, für die er mehrere Preise erhielt. Seine erste Geschichte, ›The Coldest Place‹ (1964), erschien in *Worlds of If.* N., ein entschiedener Vertreter der Hard-SF, gilt als eine Art Erneuerer der Space Opera und stieg rasch in die Riege der

erfolgreichsten amerikanischen SF-Autoren auf, obwohl er es gar nicht nötig hat, sich seine Brötchen selbst zu verdienen: Sein Großvater hatte das Glück, auf seinem Acker in Texas Öl zu finden, woraus sich für den Enkel eine Millionenerbschaft und der Aufsichtsratsvorsitz des Familienunternehmens ergab. N. wollte zeitweise Mathematiker werden, doch dann belegte er Kurse für ›kreatives Schreiben‹ und übte sich ein Jahr lang in Theorie und Praxis. Beeinflußt wurde er von John D. McDonald und verschiedenen Comics, aus denen er, wie er gesteht, eine Reihe von Ideen für Erzählungen schöpfte. Sein erster Roman, WORLD OF PTAVVS, erschien 1965 in *If* und wurde 1966 in erweiterter Fassung als Buch herausgebracht. Die Story ›Neutron Star‹ (1967) wurde mit dem Hugo Award ausgezeichnet; 1970 erhielt N. einen weiteren für den Roman RINGWORLD (1970), der auch den Nebula erhielt. Auch INCONSTANT MOON (1971) wurde mit dem Nebula ausgezeichnet. RINGWORLD schildert die Entdeckung eines riesigen Bauwerks – die Hinterlassenschaft einer verschwundenen Rasse –, das als Ring mit einem Durchmesser von 300 Millionen Kilometern um einen Stern errichtet wurde. Weitere erfolgreiche Bücher entstanden in Zusammenarbeit mit Jerry Pournelle, z.B. INFERNO (1976) und der Katastrophenroman LUCIFER'S HAMMER (1977), der den Autoren den bis dahin unglaublichen Honorarvorschuß von 250000 $ einbrachte. Ebenso ein Bestseller wurde THE MOTE IN GOD'S EYE (1974), ein gewaltiges Epos über den ersten Kontakt zwischen Menschen und Extraterrestriern, das für den Hugo und den Jupiter Award nominiert wurde. N.s witzigster, farbigster und bester Roman dürfte THE FLYING SORCERERS (1971, mit David Gerrold) sein: Hier geht es um die erfolgreichen Bemühungen eines Zauberers, der sich durch die Ankunft eines irdischen Wissenschaftlers zurückgesetzt fühlt und sich auf seine Weise rächt. Zwar kann er nicht wirklich ›zaubern‹, doch seine intuitive Beherrschung von Naturphänomenen kommt der Sache sehr nahe. Es gelingt ihm, das irdische Raumschiff lahmzulegen, und dem so in Nöte gebrachten Wissenschaftler bleibt nichts anderes übrig, als in Zusammenarbeit mit den Einheimischen zu seiner Rettung eine technische Zivilisation aufzubauen – wobei der Zauberer entscheidende Worte mitzureden hat. N. zählt zu den führenden Vertretern gehobener SF-Unterhaltung.

Bibliografie:

Planet der Verlorenen (A GIFT FROM EARTH), Bergisch Gladbach 1971, B 5

Ringwelt (RINGWORLD), Bergisch Gladbach 1972, B 15 – 16

Myriaden (C) (ALL THE MYRIAD WAYS), Bergisch Gladbach 1973, B 21034

Der Baum des Lebens (PROTECTOR), München 1975, GWTB 0211

Letztes Signal von Alpha Centauri (C) (THE SHAPE OF SPACE), München 1976, GWTB 0221

Die fliegenden Zauberer (THE FLYING SORCERERS) (mit David Gerrold), München 1976, H 3489

Neutron Star (C) (NEUTRON STAR), München 1976, GWTB 0223

Die Lücke im System (C) (A HOLE IN SPACE), München 1976, GWTB 227

Der Splitter im Auge Gottes (A MOTE IN GOD'S EYE) (mit Jerry Pournelle), München 1977, H 3531

Das Doppelhirn (THE WORLD OF PTAVVS), Bergisch Gladbach 1977, B 21097

Das zweite Inferno (INFERNO) (mit Jerry Pournelle), Bergisch Gladbach 1979, B 22005

Luzifers Hammer (LUCIFER'S HAMMER) (mit Jerry Pournelle), München 1980, H 3700

Der Flug des Pferdes (C) (THE FLIGHT OF THE HORSE), München 1981, H 3817

Wenn der Zauber vergeht (THE MAGIC GOES AWAY), Bergisch Gladbach 1981, B 20035

Die Ringwelt-Ingenieure (THE RINGWORLD ENGINEERS), Bergisch Gladbach 1981, B 24028

Wie die Zeit vergeht (A WORLD OUT OF TIME), Bergisch Gladbach 1983, B 22055

Ein Mord auf dem Mond (THE PATCHWORK GIRL), Bergisch Gladbach 1983, B 23028

Traumpark (DREAM PARK) (mit Steven Barnes), Bergisch Gladbach 1984, B 22072

Todos Santos (OATH OF FEALTY) (mit Jerry Pournelle), München 1984, H 4072

Der schwebende Wald (THE INTEGRAL TREES), Bergisch Gladbach 1985, B 22082

Geschichten aus dem Ringwelt-Universum (C) (TALES OF KNOWN SPACE), Bergisch Gladbach 1985, B 24064

Die Landung der Anansi (THE DESCENT OF ANANSI), Bergisch Gladbach 1986, B 24079

Noble, Mark Amerikanischer Autor.

Bibliografie:

Gentrip (GLORYHIT) (mit Bob Stickgold), München 1982, H 3904

Noel, Sterling (1903 – 1984)
Geboren in San Francisco. Studierte in Berkeley, New York und Paris, ohne je einen Abschluß zu machen. »Keine akademischen Grade, Ehrungen oder sonst etwas – nur unerfreuliche Erinnerungen.« Seit 1921 journalistische Arbeit bei Zeitungen wie *New York Journal* und *The Chicago Tribune*. Sein erster SF-Roman, I KILLED STALIN, erschien 1951.

Bibliografie:

Die fünfte Eiszeit (WE WHO SURVIVED), München 1964, H 3022 (278)

Nolan, William F(rancis)
(1928 –   )
Geboren in Kansas City. N. besuchte das Kansas City Arts Institute und studierte am San Diego State College und dem Los Angeles City College. Später arbeitete er als Gestalter von Grußkarten und trat in Filmen und Fernsehspielen auf. Für kurze Zeit (1963 – 1964) war er Herausgeber des SF-Magazins *Gamma*. 1953 ließ er sich in Los Angeles nieder, wo er im naheliegenden Hollywood eine Reihe von Objekten fand, über die zu schreiben sich lohnte: Filmstars. Er arbeitete für mehrere Magazine und verfaßte über 30 Bücher, darunter sechs über Autorennen, eine Biografie des Regisseurs John Sturges und ein Buch über seinen Freund und Förderer Ray Bradbury. 1954 erschien ›The Joy of Living‹, eine SF-Story in *Worlds of If*. In der Folgezeit publizierte N. eine erkleckliche Anzahl von Kurzgeschichten in allen Genres; zwei davon brachten ihm den Edgar-Allan-Poe-Award ein. 1965 erschien seine Roboter-Anthologie THE PSEUDO PEOPLE sowie eine Sammlung eigener Stories als IMPACT-20. Für die TV-Industrie schrieb er Drehbücher für Serien und Fernsehfilme. Sein gemeinsam mit George Clayton Johnson verfaßter SF-Roman LOGAN'S RUN (1967) war eher mäßig, erweckte jedoch das Interesse der MGM, die ihn 1976 zu einem umsatzträchtigen

Film machte, woraufhin das Buch allein in den USA 650000 Exemplare verkaufte. Zwei Fortsetzungen waren die Folge.

Bibliografie:

(Hrsg.) *Die Anderen unter uns* (THE PSEUDO PEOPLE), Darmstadt: Melzer 1965
Der Zeitagent (SPACE FOR HIRE), Bergisch Gladbach 1976, B 21086
Flucht ins 23. Jahrhundert (LOGAN'S RUN) (mit George Clayton Johnson), München 1977, H 3544

Nord, Axel (Verlagspseudonym)

Bibliografie/H:

Es dämmert über Thule, UZ 44 (1955)
Atlanta, UZ 46 (1955)
Wettflug der Welten, UZ 50 (1955)
SOS – Ozeanwerke, UZ 69 (1956)
Brand am Nordhimmel, UZ 90 (1957)

Siehe Anhang SERIEN: *Jim Parker, Mark Powers*

Norden, Nick Siehe Brandis, Mark

Norden, Peter (1922 –   )

Geboren in Hannover. Journalist und Schriftsteller.

Bibliografie:

Der Kanzler, Altendorf: Lector 1979

Nordhausen, Richard (1868 – ?)

Bibliografie:

Die rote Tinktur, Berlin: Schall & Grund 1895

Norman, Art (Pseudonym)

Siehe Anhang SERIEN: *Die Terranauten*

North, Andrew Siehe Norton, Andre

North, Edmund H. Amerikanischer Autor.

Bibliografie:

Meteor (METEOR) (mit Franklin H. Coen), München 1980, H 3762

North, Lionel (Pseudonym)

Bibliografie/H:

Der gläserne Tod, Wien: Cermak 1951

Norton, Alden H(olmes) (1903 –   )

Geboren in Lynn, Massachusetts. Studium an der Brown University (Ph. B. 1925). Später Redakteur des Magazin-Verlages Popular Publications für *Argosy, Super Science Stories* und *Astonishing Stories.* Verfasser von Kurzgeschichten und Herausgeber von Anthologien.

Bibliografie:

(Hrsg.) *Science Fiction-Stories 41* (FUTURES UNLIMITED), Frankfurt am Main/Berlin/Wien 1974, U 3081

(Hrsg.) *Science Fiction-Stories 42* (THE SPACE MAGICIANS) (mit Sam Moskowitz), Frankfurt am Main/Berlin/Wien 1974, U 3089

Norton, Andre (1912 –   )

Pseudonym für Alice Mary Norton, geboren in Cleveland, Ohio. N. hat bislang über 90 Bücher veröffentlicht – neben Science Fiction auch Fantasy, Krimis, Abenteuer-, Spionage- und historische Romane. Sie hat fünf Anthologien herausgegeben und an einem guten Dutzend Ko-Produktionen mitgearbeitet. N. war von 1934 – 1950 als Bibliothekarin in einer Kinderbücherei tätig, wurde wegen schwacher Gesundheit entlassen, führte kurze Zeit eine Buchhandlung und entschloß sich in den fünfziger Jahren für eine Karriere als freie Schriftstellerin. Anfangs noch zu den wenigen weiblichen SF-Autoren gehörig, legte sie sich das Pseudonym Andrew North zu, später schrieb sie als ›Andre‹ Norton. Ihre erste SF-Story war ›The People of the Crater‹ (1947) in *Fantasy Book 1;* ihr erster Roman war STAR MAN'S SON (1952; auch DAYBREAK – 2250 A.D.). N. ist eine Vertreterin der abenteuerlichen SF, wobei ihre Helden nicht selten Indianer oder andere edle Wilde sind, die telepathisch mit abgerichteten Tieren kommunizieren bzw. ein symbiotisches Team bilden. Bekannt wurde sie durch ihre ›Hexenwelt‹- und ›Zeithändler‹-Serien, aber auch ihre zahllosen anderen SF- und Fantasy-Abenteuer werden überall gern gelesen und erleben stets neue Auflagen.

Bibliografie:

Das große Abenteuer des Mutanten (DAYBREAK – 2250 A.D.), München 1966, TTB 105

Der Schlüssel zur Sternenmacht (THE ZERO STONE), München 1969, TTB 163

Das Geheimnis der Mondsänger (MOON OF THREE RINGS), München 1968, TTB 166

Im Bann der Träume (ORDEAL IN OTHERWHERE), München 1970, TTB 174

Sterne ohne Namen (UNCHARTED STARS), München 1970, TTB 178

Die Eiskrone (THE ICE CROWN), Rastatt 1972, TTB 188

Verfemte des Alls (EXILES OF THE STARS), Rastatt 1972, TTB 196

Die Welt der grünen Lady (DREAD COMPANION), Rastatt 1973, TTB 201

Die Rebellen von Terra (STAR GUARD), Rastatt 1973, TTB 210

Blut der Sternengötter (STAR GATE), Rastatt 1973, TTB 216

Der Faktor X (THE X FACTOR), Rastatt 1973, TTB 224

Das Geheimnis des Dschungelplaneten (STAR HUNTER), Frankfurt am Main/Berlin/Wien 1973, U 3013

Androiden im Einsatz (ANDROID AT ARMS), Rastatt 1974, TTB 230

Garan – der Ewige (GARAN THE ETERNAL), Rastatt 1974, TTB 241

Die Sterne gehören uns (THE STARS ARE OURS), Frankfurt am Main/Berlin/Wien 1974, U 3082

Sturm über Warlock (STORM OVER WARLOCK), Frankfurt am Main/Berlin/Wien 1974, U 3097 (auch: *Die Hexen von Warlock*)

Verschwörung im All (POSTMARKED THE STARS), Stuttgart: Boje 1975

Wrack im Eis (GALACTIC DERELICT), Frankfurt am Main/Berlin/Wien 1975, U 3160 (auch: *Spähtrupp in die Vergangenheit*)

Kreuzweg der Zeit (CROSSROADS OF TIME), Frankfurt am Main/Berlin/Wien 1976, U 3203

Herrscher über den Abgrund (NO NIGHT WITHOUT STARS), Stuttgart: Boje 1977

Traum ohne Wiederkehr (PERILOUS DREAMS), Rastatt 1981, TTB 339

Sternenteufel (YURTH BURDEN), Rastatt 1981, TTB 342

Das Geheimnis der Voorloper (VOORLOPER), Bergisch Gladbach 1983, B 22054

Operation Vergangenheit (THE TIME TRADERS), Rastatt 1985, ANTB 2

Die Alptraumwelt (HERE ABIDE MONSTERS), Rastatt 1985, ANTB 3

Verfemte des Alls (EXILES OF THE STARS), Rastatt 1985, ANTB 8

Der Schlüssel zur anderen Zeit (WRAITHS OF TIME), Rastatt 1986, ANTB 10

Als Andrew North:

Die Raumschiff-Falle (SARGASSO OF SPACE), Balve: Zimmermann 1956 (auch: *Der unheimliche Planet;* von Andre Norton)

Bibliografie/H:

Weltraumranger greifen ein (THE STAR RANGERS), UG 41 (1956)
Das Geheimnis der Verlorenen (SECRET OF THE LOST RACE), UG 126 (1960)
Die Sklaven von Klor (THE SIOUX SPACEMAN), UG 132 (1960)
Gehirnwäsche (STAR HUNTER), TS 60 (1962)
Im Dschungel von Ishkur (EYE OF THE MONSTER), UG 201 (1963)
Der Letzte der Navajos (THE BEAST MASTER), TS 73/74 (1963)
Flammen über Astra (STAR BORN), T 343 (1964)
Schiffbruch der Zeitagenten (THE DEFIANT AGENTS), T 370 (1964)
Das Duell der Zeitagenten (KEY OUT OF TIME), T 379 (1965)
Hetzjagd der Zeitgardisten (QUEST CROSSTIME), T 526/27 (1967)

Als Andrew North:

Gefährliche Landung (PLAGUE SHIP), UG 69 (1958)

Norton, James (Verlagspseudonym)

Bibliografie/H:

Am Abend vor dem Tage X, UZ 47 (1955)
Piraten im All, UZ 49 (1955)
Das Grauen von Edom, UZ 52 (1955)
Todesstrahlen, UZ 63 (1956)
Planet Vulkan, UZ 66 (1956)
Atombrand am Kongo, UZ 67 (1956)
Welt in Flammen, UZ 68 (1956)
Tödliche Fracht, UZ 73 (1956)
Stern der Dämonen, UZ 76 (1956)
Roboter im Angriff, UZ 86 (1957)
Im Weltall verschollen, UK 14 (1957)

Norton, Norbert

Pseudonym für Hans Stieber.

Bibliografie:

Alarm auf dem Planeten Merkur, Münster: Aschendorff 1977

Norwood, Victor (George Charles) (1920–   )

Geboren in Scunthorpe, Lincolnshire, England. Studium am Sheffield College (B. A. 1939). Tätigkeit als Lastwagenfahrer, Hufschmied, Preisboxer, Wachmann, Ringer, Opernsänger, Croupier, Prospektor und Privatdetektiv. Seit 1945 schriftstellerische Tätigkeit.

Bibliografie/H:

Die Nacht des Grauens (NIGHT OF THE BLACK HORROR), UG 198 (1963)

Nöstlinger, Christine (1936 –)

Geboren in Wien. N. absolvierte ein Kunststudium und machte sich einen Namen als Jugend- und Kinderbuchautorin.

Bibliografie:

Mr. Bats Meisterstück oder Die total verjüngte Oma, München: dtv 1971

Nourse, Alan E(dward)

(1928 –)

Geboren als Sohn eines Elektroingenieurs in Des Moines, Iowa. Medizinstudium ab 1945 an der Rutgers University in New Jersey und Betätigung als Redakteur einer Studentenzeitung, wobei er J. A. Meyer kennenlernte, mit dem er den Roman THE INVADERS ARE COMING (1958) verfaßte. N. hat bereits während des Studiums einige Dutzend Kurzgeschichten für *Galaxy, Astounding* und *Magazine of Fantasy & Science Fiction* verfaßt: »Ich las damals ungeheure Mengen an SF, und als meine Bekannten herausfanden, daß ich das Zeug auch noch selbst schrieb, war ich bei ihnen zunächst einmal unten durch.« 1947 zwang ihn ein zweijähriger aktiver Dienst als Sanitäter in der US Navy zur Unterbrechung des Studiums, das er 1948 wieder aufnahm und 1955 als Dr. med. abschloß. N. ließ sich sogleich als Schriftsteller nieder, nachdem er sich mit dem parapsychologischen Thriller A MAN OBSESSED (1954) einen guten Namen gemacht hatte. Zwei Jahre später kehrte er in den Krankenhausdienst zurück, den er 1963 endgültig verließ. Neben einer Reihe von Ratgebern für Studenten verfaßt er seither SF-Romane für Jugendliche und Erwachsene. Seine auf ein älteres Publikum zugeschnittenen Werke weisen in der Regel einen medizinischen Hintergrund auf. N. schrieb u. a. eine mehrbändige Serie über ›Weltraum-Mediziner‹. Er ist als Mitarbeiter medizinischer Fachzeitschriften und Illustrierten tätig und tat sich auch als Verfasser einer Reihe populärwissenschaftlicher Bücher für Jugendliche hervor.

Bibliografie:

Der sechste Mond (TROUBLE ON TITAN), München: Awa 1959
Wenn das Grauen kommt (THE INVADERS ARE COMING) (mit J. A. Meyer),
Balve: Zimmermann 1963
Die verbotene Wissenschaft (THE MERCY MEN), München 1971,
GWTB 0127
Die Fahrt zum Höllenplaneten (ROCKET TO LIMBO), Rüschlikon:
Müller 1976

Bibliografie/H:

Die Zeitkapsel (SCAVENGERS IN SPACE), T 225 (1962)
Die Chirurgen der Galaxis (STAR SURGEON), T 235 (1963)
Der Besessene (A MAN OBSESSED), T 378 (1965)
Das Phantomschiff (RAIDERS FROM THE RINGS), T 518/519 (1967)
Die Schwelle zur anderen Welt (THE UNIVERSE BETWEEN), T 550 (1968)
Der Weg in die Galaxis (C) (PSI HIGH AND OTHER STORIES), TN 185
(1971)
Hospital Erde (C) (RX FOR TOMORROW, 1. Teil), TA 77 (1973)
Der freie Agent (C) (RX FOR TOMORROW, 2. Teil), TA 85 (1973)
Brücke zur Sonne (C) (TIGER BY THE TAIL), TA 114 (1973)
Der gefälschte Mensch (C) (THE COUNTERFEIT MAN, 1. Teil), TA 127
(1974)
Die Waffe des Friedens (C) (THE COUNTERFEIT MAN, 2. Teil), TA 143
(1974)

Nowak, Heinrich (1890–1955)
Geboren in Wien, arbeitete hier an verschiedenen Zeitschriften bis
zur Emigration in die Schweiz (1939).

Bibliografie:

Die Sonnenseuche, Wien: Strache 1920

Nulpe, H. C. Siehe Koch, Richard

O'Brian, Robert C(arroll) (1922–1973)

Amerikanischer Jugendbuchautor in den Bereichen SF und Fantasy. Sein Roman Z FOR ZACHARIAH (1975), ein Nach-Atomkriegs-Roman, erhielt höchstes Lob von Ursula K. LeGuin.

Bibliografie:

Z wie Zacharias (Z FOR ZACHARIAH), Köln/Zürich: Benziger 1977

Obrutschew, W(ladimir) A(fanasjewitsch) (1863–1956)

Geboren in Klepenino, Gouvernement Tver'. O. gehört zu den Klassikern des utopisch-phantastischen Romans in der UdSSR. Er war ab 1896 mit geologischen Forschungen in Mittel- und Zentralasien, Turkmenien und Sibirien beschäftigt, unterrichtete an der TH Tomsk, am Bergbauinstitut Moskau, wurde 1929 Mitglied der Akademie der Wissenschaften, zählte zu den bedeutendsten Geografen und Geologen der UdSSR und wurde für seine Arbeit mehrfach geehrt: Neben Preisen und Orden wurde ihm die Ehrenpräsidentschaft der Geografischen Gesellschaft angetragen. Er veröffentlichte wissenschaftliche Arbeiten aus seinem Fachgebiet und verfaßte zwei utopische Romane, die mit Erdkunde und erdgeschichtlicher Forschung zu tun haben: PLUTONIJA (1924) und ZEMLJA SANNIKOVA (1926). ZOLOTOISKATELI V PUSTYNE (1928) und V DEBRJACH CENTRAL'NOJ AZII (1951) schildern abenteuerliche Forschungsreisen, PLUTONIJA lehnt sich an Jules Verne und Conan Doyle an und beschreibt eine ›vergessene‹ unterirdische Welt mit prähistorischen Tieren und Pflanzen; ZEMLJA SANNIKOVA handelt von einer fruchtbaren Landzone in der Nähe des Pols.

Bibliografie:

Das Sannikow-Land (ZEMLJA SANNIKOVA), Berlin/DDR: Neues Leben 1953
Plutonien (PLUTONIJA), Berlin/DDR: Neues Leben 1953

Oder, Felix (1895–1968)

Pseudonym für Erich von Voss. Verfasser von Jugendbüchern, Märchen und Lyrik.

Bibliografie:
Rutsch über den Ozean, Leipzig: H. Müller 1935
Fridolins Reise zu den Sternen, Braunschweig: Löwen 1947

O'Donnell, Kevin jr. (1950 –   )
Geboren in Cleveland, Ohio. Studium der Sinologie in Yale, anschließend langjährige Aufenthalte in Korea, Taiwan und Hongkong. Sein erster Roman war BANDERSNATCH (1979).

Bibliografie:
Die Reisen des McGill Feighan 1: Retzglaran
(THE JOURNEY OF MCGILL FEIGHAN, BOOK 1: CAVES), München 1985,
Kn 5813
Die Reisen des McGill Feighan 2: Die Wasserwelt
(THE JOURNEY OF MCGILL FEIGHAN, BOOK 2: REEFS), München 1985,
Kn 5830
Die Reisen des McGill Feighan 3: Der Pflanzenmönch
(THE JOURNEY OF MCGILL FEIGHAN, BOOK 3: LAVA), München 1986,
Kn 5831

O'Donnell, K. M. Siehe Malzberg, Barry

Oehlen, Adolf Siehe Pestum, Jo

Ohliger, Ernst

Bibliografie:
Bomben auf Kohlenstadt, Oldenburg: Stalling 1935

Okura, Ken

Bibliografie:
(Hrsg.) *SF aus Japan* (mit Peter Wilfert), München 1982,
G 23403

Olander, Joseph D. Siehe Greenberg, Martin Harry

Oliver, (Symmes) Chad(wick)
(1928 –   )

Geboren in Cincinatti, Ohio. O. studierte Englisch und Anthropologie in Texas und promovierte in Los Angeles mit einer Arbeit über Anthropologie. Nach zwei Jahren als Assistenzprofessor in Texas hielt er sich einige Zeit zu Forschungsarbeiten über ostafrikanische Kultur- und Wirtschaftsformen in Kenia auf. Sein erster Roman war das SF-Jugendbuch MISTS OF DAWN (1952). Sein bestes Werk ist UNEARTHLY NEIGHBOURS (1960), ein herausragendes Stück SF, das die Schwierigkeiten einer Kontaktaufnahme zwischen Menschen und Außerirdischen beschreibt. SHADOWS IN THE SUN (1971) und THE SHORES OF ANOTHER SEA (1971) schildern ähnliche Schwierigkeiten und Konflikte beim Kontakt mit fremdartigen Kulturen: im ersten erweist sich eine texanische Stadt als getarnte Kolonie von Außerirdischen, im zweiten geht es um eine extraterrestrische Invasion in Afrika und anschließende Kommunikationsversuche. Die Kritik lobte besonders O.s Fähigkeit, anthropologische Theorien detailliert auszudenken und überzeugend in Literatur umzusetzen, auch wenn es ihm an thematischer Breite fehlt.

Bibliografie:

Das große Warten (THE WINDS OF TIME), München 1964, H 3014 (231)

Brüder unter fremder Sonne (UNEARTHLY NEIGHBOURS), München 1964, H 3036

Die vom anderen Stern (SHADOWS IN THE SUN), München 1967, H 3090

Die Affenstation (THE SHORES OF ANOTHER SEA), München 1973, H 3340

Menschheitsdämmerung (MISTS OF DAWN), Rastatt 1985, UC 83

Die neue Menschheit (GIANTS IN THE DUST), Rastatt 1985, TTB 369

Menschen auf fremden Sternen (C) (ANOTHER KIND), Rastatt 1986, UC 87

Oliver, Richard Siehe Kaiser, H. K.

Oliver, Robin (Pseudonym)

Bibliografie/H:
Der Unheimliche, UK 4 (1956)
Der Herrscher von New York, UK 6 (1956)

Oliver, S. C.

Pseudonym eines deutschen SF-Autors, der auch unter dem Namen Oliver Rieve publiziert.

Bibliografie/H:
Vergessen auf XZ-2, ZSF 87 (1969)

Oppenheim, E(dward) Phillips (1866 – 1946)

Britischer Schriftsteller; Verfasser von ca. 160 Kriminal-, Detektiv- und Spionageromanen.

Bibliografie:
Das zweite Ich (THE DOUBLE LIFE OF MR. ALFRED BURTON), Berlin: Delta 1930
Das goldene Kalb (THE GOLDEN BEAST), Berlin: Neufeld & Henius 1930

Opree, Arthur

Bibliografie:
Der Unirdische, Hamburg: Sauerberg 1937
Unter glühender Doppelsonne, Hamburg: Sauerberg 1938

Oprita, Mircea (1943 –   )

Rumänischer Schriftsteller und Verlagslektor.

Bibliografie:
(Hrsg.) *Die beste aller Welten,* Cluj-Napoca: Dacia 1979
(Hrsg.) *SF aus Rumänien* (mit Herbert W. Franke), München 1983, G 23424

Orban, Marcus T. Siehe Mielke, Thomas R. P.

Orkow, Ben (Harrison) (1896 –   )

Geboren in Rußland. Kam 1906 in die USA. Autor mehrerer Theaterstücke, die am Broadway aufgeführt wurden. Verfasser von 16 Filmdrehbüchern und 20 Fernsehspielen. WHEN TIME STOOD STILL

(1962), sein einziger SF-Roman, behandelt das Thema Zeitreise per Kälteschlaf.

Bibliografie:
Wenn die Zeit still steht (WHEN TIME STOOD STILL), München: Lichtenberg 1963

Ort, Mik

Bibliografie:
Zurück in die Steinzeit, München 1984, H 4117

Orthmann, Edwin

Bibliografie:
(Hrsg.) *Der Diamantenmacher,* Berlin/DDR: Neues Leben 1972
(Hrsg.) *Die Y-Spirale,* Berlin/DDR: Neues Leben 1973
(Hrsg.) *Das Zeitfahrrad,* Berlin/DDR: Neues Leben 1974
(Hrsg.) *Das Raumschiff,* Berlin/DDR: Neues Leben 1977

Orwell, George (1903 – 1950)

Pseudonym für Eric Blair, geboren in Motihari, Bengalen (Indien). O. wurde in Eton erzogen und diente von 1922 – 1927 bei der MP in Indien, bis er – von den Kolonialmethoden angewidert – den Dienst quittierte und ein Vagabundenleben führte. Er schlug sich als Tellerwäscher, Buchhandelsgehilfe und Lehrer durch und wechselte dann in den Journalismus über, wo er u. a. über das Leben der Bergarbeiter berichtete (THE ROAD TO WIGAN PIER, 1937). Er war Anhänger der kommunistischen Internationale und nahm auf seiten der Republikaner am spanischen Bürgerkrieg teil, wobei er verwundet wurde. Seine Bestürzung über die Ausschreitungen während des Stalinismus führten zu einer Distanzierung vom Kommunismus; er trat der Labour Party bei. Nach London zurückgekehrt, war er Redakteur des *Tribune* und später ständiger Mitarbeiter des *New Statesman;* während des Zweiten Weltkriegs war er bei BBC tätig. Sein Abscheu vor Diktaturen schlug sich in zwei vielbeachteten Werken nieder: ANIMAL

FARM (1945), eine phantastisch-allegorische Satire über totalitäre Staaten, machte ihn über Nacht berühmt. Der Roman NINETEEN EIGHTY-FOUR (1949) schildert eine zukünftige Welt, die in drei Machtblöcke gespalten ist: Ozeanien, Eurasien und Ostasien gleichen sich zwar in ihrer politischen Struktur, führen jedoch zur Aufrechterhaltung der innenpolitischen Machtverhältnisse ständig und mit wechselnden Bündnissen Scheinkriege gegeneinander. Unter dem Vorwand angeblich drohender äußerer Feinde haben die Staatenbünde ein ausgeklügeltes Unterdrückungssystem erschaffen, das von der psychologischen Manipulation – dem ›Großen Bruder‹, der allgegenwärtigen Propaganda, der permanenten Geschichtsfälschung und ›Sprachreinigung‹, die dem Ziel dient, jede Individualität zu vernichten – bis zur psychischen Folter und der Persönlichkeitszerstörung reicht. Das Buch beschreibt das Leben des Ministerialangestellten Winston Smith, der im Bereich Geschichtsklitterung tätig ist: Je nach politischem Frontverlauf hat sie stets neu zu erfolgen, was so weit geht, daß auch Dokumente der Vergangenheit gefälscht werden müssen, um sie der Tagesmeinung entsprechend ›auf den neuesten Stand‹ zu bringen. Smith hat begründete Zweifel an dem System. Zwar gibt er sich nach außen hin loyal, um den Häschern der ›Gedankenpolizei‹ zu entgehen, doch gleichzeitig versucht er, sich einen geistigen Freiraum zu schaffen, um nicht seelisch zugrunde zu gehen. Seine ›Auflehnung‹ bleibt nicht unbemerkt, er gerät in die Mühlen des Parteiapparats, der eine individuelle Intimsphäre ebenso wenig duldet wie persönliche Bindungen. Mit Julia, seiner Geliebten, flüchtet er sich in Nischen, die er unüberwacht wähnt. Er genießt Augenblicke des Glücks, und der Geschlechtsakt ist ihm und Julia Ausdruck ihres Aufbegehrens gegen die verhaßte Partei. Sie werden entdeckt, getrennt und einer psychischen Folter unterworfen, die Winston seelisch zerbricht, so daß er seine Geliebte verrät. Er wird ›gereinigt‹ in den totalitären Alltag entlassen. NINETEEN EIGHTY-FOUR ist das Musterbeispiel einer Dystopie, eines pessimistischen, schrecklichen Zukunftsbildes, das als Menetekel einer absolut verwalteten, menschenunwürdigen Welt vor Entwicklungen warnen will, die seinerzeit sichtbar waren und auch heute allenthalben sichtbar sind.

Bibliografie:

Die Farm der Tiere (ANIMAL FARM), Zürich: Amstütz & Herdeg 1949 (auch: *Die Republik der Tiere*)
1984 (NINETEEN EIGHTY-FOUR), Stuttgart: Diana 1950

O'Shaughnessy, P. J. Amerikanischer Autor.

Bibliografie:

Trauma (TRAUMA), München 1981, H 3799

Osborn, David (1923 –   )

Geboren in New York, wanderte O., der mit zahlreichen Academy Awards ausgezeichnete Autor von mehr als 15 Drehbüchern, in die Schweiz aus, angewidert vom amerikanischen Way of Life der McCarthy-Ära. Seit 1971 schreibt O. Romane, die zu Bestsellern wurden und oft SF-Elemente enthalten.

Bibliografie:

Der Maulwurf (THE FRENCH DECISION), Wien/Hamburg: Zsolnay 1980
Köpfe (HEADS), Wien/Hamburg: Zsolnay 1985

Osten, I. S. (Verlagspseudonym)

Siehe Brand, Kurt, und Hahn, Ronald M.

Osten, Ludwig Siehe Marken, Wolfgang

Oth, René (1945 –   )

Geboren in Luxemburg. Erfolgreicher SF- und Fantasy-Recycler, der aus zehn Originalanthologien allemal noch eine elfte machen kann.

Bibliografie:

(Hrsg.) *Gedachte Welten,* Würzburg: Arena 1981
(Hrsg.) *Und die Sterne fallen herab,* Freiburg/Heidelberg: Kerle 1982
(Hrsg.) *Gemini,* Darmstadt/Neuwied: Luchterhand 1983
(Hrsg.) *Als alles anders wurde,* Darmstadt/Neuwied: Luchterhand 1985
(Hrsg.) *Die Zeitpolizei,* Darmstadt/Neuwied: Luchterhand 1985
(Hrsg.) *Das Lächeln der Gioconda,* Darmstadt/Neuwied: Luchterhand 1985
(Hrsg.) *Zeit der Frauen,* Darmstadt/Neuwied: Luchterhand 1986

O'Toole, H. P. (1946 –   )

Pseudonym für Harald Pusch. Journalist, seit 1983 Herausgeber der *Science Fiction Times.*

Bibliografie:

Der Planet der Toten, München: Schneider 1981

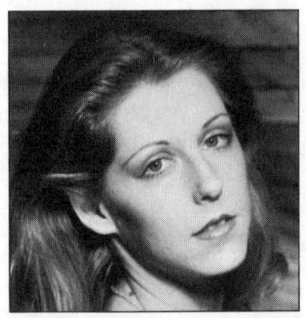

Päch, Susanne

(1955 –   )

Deutsche Autorin und Herausgeberin, geboren in Nürnberg, studierte Kommunikationswissenschaft, Geschichte der Naturwissenschaften, Physik, Mathematik und Theaterwissenschaft und promovierte über Zusammenhänge zwischen utopischer Literatur und dem naturwissenschaftlich-technischen Wissen der jeweiligen Zeit; verheiratet mit Herbert W. Franke. Sie wurde vor allem durch ihre Arbeiten über die frühe deutsche Science Fiction bekannt und publizierte das Sachbuch *Utopien* (1983).

Bibliografie:

(Hrsg.) *Als der Welt Kohle und Eisen ausging,* München 1980, H 3754

(Hrsg.) *Fabrik der Träume,* München: dtv 1982

Padgett, Lewis

Siehe Kuttner, Henry, und Moore, C. L.

Paetow, Monika

Deutsche Journalistin, Redakteurin beim WDR und Autorin.

Bibliografie:

Ana ruft Ona, Würzburg: Arena 1975

Page, Norvell W. (1904 – 1961)

Amerikanischer Autor, war hauptsächlich für Pulp-Magazine aktiv.

Bibliografie/H.:

Der Leibhaftige (BUT WITHOUT HORNS), UK 3 (1956)

Pakcinski, Marek (1960 –   )

Polnischer Autor, der bislang die Collection OWADZIA PLANETA (1976) vorlegte. Einige seiner Stories sind ins Deutsche übersetzt.

Palmer, Bernard (1914–)

Amerikanischer Autor, geboren in Central City, Nebraska. Verfaßte die für Jugendliche gedachte, religiös inspirierte Jim-Dunlap-Serie, die auf Deutsch im Minitaschenbuchformat erschien.

Bibliografie:

Dr. Brockers tolle Erfindung (JIM DUNLAP AND THE STRANGE DR. BROCKTON), Wetzlar: Schulte o. J.
Raketenformel – streng geheim! (JIM DUNLAP AND THE SECRET ROCKET FORMULA), Wetzlar: Schulte o. J.
Das Flugzeug ohne Flügel (JIM DUNLAP AND THE WINGLESS PLANE), Wetzlar: Schulte o. J.
Das versunkene Schiff (JIM DUNLAP AND THE HIDDEN TREASURE), Wetzlar: Schulte o. J.
Der ungewollte Weltraumflug (JIM DUNLAP AND THE MYSTERIOUS ORBITING ROCKET), Wetzlar: Schulte 1976

Palmer, L. D. Siehe Anton, Uwe

Paltock, Robert (1697–1767)

Der englische Rechtsanwalt und Schriftsteller wurde vor allem durch den Roman THE LIFE AND ADVENTURES OF PETER WILKINS, A CORNISH MAN (1751) bekannt. Dieser Klassiker wird oft mit Defoes ROBINSON CRUSOE und Swifts GULLIVER'S TRAVELS in einem Atemzug genannt.

Paluselli, Frederico

Bibliografie/H:

Der kriechende Tod, Ur 17 (1958)

Panassenko, Leonid (1949–)

Der sowjetische Autor studierte an der Kiewer Universität Journalistik und veröffentlicht seit 1967 Science Fiction. Neben vielen Einzelerzählungen, die u. a. auch ins Bulgarische, Deutsche und Englische übersetzt wurden, besteht sein bisheriges Schaffen aus dem Erzählband *Eine Werkstatt für Unsterbliche* und dem Roman *Die Gärtner der Sonne.*

Pangborn, Edgar (1909–1976)

Der amerikanische Autor Edgar Pangborn wurde in New York City geboren und studierte an der Harvard-Universität und am New-England-Konservatorium Musik. Ab 1930 wandte er sich der Schriftstellerei zu, aber im Bereich der SF wurde er erst 1951 aktiv, als seine Novelle ›Angel's Egg‹ in *Galaxy* erschien, die heute als Klassiker gilt. Aufgrund seiner Distanz zum allgemeinen SF-Betrieb blieb P. immer eine Randfigur in der SF, obwohl ihn seine wenigen Romane als einen der größten Romanciers des Genres ausweisen. In WEST OF THE SUN (1953), seinem ersten Roman, gründen Forscher eines gestrandeten Raumschiffs eine Kolonie auf einem fernen Planeten. Als man sie schließlich findet, weigern sie sich, ihr selbstgeschaffenes Utopia zu verlassen.

Sein zweiter Roman, A MIRROR FOR OBSERVERS (1954), brachte ihm 1955 den International Fantasy Award. Marsianer beobachten, seit vielen Jahrhunderten unerkannt auf der Erde lebend, die Entwicklung der Menschheit und manipulieren sie behutsam. Es gibt aber auch unter den Marsianern ›schwarze Schafe‹, die nicht an eine friedliche Koexistenz beider Rassen glauben und die Selbstzerstörung der Menschen fördern. Diese Auseinandersetzung zwischen Gut und Böse bildet das Thema des Romans. 1964 erschien DAVY, neben A MIRROR FOR OBSERVERS P.s Meisterwerk. Die Handlung spielt 300 Jahre nach einem verheerenden Atomkrieg in den Vereinigten Staaten, in denen wieder mittelalterliche Verhältnisse herrschen. In dieser Welt lebt Davy, eine Art Tom Jones, ein pfiffiges Kerlchen, das sich nicht mit dem abfindet, was ihm von muffigen Autoritäten vorgesetzt wird. Das weibliche Pendant zu Davy ist Eve in dem Roman THE JUDGEMENT OF EVE (1966), eine junge Frau, die sich in einer von Kriegen und Seuchen verwüsteten und entvölkerten Welt zwischen drei Männern entscheiden muß, die um ihre Hand anhalten. P.s Kurzgeschichten sind teilweise in dem Sammelband GOOD NEIGHBOURS AND OTHER STRANGERS (1972) erschienen. Der letzte SF-Roman P.s, der überdies auch historische Stoffe bearbeitete und Kriminalromane schrieb, war THE COMPANY OF GLORY (1975), eine Fortsetzung von DAVY, in dem Europa von Amerika aus entdeckt wird, nachdem man die alte Welt seit Jahrhunderten für eine Legende hielt. Aus dem Nachlaß erschienen noch weitere Erzählungen aus diesem Themenbereich unter dem Titel STILL I PERSIST IN WONDERING (1978).

Der Ernst, mit dem Pangborn seine Themen anging, und die Sorgfalt, mit der er sie ausführte, sichern ihm eine Sonderstellung unter den SF-Autoren, falls er sich je als solcher verstanden wissen wollte. Stilistisch ist er unzweifelhaft einer ihrer besten, und nur wenige seiner Kollegen zeichnet ein ähnlich tiefer Humanismus aus, wie er in seinen überzeugendsten Werken zu Tage tritt.

Bibliografie:

Gute Nachbarn und andere Unbekannte (C) (GOOD NEIGHBOURS AND OTHER STRANGERS), München 1973, GWTB 0161
Der Beobachter (A MIRROR FOR OBSERVERS), München 1978, H 3588
Davy (DAVY), München 1978, H 3593
Die Prüfung (THE JUDGEMENT OF EVE), München 1979, H 3637
Ein glorreicher Haufen (THE COMPANY OF GLORY), München 1985, H 4166
Tiger Boy (C) (STILL I PERSIST IN WONDERING), München 1986, H 4283

Panitz, Eberhard (1932 –   )

P., der nach einem Pädagogikstudium Verlagslektor und Angehöriger der Kasernierten Polizei war, bevor er sich 1959 entschied, freischaffender Schriftsteller zu werden, ist vielfacher Literaturpreisträger der DDR (u. a. Heinrich-Mann-Preis 1976, Nationalpreis 1977, Goethe-Preis der Hauptstadt der DDR, Berlin, 1982). Unter seinen Romanen und Erzählungen befindet sich auch der SF-Roman *Eiszeit*.

Bibliografie:

Eiszeit, Halle: Mitteldeutscher 1983

Panshin, Alexei (1940 –   )

Geboren in Lansing/Michigan. P. studierte Englisch und war während seiner Dienstzeit bei der US-Army in Korea eingesetzt. Bevor er 1960 seine erste SF-Story veröffentlichte, hatte er sich schon einen Namen als Kritiker gemacht. 1968 erregte seine Studie HEINLEIN IN DIMENSION Aufsehen. Wie der 1976 erschienene und zusammen mit seiner Frau Cory verfaßte

Band SF IN DIMENSION handelte es sich dabei um Essays und Kritiken aus früheren Jahren, von denen viele in dem semiprofessionellen Magazin *Riverside Quarterly* erstmalig abgedruckt wurden.

1967 gewann er den Hugo-Gernsback-Award als bester Amateurautor. 1968 erschien sein Roman RITE OF PASSAGE, der ihn auf einen Schlag bekannt machte. Er gewann mit diesem Titel den Nebula Award. RITE OF PASSAGE ist einer der interessantesten Romane über das Thema des generationenlangen Sternenflugs und wird aus der Sicht eines jungen, im Weltall geborenen Mädchens erzählt. Außer RITE OF PASSAGE hat er drei Romane um die Figur Anthony Villiers geschrieben: STAR WELL (1968), THE THURB REVOLUTION (1968) und MASQUE WORLD (1969) – Weltraumintrigen, die an RITE OF PASSAGE nicht heranreichen. Weiterhin liegt eine Story-Sammlung mit dem Titel FAREWELL TO YESTERDAY'S TOMORROW (1975) vor.

Bibliografie:

Welt zwischen den Sternen (RITE OF PASSAGE), Bergisch Gladbach 1980, B 22024
Der galaktische Dandy (STAR WELL), Bergisch Gladbach 1982, B 21158
Die Blurb-Revolution (THE THURB REVOLUTION), Bergisch Gladbach 1983, B 21162
Maskenwelt (MASQUE WORLD), Bergisch Gladbach 1983, B 21167

Papilian, Victor (1888 – 1956)
Der rumänische Autor wirkte als Anatomieprofessor an der Universität von Klausenburg, verfaßte zahlreiche wissenschaftliche Arbeiten und war auch ein angesehener Schriftsteller traditioneller Prosa. Einige seiner Erzählungen aus MANECHINUL LUI IGOR (Igors Mannequin – 1943) und das Stück AUTORUL HUIDUIT (Der ausgepfiffene Autor) sind SF im Grenzbereich zur Phantastik. P.s Protagonisten zeigen wie einst Shelleys Frankenstein eine wissenschaftliche Neugier und einen Durst nach absolutem Wissen, die an den Irrsinn grenzen.

Parenteau, Shirley

Bibliografie:

Die sprechenden Särge (THE TALKING COFFINS OF CRYO-CITY), München: Schneider 1981

Parkes, Lucas Siehe Wyndham, John

Parnell, Mike Siehe Mielke, Thomas R. P.

Parnow, Jeremej (1935 –   )

Geboren in Charkow. P. studierte in Moskau Chemie und war danach in der Akademie der Wissenschaften tätig. Als Schriftsteller veröffentlichte er neben populärwissenschaftlichen Büchern einen Abenteuerroman, einen Roman über den deutschen KPD-Vorsitzenden Thälmann und biografische Erzählungen. SF schrieb er stets gemeinsam mit Michail Jemzew, darunter so erfolgreiche Romane wie KONGOMATO (1966), MORE DIRAKA (1967, Das Dirac-Meer), JARMARKA TENEJ (1968), TRI KVARKA (1969), KLOC JA T'MY NA IGLE VREMENI (1970, Fetzen von Finsternis auf der Nadel der Zeit) und DUSHA MIRA. Letzterer erfuhr auch eine Übersetzung ins Amerikanische. Darüber hinaus gibt es von diesem Autorenpaar eine ganze Reihe von Kurzgeschichten, die in mehreren Bänden gesammelt sind. Einige Erzählungen wurden auch ins Deutsche übersetzt.

Parry, Hans-Heinz

Bibliografie/H:

Bote einer fremden Welt, UZ 74 (1956)

Parry, Michel (1947 –   )

Britischer Autor und Anthologist, geboren in Belgien. P. ist vor allem auf dem Horror-Sektor aktiv, auch unter den Pseudonymen Carlos Cabasso, Nick Fury und Eric Pendragon.

Bibliografie:

(Hrsg.) *Sex im 21. Jahrhundert* (o. A. o. T.), (mit Milton Subotsky) München 1982, G 23393

Patchett, M(ary) E(lwyn) (1897 –   )

Australische Autorin, geboren in Queensland. Sie verfaßte die SF-Jugendbücher KIDNAPPERS OF SPACE (1953; auch: SPACE CAPTIVES OF THE GOLDEN MEN), ADAM TROY, ASTROMAN (1954) LOST ON VENUS (1954; auch: FLIGHT TO THE MISTY PLANET), SEND FOR JOHNNY DANGER (1956) und THE VENUS PROJECT (1963).

Bibliografie:

Unternehmen Mond (KIDNAPPERS OF SPACE), Hamburg: Oetinger 1955

Patton, Harvey Siehe Peschke, Hans

Pausewang, Gudrun (1928–   )
Richtiger Name Gudrun Wilcke-Pausewang, geboren in Wichstadtl.
P., von Beruf Lehrerin, hat Kinder- und Jugendbücher verfaßt und
erhielt 1977 den Jugendbuchpreis ›Buxtehuder Bulle‹.

Bibliografie:
Die letzten Kinder von Schewenborn, Ravensburg: O. Maier 1983

Pawlow, Sergej
Russischer Autor, von Beruf Geophysiker. 1963 begann P. SF zu
schreiben und debütierte mit der Erzählung ›Eine Büchse Frucht-
saft‹. Seine Novellen und Romane waren recht erfolgreich, so wurden ›Die Ozeanauten‹ 1979 als *Aquanauten* und *Der Mondregenbogen* als *Mondscheinbogen* in der UdSSR verfilmt. Er erhielt 1985
für *Der Mondregenbogen* den Aëlita-Preis.

Payes, Rachel Cosgrove (1922–   )
P., dem SF-Leser besser unter ihrem Pseudonym E. L. Arch bekannt,
stammt aus Westernport, Maryland. Nach dem Studium (Bachelor
of Science) am West Virginia Wesley College begann sie zu schreiben und veröffentlichte 1951 ihr erstes Buch, das Märchen THE HID-
DEN VALLEY OF OZ. Ab 1963 schrieb sie freiberuflich. Kurz danach erschienen ihre Romane unter dem Pseudonym E. L. Arch: BRIDGE TO
YESTERDAY (1963), THE DEATHSTONES (1964), PLANET OF DEATH (1964), THE
FIRST IMMORTALS (1965) u. a. In den siebziger Jahren veröffentlichte
sie SF-Stories in den verschiedensten Magazinen und Romane
außerhalb des Genres – diesmal unter ihrem richtigen Namen:
Frauen waren als SF-Autoren nun voll anerkannt.

Bibliografie/H:

Als E. L. Arch:
Verlorene Vergangenheit (BRIDGE TO YESTERDAY), UZ 413 (1965)

Pearl, Jack (1923–   )
Pseudonym von Jacques Bain.

Bibliografie:
Invasion von der Wega – Todesstrahlen aus dem Weltall
(THE INVADERS – DAM OF DEATH), München: Schneider 1970

Peccar, Alf

Bibliografie:

Invasion der Unsichtbaren, Münster: Borgsmüller 1960

Pedler, Kit (1927–1981)

P., geboren in London, bildete mit seinem Partner Gerry Davis ein Autorenteam, das drei SF-Romane verfaßte. Der Arzt P. wanderte 1951 nach Kanada aus und wirkte ab 1968 als Gastprofessor an der Universität von Manitoba/Kanada. Er galt als Kapazität auf dem Gebiet der Pathologie der Augenkrankheiten. In Kanada lernte P. auch den Seemann und Schauspieler D. kennen. In den sechziger Jahren arbeiteten die beiden in England für das Fernsehen. U. a. schrieben sie Folgen für die bekannte Fernsehserie DR. WHO und schufen die DOOMWATCH-Serie. In den siebziger Jahren verlegte sich das Team mehr auf SF. Drei apokalyptische Dystopien entstanden: MUTANT 59 (1972), BRAINRACK (1974) und THE DYNOSTAR MENACE (1975). Alle drei gehören dem Themenkreis der Katastrophenromane an. In MUTANT 59: THE PLASTIC EATER geht es um zunächst unerklärliche, zusammenhanglos erscheinende Vorfälle, die London in ein Chaos verwandeln. Mutierte Bakterien, zur Vernichtung von Plastikabfällen vorgesehen, sind in das Abwassersystem eingedrungen. In BRAINRACK wird postuliert, Autoabgase hätten eine zerstörerische Langzeitwirkung auf das menschliche Gehirn. Immer häufiger tritt bei komplizierten Technologien ›menschliches Versagen‹ auf – mit katastrophalen Folgen (u. a. wird in allen Einzelheiten ein Reaktorbrand geschildert, ein GAU lange vor Tschernobyl). Noch schlimmere Ausmaße nimmt die Atomkatastrophe in THE DYNOSTAR MENACE an: Dort droht ein Fusionsreaktor auf Erdumlaufbahn die Ozonschicht aufzureißen.

P. und D. nahmen brisante Themen unserer technisierten Zeit in Angriff, aber die Romane leiden etwas darunter, daß die spannende Handlung zu sehr im Vordergrund steht und die Warnungen überdeckt, die in ihnen ausgesprochen werden.

Bibliografie:

Die Plastikfresser (MUTANT 59: THE PLASTIC EATERS), München 1974, H 3382 (auch: *Mutant 59: Der Plastikfresser*), Bibliothek der Science Fiction Literatur, H60

Gehirnpest (BRAINRACK), München 1976, H 3474

Die Dynostar-Drohung (THE DYNOSTAR MENACE), München 1979, H 3635

Peew, Dimiter (1919 –   )

Bulgarischer Autor. P. studierte Jura und promovierte in Kriminalistik. Er war Diplomat, Militärjurist und ist seit 1957 Journalist. P. hat über 30 teilweise längere Erzählungen und zusammen mit K. K. Marickow einen Roman, RAKETATA NE OTGOVARJA (1958, Rakete antwortet nicht), geschrieben, der in deutscher Übersetzung in der DDR erschien. Seine Novelle ›Fotonijat zvezdolet‹ erschien unter dem Titel ›Das Photonenraumschiff‹ ebenfalls auf Deutsch, die Erzählung ›Das Haar aus Mohammeds Bart‹ – die auch als DDR-Veröffentlichung vorliegt – erhielt einen Preis.

Bibliografie:

Das Photonenraumschiff (FOTONIJAT ZVEZDOLET), Berlin/DDR: Das Neue Berlin 1968

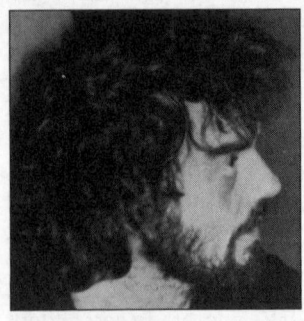

Pelot, Pierre (1945 –   )

Französischer Autor, geboren in Saint Maurice, Vogesen. P. hat als Mechaniker, Designer und Ausstatter von TV-Studios gearbeitet und unter seinem eigenen Namen sowie unter dem Pseudonym Pierre Suragne seit 1966 weit mehr als 100 Romane veröffentlicht – vom Western über Krimis bis hin zur SF. Dabei gelang es ihm erstaunlicherweise, stets ein relativ hohes Niveau zu halten. Er hat auch eine große Anzahl Jugendbücher geschrieben, in denen er scharfe Kritik an den sozialen Zuständen seines Landes übt. Viele seiner Bücher wurden in andere Sprachen übersetzt.

Seine Hauptwerke auf dem Gebiet der SF sind: MAIS SI LES PAPILLONS TRICHENT (1974), FOETUSPARTY (1977), LES BARREAUX DE L'EDEN (1977), DELIRIUM CIRCUS (1977), LE SOURIRE DES CRABES (1977), CANYON STREET (1978) und LA GUERRE OLYMPIQUE (1980), eine Satire auf den zunehmend härter werdenden ›Wettstreit der Nationen‹ bei den Olympischen Spielen, die man in diesem Roman konsequenterweise gleich als Massaker inszeniert.

Bibliografie:

Der Flug zur vierten Galaxis (LES LEGENDES DE TERRE), Stuttgart: Boje 1976

778

Der Olympische Krieg (LA GUERRE OLYMPIQUE), München 1983,
H 3961

Pelz, Monika (1944 –   )
Geboren in Wien.

Bibliografie:

Diebe der Zeit, Weinheim/Basel: Beltz & Gelberg
1984
Alarm, Weinheim/Basel: Beltz & Gelberg 1986

Pendleton, Don(ald Eugene) (1927 –   )
Geboren in Little Rock, Arkansas. P. nahm als Marinefunker am
Zweiten Weltkrieg teil. Von 1961 bis 1967 freiberuflicher Autor, anschließend Redakteur des Magazins *Orion,* seit 1971 wieder freiberuflicher Autor. Pendleton brachte 1958 mit ›Boomerang Peep
Show‹ seine erste Story in *Ace Magazine* unter und veröffentlicht seit
1968 SF-Romane. Seine beiden ersten Titel sind der Kategorie ›SF-
Softporno‹ zuzurechnen. Insgesamt gelangte Pendleton, der auch
die mehr als dreißig Bände umfassende Mafia-Killer-Serie ›The Ex-
ecutioner‹ verfaßte, über durchschnittliche Unterhaltungsware nicht
hinaus.

Bibliografie/H:

Die Kanonen von Terra 10 (THE GUNS OF TERRA 10), TA 69
(1972)

Penny, David G. Englischer Autor.

Bibliografie:

Sunshine 43 (SUNSHINE 43), Frankfurt am Main/Berlin/Wien 1981,
U 31030

Perez, Jossif (1936 –   )
Bulgarischer Physiker, Lehrer, Publizist und Erzähler. Seine Erzäh-
lung ›Krajat na ocma basa‹ (1976) erschien unter dem Titel ›Das
Ende der achten Basis‹ auf Deutsch in der DDR-Anthologie *Der
Fotograf des Unsichtbaren* (Berlin, 1978).

Peschke, Hans (1923 –   )
P., der anfangs unter dem Verlagspseudonym W. Brown veröffentlichte und heute unter Harvey Patton schreibt (weiteres Pseudonym: Peter Hansen), wurde in Breslau geboren und arbeitete zunächst als Butler bei einem Grafen, ehe er sich 1941 zur Luftwaffe meldete. Nach Krieg und Gefangenschaft schlug er sich als Bahnarbeiter, Krempler und Speisewagenkellner durch, ehe er sich in Mönchengladbach niederließ.

Beeinflußt durch Heftreihen wie *Utopia Zukunftsromane,* begann er sich für Science Fiction zu interessieren. Er trat einem Club bei, gab ein Fanzine heraus und veröffentlichte schließlich eigene SF-Romane bei einem Leihbuchverlag. Als die Zeit der Leihbücher zu Ende ging, begann P. Romanhefte zu schreiben und etablierte sich schließlich als Autor zugkräftiger Heftserien.

Bibliografie:

Als W. Brown:

Irrgarten Kosmos, Menden: Bewin 1964
Besuch auf Terra, Menden: Bewin 1964
Strafschiff I/28 Alpha, Menden: Bewin 1965
Der falsche Weg, Menden: Bewin 1965
Start ohne Wiederkehr, Menden: Bewin 1965
Hochzeitsreise zum Ganymed, Menden: Bewin 1965
König im Sternenreich, Menden: Bewin 1966
Unternehmen Dunkelstern, Menden: Bewin 1966
Grüße von Antares III, Menden: Bewin 1967
Das Rätsel von Topas, Menden: Bewin 1967
Retter der Galaxis, Menden: Bewin 1968
Atome der Ewigkeit, Menden: Bewin 1968
Sklaven der Pirros, Menden: Bewin 1969
Verschwörung im All, Menden: Bewin 1970
Revolte auf Goras, Menden: Bewin 1971

Bibliografie/H:

Als Harvey Patton:

Welten in Not, TA 89 (1973)
Die Sklaven von Mura, TA 119 (1973)

Die Insel der Verbannten, TA 163 (1974)
Das Erbe der Varrym, TA 201 (1975)
Die Zwerge von Garal, TA 255 (1976)
Labyrinth des Schreckens, TA 257 (1976)
Der Berg der Götter, TA 260 (1976)
Gestrandet auf Fragor, TA 319 (1977)
Planet der Ausgestoßenen, TA 431 (1979)
Die heimlichen Herrscher, TA 433 (1979)
Bumerang der Erde, TA 477 (1980)
Fallen im Nichts, TA 615 (1984)

Als Hans Peschke:

Die Diktatur Terras, UZ 563 (1968)
Duell der Geister, UZ 589 (1968)
Jagd auf STAR KING, ZSF 112 (1971)
Detektiv der Sterne, A 18 (1972) (auch: *Kampf um Ergon II*)
Verwehte Spuren, ZSF 253 (1982)
Menschenfalle Lowins Planet, ZSF 262 (1983)
Der Urlaubs-Agent, ZSF 266 (1983)

Siehe Anhang SERIEN: *Atlan, Orion, Perry Rhodan, Perry-Rhodan-Taschenbücher, Raumschiff Promet*

Pesek, Ludek (1919 –   )
Tschechischer Schriftsteller und Künstler, geboren in Kladno. P. studierte in Prag und lebt heute in Zürich. Er gilt als einer der führenden Künstler der ›Space Art‹ und gestaltete – teils im Auftrag wissenschaftlicher Institutionen – kosmische Bildatlanten. Neben einer großen Zahl populärwissenschaftlicher Artikel, die er auch oftmals selbst illustrierte, besteht sein literarisches Werk aus drei SF-Romanen, die zwar auf Jugendliche zugeschnitten, aber durchaus auch für Erwachsene interessant sind. *Die Mondexpedition* (1969) und *Die Erde ist nah* (1970) – dieser Titel erhielt den Deutschen Jugendbuchpreis 1971 – wurden, wie auch das dritte Buch, *Falle für Perseus,* aus dem tschechischen Manuskript übersetzt und erschienen erstmals in deutscher Sprache. Die beiden erstgenannten Romane zeichnen sich durch realistische und hautnahe Schilderungen von Raumexpeditionen zum Mond und zum Mars aus. *Falle für Perseus* (1976) schildert eine totalitäre Zivilisation, die von Überlebenden eines riesigen gestrandeten Raumschiffs und ihren Nachkommen errichtet wurde. Ludek Pesek hat zwei weitere Jugendbücher veröffentlicht, die nicht im SF-Genre angesiedelt sind.

Bibliografie:
Die Mondexpedition, Recklinghausen: Bitter 1969
Die Erde ist nah, Recklinghausen: Bitter 1970
Falle für Perseus, Basel: Beltz & Gelberg 1976

Pestum, Jo (1936 –   )
Pseudonym für Johannes Stumpe, geboren in Essen. P. ist einer der renommiertesten deutschen Kinder- und Jugendbuchautoren, dessen Werke gleichermaßen den Beifall der Kritiker und Leser finden. Er studierte Malerei, jobbte als Bauarbeiter, Restaurateur, Nachtportier und Taucher und arbeitete anschließend als Grafiker, Redakteur und Verlagslektor. Er hat bis heute rund fünfzig Bücher veröffentlicht, hinzu kommen zahlreiche Hörspiele, Fernsehspiele und Filmdrehbücher. Darüber hinaus gibt er in einem Jugendbuchverlag eine nach ihm benannte Buchreihe heraus. Für junge Leute schreibt er deshalb besonders gern, »weil sie noch die Chance haben, diese Welt zu verändern«. Johannes Stumpe ist Mitglied im Bundesvorstand des VS (Verband deutscher Schriftsteller). Außer *Astronautenlatein* (1970) und *Der Astronaut vom Zwillingsstern* (1974) schrieb er die SF-Erzählung ›Die Notlandung‹, die in seinem Kurzgeschichtenband *Duell im heißen Wind* (1975) erschien.

Bibliografie:
Astronautenlatein (mit Adolf Oehlen), Düsseldorf: Schwann 1970
Der Astronaut vom Zwillingsstern, Würzburg: Arena 1974

Petaja, Emil Theodore (1915 –   )
Amerikanischer Autor finnischer Abstammung. P. wurde in Milltown, Montana, geboren, besuchte die Montana State University und arbeitete als Filmtechniker und Fotograf, bevor er sich dem Schreiben zuwandte. Seine erste SF-Veröffentlichung war ›Time will Tell‹ 1942 in *Amazing.* In den sechziger Jahren verlegte er sich – nun als freier Schriftsteller – auf Romane, wobei die auf dem finnischen Kalevala-Epos basierende SAGA OF LOST EARTHS sein Hauptwerk darstellt, das aber ins Fantasy-Genre fällt. Ansonsten schrieb P. eine Reihe von Space Operas, von denen keine überdurchschnittliche SF darstellt.

Bibliografie:
Zwischen Gestern und Niemals (THE TIME TWISTER), München 1971, GWTB 130

Petermann, Frank DDR-Autor.

Bibliografie:

Der unsterbliche Mr. Cooper, DNA 354 (1976)

Peters, Hermann (1931 – 1984)

Norddeutscher Autor, der u. a. zur See gefahren ist (Hochseefische-rei) und sich als Feinmechaniker (erlernter Beruf), Kinotechniker, Journalist und Redakteur betätigt hat. P. war Mitautor vom Roman-heftserien wie Mark Powers, Ren Dhark und Raumschiff Promet und benutzte auch hin und wieder die Pseudonyme Ted Scott (VP), Jeff Mescalero, Bert Stranger und Neil Porter.

Bibliografie/H:

Als Ted Scott:

Zusammenstoß bei Mira Ceti, UZ 318 (1962)
Das Vermächtnis der Tyraner, UG 191 (1963)

Als Staff Caine:

Gewissenlose Strafaktion, UZ 455 (1965)

Als Neil Porter:

Aktion Gamma, A 4 (1972)

Siehe Anhang SERIEN: *Mark Powers, Raumschiff Promet, Ren Dhark*

Petersen, Francis

Pseudonym eines englischen Autors.

Bibliografie:

Fünf nach Zwölf (STALKING DEATH), Basel: St. Mauritius 1980

Petkow, Atanas (1947 –   )

Pseudonym des bulgarischen Autors A. P. Slawow. P. ist von Beruf Bauspezialist und daneben Sekretär des Klubs ›Prognostik und Phantastik‹ in Sofia. Er schreibt seit 1968 SF und hat von mehreren Zeitschriften Preise für seine Kurzgeschichten bekommen.

Petroff, Klaus

Bibliografie/H:

Botschafter der Außerirdischen, LU 57 (1960)

Petty, John (1919–)
Englischer Autor, der seit 1957 veröffentlicht. THE LAST REFUGE ist ein Post-Doomsday-Roman.

Bibliografie:
Der Gefolterte (THE LAST REFUGE), Frankfurt am Main/Berlin/Wien 1975, U 3188

Petz, Ernst (1947–)
Österreichischer Autor, geboren in Villach, lebt in Wien und arbeitet als Fernsehdramaturg. Veröffentlichte Erzählungen in Zeitungen, Zeitschriften und im Hörfunk, darunter die SF-Stories ›Gottes Farbe‹ in *Sterz* (1983), ›Das Ende der Ikks‹ in ›Spuren im Weltall‹ (Hrsg. H. Hoffmann, Rastatt 1985), ›Pharma‹ in ›Entropie‹ (Hrsg. W. Jeschke, München 1985), ›Schöne nackte Welt‹ in ›Schöne nackte Welt‹ (Hrsg. W. Jeschke, München 1986) sowie ›Ein liederlich machend Liedermacher-Leben‹ in ›L wie Liquidator‹ (Hrsg. W. Jeschke, München 1987). Aufsehen erregte P. mit seinem Roman *Airbus* (1986), eine bitterböse Thriller-Parodie auf die Dummheit von Politikern und Terroristen bei einer Flugzeugentführung. Eine Satire über den Menschen als total verwaltetem Objekt ist *Der Datenmensch* (1986).

Bibliografie:
Der Datenmensch, Frankfurt am Main 1986, FTB 5213

Pfeiffer, Brigitte

Bibliografie:
UFO-Angreifer aus dem All, Wien/München/Zürich: Breitschopf 1980

Pfeil, Donald J.
Amerikanischer Autor. Pfeil, der auch Redakteur des SF-Magazins *Vertex* war, veröffentlichte zwischen 1975 und 1977 drei Romane, die auf recht unterhaltsame und vergnügliche Art an den Stil alter Space Operas anknüpften: VOYAGE TO A FORGOTTEN SUN (1975),

THROUGH THE REALITY WARP (1976) und LOOKING BACK TO EARTH (1977).
Unter dem Pseudonym William Arrow verfaßte er den zweiten
Band der Buch-Serie RETURN TO THE PLANET OF THE APES: ESCAPE FROM
TERROR LAGOON (1976).

Bibliografie:

Als William Arrow:

Die vergessene Sonne (VOYAGE TO A FORGOTTEN SUN), Bergisch
Gladbach 1976, B21088

Phillifent, John T(homas) (1916–1976)

P., SF-Lesern unter dem Pseudonym John Rackham besser bekannt,
wurde in Durham/England geboren, diente von 1935–1947 in der
Royal Navy und begann in den fünfziger Jahren SF-Romane zu
schreiben, die zunächst nur in Großbritannien, später auch in den
USA, Italien und der Bundesrepublik nachgedruckt wurden. Sein
erster, SPACE PUPPET, erschien 1954. Rackham schrieb hauptsächlich
anspruchslose SF-Abenteuergeschichten und Space Operas. Er war
zu Beginn seiner Karriere Mitarbeiter nahezu aller britischen SF-Magazine und gehörte in den letzten Lebensjahren einem Autorenkreis
an, der die amerikanische Fernseh-Serie THE MAN FROM U.N.C.L.E.
(Solo für O.N.K.E.L.) in Romanform umsetzte. Mehrere von Rack-
hams Geschichten erschienen in der Bundesrepublik in Heftchenform.

Bibliografie/H:

Als John Rackham:

Roboter im Einsatz (SPACE PUPPET), T 15 (1958) (auch: *Die Kosmo-
piraten)*
Der Zwillings-Roboter (THE MASTER WEED), UZ 303 (1961)
Entfesselte Strahlen (JUPITER EQUILATERAL), UZ 313 (1962)

Als John T. Phillifent:

Insel der Genies (GENIUS UNLIMITED), TA 137 (1974)
Der Planetenkönig (KING OF ARGENT), TA 162 (1974)

Phillips, Mark

Siehe Garrett, Randall und Janifer, Laurence

Phillips, Rog (1909 – 1965)
Pseudonym von Roger Phillips Graham. P. wurde in Spokane/Washington geboren, studierte in seiner Heimatstadt und in Seattle und arbeitete während des Zweiten Weltkriegs als Ingenieur. Nachdem er in den vierziger Jahren mehrere Dutzend Kurzgeschichten und Kurzromane an die *Ziff-Davis*-Magazine verkauft hatte, machte er sich von 1948 bis 1953 einen Namen als kritischer Betrachter von Fanpublikationen in *Amazing* und später in *Universe SF*. Buchpublikationen sahen nur vier seiner Magazinromane. Die Kurzgeschichtensammlung *Das wandernde Ich* (1965) erschien in dieser Form lediglich in deutscher Sprache.

Bibliografie:
Die Zeitfalle (THE TIME TRAP), Balve: Zimmermann 1958
Welten der Wahrscheinlichkeit (WORLDS OF IF), Balve: Zimmermann 1960

Bibliografie/H:
Der Weltraumspion (THE COSMIC JUNKMAN), UZ 62 (1956)
Foltertrommeln der Venus (M'BONG-AH), UZ 91 (1957)
Unsichtbare Welten (WORLDS WITHIN), AiW 10 (1958)
Der Klub der Unsterblichen (THE INVOLUNTARY IMMORTALS), T 297 (1963)
Das wandernde Ich (C/OA), T 429 (1965)

Piercy, Marge (1936 –   )
Amerikanische Autorin, geboren in Detroit. Sie studierte an der Universität von Michigan und begann Mitte der sechziger Jahre zu schreiben. Bis dato erschienen von der aktiv in der Frauenbewegung tätigen P. sechs Romane, einige Gedichtbände und ein Schauspiel. Ihr erster SF-Roman war DANCE THE EAGLE TO SLEEP (1970). Aufsehen erregte sie mit dem ambitionierten Titel WOMAN AT THE EDGE OF TIME, der zu den wichtigeren Werken innerhalb der sich emanzipatorisch verstehenden Frauen-SF zählt, ein erschütternder sozialkritischer Roman, in dem eine junge Frau, gedemütigt und von den Institutionen unserer Gesellschaft brutal an den Rand gedrängt, ihre Wirklichkeit transzendiert und in utopischen Wunschvorstellungen sich selbst eine erlösende (fiktive) Zukunft schafft, um überhaupt überleben zu können.

Bibliografie:
Die Frau am Abgrund der Zeit (WOMAN ON THE EDGE OF TIME), München 1986, H 4286

Pincher, Chapman Englischer Autor.

Bibliografie:
Die Pille (NOT WITH A BANG), Wien/München: Molden o. J.

Pinkwater, Daniel (1941 –   )
Amerikanischer Kinderbuchautor, geboren in Memphis/Tennessee.

Bibliografie:
Alan Mendelsohn, der Junge vom Mars, Aarau/Frankfurt am Main/ Salzburg: Sauerländer 1983

Piper, H(enry) Beam (1904 – 1964)
Der amerikanische SF-Autor P. wurde in Altoona/Pennsylvania geboren und war lange Zeit als Eisenbahningenieur tätig. 1947 tauchte er zum ersten Mal in den SF-Magazinen auf, als *Astounding* seine Erzählung ›Time and Time Again‹ veröffentlichte. Diese Story benutzte schon ein Konzept, das P. später weiterentwickeln sollte: das der Parazeit, einer Alternativwelt in einem parallelen Zeitstrom. Die in *Astounding* erschienenen Geschichten ›Police Operation‹ (7/48), ›Last Enemy‹ (8/50), ›Temple Trouble‹ (4/51), ›Time Crime‹ (sr2, 2/55), ›Gunpowder God‹ (11/64) und ›Down Styphon!‹ (11/65) waren durch die gleichen Charaktere miteinander verbunden und stellen heute einen klassischen Alternativweltzyklus dar. Eine andere Serie ist die von der Terranischen Föderation, der fast alle Romane Pipers angehören, unter anderem LITTLE FUZZY (1962), Pipers bestem Roman, der bei der Hugo-Wahl 1963 nur knapp geschlagen wurde. Dieses Buch, wie auch die Fortsetzung THE OTHER HUMAN RACE (1964), späterer Titel FUZZY SAPIENS (1976), handelt von intelligenten Pelzwesen, liebenswerten, teddybärähnlichen Ureinwohnern einer irdischen Kolonie, die Gefahr laufen, von geschäftstüchtigen Kolonisten ausgerottet zu werden. Gegenüber diesen Werken, die auch Jahrzehnte nach P.s Tod noch auf viele Leser faszinierend wirken – die Fuzzy-Bücher wurden immer wieder aufgelegt und auch von anderen Autoren, etwa William Tuning oder Ardath Mayhar, fortgesetzt –, fallen die anderen Romane P.s ab. THE SPACE VIKINGS (1963), ULLER UPRISING (1952) und JUNKYARD PLANET (1963) sind Space Operas

nach dem gängigen Muster, die allerdings auch im Zusammenhang mit der Terranischen Föderation gesehen werden müssen, die Aufstieg, Fall und Wiedergeburt der menschlichen Zivilisation beschreibt. Neben diesen beiden Serien verfaßte er noch zwei Romane gemeinsam mit John J. McGuire, CRISIS IN 2140 (1953, 1957) und A PLANET FOR TEXANS (1958). Zwei Stories aus der Parazeit-Serie wurden in LORD KALVAN OF OTHERWHEN (1967) zusammengefaßt.

Bibliografie:

Der Mann, der die Zeit betrog (LORD KALVAN OF OTHERWHEN), Hamburg 1967, Wi 2003

Null-ABC (NULL-ABC/CRISIS IN 2140) (mit J. J. McGuire), Frankfurt am Main/Berlin/Wien 1972, U 2888 (auch: *Krisenjahr 2140*)

Der verschollene Computer (JUNKYARD PLANET/THE COSMIC COMPUTER), Frankfurt am Main/Berlin/Wien 1975, U 3167 (auch: *Der kosmische Computer*)

Die Weltenplünderer (THE SPACE VIKINGS), Frankfurt am Main/Berlin/Wien 1976, U 3223

Der Uller-Aufstand (ULLER UPRISING), Frankfurt am Main/Berlin/Wien 1977, U 3306

Der kleine Fuzzy (LITTLE FUZZY), Rastatt 1979, TTB 319 (auch: *Was ist los auf Planet Zeno?*)

Fuzzy Sapiens (FUZZY SAPIENS/THE OTHER HUMAN RACE), München 1979, TTB 321

Parazeit (PARATIME, TEIL 1), Rastatt 1984, UC 66

Das Zeitverbrechen (PARATIME, TEIL 2), Rastatt 1984, UC 68

Bibliografie/H:

Planet der Texaner (LONE STAR PLANET/A PLANET FOR TEXANS) (mit J. J. McGuire), TA 485 (1980)

Die Vier-Tage-Welt (FOUR DAY PLANET), TA 505

Piserchia, Doris (Elaine) (1928 –   )

Geboren in Fairmont, West Virginia. P. besuchte das Fairmont State College, studierte Psychologie an der University of Utah und war von 1950 bis 1954 Leutnant der amerikanischen Marine. Ihrer ersten Erzählung, ›Rocket of Gehenna‹ (*Fantastic Stories,* 1966), folgte ein weiteres Dutzend, dann wandte sie sich dem Schreiben von Romanen zu. MISTER JUSTICE (1973), ihr Erstling, erinnert an van Vogt; STAR RIDER (1974), das die Abenteuer eines Mädchens beschreibt, das mit ihrem pferdegroßen Hund durch das All reitet, versucht

Cordwainer Smith nachzuempfinden. Anfang der achtziger Jahre verlegte sich die Autorin auf noch gängigere Unterhaltungskost, schrieb Romane wie THE SPINNER und THE FLUGER, die alte Klischees von der Bedrohung durch gefährliche Aliens wiederbelebten, oder verfaßte unter dem Pseudonym Curt Selby Romane, deren Thematik an das Horrorgenre grenzt (BLOOD COUNTY; I, ZOMBIE). Obwohl von P. mehr als ein Dutzend SF-Romane veröffentlicht wurden, war ihrem bisherigen Werk nur wenig Resonanz beschieden.

Bibliografie:

Mister Justice (MISTER JUSTICE), Bergisch Gladbach 1975, B 21071
Sternenreiter (STAR RIDER), München 1980, H 3738

Piwitt Hermann Peter
(1935 –   )
Deutscher Autor, geboren in Hamburg.

Bibliografie:

(Hrsg.) *Die siebente Reise* (mit Roman Ritter), München: Autoren-Edition 1978

Platt, Charles (1944 –   )
P. wurde in Hertfordshire, England, geboren und studierte an der Universität von Cambridge und am Londoner College of Printing. Danach war er u. a. Organist einer Popgruppe, Fotograf und Coverillustrator, bevor er als Mitherausgeber des britischen Avantgarde-SF-Magazins *New Worlds* in Erscheinung trat. In den siebziger Jahren war P. dann Herausgeber verschiedener amerikanischer SF-Reihen. Bei seinen schriftstellerischen Unternehmungen beschränkte er sich nicht auf ein Genre. Zwar verfaßte er ab 1964 SF – sein Debüt bildete die Story ›One of those Days‹ in *Science Fantasy* –, doch schrieb er auch erotische Romane und ein Sachbuch zum Thema ›Überleben in der Wildnis‹. Seine bislang vier SF-Romane sind von unterschiedlicher Qualität. Während es sich bei THE GARBAGE WORLD (1966) und PLANET OF THE VOLES (1971) um satirische, aber wenig überzeugende Space Operas handelt, ist TWILIGHT OF THE CITY ein wichtiger Roman zum

Themenkomplex ›Stadt der Zukunft‹ und eine der schwärzesten Dystopien der siebziger Jahre. Ganz anders dagegen THE GAS (1970), ein pornografischer Katastrophenroman, der laut Verfasser so abstoßend wie möglich wirken sollte und eine derbe Satire darstellt.

Anfang der achtziger Jahre begann P. eine Vielzahl von wichtigen SF-Autoren zu interviewen und legte die Ergebnisse in den Bänden DREAM MAKERS und DREAM MAKERS II vor, die zu den informativsten Büchern dieser Art zählen.

Bibliografie:

Enthemmt (THE GAS), Frankfurt am Main: Olympia Press 1972 (auch: *Gas!*)
Dämmerung über der Stadt (TWILIGHT OF THE CITY), München 1982, H 3880
(Hrsg.) *Gestalter der Zukunft* (DREAM MAKERS), Köln: Hohenheim 1982

Bibliografie/H:

Asteroid der Ausgestoßenen (THE GARBAGE WORLD), TA 139 (1974)

Plauger, P. J. (1944 –   )
Amerikanischer Schriftsteller, im Hauptberuf Vizepräsident einer Computerfirma. P. studierte Physik und veröffentlicht seit 1974 SF. Aufgrund seiner Kurzgeschichten und Novellen, die vornehmlich in *Analog* erschienen, verlieh man ihm 1975 den John W. Campbell Award als bestem Nachwuchsschriftsteller. Sein Romanausstoß blieb dagegen beschränkt.

Bibliografie:

Zeitkorrektur unmöglich (FIGHTING MADNESS), Bergisch Gladbach 1981, B 22037

Pleschinski, Hans (1956 –   )
Geboren in Celle, studierte Germanistik, Romanistik, Geschichte und Theaterwissenschaften. P. ist derzeit Mitarbeiter beim Rundfunk.

Bibliografie:

Pest und Moor, Zürich: Haffmans 1985

P. M.

Bibliografie:

Weltgeist Superstar, Basel/Frankfurt am Main: Stroemfeld/Roter Stern 1980
Tripura Transfer, Basel/Frankfurt am Main: Stroemfeld/Roter Stern 1982

Podolny, Roman (1933 –   )

Russischer Autor. P. ist Historiker und Abteilungsleiter in der Redaktion der Zeitschrift *Snanie – sila.* Veröffentlichung zahlreicher Artikel und mehrerer populärwissenschaftlicher Bücher seit 1956. Ab 1962 SF-Erzählungen in Anthologien und Zeitschriften. Seine Novelle ›Cetvert genija‹ erschien als Einzelausgabe in der DDR. Ein weiterer bekannter Kurzroman ist ›Die achte Linie‹ (1971). Am populärsten dürften jedoch seine Kurzgeschichten sein, etwa ›Letzte Erzählung über Telepathie‹, die 1982 in der DDR-Anthologie *Genie auf Bestellung* erschien.

Bibliografie:

Ein Viertelgenie (CETVERT GENIJA), Berlin/DDR: Neues Leben 1976

Poe, Edgar Allan (1809 – 1849)

Edgar Allan Poe, einer der herausragendsten Persönlichkeiten der amerikanischen Literatur, gilt heute nicht nur als Vater der modernen Kurzgeschichte, sondern auch als bedeutendster Vorläufer der Science Fiction und Begründer der Horror-Literatur und des Kriminalromans. Er wurde als Sohn eines Schauspielerehepaars in Boston geboren. Kindheit und Jugend standen unter keinem glücklichen Stern. Der Vater verließ die Familie, die Mutter starb früh, und der junge Edgar kam als Waise in die Obhut einer Pflegefamilie. Trotzdem brachten diese tragischen Umstände auch Vorteile mit sich, denn Edgars Pflegevater, John Allan, konnte ihm eine Ausbildung angedeihen lassen, die mit Sicherheit die finanziellen Möglichkeiten seiner leiblichen Eltern überstiegen hätte. Doch das Glücksspiel beendete seine Karriere an der Universität in Virginia. Poe überwarf sich mit seinem Pflegevater und wurde Soldat. Aber auch an der Militärakademie von West Point wurde er wegen Unzuverlässigkeit entlassen. An die Stelle eines gesicherten Berufs trat nun seine Beschäftigung mit der Poesie. Nachdem er mit früheren Gedichten keinen großen Erfolg hatte, gewann er mit seiner Kurzgeschichte ›Ms. Found in a Bottle‹ (1833) einen Wettbewerb des *Baltimore Saturday Visitor*. Während der nächsten 16 Jahre hatte Poe mehr oder minder einträgliche Posten als Redakteur oder Herausgeber bei verschiedenen Literaturmagazinen inne. Während dieser Zeit entstand sein literarisches Werk, das in der Hauptsache aus Kurzgeschichten, Gedichten, einem Romanfragment und theoretischen Abhandlungen in Form von Essays besteht. Sein Gesamtwerk ist zu homogen, um einzelne Richtungen besonders herauszustellen. Dennoch muß festgestellt werden, daß er Pionierleistungen auf mehreren Gebieten vollbracht hat. Seine Geschichten um den Pariser Detektiv Dupin – ›Murders in the Rue Morgue‹, ›The Purloined Letter‹ und ›The Mystery of Mary Roget‹ – sind Erzählungen, in denen er Mysterien mit der Mathematik verband. Sie signalisieren die Geburt des Kriminalromans. Mit dem Horrorgenre wird Poe am ehesten identifiziert. Er ist ein Meister der psychologisch motivierten Horrorgeschichte und schildert in so bekannten Stories wie ›The Fall of The House Of Usher‹, ›Ligeia‹, ›Pit and Pendulum‹ und ›The Mask of the Red Death‹ Grauen und Zerfall in unübertroffener Weise. Zwar gab es schon vor Poe Schauerliteratur – etwa die englische Gothic Novel und einige Romane und Erzählungen der deutschen ›Schwarzen‹ Romantik –, aber kein Autor vor ihm steuerte das Wesentliche so präzise und akribisch genau an wie er, dessen Exzentrik und ausschweifender Lebensstil ihm zum ›poète maudit‹ werden ließen, was zum Mythos seiner Geschichten noch beitrug.

Poe hatte auch wesentlichen Anteil an der Entwicklung der SF. Viele seiner Erzählungen sind phantastische Reiseabenteuer, so ›The Unparalleled Adventure of One Hans Pfaal‹ (1835 bzw. 1840), in dem eine Reise zum Mond geschildert wird. ›The Balloon Hoax‹ (1844) inspirierte Jules Verne zu ›Un Voyage en Ballon‹ (1851) und ›Cinq Semaines en Ballon‹ (1863). Andere SF-Themen tauchen ebenfalls im Ansatz auf. ›Maelzel's Chessplayer‹ (1836) deutet schon auf Roboter hin, phantastische Erkenntnisse und Pseudowissenschaften werden in ›Mesmeric Revelation‹ (1844) und ›The Facts in the Case of M. Valdemar‹ (1845) behandelt, während ›The Narrative of Arthur Gordon Pym‹ (1837) ein unbekanntes Land im Inneren der Erde beschreibt und so auf die später beliebten Lost Race-Romane vorausweist. Fast allen diesen Geschichten ist gemein, daß sie eine visionäre Un- oder Überwirklichkeit auszeichnet. Besonders deutlich wird diese Instabilität der Wirklichkeit in ›Descent into the Maelstrom‹ (1841) oder dem erstaunlichen ›Eureka‹ (1848), einer Abhandlung, in der Poe sein eigenes kosmisches Weltbild entwickelt.

Poes Auswirkungen auf die moderne Literatur sind nicht zu übersehen. Für den Bereich der aufkommenden Unterhaltungsliteratur setzte er einen Rahmen, indem er ein Genre schuf und andere weiterentwickelte. Darüber hinaus beeinflußte er eine ganze Reihe von Schriftstellern direkt. Baudelaire und der französische Symbolismus wären ohne ihn schwer vorstellbar, Autoren wie Bierce oder Lovecraft undenkbar. Am 3. Oktober 1849 wurde Poe bewußtlos in Baltimore aufgefunden; er starb am 7. Oktober im Washington College Hospital.

Bibliografie:

Werke, 4 Bde., Olten/Freiburg im Breisgau: Walter 1966 – 1973

Pölzl, Ingeborg

Bibliografie:

Der Fremde aus Orbitanien, Stuttgart: Herder 1984

### Pohl, Frederik (1919 – 	)

Der amerikanische SF-Autor, Anthologist und Herausgeber P. wurde in New York geboren. Noch vor dem Zweiten Weltkrieg war er aktiver SF-Fan, und bei der New Yorker ›Futurian Science Literary Society‹ lernte er u.a. seine späteren Kollegen Asimov und Kornbluth kennen. Seine erste SF-Veröffentlichung war ein Gedicht, ›Elegy to a Dead Planet: Luna‹, das 1937 in *Amazing* erschien. 1940 wurde er Herausgeber der beiden Magazine *Astonishing Stories* und *Super Science Stories,* er gab diesen Job aber 1941 wieder auf. Um diese Zeit begann er mehr und mehr zu schreiben, zunächst unter Pseudonymen wie James MacCreigh, Scott Mariner oder Paul Dennis Lavond. Viele Erzählungen entstanden in Zusammenarbeit mit anderen Autoren, so mit Dirk Wylie, und unter dem Kollektivpseudonym S. D. Gottesmann zusammen mit Cyril M. Kornbluth. Besonders seine Zusammenarbeit mit K. erwies sich als sehr fruchtbar. Nach dem Krieg war er als literarischer Agent tätig. Seine eigentliche Schriftstellerlaufbahn begann erst in den fünfziger Jahren. Nun lieferten ihm die neuen Magazine *Galaxy* und *Worlds of If* den Markt für seine bissigen Kurzgeschichten, die nun immer niveauvoller wurden. Seine Erfahrungen als Werbefachmann erlaubten es ihm, in zynischer Weise die amerikanische Konsumgesellschaft und -industrie zu beschreiben. Big Business um jeden Preis ist auch das Hauptthema von GRAVY PLANET, einem zusammen mit K. geschriebenen Fortsetzungsroman, der von Juni 1952 an in *Galaxy* erschien. Die Buchausgabe wurde als THE SPACE MERCHANTS (1953) bekannt und ging als einer der besten satirischen Romane in die Ruhmeshalle der SF ein. In den vom Monopolkapitalismus beherrschten USA der nahen Zukunft herrscht Werbung über alles. Selbst völlig nutzloses Venusland wird ahnungslosen Siedlern angedreht, die einer unsicheren Zukunft entgegensehen. Der Held des Romans und Chef der Verkaufskampagne wird von Gegnern des Systems gekidnappt und zu körperlicher Arbeit gezwungen. Am Ende schließt er sich einer Untergrundgruppe an und fliegt selbst zur Venus, um die Siedler vor der Ausbeutung zu retten. Neben THE SPACE MERCHANTS verblassen die anderen in Zusammenarbeit mit K. entstandenen Romane ein wenig. Trotzdem gelangen dem Team mit GLADIATOR-AT-LAW (1955), SEARCH THE SKY (1954) und WOLFBANE (1959) überdurchschnittliche Werke. Aber P. arbeitete nicht nur mit K. zusammen. Mit Jack Williamson entstand die JIM EDEN-Trilogie, Jugendromane, die Abenteuer unter Wasser schildern: UNDERSEA QUEST (1954), UNDERSEA FLEET (1956), UNDERSEA CITY (1958) und die STARCHILD-Trilogie: THE REEFS OF SPACE (1964), STARCHILD (1965) und ROGUE STAR (1969).

Von P.s Werken aus den fünfziger Jahren, die er allein schrieb, sind an erster Stelle seine Stories ›The Midas Plague‹ (*Galaxy*, 1/55; für das Deutsche Fernsehen verfilmt und unter dem Titel ›Die armen Reichen‹ gesendet), ›The Mapmakers‹ (*Galaxy*, 7/55), ›The Census Takers‹ (*F&SF*, 2/56) und ›The Tunnel under the World‹ (*Galaxy*, 1/55) zu nennen. Von 1953 – 1959 gab P. sieben Anthologien der Reihe *Star SF* heraus, die auch Originalgeschichten enthielten. 1961 wurde er Editor der Magazine *Galaxy* und *If*, die er bis 1969 betreute. Gleichzeitig entstanden DRUNKARD'S WALK (1960), A PLAGUE OF PYTHONS (1965) und THE AGE OF THE PUSSYFOOT (1969). Eine ganze Reihe von Sammelbänden seiner Kurzgeschichten – die nun seltener in den Magazinen auftauchten – wurde ebenfalls publiziert. Die siebziger Jahre zeigten Frederik Pohl im Feld der SF aktiver denn je. Eine ganze Reihe seiner Stories wurden für Hugo und Nebula Awards nominiert, darunter ›The Gold at the Starbow's End‹ (*IASFM*, 3/72) und ›Growing up in Edge City‹ (*Epoch*, 1975). ›The Meeting‹ (*F&SF*, 11/72), eine Story, die der früh verstorbene K. begonnen und P. vollendet hatte, gewann 1973 den Hugo. 1977 gelang ihm mit MAN PLUS (1976) ein weiterer großer Erfolg: der Roman gewann den begehrten Nebula Award und wurde bei der Hugo-Wahl nur knapp geschlagen. MAN PLUS ist für heutige Begriffe ein relativ konventioneller SF-Roman, bei dem es um einen Menschen geht, der für die Besiedlung des Sonnensystems physisch und psychisch einer fremden Umwelt angepaßt wird. Das durch sprachliche und stilistische Tricks aufgelockerte GATEWAY (1977) stellt bislang P.s größten Erfolg dar: Hugo, Nebula und John W. Campbell Award konnte dieser Titel verbuchen, und damit avancierte P. in der SF zum meistausgezeichneten Romanautor der siebziger Jahre. GATEWAY folgten zwei Fortsetzungen, BEYOND THE BLUE EVENT HORIZON (1980) und HEECHEE RENDEZVOUS (1984), die jedoch nicht mehr gleichwertig waren. Andere Romane, die P.s Stärken – Zynismus und Satire – unterstreichen, sind JEM und THE COOL WAR (beide 1979). Sie lassen Erinnerungen an seine Stories der fünfziger Jahre wachwerden. Das trifft auch auf die Fortsetzung von THE SPACE MERCHANTS zu, die 1984 unter dem Titel THE MERCHANT'S WAR herauskam. Wenngleich P.s Romane der achtziger Jahre nicht ganz die hochgesteckten Erwartungen erfüllten, die man nach MAN PLUS und GATEWAY haben konnte – THE YEARS OF THE CITY (1984), BLACK STAR RISING (1985) und THE COMING OF THE QUANTUM CATS (1985) variieren lediglich klassische SF-Themen –, so scheint P. sein Pulver noch lange nicht verschossen zu haben: 1986 gewann er mit ›Fermi and Frost‹, einer Kurzgeschichte über den nuklearen Winter nach dem Atomkrieg, wieder einmal den Hugo Gernsback Award.

P. nimmt in der SF als Doppeltalent Herausgeber und Autor eine Sonderstellung ein. Durch beide Aktivitäten vermochte er dem Genre entscheidende Impulse zu geben. Und auch in den verschiedenen Literaturformen leistete er Besonderes: Drückte er den fünfziger Jahren durch die kritische Story und bissige Satire einen Stempel auf, so wurde die SF der späten siebziger von seinen Romanen mitgeformt.

Bibliografie:

Gladiator des Rechts (GLADIATOR-AT-LAW), Balve: Zimmermann 1962 (auch: *Die gläsernen Affen*)

Riffe im All (THE REEFS OF SPACE) (mit Jack Williamson), Rastatt 1966, PU 264

Der Sternengott (STARCHILD) (mit Jack Williamson), München 1967, TTB 125

Die Macht der Tausend (A PLAGUE OF PYTHONS), München 1968, GWTB 089

Die Zeit der Katzenpfoten (THE AGE OF THE PUSSYFOOT), Düsseldorf: MvS 1970 (auch: *Die heimlichen Freuden der Zukunft*)

Die Welt wird umgepolt (C) (TOMORROW TIMES SEVEN), München 1971, GWTB 0134

Eine Handvoll Venus und ehrbare Kaufleute (THE SPACE MERCHANTS) (mit C. M. Kornbluth), Düsseldorf: MvS 1971

Tod den Unsterblichen (DRUNKARD'S WALK), Frankfurt am Main 1972, FO 2

Welt auf neuen Bahnen (WOLFBANE) (mit C. M. Kornbluth), München 1972, GWTB 0136

Die letzte Antwort (SEARCH THE SKY) (mit C. M. Kornbluth), München 1972, H 3321

Mondschein auf dem Mars (C) (TURN LEFT AT THURSDAY), München 1973, GWTB 0148

Jenseits der Sonne (C) (THE GOLD AT THE STARBOW'S END), München: Goldmann 1975

Signale (C) (DIGITS AND DASTARDS), Frankfurt am Main 1975, FO 26

Invasion vom Sirius (C) (THE ABOMINABLE EARTHMAN), München 1976, GWTB 0215

Venus nähert sich der Erde (SLAVE SHIP), München 1976, GWTB 0217

Der Outsider-Stern (ROGUE STAR) (mit Jack Williamson), München 1976, TTB 281

Neue Modelle (C) (THE MAN WHO ATE THE WORLD), München 1977, GWTB 0246

Katalysatoren (C) (THE WONDER EFFECT) (mit C. M. Kornbluth), München 1977, GWTB 0251

Der Plus-Mensch (MAN PLUS), München 1978, G 23266

Gateway (GATEWAY), München 1978, G 23299

Duell in der Tiefe (UNDERSEA QUEST) (mit Jack Williamson), Rastatt 1978, UC 4

Objekt Lambda (FARTHEST STAR) (mit Jack Williamson), Rastatt 1978, TTB 303

Städte unter dem Ozean (UNDERSEA FLEET) (mit Jack Williamson),
Rastatt 1979, UC 6
Alarm in der Tiefsee (UNDERSEA CITY) (mit Jack Williamson),
Rastatt 1979, UC 8
Lebewohl, Erde (C) (THE EARLY POHL), Rastatt 1980,
TTB 331
Jem – die Konstruktion einer Utopie (JEM), München 1980,
G 23360
Jenseits des blauen Horizonts (BEYOND THE BLUE EVENT HORIZON),
München 1981, G 23384
Der Wohlfahrtskonzern (PREFERRED RISK) (mit Lester del Rey),
München 1981, M 3519
Die besten Stories von Frederik Pohl (C) (THE BEST OF FREDERIK POHL),
München 1981, P 6719
Der lautlose Krieg (THE COOL WAR), München 1982,
G 23392
Syzygie (SYZYGY), München 1982,
G 23413
Sternsplitter (STARBURST), München 1983,
G 23423
Der Herr der Himmel(C) (MIDAS WORLD), München 1984,
G 8410
Der Dämon im Kopf (DEMON IN THE SKULL / Neubearbeitung von
A PLAGUE OF PYTHONS), München 1985, G 23479
Ehrbare Kaufleute und ein kleiner Krieg auf der Venus
(THE MERCHANT'S WAR), Bergisch Gladbach 1985,
B 22085
Die Rückkehr nach Gateway (HEECHEE RENDEZVOUS), München 1986,
G 23488
Auf drei Welten (C) (PLANETS THREE), München 1986, G 23477
Der endlose Planet (FARTHEST STAR/WALL AROUND A STAR)
(mit Jack Williamson), Bergisch Gladbach 1986,
B 22089

Porter, Neil Siehe Peters, Hermann

Potthoff Konrad DDR-Autor.

Bibliografie:

Wilhelmine und der unheimliche Planet, Berlin/DDR:
Der Kinderbuchverlag 1978

Pournelle, Jerry (E.) (1933 –)

Der in Shreveport/Louisiana geborene P. studierte an der Universität von Washington Mathematik und Statistik und später Psychologie und Politische Wissenschaften – in allen Fächern mit Abschluß. Er weist also in ähnlichem Maße wie sein Kollege Isaac Asimov eine breitgefächerte Ausbildung auf, die ›harte‹ und ›weiche‹ Wissenschaften einschließt. Danach folgten mehrere Jobs, die entfernt mit der Raumfahrt zu tun hatten, eine Stelle als Betriebspsychologe bei Boeing und ein Posten als Assistent des Bürgermeisters von Los Angeles. Bevor im Mai 1971 in *Analog* seine erste SF-Story unter dem Titel ›Peace with Honor‹ erschien, hatte er zwei Romane und ein Sachbuch veröffentlicht. Bis 1974 erschienen seine Stories nur in *Analog*. Sein bekanntestes Werk aus dieser Zeit ist die Co-Dominium-Serie um den Protagonisten John Christian Falkenberg, bei der es um die Besiedlung des näheren Weltraums geht. 1974 gewann P. den John W. Campbell-Award als bester Nachwuchsautor der SF. Der wirkliche Durchbruch aber gelang ihm erst mit THE MOTE IN GOD'S EYE (1974), einem Roman, der in Zusammenarbeit mit Larry Niven entstand. Dieser Titel war sehr erfolgreich und machte die Space Opera wieder salonfähig. INFERNO (1976), eine intelligente Analogie zu Dantes Inferno, in der ein SF-Autor die Hauptrolle spielt, folgte, und der dritte gemeinsam geschriebene Roman, LUCIFER'S HAMMER (1977), erhielt die bis dahin höchsten Vorschußzahlungen in der SF und wurde auch prompt zum Bestseller. Ob dieser Katastrophenroman, in dem ein Meteor die Erde trifft, Spitzen-SF darstellt, sei dahingestellt, jedenfalls bewies er, daß auch SF in den Bestsellerlisten auftauchen und sich behaupten kann. Auch neuere Arbeiten mit Niven, etwa OATH OF FEALTY, sind auf Erfolg getrimmt und weichen von der linientreuen SF ein wenig ab. P.s eigene Romane sind weniger spektakulär, am bemerkenswertesten davon ist vielleicht noch JANISSARIES (1979), der für den ›American Book Award‹ vorgeschlagen wurde. Mehr als in seinen Arbeiten mit N. zeichnet sich P. in eigenen Werken durch konservative politische Ansichten aus: Er tritt für eine strenge Hierarchie in der Gesellschaft ein und verherrlicht geradezu den Militarismus. Dadurch geriet er ins Schußfeld kritischer SF-Kreise und zu deren neuem Buhmann, eine Rolle, die früher Heinlein innehatte.

P., der seit 1959 verheiratet ist und vier Kinder hat, trat nicht nur als SF-Autor in Erscheinung. Er gab Anthologien heraus, veröffentlichte wissenschaftliche Artikel und hat Kolumnen bei führenden Computer-Magazinen.

Bibliografie:

Flucht vom Planet der Affen (ESCAPE FROM THE PLANET OF THE APES), München 1976, TTB 279

Der Splitter im Auge Gottes (THE MOTE IN GOD'S EYE) (mit Larry Niven), München 1977, H 3531

Das zweite Inferno (INFERNO) (mit Larry Niven), Bergisch Gladbach 1979, B 22005

Mars, ich hasse dich (BIRTH OF FIRE), Bergisch Gladbach 1980, B 21124

Luzifers Hammer (LUCIFER'S HAMMER) (mit Larry Niven), München 1980, H 3700

Der letzte Söldner (MERCENARY), Bergisch Gladbach 1980, B 21128

(Hrsg.) *Black Holes* (BLACK HOLES), Bergisch Gladbach 1980, B 24012

Die entführte Armee (JANISSARIES), Bergisch Gladbach 1980, B 24013

Jenseits des Gewissens (WEST OF HONOR), Bergisch Gladbach 1981, B 21136

König Davids Raumschiff (KING DAVID'S SPACESHIP), Bergisch Gladbach 1983, B 22061

Todos Santos (OATH OF FEALTY) (mit Larry Niven), München 1984, H 4072

Bibliografie/H:

Ein Raumschiff für den König (A SPACESHIP FOR THE KING), TA 154 (1974)

Posern, Günther

Bibliografie:
Heißer Herbst, München: Universitas 1986

Powers, J. L. Siehe Glasby, John

Pragnell, Festus (1905 –)
Englischer SF-Autor und ehemaliger Londoner Polizeibeamter. Einer der ersten Engländer, die in den amerikanischen Pulps schrie-

ben. Dort gab er mit ›The Venus Germ‹ (*WS*, 11/32), eine in Zusammenarbeit mit R. F. Starzl entstandene Erzählung, sein Debüt. Seine ›Don Hargraves‹-Serie lief in *Amazing* von 1938–1943 und umfaßte neun Mars-Stories. Sein bekanntester Roman ist THE GREEN MAN OF GRAYPEC (1935). Die Fortsetzung zu diesen Abenteuern in einem Miniaturuniversum, KASTROVE THE MIGHTY, wurde im angelsächsischen Sprachraum nie publiziert. Lediglich eine deutsche Übersetzung, *Kastrove der Mächtige,* durfte die Fans erfreuen.

Bibliografie:
Kampf im Atom (THE GREEN MAN OF GRAYPEC), Bayreuth: Helios 1952

Bibliografie/H:
Kastrove der Mächtige (KASTROVE THE MIGHTY), UZ 471 (1966)

Pratchett, Terry

Britischer Autor, der seit 1965 SF schreibt und 1971 seinen ersten Roman, CARPET PEOPLE, veröffentlichte. Sein Roman STRATA (1981) ist deshalb bemerkenswert, weil P. in ihm das Konzept einer Flachwelt entwickelt, die man als augenzwinkernde Parodie auf Larry Nivens RINGWORLD interpretieren kann.

Bibliografie:
Die dunkle Seite der Sonne (THE DARK SIDE OF THE SUN), München 1977, G 23254
Strata oder die Flachwelt (STRATA), München 1983, G 23434

Pratt, Fletcher (Murray) (1897–1956)

Geboren bei Buffalo, New York. Nach dem Tod seines Vaters verließ er das Hobart College, bildete sich autodidaktisch weiter und verdiente sich sein Geld als Reporter, Bibliothekar und Preisboxer (Fliegengewicht). Sein erstaunliches Sprachtalent (sieben Sprachen) verhalf ihm zu einem Job bei Hugo Gernsback, für den er SF-Romane aus dem Deutschen übersetzte, die in *Amazing* publiziert wurden.

1929 verkaufte P. einige Stories an die Gernsback-Magazine *Amazing* und *Wonder Stories* und arbeitete in der Folgezeit mit Laurance Manning zusammen. Gegen Ende der dreißiger Jahre lernte er L. Sprague de Camp kennen, mit dem er später erfolgreich auf dem Gebiet der Fantasy kollaborierte. Überhaupt ist P. eher ein Fantasy-Autor und historisch orientiert, was auch seine Sachbücher über den amerikanischen Bürgerkrieg unterstreichen. Sein SF-Werk blieb schmal und weniger einflußreich.

Bibliografie:

Komet der Verwandlung (INVADERS FROM RIGEL), Frankfurt am Main/ Berlin/Wien 1976, U 3213

Bibliografie/H:

Der verdächtige Raumschiffkommandant (THE CONDITIONED CAPTAIN), UZ 295 (1961)
Mann aus der Maschine (DOUBLE JEOPARDY), UZ 358 (1963)

Preuss, Paul (1942 –)

Amerikanischer Autor, geboren in Albany, Georgia. Begann 1980 SF zu veröffentlichen. Bislang vier Romane, von denen BROKEN SYMMETRIES (1984) der bekannteste ist, und eine Collection – allesamt Hard SF.

Prieß, Karl-Heinz (1962 –)

Deutscher Autor, war unter Pseudonym Carl Priest auch mit einem Roman bei der Heftserie *Die Terranauten* vertreten.

Bibliografie:

Androiden-Jäger, Bergisch Gladbach 1980, B 21131
Der Keeogische Krieg, Bergisch Gladbach 1983, B 21163

Siehe Anhang SERIEN: *Die Terranauten*

Priest, Christopher (1943 –)

Englischer Autor, geboren in Cheshire. P. gab sein Debüt mit ›The Run‹, einer Kurzgeschichte, die im Mai 1966 in *Impulse* erschien. Mehrere Erzählungen folgten, die in erster Linie für den britischen Markt gedacht waren und in Magazinen wie *New Worlds* publiziert wurden. Von sich reden machte Priest mit seinem Roman INDOCTRINAIRE (1970), der von einem Stück brasilianischen Urwaldes, das sich 200 Jahre in die Zukunft befindet, und einer umweltverseuchenden Erfindung erzählt.

Dieses Buch bekam für einen Erstling erstaunlich gute Kritiken, und Priest gelang es, die in ihn gesetzten Erwartungen mit FUGUE ON A DARKENING ISLAND (1972) zu erfüllen. In der Tradition der englischen Katastrophenromane schildert er darin ein zukünftiges England, das von einem dreiseitigen Bürgerkrieg zerrissen wird. THE INVERTED WORLD (1974) übertraf die beiden vorangegangenen Romane noch. Priest versuchte sich diesmal an ›Hard SF‹ und ging in einem Roman von der Hypothese aus, eine mobile Stadt befände sich jenseits eines mathematischen Tors und außerhalb der gewohnten euklidischen Realität in einer hyperbolischen Welt. Um die Stadt immer im Brennpunkt der Hyperbel zu halten, muß sie auf Schienen über Land gezogen werden. Trotz einiger Ungereimtheiten im logischen Aufbau hinterließ dieses Buch einen überaus starken Eindruck, wurde für den Hugo Award nominiert und brachte Priest den British Fantasy Award ein. Mit THE SPACE MACHINE (1976) und A DREAM OF WESSEX (1977) zeigte sich Christopher Priest wiederum von ganz anderen Seiten. THE SPACE MACHINE ist eine nostalgische Rückkehr zurScientific Romance, wie sie H. G. Wells schrieb. Und tatsächlich dienen Wells' Romane THE TIME MACHINE und THE WAR OF THE WORLDS als Hintergrund für P.s Charaktere. A DREAM OF WESSEX hingegen lotet die Möglichkeiten der menschlichen Psyche aus. Durch ein Experiment gelingt es einer Gruppe von Versuchspersonen, eine gemeinsam intensiv vorgestellte Welt materialisieren zu lassen, in die die einzelnen Probanden eindringen können. So entsteht im Stil von Daniel F. Galouyes SIMULACRON-3 ein Weltenkomplex, in dem die Grenzen zwischen Realität und Illusion verwischt werden. Die hier eingeschlagene Richtung setzt sich in THE AFFIRMATION (1981) fort. P. lotet konsequent die Bereiche zwischen Traum und Wirklichkeit aus, was auch Thema einiger seiner besseren Kurzgeschichten ist. P. schreibt gekonnt und ist nicht um Ideen verlegen. Er beherrscht die ganze Palette anspruchsvoller SF-Themen, ohne auf Klischees zurückgreifen zu müssen. Neben Ian Watson war er zweifellos der wichtigste neue Autor in der britischen SF der siebziger Jahre, und in diesem Jahrzehnt steht er an der Schwelle zur allgemeinen Belletristik, zur anerkannten Literatur.

Der Höhepunkt seines Werks ist bislang THE GLAMOUR (1984), in dem das Schicksal eines Mannes geschildert wird, der bei der Explosion einer Autobombe schwer verletzt wird und seine Erinnerung verliert. Er begegnet einer jungen Frau, zu der er sich hingezogen fühlt und die behauptet, seine Geliebte gewesen zu sein. Doch als er versucht, Licht in seine verdunkelte Vergangenheit zu bringen, ergeben sich immer mehr Widersprüche, zumal seine ehemalige Freundin behauptet, ein Verhältnis mit einem ›Unsichtbaren‹ zu haben. Des Rätsels Lösung ist eine erzählerische Glanzleistung, wie sie in der neuen Literatur ihresgleichen sucht.

Bibliografie:

Zurück in die Zukunft (INDOCTRINAIRE), München 1971, GWTB 0133
Die schwarze Explosion (FUGUE ON A DARKENING ISLAND), München 1972, GWTB 0154
Transplantationen (C) (REAL-TIME WORLD), München 1973, GWTB 0165
Die Stadt (THE INVERTED WORLD), München 1976, H 3465 (auch: *Der steile Horizont*), Bibliothek der Science Fiction Literatur, H 41
Sir Williams Maschine (THE SPACE MACHINE), München 1977, H 3540
Ein Traum von Wessex (A DREAM OF WESSEX), München 1978, H 3631
Der weiße Raum (THE AFFIRMATION), München 1984, H 4073
Der schöne Schein (THE GLAMOUR), München 1987, H 4413

Proctor, Geo W.

Texanischer Autor, der auch unter dem Pseudonym Zach Wyatt Western schreibt. Von P., dessen erste Publikation eine Kurzgeschichte in der amerikanischen Ausgabe von Perry Rhodan war, wurden zwischen 1978 und 1985 fünf SF-Romane veröffentlicht, darunter die Novellisierung einer Folge der Fernsehserie V.

Bibliografie:

Der Schattenmann (SHADOWMAN), Rastatt 1985, M 3663

Prokop, Gert (1932 –)

Der DDR-Autor P. wurde in der norddeutschen Kleinstadt Richtenberg bei Stralsund geboren. Nach zwei Semestern an der Kunst-Hochschule Berlin-Weißensee wurde er Journalist bei der *Neuen Berliner Zeitung*. Von 1967 bis 1970 war er Filmdokumentarist und arbeitete an verschiedenen Filmen mit.

Seit 1971 ist Gert Prokop freischaffender Schriftsteller. Er verfaßte vier Märchenbücher, zwei Kriminalromane und ein Buch über die Fotografie. Sein Debüt als SF-Autor gab er mit seiner Sammlung utopischer Kriminalerzählungen, die unter dem Titel *Wer stiehlt schon Unterschenkel?* (1977) erschien.

P. ist ein Autor mit hohen Auflagen, dessen Geschichten – was Stil und Einfälle anbelangt – meist über dem Niveau anderer DDR-Autoren liegen. Sein Krimi *Einer muß die Leiche sein* wurde von der DEFA verfilmt.

Bibliografie:

Wer stiehlt schon Unterschenkel? (C), Berlin/DDR: Das Neue Berlin 1977 (auch: *Der Tod der Unsterblichen*)
Der Samenbankraub (C), Berlin/DDR: Das Neue Berlin 1983

Prosperi, Piero (1945 –)

P. wurde in Arezzo/Italien geboren und ist von Beruf Architekt. Im Alter von fünfzehn Jahren begann er zu schreiben und verkaufte Kurzgeschichten mit größtenteils konventionellen Themen, die in allen einschlägigen italienischen Magazinen erschienen. Er orientierte sich stark an amerikanischer SF und beschäftigte sich hauptsächlich mit den Möglichkeiten der Zeitreise. In seinem ersten Roman, AUTOCRISI (1971), schildert er den Kampf zweier irdischer Autofirmen um die Exporterlaubnis ihrer Produkte zum Planeten Dakopia, dessen Einheimische keine Bodenfahrzeuge kennen. AUTOCRISI ist eine Business-Satire im besten Pohlschen Stil.

Prüfer, Hans DDR-Autor.

Bibliografie:
Planet der Träume, Halle (Saale): Mitteldeutscher 1973

Pruyn, Leonard

Bibliografie:
Welt ohne Frauen (WORLD WITHOUT WOMEN) (mit Day Keene), München 1970, H 3176

Puchow, Michail (1944 –)

P. wurde in Tomsk geboren, absolvierte das Moskauer Physikalisch-Technische Institut und arbeitet als Physiker in Moskau. Sein SF-Debüt gab er 1967 mit der Erzählung ›Jagdexpedition‹. Nach weiteren Kurzgeschichten in Magazinen und Anthologien kam 1977 sein erster Sammelband, *Die Bildergalerie,* heraus, dem *Mondregen* (1982) und *Die Saat des Bösen* (1984) folgten. Von P. sind eine ganze Reihe Kurzgeschichten in DDR-Anthologien sowie der Zeitschrift *Sowjetliteratur* erschienen.

Puhle, Joachim

Deutscher Autor. Verfasser von Leihbüchern und Romanheften. P. schrieb fast ausschließlich unter Pseudonymen wie John Le, Roy Démon, Joachim Pahl, Gerd Sandow, Gert Sandow und L. B. Schorn.

Bibliografie:

Als G. Sandow:

Mit den Augen der anderen, Menden: Bewin 1963
Kosmische Wache, Menden: Bewin 1963
Neutronen-Bomber, Menden: Bewin 1963
Flüchtlinge im All, Menden: Bewin 1963
Menschenjagd im Kosmos, Menden: Bewin 1964
Herrscher über 1000 Jahre, Menden: Bewin 1964
Projekt Orion, Menden: Bewin 1964
Alarm in Raumstation B-S-I, Menden: Bewin 1964
In Sondermission auf Tellus (Kampf um die Milchstraße, Bd. 1), Menden: Bewin 1964
Wetterleuchten zwischen den Sternen (Kampf um die Milchstraße, Bd. 2), Menden: Bewin 1964
Patrouille der Zeitlosen (Kampf um die Milchstraße, Bd. 3), Menden: Bewin 1965
Hohlwelt Solaria, Menden: Bewin 1965
Die Überlebenden, Menden: Bewin 1965
Die Galaktoiden, Menden: Bewin 1965
Terror der SFH, Menden: Bewin 1965
Rebellen der Zukunft, Menden: Bewin 1965
Die Lösung: C-X 13 minus 1, Menden: Bewin 1965
Im Banne der Mitternachtssonne, Menden: Bewin 1965
Todeslicht von Death Valley, Menden: Bewin 1966
Zwischenfall im Mondexpreß, Menden: Bewin 1966
Transfer Spika QTG-XVII, Menden: Bewin 1966
Abseits von Pluto, Menden: Bewin 1966
Gorod, Menden: Bewin 1966
Fremde unter den Sternen, Menden: Bewin 1966
Das andere Land, Menden: Bewin 1967
Die blaue Kuppel, Menden: Bewin 1967

Der Tausend-Jahres-Plan, Menden: Bewin 1967
Die Psycho-Pest, Menden: Bewin 1967
Espai, Menden: Bewin 1967
Sternen-Ingenieure, Menden: Bewin 1967
Kosmische Odyssee, Menden: Bewin 1968
Die Prospektoren, Menden: Bewin 1968
Das Unheil lauert draußen, Menden: Bewin 1968
Mars im Morgenlicht, Menden: Bewin 1968
SOS von Barnards IV, Menden: Bewin 1968
Geheimauftrag für Astra II, Menden: Bewin 1968
Venus-Bakterien, Menden: Bewin 1968
Stützpunkt Sol III, Menden: Bewin 1969
Der Mars brennt, Menden: Bewin 1969
Die schwarze Galaxis, Menden: Bewin 1969
Schiffbruch auf Osstroy, Menden: Bewin 1969
50000 Jahre später, Menden: Bewin 1969
Eiszeit, ZSF 169 (1975)

Als Gert Sandow:

Zwischen Ende und Anfang, Menden: Bewin 1963
Sperrgebiet Galaxis S-15, Menden: Bewin 1966
Unter Sternenmenschen, Menden: Bewin 1966

Bibliografie/H:

Als Joachim Puhle:

Antimaterie, ZSF 57 (1967)
Countdown für Projekt ›P-IV‹, ZSF 81 (1968)
Unternehmen ›PRISMA‹, ZSF 83 (1968)
Radio-Gold vom Mars, ZSF 85 (1969)
Y-Signale aus Luna Orbit, ZSF 92 (1969)

Als Roy Démon:

Unternehmen Eiszeit, Ge 31 (1977)
Die Kometenfalle, ZSF 182 (1977)
Metamorphose, ZSF 184 (1977)
Reise ohne Wiederkehr, ZSF 189 (1977)
Planet der Verbannten, ZSF 193 (1977)
Leben ohne Hoffnung, ZSF 196 (1978)
Planet der Vollkommenheit, ZSF 198 (1978)
Planet auf Kollisionskurs, ZSF 204 (1978)
Erben der Menschheit, ZSF 209 (1979)

Als Gerd Sandow:

Verwegene Landung, UZ 278 (1961)
Psychoschock 2002, EGSF 37 (1975)
Die Ölpest, EGSF 39 (1975)
Am Ende aller Tage, ESF 1 (1976)
Die genetische Zeitbombe, ESF 6 (1976)
Neutronenschock auf Planet Witch, ESF 10 (1976)
Gordon erobert die Planeten, ESF 11 (1976)
Lichttornado über Kalifornien, ESF 13 (1977)
Zwischenfall in Yukatan, ESF 15 (1977)
Unternehmen ›Prima‹, ESF 19 (1977)

Als John Le:

Signale aus dem Weltall, UZ (1961)
Schlacht im Universum, UZ (1961)

Als G. Sandow:

Eiszeit, ZSF 169 (1975)

Als G. J. Sandow:

Die Schattenlosen, UZ 376 (1963)

Als L. B. Schorn:

Das tödliche ABC, EGSF 35 (1975)
Das Grauen kam mit Flügeln, EGSF 40 (1975)
Sphinx – Tor zur Ewigkeit, ESF 6 (1976)
Schock aus dem All, ESF 11 (1976)
Antimaterie, ESF 13 (1977)
Die Überlebenden, ESF 15 (1977)
Signale aus dem Weltenraum, ESF 19 (1977)

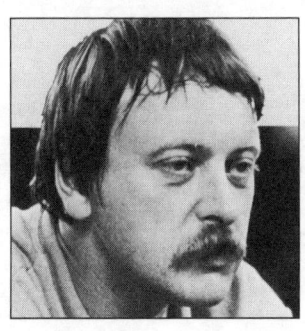

Pukallus, Horst (1949 –   )
Deutscher SF-Autor und -Übersetzer, der auch als Henry Roland veröffentlicht und als Gregory Kern einige Romane der Serie *Commander Scott* geschrieben hat. P. wurde in Düsseldorf geboren, machte sich während der späten sechziger und frühen siebziger Jahre einen Namen als SF-Kritiker und begann in der Folgezeit gesellschaftskritische Erzählungen zu

schreiben, aus denen besonders der Kurzroman *Das Rheinknie bei Sonnenaufgang* herausragt. Seine Kurzgeschichten, die ihn als einen der besten Autoren der neueren deutschen SF ausweisen, sind oft bissig, sarkastisch odervon trockenem Humor geprägt und in mehreren Collections gesammelt. Längere Texte hat er auch in Zusammenarbeit mit Andreas Brandhorst verfaßt. P. hat einige Anthologien zusammengestellt und wurde für seine Tätigkeit als Übersetzer mehrfach mit dem ›Kurd Laßwitz Preis‹ ausgezeichnet.

Bibliografie:

(Hrsg.) *Das blaue Fenster des Theokrit,* München 1978, H 3618
(Hrsg.) *Unter den Sternen, in der Nacht,* München: Damnitz 1979
(Hrsg.) *Der hohle Mann,* München 1981, H 3831
(Hrsg.) *Der zweite Tod,* München 1983, H 4009
Die Wellenlänge der Wirklichkeit (C), Bergisch Gladbach 1983, B 22063
In den Städten, In den Tempeln (mit Andreas Brandhorst), Frankfurt am Main/Berlin/Wien 1984, U 31084
Songs aus der Konverterkammer (C), Frankfurt am Main/Berlin/Wien 1985, U 31099
Krisenzentrum Dschinnistan, Frankfurt am Main/Berlin/Wien 1985, U 31108
Die Renegatin von Akasha (mit Andreas Brandhorst), Frankfurt am Main/Berlin 1986, U 31130
Der Attentäter (mit Andreas Brandhorst), Frankfurt am Main/Berlin 1986, U 31131
Das Exil der Messianer, (mit Andreas Brandhorst), Frankfurt am Main/Berlin 1986, U 31135

Bibliografie/H:

Als Gregory Kern:

Der PSI-Spion, CS 9 (1975)
Tod auf Morning Star, CS 17 (1975)
Der Jäger von Goom, CS 22 (1975)
Die Zeit-Banditen, CS 27 (1975)
Verräter an Bord, CS 34 (1976)

Als H. P. Howard:

Sternenjäger des Kosmos, (mit Ronald M. Hahn und Klaus Diedrich) Ge 2 (1976)
Siehe Anhang SERIEN: *Die Terranauten*

Purdom, Tom (1936 –   )
Geboren in New Haven, Connecticut, unter dem Namen Thomas Edward Purdom. Purdom arbeitete von 1954 bis 1968 als Angestellter einer Fluggesellschaft, wechselte dann als ›Science Writer‹ zur University of Pennsylvania und ist seit 1970 als freier Schriftsteller tätig. Er kam durch die Weltraumbücher Willy Leys zur Science Fiction, veröffentlichte in den fünfziger und sechziger Jahren etwa zwei Dutzend Erzählungen und zwischen 1964 und 1977 fünf Romane, allesamt durchschnittliche Space Operas.

Bibliografie:

Die Psychospione (THE BARONS OF BEHAVIOUR), Bergisch Gladbach 1974, B 21056

Pusch, Harald
Deutscher Journalist und Autor. Chefredakteur des Fachblatts *Science Fiction Times*.

Bibliografie:

Die Temponauten (mit Ronald M. Hahn), Meitingen: Corian 1983

Als Peter Toole:

Der Planet der schlafenden Toten, München: Schneider 1981

Puttkamer, Jesco von
(1933 –   )
Geboren in Leipzig. Nach dem Krieg kam er über die Schweiz nach Aachen, wo er, nach einigen Jobs als Praktikant, Hilfsarbeiter und Konstrukteur 1952 ein Ingenieurstudium aufnahm. Von Puttkamer gehörte zu den ersten Mitgliedern des Science Fiction Clubs Deutschland und hatte während seines Studiums Übersetzungen angefertigt (hauptsächlich Titel von A. E. Vogt, dem er, was seine eigenen Texte angeht, stilistisch stark ähnelt). Daneben arbeitete er als Journalist und Pressefotograf in Bonn und schrieb technische Artikel für Autofachzeitschriften. Seinem ersten SF-Roman, *Der Unheimliche vom anderen Stern* (1957), folgten noch *Galaxis Ahoi!* (1959), entstanden in Zusammenarbeit mit Clark Darlton, und

einige weitere Romane und Kurzgeschichten. P. ging nach Beendigung seines Studiums in die USA, ist heute der wohl populärste deutsche Mitarbeiter der NASA und ein häufig gesehener Gast bei Talkshows. Er fungierte als Berater bei Gene Rodenberrys SF-Film STAR TREK – THE MOVIE (Regie: Robert Wise, 1979).

Bibliografie:

Der Unheimliche vom anderen Stern, Düsseldorf: Dörner 1957
Galaxis Ahoi!, Düsseldorf: Dörner 1959
Das unsterbliche Universum (mit Clark Darlton), Balve: Zimmermann 1959
Das Zeitmanuskript, Balve: Zimmermann 1960
Die sechste Phase, Balve: Zimmermann 1961
Der schlafende Gott, München 1981, TTB 343 (auch: *Die Reise des schlafenden Gottes*)
Elektronengehirne, Wurmlöcher und Weltmodelle (C), Rastatt 1985, UC 84

Bibliografie/H:

Als Ralph Anders (mit Bogislaw von Puttkamer):
Welt ohne Menschen, UZ 225 (1960)

Pynchon, Thomas (1937–)

P. wurde in Glen Cove, Long Island, geboren, studierte an der Cornell University und diente zwei Jahre lang bei der US-Navy, arbeitete anschließend bei Boeing und lebte einige Jahre in Mexiko. Er debütierte mit ›Mortality and Mercy in Vienna‹, einer Erzählung, die in *Epoch* erschien; es folgten die Kurzgeschichten ›Under the Rose‹, ›Entropy‹ und ›Lowlands‹; sie brachten ihm einhelliges Lob ein. Sein erster Roman, v. (1961), wurde von der Kritik enthusiastisch begrüßt und gewann den Faulkner-Preis als bester Erstlingsroman. v. umfaßt den Zeitraum von 1899 bis in die nahe Zukunft, spielt in Deutsch-Südwestafrika, in Florenz, Malta, Paris und Südamerika und schildert kaleidoskopartig, nicht selten mit einem Anflug von schwarzem Humor, unsere gegenwärtige Welt, ähnlich wie John Brunner in THE SHEEP LOOK UP und STAND ON ZANZIBAR, und ist in seiner Weltverschwörungstheorie so verrückt wie die ILLUMINATUS-Trilogie von Robert Shea und Robert Anton Wilson. Pynchons zweiter Roman, THE CRYING OF LOT 49, erschien 1966, GRAVITY'S RAINBOW, sein bisheriges magnum opus, das durch ungeheure Vielschichtigkeit

besticht, kam 1973 heraus und wurde für den Nebula-Award nominiert.

Pynchon gilt unter Kennern als einer der bedeutendsten Autoren
der Gegenwart. Sein Einfluß auf die New Wave in der SF ist nicht zu
übersehen. Seine Erzählung ›Entropy‹, bislang noch nicht in
Deutschland erschienen, liegt inzwischen ebenfalls in deutscher
Übersetzung vor als Titelgeschichte der Anthologie ›Entropie‹ (Hrsg.
W. Jeschke, München 1986, H4255).

Bibliografie:

Die Versteigerung von NO 49 (THE CRYING OF LOT 49), Reinbek:
Rowohlt 1973
V. (V.), Reinbek: Rowohlt 1976
Die Enden der Parabel (GRAVITY'S RAINBOW), Reinbek: Rowohlt 1981

Quilitzsch, Frank DDR-Autor.

Bibliografie:
Der Marssturm, DNA 361 (1976)

Quinlain, D.
Pseudonym eines deutschen Leihbuchautors.

Bibliografie:
Panther III verschollen, Ratingen: Andra 1958 (auch Köln: Luro 1958)
Schatten über New York, Ratingen: Andra 1958 (auch Köln: Luro 1958)
Antimaterie, Ratingen: Andra 1959
Gett & Dugga, die Planeten, Ratingen: Andra 1959 (auch Köln: Luro 1959)
Planet des Todes, Ratingen: Andra 1959 (auch Köln: Luro 1959)
Planet B-A-C, Ratingen: Andra 1959

Quinn, Henry Siehe Ziegler, Thomas

Quint, Robert Siehe Ziegler, Thomas

Quoos-Raabe, R. C. Siehe Francis, H. G.

Rabelais, François (1494–1553)

Geboren in La Deviniere bei Chinon, Touraine. Rabelais war Mönch, praktizierender Arzt, Schriftsteller und eine der bedeutendsten Persönlichkeiten der französischen Frührenaissance. Seine fünf Romane, die auf Deutsch unter dem Titel *Gargantua und Pantagruel* (1832) gesammelt sind und im Original zwischen 1532 und 1564 erschienen, stellen eine humorvolle Utopie und massive Kritik an der katholischen Kirche dar. Das Motto seiner utopischen Abtei Theleme ist: ›Tu, was dir gefällt.‹ Diese anarchistische Grundaussage wird umrankt von Erzählungen und Anekdoten voll derb bunter Phantasie und verrückter Einfälle. Der englische Kritiker Peter Nicholls sieht in Rabelais' Texten einen Vorläufer jener SF, wie sie etwa Jack Vance schreibt.

Raben, Hans-Jürgen
(1943–)

Deutscher Autor, geboren in Oppeln/Oberschlesien. R. ist Rundfunkjournalist, PR-Manager eines großen Industriebetriebs und Verfasser von Kriminalromanen.

Bibliografie:
Krieg der Geschlechter, München 1984, H 4061

Rabsch, Udo (1944–)

Geboren in Praschnitz. R. studierte Theologie und Medizin und praktiziert als Arzt, nebenbei Betätigung als Autor.

Bibliografie:
Julius oder Der schwarze Sommer, Tübingen: Konkursbuchverlag 1983

Rackham, John Siehe Phillifent, John T.

Raes, Hugo (1929 –   )
Der Belgier R. wurde in Antwerpen geboren, wo er heute als Lehrer
für Geschichte, Niederländisch und Englisch lebt. Neben Lyrik und
Erzählungen veröffentlichte er 1968 den SF-Roman DE LOTGEVALLEN,
in dem ein harmlos beginnender Familienausflug in einer alptraumhaften Welt der Zukunft endet, in der es von Monstern, grotesken
Maschinen und in Laboratorien gezeugten Mutanten nur so wimmelt. An der Oberfläche SF, liegen die Wurzeln dieses Buches allerdings eher im Surrealismus; der Roman wendet sich gegen eine in-
humane Gesellschaft und spiegelt die Ängste unserer Zeit wider.

Bibliografie:
Club der Versuchspersonen (DE LOTGEVALLEN), Darmstadt:
Melzer 1969

Rand, Ayn (1905 – 1982)
Geboren in St. Petersburg; kam 1926 in die USA und nahm 1931 die
amerikanische Staatsbürgerschaft an. Von 1926 bis 1949 arbeitete
sie in verschiedenen Studios in Hollywood als Skriptschreiberin, danach als freie Schriftstellerin. Bekannt wurden vor allem ihre antiutopischen Romane ANTHEM (1938) und ATLAS SHRUGGED (1957), in
denen sie ein Loblied auf den absoluten Individualismus singt und
ihrem Haß auf den Kollektivismus freien Lauf läßt.

Bibliografie:
Vom Leben unbesiegt (ANTHEM), 1956
Atlas wirft die Welt ab (ATLAS SHRUGGED), 1959

Randa, Peter Französischer Autor.

Bibliografie/H:
Die intelligenten Kristalle (SEDITION), UZ 502 (1964)
Einsatz ohne Heimkehr (COMMANDO DU NON-RETOUR), UZ 577 (1968)
Die Rückkehr nach Tamax (OBJECTIF TAMAX), UZ 596 (1968)

Randall, Marta (1948 –   )
Geboren in Mexico City, aufgewachsen in San Francisco. Sie veröffentlicht seit Mitte der fünfziger Jahre SF (erste Story: ›A Scarab in
the City of Time‹ in *New Dimensions 5*). Neben einigen Kurzgeschichten veröffentlichte sie vier Romane, die alle überdurch-
schnittlich sind. Von ihnen haben A CITY IN THE NORTH (1976), JOURNEY

(1978) und DANGEROUS GAMES (1981) einen gemeinsamen Hintergrund. Es handelt sich dabei um eine großangelegte, kosmische Familiensage, die in epischer Breite die Abenteuer der Familie Kennerin auf fremden Welten in ferner Zukunft schildert. Ein weiterer Roman ist ISLANDS (1976), ebenfalls eine Space Opera mit romantischem Einschlag. Weiter erwähnenswert ist ihr Kurzroman ›Megan's World‹, der sich mit Problemen von Terranern beschäftigt, die auf einer fremden Welt auf Eingeborene stoßen. Marta Randall gehört mit diesen Werken zur vordersten Front junger amerikanischer SF-Autorinnen und ist in einem Atemzug mit Vonda McIntyre oder Joan D. Vinge zu nennen. 1980 löste sie Robert Silverberg als Herausgeber der Anthologienreihe NEW DIMENSIONS ab.

Bibliografie:
Die Flüchtlinge (JOURNEY), München 1982, M 3561
Versunkene Inseln (ISLANDS), München 1983, M 3605
Die Stadt im Norden (A CITY IN THE NORTH), München 1984, M 3634

Randall, Robert Siehe Garrett, Randall und Silverberg, Robert

Randell, J. B.

Bibliografie/H:
Aufstand der Xylopherten, ZSF 68 (1968)

Rank, Heiner (1931 –   )
Geboren in Babelsberg. 1956 wurde R. nach Tätigkeit bei der DEFA und am Landestheater Perchim freischaffender Autor. R. begann 1968, sich mit der SF zu beschäftigen und ist jetzt Leiter der Arbeitsgruppe Utopische Literatur beim Schriftstellerverband der DDR.

Bibliografie:
Die Ohnmacht der Allmächtigen, Berlin/DDR: Das Neue Berlin 1973

Rankine, John Siehe Mason, Douglas

Ransom, Bill Siehe Herbert, Frank

Ranzetta, Luan
Bibliografie/H:
Jupiter im Zenit (WORLD IN REVERSE), UZ 405 (1964)

Raphael, Rick (1919–)

Der in New York geborene Journalist R. unternahm in den sechziger Jahren einige Ausflüge in das SF-Genre. R., der auch als Fotograf, Feuilletonist und Fernsehautor tätig war, bereicherte das Genre um eine Reihe von technisch orientierten Stories, von denen die besten in THE THIRST QUENCHERS (1965) gesammelt sind. Der Roman CODE THREE (1963/64 erschienen Teile daraus als Vorabdruck in *Astounding,* die Buchausgabe kam 1966 heraus) extrapoliert gegenwärtige Straßenverkehrsprobleme in die nahe Zukunft, wo halsbrecherische Polizeieinsätze gegen die Fahrer von superschnellen Luftkissenautos gefahren werden.

Bibliografie:

Strahlen aus dem Wasser (C) (THE THIRST QUENCHERS), München 1966, G 71
Die fliegenden Bomben (CODE THREE), München 1967, H 3099

Rasch, Carlos (1932–)

Geboren in Curitibia, Brasilien. R. besuchte in Köthen/DDR die Oberschule und begann dann eine Lehre als Dreher. Er arbeitete zeitweilig als Reporter und Redakteur, bevor er sich als freiberuflicher Autor der Science Fiction zuwandte. Er ist einer der bekanntesten SF-Autoren der DDR. R. wurde mehrfach übersetzt – Bücher von ihm erschienen in Albanien, Frankreich, Ungarn, Polen, Jugoslawien, der Sowjetunion, der Tschechoslowakei, in Bulgarien – und in der Bundesrepublik. Er hat auch Hörspiele und Drehbücher verfaßt (u. a. war er Mitautor der 13teiligen DDR-Fernsehserie *Raumlotsen*). R. kümmert sich viel um Kulturarbeit, hat über 1000 Lesungen gehalten und war am Aufbau der ersten SF-Fangruppen in der DDR beteiligt. Sein Roman *Asteroidenjäger* (1961) erhielt einen Preis des DDR-Kultusministeriums. Wie die meisten seiner Werke, folgt auch dieser seinem postulierten Konzept von der ›Real-Phantastik‹, d. h. einer an der heutigen Wirklichkeit orientierten Vorausschau in die nahe Zukunft.

Bibliografie:

Asteroidenjäger, Berlin/DDR: Neues Leben 1961
Der blaue Planet, Berlin/DDR: Das Neue Leben 1963
Im Schatten der Tiefsee, Berlin/DDR: Das Neue Berlin 1965
Die Umkehr der Meridian, Berlin/DDR: Deutscher Militärverlag 1966
Krakentang (C), Berlin/DDR: Neues Leben 1968 (veränderte Auflage 1972)
Magma am Himmel, Berlin/DDR: Neues Leben 1975
(auch Dortmund: Weltkreis 1975)

Bibliografie/H:

Der Untergang der ›Astronautic‹, DNA 215 (1963)
Das unirdische Raumschiff, DNA 258 (1967)
Rekordflug im Jet-Orkan, DNA 292 (1970)
Vikonda, DNA 477 (1986)

Als Igor Iggensen:

Nova Orbit (C), TA 8 (1971)

Rathenow, Lutz (1952 –   )
Der in Jena geborene DDR-Schriftsteller R. studierte Geschichte und Deutsch, arbeitete als Transportarbeiter und Beifahrer, bevor er 1977 Regie- und Produktionsassistent an einem Ostberliner Theater wurde. Seit 1978 lebt er als freiberuflicher Schriftsteller, arbeitet für Theater und Rundfunk. R., dessen Erzählungen auch im Ausland erschienen und meist satirischen Charakter haben, schreibt nur gelegentlich SF. Zwei Beispiele, die auch bei uns verlegt wurden, sind: ›Der Herrscher‹ (*Spinnenmusik,* 1979, H 3646) und ›Das Jahr 2000‹ (*Das achte Weltwunder,* Beltz).

Rathjen, C. H.

Bibliografie:

Raumflug ins Abenteuer (LAND OF THE GIANTS — FLIGHT OF FEAR), München/Wien: Schneider 1970

Rauch, Earl Mac

Bibliografie:

Buckaroo Banzai (BUCKAROO BANZAI), Bergisch Gladbach 1984,
B 21187

Rayer, F(rancis) G(eorge) (1921 – 1980)

Geboren in Worcestershire; Elektroingenieur, der kurzzeitig auch
als Fachjournalist und Designer gearbeitet hat. Er betätigt sich als
Verfasser routinemäßig abgefaßter Space Operas in Magazinen wie
New Worlds und *Authentic,* ohne jedoch irgendwie hervorzu-
stechen.

Bibliografie/H:

Überfall aus fremder Dimension (WE CAST NO SHADOW), T 62 (1959)
Gefangen in fremden Körpern (THE STAR SEEKERS), UZ 370 (1963)

Raymond, Alex (1909 – 1956)

Amerikanischer Comic-Künstler, der vor allem durch seinen SF-Strip
›Flash Gordon‹ bekannt wurde, den er von 1934 bis 1944 zeichnete,
um sich nach dem Krieg dem Detektiv ›Rip Kirby‹ zu widmen – bis
zu seinem tödlichen Autounfall. Seine klassische Version von ›Flash
Gordon‹ bildete die Inspiration für einen sechsbändigen Zyklus, der
sich allerdings sehr stark von der ursprünglichen Grundlage unterschied.

Reamy, Tom (1935 – 1977)

Der früh verstorbene amerikanische
SF-Autor und Graphiker R. gehörte
zu den herausragendsten Talenten
der SF der siebziger Jahre. Er debütierte 1974 mit seiner Erzählung
›Twilla‹ in *F&SF,* ihr folgten zehn weitere Stories im gleichen Magazin.
Sein größter Erfolg wurde die Erzählung ›San Diego Lightfoot Sue‹ (1975),
für die er 1976 den Nebula Award er-
hielt. Im selben Jahr wurde er auch mit dem John W. Campbell
Award als bester SF-Nachwuchsautor ausgezeichnet. Kurz vor sei-

nem Tod schloß er BLIND VOICES ab, seinen einzigen Roman, der 1978 posthum veröffentlicht wurde. BLIND VOICES ist eine Reverenz an Ray Bradbury, aus dessen Werk er Versatzstücke verwendet, und spielt in einer Kleinstadt in Kansas, in der ein höchst merkwürdiger Zirkus seine Zelte aufschlägt. In diesem Roman begegnen drei achtzehnjährige Mädchen dem Magischen, dem Grotesken und dem Grauenhaften, und ihre Leben werden radikal verändert. Wie Bradbury war Reamy ein Stilist von höchstem Rang, der es verstand, seine Personen mit Leben zu erfüllen und das Wunderbare, ja Absurde glaubhaft darzustellen.

Bibliografie:
Blinde Stimmen (BLIND VOICES), München 1981, H 3900

Reed, Allan Siehe Rohr, Wolf Detlef

Reed, Kit (1932 –   )
Pseudonym der in San Diego, Kalifornien, geborenen Autorin Lillian Craig (Kit) Reed, die sich zunächst einen Namen durch ihre journalistische Tätigkeit machte. Im Jahre 1958 erschien ihre erste Geschichte ›The Wait‹, der die Collection AUTOMATIC TIGER (1964) folgte. Ihr Roman ARMED CAMPS (1969) beschreibt eine Zukunftswelt, in der ständig Krieg herrscht, der von professionellen Kämpfern ausgefochten wird – trotzdem sterben jede Menge ›Unbeteiligter‹. MAGIC TIME (1979) – ein Hybride zwischen Fantasy und SF – beschreibt ein kosmisches Vergnügungszentrum.

Bibliografie:
Magische Zeit (MAGIC TIME), München 1985, H 4201

Reese, Willy
Bibliografie:
Rutsch über den Ozean, Marl-Hüls: Feldmann 1953

Rehfeld, Frank
Deutscher Autor, der u.a. auch als Frank Thys publiziert.

Siehe Anhang SERIEN: *Star Gate*

Rehn, Jens (1918 – 1983)

Jens Rehn ist ein Pseudonym für den deutschen Autor Otto Jens Luther, einem gebürtigen Flensburger, der ab 1950 leitender Redakteur der Literaturabteilung des Berliner Rundfunks war. R. wurde vor allem durch seine Erzählung ›Nichts in Sicht‹ (1954) bekannt und erhielt 1956 den Literaturpreis der Stadt Berlin sowie den Fontane-Preis. 1959 erschien von ihm der SF-Roman *Die Kinder des Saturn.* Er schildert − unter dem Eindruck der Atombombenabwürfe auf Hiroshima und Nagasaki − Überlebende einer atomaren Katastrophe, die in einer zerstörten und verseuchten Umwelt langsam zugrunde gehen.

Bibliografie:
Die Kinder des Saturn, Neuwied: Luchterhand 1959

Reich, Thomas K. DDR-Autor.

Bibliografie:
Sinobara, Berlin/DDR: Das Neue Berlin 1982

Reichardt, Frank

Bibliografie/H:
Das Deltaschiff, TA 138 (1974)
Das goldene Zeitalter, TA 190 (1975)

Reimann, Gero (1944–)

Deutscher Autor, geboren in Lodz. R. wuchs in Südamerika auf und studierte in Marburg Germanistik, Politologie und Soziologie. Er war bis 1983 als Studienrat im Schuldienst, danach freiberuflicher Schriftsteller. Innerhalb der SF trat er mit einigen bemerkenswerten Kurzgeschichten hervor, etwa ›Die Geschichte von den raumfahrenden Mohawks der Außenstationen‹. Sein erster Roman ist *Lila Zukunft.*

Bibliografie:
Lila Zukunft, München 1984, H 4048
Dick – Eine Opernerzählung, Hannover: id-Verlag
Momentaufnahme 1984

Reiners, Chris

Bibliografie:
Sklaven der Roboter, Menden: Bewin 1966
Vermächtnis im All, Menden: Bewin 1966
Experiment mit Alf, Menden: Bewin 1967

Bibliografie/H:
Das Geheimnis des dritten Mondes, UZ 548 (1967)

Reither, Gerd

Bibliografie/H:
Der grüne Tod, ZSF 166 (1975)
Planet der Engel, ZSF 213 (1979)

Reldnik, C. E.

Bibliografie/H:
Stationen im Weltraum, UZ 78 (1956)

Rellum, C. B.

Bibliografie/H:
Hilfe für Usuria, LU 44 (1958)
Das Erbe von Qui-Se-Ma, LU 46 (1958)

Renard, Maurice (1875 – 1940)

In der französischsprachigen SF-Szene gilt R. als Klassiker und bester Autor des phantastischen Romans zwischen Jules Verne, J. H. Rosny Ainé einerseits und Jacques Spitz und René Barjavel andererseits. Er war zudem einer der ersten, die im SF-Genre eine literarische Bewegung sahen. R. begann um 1905 seine ersten Erzählungen zu publizieren; einige davon wurden sowohl in die englische als auch in die deutsche Sprache übertragen. LE DOCTEUR LERNE (1908) war sein erster und bester Roman und beschreibt die Geschichte eines Chirurgen, der als erster Gehirne verpflanzt. LE PERIL BLEU (1910) nimmt thematisch den viele spätere SF-Autoren beeinflussenden amerikanischen Esoteriker Charles Fort vorweg: die Menschheit wird nicht als ein Produkt der Evolution verstanden, sondern als von einer außerirdischen Rasse gezüchtet. In LES MAINS D'ORLAC (1920) sieht sich ein Pianist der unkontrollierbaren Gewalt seiner Hände ausgesetzt, die ihm nach einem Unfall transplantiert wurden und einem Mörder gehörten. In UN HOMME CHEZ LES MICROBES (1928) reist ein Mensch in den Mikrokosmos, während in L'HOMME TRUGUE (1921) ein Mann mit künstlichen Augen visuelle Alpträume durchlebt.

Bibliografie:

Der Doktor Lerne (DOCTEUR LERNE, SOUS DIEU), München: H v. Weber 1909
Die blaue Gefahr (LE PERIL BLEU), München: Drei Masken 1922
Orlac's Hände (LES MAINS D'ORLAC), München: Drei Masken 1922
Die Fahrt ohne Fahrt (C/OA), München: Drei Masken 1923
Ein Mensch unter Mikroben (UN HOMME CHEZ LES MICROBES), Berlin: Neue Berliner Verlagsgesellschaft 1928

Repp, Ed Earl (1901 – 1979)

Geboren in Pittsburgh, Pennsylvania. R. war einer der bekanntesten SF-Schreiber der frühen Pulp-Ära. Im Verlauf seiner Karriere verkaufte er ca. 55 SF-Stories an verschiedene Magazine, die erste davon, ›Beyond Gravity‹, im August 1929 an Hugo Gernsback, in dessen *Air Wonder Stories* sie erschien. Während des Zweiten Weltkriegs zog sich R. aus der SF zurück und konzentrierte sich ganz auf sein eigentliches Metier, den Western. Seine größten schriftstellerischen Erfolge hatte er als Skriptautor für Hollywood.

Resnick, Mike (Michael Diamond) (1942 –   )

R. wurde in Chicago geboren und studierte an der Universität von Illinois. Seit 1964 ist er freier Schriftsteller und hat unter diversen Pseudonymen über 250 Romane verfaßt (Sex, Gothics, Liebesromane usw.). Erste SF-Veröffentlichungen waren Stories im Jahre 1965, denen die GANYMEDE-Serie (2 Bücher 1967/68) folgte. Nach längerer

Abwesenheit kehrte er 1980 mit einer Novellisierung zu BATTLESTAR GALACTICA (nach Ideen von Glen A. Larson) zur SF zurück und schrieb in der Zeit danach in schneller Folge SF-Romane abenteuerlicher Machart wie THE SOUL EATER (1981) oder WALPURGIS III (1982). Deutlichen Einfluß von Olaf Stapledon zeigt BIRTHRIGHT: THE BOOK OF MAN (1982), eine Zukunftsgeschichte der Menschheit in Episodenform. Nach zwei Tetralogien, der humoristischen TALES OF THE GALACTIC MIDWAY (1982/83) und der erotisch angehauchten TALES OF THE VELVET COMET (1984–1986) publizierte er mit SANTIAGO: A MYTH OF THE FAR FUTURE (1986) sein bisher ambitioniertestes Werk.

Bibliografie:

Kampfstern Galactica 5: Die Entdeckung der Erde (BATTLESTAR GALACTICA 5 – GALACTICA DISCOVERS EARTH) (mit Glen A. Larson), München 1983, G 23752
Herr der bösen Wünsche (THE SOUL EATER), Bergisch Gladbach 1984, B 23035
Die größte Show im ganzen Kosmos. Band 1: Hereinspaziert zur Monsterparty (TALES OF THE GALACTIC MIDWAY: SIDESHOW), München 1984, G 23470
Die größte Show im ganzen Kosmos. Band 2: Applaus für die dreibeinige Stripperin (TALES OF THE GALACTIC MIDWAY: THE THREE-LEGGED HOOTCH DANCER), München 1985, G 23471
Die größte Show im ganzen Kosmos. Band 3: Manege frei für fremde Bestien (TALES OF THE GALACTIC MIDWAY: THE WILD ALIEN TAMER), München 1985, G 23472
Die größte Show im ganzen Kosmos. Band 4: Hände hoch, Bewohner der Galaxis (TALES OF THE GALACTIC MIDWAY: THE BEST ROOTIN' TOOTIN' SHOOTIN' GUNSLINGER IN THE WHOLE DAMNED GALAXY), München 1985, G 23473
Das Zeitalter der Sterne (BIRTHRIGHT: THE BOOK OF MAN), München 1985, Kn 5793
Walpurgis III (WALPURGIS III), München 1986, Kn 5805

Restif de la Bretonne, Nicolas Edme (1734–1806)

Geboren in Sacy bei Auxerre. Schrieb über 200 Sittenromane. Für die SF ist er durch seine Utopie LA DECOUVERTE AUSTRALE PAR UN HOMME VOLANT, OU LE DEDALE FRANÇAIS (1781; *Der fliegende Mensch* 1784) interessant. In ihr erfindet Victorin einen Flugapparat, zieht sich in die unzugänglichen Alpen zurück und fliegt später auf der südlichen

Erdhalbkugel von Insel zu Insel, wobei er mit seinem Sohn auf eine utopische Gesellschaft stößt, deren Zivilisation auf natürlich-rationalen Prinzipien und einer fortgeschrittenen Technologie fußt.

Reynolds, Mack (1917–1983) Pseudonym des in Corcoran/Kalifornien geborenen Dallas McCord Reynolds. R. ging in Kingston, New York, auf die High School und gab dort eine Schülerzeitung heraus. In den dreißiger Jahren war er als Publizist und Herausgeber für lokale Zeitungen tätig. Nach dem Krieg zog er in eine Künstlerkolonie nach Taos/ New Mexico, wo er seine Laufbahn als freier Schriftsteller begann. Er schrieb zunächst Kriminalgeschichten, wandte sich aber unter dem Einfluß Fredric Browns der SF zu. Auftakt zu mehreren hundert Kurzgeschichten und über 40 Romanen auf diesem Gebiet war seine erste veröffentlichte SF-Story: ›Isolationist‹, die 1950 in *Fantastic Adventures* erschien. R., der 25 Jahre Mitglied der American Socialist Labour Party war, hielt »tiefgreifende sozio-ökonomische Änderungen in naher Zukunft für nötig, wenn die Spezies Mensch überleben will«. Diese Überzeugung sowie die Tatsache, daß er als Auslandskorrespondent von *Rogue* 75 Länder bereiste, fanden ihren Niederschlag in vielen seiner Texte, besonders den späteren. Ab 1960 begann er verstärkt für das Magazin *Analog* zu schreiben, zunächst Abenteuer wie die Serien um Joe Mauser und die ›United Planets Organisation‹, die reine Unterhaltung darstellen und kaum politische Inhalte aufweisen. Seine späteren Romane stehen im Zeichen eines Gesamtkonzepts: In ihnen versuchte er ein wirklichkeitsnahes Bild der Welt im Jahre 2000 zu entwerfen, indem er verschiedene politische und sozioökonomische Strömungen extrapolierte. Ein gutes Dutzend Romane gehören zu diesem Projekt, darunter die Serien um Julian West, LOOKING BACKWARD FROM THE YEAR 2000 (1973) und EQUALITY IN THE YEAR 2000 (1977) – R. variiert den Klassiker LOOKING BACKWARD 2000–1887 seines Vorbildes Edward Bellamy –, und Bat Hardin, etwa COMMUNE 2000 AD (1974), THE TOWERS OF UTOPIA (1975) und ROLLTOWN (1976).

In einer Leserumfrage des Magazins *Galaxy* wurde R. Ende der sechziger Jahre zum beliebtesten Autor gewählt; drei seiner Stories wurden für SF-Preise nominiert, ohne sie zu gewinnen. Sein Vorhaben, die unmittelbare Zukunft in unterhaltsamen Romanen auszuloten, steht in der amerikanischen SF einmalig da. Größere Popularität blieb ihm jedoch versagt, was sicherlich auch darin begründet liegt, daß viele seiner Romane in stilistischer Hinsicht nur Durchschnitt waren.

Bibliografie:
Notruf aus dem All (STAR TREK – MISSION TO HORATIUS), München/Wien: Schneider 1970

Bibliografie/H:
Die Kaste der Söldner (MERCENARY), UZ 508 (1967)
Der Computer-Krieg (COMPUTER WAR), TN 43 (1968)
Welten im Aufruhr (ULTIMA THULE), TN 55 (1969)
Das Geheimnis der Urmenschen (DAWNMAN PLANET), TN 183 (1971)
Gladiator der Zukunft (TIME GLADIATOR), TA 3 (1971)
Planet der Zweikämpfe (CODE DUELLO), TA 11 (1971)
Weltraumbarbaren (THE SPACE BARBARIANS), TA 93 (1973)
Revolte gegen das Technat (THE COSMIC EYE), TA 157 (1974)

Rezac, Karl DDR-Autor.

Bibliografie:
Der rätselhafte Stein, Berlin/DDR: Junge Welt 1973

Rhys, John (Pseudonym)

Bibliografie/H:
Expedition schwarzer Stern, UZ 101 (1957)

Richard(s), R. J. Siehe Kaiser, Hans K.

Richard-Bessiere, R.
Französischer Autor.

Bibliografie/H:
Finale für Sol III (LES DERNIERS JOURS DE SOL III), UZ 361 (1963)

Richards, Evan
Siehe Anhang SERIEN: *Der Sechs-Millionen-Dollar-Mann*

Richards, K. Siehe Koch, Richard

Richmond, Walt und Leigh
(Tucker) (1922–1977)

Amerikanisches Autorenehepaar. W. wurde in Memphis, Tennessee, geboren und war Physiker, übte seinen Beruf jedoch nicht aus. L. studierte an der Louisiana State University und arbeitete als Reporterin, Fotografin und Redakteurin. 1961 erschien L.s Erstlingswerk in der SF, die Novelle ›Prologue to an Analog‹ in *Analog*. Ihre erste Gemeinschaftsarbeit war WHERE I WASN'T GOING (1963), ein Fortsetzungsroman, der im gleichen Magazin publiziert wurde und wie die meisten ihrer späteren Arbeiten einen wissenschaftlichen Hintergrund aufwies. Die R.s schrieben Hard SF, die auf den Erkenntnissen fußte, zu denen man in der Centric Foundation gelangt war, einer wissenschaftlich ausgerichteten Gesellschaft, der die beiden vorstanden. In Buchform veröffentlichte Romane sind: SHOCKWAVE (1967), THE LOST MILLENNIUM (1967), PHOENIX SHIP (1969), GALLAGHER'S GLACIER (1970), POSITIVE CHARGE (1970), CHALLENGE THE HELLMAKER (1976) und THE PROBABILITY CORNER (1977).

Bibliografie/H:

Schockwelle im Kosmos (SHOCKWAVE), TN 49 (1968)

Richter, Ernst H. (1901–1958)

Während der fünfziger Jahre zählte der ausschließlich für Leihbuchverlage schreibende Justizinspektor R. zu den bekanntesten Verfassern bundesdeutscher Science Fiction – ohne allerdings die meisten anderen zu überragen. R. befaßte sich seit 1919 mit dem Genre des utopischen Romans, veröffentlichte seinen Erstling, *Die Unverwundbaren,* jedoch erst 1953. Von 1955 bis 1958 schrieb er ein rundes Dutzend Bücher, teilweise unter Pseudonymen wie Ernest Terridge und William Brown; eine Abkürzung dieses Decknamens (nämlich W. Brown) benutzten nach Richters Tod dann abwechselnd zwei andere Leihbuchautoren: W. W. Shols und Hans Peschke.

Bibliografie:

Die Unverwundbaren, Balve: Zimmermann 1953
Die Vulkane brechen auf, Balve: Zimmermann 1953

Als Ernest Teridge:

Tödliche Schwarzwolken, Balve: Zimmermann 1956
Und sie kamen vom Sirius, Balve: Zimmermann 1956
Die Eroberung der Erde, Balve: Zimmermann 1957

Als William Brown:

Stern des Grauens, Menden: Bewin 1955
Drei setzen sich ab, Menden: Bewin 1955
Ruf aus dem All, Menden: Bewin 1956
Weltuntergang, Menden: Bewin 1956
Europall, ein neuer Planet, Menden: Bewin 1957
Herculiden über der Erde, Menden: Bewin 1957
Untergang der Galaxis, Menden: Bewin 1958

Richter, Hans (1889–1941)

Hans (eigentlich Johannes) Richter war ein deutscher Schriftsteller, der in Berlin geboren wurde. Er schrieb auch unter dem Pseudonym Maximilian Lahr und verfaßte eine Vielzahl von Romanen, Novellen, Essays und vor allem Jugendbücher unterschiedlicher Genres. Seine vier utopischen Romane – Erstling: *Der Kanal* (1923) – erschienen alle in den zwanziger Jahren. Hans Richter starb 1941 in Dubna bei Lemberg in Polen.

Bibliografie:

Der Kanal, Leipzig: Keil's Nachfolger 1923
Turmstadt, Leipzig: Keil's Nachfolger 1926
T 1000, Hannover: Sponholtz 1927
Ozeania 3000 PS, Leipzig: Keil's Nachfolger 1928

Riegl, Carl

Pseudonym Walter Reinecke.

Bibliografie/H:

Kampf der Sternengilden (mit Jo Arming), UZ 569 (1968)

Rieve, Oliver

Pseudonym von S. C. Oliver.

Bibliografie/H:

Die zwölfte Generation, ZSF 101 (1970)
Und die Zeit bleibt nicht stehen, A 20 (1972)

Riley, Frank
Der amerikanische Autor Frank Riley wurde hauptsächlich als Ko-autor von Mark Clifton bekannt. Gemeinsam schrieben sie den Roman THEY'D RATHER BE RIGHT (1954), der 1955 den Hugo gewann. Außerdem schrieb Riley ›The Execution‹, 1956 in *If* erschienen.

Bibliografie:
Computer der Unsterblichkeit (THEY'D RATHER BE RIGHT), München 1967, TTB 119

Rißmann, Hartmut (1954 –   )
Deutscher Autor, geboren in Wermelskirchen.

Bibliografie:
Ein Grab im Weltraum, Köln: Ellenberg 1981

Ri Tokko
Bibliografie:
Das Automatenzeitalter, Wien: Amalthea 1931

Ritter, Roman (1943 –   )
Deutscher Lektor und Autor, geboren in Stuttgart.

Bibliografie:
(Hrsg.) *Die siebente Reise* (mit Hermann Peter Piwitt), München: Autorenedition 1978

Riviere, Giles (Pseudonym)
Bibliografie/H:
Der Raid der Sieben von Terra, Ge 45 (1977)

Robbin, Jen
Bibliografie:
Zwischen den Sternen lauert Gefahr, o. O.: Hirundo o. J.

Robé, Alexander Siehe Chippers, David

Robert, Henry
Siehe Anhang SERIEN: *Die Terranauten TB*

Roberts, Keith (John Kingston)
(1935 –   )

Britischer SF-Autor und Künstler. R. wurde in Northamptonshire geboren, studierte Kunst und arbeitete längere Zeit als Illustrator in der Werbebranche. Heute ist er freiberuflich in der Werbung tätig. Roberts, der auch unter den Pseudonymen David Stringer und John Kingston schrieb, veröffentlichte seine ersten zwei Erzählungen, ›Anita‹ und ›Escapism‹, 1964 im britischen Magazin *Science Fantasy* (beide 10/64). 1966 war er kurze Zeit selbst Herausgeber dieses Magazins, dessen Name kurz zuvor in *Impulse* umgeändert worden war. Hier, in *New Worlds,* sowie in den Anthologien Ted Carnells erschien der Großteil seiner Erzählungen. Diese Literaturform stellt auch R.' Stärke dar: Die meisten seiner sechs Romane bestehen aus zusammengefaßten Kurztexten. Sein Romanerstling war THE FURIES (1966), bekannt wurde er jedoch durch PAVANE (1968). PAVANE gilt als einer der ambitioniertesten Alternativweltromane. R. geht darin von der Annahme aus, Königin Elisabeth I. sei ermordet worden und die spanische Armada hätte die englische Flotte besiegt. Die Handlung spielt in einem alternativen England des 20. Jahrhunderts, das unter dem starken Einfluß der katholischen Kirche steht, die in Europa und Amerika die uneingeschränkte Macht ausübt. Der Fortschritt wird unterdrückt; die Inquisition führt ein brutales Regiment. Dennoch vermag die Kirche die Entwicklung nicht aufzuhalten. PAVANE kann als R.' Hauptwerk gelten. Neben vier Kurzgeschichtensammlungen des Autors, der Mitte der sechziger Jahre auch Titelbilder für *New Worlds* und *Impulse* schuf und 1982 den Preis der British Science Fiction Association erhielt, sind noch seine Romane THE INNER WHEEL (1970), THE CHALK GIANTS (1974) und KITEWORLD (1985) erwähnenswert.

Bibliografie:

Der Neptun-Test (THE FURIES), München 1966, GWTB 086
Die folgenschwere Ermordung Ihrer Majestät Königin Elisabeth I. (PAVANE), München 1977, H 3527
Die neuen Götter (C) (THE GRAIN KINGS), München 1979, G 23327
Homo Gestalt (THE INNER WHEEL), Bergisch Gladbach 1980, B 22025

Die Kreideriesen (THE CHALK GIANTS), Bergisch Gladbach 1981,
B 22038
Maschinen und Menschen (C) (MACHINES AND MEN), München 1981,
G 23343
Die Revolution der Windmühlen (C) (LADIES FROM HELL), München
1981, G 23378
Pavane (PAVANE) (erweiterte Neuausgabe), München 1984,
HSFB 38

Roberts, Lionel Siehe Fanthorpe, R. Lionel

Roberts, Michael Siehe Springer, H. W.

Robertson, Dick R.

Pseudonym eines deutschen Autors.

Bibliografie/H:

Herr der Höllenwelt, UZ 479 (1966)
Irrfahrt durch die Zeiten, UZ 515 (1967)

Robin, Fred

Bibliografie:

Solar ruft Basis I, Münster: Borgsmüller 1960

Robinett, Stephen (1941 –   )
R. wurde in Long Beach/Kalifornien geboren. Er studierte Geschichte und Jura in Kalifornien und promovierte 1971 als Doktor der
Rechte. Seine erste Veröffentlichung war die Story ›Minitalent‹ in
Analog, die in der Märzausgabe 1969 unter dem Pseudonym Tak
Hallus abgedruckt wurde. Auch ein Vorabdruck seines Romans
STARGATE (1976) in *Analog* lief unter diesem Pseudonym. R. veröffentlichte außer in *Analog* auch Erzählungen in *Galaxy, Vertex, Orbit*
und *Omni.*
    Seine besten Geschichten, von denen einige sehr humorvoll sind,
erschienen gesammelt in dem Band PROJECTIONS (1979). Ein weiterer
Roman ist THE MAN RESPONSIBLE (1978).

Bibliografie:

Das Sternentor (STARGATE), München 1979, GWTB 23286
Ein Mann mit Verantwortung (THE MAN RESPONSIBLE), München 1986,
H 4316

Robinson, Frank M(alcolm)
(1926 –   )

Amerikanischer Autor, geboren in Chicago. R. studierte am Beloit College, Wisconsin, Physik und später an der Northwestern University Journalismus. Davor hatte er als Laufjunge bei Ziff-Davis Verlagsluft geschnuppert. In den fünfziger bis siebziger Jahren als Redakteur bei verschiedenen Zeitschriften *(Family, Weekly, Rogue, Cavalier, Playboy)*, seit 1973 freier Schriftsteller. Seine ersten Stories wurden in *Astounding* veröffentlicht, sein erster Roman THE POWER (1956) wurde verfilmt und auch bei uns publiziert. Es war aber erst seine Zusammenarbeit mit Thomas N. Scortia und der Erfolg ihres gemeinsamen Katastrophenromans THE GLASS INFERNO (1974, sehr erfolgreich verfilmt unter dem Titel *Flammendes Inferno*), die ihm den Durchbruch ermöglichten. Drei weitere Katastrophenromane in Zusammenarbeit mit S. folgten: THE PROMETHEUS CRISIS (1975), THE NIGHTMARE FACTOR (1978) und THE GOLD CREW (1980). Ein politischer Thriller der nahen Zukunft entstand in Zusammenarbeit mit John Levin: THE GREAT DIVIDE (1982).

Bibliografie:

Inferno (THE GLASS INFERNO) (mit Thomas N. Scortia), München:
Herbig 1976
Reaktor XZ 519 (THE PROMETHEUS CRISIS) (mit T. N. Scortia), München:
Herbig 1977
Die lautlose Macht (THE POWER), Frankfurt am Main/Berlin/Wien
1977, U 31037

Bibliografie/H:

Verräter an Terra (COSMIC SABOTEUR), UZ 79 (1956)

Robinson, Jeanne Siehe Robinson, Spider

Robinson, Kim Stanley

(1952 –   )

Geboren in Waukegan, Illinois. R. studierte in San Diego Englische Literatur an den Universitäten von San Diego und Boston und erhielt eine Professur an einem kalifornischen College. Er ist einer der vielversprechendsten amerikanischen SF-Autoren der achtziger Jahre. Seine ersten Stories erschienen zwar schon Ende der siebziger Jahre (in Damon Knights Anthologienserie *Orbit*), aber es waren seine Kurzgeschichten ›Venice Drowned‹ (*Universe* 11), ›To Leave a Mark‹ (*F&SF,* 11/82) und ›Black Air‹ (*F&SF,* 1984), mit denen er sich in kürzester Zeit einen Namen machte. Alle drei wurden für den Nebula Award oder Hugo Gernsback Award nominiert, und letztere gewann darüber hinaus den World Fantasy Award. Einem größeren Publikum wurde R. jedoch erst nach dem Erfolg seines Romanerstlings THE WILD SHORE (1984) bekannt, der ebenfalls für den Nebula Award nominiert wurde und als bester Erstlingsroman mit dem Locus Award ausgezeichnet wurde. R. schildert darin die Abenteuer eines Halbwüchsigen in einem unter Quarantäne . stehenden Nachatomkriegs-Amerika. In ICEHENGE (1985), R.s zweitem Roman, werden dieselben Ereignisse aus der Sicht von drei verschiedenen Personen völlig unterschiedlich dargestellt. Geschichte und Erinnerung sind in Orwellschem Sinne relativ und fließend, denn in der postatomaren Zukunftswelt, in der die Handlung spielt, leben die Menschen jahrhundertelang, aber die Regierung kontrolliert alle Informationen und hat die Erinnerungen aller Personen auf fünfzig Jahre begrenzt. ICEHENGE zeigt deutlich den Einfluß von Philip K. Dick, und das verwundert nicht, schrieb R. doch seine Dissertation über Dick und veröffentlichte sie in abgeänderter Form als THE NOVELS OF PHILIP K. DICK (1984). Das soll aber nicht heißen, daß R. sich zu sehr an seinem Vorbild orientiert – er schreibt einen eigenen Stil, entwickelt neue Ideen und haucht seinen Charakteren soviel Leben ein, daß man ihn wirklich als eine neue Kraft in der amerikanischen SF sehen muß. Mit ›Escape from Kathmandu‹ und ›Down and out in the year 2000‹ zum Beispiel schrieb er zwei der besten SF-Erzählungen des Jahres 1986 (in deutscher Übersetzung als ›Flucht aus Katmandu‹, in ›Schöne nackte Welt‹, Hrsg. W. Jeschke, München 1987, H 4380 und ›Aus und erledigt im Jahr 2000, in ›L wie Liquidator‹, Hrsg. W. Jeschke, München 1987, H 4410, erschienen).

Bibliografie:

Das wilde Ufer (THE WILD SHORE), Bergisch Gladbach 1986, B 24083

Robinson, Spider (1948 –   )

R. wurde in New York geboren, wo er auch an der State University studierte. Heute lebt er in Halifax, Kanada. R. kam 1973 zur SF und hatte fast augenblicklich Erfolg: als Autor und als Kritiker. 1974 wurde ihm der John W. Campbell Award als hoffnungsvollstem neuen Autor verliehen, und auch seine Buchbesprechungen in *Galaxy* erhielten viel Lob. Die Sammlung CALLAHAN'S CROSSTIME SALOON (1977) vereinigt einige seiner frühen Stories, die nach bekannten literarischen Traditionen – man denke nur an Lord Dunsany – durch eine Rahmenhandlung verbunden sind, d. h. in ›Callahan's Saloon‹ erlebt oder erzählt werden. Aus der *Analog*-Story ›By any Other Name‹ entstand sein erster Roman, TELEMPATH (1976). Ebenfalls aus einem kürzeren Text ging der zweite, in Zusammenarbeit mit seiner Frau Jeanne entstandene Roman STARDANCE (1979) hervor. Die zugrundeliegende Novelle gleichen Namens gewann den Nebula Award 1977 und 1978 den Hugo Gernsback Award sowie den Locus Award. 1980 erschien eine Sammlung von Erzählungen unter dem Titel ANTINOMY, und 1981 wurden die Geschichten aus Callahan's Saloon mit dem Band TIME TRAVELLERS STRICTLY CASH fortgesetzt. Weitere wichtige Bücher von R. sind die Romane MINDKILLER (1982), ein SF-Thriller mit kriminalistischen Elementen, und NIGHT OF POWER (1985) sowie die Collection MELANCHOLY ELEPHANTS (1985).

Bibliografie:

Die Telepathen (TELEMPATH), München 1979, G 23323
Sternentanz (STARDANCE) (mit Jeanne Robinson), München 1984, H 4082
Die Zeitreisenden in Callahan's Saloon (C/OA aus CALLAHAN'S CROSSTIME SALOON und TIME TRAVELLERS STRICTLY CASH), München 1986, H 4321

Für Zeitreisende nur gegen bar (C/OA aus CALLAHAN'S CROSSTIME
SALOON und TIME TRAVELLERS STRICTLY CASH) , München 1986, H 4322

Rock, C. V. (1915 – 1985)

Der Münchner Kriminologe, Schriftsteller und Drehbuchautor C. V.
Rock (wirklicher Name: Kurt Roecken), der auch unter den Pseudonymen Henry Walter, Edgar T. Sterling und Cecil V. Freed SF-Romane publizierte, verfaßte zunächst allgemeine Unterhaltungsliteratur und Kriminalromane und unternahm seinen ersten Ausflug in
utopische Gefilde 1938: *Der Flug in die Erde* schildert die Reise eines wissenschaftlichen Teams in das Innere der Erde, das auf eine
dort lebende Pygmäenrasse stößt, mit dem es blutige Kämpfe auszufechten hat. Sein Roman ist ein Tribut an die seinerzeit weitverbrei-
teten Theorien von der Erde als Hohlwelt. 1939 erschien dann die
SF-Trilogie *Expedition ins All, Die glühenden Türme* und *Rückkehr
aus dem All.* Thema: Ein böser amerikanischer Finanzmagnat verändert die Stellung der Erdachse. Der darauf folgenden Katastrophe
entkommen lediglich ein paar Dutzend deutsche Wissenschaftler
(und ein paar Mexikaner), die sich mit gerade fertiggestellten Raumschiffen auf den Planeten Venus retten. R.s Vorstellungskraft war –
gemessen an den Themen, die zur gleichen Zeit seine amerikanischen Kollegen verarbeiteten – hausbacken und altmodisch, seine
Charaktere zweidimensional. Während der ersten SF-Welle, die die
Bundesrepublik in den fünfziger Jahren heimsuchte, belegten die
Romane Rocks stets die letzten Plätze bei Umfragen nach beliebtesten SF-Romanen. 1958 erschien mit *Das Marsgeschäft* für lange Zeit
das letzte SF-Epos aus der Feder Rocks. Erst Anfang der siebziger
Jahre tauchte er (speziell als Verfasser von utopischen Jugendbüchern) wieder in der Szene auf.

Bibliografie:

Als C. V. Rock:

Der Flug in die Erde, Bremen: A. Burmester 1938
Das kalte Licht, Auffenberg 1938
Experiment im All, Bremen: A. Burmester 1939
Die glühenden Türme, Bremen: A. Burmester 1939
Rückkehr aus dem All, Bremen: A. Burmester 1939
Nacht im Kielraum, Baur 1950
Patrouillenkreuzer WAP 792, Balve: Engelbert 1974
Die Geheimnisse des Planeten Syna, Balve: Engelbert 1975

Spion auf Luna II, Balve: Engelbert 1976
Entführung der DENEB III, Balve: Engelbert 1977
Die lebende Zeitbombe, Balve: Engelbert 1978
Verschollen im Jenseits, Balve: Engelbert 1979
Keine Chance für Marina, Göttingen: Fischer 1982
Der Geisterstern, Göttingen: Fischer 1982
Räuber auf Selena, Göttingen: Fischer 1983
Der Teufel vom Mars, Göttingen: Fischer 1983

Als Henry Walter:

Der Ruf vom Mond, Linz: Ibis 1947
Mondsender LB 11, Linz: Ibis 1947
Mondstation Ovillon, Berlin: Deta 1950
Der Sturz vom Himmel, Düsseldorf: Burg 1955
Spuren ins Jenseits, Drei Sterne 1956
Das Ewige Leben, Drei Sterne 1956

Bibliografie/H:

Als Cecil V. Freed:

Roboteraugen, UZ 45 (1955)

Als Edgar T. Sterling:

Fenster zum Mars, UZ 144 (1958)
Rettungsstation Alpha 114, UZ 151 (1958)
Mörder auf Jupiter, UZ 153 (1958)
Die geraubte Seele, UZ 155 (1959)
Kolonie Erde, UZ 159 (1959)

Als Henry Walter:

Ultimatum aus dem All, UG 14 (1955)
Himmelsfackel, UG 17 (1955)
Bodenstation Venus, UG 20 (1955)
Das Marsgeschäft, UZ 148 (1958)

Rocklynne, Ross (1913 –   )
Pseudonym des amerikanischen SF-Autors Ross Louis Rocklin, geboren in Cincinnati, Ohio. R. ist ein Magazin-Autor der ersten Stunde. Er begann seine Karriere 1935 in *Astounding* mit der Story ›Man of Iron‹. Thematisch gehören viele seiner Geschichten in den Bereich der Space Opera, er war aber in der Lage, sich auch dem veränderten Lesergeschmack der fünfziger Jahre anzupassen. 1973 er-

schien seine ›Colbie and Deverel‹-Serie unter dem Titel THE MEN IN THE MIRROR; seine ›Darkness‹-Serie wurde im gleichen Jahr – gesammelt als THE SUN DESTROYERS – herausgegeben. Bei uns wurde er in erster Linie durch den Kurzroman ›Time Wants a Skeleton‹ (1941) bekannt.

Bibliografie/H:

Ring der Verdammnis (TIME WANTS A SKELETON), UZ 93 (1957) (auch: *Der Ring aus der Vergangenheit*)

Roddenberry, Gene (1921–)

Voller Name: Eugene Wesley Roddenberry, geboren in El Paso, Texas. Amerikanischer Regisseur und Autor. Schöpfer der STAR TREK-Fernsehserie.

Bibliografie:

Star Trek (STAR TREK – THE MOTION PICTURE), München 1980, M 6702

Rogersohn, William

Bibliografie:

Amiro (AMIRO),UZ 196 (1959)

Rogoz, Adrian (1924–)

Der rumänische Autor schreibt seit 1955 SF, als er beim ersten nationalen Science Fiction-Wettbewerb für die Erzählung ›Inima de Ciuta‹ (›Das tönerne Herz‹), die er mit einem Arzt verfaßt hatte und in der er die erste Herztransplantation vorwegnahm, einen Preis gewann. In Zusammenarbeit mit C. Ghenea erschien im gleichen Jahr der Roman URANIU (Uranium). Rogoz wurde Redakteur der Reihe *Wissenschaftlich-Phantastische Erzählungen*. In seinem eigenen Schaffen ist er sehr anspruchsvoll; er arbeitete zehn Jahre an dem Roman OMUL SI NALUCA (Der Mensch und das Gespenst, 1965). 1975 erschien sein Novellenband PRETUL SECANT AL GENUII (Der lästige Preis des Abgrundes). 1953 erhielt er den Staatspreis für Literatur, außerdem 1972 den Preis des Eurocon I in Triest.

Rogoz, Georgina Viorica (1927–)

Freischaffende rumänische Schriftstellerin. Sie schrieb mehrere Kindermärchenbücher und debütierte in der SF mit der Erzählung ›Strania Maladie Siderala‹ (›Die sonderbare Sternenkrankheit‹, 1963). Es

folgten die Romane EU SI BATRINUL LUP DE STELE (Ich und der alte Ster-
nenwolf, 1966) und TAINA SFINXULUI DE PE MARTE (Das Geheimnis der
Sphinx vom Mars, 1968), die in einer Science Fiction-Reihe für klei-
ne Leser erschienen sind. 1975 wurde ihr Erzählungsband ANOTIM-
PUL STRENELOR (Die Jahreszeit der Sirenen) publiziert. Die Anthologie
Das präparierte Klavier (Bukarest, 1982) enthält ihre Erzählung
›Oceanul Cu Trilori‹ (›Der zirpende Ozean‹, 1965), eine Variation
zum Thema: Nutzung der Intelligenz von Delphinen.

Rohr, W(olf) D(etlef)
(1928 – 1981)
Der in Breslau geborene Schriftsteller
und Literaturagent R. hatte schon
eine erkleckliche Anzahl von Kriminalromanen für die bundesdeutsche
Leihbuchverlag-Szene geschrieben,
bevor er zur Science Fiction stieß.
Mitte der fünfziger Jahre war er eine
der einflußreichsten Persönlichkeiten
des 1958 aus dem SFCD hervorge-
gangenen Science Fiction Club Europa. Von 1958 bis 1960 gab Rohr
das erste professionell gedruckte Fan-Magazin (Titel: *Blick in die Zukunft*) heraus. 1960 wurde R. Chefredakteur des kurzlebigen Ju-
gendmagazins *Hallo* und zog sich anschließend ganz vom SF-Litera-
turbetrieb zurück. R. publizierte in den zwölf Jahren zwischen 1951
und 1963 mehr als hundert Romane (teilweise unter Pseudonymen
wie Wayne Coover, Allan Reed und Jeff Caine), die durch sensa-
tionsheischende Titelgebung, wie etwa *Todesstrahlen* (1957), *Hölle
Venus* (1953), *Nichts rettet die Erde mehr* (1957) und *Die
Schrecklichen von Gharrar* (1958) auf sich aufmerksam zu
machen versuchten.

Bibliografie:

Die gläserne Stadt, Berlin: Commedia 1951
Invasion aus dem Universum, Osnabrück: Netsch 1952
Brücken ins All, Osnabrück: Netsch 1952
In den Geisterstädten des Merkur, Düsseldorf: Dörner 1953
Hölle Venus, Düsseldorf: Dörner 1953
Signale vom Mars, Düsseldorf: Dörner 1953
Weltuntergang 1966, Düsseldorf: Dörner 1953 (auch:
Weltuntergang 1986?)

Die Ungeheuer des Jupiter, Düsseldorf: Dörner 1954
Auf den Monden des Saturn, Düsseldorf: Dörner 1954
Uranus schweigt, Düsseldorf: Dörner 1954
Dr. Toyakas Weltraumtestament, Düsseldorf: Dörner 1954
Homunkulus, der künstliche Übermensch, Düsseldorf: Dörner 1955
Neptun, Stern der blauen Zwerge, Düsseldorf: Dörner 1955
Der weiße Planet Pluto, Düsseldorf: Dörner 1955
Experiment mit dem Tod, Düsseldorf: Dörner 1955
Duell der Raketen (I), Balve: Gebr. Zimmermann 1956
Duell der Raketen (II), Balve: Gebr. Zimmermann 1956 (auch:
Mondstation Himmelswiese)
Todesstrahlen, Wuppertal: Wiesemann 1957
Nichts rettet die Erde mehr, Düsseldorf: Dörner 1957
Planet des Unheils, Düsseldorf: Dörner 1957
Der Tod aus dem Nichts, Düsseldorf: Dörner 1958
Raumschiff ohne Namen, Düsseldorf: Dörner 1958
Die Schrecklichen von Gharrar, Düsseldorf: Dörner 1958
Die furchtbare Sonne, Düsseldorf: Dörner 1958
Regulatoren der Zeit, Rastatt 1982, WDR 39

Als Allan Reed:

Nur ein kleines Loch in der Stirn, Basel: Ravena 1954
Todes-AG Mond, Basel: Ravena 1954
Der Mörder ist unsichtbar, Basel: Ravena 1954
Und eine sieht aus wie die andere, Basel: Ravena 1955
Das Mädchen und die Sphinx, Basel: Ravena 1955
Angst ohne Ende, Basel: Ravena 1956
Schatten im Mondlicht, Basel: Ravena 1956
Auch er wird sterben, Basel: Ravena 1956
Tödliche Küsse, Basel: Ravena 1957
Seine letzte Nacht, Basel: Ravena 1957

Als Wayne Coover:

Das Geheimnis der schwarzen Sonnenflecken, Düsseldorf: Dörner
1955 (auch: *Das Geheimnis der Sonnenflecken*)
Invasion aus dem Weltall, Düsseldorf: Dörner 1956
Planet im Alpha Centauri, Düsseldorf: Dörner 1956
Im Nebel der Andromeda, Düsseldorf: Dörner 1957
Meuterei im Weltraumschiff, Düsseldorf: Dörner 1957
Wächter im All, Düsseldorf: Dörner 1960
Legion der Verdammten, Düsseldorf: Dörner 1960

Tödliche Sterne, Düsseldorf: Dörner 1960
Gangster im All, Düsseldorf: Dörner 1960
(auch: *Gangster im Weltraum*)
Inferno, Düsseldorf: Dörner 1960
Waffen für Beta Centauri, Düsseldorf: Dörner o. J.

Bibliografie/H:

Die Jupitergilde, UG 30 (1955)
Das Ding vom anderen Stern, UG 32 (1955)

Roland, Henry Siehe Pukallus, Horst

Rose, Lawrence F. Siehe Fearn, John Russell

Rosenbauer, Roland (1956 –   )
Deutscher Autor und Herausgeber, geboren in Cadoltzburg. Studierte Betriebswirtschaft und arbeitete danach im Buchhandel. Schreibt seit Mitte der siebziger Jahre SF, teilweise unter Pseudonymen wie Roger Damon, Mike Shadow und H. P. Usher.

Bibliografie:

(Hrsg.) *Computerspiele,* München 1980, H 3745

Bibliografie/H:

Der Kälteschläfer, TA 278 (1976)
Ruf der Unendlichkeit, TA 289 (1977)
Strom der Unsterblichkeit, TA 296 (1977)
Einsatzkommando Andromeda, TA 413 (1979)
Plasma-Jäger (mit Michael Nagula), TA 435 (1979)

Rosendorfer, Herbert (1934 –   )
Geboren in Bozen, lebt R. seit 1939 in München. Seit 1967 Richter, daneben schriftstellerische Arbeiten.

Bibliografie:

Briefe in die chinesische Vergangenheit, München:
Nymphenburger 1983

Roshwald, Mordecai (1921 –   )
Geboren in Drohobycz (Polen), heute in den USA lebend. R. studierte in Jerusalem Philosophie, promovierte und leistete in Israel

seinen Militärdienst ab. Er ist heute Professor an der University of Minnesota. Neben einigen anderen Büchern hat er auch zwei SF-Romane veröffentlicht, LEVEL SEVEN (1959) und A SMALL ARMAGGEDON (1962). Beide Titel sind von der Atomkriegsangst ihrer Zeit geprägt. A SMALL ARMAGGEDON schildert die Taten des verrückt gewordenen Kommandanten eines Atom-U-Bootes, der die USA erpressen will. LEVEL SEVEN (1959) ist einer der besten ›Ernstfall-Romane‹. In ihm werden Vorbereitung und Ausbruch des Atomkriegs geschildert, und zwar aus der Sicht von Menschen, die in unterirdischen Bunkeranlagen, sogenannten Ebenen, überleben sollen. Dieser mit Engagement und großer Bitterkeit geschriebene Roman wurde u. a. von Bertrand Russell gelobt.

Bibliografie:

Das Ultimatum (LEVEL SEVEN), München 1962, GZ 27

Rosny, J. H. (Ainé) (1856–1940)

R., dessen wirklicher Name Joseph Henry Boex war, stammte zwar aus Brüssel, verbrachte jedoch die meiste Zeit seines Lebens in Frankreich. Er gilt als einer der wichtigsten Autoren früher Science Fiction, schrieb allerdings auch eine Unmenge von Romanen, die in der Frühzeit des Menschen angesiedelt sind (und viele phantastische Elemente enthalten) sowie Sachbücher. Er erfand übrigens den Begriff ›Astronaut‹ (1928). Rosny galt zeitlebens als schriftstellerisches Phänomen, weil er alle Arten von Literatur schrieb, und er brachte es auf nicht weniger als einhundert Bücher. Zwischen 1892 und 1907 arbeitete er mit seinem jüngeren Bruder zusammen, der später das gemeinsame Pseudonym allein übernahm. Eine freie Bearbeitung des SF-Abenteuerromans L'ETONNANT VOYAGE D'HARETON IRONCASTLE (1922) erschien 1976 als IRONCASTLE in den USA; er schildert die Abenteuer eines Mannes, der ein Teilstück eines anderen Planeten erforscht, das auf die Erde gefallen ist. In LE FELIN GEANT (1918) geht es um einen Cro-Magnon-Menschen, dem auf der Jagd seltsame Tiere und Intelligenzen begegnen. Am bekanntesten innerhalb des SF-Genres wurde LES XIPEHUZ (1888), ein Erstkontakt-Roman, aber auch LA MORT DE LA TERRE (1910), LA FORCE MYSTERIEUSE (1913), LES NAVIGATEURS DE L'INFINI (1925) und LES ASTRONAUTES (posthum 1960 veröffentlicht) zeugen von seinem Können. Prähistorische Geschichten (mit gelegentlichen Begegnungen der ›dritten Art‹) sind VAMIREH (1892), LA GUERRE DU FEU (1909), HELGOR DU FLEUVE BLEU (1930) und LES HOMMES SANGLIERS (1929).

Bibliografie:
Die geheimnisvolle Kraft (LA FORCE MYSTERIEUSE), München:
Drei Masken 1922
Am Anfang war das Feuer (LA GUERRE DU FEU), Wien/Heidelberg:
Ueberreuter 1983 (auch: Zürich: Benziger 1983)

Ross, Gerhard

Bibliografie:
Raumschiff zur Venus Centaur, Münster: Aschendorff 1973

Ross, James Siehe Bounds, Sydney J.

Rossello, José Antonio Spanischer Autor.

Bibliografie/H:
Verschwörung gegen Terra (o. a. Originaltitel), T 25 (1958)
Hände weg von Demeter (EL ZORRO DEL ESPACIO), UZ 262 (1961)

Rossochowatski, Igor (1929 –   )

Igor Rossochowatski wurde in der Ukraine geboren, absolvierte
eine Ausbildung als Philologe und erwarb sich grundlegende naturwissenschaftliche Kenntnisse als Autodidakt. Heute arbeitet er als
Zeitungsredakteur in Kiew. Er veröffentlicht seit 1961 Science Fiction, darunter mehrere Sammelbände und Erzählungen (etwa ZA-
GADKA AKULY, ›Das Rätsel des Haifisches‹, und STRELKI TSCHASSOW, ›Die
Uhrzeiger‹) und die Romane PUST SEJATEL SNAJET (›Möge der Säer
wissen‹, 1973) und *Die Pechvögel* (1973). Gemeinsam mit Dr. A.
Stogli, einem bekannten Kybernetiker, verfaßte er ein Buch über
›kybernetische Doppelgänger‹.

Roszak, Theodore (1933 –   )

Geboren in Chicago. R. promovierte in Princetown und ist Professor
für Geschichte an der California State University. Er machte sich auf
dem Gebiet der Technologiekritik und alternativer Lebensformen
weltweit einen Namen.

Bibliografie:
Wanzen im Hirn (BUGS), Gießen: Focus 1983 (auch: *Das Ende der
Computer*)
Dreamwatcher (DREAMWATCHER), Gießen: Focus 1986

Roth, Philip (1933 –   )

Geboren in Newark, New Jersey. ›Mainstream‹-Autor, der in seinen Romanen auf SF-Elemente zurückgreift. Besonders deutlich wird dies bei seinem surrealistischen Titel THE BREAST (1972; Die Brust, 1979), in dem er die Verwandlung eines Mannes in eine weibliche Brust schildert und bei dem Kafka und Freud Pate gestanden haben dürften.

Rothman, Tony (1953 –   )

R. wurde in Philadelphia geboren, studierte in den USA und England Physik und Astrophysik und legte bislang einen SF-Roman vor: THE WORLD IS ROUND (1979). Dabei handelt es sich um einen im Stile von Hal Clement durchkonstruierten Hard-SF-Roman, dessen Handlung auf Patra-Bannk spielt, einem Planeten mit hoher Schwerkraft und extrem langsamer Rotation, verrückten Wetterverhältnissen und unberechenbaren Eingeborenen, was das Leben der Menschen, die ihn erforschen sollen, zur Hölle macht.

Bibliografie:

Die Welt ist rund (THE WORLD IS ROUND), München 1981, H 4058

Rotsler, William (1926 –   )

Amerikanischer Künstler und SF-Autor, geboren in Los Angeles. Nach seinem Dienst in der Armee besuchte R. von 1947 bis 1950 die Kunstakademie. Danach arbeitete er acht Jahre lang als Bildhauer, bevor er sich der Fotografie und dem Film zuwandte. Neben seiner Arbeit als Fotograf begann er Science Fiction zu schreiben. 1970 erschien seine erste Story in *Galaxy:* ›Ship Me Tomorrow‹. Die Novelle PATRON OF THE ARTS, die seinem Roman gleichen Titels (1974) zugrunde liegt, wurde sowohl für den Nebula als auch den Hugo Gernsback Award nominiert. R. gehört neben Edgar Pangborn und Jack Vance zu den wenigen SF-Autoren, bei denen die Künste (und die Zukunft dieser Künste) eine gewisse Rolle spielen. Während es bei P. und V. meistens die Musik ist, gilt R.s Interesse vor allem den phantastischen bildenden Künsten der Zukunft. 1975 gewann R. den Hugo Gernsback Award in der Kategorie Fan-Künstler. Unter den Pseudonymen William Arrow und John Ryder Hall verfaßte er einige Bücher nach SF-Filmen bzw. -Fernsehserien: FUTUREWORLD (1976) und RETURN TO THE PLANET OF THE APES (1&3, 1976). Unter seinem eigenen Namen erschienen TO THE LAND OF THE ELECTRIC ANGEL (1976) und ZANDRA (1978). Ein Sachbuch Rotslers erschien unter dem Titel CONTEMPORARY EROTIC CINEMA (1973).

Bibliografie:

Ein Patron der Künste (PATRON OF THE ARTS), München 1977, H 3552
Ins Land des elektrischen Engels (TO THE LAND OF THE ELECTRIC ANGEL), München 1979, H 3679
Shiwas feuriger Atem (SHIVA DESCENDING) (mit Gregory Benford), München 1982, M 3557

Rottensteiner, Franz

(1942 –   )
Österreichischer SF-Kritiker, Herausgeber und Anthologist, geboren in Waidmannsfeld/Niederösterreich. R. ist der wohl bekannteste deutschsprachige SF-Kritiker und auch in ausländischen Periodika häufig mit Beiträgen vertreten. Seit Anfang der siebziger Jahre betreut er die Science Fiction im Hause Suhrkamp/Insel.

Bibliografie:

(Hrsg.) *Pfade ins Unendliche,* Frankfurt am Main: Insel 1971
(Hrsg.) *Blick vom anderen Ufer,* Frankfurt am Main 1977, st 359
(Hrsg.) *Die andere Zukunft,* Frankfurt am Main 1982, st 757
(Hrsg.) *Phantastische Träume,* Frankfurt am Main 1983, st 954
(Hrsg.) *Phantastische Welten,* Frankfurt am Main 1984 st 1068
(Hrsg.) *Phantastische Aussichten,* Frankfurt am Main 1985 st 1188
(Hrsg.) *Polaris 1,* Frankfurt am Main 1973, Insel TB 30 (Stories auch: *Wie der Teufel den Professor holte*)
(Hrsg.) *Polaris 2,* Frankfurt am Main 1974, Insel TB 74 (Stories auch: *Das Mädchen am Abhang*)
(Hrsg.) *Polaris 3,* Frankfurt am Main 1975, Insel TB 134 (Stories auch: *Der Weltraumfriseur*)
(Hrsg.) *Polaris 4,* Frankfurt am Main 1978, st 460
(Hrsg.) *Polaris 5,* Frankfurt am Main 1981, st 713

(Hrsg.) *Polaris 6,* Frankfurt am Main 1982, st 842
(Hrsg.) *Polaris 7,* Frankfurt am Main 1983, st 913
(Hrsg.) *Polaris 8,* Frankfurt am Main 1985, st 1096
(Hrsg.) *Polaris 9,* Frankfurt am Main 1985, st 1168
(Hrsg.) *Polaris 10,* Frankfurt am Main 1986, st 1248
(Hrsg.) *Die Ermordung des Drachen,* Frankfurt am Main: Insel 1985
(Hrsg.) *Phantastische Zeiten,* Frankfurt am Main: st 1307

Rucker, Rudy (1946 –   )
Amerikanischer Autor, geboren in Louisville, Kentucky. R. studierte am Swarthmore College/Pennsylvania und an der Rutgers University/New Jersey Mathematik und lehrte zeitweilig auch in diesem Fach, u. a. auch an der Universität von Heidelberg in den Jahren 1978 – 1980. Seit 1982 ist er freier Schriftsteller. Bislang hat er neben einigen wissenschaftlichen/populärwissenschaftlichen Werken über mathematische Probleme sechs SF-Romane verfaßt, von denen sein Erstling, WHITE LIGHT (1980), der bekannteste ist. Mit THE SEX SPHERE (1983) und SECRET OF LIVE (1985) bildet dieser Roman nach Aussage des Autors eine transrealistische Trilogie. R. nimmt den Leser mit auf eine mentale Reise hin zu höheren Ebenen der Wirklichkeit, auf einen metaphysischen Trip, der spannende Handlung mit kosmologischen Problemen wie etwa der Dimensionentheorie verbindet. Dabei geht es keinesfalls sprachlich trocken oder abstrakt zu. »Heinlein auf LSD« wußte ein amerikanischer Kritiker zu WHITE LIGHT zu sagen, und damit lag er gar nicht so unrichtig.

Weitere Titel: SPACETIME DONUTS (1981), SOFTWARE (1982) und MASTER OF SPACE AND TIME (1985).

Bibliografie:

Weißes Licht (WHITE LIGHT), Basel: Sphinx 1981
Lichtfänger (THE SECRET OF LIFE), Frankfurt am Main: Krüger 1986
Software (SOFTWARE), München 1988, H4498

Rudenko, Boris (1950 –   )
Beendete die Moskauer Hochschule für Straßenbauingenieure. Wohnhaft in Moskau. Sein Science Fiction-Debüt gab er 1978 mit

der Erzählung ›Invasion‹. Von ihm sind viele Erzählungen erschienen, darunter: ›Der See‹, ›Eine exotische Variante‹, ›Der Preis der Vergeltung‹.

Rudersberg, Peter Siehe Theodor, Peter

Ruellan, André (1922 –   )
Französischer Arzt, als SF-Autor unter seinem eigenen als auch dem Namen Kurt Steiner bekannt. R. publizierte Dutzende von Kurzgeschichten in Magazinen wie *Fiction* und *Harakiri* und gehörte in den sechziger Jahren zu den fleißigsten Autoren des Pariser Verlagshauses Fleuve Noir. 1963 gewann sein Buch LE MANUEL DU SAVOIR MOURIR (Die Kunst zu sterben) den ›Prix de l'Humour Noir‹. Sein bester Roman bisher ist TUNNEL (1973), in dem es um Terror und Gewalt in einem apokalyptischen Paris der Zukunft geht. Von 1970 an benutzte R. sein Pseudonym (unter dem er durchaus einige kleinere Meisterwerke zu Papier gebracht hat) fast überhaupt nicht mehr und avancierte zum Verfasser von Drehbüchern für Fernsehproduktionen und Filme. Eine ganze Reihe seiner Werke erschien in Portugal und Italien. Seine Hauptwerke sind: LES ENFANTS DE L'HISTOIRE (1970), ein soziologischer SF-Roman, der auf den französischen Maiunruhen von 1968 basiert; BREBIS GALEUSES (1974), die Chronik einer finsteren Zukunft; und LE DISQUE RAYE (1970), ein Zeitreiseroman.

Bibliografie:
Die Kunst zu sterben (MANUEL DU SAVOIR MOURIR), Wiesbaden: Limes 1966
Paris 2020 (TUNNEL), Bergisch Gladbach 1980, B 22028

Runyon, Charles W(est) (1928 –   )
Geboren in Sheridan, Missouri, als Sohn eines Lehrerehepaars. Studierte u. a. in München und war bis 1960 Redakteur verschiedener Fachzeitschriften. Sein erster Roman, PIG WORLD, schildert eine rechtsradikale Diktatur in den USA.

Russ, Joanna (1937 –   )
Amerikanische Autorin, geboren in der Bronx/New York. R. studierte Theaterwissenschaften in Yale und hat heute einen Lehrstuhl für Englisch an der State University von New York inne. Innerhalb der Science Fiction ist ihr Name untrennbar mit ›Women's Lib‹, der Frauenbewegung, verbunden. 1959 verkaufte sie ihre erste Kurzgeschichte, ›Nor Custom Stale‹, an The Magazine of Fantasy & Science Fiction, aber erst gegen Ende der sechziger Jahre machte sie durch ihre provokativen Stories um ihre Heldin Alyx, einer Kriegerin aus der Antike, die in eine futuristische Welt versetzt wird, auf sich aufmerksam. Alyx spielt auch die Hauptrolle in ihrem ersten Roman, PICNIC ON PARADISE (1968), der als langes Prosagedicht interpretiert werden kann. 1970 folgte AND CHAOS DIED. 1972 gewann ihre Erzählung ›When It Changed‹ (erschienen in Harlan Ellisons Anthologie AGAIN, DANGEROUS VISIONS) den Nebula Award. THE FEMALE MAN (1975), ein kompliziert strukturierter Roman mit vier Protagonistinnen – allesamt Alter egos der Autorin –, die aus verschiedenen Alternativwelten stammen, rief ebenso wie WE WHO ARE ABOUT TO... (1977) unter den SF-Lesern starke Kontroversen hervor: Beide Bücher beschäftigen sich mit der Stellung der Frau und ihrer Emanzipation in unserer Gesellschaft, und R. bezieht in beiden aggressiv Stellung, was ihr Anfeindungen seitens ihrer männlichen Kollegen einbrachte.

Weitere wichtige Veröffentlichungen R.' sind die Novelle ›Souls‹ (F&SF, 1/82), die 1983 Hugo und Locus Award gewann, der Roman EXTRA(ORDINARY) PEOPLE (1985) und die Collection THE ZANZIBAR CAT (1983).

R. war die erste Feministin in der SF und ist bis heute die provokanteste und radikalste geblieben. Stets hat bei ihr das utopische Modell zur Kritik an gegenwärtigen Zuständen gedient, und durch ihre engagierte Schreibweise hat sie den Weg für Nachahmerinnen wie Suzy McKee Charnas oder Diane Duane bereitet, ja sie hat schlechthin den Weg für die schreibenden Frauen im Genre geebnet, indem sie zu ihrem Selbstverständnis beitrug. Man darf aber bei allen thematischen Neuerungen nicht vergessen, daß R. auch stilistische Glanzpunkte setzte und durch experimentelle Texte die amerikanische New Wave entscheidend mitgeprägt hat.

Bibliografie:

Und das Chaos starb (AND CHAOS DIED), Bergisch Gladbach 1974, B 21059

Planet der Frauen (THE FEMALE MAN), München 1978, Kn 709

Die Frauenstehlerin (THE TWO OF THEM), Frankfurt am Main: Medea 1983

Alyx (PICNIC ON PARADISE), München 1983, Kn 5757

Wir, die wir geweiht sind... (WE WHO ARE ABOUT TO...), Frankfurt am Main: Medea 1984

Russell, Eric Frank (1905–1978)

Geboren in Sandhurst, Surrey. Der britische Schriftsteller R. kam erst im Alter von dreißig Jahren durch seine Mitgliedschaft in der British Interplanetary Society zur Science Fiction. Kurz darauf begann er selbst zu schreiben, teilweise auch unter Pseudonymen wie Webster Craig, Duncan H. Munro und Maurice A. Hugi. Seine erste Veröffentlichung war die Erzählung ›The Saga of Pelican West‹ (1937) in *Astounding Stories*. Dieses Magazin und sein Herausgeber John W. Campbell blieben bis in die fünfziger Jahre hinein Hauptabnehmer seiner Stories. R.s erster Roman, SINISTER BARRIER, bewog Campbell zur Herausgabe des kurzlebigen Magazins *Unknown*. Dieser Roman zeigt den Einfluß von Charles Fort, dessen Theorie, daß die Menschheit von unsichtbaren Parasiten beherrscht und gesteuert würde, R. damals faszinierte. Er griff das Thema später in SENTINELS OF SPACE (1953) noch einmal auf. Die Hauptthemen R.s waren aber weniger spiritistisch. Im Mittelpunkt seiner Werke steht oft die Gegenüberstellung zwischen Menschen und Außerirdischen, so auch in seiner 1941 begonnenen Jay-Score-Serie (1956 unter dem Buchtitel MEN, MARTIANS, AND MACHINES), deren Held ein Roboter ist, der aber wie ein Mensch aussieht und handelt. Verbunden ist diese Gegenüberstellung oft mit einer Relativierung aller Werte, wobei R. mit Ironie und trockenem Humor aufwartet und starke Pointen ans Ende seiner Stories stellt. Seine Vorliebe für bizarre Evolutionsformen geht möglicherweise auf seinen Landsmann Olaf Stapledon zurück und findet sich in Geschichten wie ›Metamorphosite‹ (1946) oder dem Roman SENTINELS OF SPACE. Ständig wiederkehrende Institutionen sind auch Bürokratie und Militär, mit denen R. offenbar noch ein Hühnchen zu rupfen hatte, denn die Verspottung von Beamtenwillkür, militärischem Starrsinn und Überlegenheitsdenken zieht sich wie ein roter Faden durch sein Werk. Bestes Beispiel dafür ist ›...And Then There Were None‹ (1951), die später in den Roman

THE GREAT EXPLOSION (1962) integriert wurde und auf herrliche Weise flachgeistige Militärs veralbert. Für seine Story ›Allamagoosa‹ (1955), eine glänzende Satire auf Hierarchie und Duckmäusertum bei der Raumflotte, erhielt R. seinen einzigen Hugo Award.

Trotz einiger Agentengeschichten, bei denen manche Fremdrasse schlecht wegkommt – WASP (1957) oder ›Diabologic‹ (1955) wären hier zu nennen –, ist R.s Gesamtwerk von einer positiven Einstellung gegenüber Außerirdischen geprägt. In einer Zeit, da die SF von einem technizistischen und anthropozentrischen Idealbild geleitet wurde, setzte er dieses durch spannende, humorvolle und manchmal auch nachdenklich stimmende Geschichten in Frage. Er war ohne Frage ein Autor der vierziger und frühen fünfziger Jahre und mit seinen Ideen in dieser Zeit verhaftet, aber mit dem unschuldigen ›sense of wonder‹ von damals verstand er es, alle Werte im Universum zu relativieren und die nachfolgende Generation von Lesern/Autoren zu begeistern, so u. a. auch Alan Dean Foster, dessen Lieblingsautor er immer war.

Bibliografie:

Die Todesschranke (SINISTER BARRIER), Bischofswiesen/Berlin: Delta 1953 (auch: *Gedankenvampire*)

Ferne Sterne (C) (FAR STARS), München 1962, G 28

Die große Explosion (THE GREAT EXPLOSION), München 1965, TTB 101

Menschen, Marsianer und Maschinen (MEN, MARTIANS, AND MACHINES), München 1968, H 3113

Agenten der Venus (SENTINELS OF SPACE), München 1970, H 3182

Planet der Verbannten (DREADFUL SANCTUARY), Frankfurt am Main/Berlin/Wien 1971, U 2849

Plus X (C) (THE SPACE WILLIES), München 1972, GWTB 0145

Sechs Welten von hier (SIX WORLDS YONDER/DEEP SPACE), München 1973, GWTB 0158

Der Stich der Wespe (WASP), Frankfurt am Main/Berlin/Wien 1973, U 2965

So gut wie tot (CALL HIM DEAD), Frankfurt am Main/Berlin/Wien 1973, U 3007

Vergangenheit x 2 (THE MINDWARPERS/WITH A STRANGE DEVICE), Frankfurt am Main/Berlin/Wien 1974, U 3055 (auch: *Die rauhe Wirklichkeit*)

Science Fiction Stories 53 (C/OA), Frankfurt am Main/Berlin/Wien 1975, U 3178

Seelen-Transfer (SOMEWHERE A VOICE), Rastatt 1979, TTB 316

Die besten Stories von Eric Frank Russell (THE BEST OF ERIC FRANK RUSSELL), München 1980, P 6703

Bibliografie/H:
Aufstand der Gefangenen (NUISANCE VALUE), UZ 532 (1967)
Das Grundrecht des Universums (C/OA), T 489 (1967)

Rybakow, Wjatscheslaw (1954 –)
Der sowjetische Autor studierte an der Leningrader Universität Orientalistik und wohnt heute in Leningrad. Sein Science Fiction-Debüt gab er 1979 mit der Erzählung ›Große Dürre‹. Seine Erzählung ›Der Maler‹ erschien in der Zeitschrift *Sowjetliteratur* Nr. 2/1984.

Rynin, Nikolai (1877 – 1942)
Der sowjetische Autor schrieb den im Jahre 1924 erschienenen SF-Kurzroman *Im Luftozean*, doch sein Hauptwerk war die Enzyklopädie *Die Weltraumfahrt* in 10 Folgen. Die Folgen 1 – 3 *Träume, Legenden und erste Phantasien; Raumschiffe (Die Weltraumfahrt in Phantasien von Schriftstellern)* und *Die Strahlenergie in Phantasien von Schriftstellern und in Entwürfen von Wissenschaftlern,* 1928 – 1930 herausgegeben, stellen eine systematisierte und klassifizierte Übersicht der gesamten bis zu jener Zeit erschienenen phantastischen Literatur zum Thema ›Weltraum‹ dar. Die weiteren Folgen enthalten reichen Stoff zur Theorie der Weltraumfahrt, zum Raketenbau und zur Astronomie. Nach R. ist ein Mondkrater benannt.

Saberhagen, Fred(erick Thomas) (1930–)

Amerikanischer Autor, geboren in Chicago. Bevor er mit dem Schreiben von Science Fiction begann, war S. Techniker (Elektronik) und Angehöriger der US Air Force. Außerdem war er langjähriger Mitarbeiter an der ENCYCLOPEDIA BRITANNICA. Seine erste SF-Story verkaufte er 1961, der erste Roman, THE GOLDEN PEOPLE, wurde 1964 veröffentlicht. Es folgten: THE WATER OF TOUGHT (1965), THE BROKEN LANDS (1968), THE BLACK MOUNTAINS (1971) und CHANGELING EARTH (1973). Bekannt wurde er jedoch vor allem mit der Berserker-Serie, die zunächst aus einer Reihe von Stories bestand, sich aber im Lauf der Zeit auf bislang fünf Romane und drei Kurzgeschichtensammlungen ausdehnte. In dieser Serie geht es um die Abwehr von feindlichen Robotermechanismen, die, auf Vernichtung alles Lebendigen programmiert, die Galaxis heimsuchen. Gegen Ende der siebziger Jahre emanzipierte sich S. von seinem Image als ›Berserker‹-Autor und veröffentlichte eine Anzahl erfolgreicher Romane, in denen er seine frühere Schwäche, keinen eigenen Stil zu haben, ausmerzte. S. hat bislang mehr als zwei Dutzend Romane, vier Collections und zwei Anthologien (über zwei seiner Hobbies: Schach und Archäologie) publiziert. Von seinen neueren Werken fallen allerdings nicht wenige in den Bereich Fantasy.

Bibliografie:

Berserker (C) (BERSERKER), Rastatt 1986, M 3692
Die Hirnspirale (COILS) (zusammen mit Roger Zelazny), Bergisch Gladbach 1987, B 22099

Sagabaljan, Ruslan (1951–)

Der sowjetische Nachwuchsautor hat den Abschluß der philologischen Fakultät der Eerewaner Universität und der Höheren Kurse für Drehbuchautoren in Moskau. Wohnt in Eerewan, arbeitet als

Journalist und Drehbuchautor und ist Verfasser einer Reihe von SF-Erzählungen und des Buches ›Hinter dem Horizont‹ (1983). Seine Erzählung ›Auktion‹ erschien in *Sowjetliteratur* 6/1985.

Sagan, Carl

Amerikanischer Sachbuch- und Romanautor. S. ist Direktor des Laboratory for Planetary Studies und Inhaber der David-Duncan-Professur für Astronomie und Raumwissenschaften an der Cornell University und veröffentlichte außer 400 wissenschaftlichen und populären Abhandlungen über ein Dutzend Bücher, darunter *Unser Kosmos, Der Komet* und *Aufbruch in den Kosmos. Contact* (1985), sein erster SF-Roman, behandelt den Erstkontakt zwischen der Menschheit und einer außerirdischen Zivilisation. Ein zweiter SF-Roman befindet sich in Vorbereitung.

Bibliografie:

Contact (CONTACT), München: Droemer Knaur 1986

Saha, Arthur W(illiam) (1923–)

Amerikanischer Anthologist, geboren in Hibbing, Minnesota, von Beruf Chemiker.

Bibliografie:

(Hrsg.) *World's Best SF 1982* (THE 1982 ANNUAL WORLD'S BEST SF) (mit Donald A. Wollheim), Bergisch Gladbach 1982, B 24036
(Hrsg.) *World's Best SF 2* (THE 1983 ANNUAL WORLD'S BEST SF) (mit Donald A. Wollheim), Bergisch Gladbach 1983, B 24044
(Hrsg.) *World's Best SF 3* (THE 1984 ANNUAL WORLD'S BEST SF) (mit Donald A. Wollheim), Bergisch Gladbach 1984, B 24058
(Hrsg.) *World's Best SF 4* (THE 1985 ANNUAL WORLD'S BEST SF) (mit Donald A. Wollheim), Bergisch Gladbach 1985, B 24069
(Hrsg.) *World's Best SF 5* (THE 1986 ANNUAL WORLD'S BEST SF) (mit Donald A. Wollheim), Bergisch Gladbach 1986, B 22092

Saharien

Gemeinschaftspseudonym des Autorenteams Willy Pribil (1927 in Wien) und Ernst Pichler (1930 in Graz). Beide sind Gestalter von TV-Dokumentationen im ZDF und ORF. In den zwei SF-Romanen aus ihrer Feder wird aus der Sicht des TV-Reporters Saharien der Kampf um die Bewässerung der Wüste und die Entwicklung eines Sonnenkraftwerks im All geschildert.

Bibliografie:

Wasser für die Wüste, Wien/München: Jugend und Volk 1974
Kraft aus der Sonne, Wien/München: Jugend und Volk 1977

Sajaz, Wladimir (1949–)

Der sowjetische Autor hat den Abschluß der Medizinischen Hochschule in Kiew und arbeitet dort als Kinderarzt. Er schrieb mehrere SF-Novellen und -Erzählungen sowie das Buch ›Maschine des Vergessens‹ (1983). Seine Erzählung ›Man nennt sie Temponauten‹ erschien in *Sowjetliteratur* 6/1985.

Sala, Mariangela

Italienische Anthologistin.

Bibliografie:

(Hrsg.) *Die Stimme der Unendlichkeit* (LA VOCE DELL'INFINITO) München 1981, H 3812

Sallis, James (1944–)

Amerikanischer Autor und Herausgeber, geboren in Helena, Arkansas. Nach dem Studium Lektor und Magazinherausgeber. S. wurde in der New-Wave-Phase des britischen Magazins *New Worlds* bekannt, in dem fast alle seine Kurzgeschichten erschienen, so auch seine erste, ›Kazoo‹ 1967. Kritikerlob erhielt er für seine Sammlung A FEW LAST WORDS (1970). Mit THE WAR BOOK (1969) gab er die erste Anthologie mit SF-Geschichten gegen den Krieg heraus.

Bibliografie:

(Hrsg.) *Das Kriegsbuch* (THE WAR BOOK), Wuppertal: Hammer 1972

Samachson, Joseph (1906–)

Amerikanischer Biochemiker und Autor, geboren in Trenton, New Jersey, und dem SF-Leser vielleicht besser bekannt unter seinem

Pseudonym William Morrison. Hierunter verfaßte er einige wichtige Kurztexte, so die Novelle ›Country Doctor‹ 1953 in Fred Pohls Anthologie STAR SF. Zwei Romane, TWO WORLDS TO SAVE (1942) und THE GEARS OF TIME (1953), wurden nur in Magazinen abgedruckt. Unter dem Pseudonym Brett Sterling schrieb S. auch zwei Folgen der CAPTAIN FUTURE-Serie: WORLDS TO COME (1943) und DAYS OF CREATION (1944).

Bibliografie:

Invasion der Sverd (WORLDS TO COME), Bergisch Gladbach 1983, B 25014

Bibliografie/H:

Als Brett Sterling:

Captain Zukunfts letztes Abenteuer (DAYS OF CREATION), UZ 369 (1963)

Samjatin, Jewgenij I. (1884–1937)

Russischer Autor, geboren in Lebedjan. S. studierte Ingenieurwissenschaften in Petersburg, wo er sich den Bolschewiki anschloß. 1908 begann er zu schreiben und widmete sich der Herausgabe westlicher Literatur in russischer Übersetzung. In der Endphase des Zarenregimes (1916) emigrierte er nach England und arbeitete dort als Marineingenieur. Nach der Oktoberrevolution kehrte er in seine Heimat zurück, wo ihn aber bald seine das System angreifenden Werke und auch seine theoretischen Schriften in Mißkredit brachten. Wieder mußte er das Land verlassen und starb 1937 in Paris. Seine eigentliche schriftstellerische Laufbahn begann mit der Erzählung ›Aus der Provinz‹ (1915), die in einer Reihe kurzer Szenen die Zustände unter der Zarenherrschaft anprangerte. Eine weitere satirische Kurzgeschichte, ›Die Insulaner‹ (1918), spielt vordergründig in England, wo er sich damals aufhielt, kann aber ihre Bezüge zu den russischen Verhältnissen nicht verleugnen. 1920 entsteht dann der Roman *Wir* (MY), der von dem Ingenieur D-503 handelt, der in einer zukünftigen, perfekt organisierten, aber auch abgestumpften Welt das Raumschiff *Integral* entwickelt. Als der omnipräsente Staat, geführt von einem *Wohltäter,* der Pate für Orwells *Großen Bruder* gestanden hat, feststellt, wie man das *Gefühl* durch eine Operation aus den Menschen entfernen kann, bekommt D-503 Kontakt mit der Widerstandskämpferin I-330. Der Roman endet, als erster einer Reihe von Dystopien, ohne Hoffnung. I-330 wird als Widerständlerin hingerichtet, D-503 ist nach bewußter Operation vollständig im Sinne des Staates funktionalisiert. Deutlich spürt man bei diesem Werk das Erbe H. G. Wells', mit dem sich S. während seines Aufenthalts in England eingehend beschäftigt hatte. S. kommt der Verdienst zu, mit MY die erste Negativutopie geschrieben zu haben, die nachfolgenden, inzwischen viel berühmteren von Huxley (BRAVE NEW WORLD) und Orwell (NINETEEN EIGHTY-FOUR), haben sich deutlich an S. orientiert. Da der Roman eine harte Kritik am Sowjetstaat enthält, ist er bis dato nicht in der UdSSR veröffentlicht. Er erschien zuerst 1924 in englischer, französischer und tschechischer Übersetzung, bis 1927 in Prag eine russische Kurzfassung veröffentlicht wurde. Die erste vollständige russische Ausgabe ist 1952 in New York erschienen. Den größten Erfolg zu Lebzeiten hatte S. mit dem Schauspiel *Der Floh* (1925). Mit der Erhebung des sozialistischen Realismus zur Kunstdoktrin war aber auch das Ende für dieses Werk Samjatins gekommen. Ein weiteres erfolgreiches Stück war *Die Feuer des heiligen Dominikus* (1922/1923). MY blieb S.s einziger Roman, und auch in ihm steht nicht die zukünftige Welt als exotisches Gebilde im Mittelpunkt, sondern ihr Hinweischarakter auf die Gegenwart, wie es u. a. auch A. A. Bogdanov in seinem Roman *Der rote Stern* macht, der allerdings ein kommunistisches Eutopia beschwört.

Bibliografie:

Wir (MY), Köln: Kiepenheuer & Witsch 1958

Sanborn, Robin

Amerikanischer Autor. Sein Roman THE BOOK OF STIER (1971) beschreibt die hypnotische Wirkung der Musik eines mysteriösen Komponisten auf eine Post-Woodstock-Generation.

Bibliografie:

Der große Stier (THE BOOK OF STIER), Frankfurt am Main 1973, FO 25

Sandow, Gert/Gerd/G. J. Siehe Puhle, Joachim

Santesson, Hans Stefan (1914–1975)

Amerikanischer Editor, Redakteur und Anthologist. War in erster Linie Kriminalautor, für das SF-Genre aber als Herausgeber von *Fantastic Universe* interessant.

Bibliografie:

(Hrsg.) *Die Mächtigen des Universums* (THE RULERS OF MEN), München 1969, H 3142

Bibliografie/H:

(Hrsg.) *Die heimlichen Invasoren* (THE GENTLE INVADERS), TN 165 (1971)

Saparin, Viktor (1905 –   )

S. ist ein russischer Journalist und Schriftsteller, der lange Zeit Chefredakteur der populärwissenschaftlichen Zeitschrift *Vokrug sveta* war. Nebenher schrieb er eine große Anzahl von SF-Erzählungen, die zumeist Auswirkungen von wissenschaftlichen und technischen Innovationen in der nahen Zukunft schildern. Drei Stories von Saparin liegen in deutscher Übersetzung vor (zwei davon sind in Anthologien erschienen).

Bibliografie/H:

Die geheimnisvolle Limousine, KJ 23 (1952)

Saperstein, David

Bibliografie:

Cocoon (COCOON), Bergisch Gladbach 1985, B13042

Sapir, Richard Ben (1936 – 1987)

Amerikanischer Autor, vor allem bekannt durch die zusammen mit Warren Murphy verfaßte Abenteuerserie ›The Destroyer‹, von der bislang 70 Titel vorliegen und die auch verfimt wurde.

Bibliografie:

Der Mann aus dem Eis (THE FAR ARENA), Wien: Molden 1981 (auch: *2000 Jahre im Ewigen Eis*)

Sarban

Pseudonym des britischen Schriftstellers John W. Wall. W. lebte einige Zeit im Mittleren Osten und publizierte zwei Bände mit phantastischen Erzählungen. Für die SF ist er hauptsächlich relevant durch seinen Roman THE SOUND OF THIS HORN (1953), eine Alternativweltgeschichte, in der Nazideutschland den Zweiten Weltkrieg gewonnen und Großbritannien besetzt hat. Die Folge davon: ›Untermenschen‹ werden wie Tiere gejagt.

Sargent, Pamela (1948 –)

Amerikanische SF-Autorin. S. wurde in Ithaca/New York geboren, erwarb einen B. A. in Philosophie und war Assistentin an der University of New York, bevor sie freiberufliche Schriftstellerin wurde. Ihre erste Story hieß ›Landed Minority‹ und erschien 1970 in *The Magazine of Fantasy & Science Fiction.* Ihr erster Roman, CLONED LIVES, kam 1976 auf den Markt und wurde von der Kritik gelobt. Er beschäftigt sich mit dem Klonen von Menschen und schildert den Werdegang von mehreren Männern und einer Frau, die den Genen des gleichen ›Vaters‹ entstammen. Zwischen 1979 und 1986 veröffentlichte sie weitere acht Romane, von denen THE GOLDEN SPACE (1982) und THE ALIEN UPSTAIRS (1983) den größten Eindruck hinterließen. Ihre wichtigsten Kurzgeschichten sind in dem Band STARSHADOWS (1977) gesammelt. S. trat auch als Anthologistin hervor. Hier widmete sie sich in erster Linie der von Frauen geschriebenen SF. Ihre drei Anthologien WOMEN OF WONDER (1975), MORE WOMEN OF WONDER (1976) und THE NEW WOMAN OF WONDER (1978) können schon heute als wegbereitende Publikationen feministischen Selbstverständnisses in diesem Genre bezeichnet werden.

Bibliografie:

Die Bio-Bombe (CLONED LIVES), München 1980, G 23337

Saring, Herbert

Bibliografie/H:

Kosmische Splitter, UZ 356 (1962)

Sǎsǎrman, Gheorghe

(1941 –)

Rumänischer Prosaschriftsteller, Publizist und Redakteur der Zeitschrift *Contemporanul.* Sein literarisches Debüt gab S. mit der Erzählung ›Catalina‹. 1965 folgte der Roman PROBA TACERII (Die Schweigeprobe). Weitere im Laufe der Jahre geschriebene Erzählungen wurden im Band ORACULUL (Das Orakel, 1969) zusammengefaßt. Der Sammelband CUADRATURA CERCULUI (Die Quadratur des Kreises) erschien 1974/75. Ein Teil seiner Erzählungen erschien in der Bundesrepublik und der DDR in Anthologien. Sein erster Roman, 2000 (1982), ist Hard-SF und beschreibt die dramatischen Folgen eines mißglückten Versuchs, Quanten aus dem Atomkern herauszulösen. S. erhielt 1980 für seine Erzählungen den europäischen Science Fiction-Preis. In seinem Roman 2000 *(Die Enklaven der Zeit)* schildert er eine durch Zeitbrüche durcheinandergeratene Geschichte der Menschheit, über die berühmte Wissenschaftler aus allen Jahrhunderten (ratlos) diskutieren.

Bibliografie:

Die Enklaven der Zeit (2000), München 1986, H 4259

Savérda, Francesco di (Pseudonym)

Bibliografie/H:

Achtung! Irrer an Bord!, SU 9 (1958)

Sawtschenko, Wladimir (1933 –)

Russischer Autor, der zunächst Physik studierte und dann auf dem Spezialgebiet der Halbleitertechnik arbeitete. Er veröffentlichte eine Reihe von SF-Erzählungen und u. a. auch den Roman TSCHORNYJE ZWJOZDY (›Schwarze Sterne‹). Eine weitere längere Erzählung trägt den Titel ›Rakete antwortet nicht‹. Erzählungen von ihm wurden ins Deutsche übertragen und erschienen in DDR-Anthologien, aber auch z. B. in der Anthologie *Science Fiction 1* (1963) im Münchner Piper Verlag. S., der zu den wichtigsten russischen SF-Autoren zählt, schreibt Hard-SF, in der er vornehmlich physikalische und biologische Theorien auslotet.

Bibliografie:

Das dreifache Ich (OTKRYTIJE SEBJA), München 1981, G 23386

Saxon, Richard (Pseudonym)

Bibliografie/H:

Flug durch die Zeit, ZSF 170 (1976)

Saxton, Josephine (1935 –)

Britische Autorin, geboren in Halifax, Yorkshire. S. legte 1965 ihre erste SF-Geschichte vor, seither hat sie vier SF-Romane und zwei

Dutzend Stories veröffentlicht, die allerdings nur wenig mit typischer Genre-SF gemein haben. THE HIEROS GAMOS OF SAM AND AN SMITH (1969), ihr erster und vielleicht auch bekanntester Titel, weist wie die anderen eher allegorische Handlungsstränge auf und wird durch surrealistische Erzähltechniken mehr dem inneren Raum der New Wave als dem äußeren der herkömmlichen SF gerecht.

Scerbanenco, Giorgio (1911 – 1966)

Italienischer Autor, geboren in Kiew als Sohn eines russischen Vaters und einer italienischen Mutter. Emigrierte mit seinen Eltern kurz nach der Oktoberrevolution nach Italien. Dort war er später als Briefträger, Vertreter und Polizist tätig, bevor er zu schreiben begann. Verfaßte etliche Kriminalromane und den SF-Titel IL CAVALLO VENDUTO (1963), einen ›Post-Doomsday‹-Roman, der das Leben in Norditalien nach einem weltweiten Atomkrieg schildert.

Bibliografie:
Mailand wird wieder aufgebaut (IL CAVALLO VENDUTO), München 1978, H 3601

Schachner, Nat(han) (1895 – 1955)

Amerikanischer Schriftsteller und Rechtsanwalt, geboren in New York, wurde vor allem bekannt durch seine exzellenten Biografien großer Amerikaner. Vor seiner Tätigkeit als Rechtsanwalt arbeitete er als Chemiker für mehrere Firmen. In den dreißiger Jahren begann er Science Fiction zu schreiben. Seine erste Geschichte war eine Koproduktion mit Arthur Leo Zagat: ›In 2000 AD‹, die 1930 in *Wonder Stories* erschien. Jedoch ist es *Astounding,* das mit dem Namen Schachner assoziiert wird. In diesem Magazin veröffentlichte er während der dreißiger Jahre, seiner fruchtbarsten Schaffensperiode, über 40 Stories, unter denen ›Ancestral Voices‹ (12/1933) und der Kurzroman HE FROM PROCYON (4/1934) herausragen. Sein bekanntestes Werk ist der Roman SPACE LAWYER (1953), worin es um die teilweise dramatische, teilweise auch humorvolle Anwendung des Rechts im Weltraum geht – ein Stoff, für den er geradezu prädestiniert war.

Bibliografie:
Der Weltraumanwalt (SPACE LAWYER), Balve: Zimmermann 1961

Schade, Christof (1937 –)

Deutscher Autor. S. studierte in Berlin und München Volkswirtschaft, bevor er als Rundfunkreporter in Berlin tätig wurde. Seit 1968 ist er Redakteur für das ZDF in München. Er selbst bezeichnet sich als »pessimistischen Zukunftsbetrachter, der voller Hoffnung ist, daß er unrecht hat«. Während *Das Paulus-Projekt* das Eingreifen Außerirdischer durch eine wesentliche Weichenstellung in der Geschichte der Menschheit schildert, geht es in *Der genetische Krieg* um ein brisantes Gegenwartsthema: das Geschäft mit dem Hunger in der Welt durch multinationale Konzerne, die das Monopol auf gezüchtetes Saatgut und damit unumschränkte Macht in Händen halten.

Bibliografie:

Das Paulus-Projekt, München 1982,
H 4044
Der genetische Krieg, München 1985,
H 4229

Schäfer, Klaus

Bibliografie:

Sie nannten sie ERDE, Reutlingen: Trotzdem o.J.

Schalimov, Alexander (1917 –)

Der russische Autor S. wurde im Gebiet von Lwow geboren, ist von Beruf Geologe und arbeitet heute als Dezernent am Bergbauinstitut in Leningrad. Seine erste SF-Erzählung, ›Notsch Umazera‹ (›Die Nacht am Masar‹), erschien 1960. Es folgten Romane und Story-Sammelbände wie TAJNA GREMJASHCHEJ RASSHCHELNY (›Das Geheimnis der Donnerspalte‹, 1962), KOGDA MOLTSCHAT EKRANY (›Wenn die Bildschirme schweigen‹, 1965), TAJNA TUSKARORY (›Das Geheimnis der Tuscarora‹, 1967), OCHOTNIKI ZA DINOZAWRAMI (›Dinosaurierjäger‹, 1968) und STRANNYJ MIR (›Die seltsame Welt‹, 1972). Einige seiner Erzählungen wurden auch ins Deutsche übersetzt und erschienen in der DDR.

Schattschneider, Peter

(1950 –   )

Österreichischer Autor, geboren in Wien. Studium der Physik, Lehrtätigkeit, Industrieforschung, derzeit Assistent an der Technischen Universität Wien. Schriftstellerische Tätigkeit seit dem 15. Lebensjahr. Seine Kurzgeschichten zeichnen sich durch ihren Ideenreichtum und den äußerst sorgfältig recherchierten naturwissenschaftlich-technischen Hintergrund ebenso aus wie durch ihren literarischen Anspruch. S. vertritt eine Art ›Quantenphysik‹ der SF, in der er behauptet, daß naturwissenschaftliche Theorie und Literatur lediglich zwei verschiedene Formen der Beschreibung von Realität sind, die in der SF konvergieren. Für seine Heftveröffentlichungen verwendete S. das Pseudonym Thomas Loikaja.

Bibliografie:

Zeitstopp (C), Frankfurt am Main 1982, st 819
Singularitäten: Ein Episodenroman im Umfeld Schwarzer Löcher, Frankfurt am Main 1984, st 1021

Bibliografie/H:

Als Thomas Loikaja:

Stützpunkt im Sandmeer (C), TA 449 (1980)
Irrläufer (C), TA 589 (1984)

Scheben, Mathias

Deutscher Autor und Redakteur.

Bibliografie:

Konzern 2003, München: Wirtschaftsverlag Langen-Müller/Herbig 1977

Scheck, Frank Rainer (1948 –   )

Verlagslektor, Autor von Reise- und Kunstführern.

Bibliografie:

(Hrsg.) *Koitus 80,* Köln/Berlin: Kiepenheuer & Witsch 1970

Scheer, K(arl) H(erbert)
(1928 –)

S. wurde in Harheim, Kreis Fried-
berg/Hessen, geboren, besuchte dort
die Volksschule und später die Ober-
realschule in Frankfurt am Main.
1944 meldete er sich freiwillig zur
Kriegsmarine und entging der Gefangenschaft. Wie viele andere SF-Autoren kam er durch die Bücher von
Jules Verne und Hans Dominik zur
SF. 1948 veröffentlichte er unter dem Titel *Stern A funkt Hilfe* seinen
ersten SF-Roman in einer Illustrierten und etablierte sich binnen
kurzem als Verfasser von Leihbuchromanen. Er schrieb in den verschiedensten Genres – Krimi, Abenteuer und vor allem SF –, teilweise unter Pseudonymen wie Alexej Turbojew, Klaus Tannert, Diego el Santo, Roger Kersten und Pierre de Chalon, und brachte es innerhalb von zehn Jahren auf ca. 70 Romane. Mit Beginn der Perry-
Rhodan-Serie, die er zusammen mit Clark Darlton konzipierte und
deren Exposés er bis 1975 alleine schrieb (*Perry Rhodan* wurde ein
überwältigender Erfolg und entwickelte sich zur umfangreichsten
und auflagenstärksten SF-Serie aller Zeiten: ca. 1400 Romanhefte
und 300 Taschenbücher mit einer weltweiten Gesamtauflage von
über einer Milliarde Exemplaren), drosselte S. seine Produktion auf
wenige Romane in den nächsten Jahren. Die siebziger Jahre brachten ihm eine Renaissance außerhalb der Rhodan-Serie: Fast alle seiner SF-Leihbücher wurden nachgedruckt, darunter auch die ZBV-
Serie, die auf 50 Bände erweitert wurde. Sie stellt S.s typischstes
Werk dar, einen gigantischen Weltraum-Agententhriller, in dem S.
mit seiner bombastischen Terminologie einen futuristischen Technizismus schuf, der aggressiv militaristische Züge trug. Manche Bände
lesen sich wie Waffenkataloge aus dem 21. Jahrhundert, und die
Handlung ist auf kriegerische Auseinandersetzungen seiner Helden
mit irdischen oder außerirdischen Bösewichten reduziert. Es wimmelt nur so von technischen Gimmicks, die in ihrer Gigantomanie
an die Schöpfungen der amerikanischen super-science der dreißiger
Jahre (E. E. Smith) erinnern. Aus diesen Gründen war S. ständig Ziel
der Kritik, die seine galaktischen Kriegsberichte als faschistoid bezeichnete. Ungeachtet dieser Tatsache hatte S. wesentlichen Anteil
am Formungsprozeß der deutschen SF nach dem Zweiten Weltkrieg. Mehr noch als Clark Darlton drückte er ihr in den fünfziger

Jahren seinen Stempel auf, wahrscheinlich war er in den fünfziger und sechziger Jahren der meistgelesene deutsche SF-Autor überhaupt. Sicherlich ist es ihm nicht allein anzulasten, daß die bundesdeutsche SF so lange im Romanheftghetto gefangen blieb, aber seine ins All transferierten Landserromane trugen entscheidend zum damaligen schlechten Ruf der SF bei und halfen mit, eine deutsche Autorenszene abseits von Serienhelden und Weltraumgeblaster gar nicht erst heranwachsen zu lassen.

Bibliografie:

Bakterien, Frankfurt/Main: Reihenbuch 1952
Stern A funkt Hilfe, Frankfurt/Main: Reihenbuch 1952
Piraten zwischen Mars und Erde, Frankfurt/Main: Reihenbuch 1952
Macht der Ahnen, Frankfurt/Main: Reihenbuch 1953
Der Ruf der Erde, Frankfurt/Main: Reihenbuch 1953
Kampf um den Mond, Frankfurt/Main: Reihenbuch 1953
Weltraumstation I, Frankfurt/Main: Reihenbuch 1953
Stern der Rätsel, Frankfurt/Main: Reihenbuch 1953
Brennpunkt Venus, Frankfurt/Main: Reihenbuch 1953
Der rätselhafte Planet, Frankfurt/Main: Reihenbuch 1953
Sprung ins All, Frankfurt/Main: Reihenbuch 1953
Das große Projekt, Frankfurt/Main: Reihenbuch 1953
Und die Sterne bersten, Frankfurt/Main: Reihenbuch 1954
Flucht in den Raum, Balve: Zimmermann 1955
Unternehmen Diskus, Wuppertal: Pfriem 1955
Hölle auf Erden, Wuppertal: Pfriem 1955
Der gelbe Block, Wuppertal: Pfriem 1955
Grenzen der Macht, Balve: Zimmermann 1956
Sie kamen von der Erde, Balve: Zimmermann 1956
Verdammt für alle Zeiten, Balve: Zimmermann 1956
Verweht im Weltenraum, Balve: Zimmermann 1956
Der Stern der Gewalt, Balve: Zimmermann 1956
Vorposten Jupitermond, Balve: Zimmermann 1956
Die lange Reise, Balve: Zimmermann 1957
Und sie lernen es nie, Balve: Zimmermann 1957
Der unendliche Raum, Balve: Zimmermann 1957
Die Fremden, Balve: Zimmermann 1957
Über uns das Nichts, Balve: Zimmermann 1957
Zur besonderen Verwendung, Balve: Zimmermann 1957
Kommandosache HC-9, Balve: Zimmermann 1957
Ordnungszahl 120, Balve: Zimmermann 1957

Unternehmen Pegasus, Balve: Zimmermann 1957
CC-5, streng geheim, Balve: Zimmermann 1957
Vergessen, Balve: Zimmermann 1958
Der Mann vom Oros, Balve: Zimmermann 1958
Octavian III, Balve: Zimmermann 1958
Galaxis ohne Menschheit, Balve: Zimmermann 1958
Hölle unter null Grad, Balve: Zimmermann 1958
Großeinsatz Morgenröte, Balve: Zimmermann 1958
Eliteeinheit Luna-Port, Balve: Zimmermann 1958
Überfällig, Balve: Zimmermann 1958
Nichts außer uns, Balve: Zimmermann 1959
Vollmachten unbegrenzt, Balve: Zimmermann 1959
Zutritt verboten, Balve: Zimmermann 1959
Pronto 1318, Balve: Zimmermann 1959
Amok, Balve: Zimmermann 1960
Fähigkeiten unbekannt, Balve: Zimmermann 1960
Revolte der Toten, Balve: Zimmermann 1960
Vorsicht Niemandsland, Balve: Zimmermann 1961
Diagnose negativ, Balve: Zimmermann 1961
Expedition, Balve: Zimmermann 1961
Die Großen in der Tiefe, Balve: Zimmermann 1961
Kodezeichen Großer Bär, Balve: Zimmermann 1962
Die kosmische Fackel, Balve: Zimmermann 1962
Raumpatrouille Nebelwelt, Balve: Zimmermann 1963
Korps der Verzweifelten, Balve: Zimmermann 1963
Offensive Minotaurus, Balve: Zimmermann 1964
Der Verbannte von Asyth, Balve: Zimmermann 1964
Gegenschlag Kopernikus, Balve: Zimmermann 1965
Die Männer des Pyrrhus, Balve: Zimmermann 1965
Nachschubbasis Godapol, München 1974, ZbV 19
Programmierung ausgeschlossen, München 1974, ZbV 20
Marsversorger Alpha IV, München 1974, ZbV 21
Geheimorder Riesenauge, München 1974, ZbV 22
Intelligenz unerwünscht, München 1974, ZbV 23
Testobjekt Roter Adler, München 1974, ZbV 24
Sonderplanung Mini-Mond, München 1974, ZbV 25
Sicherheitsfaktor III, München 1974, ZbV 26
Notrufsender Gorsskij, München 1974, ZbV 27
Erbspione vogelfrei, München 1974, ZbV 28
Marsrevolte problematisch, München 1975, ZbV 29
Alphacode Höhenflug (mit William Voltz), München 1975, ZbV 30

Zonta-Norm regelwidrig (mit Kurt Mahr), München 1975, ZbV 31
Robotnarkose Newton, München 1975, ZbV 32
Privileg Venusgeist, München 1975, ZbV 33
Inkarnation ungesetzlich, München 1975, ZbV 34
Notlösung vorgesehen (mit H. G. Francis), München 1975, ZbV 35
Spätkontrolle aufschlußreich, München 1975, ZbV 36
Fehlschlag unzulässig, München 1975, ZbV 37
Losung Takalor (mit H. G. Francis), München 1975, ZbV 38
Brutlabor Okolar-Trabant (mit H. G. Francis), München 1975, ZbV 39
Bezugspunkt Atlantis, München 1975, ZbV 40
Generalprobe Zeitballett, München 1976, ZbV 41
Periode Totalausfall, München 1976, ZbV 42
Reizimpuls Todesschläfer, München 1976, ZbV 43
Größenordnung Götterwind, München 1976, ZbV 44
Komponente Calthur, München 1976, ZbV 45
Festungsklause Saghon, München 1977, ZbV 46
Regelschaltung Jungbrunnen, München 1977, ZbV 47
Symbiose Herbstgewitter, München 1977, ZbV 48
Ausgezählt, München 1977, ZbV 49
Hyperkode Wüstenfuchs, München 1980, ZbV 50

Als Alexej Turbojew:

Antares II, Düsseldorf: Iltis 1958
Welt ohne Ende, Düsseldorf: Iltis 1959
RAK-1212 überfällig, Düsseldorf: Iltis 1960

Scheerbart, Paul (1863 – 1915)
Der deutsche Schriftsteller S. war, bei allem schuldigen Respekt, eine der kuriosesten Erscheinungen der Berliner Literaturszene Anfang des zwanzigsten Jahrhunderts, ein anarchistischer Pantoffelheld, ein derber Biertrinker von höchster Sensibilität, ein Tagträumer, dauernd ohne Geld, durchgefüttert von seiner resoluten Angetrauten, einer an Literatur absolut desinteressierten Postbeamtenwitwe. Scheerbart, der die Glasarchitektur propagierte und alles verfügbare Geld – wenn er schon mal welches hatte – in die Konstruktion eines ›Perpetuum mobile‹ (liebevoll ›Perpeh‹ genannt) steckte, starb den Hungertod (aus Protest gegen den Ausbruch des Ersten Weltkriegs soll er keine Nahrung mehr zu sich genommen haben). Dieser schon im Leben so widersprüchliche schillernde Mann schrieb kuriose, in barocker Lebensfreude schwelgende Ge-

schichten und Romane, die von Stil und Inhalt her zu den ungewöhnlichsten Texten der deutschen Literatur dieser Zeit zählen. Viele dieser Texte, die schon vom Titel her auf das vorbereiten, was den Leser erwartet – Beispiele: *Rakkox der Billionär. Ein Protzen-Roman* oder *Tarub. Bagdads berühmte Köchin. Ein arabischer Kultur-Roman* oder *immer mutig! Phantastischer Nilpferd-Roman* oder *Flora Mohr. Eine Glasblumen-Novelle* –, sind der phantastischen oder utopischen Literatur zuzurechnen. Manche dieser ›Romane‹ haben übrigens nur 22 Seiten (etwa *Rakkox,* der auch utopische Züge aufweist). S.s wohl bedeutendstes Werk aber ist *Lesabéndio. Ein Asteroiden-Roman* (1913). Freundliche Anarchisten bevölkern darin den Asteroiden Pallus, Wesen, deren Leben darin besteht, Kunstwerke zu erschaffen und zu genießen. Es sind molchartige Wesen mit einer Fülle seltsamer Organe und Extremitäten – hier ergibt sich eine Ähnlichkeit zwischen S. und Stapledon, der ähnliche Wesen liebte. Um ihren Genuß noch zu erhöhen, bauen sie einen zehn Meilen hohen Turm, der ihnen die Verschmelzung mit dem Universum bringen soll, was auch gelingt. Ähnliche Themen gibt es übrigens auch in seiner Kurzgeschichtensammlung *Astrale Noveletten* (1912), wobei die Erzählung ›Steuermann Malwu‹ genauso wie ›Lesabéndio‹ eine bizarre Zivilisation von Extraterrestriern auf einer schwimmenden Insel schildert. Paul (›Paulemann‹) Scheerbart wurde in Danzig geboren und fühlte sich besonders mit Schriftstellern wie Swift, Rabelais, Zschocke und Zinzendorf verbunden. Er selbst wurde von vielen prominenten Kollegen wie O. J. Bierbaum, Erich Mühsam (Mühsam über Scheerbart: »Ein Mensch der Liebe, der Liebe zur Natur und zu allen ihren Geschöpfen… Es ist ein Lachen in Scheerbarts Leben und Schaffen…«) u.a. gelesen und geschätzt. Wenn er auch kein typischer Vorläufer der Science Fiction war – der Reichtum an bizarrer Phantasie in seinen Werken könnte viele Autoren des Genres neidisch werden lassen.

Bibliografie:

Die große Revolution. Ein Mondroman, Leipzig: Insel 1902
Kometentanz. Astrale Pantomime, Leipzig: Insel 1903
Der Kaiser von Utopia. Ein Volksroman, Berlin: Eduard Eisselt 1904
Astrale Noveletten (C), Karlsruhe/Leipzig: Drei Lilien 1912; München/Leipzig: Georg Müller 1912
Lesabéndio. Ein Asteroiden-Roman, München: Georg Müller 1913

Schefner, Wadim (1915–)

Der russische Autor S. wurde in Leningrad geboren und veröffentlicht seit 1936. Nach einer Reihe von Gedichtbänden, Sammelbänden und Erzählungen und einem 1957 erschienenen Roman wandte sich Schefner in den sechziger Jahren utopisch-phantastischen Themen zu und veröffentlichte u. a. den Sammelband STCHASTLIWYJ NEUDATSCHNIK (›Der glückliche Pechvogel‹, 1965).

Bibliografie/H:

Der seltsame Funkspruch u. a. phantastische Erzählungen, kap 96 (1969)

Scheidt, Jürgen vom (1940–)
Deutscher Autor und Anthologist, geboren in Leipzig. Nach dem Abitur Studium der Psychologie (Nebenfächer: Philosophie, Soziologie, Psychopathologie). 1967 Diplom, Promotion zum Dr. phil. 1975, Zertifikat als klinischer Psychologe 1977. Ab 1963 hatte er sich bereits – parallel zum Studium – als Fachjournalist für Medizin und Psychologie etabliert.
Verfasser mehrerer SF-Romane und -Erzählungen und – unter dem Pseudonym Thomas Landfinder – Herausgeber mehrerer Anthologien.

Bibliografie:

Männer gegen Raum und Zeit, Wuppertal: Wiesemann 1958
Sternvogel, Menden: Bewin 1962
(Hrsg.): *Das Monster im Park,* München: Nymphenburger 1970
Der geworfene Stein, Percha: R. S. Schulz 1975
(Hrsg.): *Welt ohne Horizont,* Würzburg: Arena 1975
(Hrsg.): *Guten Morgen, übermorgen,* München: Ellermann 1975
Rückkehr zur Erde, Pfaffenhofen: W. Ludwig 1978

Als Munro R. Upton (mit mehreren Co-Autoren):

Das unlöschbare Feuer, Menden: Bewin 1963

Als Thomas Landfinder:

(Hrsg.): Liebe 2002, Frankfurt am Main: Bärmeier & Nikel 1971

Schelwokat, Günter M.
(1929 –   )

Geboren in Tilsit, gelangte S. als Flüchtling nach Bayern; Studium der Neuphilologie, Tätigkeit als Dolmetscher und Lehrer, ab 1957 Lektor, Redakteur, Übersetzer (Englisch), Herausgeber, Exposé-Autor, Reihen- und Serienbetreuer für Science Fiction, Fantasy und Horror. S. gab ca. 5000 Publikationen auf dem Buch-, Taschenbuch- und Heftsektor heraus, betreute bis 1973 das Programm der Heyne Science Fiction und Heyne Anthologien, dann bei Pabel/Moewig die Reihen und Serien *Terra, Terra Sonderband, Terra Extra, Terra Astra, Terra Taschenbücher, Terra Fantasy Taschenbücher, Perry Rhodan, Perry Rhodan Planetenromane, Perry Rhodan Bücher, Perry Rhodan Magazin, Perry Rhodan Jubiläumsbände, Utopia Classics Taschenbücher, ZbV Taschenbücher, K. H. Scheer Taschenbücher, W. D. Rohr Taschenbücher, Andre Norton Taschenbücher, E. C. Tubb Taschenbücher, Moewig SF-Bücher, Atlan, Dragon, Mythor* und *Dämonenkiller*. 1970 wurde S. der deutsche ›Hugo‹ für erfolgreiche Tätigkeit als SF-Lektor im deutschen Sprachraum verliehen; 1970 (zusammen mit Kurt Bernhard) der ›Merlin‹ für die Erstausgabe der ›Conan‹-Serie im Heyne Verlag, und erneut 1973 für die Herausgabe der ersten deutschen Fantasy-Serie ›Dragon‹. S. lebt heute in Straubing an der Donau.

Schenk, Hilbert (1926 –   )
Amerikanischer Schriftsteller, geboren in Boston, Massachusetts. Studierte Physik am Williams College, Williamstown, und Maschinenbau an der Stanford University. War längere Zeit Testingenieur bei der Flugzeugmotorenfirma Pratt & Whitney, lehrte danach an verschiedenen Hochschulen. Begann in den fünfziger Jahren SF zu schreiben und veröffentlichte damals in *The Magazine of Fantasy & Science Fiction* sieben Stories, wurde aber erst Anfang der achtziger Jahre einem breiteren Leserkreis bekannt, als seine Stories, deren Handlung zumeist in maritimen Lokationen spielt, für Hugo und Nebula Award nominiert wurden. Die besten dieser Geschichten sind in WAVE RIDER (1980) gesammelt. Einen starken Eindruck hinterließen auch seine Romane AT THE EYE OF THE OCEAN (1980) und A ROSE FOR ARMAGEDDON (1982).

867

Schenk, Michael Deutscher Autor.

Bibliografie/H:

Der Mann, der ein Roboter war, TS 83
(1964)

Schlee, Ann Britische Autorin.

Bibliografie:

Erinnern verboten (THE VANDAL), Wien/Heidelberg: Ueberreuter
1981

Schmidt, Arno (1914–1979)
Deutscher Schriftsteller, geboren in Hamburg. S. war mehrfacher Literaturpreisträger und einer der wichtigsten, wenn auch eigenwilligsten deutschen Gegenwartsautoren. Seine elaborierten, intellektuellen Texte sicherten ihm eine Kultgefolgschaft, während er selbst kein Hehl aus seiner Vorliebe für Unterhaltungsautoren wie James Fenimore Cooper, Wilkie Collins und Stanley Ellin machte. U.a. übersetzte er E. A. Poe und propagierte Laßwitz' *Auf zwei Planeten* als eines seiner Lieblingsbücher. Für die SF von Relevanz sind seine Romane *Die Gelehrtenrepublik* (1957) und *Kaff auch Mare Crisium* (1960).

Bibliografie:

Die Gelehrtenrepublik, Karlsruhe: Stahlberg 1957
Kaff auch Mare Crisium, Karlsruhe: Stahlberg 1960

Schmidt, H. K.
Deutscher Autor, veröffentlichte seine SF-Romane zumeist unter den Pseudonymen I. V. Steen und Ive Steen.

Bibliografie/H:

Als I. V. Steen:

Der Mann aus dem All, UZ 77
(1956)
Spur durch vier Dimensionen, LU 34
(1958)

Siehe Anhang SERIEN: *Rah Norton, Mark Powers*

Schmidt, Peter (1944–)

Deutscher Autor, geboren in Genscher. Studium der Philosophie, Literaturwissenschaft und Geschichte. Seit 1979 freier Schriftsteller mit Schwerpunkt Krimi und Polit-Thriller. Sein bisher einziger SF-Roman, *Das Prinzip von Hell und Dunkel,* schildert die monströsen Machenschaften eines Pharma-Konzerns, die Menschheit zu erhalten, indem er einen mit biologischen Waffen geführten Weltkrieg anzettelt, um seinen gezüchteten non-aggressiven, zur Unterordnung neigenden Menschentyp durchzusetzen, der gleichzeitig gegen die angewandten B-Waffen immun ist.

Bibliografie:

Das Prinzip von Hell und Dunkel, München 1986, H 4284

Schmidt, Stanley (1944–)

US-Autor und Herausgeber, geboren in Cincinatti, Ohio. S. studierte Physik an der Universität seiner Heimatstadt und verkaufte noch als Student seine erste SF-Story, ›The Reluctant Ambassadors‹, an *Analog,* wo sie 1968 erschien. Es folgten ein gutes Dutzend Novellen und Kurzgeschichten in diesem Magazin, und dann der Fortsetzungsroman THE SINS OF THE FATHERS (1973/74), der auch als Taschenbuch nachgedruckt wurde. Mit LIFEBOAT EARTH (1978) wurde SINS OF THE FATHERS fortgesetzt. Ein weiterer Roman aus seiner Feder erschien 1975 als Hardcover: NEWTON AND THE QUASI-APPLE. 1978 löste S. Ben Bova ab als Herausgeber des legendären, einst von John W. Campbell jahrzehntelang betreuten Magazins *Analog Science Fact/Science Fiction* (früher *Astounding*), das vor allem die SF der vierziger und fünfziger Jahre entscheidend geprägt hatte. S. gelang es ebenso wie Bova, die Tradition der in diesem Magazin erscheinenden, mehr an technisch-naturwissenschaftlichen Ideen festgemachten Stories erfolgreich fortzusetzen.

Schmitz, James H(enry) (1911 – 1981)

S. wurde als Sohn amerikanischer Eltern in Hamburg geboren. Kindheit und Jugend verbrachte er abwechselnd in Deutschland und den USA, da sein Vater Angestellter eines amerikanischen Konzerns in Deutschland war und die Familie öfters umzog. Anfang der dreißiger Jahre wurde S. Reporter in Chicago und begann Stories zu verfassen. Sein erster Erfolg war ›Greenface‹, eine Fantasy-Erzählung, die 1943 in *Unknown* erschien. Seine beginnende Karriere als SF-Autor wurde vom Zweiten Weltkrieg unterbrochen; Schmitz mußte zur Air Force und diente im Krieg gegen Japan. 1959 beschloß er, freiberuflicher Schriftsteller zu werden. Bis zu diesem Zeitpunkt hatte er schon über 50 Kurzgeschichten und einige Romane verkauft, die ihn in SF-Kreisen bekannt gemacht hatten. Darunter den Storyzyklus um die VEGAN CONFEDERATION, der wie die Novelle ›The Witches of Karres‹, seine bekannteste Story, in *Astounding* erschien. Überhaupt ist der Name Schmitz mit den Magazinen *Astounding/Analog* eng verbunden, denn dort wurden auch die besseren seiner Geschichten, die nach 1959 entstanden, veröffentlicht. Hierbei ist besonders ›Balanced Ecology‹ (*Astounding*, 3/65), ein kleines Juwel in der Schilderung außerirdischer Lebensformen, zu nennen. Weiterhin erwähnenswert: ›Grandpa‹ (*Astounding*, 2/55) und die drei Romane um Telzey Amberdon, ein Mädchen mit Psi-Fähigkeiten. Dabei handelt es sich – genau wie bei der Romanfassung von THE WITCHES OF KARRES (1966), um konventionelle Space Operas. Sie stellen jedoch in der amerikanischen SF dieser Zeit und Prägung insofern eine Ausnahme dar, als daß S. in Frauen als Hauptpersonen agieren läßt, die sich mühelos in einer Welt der Männer durchsetzen können und auch nicht jene ›typischen‹ Eigenschaften besitzen, die Frauen in der damaligen SF auszeichnete.

Bibliografie:

Dämonenbrut (THE DEMON BREED), Frankfurt am Main/Berlin/Wien 1973, U 3022
Das Psi-Spiel (THE LION GAME), Frankfurt am Main/Berlin/Wien 1974, U 3061
Welt im Würgegriff (THE ETERNAL FRONTIERS), Frankfurt am Main/Berlin/Wien 1975, U 3110

Bibliografie/H:

Trigger und der Grüne (A TALE OF TWO CLOCKS), UZ 431 (1965)
Die Xenotelephatin (THE UNIVERSE AGAINST HER), UZ 545 (1967)

Schnabel, Johann Gottfried (1692–1750?)

Der in Sandersdorf als Sohn eines Pfarrers geborene deutsche Schriftsteller S. schrieb mit *Insel Felsenburg* einen der meistgelesensten Romane seiner Zeit. Der Roman war gleichzeitig Utopie, Robinsonade und Abenteuer und einer der wichtigsten SF-Vorläufer in deutscher Sprache.

Bibliografie:

Insel Felsenburg oder wunderliche Fata einiger Seefahrer, 6 Bd., Breslau 1828

Schneider, Franz

Bibliografie/H:

Missionsschwester Kalysia, ZSF 136 (1973)

Scholz, Friedrich

Deutscher Autor, Komponist von Hörspiel-, Bühnen- und Filmmusik. Legte nach einer Reihe von Hörspielen mit *Nach dem Ende* einen umfangreichen Post-Doomsday-Roman vor, der im zerstörten Deutschland spielt.

Bibliografie:

Nach dem Ende, München 1986, H 4273

Scholz, Siegfried

Bibliografie/H:

Tod für die Unsterblichkeit, ZSF 161 (1975)
Copyright by Rigel Ltd., ZSF 205 (1978)
Das Droon, ZSF 285 (1985)

Schoonover, Lawrence (1906–   )

S., als Autor historischer Romane bekannt, wurde in Anamosa/Iowa, geboren und nach einem Studium an der Universität von Wisconsin und zwanzigjähriger Berufserfahrung als Werbefachmann 1946 freiberuflicher Schriftsteller. Sein Abstecher zur Science Fiction war der Roman CENTRAL PASSAGE (1962), ein Katastrophenroman, in dem die Zerstörung der Landbrücke zwischen Nord- und Südamerika gewaltige klimatische Veränderungen bringt.

Bibliografie:

Der rote Regen (CENTRAL PASSAGE), München 1962, GZ 35

Schopen, Edmond Deutscher Autor.

Bibliografie:
Jenseits der Milchstraße, Berlin: Gebr. Weiß 1957
Der Kanzler von Afrika, Berlin: Gebr. Weiß 1960

Schorn, L. B. Siehe Puhle, Joachim

Schott, Rolf (1891 – ?)
Deutscher Autor, geboren in Mainz. S. gehörte seit seinem Exil 1933 zu den ›verbrannten Dichtern‹.

Bibliografie:
Die Insel des Domes, Zürich: Origo 1950

Schreyer, Wolfgang (1927 –   )
Romanschriftsteller, Film-, Fernseh- und Hörspielautor. Lebt als freischaffender Schriftsteller in Magdeburg und erhielt 1956 den Heinrich-Mann-Preis. Schrieb hauptsächlich Kriminal- und Abenteuerromane (Polit-Thriller), die zum großen Teil verfilmt wurden. Der im Jahr 1972 spielende Zukunftsroman *Fremder im Paradies* (1966; Uraufführung als Schauspiel 1967) schildert einen nationalen Befreiungskampf gegen imperialistische Unterdrückung. Achtzehn Jahre später erschien eine vom Autor stark überarbeitete Fassung des Romans unter dem Titel *Eiskalt im Paradies,* die keine SF-Elemente mehr enthält.

Bibliografie:
Fremder im Paradies, Halle (Saale): Mitteldeutscher 1966

Schröder, Rainer M.
Deutscher Jugendbuchautor. Verfaßte eine SF-Trilogie als Fortsetzung zum Kino-Hit ›Unheimliche Begegnung der dritten Art‹.

Bibliografie:
Unheimliche Gegner der vierten Art – Kampf im Ufo, München/ Wien: Schneider 1978
Unheimliche Gegner der fünften Art – Das Andromeda-Rätsel, München/Wien: Schneider 1979
Unheimliche Gegner der sechsten Art – Die Sternenfalle, München/ Wien: Schneider 1979

Schröder, Ralf

Bibliografie:

(Hrsg.) *Träume und Zwischenräume* (mit Lole Debuser), Berlin/DDR: Volk und Welt 1980

Schwarz, Edi (1937–)

Der bulgarische Autor ist Absolvent der Theaterhochschule und schrieb mehrere Stücke für dramatisches und Puppentheater. Verfaßte außerdem Szenarien und Stücke für Film und Fernsehen. Er schreibt vorwiegend für Kinder; gegenwärtig arbeitet er als Theaterregisseur und -autor. Seine Erzählung ›Kontaktversuche‹ erschien 1978 in Berlin.

Score, Ray (Pseudonym)

Bibliografie/H:

Das Geheimnis der Toten, UZ 573 (1968)

Scorebete, Miron (1933–)

Der rumänische Autor ist Chefredakteur beim Rundfunk in Cluj-Napoca. Schreibt Lyrik und Prosa. Science Fiction-Veröffentlichungen: FEMEIA VENITA DE SUS (Die Frau von oben), Novellen 1971; CRINCENA LUPTA DINTRE ›ATE‹ SI ›ABILE‹ (Der unerbittliche Kampf zwischen den Endungen ›ten‹ und ›baren‹), Erzählungen 1976. Erzählung in ›Die beste aller Welten‹, Cluj-Napoca 1979.

Scortia, Thomas N(icholas) (1926–1986)

S., geboren in Alton/Illinois, von Beruf Chemiker, seit 1970 freiberuflicher Schriftsteller. S. gehörte von 1955 bis 1960 zu den fleißigsten Mitarbeitern amerikanischer SF-Magazine wie *Future SF, SF Stories, SF Adventures* und *Fantastic,* in denen er Stories und Kurzromane veröffentlichte. Zu Beginn der sechziger Jahre zog er sich aus dem Genre zurück und tat sich schließlich mit Frank M. Robinson zusammen, um SF-Thriller zu schreiben, die als Mainstream-Literatur verkauft werden sollten. Ihr größter Erfolg wurde der von Irwin Allan unter dem Titel THE TOWERING INFERNO (deutsch: *Inferno*) verfilmte Katastrophenroman THE GLASS INFERNO (1975), in dem in einem dreihundert Stockwerke hohen Wolkenkratzer ein gigantisches Feuer ausbricht. Es folgte THE PROMETHEUS CRISIS (1975), in dem ein Atomreaktor undicht wird und die Umgebung verseucht. THE NIGHT-

MARE FACTOR (1978) und THE GOLD CREW (1979) entsprangen ebenfalls der Zusammenarbeit mit R. Seine Erzählungen erschienen in den Sammelbänden CAUTION! INFLAMMABLE! (1976) und THE BEST OF THOMAS N. SCORTIA (1980), herausgegeben von G. Zebrowski.

Bibliografie:

Inferno (THE GLASS INFERNO) (mit Frank M. Robinson), München: Herbig 1976
Reaktor XZ 519 (THE PROMETHEUS CRISIS) (mit Frank M. Robinson), München: Herbig 1977

Scott, Jody

Amerikanische Schriftstellerin. Ihr Roman PASSING FOR HUMAN (1977) ist eine der frechsten SF-Parodien.

Bibliografie:

Fast wie ein Mensch (PASSING FOR HUMAN), Bergisch Gladbach 1980, B 24008

Scott, John F. (Pseudonym)

Bibliografie/H:

Augensprecher besuchen Ondra, ESF 3 (1976)
Computerträume der Tiefkühlschläfer, ESF 12 (1977)

Scott, Ted (Verlagspseudonym)

Bibliografie/H:

Andromeda beherrscht die Erde, UZ 316 (1962) (Francis)
Zusammenstoß bei Mira Ceti, UZ 318 (1962) (Peters)
Das strahlende Verhängnis, UZ 347 (1962)
Blut von Terra, UGB 169 (1962)
Das Rätsel der Marsmonde, UGB 173 (1962) (Zilian)
Befehl aus dem Kosmos, UGB 175 (1962) (Krämer)
Die Caterpillar-Mine, UGB 177 (1962) (Stumm)
Gefährliche Dimensionen, UGB 184 (1962) (Hoffmann)
Die Lichtkanone, UGB 185 (1962) (Puhle)
Das Todeslicht von Death Valley, UGB 186 (1962) (Puhle)
Die ultimate Waffe, UGB 188 (1963) (Francis)
Der graue Koloß, UGB 189 (1963) (Francis)
Das Vermächtnis der Tyraner, UGB 191 (1963) (Peters)

Die Maske des Mutanten, UGB 193 (1963)
Die Götter von Kee-On, UGB 196 (1963)
Abenteuer auf drei Welten, UZ 371 (1963)
Phantom im Dunkel, UZ 380 (1963)

Scottley, Randolph (Pseudonym)

Bibliografie/H:
Gefangene der Giganten, SU 10 (1958)

Scout, Ted Siehe Brand, Kurt

Selber, Martin (1924 –   )
Erzähler, Kinderbuchautor und Dramatiker. Seine ersten Veröffentlichungen erschienen 1948; seit 1954 lebt er als freischaffender Schriftsteller in der Nähe von Magdeburg. S. schrieb anfangs populärwissenschaftliche Erzählungen, danach wandte er sich der abenteuerlichen Kinder- und Jugendliteratur mit erzieherischer Thematik zu. Dem SF-Genre wird seine Hefterzählung ›Atlantisches Rätsel‹ zugeordnet.

Bibliografie/H:
Atlantisches Rätsel, DNA 281 (1969)

Sellings, Arthur (1921 – 1968)
Der britische Autor S. hieß eigentlich Robert Arthur Ley. Er wurde in Tumbridge Wells, Kent, geboren. S. war von Beruf Zollbeamter und später Antiquar. Anfang der fünfziger Jahre begann er SF zu schreiben und auch zu veröffentlichen. Seine erste Kurzgeschichte war ›The Haunting‹ (1953 in *Authentic*). Es folgten über dreißig Erzählungen, von denen etliche auch in den Sammelbänden TIME TRANSFER (1956) und THE LONG EUREKA (1968) nachgedruckt wurden. 1962 kam sein erster Roman auf den Markt, TELEPATH, der zur Gruppe der wichtigen Telepathieromane gehört, gefolgt von THE UNCENSORED MAN (1964), einem weiteren wichtigen PSI-Roman. In beiden entdecken Durchschnittsmenschen, daß sie paranormale Kräfte besitzen, und in beiden Fällen stehen die damit zusammenhängenden privaten Probleme der Protagonisten im Mittelpunkt. Bis zu seinem frühen Tod schrieb Sellings noch die Romane THE QUY EFFECT (1966) und THE POWER OF X (1968). S., der auch unter dem Pseudonym Martin Luther insgesamt sechs Romane und zwei Collections ver-

öffentlicht hat, führte zwar keine bahnbrechenden neuen Ideen ein, erwies sich in seinen besten Werken jedoch als bemerkenswerter Erzähler.

Bibliografie:

Fremdling auf der Erde (C) (TIME TRANSFER), München 1964, GZ 58
Elixier der Unsterblichkeit (C) (THE LONG EUREKA), München 1969, GWTB 0101
Die Zeiträuber (THE POWER OF X), Bergisch Gladbach 1972, B 9
Schrottwelt (JUNK DAY), Frankfurt am Main/Berlin/Wien 1984, U 31089

Serbanescu, Mircea (1919–)

Der rumänische Prosaschriftsteller fühlte sich erst relativ spät von der Science Fiction angezogen und debütierte mit dem Erzählungsband ULUITOAREA TRANSMIGRATIE (Der unerhörte Übergang, 1968). Eine weitere Sammlung von SF-Kurztexten, MISTERIOSA SIRENA (Die geheimnisvolle Sirene, 1972), wurde mit dem Preis der Temeswarer Schriftstellervereinigung bedacht. Er hatte auch Erzählungen in den Anthologien: ›Die beste aller Welten‹, Cluj-Napoca 1979; ›Das präparierte Klavier‹, Bukarest 1982.

Senarens, Louis P(hilip) (1865–1939)

Amerikanischer Autor zahlloser Groschenromane, geboren in Brooklyn, New York. S. wurde zu seiner Zeit der amerikanische Jules Verne genannt, und das lag einmal an der Thematik seiner Stoffe – in den Serien FRANK READE, JR. und JACK WRIGHT erleben zwei jugendliche Erfinder mit Luftschiffen, U-Booten und anderer ›futuristischer‹ Technik haarsträubende Abenteuer –, zum anderen an S.' Ausstoß, der den von Verne noch bei weitem übertraf. Er begann im Alter von 16 Jahren professionell zu schreiben, und als die beiden Serien 1904 eingestellt wurden, hatte S. es auf mehr als 300 Romane gebracht.

Serling, Robert J. Amerikanischer Autor.

Bibliografie:

Alarm im Pentagon (THE PRESIDENT'S PLANE IS MISSIN), Stuttgart Krüger 1969

Serviss, Garrett P(utman) (1851–1929)

Amerikanischer Autor, Rechtsanwalt und Mitarbeiter der *New York Sun*. Sein Interesse galt der Popularisierung der Wissenschaft. S. schrieb neben vielen Artikeln das Sachbuch THE MOON (1907). Seine bekanntesten Romane aber sind THE MOON METAL (1900), in dem es um ein neues Metall vom Erdtrabanten geht, A COLUMBUS OF SPACE (1909), in dem der erste Flug zur Venus geschildert wird, und THE SECOND DELUGE (1911), wo ein weitsichtiger Amerikaner mittels einer stählernen Arche einige Menschen rettet, als die Erde in einen kosmischen Wassernebel eintritt und eine zweite Sintflut stattfindet. Diese drei letzten Romane – in ihrer positiven Einstellung zur Technologie typisch für die damalige SF – gelten als Klassiker und erlebten in den ersten *Amazing Stories* Neuauflagen, ein Erfolg, der S.' Abenteuergarn THE SKY PIRATES versagt blieb.

Seymour, John

Britischer Mainstream-Autor, bekannt vor allem durch seinen Bestseller *Das große Buch vom Leben auf dem Lande*. Sein Roman THE LARKS THEY SANG MELODIOUS schildert eine Öko-Katastrophe in Großbritannien, aus der es für die Protagonisten nur durch radikales Umdenken ein Entrinnen gibt.

Bibliografie:

Die Lerchen singen so schön (THE LARKS THEY SANG MELODIOUS), München 1982, H 3890

Shaara, Michael

Amerikanischer Schriftsteller, der in den fünfziger Jahren ein knappes Dutzend SF-Stories in Magazinen wie *Analog, Galaxy* und *Fantastic Universe* veröffentlichte. Sie wurden gut zwanzig Jahre später in der Collection SOLDIER BOY (1982) gesammelt. Ende der fünfziger Jahre hatte sich S. von der SF abgewandt und in der Zwischenzeit den Pulitzer-Preis gewonnen.

Bibliografie:

Sternengesicht (C) (SOLDIER BOY), München 1984, G 8404

Sharenow, Anatoli

Bibliografie:

Das Paradox des großen Pta (PARADOKS WELIKOGO PTA), Berlin/DDR: Das Neue Berlin 1974

Sharkey, Jack (1931 –   )
John Michael Sharkey wurde in Chicago geboren, arbeitete als Lehrer an einer High School im Fach Englisch, diente zwei Jahre in der US Army, arbeitete ein Jahr in der Werbebranche, zog dann nach New York und wurde freier Schriftsteller. In den sechziger Jahren veröffentlichte er mehrere Dutzend Kurzgeschichten und Novellen, u.a. eine Serie um den Weltraum-Zoologen Jerry Norcriss in *Galaxy* und *Worlds of Tomorrow*. Seine einzigen SF-Romane bisher waren THE SECRET MARTIANS (1960) und ULTIMATUM IN 2050 A. D. (1965), die man getrost der Kategorie der ›pot boilers‹ zuordnen kann.

Bibliografie/H:
Die fünfzehn Geiseln (THE SECRET MARTIANS), UZ 355 (1962)
Revolution um die Zukunft (ULTIMATUM IN 2050 A. D.), UZ 547 (1967)

Shaver, Garret jr. (Pseudonym)

Bibliografie/H:
Schiff im Magnetsturm, UZ 555 (1967)
Aufstand der Centauri, ZSF 22 (1967)
Planet der Glückseligkeit, ZSF 30 (1967)
Der Mann von Terra, ZSF 42 (1967)
Der Gestrandete von Daphto, ZSF 48 (1967)
Nomaden des Universums, ZSF 52 (1967)
Notruf von Beta-12, UZ 567 (1968)
Die roten Herrscher, UZ 591 (1968)

Shaver, Richard S(harpe) (1907 – 1975)
Amerikanischer SF-Autor, über dessen Privatleben wenig bekannt ist. Heute wird er in erster Linie mit einer Reihe von abstrusen Geschichten assoziiert, die in den Jahren 1945 – 1947 in *Amazing Stories* unter der Ägide von Ray Palmer und später in *Other Worlds* und Okkultmagazinen erschienen und die als ›Shaver-Mystery‹ in die Annalen der SF eingingen. Die als Tatsachenberichte deklarierten Stories waren ›Aufzeichnungen von Stimmen aus einer unterirdischen Höhlenwelt‹. In ihnen wollte S. den Lesern weismachen, die Erde würde von degenerierten Abkömmlingen einer Superrasse beherrscht. Die 17 Geschichten dieses Zyklus waren der erste pseudowissenschaftliche Wahn in der SF, aber Titel wie I REMEMBER LEMURIA ließen die Auflage des Magazins in die Höhe schnellen. Innerhalb kurzer Zeit gab es ein eigenes Shaver-Magazin und einen Shaver-

Fan-Club, aber so schnell wie S. zu Ruhm gekommen war, so schnell war er wieder vergessen, als Anfang der fünfziger Jahre die UFO-Hysterie aufkam.

S.s Texte, die von Palmer normalerweise überarbeitet wurden, waren an sich nichts Besonderes: Weltverschwörungstheorien und ›Ältere Rassen‹, die die Menschen wie Marionetten führten, gab es in der phantastischen Literatur zuvor auch schon, u. a. viel überzeugender bei H. P. Lovecraft. Interessant daran ist jedoch eine Äußerung Palmers in der Maiausgabe 1978 von *Science Fiction Review*, wonach S. die acht Jahre, die er angeblich »in Höhlen dem Studium unterirdischer Rassen gewidmet hatte«, in Wirklichkeit als paranoid Schizophrener im Ypsilanti State Hospital zugebracht hatte.

<u>Bibliografie:</u>

Zauberbann der Venus (GODS OF VENUS), Frankfurt am Main/Berlin/ Wien 1972, U 2944
Titans Tochter (TITAN'S DAUGHTER), Frankfurt am Main/Berlin/Wien 1975, U 3196

Shaw, Bob (Robert) (1931 –   )
Britischer Autor, geboren in Belfast, Nordirland. Er besuchte die Technical High School in seiner Heimatstadt, dann arbeitete er in der Stahl- und Flugzeugindustrie und als Taxifahrer. Danach war er als Journalist und Maschinenbauingenieur tätig. In den fünfziger Jahren begann S. Science Fiction Stories zu schreiben, von denen die ersten im britischen Magazin *Nebula* erschienen. In den späten sechziger Jahren folgten dann Romane. Der erste davon war NIGHT WALK (1967), die Geschichte eines Blinden, der durch empathischen Kontakt mit Tieren oder Außerirdischen ›sehen‹ kann – durch deren Augen. Bis heute folgten siebzehn weitere Romane und vier Kurzgeschichtensammlungen, darunter THE TWO-TIMERS (1968), der Orpheus-Mythos als Zeitreise- und Parallelweltgeschichte, in der ein Mann nach dem Tod seiner Frau in ein Paralleluniversum reist, wo er sein anderes Ich umbringen will, um seine Frau zurückzugewinnen. Shaws größter Erfolg waren bisher mehrere Geschichten um eine Art von Glas, das Lichtstrahlen stark verlangsamt und damit Sicht auf Vorgänge er-

laubt, die längst Vergangenheit geworden sind. Eine dieser Stories, ›Light of Other Days‹, wurde 1966 für den Nebula-Award nominiert. Der Roman OTHER DAYS, OTHER EYES (1972) ging aus diesen Kurzgeschichten hervor und gilt als sein einfallsreichstes Werk, während THE PALACE OF ETERNITY ein weitgespanntes interstellares Abenteuer mit einem metaphysischen Ende ist.

S. gewann 1975 den Preis der British Science Fiction Association als bester britischer SF-Autor und zweimal den Hugo für seine Kritiken.

Bibliografie:

Die blendendweiße Sonne (THE PALACE OF ETERNITY), München 1971, GWTB 0124

Die Zweizeitmenschen (THE TWO-TIMERS), München 1971, GWTB 0128

Qualen der Unsterblichkeit (ONE MILLION TOMORROWS), München 1972, GWTB 0137

Menschen im Null-Raum (NIGHTWALK), München 1972, GWTB 0140

Die Anti-Kriegs-Maschine (GROUND ZERO MAN), München 1973, GWTB 0153

Augen der Vergangenheit (OTHER DAYS, OTHER EYES), München 1974, GWTB 0172 (auch: *Andere Tage, andere Augen*)

Cocktailparty im All (C) (TOMORROW LIES IN AMBUSH), München 1974, GWTB 0176

Die grünen Inseln (SHADOW OF HEAVEN), München 1975, GWTB 0193

Orbitsville (ORBITSVILLE), München 1976, GWTB 0216

Magniluct (A WREATH OF STARS), München 1976, GWTB 0236

Skirmish (C) (COSMIC CALEIDOSCOPE), München 1977, G 23261

Die Kinder der Medusa (MEDUSA'S CHILDREN), München 1978, G 23267

Die Raumlegion (WHO GOES HERE?), München 1979, G 23289

Captain Aesop und das Schiff der Fremden (SHIP OF STRANGERS), München 1981, G 23332

Sie sind unter uns (DAGGER OF THE MIND), München 1981, G 23366

Experiment: Erde (THE CERES SOLUTION), München 1983, G 23433

Der Himmel ist frei (VERTIGO), München 1984, H 4106

Aufbruch nach Orbitsville (ORBITSVILLE DEPARTURE), München 1986, G 23487

Shaw, Brian Siehe Tubb, E. C.

Shea, Michael

Amerikanischer Autor, der hauptsächlich auf dem Gebiet der Fantasy aktiv ist. Wenngleich er noch keinen reinen SF-Roman verfaßt hat, stehen etliche ausgezeichnete SF-Kurztexte auf seiner Habenseite. ›The Autopsy‹ (*F&SF* 1979) wurde beispielsweise für den Nebula Award nominiert, und andere wichtige Erzählungen sind ›Polyphemus‹ (1981) oder ›The Angel of Death‹ (1982), die auch alle auf Deutsch erschienen.

Shea, Robert (1933–)

Geboren in New York. S. war jahrelang Herausgeber des *Playboy* und wurde vor allem durch die ILLUMINATUS!-Trilogie (1975) bekannt, die er zusammen mit Robert Anton Wilson schrieb, ein bombastisches und komplexes, aber in Details gut gezeichnetes und farbiges Garn über eine Weltverschwörung, ausgehend von den bayrischen Illuminaten, einem Freimaurerorden, begründet im 18. Jahrhundert, der die Weltherrschaft übernehmen will. Die Autoren greifen u. a. auf Lovecraft (CTHULHU-Mythos) und Thomas Pynchon (THE CRYING OF LOT 49) zurück und verwenden Horror- und Krimi-Elemente ebenso wie solche der Fantasy und der SF. Der Stoff wurde auch zu einem Theaterstück umgearbeitet (von Ken Campbell und Chris Langham).

Bibliografie:

Illuminatus! Erster Teil: Das Auge in der Pyramide (ILLUMINATUS! THE EYE IN THE PYRAMID) (mit R. A. Wilson), Basel: Sphinx 1977
Illuminatus! Zweiter Teil: Der goldene Apfel (ILLUMINATUS! THE GOLDEN APPLE) (mit R. A. Wilson), Basel: Sphinx 1978
Illuminatus! Dritter Teil: Leviathan (ILLUMINATUS! LEVIATHAN) (mit R. A. Wilson), Basel: Sphinx 1978

Shear, David Amerikanischer Autor.

Bibliografie:

Der Tod und sein Bruder (CLONING), Bergisch Gladbach 1978, B 22001

Sheckley, Robert (1928 –   )

S. wurde in New York City geboren und wuchs in einer kleinen Stadt in New Jersey auf. Nach der High School kam er zum Militär und verbrachte ein Jahr bei den UN-Truppen in Korea. Nach seiner Entlassung studierte er an der Universität von New York Englisch, Psychologie und Philosophie und versuchte sich nebenher in einer ganzen Reihe von Jobs. Gleichzeitig nahm er an Schriftsteller-Kursen teil. Nicht lange nach seinem Examen verkaufte er seine erste SF-Story, ›We Are Alone‹, die 1952 in der Novemberausgabe des Magazins *Future* veröffentlicht wurde. Er beschloß, freier Schriftsteller zu werden, und war schon bald ein regelmäßiger Kurzgeschichtenlieferant für viele Magazine, insbesondere aber für *Galaxy,* wo seine besten Arbeiten erschienen. Insgesamt wurden von S. mehr als 200 Stories publiziert, der größte Teil in den fünfziger Jahren. Im Gegensatz zu vielen seiner Kollegen setzte er zunächst voll auf die Kurzgeschichte und führte sie innerhalb der SF zu einer neuen Blüte. Sheckley zeigte sich als Meister eines subtilen Stils und urplötzlicher Wendungen der Handlung. Immer wieder gelang es ihm, die überraschendsten Pointen zu finden. Alfred Bester sagt über ihn: »Er ist wahrscheinlich der verfeinertste Autor. Das zeigt sich in seiner Art, eine Story auszuführen: Von einem Dutzend verschiedener Wege wählt er immer den originellsten. Seine Ideen sind fesselnd; sein Dialog lebendig und mit humoristischen Wendungen gewürzt.« Für Sheckley ist das Wichtigste an seiner Story die Idee. Das soll aber nicht heißen, daß der Mensch darin eine untergeordnete Rolle spielt. Einige ›Gefühlsstücke‹ (etwa ›Beside Still Waters‹, *Amazing,* 11/53) sowie seine satirischen, mitunter stark gegen eine pervertierte Unterhaltungsindustrie angehenden Geschichten beweisen das Gegenteil. In seiner Erzählung ›The Price of Peril‹ (*F&SF* 5/58), die von Wolfgang Menge erfolgreich für die ARD verfilmt wurde (Titel: *Das Millionenspiel*), schildert Sheckley eine pervertierte Fernsehsendung, in der ein ausgesuchter Kandidat sieben Tage vor schwerbewaffneten ›Jägern‹ fliehen muß, die ihn ›legal‹ abknallen dürfen. Überlebt er, erhält er eine Million, erwischen ihn die Killer, bekommen sie das Geld. Ebenfalls verfilmt wurde seine Story ›The Seventh Victim‹ (*Galaxy,* 4/53), und zwar von Carlo Ponti (deutscher Titel: ›Das zehnte Opfer‹). In der Romanversion THE TENTH VICTIM (1966) fallen in einer Art modernem Gladiatorenkampf lizensierte Killer übereinander her. Unter Sheckleys weiteren Romanen sind JOURNEY BEYOND TOMORROW (1962) und IMMORTALITY INC. (1959) besonders erwähnenswert. THE STATUS CIVILIZATION (1960) ist ein spannender Abenteuerroman, der auf einem Strafplaneten spielt. In MINDSWAP (1966) behandelt der Autor eines seiner Lieblingsthemen – ein Geist in einem fremden Körper –, das er in THE ALCHEMICAL MARRIAGE OF ALISTAIR CROMPTON (1978) wieder aufgriff und mit sarkastischem Humor reichlich garnierte. Ein anspruchsvoller, experimentell geschriebener Roman ist OPTIONS (1975). In Buchform erschienen von Robert Sheckley bisher neun SF-Romane, sieben Spionage-Thriller und zwölf Story-Sammlungen. Sheckley, der 1970 nach Ibiza zog und sieben Jahre dort lebte, wohnt heute wieder in den USA.

Bibliografie:

Planet der Verbrecher (THE STATUS CIVILIZATION), München 1963, H 3016

Das geteilte Ich (C) (SHORE OF INFINITY), München 1963, GZ 39

Utopia mit kleinen Fehlern (C) (CITIZEN IN SPACE), München 1963, GZ 46

Das zehnte Opfer (THE TENTH VICTIM), München 1966, H 451

Die Menschenfalle (C) (THE PEOPLE TRAP), München 1969, GWTB 0110

Der grüne Jademond (C) (CAN YOU FEEL ANYTHING WHEN I DO THIS?), München 1973, GWTB 0167

Die alchimistische Ehe (THE ALCHEMICAL MARRIAGE OF ALISTAIR CROMPTON), München 1979, Kn 5710

Mr. Joenes wundersame Reise (THE JOURNEY OF JOENES), Bergisch Gladbach 1981, B 22035

1. Preis: Allmächtigkeit (DIMENSION OF MIRACLES), Bergisch Gladbach 1981 B 22040

Endstation Zukunft (C) (THE ROBOT WHO LOOKED LIKE ME), Bergisch Gladbach 1981, B 24020

Pilgerfahrt zur Erde (C) (PILGRIMAGE TO EARTH), Köln-Lövenich: Hohenheim 1982

Für Menschen ungeeignet (C) (UNTOUCHED BY HUMAN HANDS), Bergisch Gladbach 1982, B 22042

Endlich allein (C/OA), München: dtv 1982

Lebensgeister GmbH (IMMORTALITY INC.), Bergisch Gladbach 1982, B 22046

Fütterungszeiten unbekannt (C) (NOTIONS UNLIMITED), Bergisch Gladbach 1983, B 22062
Der Seelentourist (MINDSWAP), Bergisch Gladbach 1984, B 22071
Dramocles (DRAMOCLES), Bergisch Gladbach 1985, B 22081
Das große Robert Sheckley Buch (C/OA), Bergisch Gladbach 1985, B 24070
Pilgerfahrt zur Erde (C/OA), Berlin/DDR: Das Neue Berlin 1984

Sheffield, Anthony (Pseudonym)

Bibliografie/H:
Die Sintflut der Neuzeit, ESF 2 (1976)

Sheffield, Charles

Der in England geborene Autor und Wissenschaftler S. lebt heute in den USA. S. studierte am St. John's College in Cambridge Mathematik und Physik und war Präsident der American Astronautical Society und Vizepräsident der Earth Satellite Corporation. Ende der siebziger Jahre erschien er mit seinen ersten Kurzgeschichten in *Galaxy* auf der SF-Szene, denen schon bald Romane folgten. S. genießt den Ruf eines Hard-SF-Autors, und das liegt sicher nicht zuletzt an seiner Ausbildung und der Erfahrung als Verfasser von populärwissenschaftlichen Büchern über die Raumfahrt und vielen Veröffentlichungen auf wissenschaftlich-technischem Gebiet. Bislang hat er vier SF-Romane und ebenso viele Storysammlungen vorgelegt. Sein Roman THE WEB BETWEEN THE WORLDS (1979) beschreibt einen Fahrstuhl in den Weltraum (Arthur C. Clarke vertrat diese Idee ebenfalls), während er sich in seinem Erstling SIGHT OF THE PROTEUS (1978) mit der Veränderung der menschlichen Form durch bio-genetische Eingriffe befaßt. Einen Ausflug in die Science Fantasy stellt ERASMUS MAGISTER (1982) dar, ein Buch, das drei Novellen enthält, die vom Leben Erasmus Darwins inspiriert sind, dem Vater von Charles.

Bibliografie:
Ein Netz aus tausend Sternen (THE WEB BETWEEN THE WORLDS), München 1982, G 23404

Der neue Proteus (SIGHT OF THE PROTEUS), München 1982, G 23409
Hüter meines Bruders (MY BROTHER'S KEEPER), München 1986,
G 23478

Sheldon, Eric (Pseudonym)

Bibliografie/H:

Jenseits Alpha Centauri, UG 119 (1960)
Ein Licht erlöscht, UG 123 (1960)

Sheldon, Roy (Verlagspseudonym)
Siehe auch Campbell, H. J. und Tubb, E. C.

Bibliografie/H:

Der unsichtbare Mond (PHANTOM MOON), UZ 188 (1959)
Die Verschollenen (STAR OF DEATH), UZ 214 (1960)
Das kostbare Mineral (SPACE WARP), TN 52 (1969)
Die neue Lebensform (THE PLASTIC PERIL), TN 59 (1969)

Shelley, Mary W(ollstonecraft)
(1797–1851)

Mary W. Shelley (geborene Godwin), das einzige Kind von William Godwin und seiner Frau Mary Wollstonecraft (eine der ersten Frauenrechtlerinnen), war nicht nur die Schöpferin des bekannten Frankenstein-Monsters, sondern möglicherweise auch die Erfinderin des literarischen Genres Science Fiction. Im Jahre 1814 folgte sie dem englischen Dichter Percy Bysshe Shelley auf den europäischen Kontinent, lebte dort mit ihm zusammen und heiratete ihn 1814. Zusammen mit dem Dichter Lord Byron unternahm das Paar eine Reise in die Schweiz, und nachdem man sich an einem verregneten Abend im Sommer 1816 in Byrons Villa am Genfer See die Zeit mit dem Erzählen von Geistergeschichten vertrieben hatte, diskutierte man über den Philosophen Erasmus Darwin, sprach über Vampire und kam schließlich überein, untereinander eine Art Literaturwettbewerb durchzuführen. Einige Nächte später hatte Mary W. Shelley einen Traum, den sie in FRANKENSTEIN, OR THE MODERN PROMETHEUS (das Erscheinungsjahr wird unterschiedlich angegeben) ausarbeitete. Innerhalb eines Jahres war ihre Erzählung fertig. Byron steuerte dem Thema lediglich eine A FRAGMENT (1817) betitelte Szene bei, während der vierte am Diskussionsabend anwesende Gast, Dr. John William Polidori, den Kurzroman THE VAMPYRE: A TALE (1819) verfaßte. In FRANKENSTEIN gelingt es dem naturwissenschaftlichen Adepten Baron Victor von Frankenstein, aus Leichenteilen ein überdimensionales menschliches Wesen zu erschaffen, das wegen seiner Häßlichkeit nirgendwo Kontakt findet und von den Menschen, die in ihm ein Ungeheuer sehen, gejagt wird, bis es sich schließlich gegen seinen Schöpfer wendet und ihn vernichtet. Shelleys Romanvorlage wurde von mehreren Dutzend Filmproduzenten in unzähligen Zelluloidversionen umgesetzt, die eher dem Horrorspektakel der Urgeschichte Rechnung tragen, weswegen FRANKENSTEIN (das Buch erzählt immerhin von dem ersten künstlich erzeugten Menschen) in den Reihen orthodoxer SF-Fans zu Unrecht als Gruselroman empfunden wird. Ein weiterer Beitrag der Shelley zur SF war THE LAST MAN (1826), eine Geschichte aus dem 21. Jahrhundert über einen Zukunftskrieg und eine verheerende Seuche.

Bibliografie:
Frankenstein (FRANKENSTEIN, OR THE MODERN PROMETHEUS), Hamburg: J. A. Keune 1948
Verney – der letzte Mensch (THE LAST MAN), Bergisch Gladbach 1982, B 72021

Shepard, Lucius (1947 –)

Amerikanischer Autor, mit einer geradezu mustergültigen Laufbahn als Schriftsteller: Er hat nie eine Schule oder ein College besucht, bereiste mit seinen Eltern schon als Kind die ganze Welt, lebte als junger Mann acht Jahre lang in Europa und im Mittleren Osten, arbeitete zwei Jahre lang im Bazar von Kairo im Geschäft eines Parfümhändlers, jobbte in Trier in einer Zigarettenfabrik und spielte nach seiner Rückkehr in die USA in einer Rock-Band Keyboards. Gleichzeitig entstanden seine Stories, die in rascher Folge in den amerikanischen Magazinen erschienen und jedes Jahr in der Endausscheidung um die begehrtesten SF-Preise nominiert waren bzw. sie gewannen, so z. B. ›Salvador‹ (Locus Award 1985), ›The Man Who Painted the Dragon Griaule‹ (1985 für Nebula und Hugo nominiert) und ›A Traveler's Tale‹ (1985 für Nebula nominiert). 1985 erhielt er den John W. Campbell Award als bester Nachwuchsschriftsteller, 1987 errang seine hervorragende Novelle ›R&R‹ den Locus Award. Sie schildert die USA verstrickt in einen totalen Krieg in Mittelamerika, der geführt wird mit Soldaten, die unter Drogen stehen und elektronisch mit ihrem Kriegsgerät verbunden sind, daß sie kaum noch Kontakt mit der Wirklichkeit haben. Was ihm mit seinem Roman, GREEN EYES (1984), nicht gelang, erreichte er mit seinem zweiten, LIFE DURING WARTIME (1987) – einer erweiterten Fassung seiner Novelle ›R&R‹: der Sprung in die Bestsellerlisten und die enthusiastische Kritik, die ihn als einen der führenden Autoren der achtziger Jahre feierte. Mit Recht, denn er darf als eines der herausragenden Talente gelten, von dem die Science Fiction der neunziger Jahre zu erwarten ist.

Shepherd, Conrad (1937–)

Conrad Constantin Schaef aus Kitzingen begann seine Karriere zunächst als Autor der Heftreihe *Utopia,* wo er unter dem Pseudonym Roy Chester sechs Weltraumromane verfaßte. Gegen Ende der sechziger Jahre lernte er Hans Kneifel kennen und stieg mit dessen Unterstützung (sowie einem anderen Pseudonym, der Name Conrad Shepherd ist eine Kombination aus den Namen zweier früherer amerikanischer Astronauten) erneut in den SF-Markt ein, verließ die Szene aber nach wenigen Jahren wieder.

Bibliografie/H:

Als Roy Chester:

Satellit Beta 83, UZ 169 (1959)
Planetenstürmer, UZ 194 (1959)
Stagmid an Bord, UZ 215 (1960)
Die unheimlichen Kegel, UG 120 (1960)
Die zweite Sonne, UZ 270 (1961)
Die Borken-Retorte, UZ 295 (1961)

Als Conrad Shepherd:

Geheimagent der Erde, T 497 (1967)
Zuflucht Erde, T 509 (1967)
Attentat aus dem Weltraum, T 555 (1968)
Operation Sagittarius, TN 108/109 (1970)

Siehe Anhang SERIEN: *Atlan, Perry Rhodan*

Sherred, T(homas) L. (1915–1985)

Als S.s Novelle ›E for Effort‹ (1947) im damals noch von John W. Campbell jr. redigierten Magazin *Astounding* erschien, brach das Leserecho alle bisher dagewesenen Rekorde. Was hatte S. getan? Er hatte sich mit dem heraufziehenden kalten Krieg und dem in den USA herrschenden geistigen Klima in einer Form auseinandergesetzt, die für viele SF-Leser einfach neu war: Zwei Underdogs, die zudem noch einer ethnischen Minderheit angehören, ›sehen‹ mit Hilfe einer von ihnen entwickelten Maschine in die Vergangenheit, ›filmen‹ historische Schlachten, weltpolitische bedeutsame Entscheidungen etc. und setzen sie als Spielfilme dem Kinopublikum vor. Man wundert sich zwar über den ungeheuren Realismus der einzelnen Streifen, fragt aber nicht, aus welcher Quelle sie stammen. Erst als die Frühgeschichte der Menschheit immer weniger hergibt und die Filmproduzenten sich langsam der Gegenwart entgegenarbeiten, wird man mißtrauisch. Die CIA erscheint auf dem Plan, und das ›Komitee für amerikanische Umtriebe‹ (das damals schon halb Hollywood auf der schwarzen Liste hatte) wird aktiv und veranstaltet eine Hexenjagd: Man will um keinen Preis, daß die unbequemen Wahrheiten über jene Kriege, an denen auch die USA maßgeblich beteiligt waren, an die Öffentlichkeit gelangen.

Die Klasse seines Erstlings konnte S. nicht wiederholen, weder in seinen wenigen Kurzgeschichten der fünfziger Jahre noch in seinem 1970 erschienenen Roman ALIEN ISLAND.

Bibliografie:

Eine Welt namens Erde (ALIEN ISLAND), Frankfurt am Main/Berlin/ Wien 1984, U 31079

Sherriff, R(obert) C(edric) (1896–1975)

S. wurde in England geboren und studierte in Oxford. Er begann mit dem Schreiben von Bühnenstücken nach dem Ersten Weltkrieg und hatte besonderen Erfolg mit dem 1929 uraufgeführten Stück JOURNEY'S END. Es folgten weitere Theaterstücke, dazu Romane und Filmdrehbücher. Sein SF-Roman THE HOPKINS MANUSCRIPT kam 1939 heraus und wurde sein größter Erfolg. Er behandelt den Untergang Europas als Folge des auf die Erde stürzenden Mondes.

Bibliografie:

Der Mond fällt auf Europa (THE HOPKINS MANUSCRIPT), Kühlenfels: Magnus 1955

Shiel, M(atthew) P(hipps)
(1865 – 1947)

S. wurde in Westindien auf der Insel Montserrat geboren und begann seine schriftstellerische Tätigkeit (wobei er sich auch dem Horror- und Kriminalroman widmete) 1892. Im SF-Bereich ist vor allem der Katastrophenroman THE PURPLE CLOUD (1901) erwähnenswert, in dem eine Giftwolke die Menschheit bis auf den Erzähler dahinrafft. Bekannt wurde auch THE YELLOW PERIL (1898), in dem ein schlitzäugiges Genie die Vernichtung Europas plant. Ein Roman, der in vielen Punkten ein direkter Vorläufer der Dr.-Fu-Manchu-Serie von Sax Rohmer ist.

Bibliografie:

Die purpurne Wolke (THE PURPLE CLOUD), München 1982, H 3859

Shiras, Wilmar H. (1908 –   )

Amerikanische Autorin, in Boston geboren und aufgewachsen. Später zog sie nach Kalifornien und begann zu schreiben. Bevor sie in SF-Gefilden mit ihrer Mutantenstory ›In Hiding‹ (*Astounding*, 11/48) quasi über Nacht bekannt wurde, hatte sie schon Sachbücher und Artikel veröffentlicht. Trotz dieses Erfolges schrieb sie nicht mehr als eine Handvoll SF-Geschichten, von denen die meisten zu dem Roman CHILDREN OF THE ATOM zusammengezogen wurden. Auch ›In Hiding‹ ist ein Teil dieses Romans. Eine Lehrerin entdeckt unter ihren Schülern einige Kinder mit einer abnormal hohen Intelligenz. Die Kleinen sind als Mutanten aus einer atomaren Explosion hervorgegangen und versuchen um jeden Preis, ihr Geheimnis zu bewahren.

Bibliografie:

Kinder des Atoms (CHILDREN OF THE ATOM), Frankfurt am Main/Berlin/Wien 1983, U 31073

Shirley, John (Patrick) (1953 –   )

Geboren in Portland, Oregon; Rocksänger und Schriftsteller. S. gehört wie William Gibson, Lewis Shiner und Bruce Sterling zur Gruppe der ›Cyberpunks‹ in der SF und war eigentlich schon seit Mitte der siebziger Jahre, als seine ersten Erzählungen in Magazinen und Anthologien zu erscheinen begannen, ihr Vorreiter. S. machte vor allem durch seine kompromißlosen Aussagen in und außerhalb seiner Stories auf sich aufmerksam, was ihm einerseits zu einer Kultgefolgschaft unter den Lesern verhalf, ihm jedoch auch das Image eines ›Schauspielers‹ eintrug. S. versteht sich selbst durchaus als Performer, und seine Geschichten zeichnen sich oft durch ekstatischen Drive aus. Seine Romane TRANSMANIACON (1979), CITY COME A-WALKING (1980) und THREE-RING PSYCHUS (1980) weisen Protagonisten auf, die sich gegen Machtgruppierungen wenden, die den Status quo um jeden Preis erhalten wollen, obwohl totale Veränderung angesagt ist. Allerdings sind sich S.s Helden nie sicher, ob sie das Richtige tun. In seinem neuesten und bisher besten Roman, ECLIPSE (1985), gerät Europa nach einem nichtatomaren dritten Weltkrieg unter das Joch eines neuen Faschismus. ECLIPSE ist vielleicht der politischste amerikanische SF-Roman der achtziger Jahre; sein Verfasser schenkt dem Leser keine Stunden komfortabler Unterhaltung, er rüttelt ihn auf, will ihm die Folgen des Rüstungswahns vor Augen führen.

Bibliografie:
Rebellion der Stadt (CITY COME-A-WALKING), München 1982, Kn 5753
Die Psi-Armee (THREE-RING PSYCHUS), München 1983, Kn 5762

Shols, W. W. (1925 – 1981)
Winfried Scholz, von den fünfziger bis in die siebziger Jahre einer der fleißigsten Leihbuchschreiber der Bundesrepublik, wurde in Bielefeld geboren, besuchte ab 1936 die Mittelschule und Aufbauschule und wurde nach dem Kriegsabitur 1942 zur Wehrmacht eingezogen. Nach dem Krieg wurde er Kaufmann im grafischen Gewerbe. In den fünfziger Jahren begann er aus seinem Hobby einen zweiten Beruf zu machen. Sein Erstling war *Tödlicher Staub* (1958), dem bis in die siebziger Jahre hinein mehrere Dutzend weiterer Romane (teilweise unter dem Verlagspseudonym William Brown) folgten. S. gab – abgesehen von einigen Bänden, die er zur *Perry-Rhodan*-Serie beitrug – nur insofern ein Gastspiel in der Heftromanbranche, als seine Leihbuchromane laufend dort nachgedruckt wurden. Da es seine

beruflichen Pflichten nicht erlaubten, sich länger an periodisch erscheinende SF-Serien zu binden, zog er sich 1962 aus der Szene zurück, ohne jedoch ganz vom Genre Abschied zu nehmen. Neben gelegentlichen SF-Büchern publizierte er auch eine große Anzahl von Kriminalromanen.

Bibliografie:

Tödlicher Staub, Wiesbaden: Brunnen 1958
Die Zeitpatrouille, Menden: Bewin 1958
Seine Heimat war der Mars, Menden: Bewin 1958
Rebell des Weltraums, Düsseldorf: Dörner 1959
Der große Zeitsprung, Düsseldorf: Dörner 1959
Invasion aus der Tiefe, Menden: Bewin 1960
Stern der Verlorenen, Menden: Bewin 1961
Experiment mit der Ewigkeit, Menden: Bewin 1961
Die Falle der Raumpiraten, Menden: Bewin 1961
Aufstand im Cygnus, Menden: Bewin 1961
Der Mann aus dem Jenseits, Menden: Bewin 1961
Planet im Niemandsland, Menden: Bewin 1962
Warnung aus dem Hyperraum, Menden: Bewin 1962
Die fressende Sonne, Menden: Bewin 1962
Die Welt in der Kugel, Menden: Bewin 1962
Ballett der Roboter, Menden: 1963
Flucht auf den Satelliten, Dreilinghofen: Hallberg 1963
Drei Sonnen für Terra, Menden: Bewin 1963
Es brennt auf dem Mond, Dreilinghofen: Hallberg 1963
Visum für Jupiter, Dreilinghofen: Hallberg 1963
Sabotage im Venuswerk, Menden: Bewin 1963
Teleporter Cichen Henry, Menden: Bewin 1963
Das Neun-Planeten-Spiel, Menden: Bewin 1963
Die Hölle begann auf Campor, Menden: Bewin 1963
Das trojanische Pferd, Menden: Bewin 1963
Gefangen auf Callisto, Dreilinghofen: Hallberg 1963
Zweimal Weltgericht, Dreilinghofen: Hallberg 1963
Der Hexer vom Mars, Menden: Bewin 1964
Schiffbruch bei Delta Capricorni, Menden: Bewin 1964
Agenten der Zwielichtzone, Menden: Bewin 1964
Geheimakte Marsmond, Menden: Bewin 1964
Titan-Geister, Menden: Bewin 1964
Mooreland vererbt einen Krater, Menden: Bewin 1965
Dämmerung oder Punkt Null, Menden: Bewin 1965

Die Schlacht der Automaten, Menden: Bewin 1965
Condor jagt RVX-23, Menden: Bewin 1965
Herrscher über 100 Welten, Menden: Bewin 1965
Treffpunkt Kalano, Menden: Bewin 1966
Panther und Sternentau, Menden: Bewin 1966
Gericht auf Nomitor, Menden: Bewin 1966
Duell der Mutanten, Menden: Bewin 1967
Der Zeitsünder, Menden: Bewin 1967

Bibliografie/H:

Die sieben Leben des Mr. Yates, TA 441 (1980)

Siehe Anhang SERIEN: *Perry Rhodan, Mark Powers*

Shute, Nevil (1899 – 1960)

Pseudonym des in England geborenen Autors Nevil Shute Norway, der ab 1950 in Australien lebte und neben einer Vielzahl von Mainstream-Romanen auch insgesamt sechs SF-Titel verfaßte, die in der näheren Zukunft oder der Gegenwart spielen. Am bekanntesten wurde sein verfilmter Atomkriegsroman ON THE BEACH (1957). In seinen Romanen geht es meist um ganz normale Leute, die sich plötzlich einer großen Bedrohung ausgesetzt sehen und trotz schlechter Chancen zu überleben versuchen.

Bibliografie:

Das letzte Ufer (ON THE BEACH), Reinbek: Rowohlt 1968

Sieg, Paul Eugen (1899 – 1950)

S., deutscher Autor und Physiker, ist als Verfasser von vier utopischen Romanen und dem Buch *Fotografie in den Tropen* (1934) bekannt. Die Romane *Detatom* (1936) und *Südöstlich Venus* (1940) erlebten nach dem Kriege Neuauflagen im Gebr. Weiß Verlag, wo posthum auch die beiden anderen Romane des Verfassers, *Insula* (1953) und *Angolesa* (1954), erschienen sind.

Bibliografie:

Detatom, Berlin: Scherl 1936
Südöstlich Venus, Berlin: Scherl 1940
Insula, Berlin: Gebr. Weiß 1953
Angolesa, Berlin: Gebr. Weiß 1954

Silezki, Alexander (1947 –   )

Wohnhaft in Moskau. In sowjetischen Zeitschriften sind mehrere SF-Erzählungen von ihm erschienen, darunter ›Kyberomachie‹. 1962 und 1965 war S. Preisträger der internationalen Science Fiction-Wettbewerbe sozialistischer Länder. Die Zeitschrift ›Sowjetliteratur‹ brachte seine Erzählungen ›Die Blütenpest‹ (Heft 8/1981) und ›Unerläßliche Bedingung‹ (Heft 2/1984).

Silverberg, Robert (1936 –   )

Geboren in New York. S. besuchte das Columbia College und schloß 1956 mit einem B. A. in Englisch ab; seither ist er als Schriftsteller und Anthologist tätig. Schon in den fünfziger Jahren an SF interessiert, verkaufte er 1954 die Erzählung ›Gorgon Planet‹ an das schottische Magazin *Nebula*. 1955 erschien dann mit REVOLT ON ALPHA C ein SF-Jugendbuch. Als New Yorker war er in der Stadt mit den meisten Verlagen schnell im Geschäft. Hatte sein Ausstoß 1954 und 1955 lediglich aus zwei Erzählungen bestanden, so konnte er 1956 schon 26 und 1957 volle 52 Magazinveröffentlichungen nachweisen. Insgesamt brachte er es auf ca. 200 Kurzgeschichten und Novellen, die auch unter Pseudonymen wie Calvin M. Knox, Ivar Jorgenson u.a. erschienen. Als ›vielversprechendstem Nachwuchsautor‹ verlieh man S. 1956 den Hugo Award. Er hatte bis dahin zwar erst ein Buch auf den Markt gebracht, aber das änderte sich, als sein Kollege Randall Garrett zu ihm zog und man S. die Chance gab, unter diversen Decknamen anspruchslose Weltraumabenteuer zu schreiben. Die Stoffe, derer er sich am Anfang seiner Karriere annahm, waren konventionell und entsprachen den damaligen Erfordernissen: STARMAN'S QUEST (1959), eine Space Opera, befaßt sich mit dem Thema Zeitdilatation und deren Auswirkungen auf Raumfahrer, die mit Überlichtgeschwindigkeit reisen; THE SEED OF EARTH (1962) schildert eine überbevölkerte Erde, deren Bewohner zwangsweise auf neuentdeckte Planeten verbracht werden und sich dort durchschlagen müssen. In den frühen sechziger Jahren zog sich S. aus der SF zurück und betätigte sich als Autor von Sachbüchern populärwissenschaftlichen Inhalts: FIRST AMERICAN IN SPACE (1961), LOST CITIES AND VANISHED CIVILIZATIONS (1962), EMPIRES IN DUST (1963) und ca. 60 weitere Titel dieser

Art machten ihn sehr erfolgreich. Sichtlich gereift und mit dem Image des eigene Ideen verfolgenden Sachbuchautors ausgestattet, kehrte er 1967 zur SF zurück: THORNS, sein erster Roman nach mehrjähriger Abstinenz, beeindruckte die Leser mit feinkörnigen Charakterbildern und einem ungewöhnlichen Plot: Ein Ex-Raumfahrer, den fremde Wesen ausgeweidet, umgebaut und mit ›Verbesserungen‹ versehen haben, fristet in sich selbst zurückgezogen nur noch ein Schattendasein. Sein Anblick ist normalen Menschen unerträglich. Eine siebzehnjährige Jungfrau, Mutter von 100 künstlich befruchteten und im Brutkasten ausgetragenen Kindern, hat jegliche menschlichen Gefühle verloren. Diese beiden werden von dem Chef eines gigantischen Unterhaltungsimperiums auf eine Art Hochzeitsreise durch das Sonnensystem geschickt, ohne zu wissen, wie er ihre ›Love-Story‹ daheim vermarktet, und das nicht nur aus Geldsucht, sondern auch aufgrund seiner unnatürlichen Begeisterung für das Leid anderer.

Danach ging es Schlag auf Schlag: HAWKSBILL STATION (1968), die Geschichte einer Gruppe Krimineller, die man ins Kambrium verbannt hat, THE MASKS OF TIME (1968), die Geschichte eines Besuchers aus der fernen Zukunft, der sich im Jahr 1999 niederläßt und zur Kultfigur wird, und THE MAN IN THE MAZE (1969), die Geschichte eines irdischen Ex-Agenten, der sich nach einer schicksalshaften Begegnung mit Aliens in ein geheimnisvolles, mit allerlei Fallen bewehrtes Stadtlabyrinth zurückgezogen hat, wurden gehobenen Ansprüchen gerecht. UP THE LINE (1969) und NIGHTWINGS (1969) behandeln eher konventionelle SF-Themen, bestechen aber durch einen ausgereiften Stil. TOWER OF GLASS (1970) behandelt das Thema des Turmbaus zu Babel unter anderen Vorzeichen: Da baut ein Großindustrieller, der gleichzeitig ›Schöpfer‹ der das Proletariat ersetzenden Kunstmenschen ist, einen gewaltigen Glasturm, um mit Außerirdischen in Kontakt zu treten. Als die von ihm erschaffenen Androiden, die eine eigene Religion entwickelt haben, diesen Industriellen zu ihrem Gott machen wollen, flieht er in den Raum. – In der Zwischenzeit war S. einer der bekanntesten SF-Autoren geworden. 1969 gewann er mit seiner Novelle ›Nightwings‹ den Hugo und im gleichen Jahr mit der Story ›Passengers‹ den Nebula Award, den ihm auch die Kurzgeschichte ›Good News from the Vatican‹ (1971) einbrachte. Trotz vieler Nominierungen wurde bislang nur einer seiner Romane preisgekrönt: A TIME OF CHANGES (1971) mit dem Nebula. Dieser Titel beschreibt die Zivilisation des Planeten Bothan, aus dem sich eine aus religiösen Wurzeln erwachsene Kultur etabliert hat, die das Personalpronomen tabuisiert. Ein Angehöriger dieser Zivilisation wird durch Drogen und die Bekanntschaft mit einem irdischen Raumfahrer zum Rebellen. Als er anderen seine tiefsten Gefühle offenbart und sie sein wahres Ich erkennen läßt, begeht er ein Verbrechen, auf das der Tod steht. DYING INSIDE (1972), der bisher ambitionierteste Roman S.s, sorgte für positive Reaktionen seitens der literarischen Kritiker, und obwohl THE BOOK OF SKULLS (1972), THE STOCHASTIC MAN (1975) und SHADRACH IN THE FURNACE (1976) gegenüber diesem Roman einen Rückschritt darstellten, galt S. fortan als literarische Größe in der amerikanischen SF. Sein Roman LORD VALENTINE'S CASTLE (1980) war dem veränderten Publikums- und Verlegergeschmack angepaßt (SF war mittlerweile zur Bestsellerliteratur geworden) und im Grenzbereich zur Fantasy angesiedelt. Voluminös und episch ausufernd, stellte er zwar spannende Unterhaltung dar, fiel aber sprachlich und thematisch hinter seine besseren Werke aus der zweiten Phase zurück. LORD VALENTINE'S CASTLE erfuhr mit MAJIPOOR CHRONICLES (1982) und VALENTINE PONTIFEX (1983) zwei Fortsetzungen, wie es für neuere Erfolgstitel üblich ist. 1984 gelang S. schließlich ein großer Erfolg außerhalb der SF: Für seinen historischen Roman GILGAMESH THE KING erhielt er eine siebenstellige Vorauszahlung. Mit TOM O'BEDLAM (1985) und STAR OF GYPSIES (1986), zwei Romanen mit sehr eigenwilligen, aber gerade dadurch höchst interessanten Ideen, gelangen ihm zwei weitere Erfolge, die jedoch erzählerisch nicht völlig überzeugen. Ein Höhepunkt gelang ihm hingegen 1986 mit der Novelle ›Gilgamesh in the Outback‹, mit der er 1987 den Hugo Gernsback Award gewann und die er derzeit zu einem Roman ausarbeitet.

Bibliografie:

Menschen für den Mars (C) (TO WORLDS BEYOND), München 1966, TTB 112
Ufos über der Erde (THOSE WHO WATCH), München 1968, TTB 141 (auch: *Beobachter aus dem All*)
Flucht aus der Zukunft (THE TIME-HOPPERS), München 1968, TTB 145 (auch: *Zeitspringer*)
Die Stadt unter dem Eis (TIME OF THE GREAT FREEZE), Wien: Tosa 1968
(Hrsg.) *Menschen und Maschinen* (MEN AND MACHINES), München 1970, TTB 181
Gast aus der Zukunft (THE MASKS OF TIME), München 1970, H 3193/94
Der Gesang der Neuronen (THORNS), München: Lichtenberg 1971
Zeitpatrouille (UP THE LINE), München 1971, GWTB 0125

Das heilige Atom (TO OPEN THE SKY), München 1971, H 3224
Die Sterne rücken näher (STARMAN'S QUEST), München 1971, H 3248
Die Seelenbank (TO LIVE AGAIN), München 1971, H 3256
Exil im Kosmos (THE MAN IN THE MAZE), München 1971, H 3269
Schwingen der Nacht (NIGHTWINGS), München 1971, H 3274
Macht über Leben und Tod (MASTER OF LIFE AND DEATH), München 1972, H 3282
Dimension 12 (C) (DIMENSION THIRTEEN), München 1972, H 3309
Die Mysterien von Belzagor (DOWNWARD TO THE EARTH), München 1973, H 3345
(Hrsg.): *Menschen und andere Ungeheuer* (THE SCIENCE FICTION BESTIARY), München 1974, H 3378
Kinder der Retorte (TOWER OF GLASS), München 1975, H 3441
Verbannte der Ewigkeit (HAWKSBILL STATION), München 1973, TTB 222
Es stirbt in mir (DYING INSIDE), München 1975, H 3445
Die Schatten dunkler Flügel (C) (THE CUBE ROOT OF UNCERTAINTY), München 1975, GWTB 0203
Visum für den Sirius (C) (NEEDLE IN A TIMESTACK), München 1975, GWTB 0212
Ein glücklicher Tag im Jahr 2381 (THE WORLD INSIDE), München 1976, H 3477
Regans Satellit (REGAN'S PLANET), München 1976, TTB 272
Nacht über der Menschheit (C) (PARSECS AND PARABLES), München 1976, TTB 278
Der neutrale Planet (C) (NEUTRAL PLANET), München 1977, GWTB 0240
Der zweite Trip (C) (THE SECOND TRIP), München 1977, GWTB 0245
Jetzt: Plus Minus (C) (UNFAMILIAR TERRITORY), München 1977, GWTB 0250
Steinbock-Spiele (C) (CAPRICORN GAMES), München 1977, GWTB 23257
(Hrsg.) *Titan-6* (SF HALL OF FAME, Bd. 1/1) (mit Wolfgang Jeschke), München 1977, H 3558
(Hrsg.) *Titan-7* (SF HALL OF FAME, Bd. 1/2) (mit Wolfgang Jeschke), München 1978, H 3579
Der Seher (THE STOCHASTIC MAN), München 1978, H 3590
(Hrsg.) *Titan-9* (SF HALL OF FAME, Bd. 1/3) (mit Wolfgang Jeschke), München 1978, H 3614
Schadrach im Feuerofen (SHADRACH IN THE FURNACE), München 1979, H 3626

Ufer von morgen (C) (THE SHORES OF TOMORROW), München 1979,
G 23312

Mit den Toten geboren (C) (BORN WITH THE DEAD), München 1979,
H 3644

Der Erde anderer Schatten (C) (EARTH'S OTHER SHADOW), München
1979, G 23333

(Hrsg.) *Titan-15* (SF HALL OF FAME Bd. 1/4) (mit Wolfgang Jeschke),
München 1980, H 3787

Bruderschaft der Unsterblichen (THE BOOK OF SKULLS), München 1980,
M 3500

Krieg der Träume (LORD VALENTINE'S CASTLE), Rastatt: Moewig 1980

Zeit der Wandlungen (A TIME OF CHANGES), München 1980,
Kn 5730

Jenseits der Zeit (VALLEY BEYOND TIME), Rastatt 1981,
TTB 337

Noch einmal leben (TO LIVE AGAIN, ungek. Neuübers.), München
1980, M 3521

Öffnet den Himmel (TO OPEN THE SKY, ungek. Neuübers.), München
1981, M 3537

Der Mann im Labyrinth (THE MAN IN THE MAZE, ungek. Neuübers.),
München 1982, M 3578

Die Kolonisten Terras (THE SEED OF EARTH), München 1982,
Kn 5740

Nach all den Jahrmilliarden (ACROSS A BILLION YEARS), München 1982,
M 3601

Auf zu den Hesperiden! (THE GATE OF WORLDS), München 1982,
Kn 5752

Menschensohn (SON OF MAN), Frankfurt am Main/Berlin/Wien 1983,
U 31050

Die Majipoor-Chroniken, Bd. 1 (THE MAJIPOOR CHRONICLES), München
1985, M 3667

Die Majipoor-Chroniken, Bd. 2 (THE MAJIPOOR CHRONICLES), München
1985, M 3680

Die Wasserkönige von Majipoor (VALENTINE PONTIFEX, Teil 1),
München 1985, M 3675

Valentine Pontifex (VALENTINE PONTIFEX, Teil 2), München 1985,
M 3682

König Gilgamesch (GILGAMESH THE KING), München 1987,
H 4420

Tom O'Bedlam (TOM O'BEDLAM), München 1987,
H 4456

Bibliografie/H:

Griff nach dem Ganymed (INVADERS FROM EARTH), UG 105 (1959)
Schatten über den Sternen (SHADOW ON THE STARS/STEPSONS OF TERRA),
T 81 (1959)
Muß Lurion sterben? (THE PLANET KILLERS/THIS WORLD MUST DIE!),
T 160 (1961)
Schiedsgericht der Sterne (COLLISON COURSE), T 232 (1962)
Der 13. Unsterbliche (THE 13TH IMMORTAL), T 245 (1962)
Der Held des Universums (C) (NEXT STOP THE STARS), TS 67 (1963)
Die einsame Erde (GODLING, GO HOME!), UZ 452 (1965)
Duell unter fremder Sonne (C/OA), T 459 (1966)
Der Unsterbliche (C/OA), TN 67 (1969)
Die Wiedererwecker (RECALLED TO LIFE), TA 179 (1975)

Als Calvin M. Knox:

Die Erde lebt, (LEST WE FORGET THEE, EARTH!), UG 89
(1958)
Verschwörung gegen Terra (THE PILOT AGAINST EARTH), Balve:
Zimmermann 1960
Sie strahlen seine Welt (ONE OF OUR ASTEROIDS MISSING), UZ 428
(1965)

Als Robert Randall: (mit Randall Garrett)

Der verborgene Planet (THE SHROUDED PLANET), AIW 14
(1959)
Nidor erwacht (THE DAWNING LIGHT), T 359 (1964)

Als J. Jorgensen:

Raumstation Omega, (STARHAVEN), AIW 16 (1959)

Silversen, Erik

Bibliografie/H:
SOS aus dem Weltraum, LU 51 (1959)
12000 m unter dem Meeresspiegel, LU 53 (1959)
Pforte zur Hölle, LU 56 (1960)

Silvo, Jonny

Bibliografie:
Der rettende Strahl, Menden: Bewin 1960

Simak, Clifford D(onald)
(1904 –   )

Geboren in Milville, Wisconsin. S. wuchs in der ländlichen Idylle Wisconsins auf und besuchte die High School. Nach dem Studium an der Universität von Wisconsin arbeitete er als Journalist, ein Beruf, dem er sein Leben lang treu blieb. U.a. war er Reporter für die Zeitungen *Minnesota Star* und *Minnesota Tribune,* aber auch Nachrichtenredakteur und Redakteur einer wissenschaftlichen Kolumne. SF-Autor ist S. seit 1931. Damit kann er auf eine der längsten Schriftstellerkarrieren innerhalb des Genres zurückblicken. Er debütierte mit der Story ›The World of the Red Sun‹ in *Wonder Stories.* Seither wurden von ihm mehr als 30 Romane und über 100 Kurzgeschichten veröffentlicht. Zu Beginn seiner Laufbahn deutete allerdings nichts darauf hin, daß S. ein so fleißiger Autor werden sollte, denn nach vier weiteren Stories 1932 folgte – abgesehen von der Geschichte ›The Creator‹, die aber nur in einer semi-professionellen Publikation erschien – bis 1938 eine Pause. Danach wurde er wieder aktiv und schrieb für John W. Campbells *Astounding.* Dort war sein erster Erfolg der Fortsetzungsroman COSMIC ENGINEERS. Der Durchbruch kam für ihn aber erst mit einer Reihe von Geschichten, die zwischen 1944 und 1947 in *Astounding* erschienen und später zu dem Roman CITY (1952) zusammengefaßt wurden, der 1953 den International Fantasy Award gewann und zu einem der bekanntesten SF-Werke überhaupt wurde. Es ist die Chronik der Familie Webster; Legenden, die sich intelligente Hunde und Roboter nachts an Lagerfeuern über die Menschheit erzählen, die vor langer Zeit die Erde verlassen und nur die verfallenden Städte zurückgelassen hat. In diesem Episodenroman kommt S.s Enttäuschung über die Menschheit und das Morden im Zweiten Weltkrieg am deutlichsten zum Ausdruck. Die fünfziger Jahre sahen S. als kompetenten Autor von Erzählungen, von denen viele in dem neuen Magazin *Galaxy* erschienen. Für ›The Big Front Yard‹ (1958) erhielt er einen Hugo. In den sechziger Jahren begann er, Marktzwängen folgend, mehr Romane zu schreiben. TIME IS THE SIMPLEST THING (1961), ALL FLESH IS GRASS (1965) und WHY CALL THEM BACK FROM HEAVEN (1967) sind Bücher, in denen seine Liebe zur Natur und eine anti-urbane Weltsicht zum Ausdruck kommen. Ganz besonders trifft das aber auf WAY STATION (1963) zu, in dem ein einsamer Farmer auf einem Bauernhof Stationsvorsteher für durchreisende Außerirdische spielt. WAY STATION ist einer von S.s besten Romanen, der ihm auch einen zweiten Hugo eintrug. Neues Terrain beschritt S. mit THE GOBLIN RESERVATION (1968) und OUT OF THEIR MINDS (1970), lustigen Slapstickromanen, in denen die verrücktesten Gestalten auftauchen. Seine Bücher wirken zeitlos und auch auf neue Lesergenerationen anziehend. Einige seiner Kurzgeschichten wie ›The Autumn Land‹ (1971) und ›Construction Shack‹ (1974) wurden für den Hugo Award nominiert, und auch auf dem Romansektor blieb S. kreativ: Fast jährlich erschien ein neues Buch. A CHOICE OF GODS (1972), CEMETERY WORLD (1973), ENCHANTED PILGRIMAGE und MASTODONIA (1978) strahlen allesamt ein romantisch-pastorales Flair aus, und neuere Werke wie THE VISITORS (1979) und PROJECT POPE (1981) kann man ohne weiteres zu seinen besten Romanen zählen. Schließlich gelang es ihm, im Alter von 77 Jahren mit seiner Kurzgeschichte ›Grotto of the Dancing Deer‹ (1980) Hugo und Nebula Award zu gewinnen. S. ist einer der großen Altmeister des Genres. Seine erstaunliche Leistung, über ein halbes Jahrhundert SF zu schreiben, die nichts an Aktualität oder Beliebtheit einbüßte, hat kaum eine Parallele. Seine Bücher sind voller Emotionen; Gewalt taucht nur selten in ihnen auf. Hunde, Rosen, Roboter und überlegene, aber friedfertige galaktische Zivilisationen sind ständig wiederkehrende Figuren und Topoi. Sein Standardprotagonist ist gewöhnlich ein weiser älterer Mann vom Lande, dem sich kosmische Welten auftun, ein unverfälschter Farmer, der sich durch seine Toleranz richtig verhält. S. ist sicher nicht der fortschrittlichste Autor der Science Fiction – bei ihm geht in einer Welt pastoraler Statik alles gemächlich und vorhersehbar zu, aber er vertritt auch den Standpunkt der Toleranz und der Liebe zwischen allen Geschöpfen. Für sein Gesamtwerk erhielt er 1976 von den Science Fiction Writers of America den Grand Master Nebula Award.

Bibliografie:

Tod aus der Zukunft (TIME AND AGAIN), Balve: Zimmernann 1961
Das Tor zur anderen Welt (C) (THE WORLDS OF CLIFFORD D. SIMAK), München 1961, GZ 20
Ring um die Sonne (RING AROUND THE SUN), Balve: Zimmermann 1962
Die unsichtbare Barriere (TIME IS THE SIMPLEST THING), München 1962, GZ 31
Der einsame Roboter (C) (ALL TRAPS OF EARTH), München 1962, GZ 36

Raumstation auf der Erde (WAY STATION), München 1964,
GZ 54
Als es noch Menschen gab (CITY), München 1964,
GZ 56
Blumen aus einer anderen Welt (ALL FLESH IS GRASS), München 1966,
GZ 69
Planet zu verkaufen (THEY WALKED LIKE MEN), München 1966,
TTB 113
Geschäfte mit der Ewigkeit (WHY CALL THEM BACK FROM HEAVEN),
München 1977, TTB 133
Mann aus der Retorte (THE WEREWOLF PRINCIPLE), München 1968,
H 3126
Die Kolonie der Kobolde (THE GOBLIN RESERVATION), München 1969,
H 3161
Verteufelte Welt (OUT OF THEIR MINDS), München 1971, H 3247
Die letzte Idylle (A CHOICE OF GODS), München 1973, H 3370
Welt der Puppen (DESTINY DOLL), München 1974, H 3386
Heimat Erde (CEMETERY WORLD), München 1976, H 3510
Marc Cornwalls Pilgerfahrt (ENCHANTED PILGRIMAGE), München 1977,
H 3525
Shakespeares Planet (SHAKESPEARE'S PLANET), München 1978,
G 23273
Invasionen (C) (SKIRMISH), München 1979, G 23310
Gefahr aus der Zukunft (OUR CHILDREN'S CHILDREN), Frankfurt am Main/
Berlin/Wien 1979, U 31007
Ein Erbe der Sterne (A HERITAGE OF STARS), München 1980,
H 3726
Mastodonia (MASTODONIA), München 1982, Kn 5748
(Hrsg.) *Der Bonsai-Mensch* (NEBULA AWARD STORIES 6), München 1982,
P 6725
Fremde Besucher (THE VISITORS), München 1983, Kn 5759
Poker um die Zukunft (SPECIAL DELIVERANCE), München 1983, Kn 5768
Unternehmen Papst (PROJECT POPE), Köln-Lövenich: Hohenheim 1983

Bibliografie/H:

Ingenieure des Kosmos (COSMIC ENGINEERS), UK 25 (1958)
Empire (EMPIRE), UG 97 (1959)
Der Mond-Prospektor (THE TROUBLE WITH TYCHO), T 269 (1963)
Nacht über dem Mars (C/OA), T 522 (1967)
Die Gilde der Träumer (C) (WORLDS WITHOUT END), TN 28 (1968)
Die Kristallkäfer (C) (SO BRIGHT THE VISION), TA 17 (1971)

Simon, Erik (1950 –)

Der gebürtige Dresdner gehört zu den jungen DDR-Autoren, die in den letzten Jahren mit ihren ersten SF-Veröffentlichungen hervortraten. Im Alter von zehn Jahren begann er mit dem Lesen von SF, als Physikstudent schrieb er die ersten Erzählungen. Er engagierte sich zeitweilig stark in einem Dresdner SF-Club, dem Stanislaw-Lem-Club, und ist heute Verlagslektor. Neben zwei Storybänden hat er eine Erzählung in der Anthologie *Der Mann vom Anti* (1975) und mehrere Erzählungen in der Anthologie *Begegnung im Licht* veröffentlicht.

Bibliografie:

Die ersten Zeitreisen (C) (mit Reinhard Heinrich), Berlin/DDR: Neues Leben 1977
Fremde Sterne (C), Berlin/DDR: Das Neue Berlin 1979
(Hrsg.) *Die Rekonstruktion des Menschen,* Berlin/DDR: Das Neue Berlin 1980

Singer, Rochelle (1939 –)

Amerikanische Autorin. Ihr Roman THE DEMETER FLOWER (1980) ist eine feministische Utopie.

Bibliografie:

Die Demeter-Blume (THE DEMETER FLOWER), Frankfurt: Medea 1983

Siodmak, Curt (Kurt)

(1902 –)

Der in Dresden geborene Schriftsteller und Filmregisseur S. studierte in Zürich und verfaßte im Laufe der Jahre mehr als 30 Romane, darunter etwa 10 Titel, die man dem SF-Genre zurechnen kann. S. durfte sich schon als Achtjähriger über die Veröffentlichung eines von ihm verfaßten Märchens freuen. Später schrieb er Romane wie *F. P. 1 antwortet nicht* (1931), der 1933 von der UFA mit Hans Albers, Sybille Schmitz und Paul Hartmann (Regie: Karl Hartl) verfilmt wurde. Es folgen phantastische Kriminalromane: *Stadt hinter Nebeln* (1931), *Rache im Äther* (1932) und *Die Macht im Dun-*

keln (1937). Zunehmende Schwierigkeiten mit den Nationalsozialisten zwangen ihn schließlich, 1937 nach Frankreich und von dort aus über London in die USA zu emigrieren, wo er sich rasch als Verfasser von Filmdrehbüchern, Regisseur und Produzent einen Namen machte. Seine steile Karriere in den USA verdankte er vor allem seinem Sprachtalent. Hinzu kam der große Erfolg seines SF-Romans DONOVAN'S BRAIN (1942), der 1951 auch als *Der Zauberlehrling* (Nachdrucktitel: *Donovans Gehirn*) in deutscher Übersetzung erschien. Als Filmregisseur inszenierte er die SF-Filme THE INVISIBLE WOMAN (1940), THE MAGNETIC MONSTER (1953) und RIDERS TO THE STARS (1954), wobei er zumindest für RIDERS TO THE STARS auch das Drehbuch selbst schrieb. Als Filmregisseur steht S. allerdings im Schatten seines Bruders Robert, der Filmklassiker wie THE SPIRAL STAIRCASE (1945, *Die Wendeltreppe*) und THE CRIMSON PIRATE (1952, *Der rote Korsar*) drehte. Wie sein Bruder Robert kehrte auch S. zeitweise nach Deutschland zurück und schrieb hier weitere Drehbücher. Mit SKYPORT (1959) und HAUSER'S MEMORY (1968, eine Buchversion des Films *Donovans Gehirn*), THE THIRD EAR (1971) und CITY IN THE SKY (1976) erschienen auch weitere SF-Romane von ihm. Mit I, GABRIEL (1986) griff er das Thema erneut auf, das ihn sein Leben lang unter immer wieder neuen Aspekten beschäftigt hat: die Möglichkeit, das Bewußtsein eines anderen Menschen zu kontrollieren und zu beherrschen.

Bibliografie:

F. P. 1 antwortet nicht, Berlin: Scherl 1931
Stadt hinter Nebeln, Berlin: Zeitroman 1931
Rache im Äther, Berlin: Scherl 1932
Die Macht im Dunkeln, Zürich/Leipzig: Morgarten 1937
Der Zauberlehrling (DONOVAN'S BRAIN), Frankfurt: Nest 1951
(auch: *Donovans Gehirn*)
Hotel im Weltraum (SKYPORT), München 1962, H 149
Das dritte Ohr (THE THIRD EAR), Frankfurt 1973, FO 27
Hausers Gedächtnis (HAUSER'S MEMORY), München 1974, H 3413
Die Stadt im All (CITY IN THE SKY), München 1976, H 3506
Ich, Gabriel (I, GABRIEL), München 1986, H 4290

Bibliografie/H:

Der Weg zu den Sternen (RIDERS TO THE STARS), UG 25 (1955)

Sivo, Jonny

Bibliografie/H:

Gesandter der Sonne Kyra, UZ 195 (1959)
Dunkelstern kontra Erde, UZ 266 (1961)

Sjöberg, Arne (1934–   )

Der DDR-Autor (Pseudonym für Jürgen Brinkmann) wurde in Berlin geboren, besuchte die Oberschule in Gera, war von 1951 bis 1953 in der BRD und studierte von 1954 bis 1957 in Leipzig. Ab 1966 mit einjähriger Unterbrechung freischaffender Schriftsteller in Leipzig, wo er 1973 auch den Kunstpreis der Stadt erhielt. Er schrieb mehrere Krimis unter dem Pseudonym Paul Evertier.

Bibliografie:

Die stummen Götter, Berlin/DDR: Der Morgen 1978
Andromeda, Berlin/DDR: Der Morgen 1983

Skinner, Arno

Bibliografie/H:

Magnetsturm über Sythan, Ge 37 (1977)

Skinner, B(urrhus) F(rederick) (1904–   )

Geboren in Susquehanna, Pennsylvania. Der Professor für Verhaltensforschung und Begründer des Behaviorismus hat in diesem wissenschaftlichen Bereich eine Vielzahl z.T. kontroverser Bücher verfaßt. Basierend auf seiner Theorie des Behaviorismus, schrieb er 1948 den Roman WALDEN TWO, der an Henry David Thoreaus (1817–1862) WALDEN (den Bericht seines Einsiedlerlebens, 1854) anknüpft. WALDEN TWO ist eine Utopie, in der S. die potentiellen Möglichkeiten der Verhaltenssteuerung des Menschen auslotet. Durch positive Verstärkung und andere Formen der Verhaltensmodifikation wird der utopische Mensch auf Glück und Zufriedenheit konditioniert. Das allerdings geht auf Kosten seines freien Willens und vieler Grundrechte der Demokratie.

Bibliografie:

Futurum Zwei (WALDEN TWO), Reinbek: Rowohlt 1970

Sklenitzka, Franz Sales (1947–)

Österreichischer Jugendbuchautor, geboren in Lilienfeld, NÖ.

Bibliografie:

Atmo oder Die Wolkenräuber, Wien/München: Jugend und Volk, 1984

Sklenke, Johann

Österreichischer Kabarettist und Autor, geboren in Saalfelden.

Bibliografie:

Mein Installateur, der Bundeskanzler, St. Michael: Bläschke 1980

Sky, Kathleen (1943–)

Geboren in Alhambra, Kalifornien. Sie studierte eine Reihe von Fächern, darunter Innenarchitektur und englische Geschichte des sechzehnten Jahrhunderts, bevor sie sich der Science Fiction zuwandte und als freie Schriftstellerin zu arbeiten begann. Sie war mit dem SF-Autor Stephen Goldin verheiratet. Ihre erste Story war ›One Ordinary Day, with Box‹, die 1972 in der Anthologie GENERATION erschien. 1975 kam ihr erster Roman heraus, BIRTHRIGHT, es folgten ICE PRISON und VULCAN!, ein STAR-TREK-Roman. Neuere Arbeiten sind DEATH'S ANGEL (1980) und WITCHDAME (1985), der erste Teil einer Fantasy-Trilogie.

Bibliografie:

Mission auf Arachnae (VULCAN!), Rastatt 1979, TTB 317

Sladek, John T(homas) (1937–)

Der in Waverly, Iowa, geborene amerikanische Schriftsteller besuchte das St. Thomas College und die Universität von Minnesota (die später als Universität von Minnetonka in seinen Romanen auftaucht). Seine ländliche Herkunft spiegelt sich in seinen Werken wider, die selten in Großstädten, häufig aber in hinterwäldlerischen Gegenden der USA spielen, die der Autor meisterhaft zu schildern versteht.

Der Beginn seiner Schriftstellerkarriere steht in engem Zusammenhang mit der britischen ›New Wave‹ Ende der sechziger Jahre. In dieser Zeit trampte er durch Europa, ließ sich in England nieder und verkaufte seine ersten Geschichten. ›The Happy Breed‹ erschien in Harlan Ellisons Anthologie DANGEROUS VISIONS (1967), aber zuvor hatte er 1966 schon für *New Worlds* ›The Poets from Milgrave, Iowa‹ geschrieben und unter dem Pseudonym Cassandra Knye zwei Horror-Romane veröffentlicht.

Ab 1967 erschienen seine Stories ständig in *New Worlds* und anderen britischen Magazinen. Sie wiesen S. schnell als einen Satiriker und Parodisten von außergewöhnlichem Rang aus. Die besten Geschichten sind in dem Band THE STEAM DRIVEN BOY (1973) gesammelt, so auch einige Satiren auf die Schreibstile bekannter SF-Kollegen, die zum Besten gehören, was das Genre an Humor hervorgebracht hat. Sein erster Roman erschien 1968. THE REPRODUCTIVE SYSTEM war für Brian Aldiss »das lustigste Buch zum Thema Roboter, das die SF hervorgebracht hat«. In ihm manifestiert sich sein satirisch-zynisches Erzähltalent zum ersten Mal. THE MÜLLER-FOKKER EFFECT, die Geschichte eines Mannes, dessen Charakter auf Computerband gespeichert und kopiert wird, was haarsträubende Ereignisse nach sich zieht, folgte 1970. Danach widmete er sich neuen Irrationalismen und destruktiven Kulten in dem Sachbuch THE NEW APOCRYPHIA (1974) und veröffentlichte unter Pseudonym zwei Bücher über Astrologie, bevor ihm mit RODERICK OR THE EDUCATION OF A YOUNG MACHINE (1980) ein Volltreffer gelang. In diesem Roman sowie seiner Fortsetzung RODERICK AT RANDOM (1983) schildert S., der nach eigener Aussage »endlos fasziniert ist von Maschinen, die den Menschen nachahmen oder ersetzen können«, die ganze Lebensgeschichte eines Roboters. Es ist der erste kybernetische Entwicklungsroman in der SF und eine brillante Satire auf die moderne Welt im allgemeinen und den ›American Way of Life‹ im besonderen. Durch die Augen des kleinen, sympathischen Roboters Roderick gewinnen alle Aspekte des täglichen Lebens eine andere Bedeutung. In den Roderick-Romanen wimmelt es nur so von Rätseln, Paradoxa, Wortspielen, Verballhornungen und hintergründigen Anspielungen auf Werke der Weltliteratur und solche von SF-Kollegen. Komik und Parodie, aber auch sprachliche Experimentierfreudigkeit erreichen in diesen Romanen eine vorher in der SF nicht dagewesene Qualität. RODERICK wurde in Großbritannien für den National Book Award nominiert, einen der höchsten Literaturpreise. Den British Science Fiction Award gewann 1984 ein anderer Roboterroman von S.: TIK-TOK (1983). Hier setzt sich S. eingehend mit den drei Asimovschen Gesetzen der Robotik auseinander und führt sie ad absurdum. War Roderick das liebe unschuldige Kerlchen, so ist Tik-Tok ein Verrückter in Blech – der wahnsinnige Roboter, der seine Umgebung terrorisiert. S., der auch mit Thomas M. Disch zusammen Krimis schrieb, zeigte in der Zeit der ›New Wave‹ der festgefahrenen SF neue Wege. Heute ist er der führende Satiriker dieses Genres.

Bibliografie:

Der Müller-Fokker-Effekt (THE MÜLLER-FOKKER EFFECT), Stuttgart: Gebühr 1972
Die stählerne Horde (THE REPRODUCTIVE SYSTEM), München 1981, Kn 5742
Roderick oder die Erziehung einer Maschine (RODERICK OR THE EDUCATION OF A YOUNG MACHINE), München 1982, Kn 5750
Roderick II – Lehr- und Wanderjahre einer Maschine (RODERICK AT RANDOM), München 1984, Kn 5773
Die Menschen sind los (C) (ALIEN ACCOUNTS), Frankfurt am Main/Berlin/Wien 1984, U 31068
Tick-Tack (TIK-TOK), Frankfurt am Main/Berlin/Wien 1985, U 31115

Slatarow, Swetosar (1926 –   )
Bulgarischer Arzt, Redakteur, Erzähler, Romancier und Essayist. Schrieb u.a. die Erzählung ›Lektion über die Zukunft‹ (1974), den Roman ANDRONIKE (1977) sowie die Erzählung ›Slucajat Protej‹ (Der Fall Proteus, 1976), die in Deutsch in der DDR-Anthologie *Der Fotograf des Unsichtbaren* (1978) erschien.

Slater, Jim Englischer Autor.

Bibliografie:

Der Junge aus dem All (THE BOY WHO SAVED EARTH), München: Schneider 1982

Slawtschew, Swetoslaw (1926 –   )
Der bulgarische Autor ist Doktor der Medizin und stellvertretender Chefredakteur der Zeitschrift ›Kosmos‹. Sein Werk umfaßt zwei Abenteuerromane, drei biografische Erzählungen, sechs populärwissenschaftliche Bücher, zahlreiche wissenschaftlich-phantasti-

sche Hör- und Fernsehspiele sowie den Phantastikband ›Die Festung der Unsterblichen‹ (1970). Aus diesem Band erschienen vier Erzählungen in der Anthologie bulgarischer Autoren *Kontaktversuche* (1978). Mehrere Erzählungen S.s sind in bulgarischen Phantastik-Wettbewerben preisgekrönt worden; 1966 und 1969 wurde er beim internationalen Wettbewerb für populärwissenschaftliche Journalistik in Tokio ausgezeichnet.

Sleator, William
Geboren in St. Louis/Missouri.

Bibliografie:

Der Zeitsprung (SINGULARITY), Wien/München: Jungbrunnen 1986

Slesar, Henry (1927 –   )
S., ein amerikanischer Autor, war zunächst in der Werbebranche tätig, bevor er mit dem Schreiben begann. Er debütierte 1955 mit der SF-Kurzgeschichte ›The Brat‹ in *Imaginative Tales,* wandte sich aber dann vorwiegend dem Krimi zu und machte sich als Thriller-Autor weltweit einen Namen. Slesar schrieb keinen reinen SF-Roman – jedoch SF-Krimis wie THE BRIDGE OF LIONS (1963) –, blieb aber dennoch dem SF-Genre treu, indem er regelmäßig SF-Kurzgeschichten in allen SF-Zeitschriften publizierte, inzwischen mehr als 300. Er wirkte auch an SF-Fernsehserien mit, u. a. an THE MAN U.N.C.L.E.; das Skript eines seiner SF-Filme, TWENTY MILLION MILES TO EARTH, wurde zu einem Roman umgearbeitet und erschien 1957; seine im *Playboy* publizierten SF-Kurzgeschichten erschienen zusammengefaßt ebenfalls als Buch.

Bibliografie/H:

Die Bestie aus dem Weltraum (20 MILLION MILES TO EARTH), UG 58 (1957)

Slonimski, Antoni (1895 – 1976)
Polnischer Autor, der Malerei studierte und seine literarische Laufbahn als Lyriker 1918 mit dem Gedichtband SONETTE begann. Er war Mitbegründer der Poetengruppe *Skamander* und hat neben Gedich-

ten auch Komödien geschrieben. Einen Namen machte er sich als Satiriker, Theaterkritiker und Feuilletonist. Zeit seines Lebens zeichnete ihn eine pazifistische und antifaschistische Einstellung aus. 1939 bis 1946 war er in London im Exil, wo auch sein Gedichtband ALARM (1940), in dem er zum Sprecher seiner okkupierten und unterdrückten Heimat wurde, erschien. Nach dem Krieg war er bis 1951 Abgesandter Polens bei der UNESCO und von 1956 bis 1959 Direktor des polnischen Kulturinstituts in London. Später fiel Slonimski dann als Regimekritiker und überzeugter Nonkonformist in Polen in Ungnade, was aber nichts daran ändern konnte, daß er maßgeblichen Einfluß auf das literarische und kulturelle Leben Polens hatte. Sein Roman TORPEDA CZASU (1924) steht in der Tradition der SF am Anfang des Jahrhunderts und beschreibt die Reise in die Vergangenheit, wo der Protagonist natürlich alles besser machen will. Große menschenfreundliche Pläne zur Umgestaltung der Vergangenheit scheitern an den Beharrungskräften der Realität. Bestimmte Motive der modernen Time-Travel-Story, wie Zeitschleife, Zeitparadoxa etc., werden von Slonimski schon vorweggenommen, und der Roman ist in einem heiteren, augenzwinkernden Tenor verfaßt. Ein zweiter SF-Roman *Zweimal Weltuntergang* (1936) erschien zuerst als Feuilletonroman einer polnischen Zeitschrift und ist mit allen Mängeln, die daraus entstehen, behaftet. Er gewinnt einzig aus dem Umstand, daß er an der Figur eines Tyrannen sehr genau die Diktaturen Stalins und Hitlers und ihre zukünftige Entwicklung voraussieht, einige bemerkenswerte Aspekte. *Zweimal Weltuntergang* ist ein überaus politisches Buch, aber als solches auch zu stark in der historischen Situation verhaftet und literarisch unzureichend.

Bibliografie:

Der Zeittorpedo (TORPEDA CZASU. POWIESC FANTASTYCZNA), Frankfurt am Main 1984, st 1028
Zweimal Weltuntergang (DWA KONCE SWIATA), Frankfurt am Main 1986, st 1229

Smith, Alan D.

Bibliografie:

Die Botschaft des Panergon, Frankfurt am Main: Reihenbuch 1952
Atomexplosion Kobalt, Frankfurt am Main: Reihenbuch 1954

Bibliografie/H:

Sonnenkraft, UZ 172 (1959)

Smith, Clark Ashton (1893 – 1961)
Geboren in Long Valley, Kalifornien. S. zählt neben H. P. Lovecraft
und Robert E. Howard zu den einflußreichsten Autoren von Fantasy
und Weird Fiction. Er verließ die Schule mit vierzehn Jahren und
bildete sich autodidaktisch, indem er sich die Encyclopedia Britannica einverleibte. 1912 hatte er seine erste Buchveröffentlichung:
den Gedichtband THE STAR TRADER. Ab 1930 verfaßte er eine große
Anzahl von Erzählungen für Pulp-Magazine wie *Weird Tales* und
Wonder Stories. Der Großteil seines Werkes ist der Weird Fiction
und der Fantasy zuzuordnen, einige fallen aber auch in den Bereich
Science Fantasy, etwa die Geschichten, die in einer fernen Zeit auf
dem letzten Kontinent der Erde – Zothique – spielen. S. war ein
ausdrucksstarker Erzähler mit einer Vorliebe für exotisch ausge-
schmückte Welten.

Bibliografie:

Saat aus dem Grabe (C/OA), Frankfurt am Main: Insel 1970
Der Planet der Toten (C/OA), Frankfurt am Main: Insel 1971
Poseidonis (C) (POSEIDONIS), Rastatt 1985, M 1819

Smith, Cordwainer (1912 – 1966)
Pseudonym des amerikanischen Politologen und Regierungsbera-
ters Paul Myron Anthony Linebarger, geboren in Milwaukee, Wisconsin. S. verbrachte einen Teil seiner Jugend in Fernost, wo er u.a.
die Universität von Nanking und die North China Union Language
School besuchte. Bereits mit fünfzehn Jahren schrieb er eine SF-Geschichte, ›War No. 81-Q‹, die verlorenging und erst über fünfzig Jahre später wiedergefunden und neu veröffentlicht wurde. Eine seiner
frühesten Veröffentlichungen war ›The Ocean War: An Allegory of
the Sun Yat-Sen Revolution‹ (1973), in der bereits Versuche erkennbar sind, typisch chinesische Wortschöpfungen in seine Landesspra-
che zu übertragen, ein Unterfangen, das später seinem Werk eine
eigene, unverwechselbare Note gab. Seinen Wehrdienst im Zweiten Weltkrieg leistete er in China ab. Danach veröffentlichte er unter dem Pseudonym Felix C. Forrest zwei Nicht-SF-Romane: RIA
(1947) und CAROLA (1948). Ein Spionagethriller entstand 1949 unter
dem Pseudonym Carmichael Smith: ATOMSK: A NOVEL OF SUSPENSE.
Danach veröffentlichte er nur noch als C. S. Seine erste bemerkenswerte SF-Story wurde 1950 in dem kurzlebigen Magazin *Fantasy
Book* veröffentlicht: ›Scanners Live in Vain‹. S. schuf für sein Science
Fiction-Werk einen eigenen Kosmos, vor dessen Hintergrund sich

fast alle seine Geschichten abspielten. In dieser internen Chronologie steht ›Scanners Live in Vain‹ mit am Anfang, lediglich die Stories ›War No. 81-Q‹, ›Mark Elf‹ und ›No, No, Not Rogoff!‹ sind zeitlich früher einzuordnen. Die zentralen Ereignisse in S.' Universum beginnen 10000 Jahre später und ranken sich im wesentlichen um zwei Themen: um die Hegemonie der wahren Menschen unter der ›Instrumentalität der Menschheit‹ und um den Planeten Norstrilia oder Altnordaustralien, auf dem Schafe gedeihen, die die Unsterblichkeitsdroge ›Santa Clara‹ hervorbringen. Die ›Instrumentalität‹ ist eine nur vage umrissene Kaste von Herrschenden auf der alten Erde, der Heimat der Menschheit, von wo sie die Galaxis dominiert. Nur den Mitgliedern der ›Instrumentalität‹ und den Altnordaustraliern selbst ist es gestattet, mittels der genannten Droge ihr Leben auf 400 Jahre zu verlängern. Eingewoben in diese beiden Themenblöcke ist die Geschichte der Untermenschen, Wesen, die aus Tieren gezüchtete Halbmenschen darstellen und erbittert um ihre Freiheit kämpfen. Ihre langwierige Emanzipation beginnt in der Erzählung ›The Dead Lady of Clowntown‹ (1964). Jahrtausende danach sind Bemühungen im Gang, der Menschheit ihr altes Dasein in Schmerz und Sterblichkeit zurückzugeben, um sie so wieder zu wahren Menschen zu machen – davon berichtet ›Alpha Ralpha Boulevard‹ (1961); auch die Bemühungen der Untermenschen zeigen einigen Erfolg, geschildert in ›The Ballad of Lost C'Mell‹ (1962). Die Geschichten um diese spezielle Thematik sind gesammelt in SPACE LORDS (1965). Das Romanwerk von S. ist sehr schmal. Seinen beiden einzigen Romanen liegt die Erzählung ›The Boy Who Bought Old Earth‹ (1964) zugrunde, die dann zum Roman THE PLANET BUYER ausgeweitet wurde (ebenfalls 1964). Eine Fortsetzung dazu erschien posthum als THE UNDERPEOPLE (1968). Beide Romane wurden leicht gekürzt von S.' Witwe unter dem Titel NORSTRILIA (1975) neu herausgegeben. Weitere Erzählungen zum Thema findet man in UNDER OLD EARTH (1970) und STAR DREAMER (1971). QUEST OF THREE WORLDS, erschienen 1966, ist ein Episodenroman, bestehend aus mehreren miteinander verbundenen Kurzgeschichten. Obwohl S.' Frau nach seinem Tod einige Stories vollendet hat, bleibt der großangelegte Zyklus um die ›Instrumentalität‹ letztlich doch ein Fragment, der lange schwelende Konflikt zwischen dieser und den Untermenschen bleibt ungelöst. S. war einer der besten Stilisten der SF. In einfacher, aber poetischer Sprache gelang es ihm, romantische, bizarre Tragödien zu gestalten, die wie aus einer anderen Welt anmuten. Sein Werk steht unter dem religiösen Aspekt, daß der Kosmos eine

Stätte des Leidens ist und seine Kreaturen nur durch Liebe ihr tragisches Schicksal mildern können.

Bibliografie:

Herren im All (C) (SPACE LORDS), Frankfurt am Main: Insel 1973
Sternträumer (C/OA), Frankfurt am Main: Insel 1975
Der Planetenkäufer (THE PLANET BUYER), München 1979, Kn 5720
Die Untermenschen (THE UNDERPEOPLE), München 1980, Kn 5724
Die besten Stories von Cordwainer Smith (C) (THE BEST OF CORDWAINER SMITH), München 1980, P 6708
Rückkehr nach Mizzer (QUEST OF THE THREE WORLDS), München 1981, Kn 5733
Instrumentalität der Menschheit (C) (THE INSTRUMENTALITY OF MANKIND), München 1982, M 3579

Smith, D. Alexander

Bibliografie:
Marathon (MARATHON), München 1986, G 23489

Smith, E(dward) E(lmer)
(1890 – 1965)
Geboren in Sheboygan, Wisconsin, als Sohn eines Walfängers und Kapitäns. S. studierte Chemie an der Universität von Idaho und schloß mit dem Grad eines Ph. D. ab. Danach arbeitete er als Lebensmittelchemiker.

Schon während des Studiums hatte er mit der Ehefrau eines Bekannten den Roman THE SKYLARK OF SPACE geschrieben, der aber erst 1928 als Serial in *Amazing* erschien. Der Erfolg stellte sich automatisch ein. Über Nacht wurde S. zum beliebtesten Autor der noch jungen Fangemeinde der SF. Die Abenteuer des Raumschiffes Skylark setzte er natürlich fort und weitete sie zur Serie aus. Sie schildert den Kampf zweier gegensätzlich eingestellter Genies in den Tiefen des Weltraums: Richard Seaton, ein Physiker, entdeckt einen Superantrieb, der es ihm ermöglicht, ein Raumschiff zu konstruieren, mit dem man die Grenzen des Sonnensystems verlassen kann. Er hat aber nicht mit dem Erzschurken Dr. Marc DuQuesne gerechnet, der die

Pläne stiehlt, selbst ein Raumschiff baut, Seatons Verlobte entführt und den Kampf um das Universum auslöst. Die Auseinandersetzung zwischen den beiden wogt hin und her – daß für Seaton dabei noch Zeit bleibt, um nebenher Schlachten mit kosmischen Rassen auszufechten und sich zum Herrscher über diverse Planeten ausrufen zu lassen, versteht sich von selbst.

Nach den ersten drei Skylark-Romanen galt S. als Erfinder der Space Opera und bekanntester Autor der Pulp-SF. Da die Konkurrenz nicht ruhte und ihrerseits Super-Science-Abenteuer zwischen den Milchstraßen stattfinden ließ, machte sich S. an eine noch bombastischere Serie, die LENSMAN-Saga, der noch größerer Erfolg beschieden sein sollte. Zwischen 1938 und 1947 liefen vier Lensman-Romane als Fortsetzungen in *Astounding,* und das Leserecho war überwältigend. S. hatte die Serie als Auseinandersetzung zwischen einer kosmischen guten (Arisiern) und einer kosmischen bösen (Eddoriern) Macht angelegt, die schon Äonen angedauert hatte, als die Menschen auf den Plan traten. Einer von ihnen, Kimball Kinnison, wird zum Linsenträger und Agenten der Arisier im Kampf gegen das Böse, der auf immer größeren Schlachtfeldern mit stetig gefährlicher werdenden Waffen immer schrecklichere Ausmaße annimmt. Unglaubliche Raumschlachten werden geschlagen, ganze Sonnensysteme aus den Angeln gehoben. Die vier Romane waren so erfolgreich, daß ihr Verfasser noch zwei weitere nachschob, die zeitlich am Anfang der Ereignisse standen und die Dramatik der Handlung noch einmal steigerten.

Aber danach war in dieser Hinsicht alles gesagt, was S. zu sagen gehabt hatte. Alles andere, was er noch schrieb – und das war nicht allzuviel –, verblaßte daneben in den Augen der Fans. Danach ging es denn auch mit seiner Karriere abwärts; in den fünfziger und sechziger Jahren war S. kaum aktiv. Er schrieb zwar einen vierten Skylark-Roman, aber die Zeit war nun endgültig über seine Art zu schreiben hinweggegangen. Dennoch strahlte sein Name noch lange Zeit große Popularität aus. Seinen Erben gelang es, Autoren zu finden, die aus wenigen Kurzgeschichten des Verstorbenen noch ganze Romanserien machten. Gordon Eklund nahm sich der Gestalt des Lord Tedric an, Stephen Goldin schuf aus den Figuren der irdischen Geheimagenten Jules und Yvette d'Alembert einen ganzen ›Weltraumzirkus‹.

E. E. ›Doc‹ Smith war der König der Space Opera, der Lensman-Zyklus der gigantischste Vertreter dieser Untergattung der SF. Er beeinflußte Fans und Autoren gleichermaßen: PERRY RHODAN oder STAR

WARS wären ohne den Lensman-Zyklus undenkbar. S. riß den Horizont der Leser auf, er war der erste, der das Sonnensystem verließ und dem Genre die unendlichen Weiten des Universums erschloß. Aber naivem ›sense of wonder‹ und ›ultimativem Nervenkitzel‹ standen absurde Ideen und ein schrecklicher Schreibstil gegenüber. Eine Handlung, die kaum ein Klischee ausließ, unterschwellig Gewalt und Militarismus predigte und in ihren schwärzesten Momenten faschistoide Tendenzen sichtbar werden ließ.

In positivstem Licht dargestellt heißt das: »Bewertet man S.' Werk als ›naive‹ Schriftstellerei, an die keine literarischen Kriteria angelegt werden – Lebendigkeit statt genauer Charakterisierung, Dynamik statt ausgefeiltem Stil, Wucht statt komplexer Handlung und Direktheit statt thematischer Mehrdeutigkeit –, ist S. auf diesem Gebiet der absolute Meister« (Richard A. Lupoff).

In negativstem Licht dagegen: »Die literarische Qualität der SF seit den Tagen von E. E. Smith ist nur noch gestiegen« (Sam Lundwall).

Bibliografie:

Die Planetenbasis (TRIPLANETARY), Balve: Zimmermann 1960
Die ersten Lensmen (FIRST LENSMEN), Balve: Zimmermann 1961
Galaktische Patrouille (GALACTIC PATROL), Balve: Zimmermann 1961
Die grauen Herrscher (THE GREY LENSMEN), Balve: Zimmermann 1961
Das zweite Imperium (SECOND STAGE LENSMEN), Balve: Zimmermann 1961
Das Erbe der Lens (CHILDREN OF THE LENS), Balve: Zimmermann 1961
Die Ersten der Galaxis (THE GALAXY PRIMES), München 1969, H 3152
Die Abenteuer der Skylark (THE SKYLARK OF SPACE), München 1976, H 3479
Die Skylark und die Schlacht um Osnome (SKYLARK THREE), München 1976, H 3503 (auch: *Aus den Tiefen des Alls*)
Die Skylark und der Kampf um die Galaxis (SKYLARK DUQUESNE), München 1976, H 3515
Die Wächter des Malstroms (MASTERS OF THE VORTEX/THE VORTEX BLASTER), München 1977, H 3717
Die stählerne Festung (IMPERIAL STARS) (mit Stephen Goldin), Bergisch Gladbach 1977, B 21094
Der Killer-Mond (STRANGLER'S MOON) (mit Stephen Goldin), Bergisch Gladbach 1977, B 21096
Die Robot-Bombe (THE CLOCKWORK TRAITOR) (mit Stephen Goldin), Bergisch Gladbach 1977, B 21098

Der Asyl-Planet (GETAWAY WORLD) (mit Stephen Goldin), Bergisch Gladbach 1978, B 21102

Treffpunkt Todesstern (APPOINTMENT AT BLOODSTAR) (mit Stephen Goldin), Bergisch Gladbach 1979, B 21115

Das Puritaner-Komplott (THE PURITY PLOT) (mit Stephen Goldin), Bergisch Gladbach 1980, B 21127

Die Verräter-Welt (TRAITOR WORLD) (mit Stephen Goldin), Bergisch Gladbach 1985, B 23055

Lord Tedric (LORD TEDRIC) (mit Gordon Eklund), Bergisch Gladbach 1982, B 21154

Raumpiraten (SPACE PIRATES) (mit Gordon Eklund), Bergisch Gladbach 1982, B 21156

Die Raumfestung (BLACK KNIGHT OF THE IRON SPHERE) (mit Gordon Eklund), Bergisch Gladbach 1983, B 21160

Die Jagdhunde der IPC (SPACEHOUNDS OF THE IPC), Bergisch Gladbach 1985, B 21185

Verräterwelt (PLANET OF TREASON) (mit Stephen Goldin), Bergisch Gladbach 1986, B 23055

Die Doppelgänger-Falle (ELLIPSING BINARIES) (mit Stephen Goldin), Bergisch Gladbach 1986, B 23058

Die Omicron-Invasion (THE OMICRON INVASION) (mit Stephen Goldin), Bergisch Gladbach 1986, B 22095

Tod dem Sternenkaiser (REVOLT OF THE GALAXY) (mit Stephen Goldin), Bergisch Gladbach 1986, B 22097

Smith, George H(enry) (1922 –   )

Amerikanischer Autor, wurde in Vicksburg/Mississippi geboren und verbrachte die meiste Zeit seines Lebens in Kalifornien. Nach seinem Examen an der University of Southern California übte er eine ganze Reihe von Berufen aus. Er schrieb mehr als 20 Taschenbücher und rund 300 Stories und Artikel, von denen aber nicht alle in den Science Fiction-Bereich fallen. Immerhin brachte er es auf ein Dutzend SF-Romane. Weltweite Katastrophen, die die Menschheit heimsuchen, zählen zu seinen Lieblingsthemen. Titel wie THE COMING OF THE RATS (1961), DOOMSDAY WING (1963) oder THE UNENDING NIGHT (1964) fallen unter diese Kategorie. Sie sind anspruchslose, aber spannende Unterhaltung.

Bibliografie:

Aufstand der Maschinen (THE FOUR DAY WEEKEND), München 1969, TTB 161

Bibliografie/H:

Wie ein Feuerball (THE UNENDING NIGHT), T 496 (1967)
Im Reich der Vergessenen (THE FORGOTTEN PLANET), TN 26 (1968)
Wenn die Ratten kommen (THE COMING OF THE RATS), Vampir 377
(1989)

Smith, George O(liver)
(1911 – 1981)

Geboren in Chicago. S. arbeitete lange als Elektroingenieur, bevor er sich dem Schreiben von Science Fiction zuwandte, und widmete sich auch später wieder seiner Karriere als Spezialist für Elektronik. Außer unter eigenem Namen schrieb er auch einige Erzählungen unter dem Pseudonym Wesley Long. Einigen Erfolg hatte er in den Vierzigern zunächst mit der VENUS EQUILATERAL-Serie über interstellaren Funkverkehr. Typische Smith-Romane sind Space Operas wie TROUBLED STAR (1953) – Fremde wollen aus der Sonne einen interstellaren Leuchtturm, sprich eine Nova, machen – oder NOMAD (1944), wo es um einen Weltraumkrieg zwischen Erde, Mars und einem vagabundierenden Planeten geht.

Bibliografie:

Das Geheimnis der Wunderkinder (THE FOURTH ›R‹), München 1965,
H 3053
Relaisstation Venus (C) (THE COMPLETE VENUS EQUILATERAL, TEIL 1),
Rastatt 1982, TTB 347
Der Strahlenpirat (C) (THE COMPLETE VENUS EQUILATERAL, TEIL 2),
Rastatt 1982, TTB 349
Das Ende der Weltraumstadt (C) (THE COMPLETE VENUS EQUILATERAL,
TEIL 3), Rastatt 1982, TTB 352

Bibliografie/H:

Der große Krieg (NOMAD), UG 88 (1958)
Brennende Himmel (FIRE IN THE HEAVENS), AiW 17 (1959)
Gift aus dem Weltraum (HELLFLOWER), UG 91 (1959)
Weltraumpest (HIGHWAYS IN HIDING), TS 19 (1959)
Die Sonneningenieure (TROUBLED STAR), TS 42 (1961)
Schiffbruch im All (LOST IN THE SPACE), UG 136 (1961)

Smith, L. Neil (1946 –   )

Amerikanischer Autor. Wurde 1946 in Denver geboren und wuchs in einem Dutzend verschiedener Gegenden der USA und Kanadas auf. Arbeitete als Waffenschmied, Berufsmusiker und Berater für Selbstverteidigung, bevor er 1964 wieder in seine Heimat kam, um Psychologie, Philosophie und Anthropologie zu studieren. 1978 kandidierte er für die Gesetzgebende Versammlung seines Staates und erreichte fünfzehn Prozent.

Smith ist nun hauptberuflicher SF-Schriftsteller, Mitbegründer und Vorsitzender des ›Prometheus Committee‹ und lebt in Fort Collins, Colorado. In seinen Romanen und Stories, vor allem auch in seiner Parallelwelt-Serie um das Gallatin-Universum (s. S. 135f.), vertritt er offen den Standpunkt der Libertarians, einer rechten anarchistischen Bewegung, die staatliche Kontrolle in jedweder Form ablehnt.

Bibliografie:

Lando Calrissian und die Geistharfe von Sharu (LANDO CALRISSIAN AND THE MINDHARP OF SHARU), München 1984, G 23785
Lando Calrissian und der Flammenwind von Oseon (LANDO CALRISSIAN AND THE FLAMEWIND OF OSEON), München 1985, G 23786
Lando Calrissian und die Sternenhöhle von Thon Boka (LANDO CALRISSIAN AND THE STARCAVE OF THON BOKA), München 1985, G 23787
Der Durchbruch (THE PROBABILITY BROACH), München 1985, H 4250
Der Venus-Gürtel (THE VENUS BELT), München 1985, H 4251
Ihrer Majestät Kübeliere (THEIR MAJESTIES' BUCKETEERS), München 1986, H 4252
Der Nagasaki-Vektor (THE NAGASAKI VECTOR), München 1986, H 4253
Tom Paine Maru (TOM PAINE MARU), München 1986, H 4281
Die Gallatin-Abweichung (THE GALLATIN DIVERGENCE), München 1986, H 4282

Smith, Robert A. (1944 –   )

S. wurde in England geboren und wuchs in Calgary/Alberta auf. Er bereiste Europa und die USA und arbeitete eine Zeitlang in Toronto an einem Forschungsprojekt der Computertechnologie. Smith ist derzeit Herausgeber der Zeitschrift ›Educational Digest‹ und arbeitet als freier Schriftsteller.

Bibliografie:

Das Kramer Projekt (THE KRAMER PROJECT), München 1981, H 3779

Snegow, Sergei (1920–)

Russischer Autor, geboren in Odessa. S. wurde durch die Space Opera LJUDI KAK BOGI (1966) bekannt. Der Roman erfuhr mit KOL'CO OBRATNOGO VREMENI (1977) eine Fortsetzung, in der eine neue Expedition mit dem Protagonisten Eli an Bord auf die ›Ramiren‹, ein legendäres Sternenvolk mit übermächtigen Kräften, stößt. Sie werden die ›Grausamen Götter‹ genannt, treiben andere Rassen in den Untergang, greifen auch die irdische Flotte an, bis diese in einen Zeitriß gerät und aus dem Ring der Gegenzeit heraus wieder in das Geschehen eingreift.

Weiterhin veröffentlichte S. den Erzählungsband POSOL BEZ VERITEL' NYCH GRAMOT (1977).

Bibliografie:

Menschen wie Götter (LJUDI KAK BOGI), Berlin/DDR: Das Neue Berlin 1972
Der Ring der Gegenzeit (KOL'CO OBRATNOGO VREMENI), Moskau/Berlin/DDR: MIR/Das Neue Berlin 1978

Snyder, Gene Siehe Watkins, William Jon

Sohl, Jerry (Gerald Allan) (1913–)

Der in Los Angeles/Kalifornien geborene S. wuchs in Chicago auf und verkaufte seine erste Kurzgeschichte 1934 für acht Dollar an die *Chicago Daily News*. Es sollte aber noch fünfzehn Jahre dauern, bis die Schriftstellerei seine Hauptbeschäftigung wurde. 1949 verkaufte er seinen ersten Roman, THE HAPLOIDS, der erst 1952 erschien. Seit dieser Zeit hat Jerry Sohl 35 Bücher veröffentlicht, neben einem guten Dutzend SF-Romanen auch Krimis, Abenteuerromane, Belletristik und Sachbücher – auch unter dem Pseudonym Nathan Butler. Über zwanzig Jahre lang arbeitete er als Drehbuchautor für Film und Fernsehen, u. a. schrieb er Episoden zu STAR TREK *(Raumschiff Enterprise)* und THE INVADERS *(Invasion von der Wega)*. Von seinen SF-Romanen, von denen manche in bis zu siebzehn Ländern publiziert wurden, sind auch einige bei uns erschienen. THE MARS MONOPOLY (1956), ONE AGAINST HERCULUM (1959), THE ALTERED EGO (1954), THE TIME DISSOLVER (1957) und THE TRANSCENDENT MAN (1953) sind davon wohl die bekannteren. In jüngster Zeit erschien kaum noch SF von Sohl, mit einer Ausnahme: DEATH SLEEP (1983). Seine Kurzgeschichten, die in fast allen namhaften Magazinen der fünfziger Jahre erschienen, sind ebenso wie seine Romane rein auf problemlose Unterhaltung angelegt.

Bibliografie:

Der Zeitauflöser (THE TIME DISSOLVER), Frankfurt am Main/Berlin/Wien 1978, U 3564

Unsichtbare Herrscher (THE TRANSCENDENT MAN), Frankfurt am Main/Berlin/Wien 1979, U 31003

Der schleichende Tod (POINT ULTIMATE), Frankfurt am Main/Berlin/Wien 1979, U 31009

Costigans Nadel (COSTIGAN'S NEEDLE), Frankfurt am Main/Berlin/Wien 1980, U 31011

Die Haploiden (THE HAPLOIDS), Frankfurt am Main/Berlin/Wien 1980, U 31014

Das vertauschte Ich (THE ALTERED EGO), Frankfurt am Main/Berlin/Wien 1983, U 31060

Bibliografie/H:

Das Mars-Monopol (THE MARS MONOPOLY), TS 51 (1962)
Aura des Grauens (THE ODIOUS ONES), UZ 359 (1963)
Rebellion auf Herculum (ONE AGAINST HERCULUM), T 321 (1964)

Soljan, Antun (1932 –   )
Jugoslawischer Dichter, Erzähler, Romancier und Dramatiker. Seine SF-Erzählung BROD U BOCI *(Das Schiff in der Flasche)* erschien 1975 in Jugoslawien (in Deutsch enthalten in der Anthologie *Der Fotograf des Unsichtbaren,* Berlin 1978).

Solowjowa, Valentina (1949 –   )
Die sowjetische Nachwuchsautorin hat den Abschluß der Kaliningrader Universität und ist Mitarbeiterin des dortigen Museums für Kunst und Geschichte. Ihr Debüt gab sie mit der Erzählung ›Die Durchgangsstation‹, deutsch in ›Sowjetliteratur‹ 6/1985.

Somers, Bart Siehe Fox, Gardner, F.

Somplatzki, Herbert (1934 –   )
Deutscher Autor, geboren in Groß Piwnitz/Ostpreußen, lebt in Düsseldorf und trat wiederholt mit bemerkenswerten Kurzgeschichten in diversen Anthologien hervor.

Bibliografie:
Die Explosion des Regenbogens, Würzburg: Arena 1984

Spangler, Ludwig

Bibliografie:
Die Sirius-Falle, Parsberg-Darshofen: Spangler 1984
Notlandung auf Titan, Parsberg-Darshofen: Spangler 1985

Spano, Charles A.

Bibliografie/H:
Der falsche Prophet (SPOCK, MESSIAH) (mit Theodore R. Cogswell),
TTB 296 (1978)

Spencer, Charles (Pseudonym)

Bibliografie:
Sieger bleibt der Mensch, Menden: Bewin 1959
Die blauen Tyrannen, Menden: Bewin 1959
Das ewige Gesetz, Menden: Bewin 1960
Die Macht der Sirianer, Menden: Bewin 1960

Bibliografie/H:
Die Macht der Sirianer, ZuR 16 (1975)
Satansbrut vom Sirius, UZ 205 (1960)

Spencer, Elliot (Pseudonym)

Siehe Anhang SERIEN: *Plutonium Police*

Spencer, Jack (Pseudonym)

Bibliografie/H:
Das große Rätsel, UK 10 (1956)

Spencer, James (Verlagspseudonym)

Unter diesem Pseudonym erschien 1975 in der Heftreihe *Zukunft-roman* eine Anzahl von Leihbuchnachdrucken, bei denen Titel und Autorenangaben willkürlich geändert wurde. Da diese Romane bei ihrer Originalveröffentlichung berücksichtigt wurden, wurde auf eine erneute Auflistung an dieser Stelle verzichtet.

Bibliografie:

Drei gegen drei Milliarden, Menden: Bewin 1965
Tötende Augen, Menden: Bewin 1965
Die Zweibeiner, Menden: Bewin 1966
Vollmacht für Centauri 8, Menden: Bewin 1966
Das Kaperschiff, Menden: Bewin 1967
Aufstand der Maschinen, Menden: Bewin 1967
Kosmische Geschosse, Menden: Bewin 1967
Kampf um den Nullzeit-Antrieb, Menden: Bewin 1967
Gefahr aus fremder Galaxis, Menden: Bewin 1967
Erkundung auf 6630, Menden: Bewin 1967
Raumkadetten, Menden: Bewin 1968
Auf verbotenem Kurs, Menden: Bewin 1968
Die Rache des Terraners, Menden: Bewin 1968
Keine Zeit auf Stella Terra, Menden: Bewin 1969
Planet 3 nicht unbewohnt, Menden: Bewin 1970
Plattform V, Menden: Bewin 1970
Sucher zwischen den Sternen, Menden: Bewin 1971
Flug in ferne Dimensionen, Menden: Bewin 1971
Aktion gelbe Gefahr, Menden: Bewin 1971
Invasion der Silberpunkte, Menden: Bewin 1971
Galaktisches Duell, Menden: Bewin 1971
SOS von Mondstation, Menden: Bewin 1971

Bibliografie/H:

Kok Tharrin, ZSF 74 (1968)

Spiegl, Walter

Deutscher Autor, Herausgeber und Übersetzer. Schrieb unter den Pseudonymen Bert Horsley und Bert Koeppen Romanhefte und war Herausgeber von *Utopia Magazin* und später der Taschenbuchreihe Ullstein 2000.

Bibliografie:

(Hrsg.) *Science Fiction Stories 1,* Frankfurt am Main/Berlin/Wien 1970, U 2760
(Hrsg.) *Science Fiction Stories 2,* Frankfurt am Main/Berlin/Wien 1970, U 2773
(Hrsg.) *Science Fiction Stories 3,* Frankfurt am Main/Berlin/Wien 1970, U 2782

(Hrsg.) *Science Fiction Stories 4,* Frankfurt am Main/Berlin/Wien 1970, U 2791

(Hrsg.) *Science Fiction Stories 5,* Frankfurt am Main/Berlin/Wien 1970, U 2804

(Hrsg.) *Science Fiction Stories 6,* Frankfurt am Main/Berlin/Wien 1971, U 2818

(Hrsg.) *Science Fiction Stories 7,* Frankfurt am Main/Berlin/Wien 1971, U 2833

(Hrsg.) *Science Fiction Stories 8,* Frankfurt am Main/Berlin/Wien 1971, U 2845

(Hrsg.) *Science Fiction Stories 9,* Frankfurt am Main/Berlin/Wien 1971, U 2853

(Hrsg.) *Science Fiction Stories 10,* Frankfurt am Main/Berlin/Wien 1972, U 2860

(Hrsg.) *Science Fiction Stories 11,* Frankfurt am Main/Berlin/Wien 1972, U 2873

(Hrsg.) *Science Fiction Stories 12,* Frankfurt am Main/Berlin/Wien 1972, U 2877

(Hrsg.) *Science Fiction Stories 13,* Frankfurt am Main/Berlin/Wien 1972, U 2883

(Hrsg.) *Science Fiction Stories 14,* Frankfurt am Main/Berlin/Wien 1972, U 2889

(Hrsg.) *Science Fiction Stories 15,* Frankfurt am Main/Berlin/Wien 1972, U 2894

(Hrsg.) *Science Fiction Stories 16,* Frankfurt am Main/Berlin/Wien 1972, U 2899

(Hrsg.) *Science Fiction Stories 17,* Frankfurt am Main/Berlin/Wien 1972, U 2905

(Hrsg.) *Science Fiction Stories 18,* Frankfurt am Main/Berlin/Wien 1972, U 2916

(Hrsg.) *Science Fiction Stories 19,* Frankfurt am Main/Berlin/Wien 1972, U 2924

(Hrsg.) *Science Fiction Stories 21,* Frankfurt am Main/Berlin/Wien 1973, U 2936

(Hrsg.) *Science Fiction Stories 22,* Frankfurt am Main/Berlin/Wien 1973, U 2943

(Hrsg.) *Science Fiction Stories 24,* Frankfurt am Main/Berlin/Wien 1973, U 2958

(Hrsg.) *Science Fiction Stories 25,* Frankfurt am Main/Berlin/Wien 1973, U 2964

(Hrsg.) *Science Fiction Stories 30,* Frankfurt am Main/Berlin/Wien 1973, U 2999

(Hrsg.) *Science Fiction Stories 34,* Frankfurt am Main/Berlin/Wien 1973, U 3029

(Hrsg.) *Science Fiction Stories 40,* Frankfurt am Main/Berlin/Wien 1974, U 3072

(Hrsg.) *Science Fiction Stories 43,* Frankfurt am Main/Berlin/Wien 1974, U 3096

(Hrsg.) *Science Fiction Stories 45,* Frankfurt am Main/Berlin/Wien 1975, U 3109

(Hrsg.) *Science Fiction Stories 46,* Frankfurt am Main/Berlin/Wien 1975, U 3118

(Hrsg.) *Science Fiction Stories 52,* Frankfurt am Main/Berlin/Wien 1975, U 3166

(Hrsg.) *Science Fiction Stories 66,* Frankfurt am Main/Berlin/Wien 1977, U 3323

(Hrsg.) *Science Fiction Stories 68,* Frankfurt am Main/Berlin/Wien 1977, U 3351

(Hrsg.) *Science Fiction Stories 71,* Frankfurt am Main/Berlin/Wien 1978, U 3451

(Hrsg.) *Science Fiction Stories 72,* Frankfurt am Main/Berlin/Wien 1978, U 3487

(Hrsg.) *Science Fiction Stories 74,* Frankfurt am Main/Berlin/Wien 1978, U 3544

(Hrsg.) *Science Fiction Stories 79,* Frankfurt am Main/Berlin/Wien 1979, U 31008

(Hrsg.) *Science Fiction Stories 80,* Frankfurt am Main/Berlin/Wien 1980, U 31010

(Hrsg.) *Science Fiction Stories 81,* Frankfurt am Main/Berlin/Wien 1980, U 31012

(Hrsg.) *Science Fiction Stories 82,* Frankfurt am Main/Berlin/Wien 1980, U 31015

(Hrsg.) *Science Fiction Stories 83,* Frankfurt am Main/Berlin/Wien 1980, U 31017

(Hrsg.) *Science Fiction Stories 84,* Frankfurt am Main/Berlin/Wien 1980, U 31019

(Hrsg.) *Science Fiction Stories 86,* Frankfurt am Main/Berlin/Wien 1981, U 31023

(Hrsg.) *Science Fiction Stories 87,* Frankfurt am Main/Berlin/Wien 1981, U 31025

(Hrsg.) *Science Fiction Stories 88,* Frankfurt am Main/Berlin/Wien 1981, U 31027
(Hrsg.) *Science Fiction Stories 89,* Frankfurt am Main/Berlin/Wien 1981, U 31029
(Hrsg.) *Science Fiction Stories 91,* Frankfurt am Main/Berlin/Wien 1981, U 31033
(Hrsg.) *Brennpunkt Zukunft 2,* Frankfurt am Main/Berlin/Wien, U 31042

Bibliografie/H:

Als Bert Horsley:

Der unsichtbare Planet, UZ 104 (1957)
Station Einstein, UZ 114 (1958)
Die verlorene Erfindung, UZ 116 (1958)
Warnung im roten Nebel, UZ 121 (1958)
Wir wußten zuviel, UZ 129 (1958)

Als Bert Koeppen:

Rakete Mond startet, UG 84 (1958)
Gefangene des Atoms, UZ 283 (1961)

Spielberg, Steven (1946–)

Amerikanischer Regisseur, weltbekannt durch Filme wie ›Der weiße Hai‹, ›Unheimliche Begegnung der dritten Art‹ oder ›E.T. – der Außerirdische‹.

Bibliografie:

Unheimliche Begegnung der dritten Art (CLOSE ENCOUNTERS OF THE THIRD KIND), München 1978, G 23297

Spielmanns, Jörg

Pseudonym für Kurt Luif. Österreichischer Autor, geboren in Wien. Zahlreiche Veröffentlichungen in Zeitschriften und Magazinen, u. a. *Penthouse.* Publiziert Krimis und Horror-Romane unter verschiedenen Pseudonymen, wie Neal Davenport und James R. Burcette.

Bibliografie/H:

Das Spürauge, ZSF 113 (1971)
Planet der falschen Hoffnungen, ZSF 124 (1972)

Als Claus Hartmann:

Menschheit in Ketten, UZ 537 (1967)

924

Spinrad, Norman (Richard)
(1940 –   )

Amerikanischer SF-Autor, geboren in New York, wo er auch die Universität besuchte. S. gehörte zu den Vertretern der amerikanischen ›New Wave‹, hatte allerdings in Großbritannien zunächst seine spektakuläreren Erfolge. Sein literarischen Debüt gab er in *Analog* mit der Story ›The Last of Romany‹ (5/63). Andere Kurzgeschichten folgten, und mit seinen ersten Romanen THE SOLARIANS (1966), AGENT OF CHAOS (1967) und THE MEN IN THE JUNGLE schuf er sich eine Basis als Schriftsteller, wobei er in letzterem – einer verfremdeten Vietnam-Reportage – schon durch einige harte Szenen andeutete, daß er keine Kompromisse einzugehen bereit war. Furore machte er aber erst, als das britische Magazin *New Worlds* seinen Roman BUG JACK BARON (1967/68) abdruckte. Der frech geschriebene, durch seine derbe Sprache etwas aus der Reihe fallende Roman erregte die Gemüter und führte gar zu einer Debatte im Unterhaus, wo man dem Magazin die geringen Subventionsgelder streichen wollte, dabei war die Geschichte über ein korruptes Amerika der nahen Zukunft (schon sechs Jahre später sollte sich Spinrads Weitsicht durch Watergate nur zu drastisch bestätigen) gar nicht so weit hergeholt, wie manche Saubermänner es gerne gesehen hätten. Aus heutiger Sicht muß man klar sagen, daß damals mit Kanonen auf Spatzen geschossen wurde, aber selbst Kollegen von Spinrad waren seinerzeit verschreckt und distanzierten sich von dieser ›Ansammlung von Obszönitäten‹.

1972 machte Spinrad wieder von sich reden, diesmal mit THE IRON DREAM (1972), einem satirischen Parallelweltroman, in dem Adolf Hitler 1919 in die Vereinigten Staaten emigrierte und dort als SF-Autor Furore machte. Diese nach Meinung mancher Kritiker nicht unbedingt ganz geglückte Satire auf faschistoide Elemente in der Science Fiction und Fantasy wurde in der Bundesrepublik indiziert und war jahrelang auf dem Index für jugendgefährdende Schriften.

In seinen jüngeren Werken, etwa A WORLD BETWEEN (1979), SONGS FROM THE STARS (1980) oder THE VOID CAPTAIN'S TALE (1983) konsolidierte sich S. als Romancier. Zweifellos hat er aber seine stärksten Momente in kürzeren Texten. Seine besten Geschichten, etwa ›The Big Flash‹, ›No Direction Home‹ oder ›A Thing of Beauty‹, gesammelt in seinem Band THE STAR SPANGLED FUTURE (1979), spiegeln die Rock- und Drogenkultur der späten sechziger Jahre wider, und das in einer sprachlichen Dichte, die S. sonst kaum mehr erreichte. Bemerkenswert ist auch sein Kurzroman RIDING THE TORCH (1972), der den Jupiter Award gewann und dem Thema ›Generationenraumschiff‹ völlig neue Aspekte abgewinnt.

Bibliografie:

Der stählerne Traum (THE IRON DREAM), München 1981, H 3783
Flammenritt (RIDING THE TORCH), Bergisch Gladbach 1981, B 23003
Lieder von den Sternen (SONGS FROM THE STARS), Bergisch Gladbach 1981, B 24025
Champion Jack Barron (BUG JACK BARRON), München 1982, M 3562
Die Bruderschaft des Schmerzes (THE MEN IN THE JUNGLE), München 1982, M 3574
Eine Welt dazwischen (A WORLD BETWEEN), München 1983, H 3963
Daß mich das große Nichts umfange (THE VOID CAPTAIN'S TALE), Bergisch Gladbach 1983, B 24050

Springer, H. W. (1939–)
Pseudonym des in Berlin geborenen und in Nordrhein-Westfalen lebenden freien Schriftstellers Hans Wolf Sommer, der unter einer Reihe anderer Namen (Hans Wolf, Robert Wolf, Michael Roberts u. a.) über hundert Romane und ein Dutzend Kriminalstories in Illustrierten und Anthologien publiziert und nebenher Texte für Comic-Strips verfaßt hat. In der SF hat er sich hauptsächlich als Satiriker einen Namen gemacht, so mit ›Privileg‹ (1976) und ›Unser unsterblicher Präsident‹ (1978). Vier SF-Romane S.s erschienen in der Taschenbuchreihe *Mondstation 1999*.

Bibliografie/H:

Versicherung mit Schwierigkeiten, ZSF 98 (1970)
Die Gestrigen, ZSF 111 (1971)
Rettung eines Sergeanten, ZSF 116 (1971)
Die Greise von Osiris, ZSF 168 (1975)
Die schlafende Erde, ZSF 180 (1976)

Als Michael Roberts:

Welt auf Eis, Ge 16 (1976)

Siehe Anhang SERIEN: *Mondstation 1999, Die Terranauten*

Springer, Michael (1944 –   )

Geboren in Salzburg, studierte S. in Wien, wo er in theoretischer Physik promovierte. Während seiner Tätigkeit in einem Kernenergie-Institut begann S. zu schreiben und war Redakteur des *Neuen Forums* in Wien. Lebt heute in Aachen. Neben dem Prosaband *Dübel & Dergl.* (1972) veröffentlichte er drei Romane. Während sich *Was morgen geschah* (1979) und *Bronnen* (1981) mit den Problemen von Reaktorunfällen und Giftmüllskandalen beschäftigen, handelt *Leonardos Dilemma* (1986) in der näheren Zukunft, in der die Zivilisation total zusammengebrochen ist. S. machte sich auch als Hörspielautor einen Namen: ›Was tun wir, wenn sie wiederkommen‹ (1982), ›Einfache Hinfahrt‹ (1987) und vor allem ›Masta‹ (1974) sowie ›Der Held der Pest auf Blo‹ (1977).

Bibliografie:

Was morgen geschah, Hamburg: Hoffmann und Campe 1979
Bronnen, Hamburg: Hoffmann und Campe 1981
Leonardos Dilemma, Hamburg: Hoffmann und Campe 1986

Springer, Peter

Bibliografie:
Atom-Spione, Hannover 1958, UTR 8

Spruill, Stephen G. (1946 –   )

Amerikanischer Psychologe und SF-Autor. S. debütierte 1977 mit seinem Roman KEEPER OF THE GATE, der zur abenteuerlichen SF gehört. THE PSYCHOPATH PLAQUE (1978) verbindet SF mit Krimielementen und ist der erste Band einer geplanten Serie um den interstellaren Detektiv Elias Kane und seinen außerirdischen Begleiter Pendrake.

Bibliografie:

Die Janus-Gleichung (THE JANUS EQUATION), Bergisch Gladbach 1982, B 23009

Ssachno, Helen von

Bibliografie:

(Hrsg.) *Science Fiction 1. Wissenschaftlich-phantastische Erzählungen aus Rußland,* München: Piper 1963

Stableford, Brian M. (1948–)
Englischer SF-Autor. Der in Shipley/
Yorkshire geborene S. begann schon
als Schüler SF zu schreiben. 1965 gelang ihm sein erster Verkauf. ›Beyond
Time's Aegis‹, eine Zusammenarbeit,
die unter dem Pseudonym Brian
Craig mit Craig Mackintosh entstand.
Sie erschien im November 1965 in
Science Fantasy. Nach seinem Studium an der Universität von York be-
gann S. Romane zu schreiben. 1969 wurde sein Erstling, CRADLE OF
THE SUN, publiziert. Hatte er bis dahin nur wenige Erzählungen geschrieben, so verlegte er sich nun ganz auf das Schreiben von Romanen und legte mit steter Regelmäßigkeit ein bis vier Bücher im
Jahr vor. Neben einem Sachbuch über die moderne Wissenschaft
wurden bis einschließlich 1983 achtundzwanzig SF-Romane von
ihm veröffentlicht, viele davon als Teile ganzer Serien und Zyklen,
so z. B. die DIES IRAE-Trilogie, bestehend aus DAY OF WREATH, IN THE
KINGDOM OF THE BEASTS und THE DAYS OF GLORY (alle 1971), eine Space
Opera um den Krieg zwischen der Menschheit und künstlich ge-
schaffenen ›Ungeheuern‹, die sechs Bände umfassende HOODED
SWAN-Serie *(Raumpilot Grainger)* und die *Dädalus*-Serie (ebenfalls
sechs Bände), die die Reisen des Expeditionsschiffes Dädalus zu fernen Planeten schildert. S.s Produktivität ist erstaunlich, wenn man
bedenkt, daß er hauptberuflich an der Universität von Reading Soziologie lehrt und nebenher ein überaus fleißiger SF-Kritiker ist, dessen Aufsätze und Besprechungen in vielen namhaften Periodika
und Werken der Sekundärliteratur erscheinen. Daß unter seinen
Romanen nicht nur Spitzenwerke des Genres zu finden sind, versteht sich bei diesem Ausstoß von selbst, andererseits hat es S. aber
auch vermieden, unter ein gewisses Niveau zu fallen. Schon heute
kann man ihn getrost als Erneuerer der Space Opera bezeichnen,
der er einen seriöseren Anstrich gab.

Bibliografie:

Selbstmord im All (MAN IN A CAGE), München 1977, GWTB 0258
Das Wrack im Halcyon (THE HALCYON DRIFT), Bergisch Gladbach 1978,
B 21101
Schmetterlinge im Paradies (CRITICAL THRESHOLD), München 1978,
G 23285

Der Schatz des schwarzen Planeten (RHAPSODY IN BLACK), Bergisch Gladbach 1978, B 21105
Die Erde über uns (THE FACE OF HEAVEN), München 1978, G 23279
Die Welt der Verheißung (PROMISED LAND), Bergisch Gladbach 1978, B 21109
Paradies des Untergangs (THE FLORIANS), München 1979, G 23282
Die vergessene Hölle unter uns (A VISION OF HELL), München 1979, G 23308
Zurück ins Licht (A GLIMPSE OF INFINITY), München 1979, G 23311
Die dritte Landung (WILDBLOOD'S EMPIRE), München 1979, G 23317
Das Paradies-Prinzip (THE PARADISE GAME), Bergisch Gladbach 1979, B 21118
Der Sonnenstaat (THE CITY OF THE SUN), München 1979, G 23316
Das Götterdämmerungs-Programm (THE FENRIS DEVICE), Bergisch Gladbach 1979, B 21123
Schwanengesang (SWAN SONG), Bergisch Gladbach 1980, B 21126
Das Machtgleichgewicht (BALANCE OF POWER), München 1980, G 23349
Das Paradox der fremden Wesen (THE PARADOX OF SETS), München 1980, G 23371
Zeitsprünge (THE WALKING SHADOW), München 1981, G 23377
Vorstoß in die Hohlwelt (JOURNEY TO THE CENTER), München 1984, Kn 5788
Die Tore von Eden (THE GATES OF EDEN), München 1985, Kn 5803

Stalmann, Reinhart

Deutscher Autor, Doktor der Philosophie und Psychotherapeut. Publikationen auch unter dem Pseudonym Stefan Olivier.

Bibliografie:

Sein großer Freund vom anderen Stern, München: Schneider 1971
Alarm im Raumschiff, München: Schneider 1972

Stapledon, (William) Olaf (1886 – 1950)

Der britische Schriftsteller und Philosoph wurde in der Nähe von Liverpool geboren und verbrachte seine frühe Kindheit in Ägypten, wo sein Vater für die Betreuung einer Schiffahrtslinie zuständig war. Er studierte in Oxford und versuchte sich anschließend in verschiedenen Berufen – u. a. war er auch einige Zeit für ein Reedereibüro in Liverpool und Port Said tätig. Nebenher hielt er zeitweise Gastvorlesungen über englische Literatur und Industriegeschichte an der

Universität von Liverpool. S. nahm am Ersten Weltkrieg teil; er war Ambulanzfahrer einer Sanitätskompanie, die in Frankreich eingesetzt wurde. Nach dem Krieg war er in der Erwachsenenbildung tätig, beschäftigte sich nebenher mit Psychologie und Philosophie und hielt darüber ebenfalls Gastvorlesungen an der Universität von Liverpool, wo er auch zum Doktor der Philosophie promovierte. S. war zeitweise theologisch orientiert und lehnte die unliterarischen, pragmatischen und analytischen Philosophien des 20. Jahrhunderts ab. Schließlich begann er selbst zu schreiben, zunächst ein philosophisches Werk: A MODERN THEORY OF ETHICS (1929). In späteren Jahren folgten weitere philosophische Texte. Zugleich widmete er sich der utopischen Literatur und veröffentlichte auf diesem Gebiet ab 1930, als sein Erstling LAST AND FIRST MEN erschien. S. gehörte zu den Autoren, die unbeeinflußt von der amerikanischen Magazinszene schrieben. Erst 1936 erfuhr er durch den SF-Autor Eric Frank Russell, daß es dergleichen überhaupt gab – bis dahin kannte er nur die Romane von H. G. Wells, dessen Werk er sehr bewunderte. Stapledons Werke lassen sich in zwei Gruppen einteilen: Zukunftsvisionen, die das Schicksal der Menschen im Kosmos behandeln, und SF-Tragödien. Zur ersten Gruppe gehören LAST AND FIRST MEN, STAR MAKER (1937), DARKNESS AND THE LIGHT (1942) und DEATH INTO LIFE (1946). Es handelt sich dabei um außerordentlich weitgespannte Romane, die die Menschheitsgeschichte über Milliarden von Jahren hinweg verfolgen (LAST AND FIRST MEN) oder die Vielfalt von Lebensformen im Weltraum aufzeigen (STAR MAKER). Diese bis an die Grenzen der Phantasie gesteigerten Werke wurden wegen ihrer unzähligen einfallsreichen Details bewundert und als Anregung benutzt, während das sie tragende Gerüst ihrem Verfasser das Prädikat »kosmischer Philosoph« (Sam Moskowitz) einbrachte. Die zweite Gruppe umfaßt Titel wie LAST MEN IN LONDON (1934), ODD JOHN (einer der klassischen Mutanten- bzw. Übermensch-Romane) (1936), SIRIUS (1944) und A MAN DIVIDED (1950). Im letztgenannten Roman wechseln sich zwei Gehirne in der Kontrolle eines Körpers ab, SIRIUS schildert das tragische Schicksal eines intelligenten Hundes. S.s Romane spiegeln die Suche nach der vollkommenen Gesellschaft wider. Einzelschicksale versucht der Sozialist S. in einem gesamtgesellschaftlichen Zusammenhang zu sehen, und in seinen Hauptwerken LAST AND FIRST MEN und STAR MAKER tritt persönliches Geschick völlig zurück zugunsten der Entwicklung der ganzen Menschheit. Im umfangreichen Nachlaß des 1950 verstorbenen Autors fanden sich Notizen und Vorarbeiten zu einem weiteren Romanprojekt dieser

Art. Sie wurden geordnet und 1976 von der Olaf Stapledon Society unter dem Titel NEBULA MAKER herausgegeben.

Bibliografie:

Der Sternenmacher (STAR MAKER), München 1969, H 3706
(auch: *Star Maker*)
Die Insel der Mutanten (ODD JOHN), München 1970, H 3214
Sirius (SIRIUS), München 1975, H 3471
Die letzten und die ersten Menschen (LAST AND FIRST MEN), München 1983, HSFB 21

Starne, Peter L. Siehe Brand, Kurt

Starzl, R(aymond) F. (1899 –)
Amerikanischer Journalist und SF-Autor der ersten Stunde – soweit es die Magazin-SF betrifft. Wie seine Kollegen Vincent, Verril, Coblentz, Breuer und Keller drückte auch S. der frühen Pulp-Ära seinen Stempel auf. Dabei dauerte seine Karriere nur ganze sechs Jahre. ›Out of the Sub-Universe‹, seine erste Story, erschien 1928 in *Amazing Quarterly,* der in den verschiedensten Magazinen weitere Erzählungen folgten, von denen diejenigen um die I. F. P. (International Flying Police), ein Space-Opera-Garn der üblichen Sorte, die bekanntesten waren.

Stasheff, Christopher (1944 –)
Amerikanischer Autor, geboren in Mt. Vernon, New York. Studierte an der Universität von Michigan, Ann Arbor, und der Universität von Nebraska Theaterwissenschaften. Seit 1977 Assistenzprofessor für Rhetorik und Theaterwissenschaften am Montclair State College, New Jersey. S. ist innerhalb der SF durch die ROD GALLOWGLASS-Serie bekannt geworden, eine humorvolle Mixtur aus SF und Fantasy, die auf dem Planeten Gramarye spielt, wo Magie und Zauberei funktionieren und auf dem die Helden Rod Gallowglass und sein tapsiger Roboter Fess landen, um dieser feudal regierten Welt die Demokratie zu bringen. Mehr SF-Elemente enthält der nicht der Serie zugehörige Roman A WIZARD IN BEDLAM (1979).

Bibliografie:

Der Morgen einer neuen Zeit (ESCADE VELOCITY), Rastatt 1986, TF II 9

Statten, Vargo Siehe Fearn, John Russel

St. Clair, Margaret (1911 –)
Geboren in Hutchinson/Kansas und dort auch aufgewachsen; zog mit ihrer Familie nach dem frühen Tod ihres Vaters nach Kalifornien, als sie siebzehn Jahre alt war. Sie ließ sich dort nieder, heiratete und begann 1945 mit dem Schreiben von Science Fiction (nachdem sie schon Kriminalgeschichten veröffentlicht hatte). Ihr Werk umfaßt eine Reihe von Kurzromanen, wie etwa AGENT OF THE UNKNOWN (1952), THE DOLPHINS OF ALTAIR (1967), SIGN OF THE LABRYS (1963) und THE GAMES OF NEITH (1960). Ihre Erzählungen erschienen in den Sammlungen THREE WORLDS OF FUTURITY (1964) und CHANGE THE SKY (1974). Ihre frühesten SF-Stories, die ab 1947 in *Startling Stories* und *Thrilling Wonder Stories* erschienen, gehören zu der acht Erzählungen umfassenden Serie OONA AND JIK. S. schrieb auch eine Anzahl von Geschichten unter dem Pseudonym Idris Seabright für *The Magazine of Fantasy & Science Fiction*.

Bibliografie/H:
Die Puppe aus dem Nichts (VULCAN'S DOLL/AGENT OF THE UNKNOWN), UZ 29 (1961)
Botschaft aus dem Eozän (MESSAGE FROM THE EOCENE), TA 59 (1972)
Das Venusabenteuer (THREE WORLDS OF FUTURITY), TA 65 (1972)

Stearn, Jess Siehe Caldwell, Taylor

Steele, Addison Siehe Lupoff, Richard A.

Steen, I. V. Siehe Schmidt, H. K.

Steen, Ive Siehe Schmidt, H. K.

Steff, Jo

Bibliografie/H:
Marsmenschen greifen uns an! Ur 2 (1957)

Steffanson, Con Siehe Goulart, Ron

Steffen, Robert (1952–)

Geboren in Wiltz. Storyveröffentlichungen in Zeitungen und Zeitschriften, bei Heyne und Goldmann. *Der Himmel auf Erden* ist eine Sammlung von Science Fiction aus Luxemburg.

Bibliografie:

(Hrsg.) *Der Himmel auf Erden,* Wiltz: Gollo 1979

Stein, Gerhard (1950–)

Deutscher Autor, geboren in Hittenberg/Bez. Lüneburg. Fiel durch seine anspruchsvollen Kurzgeschichten sowie den Kurzroman ›Tertiär‹ (1979) auf.

Steinbegk, Eric

Bibliografie:

Macht der Strahlen, Mannheim: Helena 1959

Steinberg, Fritz

Deutscher Autor und Übersetzer.

Bibliografie/H:

Die Welt der Gespenster, TN 184 (1971)
Die Weltraumhöhle, TA 48 (1972)
Die Stadt in der Tiefe, TA 70 (1972)

Steinberg, Werner (1913–)

Der in Neurode geborene Schlesier studierte Pädagogik in Elbing und Hirschberg. 1934 wurde er als Leiter einer antifaschistischen Widerstandsgruppe verhaftet und zu drei Jahren Gefängnis verurteilt. Nach dem Krieg war er in der Bundesrepublik als Herausgeber einer Zeitschrift sowie als Journalist und Schriftsteller tätig, bevor er 1956 in die DDR übersiedelte. Er hat bislang zwei SF-Romane geschrieben; sein sonstiges Werk umfaßt Krimis, historische Romane und Gegenwartsromane sowie zahlreiche Erzählungen.

Bibliografie:

Die Augen der Blinden, Berlin/DDR: Das Neue Berlin 1973
Zwischen Sarg und Ararat, Rudolstadt/DDR: Greifen 1978

Steiner, Conrad C. Siehe Hahn, Ronald M.

Steiner, Robert O.

Bibliografie:

Es geschah am dritten Tag, Berlin: Commedia 1952
Evon, Berlin: Commedia 1953
Die Herren der anderen Erde, Wiesbaden: Brunnen 1958

Steinhäuser, Gerhard R. (1920–)

In Wien ansässiger Autor, in Brünn/ČSSR geboren, studierte in Prag Jura, Vorgeschichte und Naturwissenschaft. Danach arbeitete er als Redakteur einer Tageszeitung und als freier Journalist. Seit 1969 ist er freier Schriftsteller und hat inzwischen die deutsche Staatsbürgerschaft. Im wesentlichen ist er als Autor von Sachbüchern wie *Heimkehr zu den Göttern* (1970); *Jesus Christus – Erbe der Astronauten* (1972) hervorgetreten, die Anfang der siebziger Jahre auf den Wellen, die Däniken verursacht hatte, mitschwammen. *Unternehmen Stunde Null* (1973) ist ein typischer Post-Doomsday-Roman, in dem eine Familie den Untergang der Welt in einer schon seit Jahren für diesen Tag präparierten Burg Spaltenstein in Österreich überlebt. Die kleine Gruppe fristet eine Zeitlang ihr Leben, bis sie Kontakt mit der Außenwelt aufnimmt. Zusammen mit einer Nato-Kommandostelle, bei der noch ein paar gepanzerte Fahrzeuge den Weltuntergang überstanden haben, macht man sich auf in das zerstörte Wien. Es ist die übliche Tour de Force durch zerstörte Landschaften und mühselig dahinfristende Enklaven der Menschheit. Beachtenswert ist bei dem Roman, daß nicht der dritte Weltkrieg Auslöser dieser Situation ist, sondern eine planetare Katastrophe.

Bibliografie:

Unternehmen Stunde Null, München: Desch 1973 (auch:
Unternehmen Stunde Null 1986)
Der Mann, der nach Gestern ging, Wien: Cäsar 1981

Steinhofer, P.

Siehe Anhang SERIEN: *Die Zeitkugel*

Steinmüller, Karlheinz (1950–)

Geboren in Klingenthal. Der DDR-Autor studierte Physik und Philosophie, schloß mit Physikdiplom und als Doktor der Philosophie ab und ist heute Mitarbeiter in einem Insititut der Akademie der Wis-

senschaften. Nach mehreren einzeln veröffentlichten SF-Kurzgeschichten erschien 1979 der Sammelband *Der letzte Tag auf der Venus,* in dem neun seiner Erzählungen vorgestellt werden. Danach
begann er auf dem Gebiet der SF mit seiner Frau Angela zusammen
zu publizieren. Das Autorenpaar Steinmüller zählt heute zu den
vielversprechendsten SF-Autoren in der DDR.

Bibliografie:

Der letzte Tag auf der Venus (C), Berlin/DDR: Das Neue Berlin 1979
Andymon, Berlin/DDR: Neues Leben 1982
Windschiefe Geraden (C), Berlin/DDR: Das Neue Berlin 1984
Pulaster − Roman eines Planeten, Berlin/DDR: Neues Leben 1986
Der Traum vom großen roten Fleck, Frankfurt am Main 1985, st 1131

Bibliografie/H:

Korallen des Alls, DNA 447 (1984)

Stephenson, Andrew M(ichael) (1946 −)

Der englische Schriftsteller wurde in Venezuela geboren, arbeitet
als Elektroingenieur und ist in seiner Freizeit Zeichner und Illustrator (unter dem Pseudonym Ames) und als SF-Autor tätig. Seine erste
Erzählung erschien 1971 in *Astounding:* ›Holding Action‹; sein erster Roman, NIGHTWATCH, 1977. Er schildert die Kontaktaufnahme zu
außerirdischen Lebewesen. 1979 erschien sein zweiter Roman: THE
WALL OF YEARS.

Bibliografie:

Nachtwache (NIGHTWATCH), Bergisch Gladbach 1980, B 22023

Sterling, Brett Siehe Hamilton, Edmond und Samachson, Joseph

Sterling, (Michael) Bruce (1954 −)

Amerikanischer Autor, gehört der Gruppe der ›Cyberpunks‹ an. S.
wurde in Brownsville, Texas, geboren, aufgewachsen ist er in Austin. Er studierte Journalismus und erwarb einen akademischen
Grad. Schon während des Studiums war er mit jungen texanischen
SF-Autoren wie Steven Utley, Howard Waldrop, Lisa Tuttle u.a. zu-
sammengekommen. 1974 nahm er am Clarion SF Workshop teil
und lernte Harlan Ellison kennen, der ihn ermunterte, seine Story
›Involution Ocean‹ zum Roman zu erweitern. Der Roman gleichen
Titels kam 1977 heraus, behandelt eine abenteuerliche Expedition

über die Staubozeane eines Trockenplaneten, erinnert im Aufbau ein wenig an MOBY DICK und erregte bei Lesern und Kritik Aufsehen. Einen ähnlich starken Eindruck riefen seine beiden anderen Romane THE ARTIFICIAL KID (1980) und SCHISMATRIX (1985) hervor.

Bibliografie:

Der Staubplanet (INVOLUTION OCEAN), München 1980, Kn 5727
Video-Kid (THE ARTIFICIAL KID), Frankfurt am Main/Berlin/Wien 1984, U 31090

Sterling, Edgar T. Siehe Rock, C. V.

Sternbeck, Wolfgang

Bibliografie/H:
Expedition in die Vergangenheit, TA 538 (1981)

Steven, Ralph Siehe Voltz, William

Stevenson, Robert Louis (Balfour) (1850 – 1894)

Geboren in Edinburgh. S. ist auch heute noch weltweit bekannt als Verfasser von Abenteuerliteratur, etwa der *Schatzinsel.* Er reiste viel und ließ sich später in Samoa nieder, wo er auch starb. Er war einer der fruchtbarsten Autoren des 19. Jahrhunderts. Für den Bereich der SF ist THE STRANGE CASE OF DR. JEKYLL AND MR. HYDE (1886) relevant – ein Buch, dessen sich auch das Kino immer wieder annahm – sowie verschiedene Stories mit phantastischen und übersinnlichen Elementen, wie sie insbesondere in den Sammelbänden NEW ARABIAN NIGHTS (1882) und MORE NEW ARABIAN NIGHTS: THE DYNANITER (1885) zu finden sind.

Bibliografie:

Der seltsame Fall des Dr. Jekyll and Mr. Hyde (THE STRANGE CASE OF DR. JEKYLL AND MR. HYDE), Breslau: Schlesische Verlags-Anstalt 1889

Stewart, Fred M(ustard)

Amerikanischer Autor, geboren in Anderson/Indiana. S. studierte in Princetown und lebt in New York. Sein Erstling, THE MEPHISTO WALTZ, wurde zum Bestseller. Diesem phantastischen Roman folgten die SF-Titel THE METHUSELAH ENZYME (1970) und STAR CHILD (1974).

Bibliografie:
Luzifers Eingriff (THE METHUSELAH ENZYME), München/Gütersloh/Wien: Bertelsmann 1972
Sternenkind (STAR CHILD), München 1986, H 6622

Stewart, George R(ippey) (1895 – 1980)

Der amerikanische Schriftsteller wurde in Sewickley/Pennsylvania geboren, nahm am Ersten Weltkrieg teil, studierte in Kalifornien und lehrte dort als Universitätsprofessor für Englisch. 1962 trat er nach zwanzigjähriger Lehrtätigkeit (die ihn zeitweise auch an andere Universitäten, etwa nach Athen, führte) in den Ruhestand. S. hat eine Reihe von Romanen geschrieben, darunter aber nur einen SF-Roman: EARTH ABIDES (1949). Dieser Titel gehört zu den bekanntesten Katastrophenromanen der Science Fiction und gewann 1951 den International Fantasy Award: Eine Epidemie vernichtet fast die gesamte Menschheit; die wenigen Überlebenden schließen sich zu einem Stamm zusammen, der allmählich auf steinzeitliches Niveau absinkt.

Bibliografie:
Leben ohne Ende (EARTH ABIDES), Gütersloh: Bertelsmann 1952

Stickgold, Bob (1946 –)

Amerikanischer Autor, studierte an der Universität von Wisconsin Biochemie und arbeitet als Neurobiologe an der Harvard Medical School. S. publizierte eine Reihe wissenschaftlicher Papiere im Bereich Genetik und Neurobiologie, bevor er mit seinem – zusammen mit Mark Noble, ebenfalls einem Genetiker, geschriebenen – Roman GLORYHIT in SF-Kreisen bekannt wurde.

Bibliografie:
Gentrip (GLORYHIT) (mit Mark Noble), München 1982, H 3904
Das Kalifornien-Projekt (THE CALIFORNIA COVEN PROJECT), München 1986, H 4212

Stiegler, Marc

Bibliografie:
Valentine, Computerfrau (VALENTINA – SOUL IN SAPPHIRE), Rastatt, M 3687

Stine, Hank (1945 –   )
Pseudonym des amerikanischen Drehbuchautors, Redakteurs und Schriftstellers Henry Eugene Stein, geboren in Sikeston, Missouri. Sein erster SF-Roman, SEASON OF THE WITCH (1968), erschien in einer rein pornografisch ausgerichteten Taschenbuchreihe und schildert die Erlebnisse eines Frauenmörders, der nach der Tat dazu verurteilt wird, im Körper eines Mädchens weiterzuleben. THRILL CITY (1969) behandelt das Leben nach einem atomaren Krieg, und A DAY IN THE LIFE (1970) stellt eine Novellisation der britischen TV-Serie THE PRISONER (Regie: Patrick McGoohan) dar, die im Deutschen Fernsehen während der frühen siebziger Jahre unter dem Titel *Nummer Sechs* lief. 1979 übernahm S. die Herausgabe des in rote Zahlen geratenen Magazins *Galaxy*, mußte aber 1980 seinen Sessel an Floyd Kemske abtreten.

St. John, Philip Siehe del Rey, Lester

Stöbe, Norbert (1953 –   )
Deutscher Autor, geboren in Troisdorf. S. studierte in Bonn Soziologie und Ethnologie und begann nach seiner Ausbildung zum chemisch-technischen Assistenten ein Studium der Chemie an der Universität Aachen.

Bibliografie:
Spielzeit, München 1986, H 4266

Stone, Richard (1940 –   )
Kanadischer Autor, studierte an der Durham University und ging 1963 nach England. Dort verdiente er sich sein Geld in einer Reihe von Berufen, bis er sich entschloß, freier Schriftsteller zu werden. Seit Anfang der sechziger Jahre schreibt S. Erzählungen und Theaterstücke. THE DEVIL'S ENGINEERING war sein erster Roman, ein SF-Polit-Thriller der nahen Zukunft.

Bibliografie:
Die Satanskunst (THE DEVIL'S ENGINEERING), München 1981, H 3830

Storch, Franz (1927 –   )
Rumäniendeutscher Erzähler, der 1951 seine ersten literarischen Versuche vorlegte. S. ist seit 1969 Chefredakteur der deutschsprachigen Bukarester Zeitschrift *Volk und Kultur* und seit 1971 auch

stellvertretender Direktor für Fragen der kulturellen Erziehungstätigkeit in den nationalen Minderheiten. 1969 erhielt er den Prosapreis des Schriftstellerverbands. 1959 erschien sein wissenschaftlich-phantastischer Roman *Gebannte Schatten.*

Stranger, Bert Siehe Peters, Hermann

Straßl, Hubert Siehe Walker, Hugh

Straub, Heinz

Bibliografie:

Bedrohung aus dem Weltall, Göttingen: Fischer 1975

Straub, V.

Bibliografie:

UFO: In den Fängen der Außerirdischen (mit W. Klesl), Wien/München/Zürich: Breitschopf 1971

Streblow, Lothar (1929–   )
Der deutsche Autor veröffentlicht seit 1957 Hörspiele, Romane, Sachbücher, Kinder- und Jugendbücher. Mehrere seiner Sachbuchtitel beschäftigen sich mit Sexualität, Erotik und Pornographie. Sein Hörspiel *Der Fisch* erhielt 1972 den Hörspielpreis der ARD zugesprochen. Im SF-Genre stellte er sich vor allem mit der fünfbändigen Jugendbuchserie *Raumschiff Pollux* (1974–1979), der bislang aus vier Romanen bestehende Jugendbuchzyklus *Raumkreuzer Runa* (1982–1985) und dem Roman *Der Planet der bunten Damen* (1977) vor. S. wurde in Gera geboren und lebt heute in Waiblingen/Württ. 1978 wurde ihm als erstem Schriftsteller für ein literarisches Werk die Umweltschutz-Medaille verliehen.

Bibliografie:

Raketenreise zu den Utzebules, Stuttgart: Schwaben 1974
Die Bewohner des grünen Planeten, Stuttgart: Boje Weltraumabenteuer, Raumschiff Pollux 1, 1974

Zielplanet Rondir II, Stuttgart: Boje Weltraumabenteuer, Raumschiff Pollux 2, 1976
Der Planet der bunten Damen, München 1977, H 3568
Der Computerplanet, Stuttgart: Boje Weltraumabenteuer, Raumschiff Pollux 3, 1977
Meslan IV in Gefahr, Stuttgart: Boje Weltraumabenteuer, Raumschiff Pollux 4, 1978
Der Wasserplanet, Stuttgart: Boje Weltraumabenteuer, Raumschiff Pollux 5, 1979
Planet der weißen Wölfe, Menden: Kibu 1982
Die Revolte der Kyborgs, Menden: Kibu 1983
Das Rätsel von Sonkul, Menden: Kibu 1984
Sundera (C), München 1984, H 4139
Die Ruinen von Luru, Menden: Kibu 1985

Strete, Craig Kee (1950 –   )

S. ist einer der wenigen farbigen Autoren innerhalb der SF. Der Cherokee-Indianer wurde in Fort Wayne/Indiana geboren und studierte Filmgeschichte und Film/TV-Produktion an der Wright State University in Dayton/Ohio, wo er mit einem Bachelor of Arts abschloß. Seinen Master of Art machte er an der University of California in Irvine. Seine ersten SF-Stories erschienen im Dezember 1974: ›Time Deer‹ in *Worlds of If* und ›The Bleeding Man‹ in *Galaxy.* Beide wurden für den Nebula nominiert. Seither hat der Autor mehr als 60 Erzählungen veröffentlicht (unter 12 verschiedenen Pseudonymen), von denen ›The Dirty Old Man‹ (*Galaxy,* 9/76) und ›Why Has The Virgin Mary Never Entered The Wigwam Of Standing Bear?‹ (in AURORA: BEYOND EQUALITY) ebenfalls für den Nebula nominiert wurden. Von seinen Büchern enthält nur der Sammelband THE BLEEDING MAN (1977). Der Hauptanteil seiner Erzählungen beschäftigt sich mit der ethnischen Minderheit der Indianer, ihrer Kultur und ihrem Kampf um Gleichberechtigung in der amerikanischen Gesellschaft.

St. Reynard, Geoff(rey) (1919 –   )

Robert Wilson Krepps, der unter dem Pseudonym Geoff St. Reynard schrieb, wurde in Pittsburgh geboren, wo er auch studierte. Er hat eine Reihe von Romanen und Erzählungen außerhalb der Science Fiction veröffentlicht. Seine erste SF-Story erschien in *Unknown,* weitere Stories waren in *Imagination,* vor allem jedoch in *Fantastic Adventures* zu finden. Einige seiner Kurzgeschichten, etwa ›The Buttoned Sky‹ (1953), wurden in deutschen Heftreihen veröffentlicht.

Bibliografie/H:
Die Welt in Ketten (THE BUTTONED SKY), T 29 (1958)
Chaos über Manhattan (ARMAGEDDON 1970), TN 25 (1968)

Strieber, Whitley

Amerikanischer Autor, geboren in San Antonio, Texas.

Bibliografie:
Warday (WARDAY AND THE JOURNEY ONWARD) (mit James Kunetka)
München: Piper 1984
Im Schatten des großen Wolfs (WOLF OF SHADOWS), Wien/Heidelberg:
Ueberreuter 1986

Strike, Jeremy

Bibliografie:
Der programmierte Götze (A PROMISING PLANET), Bergisch Gladbach
1972, B 10

Strugazki, Arkadi und Boris N.

(1925 –   ) und (1933 –   )

Der ältere des russischen Brüderpaares, Arkadi, wurde 1925 in Batumi geboren, absolvierte die Hochschule für Fremdsprachen in Moskau und diente in der russischen Armee als Offizier. Danach war er am Moskauer Institut für Information als Übersetzer für Englisch und Japanisch tätig. Daneben arbeitete er mehrere Jahre in Verlagen und übersetzte u.a. moderne japanische Autoren. Sein jüngerer Bruder Boris, geboren 1933 in Leningrad, studierte dort Astronomie und war bei der Sternwarte Pulkowo angestellt, bis er sich, gemeinsam mit Arkadi, 1964 als freier Schriftsteller niederließ. Die beiden Brüder debütierten mit der Erzählung ›Aus anderen Sphären‹ (1958), der ein Jahr später ihr erster Roman *Atomvulkan Gol-*

konda (1959) folgte. Der Roman beschreibt den Flug eines Raumschiffes zur Venus, wo die Besatzung ein unerklärliches Phänomen erforschen soll. Dieses Werk steht ganz in der Tradition der sozialistischen SF und wirkt in seiner Betonung der schönen, kommunistischen Zukunft etwas steif und ist ganz der Jefremow-Doktrin verpflichtet, wonach die SF nur eine positive Zukunft mit friedfertigen Menschen thematisieren soll. Doch die beiden Autoren lösen sich schon bald aus diesem Rahmen. Die Werke der S.s können in lose miteinander verbundene Zyklen zusammengefaßt werden, wobei *Atomvulkan Golkonda* der erste Band der Bykow-Trilogie ist, so nach dem gemeinsamen Helden, der in *Der Weg zur Almalthea* (1960) und dem Episodenroman *Praktikanten* (1962) wieder auftaucht, benannt. In ähnlicher Weise gruppieren sich die Romane *Es ist nicht leicht, ein Gott zu sein* (1964), *Die bewohnte Insel* (1971), *Der Junge aus der Hölle* (1974), *Ein Käfer im Ameisenhaufen* (1979/80) und die längere Erzählung ›Fluchtversuch‹ (1962) um einen gemeinsamen Handlungshintergrund und die Einzelwerke übergreifenden Figuren, in deren Mittelpunkt *Maxim Kammerer* steht. Befindet sich in der Bykow-Trilogie noch die Erforschung des Sonnensystems im Vordergrund, so spielt der Kammerer-Zyklus vor dem Hintergrund fremder Planeten, die aber ausschließlich von menschenähnlichen bzw. menschenidentischen Lebewesen bewohnt sind. Die Gewichtung verschiebt sich in *Es ist nicht leicht, ein Gott zu sein* zur Problematisierung, ob ein von der Erde eingeschleuster Agent, der die Ereignisse auf dem Planeten verfolgen soll, das Recht zum Eingreifen hat. In diesem Roman wird die Frage nach der Verantwortlichkeit des einzelnen gegenüber der Geschichte gestellt, und das Werk erhält seine politische Dimension nicht zuletzt aus der Tatsache, daß auf dem Planeten mittelalterliche Zustände herrschen. Ähnlich ist die Thematik in *Die bewohnte Insel,* wo Maxim Kammerer in einer ähnlichen Situation wie der Held Anton in *Es ist nicht leicht, ein Gott zu sein* den Versuch unternimmt, eine unterdrückte Gesellschaft zu befreien, nur um schließlich festzustellen, daß er sich als Agent der Erde gegen ein von der Erde installiertes System wendet. *Der Käfer im Ameisenhaufen* betont mehr den Aspekt der Agentenstory und zeichnet sich gegenüber anderen durch seine straffe Handlung und die Ausklammerung manchmal ermüdender weltanschaulicher Passagen aus. In dem 1963 erschienenen Roman *Der ferne Regenbogen* stehen auf einem entlegenen Planeten irdische Wissenschaftler ihrem aus den Fugen geratenen Experiment gegenüber, das den Planeten vernichtet und sie dem Untergang weiht. In diesem Werk wenden sich die Autoren schon früh gegen eine unbedingte und unreflektierte Technikgläubigkeit. Die Romane *Die gierigen Dinge des Jahrhunderts* (1965), *Montag beginnt am Samstag* (1964) und auch *Eine Milliarde Jahre vor dem Weltuntergang* (1976) beschäftigen sich mehr mit dem Phantastisch-Märchenhaften.

Die Tendenz der verschlüsselten Kritik im Gewand der SF verbunden mit fast absurd anmutenden Elementen erreicht ihren Höhepunkt in den beiden längeren Erzählungen ›Das Märchen von der Troika‹ (1968) und ›Die zweite Invasion der Marsmenschen‹ (1968). Noch klarer drückten die Autoren in *Die häßlichen Schwäne* (1972) ihre Kritik aus, was zur Folge hatte, daß dieser Roman bis heute nicht in der UdSSR erscheinen konnte. In diesem Werk beschreiben die S.s die dekadente Situation in einer russischen Kleinstadt, in der jeder nur noch für die Befriedigung seiner Gelüste lebt. Der Schluß dieses Romans ist zutiefst pessimistisch, und es ist nichts mehr von dem positiven, friedfertigen Menschen im Paradies des Kommunismus zu spüren, wie es für die Bykow-Trilogie noch bestimmend war. Als herausragendes Werk von A. & B. S. muß wohl der 1972 erschienene Roman *Picknick am Wegesrand* angesehen werden, doch gerade er ist absolut untypisch für die russische SF und ganz deutlich an die anglo-amerikanische angelehnt. Irgendwo in den USA existiert eine *Zone,* von der man vermutet, daß Außerirdische dort gelandet sind, doch ein Kontakt im eigentlichen Sinne hat nicht stattgefunden. Sie haben allerlei *Unrat* zurückgelassen, der für Menschen extrem gefährlich ist. Der Protagonist ist ein sogenannter *Schatzsucher,* der diese gefährlichen Gegenstände aus der *Zone* herausholt, was wiederum nur unter Lebensgefahr möglich ist. Weder die Gegenstände noch der Sinn des Besuchs werden am Ende des Romans erklärt. In diesem Werk kommt ein bestimmendes Moment der Arbeiten der S.s am deutlichsten zum Ausdruck. Der Mensch angesichts des Unbegreiflichen, das in den verschiedenen Romanen in immer anderer Gestalt auftritt. Ohne Zweifel müssen Arkadi und Boris S. als die herausragenden Vertreter der russischen SF bezeichnet werden, wenn nicht der osteuropäischen SF überhaupt. Sie haben sich im Verlauf ihrer schriftstellerischen Karriere von der gängigen sozialistischen, stark weltanschaulich geprägten SF gelöst und ihren eigenen Stil und eigene Themen gefunden, zumindest nach Einschätzung Darko Suvins, der die S.s – allerdings bei der Betonung des satirischen Elements – in die Nähe von Gogol stellt. Sie selbst betonen den erzieherischen Charakter ihrer Werke und sehen die SF nicht so sehr von der Mainstream Literatur getrennt, als vielmehr eine Spielart dieser, die in der Lage ist, den Horizont des Lesers in besonderer Weise zu erweitern. Sie lehnen eine hemmungslose Phantastik ebenso ab wie die strenge Trennung von Phantastik und *wissenschaftlicher Phantastik,* was die in Rußland übliche Bezeichnung der SF ist. Ihre Werke wurden in zahlreiche Sprachen übersetzt und sind u. a. auch in den USA erschienen.

Bibliografie:

Atomvulkan Golkonda (STRANA BAGROVYCH TUC), Berlin/DDR: Kultur und Fortschritt 1961

Es ist nicht leicht, ein Gott zu sein (TRUDNO BYT' BOGOM), Hamburg/ Düsseldorf: MvS 1971 (auch: *Ein Gott zu sein ist schwer*)

Der ferne Regenbogen (DALEKAJA RADUGA),Berlin/DDR: Das Neue Berlin 1971

Die bewohnte Insel (OBITAMYJ OSTROV), Hamburg/Düsseldorf: MvS 1972

Hotel ›Zum verunglückten Bergsteiger‹ (OTEL' 'U POGIBSEGO AL'PINISTA), Berlin/DDR: Volk und Welt 1973

Die zweite Invasion auf der Erde (C) (VTOROE NASESTVIE MARSIAN/SKAZKA OTROJKE), Frankfurt am Main: Insel 1974 (1. Roman alleine auch: *Die zweite Invasion der Marsmenschen*)

Montag beginnt am Samstag (PONEDEL'NIK NACINAETSJA V SUBBOTU), Frankfurt am Main: Insel 1974

Die dritte Zivilisation (MALYS), Berlin/DDR: Das Neue Berlin 1975 (auch: *Der Knirps*)

Picknick am Wegesrand (PIKNIK NA OBOCINE), Berlin/DDR: Das Neue Berlin 1976

Mittag 22. Jahrhundert (C/OA), Berlin/DDR: Das Neue Berlin 1977

Die Schnecke am Abhang (ULITKA NA SKLONE), Frankfurt am Main 1978, st 434

Milliarden Jahre vor dem Weltuntergang (SA MILLIARD LET DO KONZA SWETA), München 1981, H 3809 (auch: *Eine Milliarde Jahre vor dem Weltuntergang*)

Die häßlichen Schwäne (GADKIE LEBEDI), München 1982, H 3891

Die gierigen Dinge des Jahrhunderts (CHISCNYE VESCI VEKA), Frankfurt am Main 1982, st 827

Fluchtversuch (DALEKA JA RADUGA), Berlin/DDR: Volk und Welt 1976

Ein Käfer im Ameisenhaufen (SHUK W MURAWJNIKE), Bielefeld: Übergrenzen 1983

Bibliografie/H:

Ein Roboter bricht aus, DNA 210 (1963)

944

Stuart, Mortimer F.

Bibliografie/H:

Der Teufelsplanet, Ge 47 (1977)

Stuart, W. J.

Bibliografie:

Alarm im Weltall (FORBIDDEN PLANET), Hannover: Lehning 1957

Sturgeon, Theodore
(1918 – 1985)

Geboren als Edmond Hamilton Waldo auf Staten Island, New York. Als die Eltern geschieden wurden und seine Mutter wieder heiratete, nahm Edward den Namen seines Stiefvaters an und hieß fortan Theodore Hamilton Sturgeon. In der Schule hatte er ziemliche Schwierigkeiten. Da er unbedingt Trapezartist werden wollte, interessierte er sich nur für den Turnunterricht. Er mußte die High School verlassen und landete auf einer Kadettenschule. Danach übte er noch in jungen Jahren eine erstaunliche Vielzahl von Jobs aus, deren Palette vom Bulldozerfahrer in Puerto Rico über Hotelmanager bis hin zum Seemann reicht. Ende der dreißiger Jahre unternahm er seine ersten Versuche als Schriftsteller. 1939 wurde seine erste Story ›Ether Breather‹ in *Astounding* veröffentlicht. Mit ihr kam S. zu der Gruppe der Autoren, die John W. Campbell jr., der Herausgeber von *Astounding* und *Unknown,* um sich versammelt hatte: Leute wie Heinlein, Asimov, van Vogt, Kuttner und Simak, die die SF der vierziger Jahre bestimmen sollten. Von all diesen Autoren war S. der untypischste, derjenige, der in seinen Stories schon damals am wenigsten Wert auf Wissenschaft und Technik legte und der schon damals von allen Genannten der beste Stilist war. Es nimmt nicht wunder, daß seine Beiträge dann auch häufiger in *Unknown* als im technisch orientierten *Astounding* auftauchten. Seine Geschichten deuteten schon auf die SF der fünfziger und sechziger Jahre hin, in der der Mensch stärker im Mittelpunkt stehen sollte, auf eine emotional gefärbte, stimmungsreiche Prosa, wie sie später etwa von Ray Bradbury geschrieben wurde. S.s damaliger

Hang zu Fantasy- und Gruselstücken verstärkten diese Richtung noch. Die bekanntesten Erzählungen dieser Zeit wurden ›It‹ *(Unknown,* 8/40) und ›Bianca's Hands‹ *(Br. Argosy,* 5/47), die in England den Kurzgeschichtenwettbewerb dieses Magazins gewann und eine Story von Graham Greene auf den zweiten Platz verwies. S.s größter SF-Erfolg seiner frühen Jahre war ›Microcosmic God‹, eine SF-Story, die im April 1941 in *Astounding* erschien und in die Anthologie SF HALL OF FAME der Science Fiction Writers of America aufgenommen wurde. Nach dem Zweiten Weltkrieg begann S.s steiler Aufstieg, der bis zum Ende der fünfziger Jahre andauerte. In dieser Zeit entstanden viele seiner mehr als 200 Kurzgeschichten, unter denen ›Maturity‹ (1947), ›Thunder and Roses‹ (1947) und später dann ›Baby Is Three‹ (1952), ›And Now The News‹ (1956) und ›The Man Who Lost The Sea‹ (1959) herausragen. Anfang der fünfziger Jahre kamen neue Magazine auf den Markt, in die seine emotional gefärbten Geschichten besser paßten, und S. verließ *Astounding* und schrieb in der Folgezeit für *Galaxy* und *The Magazine of Fantasy & Science Fiction.* 1950 erschien sein erster Roman THE DREAMING JEWELS, der Reminiszenzen an seine eigene Jugend enthält und seine Fähigkeit einfühlsamer Charakterisierung unter Beweis stellt. Der große Durchbruch kam dann mit MORE THAN HUMAN (1953), der S. in die erste Garnitur der SF-Schriftsteller katapultierte. Mehrere mißgestaltete Kinder, die die Verschiedenartigkeit der Menschen symbolisieren, finden, durch einen inneren Ruf getrieben, zusammen und formen kraft ihrer paranormalen Fähigkeiten eine neue menschliche Daseinsform, den ›Homo Gestalt‹. Dieser Roman, der nach S.s Ansicht alles das darstellt, was psychisch-geistig in der Menschheit steckt, gewann 1954 den International Fantasy Award und gilt bis heute als einer der zehn berühmtesten Romane der SF. Weitere Romane − erwähnenswert sind noch THE COSMIC RAPE (1958), in dem die Menschheit von einem Kollektivwesen von den Sternen zunächst versklavt, dann aber auf eine höhere Geistesstufe gebracht wird, und VENUS PLUS X (1960), worin ein Mensch der Gegenwart in ein unisexuelles Utopia verschlagen wird − erreichen die literarische und thematische Qualität von MORE THEN HUMAN nicht. Während der sechziger und siebziger Jahre blieb S. weiterhin aktiv, aber es war klar, daß er seinen Zenit hinter sich hatte. Zwar kamen nun in verstärktem Maß Kurzgeschichtensammlungen heraus, die seine früheren Magazinstories enthielten, aber neue Texte wurden rarer. Mit der Kurzgeschichte ›Slow Sculpture‹ (1970) hatte er noch einmal großen Erfolg, als er damit Hugo Gernsback und Nebula Award gewann.

S., der in der *New York Times* jahrelang SF rezensierte und kurzzeitig Assistenzherausgeber der Magazine *Galaxy* und *If* war, ist für die Entwicklung der SF ein ungemein wichtiger Autor. Neben Ray Bradbury gilt er als ihr gefühlvollster Schriftsteller, der oft mit stilistischen Meisterleistungen aufwartete, sich manchmal aber auch am Rande der Sentimentalität bewegte. Bei ihm steht ausschließlich der Mensch im Mittelpunkt der Erzählung, die oft von Liebe und Toleranz gegenüber Andersartigem handelt. Dabei setzt S. seine Hoffnung ganz auf Kinder und Jugendliche, die allein in der Lage sind, überkommene Vorstellungen abzustreifen und die Welt zu verändern. In einer Reihe von Stories und auch in VENUS PLUS X spielt das Thema Sex eine zentrale Rolle. Aus heutiger Sicht völlig harmlos, werfen sie ein bezeichnendes Licht auf die Schwierigkeiten, die die SF bei ihrer Emanzipation und der Assimilierung allgemeinliterarischer Thematiken hatte – S. galt damals als Tabubrecher.

S. war kein Romancier. Seine Stärken lagen auf dem Gebiet der Kurzgeschichte und – vor allem – der Novelle (auch MORE THAN HUMAN ist aus drei Novellen zusammengesetzt), die in fast zwei Dutzend Collections gesammelt sind und denen lediglich fünf Romane gegenüberstehen. Sein Einfluß auf jüngere Autoren war groß, denn er war stilistisch und inhaltlich ein Innovator der SF, übte einen liberalisierenden Einfluß auf sie aus und war möglicherweise das, wofür ihn sein Kollege Samuel R. Delany hält: »Der größte Kurzgeschichtenautor, den die SF hervorgebracht hat.«

Bibliografie:

Das Milliardengehirn (THE COSMIC RAPE), München 1965, H 3062
Parallele X (C) (STURGEON IN ORBIT), München 1969, H 3140
Die neue Macht der Welt (MORE THAN HUMAN), München 1970, H 3200 (auch: *Baby ist drei*)
Venus Plus X (VENUS PLUS X), München 1974, GWTB 0181
Sein Name war Mensch (C) (STURGEON IS ALIVE AND WELL...), München 1974, GWTB 0184
Die lebenden Steine (THE DREAMING JEWELS/THE SYNTHETIC MAN), München 1974, GWTB 0187
Das Geheimnis von Xanadu (C) (THE WORLDS OF THEODORE STURGEON, I), München 1974, GWTB 0188
Tausend Schiffe am Himmel (C) (THE WORLDS OF THEODORE STURGEON, II), München 1974, GWTB 0189
Blutige Küsse (SOME OF YOUR BLOOD), Frankfurt 1975, F 1485
Licht von den Sternen (C) (STARSHINE), München 1975, GWTB 0192

Der Gott des Mikrokosmos (C) (CAVIAR), München 1975,
GWTB 0195
Prognose: Positiv (C) (THE JOYOUS INVASION), München 1975,
GWTB 0200
Nach dem Exodus (C) (THE CASE AND THE DREAMER), München 1976,
GWTB 0233
Es (C) (NOT WITHOUT SORCERY), München 1977, G 23255
Wiederbelebung (C) (A WAY HOME), München 1977, G 23264
In einer fremden Haut (C) (A TOUCH OF STRANGE), München 1979,
G 23326
PSI-Talente (C) (VISIONS AND VENTURES), München 1980, G 23339
Fährmann ins All (C) (THE STARS ARE THE STYX I), München 1982,
G 23395
Auf dem Floß der Zeit (C) (THE STARS ARE THE STYX II), München 1982,
G 23399
Hinter dem Ende der Zeit (C) (BEYOND), München 1982,
G 23408
Aus vielen Einhorn (C) (E PLURIBUS UNICORN), München 1985,
G 23463

Bibliografie/H:

Das Maschinenungeheuer (KILLDOZER), UG 140 (1960)
Die Feuerflut (THE VOYAGE TO THE BOTTOM OF THE SEA), UG 180 (1962)
Die Venuskristalle (C/OA), T 473 (1966)

Sucharitkul, Somtow

(1952 –   )
Amerikanischer Autor thailändischer
Abkunft. S. wurde in Bangkok gebo-
ren und wuchs in Europa, u.a. der
Schweiz, auf. Er ging in Eton zur
Schule und studierte in Cambridge.
S., Sohn eines Diplomaten, ist ein SF-
Autor der achtziger Jahre. Quasi über
Nacht gelangte er zu Popularität,
als er 1981 den John W. Campbell
Award als bester neuer Autor gewann. STARSHIP AND HAIKU (1981),
sein erster Roman, hatte für diesen überraschenden Erfolg gesorgt,
eine mythenreiche Endzeitgeschichte mit orientalischem Flair, die
ganz aktuelle Probleme (Ausrottung der Wale) aufgriff. Gleichzeitig
machte S. durch eine Reihe von Kurztexten auf sich aufmerksam, in

erster Linie durch eine Serie von Alternativweltgeschichten, die mit ›Aquila‹ (*IASFM* 7/82) eingeleitet wurde und in der Collection THE AQUILIAD (1983) gesammelt sind. Eine Romanserie ließ S. kurz darauf folgen: Die INQUESTOR-Serie umfaßt die Romane LIGHT ON THE SOUND (1982), THE THRONE OF MADNESS (1983). Es geht darin um die Auseinandersetzung zwischen den Menschen und den Inquestoren, Wächter über die Menschheit und Zerstörer ihrer Utopien. S., der auch zwei Jahre lang Direktor der Bangkok Opera Society war und dessen Musikstücke in Thailand bekannt sind, erschafft Welten und Sprachen mit poetischer Leichtigkeit. Manchmal weisen seine Texte metaphorische Untertöne, epische Breite oder (wie in MALLWORLD, 1981) ans Obskure und Bizarre grenzende Ideen auf. Alles in allem ist er ein imaginativer Mythenschöpfer, der − als Mensch vieler Kulturen − die amerikanische SF um außeramerikanische Sichtweisen erweitert hat.

Bibliografie:

Das letzte Haiku verhallt (STARSHIP AND HAIKU), München 1983, G 23427
Singt dem Inquestor dunkle Lieder (LIGHT ON THE SOUND), München 1983, G 23429
Der intergalaktische Hypermarkt (C) (MALLWORLD), München 1984, G 23442
Der dunkle Thron der Inquestoren (THE THRONE OF MADNESS), München 1985, G 23474

Sullivan, Michael

Pseudonym von Klaus-Michael Vent.

Bibliografie/H:

Weltraumkommandant Zeb-Eins, TA 534 (1981)
Das Spiel der Hundert, TA 593 (1984)
In den Dschungeln von Scylla, TA 596 (1984)
Endkampf, TA 599 (1984)
Kapitän der Milchstraße, TA 609 (1984)

Summers, James L.

Bibliografie:

Der grenzenlose Himmel (THIS RANDOM SKY), Wien/Heidelberg: Ueberreuter 1965

Susann, Jacqueline (? – 1974)
Amerikanische Schauspielerin und Autorin. Ihre Romane deckten sozialkritisch die Schwächen der Welt des Showgeschäfts auf und wurden zu internationalen Bestsellern, wie *Die Liebesmaschine* und *Das Tal der Puppen*. *Yargo* enthält als einziger SF-Elemente.

Bibliografie:

Yargo (o.A.O.T.), Bern/München: Scherz 1979

Sutherland, James (1948 –   )
Amerikanischer SF-Autor, wurde als Sohn eines Kunstprofessors und einer Lehrerin in Greenwich/Connecticut geboren, zog nach einem kurzen Aufenthalt in West Virginia nach New York, wo er am Rochester Institute of Technology seinen Bachelor of Science machte. 1968 und 1969 nahm er an Robin Scott Wilsons Clarion-Workshop in Pennsylvania teil und veröffentlichte bald darauf seine ersten SF-Stories in Magazinen wie *Vertex, Rolling Stone, The Magazine of Fantasy & Science Fiction* sowie in Originalanthologien wie David Gerrolds GENERATION (1974). S.s erster und bisher einziger Roman war STORMTRACK (1974). Er schildert die Intrigen und Verschwörungen in einer die Erde umkreisenden Raumstation und auf einer überbevölkerten Welt, auf der sich eine Menge gefährlicher Spione und skrupelloser Agenten tummeln.

Bibliografie:

Signale aus dem Kosmos (STORMTRACK), Frankfurt am Main/Berlin/Wien 1975, U 3154

Sutton, Jeff(erson Howard) (1913 –   )
Geboren in Los Angeles, arbeitete bei verschiedenen Zeitungen, leitete eine Werbeagentur, war Vertreter und diente zweimal in der Marine. Nach dem Zweiten Weltkrieg studierte er und machte am San Diego State College sein Magisterexamen in Experimenteller Psychologie. Mitte der fünfziger Jahre begann der langjährige SF-Leser S. selbst SF zu schreiben. Auf diese Weise entstanden zunächst einige Stories und später eine ganze Reihe von Romanen, die meist in der nahen Zukunft spielen, darunter auch fünf Jugendbücher, die er zusammen mit seiner Frau, Jean S., verfaßte. Themen, die S. besonders gerne aufgreift, sind Spionagegeschichten und die atomare Drohung zwischen den Machtblöcken Ost und West sowie die Er-

oberung des Mondes. Einige dieser ziemlich klischeehaften Thriller erschienen auch bei uns.

Bibliografie:

Männer, Bomben, Satelliten (BOMBS IN ORBIT), Rastatt 1960, PU 21
Der programmierte Mensch (THE PROGRAMMED MAN), München 1969, TTB 169
Die tausend Augen des Krado 1 (ALTON'S UNGUESSABLE), Frankfurt am Main/Berlin/Wien 1971, U 2812
Sprungbrett ins All (SPACEHIVE), Frankfurt am Main/Berlin/Wien 1972, U 2865
Der Teleporter (THE MINDBLOCKED MAN), Bergisch Gladbach 1974, B 21043

Bibliografie/H:

Mondbesatzung funkt SOS (FIRST ON THE MOON/THE MAN WHO HAD NO BRAINS), UG 157 (1961)
Die Atomverschwörung (THE ATOM CONSPIRACY), T 354 (1964)
Apollo auf Mondkurs (APOLLO AT GO), TS 92 (1965)
Die Welt der Ausgestoßenen (mit Jean Sutton) (THE BEYOND), TN 82 (1969)
Der Mann, der aus der Zukunft kam (THE MAN WHO SAW TOMORROW), TN 102 (1969)

Suvin, Darko (1930–)
Geboren in Zagreb, lebt S. heute in Amerika. Hochschullehrer, der u.a. zur Theorie der SF veröffentlicht hat.

Bibliografie:

(Hrsg.) *Andere Welten, andere Meere* (OTHER WORLDS, OTHER SEAS), München: Goldmann 1972

Swain, Dwight V(reeland) (1915–)
Der Amerikaner S. wurde in Michigan geboren, erlangte 1937 an der University of Michigan den Grad eines Bachelor of Arts und hatte anschließend drei Jahre bei der US Army abzudienen. 1941 verkaufte er seine erste SF-Story an Raymond A. Palmer, der damals Herausgeber von *Fantastic Adventures* war. In den fünfziger Jahren stieß er dann zur William L. Hamling-Gruppe, wo er zu einem der fleißigsten Textlieferanten der SF-Magazine *Imagination* und *Imaginative Tales* wurde. S. schrieb etwa zwei Dutzend sich auf pure Ac-

tion beschränkende SF-Abenteuerromane, u. a. THE TRANSPOSED MAN (1953), TERROR STATION (1955) und THE BATTLE OUT OF TIME (1957) und konnte sich damit in der Garde der Space-Opera-Brigade einen festen Platz sichern.

Bibliografie/H:

Der Gestaltwandler (THE TRANSPOSED MAN), ZSF 173 (1975)
Station des Schreckens (TERROR STATION), ZSF 185 (1976)
Treffpunkt Knossos (THE BATTLE OUT OF TIME), Ge 36 (1976)

Swanson, Piet L. (Pseudonym)

Bibliografie/H:

In unbekannter Mission, UZ 440 (1965)

Swift, Alan (Pseudonym)

Bibliografie/H:

Tag Null – Stunde X – Angriff!, UZ 239 (1960)
Abenteuer auf dem Mars, UZ 248 (1960)
Die Experten starben zuerst, UZ 257 (1961)

Swift, Jonathan (1667–1745)

Geboren in Dublin. S. verbrachte zwei Jahre in England als Sekretär von William Temple und wurde schließlich Dekan der St.-Patrick's-Kirche in Dublin. Er hatte großes Interesse sowohl an englischer als auch an der irischen Politik. Sein schriftstellerisches Werk ist sehr umfangreich. Sein bekanntester Roman, vielleicht das bedeutendste Werk in der Reihe der frühen SF-Vorläufer, war TRAVELS INTO SEVERAL REMOTE NATIONS OF THE WORLD BY LEMUEL GULLIVER, FIRST A SURGEON, THEN A CAPTAIN OF SEVERAL SHIPS (1726, revidierte Fassung 1735), besser bekannt als GULLIVER'S TRAVELS *(Gullivers Reisen)*. Obwohl oft Pflichtlektüre für Kinder, ist GULLIVER keineswegs ein Kinderbuch. S. hält den Menschen seiner Zeit, aber auch den heutigen noch, einen Zerrspiegel vor. Besonders im letzten Abschnitt, der Reise ins Land der Houyhnhnms, nimmt seine Satire recht düstere und bittere Züge an. Im hohen Alter wurde S. immer zynischer, was sich deutlich in späteren Satiren wie A MODEST PROPOSAL zeigt, in der er vorschlägt, kleine Kinder zum Verkauf freizugeben, damit man sie schlachten und essen könne, da Babyfleisch eine Delikatesse sei und man so der Überbevölkerung Herr werden könnte.

Bibliografie:

Gullivers Reisen in verschiedene ferne Länder der Welt (GULLIVER'S TRAVELS), Berlin: Reiss 1916

Sydow, Marianne (1944–   )

Die Berlinerin Marianne Bischoff veröffentlichte ihre ersten SF-Romane unter dem Pseudonym Garry McDunn. Seit 1975 war sie erstes und einziges weibliches Mitglied des Autoren-Teams der Atlan- und seit 1976 der Perry-Rhodan-Heftserie. Da sie seit ihrer Heirat im Jahre 1972 Marianne Sydow hieß, wurden ihre Arbeiten für den Moewig Verlag unter ihrem Familiennamen veröffentlicht. Seit 1980 ist sie in 2. Ehe mit dem passionierten SF-Sammler und langjährigen SF-Fan Heinz-Jürgen Ehrig verheiratet. Sie hat als Schriftstellerin jedoch den eingeführten Namen Marianne Sydow beibehalten. S. beschloß früh, SF-Autorin zu werden. Die finanzielle Situation der Eltern zwang sie, kurz vor dem Abitur das Gymnasium zu verlassen und sich ohne Berufsausbildung durchzuschlagen. Als tierärztliche Assistentin, Tierpflegerin, Verkäuferin, Postangestellte im In- und Auslandsfernamt, technische Angestellte im Verstärker- und Fernentstörungsdienst, Telefonistin, Kontoristin, Angestellte in einem Vermessungsbüro im Innen- und Außendienst sammelte sie in einer echt amerikanischen Karriere reichhaltige Erfahrungen im Umgang mit Mensch und Tier, Technik und Umwelt. S. ist heute der einzige weibliche Vollprofi unter den SF-Autoren im gesamten deutschsprachigen Raum. Neben ihren zahlreichen Romanen für die Atlan-Serie verfaßte sie rund 150 Exposés.

Bibliografie/H:

Als Garry McDunn:

Das Wesen aus der Retorte, UZ 507 (1967)
Die größenwahnsinnige Elektronik, UZ 530 (1967)
Der Zeitmörder, ZSF 123 (1972)
Die Doppelgänger, ZSF 126 (1972)
Die Manipulierten, ZSF 131 (1973)
Gefahr aus der Tiefe, ZSF 135 (1973)
Die Geister von Thuka, ZSF 138 (1973)
Die Droge der Macht, ZSF 140 (1973)
Mord auf Euphoria, ZSF 142 (1974)
Frieden für Hegerion, ZSF 144 (1974)
Die Stadt des Todes, ZSF 146 (1974)

Agent wider Willen, ZSF 147 (1974)
Die Zwerge von Terra, ZSF 152 (1974)
Wächter der Zukunft, ZSF 155 (1975)
Der Schatz von Segala, ZSF 176 (1976)
Als Marianne Sydow:
Irrwege im Weltraum, TA 182 (1975)
Beherrscher des Lichts, TA 194 (1975)
Symbionten aus dem All, TA 204 (1975)
Affäre Interstar, TA 220 (1975)
Kreis der Befreiung, TA 236 (1976)
Testplanet Darico, TA 242 (1976)
Angriff aus dem Jenseits, TA 300 (1977)
Weg durch das Nichts, TA 309 (1977)
Planet der Verrückten, TA 328 (1977)
Die Welten des Philip Totin (C), TA 341 (1978)
Der Zauberkünstler (C), TA 382 (1978)

Siehe Anhang SERIEN: Atlan, Perry Rhodan

Szameit, Michael (1950–)

DDR-Autor. Nach Abitur und Facharbeiterausbildung als Elektromechaniker mehrere Semester Physikstudium, danach Tonassistent, Regievolontär, später Leiter eines Tonstudios, ab 1982 Lektoratsmitarbeiter. Seit 1984 freischaffender Schriftsteller, lebt in Wildau. Veröffentlichte bisher mehrere SF-Romane und Erzählungen.

Bibliografie:

Alarm im Tunnel Transterra, Berlin/DDR: Neues Leben 1982
Im Glanz der Sonne Zaurak, Berlin/DDR: Neues Leben 1984
Das Geheimnis der Sonnensteine, Berlin/DDR: Neues Leben 1984

Bibliografie/H:

Planet der Windharfen, DNA 441 (1983)

Szepes, Maria

Die ungarische Autorin, die auch unter ihrem Mädchennamen Maria Orsi veröffentlichte, stammt aus einer Künstlerfamilie und schrieb zunächst einige Filmdrehbücher. Nach dem Krieg erschien ihr phantastischer Roman A VÖRÖS OROSZLÁN (1946), der in einer faustischen Handlung dem Thema Unsterblichkeit neue Nuancen abgewinnen konnte. Dieses voluminöse Werk wurde sofort nach seinem Erscheinen hierzulande ein Geheimtip und vor allem in esoterischen Kreisen zum Bestseller. Danach kamen einige Bände mit Erzählungen heraus, die auch in mehrere Sprachen übersetzt wurden. 1971 erschien SUYANA ELÖ SZOBRAI (*Die lebenden Statuen von Surayana*), ein SF-Roman, der in Ungarn den Goldenen Meteor gewann. Weitere Romane: das Jugendbuch *Stern der Kinder* (1976) sowie TÜKÖRAJTO A TENGERBEN (1975) und NAPSZEL (1983).

Bibliografie:

Spiegeltür in der See (TÜKÖRAJTO A TENGERBEN), München 1982, H 3872
Der Rote Löwe (A VÖRÖS OROSZLÁN), München 1984, H 4043
Sonnenwind (NAPSZEL), München 1986, H 4348

Szilard, Leo (1898 – 1964)

Amerikanischer Autor und Wissenschaftler, geboren in Budapest. S. gehört zu den ›vier oder fünf Vätern der Atomenergie‹. Nach Studien in Budapest und Berlin promovierte er 1922 und arbeitete anschließend in England und Amerika auf dem Gebiet der Atomforschung. Als einer der ersten erkannte er die Möglichkeit atomarer Kettenreaktionen. 1945 wandte er sich gegen den Abwurf der Atombomben auf japanische Städte. Nach dem Krieg war er Professor für Biophysik in Chicago und Mitarbeiter eines Forschungsinstituts in Kalifornien. Gemeinsam mit Prof. E. P. Wigner erhielt er 1959 einen internationalen Preis für Leistungen auf dem Gebiet der Atomforschung für friedliche Verwendung. 1961 erschien von ihm unter dem Titel THE VOICE OF THE DOLPHINS ein Band mit Kurzgeschichten, in denen er sarkastisch ein düsteres Zukunftsbild entwirft und mit der irrationalen Politik der Großmächte ins Gericht geht.

Bibliografie:

Die Stimme der Delphine (C) (THE VOICE OF THE DOLPHINS), Reinbek: Rowohlt 1963

Tabori, Paul (1908–1974)

Autorenname des ungarisch-britischen Wissenschaftlers Pál Tábori, geboren in Budapest. T. hat als Korrespondent verschiedener europäischer Zeitungen und Zeitschriften, als Geschäftsführer einer ungarischen literarischen Agentur, TV-Produzent, Dramaturg, Filmkritiker und Drehbuchautor gearbeitet. Sein erstes Buch hieß UJ BUDA und erschien 1927 in Berlin. Mehrerer Sprachen mächtig, hat er in Deutsch, Ungarisch und Englisch geschrieben und publiziert. Er sah sich zeitlebens als Autor in der Tradition von Swift und Orwell. Obwohl er hauptsächlich außerhalb der SF bekannt wurde, sind eine ganze Reihe seiner Titel der utopischen Literatur zuzurechen, wie THE TALKING TREE (1950), THE GREEN RAIN (1961), THE SURVIVORS (1964), THE INVISIBLE EYE (1967), THE DOOMSDAY BRAIN (1968), THE CLEFT (1969), THE TORTURE MACHINE (1969) und THE DEMONS OF SANDORA (1970).

Bibliographie/H:

Die grüne Sintflut (THE GREEN RAIN), UG 183 (1962)

Taine, John (1883–1960)

Pseudonym des amerikanischen Mathematikers und Schriftstellers Eric Temple Bell. T. wurde in Aberdeen, Schottland, geboren, siedelte 1902 in die USA über und studierte Mathematik. Von 1927 bis 1953 war er Mathematikprofessor am California Institute of Technology. Unter seinem Pseudonym schrieb er in den zwanziger und dreißiger Jahren mehr als ein Dutzend Romane, von denen einige recht bemerkenswert sind. Vor allem THE IRON STAR (1930) gilt bei manchen Kritikern als vergessenes Meisterwerk. In ihm greift T. eines seiner Lieblingsthemen auf: Spekulation über Evolution und biologische Veränderung. Ein riesiger Meteorit ruft bei den Menschen, die seiner ansichtig werden, Halluzinationen hervor. Längeres Ansehen löst beim Betrachter einen umgekehrten Evolutionsprozeß aus – der Mensch wird wieder zum Affen. Auch in THE GREATEST ADVENTURE (1929) stehen genetische Veränderungen im Mittelpunkt. Weitere beachtenswerte Romane sind THE PURPLE SAPPHIRE (1924), SEEDS OF LIFE (1931) und THE TIME STREAM (1931), worin Taine die Idee zyklischer Universen unterbreitet und die Natur der Zeit und der Entropie in seine Reflexion mit einbezieht. Solche Themen sind heute in der SF Gemeinplätze, Anfang der dreißiger Jahre aber waren sie revolutionär.

Tall, Stephen (1908 – 1981)
Pseudonym des amerikanischen Hochschullehrers und Autors Compton Newby Crook, geboren in Rossville, Tennessee. T. begann relativ spät, SF zu schreiben und hatte Mitte der fünfziger Jahre seine erste Storyveröffentlichung in *Galaxy.* Ein gut Teil seiner Geschichten handelt von den Abenteuern des interstellaren Forschungsschiffes ›Stardust‹, so die in der Collection THE STARDUST VOYAGES (1975) gesammelten Stories und der Roman THE RAMSGATE PARADOX (1976) – alles stereotype Space Operas.

Tate, Peter (1940 –   )
Walisischer Journalist und Schriftsteller, der zwar bereits Mitte der sechziger Jahre Erzählungen in den SF-Magazinen *New World, The Magazine of Fantasy & Science Fiction* und *Fantastic* veröffentlichte, sich aber von der professionellen Szene nie hat vereinnahmen lassen. Gegen Ende der sechziger Jahre erschien sein Roman THE THINKING SEAT, dem er bis 1979 noch fünf weitere und eine Kurzgeschichtensammlung folgen ließ. T. warnt in seinem Werk, das höchst engagiert ökologisch-politisch ausgerichtet ist, vor Umweltvernichtung, dem sorglosen Umgang mit Giften und radioaktiven Materialien und dem Transport und der Lagerung chemischer und biologischer Waffen. Seine Romane und Erzählungen spielen ausnahmslos in einer nahen Zukunft bzw. unserer Gegenwart und sind einer ökologischen SF zuzurechnen, zu deren frühesten, wenngleich leider wenig erfolgreichen Vertretern er gehört.

Bibliografie:
Das verplante Paradies (THE THINGING SEAT), Frankfurt am Main 1972, FO 33
Landluft und tödlicher Regen (COUNTRY LOVE AND POISON RAIN), München 1975, H 3436
Mondlicht auf stählernen Wiesen (MOON ON AN IRON MEADOW), München 1978, H 3581

Taubert, Hans (1928 –   )
T. ist ein DDR-Autor, der – gemeinsam mit Alfred Leman – bislang eine Sammlung von SF-Erzählungen, *Das Gastgeschenk der Transso-*

laren (1973), veröffentlichte, die häufig als eines der besten Beispiele für DDR-SF gelobt wird. T. lernte Leman bereits während des gemeinsamen Botanikstudiums in Jena kennen, das er (wie Leman) mit der Promotion abschloß. Beide waren anschließend im Institut für Botanik an der Universität Jena tätig und arbeiten seit 1960 in der Industrie. Gemeinsam mit einem dritten Autor verfaßten sie ein zweibändiges Lehrwerk über Botanische Praktika, das auch für die Verwendung an der Hochschule konzipiert wurde.

Bibliografie:

Das Gastgeschenk der Transsolaren (C) (mit Alfred Leman), Berlin/DDR: Neues Leben 1973

Bibliografie/H:

Der geheimnisvolle Meteorit (mit Alfred Lehman), Berlin/DDR 1973, DNA 323

Telemann, Georg
DDR-Anthologist.

Bibliografie:

(Hrsg.) *Das Raumschiff,* Berlin/DDR/Freiburg: Neues Leben/Herder 1977

Temple, William F(rederick) (1914–)
Der in London geborene englische Autor T. war vor dem Zweiten Weltkrieg Mitglied der British Interplanetary Society, der auch seine Freunde Arthur C. Clarke, John Wyndham und John Christopher angehörten. Die erste seiner ca. fünfzig Kurzgeschichten erschien 1935 und hieß ›The Kosso‹, eine andere, ›The Four-Sided Triangle‹, verfaßte er 1939 und erweiterte sie als Soldat der britischen 8. Armee in Nordafrika zum Roman, aber das Manuskript ging in den Kriegswirren zweimal verloren (nachdem T. es aus dem Gedächtnis wieder neu geschrieben hatte). Als der Roman schließlich 1949 erschien, erregte er die Aufmerksamkeit der Filmindustrie und diente 1953 als Vorlage zu einem Streifen. Sein Roman THE AUTOMATED GOLIATH (1962) schildert, wie die Menschheit von einem Computerregime beherrscht wird, gegen das sich eine Gruppe von Männern mit Waffengewalt zur Wehr setzt. Neben seiner Tätigkeit in der Science Fiction versuchte sich Temple auch gelegentlich als Verfasser von Jugendbüchern und Kriminalromanen.

Bibliografie/H:

Männer gegen Automaten (THE AUTOMATED GOLIATH), T 274 (1964)

Tenn, William (1919–)

Pseudonym des amerikanischen Schriftstellers Philip Klass. T. wurde in London geboren und begann seine Karriere kurz nach dem Zweiten Weltkrieg. Unterbrochen von anderen Beschäftigungen (er war u. a. Handelsvertreter und Zahlmeister) schrieb er ab 1946 einen Roman und über fünfzig Kurzgeschichten, von denen die meisten in sechs Bänden gesammelt sind. Sein Magazindebüt gab T. 1946 in *Astounding* mit der Erzählung ›Alexander the Bait‹. Seine Stories zeichnen sich oft durch Pointenwitz und trockenen Humor aus, der fast schon an Sarkasmus grenzt, so in ›The Liberation of Earth‹ (*Future,* 5/53), in der unser Heimatplanet von zwei verschiedenen Rassen mehrfach ›versklavt‹ und ›befreit‹ wird, bis fast nichts mehr von ihm übrig ist. Weitere bekannte Kurzgeschichten aus T.s Feder sind ›Brooklyn Project‹ (*Planet Stories,* Fall 48), ›Firewater‹ (*Astounding,* 2/52) und ›Generation of Noah‹ (1952). Seine Neigung zur Satire zeigt sich besonders deutlich in ›Party of the Two Parts‹ (*Galaxy,* 8/54), einer Story über einen galaktischen Pornografen, der ›schlüpfrige‹ Bilder von der Zellteilung (Fortpflanzung) einer Amöbenrasse verkauft. Sein Roman OF MEN AND MONSTERS (1968) erzählt von degenerierten Menschen, die in einem Land der Riesen die Rolle des Ungeziefers spielen, während in A LAMP FOR MEDUSA (1951, 1968), einem Kurzroman, die Götter des alten Griechenlands fröhlich Auferstehung feiern.

T., der mit CHILDREN OF WONDER (1953) auch eine Anthologie über Kinder in der SF herausgab, übte erheblichen Einfluß auf die SF der fünfziger Jahre aus. Neben Sheckley war er der brillanteste Satiriker dieser Zeit und ein begnadeter Kurzgeschichtenautor. Wie viele seiner Kollegen hat er jedoch längere Texte vernachlässigt, was dazu beigetragen haben mag, daß er nie einen der SF-Preise gewann und sein Werk heute der Mehrzahl der Leser leider kaum noch geläufig ist.

Bibliografie:

Die Welt der Zukunft (C) (TIME IN ADVANCE), Rastatt 1966, PU 249
Von Menschen und Monstren (OF MEN AND MONSTERS), München 1972, H 3290
Das Robothaus (C) (THE SEVEN SEXES), München 1972, H 3297

Der menschliche Standpunkt (C) (THE HUMAN ANGLE), München 1972, H 3313
Mögliche Welten (C) (OF ALL POSSIBLE WORLDS), München 1973, H 3333
Venus – Planet für Männer (C) (THE SQUARE ROOT OF MAN), München 1973, H 3341
Null-P (C) (THE WOODEN STAR), München 1973, H 3349

Tennant, Emma (Christina) (1937 –   )
Englische Schriftstellerin und Herausgeberin, geboren in London. Sie war Korrespondentin von Magazinen wie *Queen* und *Vogue* und gab von 1975 bis 1978 die Zeitschrift *Bananas* heraus, in der sie mit Vorliebe experimentelle Texte veröffentlichte. Ihre eigenen Texte, etwa die Romane THE TIME OF THE CRACK (1973) und HOTEL DE DREAM (1976), haben oft satirischen, psychologischen oder auch apokalyptischen Charakter. In ihnen verfließen Vergangenheit und Zukunft, Illusion und Wirklichkeit ineinander, und man kann sie als auf der britischen New Wave der sechziger Jahre fußend einordnen.

Tensor, Michael D. Siehe McDyke, Tensor

Terman, Douglas
Amerikanischer Autor. T. war Pilot einer Nachtjägerstaffel, Geheimdienstmann und Mitarbeiter am amerikanischen Raketenprogramm. Die dabei gemachten Erfahrungen verwertete er in seinen bislang zwei Romanen, FIRST STRIKE (1979), in dem eine großangelegte Intrige den Sowjets den Erfolg eines nuklearen Erstschlags sichern soll, und FREE FLIGHT (1980), in dem der Autor ein Amerika nach dem Atomkrieg schildert, das von einem totalitären Regime beherrscht wird.

Bibliografie:

Der erste Schlag (FIRST STRIKE), Bergisch Gladbach: Lübbe 1980
Vogelfrei (FREE FLIGHT), Bergisch Gladbach: Lübbe 1981

Terrid, Peter (1949 –   )
Wolf Peter Ritter, wie T. richtig heißt, wurde in Krefeld geboren, studierte in Köln Soziologie und Geschichte und begann seine SF-Karriere Anfang der siebziger Jahre als Autor von Romanheften. Zunächst veröffentlichte er in Reihen wie *Terra Nova,* später landete er schließlich bei den Serienhelden Atlan und Perry Rhodan.

Bibiliografie/H:

Das Pendel der Zeit, TN 158 (1970)
Invasion der Terraner, (TN 170) (1971)
Der Seelenjäger, TN 178 (1971)
Erde in Finsternis, TA 10 (1971)
Entscheidung auf Inferior, TA 18 (1971)
Schlüssel zur Ewigkeit, TA 26 (1972)
Im Auftrag des Malagathen, TA 46 (1972)
Die kosmische Auktion, TA 94 (1973)
Fährte nach Andromeda, TA 102 (1973)
Vorstoß ins Grenzenlose, TA 110 (1973)
Die Planeten-Ingenieure, TA 122 (1973)
Esper des Todes, TA 142 (1974)
Der Planetenmörder, TA 153 (1974)
Die Welt der tödlichen Kristalle, TA 161 (1974)
Revolte auf Ssalleh, TA 169 (1974)
Die Zeitschwadron, TA 282 (1977)
Das Zeit-Camp, TA 290 (1977)
Die Zeit-Piraten, TA 314 (1977)
Die Zeit-Zauberer, TA 321 (1977)
Die Zeit-Arche, TA 331 (1977)
Der Zeit-Scout, TA 335 (1978)
Der Zeit-Herrscher, TA 339 (1978)
Die Zeit-Jäger, TA 343 (1978)
Das Zeit-Archiv, TA 350 (1978)
Der Zeit-Sklave, TA 355 (1978)
Das Zeit-Orakel, TA 366 (1978)
Das Zeit-Versteck, TA 377 (1978)
Die Zeit-Gruft, TA 390 (1979)
Die Zeit-Festung, TA 419 (1979)
Der Zeit-Architekt, TA 425 (1979)
Der Zeit-Fürst, TA 459 (1980)
Die Zeit-Invasoren, TA 509 (1981)
Die Zeit-Falle, TA 601 (1984)
Das Zeit-Asyl, TA 606 (1984)
Der Zeit-Zirkel, TA 611 (1984)
Das Zeit-Imperium, TA 613 (1984)

Siehe Anhang SERIEN: *Atlan, Perry Rhodan, Perry-Rhodan-Taschenbücher*

Terridge, Ernest Siehe Richter, Ernst H.

Terz, Abram (1925–)
Pseudonym des in Moskau geborenen Andrej Donatovic Sinjavskij. T., ehemals wissenschaftlicher Mitarbeiter der Akademie der Wissenschaften der UdSSR, veröffentlichte mehrere literaturkritische Arbeiten. Es gelang ihm, eine Anzahl ironischer Essays und Satiren illegal ins Ausland zu schaffen, wo sie unter Pseudonym veröffentlicht wurden. Neben dem utopisch-phantastischen Roman LJUBIMOV (1963) wurde besonders seine Erzählung ›Der Prozeß beginnt‹ bekannt. 1966 wurde T. wegen ›Verleumdung der Sowjetunion‹ zu sieben Jahren Arbeitslager unter verschärften Bedingungen verurteilt. Heute lebt er im Exil.

Bibliografie:
Ljubimov (LJUBIMOW), Wien/Hamburg: Zsolnay 1966

Teske, Günter (1933–)
Der gebürtige Berliner absolvierte eine Lehre als Bautischler und betätigte sich nebenher als Radsportler. Von 1954 bis 1958 war er Mitglied der Straßensport-Nationalmannschaft der DDR und nahm 1954 auch an der Weltmeisterschaft teil. Heute arbeitet T. als freiberuflicher Sportjournalist in der DDR. Nach einigen kürzeren Erzählungen veröffentlichte er ein Handelsbuch für Sportspiele und 1978 seinen ersten Band mit SF-Erzählungen: *Die verschwundene Mumie.* Die darin enthaltenen sieben Geschichten handeln u.a. von Roboterfußballern und anderen SF-Innovationen im Bereich des Sports.

Bibliografie:
Unternehmen Marsmond, Neuenhagen/DDR: Sport und Technik 1962
Die verschwundene Mumie (C), Berlin/DDR: Neues Leben 1978
Telepatis (C), Berlin/DDR: Neues Leben 1981
Das gelbe Trikot, Berlin/DDR: Neues Leben 1981
Des Teufels Suppe, Berlin/DDR: Neues Leben 1985

Tessler, Frank

Bibliografie:
Planetoid Herkules, Köln: Luro 1958

Testa, A.

Bibliografie/H:
Exodus, ZSF 225 (1980)
Sturm über Luxor, ZSF 236 (1981)
Testfall Neptun, ZSF 238 (1981)
Im Sternenhaufen der Hyaden, ZSF 243 (1981)
Die Kuppel, ZSF 249 (1982)
Der Zeit-Manipulator, ZSF 256 (1982)

Tevis, Walter S(tone)
(1928 – 1984)

T., der in San Francisco geboren wurde und in Kentucky und Iowa studierte, lehrte von 1965 an als Professor für englische Literatur an der University for Ohio. Seine erste SF-Erzählung, ›The Ifth of Oofth‹, erschien 1957 in der Zeitschrift *Galaxy*. T. hat sich sowohl als Verfasser von Kurzgeschichten wie auch als Romanautor rar gemacht. THE MAN WHO FELL TO EARTH, sein Erstling, erschien zwar schon 1963, wurde jedoch erst populär, nachdem ihn Nicholas Roeg 1976 unter dem gleichen Titel (deutsch: *Der Mann, der vom Himmel fiel*) mit David Bowie in der Hauptrolle verfilmte. Darin geht es um die tragische Geschichte eines menschenähnlichen Alien, der zur Erde kommt, um Hilfe für seine auf einem Wüstenplaneten dahinsiechende Rasse zu finden, aufgrund seines technologischen Wissens ein Industrie-Imperium aufbaut und schließlich dem Alkohol verfällt, da er der menschlichen Bosheit und Dummheit nicht gewachsen ist. 1978 gab er seine Professur auf und beschloß, freier Schriftsteller zu werden. Sein zweiter wichtiger Roman entstand: MOCKINGBIRD (1980), der von der Thematik her mit Ray Bradburys FAHRENHEIT 451 verglichen wurde: In einem zukünftigen Amerika wird die Gesellschaft von Robotern geleitet; Emotionen und soziale Bedürfnisse wurden eingeebnet. Auch hier hat die Obrigkeit die familiären Bande zerstört und verbietet der Bevölkerung das Lesen. T.' letztes Werk war der Roman THE STEPS OF THE SUN (1983), seine Kurzgeschichten sind in dem Band FAR FROM HOME (1980) gesammelt. Er schrieb 2 Mainstream-Romane und arbeitete an einem Drehbuch, als er im August 1984 an Lungenkrebs starb.

Bibliografie:
Der Spion aus dem All (THE MAN WHO FELL TO EARTH), München 1963, GZ 49 (auch: *Der Mann, der vom Himmel fiel*)
Die Letzten der Menschheit (MOCKINGBIRD), Rastatt: Moewig 1981

Theodor, Peter
Pseudonym von Peter Krämer.

Bibliografie/H:
Großeinsatz Merope-Neun, UZ 469 (1966)
Das Auge Oklids, UZ 488 (1966)
Zeit in unserer Hand, UZ 519 (1967)
Ebene Drei ruf Darila, UZ 533 (1967)
Der Multimutant, UZ 583 (1968)

Als Peter Krämer:
Tödliche Botschaft, TN 146 (1970)

Als Peter Rudersberg:
Negatives Leben, ZSF 89 (1969)

Siehe Anhang SERIEN: *Mark Powers, Raumschiff Promet*

Thieme, Bernhard
DDR-Anthologist.

Bibliografie:
(Hrsg.) *Der Planet mit den sieben Masken*, Berlin/DDR: Neues Leben 1979

Thieme, J. G.

Bibliografie:
Die Ipsoiden, Menden: Bewin 1957

Thiersholm, B. (Pseudonym)

Bibliografie:
Geheimnis um IRA IX, Menden: Bewin 1958
Invasion der Sky-Men, Menden: Bewin 1958

Als B. Tiersholm:
Sylvester 2000, Wiesbaden: Brunnen 1958
Ta-Rana, Wiesbaden: Brunnen 1958

Bibliografie/H:

Als Birger Torsholm:

Nichts Gutes kam von Terra, UZ 160 (1959)

Spion aus dem All, UZ 183 (1959)

Thomas, Craig (1942 –   )

Englischer Autor, geboren in Cardiff. T. studierte am University College von South Wales und lehrte Englisch an der King Edward VI School in Lichfield. Mit seinem Roman FIREFOX (1979), der mit Clint Eastwood verfilmt wurde, gelang ihm der internationale Durchbruch als Thriller-Autor. Mitchell Gant, der Protagonist von FIREFOX, spielt auch in FIREFOX DOWN (1983) und WINTER HAWK (für 1987 geplant) eine Schlüsselrolle im Ringen der Supermächte.

Bibliografie:

Firefox (FIREFOX), München 1982,
H 6132

Firefox down (FIREFOX DOWN), München 1985,
H 6570

Thomas, D(onald) M(ichael) (1935 –   )

Britischer Autor, geboren in Redruth, Cornwall. Seine SF beschränkt sich auf seine Gedichte, die in den Mittsechzigern bis frühen siebziger Jahren entstanden, manchmal ›erzählerischen Charakter‹ haben und häufig auf den Seiten von *New World* aufzufinden waren. Seither hat er sich mit großem Erfolg Romanen zugewandt – THE WHITE HOTEL (1981) ist wohl das beste Beispiel –, in denen er sich von der SF wegbewegt hat in andere Gefilde. Mit einigem Recht kann man T. den poetischsten aller Autoren nennen, den die britische New Wave hervorgebracht hat.

Thomas, F. M.

Siehe Anhang SERIEN: *Mondstation 1999*

Thomas, Martin (1913 –   )

Pseudonym von Thomas Hector Martin, britischer Autor und Künstler.

Bibliografie/H:

Jenseits des Spektrums (BEYOND THE SPECTRUM), UZ 425 (1965)

Thomas, T. H.

Bibliografie:
Wir sprengen die Erde, Eulenthal: Anker 1950

Thomas, Theodore L. (1920–)

Geboren in New York City, von Beruf Rechtsanwalt, der bisher fast ausschließlich als Verfasser von Kurzgeschichten hervorgetreten ist, nachdem 1952 in dem kurzlebigen Magazin *Space Science Fiction* mit ›The Revisitor‹ seine erste Erzählung erschien. Unter dem Pseudonym Leonard Lockhard veröffentlichte T. einen Zyklus von Erzählungen über die Abenteuer eines Patentanwalts. Seither sind aus seiner Feder etwa fünfzig weitere Stories erschienen. 1965 legte er (zusammen mit Kate Wilhelm) mit THE CLONE einen ersten Roman vor. Darin geht es um ein aus Chemikalien, Abfällen und Fäkalien entstandenes Monster, das sich aus den Abwasserkanälen von Chicago hinauf an die Oberfläche begibt. THE YEAR OF THE CLOUD behandelt ebenfalls eine von Menschen hervorgerufene Katastrophe. Seine besten Stories haben humoristische Tendenz, wenngleich ›The Intruder‹ (1961), vielleicht sein Meisterwerk, eher ironisch resignative Untertöne aufweist. In bester Hemingway-Manier berichtet T. von einem Einzelgänger, der die Chance hat, die Entwicklung einer Welt entscheidend zu beeinflussen, letztendlich aber auf verlorenem Posten steht.

Bibliografie:
Der Klon, Wesen aus Zufall (THE CLONE) (mit Kate Wilhelm),
Bergisch Gladbach 1973, B 24
Das Jahr des schweren Wassers (YEAR OF THE CLOUD)
(mit Kate Wilhelm), Bergisch Gladbach 1978, B 22003

Thompson, Joyce (1948–)

Bibliografie:
Wunschweltende (CONSCIENCE PLACE), Reinbek: Rowohlt 1984

Thrilling, John D. (Pseudonym)

Bibliografie/H:
Raumschiff verschwunden, SU 3 (1957)

Thür, Hans

Bibliografie:

Todesstrahlen, Salzburg: Sirius 1952
Dämon zweier Welten, Salzburg: Sirius 1952

Thurston, Robert (1936–)

Amerikanischer Schriftsteller, geboren in Lockport, New York. T. studierte an der University of Buffalo Englisch und schloß mit einem B. A. ab. Danach war er als Reporter und Assistenzprofessor an einem College und Manager einer Kunstbuchhandlung tätig. Seine erste SF-Story erschien 1971 in Damon Knights ORBIT 9. Seither hat T. mehr als dreißig Kurztexte verfaßt, die ihn als wichtigeren neuen Autor etablierten. Bekannt aber wurde er vor allem durch die bislang fünf BATTLESTAR GALACTICA Novellisierungen, die er zusammen mit Glen A. Larson verfaßte. Literarisch bedeutender als diese Film-*Tie-ins* sind jedoch seine eigenständigen Romane ALICIA II (1979), A SET OF WHEELS (1983) und Q COLONY (1985).

Bibliografie:

Kampfstern Galactica (BATTLESTAR GALACTICA) (mit Glen A. Larson), München 1978, G 23302
Kampfstern Galactica 2: Die Todesmaschine von Cylon (BATTLESTAR GALACTICA 2: THE CLYON DEATH MACHINE) (mit Glen A. Larson), München 1979, G 23329
Kampfstern Galactica 3: Die Gräber von Kobol (BATTLESTAR GALACTICA 3: OMBS OF KOBOL) (mit Glen A. Larson), München 1982, G 23750
Kampfstern Galactica 4: Die jungen Krieger (BATTLESTAR GALACTICA 4: THE YOUNG WARRIORS) (mit Glen A. Larson), München 1983, G 23751
Alicia II (ALICIA II), Rastatt 1984, M 3606

Tilp, Alfred

Deutscher Autor. Sein Post-Doomsday-Roman *Tour de France* weist autobiografische Züge auf.

Bibliografie:

Tour de France, Würzburg: Cosmonaut 1984

Tiptree jr., James (1916–1987)

Pseudonym der in Chicago geborenen Autorin Alice Sheldon, die auch unter dem Pseudonym Raccoona Sheldon schrieb. Sie verbrachte ihre Kindheit in Asien und Afrika, studierte an den Universitäten von Berkeley und Washington und arbeitete u. a. für die CIA, als College-Lehrerin und als Psychologin (auf diesem Gebiet hatte sie den Doktorgrad erworben). 1968 begann sie mit der Geschichte ›Birth of a Salesman‹ unter dem ›männlichen‹ Pseudonym T. SF zu veröffentlichen, und schon bald rankte sich um den Namen Tiptree ein Mythos. Bis 1977 war T. zu einer Kultfigur geworden, was eigentlich zwei Gründe hatte:

1) Die hervorragenden Kurzgeschichten und Erzählungen, die dieser ›Autor‹ offensichtlich mühelos produzierte, brachten frischen Wind in die amerikanische SF der siebziger Jahre und kamen bei Lesern und Kritikern gleichermaßen gut an.

2) Niemand aus der SF-Szene hatte T. je zu Gesicht bekommen. Seine Preise wurden auf Conventions von anderen Personen abgeholt, als Anschrift existierte nur ein ominöses Postfach. Als Folge davon versuchte man mehr über ihn herauszubekommen; Vermutungen wurden angestellt, bald kursierten wilde Gerüchte. All das macht T. nur noch interessanter.

Als 1977 das Geheimnis gelüftet wurde, war die Überraschung groß. Die Kritik hatte T. gelobt, feministische Ideen mit maskulinem Schreibstil und Drive anzugehen, Theodore Sturgeon hatte T. sogar für den einzigen männlichen Autor gehalten, der es zu jener Zeit mit der Übermacht der Frauen in der SF aufnehmen konnte. Nun mußte man umdenken. Nicht nur, daß T. der ›männlichen‹ SF einen weiteren Schlag versetzt hatte, sondern auch die Tatsache, daß einige der modernsten, poppigsten und freizügigsten Stories der siebziger Jahre von einer älteren Dame geschrieben worden waren, schockte die SF-Szene.

T.s Kurztexte sind in bislang vier Collections gesammlt: TEN THOUSAND LIGHT YEARS FROM HOME (1973), WARM WORLDS AN OTHERWISE (1975), STAR SONGS OF AN OLD PRIMATE (1978) und OUT OF EVERYWHERE AND OTHER EXTRAORDINARY VISIONS (1981). Für ihre Stories erhielt sie in den siebziger Jahren dreimal den Nebula Award und zweimal den Hugo Gernsback Award und ist damit neben Ursula K. Le Guin die am häufigsten ausgezeichnete SF-Autorin überhaupt. Zu ihren besten Geschichten zählen ›The Last Flight Of Dr. Ain‹ (*Galaxy,* 3/69), ›Beam Us Home‹ (*Galaxy,* 4/69), ›The Snows Are Melted, The Snows Are Gone‹ (*Venture,* 11/69), ›Painwise‹ (*F&SF,* 3/72), ›And I Awoke And Found Me Here On Cold Hills Side‹ (*F&SF,* 3/72), ›A Momentary Taste Of Being‹ (in: THE NEW ATLANTIS, 1975) sowie die Nebula-Gewinner ›Love Is The Plan, The Plan Is Death‹ (in: THE ALIEN CONDITION, 1973) und ›The Screwfly Solution (*IASFM,* 6/77, als Raccoona Sheldon) und die beiden Hugo-Sieger ›The Girl Who Was Plugged In‹ (in: NEW DIMENSIONS 3, 1974) und ›Houston, Houston, Do You Read‹ (in: AURORA, BEYOND EQUALITY, 1976).

Stilistisch sind diese Stories hervorragend, inhaltlich stecken sie voller brillanter Ideen, wobei feministische und psychologische Probleme oft im Vordergrund stehen. Häufig beschäftigt sich T. in ihnen auch mit sexuellem Verhalten – irdischem und außerirdischem –, wobei sie den männlichen Ethos von Dominanz und Aggression hohl erscheinen läßt, ohne jedoch die weibliche Seite zu glorifizieren.

Von T. wurden nur zwei Romane veröffentlicht. UP THE WALLS OF THE WORLD (1978) ist eine epische Raum-Zeit-Reise menschlicher Telepathen, die sich auf einer fernen Welt wiederfinden, die vom Untergang bedroht ist. Eine gigantische Wesenheit vernichtet eine Sonne nach der anderen, um so eine ›Feuerschneise‹ zu schaffen und einen interstellaren Brand einzudämmen, der aus dem Zentrum der Galaxis hervorlodert. Weniger weitgespannt ist BRIGHTNESS FALLS FROM THE AIR (1985), ein Thriller, der auf einem Planeten spielt, dessen Sonne zur Nova wird.

Waren diese auch überdurchschnittliche SF, so muß doch festgehalten werden, daß T. ihren Einfluß auf die SF durch ihre Kurzgeschichten und Novellen ausübte. Während der siebziger Jahre gab es in den USA keinen anderen Autor, der mit seinen Stories für solche Furore sorgte und mit der Schreibmaschine näher am Puls der Zeit war. Und auch in den achtziger Jahren war sie weiter mit Stories erfolgreich: Ihr ›Beyond The Dead Reef‹ gewann 1984 den Locus Award, eine reine Leserabstimmung, die Rückschlüsse auf die tatsächliche Beliebtheit eines Schriftstellers bzw. Werkes zuläßt. Ihre letzte Story ›Yanquee Doodle‹ ist ein makabres Meisterstück voll alptraumhaften Entsetzen und Tod. Gesundheitlich stark angegriffen, beging sie im Mai 1987 Selbstmord: sie erschoß (offenbar längst verabredet) ihren um vieles älteren, seit langem bettlägerigen Mann und danach sich selbst.

Bibliografie:

10000 Lichtjahre von Zuhaus (C) (TEN THOUSAND LIGHT YEARS FROM HOME – I), München 1975, H 3462

Beam uns nach Haus (C) (TEN THOUSAND LIGHT YEARS FROM HOME – II), München 1976, H 3514

Die Feuerschneise (UP THE WALLS OF THE WORLD), München 1980, H 3749

Warme Welten und andere (C) (WARM WORLDS AND OTHERWISE), München 1981, H 3822

(Hrsg.) *Der Plan ist Liebe und Tod und andere Nebula-Preis-Stories 5* (NEBULA AWARD STORIES 9), München 1982, P 6730

10000 Lichtjahre von Zuhaus (C) (TEN THOUSAND LIGHTYEARS FROM HOME, komplette Ausgabe), München 1987, HSFB 65

Sternenlieder eines alten Primaten (C) (STAR SONGS OF AN OLD PRIMATE), München 1988, H 4459

Tirossi, Th.

Bibliografie:

Olympia 2000, Regensburg: Royal 1953
Endstation Saturn, Regensburg: Royal 1953

Tita, Stefan (1905–1978)

Rumänischer Schriftsteller, in erster Linie durch Kinderbücher bekannt. Auch der größte Teil seiner SF-Veröffentlichungen – erwähnenswert sind DE VIZARE PARADISUL (*Das Paradies zu verkaufen,* 1963), FLUTURELE DE IVORIU (*Der Elfenbeinfalter,* 1967) und ROBOTUL SENTIMENTAL (*Der gefühlvolle Roboter,* 1972) – fällt unter diese Sparte. 1937 erschien in der *Pariser Tageszeitung* seine Erzählung ›Maag‹, die große Ähnlichkeit mit dem Jahrzehnte später von Pierre Boulle geschriebenen Roman LE PLANETE DES SINGES (*Planet der Affen)* aufweist.

Tjörnsen, Alf (Verlagspseudonym)

Bibliografie/H:

Raketenstaffel Silbermond, UZ 55 (1955)
Flammen im Atlantik, UZ 60 (1956)
Geheimauftrag Abendstern, UZ 94 (1957)
In den Wüsten des Mars, UZ 96 (1957)
SOS Ceres, UZ 98 (1957)

Atomstadt Plutonia, UZ 109 (1958)
Wildnis auf Ganymed, UZ 152 (1958)
Uranrausch, UZ 197 (1959)
Boten des Teufels, UZ 223 (1960)
Jenseits von Pluto, UZ 231 (1960)
Heimkehr von Transpluto, UZ 235 (1960)
Captain Wilkins wird Pirat, UZ 249 (1960)
Wettfahrt zum Mond, UZ 284 (1961)

Todd, W.

Siehe Anhang SERIEN: *Plutonium Police*

Tofte, Arthur (1902 – 1980)

Erst 1969, nachdem er sich aus seinem Beruf als Werbetexter zurückgezogen hatte, begann der in Chicago geborene T. professionell SF zu schreiben. Seine erste SF-Geschichte, ›The Meteor-Monsters‹, war allerdings schon 1938 in *Amazing* publiziert worden. Sein erster Roman war CRASH LANDING ON IDUNA (1975), eine abenteuerliche Robinsonade auf einem unbekannten Planeten. 1975 folgten WALLS WITHIN WALLS und SURVIVAL PLANET (eine Fortsetzung zu seinem Erstling) sowie diverse Romane nach bekannten SF-Filmen: THE DAY THE EARTH STOOD STILL (1977), THE BLOB (1978) und KING KONG RETOLD (1979). Etwa vierzig seiner Stories erschienen in Anthologien.

Tolstoi, Alexej Nikolajewitsch
(1883 – 1945)

Russischer Autor, der als Sohn eines reichen Grundbesitzers in Nikolajewsk, dem heutigen Pugatschew, geboren wurde. Seinem Elternhaus entsprechend studierte er an der technischen Hochschule in St. Petersburg und war im Ersten Weltkrieg Kriegsberichterstatter. Während der russischen Revolution schloß er sich den zarentreuen Verbänden der ›Weißen‹ an. Nachdem die Niederlage der Konterrevolutionäre deutlich wurde, emigrierte er nach Paris. 1923 kehrte er nach Rußland zurück und widmete sich der Literatur, da er bereits schon zu seiner Studentenzeit Erzählungen und Romane verfaßt hatte. Verwunderlich erscheint, daß aus dem Saulus ein Paulus geworden war, der für sein dreibändiges Hauptwerk *Der Leidensweg* (1920/1927/1941), in dem die russische Revolution, aber auch die darauf folgende stalinistische Gewaltherrschaft überaus glorifizierend dargestellt wird, 1943 den Stalinpreis erhielt. Zu dieser Trilogie gehört auch die längere Erzählung *Brot* (1937), die allerdings neben der einseitig weltanschaulichen Ausrichtung noch eklatante schriftstellerische Mängel aufweist und nicht zuletzt deshalb aus der Trilogie herausgenommen wurde. U. a. hat T. auch eine Reihe von Dramen geschrieben, von denen *Iwan der Vierte* (1944) begeisterte Aufnahme fand. Ein weiterer historischer Roman, *Peter der Große* (1929–1945 in Ausschnitten veröffentlicht), blieb – bedingt durch den Tod des Autors – unveröffentlicht. Neben diesen Werken hat Tolstoi zwei Romane verfaßt, die der SF zuzurechnen sind: AËLITA (1922) und den wesentlich unbekannter gebliebenen GIPERBOLOID INZENERA GARINA (*Geheimnisvolle Strahlen,* 1925), die beide u. a. von H. G. Wells, den Tolstoi persönlich kannte, beeinflußt sind. AËLITA schildert eine Marsexpedition, die von zwei Russen durchgeführt wird, die auf dem Roten Planeten einen fruchtbaren Boden für eine proletarische Revolution vorfinden. Der Rotarmist Gusev stellt sich an die Spitze der Revolution auf dem Mars, während der Ingenieur Los in der Tochter eines Marsherrschers, Aëlita, seine große Liebe findet. Gusevs Revolution scheitert, Los verliert seine Geliebte, wird dabei verwundet, und Gusev bringt ihn zur Rakete und auf die Erde zurück. Dort geben sich beide ihrer persönlichen Trauer hin, Gusev über die gescheiterte Revolution, Los über seine verlorene Geliebte. Die für heutige Begriffe schwülstige Liebesgeschichte zwischen Los und Aëlita sowie die etwas kraus anmutenden Ausführungen Aëlitas zu einer mystisch verklärten Menschheitsgeschichte können nicht vollständig überdecken, daß Tolstoi die – auf der Seite der ›Weißen‹ – erlebte revolutionäre Wirklichkeit am Bild einer neuen Gesellschaft relativiert. In diesem Sinne muß man AËLITA auch als eine Auseinandersetzung des Autors mit seiner Vergangenheit und als Dokument des Wandels seiner politischen Einstellung begreifen. Inwieweit dieser politische Salto mortale zweckgerichtet, d. h. eine rein äußerliche Anpassung an die neuen Machthaber und der Kaufpreis für die

Rückfahrkarte nach Rußland war, muß dahingestellt bleiben. Das Handlungsgerüst von AËLITA folgt in groben Zügen dem schon 1907 von A. A. Bogdanov veröffentlichten Marsroman *Der rote Stern,* in dem allerdings davon ausgegangen wird, daß auf dem Mars die perfekte kommunistische Gesellschaft schon etabliert ist, und der Mars somit für die russischen Kommunisten – gemäß des Erscheinungsdatums des Romans – wegweisend ist. Der 1925 dann schon in Rußland geschriebene zweite Roman, *Geheimnisvolle Strahlen,* liegt dann konsequent auf der politischen Richtung. Arbeiter hindern den Ingenieur Garin daran, die Weltherrschaft mit Hilfe einer Art riesigem Laserstrahler zu erobern und die Menschheit nach einem elitären Kastensystem zu ordnen.

Bibliografie:

Aëlita, ein Marsroman (AËLITA), München: Allgemeine Verlagsanstalt 1924
Geheimnisvolle Strahlen (GIPERBOLOID INZENERA GARINA), Berlin/DDR: Kultur und Fortschritt 1957

Tondern, Harald (1941 –   )
Geboren in der Nähe von Flensburg, studierte Volkswirtschaft und Literaturwissenschaft. T. lebt als freier Autor in Hamburg und Ebüll/ Nordfriesland.

Bibliografie:
Zeitsprung (mit Frederik Hetmann), Stuttgart: Klett 1984

Toole, Peter Siehe Pusch, Harald

Toonder, Jan Gerhard
Der holländische Autor schrieb mit seinem SF-Roman OOPSTAN OP ZATERDAG (1966) eine Anti-Utopie im Stile Orwells und Samjatins.

Bibliografie:
Aufstehn am Samstag (OPSTAAN OP ZATERDAG), Darmstadt: Melzer 1968

Töppe, Frank (1947 –   )
Geboren in Bleichrode (Harz). Der DDR-Autor studierte in Berlin Ökonomie und promovierte später auf diesem Gebiet. Heute ist er SF-Lektor im Verlag Das Neue Berlin und arbeitet nebenher als Grafiker und Schriftsteller. Neben einer SF-Story für eine Literaturzeitschrift veröffentlichte er 1978 einen Band mit SF-Erzählungen.

Bibliografie:
Regen auf Tyche (C), Berlin/DDR: Das Neue Berlin 1978

Torgeson, Roy
Amerikanischer Herausgeber.

Bibliografie:
(Hrsg.) *Nick Adams letzter Aufstieg* (CHRYSALIS 2), München 1981, P 6718
(Hrsg.) *Die verdorbene Frau* (CHRYSALIS 3), München 1981, P 6720
(Hrsg.) *Am Vorabend des St. Poleander-Tages* (CHRYSALIS 4), München 1981, P 6716
(Hrsg.) *Die große Weihe* (CHRYSALIS 5), München 1981, P 6722
(Hrsg.) *Versuch dich zu erinnern* (CHRYSALIS 6), München 1982, P 6726
(Hrsg.) *Das Ungeheuer vom Sumpf* (CHRYSALIS 1), Rastatt 1982, P 6729
(Hrsg.) *Sonate für drei Elektroden* (CHRYSALIS 7), Rastatt 1982, P 6731

Torro, Pel Siehe Fanthorpe, Lionel

Torsten, Lars Siehe Brand, Kurt

Townsend, John Rowe
Englischer Autor, geboren in Leeds. Nach Besuch der Cambridge University Mitarbeiter des *Manchester Guardian* sowie Herausgeber, Kritiker und Autor auf dem Gebiet der Jugendliteratur.

Bibliografie:
Das Versteck (NOAH'S CASTLE), Stuttgart: Boje 1977

Tralins, Robert (1928 –   )
Amerikanischer Autor.

Bibliografie/H:
Invasion der Kosmozoiden (THE COSMOZOIDS), T 553 (1968)

Tramin, Peter von (1932 – 1981)
Peter Richard Oswald Freiherr von Tschugguel zu Tramin publizierte seinen ersten Roman unter dem Pseudonym Peter von Kleynn

innerhalb der Reihe *Utopia* im Jahre 1958: *Herr über 1000 Gehirne* handelt von zwei jungen Männern aus Wien, die an der holländischen Küste ihren Urlaub verbringen und dort Zeugen eines außergewöhnlichen Vorfalls werden, bei dem ein seltsames Flugzeug ins Wasser stürzt und sich als Raumschiff entpuppt. Tramin verließ die SF-Szene jedoch bald wieder und wandte sich anderen literarischen Bereichen zu. Erst *Die Tür im Fenster* (1967) griff wieder ein utopisches Thema auf: die Zeitreise.

Bibliografie:

Die Tür im Fenster, München: Nymphenburger 1967

Bibliografie/H:

Als Peter von Kleynn:

Herr über 1000 Gehirne, UZ 112 (1958)

Travers, W. A. Siehe Hary, Wilfied A.

Tremayne, Peter (1943 –)
Pseudonym des britischen Autors Peter Beresford Ellis, geboren in Coventry. T. war freiberuflicher Journalist und Redakteur, bevor er sich als Romanautor versuchte. Seine Veröffentlichungen fallen im wesentlichen in den Bereich der phantastischen Literatur, mit der LAN-KERN-Trilogie hat er aber auch ein Werk mit SF-Elementen verfaßt. Es geht darin um ein britisches U-Boot, das in eine ferne Zukunft der Erde versetzt wird. Für die Gestaltung der dortigen archaischen Kultur nahm sich T. die kornische Kultur zum Vorbild.

Trent, Thomas

Bibliografie:

Mondrakete E4 überfällig, Göttingen:
W. Fischer 1954
Atlantis, verlorene Welt, Göttingen:
W. Fischer 1955
Geheimnisvolle Welten, Göttingen:
W. Fischer 1957
Geheimnisse im Weltall, Göttingen:
W. Fischer 1957

Trimble, Louis (1917–)

Geboren in Seattle, Washington. Bevor sich T. der SF zuwandte – 1968 erschien mit ANTHROPOL sein erster Roman auf diesem Gebiet –, hatte er bereits eine große Zahl Krimis und Western veröffentlicht. Der genannte Titel und die seiner anderen fünf SF-Romane, THE NOBLEST EXPERIMENT IN THE GALAXY (1970), GUARDIANS OF THE GATE (1972), THE CITY MACHINE (1972), THE WANDERING VARIABLES (1972) und THE BODELAN WAY (1974), weisen ihn als Verfasser routinierter Spannungslektüre aus, der mit diesen Werken keinen nennenswerten Einfluß auf das Genre ausübte.

T., der auch einen Roman mit seiner zweiten Frau Jacquelyn, besser bekannt unter dem Pseudonym Phyllis A. Whitney, geschrieben hat, lehrt als Professor für humanistisch-sozialwissenschaftliche Studien an der Universität in Washington.

Bibliografie:

Die Beste aller Welten (THE NOBLEST EXPERIMENT IN THE GALAXY) (mit Jacquelyn Trimble), Alsdorf 1972, Bildschriften
Die Stadtmaschine (THE CITY MACHINE), Bergisch Gladbach 1974, B 21049

Trout, Kilgore Siehe Farmer, Philip José

Trublaini, Nikolai (1907–1941)

Sowjetischer Journalist und Autor von Reisebüchern. Sein SF-Roman *Der Tiefweg* beschreibt den Bau eines Transporttunnels Moskau–Wladiwostok und charakterisiert die Wesenszüge von Erbauern einer neuen Gesellschaft. T. fiel 1941 während des Zweiten Weltkriegs.

Tubb, E(dwin) C(harles)

(1919–)

Englischer Autor, geboren in London. T. hat laut eigener Aussage schon länger SF gelesen, als er sich erinnern möchte. Er hält das Genre allerdings für das faszinierendste und geistig anregendste überhaupt. 1950 verkaufte er mit ›No Short Cuts‹ seine erste Geschichte an das britische Magazin *New Worlds* und ist seither als freier Schriftsteller tätig. Schon in den fünfziger Jahren hatte er einen beinah unglaublichen Ausstoß an SF-Titeln und war darüber hinaus regelmäßig Mitarbeiter aller britischen SF-Magazine. Ein Roman, *Saat der Verdammnis,* im Manuskript mit dem Originaltitel THE SPORE MENACE versehen, erschien 1960 sogar nur in deutscher Sprache. 1955 erhielt T. den Cytricon Literary Award. Das schottische Magazin *Nebula* wählte ihn mehrere Jahre hintereinander zum besten britischen Autor des Jahres, und auch auf den Bestenlisten der British Fantasy Society erreichte er stets einen Platz unter den beliebtesten Zehn. 1956 löste er seinen Kollegen H. J. Campbell bei der Herausgabe des Magazins *Authentic SF* ab und trimmte es auf das absolute Abenteuer. Erst gegen Ende der sechziger Jahre wurden die amerikanischen SF-Verleger auf ihn aufmerksam, und seither verfaßt T. für den US-Markt – neben Romanfassungen bekannter TV-Spektakel wie *Mondbasis Alpha* – SF-Abenteuerromane am Fließband mit ständig wiederkehrenden Charakteren. Als Gregory Kern schrieb er die ›amerikanische Antwort auf *Perry Rhodan*‹: ein knappes Dutzend Paperbacks über die Abenteuer des irdischen Geheimagenten CAP(TAIN) KENNEDY. Die Serie war weder in der Originalfassung noch in der deutschen Übersetzung ein Erfolg. Bei der deutschen Ausgabe sind Romane deutscher Autoren dazwischengeschoben. T. konzentriert sich seit 1967 auf die Schilderung der Weltraumabenteuer des irdischen Tramps Earl Dumarest, den es in die Milchstraße ›verschlagen‹ hat und der sich nun seit mittlerweile über dreißig Bänden auf der Suche nach der Erde befindet. T., der mehr Pseudonyme hat als die meisten SF-Autoren Veröffentlichungen – besonders zu Anfang seiner Karriere publizierte er viel unter Pseudonymen wie Charles Grey (bzw. Gray), Douglas West, Gill Hunt, Brian Shaw und King Lang, aber auch unter verlagseigenen Verfassernamen wie Volsted Gridban, Roy Sheldon und Vargo Statten −, gehört zu den meistpublizierten SF-Autoren in der Bundesrepublik. Hierzulande wurde sogar eine Taschenbuchreihe nach ihm benannt.

Bibliografie:

Hölle im Zwielicht (HELL PLANET), Balve: Zimmermann 1957
Unter den Sternen (THE SPACE BORN), Balve: Zimmermann 1958
(auch: *Kinder des Weltalls*)
Die goldene Pyramide (VENUSIAN ADVENTURE), Balve: Zimmermann 1959
Käfig der Zeit (DEATH IS A DREAM), München 1968, GWTB 091
Projekt Ming-Vase (C) (TEN FROM TOMORROW), München 1968, GWTB 093
Rückkehr zur Erde (ESCAPE INTO SPACE), München 1970, GWTB 0113
Freiheit ohne Schranken (ATOMWAR ON MARS), Frankfurt am Main/Berlin/Wien 1977, U 3369
Im Bann des Omphalos (THORN), Rastatt 1982, TTB 344
Kontinuum des Todes (STAR DEATH), Rastatt 1982, TTB 351
Planet der Stürme (THE WINDS OF GATH), Rastatt 1983, Tubb-TB 1
Die Telepathin (DERAI), Rastatt 1983, Tubb-TB 2
Planet der Spieler (TOYMAN), Rastatt 1983, Tubb-TB 3
Kalin − die Hexe (KALIN), Rastatt 1984, Tubb-TB 5
Das Schiff des Jokers (THE JESTER AT SCAR), Rastatt 1984, Tubb-TB 7
Im Netz der Sterne (LALLIA), Rastatt 1984, Tubb-TB 9
Die interstellare Mission (STELLAR ASSIGNMENT), Rastatt 1984, Tubb-TB 10
Technos (TECHNOS), Rastatt 1984, Tubb-TB 11
Die verbotene Stadt (CITY OF NO RETURN), Rastatt 1984, Tubb-TB 12
Rivalen der Macht (VERUCHIA), Rastatt 1984, Tubb-TB 13
Fluch der Unsterblichkeit (DEATH WEARS A WHITE FACE), Rastatt 1984, Tubb-TB 14
Planet im Nichts (MAYENNE), Rastatt 1984, Tubb-TB 15
Der Horrorplanet (JONDELLE), Rastatt 1985, Tubb-TB 17
Die Glücksmaschine (THE LUCK MACHINE), Rastatt 1985, Tubb-TB 18
Söldner des Schlangenclans (ZENYA), Rastatt 1985, Tubb-TB 19
Wettlauf der Zeit (FUGITIVE OF TIME), Rastatt 1985, Tubb-TB 20
Im Banne des Computers (ELOISE), Rastatt 1985, Tubb-TB 21
Die Marskolonie (ALIEN DUST), Rastatt 1985, Tubb-TB 22
Hüter der Vergangenheit (EYE OF THE ZODIAC), Rastatt 1985, Tubb-TB 23
Der Primitive (THE PRIMITIVE), Rastatt 1985, Tubb-TB 24

Labyrinth der Illusionen (JACK OF SWORDS), Rastatt 1985,
Tubb-TB 25
Spektrum der vergessenen Sonne (SPECTRUM OF A FORGOTTEN SUN),
Rastatt 1985, Tubb-TB 27

Als Charles Grey:
Die zweite Macht (ENTERPRISE 2115), Balve: Zimmermann 1958
Türme strahlen den Tod (THE TORMENTED CITY), Balve: Zimmermann
1958
Das Gesetz der Freiheit (SPACE HUNGER), Balve: Zimmermann
1959

Bibliografie/H:
Krater der Hölle (WORLD AT BAY), UG 35 (1956)
Legion der Sterne (STELLAR LEGION), UZ 124 (1958)
Er lebte Zweimal (THE RESURRECTED MAN), UG 103 (1959)
Aufstand der Mutanten (THE MUTANTS REBEL), T 16 (1958)
Saat der Vernichtung (THE SPORE MENACE), T 106 (1960)
Bewährung im All (C/OA), T 464 (1966)
Die Mondstation (MOON BASE), T 477 (1966)
Kampf zwischen den Welten (S.T.A.R. FLIGHT), TN 128 (1979)
Eine Handvoll Sternenstaub (C) (A SCATTER OF STARDUST), TA 99 (1973)
Im Jahr der Androiden (CENTURY OF THE MANIKIN), TA 133 (1973)
Mondbasis Alpha I − Flucht ins All (BREAKAWAY), Wien/München/
Zürich: Breitschopf 1975
Tor ins Jenseits (HAVEN OF DARKNESS), TA 347 (1978)
Gefangene der Nacht (PRISON OF NIGHT), TA 393 (1979)
Zwischenspiel auf Ath (INCIDENT ON ATH), TA 409 (1979)
Der Menschenjäger (THE QUILLIAN SECTOR), TA 443 (1980)
Tunnel des Todes (WEB OF SAND), TA 453 (1980)
Die Gedanken-Hölle (IDUNA'S UNIVERSE), TA 471 (1980)
Planet der Tagträumer (THE TERRA DATA), TA 521 (1981)
Spur der Verheißung (WORLD OF PROMISE), TA 527 (1981)

Als Charles Grey:
Sie kämpften für Mars (I FIGHT FOR MARS), UZ 141 (1958)
Ein Mann zwischen drei Welten (PLANETFALL), T 50 (1958)
Verräter zwischen den Sternen (THE EXTRA MAN), T 58 (1959)

Als Volsted Grey:
Planeten-Räumkommando (PLANETOID DIPOSALS LTD.), UZ 138
(1958)

Als King Lang:
Saturn-Kommando (SATURN PATROL), UZ 120 (1958)

Als Roy Sheldon:
Der weiße Tod (THE METAL EATER), T 45 (1958)

Als Douglas West:
Die Ausgestoßenen (DEAD WEIGHT), T 61 (1959)

Tucker, Wilson (1914–   )
Arthur Tucker, von seinen Freunden ausnahmslos Bob genannt, wurde in Deer Creek, Illinois, geboren. Den Vornamen Wilson legte er sich nur deshalb zu, weil ein Magazin-Redakteur ihm eines Tages sagte, er sei es leid, schon wieder einen Autor mit einem Allerweltsnamen zu veröffentlichen. Er begann sich in den zwanziger Jahren für SF zu interessieren und brachte noch in seiner Teenagerzeit eine große Zahl Fanzines heraus. Mit seinen selbstverfaßten Stories war er weniger erfolgreich, aber 1941 schaffte er es schließlich, Frederik Pohl für sein Magazin *Super Science Novels* die Erzählung ›Interstellar Way Station‹ zu verkaufen. Trotz dieses Erfolges verlegte T. sich dann aber auf das Schreiben von Romanen, was zur damaligen Zeit in SF-Kreisen durchaus nicht üblich war. Sein erster veröffentlichter Titel war THE CHINESE DOLL, ein Detektivroman in der Tradition Erle Stanley Gardners, in dem nahezu jede auftretende Figur den Namen irgendeines Bekannten Tuckers aus dem amerikanischen SF-Fandom trägt. In den fünfziger Jahren folgten dann seine ersten SF-Romane: THE CITY IN THE SEA (1951), THE LONG LOUD SILENCE (1952), ein bemerkenswerter Katastrophenroman, THE TIME MASTERS (1953), WILD TALENT (1954) und sein bisher bester, THE LINCOLN HUNTERS (1958), in dem ein Zeitreisekommando versucht, eine Rede, die Abraham Lincoln angeblich in T.s Heimatstadt Bloomington gehalten hat, im nachhinein aufzuzeichnen. T. hat innerhalb der SF zehn Romane und zwei Kurzgeschichtensammlungen veröffentlicht. Seine Kurzgeschichten erschienen gesammelt in dem Band THE SCIENCE FICTION SUBTREASURY (1954). Die letzten SF-Titel aus seiner Feder waren THE YEAR OF THE QUIET SUN (1970), ICE AND IRON (1974) und RESURRECTION DAYS (1981).

Mit Ausnahme kleiner Unterbrechungen (1945 arbeitete er eine Zeit als Texter in einer Werbeagentur, 1946 als Elektriker bei der Filmgesellschaft 20th Century Fox) war er zeitlebens als Beleuchter in einem kleinen Theater in Bloomington beschäftigt. 1969 erhielt T. den Hugo Gernsback Award als bester Fan-Autor; 1976 wurde er mit dem John W. Campbell Memorial Award ausgezeichnet.

Bibliografie:

Das Jahr der stillen Sonne (THE YEAR OF THE QUIET SUN), München: Goldmann 1972
Die Letzten der Unsterblichen (THE TIME MASTERS), Frankfurt am Main/Berlin/Wien 1973, U 2959
Die Unheilbaren (THE LONG LOUD SILENCE), Frankfurt am Main/Berlin/Wien 1974, U 2981
Geheimwaffe Mensch (WILD TALENT), Frankfurt am Main/Berlin/Wien 1974, U 3030
Die Zeitbombe (TIME BOMB), Frankfurt am Main/Berlin/Wien 1975, U 3140
Die Lincoln-Jäger (THE LINCOLN HUNTERS), München 1984, H 4105

Bibliografie/H:

Der letzte Flug der Xanthus (TO THE TOMBAUGH STATION), TS 48 (1961)
Die Stadt im Meer (THE CITY IN THE SEA), TS 68 (1963)

Turbojew, Alexej Siehe Scheer, K. H.

Turek, Ludwig (1896 –   )
Der heute in der DDR lebende Autor wurde in Stendal als Sohn eines Schlossers geboren, arbeitete nach dem Besuch der Volksschule als Kleinknecht und wurde später Schriftsetzer. Er gehörte der KPD seit ihrer Gründung an, nahm aktiv an Kämpfen in der Weimarer Zeit (Knapp-Putsch) teil, lebte später in der Sowjetunion und in Frankreich und ging nach 1945 in die DDR, wo er als freischaffender Schriftsteller tätig war. Sein einziger utopischer Roman kam unter dem Titel *Die goldene Kugel* 1949 heraus.

Bibliografie:

Die goldene Kugel, Berlin/DDR: Dietz 1949

Turner, George (Reginald) (1916 –   )
Australischer Mainstream-Schriftsteller, geboren in Melbourne. T., der in den sechziger Jahren schon Literaturpreise für Werke außerhalb der SF gewonnen hatte, verfaßte mit BELOVED SON (1979), VANEGLORY (1981) und YESTERDAY'S MEN (1983) die Ethical Culture-Serie, die ihn in seinem Heimatland so populär machte, daß man ihm den Ditmar Award als bestem SF-Autor verlieh. Die drei Romane spielen in einer Post-Holocaust-Welt des 21. Jahrhunderts, nachdem die Erdbevölkerung durch genetische Schäden am Getreide und einen Nuklearkrieg dezimiert wurde.

Tuschel, Karl-Heinz (1928 –   )
Der in Magdeburg geborene Autor T. arbeitete zeitweise als Chemiewerker, Bergmann, Redakteur und war dann fünfzehn Jahre lang Dramaturg bei einem Kabarett. Er ist Absolvent des Literaturinstituts ›Johannes R. Becher‹. Während der Zeit als Dramaturg schrieb er hauptsächlich Kabarett-Texte, begann dann aber nebenher SF-Erzählungen und -Romane zu schreiben, wobei naturwissenschaftliche Probleme im Vordergrund standen und stehen. Sein Hauptanliegen ist es denn auch, bei seinen Lesern das Interesse für Naturwissenschaft und Technik zu wecken, wobei ihn auch das Verhältnis Mensch-Maschine und Gesellschaft-Kultur sowie die Begegnung mit fremden Kulturen am meisten interessiert. Er gehört neben Carlos Rasch und Günter Krupkat zu den produktivsten SF-Autoren der DDR.

Bibliografie:

Ein Stern fliegt vorbei, Berlin/DDR: Neues Leben 1967
Der unauffällige Mr. McHine (C), Berlin/DDR: Deutscher Militärverlag 1970
Der purpurne Planet, Berlin/DDR: Neues Leben 1971
Die Insel der Roboter, Berlin/DDR: Deutscher Militärverlag 1973
Das Rätsel Sigma, Berlin/DDR: Neues Leben 1974
Raumflotte greift nicht an (C), Berlin/DDR: Deutscher Militärverlag 1977
Die blaue Sonne der Paksi, Berlin/DDR: Neues Leben 1978
Kommando Venus 3, Berlin/DDR: Deutscher Militärverlag 1980

Zielstern Beteigeuze, Berlin/DDR: Neues Leben 1982
Leitstrahl für Aldebaran, Berlin/DDR: Deutscher Militärverlag 1983
Inspektion Raumsicherheit (C), Berlin/DDR: Neues Leben 1984

Tuttle, Lisa (1952 –   )

Amerikanische Autorin. T. stammt aus Texas und verkaufte ihre erste SF-Story ›Stranger in the House‹ 1972 an Robin Scott Wilson, in dessen Anthologie CLARION 2 sie erschien. Wilson leitete auch den Workshop, in dem sie ihre ersten schriftstellerischen Gehversuche machte. Beachtung fanden ihre Stories ›Stone Circle‹ (*Amazing,* 3/76), ›Woman Waiting‹ (LONE STAR UNIVERSE) und ›Mrs. T‹ (*Amazing,* 9/76). ›Stone Circle‹ wurde für den Nebula vorgeschlagen. Für den Hugo Award nominiert wurde ›The Storms of Windhaven‹ (*Analog,* 5/75), eine romantische Novelle, die in Zusammenarbeit mit George R. R. Martin entstand und den ersten Teil des Romans WINDHAVEN darstellt. 1975 wurde T. mit dem John W. Campbell Award als beste Nachwuchsautorin ausgezeichnet, 1981 gewann sie mit der Story ›The Bone Flute‹ den Nebula Award. Sie ist mit ihrem Kollegen Christopher Priest verheiratet.

Bibliografie:

Kinder der Stürme 1 (C) (WINDHAVEN, 1. Teil)
(mit George R. R. Martin), Rastatt 1985, M 3669
Kinder der Stürme 2 (C) (WINDHAVEN, 2. Teil)
(mit George R. R. Martin), Rastatt 1985, M 3681

Twain, Mark (1835 – 1910)

Pseudonym des amerikanischen Schriftstellers Samuel Longhorn Clemens, geboren in Florida, Missouri. T., der als Buchdrucker, Lotse auf dem Mississippi, Goldsucher und schließlich Reporter arbeitete, gilt als Begründer der humoristischen Kurzgeschichte in Amerika. Der bissige Satiriker wurde mit den Jugendbüchern TOM SAWYER (1876) und HUCKLEBERRY FINN (1884) schließlich weltberühmt. Mit A CONNECTICUT YANKEE IN KING ARTHUR'S COURT schrieb er ein Zeitreiseabenteuer, in dem die Lust am Anachronismus triumphiert und das viele Grundschemata dieses Subgenres vorwegnahm. Im Gegensatz zu Wells benötigt T.

keine technischen Erklärungen, um seinen Held in eine andere Zeit zu versetzen.

Bibliografie:

Ein Yankee aus Connecticut an König Artus' Hof (A CONNECTICUT YANKEE IN KING ARTHUR'S COURT), Wien: Stephenson 1923

Ulbrich, Bernd (1943 –)

Bernd Ulbrich lebt in der DDR und ist von Beruf Chemiker. Nach einer ersten SF-Erzählung, ›Der verhexte Kater‹, die 1975 in der Anthologie *Der Mann vom Anti* veröffentlicht wurde, erschien 1977 ein ganzer Band mit von ihm verfaßten SF-Erzählungen unter dem Titel *Der unsichtbare Kreis*.

Bibliografie:

Der unsichtbare Kreis (C), Berlin/DDR: Das Neue Berlin 1977
Störgröße M (C), Berlin/DDR: Das Neue Berlin 1980

Ulrici, Rolf (1922 –)

Deutscher Kinder- und Jugendbuchautor, geboren in Berlin. U., der mit vollem Namen Rolf Stitz-Ulrici heißt, schreibt auch unter den Pseudonymen Hans Korda und Hans Rodos und war Lektor und Dramaturg. Er schrieb eine große Zahl abenteuerlicher Jugendbücher und erhielt 1953 den ›Deutschen Jugendbuchpreis‹. Zu seinen bekanntesten Werken zählt die Serie *Käpt'n Konny,* in der er die Abenteuer von vier Jugendlichen an der Waterkant schildert. U., der zu den meistgelesenen Jugendbuchautoren der Nachkriegszeit zählt, verfaßte mit *Raumschiff Monitor* und *Giganto meldet* auch zwei SF-Serien.

Bibliografie:

Geheimer Start, München: Franz Schneider 1971
Verfolgungsjagd im Weltall, München: Franz Schneider 1972
Raumschiff Monitor verschollen, München: Franz Schneider 1972
(auch: *Raumschiff verschollen!*)
Monitor startet zur Unterwasserstadt, München: Franz Schneider 1973 (auch: *Start zur Unterwasserstadt*)
Neuer Kurs für Monitor, München: Franz Schneider 1973
(auch: *Auf neuem Kurs*)
Landung auf Raumstation Monitor, München: Franz Schneider 1974
(auch: *Landung auf der Raumstation*)
Vorstoß in die Erde, München: Franz Schneider 1975

Über uns ein Vulkan!, München: Franz Schneider 1975
(auch: *Im Tal des Schreckens*)
Schiffbruch in der Erde, München: Franz Schneider 1976
(auch: *Die Rakete in Gefahr*)
Alarm im Erdball!, München: Franz Schneider 1976
(auch: *Die große Explosion*)
Erdschiff verloren!, München: Franz Schneider 1977
(auch: *Rettung in letzter Sekunde*)
Ziel erreicht!, München: Franz Schneider 1977
(auch: *Sieg über die Dämonen*)
Geisterrakete, Menden: Kibu 1979
Kampf um den Mars, Menden: Kibu 1980
Gespenster aus dem All, Menden: Kibu 1981
Der Hexer wird entlarvt, Göttingen: W. Fischer 1982
Interpol steht vor einem Rätsel, Göttingen: W. Fischer 1982
Der weiße Spuk, Göttingen: W. Fischer 1982
Unheimliche Strahlen, Göttingen: W. Fischer 1982
Ein Zug verschwindet, Göttingen: W. Fischer 1982
Stoppuhr des Grauens, Göttingen: W. Fischer 1982
Landung in der Falle, Menden: Kibu 1982
Notruf aus dem Nichts, Menden: Kibu 1983
Das große Auge, Göttingen: W. Fischer 1983
Der geheimnisvolle Gru, Göttingen: W. Fischer 1983
Planet der Kraken, Menden: Kibu 1984

Upton, Munro R. Siehe Scheidt, Jürgen vom

Urtins, Th. C.

Bibliografie/H:
Bruderwelten, Ur 12 (1957)

Utley, Stephen (1948 –   )
Amerikanischer Autor, geboren in Texas. U. veröffentlichte zwischen 1972 und 1980 gut vierzig Kurzgeschichten und Novellen, von denen ›Custer's Last Jump‹ (zusammen mit Howard Waldrop) die vielleicht bekannteste war (1977 für Nebula Award nominiert). Zusammen mit George W. Proctor gab er die Anthologie LONE STAR UNIVERSE (1976) heraus, die Arbeiten texanischer Autoren enthält. Eine ganze Reihe von U.s Geschichten liegt in deutscher Sprache vor.

Vaas, Rüdiger

Bibliografie/H:

Chaos im Prokyon-Sektor (C), TA 638
(1986)

Vacca, Roberto

Italienischer Systemingenieur und Publizist, der auch futurologische Sachbücher und Romane verfaßt hat und in seinem Heimatland einer der bekanntesten SF-Autoren ist. In seinem beeindruckendsten SF-Roman, LA MORTE DI MEGALOPOLI (1974), einem Katastrophenroman ganz besonderer Art, schildert V. den Untergang der Achtzig-Millionen-Megalopolis New York, den Zusammenbruch der Versorgung, die Ohnmacht der Regierung und den Rückfall in die Gesetzlosigkeit. Nachdem der Staub des Zusammenbruchs sich gelegt hat, bilden sich auf dem amerikanischen Kontinent kleine Feudalstaaten.

Bibliografie:

Der Tod der Megalopolis (LA MORTE DI MEGALOPOLI), München 1977,
H 3532

Valencak, Hannelore (1929 –)

Pseudonym für Hannelore Mayer, geboren in Donawitz, die für ihre Romane und Jugendbücher mehrfach mit Preisen ausgezeichnet wurde.

Bibliografie:

Die Höhlen Noahs, Wien: Wollzeilen 1961

Vance, Gerald

Siehe Garrett, Randall und Phillips, Rog

Vance, Jack (1916–)

Amerikanischer Schriftsteller, geboren in San Francisco und im San Joaquin/Sacramento-Delta aufgewachsen. V. studierte an der Universität von Kalifornien Bergbau, Physik und schließlich Journalismus. Im Zweiten Weltkrieg war er Matrose bei der Handelsmarine und befuhr den Pazifik. Sonst ist wenig über V.' Leben an die Öffentlichkeit gedrungen. Man weiß, daß er sich für alten Jazz interessiert, Banjo spielt, mit seiner Familie in Oakland lebt und unermüdlich die Welt bereist. Mit seinen Freunden und Kollegen Frank Herbert und Poul Anderson bewohnte er einst ein Hausboot und bildete mit ihnen eine Drei-Familien-SF-›Kommune‹. Trotz seines wachsenden Bekanntheitsgrades zeigt er sich so selten in SF-Kreisen, daß eine Art Mythos um ihn entstand und er in den siebziger Jahren zu einem Kultautor wurde.

V. begann seine SF-Karriere im Jahre 1945, als seine Story ›The World Thinker‹ in *Thrilling Wonder Stories* erschien. Diese Publikation und ihr Schwestermagazin *Startling Stories* bildeten V.' Hauptabsatzmärkte in seiner Frühphase als Schriftsteller. In dieser Zeit, zwischen 1945 und 1955, schrieb V. abenteuerliche SF, die schon durch farbige Schauplätze und spannende Handlungsbögen auffiel. 1950 wurde sein erstes Buch publiziert, der Episodenroman THE DYING EARTH, der das Problem der Einordnung seiner Werke deutlich macht: Von der Handlung her ist dieses Buch eindeutig Fantasy, der Hintergrund ist aber SF. V. schreibt Fantasy wie SF und SF wie Fantasy – er ist der klassische Science Fantasy-Autor. THE DYING EARTH zeigt V. als bemerkenswerten Stilisten; der Roman spielt in einer fernen Zukunft, in der die Wissenschaft von der Magie ersetzt wurde. Diesen Handlungsschauplatz suchte V. später mit THE EYES OF THE OVERWORLD (1966), CUGEL'S SAGA (1983) und RHIALTO THE MARVELLOUS (1984) wieder auf.

Trotz dieser Ausflüge in phantastische Gefilde blieb V.' Hauptaugenmerk auf die SF gerichtet, in der er schon bald zu einem Schöpfer fremdartiger Welten und exotischer Kulturen wurde. Allerdings war er nie der technisch orientierten Hard-SF zugetan, sondern legte immer Wert auf die genaue Zeichnung landschaftlicher und biologischer Szenarien sowie auf eine exakte Schilderung anthropologischer und soziologischer Gegebenheiten. Um seine Welten in ihrer ganzen Fremdartigkeit vorführen zu können, wählte er oft die literarische Form der Odyssee. Wichtige Werke der fünfziger Jahre waren BIG PLANET (1952) – die Reise einer notgelandeten Raumschiffbesatzung über einen riesigen, einstmals von irdischen Abweichlern und Nonkonformisten besiedelten Planeten, auf dem sich nun, Jahrhunderte später, viele bizarre Kulturen und Kleinstaaten gebildet haben –, TO LIVE FOREVER (1956) und THE LANGUAGES OF PAO (1958). Letzterer Roman ist sehr interessant, weil V. in ihm der Frage nachgeht, ob die Wahrnehmung eines Menschen von sich selbst und seiner Welt von der Sprache abhängt, die er gebraucht. Kürzere Texte wie ›Gift of Gab‹ (1955), ›The Miracle Workers‹ (1958) und ›The Moon Moth‹ (1961) sind gute Beispiele für V.' akribischen Stil und die Farbigkeit seiner Welten. Die Kurzromane ›The Dragon Masters‹ (1962, Hugo Gernsback Award) und ›The Last Castle‹ (1966, Hugo Gernsback und Nebula Award) gehören ebenfalls zu seinen besten Werken.

Neben SF schrieb V. ab 1957 auch Kriminalromane, insgesamt ein Dutzend, von denen manche unter Pseudonymen (Peter Held, Alan Wade, Ellery Queen), die meisten aber unter seinem richtigen Namen erschienen. Auch auf diesem Gebiet war er sehr erfolgreich und gewann mit dem Edgar den Preis der amerikanischen Kriminalautoren. Kriminalistischen Einschlag haben auch zwei seiner SF-Serienhelden, die galaktischen Spürhunde Magnus Ridolph und Miro Hetzel.

Mitte der sechziger Jahre wandte sich V. immer mehr Romanen zu und schrieb nur noch selten Kurzgeschichten. Viele seiner Romane waren Teile größerer Serien, so der fünfbändige Zyklus um die ›Dämonenprinzen‹ (1963 – 1981), worin es um die Rache an fünf grausamen Sternenfürsten geht. Die vierteilige Planet-of-Adventure-Serie (1968 – 1970), die Durdane-Trilogie (1973/74) und die Bücher, die den Alastor Cluster/Gaean Reach als interstellaren Background haben (ab 1973), sind allesamt spannende Abenteuer mit Schwerpunkt auf Sitten und Gebräuchen bizarrer Zivilisationen und stellen gute Unterhaltung dar. Manchmal hat man jedoch den Eindruck, V. verliere bei den späteren Bänden einer Serie das Interesse an seinen eigenen Schöpfungen, denn eine ganze Reihe davon fällt qualitätsmäßig gegenüber den ›Einführungsromanen‹ einer Serie ab. Das trifft allerdings nicht auf die letzten beiden ›Dämonenprinzen‹-Romane zu, die fast fünfzehn Jahre nach Beginn der Serie geschrieben wurden. Trotzdem hinterließen Einzelwerke wie EMPHYRIO (1968) oder THE BLUE WORLD (1966) einen nachhaltigeren Eindruck. Dabei liegt THE BLUE WORLD wieder ein typisches SF-Problem zugrunde, während die Handlung starke Fantasy-Elemente aufweist: Ein Raumschiff stürzte vor Generationen auf einem Wasserplaneten ab und versank im Meer. Die Menschen an Bord konnten sich auf riesige Schwimmpflanzen retten und nach und nach eine kleine Zivilisation aufbauen, die völlig ohne Mineralien auskommen muß, da es auf dieser Welt kein Land gibt. Als die Menschen von einem gefährlichen, halbintelligenten Meeresungeheuer bedroht und ausgebeutet werden, entschließt sich eine kleine Gruppe zum Widerstand gegen ›König Krakon‹. Doch wie das Monster töten, wenn man kein Metall besitzt...

Die Stärke von V.' Prosa ist der ungewöhnliche Stil. V. schreibt atmosphärisch dicht und wartet mit großem Detailreichtum auf. Er ist bei weitem der farbigste und barockeste Autor in der SF, dessen charakteristische Sprache in jedem beliebigen Abschnitt erkennbar ist. Er neigt zu manierierter, ironischer Darstellung, zu gestelzt wirkenden Dialogen, antiquierten Redewendungen und ornamentalen Ausschmückungen, wobei sein überaus reichhaltiges Vokabular – manchmal erkärt er seine Phantasiebegriffe durch Fußnoten – für exotischen Sinnesreiz sorgt. Wie kaum ein anderer Autor ist er in der Lage, das Außergewöhnliche und Fremdartige dem Leser als völlig normal erscheinen zu lassen. In der Kunst der Namengebung kommt ihm kaum jemand gleich; seine Namen sind ungewöhnlich phantasievoll und haben immer den richtigen Klang. Das alles macht V. zum Sprachkünstler und typischen Romantiker in der SF. Inhaltlich sind seine Bücher diesem Standard nicht immer gewachsen. Die Probleme, die er in ihnen anschneidet, haben – wie ihm Kritiker vorwarfen – selten Tiefgang. Alles spielt sich an einer sensuellen Oberfläche ab, die zwar wunderschön gekräuselt ist, aber nur selten eine befriedigende Erkenntnis oder gar eine Botschaft verborgen hält. V. opfert manchmal auch die Handlung der detailreichen Ausschmückung seiner Welten. Das mag der Grund sein, warum V. nach annähernd fünfzig Romanen und Collections, nach dem Gewinn von ›Hugo‹ und ›Nebula‹ und Nachdrucken in teuren Liebhaberausgaben bisher der ganz große Durchbruch versagt blieb: Er ist für den Massengeschmack zu gut, hat andererseits aber auch kein Spitzenwerk geschrieben, das ihm bei der Kritik zu bleibendem Ruhm verholfen hätte. Seine Romane, seit Jahrzehnten von hoher und immer noch steigender Qualität, sind irgendwie austauschbar. Dennoch: Langsam reift in den USA und auch bei uns die Einsicht, daß es sich bei V. um den vielleicht besten Unterhaltungsautor des

Genres handelt, eine Einsicht, zu der man in Frankreich und Holland längst gelangt ist.

Bibliografie:

Magarak, Planet der Hölle (SLAVES OF THE KLAU), Balve: Zimmermann 1960
Start ins Unendliche (TO LIVE FOREVER), München 1968, H 3111
(auch: *Kaste der Unsterblichen*)

Dämonenprinzen:

Jäger im Weltall (THE STAR KING), München 1968, H 3139
Die Mordmaschine (THE KILLING MACHINE), München 1969, H 3141
Der Dämonenprinz (THE PALACE OF LOVE), München 1969, H 3143
Das Gesicht (THE FACE), München 1983, H 4013
Das Buch der Träume (THE BOOK OF DREAMS), München 1983, H 4014

Durdane-Trilogie:

Der Mann ohne Gesicht (THE ANOME), München 1975, H 3448
Der Kampf um Durdane (THE BRAVE FREE MEN), München 1975, H 3463
Die Asutra (THE ASUTRA), München 1976, H 3480

Planet of Adventure-Serie:

Die Stadt der Khasch (CITY OF THE CHASCH), Frankfurt am Main/Berlin/Wien 1977, U 3357
Gestrandet auf Tschai (SERVANTS OF THE WANKH), Frankfurt am Main/Berlin/Wien 1978, U 3457
Im Reich der Dirdir (THE DIRDIR), Frankfurt am Main/Berlin/Wien 1980, U 31020
Im Bann der Pnume (THE PNUME), Frankfurt am Main/Berlin/Wien 1981, U 31024

Alastor Cluster-Serie:

Trullion: Alastor 2262 (TRULLION: ALASTOR 2262), München 1977, H 3563
Marune: Alastor 933 (MARUNE: ALASTOR 933), München 1978, H 3580
Wyst: Alastor 1716 (WYST: ALASTOR 1716), München 1981, H 3816

Emphyrio (EMPHYRIO), München 1971, H 3261
Der neue Geist von Pao (THE LANGUAGES OF PAO), München 1976, TTB 282
Planet der Ausgestoßenen (THE BIG PLANET), Frankfurt am Main/Berlin/Wien 1976, U 3256

Der graue Prinz (THE GRAY PRINCE), München 1979, H 3652
Die besten Stories von Jack Vance (C) (THE WORLDS OF JACK VANCE),
Rastatt: Moewig 1979
Showboat-Welt (SHOWBOAT WORLD), München 1980, H 3724
Maske: Thaery (MASKE: THAERY), München 1980, H 3742
Der azurne Planet (THE BLUE WORLD), München 1981, M 3509
Das Segel im Sonnenwind (C) (THE BEST OF JACK VANCE), München
1981, G 23374
Weltraum Oper (SPACE OPERA), Bergisch Gladbach 1982, B 21159
Jean – eine von acht (ABERCOMBIE STATION), Bergisch Gladbach 1983,
B 23019
Der galaktische Spürhund (THE GALACTIC EFFECTUATOR), München
1983, K 5760
Das Weltraum-Monopol (THE FIVE GOLD BANDS), Rastatt 1983,
UC 39
Die Welten des Magnus Ridolph (C) (THE MANY WORLDS OF MAGNUS
RIDOLPH), München 1984, H 4053
Freibeuter des Alls (VANDALS OF THE VOID), Bergisch Gladbach 1984,
B 1984
Krieg der Gehirne (NOPALGARTH), Bergisch Gladbach 1984, B 21180
Das Gehirn der Galaxis (C/OA), Rastatt 1984, TTB 363
Staub ferner Sonnen (C) (DUST OF FAR SUNS), München 1985, H 4202
Drachenbrut (C/OA), Bergisch Gladbach 1986, B 24087
Durdane (C) (komplette Trilogie: THE ANOME, THE BRAVE FREE MEN,
THE ASUTRA), München 1986, H 4361
Verlorene Monde (C) (LOST MOONS), München 1986, H 4384
Alastor (C) (komplette Trilogie: TRULLION: ALASTOR 2262, MARUNE:
ALASTOR 933, WYST: ALASTOR 1716), München 1987, H 4415
Grüne Magie (C) (GREEN MAGIC), München 1988, H 4478

Bibliografie/H:

Homo Telex (TELEK), UZ 512 (1967)
Baum des Lebens (SON OF THE TREE), TA 226 (1975)
Die Drachenreiter (THE DRAGON MASTERS), TA 259 (1976)
Die lebenden Häuser (THE HOUSES OF ISZM), TA 283 (1977)

van Cleef, Derek (Pseudonym)

Bibliografie/H:

Apokalypse 2000, Ge 39 (1977)

Vanda, John P.

Pseudonym von Manfred Böckel.

Bibliografie/H:

Stadt der Wissenden, AV 16 (1972)

Vandel, Jean Gaston (1913–)

Französischer Autor, begann eine Laufbahn als Journalist und verfaßte populärwissenschaftliche Zeitschriftenartikel. Wandte sich der SF zu und erhielt für BUREAU DE L'INVISIBLE den Grand Prix du Roman Science Fiction.

Bibliografie:

Invasion aus dem Kosmos (ATTENTAT COSMIQUE), Berlin: Gebr. Weiss 1955
Roboter im Weltenraum (TERRITOIRE ROBOT), Berlin: Gebr. Weiss 1955
Alarm aus dem Unsichtbaren (BUREAU DE L'INVISIBLE), Berlin: Gebr. Weiss 1956
Schiffbruch jenseits der Galaxis (NAUFRAGES DES GALAXIES), Berlin: Gebr. Weiss 1960
Erloschene Gestirne (LES ASTRES MORTS), Berlin: Gebr. Weiss 1961

Bibliografie/H:

Galaxis M 33 (LES VOIX DE L'UNIVERS), T 53 (1959)

van den Esch, José

Bibliografie:

Januar im Jahr 2000 (JANVIER AN 2000), München 1962, GZ 30

van der Velde, Anton

Niederländischer Schriftsteller.

Bibliografie:

Gott und das Gewürm (GOD EN DE WORMEN), München: Kösel 1951

van Doornick, Fritzheinz

Übersetzer und Autor.

Bibliografie/H:

Tote Stadt auf Gras, UZ 147 (1958)

van Laerhoven, Bob (1953–)

Belgischer Autor, ab 1973 im Feld der SF aktiv. Zu seinen wichtigsten Veröffentlichungen gehören: PHOBIE (1973), KIP EN VEL (1973), VAN DEFTIGEN HUIZE (1974), PLUK MIJ, DAPPERE (1974), DIT GORE GEHEUGEN VAN ME (1976) und (zusammen mit Eddy C. Bertin) DE KOKONS VAN DE NACHT (1977). Veröffentlichte hierzulande lediglich kürzere Texte.

van Lhin, Eric Siehe del Rey, Lester

van Scyoc, Sydney J(oyce) (1939–)

Geboren in Mount Vernon, Indiana, als Tochter eines Postangestellten. Sie schloß 1957 die High School ab, heiratete einen Luftwaffenoffizier und veröffentlichte 1962 ihre erste SF-Erzählung ›Shatter the Wall‹ in *Galaxy*. Anfang der siebziger Jahre wechselte sie erfolgreich zum Roman. Ihre frühen Romane SALTFLOWER (1971) und ASSIGNMENT: NOR'DYREN (1973) handeln von Menschen, die sich auf der Erde in nicht allzu ferner Zukunft gegen eine ständig wachsende Dehumanisierung in einer technologisch ausgerichteten Gesellschaft wehren.

Überlebenskampf und Anpassungsschwierigkeiten irdischer Siedler auf Kolonialwelten sind u.a. Themen der Romane STARMOTHER (1976), CLOUD CRY (1977) und SUNWAIFS (1981). Ihr größter Erfolg bislang war die DARKCHILD-Trilogie (1982–84), die starke Fantasy-Elemente aufweist. In ihren Kurzgeschichten, etwa ›Sweet Sister, Green Brother‹ (1975) oder ›Bluewater Dreams‹ (1981) legt sie eine enge Naturverbundenheit an den Tag, überhaupt kann man viele ihrer Texte als ›grüne‹ Science Fiction bezeichnen, die auf vordergründige Action bewußt verzichtet. Der Autorin kommt es eher auf farbige Environments und Schilderung von Zusammenhängen zwischen Mensch und Natur an.

Bibliografie:

Vergessen unter fremder Sonne (SUNWAIFS), München 1984, Kn 5782
Kind der Dunkelheit (DARKCHILD), München 1984, H 4111
Das Blaue Lied (BLUESONG), München 1984, H 4112
Sternenseide (STARSILK), München 1985, H 4164

van Vogt, A(lfred) E(lton)

(1912 –)

V. wurde als Sohn eines nach Kanada ausgewanderten niederländischen Rechtsanwalts in Winnipeg geboren. Als sein Vater seinen Job bei einer kanadisch-niederländischen Reederei verlor, mußte V. seine Schulausbildung frühzeitig abbrechen. In der Folgezeit schlug er sich als Hilfsarbeiter, Kraftfahrer und Angestellter durch. Nebenher begann er zu schreiben. Mit der Science Fiction war er schon 1926 durch das eben begründete Magazin *Amazing Stories* in Berührung gekommen, aber seine erste Story war ein Prostituierten-Melodram, das 1931 in dem Magazin *True Story* veröffentlicht wurde. Seine erste SF-Story erschien erst 1939. Es war die auch heute noch sehr bekannte Erzählung ›Black Destroyer‹ (*Astounding,* 7/39), eine jener vier Stories, die er später zu seinem berühmten Roman THE VOYAGE OF THE SPACE BEAGLE (1950) zusammenfügte. In den vier Kapiteln geht es um den Kontakt mit vier fremden Lebensformen, die das Raumschiff ›Space Beagle‹ bedrohen. Dabei ist die Black Destroyer-Episode so offensichtlich Vorbild für den Film ALIEN gewesen, daß V. mehr als vierzig Jahre nach ihrem Erscheinen nach einem Rechtsstreit mit einer erheblichen Summe abgefunden werden mußte.

V. wurde anfangs der vierziger Jahre rasch berühmt. Herausgeber John W. Campbell jr. war sein Förderer, *Astounding Stories* sein Markt. Bis 1947 wurden mindestens fünfunddreißig seiner Texte in diesem Magazin abgedruckt, wobei einige Romanlänge aufwiesen oder später zu Romanen zusammengefaßt oder erweitert wurden. Der Mutantenroman SLAN (1940), der ISHER-Zyklus (1941 – 1943) und Erzählungen wie ›Asylum‹ (1942), ›Co-Operate – or Else‹ (1942) und die Space-Beagle-Geschichten machten ihn zu einem der drei Giganten des ›Golden Age‹ der Science Fiction (die beiden anderen waren Isaac Asimov und Robert A. Heinlein). Zunächst waren seine Erzählungen noch geradlinige Abenteuerstoffe, später wurden sie jedoch in steigendem Maße von kompliziert ineinander verwobenen Handlungssträngen abgelöst, aus denen etwa der ISHER- und der NULL-A-Zyklus (1945–1949) aufgebaut sind. In ihnen agieren V.s messianische, überirdisch intelligente Superhelden vor dem Hintergrund sinistrer galaktischer Imperien und unglaublicher Zeitspannen und vermitteln den Lesern einen absoluten ›sense of wonder‹. Die beabsichtigte Aneinanderreihung traumartiger Sequenzen und rascher Perspektivwechsel führte dabei zu Brüchen in der logischen Abfolge der Handlungen – der Null-A-Protagonist Gosseyn (›go sane‹!) stirbt beispielsweise mehrere Male, ohne daß der Autor dafür eine Erklärung liefert –, aber offenbar war es gerade das, was V. unter den anderen Autoren hervorhob und seinen Erzählungen eine ›übernatürliche Qualität‹ verleiht. V. fügte in der SF – mit den Worten James E. Gunns ausgedrückt – der Wissenschaft die Magie hinzu. Nach dem Eintritt der USA in den Zweiten Weltkrieg wurden viele von V.s Kollegen eingezogen, er selbst wurde jedoch aufgrund eines Sehfehlers freigestellt. Als Folge davon dominierte er auf den Seiten von *Astounding* in den Jahren 1942/43 und wagte den Schritt zum freien Schriftsteller.

V. war ein für die SF der vierziger Jahre überaus wichtiger Autor, der eine Reihe von vielzitierten und immer wieder neu aufgelegten Klassikern verfaßt hat: SLAN (Buchausgabe 1946) ist einer der bekanntesten Mutanten/Übermenschen-Romane der SF: Psi-begabte Menschen wachsen als Mutationen unter den ›Normalen‹ heran. Diese, nach ihrem Entdecker S. Lann benannten Slans, werden von den intellektuell unterlegenen Menschen gnadenlos verfolgt, erweisen sich letztendlich jedoch als deren biologische Nachfolger. WAR AGAINST THE RULL (1959), aus den Erzählungen ›Repetition‹ (1940), ›Co-operate – or Ise!‹ (1942), ›The Second Solution‹ (1942), ›The Rull‹ (1948) und ›The Sound‹ (1950) bestehend, gilt als eine der klassischen Space Operas, die eine Auseinandersetzung zwischen zwei hochentwickelten raumfahrenden Rassen schildert. Der ISHER-Zyklus (Buchversionen 1951 und 1952) schildert die Intrigen zwischen einer mächtigen Kaiserin und einer nicht minder mächtigen Gilde in Raum und Zeit operierender Waffenspezialisten (Motto: »Das Recht, Waffen zu erwerben, ist das Recht, frei zu sein«), die zu gigantischen Raum-Zeit-Manipulationen führen.

Am typischsten für V. ist vielleicht der NULL-A-Zyklus (Buchausgaben 1948, 1956 und 1985). Darin geht es um eine interstellare Verschwörung, in die der Held Gosseyn hineingerät, wobei er zu Anfang noch nicht weiß, daß er selbst der große Macher – mit Extrahirn – im Hintergrund ist, der dagegen kämpft, daß ihm Fremde jenes nonaristotelische System zerstören, mit dem er die Machtherrschaft zu neuen Ufern zu führen hofft.

Ende der vierziger Jahre wandte sich V. engagiert der Hypnose zu und wurde Mitautor von THE HYPNOTISM HANDBOOK (1956). Zur gleichen Zeit begeisterte er sich für das ›Dianetik‹-Konzept seines Kollegen L. Ron Hubbard. Diese Aktivitäten führten zu einem jahrzehntelangen Ausstieg aus der SF. Nur wenige Stories und lediglich ein Roman, THE MIND CAGE (1957), erschienen während der fünfziger Jahre. Erst Anfang der sechziger Jahre – Hubbards Heilslehre der Selbst-Psychoanalyse hatte immer größere und sektiererische Formen angenommen und war schließlich zur Scientology-Kirche geworden – widmete sich V. wieder mehr dem Schreiben und produzierte bis 1985 knapp zwanzig neue Romane, mit denen er aber nicht mehr an die Werke aus seiner Glanzzeit anknüpfen konnte. Am bemerkenswertesten von seinen späteren Titeln, von denen er auch einige mit seiner ersten Frau Edna Mayne Hull verfaßte, sind noch CHILDREN OF TOMORROW (1970), COMPUTERWORLD (1983) und NULL-A-THREE (1984). Letzterer schloß den NULL-A-Zyklus ab, ohne den Inhalt wesentlich zu bereichern oder Licht in manche dunklen Passagen zu bringen bzw. die Handlung auf befriedigende Weise abzuschließen. Der Roman erschien bezeichnenderweise zuerst in Frankreich, wo die früheren NULL-A-Bände – von Boris Vian übersetzt – den nachhaltigsten Eindruck hinterlassen hatten.

V. gehört zu den umstrittensten Autoren der Science Fiction. Seine Vorliebe für Übermenschen mit ›Extrahirn‹ und ›I.Q. 10000‹, seine eingestandene Schwäche für Monarchien und andere undemokratische Gesellschaftsformen, sein ziemlich trivialer Stil und sein Unvermögen zu subtiler Charakterisierung von Personen haben ihn immer wieder in die Schußlinie der Kritik gebracht. Damon Knight, Kritiker und selbst SF-Autor, nannte ihn einmal einen ›kosmischen Bauspekulanten‹, der Gedankengebilde aufeinandertürmt, ohne sich um deren Form und Zusammenwirken zu kümmern.

Viele seiner Romanhandlungen lassen sich auf folgendes Schema reduzieren: Der Protagonist tritt unwissend und machtlos in ein gefährliches, undurchschaubares Geschehen kosmischen Ausmaßes ein. Er wird von scheinbar allmächtigen, gesichtslosen Personen und Göttern bedroht, entwickelt aber nach und nach in sich schlummernde Fähigkeiten, die ihn das System durchschauen und das Netz zerreißen lassen, bis er schließlich die gegnerische Figur besiegt und deren Platz einnimmt.

Dessen ungeachtet hatten seine frühen Stories und Romane erheblichen Einfluß auf andere Autoren, wie etwa Charles L. Harness. Auch der deutschen SF der fünfziger und sechziger Jahre drückte er seinen Stempel auf. Wenn E. E. Smith die geistige ›Hardware‹ für Serien wie *Perry Rhodan* lieferte, so entdeckt man V.s ›neue‹ Wissenschaften (›Nexialismus‹, ›non-aristotelische Logik‹) als ›philosophischen‹ Überbau. »Alles ist möglich, alles ist machbar«, signalisierten seine Texte, und das mag für eine im Aufbruch befindliche, sich euphorisch gebende SF das rechte Motto sein. Daß es in einem seriöseren literarischen Umfeld, als es die SF der vierziger Jahre war, den Test der Zeit nicht unbeschadet überstanden hat, zeigt die Rezeption von V.s Werk ab den sechziger Jahren: Die Kritik reagierte meist negativ, und auch beim Leser hat er seinen einstigen Spitzenplatz längst verloren, den Heinlein und Asimov noch lange hielten.

Bibliografie:

Die Welt der Null-A (THE WORLD OF A), Balve: Zimmermann 1958
Kosmischer Schachzug (THE PAWNS OF NULL A), Balve: Zimmermann 1958
Das Erbe des Atoms (EMPIRE OF THE ATOM), Balve: Zimmermann 1959
Das andere Gesicht (THE MIND CAGE), Düsseldorf: Dörner 1960 (auch: *Die Denkmaschine*)
Das Absolutum (C/OA), Balve: Zimmermann 1961
Die Weltraumexpedition der Space Beagle (THE VOYAGE OF THE SPACE BEAGLE), München: AWA 1961 (auch: *Die Expedition der Space Beagle*)
Der Krieg gegen die Rull (THE WAR AGAINST THE RULL), München 1963, H 254
200 Millionen Jahre später (THE BOOK OF PTATH), München 1965, TTB 104
Das unheimliche Raumschiff (ROGUE SHIP), München 1966, H 3076
Slan (SLAN), München 1967, H 3094
Das Haus der Unsterblichen (THE HOUSE THAT STOOD STILL), Rastatt 1967, PU 326
Im Reich der Vogelmenschen (THE WINGED MAN) (mit Edna Mayne Hull), München 1967, TTB 121
Die Bestie (THE BEAST), München 1967, TTB 137
Die Waffenhändler von Isher (THE WEAPON SHOPS OF ISHER), München 1967, H 3100

Die Waffenschmiede von Isher (THE WEAPON MAKERS), München 1967, H 3102

Die Veränderlichen (THE SILKIE), München 1970, H 3199

Palast der Unsterblichen (QUEST FOR THE FUTURE), München 1971, H 3257

Kinder von Morgen (CHILDREN OF TOMORROW), München 1972, H 3278

Die ersten Marsianer (C) (THE FAR-OUT WORLDS OF A.E. VAN VOGT), Rastatt 1972, TTB 186

Kampf um die Ewigkeit (THE BATTLE OF FOREVER), Rastatt 1972, TTB 190

Ungeheuer an Bord (C) (M 33 IN ANDROMEDA), Rastatt 1972, TTB 195

Chaos über Diamantia (THE DARKNESS ON DIAMANTIA), Rastatt 1973, TTB 208

Die Zeit der Androiden (C) (MORE THAN SUPERHUMAN), Rastatt 1973, TTB 217

Der große Galaktiker (C) (THE PROXY INTELLIGENCE AND OTHER MIND BENDERS), Rastatt 1973, TTB 223

Der Zauberer von Linn (THE WIZARD OF LINN), Rastatt 1975, TTB 268

Mann der tausend Namen (THE MAN WITH A THOUSAND NAMES), Rastatt 1976, TTB 271

Der Zeitspieler (THE UNIVERSE MAKER), Rastatt 1977, TTB 292

Beherrscher der Zeit (MASTERS OF TIME), Rastatt 1978, TTB 299

Intelligenzquotient 10000 (SUPERMIND), Rastatt 1978, TTB 302

Das Gedankenfenster (FUTURE GLITTER), Bergisch Gladbach 1978, B 22004

Das Zeitpendel (C) (PENDULUM), Rastatt 1979, TTB 314

Zeitstop 1704 (COSMIC ENCOUNTER), Rastatt 1980, TTB 334

Das Reich der fünfzig Sonnen (THE MIXED MEN), Bergisch Gladbach 1982, B 21157

(Hrsg.) *Die Venusnarbe* (mit Bernard Goorden), München 1982, H 3878

Die Unterdrückten (RENAISSANCE), Frankfurt am Main/Berlin/Wien 1982, U 31041

Das Atom-Imperium (EMPIRE OF THE ATOM & THE WIZARD OF LINN), Bergisch Gladbach 1983, B 24045

Planeten zu verkaufen (PLANETS FOR SALE) (mit Edna Mayne Hull), Bergisch Gladbach 1984, B 21178

Meister der Zukunft (C/OA), Bergisch Gladbach 1986, B 24077

Null-A (C) (komplette Trilogie: THE WORLD OF NULL-A, THE PLAYERS OF NULL-A, NULL-A-THREE), München 1986, HSFB 58 (der enthaltene Roman *Der dritte Gosseyn* [NULL-A-THREE] ist auf deutsch nicht als Einzelveröffentlichung erschienen)

Bibliografie/H:

Der Mann mit dem dritten Auge (SIEGE OF THE UNSEEN), TS 61 (1962)
Bis in die Unendlichkeit (C/OA), TS 91 (1964)
Das Monster (C/OA), T 350 (1964)

Vardeman, Robert E.

Der in Texas geborene V. studierte Physik und begann Mitte der siebziger Jahre mit dem Verfassen von SF. Neben der sechsbändigen Fantasy-Serie THE WAR OF POWERS, die er zusammen mit Victor Milan schrieb, und dem SF-Zyklus CENOTAPH ROAD hat er Abenteuerromane um die Besatzung des Raumschiffs Enterprise und zur Serie ›V.‹ verfaßt.

Bibliografie:

Das Klingon-Gambit (THE KLINGON-GAMBIT), München 1983, H 4035
Meuterei auf der Enterprise (MUTINY ON THE ENTERPRISE), München 1986, H 4285

Varley, John (Herbert)

(1947 –   )
Amerikanischer Autor, geboren in Austin. V. studierte an der Michigan University in East Lansing und gab mit den Stories ›Picnic On Nearside‹ (*F&SF*, 8/74) und ›Scoreboard‹ (*Vertex*, 8/74) sein Debut in den SF-Magazinen. Innerhalb kürzester Zeit stieg er zu einem Top-Star unter den SF-Autoren auf und muß heute als eine der wichtigsten Entdeckungen der siebziger Jahre betrachtet werden. 1976 wurde er für den John W. Campbell Award nominiert und belegte hinter Tom Reamy den zweiten Platz. Nachdem er mit seiner Novelle ›In The Bowl‹ (*F&SF*, 10/75) Aufsehen erregt hatte, schrieb er in der Folge eine Reihe von Stories und Novellen, die durch originelle Ideen, dichte Atmosphäre und durchdachte Konstruktion beeindruckten. ›Gotta Sing, Gotta Dance (*Galaxy*, 7/76), ›In The Hall Of The Martian Kings‹ (*F&SF*, 2/77) und ›The Persistence of Vision‹ (*F&SF*, 3/78, Nebula Award 1978, Hugo Gernsback Award 1979) sind die besten Beispiele. Letztere ist eine Novelle, die eine Welt von taubblinden Jugendlichen schildert, die neue Formen der Kommunikation und des Zusammenlebens geschaffen haben und

in die ein mit ›normalen‹ Sinnen gesegneter Mensch gerät. Einige dieser Erzählungen V.s liegen gesammelt in dem Kurzgeschichtenband THE PERSISTENCE OF VISION (1978) vor. Weitere Collections sind THE BARBIE MURDERS AND OTHER STORIES (1980) und BLUE CHAMPAGNE (1986). Letztere enthält neben der Titelnovelle (Locus Award 1982) auch seine mehrfach ausgezeichneten Kurzgeschichten ›The Pusher‹ (Hugo Gernsback und Locus Award 1982) und ›Press Enter‹ (Hugo Gernsback, Nebula und Locus Award 1985).

1977 erschien V.s erster Roman, THE OPHIUCHI HOTLINE, in dem die Terraner durch eine Fremdrasse von ihrem Heimatplaneten Erde verdrängt werden und dann in relativem Wohlstand ihr Dasein auf einer anderen Welt des Sonnensystems fristen. Ihren technischen Fortschritt verdanken sie geheimnisvollen Radiosendungen vom Ophiuchi-System aus den Tiefen der Galaxis. Die Welt im Sonnensystem ist heil, bis die Fremden von Ophiuchi den Preis für ihre Ratschläge verlangen...

War diesem Roman noch ein Achtungserfolg beschieden, etablierte sich V. spätestens mit der Gäa-Trilogie unter den führenden modernen Romanciers des Genres. TITAN (1979), WIZARD (1981) und DEMON (1984) wurden von der Kritik sehr positiv aufgenommen und stellen eines der originellsten SF-Werke der letzten Jahre dar. Bei der Erforschung des Saturnsystems stellt die Besatzung des Raumschiffes ›Ringmaster‹ fest, daß es sich beim Saturnmond Titan um ein riesiges Gebilde von der Form eines Hohlrades handelt. Als das Schiff zerstört wird und die Besatzung im Inneren dieses Gebildes erwacht, findet sie sich in einer märchenhaften Welt weiter Landschaften wieder, die von den seltsamsten Kreaturen bevölkert werden. Titan entpuppt sich als Jahrmillionen altes intelligentes Wesen mit gottähnlicher Macht... Gäa. Die Trilogie schildert die Abenteuer des weiblichen Raumkapitäns Cirocco Jones in dieser phantastischen Welt und ihre Auseinandersetzungen mit Gäa, die all die seltsamen Wesen mit ihren grenzenlosen biotechnischen Möglichkeiten erschaffen hat – meist Vorbildern aus Fernsehsendungen von der Erde nachempfunden, denn sie weiß nicht zwischen Wirklichkeit und den Produkten der Filmindustrie zu unterscheiden...

Ähnlich erfolgreich wie die Gäa-Trilogie (TITAN gewann 1980 den Locus Award) war V.s Roman MILLENIUM (1983). In ihm verbindet er die Zeitreise- und Katastrophenthematik und läßt vor diesem Hintergrund eine Liebesgeschichte zwischen einem Mann des zwanzigsten Jahrhunderts und der Chefin eines Zeitreiseteams aus der fernen Zukunft ablaufen. Überhaupt sind die Themen, die V. in seinen

Romanen und Erzählungen anpackt, nicht unbedingt neu – Liebe; die Erforschung des Fremden und Unbekannten; der Platz des Menschen im Universum –, aber wie er sie präsentiert, auf unterhaltsame und dennoch nicht anspruchslose Weise, hat entscheidend zu seinem Erfolg beigetragen.

Bibliografie:

Voraussichten (C) (THE PERSISTENCE OF VISIONS – I), München 1981, G 23381
Mehr Voraussichten (C) (THE PERSISTENCE OF VISIONS – II), München 1981, G 23382
Noch mehr Voraussichten (C) (THE PERSISTENCE OF VISIONS – III), München 1981, G 23383
Der heiße Draht nach Ophiuchi (THE OPHIUCHI HOTLINE), München 1981, H 3852
Der Satellit (TITAN), München 1983, H 3986
Der Magier (WIZARD), München 1983, H 3987
Millenium: eine Jahrtausendliebe (MILLENIUM), Bergisch Gladbach 1985, B 24065
Der Dämon (DEMON), München 1986, H 4313

Varne, Richard

Bibliografie/H:
Das Geheimnis der Copaner (IN A MISTY LIGHT), T 5 (1957)

Vasovec, Ernst

Österreichischer Autor. Die Trilogie *Der Stein des Sisyphos* (1969), *Sodom oder Das Vorbestimmte und das Zugefügte* (1978) und *Vom Ende der Welt* (1981) stellt eine sprachmächtige Bewältigung der Menschheitsgeschichte dar. Der Abschlußband schildert die Welt nach dem großen Atomschlag.

Bibliografie:
Vom Ende der Welt, München: Schneekluth 1981

Veit, Barbara

Bibliografie:
Der Giftmafia auf der Spur, München: Schneider 1986

Velan, Yves (1925 –   )

Schweizer Autor, geboren in Saint-Quentin. Literaturstudium in Lausanne, dann mehrjährige Lehrtätigkeit in den USA. 1977 kehrte V. wieder in die Schweiz zurück. *Soft Gulag* (1977) ist eine Dystopie in der Tradition von Orwell und Huxley.

Bibliografie:

Soft Gulag (SOFT GULAG), Zürich/Köln: Benziger und Ex Libris 1980

Vercors (1902 –   )

Pseudonym des französischen Autors und Grafikers Jean Bruller, der mit Les Editions de Minuit einen Verlag der französischen Resistance mitbegründete, in dem sein Erstling LE SILENCE DE LA MER (1942) als erster Titel erschien. Einige seiner Romane enthalten phantastische Elemente, andere sind der SF zuzurechnen. Dies gilt insbesondere für LES ANIMAUX DENATURES (1952), einen Roman über die Entdeckung einer bislang unbekannten Affenmenschenart und den Kampf um ihre Anerkennung als Menschen. Unter seinem richtigen Namen illustrierte V. eine Anzahl von Büchern.

Bibliografie:

Das Geheimnis der Tropis (LES ANIMAUX DENATURES), München 1976, H 3483

Verne, Jules (Gabriel)
(1828 – 1905)

Der Franzose ist unzweifelhaft der populärste unter den frühen Autoren utopischer Romane – laut UNESCO-Statistik folgt V. hinter Lenin, der Bibel, Enid Blyton, Marx und Agatha Christie mit 143 Sprachen, in die seine Bücher übersetzt wurden, auf dem 6. Platz der Weltrangliste der am meisten übersetzten Autoren. V. wurde als Sohn eines Rechtsanwalts in Nantes geboren, sollte Jura studieren, wollte selbst aber lieber Theaterdichter werden und lebte eine Weile in Pariser Künstlerkreisen. Die Heirat mit einer vermögenden Frau enthob ihn zunächst weiterer Sorgen. Er hatte damit begonnen, sich eine später 20000 Notizen umfassende Zettelkartei mit Auszügen aus wissenschaftlichen Zeitungsartikeln und Büchern anzulegen. Als ein Freund mit ihm einen Ballon aufsteigen lassen wollte, unterstützte V. dieses Projekt voller Begeisterung und wirkte an der Konstruktion mit. Der Freund stürzte jedoch mit dem Ballon ab, worauf sich V. hinsetzte und schrieb, was nicht hatte sein sollen: das Ballonabenteuer CINQ SEMAINES EN BALLON (1863). Nach mehreren vergeblichen Versuchen, das Manuskript zu verkaufen, hatte er bei dem Verleger Hetzel Glück. Mehr noch, Hetzel erkannte sofort das Talent des jungen Autors und die Möglichkeiten, die diese Art von Literatur haben mochte, und nahm Verne gleich für weitere Bücher unter Vertrag. Der Roman wurde auf Anhieb ein großer Erfolg, und dieser Erfolg blieb V. bis zu seinem Tode treu. Fortan schrieb V. Roman auf Roman für Hetzel, die meisten auch und vor allem für ein jugendliches Publikum gedacht, so daß Hetzel die jeweils neuesten Romane in einer Jugendzeitschrift vorabdruckte, bevor sie in Buchausgaben erschienen. Auf diese Weise kamen neben allerlei Abenteuerromanen eine Reihe von bekannten utopischen Romanen zustande: VOYAGE AU CENTRE DE LA TERRE (1864), DE LA TERRE A LA LUNE (1865), AUTOUR DE LA LUNE (1870), VINGT MILLES LIEUES SOUS LES MERS (1870), HECTOR SERVADAC (1877), ROBUR LE CONQUERANT (1866), L'ILE A HELICE (1895), MAITRE DU MONDE (1904) u. a. Viele dieser Romane wurden zum Teil mehrmals verfilmt, und einzelne Figuren, wie etwa die des Kapitäns Nemo aus VINGT MILLES LIEUES SOUS LES MERS oder auch die Angehörigen des Kanonenclubs von Baltimore sind überaus populär geworden. Ob es nun als Projektil einer 270 Meter langen Kanone zum Mond geht (DE LA TERRE A LA LUNE und dessen Fortsetzung AUTOUR DE LA LUNE), ob Kapitän Nemo mit seinem Unterseeboot Kriegsschiffe rammt (VINGT MILLES LIEUES SOUS LES MERS), ob ein wissenschaftliches Genie mit seinem hubschrauberähnlichen Allzweckmobil die Erde erobern will (ROBUR LE CONQUERANT und dessen Fortsetzung MAÎTRE DU MONDE), ob eine riesige schwimmende Insel amerikanische Millionäre am Streit der ›Backbord‹- und ›Steuerbord‹-Bewohner buchstäblich auseinanderbricht (L'ILE A HELICE) oder ob eine Expedition ins Erdinnere unternommen wird (VOYAGE AU CENTRE DE LA TERRE) – V. verstand es, Optimismus, Spannung, Humor und einen Schuß utopischer Sensation gut erzählt miteinander zu verbinden. Seine Zettelchen ließen ihn dabei manche in der Luft liegende Erfindung aufgreifen, manchmal schilderte er aber auch bereits Bestehendes, wenn auch noch wenig Bekanntes (etwa Unterseeboote). Gelegentlich wurde er ernster: Wenn er Edgar Allan Poe eine Fortsetzung von ARTHUR GORDON PYM widmete (LE SPHINX DES GLACES, 1897; wie bei Poe eine Expedition zum Südpol, jedoch ohne

Poes Grauen), einen Alptraum von Industriestadt schildert (LES CINQ CENTS MILLIONS DE LA BEGUM, 1879) oder sich in Kurzgeschichten wie ›Le Docteur Ox‹ (1872), ›Master Zacharius‹ (1852) oder ›L'Eternel Adam‹ (1905/10) ungewohnt pessimistisch zeigt. Seine Science Fiction hatte großen Einfluß auf die nachfolgenden Generationen von Science Fiction-Autoren und ist in der Wirkung nur mit Wells vergleichbar. Zugleich strahlt sie zum überwiegenden Teil einen Zukunftsoptimismus aus, wie er später nur noch gelegentlich in der Campbell-Ära durchschimmerte.

Bibliografie:

Die meisten deutschen Erstausgaben der Romane Jules Vernes sind wegen fehlender oder falscher bibliografischer Angaben nicht zu ermitteln. Teilausgaben des OEuvres erschienen ursprünglich im Hartleben Verlag in Wien seit 1874; weitere Teilausgaben im Verlag A. Weichert, Berlin – Hannover, um die Jahrhundertwende; nach dem Zweiten Weltkrieg erschienen Teilausgaben im Diogenes Verlag, Zürich, und im S. Fischer Verlag, Frankfurt am Main; ein veränderter Nachdruck der Ausgabe im Verlag A. Hartleben, Wien, in 100 Taschenbüchern erschien 1984 als *Collection Jules Verne* im Pawlak Taschenbuch Verlag, Berlin – Hersching.

Siehe Anhang SERIEN: *Collection Jules Verne*

Vernon, Roger Lee (1924 –   )

Amerikanischer Autor und Lehrer. Studierte an der Northwestern University und schrieb einige Geschichten, die Routine-SF darstellen.

Bibliografie/H:

Stunde der Roboter (ROBOT HUNT), TS 32 (1960)

Vernunft, Burkhard

Bibliografie:

Ringelmann schaut sich die Erde an, Hamburg: Broschek 1969

Verrill, A(lpheus) Hyatt (1871 – 1954)

Amerikanischer Forscher und Pulp-SF-Autor der ersten Stunde, geboren in New Haven, Connecticut. V. unternahm viele ausgedehnte Expeditionen nach Mittel- und Südamerika und galt als archäologische und anthropologische Kapazität. Er schrieb über 100 Sachbücher, die im Zusammenhang mit seinen Expeditionen stehen. Alte Zivilisationen, ›Vergessene Welten‹ und abenteuerliche Reisebeschreibungen bilden auch die Zentralthemen seiner Romane und Geschichten für Gernsbacks *Amazing Stories*. Dort hielt er 1926 mit seinem Roman BEYOND THE POLE Einzug. V. trug mit seinen abenteuerlichen Reiseromanen viel zum Image der frühen *Amazing Stories* bei. Weitere Romane von ihm sind: INTO THE GREEN PRISM (1929), BEYOND THE GREEN PRISM (1930), THE INNER WORLD (1935).

Vézère, Lasko
Pseudonym von Werner Walz.

Bibliografie:

Altamira: Ein Bericht aus diesen Tagen, Rastatt: Grote 1960

Vicas, Victor Siehe Frank, Alain

Vidal, Gore (1925 –)
Pseudonym des in Italien lebenden amerikanischen Schriftstellers und Dramatikers Eugene Luther Vidal jr., geboren in West Point, New York. Bekannt wurde V. durch seine Romane MYRA BECKENRIDGE (1968) und MYRIN (1974), die die Thematik der Geschlechtsumwandlung aufgriffen, worauf ihr Verfasser in den USA in den Ruf geriet, ›dekadent und unamerikanisch‹ zu sein. Einige seiner Werke sind der SF zuzurechnen: MESSIAH (1954, neue Fassung 1965) erzählt die Geschichte eines ehemaligen Bestattungsunternehmers, der den Tod zum Hauptziel der Menschheit erklärt, eine Religion gründet und zum neuen Messias wird... mit verheerenden Folgen. Ähnlich satirischen Charakter hat auch das Bühnenstück VISIT TO A SMALL PLANET (1960), in dem ein außerirdisches Kind die Vergangenheit verändern kann und so unsere korrupte Gesellschaft erschüttert.

Bibliografie:

Messias (MESSIAH), Frankfurt am Main 1977, st 390
Kalki (KALKI), München: Steinhausen 1980

Vieton, Peter T. Siehe Alpers, Hans Joachim

Vieweg, Heinz (1920 –   )
Der DDR-Autor Heinz Vieweg wurde in Dresden geboren, studierte Physik und arbeitet heute als Physiker. Da er zeitweise beruflich mit Kindern und Jugendlichen zu tun hatte (so leitete er etwa eine ›Station junger Techniker‹) und dort mit Fragen nach der Weiterentwicklung der Technik und der Reaktion des Menschen darauf konfrontiert wurde, entschloß er sich, auf solche Fragen eine literarische Antwort zu geben. Ergebnis waren zwei technisch-naturwissenschaftlich orientierte Romane, die in den fünfziger Jahren erschienen.

Bibliografie:
Ultrasymet bleibt geheim, Berlin/DDR: Neues Leben 1955
Die zweite Sonne, Halle (Saale): Mitteldeutscher 1958

Bibliografie/H:
Feuer im Labor I, KJ 4 (1956)

Vilar, Esther
Bibliografie:
Bitte keinen Mozart, München/Berlin: Herbig 1981
Die Antrittsrede der amerikanischen Päpstin, München/Berlin: Herbig 1982

Villard, Hendrik Siehe Ellmer, Arndt

Villiers de l'Isle-Adam, Jean Marie (1840 – 1889)
Französischer Schriftsteller. Verfaßte hauptsächlich Gedichte und Theaterstücke, aber auch einen frühen SF-Roman: L'EVE FUTURE (1886).

Bibliografie:
Die Eva der Zukunft (L'EVE FUTURE), München: von Weber 1909

Vincent, Harl (1893 – 1968)
Pseudonym des amerikanischen Autors Harold Vincent Schoepflin, geboren in Buffalo, New York. Einer der Pioniere der ›scientifiction‹, wie die SF noch in den frühen Jahren der Gernsback-Ära genannt wurde. Seine ersten Geschichten verkaufte der Freizeit-Autor V. an

das Magazin *Argos,* noch bevor es spezielle SF-Magazine gab. Von 1928 bis 1942 publizierte er über siebzig Stories, die Mehrzahl davon in *Amazing.* Seine einzige Buchpublikation blieb THE DOOMSDAY PLANET (1966), ein interplanetarisches Abenteuer.

Vinge, Joan (Carol) D(ennison)
(1948 –   )
Amerikanische Schriftstellerin, geboren in Baltimore, Maryland. V. erwarb einen B. A. in Anthropologie und arbeitete als Archäologin. Bereits als Schülerin verschlang sie begeistert Science Fiction, mit dem Schreiben begann sie jedoch erst Anfang der siebziger Jahre. Ihre erste Erzählung, ›Tin Soldier‹, erschien 1974.

Seitdem konnte sie einen Erfolg nach dem anderen verbuchen. Ende der siebziger Jahre hatte sie sich mit einer Reihe von weiteren Kurztexten – die Novelle ›The Crystal Ship‹ (1976) und ›Eyes of Amber‹, eine Erzählung, die 1978 den Hugo Gernsback Award gewann, ragen heraus – in die vorderen Ränge der SF-Autoren geschrieben. 1978 erschien auch ihr erster Roman, THE OUTCASTS OF HEAVEN BELT, eine Space Opera, deren Handlung in einem Asteroidensystem spielt, das viele rivalisierende Kleinstaaten beherbergt. Ihr bisher bekanntestes Werk ist der Roman THE SNOW QUEEN, der 1980 den Hugo Gernsback Award gewann. In ihm schildert V. die Welt Tiamat, die um Zwillingssonnen kreist, die ihrerseits wieder um ein Schwarzes Loch kreisen. Diese Konstellation bewirkt extreme Kilmaverhältnisse: Auf Tiamat herrscht hundertfünfzig Jahre Winter und hundertfünfzig Jahre Sommer. Im Winter ist der Planet von Raumschiffen der ›Hegemonie‹ erreichbar, im Sommer auf sich allein gestellt. Das hat bestimmte soziale Verhältnisse zur Folge, die in Frage gestellt werden, als die Schneekönigin Mittel und Wege gefunden hat, länger als ihre Regierungszeit zu leben und auch Sonnenkönigin werden will...

Nach dem außerordentlichen Erfolg dieses Romans spezialisierte sich V. auf Novellisierungen bekannter SF- und Fantasyfilme wie RETURN OF THE JEDI STORYBOOK (1983), THE DUNE STORYBOOK (1984), LADYHAWKE (1985), MAD MAX: BEYOND THUNDERDOME (1985) u. a. Weitere eigenständige SF-Romane waren PSION (1982) und WORLD'S END (1984), die Fortsetzung von THE SNOW QUEEN.

V., die von 1972 bis 1979 mit dem SF-Autor Vernor Vinge verheiratet war, hält die Archäologie für die Anthropologie der Vergangenheit, Science Fiction für die der Zukunft – beides versteht sie vor allem als Möglichkeit, menschliches Verhalten zu studieren.

Bibliografie:

In den Trümmern des Himmelssystems (THE OUTCASTS OF HEAVEN BELT), München 1981, M 3545
Vermächtnis (LEGACY), Bergisch Gladbach 1982, B 23005
Das Kind der Priesterin (C) (FIRESHIP), München 1982, M 3570
Die Schneekönigin (THE SNOW QUEEN), München 1983, H 3950
Bernsteinaugen und Zinnsoldaten (C) (EYES OF AMBER AND OTHER STORIES), München 1983, M 3615
Die Rückkehr der Jedi-Ritter (RETURN OF THE JEDI STORYBOOK), München: Heyne 1983
Die Spur der Schneekönigin (WORLD'S END), Bergisch Gladbach 1984, B 24062
Der Wüstenplanet (THE DUNE STORYBOOK), München: Droemer Knaur 1984
Psion (PSION), München 1985, H 4230
Mad Max – Jenseits der Donnerkuppel (MAD MAX III: BEYOND THUNDERDOME), Bergisch Gladbach 1985, B 13038

Vinge, Vernor (1944–   )
Amerikanischer Mathematiker und Schriftsteller, geboren in Waukesha, Wisconsin. V. hat die SF bisher nicht zum Hauptinhalt seines Lebens bzw. seiner beruflichen Tätigkeit gemacht. Zwar erschien seine erste Story, ›Apartness‹, bereits 1965 in *New World,* gefolgt bislang von einem guten Dutzend Stories und vier Romanen, aber im Vordergrund standen für ihn Studium und berufliche Weiterbildung. 1971 erwarb er an der University of California in San Diego den Doktortitel im Fachbereich Mathematik, wo er dieses Fach auch seit 1972 lehrt. V., der von 1972–1979 mit Joan D. Vinge verheiratet war, ist trotz seines vergleichsweise schmalen Werkes ein sehr beachtenswerter SF-Autor. Seine frühen Romane, GRIMM'S WORLD (1969) und THE WITLING (1976), spielen auf fremden Planeten, auf denen außerplanetare Be-

sucher landen und sich mit den dortigen Kulturen auseinandersetzen müssen. In ersterem glänzt V. durch detaillierte Beschreibung alternativer Technologien auf einer mineralienarmen Welt, in letzterem schildert er die Schwierigkeiten zweier Gestrandeter mit psibegabten Einheimischen auf einer Welt ohne Wissenschaft und Technik. Wie in bislang allen seinen Romanen spielen auch in TRUE NAMES (1981) Protagonisten mit übermenschlichen Fähigkeiten eine tragende Rolle, diesmal in Zusammenhang mit einem Computernetz, das von seinen Usern als ›magische Welt‹ verstanden wird. Nachdem es eine Zeitlang ruhig um V. geworden war, zeigte sich Mitte der achtziger Jahre, daß er intensiv an einem großen Romanprojekt gearbeitet hatte. 1984 erschien THE PEACE WAR, ein Roman, der in einem postatomaren Amerika spielt, in dem es jedoch fast unzerstörbare ›Dimensionsblasen‹ gibt, in denen die Zeit stehen geblieben ist, 1986 gefolgt von MAROONED IN REAL TIME, eine Fortsetzung, die 50 Millionen Jahre in der Zukunft spielt, wohin sich mit Hilfe dieser Stasisfelder Teile unserer Gegenwart gerettet haben. Beide Romane wurden von der Kritik sehr positiv beurteilt; THE PEACE WAR wurde für den Hugo nominiert.

Bibliografie:

Der Besserwisser (THE WITLING), Bergisch Gladbach 1984, B 21174

Vlcek, Ernst (1941 –   )
V., geboren in Wien, war Büromaschinentechniker und hatte seinen ersten Kontakt mit der Science Fiction im Alter von vierzehn Jahren. Er begann selbst zu schreiben und seine zunächst für Fanzines geschriebenen Geschichten kommerziell auszuwerten. Seine Romane und Erzählungen erschienen zunächst in Heftromanreihen wie *Utopia-Zukunft* oder *Terra*. Eine seiner ersten Arbeiten war die zusammen mit Helmut W. Mommers verfaßte Collection *Das Problem Epsilon* (1964). Bald danach folgte der vierbändige, ebenfalls mit Mommers geschriebene Zyklus *Das Galaktikum* (1965). Seit 1970 ist Vlcek freiberuflicher Schriftsteller. Er stieß zum *Perry-Rhodan*-Team und schrieb für fast alle Serien des Pabel Verlages Hunderte von Heftromanen, wobei er bei Fantasy und Horror zumeist das Pseudonym Paul Wolf verwendete.

Bibliografie/H:

Das Problem Epsilon (C) (mit H. W. Mommers), TS 81 (1964)
Treffpunkt der Mutanten (C) (mit H. W. Mommers), T 361 (1964)

Sturm über Eden 13 (mit H. W. Mommers), T 415 (1965)
Die Schockwelle (mit H. W. Mommers), T 417 (1965)
Die Psychowaffe, T 420 (1965)
Agenten des Galaktikums (mit H. W. Mommers), T 422 (1965)
Der kosmische Vagabund, T 433 (1966)
Der Gott der sieben Monde, T 466 (1966)
Das Tor des Geistes, T 472 (1966)
Der Fluch der Unsterblichen, T 485 (1967)
Safari zu den Sternen (C), T 493 (1967)
Lockruf der Sirenen, UZ 517 (1967)
Stein der Macht, UZ 524 (1967)
Die Androiden AG, UZ 540 (1967)
Haßplanet, UZ 581 (1968)
Die Todesgärten der Lyra, TN 1 (1968)
Tempel der Ewigkeit, TN 3 (1968)
Planet der tausend Möglichkeiten, TN 7 (1968)
Jagd auf eine Unsterbliche, TN 12 (1968)
Ich suche meine Welt, TN 34 (1968)
Planet der verlorenen Träume, TN 41 (1968)
Die pulsierenden Sterne, TN 44 (1968)
Countdown des Todes, TN 48 (1968)
Dämmerung im Universum, TN 51 (1969)
Die Kampfmaschine, TN 64 (1969)
Heiße Fracht für einen fremden Stern, TN 71 (1969)
Seitensprünge durch die Zeit, TN 73 (1969)
Die Androidenjäger, TN 86 (1969)
Die Menschenmacher, TN 89 (1969)
Das fremde Ich, TN 96 (1969)
Unternehmen Sonnenkinder, TN 122 (1970)
Das Erbe des Irrwandlers, TN 135 (1970)
Die Kinder der Finsternis, TN 154 (1970)
Nach dem Atomblitz, TN 162 (1971)
Die Insektentöter, TN 176 (1971)
Die sieben Kreise der Hölle, TA 2 (1971)
Die Traumpaläste, TA 24 (1972)
Das Ende der Telepathen, TA 44 (1972)
Revolte der Puppen, TA 112 (1973)
Stein der Macht, TA 170 (1974)
Die Androiden AG, TA 178 (1974)
Lockruf der Sirenen, TA 336 (1978)
Haßplanet, TA 342 (1978)

Der kosmische Vagabund, TA 359 (1978)
Die schlafende Welt, TA 371 (1978)
Arena der Nurwanen, TA 373 (1978)
Der Gott der sieben Monde, TA 381 (1978)
Welt der Lüge, TA 385 (1978)
Irrlichter des Geistes, TA 386 (1978)
Das Tor des Geistes, TA 397 (1979)
Der Fluch der Unsterblichen, TA 406 (1979)
Safari zu den Sternen, TA 414 (1979)
Ruf der Mutanten, TA 439 (1980)
Orakel der Sterne, TA 455 (1980)
Gib mir Menschen (C), Rastatt 1980, TTB 329
Jagd der Amazonen (C), Rastatt 1985, UC 82
Jagd der Amazonen, Moewig Utopia Classics 82

Siehe Anhang SERIEN: *Atlan, Orion, Perry Rhodan, Perry-Rhodan-Taschenbücher*

Vogg, Karl
Pseudonym von Karl Vordermayer.

Bibliografie:
Menschen um 2000, Stuttgart: Bolten 1948

Volponi, Paolo (1924 –   )
Italienischer Autor, geboren in Urbino.

Bibliografie:
Die Weltmaschine (LA MACCHINA MONDIALE), Frankfurt am Main:
S. Fischer 1966

Voltaire (1694 – 1788)
Pseudonym von François Marie Arouet, französischer Schriftsteller,
Philosoph und Historiker. Von seinen vielen Werken können auch
zwei der Proto-SF zugerechnet werden: MICROMEGAS (1752) und
CANDIDE (1759).

Bibliografie:
Micromegas (MICROMEGAS), Dresden: G. C. Walther 1752
Candide (CANDIDE), Berlin: Bannert & Range 1897

Voltz, William (1938 – 1984)

Willi Voltz, geboren in der Nähe von Frankfurt am Main, übte zunächst den Beruf eines Geometers aus. Schon im Alter von zwanzig Jahren veröffentlichte er seinen ersten SF-Roman unter dem Titel *Sternenkämpfer* (1958) und wurde 1960 von den Mitgliedern des Science Fiction Club Deutschland e. V. zum besten Fan-Autor des Jahres gewählt. Kurzgeschichten von ihm erschienen in der Hauszeitschrift der Buchgemeinschaft Transgalaxis, später auch in der von Heinz Bingenheimer herausgegebenen Anthologie *Lockende Zukunft* (1957). V. schrieb mehrere Kurzgeschichtensammlungen innerhalb der Heftreihe *Terra*. 1963 debütierte er mit dem Heftroman *Das Grauen* in der *Perry-Rhodan*-Serie und machte sich rasch einen Namen als Verfasser spannender, gelegentlich auch psychologisch motivierter SF-Romane. Von 1975 bis 1984 war er Hauptautor der *Perry-Rhodan*-Serie, betreute die Exposés und schrieb auch Exposés für die Reihe *Atlan*. Unter dem Pseudonym Ralph Steven verfaßte er das SF-Jugendbuch *Ein Roboter in der Garage* (1978). V. war Redakteur des SF-Magazins *PERRY-RHODAN-Sonderheft* und Herausgeber mehrerer Anthologien, in denen vorwiegend bundesdeutsche Nachwuchskräfte ihre Arbeiten vorstellten, und Herausgeber und Redakteur der *Perry-Rhodan* Hardcover-Ausgabe. V. kommt das Verdienst zu, die *Perry-Rhodan*-Serie ›entmilitarisiert‹ zu haben.

Bibliografie:

Sternenkämpfer, Wuppertal: Wiesemann 1958
Hotel Galactic, München 1969, TTB 165
Quarantäne (C), München 1973, H 3357
Der Triumph (C), Rastatt 1980, UC 22
Alphabet des Schreckens (C), Rastatt 1980, UC 24
Der Rettungsplan (C), Rastatt 1981, UC 30
Zeitsplitter (C), Rastatt: Moewig 1981
Ein Stück Ewigkeit (C), Rastatt 1982, UC 37
Die tote Stadt, Rastatt 1983, UC 53
Robot-Legende, Rastatt 1983, UC 56
Die Haut des Anderen (C), Rastatt 1984, UC 60
Das Schiff des Mutanten, Rastatt 1984, UC 63

Galaktische Station 17, Rastatt 1984, UC 65
Die letzten Menschen der Erde, Rastatt 1985, UC 69
William Voltz Gedächtnisband (C), Rastatt: Moewig 1984
Griff nach Atlantis, Rastatt 1985, UC 76
Der Untergang von Atlantis, Rastatt 1985, UC 77

Als Ralph Steven:

Ein Roboter in der Garage, München 1978, GJTB 214

Bibliografie/H:

Quarantäne (C), T 316 (1964)
Der Doppelgänger (C), T 393 (1965)
Der Mann mit dem sechsten Sinn (C), T 539 (1967)
Invasion der Friedensbringer, TA 97 (1973)
(Hrsg.) *Der Dreiköpfige,* TA 267 (1976)
(Hrsg.) *Das zweite Ich,* TA 374 (1978)

Siehe Anhang SERIEN: *Atlan, Perry Rhodan, Perry-Rhodan-Taschenbücher, ZBV*

von Boehheim, Carl

Bibliografie:
Die Kaiser-Saga, Augsburg: Kraft 1960

Vonnegut jr., Kurt

(1922 –   )
Amerikanischer Schriftsteller, geboren in Indianapolis. V. gehört zu den wenigen SF-Autoren, denen es gelang, außerhalb der Science Fiction in der zeitgenössischen Literatur ihren Platz zu finden. Er studierte zunächst Biochemie, wurde aber dann eingezogen, geriet bei der Ardennenoffensive 1944 in deutsche Gefangenschaft und erlebte die Bombardierung Dresdens mit. Diese Erlebnisse fanden ihren Niederschlag in seinem Roman SLAUGHTERHOUSE 5 (1969). Nach dem Krieg studierte er Anthropologie und wurde schließlich freiberuflicher Schriftsteller, nachdem er 1950 mit ›Report on the Barnhouse Effect‹ sein Debut in *Colliers* gegeben hatte. Seine erste in einem SF-Magazin publizierte Story war ›Unready

to Wear‹ (*Galaxy,* 1953). Sein erster Roman war PLAYER PIANO (1952), eine typische Anti-Utopie, in der ein Ingenieur die Revolte gegen eine von Computern beherrschte Zivilisation anführt. Nach der Revolution stellt sich heraus, daß die ›befreiten‹ Menschen ihre Maschinen zurückhaben wollen. Ein weiterer relativ konventioneller Roman ist THE SIRENS OF TITAN (1959), in dem sich die menschliche Geschichte als von Außerirdischen manipuliert zeigt – die benötigen nämlich eine Rasse, die Ersatzteile für ihre Robotraumschiffe fertigt... CAT'S CRADLE (1963) ist eine Parodie auf die Entwicklung der Atombombe, hier ist es ein Projekt zur Entwicklung einer Waffe, die geeignet ist, alles Leben auf der Erde im ewigen Eis erstarren zu lassen. Sowohl CAT'S CRADLE als auch THE SIRENS OF TITAN wurden für den Hugo Gernsback Award nominiert. V.s bekanntester Roman ist der schon erwähnte SLAUGHTERHOUSE 5 OR THE CHILDREN'S CRUSADE: Ein Mann überlebt die Hölle in Dresden und muß später bei seinen Reisen mit einer Raum-Zeit-Maschine erkennen, daß Existenz oder Nichtexistenz der menschlichen Rasse für andere Wesen gänzlich uninteressant ist. Der Roman wurde für den Hugo und den Nebula Award nominiert und auch verfilmt. Neuere Werke von V. sind BREAKFAST OF CHAMPIONS (1973) und SLAPSTICK (1976), wobei in BREAKFAST ein SF-Autor namens Kilgore Trout vorkommt – was Philip José Farmer zum Anlaß nahm, unter dem Namen Kilgore Trout einen Science Fiction-Roman zu veröffentlichen. Eine Anzahl von Kurzgeschichten V.s finden sich in WELCOME TO THE MONKEY HOUSE (1968). Grundlegender Zug seines Werkes ist satirische Weitsicht im Gewande der Science Fiction. Er war Mitbegründer der Organisation der amerikanischen SF-Schriftsteller (SFWA), zog sich später von der SF-Szene zurück und äußerte die Überzeugung, seine Bücher seien keine Science Fiction, sondern weit fremdartiger.

Bibliografie:

Das höllische System (PLAYER PIANO), München 1964, H 3029
Schlachthof 5 (SLAUGHTERHOUSE 5 OR THE CHILDREN'S CRUSADE), Hamburg: Hoffmann & Campe 1970
Geh zurück zu deiner lieben Frau und deinem lieben Sohn (C) (WELCOME TO THE MONKEY HOUSE), Hamburg: Hoffmann & Campe 1973
Die Sirenen des Titan (THE SIRENS OF TITAN), München: Piper 1979
Slapstick oder Nie wieder einsam (SLAPSTICK), München: Piper 1977

Die Katzenwiege (CAT'S CRADLE), München:
Piper 1985
Zielwasser (DEADEYE DICK), München: Goldmann 1987
Galapagos (GALAPAGOS), München: Bertelsmann 1987

von Vacano, Kornelius

Bibliografie:
Das Mondfest, München: Hanser 1968

von Wetzky, Karl (1935 –   )

Geboren in Troppau (Opava), wuchs W. als Deutscher im tschechischen Sprachraum und Kulturbereich auf. Nach Jobs als Fahrdienst-
leiter, Bergarbeiter und dem Militärdienst wurde er zu Beginn der
Liberalisierung in den sechziger Jahren Zeitungsredakteur, arbeitete
dann bei Rundfunk und Fernsehen und war schließlich Leiter des
Prager Kinos ›Sokolovo‹. Nach einigen Romanen in tschechischer
Sprache schrieb er nach seiner Ausreise 1978 in die Bundesrepublik
einige SF-Stories in deutscher Sprache, die (zum Teil noch unter
dem Namen Wrchowetzky) in den internationalen Anthologien im
Wilhelm Heyne Verlag erschienen sind: ›Nimm die Schätze und
verlasse uns!‹ (1982), ›Morgen wird die Kiste gebracht‹ (1983), ›Nach
Babylon, nach Babylon!‹ (1983), ›...und dann singen alle die Hymne‹ (1985) und ›Die Beschleunigung des Prozesses‹ (1987). W. lebt
heute in Wuppertal und arbeitet vorwiegend für den Rundfunk.

Wachler, Dietrich (1934 –   )

Deutscher Autor und Kritiker, geboren in Weimar. Neben dem SF-Roman *Die dreizehnte Tafel* (1984) veröffentlichte W. eine Vielzahl von Gedichten, Aufsätzen und Kritiken in Zeitschriften und Rundfunksendungen.

Bibliografie:
Die dreizehnte Tafel, München 1984, H 4084

Wagner, F(ranz) J(osef) (1945 –   )

Deutscher Autor und Reporter.

Bibliografie:
Im September, wenn ich noch lebe, München: Blanvalet 1979

Wahlöö, Per (1926 – 1975)

Geboren in Göteborg, Schweden. W. ist vor allem bekannt durch zehn Kriminalromane, die er in Zusammenarbeit mit seiner Frau Maj Sjöwall schrieb. Unter seinen allein verfaßten Romanen befinden sich einige, die dem Randbereich der SF zuzurechnen sind, so die beklemmende Zukunftsvision MORD PA 31: A VANINGEN (1964), in der es um ungeheure Medienmanipulationen geht. Die leider sehr schwache Verfilmung des Stoffes durch Rainer Werner Faßbinder, GENERALERNA (1965), spielt vor dem Hintergrund einer futuristischen Militärdiktatur; in STALSPRANGET (1968) geht es um eine Seuche in Schweden. Alle diese Romane, die auch auf deutsch erschienen sind, haben ein Thema: die Gewalt der Herrschenden und die Unterdrückung des Volkes.

Bibliografie:
Mord im 31. Stock (MORD PA 31: A VANINGEN), Reinbek 1977, rororo 2424
Unternehmen Stahlsprung (STALSPRANGET), Reinbek 1980, rororo 2539
Die Generäle (GENERALERNA), Reinbek 1981, rororo 2596

Wahren, Friedel (1941 –)

Redakteurin und Herausgeberin im SF-Bereich des Wilhelm Heyne Verlags.

Bibliografie:

(Hrsg.) *Isaac Asimov's Science Fiction Magazin* (deutsche Ausgabe):
15. Folge, München 1982, H 3913
16. Folge, München 1982, H 3940
17. Folge, München 1983, H 3958
18. Folge, München 1983, H 3998
19. Folge, München 1983, H 4011
20. Folge, München 1983, H 4034
21. Folge, München 1984, H 4069
22. Folge, München 1984, H 4107
23. Folge, München 1984, H 4140
24. Folge, München 1985, H 4178
25. Folge, München 1985, H 4222
26. Folge, München 1985, H 4249
27. Folge, München 1986, H 4294
28. Folge, München 1986, H 4366
29. Folge, München 1987, H 4405
30. Folge, München 1987, H 4446

Waldrop, Howard (1946 –)

Amerikanischer Autor, geboren in Houston, Mississippi. W. wuchs in Texas auf, studierte an der University of Texas in Arlington und arbeitete u. a. als Werbefachmann. Seine erste Story wurde im Jahr 1972 in *Analog* veröffentlicht: ›Lunchbox‹. Seinen ersten Roman schrieb er zusammen mit Jake Saunders, THE TEXAS-ISRAELI WAR 1999 (1974), ein eher bizarres Stück SF. Ebenfalls eine Gemeinschaftsproduktion, diesmal mit Steven Utley, ist die Erzählung ›Custer's Last Jump‹ (1976), die für den Nebula nominiert wurde. Noch erfolgreicher war ›The Ugly Chickens‹ (1980), seine bislang beste Story, mit der er diesen Preis 1981 gewann. Es ist die tragikomische Geschichte eines jungen Ornithologen auf der Suche nach dem letzten Dodo.

Typische Themen von W. sind parallele Zeitströme, Alternativwelten – so taucht in seiner Story ›Ike at the Mike‹ ein junger Politiker namens E. Aaron Presley auf, der das Abschiedskonzert der berühmtesten Jazzband, mit Dwight D. Eisenhower an der Klarinette und George S. Patton am Schlagzeug, besucht – und ausgestorbene Tierarten oder Monster. Diese Motive tauchen auch in seinem von der Kritik gelobten Roman THEM BONES (1984) auf, wo es bei archäologischen Ausgrabungen im Louisiana der zwanziger Jahre zu anachronistischen Funden kommt.

Walker, Hugh (1941 –   )

Pseudonym des österreichischen Schriftstellers, Herausgebers und Übersetzers Hubert Straßl, geboren in Linz. Nach einem Studium an der Universität Wien wurde S. freiberuflicher Schriftsteller und gab eine Zeitlang das Magazin *Pioneer* heraus und trat dort auch als Verfasser von Stories hervor. Schwerpunkt in W.s Schaffen sind Horror und Fantasy, er schrieb aber auch einige SF-Romane, teilweise unter Pseudonymen wie Madman Curry.

Bibliografie/H:

Rebellion der Talente, TN 182 (1971)
Ruf der Träume, TA 32 (1972)
Preis der Unsterblichkeit, TA 42 (1972)
Gefangene des Kosmos, TA 86 (1973)

Als Madman Curry:

Alles Licht der Welt (C) (mit Peter Danner), UZ 513 (1967)

Als Hubert Straßl:

Der Wall von Infos, ZSF 117 (1971)

Wallace, F(loyd) L.

Amerikanischer SF-Autor, geboren im Mittleren Westen der USA, von Beruf Maschinenbauingenieur. W., der eine Reihe von Patenten angemeldet hat, lebt seit langem in Kalifornien. Bekannt wurde er hauptsächlich durch seine überdurchschnittlichen Kurzgeschichten, die in den fünfziger Jahren meistens in *Galaxy* erschienen. Sein einziger SF-Roman ist ADDRESS: CENTAURI (1955), in dem W. das Schicksal einer Gruppe von Menschen schildert, die – unheilbar krank – der Menschheit einen Dienst erweisen wollen und sich freiwillig für den ersten Flug zu den Sternen melden. W. hat außer SF auch zwei Kriminalromane sowie zahlreiche Krimi-Stories veröffentlicht.

Bibliografie:

Zielstern Centauri (ADDRESS: CENTAURI), Rastatt 1986, M 3732

Wallace, Ian (1912–)

Der in Chicago geborene John Wallace Pritchard zog schon früh nach Detroit um, wo er verschiedene Schulen besuchte. Schließlich studierte er an der Universität Michigan und machte dort sein Magisterexamen in Erziehungspsychologie. Später kam der Doktor in Erziehungswissenschaft dazu, der ihm von der Wayne State University verliehen wurde. Ab 1934 arbeitete er als Psychologe in einem Detroiter Krankenhaus; von 1955 bis 1974 lehrte er Geschichte und Erziehungswissenschaft an der Wayne State University. Schon Anfang der vierziger Jahre hatte er unter seinem richtigen Namen Sachbücher und wissenschaftliche Aufsätze veröffentlicht. Diese Erfahrung bewog ihn, in seiner Freizeit SF zu schreiben. Sein erster Roman, CROYD (1967), war ein interstellarer Spionagethriller. CROYD, wie auch ein Dutzend nachfolgender Romane, verfaßte er unter seinem Pseudonym. Die meisten davon spielen als Space Operas vor einem gemeinsamen galaktischen Hintergrund, etwa 500 Jahre in der Zukunft, und haben entweder Croyd, einen interstellaren Supermann, der Telepath und Telekinet ist und auch in der Zeit reisen kann, oder Claudine St. Cyr, eine galaktische Detektivin, als Protagonisten.

W.' Romane sind für Space Operas relativ komplex, was besonders deutlich wird, wenn man die Serie als Ganzes sieht. Darüber hinaus erweitert er sein Konzept des galaktischen Reiches durch Zeitparadoxa, psychologische Aspekte, Kriminalfälle und Intrigen aller Art, so daß mancher Roman diffus erscheint. Manche Kritiker haben W.' Art zu schreiben mit der A. E. van Vogts verglichen, der seine Plots oft ähnlich verwirrend anlegt.

Bibliografie:

Der große Croyd (CROYD), Hamburg/Düsseldorf: MvS 1969
Der Flug nach Ligeria (DEATHSTAR VOYAGE), München 1978, H 3595
Die Reise nach Dari (A VOYAGE TO DARI), München 1980, H 3757
Pan Sagittarius (PAN SAGITTARIUS), München 1981, H 3806

Wallace, Irving (1916–)

Amerikanischer Schriftsteller, geboren in Chicago.

Bibliografie:

Palais Rose (THE PLOT), München: Droemer Knaur 1968
Der schwarze Präsident (THE MAN), München: Droemer Knaur 1985
Geheimakte R (THE R DOCUMENT), Bergisch Gladbach: Lübbe 1976
Das Serum (THE PIGEON PROJECT), Bergisch Gladbach: Lübbe 1980
Doppelspiel mit Dame (SECOND LADY), Bergisch Gladbach: Lübbe 1981
Ich, der Mächtigste von allen (THE ALMIGHTY), Zürich: Diana 1983

Walling, William (Herbert) (1926–)

Geboren in Denver, Colorado. W. erlebte die beiden letzten Kriegsjahre als Kadett der U. S. Air Force mit, war dann als Ingenieur und schließlich als Designspezialist für Lockheed in der Raketen- und Weltraumtechnik tätig. Er selbst schätzt SF mit stark ausgeprägtem technischen Hintergrund. Er veröffentlichte bislang einige Stories und zwei Romane.

Bibliografie:

… *und morgen die Sterne* (THE WORLD I LEFT BEHIND ME), Bergisch Gladbach 1981, B 22030

Wallisfurth, R(ainer) M(aria)

Bibliografie:

SOS – Fliegende Untertassen, Hattingen: Hundt 1952

Walker, David

Bibliografie:

Scotch on the Rocks (WINTER OF MADNESS), Wiesbaden: Limes 1964

Walter, Henry Siehe Rock, C. V.

Walters, Hugh (1910–)

Pseudonym von Walter Llewellyn Hughes, einem englischen Autor, geboren in Bilston, Staffordshire. W. ist der Verfasser von knapp zwanzig SF-Jugendbüchern, traditionellen Space Operas, deren erste BLAST OF AT WOOMERA (1957) hieß und die dem Bereich des Science Fiction-Jugendbuches keinerlei neue Impulse zu geben vermochten.

Bibliografie:

Die Erde in Gefahr (THE LAST DISASTER), Stuttgart: Boje 1980
Der blaue Nebel (THE BLUE AURA), München: Schneider 1982
Der Chor der Verdammten (DESTINATION MARS), München: Schneider 1983

Walther, Daniel (1940 –   )

Französischer Autor, Journalist, geboren in Münster. W. wuchs im Elsaß zweisprachig (Deutsch und Französisch) auf und studierte an der Universität Saarbrücken Pharmazie. Seine erste Erzählung erschien 1965 im Magazin *Fiction,* der viele weitere folgten. 1972 erschien sein erster Roman: MAIS L'ESPACE... MAIS LE TEMPS, eine Verquickung aus Heroic Fantasy-Motiven und der New Wave. Die New Wave-Anthologie LES SOLEILS NOIRS D'ARCADIE wurde 1976 von ihm herausgegeben. W. gilt als einer der qualifiziertesten französischen SF-Stilisten, und die meisten seiner Erzählungen, wie etwa ›Flinguez-moi tout ça!‹ (1968), haben einen stark politischen Hintergrund. Weitere wichtige und teilweise preisgekrönte Erzählungen sind ›Assassinat de l'oiseau bleu‹ (1971), ›La cannonière epouvante‹ (1972), ›Le petit chien blanc qui rodait dans les rues de la ville deserte‹ (1975) und ›I.C.E.T.W.O. – a love-story for Anna Kevin and Brian Aldiss‹ (1979). In seinen Romanen scheut W. nicht die Auseinandersetzung mit Tabus. Als einem der wenigen kontinentaleuropäischen Autoren gelangen ihm Veröffentlichungen in den USA: die Shai-Serie.

Bibliografie:

Der neue Sonnenstaat (HAPPY END), Frankfurt am Main/Berlin/Wien 1985, U 31102
Das erste Buch von Shai: Das Gesetz der Goldenen Schlange (LE LIVRE DE SWA), Frankfurt am Main/Berlin 1986, U 31116
Das zweite Buch von Shai: Der Kristallkrieg (LE DESTIN DE SWA), Frankfurt am Main/Berlin 1986, U 31118
Das dritte Buch von Shai: Der Tod der Großen Schlange (LE LEGENDE DE SWA), Frankfurt am Main/Berlin 1986, U 31120
Kanonenboot ›Panik‹ (L' EPOUVANTE), Rastatt 1986, M 3699

Walther, J. Monika (1945 –   )

Bibliografie:
(Hrsg.) *Lesebuch Zukunft 1984 – 2001,* Münster: Tende 1984

Walton, Bryce (1918 –   )

Geboren in Blythendale, Missouri. W. besuchte College und Universität in Los Angeles. Obwohl er seit 1945 hin und wieder Beiträge für Magazine lieferte, ist SONS OF THE OCEAN DEEP (1952) seine einzige Buchveröffentlichung geblieben, ein stereotypes Abenteuergarn über die Besatzung eines Atom-U-Bootes.

Bibliografie/H:
Tiefseepioniere (SONS OF THE OCEAN DEEP), UG 130
(1960)

Wandrei, Uwe (1939 –   )

Zunächst als Schiffbauer und Konstrukteur tätig, war W. bis 1981 Herausgeber der Reihen *rororo rotfuchs* und *rororo panther.* Seit 1983 freier Schriftsteller und Anthologist.

Bibliografie:
(Hrsg.) *Zukunftsmusik,* Reinbek: Rowohlt 1986

Ward, B.

Bibliografie:
Der Kosmos ruft, Wuppertal: Kolibri 1960

Warden, Jim (Pseudonym)

Bibliografie:
Das Haus der toten Seelen, Ur 7 (1957)

Warner, Douglas

Bibliografie:
Sturm des Verderbens (DEATH ON A WARM WIND), München 1969,
G 0104

Warner, Rex (1905 –   )

Englischer Autor und Übersetzer. Studierte in Oxford und war später Professor für Englisch. W. schrieb drei kafkaeske politische Allegorien, die den Randbezirken der SF zuzurechnen sind: THE WILD GOOSE CHASE (1937), THE PROFESSOR (1938) und THE AERODROME (1941).

Bibliografie:

Die Wildgansjagd (THE WILD GOOSE CHASE), Stuttgart: Büchergilde Gutenberg 1949
Der Flugplatz (THE AERODROME), Berlin: Universitas 1952

Warschawski, Ilja (1909 –   )

Der russische Autor W. entstammt einer Ingenieursfamilie. Im Alter von sechzehn Jahren besuchte er die Seefahrtsschule in Leningrad und fuhr später als Deckoffizier auf Schiffen der sowjetischen Handelsmarine. Anschließend war er bis 1962 als Ingenieur in Forschungsinstituten und Konstruktionsbüros tätig. Seine erste SF-Erzählung entstand aus Anlaß einer Wette mit seinem Sohn. Sein erster Band mit SF-Erzählungen erschien 1964: MOLKULJARNOJE KAFE (Molekular-Café). Dieser Collection folgten bis 1972 noch vier weitere.

Bibliografie:

Der Traumladen (C) (LAWKA SNOWIDENU), Berlin/DDR: Neues Leben 1973

Water, Silas Siehe Loomis, Noel

Watkins, William Jon (1942 –   )

Amerikanischer Autor, geboren in Coaldale/Pennsylvania. Er studierte an der Rutgers University in New Brunswick, war High-School-Lehrer und ist heute Assistenzprofessor an einem College in Lincroft/New Jersey. 1972 erschien sein erster Roman, ECODEATH, gemeinsam verfaßt mit Gene Snyder. Neben zwei Büchern außerhalb des Genres veröffentlichte er die SF-Romane CLICKWHISTLE (1973), THE GOD MACHINE (1972), THE LITANY OF SH'REEV (1976, mit Gene Snyder), WHAT ROUGH BEAST (1980) und den recht experimentellen

CENTRIFUGAL RICKSHAW DANCER (1985), dazu etliche Kurzgeschichten, Kinder- und Sachbücher.

W.' wichtigstes Thema ist der Mensch als korruptes Wesen, der eine Katastrophe nach der anderen verschuldet und sich selbst an den Rand des Abgrunds bringt.

Bibliografie:

Klickpfiff (CLICKWHISTLE), München 1981, M 3526
Gegner des Systems (THE GOD MACHINE), München 1981, M 3546
Die Litanei von Sh'reev (THE LITANY OF SH'REEV) (mit G. Snyder), München 1982, H 3877

Watson, Ian (1943 –   )

Englischer Autor, geboren in North Shields, Northumberland. Der Sohn eines Postbeamten und Absolvent des Balliol College in Oxford (Englischstudium mit höchster Auszeichnung abgeschlossen) unterrichtete bis 1967 an der Universität von Dar-es-Salaam und von 1967 – 1970 Englisch an der Universität von Tokio. Anschließend lehrte er am Polytechnikum und der Kunsthochschule von Birmingham. Seine erste SF-Story war ›Roof Garden under Saturn‹ (*New Worlds*, 1969), und es folgten – relativ unbemerkt – noch einige weitere. Mitte der siebziger Jahre stieg W. innerhalb kürzester Zeit in die Spitzengruppe der britischen SF-Autoren auf. Sein erster Roman, THE EMBEDDING (1973), wurde 1974 gleich für den John W. Campbell Memorial Award nominiert (und belegte den zweiten Platz), die französische Übersetzung gewann 1975 den Prix Apollo. Es geht darin um das Zusammentreffen einer Linguistengruppe, die gerade einen brasilianischen Indianerstamm studiert, mit den außerirdischen Sp'thra, die überall im Universum Sprachen sammeln, um zu den ›Change Speakers‹, Wesen einer anderen Realität, durchzubrechen. Für W. bestimmt die Qualität der Sprache die Wahrnehmung der Realität, allerdings kann eine ›Verbesserung‹ der Sprache böse Folgen nach sich ziehen. Der zweite Roman, THE JONAH KIT (1975), bestätigte bei der internationalen Kritik den Eindruck, daß hier ein großes Talent herangewachsen war, und gewann in England den Orbit (British SF-Award) 1976 und den British SF Association Award 1977. Es folgten die Romane THE MARTIAN INCA (1977), ALIEN EMBASSY (1977), MIRACLE VISITORS (1978) und GOD'S WORLD (1979). Sie zementierten W.s Position an der Spitze britischer SF und verhalfen ihm zu einem Ruf als ›philosophischer‹ Autor, dessen Texte manchmal nicht gerade leichtverständlich waren, aber immer voller faszinierender Ideen und intellektueller Spekulationen steckten. In den genannten Titeln setzte er sich mit dem Dualismus Realität/Bewußtsein auseinander, garniert mit transzendentalen oder mystischen Elementen. Themen mit diesem Hintergrund waren Linguistik, Evolution neuer Lebensformen, Intelligenz bei Walen und der UFO-Mythos. Gern übernahm W. auch Vorlagen und versuchte ihnen neue Perspektiven abzugewinnen. So ließ er in THE GARDENS OF DELIGHT (1980) eine Gruppe Raumfahrer durch eine Landschaft der Schrecken und Ekstasen taumeln, die haargenau Hieronymus Boschs Gemälde ›Der Garten der Lüste‹ entsprach, während er in CHEKHOV'S JOURNEY dem Rätsel der Tunguska-Explosion im Sibirien des Jahres 1908 auf die Spur zu kommen versuchte.

Zeichneten sich seine frühen Romane nicht zuletzt durch eine starke sozio-politische Komponente aus – W. ist politisch äußerst aktiv und war regionaler Kandidat der Labour Party –, so kamen in seinen Werken der achtziger Jahre auch Abenteuer und Unterhaltung zu ihrem Recht: DEATHHUNTER (1981), CONVERTS (1984), vor allem aber die Yaleen-Trilogie, bestehend aus THE BOOK OF THE RIVER (1984), THE BOOK OF THE STARS (1985) und THE BOOK OF BEING (1985) führten eine leichtere Gangart ein und gewannen dem einst für viele Leser zu komplex schreibenden W. neue Leserkreise hinzu. In dieser, mit ihren metaphysischen Ingredienzen ein wenig an P. J. Farmers RIVERWORLD-Zyklus erinnernden Trilogie, beschreibt W. eine von einem großen Fluß geteilte Welt: Auf der einen Seite herrscht eine repressive, von Männern dominierte Gesellschaft, auf der anderen die von Frauen geführte Zivilisation der Flußschiffer. Das Zusammenkommen beider Kulturen verhindert ein riesiges, künstlich geschaffenes Wesen in Gestalt eines Wurms, der vom Ursprung des Flusses bis zu seiner Mündung reicht und dessen wahre Natur nach und nach enthüllt wird. Ein fast überstrapazierend phantastisches Garn von Wiedergeburt und Geistreisen durch Raum und Zeit, das beweist, daß W. wohl einer der phantasievollsten Autoren des Genres ist.

W., der mit UNDER HEAVEN'S BRIDGE (1981) auch einen Roman zusammen mit Michael Bishop verfaßte, veröffentlichte auch knapp fünfzig kürzere Texte, von denen viele in den Collections THE VERY

SLOW TIME MACHINE (1979), SUNSTROKE AND OTHER STORIES (1982) und
SLOW BIRDS AND OTHER STORIES (1985) gesammelt sind.

Bibliografie:

Der programmierte Wal (THE JONAH KIT), München 1977, H 3545
Das Mars-Koma (THE MARTIAN INCA), München 1980,
Kn 5721
Botschafter von den Sternen (ALIEN EMBASSY), München 1981,
H 3824
Zur anderen Seite des Mondes (MIRACLE VISITORS), München 1981,
Kn 3739
Die Himmelspyramide (GOD'S WORLD), München 1983, Kn 5756
Die Gärten des Meisters (THE GARDENS OF DELIGHT), München 1983,
Kn 5763
Das Babel-Syndrom (THE EMBEDDING), München 1983, H 3942
Todesjäger (DEATHHUNTER), München 1985, H 4206
Tschechows Reise (CHEKHOV'S JOURNEY), München 1986, H 4349
Das Buch vom Fluß (THE BOOK OF THE RIVER), München 1987,
H 4434
Das Buch von den Sternen (THE BOOK OF THE STARS), München 1987,
H 4435
Das Buch vom Sein (THE BOOK OF THE BEING), München 1987, H 4436
Die Räume des Paradieses (C), (SUNSTROKE AND OTHER STORIES),
München 1988, H 4475

Wattenberg, D.

Bibliografie:

Mars, der rote Planet, Leipzig: Urania 1956

Waugh, Evelyn (Arthur St. John) (1903 – 1966)

Der englische Schriftsteller W. wurde in London geboren. Er wurde
bekannt durch seine bitteren Gesellschaftssatiren, die er zunächst
aus einer nihilistischen, später aus einer religiösen Grundhaltung
heraus schrieb. (1930 war er zum Katholizismus konvertiert.) Sein
Roman A HANDFUL OF DUST (1934) machte ihn weltberühmt. In BLACK
MISCHIEF (1932) und SCOOP (1938) benutzt er imaginäre afrikanische
Länder als Schauplätze seiner Satiren, in VILE BODIES (1930), einem
beschwörenden Zukunftsroman, schildert er die Apokalypse Europas in einem alles vernichtenden Weltkrieg, wie er zehn Jahre später losbrechen sollte.

Sein nach Ende des Zweiten Weltkriegs entstandener Roman LOVE AMONG THE RUINS. A ROMANCE OF THE NEAR FUTURE (1953) weist noch deutlichere SF-Elemente auf. Er ist eine heftige Attacke gegen die triste Atmosphäre des englischen Wohlfahrtsstaates und die Überbürokratisierung, humorvoll und bissig. Der Roman ähnelt in seiner Intention Orwells NINETEEN EIGHTY-FOUR und Huxleys BRAVE NEW WORLD und ist, trotz seines Humors, von derselben Hoffnungslosigkeit im Hinblick auf die Zukunft geprägt.

Bibliografie:

Und neues Leben blüht aus den Ruinen. Eine Liebesgeschichte aus der nahen Zukunft (LOVE AMONG THE RUINS. A ROMANCE OF THE NEAR FUTURE), Zürich: Die Arche 1955

Webb, Sharon (1936 –   )

Amerikanische Schriftstellerin, geboren in Tampa, Florida. Die gelernte Krankenschwester W. ist seit 1979 freie Schriftstellerin. Ihre erste Story, ›Hitch on the Bull Run‹ erschien 1979 in *Isaac Asimov's Science Fiction Magazine,* und seither ist sie dort regelmäßig mit ihren kürzeren Texten anzutreffen. Ihr bislang herausragendes Werk ist EARTH SONG TRIAD, eine Trilogie, bestehend aus EARTHCHILD (1982), EARTH SONG (1983) und RAM SONG (1984), in der die Autorin die Auswirkungen der neu erlangten Unsterblichkeit auf die Menschheit beschreibt.

Webster, Penn Fleming (Pseudonym)

Siehe Anhang SERIEN: *Erde 2000*

Wegener, M(anfred) (1935 –   )

Der gebürtige Danziger W. machte in Holstein das Abitur und war später u. a. Seemann und Schaltwärter an einer Neckarschleuse. Anfang der sechziger Jahre begann er nebenberuflich SF zu schreiben und wechselte 1969, als die zweite große SF-Flaute gleich mehrere Heftverleger zum Einstellen ihrer Reihen zwang, zum Kriminalroman über. W. ist seit 1974

Berufsautor und schreibt hauptsächlich Krimi-Taschenbücher, die in mehrere Sprachen übersetzt wurden. Er hat neben der Mitarbeit an Reihen wie GEMINI, ZSF und UTOPIA auch zahlreiche Serienhefte innerhalb von MARK POWERS, REN DHARK und COMMANDER SCOTT geschrieben und initiierte mit seinem Kollegen H. G. Francis die kurzlebige SF-Serie REX CORDA.

Der Hauptteil der SF-Romane W.s gehört in den Bereich der Space Opera. Gelegentlich verwendete er in der SF auch das Pseudonym Calvin F. MacRoy.

Bibliografie/H:

Die Verbannten von Devils Port, UZ 438 (1965)
Dem Tod entronnen, UZ 439 (1965)
Fahrt in den Tod, UZ 459 (1965)
Einsiedler der Ewigkeit, ZSF 7/8 (1966)
Der galaktische Bluff, ZSF 55 (1967)
Vorstoß in die Ewigkeit, ZSF 62 (1967)
Sternenstaffel Campbell, ZSF 66 (1968)
Stern der toten Seelen, ZSF 71 (1968)
Die Kugel aus dem All, ZSF 86 (1969)
Konterschlag Centauri, ZSF 97 (1970)
Endstation Tumulus, Ge 13 (1976)
Die Irrfahrt der Osiris, Ge 26 (1976)

Als Calvin F. Mac Roy:

Van Doorens Stern, ZSF 29 (1967)
Unternehmen Miramaar, ZSF 37 (1967)
In der Gammafalle, ZSF 46 (1967)

Siehe Anhang SERIEN: *Mark Powers, Ren Dhark, Rex Corda*

Wegner, Christian

Bibliografie:
Mondwanderungen, Hamburg: Wegner 1970

Wehr, Werner

Bibliografie:
Ich lebte im Jahre 3000, Stuttgart: Mundus 1959

Weigand, Jörg (1940 –)
Deutscher Redakteur, Anthologist und Schriftsteller, geboren in Kelheim, Donau. Studium der Sinologie, Japanologie und Politischen Wissenschaft in Erlangen, Paris und Würzburg; Promotion 1969. Seither Tätigkeit als Redakteur beim ZDF. Herausgeber zahlreicher Anthologien (auch im Ausland) und des Essay-Sammelbandes *Die triviale Phantasie* (1969), zudem Verfasser von Kurzgeschichten in Anthologien und Zeitschriften. Einige davon sind in dem Band *Der Traum des Astronauten* (1983) gesammelt. Eine von W. herausgegebene Anthologie, die deutsche SF in französischer Übersetzung vorstellt, ist DEMAIN L'ALLEMAGNE (1978); eine entsprechende spanische Anthologie erschien 1977 unter dem Titel LO MEJOR DE LA CIENCIA FICCION ALEMANIA.

Bibliografie:

(Hrsg.) *Die Stimme des Wolfs,* München 1976, H 3482
(Hrsg.) *Vorbildliches Morgen.* Experten stellen ausgewählte
SF-Stories vor, Sankt Augustin: Asgard 1978
(Hrsg.) *Quasar Eins,* Bergisch Gladbach 1979, B 22013
(Hrsg.) *Die andere Seite der Zukunft,* Dortmund: Schaffstein 1980
(Hrsg.) *Sie sind Träume,* München 1980, H 3690
(Hrsg.) *Vorgriff auf Morgen,* München 1981, dtv-Phantastika 1873
(Hrsg.) *Gefangene des Alls,* Menden/Sauerland: Kibu 1982
(Hrsg.) *Das Lächeln am Abgrund,* Bergisch Gladbach 1982,
B 72020
(Hrsg.) *Die Träume des Saturn,* Würzburg: Arena 1982
(Hrsg.) *Der Traum des Astronauten* (C), Bergisch Gladbach 1983,
B 22056
(Hrsg.) *Der Herr der Bäume,* Bergisch Gladbach 1983,
B 72038
(Hrsg.) *Die Nacht der Lichtblitze,* Menden/Sauerland: Kibu 1984
(Hrsg.) *Sterbegenehmigung,* Rastatt 1984, P 6737
(Hrsg.) *In Jahrtausenden.* Visionäre Geschichten des 19. Jahrhunderts, Bergisch Gladbach 1985, B 72038
(Hrsg.) *Blick ins Morgen,* Ravensburg: Lesen & Freizeit 1985
(Hrsg.) *Deutschland Utopia,* Bergisch Gladbach 1986,
B 13020

Weigel, Hans (1908 –   )
Geboren in Wien, seit 1932 freier Schriftsteller. Autor von Romanen und Essaybänden, Dramatiker, Librettist, Kritiker und Übersetzer.

Bibliografie:
Der grüne Stern, Wien: Wiener 1946

Weiler, Andreas Siehe Brandhorst, Andreas

Weiler, F. S.

Bibliografie/H:
Tödliches Nichts, Ge 46 (1977)

Weinbaum, Stanley G(raumann) (1902 – 1935)

Der amerikanische SF-Autor W. wurde in Louisville/Kentucky geboren. Er besuchte mehrere Schulen in Milwaukee und studierte an der Universität von Wisconsin Chemie. In den zwanziger Jahren begann er zu schreiben. Zunächst entstanden einige experimentelle Texte, darunter ein paar Romane, von denen lediglich die Romanze THE LADY DANCES sofort einen Verleger fand, kürzere Geschichten, Vignetten und sogar eine Operette, OMAR, THE TENT MAKER, die allerdings nie aufgeführt wurde. Weinbaum, der seinen Beruf als Chemiker aufgab, um freiberuflicher Schriftsteller zu werden, schloß sich einer Science Fiction-Fangruppe an, die sich ›Milwaukee Fictioneers‹ nannte. Ihr gehörte auch der Autor Ralph Milne Farley an, der W. dazu überredete, sich der SF zuzuwenden. Seine erste veröffentlichte Story, ›A Martian Odyssey‹ (*WS,* 7/34), schlug unter der Leserschaft wie eine Bombe ein und wurde zur erfolgreichsten Geschichte, die *Wonder Stories* je abgedruckt hatte. Durch diesen Erfolg wurde man auch beim Konkurrenzmagazin *Astounding* auf das junge Talent aufmerksam. Daraufhin schrieb W. für beide Magazine, und in den Jahren 1934/35 erschienen weitere elf Erzählungen, davon sieben in *Astounding* und vier in *Wonder Stories.* Diese insgesamt zwölf Stories waren die einzigen, die W. je im Druck sah, denn am 14. Dezember 1935 starb er völlig unerwartet, nur fünfzehn Monate nach Veröffentlichung seiner ersten Geschichte. Für ihn selbst kam sein Ende möglicherweise nicht so überraschend, denn er hatte von seinem Kehlkopfkrebs gewußt. Nach seinem Tod wurden noch einige Geschichten sowie die Romane THE BLACK FLAME (1939), THE NEW ADAM (1942), THE DARK OTHER (1950) und REVOLUTION OF 1950 (1938) publiziert. REVOLUTION OF 1950 war in Zusammenarbeit mit Ralph Milne Farley entstanden und erschien als Fortsetzungsroman in *Amazing*. Trotz seines schmalen Werks war es W. gelungen, die Science Fiction nachhaltig zu beeinflussen und sie zu verändern. Die größte Rolle spielte dabei zweifelsohne ›A Martian Odyssey‹. Diese Erzählung, wohl die beste Debütstory eines SF-Autors überhaupt, wurde 1968 von den Science Fiction Writers of America auf den zweiten Platz ihrer Liste der besten Erzählungen aller Zeiten gewählt, und Isaac Asimov sagt über sie in seinem Vorwort zu THE BEST OF STANLEY G. WEINBAUM: »Mit einer einzigen Story war es Weinbaum gelungen, als bester lebender SF-Schriftsteller anerkannt zu werden...« Und das lag an W.s faszinierender Art, fremdartige Lebewesen, Aliens, darzustellen. Bis dahin waren diese meist als schleimtriefende, blutrünstige Monster beschrieben worden, die mit Vorliebe irdischen Helden ihre Blondinen raubten, als ätherische utopische Wesenheiten, dem Menschen ungeheuer überlegen, als machtgierige Invasoren oder patriarchale Schutzengel. Nie aber hatten sich die Autoren der damaligen SF-Magazine die Mühe gemacht, Lebensformen zu entwerfen, die etwas eigenes, in sich Logisches darstellten, etwas, das dem Menschen vollkommen fremd sein mochte und nicht mit seinen ureigensten, maßlos verstärkten Charaktereigenschaften besetzt war. W.s Aliens besaßen diese Eigenständigkeit. Nach Sam Moskowitz stellten sie »...die originellste Zoologie der Lebensformen dar, die seit Frank L. Baums THE WIZARD OF OZ beschrieben worden war«. Und so wurde Tweel, der intelligente, straußenähnliche Marsianer, der den terranischen Forschern die Wunder des Mars zeigt, zu einem unvergeßlichen Charakter in der SF, ebenso wie der faszinierende ›Pyramidenbauer‹, eine sich langsam bewegende Siliziumkreatur, die beständig Sand ›frißt‹ und Ziegelsteine ausscheidet, die sie zu Pyramiden aufschichtet. Zwar verblassen seine anderen Erzählungen neben ›A Martian Odyssey‹ ein wenig, dennoch sind hervorragende Stories darunter, besonders wenn man in Betracht zieht, wann sie geschrieben wurden: ›The Adaptive Ultimate‹ (*Astounding*, 11/35) unter dem Pseudonym John Jessel erschienen, ›The Lotus Eaters‹ (*Astounding*, 4/35), ›The Red Peri‹ (*Astounding*, 11/35) oder auch ›The Worlds of If‹ (*WS*, 8/35) gehören dazu. In ihnen kommt, ebenso wie in den erst posthum veröffentlichten Romanen, unter denen THE NEW ADAM − einer der besten Übermensch-Romane der amerikanischen SF, der ähnlichen Geschichten in den Pulp-Magazinen aufgrund seiner durchdachten und für die damalige SF revolutionären Handlung Lichtjahre voraus war −, W.s stilistisches Können zum Ausdruck, sein glänzender Ideenreichtum und sein tiefer Humanismus. Im Gegensatz zu den Charakteren vieler Kollegen waren seine Protagonisten glaubhaft und seine Aliens wirklich fremdartig und dennoch sympathisch. Allein diese Tatsache hob W. unter den Pulpschreibern seiner Zeit hervor.

Bibliografie:

Mars-Odyssee (C) (A MARTIAN ODYSSEY), München 1970, H 3168
Die schwarze Flamme (THE BLACK FLAME), München 1974, H 3387
Der dunkle Doppelgänger (THE DARK OTHER/THE MAD BRAIN), München 1975, H 3424
Der neue Adam (THE NEW ADAM), München 1977, H 3442
Die besten Stories von Stanley G. Weinbaum (C) (THE BEST OF STANLEY G. WEINBAUM), München 1980, P 6710

Weiner, Ellis

Bibliografie:

Franz und Herbert: Der wüste Planet (NATIONAL LAMPOON'S DOON), München 1985, G 6878

Weinstein, Howard
Amerikanischer Autor, verfaßte Romane zu den TV-Serien STAR TREK und V.

Bibliografie:

Die Macht der Krone (COVENANT OF THE CROWN), München 1986, H 4342

Weise, Lothar (1931 − 1966)
Der DDR-Autor W. wurde im sächsischen Ebersbach geboren, erlernte den Beruf eines Webers, studierte und wurde Textilingenieur. Schließlich arbeitete er als Cheftechniker in einer Damastweberei. Nach mehreren gemeinsamen Buchprojekten zusammen mit Kurt Herwarth Ball legte Weise 1957 mit *Das Geheimnis des Transpluto*

seinen ersten allein verfaßten Roman vor. 1962 entschloß er sich, als freischaffender Schriftsteller tätig zu werden und schrieb bis zu seinem frühen Tod mehrere SF-Romane, die posthum veröffentlichte Erzählung ›Im Eis des Kometen‹ (erschienen in der Anthologie *Der Diamantenmacher,* 1972) sowie das Drehbuch zu dem DEFA-Film *Unternehmen Proxima Centauri.*

Bibliografie:

Das Geheimnis des Transpluto, Berlin/DDR: Neues Leben 1957
Atomfeuer über dem Pazifik (mit Kurt Herwarth Ball), Berlin/DDR: Neues Leben 1959
Unternehmen Marsgibberellin, Berlin/DDR: Neues Leben 1964

Bibliografie/H:

Alarm auf Station Einstein (mit Kurt Herwarth Ball), DNA 119 (1957)
Signale von der Venus (mit Kurt Herwarth Ball), DNA 134 (1957)
Brand im Mondobservatorium (mit Kurt Herwarth Ball), DNA 161 (1959)
Im Eis des Kometen (mit Kurth Herwahrt Ball), DNA 270 (1968)

Weiss, Jan (1892–1972)
Geboren in Jilemnice, Nordböhmen (ČSSR). W. war Soldat im Ersten Weltkrieg, kam in Kriegsgefangenschaft und wäre dort fast an Typhus gestorben. Diese frühe Konfrontation mit dem Tod ging in sein Werk ein. Seine interessanteste Phase als Autor fällt in die zwanziger und dreißiger Jahre, als er sich dem Surrealismus annäherte. Ein bedeutendes Werk aus dieser Zeit ist der Roman DAM O TISICI PATRECH (1929): Ein Mann erwacht in einem tausend Stockwerke hohen Haus, in dem ein Despot – der Besitzer – alle Bewohner unterjocht. W. nimmt hier in mancher Hinsicht NINETEEN EIGHTY-FOUR vorweg, wenn er schildert, wie der Despot einen perfekten Überwachungsapparat mit Linsen an den Zimmerdecken betreibt. Die Bewohner werden mit raffinierter Werbung und Drogen manipuliert, es gibt Euthanasie, und man verspricht sogar den Flug zu den Sternen und den Besitz ganzer Planeten. Aber anstatt auf einem anderen Planeten landen die Manipulierten im Krematorium. Peter Brok, der Mann ohne Gedächtnis, führt einen Aufstand gegen den Despoten an. Als er bis zu ihm vorgedrungen ist, erwacht er und stellt fest, das alles nur der Fiebertraum eines Typhuskranken war. Weitere Texte, die man der SF zurechnen kann, sind SPAC VE ZVERO-

KRUHU (1937) und METEOR STRYCE ZULIJANA (1930). Einige seiner Erzählungen erschienen auf deutsch in DDR-Anthologien.

Bibliografie:

Das Haus mit den tausend Stockwerken (DUM O TISICI PATRECH), Leipzig: List 1977

Bibliografie/H:

Der rätselhafte Meteor (METEOR STRYCE ZULIJANA), kap 102 (1970)

Weisser, Michael (1948 –)

Deutscher Autor und Designer. W. studierte Kunst und graduierte 1972 zum Designer. Studium der Fächer Kunstgeschichte, Kommunikationswissenschaften und Soziologie in Bonn und Marburg von 1973 – 1976. Seither freiberuflicher Designer und Unternehmensberater in Bremen. Ab 1978 Beschäftigung mit futuristischen Designs und Science Fiction. In der ersten Hälfte der achtziger Jahre veröffentlichte W. drei SF-Romane, die durch Einbindung technologischer Details, wissenschaftlichen Fachjargons und grafischer Elemente aus dem Rahmen fielen.

Bibliografie:

SYN-CODE 7, Frankfurt am Main 1982, st 764
Digit, Frankfurt am Main 1983, st 873
Off-Shore, Meitingen: Corian 1984

Weitbrecht, Wolf (1920 –)

W. wurde in Stuttgart geboren und lebt heute in der DDR, wo er als Arzt tätig ist. Da er als Leser schon frühzeitig an SF interessiert war, animierte ihn besonders die Lektüre von Stanislaw Lem dazu, selbst SF zu schreiben. So entstand zunächst der Roman *Orakel der Delphine* (1972), gefolgt von *Stunde des Ceres* (1975). 1976 legte er einen Band mit Kurzgeschichten vor: *Das Psychomobile,* dem mit *Die Falle des Alderamin* 1982 ein zweiter folgte. W. greift meistens Themen aus den Gebieten der Medizin oder Biologie – dabei vornehmlich auf Genetik bezogen – auf und gehört zu den Vertretern der SF-Unterhaltung in der DDR.

Bibliografie:

Orakel der Delphine, Rudolstadt: Greifen 1972
Stunde des Ceres, Rudolstadt: Greifen 1975
Das Psychomobile (C), Rudolstadt: Greifen 1976
Stern der Mütter, Rudolstadt: Greifen 1980
Die Falle des Alderamin (C), Berlin/DDR: Neues Leben 1982
Die Relativen der ASTRON, Rudolstadt: Greifen 1985

Weldon, Stan (Pseudonym)

Bibliografie/H:

Spuren im Weltall, T 169 (1961)

Wellen, Edward (1919 –)

Der amerikanische Autor W. wurde in New Rochelle/New York geboren. Während des Zweiten Weltkriegs war er fast drei Jahre in Europa und Nordafrika. Er arbeitete als Einkäufer für eine Ölgesellschaft, als Werbeberater und unterhielt einen Briefmarkenversand. Seine erste SF-Story, ›Origins of Galactic Slang‹, verkaufte er 1952 an *Galaxy.* Sie wies ihn als bemerkenswerten Humoristen aus und war so erfolgreich, daß ihr der Autor eine Anzahl weiterer Humoresken über den Ursprung galaktischer Gegebenheiten folgen ließ. Viele seiner Erzählungen erschienen außerhalb der SF-Magazine in Zeitschriften wie *Playboy* oder *Saturday Review,* wurden verfilmt oder zu Hörspielen verarbeitet. W. ist sowohl in der SF als auch in Publikationen des Mystery-Genres wie *Alfred Hitchcock's Mystery Magazine* und *Ellery Queen's Mystery Magazine* zu Hause. Viele seiner Erzählungen und Kurzgeschichten sind, wie etwa ›Shapes to Come‹ (1969), beiden Genres zuzurechnen. Sein erster Roman erschien 1971 unter dem Titel HIJACK.

Wellman, Manly Wade
(1903 – 1986)

Geboren als Sohn eines Arztes in Kamundongo, Angola, kam W. im Alter von sechs Jahren in die USA, besuchte Schulen in Washington, Kansas, Utah und New York. Studium der Literatur an der Wichita State University. Von 1927 bis 1934 war er als Reporter und Redakteur bei verschiedenen Zeitungen des Staates Kansas angestellt, wurde danach freier Schriftsteller und als Verfasser von abenteuerlichen Jugendbüchern, Krimis (als Gans T. Field) und SF bekannt. Am ehesten wird sein Name aber mit Fantasy und Weird Fiction assoziiert. Seine erste Veröffentlichung hatte W. bereits 1927 in *Weird Tales,* sein erster SF-Roman datiert auf das Jahr 1932 zurück (THE INVADING ASTEROID), neuere SF-Titel sind TWICE IN TIME (1957) und THE BEYONDERS (1977). W. ist in einer Vielzahl von Anthologien vertreten, gab von 1963 bis 1974 Kurse in Kreativem Schreiben an der University of North Carolina und gewann zahlreiche literarische Preise, u.a. den ›Edgar‹ (1955) und den H. P. Lovecraft Award (1975). Weitere Titel aus seiner SF-Produktion sind SOJARR OF TITAN (1949), in dem eine Art Weltraum-Tarzan die Hauptrolle spielt, THE DARK DESTROYERS (1959), GIANTS FROM ETERNITY (1939), ISLAND IN THE SKY (1941) und THE SOLAR INVASION (1946), eine Space Opera aus der Pulp-Serie um CAPTAIN FUTURE, die Edmond Hamilton konzipierte. Viele dieser Titel wurden zunächst für Magazine geschrieben und später überarbeitet und auf Buchformat verlängert.

Bibliografie:

Insel der Tyrannen (ISLAND IN THE SKY), Frankfurt am Main/Berlin/
Wien 1972, U 2867
Invasion von der Eiswelt (THE DARK DESTROYERS), Frankfurt am Main/
Berlin/Wien 1972, U 2898
Der Schattensee (THE BEYONDERS), Bergisch Gladbach 1980, B 70022

Bibliografie/H:

Giganten aus der Ewigkeit (GIANTS FROM ETERNITY), UG 117
(1960)
Der geraubte Mond (THE SOLAR INVASION), UZ 307
(1962)

Wells, Clifford (1934–   )

In England geboren, lebt W. seit Anfang der 60er Jahre in Hamburg. Autor zahlreicher Jugendbücher.

Bibliografie:

Abenteuer in Atalan, Dortmund: Schaffstein 1980
Warnung aus der Zukunft (THE WARNING), Würzburg: Arena 1986

Wells, H(erbert) G(eorge)
(1866–1946)
Der englische Schriftsteller W. wurde in Bromley/Kent geboren. Er kam aus kleinen Verhältnissen (Mutter Zimmermädchen, Vater Gärtner). Im Alter von 13 Jahren begann er eine Tuchhändlerlehre, die aber bald ein Ende fand, weil er als Kassenjunge zu unaufmerksam war. Später konnte er eine Anstellung als Hilfslehrer finden, bildete sich naturwissenschaftlich weiter und erhielt schließlich ein Stipendium. 1895 veröffentlichte er seinen ersten SF-Roman: THE TIME MACHINE. Es folgten Titel wie THE ISLAND OF DR. MOREAU (1896), THE INVISIBLE MAN (1897), THE WAR OF THE WORLDS (1898), WHEN THE SLEEPER WAKES (1899), THE FIRST MAN IN THE MOON (1901), THE FOOD OF THE GODS (1904), A MODERN UTOPIA (1905), IN THE DAYS OF THE COMET (1906), THE WAR IN THE AIR (1908) und andere. Ausnahmslos gelten diese Romane – und dazu zahlreiche Kurzgeschichten – als Klassiker der Science Fiction oder als wesentliche Vorläufer (je nach Interpretation) und begründeten häufig thematische Subgenres der Science Fiction. Eine Reihe dieser Stoffe wurde, teilweise mehrfach, verfilmt. THE TIME MACHINE beschäftigt sich mit der Zeitreise in eine weit entfernte Zukunft, in der es zwei Menschenrassen gibt, die lieblichen Eloi und die häßlichen Morlocken, die einen über, die anderen unter der Erde, beide eher tierhaft, die ersteren das Schlachtvieh der letzteren – eine bis ins Extrem gesteigerte Klassengesellschaft. Zwischen dieser Zukunft und unserer Zeit ist die Novelle THE SHAPE OF THINGS TO COME (1933) angesiedelt, in der Arbeiter ein entrechtetes Leben unter der Erde führen müssen und dabei allmählich verrohen. THE ISLAND OF DR. MOREAU schildert Experimente, um aus Tieren durch Operationen menschenähnliche Geschöpfe zu machen – einer der packendsten Romane des Autors, eine ein-

zige Anklage gegen die unmenschliche Handhabung der Wissenschaft. THE WAR OF THE WORLDS – als von Orson Welles inszeniertes Hörspiel löste dieser Stoff 1938 in New York eine Panik aus – schildert die Landung von Marsbewohnern auf der Erde, die mit Kriegsmaschinen und Hitzestrahlern erbarmungslos über England herfallen, bis sie selbst die Opfer irdischer Mikroorganismen werden. THE FIRST MEN IN THE MOON schildert eine Mondexpedition und die Entdeckung von Mondbewohnern. Die meisten von W.' Werken vereinen Freude an der SF-Idee und Lust am Fabulieren mit sozialkritischem Engagement. In seinen späten Werken wandte er sich noch deutlicher der sozialutopischen Tradition zu. So in MEN LIKE GODS (1923), wo er Zeitgenossen mit einer Parallelwelt konfrontiert, in der es keine Herrschaft des Menschen über den Menschen und kein Privateigentum an Produktionsmitteln gibt. IN THE DAYS OF THE COMET zeigt die Wandlung vom Kapitalismus zum Sozialismus, als das grüne Gas eines vorbeiziehenden Kometen die Menschheit friedfertig und weise werden läßt. Und in THE WAR IN THE AIR polemisiert W. gegen den Rüstungswahn und schildert sozialkritisch die Stadt New York: Ein Zeppelinkrieg zwischen Deutschland und Amerika führt zum Untergang der Zivilisation.

W. brachte eine Fülle neuer Ideen in das SF-Genre ein, bzw. schrieb grundlegende Werke für die einzelnen Sparten: Zeitreise (THE TIME MACHINE), Invasion aus dem All (THE WAR OF THE WORLDS), Tiermenschen (THE ISLAND OF DR. MOREAU), Riesenwuchs von Tieren, Pflanzen und Kindern (THE FOOD OF THE GODS), Atombomben (THE WORLD SET FREE), Unsichtbarkeit (THE INVISIBLE MAN), Gewichtslosigkeit, Körpertausch, Zeitraffer, Zivilisationen auf dem Meeresgrund, letzter Krieg der Menschheit, Fernsehkontakte zu Außerirdischen, Zauberspielzeug, menschenfressende Riesentintenfische, Parallelwelten, die Kraft, Wunder bewirken zu können, und kosmische Katastrophen wie das Vorbeischrammen eines Himmelskörpers an der Erde. W.' Bedeutung für das Genre ist gar nicht hoch genug einzuschätzen. Brian Aldiss nannte ihn den »Shakespeare der Science Fiction«. Wichtige Werke außerhalb der SF entstanden vor allem in seinen späteren Jahren – neben Romanen auch zahlreiche populärwissenschaftliche Bücher, darunter eine ›Geschichte unserer Welt‹.

Bibliografie:

Die ersten Menschen im Mond (THE FIRST MEN IN THE MOON), Minden: Bruns 1905 (auch: *Die ersten Menschen auf dem Mond*)
Krieg der Welten (THE WAR OF THE WORLDS), Wien: Perles 1901

Die Riesen kommen (THE FOOD OF THE GODS), Minden: Bruns 1904
Die Zeitmaschine (THE TIME MACHINE), Minden: Bruns 1904
Dr. Moreaus Insel (THE ISLAND OF DOCTOR MOREAU), Minden: Bruns 1904 (auch: *Die Insel des Dr. Moreau*)
Wenn der Schläfer erwacht (WHEN THE SLEEPER WAKES), Minden: Bruns 1906
Im Jahre des Kometen (IN THE DAYS OF THE COMET), Stuttgart: Julius Hoffmann 1908
Der Luftkrieg (THE WAR IN THE AIR), Stuttgart: Julius Hoffmann 1909
Der gestohlene Bazillus (C/OA), Stuttgart: Julius Hoffmann 1910
Jenseits des Sirius (A MODERN UTOPIA), Stuttgart: Julius Hoffmann 1911
Der Unsichtbare (THE INVISIBLE MAN), Stuttgart: Julius Hoffmann 1911
Ugh-Lomi (C) (TALES OF SPACE AND TIME), Stuttgart: Der kommende Tag 1923
Menschen, Göttern gleich (MEN LIKE GODS), Berlin/Wien: Zsolnay 1927
Der Traum (THE DREAM), Berlin/Wien: Zsolnay 1927
Der Apfel vom Baum der Erkenntnis (C/OA), Berlin/Wien: Zsolnay 1930
Stern der Vernichtung (C) (BEST STORIES OF H. G. WELLS), München 1964, H 293
Der gestohlene Bazillus (C/OA), Zürich: Diogenes 1969 (auch: *Das Land der Blinden*)
Das Kristall-Ei (C/OA), Wien/Hamburg: Zsolnay 1979
Kinder der Sterne (STAR BEGOTTEN), Wien/Hamburg: Zsolnay 1983

Wells, J. E.

Pseudonym von Eberhard Seitz, einem der produktivsten Leihbuchautoren der fünfziger Jahre. W. war Verfasser reiner Routine-SF, welcher der Post-Dominik-Mief deutscher Zukunftsromane der fünfziger Jahre auf jeder Seite entströmte. Assoziationen mit seinem berühmten Namensvorbild sollten absichtlich geweckt werden, stellten sich aber bei der Lektüre jener Leihbücher wohl bei niemandem ein. Gleichwohl hatte W. in seinem Metier Erfolg: Neben K. H. Scheer beherrschte er die Leihbuchszene geradezu, und seine Romane wurden später zum großen Teil in Heftreihen wie *Terra* nachgedruckt.

Bibliografie:

Todesroboter 1000, Balve: Zimmermann 1955
Raum ohne Leben, Balve: Zimmermann 1955

Stern IRL-94, Balve: Zimmermann 1956
Projekt Altantropa, Balve: Zimmermann 1956
Das Land Kort, Balve: Zimmermann 1956
Aufstand der Verdammten, Balve: Zimmermann 1956
Entführung ins All, Balve: Zimmermann 1956
...und die Erde versank, Balve: Zimmermann 1956
Krieg auf dem Pella, Balve: Zimmermann 1957
Kampf mit der Urwelt, Balve: Zimmermann 1957
Flug in die Vergangenheit, Balve: Zimmermann 1957
Schneller als das Licht, Balve: Zimmermann 1957
Die Unsichtbaren, Balve: Zimmermann 1957
...es begann mit drei Minuten, Balve: Zimmermann 1958
Begegnung im All, Balve: Zimmermann 1958
Hilfe aus Andromeda, Balve: Zimmermann 1958
Schritt in die Zukunft, Balve: Zimmermann 1958
Herr über die Dimensionen, Balve: Zimmermann 1958
Die Stimme der Anderen, Balve: Zimmermann 1958
Wandlung zum Nichts, Balve: Zimmermann 1958
Stern der Implosionen, Balve: Zimmermann 1958
Der denkende Planet, Balve: Zimmermann 1958
Treffpunkt Pitto, Balve: Zimmermann 1959
Herrscher über den Tod, Balve: Zimmermann 1959
Befohlenes Dasein, Balve: Zimmermann 1959
Union der Gestirne, Balve: Zimmermann 1959
Captain Trawler wird vermißt, Balve: Zimmermann 1959
Die Roboter des Planeten Kihli, Balve: Zimmermann 1959
Der goldene Planet, Balve: Zimmermann 1960
Stadt im Eis, Balve: Zimmermann 1960
Planeten in Gefahr, Balve: Zimmermann 1960
Einer blieb übrig, Balve: Zimmermann 1960
Inferno, Balve: Zimmermann 1960
Der vollkommene Mensch, Balve: Zimmermann 1960
Das neue Dasein, Balve: Zimmermann 1961
Flucht von der Erde, Balve: Zimmermann 1961
Die SYMANAS, Balve: Zimmermann 1961
Materie Mensch, Balve: Zimmermann 1961
Technik in falscher Hand, Balve: Zimmermann 1962
Untergang, Balve: Zimmermann 1962
Der große galaktische Krieg, Balve: Zimmermann 1963
Der Captain mit der goldenen Sonne, Menden: Bewin 1964
Irrfahrt der Gedanken, Menden: Bewin 1964

Historisches Zwischenspiel, Menden: Bewin 1964
Automatik der Hölle, Menden: Bewin 1967
Die Frau aus der Tiefe des Alls, Menden: Bewin 1968
Aufstand der Roboter, Menden: Bewin 1969
Yelu, der Strahlende, Menden: Bewin 1970
Der Staat aus dem Nichts, Menden: Bewin 1970
Vergiftetes Licht, Menden: Bewin 1971

Bibliografie/H:

Siehe Anhang SERIEN: *Mark Powers*

Wells, (Frank Charles) Robert (1929 –   )

Englischer Autor, geboren in London. W. schrieb ab 1971 einige SF-Romane, von denen sein Erstling CANDLE IN THE SUN (1971) bis heute sein vielleicht bekanntester ist.

Bibliografie:

SOS – Ein Raumschiff stirbt (THE SPACEJACKS), Bergisch Gladbach 1977, B 21091

Wende, J.

Siehe Anhang SERIEN: *Die Zeitkugel*

Wenske, Helmut (1940 –   )

Deutscher Grafiker, Herausgeber und Autor, geboren in Hanau. W. wurde durch seine Coverdesigns für Schallplatten und Bücher bekannt. Die von ihm herausgegebene Anthologie *Arcane* (1982) stellt insofern eine Besonderheit dar, als die darin enthaltenen Erzählungen deutscher Autoren nach Bildern des amerikanischen Künstlers Harry O. Morris geschrieben wurden.

Bibliografie:

(Hrsg.) *Arcane* (mit Wolfgang Jeschke), München 1982, H 3970

Werfel, Franz (1890 – 1945)

Geboren in Prag als Sohn eines wohlhabenden, jüdischen Industriellen, entstammt W. einem für das Verständnis der europäischen Kultur der Jahrhundertwende bedeutsamen geistesgeschichtlichen Ort der Verschmelzung von Ost und West, Judentum und Katholizismus, Deutschtum, slawischer Kultur und Habsburgermacht. W.s Name gehört zu den großen der Literatur, untrennbar verbunden mit der Avantgarde des beginnenden 20. Jahrhunderts. Dort hat er seinen Platz als religiöser Lyriker, Dramatiker und Erzähler. Sein für die Science Fiction relevanter Beitrag ist der umfangreiche Roman *Stern der Ungeborenen,* der 1946 posthum veröffentlicht wurde. In ihm läßt er seinen Protagonisten, den toten Schriftsteller F. W., dem Grabe entsteigen und drei Tage lang den Stern der Ungeborenen – die Erde des Jahres 102000 – besuchen und das Paradies einer hochtechnisierten und durch und durch zivilisierten Welt erleben.

Bibliografie:

Stern der Ungeborenen, Frankfurt am Main: Suhrkamp 1949

Werning, Andreas Siehe Brandhorst, Andreas

Weshinow, Pawel (1914 –   )

Pseudonym des bulgarischen Autors Nikola Gugow. W. studierte an der Universität von Sofia Philosophie und arbeitete nach dem Zweiten Weltkrieg beim Film und bei verschiedenen Zeitschriften als Redakteur. Er verfaßte Gegenwartsliteratur, Filmszenarien, Jugendbücher, Abenteuer- und Kriminalgeschichten. Sein Band mit SF-Erzählungen *Die blauen Schmetterlinge* erhielt beim Treffen von SF-Autoren in Poznan 1974 einen Sonderpreis. Einige seiner Erzählungen erschienen in DDR- und westdeutschen Anthologien. 1973 wurde sein Roman *Der Untergang des ›Ajax‹* veröffentlicht.

West, Douglas Siehe Tubb, E. C.

West, Morris L. (1916 –   )

Geboren in Melbourne (Australien). Seit 1954 freier Schriftsteller.

Bibliografie:

In den Schuhen des Fischers (THE SHOES OF THE FISHERMAN), München/ Zürich: Droemer Knaur 1964
Die Gaukler Gottes (THE CLOWNS OF GOD), München/Zürich: Droemer Knaur 1981

Westall, Robert (1929 –   )

Englischer Lehrer und Autor. Erhielt für seine Jugendbücher zweimal die Carnegie Medal.

Bibliografie:

Spiel mit dem Zufall (THE DEVIL ON THE ROAD), Ravensburg: Maier 1985

West, Wallace (George) (1900–1980)

Amerikanischer SF-Autor, geboren in Walnut Hills, Kentucky. W. studierte an der Butler University/Indianapolis und der Indiana University Law School Jura und gründete später mit seinem Partner die Anwaltfirma Calvin & West. Bald darauf versuchte er sich jedoch in anderen Jobs. Da er Spanisch und Portugiesisch sprach, wurde er Vizepräsident für *United Press* in Südamerika, gab eine der ersten amerikanischen Illustrierten heraus und versuchte sich schließlich als PR-Manager bei CBS und NBC. Außerdem war er in der PR-Abteilung der Paramount Filmgesellschaft und des amerikanischen Erdölinstituts tätig. In den sechziger Jahren war er anerkannter Experte für die Probleme der Luft- und Wasserverschmutzung.

Seine erste SF-Story, ›The Last Man‹, erschien 1929 in dem Magazin *Amazing*. Es folgten weitere SF- und Weird Fiction-Erzählungen für diverse Magazine, aber seine eigentliche SF-Karriere begann nach einer längeren Pause erst Anfang der fünfziger Jahre. Zwischen 1959 und 1967 erschienen sechs Romane und eine Storycollection in Buchform, darunter THE MEMORY BANK (1961), worin es um gespeicherte Erinnerungen als eine Form der Unsterblichkeit geht. LORDS OF ATLANTIS (1960) vereint vier als GREAT-LEGEND-Serie Anfang der fünfziger Jahre in dem Magazin *Future SF* veröffentlichte Erzählungen um eine alte Marskolonie auf dem Grund des Mittelmeeres.

Bedingt durch seine Ausbildung und verschiedenen Tätigkeiten beschäftigte sich W. mit besonderen Problemen schon Jahrzehnte, bevor sie in den Blickpunkt der Öffentlichkeit gerieten. Eine der ersten Erzählungen überhaupt, die zum Thema Umweltverschmutzung geschrieben wurden, ist ›Dust‹; sie wurde 1935 von den Magazinherausgebern abgelehnt und erschien erst in etwas abgeänderter Form im Jahre 1967. Mit seiner wohl besten Story, ›The Phantom Dictator‹ (*Astounding*, 8/35), war er seiner Zeit ebenfalls voraus. In ihr beschrieb er die Möglichkeiten unterbewußter Werbung, Propaganda und Manipulation zwanzig Jahre vor Vance Packards Klassiker *Die geheimen Verführer*. Außer SF und Weird Fiction schrieb W., der nie Vollzeit-Autor war, auch Fachbücher, ein Filmdrehbuch und mehrere Kinderbücher.

Bibliografie/H:

Verkaufen Sie Ihre Erinnerungen (THE MEMORY BANK), UZ 365 (1963)
Vorposten im All (OUTPOSTS IN SPACE), UZ 401 (1964)

Wethekam, Cili

Bibliografie:
Fröhlicher Spuk vom andern Stern, Stuttgart: Thienemann 1964

Wheeler, Keith

Bibliografie:
Das letzte Signal (THE LAST MAYDAY), München: Lichtenberg 1969

White, James (1928–   )

Geboren in Belfast, Nordirland. W. lebte eine Zeitlang in Kanada und ist heute wieder in seiner Heimatstadt ansässig, wo er als PR-Manager bei einer Flugzeugfirma angestellt ist. Seine erste SF-Story, ›Assisted Passage‹, verkaufte er 1952 an das Magazin *New Worlds.* Sie erschien 1953. Sein erster Roman, THE SECRET VISITOR, erschien 1957. Seither hat er mehr als sechzig Erzählungen, zwölf Romane und sieben Kurzgeschichtensammlungen veröffentlicht. Die meisten seiner Werke wurden diesseits und jenseits des Atlantiks veröffentlicht und auch in verschiedene europäische Sprachen sowie ins Japanische übersetzt, wobei sich die SECTOR GENERAL-Serie mit den Bänden HOSPITAL STATION (C, 1962), STAR SURGEON (1963), MAJOR OPERATION (C, 1971), AMBULANCE SHIP (1980) und STAR HEALER (1985) besonderer Popularität erfreut. Es geht dabei um medizinische, psychologische und sonstige Probleme, die in einem Weltraumhospital auftreten, das von extraterrestrischen Patienten aller Art frequentiert wird. Einige Episoden dieser Serie erschienen zuerst in *New Worlds* und wurden ab 1962 gesammelt herausgegeben bzw. ergänzt. Man merkt ihnen unschwer an, daß James White eigentlich gerne Arzt geworden wäre. ALL JUDGEMENT FLED (1968), ein Roman, der den Europa Award als bester britischer Roman erhielt, konfrontiert die Erde mit der Ankunft eines riesigen extraterrestrischen Raumschiffs, das verschiedene Lebensformen an Bord hat, wobei den kontaktierten Menschen unklar bleibt, welche Lebensform dominierend ist bzw. das Schiff befehligt. THE DREAM MILLENNIUM (1974) schildert die Reise von Kolonisten zu neuen Welten, die im Kälteschlaf ihrem Ziel ›entgegenträumen‹, wobei diese Träume der Schärfung des Rassengedächtnisses dienen sollen. Ein Kritiker nannte diese Vorstellung, daß dieses Schiff mit seiner menschlichen Fracht der »herausgedrückte Kern der überreifen und zum Untergang bestimmten Frucht Erde« sei, resignativ und einem plumpen Biologismus entsprungen. Eines der interessantesten Werke von James White ist THE WATCH BELOW (1966). Fünf Passagiere eines im Zweiten Weltkrieg versunkenen Frachters überleben in dem am Meeresgrund liegenden Schiffskörper, bis hundert Jahre später ihre Nachkommen gerettet werden. Diese Unterwassermenschen erweisen sich als die einzigen möglichen Verhandlungspartner für Invasoren, welche die Erde in wassergefüllten Raumschiffen angesteuert haben. Geschickt wirbt White um Verständnis für andersartige Lebensformen, und liebevoll aufgeführte Details verraten die Arbeit, die der Autor seinen Stoffen angedeihen läßt.

SECOND ENDING (1963) – ein durch radioaktive Strahlung sterilisierter Mann überlebt den Tod des Sonnensystems im Zustand des Kälteschlafs –, ESCAPE ORBIT (1965) – es geht um einen Überlebens- bzw. Fluchtplan nach einem für beide Seiten vernichtenden Krieg, der zwischen Menschen und Extraterrestriern tobt –, TOMORROW IS TOO FAR (1971), LIFEBOAT (auch: DARK INFERNO) (1972), UNDERKILL (1979) und AMBULANCE SHIP (1979) sind weitere bekannte Romane Whites, von denen SECOND ENDING für den Hugo und den Nebula Award nominiert wurden. Zu seinen bekannteren Storysammlungen gehören DEADLY LITTER (1964) und MONSTERS AND MEDICS (1977).

1972 wurde James White mit dem Europa Special Science Fiction Award ausgezeichnet.

Bibliografie:

Gefängnis im All (OPEN PRISON, auch: THE ESCAPE ORBIT), München 1966, TTB 107
Gefangene des Meeres (THE WATCH BELOW), München 1967, TTB 122
Das Raumschiff der Rätsel (ALL JUDGEMENT FLED), München 1968, TTB 150 (auch: *Das Prometheus-Projekt*)
Minuszeit (TOMORROW IS TOO FAR), Rastatt 1971, TTB 185
Brüder im Kosmos (C) (THE ALIENS AMONG US), München 1972, TTB 193
Die Ärzte der Galaxis (C) (MAJOR OPERATION), München 1973, TTB 203
Das Schwarze Inferno (LIFEBOAT), München: Goldmann 1973
Das Jahrtausend der Träume (THE DREAM MILLENNIUM), München: Goldmann 1975

Die Weltraummediziner (HOSPITAL STATION), Frankfurt am Main/
Berlin/Wien 1977, U 3331
Kampf der Weltraum-Mediziner (STAR SURGEON), Frankfurt am Main/
Berlin/Wien 1978, U 3396
Die Außerirdischen (THE SECRET VISITORS/TOURIST PLANET), Rastatt 1979,
UC 1
Das zweite Leben (C) (MONSTERS AND MEDICS), München 1979,
TTB 309
Das Ambulanzschiff (AMBULANCE SHIP), München 1980,
M 3507
Der globale Eingriff (UNDERKILL), Rastatt 1982, M 3568

Bibliografie/H:

Frauen für Pleja (THE DEVIL'S EGG), UG 9 (1954)
Herr der Roboter (SECOND ENDING), T 287 (1963)
Die Lichter des Alls (C) (DEADLY LITTER), T 423 (1965)

White, Ted (Theodore Edward)
(1938 –   )
Amerikanischer Herausgeber und
Autor. W. wurde in Washington geboren, zog 1959 nach New York City
und arbeitete zeitweise bei der Schall-
plattengesellschaft Metronome. Anfang der sechziger Jahre wurde er
Herausgeberassistent bei *The Magazine of Fantasy & Science Fiction,*
danach bei *Lancer Book,* dann Her-
ausgeber der unter chronischem Geldmangel dahinsiechenden
Magazine *Amazing* und *Fantastic* (1970 – 1978), des erfolgreichen
SF/Comicmagazins *Heavy Metal* (1979 – 1981) und Mitte der achtziger Jahre des auch Rollenspielbereiche abdeckenden SF-Magazins
Stardate. Parallel zu diesen Tätigkeiten versuchte sich W. als Autor
von Stories und Romanen, schrieb zusammen mit Terry Carr unter
dem Pseudonym Norman Edwards seinen ersten Roman, INVASION
FROM 2500 (1964), und zusammen mit Dave van Arnam LOST IN SPACE
(1967). Später arbeitete er auch mit David Bischoff zusammen. Insgesamt wurden von W. bislang 15 Romane und etwa 30 Kurzgeschichten veröffentlicht. Die Mehrzahl davon kommt über reine
Unterhaltung nicht hinaus. W.s Tätigkeit als Herausgeber ist für das
SF-Genre von größerer Wichtigkeit als seine Texte.

Bibliografie/H:

Als Norman Edwards:

Überfall aus der Zukunft (INVASION FROM 2500) (mit Terry Carr), TN 107 (1970)

Wibberley, Leonard (Patrick O'Connor) (1915–1983)

Geboren in Dublin, Irland. Der nach Amerika ausgewanderte irische Journalist und Schriftsteller W. hat u. a. auch unter den Pseudonymen Leonard Holton und Patrick O'Connor eine große Zahl Romane verfaßt, von denen viele in die Sparten Mainstream und Kinderbücher fallen. Sein erster und bekanntester SF-Roman ist THE MOUSE THAT ROARED (1955), die erfolgreich verfilmte Geschichte eines europäischen Zwergstaates, der die USA erobert.

Wickert, Ernst (1915–   )

Geboren in Bralitz (Mark Brandenburg). W. war jahrzehntelang im Auswärtigen Dienst tätig und erhielt 1952 den Hörspielpreis der Kriegsblinden.

Bibliografie:

Der verlassene Tempel, Stuttgart: Deutsche Verlagsanstalt 1985

Wiek, Bruno S. (1897–   )

W. ist das Pseudonym des deutschen Autors Walter Troppenz, der in Braunschweig geboren wurde. W. war von Beruf eigentlich Konstrukteur, schrieb aber zahlreiche Romane, Bühnenstücke, Hörspiele und Filmdrehbücher. Er verfaßte vier utopische Romane, die zwischen 1934 und 1949 erschienen.

Bibliografie:

Der Schlüssel des Meeres, Bremen: Burmester 1934
Phantasten, Bremen: Burmester 1935
LPR 1600, Bremen: Burmester 1935
Weiße Kohle, Altenhain/Ufr.: Lubowski 1949

Wiemer, S(usanne) U(rsula)

Deutsche Kriminalschriftstellerin, die 1979 zur SF stieß und mit der Figur des Charru von Mornag einen Helden kreierte, der mit einigen Gefährten auf dem Planeten Mars strandet und sich dort gegen die Ureinwohner behaupten muß. Die Serie *Söhne der Erde* ist auf das reine SF-Abenteuer hin konzipiert.

Bibliografie:
Siehe Anhang SERIEN: *Söhne der Erde*

Wiener, Hans W.
Deutscher Romanheftautor.

Bibliografie/H:

Das Chinatown-Syndrom, ZSF 272 (1984)

Wilder, Cherry (1930 –)
Pseudonym der in Auckland (Neuseeland) geborenen, seit Mitte der siebziger Jahre in der Nähe von Frankfurt lebenden Schriftstellerin Cherry Barbara Grimm, geb. Lockett. W. lebte lange in Australien, studierte in Canterbury und war Hochschullehrerin und Theaterregisseurin. Ihre erste Erzählung erschien 1974 in der von H. Kenneth Bulmer herausgegebenen Anthologie NEW WRITINGS IN SF: 24. In der englischsprachigen Welt und auch bei uns wurde sie durch die *Torin*-Trilogie bekannt, die aus den Romanen THE LUCK OF BRIN'S FIVE (1977), THE NEAREST FIRE (1980) und THE TAPESTRY WARRIORS (1982) besteht. In dieser Trilogie schildert sie die Abenteuer eines irdischen Schiffbrüchigen auf der Welt Torin, der sich in einer fremdartigen Kultur zurechtfinden muß, als ›Glück‹, d. h. als Behinderter oder jemand, der nicht allein für sich sorgen kann, zum fünften Part einer einheimischen Familie wird und schließlich durch seine Anwesenheit die Gesellschaft der Eingeborenen, die sich in einem Stadium zwischen bäuerlichem Feudalismus und erster industrieller Produktion befindet und von Clans beherrscht wird, verändert. W. entwirft dabei eine eigenständige, in ihrer Detailopulenz fast orientalisch anmutende Welt. Inhaltlich und auch stilistisch sind diese Bücher im Bereich der Science Fantasy angesiedelt und lassen Vorbilder wie Marion Zimmer Bradleys DARKOVER-Zyklus erkennen. THE LUCK OF BRIN'S FIVE wurde 1978 als bester Roman des Jahres mit dem australischen Ditmar Award ausgezeichnet. Neben SECOND NATURE, einem Roman mit ähnlicher Thematik – schiffbrüchige Menschen haben auf einem seltsamen Planeten eine Zivilisation gegründet –, liegen die weiteren Veröffentlichungen der Autorin auf dem Gebiet der Fantasy.

Bibliografie:

Das Glück von Brins Fünf (THE LUCK OF BRIN'S FIVE), München 1982, M 3558
Das Feuer, das am nächsten liegt (THE NEAREST FIRE), Rastatt 1982, M 3569
Die Gobelin-Krieger (THE TAPESTRY WARRIORS), Rastatt 1985, M 3676

Wilfert, Peter (1950–)
Deutscher Herausgeber und Anthologist, betreute als Lektor bis 1986 die SF-Reihe des Wilhelm Heyne Verlags, die er in den siebziger Jahren stark um den Bereich der Fantasy erweiterte, in dem er auch vielen deutschen Autoren, u. a. auch Wolfgang Hohlbein, eine Chance gab, sich einem breiten Publikum vorzustellen.

Bibliografie:

(Hrsg.) *Tor zu den Sternen*, München 1981, G 23400
(Hrsg.) *Pilger durch Raum und Zeit*, München 1982, G 23401
(Hrsg.) *SF aus Japan* (mit Ken Okura und Werner Zillig), München 1982, G 23403
(Hrsg.) *SF aus Australien* (mit Paul Collins), München 1982, G 23410

Wilhelm, Kate (1928–)
Die amerikanische Autorin W. wurde in Toledo/Ohio geboren. Mitte der fünfziger Jahre begann sie SF-Stories zu schreiben. Ihre erste Veröffentlichung war ›The Pint-Size Genie‹ 1956 in *Fantastic,* und schon ein Jahr später erregte sie mit der Erzählung ›The Mile-Long Spaceship‹ in *Astounding* einiges Aufsehen. Dieser Story folgten in den nächsten zehn Jahren gut zwei Dutzend weitere in SF-Magazinen, bevor die Autorin ihre jeweils neuesten Erzählungen in der Anthologien-Serie *Orbit* veröffentlichte, die ihr Mann, Damon Knight, herausgab. 1965 hatte sie mit dem Schreiben von Romanen begonnen, zunächst in Zusammenarbeit mit Theodore L. Thomas einige auf Action getrimmte Titel wie THE CLONE (1965), THE KILLER THING (1967) und YEAR OF THE CLOUD (1970). 1968 gewann ihre Kurzgeschichte ›The Planners‹ *(Orbit)* den Nebula Award. Insgesamt wurde sie zwischen 1965 und 1976 sechsmal für den Hugo und den Nebula Award nominiert,

u. a. für THE CLONE (1965), der große Durchbruch aber kam für sie erst mit ihrem anspruchsvollen Roman WHERE LATE THE SWEET BIRDS SANG (1976), der 1976 für den Nebula Award nominiert wurde und ein Jahr später den Hugo Award gewann. WHERE LATE THE SWEET BIRDS SANG spielt nach einer ökologischen Katastrophe vor ländlichem Hintergrund. Die letzten echten Menschen sind vom Aussterben bedroht, Klone werden sie ablösen. Dieser Roman, der Lieblingsthemen der Autorin wie Kloning und Genmanipulationen problematisierte, kann heute schon als ökologischer SF-Klassiker betrachtet werden und übertraf in seinen Stimmungsbildern und eindringlichen Schilderungen ihre bisherigen Werke, Romane wie MARGARET AND I (1971) oder THE CLEWISTON TEST (1976), die wie viele ihrer Erzählungen und Kurzgeschichten nicht gerade SF-typisch waren, sondern stark psychologisch orientiert und nahe an der Mainstream-Literatur angesiedelt. In THE CLEWISTON TEST geht es um biochemische Versuche und die Entdeckung und Auswirkungen eines totalen Schmerzhemmers, während MARGARET AND I die Psyche einer jungen Frau beschreibt, die sich immer mehr in erotischen Wahnvorstellungen verliert.

Neuere Romane wie JUNIPER TIME (1979) — Thema ist eine geheimnisvolle Botschaft aus dem All, die eine junge Wissenschaftlerin entschlüsseln soll —, A SENSE OF SHADOW (1981) — ein steinreicher Großgrundbesitzer will beweisen, daß es kein Leben nach dem Tode gibt, und macht dadurch nach seinem Dahinscheiden aus seiner Erbenschar einen Haufen mißtrauischer Verrückter —, OH, SUSANNAH (1982) und WELCOME CHAOS (1983) etablierten W. als unbestrittene Meisterin des psychologischen SF-Romans.

W. hat, obwohl sie immer wieder Preise gewann — zuletzt den Nebula Award 1986 für ihre Story ›The Girl Who Fell Into the Sky‹ —, leider nie die Beachtung gefunden, die ihr eigentlich gebührt; sie hat es dem Leser auch nie leicht gemacht und nie für ein breites Publikum geschrieben. Mit ihrem meisterhaften Roman WINTERBEACH (1981, *Winterlicher Strand,* in Deutschland erschien bisher nur die Novellenfassung im Heyne SF-Jahresband 1983, hrsg. von Wolfgang Jeschke) könnte ihr nun doch noch ein Publikumserfolg gelingen. Er soll demnächst verfilmt werden.

Ihre teilweise der New Wave zuzurechnenden Kurzgeschichten erschienen in mehreren Sammelbänden, so z. B. THE MILE-LONG SPACESHIP (1963), THE DOWNSTAIRS ROOM AND OTHER SPECULATIVE FICTION (1967), THE INFINITY BOX (1975) und SOMERSET DREAMS AND OTHER FICTIONS (1978). Neben ihrer Tätigkeit als Schriftstellerin wurde sie vor allem durch die Clarion Science Fiction Writers Conference bekannt, einen Workshop für junge SF-Autoren, dem W. vorstand.

Bibliografie:

Leben ohne Ende (THE NEVERMORE AFFAIR), München 1967, GWTB 082
Geschenk von den Sternen (C) (ANDOVER AND THE ANDROID), München 1969, GWTB 0105
Das Killer-Ding (THE KILLER THING), Bergisch Gladbach 1971, B 1
Der Klon – Wesen aus Zufall (THE CLONE) (mit Theodore L. Thomas), Bergisch Gladbach 1973, B 24
Hier sangen früher Vögel (WHERE LATE THE SWEET BIRDS SANG), München 1978, H 3600
Das Jahr des schweren Wassers (THE YEAR OF THE CLOUD) (mit Theodore L. Thomas), Bergisch Gladbach 1978, B 22002
Der Clewiston-Test (THE CLEWISTON TEST), München 1981, H 3765
Wacholderzeit (JUNIPER TIME), München 1983, H 3983
Fühlbare Schatten (A SENSE OF SHADOW), München 1984, H 4050
Margaret und ich (MARGARET AND I), München 1984, H 4114

Wilhelm, Kurt (1923 –   )
Deutscher Autor, geboren in München.

Bibliografie:

Paradies, Paradies, München: Schneekluth 1981

Wilkins, F. G. (Pseudonym)

Bibliografie:

Der grüne Regen, Bayreuth: Heros o. J.

Bibliografie/H:

Ungeheuer vom Neptun, UZ 178 (1959)
Roto, Retter der Erde, UZ 181 (1959)
Libora funkt SOS, UZ 209 (1960)

Williams, Charles (1886 – 1945)
Englischer Autor phantastischer Romane. W. gehörte zum Freundeskreis der ›Inklings‹ um Tolkien und Lewis.

Bibliografie:

Der Stein der Weisheit (MANY DIMENSIONS), Bergisch Gladbach 1986, B 72048

Williams, Eric C. Englischer Autor.

Bibliografie:
Zukunft – nein danke (THE TIME INJECTION), Frankfurt am Main/Berlin/ Wien, 1981, U 31026

Williams, Frank (Verlagspseudonym)

Bibliografie/H:
Schatzgräber des Weltraums, T 9 (1957)
Planet der fünf Sonnen, T 20 (1958)
Das Geheimnis der Wega, T 24 (1958)
Nova Centauri, T 59 (1959)
Unsichtbare am Werk, T 66 (1959)

Williams, Nick Boddie (1906 –)
Geboren in Onancock, Virginia; W. ist Journalist, der Kurzgeschichten in Magazinen wie *The Saturday Evening Post* und *Colliers* veröffentlicht. Sein einziger SF-Roman, THE ATOM COURTAIN (1956), beschreibt die USA, 270 Jahre nachdem sich das Land aus Angst vor einem Atomschlag von der restlichen Welt abgekapselt hat.

Bibliografie:
Der Atomvorhang (ATOM CURTAIN), Hannover 1957, UTR 4

Williams, Paul O(sborne)
(1935 –)
Amerikanischer Schriftsteller, geboren in Chatham, New Jersey. W. studierte an der University of Pennsylvania und schloß mit einem Doktortitel in Englisch ab. Danach wechselte er ins Lehramt und brachte es bis zum Professor für Englisch an einem College in seiner Heimatstadt Elsah, Illinois, deren Museumsdirektor er ebenfalls ist. Neben Artikeln, Essays und Besprechungen auf literarischem Gebiet veröffentlichte er einige Bücher über die Geschichte des amerikanischen Mittelwestens. Innerhalb der SF bekannt geworden ist W. durch ein einziges Werk, den bislang siebenbändigen *Pelbar*-Zyklus, in dem der Autor von der Hypothese ausgeht,

daß im späten 20., frühen 21. Jahrhundert ein Atomkrieg stattgefunden hat, der die USA und das südliche Kanada verwüstete. Tausend Jahre danach haben sich überlebende Gruppen soweit konsolidiert, daß kleine, befestigte Siedlungen und Stadtstaaten existieren. Allmählich bilden sich wieder kulturelle Zentren heraus, so in Pelbar, am Heart-Fluß, dem ehemaligen Mississippi, und wagemutige Pioniere begeben sich auf gefahrvolle Expeditionen, um die postatomare, teilweise noch verstrahlte Wildnis zu durchqueren und den amerikanischen Kontinent zu erkunden.

Der *Pelbar*-Zyklus ist reich an kulturellen Details, wobei der Autor sein Wissen über die Geschichte der Besiedlung des Mittelwestens und im besonderen des Mississippi-Tals einbringt. Er wird durchweht von einer romantischen, naturverbundenen Stimmung im Stile Thoreaus. W. erhielt für dieses Werk 1983 den John W. Campbell Award als vielversprechender Autor.

Bibliografie:

Die Zitadelle von Nordwall (THE BREAKING OF NORTHWALL), München 1985, H 4151

Die Enden des Kreises (THE ENDS OF THE CIRCLE), München 1985, H 4152

Die Kuppel im Walde (THE DOME IN THE FOREST), München 1985, H 4153

Der Fall der Muschel (THE FALL OF THE SHELL), München 1985, H 4154

Der Hinterhalt der Schatten (AN AMBUSH OF SHADOWS), München 1985, H 4155

Das Lied der Axt (THE SONG OF THE AXE), München 1985, H 4156

Das Schwert der Geduld (THE SWORD OF FORBEARANCE), München 1986, H 4157

Williams, Robert Moore

(1907–1978)

Der in Famington/Missouri geborene Autor W. studierte Journalismus an der University of Missouri, schloß mit dem Grad eines Bachelor of Arts ab und etablierte sich als freier Schriftsteller. W. publizierte (auch außerhalb der SF) in einer Vielzahl von Magazinen. 1937 erschien seine erste SF-Story, ›Zero as a Limit‹, in Campbells *Astounding Stories,* allerdings unter dem Pseudonym Robert Moore. Seine bekannteste Erzählung ist ›The Robot's Return‹ (1938), ein sentimentales Garn über eine robotische Raumschiffbesatzung, die nach einer Million Jahren von einer Sternenexpedition zur Erde zurückkehrt und feststellt, daß die Menschheit inzwischen ausgestorben ist. Insgesamt verfaßte er annähernd 200 Stories und Kurzromane in den Magazinen. Mitte der fünfziger Jahre begann W. Abenteuerromane zu produzieren, die in Taschenbuchreihen erschienen und regelmäßig deutsche Übersetzungen erfuhren: THE CONQUEST OF THE SPACE SEA (1960), THE DAY THEY H-BOMBED LOS ANGELES (1961) und THE CHAOS FIGHTERS (1955) sind nur einige von gut zwei Dutzend Romanen, von denen die meisten routinemäßig aufgezogene, wenig anspruchsvolle Space Operas waren. In seinen *Zanthar*- und *Jongor*-Serien erinnerte er gar ein wenig an Edgar Rice Burroughs. W. arbeitete auch unter Pseudonymen wie John S. Browning, H. H. Harmon, Russel Storm und E. K. Jarvis (letzterer Name gehörte ihm allerdings nicht allein, sondern wurde auch von Paul W. Fairman, Robert Silverberg und Harlan Ellison benutzt).

Bibliografie:

Die Rasse von den Sternen (WORLD OF THE MASTER-MINDS), Balve: Zimmermann 1963
Am Rande der großen Leere (CONQUEST OF THE SPACE SEA), Balve: Zimmermann 1964
Zukunft in falschen Händen (THE DARKNESS BEFORE TOMORROW), Frankfurt am Main/Berlin/Wien 1972, U 2882

Bibliografie/H:

Homo Sapiens zu verkaufen (THE CHAOS FIGHTERS), T 127 (1960)
Dreißig Sekunden Verzögerung (DOOMSDAY EVE), T 170 (1960)
Die geheimnisvolle Welt (WORLD BEYOND THE SKY), UG 143 (1961)
Roter Tod vom Jupiter (BRIDGE TO EARTH), UZ 273 (1961)
Heimweh nach dem Mars (C) (TO THE END OF TIME), T 256 (1963)
Atombomben auf Los Angeles (THE DAY THEY H-BOMBED LOS ANGELES), T 275 (1963)
Gnosos Rache (WALK UP THE SKY), UZ 389 (1963)
Das blaue Atom (THE BLUE ATOM), T 305 (1963)
Geister der Vergangenheit (FLIGHT FROM YESTERDAY), UZ 395 (1964)
König des roten Planeten (KING OF THE RED PLANET), T 318 (1964)
Irrlichter des Todes (THE STAR WASP), T 367 (1964)
Tunnel zum Mond (THE LUNAR EYE), TA 151 (1974)
Das zweite Atlantis (THE SECOND ATLANTIS), TA 165 (1974)
Brückenkopf Erde (BEACHHEAD PLANET), TA 251 (1976)

Williamson, Jack (John Stewart)
(1908 –   )

W. wurde in Bisbee/Arizona als Sohn von Pioniereltern geboren, die während seiner Jugend ständig umsiedelten und in den rauhen Gegenden von Texas und New Mexico ihrem Filius eine reichlich triste Umgebung boten. Der Wendepunkt in W.s Jugend kam dann auch mit der Entdeckung von Hugo Gernsbacks *Amazing Stories,* die ihm eine willkommene Flucht aus Sandstürmen und Dürreperioden in Phantasiewelten gewährten. Noch bevor er ins College eintrat, begann er SF zu schreiben. Im Dezember 1928 erschien seine erste Story, ›The Metal Man‹, in *Amazing.* Da ihm auf Anhieb Erfolg beschieden war, brach er sein Collegestudium ab und versuchte sich als freier Schriftsteller. Innerhalb der SF gelang es ihm schnell, sich als einer der führenden Magazinautoren zu etablieren. Er schrieb für alle relevanten Magazine Kurzgeschichten, aber auch viele Romane und Serials. Von letzteren wurden in den Magazinen vor 1950 allein 20 publiziert. Seine größten Erfolge vor dem Zweiten Weltkrieg waren die LEGION-Romane THE LEGION OF SPACE (*Astounding,* 4/34), THE COMETEERS (*Astounding,* 5/36) und ONE AGAINST THE LEGION (*Astounding,* 4/39), eine der klassischen Space-Opera-Serien, die an Popularität allenfalls von E. E. Smith' SKYLARK- und LENSMEN-Serien übertroffen wurden. Ab 1934 schrieb W. seine besseren Geschichten fast nur noch für *Astounding,* was aber gelegentliche Abstecher zum Schwestermagazin *Unknown* und damit in Fantasygefilde nicht ausschloß.

In den vierziger Jahren ging seine Produktion infolge des Krieges zurück, den er als Meteorologe bei der US-Air-Force zu verbringen hatte. Aber schon 1946 erschienen wieder Stories von ihm in steter Regelmäßigkeit, u. a. auch ›With Folded Hands‹ (*Astounding,* 7/47), die 1949 zu seinem Roman THE HUMANOIDS erweitert wurde, einer klassischen Dystopie und seinem bekanntesten Werk. In ihm stellt er Asimovs Robotergesetze auf die Probe, indem er intelligente Roboter »dem Menschen gehorchen, ihm dienen und auf ihn aufpassen läßt«, und zwar in solchem Maße, daß der Mensch des ihm auferzwungenen Glücks bald überdrüssig wird und sich dieser fürsorglichen Bevormundung mit allen Mitteln zu entziehen versucht, weil ihm der freie Wille wichtiger ist als alles andere. Weitere bekanntgewordene Romane erschienen um diese Zeit unter seinem Pseudonym Will Stewart, so die Antimaterie-Serie, bestehend aus SEETEE SHOCK (1950) und SEETEE SHIP (1951). In den frühen Fünfzigern entstand auch ein Comic-Strip, BEYOND MARS, den er textete und der drei Jahre lang in der New Yorker *Sunday News* lief. Anfang der fünfziger Jahre beschloß W., wieder zur Schule zu gehen. Nach dem College begann er an der Easter New Mexico University zu studieren, an der er 1957 seinen Master of Arts in Englisch machte. 1964 folgte der Dr. phil. mit einer Dissertation, mit der er ein wesentliches Werk zur Sekundärliteratur der Science Fiction beisteuerte: H. G. WELLS: CRITIC OF PROGRESS. Nach dem Studienabschluß begann W. seine Lehrtätigkeit: Er hielt an Colleges Vorlesungen über Literatur, Literaturkritik und Linguistik, darüber hinaus führte er Science Fiction-Kurse durch.

Die fünfziger Jahre standen bei W. ganz im Zeichen der Zusammenarbeit mit anderen bekannten SF-Größen: Mit James E. Gunn verfaßte er den Roman STAR BRIDGE (1955), mit Frederik Pohl schrieb er eine Jugendbuch-Trilogie, welche die Tiefsee als Schauplatz hatte – UNDERSEA QUEST (1954), UNDERSEA FLEET (1956) und UNDERSEA CITY (1958), der in den sechziger Jahren die EARTHCHILD-Trilogie folgte. Parallel zu seiner Lehrtätigkeit an der Hochschule erschienen ständig SF-Romane aus W.s Feder, und in den siebziger Jahren war W. wieder verstärkt schriftstellerisch aktiv. Die Romane THE MOON CHILDREN (1972) und THE POWER OF BLACKNESS (1976) zählen dabei zu seinen bekannteren Werken dieser Zeit. In BROTHER TO DEMONS, BROTHER TO GODS (1979) griff er wieder Themen und Stil seiner früheren Werke vor dem Zweiten Weltkrieg auf. THE HUMANOID TOUCH (1980) und THE QUEEN OF THE LEGION (1983) sind Fortsetzungen früherer Erfolgstitel, während WALL AROUND A STAR (1983, wieder mit Frederik Pohl), MANSEED (1982) und vor allem LIFEBURST (1985) völlig eigenständige, originale Werke sind und ihren Verfasser in Bestform zeigen.

W. kann damit auf eine der längsten und erstaunlichsten Karrieren in der Science Fiction zurückblicken. In fünfzig Jahren hat er annähernd genauso viele SF-Romane geschrieben und bewiesen, daß man sich auch im positiven Sinne an neue Marktgegebenheiten und veränderten Lesergeschmack anpassen kann. 1976 zeichneten ihn die Science Fiction Writers of America – deren Präsident er übrigens auch war – mit dem Grand Master Nebula für sein Lebenswerk aus, eine Ehrung, die vor W. nur Robert A. Heinlein zuteil geworden war.

Bibliografie:

Wing 4 (THE HUMANOIDS), Düsseldorf: Rauch 1952

Der Geist der Legion (THE COMETEERS), Balve: Zimmermann 1959 (auch: *Der grüne Komet*)

Der einsame Weg (ONE AGAINST THE LEGION), Balve: Zimmermann 1959 (auch: *Einer gegen die Legion*)

Brücke zwischen den Sternen (STAR BRIDGE) (mit James E. Gunn), Balve: Zimmermann 1960

Schutzfeld über Amerika (DOME AROUND AMERICA), Balve: Zimmermann 1963 (auch: *Die Energiekuppel*)

Riffe im All (THE REEFS OF SPACE) (mit F. Pohl), Rastatt 1966, PU 264

Der Sternengott (STARCHILD) (mit Frederik Pohl), München 1968, TTB 125

Antimaterie (SEETEE SHIP), München 1970, H 3208

Antimaterie-Bombe (SEETEE SHOCK), München 1970, H 3211

Die Weltraumfalle (TRAPPED IN SPACE), Stuttgart: Boje 1974

Der Outsider-Stern (ROGUE STAR) (mit Frederik Pohl), München 1976, TTB 281

Die Macht der Dunkelheit (THE POWER OF THE BLACKNESS), München 1977, TTB 294

Objekt Lambda (FARTHEST STAR) (mit Frederik Pohl), München 1978, TTB 303

Der galaktische Kontakt (BRIGHT NEW UNIVERSE), München 1979, TTB 313

Duell in der Tiefe (UNDERSEA QUEST) (mit Frederik Pohl), Rastatt 1979, UC 4

Städte unter dem Ozean (UNDERSEA FLEET) (mit Frederik Pohl), Rastatt 1979, UC 6

Alarm in der Tiefsee (UNDERSEA CITY) (mit Frederik Pohl), Rastatt 1979, UC 8

Die Zeitlegion (THE LEGION OF TIME), Bergisch Gladbach 1982, B 23006

Die besten Stories von Jack Williamson (C) (THE BEST OF JACK WILLIAMSON), München 1980, P 6705

Die Mondkinder (THE MOON CHILDREN), München 1981, H 3832

Die Dracheninsel (DRAGON'S ISLAND), Bergisch Gladbach 1983, B 22065

Das Wing-4-Syndrom (THE HUMANOID TOUCH), Rastatt 1983, M 3617

Wächter des Alls (THE LEGION OF SPACE), Rastatt 1984, M 3643

Der endlose Planet (FARTHEST STAR und WALLAROUND A STAR) (mit Frederik Pohl), Bergisch Gladbach 1986, B 22089

Bibliografie/H:

Jenseits von Raum und Zeit (AFTER WORLD'S END), T 27 (1958)
Das grüne Mädchen (THE GREEN GIRL), UZ 476 (1966)
Der Pandora-Effekt (C) (THE PANDORA EFFECT), TN 151 (1970)

Willis, Connie (Constance E.) (1945 –   )

Amerikanische SF-Schriftstellerin, geboren in Denver, Colorado. Sie studierte an der University of Northern Colorado Englisch und Erziehungswissenschaft und war bis 1981 als Lehrerin tätig, bevor sie den Schritt zur freien Schriftstellerin wagte. W. ist auf dem Gebiet der Kurzgeschichte zu Hause, lediglich ein Roman, WATER WITCH (1982), den sie zusammen mit Cynthia Felice verfaßte und der nicht mehr als gute Unterhaltung darstellt, steht bisher zu Buche. Ihre Kurztexte machten die Autorin jedoch schnell bekannt. 1980 wurde ihre Kurzgeschichte ›Daisy, in the Sun‹ (*Galileo,* 11/79) für den Hugo Gernsback Award nominiert. ›A Letter from the Clearys‹ (*Astounding,* 7/82) und die Erzählung ›Fire Watch‹ (*Astounding,* 2/82) gewannen beide den Nebula Award für 1982, ›Fire Watch‹ 1983 auch noch den Hugo Gernsback Award. Vor allem diese Erzählung, bei der es um einen Zeitreisenden geht, der aus Studiengründen in das London des Jahres 1940 reist und bei der Bombardierung durch die Deutschen Brandwache auf einer alten Kathedrale hält, zeigte sich W.' Stärke in der Präsentation überzeugender Charaktere und faszinierender Themen. Ihre Kurztexte sind in der Collection FIRE WATCH (1985) gesammelt, aus der neben den genannten Geschichten noch ›The Sidon in the Mirror‹ und ›All my Darling Daughters‹ herausragen und der Verfasserin einen Platz unter den wichtigsten neuen SF-Autoren – zumindest was Stories anbelangt – sichern.

Bibliografie:

Die Wasserhexe (WATER WITCH) (mit Cynthia Felice), München 1984, Kn 5786
Brandwache (C) (FIREWATCH), Neuwied: Luchterhand 1987

Wilson, Angus (1913 –   )

Englischer Autor, geboren in Bexhill, Sussex.

Bibliografie:

Die alten Männer im Zoo (THE OLD MEN AT THE ZOO), Frankfurt am Main: Insel 1962

Wilson, Clark S.

Pseudonym von Harry F. Heide.

Bibliografie/H:

Mein Freund, der Marsianer, UZ 131 (1958)

Wilson, Colin (Henry) (1931 –   )

Englischer Autor, geboren in Leicester. W., der neben seiner Tätigkeit als Schriftsteller auch Gastprofessuren an mehreren amerikanischen Universitäten innehatte, ist ein sehr produktiver Autor, dessen literarischer Schwerpunkt im psychischen, okkulten und übersinnlichen Bereich liegt. Diesen Einfluß zeigen auch seine drei SF-Romane THE MIND PARASITES (1967), THE PHILOSOPHER'S STONE (1969) und THE SPACE VAMPIRES (1976). Sachtitel mitgezählt, hat W. fast einhundert Bücher veröffentlicht.

Bibliografie:

Vampire aus dem All (THE SPACE VAMPIRES), Frankfurt am Main/Berlin/Wien 1980, U 31016
Die Seelenfresser (THE MIND PARASITES), Berlin/Schlechtenwegen: März 1983

Wilson, F(rancis) Paul (1946 –   )

Amerikanischer Arzt und Schriftsteller, geboren in Jersey City, New Jersey. W.s erste SF-Geschichten erschienen 1971 noch unter der Herausgeberschaft von John W. Campbell in *Analog* und tragen, wie auch seine späteren Veröffentlichungen, stark libertinistische Züge. Fast alle seine Stories spielen in dem gemeinsamen Universum der *La Nague Federation,* und in ihnen sind den Protagonisten und gesellschaftlichen Gruppen bezüglich ihres Handlungsspielraums kaum Grenzen gesetzt, solange andere Individuen und Gesellschaften nicht in Mitleidenschaft gezogen werden. Da nimmt es wenig wunder, daß W. für seinen Roman WHEELS WITHIN WHEELS (1978) den Preis einer Vereinigung gewann, die sich für den Ausbau der freien Marktwirtschaft einsetzt. Größere Bekanntheit erlangte er durch den verfilmten Roman THE KEEP (1982), der aber in das Genre Fantasy/Horror fällt.

Bibliografie:

Der Heiler (THE HEALER), Bergisch Gladbach 1982, B 22045
Der Tery (THE TERY), Bergisch Gladbach 1982, B 23012

Mein Vater starb auf Jebinos (WHEELS WITHIN WHEELS),
Bergisch Gladbach 1983, B 24040
Der Staatsfeind (AN ENEMY OF THE STATE), Bergisch Gladbach 1983,
B 24043

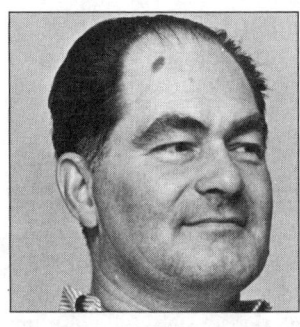

Wilson, Richard (1920 – 1987)

W. war Amerikaner deutsch-englischer Herkunft. Er wurde in Huntington Station im Staate New York geboren und arbeitete als Reporter, Theaterkritiker, Lektor, war Mitarbeiter eines Nachrichtensenders und der Nachrichtenagentur Reuter. Seine erste SF-Erzählung, ›Murder from Mars‹, verkaufte er 1940 am *Astonishing Stories*. Bis 1942 veröffentlichte er weitere sechs Stories, dann zwang der Krieg ihn zu einer schriftstellerischen Pause. Anfang der fünfziger Jahre stieg er wieder in die SF ein und verfaßte über einhundert Stories, vier Romane und zwei Theaterstücke. Den größten Erfolg verbuchte er 1969 mit seiner Erzählung ›Mother to the World‹, die den Nebula Award gewann. Hauptperson dieser ergreifenden Geschichte ist eine Geistesgestörte, die, als letzte Frau einer vernichteten Erde, Mutter einer neuen Menschheit wird. Zu seinen Romanen zählen AND THEN THE TOWN TOOK OFF (1960) und THE GIRLS FROM PLANET 5 (1955).

Bibliografie:

Die Damen von Planet 5 (THE GIRLS FROM PLANET 5), Frankfurt am Main 1973, FO 28
Zwölf Schritte in eine bessere Welt (C) (TIME OUT FOR TOMORROW), München 1974, GWTB 10183 (auch: *Der Sonnentanz und andere Stories*)

Bibliografie/H:

Das Monatswunder (30-DAY-WONDER), UZ 373
(1963)

Wilson, Robert Anton (1932 –   )

Geboren in Brooklyn, New York. Nach einem Studium war W. u. a. Geschäftsführer einer Buchhandlung und *Playboy*-Redakteur. W. wurde besonders durch seine zahlreichen Veröffentlichungen auf den Gebieten ›Grenzwissenschaften‹ und ›Mystizismus‹ bekannt. In Zusammenarbeit mit Robert Shea, dem Senior Editor des amerikanischen Playboy, verfaßte er die ILLUMINATUS-Trilogie, das Paradebeispiel literarischer Weltverschwörungstheorien, die sein schriftstellerisches Hauptwerk bildet. W. schrieb, obwohl Shea zuerst genannt wird, den Löwenanteil dieser Bücher und verschmolz in ihnen die Elemente aller gängigen Genres, von SF über Krimi, Okkult, Horror und Porno zu einem psychedelischen Spektakel, das eine ›ausgeflippte‹ Schreibweise bot und nicht mit experimentellen Stilmitteln wie zeitliche Vorgriffe und Rückblenden oder überlappenden Handlungssträngen geizte. Generalthema ist der Kampf um die Weltherrschaft zwischen konkurrierenden, völlig unerkannt arbeitenden Geheimbünden.

Ein früherer pornografischer Roman, THE SEX MAGICIANS, steht thematisch entfernt in Zusammenhang mit der ILLUMINATUS-Trilogie, zu der W. eine ganze Reihe begleitender Werke schrieb, teilweise um die in der Trilogie angeschnittenen Theorien wissenschaftlich zu untermauern. Dazu zählen Titel wie COSMIC TRIGGER (1977) oder THE ILLUMINATI PAPERS (1980). Eine weitere Trilogie, bei der es um geistige Spielchen aller Art geht und die auf der Suche nach ›letzten Wahrheiten‹ dem Leser multiple Realitäten kredenzt, ist SCHRÖDINGER'S CAT − THE UNIVERSE NEXT DOOR (1979), THE TRICK TOP HAT (1980) und HOMING PIGEONS. 1985 begann W. mit THE EARTH WILL SHAKE den Zyklus der HISTORICAL ILLUMINATUS CHRONICLES.

Bibliografie:

Das Auge in der Pyramide (THE EYE IN THE PYRAMID) (mit Robert Shea), Basel: Sphinx 1977

Der goldene Apfel (THE GOLDEN APPLE) (mit Robert Shea), Basel: Sphinx 1978

Leviathan (LEVIATHAN) (mit Robert Shea), Basel: Sphinx 1978

Cosmic Trigger (COSMIC TRIGGER), Basel: Sphinx 1979

Die Illuminati-Papiere (THE ILLUMINATI PAPERS), Basel: Sphinx 1981

Schrödingers Katze/Das Universum nebenan (SCHRÖDINGER'S CAT − THE UNIVERSE NEXT DOOR), Basel: Sphinx 1981

Schrödingers Katze/Der Zauberhut (SCHRÖDINGER'S CAT − THE TRICK TOP HAT), Basel: Sphinx 1982

Schrödingers Katze/Die Brieftauben (SCHRÖDINGER'S CAT − THE HOMING PIGEONS), Basel: Sphinx 1982

Winheller, Charlotte (1935 –   )
Deutsche Autorin, Übersetzerin und Herausgeberin. W. war mit dem Schriftsteller Dr. Herbert W. Franke verheiratet und erste Herausgeberin der deutschsprachigen Ausgabe von *The Magazine of Fantasy & Science Fiction,* das mit der 10. Folge an Walter Ernsting übergeben wurde. W. amtierte viele Jahre als Repräsentantin von World SF für Deutschland.

Bibliografie:

(Hrsg.) *Saturn im Morgenlicht,* München 1963, H 214
(Hrsg.) *Das letzte Element,* München 1963, H 224
(Hrsg.) *Heimkehr zu den Sternen,* München 1963, H 236
(Hrsg.) *Signale vom Pluto,* München 1963, H 248
(Hrsg.) *Die Esper greifen ein,* München 1963, H 260
(Hrsg.) *Die Überlebenden,* München 1964, H 272
(Hrsg.) *Musik aus dem All,* München 1964, H 286
(Hrsg.) *Irrtum der Maschinen,* München 1964, H 299
(Hrsg.) *Die Kristallwelt,* München 1964, H 3027

Als Charlotte Franke:

Die Kinder der fliegenden Stadt, München: Deutsche Verlagsanstalt 1977

Winter, Detlev G. (1951 –   )
Deutscher Autor, Pseudonym von Detlev Horn.

Bibliografie/H:

Meteor, TA 174 (1974)
Orbit, TA 264 (1976)
Mondnacht, TA 271 (1976)
Chaos über Nullarbor, TA 326 (1977)
Später als du denkst, TA 332 (1977)
Parafront, TA 346 (1978)
Und die Zeit steht still, TA 403 (1979)

Siehe Anhang SERIEN: *Atlan, Perry Rhodan, Perry-Rhodan-Taschenbücher*

Winter, Dr. Ernst Deutscher Autor.

Bibliografie/H:

Siehe Anhang SERIEN: *Ren Dhark*

Winterbotham, Russ(ell Robert) (1904–1971)

Der amerikanische Schriftsteller und Journalist W. wurde in Pittsburg/Kansas geboren, studierte und wollte eigentlich gemäß der Familientradition Arzt werden, zog dann jedoch den Journalismus vor und arbeitete zeitweise auch als Vertriebsleiter in einem Verlag. Nach der Bekanntschaft mit der Science Fiction, die er 1934 als Leser machte, schrieb er eine erste Story, die 1935 in *Astounding* unter dem Titel ›The Star that would not Behave‹ erschien. Zwischen 1935 und 1943 verkaufte er eine Anzahl von SF-Erzählungen an verschiedene Magazine (damals als R. R. Winterbotham). Nach längerer Pause setzte er seine SF-Karriere 1952 fort, nun als Russ Winterbotham. Er verfaßte auch Western und verdiente sein Brot vor allem als Story-Redakteur einer Textagentur. Gelegentlich benutzte er das Pseudonym J. Harvey Bond. Romane wie THE SPACE EGG (1958) oder THE OTHER WORLD (1963) behandeln Themen wie Invasionen oder Dimensionsreisen. W. war auch Texter der SF-Comicserie CHRIS WELKIN, die in den sechziger Jahren zeitweise in 40 Zeitungen erschien.

Bibliografie/H:

Testpilot Jack Fayburne (THE SPACE EGG), AiW 15 (1958)
Hinrichtung im All (THE RED PLANET), UZ 377 (1963)
Attentat auf Domega (THE PUPPET PLANET), UZ 429 (1965)
Der Kampf im Mondpalast (THE LORD OF NARDOS), TN 2 (1968)

Wisniewski-Snerg, Adam

(1937–   )

Der polnische Autor W. wurde in Plock geboren und lebt seit 1948 in Warschau. Er besuchte die Grundschule und bildete sich als Autodidakt. 1968 debütierte er mit der Erzählung ›Anonym‹ in der Lubliner Zeitschrift *Kamena*. 1973 erschien in Krakau sein erster Roman ROBOT, der bei einer Leserumfrage nach dem besten polnischen Roman nach dem Kriege den ersten Platz errang. ROBOT schildert, wie eine hochentwickelte Rasse Außerirdischer eine ganze Stadt mit ihren Menschen entführt, um ihre Psyche zu erforschen, Gedächtnisinhalte zu löschen und Verhaltensweisen zu studieren. Eines der Versuchsobjekte ist ein Mensch, dessen Gehirn verändert wurde, bis er nur noch roboterhaft reagiert und in dem unter der Stadt gelegenen Bunkersystem ausgesetzt wird, wo er versucht, seine Identität wiederzufinden. Ein Buch, das sich in anspruchsvoller Weise mit der Stellung des Menschen in der Evolution und mit der Problematik des schrankenlosen Experimentierens auseinandersetzt, und ein spannender Roman zugleich. 1978 legte W. seinen zweiten SF-Roman vor, WEDLUG LOTRA, der auf eine neue und interessante Art das Thema vom Kreuztod Christi aufgreift, indem es die Leidensgeschichte (als Passionsspiel-Spektakel) aus der Sicht des Schächers am Kreuze erzählt. Ein dritter Roman, NAGI CEL *(Nacktes Ziel)*, erschien 1980. Er schildert eine ferne Zukunft, in der die Erde völlig überbaut ist und ein einziges Gebäude mit zahllosen Etagen und Räumen darstellt, in denen Filme aus allen Epochen der Geschichte und allen Weltteilen ablaufen, in denen die Menschen nach Wunsch mitspielen können. In dieser gigantischen Traumfabrik wird es für die Protagonisten zunehmend schwieriger, zwischen Fiktion und Wirklichkeit zu unterscheiden. W. hat außerdem eine Reihe von Erzählungen geschrieben und gehört seit 1979 dem Bund der polnischen Schriftsteller an. Nach Stanislaw Lem gilt er als bester polnischer SF-Autor.

Bibliografie:

Roboter (ROBOT), München 1981, H 3851
Das Evangelium nach Lump (WEDLUG LOTRA), München 1982, H 3914

Wittchow, Frank (1942 –)
Deutscher Autor und Journalist.

Bibliografie:

427 – Im Land der grünen Inseln (mit C.-P. Lieckfeld), München: Schönberger 1986

Wodak, Hermann

Bibliografie:

Roboter die Menschenmaschinen, Bonn: Schwippert 1948

Wodhams, Jack (1931 –   )

Australischer Autor, geboren in Dagenham, England. W. wanderte 1955 nach Australien aus und arbeitete dort in verschiedenen Berufen, u. a. bei der Post. Mitte der sechziger Jahre begannen Stories von ihm in Magazinen und Anthologien zu erscheinen, vornehmlich in *Analog*. Gut fünfzig davon wurden bisher publiziert, die besseren davon glatte, gut lesbare Actionstories, die meist auf einer wissenschaftlichen Prämisse beruhen. Seine drei bis dato veröffentlichten Romane THE AUTHENTIC TOUCH (1971), LOOKING FOR BLÜCHER (1980) und RYN (1982) konnten der SF keine neuen Impulse geben.

Wohl, Louis de (1903 – 1961)

Geboren in Berlin, Autor vieler historischer-biografischer Unterhaltungsromane.

Bibliografie:
Die Erde liegt hinter uns, o. O., 1954

Wójcik, Andrzej Polnischer Autor.

Bibliografie:
Diskrete Zone (OBSZAR NIECIAGLOSCI) (mit Andrzej Krzepkowki), München 1985, H 4170

Wolf, Gary K. (1941 –   )

Amerikanischer Schriftsteller, geboren in Berwyn, Illinois. W. studierte an der University of Illinois in Urbana und diente in der U. S. Air Force. Heute ist er Vizepräsident und Kreativdirektor in einer Werbeagentur. 1970 erschien seine erste Kurzgeschichte, ›Love Story‹, in *Worlds of Tomorrow,* der bis heute nur eine Handvoll weiterer folgten. Von seinen bislang vier Romanen ist sein Erstling KILLERBOWL (1975) der originellste. In ihm schildert der Autor ein Straßen-Football der Zukunft, das eine Mischung aus heutigem Brutalsport und Guerillakrieg darstellt.

Bibliografie:
Killerspiel (KILLERBOWL), Bergisch Gladbach 1981,
B 21135
Zwischen hier und nirgendwo (THE RESURRECTIONIST), Bergisch
Gladbach 1981, B 21139
Aktion Gnadentod (A GENERATION REMOVED), Bergisch Gladbach 1982,
B 21152

Wolf, Jürgen

Bibliografie/H:
Im Banne der Farben, T 491 (1967)

Wolf, Klaus Peter (1954 –)

Geboren in Gelsenkirchen. Autor von Hörspielen, Romanen, Theaterstücken und Jugendbüchern.

Bibliografie:
Die Fliegen kommen, Leverkusen: Literatur Verlag H. Braun
1976

Wolfe, Bernard (1915 – 1985)

W. wurde in New Haven, Connecticut, geboren. Er studierte an der Yale University und war 1937 Trotzkis Sekretär in Mexiko. Nach dem Krieg schrieb er als Ghostwriter eine Zeitungskolumne mit landesweiter Verbreitung und arbeitete als Drehbuchautor beim Film. Er verfaßte einige wenige, aber bemerkenswerte SF-Stories, darunter ›The Biscuit Position‹ und ‹The Girl with the Rapid Eye Movement‹ in Harlan Ellisons AGAIN, DANGEROUS VISIONS (1972) und den Roman LIMBO (1952), der von der SF-Gemeinde meist übersehen, von einigen Kritikern jedoch als Meisterwerk, ja als *die* amerikanische Dystopie schlechthin eingeschätzt wird.

W. schildert in LIMBO die Erlebnisse eines Arztes, der vor dem dritten Weltkrieg auf eine abgelegene Insel emigrierte, um dort Aggressionsforschung zu betreiben, und nach seiner Rückkehr achtzehn Jahre später zu seinem Schrecken feststellen muß, daß ein Artikel in einer Fachzeitschrift, den er damals verfaßte, zu ernst genommen wurde. Sein damaliger Galgenhumor bezüglich der menschlichen Aggressivität hat zu sprichwörtlicher ›Entwaffnung‹ geführt: Ein bizarrer Amputationskult hat Millionen Menschen ihrer Gliedmaßen beraubt...

Wolfe, Gene Rodman
(1931 –)

Geboren in Brooklyn, New York. W. wuchs in Texas auf und besuchte die Universität in Houston, wo er Maschinenbau studierte und mit dem Bachelor of Science abschloß. Nach seiner Wehrzeit bei der U.S. Army, die er teilweise in Korea verbrachte, war W. Project Engineer einer großen Waschmittelfirma. Seit 1972 ist er Herausgeber der Zeitschrift *Plant Engineering.* Seine schriftstellerische Laufbahn begann Mitte der sechziger Jahre, als er SF-Stories zu schreiben begann und mit ›Mountains like Mice‹, 1966 in *If* erschienen, seine erste Veröffentlichung hatte. Während der nächsten Jahre tauchte der Name W. häufiger in Anthologien und SF-Magazinen auf. Besonders in der von Damon Knight herausgegebenen Anthologieserie *Orbit* war W. oft vertreten. *Orbit,* mit seinem eher auf ›speculative fiction‹ und New Wave ausgerichteten Inhalt, war der ideale Absatzmarkt für W.s feinsinnige, zwischen Realität und Phantasie angesiedelten Geschichten. Binnen kurzem galt W. als einer der besten Stilisten des SF-Feldes.

Pech hatte W. mit seiner Story ›The Island of Dr. Death and Other Stories‹ (*Orbit,* 7), die 1970 den Nebula Award nur aufgrund eines Abstimmfehlers verpaßte. Zusammen mit den Fortsetzungen (und gleichzeitig Spiegelungen und Umkehrungen der Originalstory) ›The Death of Dr. Island‹ (Nebula-Gewinner 1973) und ›The Doctor of Death Island‹ (1978) bildet diese Geschichte ein literarisches Triptychon über symbolische und tatsächliche Inseln. Als Coda zu dieser Serie diente eine vierte Geschichte, ›Death of the Island Doctor‹.

Unter den vielen Stories aus seiner Feder, die für die SF-Preise nominiert wurden, war auch ›The Fifth Head of Cerberus‹ (1972), die darauf mit zwei anderen zu seinem bis dahin besten Werk, dem Episodenroman gleichen Titels, zusammengefaßt wurden. ›The Fifth Head of Cerberus‹ (1972) spielt in einem fernen Sonnensystem, das aus zwei Planeten besteht, die von französischen Aussiedlern kolonisiert wurden, und schildert die Suche eines Mannes nach sich selbst und der ursprünglichen Kultur auf einem Planeten.

Weniger erfolgreich war W.s Erstling OPERATION ARES (1970), ein vergleichsweise simpler SF-Roman. Da PEACE (1975) und THE DEVIL IN A FOREST (1976), eine Fantasy für Jugendliche, wegen ihrer Andersartigkeit in SF-Kreisen kaum auf Resonanz stießen, schien es so, als sei W. nur auf dem Gebiet kürzerer Texte zu Hause. Dieses Vorurteil wurde Anfang der achtziger Jahre gründlich widerlegt, als W. mit seiner Tetralogie THE BOOK OF THE NEW SUN einen ausgesprochen starken Zyklus vorlegte. THE SHADOW OF THE TORTURER (1980), THE CLAW OF THE CONCILIATOR (1981), THE SWORD OF THE LICTOR (1981) und THE CITADEL OF THE AUTARCH (1982) sind extravagante Science Fantasy, in der die Erlebnisse des jungen Folterknechts Severian auf einer Erde der fernen Zukunft – Urth – erzählt werden. THE BOOK OF THE NEW SUN war in einer atmosphärischen Dichte, sprachlichen Komplexität und literarischen Brillanz gehalten, wie man sie zuvor in der Science Fantasy noch nie angetroffen hatte. Die einzelnen Romane der Tetralogie wurden für fast alle Preise nominiert und gewannen außer dem Nebula (1982) und dem Locus Award (1983) auch den World Fantasy Award (1981) und den British Fantasy Award (1983). Sie zeigten W. auf dem Höhepunkt seines stilistischen Könnens und stellten ohne Zweifel den Durchbruch des Autors zu internationalem Ansehen dar. Legt man literarische Kriterien zugrunde, zählt W. spätestens nach diesem Werk zu den besten SF-Schriftstellern Amerikas. W. plant bereits einen 5. Band der Serie, der unter dem Titel URTH OF THE NEW SUN erscheinen wird. Auch seine beiden neueren Romane FREE LIVE FREE (1985), ein phantastischer Kriminalroman mit irrwitzigen Einfällen, und SOLDIERS OF THE MIST (1987), die Aufzeichnungen eines Soldaten im Griechenland der Antike, der in einer Schlacht sein Gedächtnis verloren hat und hilflos herumirrt, tauchten ganz oben in den Nominierungslisten für die SF-Preise auf. Das beweisen auch seine Collections THE ISLAND OF DR. DEATH AND OTHER STORIES (1980) und GENE WOLFE'S BOOK OF DAYS (1981), denn auf dem Gebiet der kürzeren Texte erweist er sich als Meister.

Bibliografie:

Unternehmen Ares (OPERATION ARES), Bergisch Gladbach 1971, B 4

Der fünfte Kopf des Zerberus (THE FIFTH HEAD OF CERBERUS), München 1974, H 3415

Der Schatten des Folterers (THE SHADOW OF THE TORTURER), München 1984, H 4063

Die Klaue des Schlichters (THE CLAW OF THE CONCILIATOR), München 1984, H 4064

Das Schwert des Liktors (THE SWORD OF THE LICTOR), München 1984, H 4065

Die Zitadelle des Autarchen (THE CITADEL OF THE AUTARCH), München 1984, H 4066

Das Buch der Feiertage (C) (GENE WOLFE'S BOOK OF DAYS), München 1986, H 4340

Wolkow, Konstantin (1907–)

Der russische Science Fiction-Autor W. wurde in Moskau geboren und war lange Jahre in der Wirtschaftsplanung der UdSSR tätig. Von Jugend an begeisterte er sich für Malerei und künstlerische Fotografie. Er begann relativ spät mit dem Schreiben utopischer Literatur und veröffentlichte u. a. den Roman *Notlandung auf der Venus,* der auch in die deutsche Sprache übersetzt wurde. Eine Fortsetzung erschien unter dem Titel *Der Mars erwacht*.

Bibliografie:

Notlandung auf der Venus, Berlin/DDR: Kultur und Fortschritt 1959

Wollheim, Donald A.
(1914–)

Amerikanischer Verleger, Herausgeber und SF-Autor, geboren in New York City und seit seiner frühen Jugend Science Fiction-Fan. Er war einer der ersten, die SF-Conventions organisierten, die seit Ende der dreißiger Jahre zu Tradition wurden. 1941 gab er mit *Stirring Science Stories* und *Cosmic Stories* zwei Magazine heraus, denen aber leider keine lange Lebensdauer beschieden war. Nach dem Krieg arbeitete er für Avon, wo er unter anderem den *Avon Science Fiction Reader* herausgab. 1952 wechselte Wollheim zu Ace Books und machte die SF-Reihe dieses Verlages zur umfang- und traditionsreichsten in der Geschichte der SF im Taschenbuchformat. 1967 wurde er Vizepräsident von Ace, stieg dort aber Anfang der siebziger Jahre wieder aus, um seinen eigenen Verlag, DAW-Books, zu gründen, der ausschließlich SF und Fantasy publiziert und inzwischen über 600 Titel auf den Markt gebracht hat und zu den größten SF-Taschenbuchverlagen in den USA gehört. Obwohl W. sich in erster Linie als Herausgeber einen Namen machte, hat er auch selbst eine Menge Erzählungen und Romane geschrieben, teilweise auch unter den Pseudonymen Martin Pearson und David Grinnell. Seine erste Magazinstory war ›The Man from Ariel‹ (WS, 1/34); insgesamt hat er über 70 Kurzgeschichten veröffentlicht, dazu kommen etwa 20 Romane, von denen allein acht der Jugendbuchserie MIKE MARS angehören. Eine weitere Jugendbuchserie, die ADVENTURES-IN-SF-Serie, besteht aus den drei Romanen THE SECRET OF SATURN'S RINGS (1954), SECRET OF THE MARTIAN MOONS (1955) und SECRET OF THE NINTH PLANET (1959), von denen die beiden ersten auch hierzulande erschienen. Beachtenswertere SF-Romane schrieb er allerdings unter dem Pseudonym David Grinnell, so z. B. ACROSS TIME (1957) und THE EDGE OF TIME (1958), beides spannende Bücher mit abenteuerlichem Einschlag. Die besten Kurzgeschichten von W. sind in dem Sammelband TWELVE DOZEN DRAGON EGGS (1969) vertreten. Daneben hat sich W. auch einen großen Namen als Anthologist gemacht. In den fünfziger Jahren stellte er etwa 20 Anthologien zusammen. Ab 1965 gab er zusammen mit Terry Carr die jährlich erscheinende Anthologie WORLD'S BEST SCIENCE FICTION heraus. Seit 1972 gibt er alljährlich im eigenen Verlag die Sammlung THE ANNUAL WORLD'S BEST SF heraus, in der er mit sicherem Gespür die besten Erzählungen zusammenträgt.

Bibliografie:

Astronaut Mike Mars – Das Raumkommando (MIKE MARS, ASTRONAUT), Balve: Engelbert 1966
Astronaut Mike Mars – fliegt die X-15 (MIKE MARS FLIES THE X-15), Balve: Engelbert 1966
Astronaut Mike Mars – Auf Kap Kennedy (MIKE MARS AT CAP CANAVERAL), Balve: Engelbert 1967
Astronaut Mike Mars – in Orbit (MIKE MARS IN ORBIT), Balve: Engelbert 1967
Astronaut Mike Mars – Retter im All (MIKE MARS FLIES THE DYNASOAR), Balve: Engelbert 1968
Astronaut Mike Mars – und der unbekannte Satellit (MIKE MARS AND THE MYSTERY SATELLITE), Balve: Engelbert 1968
Astronaut Mike Mars – Flug zum Mond (MIKE MARS AROUND THE MOON), Balve: Engelbert 1969
Wie weit ist es nach Babylon (C) (TWELFE DOZEN DRAGON EGGS), München 1972, GWTB 0135
(Hrsg.) Science Fiction Stories 26 (ADVENTURES ON OTHER PLANETS), Frankfurt am Main/Berlin/Wien 1973, U 2967
(Hrsg.) Science Fiction Stories 27 (WORLD'S BEST SCIENCE FICTION 1967) (mit Terry Carr), Frankfurt am Main/Berlin/Wien 1973, U 2976

(Hrsg.) *Science Fiction Stories 28* (THE END OF THE WORLD),
Frankfurt am Main/Berlin/Wien 1973, U 2980

(Hrsg.) *Science Fiction Stories 29* (THE HIDDEN PLANET), Frankfurt am
Main/Berlin/Wien 1973, U 2989

(Hrsg.) *Science Fiction Stories 31* (WORLD'S BEST SCIENCE FICTION 1967)
(mit Terry Carr), Frankfurt am Main/Berlin/Wien 1973, U 3006

(Hrsg.) *Science Fiction Stories 32* (WORLD'S BEST SCIENCE FICTION 1970)
(mit Terry Carr), Frankfurt am Main/Berlin/Wien 1973, U 3012

(Hrsg.) *Science Fiction Stories 33* (WORLD'S BEST SCIENCE FICTION 1968)
(mit Terry Carr), Frankfurt am Main/Berlin/Wien 1973, U 3021

(Hrsg.) *Science Fiction Stories 35* (WORLD'S BEST SCIENCE FICTION 1974)
(mit Terry Carr), Frankfurt am Main/Berlin/Wien 1974, U 3037

(Hrsg.) *Science Fiction Stories 36* (WORLD'S BEST SCIENCE FICTION 1970)
(mit Terry Carr), Frankfurt am Main/Berlin/Wien 1974, U 3046

(Hrsg.) *Science Fiction Stories 38* (WORLD'S BEST SCIENCE FICTION 1970)
(mit Terry Carr), Frankfurt am Main/Berlin/Wien 1974, U 3060

(Hrsg.) *Science Fiction Stories 39* (WORLD'S BEST SCIENCE FICTION 1968)
(mit Terry Carr), Frankfurt am Main/Berlin/Wien 1974, U 3067

(Hrsg.) *Science Fiction Stories 47* (WORLD'S BEST SCIENCE FICTION 1971)
(mit Terry Carr), Frankfurt am Main/Berlin/Wien 1975, U 3130

(Hrsg.) *Science Fiction Stories 48* (WORLD'S BEST SCIENCE FICTION 1971)
(mit Terry Carr), Frankfurt am Main/Berlin/Wien 1975, U 3139

(Hrsg.) *Science Fiction Stories 49* (WORLD'S BEST SCIENCE FICTION 1971)
(mit Terry Carr), Frankfurt am Main/Berlin/Wien 1975, U 3148

(Hrsg.) *Science Fiction Stories 51* (WORLD'S BEST SCIENCE FICTION 1969)
(mit Terry Carr), Frankfurt am Main/Berlin/Wien 1975, U 3159

(Hrsg.) *Science Fiction Stories 54* (WORLD'S BEST SCIENCE FICTION 1969)
(mit Terry Carr), Frankfurt am Main/Berlin/Wien 1975, U 3187

(Hrsg.) *Science Fiction Stories 55* (WORLD'S BEST SCIENCE FICTION 1965)
(mit Terry Carr), Frankfurt am Main/Berlin/Wien 1975, U 3195

(Hrsg.) *Tod auf der Venus* (TO VENUS! TO VENUS!), München 1975,
TTB 254

(Hrsg.) *Science Fiction Stories 60* (WORLD'S BEST SCIENCE FICTION 1966)
(mit Terry Carr), Frankfurt am Main/Berlin/Wien 1976, U 3250

(Hrsg.) *Science Fiction Stories 61* (WORLD'S BEST SCIENCE FICTION 1966)
(mit Terry Carr), Frankfurt am Main/Berlin/Wien 1976, U 3260

(Hrsg.) *Science Fiction Stories 64* (WORLD'S BEST SCIENCE FICTION 1965)
(mit Terry Carr), Frankfurt am Main/Berlin/Wien 1977,
U 3298

Das Geheimnis des 9. Planeten (THE SECRET OF THE 9TH PLANET), Wien:
Tosa o. J.

(Hrsg.) *World's Best SF 1982* (THE 1982 ANNUAL WORLD'S BEST SF) (mit Arthur W. Saha), Bergisch Gladbach 1982, B 24036

(Hrsg.) *World's Best SF 2* (THE 1983 ANNUAL WORLD'S BEST SF) (mit Arthur W. Saha), Bergisch Gladbach 1983, B 24044

(Hrsg.) *World's Best SF 3* (THE 1984 ANNUAL WORLD'S BEST SF) (mit Arthur W. Saha), Bergisch Gladbach 1984, B 24058

(Hrsg.) *World's Best SF 4* (THE 1985 ANNUAL WORLD'S BEST SF) (mit Arthur W. Saha), Bergisch Gladbach 1985, B 24069

(Hrsg.) *World's Best SF 5* (THE 1986 ANNUAL WORLD'S BEST SF) (mit Arthur W. Saha), Bergisch Gladbach 1986, B 22092

Als David Grinnell:

Entscheidung (ACROSS TIME), Balve: Zimmermann 1960

Bibliografie/H:

Das Marsrätsel (SECRET OF THE MARTIAN MOONS), UK 21 (1957)
(Hrsg.) *Sternenstaub* (ADVENTURES IN THE FAR FUTURE), TS 56 (1962)
(Hrsg.) *Das Rätsel der Venus* (THE HIDDEN PLANET), TS 62 (1962)
(Hrsg.) *Der letzte Mensch* (THE END OF THE WORLD), T 271 (1963)
(Hrsg.) *Auf fernen Planeten* (ADVENTURES ON OTHER PLANETS), T 344 (1964)
(Hrsg.) *Die Erde in Gefahr* (THE EARTH IN PERIL), T 356 (1964)
Das Geheimnis der Saturnringe (THE SECRET OF SATURN'S RINGS), UG 45 (1965)
Robinsons Nachkomme (ONE AGAINST THE MOON), UZ 434 (1965)
Das Ding vom Mars (THE MARTIAN MISSILE), UC 25 (1981)

Als David Grinell:

Projekt Mikrokosmos (THE EDGE OF TIME), TS 33 (1960)
König der Asteroiden (DESTINY'S ORBITS), T 243 (1962)

Wood, Bari
Amerikanische Autorin und Redakteurin. Im Mittelwesten der USA aufgewachsen, lebt W. in New York.

Bibliografie:

Tödliche Augenblicke (THE KILLING GIFT), Frankfurt am Main: Goverts 1976

Woodcott, Keith Siehe Brunner, John

Wörner, Hans (1903 –   )
Geboren in Aldekerk, Kreis Geldern. Von Beruf Journalist, verfaßte
W. mehrere Romane und Novellen wie beispielsweise *Schiff ohne
Wind* (1939), *König am Jykän* (1941) und *Flucht zu Daniela* (1953).
Sein einziger SF-Titel, *Wir fanden Menschen,* ein unter dem Einfluß
des Zweiten Weltkriegs und der Atombombe entstandener
Nachatomkriegsroman, kam 1948 heraus und gilt als einer der
wichtigsten deutschen SF-Romane der Nachkriegszeit. Er ist eine
drastische Absage an die modernen Vernichtungswaffen und
gleichzeitig ein Appell an die Menschheit, endlich zur Vernunft zu
kommen.

Bibliografie:
Wir fanden Menschen, Braunschweig: Albert-Limbach 1948

Wouk, Herman (1915 –   )
Amerikanischer Bestsellerautor und Pulitzer-Preisträger, geboren in
New York, weltbekannt durch Romane wie ›Die Caine war ihr
Schicksal‹.

Bibliografie:
Das Land im Mond (THE LOMOKOME PAPERS), München 1983, G 23439

Wright, A(ustin) T(appan) (1883 – 1931)
Amerikanischer Schriftsteller, geboren in Hanover, New Hamp-
shire. W., der in der SF aufgrund seines Romans ISLANDIA (1942)
einen guten Ruf genießt, war von Beruf Anwalt und später an der
Universität Berkley Juraprofessor. In seinem posthum erschienenen
Roman entwickelte er eine der detailliertesten und überzeugendsten fiktionalen Kulturen der gesamten Literatur. Sein isoliertes,
nicht weit von der Antarktis gelegenes Inselreich stellt sein privates
Phantasieutopia dar und ist in punkto Komplexität nur noch mit Tolkiens Mittelerde oder Herberts Wüstenplanet zu vergleichen, zählt
aber nicht unbedingt zur SF oder Fantasy.

Wright, Kenneth Siehe del Rey, Lester

Wright, Lan (Lionel Percy) (1923 –   )
W. schrieb zunächst Gedichte, bevor er sich der SF zuwandte. Seine erste veröffentlichte Erzählung war ›Operation Exodus‹ (1/52),
die, wie die meisten Stories britischer Nachwuchsschriftsteller, im

englischen Magazin *New Worlds* publiziert wurde. Bis 1963 waren insgesamt etwa 40 Erzählungen von W. erschienen, dazu eine Reihe Romane, von denen WHO SPEAKS OF CONQUEST (1956) der bekannteste ist. Es ist eine herkömmliche Space Opera mit interstellaren Eroberungen und dergleichen. Ähnliche Thematik weist auch SPACE BORN (1964) auf, und in A MAN CALLED DESTINY (1958) ist es einmal mehr ein einzelner Mann, der Parafähigkeiten an sich entdeckt und in dessen Händen die Zukunft der Menschheit liegt. Etwas anspruchsvoller ist A PLANET CALLED PAVANNE (1968), wo es um eine hypnotisierende Kunstform Außerirdischer geht. W., der bei der britischen Eisenbahn angestellt war und später den Beruf eines Einkaufsleiters ausübte, scheint sich seither aus der SF zurückgezogen zu haben.

Bibliografie:
Menschheit im Aufbruch (WHO SPEAKS OF CONQUEST?), Balve: Zimmermann 1958

Bibliografie/H:
Der wichtigste Mann im All (A MAN CALLED DESTINY), UG 129 (1960)
Kurierdienst Galaxis (THE MESSENGERS), UZ 254 (1961)
Die feindlichen Mächte (ASSIGNMENT LUTHER), T 360 (1964)
Im Weltraum geboren (SPACE BORN/EXILE FROM XANADU), T 448 (1966)
Stern der Hoffnungslosen (THE LAST HOPE OF EARTH), T 458 (1966)

Wright, S(ydney) Fowler (1874–1965)

Der britische Autor W. ist eigentlich mehr durch seine Kriminalromane bekannt, die er unter dem Pseudonym (seinem Vornamen) Sydney Fowler schrieb. Seinen mehr als sechzig Detektiv- und Kriminalromanen stehen – abgesehen von ein paar Erzählungen – auch nur vier SF-Romane gegenüber. Von diesen sind THE AMPHIBIANS (1924) und THE WORLD BELOW (1929) für die Entwicklung der SF sehr wichtig. Diese beiden Romane, die 1929 auch zusammen unter dem Titel THE WORLD BELOW erschienen, waren Teil 1 und Teil 2 einer geplanten Triologie, deren 3. Teil nie geschrieben wurde. Sie beschreiben die Erde im Jahr 300000 und welche Veränderungen sich an ihren Lebewesen in der Zwischenzeit vollzogen. THE WORLD BELOW gilt heute unbestritten als Klassiker, der seit 1929 viele Neuauflagen erlebte. DELUGE (1928) und die Fortsetzung dazu, DAWN (1929), sind typische Katastrophenromane in britischer Tradition. Geschildert wird der Untergang der Zivilisation, die von einer riesigen Flutwelle buchstäblich weggeschwemmt wird, und der Existenzkampf der wenigen Überlebenden. Nach dieser Vorlage entstand 1933 in den USA der Film RKO RADIO, bei dem Felix Feist jr. Regie führte.

Wrchowetzky, Karl Siehe von Wetzky, Karl

Wul, Stefan (1922–   )
W., dessen eigentlicher Name Pierre Pairault lautet, ist Franzose. Er wurde in Paris geboren, studierte Philosophie und Literaturwissenschaft, legte sein Examen ab und sattelte dann auf Zahnmedizin um. 1945 beendete er auch dieses Studium, Mitte der fünfziger Jahre begann er zu schreiben und legte zunächst (unter dem Pseudonym Lionel Hudson) einen Spionageroman vor. 1956 kam dann sein erster SF-Roman heraus: RETOUR A ›O‹, in der populären SF-Abenteuerreihe *Anticipation*. W.s Karriere war kometenhaft: Zwischen 1956 und 1959 erschienen nicht weniger als elf Romane und mehrere Kurzgeschichten (letztere in *Fiction* und *Satellite*), die meisten davon Space Operas, die auf fremden Planeten spielen und sich durch glaubhaft dargestellte Charaktere auszeichnen. 1959 wandte sich W. intensiver der Zahnmedizin zu und gab seine schriftstellerische Karriere auf. Sieben seiner Romane wurden ins Portugiesische, je einer ins Englische, Spanische, Deutsche und Finnische übertragen. 1977 erschien plötzlich ein neues Buch von ihm auf dem Markt: NOO, das als eines seiner besten gilt. Seine Hauptwerke sind NIOURK (1957), die Vision einer atomar vernichteten Erde; LE TEMPLE DU PASSE (1957), in dem Astronauten, die samt ihres Raumschiffes von einem gigantischen Weltraummonster verschluckt werden, alles daransetzen, das Wesen auf irgendeine Art wieder zu verlassen, und OMS EN SERIE (1957), aus dem Roland Topor 1973 den phantastischen Zeichentrickfilm *Der wilde Planet* machte: Der Planet Ygam wird von zwölf Meter hohen Riesen bewohnt, die den Gipfel wissenschaftlicher Erkenntnis erreicht haben und sich Menschen als Haustiere halten.

Bibliografie/H:

Inferno Mond (RETOUR A ›O‹), UZ 242 (1960)

Wunderer, Richard

Deutscher Heftromanautor, der vor allem auf dem Horrorsektor unter den verschiedensten Pseudonymen aktiv ist.

Bibliografie/H:

Siehe Anhang SERIEN: *Die Zeitkugel*

Wylie, Philip (Gordon)

(1902–1971)

Amerikanischer SF-Autor, geboren in Beverly, Massachusetts. Er studierte Naturwissenschaften in Princeton, wandte sich aber sehr bald der Literatur zu. W. arbeitete zeitweise als Presseagent und in der Werbung, schließlich als Redakteur von *The New Yorker*. 1930 veröffentlichte er seinen ersten SF-Roman, GLADIATOR, der heute zu den klassischen SF-Stoffen über Supermenschen gehört – eine chemische Substanz verleiht ungeheure Körperkraft – und obendrein die Erfinder der Comic-Serie SUPERMAN, Joseph Schuster und Jerry Siegel, inspirierte. GLADIATOR wurde 1938 auch verfilmt. Wylie selbst zog es ebenfalls nach Hollywood, wo er u.a. Wells' THE ISLAND OF DR. MOREAU für den Film bearbeitete (der dann THE ISLAND OF LOST SOULS hieß und 1932 in die Kinos kam). Besondere Popularität unter den anderen SF-Romanen Wylies erlangten THE DISAPPEARANCE (1951) und vor allem WHEN WORLDS COLLIDE (1933) mit der Fortsetzung AFTER WORLDS COLLIDE (1933), beide in Zusammenarbeit mit Edwin Balmer entstanden. THE DISAPPEARANCE schildert, wie Männer und Frauen urplötzlich voneinander getrennt werden und in eigenen Parallelwelten leben, während der Doppelroman WHEN WORLDS COLLIDE/AFTER WORLDS COLLIDE das Eindringen zweier Planeten ins Sonnensystem, die fast vollständige Vernichtung der Menschheit und die Besiedlung eines der neuen Planeten durch ausgewählte Überlebende zum Thema hat. Auch dieser Doppelroman gilt als Klassiker und wurde wie GLADIATOR verfilmt, allerdings erst in den fünfziger Jahren von George Pal, der daraus einen Klassiker des SF-Kinos machte.

Weitere SF-Romane Wylies sind: THE INVISIBLE MURDERER (1931), THE SMUGGLED ATOM BOMB (1948), TOMORROW! (1954), TRIUMPH (1963), NIGHT UNTO NIGHT (1944), THE ANSWER (1955), LOS ANGELES AD 2017

(1971), THE SPY WHO SPOKE PORPOISE (1969) und THE END OF THE DREAM (1972). Mehrmals taucht dabei das Thema eines Atomkrieges zwischen Amerika und Rußland auf – und die Atombombe kam auch schon in der vor 1945 geschriebenen Erzählung ›Paradise Crater‹ vor, die auf Anordnung der amerikanischen Behörden bis Kriegsende unveröffentlicht bleiben mußte. W.s Gesamtwerk ist zwiespältig. Trotz eines späten pazifistischen Engagements war er immer ein Autor mit konservativen Ansichten, dem Kritiker Frauenfeindlichkeit und Chauvinismus vorwarfen.

Bibliografie:

Das große Verschwinden (THE DISAPPEARANCE), Frankfurt am Main/Berlin/Wien 1958, U 189
Wenn Welten zusammenstoßen (WHEN WORLDS COLLIDE) (mit Edwin Bulmer), Berlin: Gebr. Weiß 1959
Auf dem neuen Planeten (AFTER WORLDS COLLIDE) (mit Edwin Balmer), Berlin: Gebr. Weiß 1960
Planet im Todeskampf (THE END OF THE DREAM), Frankfurt am Main/Berlin/Wien 1978, U 3482

Wylie, R. J. jr. (Pseudonym)

Bibliografie/H:
Unter fremden Sternen, UZ 559 (1967)

Wymore, John (Pseudonym)

Bibliografie/H:
Der Unsichtbare, J 2000 Nr. 5 (ca. 1952)

Wyndham, John (1903–1969)
Pseudonym des englischen Autors John Wyndham Parkes Lucas Beynon Harris, der in Warwickshire geboren wurde und seine vielen Vornamen auch noch zu anderen Pseudonymen (John Beynon, John Harris, Lucas Parkes) zusammensetzte. Er betätigte sich nach dem Besuch des College in verschiedenen Berufen (so in der Landwirtschaft, als Grafiker, Werbe-

fachmann und Verwaltungsangestellter) und begann 1925 zu schreiben. 1931 verkaufte er seine erste SF-Story, ›Worlds to Barter‹, an *Wonder Stories*. Besonders seine nach dem Zweiten Weltkrieg erschienenen Romane wurden sehr populär, und zweifellos gehört er neben Arthur C. Clarke, Brian W. Aldiss, J. G. Ballard und natürlich Klassikern wie Olaf Stapledon und H. G. Wells zu den Autoren, die die britische SF am nachhaltigsten beeinflußt und mitgestaltet haben.

Vor dem Krieg veröffentlichte er in erster Linie in amerikanischen Magazinen, wurde dann eingezogen, diente in einer Nachrichtentruppe und nahm an der Invasion in der Normandie teil. Charakteristisch für seine frühen Werke ist sein erster Roman, THE SECRET PEOPLE (1935). Ein Pygmäenvolk lebt in einem Höhlensystem unter der Sahara, wo es Pilzwälder und ›Naturlampen‹ gibt, und Europäer, die sich zufällig dorthin verirren, werden als Sklaven gehalten. Nach dem Zweiten Weltkrieg wandte sich W. von den Klischees der Pulp-Ära ab und versuchte bewährten Themen neue Aspekte abzugewinnen. Invasionen und Katastrophen zählten dabei zu seinen bevorzugten Topoi, und sein erster großer Erfolg, der Roman THE DAY OF THE TRIFFIDS (1951), vereinte beide:

Mutierte, bewegliche Pflanzen greifen den Menschen und seine Zivilisation an, als fast alle Menschen durch eine Katastrophe das Augenlicht verloren haben. Dieser Roman erschien als Fortsetzung in dem renommierten Magazin *Colliers* und wurde auch verfilmt. THE KRAKEN WAKES (1953) gehört zu den wichtigsten Invasionsromanen, und THE CHRYSALIDS (1955) gilt als bemerkenswerter Post-Doomsday- und PSI-Roman: Nach einem Atomkrieg kommt es bei Menschen, Tieren und Pflanzen zu Mutationen bis hin zur telepathischen Begabung. Ein weiterer Roman, THE MIDWICH CUCKOOS (1957), wurde ebenfalls verfilmt. Er schildert das Schicksal einer Gruppe von Kindern, die extraterrestrischer Herkunft sind, aber von menschlichen Müttern geboren wurden. Weitere Romane W.s sind PLANET PLANE (1936), THE OUTWARD URGE (1959), TROUBLE WITH LICHEN (1960) und CHOCKY (1968). Ein letzter Roman, WEB (1979), erschien auf Wunsch des Autors erst zehn Jahre nach dessen Tod. Mehrere Kurzgeschichtensammlungen runden das in Buchform verfügbare Werk des Autors ab, wobei einige herausragende Erzählungen Erwähnung verdienen, so ›Wild Flower‹, eine Story, die gegen Atomwaffen Front bezieht, einige Zeitreisegeschichten wie ›Chronoclasm‹ und ›Pawley's Peepholes‹ sowie die aus der frühen deutschen Anthologie *Nur ein Marsweib* bekannten Stories ›Una‹ und ›Dumb

Martian›, eine Story gegen Rassenhaß, welche die von W. früher leider so oft benutzten Klischees erfreulich korrigiert.

Bibliografie:

Die Triffids (THE DAY OF THE TRIFFIDS), München: Süddeutscher 1955
Die Kobaltblume (C) (THE SEEDS OF TIME), München 1960, GZ 14
Wem gehört die Erde? (THE CHRYSALIDS), München 1961, GZ 15
Kolonie im Meer (THE KRAKEN WAKES), München 1961, GZ 19
Es geschah am Tage X (THE MIDWICH CUCKOOS), München 1965, H 3039
Griff nach den Sternen (THE OUTWARD URGE), München 1965, H 3055
Ärger mit der Unsterblichkeit (TROUBLE WITH LICHEN), München 1970, H 3207
Die Reise zum Mars (STOWAWAY TO MARS), München 1973, H 3359
Das versteckte Volk (THE SECRET PEOPLE), München 1974, H 3371
Eiland der Spinnen (WEB), München/Zürich 1981, Kn 5741

Wyndheim, V. E.

Bibliografie:
Welt hinter Schleiern, Berlin: Ost-West 1953

Yamen, Colin (Pseudonym)

Bibliografie/H:
Galaktisches Intrigenspiel, Ge 10 (1976)
Nachwuchs für den Weltraum, Ge 20 (1976)
Der Fluch des Luthaniums, Ge 38 (1977)
Overlords von der Venus, Ge 43 (1977)

Yarbro, Chelsea Quinn

(1942 –   )
Amerikanische SF- und Kriminalschriftstellerin finnisch-italienischer
Abstammung, geboren in Berkeley,
Kalifornien. Ihre erste SF-Erzählung
veröffentlichte Chelsea Quinn Yarbro
1969 in *Worlds of If:* ›The Posture of
the Prophecy‹. Seither hat sie etwa
zwei Dutzend SF-Stories und vier SF-
Romane veröffentlicht. TIME OF THE
FOURTH HORSEMAN (1976) und FALSE DOWN (1978), zwei Romane, die
auch in Deutschland erschienen sind, basieren auf früheren Erzählungen, die unter den gleichen Titeln publiziert wurden, und
zeugen von der etwas düsteren Zukunftsaussicht der Autorin. Im
ersteren Roman entwirft sie das Schreckensbild einer nicht einzu-
dämmenden Epidemie, die sich unter Kindern ausbreitet und das
Werk gewissenloser Politiker zu sein scheint, während es in FALSE
DOWN zu einer Atomkraftwerkskatastrophe riesigen Ausmaßes gekommen ist und die USA in Barbarei versinken, wobei die entstandenen Mutationen gnadenlos von den ›normal‹ gebliebenen Menschen gejagt werden. Ähnlich dystopischen Charakter hat auch
manche ihrer Kurzgeschichten, von denen die besten in CAUTIONARY
TALES (1978) gesammelt sind, so ›Dead in Irons‹, wo es um Sklaverei
und Kannibalismus auf einem havarierten Überlichttransporter
geht. Seit den achtziger Jahren hat sich der Schwerpunkt in Y.s
Schaffen auf die Fantasy/Historische Romanze verlagert. Bücher in

diesem Bereich sind nicht selten von Opernmusik, ihrem wichtigsten Hobby, beeinflußt.

Bibliografie:
Der vierte apokalyptische Reiter (TIME OF THE FOURTH HORSEMAN), Bergisch Gladbach 1979, B 22015
Falsche Dämmerung (FALSE DAWN), München 1980, H 3744

Yates, William R.

Bibliografie:
Diaspora (DIASPORA), Mainz: Liber 1984

Yep, Laurence M(ichael) (1948 –)

Amerikanischer Autor chinesischer Abkunft, geboren in San Francisco. Y. arbeitete nach seinem Studium zeitweise als Englischlehrer, bevor er sich als Autor von Kinderbüchern einen Namen machte und auf diesem Feld mehrere Preise gewann. Nach seinen SF-Romanen SWEETWATER (1973) und SEADEMONS (1977), die die Anpassung an eine fremde Welt zum Thema haben und damit auch leicht autobiografische Züge aufweisen, schrieb er 1985 mit SHADOW LORD einen Roman für die STAR-TREK-Serie.

Yermakov, Nicholas (1951 –)

Amerikanischer Autor russischer Abkunft, geboren in New York City. Y. schloß sein Studium an der Hofstra University im Staat New York mit einem B. A. in Englisch und Kommunikationswissenschaften ab und arbeitete danach in verschiedenen Berufen: Journalist, Vertreter, Musiker und Fabrikarbeiter waren nur einige davon. Ende der siebziger Jahre begann er SF-Stories zu veröffentlichen, und 1981 folgte sein erster Roman, JOURNEY FROM FLESH. Innerhalb eines Jahres folgten weitere vier Titel, von denen EPIPHANY (1982) der erste Band der Boomerang-Serie ist. Dann stieg er in die BATTLESTAR-GALACTICA-Serie ein und verfaßte auch dafür zwei Titel, bevor er unter dem Pseudonym Simon Hawke eine weitere eigene Serie begann, die bislang auf sieben Titel angewachsen ist: TIME WARS. In ihr werden die Abenteuer des Temporalagenten Lucas Priest geschildert, der durch die Zeiten reist und dafür sorgt, daß wichtige Ereignisse der Vergangenheit nicht durch Zeitbanditen mutwillig verändert werden.

Sein bislang wichtigster Roman ist vielleicht FALL INTO DARKNESS (1982), in dem er den Kampf um die Vorherrschaft auf der Kolonialwelt Novi'kavkaz schildert, die wissenschaftlich-technisch langsam degeneriert, nachdem man keine Verbindung mehr mit der Erde hat.

Bibliografie:

Kampfstern Galactica 6: Zu Lebzeiten Legende (BATTLESTAR GALACTICA 6: THE LIVING LEGEND), München 1984, G 23790
Kampfstern Galactica 7: Der Krieg der Götter (BATTLESTAR GALACTICA 7: WAR OF THE GODS), München 1984, G 23791
Der Symbiont (JOURNEY FROM FLESH), München 1985, Kn 5797
Sturz in die Finsternis (FALL INTO DARKNESS), München 1986, Kn 5806

Ye Yonglie (1940 –   )

Chinesischer SF-Autor und Anthologist.

Bibliografie:

(Hrsg.) *SF aus China*, München 1984, G 8412

Young, Robert F(ranklin)

(1915 – 1986)

Amerikanischer Autor, geboren in Silver Creek, New York. Er war u. a. Maschinist, Metallgießer und Kontrolleur in einer Gießerei. Ein dreieinhalbjähriger Dienst in der U.S. Army während des Zweiten Weltkriegs führte ihn u. a. auf die Salomonen und die Philippinen. Später wurde er freiberuflicher Schriftsteller. SF-Romane hat er erst spät geschrieben. Sein Erstling kam erstaunlicherweise zuerst in Frankreich unter dem Titel LA QUETE DE LA SAINTE GRILLE (1975) heraus. Seit 1980 hat er weitere vier Romane veröffentlicht, unter denen THE LAST YGGDRASIL (1982) der interessanteste ist: Ein riesiger Baum soll auf der Welt New America gefällt werden, ein Spektakel, das über Holovision in die halbe Galaxis übertragen werden soll. Die Spezialisten vom Interstellaren Baumentfernungsdienst machen sich ans Werk, aber sie haben die Rechnung ohne den Wirt gemacht...

Bekannter ist Y. als Autor von Kurzgeschichten, die ab 1953 in fast allen SF-Magazinen erschienen und teilweise in den Bänden THE WORLDS OF ROBERT F. YOUNG (1965) und A GLASS OF STARS (1968) gesammelt vorliegen. In seinen besten Erzählungen gelingen ihm einfühlsame Schilderungen, und insbesondere versteht er es, Strukturen der Kriminalstory auf die Science Fiction zu übertragen, indem er seine Protagonisten rätselhafte Geschehnisse aufklären läßt. Ein Beispiel dafür ist auch die ins Deutsche übersetzte Story ›Not to Be Opened‹ (›Bitte nicht öffnen‹, *Utopia-Magazin* 22).

Yulsman, Jerry (1924 –   )

Geboren in Philadelphia, ging Y. 1941 von der Schule direkt zum Militär und diente bei der Air Force im Mittleren Osten, in Deutschland, Italien und im Fernen Osten. Nach dem Krieg arbeitete er als Fotojournalist für einige der größten US-Zeitschriften und bereiste die ganze Welt. Er produzierte Filme für Privatkunden, arbeitete 5 Jahre lang beim Ringling Brothers Barnum and Bailey Circus, lehrte 11 Jahre lang an der New York School of Visual Arts, schrieb drei Bücher über Fotografie und das Filmemachen, arbeitet derzeit als Senior Editor bei Hearst und schreibt seit 1980 Romane. Der erste, ELLEANDER MORNING (1984), war zwar kein verlegerischer Erfolg, ist aber einer der intelligentesten Romane der achtziger Jahre überhaupt. Er spielt in einer Alternativwelt und ist aus der Sicht der amerikanischen Redakteurin Lesley Baumann geschrieben, die 1983 unter den Hinterlassenschaften ihres Vaters seltsame Aufzeichnungen findet, darunter zwei Time-Life-Bände aus dem Jahre 1970, die ihrer Großmutter Elleander Morning gehört hatten: ›Die Geschichte des Zweiten Weltkriegs‹. Nur – einen Zweiten Weltkrieg hat es nie gegeben! Die Schilderungen der Ereignisse und die Fotos von den Kriegsschauplätzen in Europa und im Pazifik in den beiden Büchern sind aber derart realistisch, daß Lesley Nachforschungen beginnt. Je tiefer sie in die Materie eindringt, desto verwirrender werden die Fragen. Ihre Großmutter scheint dabei eine zentrale Rolle zu spielen. Warum setzte sie, die eine Freundin von H. G. Wells war und eines der feinsten Bordelle in London leitete, alles daran, um von einem bestimmten Mann geschwängert zu werden? Und warum fuhr sie 1913 nach

Wien, um einen unbedeutenden jungen Maler namens Adolf Hitler zu erschießen...

ELLEANDER MORNING ist bemerkenswert, was die genaue Ausarbeitung des Hintergrunds anbelangt. Ein SF-Thriller, ein kriminalistisches Puzzle und eine Liebesgeschichte von erfrischender Freimütigkeit. Es ist ein weiser, auf Vorurteile und Vordergründigkeiten verzichtender Alternativweltroman, der auch durch die Charakterisierung der Protagonisten besticht. Y. ist es damit auf Anhieb gelungen, einen Klassiker im schwierigsten aller SF-Subgenres zu schreiben. *Elleander Morning* wurde besonders von deutschen Kritikern beachtet und gelobt und als bester ausländischer Roman des Jahres 1986 mit dem Kurd-Laßwitz-Preis ausgezeichnet.

Bibliografie:

Elleander Morning (ELLEANDER MORNING), München 1986, H 4312

Zahn, Timothy (1951 –   )

Der amerikanische Autor wurde in Chicago, Illinois, geboren und studierte an der Michigan State University und der University of Illinois Physik. Seit 1980 ist er freischaffender Schriftsteller, nachdem er Ende der siebziger Jahre zum erstenmal mit Kurzgeschichten in dem Magazin *Analog* auftauchte. Dort war er ein häufig vertretener Autor, ja, er bekam sogar das Image eines *Astounding/Analog*-Autors, da der Löwenanteil seiner bis dato etwa vierzig Erzählungen in diesem Magazin erschien. Früher hätte diese Schublade Z. als einen naturwissenschaftlich orientierten, exakt extrapolierenden SF-Autor ausgewiesen, heute sind die SF-Magazine jedoch thematisch nicht mehr so genau voneinander abgegrenzt und derartige Charakterisierungen auf einzelne Autoren kaum noch anwendbar. So sieht Z. selbst bei der Science Fiction das Wörtchen ›fiction‹ im Vordergrund und, obwohl er auch Hard-SF schreibt, sich selbst in erster Linie als Geschichtenerzähler. Daß er sein Handwerk versteht, beweist nicht zuletzt seine Novelle ›Cascade Point‹, die 1984 den Hugo Award gewann und von einem unerklärlichen Phänomen an Bord von Sternenschiffen handelt: Beim Eintritt in den Hyperraum entstehen neben jeder Person multiple Abbilder ihrer selbst, die offensichtlich aus alternativen Zeitebenen stammen.

1983 erschien Z.s erster Roman, THE BLACKCOLLAR, ein militaristisch angehauchter Thriller, in welchem irdische Spezialguerillas, die ehemalige Eliteeinheit der ›Blackcollars‹, die in den Untergrund gehen mußte, außerirdische Invasoren bekämpfen, die die Erde erobert haben. Dieser Roman erfuhr mit THE BACKLASH MISSION 1986 eine Fortsetzung, in der es gelingt, die ungebetenen Gäste mit einer Superwaffe in Form einer die Reflexe beschleunigenden Droge zu bekämpfen. Z.s bislang bestes Werk ist A COMING OF AGE (1985), das von einer fremden Kultur handelt, in der die Kinder im Alter von fünf Jahren Psi-Fähigkeiten erlangen und diese in der Pubertät wieder verlieren.

Zajdel, Janusz A. (1938 – 1985)
Polnischer Autor. Z. absolvierte ein Studium an der mathematisch-physikalischen Fakultät der Warschauer Universität und war hauptberuflich als Kernphysiker auf dem Gebiet des Strahlenschutzes tätig. Er verfaßte über hundert SF-Erzählungen und mehrere Romane, von denen LALANDE 21185 (1965) der erste war. Einige seiner Stories wurden in verschiedene osteuropäische Sprachen übersetzt; zwei Geschichten kamen auch in der DDR heraus (in *Galaxisspatzen,* Berlin 1975). Z. gehörte zu den Spitzenautoren polnischer SF und verstand sich auf originelle, satirisch-spöttische Erzählungen. 1973 gewann er zwei Preise der Zeitschrift *Mlody Technik.* 1982 wurde sein Roman LIMES INFERIOR zum besten SF-Titel in Polen gewählt, 1984 war es PARADYZJA.

Bibliografie:

In Sonnennähe (C/OA), Berlin/DDR: Das Neue Berlin 1979
Unterwegs zum kalten Stern (PRAWO DO POWROTU), Berlin/DDR: Neues Leben 1979

Bibliografie/H:

Die Methode des Dr. Quin (PRZEJSCIE PRZEZ LUSTRO), DNA 411 (1981)

Zanta, C. C. Siehe Kurth, Hanns

Zauner, Georg (1920 –   )
Deutscher Autor, geboren in Göttingen. Z. trat als Filmregisseur sowie als Drehbuch- und Sachbuchautor in Erscheinung. 1980 veröffentlichte er mit *Die Enkel der Raketenbauer* seinen ersten SF-Roman, eine fiktive Brief- und Dokumentensammlung über ein postatomares Bayern. Mit diesem humorvollen, viel Lokalkolorit enthaltenden, bissig-ironischen Text gewann er auf Anhieb den Kurd-Laßwitz-Preis für den besten deutschen Science Fiction-Roman des Jahres. Post-Doomsday-The-

matik weist auch sein zweiter Roman – *Der verbotene Kontinent* – auf, wenngleich die Handlung hier gradliniger verläuft und eher Romancharakter hat. Jahrhunderte nach einem Atomkrieg in Europa unternehmen die Afrikaner Expeditionen in den ›verbotenen‹ Kontinent nördlich der Alpen und stoßen dort auf primitive Nachkommen ehemaliger Überlebender.

Bibliografie:

Die Enkel der Raketenbauer, München 1980, H 3751
Der verbotene Kontinent, München 1983, H 4024

Zebrowski, George (1945 –)

Der Amerikaner Z. wurde in Villach, Österreich, als Sohn polnischer Eltern geboren und kam über Italien, Frankreich und England in die USA. Nach der High School studierte er am Harpur College in Binghamton, New York, Philosophie. 1968 war er dabei, als im First Clarion Science Fiction Writers Workshop junge Interessenten mit dem Schreiben von SF-Stories vertraut gemacht wurden. Seit 1970 hat er mehr als vierzig Erzählungen und sieben Romane veröffentlicht. Die erste Story war ›Traps‹ (*If*, 3/70), die er gemeinsam mit Jack Dann verfaßte, einem Autor, mit dem er öfters zusammenarbeitete. 1972 wurde seine Erzählung ›Heathen God‹ (*F&SF*, 1/71) für den Nebula Award nominiert. Seine Romane THE OMEGA POINT (1972), ASHES AND STARS (1977) und MIRROR OF MINDS (1983) bilden eine konventionelle Space-Opera-Trilogie, bei der es um die Auseinandersetzung zwischen der Erdföderation und einem fremden Sternenimperium geht. 1979 erschien sein ambitionierter Roman MACROLIFE, eine visionäre Spekulation über die Zukunft der Menschheit und zugleich die Familiengeschichte der Buleros, schwerreiche Industrielle des 21. Jahrhunderts, die die Erde verlassen müssen und sich an das Makroleben im Weltraum anpassen. Ihre geklonten unsterblichen Mitglieder sind auch noch hundert Milliarden Jahre später im Einzugsbereich der Sonne zu finden.

Die wichtigsten Kurzgeschichten Z.s, der sich auch als Kritiker, Herausgeber und Jugendbuchautor einen Namen gemacht hat, sind in den Bänden THE MONADIC UNIVERSE AND OTHER STORIES (1977), A SILENT SHOUT (1979) und THE FIREBIRD (1979) zu finden.

Bibliografie:
Erbe des Untergangs (THE OMEGA POINT), Bergisch Gladbach 1973, B 21035
Makroleben (MACROLIFE), München 1981, M 3549
Asche und Sterne (ASHES AND STARS), Bergisch Gladbach 1981, B 21144

Zegalski, Witold (1928–1974)

Der polnische Schriftsteller Z. war Absolvent der Hochschule für Ökonomie in Poznan und wandte sich 1952 der Literatur zu. Neben einem Kinderbuch, einem Gegenwartsroman, satirischen Erzählungen und Gedichten schrieb er utopisch-phantastische Erzählungen, die in dem Sammelband WYSPA PATERSONA (Die Petersen-Insel, 1976) erschienen, und den Science Fiction-Roman *Der Krater des schwarzen Traums*. Z. erhielt für seine Arbeiten mehrere Preise; seine Erzählung ›Die Rückkehr der Riesen‹ gewann 1962 den ersten Preis bei einem internationalen Phantastik-Wettbewerb. Zwei seiner Geschichten erschienen in deutscher Übersetzung in der DDR-Anthologie *Galaxisspatzen* (1975).

Zeigfreid, Karl Siehe Fanthorpe, R. Lionel

Zelazny, Roger (Joseph)
(1937–   )

Amerikanischer Schriftsteller, geboren in Euclid, Ohio. Er studierte an der Western Reserve University und an der Columbia University, wo er mit dem Magisterexamen abschloß. Nach dem Studium war er von 1962 bis 1969 Angestellter der Sozialversicherungsstelle in Cleveland und Baltimore. Seit 1969 ist er freier Schriftsteller. Seine erste SF-Veröffentlichung war ›Passion Play‹ (*Amazing*, 8/62). Z. erwies sich auf Anhieb als Senkrechtstarter, der sehr schnell bekannt wurde und bereits zu Beginn seiner Laufbahn viele Preise errang. Im November 1963 erschien – noch relativ unbemerkt – ›A Rose for Ecclesiastes‹ *(F&SF),* eine bittersüße Liebes-

geschichte zwischen einem irdischen Dichter und einer marsianischen Priesterin, die nach Z.s literarischem Durchbruch Mitte der
sechziger Jahre von der Kritik mit Lob überhäuft wurde. 1968 wähl-
ten sie die Science Fiction Writers of America auf den 6. Platz aller
bis 1965 publizierten SF-Stories. Den Gipfel seiner Karriere erreichte Z. zwischen 1965 und 1968. 1965 gewann er mit der Novelle ›He
Who Shapes‹ und der Story ›The Doors of His Face, the Lamps of His
Mouth‹ den Nebula Award. Danach hatte er auch mit Romanen
durchschlagenden Erfolg. Eine erweiterte Fassung von ›He Who
Shapes‹ erschien 1966 unter dem Titel THE DREAM MASTER. Im selben
Jahr erreichte THIS IMMORTAL den ersten Platz bei der Wahl zum
Hugo Gernsback Award, ein Erfolg, der ihm 1968 mit LORD OF LIGHT
ein weiteres Mal gelang. Diese frühen Werke sind stilistische Bra-
vourstückchen, in denen der Autor eine barocke, aber bildhaft starke und lebendige Sprache schreibt. Sie spielen an exotischen Hand-
lungsschauplätzen und greifen oft auf psychologische und mythi-
sche Themen zurück, wobei Z. stets bemüht ist, durch Zitate und
Anspielungen die Genre-SF aufzubrechen und wie ein Mainstream-
Autor zu erscheinen. Seine Texte aus den mittsechziger Jahren spiegeln durch ihre Hinwendung zum Mystizismus, ihre Symbolik und
die psychedelisch farbige Darstellung in gewissem Maße die Pop-
und Undergroundkultur jener Zeit wider. Z. war in diesen Jahren
der Modeautor der amerikanischen SF und bildete zusammen mit
Harlan Ellison und Samuel R. Delany das ›Dreigestirn‹ ihrer New
Wave.

Von den erwähnten Titeln ist THE DREAM MASTER vielleicht der interessanteste. Er schildert eine neue tiefenpsychologische Heilmetho-
de, bei welcher der Therapeut mittels eines Geräts durch Gedan-
kenverbindung in die Traumwelten des Patienten eindringt und dort
Veränderungen vornimmt. Dieser Roman ist ein klassischer Inner-
Space-Text und ein Meilenstein in der Abkehr von der technikbezo-
genen SF. ›The Doors of His Face, the Lamps of His Mouth‹ bringt
die altbekannte Jagd auf Ungeheuer in neuem Gewand, zeigt aber
deutliche Anklänge an Melvilles MOBY DICK, und THIS IMMORTAL ist
eine Sightseeing-Tour über eine Erde nach dem Atomkrieg, dessen
Radioaktivität absonderliche Ungeheuer hervorgebracht hat. LORD
OF LIGHT weist nicht die pyrotechnische Sprache der besten Erzählungen und zuvor erwähnten Romane auf, bietet aber eine viel-
schichtigere Handlung. Der Autor benutzt dabei die indische Mythologie als Steinbruch für eine Phantasiewelt – Raumfahrer sind
auf einem fremden Planeten gelandet und führen sich dort dank ih-

rer technischen Überlegenheit wie Götter auf. Einer aber will dieses Treiben nicht mitmachen und stellt sich als ›Herr des Lichts‹ auf die Seite der unterdrückten Einheimischen.

Nach 1968 sank Z.s Stern bei der Kritik, kommerziell begann sich aber jetzt sein Ruf auszuwirken. Er verlegte sich fortan auf seichtere Stoffe, etwa die Post-Doomsday-Odyssee DAMNATION ALLEY (1969), 1977 von Jack Smight verfilmt, die einen Rocker durch eine zur Hölle gewordene USA mit einer Phantasmagorie von Ungeheuern führt, oder eine Reihe von Fantasies oder der Fantasy nahestehende Romane wie den AMBER-Zyklus, an dessen Fortsetzung Z. derzeit arbeitet.

Erst Mitte der siebziger Jahre machte Z. wieder innerhalb der SF von sich reden. Die Novelle HOME IS THE HANGMAN (*Analog*, 11/75) gewann Hugo und Nebula Award, und die Romane BRIDGE OF ASHES (1976) und DOORWAYS IN THE SAND (1976), ein humorvolles Jugendbuch, deuteten die Rückkehr zu anspruchsvollen Themen an, wenngleich hiermit die alte Klasse, die sich in Geschichten wie ›Divine Madness‹ (*Magazine of Horror*, Sum/66), ›The Graveyard Heart‹ (*Fantastic*, 3/64) oder ›For a Breath I Tarry‹ (*New Worlds*, 3/66) manifestierte, nicht wieder erreicht wurde. Immerhin zeigten sie einen konzentrierteren Z. In ROADMARKS (1979) variierte er das Thema der Parallelwelten auf neue Weise: über eine Straße, die nur wenige kennen, gelangt man in alle Zeitalter und Welten. Bemerkenswert sind auch zwei Titel, die Z. zusammen mit anderen Autoren schrieb: DEUS IRAE (1976, mit Philip K. Dick) und COILS (1980, zusammen mit Fred Saberhagen), während er in EYE OF CAT wieder altbekannte Topoi aufgreift: die Auseinandersetzung zwischen einem Menschen und einem Alien als Verfolgungsjagd um die ganze Welt, garniert mit ethnischen Mythen. Ansonsten standen seine Romane der frühen achtziger Jahre im Zeichen der Fantasy.

Z., dessen beste Geschichten in den Sammelbänden FOUR FOR TOMORROW (1967), THE DOORS OF HIS FACE, THE LAMPS OF HIS MOUTH (1971) und THE LAST DEFENDER OF CAMELOT (1981) erschienen, hatte in den achtziger Jahren weitere achtbare Erfolge mit Kurztexten. 1982 gewann er mit der phantastischen Schacherzählung ›Unicorn Variation‹ den Hugo Gernsback Award und 1984 den Locus Award für die Collection UNICORN VARIATIONS (1983). Insgesamt gesehen ist sein Kurzgeschichtenwerk für die SF wichtiger als seine Romane – in seinen Novellen, Erzählungen und Stories hat er streckenweise brilliert, durch seine Romane, besonders die frühen, dem Genre aber auch Impulse gegeben.

Bibliografie:

Straße der Verdammnis (DAMNATION ALLEY), München 1972,
H 3310
Fluch der Unsterblichkeit (THIS IMMORTAL), Hamburg/Düsseldorf
1973, MvS
Insel der Toten (ISLE OF THE DEAD), München 1973,
H 3366
Der Tod in Italbar (DEATH IN ITALBAR), München 1975,
H 3434
Heut wählen wir Gesichter (TODAY WE CHOOSE FACES), München 1975,
H 3444
Herr des Lichts (LORD OF LIGHT), München 1976,
H 3500
Herr der Träume (THE DREAM MASTER), München 1976,
TTB 270
Die Aschenbrücke (BRIDGE OF ASHES), München 1978,
H 3613
Der Gott des Zorns (DEUS IRAE) (mit Philip K. Dick), Bergisch
Gladbach 1979, B 22006
Die Türen seines Gesichts (C) (THE DOORS OF HIS FACE, THE LAMPS OF HIS
MOUTH), München 1980, M 3505 (gekürzt auch: *Die Türen seines
Gesichts, die Lampen seines Mundes*)
Mein Name ist Legion (C) (MY NAME IS LEGION), Bergisch
Gladbach 1980, B 21133
Tore in der Wüste (DOORWAYS IN THE SAND), München 1981,
M 3225
Straße nach überallhin (ROADMARKS), München 1981,
M 3542
Katzenauge (EYE OF CAT), München 1985,
H 4217
Ein Spiel von Traum und Tod (THE DREAM MASTER), Bergisch Gladbach
1986, B 23052

Zeno, Alph

Bibliografie:

Die letzte Waffe, Ratingen: Andra 1959
Die Katastrophe, Ratingen: Andra 1959
Die Raumstation, Ratingen: Andra 1959
Die neue Sonne, Ratingen: Andra 1959 (auch Köln: Luro 1959)

Ziegler, Thomas (1956 –)

Pseudonym des deutschen Science Fiction-Autors Rainer Zubeil, der in einem kleinen Dorf in Niedersachsen geboren wurde und bis 1979 als Beamter im öffentlichen Dienst tätig war, bevor er den Schritt zum freischaffenden Schriftsteller wagte. Z.s erste Veröffentlichung war die Kurzgeschichte ›Unter Tage‹ (1976), der bald ein halbes Dutzend weiterer in verschiedenen Zeitschriften und Anthologien folgten: ›Matuscheks Welten‹ (1977), ›Holzmann weiß, was Menschen brauchen‹ (1977), ›Die Totenstadt‹ (1978) und ›Alternativwelt 1818‹ (1978, mit Ronald M. Hahn).

Sein erster Roman, *Zeit der Stasis* (1979), entstand in Zusammenarbeit mit Uwe Anton und schildert die Auswirkungen einer nuklearen Katastrophe, die Errichtung einer faschistischen Diktatur in der Bundesrepublik und den Versuch einer in die Illegalität gedrängten Opposition, mit Hilfe eines konditionierten Attentäters das Regime wieder zu stürzen.

Z.s Texte zeichnen sich durch eine dichte Atmosphäre, ökonomischen Stil und beklemmenden Realismus aus. Seine bevorzugten Themen sind die Desorientierung des Menschen aufgrund immer stärker um sich greifender geistiger Manipulation und den Versuchen einzelner, gegen die Reglementierung anzukämpfen.

Als seine beiden besten Romane kann man *Alles ist gut* (1983) und *Die Stimmen der Nacht* (1984) bezeichnen. Ersteren wegen seiner eindrucksvollen, apokalyptischen Detailschilderungen von Vorkommnissen in einem chaotischen Köln der Zukunft, letzteren aufgrund der logischen Extrapolation der Zustände in einer Bundesrepublik, die durch den Morgenthau-Plan zum Agrarstaat gemacht wurde. Für seine Story ›Die sensitiven Jahre‹ erhielt der Autor 1981 den Kurd-Laßwitz-Preis.

Von 1982 an arbeitete Z. an *Perry Rhodan* mit, wobei er zuerst den kranken William Voltz bei der Exposé-Gestaltung unterstützte. Ab 1983 schrieb er selbst an der Serie mit. Nach dem Tod von Voltz bildeten er und Ernst Vlcek das neue Exposé-Team bis zum Ausscheiden von Z. als PR-Roman- und Exposé-Autor im Jahre 1985. Neuere Werke aus seiner Feder haben oft Seriencharakter (*Sardor-Serie, Flaming Bess*) und sind von schwankender Qualität.

Bibliografie:

Zeit der Stasis (mit Uwe Anton), München 1979, H 3680
Unter Tage (C), Bergisch Gladbach 1982, B 22047
Alles ist gut, Meitingen: Corian 1983
Die Stimmen der Nacht, Frankfurt am Main/Berlin/Wien 1984,
U 31078
Nur keine Angst vor der Zukunft (C), Frankfurt am Main/Berlin/Wien
1985, U 31094
Erdstadt (mit Uwe Anton), München 1985, H 4198
Lichtjahreweit (C), Frankfurt am Main/Berlin 1986,
U 31121

Bibliografie/H:

Als Henry Quinn:

Kontaktplanet Erde, TA 542 (1982)

Siehe Anhang SERIEN: *Flaming Bess, Perry Rhodan, Perry-Rhodan-Taschenbücher*

Ziemann, Hans Heinrich

Bibliografie:

Explosion im Atom-Kraftwerk, Wien/München/Zürich/Innsbruck:
Molden 1976

Ziergiebel, Herbert (1922 –   )

Geboren in Nordhorn, heute in der DDR lebend. Z. erlernte den Schlosserberuf und war ab 1941 als Technischer Zeichner und Teilkonstrukteur tätig. Er beteiligte sich aktiv am Widerstand gegen das Nazi-Regime, wurde verhaftet und kam in das KZ Dachau. Nach dem Krieg studierte er Geschichte, Literatur und Theaterwissenschaften und war später Redakteur beim Berliner Rundfunk. Heute lebt er als freiberuflicher Schriftsteller in Ost-Berlin. Unter anderem schrieb er die SF-Romane *Die andere Welt* (1966) und *Zeit der Sternschnuppen* (1972) sowie für eine Anthologie die SF-Erzählung ›Die Experimente des Professors von Pulex‹ (1975).

Bibliografie:

Die andere Welt, Halle/Saale: Mitteldeutscher 1966
Zeit der Sternschnuppen, Halle/Saale: Mitteldeutscher 1972

Zillig, Werner (1949 –   )
Deutscher Autor, geboren in Haßlach bei Kronach (Bayern). Z. studierte in Erlangen, Tübingen und Münster Germanistik, Geschichte und Soziologie und promovierte. Gegenwärtig ist er Hochschulassistent im Fach Germanistische Linguistik an der Universität Münster. Z. schrieb eine Reihe von SF-Erzählungen, die in Anthologien publiziert wurden, und veröffentlichte 1980 den Sammelband *Der Regentänzer*. In den Erzählungen extrapoliert der Autor technologische Aspekte der Gegenwart, wie etwa Probleme der Kommunikation mit elektronischen Systemen, oder eine Gentechnik, die es erlaubt, immer wieder ein neues Leben zu beginnen. Sein erster Roman ist *Die Parzelle* (1984). In ihm beschreibt der Autor eine Bundesrepublik der Zukunft, in der sich einzelne Parzellen befinden, kleine Gebiete, in denen die Anhänger utopischer und radikaler Ideen mit staatlicher Genehmigung versuchen können, ihre Vorstellungen in die Wirklichkeit umzusetzen, in diesem Fall eine Gemeinschaft von Drogenbefürwortern in der Lüneburger Heide, wo Menschen in Halluzinationen und Visionen versuchen, neue Erlebnisräume auszuloten.

Bibliografie:

Der Regentänzer, München 1980,
G 23367
(Hrsg.) *SF aus Japan* (mit Ken Okura und Peter Wilfert), München 1982, G 23403
Die Parzelle, München 1984,
G 23433

Zimmer, Paul Edwin

Amerikanischer Autor, jüngerer Bruder von Marion Zimmer Bradley. Z. wurde durch seine Veröffentlichungen im Bereich der Fantasy bekannt, hat aber auch bei einem SF-Titel seiner Schwester mitgearbeitet.

Bibliografie:

Die Flüchtlinge des roten Mondes (THE SURVIVORS)
(mit Marion Zimmer Bradley), München 1981, M 3540

Ziolkowski, Konstantin E.
(1857 – 1935)

Z. ist der berühmteste russische Raketenpionier und gilt als ›Vater der Weltraumfahrt‹. Er verlor schon als Kind fast vollständig sein Gehör und brachte sich, da normale Schulbildung nicht möglich war, fast sein gesamtes Wissen als Autodidakt bei. Er wurde Gymnasiallehrer und beschäftigte sich seit 1883 mit dem Gedanken des Rückstoßantriebs für Luftfahrzeuge. Ab 1893 veröffentlichte er Arbeiten zu diesem Thema und baute 1897 zu Versuchszwecken den ersten Windkanal in Rußland. Manuskripte und Skizzen beweisen, daß sich Z. bereits 1878 ernsthaft mit dem Problem der bemannten Raumfahrt beschäftigte. Um die Jugend für den Gedanken der Weltraumfahrt zu gewinnen, schrieb er einige utopische Kurzgeschichten und Romane, etwa NA LUNE (*Auf dem Monde*, 1893) oder GRJOSY O SEMLE I NEBE (*Träume über Erde und Himmel*, 1895). Sein Hauptwerk ist der zwischen 1896 und 1916 entstandene, doch erst im Jahre 1920 vollständig veröffentlichte Roman VNE ZEMLI, in dem detailliert – unter Verwendung streng wissenschaftlicher Daten und Berechnungen – Raumschiffreisen im Sonnensystem dargestellt werden.

Bibliografie:

Außerhalb der Erde (VNE ZEMLI), München 1977, H 3554

Bibliografie/H:

Auf dem Monde (NA LUNE), Berlin/DDR, Neues Leben 1956

Zitelmann, Arnulf (1929 –   )
Deutscher Autor von Jugendbüchern.

Bibliografie:

Nach dem Großen Glitch, Weinheim/Basel: Beltz & Gelberg 1981

Zoller, Arno Siehe Liersch, Rolf W.

Zopfi, Emil (1943 –   )

Schweizer Autor, geboren in Wald.

Bibliografie:

Die Weltraumbasis beim roten Haus, Köln: Benziger 1983

Zsoldos, Peter (1930 –   )

Ungarischer Autor, Musikstudium in Budapest, wo er 1956 am Konservatorium sein Diplom machte. Seither Mitarbeiter des Ungarischen Rundfunks. Sein erster Roman, A VIKING VISSZATER, erschien 1963 und ist gleichzeitig sein bekanntester. Er schildert die Erlebnisse einer Raumschiffcrew, deren Schiff mit einem Asteroiden kollidiert und die auf einem erdähnlichen Planeten im System Tau Ceti landet. Dort trifft sie auf eine Steinzeitkultur… Dieser Roman erfuhr 1969 unter dem Titel A TAVOLI TÜZ eine Fortsetzung. Z.' Werke zeichnen sich durch wissenschaftliche Akkuratesse aus und zählen zu den Spitzenwerken ungarischer SF.

Bibliografie:

Die Aufgabe (A FELADAT), München 1980,
H 3731
Die Rückkehr der Wiking (A VIKING VISSZATER), München 1987,
H 4390

Zulawski, Jerzy (1874 – 1915)

Der polnische Autor, der im Gebiet von Rzeszow geboren wurde und dem dortigen Kleinadel angehörte, besuchte die Mittelschule und studierte in Zürich und Bern, wo er 1898 im Fach Philosophie promovierte. Von Haus aus Lyriker und ein Vertreter der zweiten Generation des *Jungen Polen,* einer literarischen Strömung, die sich der patriotischen Poesie verschrieben hatte, feierte er seine größten Erfolge als Dramatiker. Seine SF-Trilogie *Auf dem Silbermond* (1902), *Der Sieger* (1909) und *Die alte Erde* (1911) war eigentlich ein Nebenprodukt, dem der Autor selbst nicht viel Wert beimaß. Doch *Auf dem Silbermond* wurde nicht nur eines der populärsten Werke seiner Zeit und hat die Entwicklung des phantastischen Realismus in Polen maßgebend mitbestimmt, sondern hat auch Tolstoi bei seinem Marsroman AËLITA deutlich beeinflußt. Diese Trilogie beschreibt in der Tradition eines Verne und Wells die Reise einer Rakete zum Mond. Die Rakete zerschellt bei ihrer Landung auf dem Mond, womit eine Rückkehr zur Erde unmöglich geworden ist. Die überlebenden Besatzungsmitglieder gründen auf der abgelegenen, sauerstoffreichen Seite des Mondes eine eigene Zivilisation, die ›Mondgeborenen‹, für die die Erde nicht mehr als die Verheißung eines Paradieses ist. Der erste Teil endet damit, daß der inzwischen einzige Überlebende, Jan Korecki, kurz vor dem Tode sein Tagebuch zur Erde schießt. Die Handlung des zweiten Teils setzt 700 Jahre später ein. Der Erdenmensch Marek landet mit einer zweiten Rakete auf dem Mond und findet dort eine Mondgesellschaft vor, in der Jan Korecki christusähnliche Züge angenommen hat. Marek wird als Reinkarnation Koreckis verehrt und führt die Mondwesen in den Kampf gegen die ›Schernen‹, schreckliche, fledermausartige, aber intelligente Ungeheuer. Doch der Feldzug endet in einem Debakel, und Marek wird von den enttäuschten Mondmenschen umgebracht. Die Erlebnisse zweier Mondwesen, die sich mit Mareks Rakete auf zur Erde gemacht haben, stehen im Mittelpunkt des dritten Bandes, der jedoch gegenüber den beiden anderen extrem abfällt.

Geschildert wird eine zukünftige Erdengesellschaft, die den Anspruch erhebt, ein wahres Utopia verwirklicht zu haben, doch der Schein trügt. Leider scheitert Z. in seinem Vorhaben als pessimistischer Kulturkritiker, der Roman wird allenfalls noch durch einige recht amüsante Passagen gerettet, in denen die Vorstellungen der beiden Mondbewohner mit der irdischen Realität zusammenstoßen. Die ersten beiden Bände der Trilogie brauchen jedoch den Vergleich mit den Großen der Gattung nicht zu scheuen. Die Schilderung der Odyssee der ersten Raumschiffbesatzung durch die Mondlandschaft zeichnet sich durch eine mitreißende Beschreibung aus, während der zweite Band viel von den Space Operas späterer Jahre vorwegnimmt, ohne in die ihnen eigentümliche Trivialität abzugleiten. Die Mond-Trilogie kann daher getrost als ein Meilenstein in der SF-Geschichte betrachtet werden. Z. kämpfte im Ersten Weltkrieg in der Polnischen Legion und starb 1915 in einem Militärkrankenhaus.

Bibliografie:
Auf dem Silbermond (NA SREBRNYM GLOBIE), Frankfurt am Main 1983, (auch: *Auf silbernen Gefilden*), st 865
Der Sieger (ZWYIEZCA), Frankfurt am Main 1983, st 916
Die alte Erde (STARA ZIEMIA), Frankfurt am Main 1983, st 968

Zwerenz, Gerhard (1925 –   )
Deutscher Autor.

Bibliografie:

Salut für einen alten Poeten, München 1980, G 3937
Der Bunker, München: Schneekluth 1983

Zwerger, Edward J.

Bibliografie:

Flucht in die Freiheit, UZ 504 (1967)
Jagd nach dem Hyproton, UZ 524 (1967)
Grenze im All, UZ 544 (1967)

Zweydorn, Peter

Bibliografie:

Quick-check: Menschen sind ungeeignet, Stuttgart: Thienemann
1976

Die wichtigsten Autoren-Pseudonyme

Nach Pseudonymen geordnet

Amery, Carl	= Mayer, Christian
Andreas, Jürgen	= Alpers, Hans Joachim
Anmar, Frank	= Nolan, William F.
Antares, Enrico	= Seitz, Eberhard
Anthony, Piers	= Jacob, Piers A.
Anvil, Christopher	= Crosby, Harry C.
Arch, E. L.	= Cosgrove Payes, Rachel
Artner, Robert	= Ernsting, Walter
Artner, Robert	= Miehe, Ulf
Atheling, William Jr.	= Blish, James
Ayre, Thornton	= Fearn, John Russell
Barbee, Phillips	= Sheckley, Robert
Barton, Erle	= Fanthorpe, Lionel R.
Beaumont, Charles	= Nutt, Charles
Bell, Thorton	= Fanthorpe, Lionel R.
van Bergen, Detlef	= Rohr, Wolf Detlef
Binder, Eando	= Binder, Earl − Binder, Otto
Bings, Henry	= Bingenheimer, Heinz
Bixby, Jerome	= Bixby, Drexel J.
Bolt, S. Kye	= Cochrane, William E.
Both, Sergius	= Franke, Herbert W.
Boucher, Anthony	= White, William Antony Parker
Bowles, Albert C.	= Grasmück, Jürgen
Boyd, John	= Upchurch, Boyd
Bradbury, Edward P.	= Moorcock, Michael
Brown, George Sheldan	= (Verlagspseudonym)
Brown, W. (Verlagspseudonym)	= Peschke, Hans
Brown, W. (Verlagspseudonym)	= Scholz, Winfried
Brown, William	= Richter, Ernst H.
Bryant, Peter	= George, Peter
Burcette, James R.	= Luif, Kurt
Burgess, Anthony	= Wilson, John Anthony Burgess
Caine, Jeff	= Rohr, Wolf Detlef
Cameron, Berl	= (Verlagspseudonym)
de Chalon, Pierre	= Scheer, Karl Herbert
Chester, Roy	= Schaef, Conrad C.
Christopher, John	= Youd, Christopher Samuel

Clement, Hal	= Stubbs, Harry Clement
Coover, Wayne	= Rohr, Wolf Detlef
Cowper, Richard	= Murry, John Middleton
Cox, Jean	= Cox, Arthur Jean
Crispin, Edmund	= Montgomery, R. Bruce
Curry, Madman	= Strassl, Hubert
d'Argyre, Gilles	= Klein, Gérard
Danner, Peter	= Stockhammer, Nikolai
Darlton, Clark	= Ernsting, Walter
Davenport, Neal	= Luif, Kurt
Dee, Roger	= Aycock, Roger D.
Delgado, Manuel S.	= Hahn, Ronald M.
Démon, Roy	= Puhle, Joachim
Dneprow, Anatolj	= Mitskevich, A. P.
Dwynn, J. C.	= Densing, Jürgen
Eigk, Claus	= Bastian, Hartmut
Ewers, H. G.	= Gehrmann, Horst
Fane, Bron	= Fanthorpe, Lionel R.
Farley, Ralph Milne	= Hoar, Roger Sherman
Finney, Jack	= Finney, Walter B.
Flagg, Francis	= Weiss, George Henry
Forrester, Thorn (Verlagspseudonym)	= Hahn, Ronald M.
Francis, Hans G.	= Franziskowsky, Heinz
Francis, Heinz G.	= Franziskowsky, Heinz
Francis, H. G.	= Franziskowsky, Heinz
Francisco, H. G.	= Franziskowsky, Heinz
French, Paul	= Asimov, Isaac
Frank, Gunther	= Franziskowsky, Heinz
Freed, Cecil V.	= Roecken, Kurt
Garrett, J. A.	= Grasmück, Jürgen
Gaskell, Jane	= Lynch, Jane Denvil
Gevé, Gaston	= Voigt, Karl
Gilmore, Anthony	= Bates, Harry
Gilmore, Antony	= Hall, Desmond W.
Gordon, Rex	= Hough, Stanley B.
Grams, Jay	= Grasmück, Jürgen
Grasse, Jürgen	= Grasmück, Jürgen
Gray, Charles	= Tubb, E. C.
Gray, George P.	= Voigt, Gudrun
Gray, George P.	= Voigt, Karl
Grey, Charles	= Tubb, E. C.
Gridban, Volsted	= Fearn, John Russell
Gridban, Volsted	= Tubb, E. C.
Grinnell, David	= Wollheim, Donald A.
Hallus, Tak	= Robinett, Stephen
Hansen, Peter	= Peschke, Hans
Harding, Lee	= Harding, Leo
Harness, Charles L.	= Lockhard, Leonard

Harris, Ronald M.	= Hahn, Ronald M.
Henderson, Chester	= Liersch, Rolf Werner
Herbst, Daniel	= Hahn, Ronald M.
Van Holk, Freder	= Müller, Paul A.
Holk, Jan	= Müller, Paul A.
Holling, H. P.	= Fröhlich, Heinz-Peter
Holly, J. Hunter	= Holly, Joan C.
Hooker, P. T.	= Krämer, Peter
Jessel, John	= Weinbaum, Stanley G.
Jorgenson, Ivar	= Silverberg, Robert
Joyston, Ralf	= Andersen, Nils
Judd, Cyril	= Kornbluth, Cyril M.
Judd, Cyril	= Merril, Judith
Kellar, Von	= Bird, John
Kennedy, Edgar Rees	= (Verlagspseudonym)
Kenwood, Neil	= Hoffmann, Horst
Kern, Gregory	= Tubb, E. C.
Kersten, Roger	= Scheer, Karl Herbert
Keyen, Werner	= Müller, Paul A.
von Kleynn, Peter	= von Tramin, Peter
Knox, Calvin M.	= Silverberg, Robert
Lang, King	= Tubb, E. C.
Langart, Darrel T.	= Garrett, Randall
Latham, Philipp	= Richardson, Robert S.
Leinster, Murray	= Jenkins, William Fitzgerald
Le Page, Rand	= Glasby, John S.
Lorraine, Paul	= Fearn, John Russell
MacApp, C. C.	= Capps, Carrol M.
Mac Donald, Anson	= Heinlein, Robert Anson
Mac Roy, Calvin F.	= Wegener, Manfred
Mahr, Kurt	= Mahn, Klaus
Mailer, Cecil O.	= Mahn, Klaus
Maine, Charles Eric	= McIlwain, David
Mann, W. L.	= Hausmann, Wolfgang L.
Marks, T. W.	= Brand, Kurt
McDunn, Garry	= Bischoff, Marianne
McIntosh, J. T.	= Mac Gregor, James Murdock
McMan, Marc	= Mielke, Thomas R. P.
McPatterson, Fred	= Ernsting, Walter
Monroe, Daniel	= Hahn, Ronald M.
Morris, Clyde	= Biege, Karl Heinz
Morrison, Mischa	= Alpers, Hans Joachim
Morrison, William	= Samachson, Joseph
Munro, C. R.	= Brand, Kurt
Myler, Lok	= Müller, Paul A.
Norman, John	= Lange jr., John F.
Norton, Andre	= Norton, Alice Mary
Nulpe, H. C.	= Koch, Richard

O'Donnell, K. M.	=	Malzberg, Barry N.
O'Donnell, Lawrence	=	Kuttner, Henry
O'Donnell, Lawrence	=	Moore, C. L.
Oliver, Richard	=	Kaiser, Hans K.
Orban, Marcus T.	=	Mielke, Thomas R. P.
Orwell, George	=	Blair, Eric
Osten, I. S. (Verlagspseudonym)	=	Brand, Kurt
Padgett, Lewis	=	Kuttner, Henry
Padgett, Lewis	=	Moore, C. L.
Pahl, Joachim	=	Puhle, Joachim
Palmer, L. D.	=	Anton, Uwe
Parkes, Lukas	=	Harris, John Wyndham
		Parks Lucas Beynon
Parnell, Mike	=	Mielke, Thomas R. P.
Patton, Harvey	=	Peschke, Hans
Pearson, Harvey	=	Peschke, Hans
Phillips, Mark	=	Garrett, Randall
Phillips, Mark	=	Janifer, Laurence M.
Phillips, Rog	=	Graham, Roger P.
Quoos-Raabe, R. C.	=	Franziskowsky, Heinz
Rackham, John	=	Phillifent, John T.
de Rais, Hugh	=	Strassl, Hubert
Randall, Robert	=	Garrett, Randall
Randall, Robert	=	Silverberg, Robert
Rankine, John	=	Mason, Douglas R.
Reed, Allan	=	Rohr, Wolf Detlef
Reynolds, Mack	=	Reynolds, Dallas McCord
Richard, R. J.	=	Kaiser, Hans K.
Richards, K.	=	Koch, Richard
Robeson, Kenneth	=	Dent, Lester
Rock, C. V.	=	Roecken, Kurt
Rocklynne, Ross	=	Rocklin, R. L.
Rudersberg, Peter	=	Krämer, Peter
Sandow, Gerd	=	Puhle, Joachim
Sandow, Gert	=	Puhle, Joachim
Sandow, G. J.	=	Puhle, Joachim
el Santo, Diego	=	Scheer, Karl Herbert
Schorn, L. B.	=	Puhle, Joachim
Scott, Ted (Verlagspseudonym)	=	Puhle, Joachim
Scott, Ted	=	Brand, Kurt
Seabright, Idris	=	St. Clair, Margaret
Sellings, Arthur	=	Ley, Arthur
Sheldon, Racoona	=	Sheldon, Alice B.
Sheldon, Roy	=	Tubb, E. C.
Shepherd, Conrad	=	Schaef, Conrad C.
Shocker, Dan	=	Grasmück, Jürgen
Shols, W. W.	=	Scholz, Winfried
Smith, Cordwainer	=	Linebarger, Paul M. A.
Somers, Bart	=	Fox, Gardner F.

Spielmans, Jörg	= Luif, Kurt
Starne, Peter L.	= Brand, Kurt
Statten, Vargo	= Fearn, John Russell
Steen, I. V.	= Müller, Paul A.
St. John, Philip	= del Rey, Lester
St. Reynard, Geoff	= Krepps, Robert W.
Sterling, Brett	= Hamilton, Edmond
Sterling, Brett	= Samachson, Joseph
Stewart, Will	= Williamson, Jack
Stuart, Don A.	= Campbell, John W.
Sydow, Marianne	= Bischoff, Marianne
Taine, John	= Bell, Eric Temple
Tall, Stephen	= Crook, Compton N.
Tannert, Klaus	= Scheer, Karl Herbert
Tenn, William	= Klaas, Philip
Terrid, Peter	= Ritter, Wolf Peter
Terridge, Ernest	= Richter, Ernst H.
Theodor, Peter	= Krämer, Peter
Tiptree jr., James	= Sheldon, Alice B.
Torro, Pel	= Fanthorpe, R. Lionel
Torsten, Lars	= Brand, Kurt
Travers, W. A.	= Hary, Wilfried
Trout, Kilgore	= Farmer, Philip José
Turbojew, Alexej	= Scheer, Karl Herbert
Vance, Gerald (Verlagspseudonym)	= Geier, Chester S.
Vance, Gerald (Verlagspseudonym)	= Garrett, Randall
Vance, Gerald (Verlagspseudonym)	= Silverberg, Robert
Vance, Gerald (Verlagspseudonym)	= Graham, Roger P.
van Lihn, Eric	= del Rey, Lester
Vercors	= Bruller, Jean
Vincent, Harl	= Schoepflin, H. V.
Voltz, William	= Voltz, Wilhelm
Walker, Hugh	= Strassl, Hubert
Wallace, Ian	= Pritchard, John Wallace
Walter, Henry	= Roecken, Kurt
Wells, J. E.	= Seitz, Eberhard
Whitley, George	= Chandler, A. Bertram
Winter, H. G.	= Bates, Henry
Winter, H. G.	= Hall, Desmond W.
Wolf, Paul	= Vlcek, Ernst
Woodcott, Keith	= Brunner, John
Wright, Lan	= Wright, Lionel P.
Wyndham, John	= Harris, John Wyndham Parks Lucas Beynon
Zanta, C. C.	= Kaiser, Hans K.
Ziegler, Thomas	= Zubeil, Rainer
Zoller, Arno	= Liersch, Rolf Werner

Nach Autorennamen geordnet

Alpers, Hans Joachim = Andreas, Jürgen
= Herbst, Daniel
= Morrison, Mischa
Andersen, Nils = Joyston, Ralph
Anton, Uwe = Palmer, L. D.
Asimov, Isaac = French, Paul
Aycock, Roger D. = Dee, Roger

Bastian, Hartmut = Eigk, Claus
Bates, Harry = Gilmore, Anthony
= Winter, H. G.
Bell, Eric Temple = Taine, John
Biege, Karl Heinz = Morris, Clyde
Binder, Earl = Binder, Eando
Binder, Otto = Binder, Eando
Bingenheimer, Heinz = Bings, Henry
Bird, John = Kellar, Von
Bischoff, Marianne = McDunn, Garry
= Sydow, Marianne
Bixby, Drexel J. = Bixby, Jerome
Blair, Eric = Orwell, George
Blish, James = Atheling jr., William
Brand, Kurt = Marks, T. W.
= Munro, C. R.
= Osten, I. S. (Verlagspseudonym)
= Scout, Ted
= Starne, Peter L.
= Torsten, Lars
Bruller, Jean = Vercors
Brunner, John = Woodcott, Keith

Campbell, John W. = Stuart, Don A.
Capps, Carrol M. = Mac App, C. C.
Chandler, A. Bertram = Whitley, George
Cochrane, William E. = Bolt, S. Kye
Cosgrove Payes, Rachel = Arch, E. L.
Cox, Arthur Jean = Cox, Jean
Crosby, Harry C. = Anvil, Christopher
Crook, Compton N. = Tall, Stephen

del Rey, Lester = van Lihn, Eric
= St. John, Philip
Dent, Lester = Robeson, Kenneth
Duensing, Jürgen = Dwynn, J. C.

Ernsting, Walter = Artner, Robert
= Darlton, Clark
= McPatterson, Fred

Fanthorpe, Lionel R.	= Barton, Erle
	= Bell, Thorton
	= Fane, Bron
	= Torro, Pel
Farmer, Philip José	= Trout, Kilgore
Fearn, John Russell	= Ayre, Thornton
	= Gridban, Volsted
	= Lorraine, Paul
	= Statten, Vargo
Finney, Walter B.	= Finney, Jack
Fox, Gardner F.	= Somers, Bart
Franke, Herbert W.	= Both, Sergius
Franziskowsky, Heinz	= Francis, Hans G.
	= Francis, Heinz G.
	= Francis, H. G.
	= Francisco, H. G.
	= Frank, Gunther
	= Quoos-Raabe, R. C.
Fröhlich, Heinz-Peter	= Holling, H. P.
Garrett, Randall	= Langart, Darrel T.
	= Phillips, Mark
	= Randall, Robert
	= Vance, Gerald (Verlagspseudonym)
Gehrmann, Horst	= Ewers, H. G.
Geier, Chester S.	= Vance, Gerald (Verlagspseudonym)
George, Peter	= Bryant, Peter
Glasby, John S.	= Le Page, Rand
Graham, Roger P.	= Phillips, Rog
	= Vance, Gerald (Verlagspseudonym)
Grasmück, Jürgen	= Bowles, Albert C.
	= Garett, J. A.
	= Grams, Jay
	= Grasse, Jürgen
	= Shocker, Dan
Hahn, Ronald M.	= Delgado, Manuel S.
	= Forrester, Thorn (Verlagspseudonym)
	= Harris, Ronald M.
	= Herbst, Daniel
	= Monroe, Daniel
Hall, Desmond W.	= Gilmore, Anthony
	= Winter, H. G.
Hamilton, Edmond	= Sterling, Brett
Harding, Leo	= Harding, Lee
Harris, John Wyndham Parks Lucas Beynon	= Parkes, Lucas
	= Wyndham, John
Hary, Wilfried	= Travers, W. A.
Hausmann, Wolfgang L.	= Mann, W. L.
Heinlein, Robert Anson	= Mac Donald, Anson
Hoar, Roger Sherman	= Farley, Ralph Milne
Hoffmann, Horst	= Kenwood, Neil

Holly, Joan C.	= Holly, J. Hunter
Hough, Stanley B.	= Gordon, Rex
Jacob, Piers A.	= Anthony, Piers
Janifer, Laurence M.	= Phillips, Mark
Jenkins, William Fitzgerald	= Leinster, Murray
Kaiser, Hans K.	= Oliver, Richard
	= Richard, R. J.
	= Zanta, C. C.
Klass, Philip	= Tenn, William
Klein, Gérard	= d'Argyre, Gilles
Koch, Richard	= Nulpe, H. C.
	= Richards, K.
Kornbluth, Cyril M.	= Judd, Cyril
Krämer, Peter	= Hooker, P. T.
	= Rudersberg, Peter
	= Theodor, Peter
Krepps, Robert W.	= St. Reynard, Geoff
Kuttner, Henry	= O'Donnell, Lawrence
	= Padgett, Lewis
Lange Jr., John F.	= Norman, John
Ley, Arthur	= Sellings, Arthur
Liersch, Rolf Werner	= Henderson, Chester
	= Zoller, Arno
Linebarger, Paul M. A.	= Smith, Cordwainer
Lockhard, Leonard	= Harness, Charles L.
Luif, Kurt	= Burcette, James R.
	= Davenport, Neal
	= Spielmans, Jörg
Lynch, Jane Denvil	= Gaskell, Jane
Mac Gregor, James Murdock	= McIntosh, J. T.
Mahn, Klaus	= Mahr, Kurt
	= Mailer, Cecil O.
Malzberg, Barry N.	= O'Donnell, K. M.
Mason, Douglas R.	= Rankine, John
Mayer, Christian	= Amery, Carl
McIlwain, David	= Maine, Charles Eric
Merril, Judith	= Judd, Cyril
Miehe, Ulf	= Artner, Robert
Mielke, Thomas R. P.	= McMan, Marc
	= Orban, Marcus T.
	= Parnell, Mike
Mitskevich, A. P.	= Dneprow, Anatolj
Montgomery, R. Bruce	= Crispin, Edmund
Moore, C. L.	= O'Donnell, Lawrence
Moore, C. L.	= Padgett, Lewis
Moorcock, Michael	= Bradbury, Edward P.
Müller, Paul A.	= Holk, Jan
	= Keyen, Werner
	= Myler, Lok
	= Steen, I. V.
	= Van Holk, Freder

Murry, John Middleton	=	Cowper, Richard
Nolan, William F.	=	Anmar, Frank
Norton, Alice Mary	=	Norton, Andre
Nutt, Charles	=	Beaumont, Charles
Peschke, Hans	=	Brown, W. (Verlagspseudonym)
	=	Hansen, Peter
	=	Patton, Harvey
	=	Pearson, Harvey
Phillifent, John T.	=	Rackham, John
Pritchard, John Wallace	=	Wallace, Ian
Puhle, Joachim	=	Démon, Roy
	=	Pahl, Joachim
	=	Sandow, Gerd
	=	Sandow, Gert
	=	Sandow, G. J.
	=	Schorn, L. B.
	=	Scott, Ted (Verlagspseudonym)
Reynolds, Dallas McCord	=	Reynolds, Mack
Richardson, Robert S.	=	Latham, Phillip
Richter, Ernst H.	=	Brown, William
Richter, Ernst H.	=	Terridge, Ernest
Ritter, Wolf Peter	=	Terrid, Peter
Robinett, Stephen	=	Hallus, Tak
Rocklin, R. L.	=	Rocklynne, Ross
Roecken, Kurt	=	Freed, Cecil V.
	=	Rock, C. V.
	=	Walter, Henry
Rohr, Wolf Detlef	=	van Bergen, Detlef
	=	Caine, Jeff
	=	Coover, Wayne
	=	Reed, Allan
Samachson, Joseph	=	Morrison, William
	=	Sterling, Brett
Schaef, Conrad C.	=	Chester, Roy
	=	Shepherd, Conrad
Scheer, Karl Herbert	=	de Chalon, Pierre
	=	el Santo, Diego
	=	Kersten, Roger
	=	Tannert, Klaus
	=	Turbojew, Alexej
Schoepflin, H. V.	=	Vincent, Harl
Scholz, Winfried	=	Brown, W. (Verlagspseudonym)
	=	Shols, W. S.
Seitz, Eberhard	=	Antares, Enrico
	=	Wells, J. E.
Sheckley, Robert	=	Barbee, Phillips
Sheldon, Alice B.	=	Tiptree jr., James
Silverberg, Robert	=	Jorgenson, Ivar
	=	Knox, Calvin M.
	=	Randall, Robert
	=	Vance, Gerald (Verlagspseudonym)

St. Clair, Margaret	= Seabright, Idris
Stockhammer, Nikolai	= Danner, Peter
Strassl, Hubert	= Curry, Madman
	= de Rais, Hugh
	= Walker, Hugh
Stubbs, Harry Clement	= Clement, Hal
Tramin, Peter von	= von Kleynn, Peter
Tubb, E. C.	= Gray, Charles
	= Grey, Charles
	= Gridban, Volsted
	= Kern, Gregory
	= Lang, King
	= Sheldon, Roy
Upchurch, Boyd	= Boyd, John
Vlcek, Ernst	= Wolf, Paul
Voigt, Gudrun	= Gray, George P.
Voigt, Karl	= Gevé, Gaston
	= Gray, George P.
Voltz, Wilhelm	= Voltz, William
Wegener, Manfred	= Mac Roy, Calvin F.
Weinbaum, Stanley G.	= Jessel, John
Weiss, George Henry	= Flagg, Francis
White, William Antony Parker	= Boucher, Anthony
Williamson, Jack	= Stewart, Will
Wilson, John Anthony Burgess	= Burgess, Anthony
Wollheim, Donald A.	= Grinnell, David
Wright, Lionel P.	= Wright, Lan
Youd, Christopher Samuel	= Christopher, John
Zubeil, Rainer	= Ziegler, Thomas

Die wichtigsten Science Fiction-Preise

International Fantasy Awards

Der *International Fantasy Award* (IFA) geht zurück auf die Initiative der bekannten vier britischen SF-Fans Leslie Flood, John Benyon Harris (d. i. John Wyndham), G. Ken Chapman und Frank A. Cooper anläßlich eines Cons 1951 in England, auf dem der Preis das erste Mal verliehen wurde. Von 1952 an wurde er von einem internationalen Gremium vergeben, dem u. a. Anthony Boucher, P. Schuyler Miller, Judith Merril, Groff Conklin, Basil Davenport und John Carnell angehörten. Der *International Fantasy Award* war nie ein Preis, der ›Popularität‹ signalisierte, sondern er war als Anerkennung von Originalität, individuellem Stil und literarischer Substanz gedacht.

1951 **George R. Stewart,** EARTH ABIDES
1952 **John Collier,** FANCIES AND GOODNIGHTS
1953 **Clifford D. Simak,** CITY
1954 **Theodore Sturgeon,** MORE THAN HUMAN
1955 **Edgar Pangborn,** A MIRROR FOR OBSERVERS
1956 (nicht vergeben)
1957 **J. R. R. Tolkien,** LORD OF THE RINGS (letzte Verleihung)

Hugo Gernsback Awards

Der *Hugo Gernsback Award,* auch kurz ›Hugo‹ genannt, trägt den Namen des aus Luxemburg stammenden Amerikaners Hugo Gernsback (1884–1967), SF-Autor und Herausgeber der ersten speziell Science Fiction publizierenden Magazine in den USA (u. a. *Amazing Stories,* seit April 1926). Der Preis wird seit 1953 alljährlich von den Teilnehmern der sog. World Science Fiction Convention (Worldcon) verliehen, einem internationalen Treffen von SF-Fans, -Autoren, -Verlegern, -Künstlern und literarischen Agenten aus aller

Welt, besonders aber aus den Vereinigten Staaten. Da bei der Abstimmung hauptsächlich SF-Leser den Ausschlag geben, handelt es sich beim ›Hugo‹ um einen Preis, der meist ausgesprochen ›populären‹ Titeln zufällt. Für Prosa werden derzeit vier ›Hugos‹ verliehen, nämlich für:

Novel (Roman): mehr als 40 000 Wörter
Novella (Novelle): 17 500 bis 40 000 Wörter
Novelette (Erzählung): 7500 bis 17 500 Wörter
Short Story (Kurzgeschichte): weniger als 7500 Wörter

Der HUGO wurde von Anfang an auch immer wieder für Verdienste im Fandom vergeben. Diese Preisträger sind hier nicht aufgeführt.

1953 Roman: **Alfred Bester,** THE DEMOLISHED MAN
Künstler: **Ed Emshwiller, Hannes Bok** (punktgleich)
Innenillustrator: **Virgil Finlay**
Nachwuchsautor: **Philip José Farmer**
Non-Fiction: **Willy Ley**
Magazin: ›**The Magazine of Fantasy & Science Fiction**‹
1954 nicht vergeben
1955 Roman: **Mark Clifton & Frank Riley,** THEY'D RATHER BE RIGHT
Erzählung: **Walter M. Miller jr.,** THE DARFSTELLER
Kurzgeschichte: **Eric Frank Russell,** ALLAMAGOOSA
Künstler: **Frank Kelly Freas**
Magazin: ›**Astounding Science Fiction**‹
1956 Roman: **Robert A. Heinlein,** DOUBLE STAR
Erzählung: **Murray Leinster,** EXPLORATION TEAM
Kurzgeschichte: **Arthur C. Clarke,** THE STAR
Non-Fiction: **Willy Ley**
Nachwuchsautor: **Robert Silverberg**
Kritiker: **Damon Knight**
Künstler: **Frank Kelly Freas**
Magazin: ›**Astounding Science Fiction**‹
1957 Magazin: USA: ›**Astounding Science Fiction**‹
England: ›**New World's Science Fiction**‹
1958 Roman: **Fritz Leiber,** THE BIG TIME
Kurzgeschichte: **Avram Davidson,** ALL THE SEAS WITH OYSTERS
Film: **Richard Matheson,** THE INCREDIBLE SHRINKING MAN
Künstler: **Frank Kelly Freas**
Magazin: ›**The Magazine of Fantasy & Science Fiction**‹
1959 Roman: **James Blish,** A CASE OF CONSCIENCE
Erzählung: **Clifford D. Simak,** THE BIG FRONT YARD
Kurzgeschichte: **Robert Bloch,** THE HELL-BOUND TRAIN
Nachwuchsautor: **Brian W. Aldiss**
Künstler: **Frank Kelly Freas**
Magazin: ›**The Magazine of Fantasy & Science Fiction**‹

1960 Roman: **Robert A. Heinlein,** STARSHIP TROOPERS
Erzählung: **Daniel Keyes,** FLOWERS FOR ALGERNON
Film: **Rod Serling,** TWILIGHT ZONE
Sonderpreis: **Hugo Gernsback** als dem ›Vater der Magazin-Science Fiction‹
Künstler: **Ed Emshwiller**
Magazin: ›**The Magazine of Fantasy & Science Fiction**‹
1961 Roman: **Walter M. Miller jr.,** A CANTICLE FOR LEIBOWITZ
Erzählung: **Poul Anderson,** THE LONGEST VOYAGE
Film: **Rod Serling,** THE TWILIGHT ZONE
Künstler: **Ed Emshwiller**
Magazin: ›**Analog – Science Fact/Science Fiction**‹
1962 Roman: **Robert A. Heinlein,** STRANGER IN A STRANGE LAND
Erzählung: **Brian W. Aldiss,** Die HOTHOUSE-Serie
Film: **Rod Serling,** THE TWILIGHT ZONE
Künstler: **Ed Emshwiller**
Magazin: ›**Analog – Science Fact/Science Fiction**‹
1963 Roman: **Philip K. Dick,** THE MAN IN THE HIGH CASTLE
Erzählung: **Jack Vance,** THE DRAGON MASTERS
Künstler: **Roy Krenkel**
Magazin: ›**The Magazine of Fantasy & Science Fiction**‹
Sonderpreise: **P. Schuyler Miller** für seine Rezensionen
Isaac Asimov für seine herausragenden Beiträge auf dem Gebiet der SF
1964 Roman: **Clifford D. Simak,** WAY STATION
Erzählung: **Poul Anderson,** NO TRUCE WITH KINGS
Künstler: **Ed Emshwiller**
Verlag: **Ace Books**
Magazin: ›**Analog – Science Fact/Science Fiction**‹
1965 Roman: **Fritz Leiber,** THE WANDERER
Erzählung: **Gordon R. Dickson,** SOLDIER, ASK NOT
Film: **Stanley Kubrick,** DR. STRANGELOVE, OR: HOW I LEARNED TO STOP
WORRYING AND LOVE THE BOMB
Verlag: **Ballantine Books**
Magazin: ›**Analog – Science Fact/Science Fiction**‹
1966 Roman: **Roger Zelazny,** AND CALL ME CONRAD, **Frank Herbert,** DUNE
(punktgleich)
Erzählung: **Harlan Ellison,** »REPENT, HARLEQUIN!« SAID THE TICKTOCKMAN
Serie: **Isaac Asimov,** FOUNDATION
Künstler: **Frank Frazetta**
Magazin: ›**If**‹
1967 Roman: **Robert A. Heinlein,** THE MOON IS A HARSH MISTRESS
Erzählung: **Jack Vance,** THE LAST CASTLE
Kurzgeschichte: **Larry Niven,** NEUTRON STAR
Film: **Gene Roddenberry,** THE MENAGERIE (Star Trek)
Künstler: **Jack Gaughan**
Magazin: ›**If**‹
1968 Roman: **Roger Zelazny,** LORD OF LIGHT
Novelle: **Anne McCaffrey,** WEYR SEARCH, **Philip José Farmer,** RIDERS OF THE
PURPLE WAGE
Erzählung: **Fritz Leiber,** GONNA ROLL THE BONES
Kurzgeschichte: **Harlan Ellison,** I HAVE NO MOUTH, AND I MUST SCREAM
Film: **Harlan Ellison,** CITY ON THE EDGE OF FOREVER (Star Trek)
Künstler: **Jack Gaughan**
Magazin: ›**If**‹

1969   Roman: **John Brunner,** STAND ON ZANZIBAR
      Novelle: **Robert Silverberg,** NIGHTWINGS
      Erzählung: **Poul Anderson,** THE SHARING OF FLESH
      Kurzgeschichte: **Harlan Ellison,** THE BEAST THAT SHOUTED LOVE AT THE
      HEART OF THE WORLD
      Film: **Stanley Kubrick,** 2001: A SPACE ODYSSEY
      Künstler: **Jack Gaughan**
      Magazin: ›**The Magazine of Fantasy & Science Fiction**‹
      Sonderpreis: **Neil Armstrong, Edwin Aldrin, Michael Collins** (Mondlandung)
1970   Roman: **Ursula K. Le Guin,** THE LEFT HAND OF DARKNESS
      Novelle: **Fritz Leiber,** SHIP OF SHADOWS
      Kurzgeschichte: **Samuel R. Delany,** TIME CONSIDERED AS A HELIX OF
      SEMI-PRECIOUS STONES
      Künstler: **Frank Kelly Freas**
      Magazin: ›**The Magazine of Fantasy & Science Fiction**‹
1971   Roman: **Larry Niven,** RINGWORLD
      Novelle: **Fritz Leiber,** ILL MET IN LANKHMAR
      Kurzgeschichte: **Theodore Sturgeon,** SLOW SCULPTURE
      Künstler: **Leo & Diane Dillon**
      Magazin: ›**The Magazine of Fantasy & Science Fiction**‹
1972   Roman: **Philip José Farmer,** TO YOUR SCATTERED BODIES GO
      Novelle: **Poul Anderson,** THE QUEEN OF AIR AND DARKNESS
      Kurzgeschichte: **Larry Niven,** INCONSTANT MOON
      Film: **Stanley Kubrick,** A CLOCKWORK ORANGE
      Künstler: **Frank Kelly Freas**
      Magazin: ›**The Magazine of Fantasy & Science Fiction**‹
1973   Roman: **Isaac Asimov,** THE GODS THEMSELVES
      Novelle: **Ursula K. Le Guin,** THE WORD FOR WORLD IS FOREST
      Erzählung: **Poul Anderson,** GOAT SONG
      Kurzgeschichte: **Frederik Pohl & C. M. Kornbluth,** THE MEETING,
      R. A. Lafferty, EUREMA'S DAM (punktgleich)
      Film: **George Roy Hill,** SLAUGHTERHOUSE FIVE
      Künstler: **Frank Kelly Freas**
      Herausgeber: **Ben Bova**
1974   Roman: **Arthur C. Clarke,** RENDEZVOUS WITH RAMA
      Novelle: **James Tiptree jr.,** THE GIRL WHO WAS PLUGGED IN
      Erzählung: **Harlan Ellison,** THE DEATHBIRD
      Kurzgeschichte: **Ursula K. Le Guin,** THE ONES WHO WALK AWAY
      FROM OMELAS
      Film: **Woody Allen,** SLEEPER
      Künstler: **Frank Kelly Freas**
      Herausgeber: **Ben Bova**
      Sonderpreis: **Chesley Bonestell**
1975   Roman: **Ursula K. Le Guin,** THE DISPOSSESSED
      Novelle: **George R. R. Martin,** A SONG FOR LYA
      Erzählung: **Harlan Ellison,** ADRIFT JUST OFF THE ISLETS OF LANGERHANS:
      LATITUDE 38°54′N, LONGTITUDE 77° 00′13′′ W
      Kurzgeschichte: **Larry Niven,** THE HOLE MAN
      Film: **Mel Brooks,** YOUNG FRANKENSTEIN
      Künstler: **Frank Kelly Freas**
      Herausgeber: **Ben Bova**
      Sonderpreis: **Donald A. Wollheim, Walt Lee**
      Gandalf Award (Grand Master Award): **Fritz Leiber**

1976 Roman: **Joe Haldeman,** THE FOREVER WAR
Novelle: **Roger Zelazny,** HOME IS THE HANGMAN
Erzählung: **Larry Niven,** THE BORDERLAND OF SOL
Kurzgeschichte: **Fritz Leiber,** CATCH THAT ZEPPELIN!
Film: **L. Q. Jones,** A BOY AND HIS DOG
Künstler: **Frank Kelly Freas**
Herausgeber: **Ben Bova**
Gandalf Award: **L. Sprague de Camp**
1977 Roman: **Kate Wilhelm,** WHERE LATE THE SWEET BIRDS SANG
Novelle: **Spider Robinson,** BY ANY OTHER NAME, **James Tiptree Jr.,**
HOUSTON, HOUSTON, DO YOU READ?
(beide punktgleich)
Erzählung: **Isaac Asimov,** THE BICENTENNIAL MAN
Kurzgeschichte: **Joe Haldeman,** TRICENTENNIAL
Künstler: **Rick Sternbach**
Herausgeber: **Ben Bova**
Sonderpreis: **George Lucas,** STAR WARS
Gandalf Award: **Andre Norton**
1978 Roman: **Frederik Pohl,** GATEWAY
Novelle: **Spider & Jeanne Robinson,** STARDANCE
Erzählung: **Joan D. Vinge,** EYES OF AMBER
Kurzgeschichte: **Harlan Ellison,** JEFFTY IS FIVE
Film: **George Lucas,** STAR WARS
Künstler: **Rich Sternbach**
Herausgeber: **George H. Scithers**
Gandalf Awards: Buch: **J. R. R. Tolkien,** THE SILMARILLION
Autor: **Poul Anderson**
1979 Roman: **Vonda N. McIntyre,** DREAMSNAKE
Novelle: **John Varley,** THE PERSISTENCE OF VISION
Erzählung: **Poul Anderson,** HUNTER'S MOON
Kurzgeschichte: **C. J. Cherryh,** CASSANDRA
Film: **Richard Donner,** SUPERMAN
Künstler: **Vincent DiFate**
Herausgeber: **Ben Bova**
Gandalf Awards: Buch: **Anne McCaffrey,** THE WHITE DRAGON
Autor: **Ursula K. Le Guin**
1980 Roman: **Arthur C. Clarke,** THE FOUNTAINS OF PARADISE
Novelle: **Barry B. Longyear,** ENEMY MINE
Erzählung: **George R. R. Martin,** SANDKINGS
Kurzgeschichte: **George R. R. Martin,** THE WAY OF CROSS AND DRAGON
Non-Fiction: **Peter Nicholls** (Hrsg.), THE SCIENCE FICTION ENCYCLOPEDIA
Film: **Ridley Scott,** ALIEN
Künstler: **Michael Whelan**
Herausgeber: **George H. Scithers**
Gandalf Award: **Ray Bradbury**
1981 Roman: **Joan D. Vinge,** THE SNOW QUEEN
Novelle: **Gordon R. Dickson,** LOST DORSAI
Erzählung: **Gordon R. Dickson,** THE CLOAK AND THE STAFF
Kurzgeschichte: **Clifford D. Simak,** GROTTO OF THE DANCING DEER
Non-Fiction: **Carl Sagan,** COSMOS
Film: **Irvin Kershner,** THE EMPIRE STRIKES BACK
Künstler: **Michael Whelan**
Herausgeber: **Edward L. Ferman**

1982   Roman: **C. J. Cherryh,** DOWNBELOW STATION
Novelle: **Poul Anderson,** THE SATURN GAME
Erzählung: **Roger Zelazny,** UNICORN VARIATIONS
Kurzgeschichte: **John Varley,** THE PUSHER
Non-Fiction: **Stephen King,** DANSE MACABRE
Film: **Stephen Spielberg,** RAIDERS OF THE LOST ARC
Künstler: **Michael Whelan**
Herausgeber: **Edward L. Ferman**
1983   Roman: **Isaac Asimov,** FOUNDATION'S EDGE
Novelle: **Joanna Russ,** SOULS
Erzählung: **Connie Willis,** FIRE WATCH
Kurzgeschichte: **Spider Robinson,** MELANCHOLY ELEPHANTS
Non-Fiction: **James Gunn,** ISAAC ASIMOV: THE FOUNDATIONS OF
SCIENCE FICTION
Film: **Ridley Scott,** BLADE RUNNER
Künstler: **Michael Whelan**
Herausgeber: **Edward L. Ferman**
1984   Roman: **David Brin,** STARTIDE RISING
Novelle: **Timothy Zahn,** CASCADE POINT
Erzählung: **Greg Bear,** BLOOD MUSIC
Kurzgeschichte: **Octavia E. Butler,** SPEECH SOUNDS
Non-Fiction: **Donald H. Tuck** (Hrsg.), THE ENCYCLOPEDIA OF
SF & FANTASY, VOL. III
Film: **Richard Marquand:** RETURN OF THE JEDI
Künstler: **Michael Whelan**
Herausgeber: **Shawna McCarthy**
1985   Roman: **William Gibson,** NEUROMANCER
Novelle: **John Varley,** PRESS ENTER ■
Erzählung: **Octavia E. Butler,** BLOODCHILD
Kurzgeschichte: **David Brin,** THE CRYSTAL SPERES
Non-Fiction: **Jack Williamson,** WONDER'S CHILD: MY LIFE IN SF
Film: **Peter Hyams,** 2010
Künstler: **Michael Whelan**
Herausgeber: **Terry Carr**
1986   Roman: **Orson Scott Card,** ENDER'S GAME
Novelle: **Roger Zelazny,** 24 VIEWS OF MT. FUJI, BY HOKUSAI
Erzählung: **Harlan Ellison,** PALADIN OF THE LOST HOUR
Kurzgeschichte: **Frederik Pohl,** FERMI AND FROST
Non-Fiction: **Tom Weller,** SCIENCE MADE STUPID
Film: **Robert Zemeckis,** BACK TO THE FUTURE
Künstler: **Michael Whelan**
Herausgeber: **Judy-Lynn del Rey**
1987   Roman: **Orson Scott Card,** SPEAKER FOR THE DEAD
Novelle: **Robert Silverberg,** GILGAMESH IN THE OUTBACK
Erzählung: **Roger Zelazny,** PERMAFROST
Kurzgeschichte: **Greg Bear,** TANGENTS
Non-Fiction: **Brian W. Aldiss,** TRILLION YEAR SPREE
Film: **James Cameron,** ALIENS
Künstler: **Jim Burns**

Nebula Awards

Der *Nebula Award* wird seit 1965 alljährlich vom Science Fiction Schriftstellerverband, den Science Fiction Writers of America (SFWA) vergeben. Die Gewinner werden nach Vorschlägen von Mitgliedern durch Abstimmung der Mitglieder anhand von Vorschlagslisten ermittelt. Die preisgekrönten Erzählungen (nicht die Romane) werden zusammen mit einigen ›runners up‹ (Stories, die den 2. und 3. Platz belegten) in einem Jahresband als *Nebula Award Stories* von einem prominenten Mitglied der SFWA herausgegeben. Der Erlös aus dieser Publikation fließt in die Vereinskasse. Stärker als beim ›Hugo‹ sind die Kriterien für den ›Nebula‹ literarische Qualität und Originalität, weil sich die Jury ausschließlich aus SF-Autoren zusammensetzt. Der Preis wurde bis 1973 nur für die vier Kategorien erzählerischer Prosa vergeben:

Novel (Roman): mehr als 40 000 Wörter
Novella (Novelle): 17 500 bis 40 000 Wörter
Novelette (Erzählung): 7500 bis 17 500 Wörter
Short Story (Kurzgeschichte): weniger als 7500 Wörter.

Seit 1974 gibt es auch Spezialpreise wie den Nebula für ›Best Dramatic Presentation‹, Plaketten für ›pre-Nebula-dates film work‹ oder den ›Grand Master Award‹.

1965   Roman: **Frank Herbert,** DUNE
      Novelle: **Roger Zelazny,** HE WHO SHAPES, **Brian W. Aldiss,** THE SALIVA TREE (punktgleich)
      Erzählung: **Roger Zelazny,** THE DOORS OF HIS FACE, THE LAMPS OF HIS MOUTH
      Kurzgeschichte: **Harlan Ellison,** »REPENT HARLEQUIN!« SAID THE TICKTOCKMAN
1966   Roman: **Daniel Keyes,** FLOWERS FOR ALGERNON, **Samuel R. Delany,** BABEL – 17 (punktgleich)
      Novelle: **Jack Vance,** THE LAST CASTLE
      Erzählung: **Gordon R. Dickson,** CALL HIM LORD
      Kurzgeschichte: **Richard McKenna,** THE SECRET PLACE
1967   Roman: **Samuel R. Delany,** THE EINSTEIN INTERSECTION
      Novelle: **Michael Moorcock,** BEHOLD THE MAN
      Erzählung: **Fritz Leiber,** GONNA ROLL THE BONES
      Kurzgeschichte: **Samuel R. Delany,** AYE, AND GOMORRAH
1968   Roman: **Alexei Panshin,** RITE OF PASSAGE
      Novelle: **Anne McCaffrey,** DRAGONRIDER
      Erzählung: **Richard Wilson,** MOTHER TO THE WORLD
      Kurzgeschichte: **Kate Wilhelm,** THE PLANNERS

1982   Roman: **Michael Bishop,** NO ENEMY BUT TIME
        Novelle: **John Kessel,** ANOTHER ORPHAN
        Erzählung: **Connie Willis,** FIREWATCH
        Kurzgeschichte: **Connie Willis,** A LETTER FROM THE CLEARYS
1983   Roman: **David Brin,** STARTIDE RISING
        Novelle: **Greg Bear,** HARDFOUGHT
        Erzählung: **Greg Bear,** BLOOD MUSIC
        Kurzgeschichte: **Gardner Dozois,** THE PEACEMAKER
        Grand Master Award für **Andre Norton**
1984   Roman: **William Gibson,** NEUROMANCER
        Novelle: **John Varley,** PRESS ENTER ■
        Erzählung: **Octavia E. Butler,** BLOODCHILD
        Kurzgeschichte: **Gardner Dozois,** MORNING CHILD
        Sonderpreis für **Ian** und **Betty Ballantine**
1985   Roman: **Orson Scott Card,** ENDER'S GAME
        Novelle: **Robert Silverberg,** SAILING TO BYZANTIUM
        Erzählung: **George R. R. Martin,** PORTRAITS OF HIS CHILDREN
        Kurzgeschichte: **Nancy Kress,** OUT OF ALL THEM BRIGHT STARS
1986   Roman: **Orson Scott Card,** SPEAKER FOR THE DEAD
        Novelle: **Lucius Shepard,** R&R
        Erzählung: **Kate Wilhelm,** THE GIRL WHO FELL INTO THE SKY
        Kurzgeschichte: **Greg Bear,** TANGENTS
        Grand Master Award für **Isaac Asimov**

Locus Awards

Seit 1971 führt die Zeitschrift LOCUS – THE NEWSPAPER OF THE
SCIENCE FICTION FIELD, hrsg. und verlegt von Charles N. Brown in
San Francisco, die größte Fachzeitschrift der Welt auf dem Gebiet
der Science Fiction, eine Umfrage unter ihren Lesern durch, den
›Locus Poll‹, bei dem die besten SF-Romane, -Erzählungen usw.
durch Abstimmung mittels Fragebögen ermittelt werden. Es werden
dort auch Preise für herausragende Leistungen im Fandom vergeben. Diese sind hier nicht aufgelistet.

1971   Roman: **Larry Niven,** RINGWORLD
        Erzählung: **Harlan Ellison,** THE REGION BETWEEN
        Anthologie/Collection: **Robert Silverberg** (Hrsg.), SF HALL OF FAME
        Magazin: ›**The Magazine of Fantasy & Science Fiction**‹
        Künstler: **Leo & Diane Dillon**
1972   Roman: **Ursula K. Le Guin,** THE LATHE OF HEAVEN
        Erzählung: **Poul Anderson,** THE QUEEN OF AIR AND DARKNESS
        Original-Anthologie/Collection: **Terry Carr** (Hrsg.), UNIVERSE 1
        Reprint-Anthologie/Collection: **Donald A. Wollheim/Terry Carr** (Hrsg.),
        WORLD'S BEST SF 71
        Verlag: **Ballantine**
        Magazin: ›**The Magazine of Fantasy & Science Fiction**‹
        Künstler: **Gene Szafran**
        Magazin-Illustrator: **Frank Kelly Freas**

1973   Roman: **Isaac Asimov,** THE GODS THEMSELVES
Novelle: **Frederik Pohl,** THE GOLD AT STARBOW'S END
Kurzgeschichte: **Harlan Ellison,** BASILISK
Original-Anthologie/Collection: **Harlan Ellison** (Hrsg.), AGAIN DANGEROUS
VISIONS
Reprint-Anthologie/Collection: **Terry Carr** (Hrsg.), THE BEST SCIENCE
FICTION OF THE YEAR # 1
Magazine: ›**The Magazine of Fantasy & Science Fiction**‹
Verlag: **Ballantine**
Künstler: **Frank Kelly Freas**
Magazin-Illustrator: **Frank Kelly Freas**
Beliebtester Autor: **Robert A. Heinlein**
1974   Roman: **Arthur C. Clarke,** RENDEZVOUS WITH RAMA
Novelle: **Gene Wolfe,** THE DEATH OF DR. ISLAND
Kurzgeschichte: **Harlan Ellison,** THE DEATHBIRD
Original-Anthologie: **Harry Harrison** (Hrsg.), ASTOUNDING
Reprint-Anthologie: **Terry Carr** (Hrsg.), BEST SF OF THE YEAR # 2
Magazin: ›**The Magazine of Fantasy & Science Fiction**‹
Verlag: **Ballantine**
Künstler: **Frank Kelly Freas**
1975   Roman: **Ursula K. Le Guin,** THE DISPOSSESSED
Novelle: **Robert Silverberg,** BORN WITH THE DEAD
Erzählung: **Harlan Ellison,** ADRIFT, JUST OFF THE ISLETS OF LANGERHANS:
LATITUDE 38° 54′ N, LONGTITUDE 77° 00′13″ W
Kurzgeschichte: **Ursula K. Le Guin,** THE DAY BEFORE THE REVOLUTION
Magazin: ›**The Magazine of Fantasy and Science Fiction**‹
Original-Anthologie: **Terry Carr** (Hrsg.), UNIVERSE 4
Reprint-Anthologie: **Isaac Asimov** (Hrsg.), BEFORE THE GOLDEN AGE
Verlag: **Ballantine**
Künstler: **Frank Kelly Freas**
Bester Roman aller Zeiten: **Frank Herbert,** DUNE
1976   Roman: **Joe Haldeman,** THE FOREVER WAR
Novelle: **George A. A. Martin & Lisa Tuttle,** THE STORMS OF WINDHAVEN
Erzählung: **Ursula K. Le Guin,** THE NEW ATLANTIS
Kurzgeschichte: **Harlan Ellison,** CROATAN
Anthologie: **Roger Elwood & Robert Silverberg** (Hrsg.), EPOCH
Collection: **Ursula K. Le Guin,** THE WIND'S TWELVE QUARTERS
Non-Fiction: **James Gunn,** ALTERNATE WORLDS
Magazin: ›**The Magazine of Fantasy & Science Fiction**‹
Hardcover-Verlag: **Science Fiction Book Club**
Taschenbuch-Verlag: **Ballantine**
Künstler: **Rick Sternbach**
1977   Roman: **Kate Wilhelm,** WHERE LATE THE SWEET BIRDS SANG
Novelle: **Michael Bishop,** THE SAMURAI AND THE WILLOWS
Erzählung: **Isaac Asimov,** THE BICENTENNIAL MAN
Kurzgeschichte: **Joe Haldeman,** TRICENTENNIAL
Collection: **George R. R. Martin,** A SONG FOR LYA
Original-Anthologie: **Judy-Lynn del Rey** (Hrsg.), STELLAR 2
Reprint-Anthologie: **Terry Carr** (Hrsg.), THE BEST SF OF THE YEAR # 5
Verlag: **Ballantine**
Magazin: ›**The Magazine of Fantasy & Science Fiction**‹
Künstler: **Rick Sternbach**
Bester Autor aller Zeiten: **Robert A. Heinlein**
Sonderpreis: **John Varley**

1978   SF-Roman: **Frederik Pohl,** GATEWAY
       Fantasy-Roman: **J. R. R. Tolkien,** THE SILMARILLION
       Novelle: **Spider & Jeanne Robinson,** STARDANCE
       Erzählung: **Harlan Ellison,** JEFFTY IS FIVE
       Verlag: **Ballantine/Del Rey**
       Magazin: ›**The Magazine of Fantasy & Science Fiction**‹
1979   Roman: **Vonda N. McIntyre,** DREAMSNAKE
       Novelle: **John Varley,** THE PERSISTENCE OF VISION
       Erzählung: **John Varley,** THE BARBIE MURDERS
       Kurzgeschichte: **Harlan Ellison,** COUNT THE CLOCK THAT TELLS THE TIME
       Anthologie: **Terry Carr** (Hrsg.), THE BEST SF OF THE YEAR # 7
       Collection: **John Varley,** THE PERSISTENCE OF VISION
       Künstler: **Boris Vallejo**
       Kunstbuch: **Ian Summers** (Hrsg.), TOMORROW AND BEYOND
       Magazin: ›**The Magazine of Fantasy & Science Fiction**‹
       Non-Fiction: **Frederik Pohl,** THE WAY THE FUTURE WAS
1980   SF-Roman: **John Varley,** TITAN
       Fantasy-Roman: **Patricia McKillip,** HARPIST IN THE WIND
       Novelle: **Barry B. Longyear,** ENEMY MINE
       Erzählung: **George R. R. Martin,** SANDKINGS
       Kurzgeschichte: **George R. R. Martin,** THE WAY OF CROSS AND DRAGON
       Anthologie: **Terry Carr** (Hrsg.), UNIVERSE 9
       Collection: **Larry Niven,** CONVERGENT SERIES
       Kunstbuch: **Barlowe & Summers,** BARLOWE'S GUIDE TO EXTRATERRESTIALS
       Künstler: **Michael Whelan**
       Magazin: ›**The Magazine of Fantasy & Science Fiction**‹
       Verlag: **Ballantine/Del Rey**
       Non-Fiction: **Peter Nicholls** (Hrsg.), THE SCIENCE FICTION ENCYCLOPEDIA
1981   SF-Roman: **Joan D. Vinge,** THE SNOW QUEEN
       Fantasy-Roman: **Robert Silverberg,** LORD VALENTINE'S CASTLE
       Roman-Erstling: **Robert L. Forward,** DRAGON'S EGG
       Novelle: **George R. R. Martin,** NIGHTFLYERS
       Erzählung: **Thomas M. Disch,** THE BRAVE LITTLE TOASTER
       Kurzgeschichte: **Clifford D. Simak,** GROTTO OF THE DANCING DEER
       Anthologie: **Edward L. Ferman** (Hrsg.), THE MAGAZINE OF FANTASY &
       SCIENCE FICTION: A 30 YEAR RETROSPECTIVE
       Collection: **John Varley,** THE BARBIE MURDERS
       Non-Fiction: **Isaac Asimov,** IN JOY STILL FELT
       Künstler: **Michael Whelan**
       Magazin: ›**The Magazine of Fantasy & Science Fiction**‹
       Verlag: **Ballantine/Del Rey**
1982   SF-Roman: **Julian May,** THE MANY-COLORED LAND
       Fantasy-Roman: **Gene Wolfe,** THE CLAW OF THE CONCILIATOR
       Roman-Erstling: **Somtow Sucharitkul,** STARSHIP & HAIKU
       Novelle: **John Varley,** BLUE CHAMPAGNE
       Erzählung: **George R. R. Martin,** GUARDIANS
       Kurzgeschichte: **John Varley,** THE PUSHER
       Anthologie: **Robert Lynn Asprin** (Hrsg.), SHADOWS OF SANCTUARY
       Collection: **George R. R. Martin,** SANDKINGS
       Non-Fiction: **Stephen King,** DANSE MACABRE
       Künstler: **Michael Whelan**
       Magazin: ›**The Magazine of Fantasy & Science Fiction**‹
       Verlag: **Pocket/Timescape**

1983 SF-Roman: **Isaac Asimov,** FOUNDATION'S EDGE
Fantasy-Roman: **Gene Wolfe,** THE SWORD OF THE LICTOR
Roman-Erstling: **Donald Kingsbury,** COURTSHIP RITE
Novelle: **Joanna Russ,** SOULS
Erzählung: **Harlan Ellison,** DJINN, NO CHASER
Kurzgeschichte: **Ursula K. Le Guin,** SUR
Anthologie: **Terry Carr** (Hrsg.), THE BEST SF OF THE YEAR # 11
Collection: **Ursula K. Le Guin,** THE COMPASS ROSE
Non-Fiction: **Barry Malzberg,** THE ENGINES OF THE NIGHT
Künstler: **Michael Whelan**
Magazin: ›**Locus**‹
Verlag: **Pocket/Timescape**

1984 SF-Roman: **David Brin,** STARTIDE RISING
Fantasy-Roman: **Marion Zimmer Bradley,** MISTS OF AVALON
Roman-Erstling: **R. A. MacAvoy,** TEA WITH THE BLACK DRAGON
Novelle: **Michael Bishop,** HER HABILINE HUSBAND
Erzählung: **George R. R. Martin,** THE MONKEY TREATMENT
Kurzgeschichte: **James Tiptree Jr.,** BEYOND THE DEAD REEF
Collection: **Roger Zelazny,** UNICORN VARIATIONS
Anthologie: **Terry Carr** (Hrsg.), THE BEST SF OF THE YEAR # 12
Non-Fiction: **Charles Platt,** DREAM MAKERS, VOLUME II
Künstler: **Michael Whelan**
Magazin: ›**Locus**‹
Verlag: **Ballantine/Del Rey**

1985 SF-Roman: **Larry Niven,** The Integral Trees
Fantasy-Roman: **Robert A. Heinlein,** JOB: A COMEDY OF JUSTICE
Roman-Erstling: **Kim Stanley Robinson,** THE WILD SHORE
Novelle: **John Varley,** PRESS ENTER ■
Erzählung: **Octavia E. Butler,** BLOODCHILD
Kurzgeschichte: **Lucius Shepard,** SALVADOR
Collection: **Fritz Leiber,** THE GHOST LIGHT
Anthologie: **Michael Bishop** (Hrsg.), LIGHT YEARS AND DARK
Non-Fiction: **Harlan Ellison,** SLEEPLESS NIGHTS IN A PROCRUSTEAN BED
Künstler: **Michael Whelan**
Magazin: ›**Locus**‹
Verlag: **Ballantine/Del Rey**

1986 SF-Roman: **David Brin,** THE POSTMAN
Fantasy-Roman: **Roger Zelazny,** TRUMPS OF DOOM
Roman-Erstling: **Carl Sagan,** CONTACT
Novelle: **James Tiptree Jr.,** THE ONLY NEAT THING TO DO
Erzählung: **Harlan Ellison,** PALADIN OF THE LOST HOUR
Kurzgeschichte: **Harlan Ellison,** WITH VIRGIL ODDUM AT THE EAST POLE
Collection: **Stephen King,** SKELETON CREW
Anthologie: **Harlan Ellison** (Hrsg.), MEDEA: HARLAN'S WORLD
Non-Fiction: **Algis Budrys,** BENCHMARKS: GALAXY BOOKSHELF
Künstler: **Michael Whelan**
Magazin: ›**Locus**‹
Verlag: **Ballantine/Del Rey**

1987 SF-Roman: **Orson Scott Card,** SPEAKER FOR THE DEAD
Fantasy-Roman: **Gene Wolfe,** SOLDIER OF THE MIST
Roman-Erstling: **Jack McDevitt,** THE HERCULES TEXT
Novelle: **Lucius Shepard,** R & R
Erzählung: **David Brin,** THOR MEETS CAPTAIN AMERICA

1987　Kurzgeschichte: **Isaac Asimov,** ROBOT DREAMS
Collectioin: **John Varley,** BLUE CHAMPAGNE
Anthologie: **Gardner Dozois** (Hrsg.), THE YEAR'S BEST SCIENCE FICTION,
THIRD ANNUAL COLLECTION
Non-Fiction: **Brian W. Aldiss,** TRILLION YEAR SPREE
Künstler: **Michael Whelan**
Magazin: ›**The Magazine of Fantasy & Science Fiction**‹
Verlag: **Ballantine/Del Rey**

Bester Roman aller Zeiten
Umfrage nach ›Locus‹, August 1987

SCIENCE FICTION	Punkte	Stimmen	1. Platz
1　**Frank Herbert,** DUNE (1965)	1992	297	118
2　**Ursula K. Le Guin,**			
THE LEFT HAND OF DARKNESS (1969)	833	129	42
3　**Arthur C. Clarke,** CHILDHOOD'S END (1953)	742	115	29
4　**Robert A. Heinlein,**			
THE MOON IS A HARSH MISTRESS (1966)	738	113	36
5　**Robert A. Heinlein,**			
STRANGER IN A STRANGE LAND (1961)	720	100	32
6　**Isaac Asimov,**			
THE FOUNDATION TRILOGY (1953)	655	102	33
7　**Walter M. Miller, Jr.,**			
A CANTICLE FOR LEIBOWITZ (1959)	573	93	27
8　**Frederik Pohl,** GATEWAY (1977)	502	83	16
9　**Larry Niven,** RINGWORLD (1970)	458	77	14
10　**Alfred Bester,**			
THE STARS MY DESTINATION (1956)	433	69	18
11　**Roger Zelazny,** LORD OF LIGHT (1967)	430	67	20
12　**Theodore Sturgeon,**			
MORE THAN HUMAN (1953)	420	67	17
13　**Larry Niven & Jerry Pournelle,**			
THE MOTE IN GOD'S EYE (1974)	340	54	14
14　**Philip K. Dick,**			
THE MAN IN THE HIGH CASTLE (1962)	323	55	8
15　**H. G. Wells,** THE TIME MACHINE (1895)	288	42	15
16　**John Brunner,** STAND ON ZANZIBAR (1968)	283	50	4
17　**Ursula K. Le Guin,** THE DISPOSSESSED (1974)	278	46	10
18　**Alfred Bester,** THE DEMOLISHED MAN (1953)	274	43	13
Joe Haldemann, THE FOREVER WAR (1974)	274	47	5
20　**Ray Bradbury,**			
THE MARTIAN CHRONICLES (1950)	251	42	10
21　**Robert A. Heinlein,**			
STARSHIP TROOPERS (1959)	243	39	6
22　**Robert Silverberg,** DYING INSIDE (1972)	235	41	8
23　**Samuel R. Delany,** DHALGREN (1975)	180	29	8
24　**Robert A. Heinlein,**			
TIME ENOUGH FOR LOVE (1973)	178	28	10

SCIENCE FICTION

		Punkte	Stimmen	1. Platz
25	**Clifford D. Simak,** WAY STATION (1963)	171	30	3
	Arthur C. Clarke, RENDEZVOUS WITH RAMA (1973)	171	30	2
27	**Philip Jose Farmer,** TO YOUR SCATTERED BODIES GO (1971)	165	28	6
28	**George R. Stewart,** EARTH ABIDES (1949)	155	25	8
29	**Robert A. Heinlein,** THE DOOR INTO SUMMER (1957)	143	21	7
30	**Clifford D. Simak,** CITY (1952)	139	23	8
31	**James H. Schmitz,** THE WITCHES OF KARRES (1966)	138	22	8
32	**Arthur C. Clarke,** THE CITY AND THE STARS (1956)	133	22	5
33	**Isaac Asimov,** THE CAVES OF STEEL (1953)	128	20	7
34	**George Orwell,** 1984 (1949)	127	19	5
35	**Cordwainer Smith,** NORSTRILIA (1975)	123	18	7
36	**Hal Clement,** MISSION OF GRAVITY (1954)	120	18	5
37	**Philip K. Dick,** UBIK (1969)	117	17	7
38	**Gregory Benford,** TIMESCAPE (1980)	115	20	4
	Arthur C. Clarke, 2001 (1968)	115	18	2
40	**Ray Bradbury,** FAHRENHEIT 451 (1953)	108	17	4
41	**C. J. Cherryh,** DOWNBELOW STATION (1981)	106	18	2
42	**H. G. Wells,** THE WAR OF THE WORLDS (1898)	99	17	2
43	**Olaf Stapledon,** LAST AND FIRST MEN (1930)	98	17	3
44	**Robert A. Heinlein,** DOUBLE STAR (1956)	97	16	2
45	**Edgar Pangborn,** DAVY (1964)	93	16	3

FANTASY

1	**J. R. R. Tolkien,** THE LORD OF THE RINGS (1954)	2928	388	279
2	**J. R. R. Tolkien,** THE HOBBIT (1937)	772	110	49
3	**Ursula K. Le Guin,** A WIZARD OF EARTHSEA (1968)	445	75	7
4	**Gene Wolfe,** THE SHADOW OF THE TORTURER (1980)	429	65	22
5	**Peter S. Beagle,** THE LAST UNICORN (1968)	403	64	10
6	**T. H. White,** THE ONCE AND FUTURE KING (1958)	393	63	13
7	**Roger Zelazny,** NINE PRINCES IN AMBER (1970)	381	60	13
8	**Stephen R. Donaldson,** THE CHRONICLES OF THOMAS COVENANT (1977)	364	56	11
9	**Anne McCaffrey,** DRAGONFLIGHT (1968)	345	58	12
10	**John Crowley,** LITTLE, BIG (1981)	315	47	19
11	**Lewis Carroll,** ALICE IN WONDERLAND (1865)	313	49	16
12	**Mervyn Peake,** THE GORMENGHAST TRILOGY (1950)	259	39	12

FANTASY	Punkte	Stimmen	1. Platz
13 **Patricia A. McKillip,** THE RIDDLEMASTER OF HED (1976)	244	41	3
14 **Pratt & de Camp,** THE INCOMPLEAT ENCHANTER (1941)	186	30	5
15 **Richard Adams,** WATERSHIP DOWN (1972)	184	31	4
16 **Jack Vance,** THE DYING EARTH (1950)	168	26	8
17 **Robert A. Heinlein,** GLORY ROAD (1963)	161	24	7
18 **Piers Anthony,** A SPELL FOR CHAMELEON (1977)	153	25	6
19 **Bram Stoker,** DRACULA (1897)	146	23	6
20 **Frank Baum,** THE WIZARD OF OZ (1900)	142	21	5
21 **John Myers Myers,** SILVERLOCK (1949)	139	21	7
22 **Ray Bradbury,** SOMETHING WICKED THIS WAY COMES (1962)	137	23	4
23 **Anne McCaffrey,** THE WHITE DRAGON (1978)	136	23	4
Stephen King, THE STAND (1978)	136	22	3
25 **Robert Silverberg,** LORD VALENTINE'S CASTLE (1980)	134	24	2
26 **C. S. Lewis,** THE CHRONICLES OF NAMIA (1950)	124	21	2
27 **Steven King,** THE SHINING (1977)	123	20	6
28 **Fritz Leiber,** CONJURE WIFE (1953)	117	20	1
29 **Katherine Kurtz,** DERYNI RISING (1970)	107	19	2
E. R. Eddison, THE WORM OUROBOROS (1922)	107	18	2
31 **Andre Norton,** WITCHWORLD (1963)	99	16	3
32 **Stephen King,** SALEM'S LOT (1975)	93	16	3
33 **Madeleine L'Engle,** A WRINKLE IN TIME (1962)	79	15	0

Bester Autor aller Zeiten

SCIENCE FICTION

1	**Robert A. Heinlein**	2469	375	106
2	**Frank Herbert**	2034	304	119
3	**Arthur C. Clarke**	1317	212	41
4	**Ursula K. Le Guin**	1155	183	52
5	**Isaac Asimov**	972	157	41
6	**Philip K. Dick**	722	118	23
7	**Alfred Bester**	703	112	30
8	**Walter M. Miller, Jr.**	573	93	27
9	**Frederik Pohl**	532	88	16
10	**Roger Zelazny**	512	81	22
11	**Theodore Sturgeon**	487	77	21
12	**Larry Niven**	485	81	15
13	**Niven & Pournelle**	449	72	16
14	**H. G. Wells**	427	65	19
15	**Robert Silverberg**	390	68	11
16	**Samuel R. Delany**	389	64	15

SCIENCE FICTION

		Punkte	Stimmen	1. Platz
17	Ray Bradbury	372	61	15
18	Clifford D. Simak	365	62	8
19	John Brunner	339	60	5
20	Joe Haldeman	287	49	6
21	C. J. Cherryh	238	39	6
22	Olaf Stapledon	222	36	12
23	Philip Jose Farmer	201	34	6
24	George Orwell	172	26	7
25	Poul Anderson	169	29	1
26	H. Beam Piper	166	30	3
27	Jack Vance	163	26	9
28	James H. Schmitz	147	24	8
29	Anne McCaffrey	145	24	6
30	James Blish	137	24	2
	Hal Clement	137	22	5
32	A. E. van Vogt	136	23	5
33	Gregory Benford	127	22	4
34	Edgar Pangborn	125	20	7
35	John Varley	119	20	6

FANTASY

		Punkte	Stimmen	1. Platz
1	J. R. R. Tolkien	3846	522	332
2	Ursula K. Le Guin	501	84	7
3	Anne McCaffrey	481	78	18
4	Peter S. Beagle	472	75	13
5	Gene Wolfe	458	70	22
6	Roger Zelazny	457	73	15
7	Stephen R. Donaldson	428	66	12
8	Stephen King	426	71	14
9	T. H. White	393	63	13
10	Lewis Carrol	387	59	22
11	Patricia A. McKillip	323	54	5
12	John Crowley	315	47	19
13	Mervyn Peake	299	46	13
14	Fritz Leiber	290	49	5
	Jack Vance	290	46	13
16	C. S. Lewis	234	41	4
17	Pratt & de Camp	225	36	7
18	Michael Moorcock	214	38	3
19	Richard Adams	206	35	4
20	Piers Anthony	204	33	8
21	Katherine Kurtz	180	31	5
22	Poul Anderson	178	31	4
	Ray Bradbury	178	30	5
	Andre Norton	178	29	5
25	Robert A. Heinlein	172	26	7
26	Robert Silverberg	167	30	3
27	L. Frank Baum	154	25	5
28	John Myers Myers	139	21	7
29	Robert E. Howard	119	21	3

John W. Campbell Awards

Der Gewinner des *John W. Campbell Awards* wird, wie die der ›Hugos‹, alljährlich von den Teilnehmern des World Science Fiction Convention ermittelt. Mit diesem Preis wird jeweils der vielversprechendste Nachwuchsautor des Vorjahres ausgezeichnet.

1973 **Jerry Pournelle**
1974 **Spider Robinson, Lisa Tuttle** (punktgleich)
1975 **P. J. Plauger**
1976 **Tom Reamy**
1977 **C. J. Cherryh**
1978 **Orson Scott Card**
1979 **Stephen R. Donaldson**
1980 **Barry B. Longyear**
1981 **Somtow Sucharitkul**
1982 **Alexis Gilliland**
1983 **Paul O. Williams**
1984 **Ricarda A. MacAvoy**
1985 **Lucius Shepard**
1986 **Melissa Scott**
1987 **Karen Joy Fowler**

John W. Campbell Memorial Awards

Der *John W. Campbell Memorial Award,* verliehen im Andenken an John W. Campbell, den langjährigen und verdienstvollen Herausgeber von *Astounding* (später *Analog – Science Fact/Science Fiction*), ist – anders als der *John W. Campbell Award* – kein Preis, der vom Leserpublikum vergeben wird, sondern von einer Jury, die aus Autoren und Wissenschaftlern besteht. Er wird alljährlich dem originellsten und literarisch anspruchsvollsten Roman verliehen.

1973 **Barry Malzberg,** BEYOND APOLLO
1974 **Arthur C. Clarke,** RENDEZVOUS WITH RAMA, **Robert Merle,** MALEVIL
       (punktgleich)
       Spezieller Preis für das Sachbuch:
       Carl Sagan: THE COSMIC CONNECTION
1975 **Philip K. Dick,** FLOW MY TEARS, THE POLICEMAN SAID
1976 (nicht vergeben)
       Spezielle Ehrung für den 1970 erschienenen Roman von **Wilson Tucker,**
       THE YEAR OF THE QUIET SUN
1977 **Kingsley Amis,** THE ALTERATION
1978 **Frederik Pohl,** GATEWAY
1979 **Michael Moorcock,** GLORIANA
1980 **Thomas M. Disch,** ON WINGS OF SONG
1981 **Damien Broderick,** THE DREAMING DRAGONS
1982 **Russell Hoban,** RIDDLEY WALKER

Um nicht nur Romane, sondern auch Erzählungen auszuzeichnen, wurde neben dem *John W. Campbell Memorial Award* 1987 von der Jury dieses Preises ein

Theodore Sturgeon Short Story Prize

aus der Taufe gehoben:

World Fantasy Awards

Die Gewinner des *World Fantasy Award* werden, ähnlich wie die des *Hugo Gernsback Awards,* alljährlich von den Teilnehmern des World Fantasy Convention ermittelt. Der *World Fantasy Award* fällt, weil die Jury vorwiegend aus Lesern besteht, ebenfalls eher ›populären‹ Titeln zu. In den letzten Jahren sind auch immer wieder Preise für besondere Verdienste im Fandom verliehen worden. Sie sind hier nicht verzeichnet.

1127

1982 Roman: **John Crowley,** LITTLE BIG
Erzählung: **Parke Godwin,** THE FIRE WHEN IT COMES
Kurzgeschichte: **Dennis Etchison,** THE DARK COUNTRY, **Stephen King,** DO THE DEAD SING? (punktgleich)
Collection/Anthologie: **Terry Windling & Mark Arnold** (Hrsg.), ELSEWHERE
Künstler: **Michael Whelan**
Sonderpreis: **Edward Ferman,** Herausgeber von ›The Magazine of Fantasy & Science Fiction‹
Für sein Lebenswerk: **Italo Calvino**
1983 Roman: **Michael Shea,** NIFFT THE LEAN
Erzählung: **Karl Edward Wagner,** BEYOND ALL MEASURE, **Charles L. Grant,** CONFESS THE SEASONS
(beide punktgleich)
Kurzgeschichte: **Tanith Lee,** THE GORGON
Anthologie/Collection: **Charles L. Grant** (Hrsg.), NIGHTMARE SEASONS
Künstler: **Michael Whelan**
Sonderpreis: **Donald M. Grant** als Verleger
Sonderpreis: **Arkham House**
Für sein Lebenswerk: **Roald Dahl**
1984 Roman: **John M. Ford,** THE DRAGON WAITING
Erzählung: **Kim Stanley Robinson,** BLACK AIR
Kurzgeschichte: **Tanith Lee,** ELLE EST TROIS (LA MORT)
Anthologie/Collection: **Robinson Davies,** HIGH SPIRITS
Künstler: **Steve Gervais**
Sonderpreis: **Ian & Betty Ballantine, Joy Chant, George Sharp, David Larkin** für THE HIGH KINGS
Sonderpreis: **Donald M. Grant**
Für ihr Lebenswerk: **L. Sprague de Camp, Richard Matheson, E. Hoffman Price, Jack Vance, Donald Wandrei**

(Die große Zahl der Preisträger ist bedingt durch das 10jährige Jubiläum der Vergabe der World Fantasy Awards.)

1985 Roman: **Robert Holdstock,** MYTHAGO WOOD, **Barry Hughart,** BRIDGE OF BIRDS (punktgleich)
Erzählung: **Geoff Ryman,** THE UNCONCQUERED COUNTRY
Kurzgeschichte: **Scott Baker,** STILL LIFE WITH SCORPION, **Alan Ryan,** THE BONES WIZARD
Anthologie/Collection: **Clive Barker,** CLIVE BARKER'S BOOK OF BLOOD, VOL. 1 – 3
Künstler: **Edward Gorey**
Sonderpreis: **Chris Van Allsburg,** THE MYSTERIES OF HARRIS BURDICK
Sonderpreis: **Evangeline Walton**
Für sein Lebenswerk: **Theodore Sturgeon**
1986 Roman: **Dan Simmons,** SONG OF KALI
Erzählung: **T. E. D. Klein,** NADELMAN'S GOD
Kurzgeschichte: **James Blaylock,** PAPER DRAGONS
Anthologie/Collection: **Robin McKinley** (Hrsg.), IMAGINARY LANDS
Künstler: **Jeff Jones, Thomas Canty** (punktgleich)
Sonderpreis: **Pat LoBrutto**
Sonderpreis: **Donald A. Wollheim**
Für sein Lebenswerk: **Avram Davidson**

1987   Roman: **Patrick Süskind,** DAS PARFÜM
        Erzählung: **Orson Scott Card,** HATRACK RIVER
        Kurzgeschichte: **David J. Schow,** RED LIGHT
        Anthologie/Collection: **James Tiptree jr.**, TALES OF THE QUINTANA ROO
        Künstler: **Robert Gould**
        Sonderpreis: **Jane Yolen**
        Sonderpreis: **Andre Norton**
        Für sein Lebenswerk: **Jack Finney**

Philip K. Dick Memorial Awards

Der *Philip K. Dick Memorial Award* wird verliehen für den besten, original als Taschenbuch erschienenen Roman, da ein Großteil der Werke des 1982 verstorbenen Philip K. Dick ebenfalls ursprünglich als Taschenbücher erschienen sind.

1983   **Rudy Rucker,** SOFTWARE
1984   **Tim Powers,** THE ANUBIS GATES
1985   **William Gibson,** NEUROMANCER
1986   **Tim Powers,** DINNER AT DEVIANT'S PLACE
1987   **James Blaylock,** HOMUNCULUS

Kurd-Laßwitz-Preis

Es sei hier auch der wichtigste deutsche SF-Literaturpreis aufgeführt, der *Kurd-Laßwitz-Preis,* benannt nach dem deutschen SF-Autor und Philosophen Kurd Laßwitz (1848 – 1910), der mit seinen ideenreichen Kurzgeschichten einen Grundstock der deutschen SF schuf und mit seinem Roman ›Auf zwei Planeten‹ (1897) Maßstäbe setzte. Die Preisträger werden alljährlich durch Umfrage (Fragebogen) unter den Personen ermittelt, die – als Autoren, Herausgeber, Lektoren, Übersetzer, Künstler, Rezensenten – in Deutschland, Österreich und der Schweiz beruflich auf dem Gebiet der SF tätig sind.

Der Preis wird jeweils im Jahr nach dem Erscheinen ermittelt und vergeben.

1981   Roman: **Georg Zauner,** DIE ENKEL DER RAKETENBAUER
        Erzählung: **Thomas Ziegler,** DIE SENSITIVEN JAHRE
        Kurzgeschichte: **Ronald M. Hahn,** AUF DEM GROSSEN STROM
        Übersetzer: **Horst Pukallus**
        Künstler: **Thomas Franke**
        Sonderpreis: **Hans Joachim Alpers/Werner Fuchs/Ronald M. Hahn/Wolfgang Jeschke** (Hrsg.), LEXIKON DER SCIENCE FICTION LITERATUR

1982   Roman: **Wolfgang Jeschke,** DER LETZTE TAG DER SCHÖPFUNG
        Erzählung: **Wolfgang Jeschke,** DOKUMENTE ÜBER DEN ZUSTAND DES
        LANDES VOR DER VERHEERUNG
        Kurzgeschichte: **Ronald M. Hahn,** EIN PAAR KURZE DURCH DIE ZENSUR
        GESCHMUGGELTE SZENEN AUS DEN AKTEN DER ABENTEUER & FREIHEIT
        GMBH
        Übersetzer: **Horst Pukallus**
        Künstler: **Thomas Franke**
        Sonderpreis: **Wolfgang Jeschke** als Förderer der deutschen SF und
        Herausgeber des ›Heyne Science Fiction Magazins‹
1983   Roman: **Richard Hey,** IM JAHRE 95 NACH HIROSHIMA
        Erzählung: **Wolfgang Jeschke,** OSIRIS LAND
        Kurzgeschichte: **Andreas Brandhorst,** DIE PLANKTONFISCHER
        Künstler: **Ulf Herholz**
        Übersetzer: **Michael Kubiak**
        Sonderpreis: **Hans Joachim Alpers/Werner Fuchs/Ronald M. Hahn** (Hrsg.),
        RECLAMS SCIENCE FICTION FÜHRER
1984   Roman: **Thomas R. P. Mielke,** DAS SAKRIVERSUM
        Erzählung: **Thomas Ziegler,** DIE STIMMEN DER NACHT
        Kurzgeschichte: **Herbert W. Franke,** ATEM DER SONNE
        Übersetzer: **Horst Pukallus**
        Künstler: **Helmut Wenske**
        Sonderpreis: **Heinrich Wimmer** (Corian Verlag) für besonderen
        verlegerischen Mut
        Bester ausländischer Roman: **Brian W. Aldiss,** HELLICONIA FRÜHLING
1985   Roman: **Herbert W. Franke,** DIE KÄLTE DES WELTRAUMS
        Erzählung: **Wolfgang Jeschke,** NEKYOMANTEION
        Kurzgeschichte: **Carl Amery,** NUR EINEN SOMMER GÖNNT IHR
        GEWALTIGEN
        Übersetzer: **Horst Pukallus**
        Künstler: **Helmut Wenske**
        Sonderpreis: **Joachim Körber** für das ›Bibliographische Lexikon der utopisch-
        phantastischen Literatur‹ (Corian Verlag)
        Bester ausländischer Roman: **Philip K. Dick,** VALIS
1986   Roman: **Herbert W. Franke,** ENDZEIT
        Erzählung: **Hans Joachim Alpers & Ronald M. Hahn,** TRAUMJÄGER
        Kurzgeschichte: **Reinmar Cunis,** POLARLICHT
        Übersetzer: **Lore Straßl**
        Künstler: **Helmut Wenske**
        Sonderpreis: **Dieter Hasselblatt** für seine Verdienste um das SF-Hörspiel
        Bester ausländischer Roman: **Daniel Keyes,** DIE LEBEN DES BILLY MILLIGAN
1987   Roman: **Carl Amery,** DIE WALLFAHRER
        Erzählung: **Karl Michael Armer,** UMKREISUNGEN
        Kurzgeschichte: **Rainer Erler,** PLAY FUTURE
        Film/Fernsehspiel: **Rainer Erler,** NEWS – BERICHT ÜBER DIE REISE IN EINE
        STRAHLENDE ZUKUNFT
        Hörspiel: **Harald Mueller,** TOTENFLOSS
        Übersetzer: **Lore Straßl**
        Künstler: **Klaus Holitzka**
        Sonderpreis: ›**SF-Media**‹
        Bester ausländischer Roman: **Jerry Yulsman,** ELLEANDER MORNING

Die wichtigste Literatur über Science Fiction

Aldiss, Brian W., *Billion Year Spree – The True History of Science Fiction,* New York 1975

Aldiss, Brian W./Harrison, Harry (Hrsg.), *Hell's Cartographers – Some Personal Histories of Science Fiction Writers,* New York 1975

Alpers, Hans Joachim/Fuchs, Werner/Hahn, Ronald M., *Dokumentation der Science Fiction ab 1926 in Wort und Bild,* Celle 1978 (Sonderheft)

Alpers, Hans Joachim (Hrsg.), *Marion Zimmer Bradleys ›Darkover‹,* Meitingen 1983

Alpers, Hans Joachim/Fuchs, Werner/Hahn, Ronald M. (Hrsg.), *Reclams Science Fiction Führer,* Stuttgart 1982

Alpers, Hans Joachim/Loock, Thomas M., *Lesebuch der deutschen Science Fiction,* Meitingen 1983

Alpers, Hans Joachim/Pusch, Harald (Hrsg.), *Isaac Asimov – der Tausendjahresplaner,* Meitingen 1983

Amis, Kingsley, *New Maps of Hell,* London 1969

Anton, Uwe (Hrsg.), *Die seltsamen Welten des Philip K. Dick,* Meitingen 1984

Ash, Brian, *Who's Who in Science Fiction,* London 1969

Ash, Brian, *The Visual Encyclopedia of Science Fiction,* London 1977

Ashley, Mike, *Who's Who in Horror & Fantasy Fiction,* London 1977

Ashley, Mike, *The Complete Index to Astounding/Analog,* Oak Forest 1981

Atheling, William jr., *The Issue at Hand – Studies in Contemporary Magazine Fiction,* Chicago 1964

Atheling, William jr., *More Issues at Hand – Critical Studies in Contemporary Science Fiction,* Chicago 1970

Barmeyer, Eike (Hrsg.), *Science Fiction – Theorie und Geschichte,* München 1972

Barnouw, Dagmar, *Die versuchte Realität oder von der Möglichkeit, glücklichere Welten zu denken,* Meitingen 1985

Barron, Neil, *Anatomy of Wonder,* New York – London 1976

Baxter, John, *Science Fiction in the Cinema,* New York 1970

Becher, Martin Roda, *An den Grenzen des Staunens,* Frankfurt/M. 1983

Berthel, Werner (Hrsg.), *Stanislaw Lem – der dialektische Weise aus Kraków,* Frankfurt/M. 1976

Berthel, Werner (Hrsg.), *Über Stanislaw Lem,* Frankfurt/M. 1981

Biesterfeld, Wolfgang, *Die literarische Utopie,* Stuttgart 1982

Bleiler, E. F. (Hrsg.), *Science Fiction Writers,* New York 1982

Bloch, Robert N., *Bibliographie der utopischen und phantastischen Literatur 1750 – 1950,* Gießen 1984

Bretnor, Reginald C. (Hrsg.), *Science Fiction – Today and Tomorrow,* Baltimore 1974

Briney, Robert E./Wood, Edward, *SF-Bibliographies,* Chicago 1970

Bruckner, Winfried, *Spuren ins All, Science Fiction – das rätselhafte Fremde,* Wien 1970

Buchner, Hermann, *Programmiertes Glück, Sozialkritik in der utopischen Sowjetliteratur,* Wien 1970

Carter, Lin, *Imaginary Worlds,* New York 1973

Clareson, Thomas D. (Hrsg.), *SF: The Other Side of Realism,* Bowling Green/Ohio 1971

Contento, William, *Index to Science Fiction Anthologies and Collections,* Boston 1978

Currey, L. W., *Science Fiction and Fantasy Authors,* Boston 1979

Davenport, Basil (Hrsg.), *The Science Fiction Novel – Imagination and Social Criticism,* Chicago 1974

Day, Donald B., *Index to the Science Fiction Magazines 1926–1950,* Portland 1952

De Camp, L. Sprague, *Science Fiction Handbook,* Revised Edition, Philadelphia 1975

De Camp, L. Sprague, *Literary Swordsmen and Sorcerers – The Makers of Heroic Fantasy,* Sauk City/Wisconsin 1976

Del Rey, Lester, *The World of Science Fiction,* New York 1979

Dietz, Frank, *Kritische Träume – Ambivalenz in der amerikanischen literarischen Utopie nach 1945,* Meitingen 1987

Ellerbrock, Beate und Jürgen/Thiesse, Frank, *Perry Rhodan – Untersuchung einer Science Fiction-Heftromanserie,* Gießen 1976

Ellik, Ron/Evans, Bill, *The Universes of E. E. Smith,* Chicago 1964

Elrick, George S., *Science Fiction Handbook for Readers and Writers,* Chicago 1978

Ermert, Karl (Hrsg.), *Neugier oder Flucht? Zur Poetik, Ideologie und Wirkung von Science Fiction,* Stuttgart 1980

Eshbach, Lloyd Arthur (Hrsg.), *Of Worlds Beyond,* Chicago 1964

Földeak, Hans, *Neuere Tendenzen der sowjetischen Science Fiction,* München 1975

Franson, Donald/Devore, Howard, *A History of the Hugo, Nebula and International Fantasy Awards,* Dearborn/Michigan 1976

Frewin, Anthony, *One Hundred Years of Science Fiction Illustration,* London 1974

Giesen, Rolf, *Der phantastische Film* (2 Bde.), Schondorf 1981

Gifford, Denis, *Science Fiction Film,* New York 1971

Goulart, Ron, *Cheap Thrills, The Amazing! Thrilling! Astonishing! History of Pulp Fiction,* New Rochelle/New York 1972

Graaf, Vera, *Homo Futurus, Eine Analyse der modernen Science Fiction,* Hamburg/Düsseldorf 1971

Greenberg, Martin H. (Hrsg.) *Fantastic Lives,* Carbondale und Edwardsville 1981

Gunn, James, *Alternate Worlds – The Illustrated History of Science Fiction,* Englewood Cliffs/New Jersey 1975

Gunn, James, *The Road to Science Fiction: From Gilgamesh to Wells,* New York 1977

Hahn, Ronald M./Jansen, Volker, *Lexikon des Science Fiction Films,* München 1983

Hall, H. W., *Science Fiction and Fantasy Reference Index, 1878–1985* (2 Bde.), Detroit 1987

Hallenberger, Gerd, *Macht und Herrschaft in den Welten der Science Fiction,* Meitingen 1986

Harrison, Harry, *Great Balls of Fire – A History of Sex in Science Fiction Illustration,* London 1977

Harrison, Harry, *Mechanismo,* London 1978

Hasselblatt, Dieter, *Grüne Männchen vom Mars,* Düsseldorf 1974

Hevesi, Ludwig, *Bibliotheca Utopistica,* Reprint München 1977

Hienger, Jörg, *Literarische Zukunftsphantastik, eine Studie über Science Fiction,*
Göttingen 1972

Holdstock, Robert (Hrsg.), *Encyclopedia of Science Fiction,* London 1978

Holland-Cunz, Barbara (Hrsg.), *Feministische Utopien – Aufbruch in die
postpatriarchale Gesellschaft,* Meitingen 1986

Holland-Cunz, Barbara, *Utopien der Neuen Frauenbewegung,* Meitingen 1988

Jehmlich, Reimer/Lück, Hartmut (Hrsg.), *Die deformierte Zukunft,
Untersuchungen zur Science Fiction,* München 1974

Jehmlich, Reimer, *Science Fiction,* Darmstadt 1980

Johnson, William (Hrsg.), *Focus on the Science Fiction Film,* Englewood Cliffs/
New Jersey 1972

Kagarlizki, Juli, *Was ist Phantastik?,* Berlin/DDR 1977

Klein, Klaus-Peter, *Zukunft zwischen Trauma und Mythos: Science Fiction,*
Stuttgart 1976

Knight Damon, *In Search of Wonder – Essays on Modern Science Fiction,*
Chicago 1967

Körber, Joachim (Hrsg.), *J. G. Ballard – der Visionär des Phantastischen,*
Meitingen 1985

Körber, Joachim (Hrsg.), *Bibliographisches Lexikon der utopisch-phantastischen
Literatur,* Meitingen (Loseblattsammlung seit 1985)

Krauss, Werner (Hrsg.), *Reise nach Utopia. Französische Utopien aus drei
Jahrhunderten,* Berlin/DDR 1964

Kyle, D. A., *A Pictorial History of Science Fiction,* London 1976

Kyle, David A., *The Illustrated Book of Science Fiction Ideas & Dreams,* London 1977

Lee, Walt, *Reference Guide to Fantastic Films,* Los Angeles 1972

Leiner, Friedrich/Gutsch, Jürgen, *Texte und Materialien zum Literaturunterricht:
Science fiction, Materialien und Hinweise,* Frankfurt/M. – Berlin – München 1972

Lem, Stanislaw, *Phantastik und Futurologie,* 2 Teile, Frankfurt/M. 1977 und 1980

Lester, Colin (Hrsg.), *The International Science Fiction Yearbook,* London 1978

Lindenstruth, Gerhard, *Science Fiction- und Fantasy-Namensschlüssel,* Gießen 1986

Lück, Hartmut, *Fantastik, Science Fiction, Utopia, Das Realismusproblem der utopisch-
fantastischen Literatur,* Gießen 1977

Lundwall, Sam, *What is Science Fiction?,* Amsterdam 1973

Lupoff, Richard A., *Barsoom – Edgar Rice Burroughs and the Martian Vision,*
Baltimore/Maryland 1976

Lupoff, Dick/Thompson, Don (Hrsg.), *All in Color for a Dime,* New York 1970

Magill, Frank N. (Hrsg.), *Survey of Science Fiction Literature,* 5 Bde.,
Englewoods Cliffs 1979

Magill, Frank N. (Hrsg.), *Survey of Modern Fantasy Literature,* 5 Bde.,
Englewoods Cliffs 1983

Marzin, Florian F., *Die phantastische Literatur – eine Gattungsstudie,*
Frankfurt/M. – Bern 1982

Marzin, Florian F. (Hrsg.), *Stanislaw Lem: an den Grenzen der Science Fiction und
darüber hinaus,* Meitingen 1985

Mathews, Richard, *Aldiss Unbound – The Science Fiction of Brian W. Aldiss,*
San Bernardina 1977

McGhan, Barry, *Science Fiction and Fantasy Pseudonyms,* Dearborn/Michigan 1976

Menningen, Jürgen, *Filmbuch Science Fiction,* Köln 1975

Metzger, Arthur, *An Index & Short History of Unknown,* Baltimore 1976

Moskowitz, Sam, *The Immortal Storm – A History of Science Fiction Fandom,* Westport/Conn. 1974

Moskowitz, Sam, *Seekers of Tomorrow – Masters of Modern Science Fiction,* Westport/Conn. 1974

Moskowitz, Sam, *Explorers of the Infinite – Shapers of Science Fiction,* Westport/Conn. 1974

Moskowitz, Sam, *Under the Moons of Mars – A History and Anthology of the ›Scientific Romance‹ in the Munsey-Magazines 1912–1920,* New York 1970

Moskowitz, Sam, *Strange Horizons – The Spectrum of Science Fiction,* New York 1976

Nagl, Manfred, *Science Fiction in Deutschland,* Tübingen 1972

Nagl, Manfred, *Science Fiction,* Tübingen 1981

N. E. S. F. A. (Hrsg.), *Index to the Science Fiction Magazines 1966–1970,* Cambridge/Mass. 1971

Nicholls, Peter (Hrsg.), *The Encyclopedia of Science Fiction,* London – Toronto – Sydney – New York 1979

Ostwald, Th., *Jules Verne, Leben und Werk,* Braunschweig 1978

Panshin, Alexei, *Heinlein in Dimension,* Chicago 1968

Panshin, Alexei/Cory, *SF in Dimension. A Book of Explorations,* Chicago 1976

Parish, James Robert/Pitts, Michael R., *The Great Science Fiction Pictures,* Metuchen/New York 1977

Parrinder, Patrick (Hrsg.), *Science Fiction – A Critical Guide,* London 1979

Pehlke, Michael/Lingfeld, Norbert, *Roboter und Gartenlaube – Ideologie und Unterhaltung in der Science Fiction-Literatur,* München 1970

Pesch, Helmut W., *Fantasy – Theorie und Geschichte,* Forchheim 1981

Puschmann-Nalenz, Barbara, *Science Fiction und ihre Grenzbereiche,* Meitingen 1986

Reginald, R., *Science Fiction and Fantasy Literature,* 2 Bde., Detroit 1979

Rewitsch, Wsewolod (Hrsg.), *Prüffelder der Phantasie,* Berlin/DDR 1987

Riley, Dick (Hrsg.), *Critical Encounters, Writers and Themes in Science Fiction,* New York 1978

Ritter, Claus, *Start nach Utopolis,* Frankfurt/M. 1978

Ritter, Claus, *Anno Utopia,* Berlin/DDR 1982

Ritter, Claus, *Kampf um Utopolis,* Berlin/DDR 1987

Rogers, Alva, *A Requiem for Astounding,* Chicago 1964

Rottensteiner, Franz, *The Science Fiction Book – An Illustrated History,* London 1975

Rottensteiner, Franz, *The Fantasy Book,* London 1978

Rottensteiner, Franz (Hrsg.), *Pfade ins Unendliche,* Frankfurt/M. 1971

Rottensteiner, Franz (Hrsg.), *›Quarber Merkur‹. Aufsätze zur Science Fiction und phantastischen Literatur,* Frankfurt/M. 1979

Rovin, Jeff, *A Pictorial History of Science Fiction Films,* Secaucus/New York 1975

Rullkötter, Bernd, *Die Wissenschaftliche Phantastik der Sowjetunion. Eine vergleichende Untersuchung der spekulativen Literatur in Ost und West,* Bern – Frankfurt/M. 1974

Sadoul, Jacques, *2000 A. D., Illustrations from the Golden Age of Science Fiction Pulps,* Chicago 1975

Schäfer, Martin, *Science Fiction als Ideologiekritik? Utopische Spuren in der amerikanischen Science Fiction-Literatur 1940–1955,* Stuttgart 1977

Scholes, Robert/Rabkin, Eric S., *Science Fiction-History, Science, Vision,*
New York 1977

Searles, Baird/Last, Martin/Meacham, Betti/Franklin, Michael, *A Reader's Guide to Science Fiction,* New York 1979

Searles, Baird/Meacham, Beth/Franklin, Michael, *A Reader's Guide to Fantasy,*
New York 1982

Seesslen, Georg/Kling, Bernt, *Unterhaltungslexikon zur populären Kultur,*
Reinbek 1977

Schröder, Horst, *Science fiction-Literatur in den USA. Vorstudien für eine materialistische Paraliteraturwissenschaft,* Gießen 1978

Sheckley, Robert, *Futuropolis, Impossible Cities of Science Fiction and Fantasy,*
London 1978

Smith, Curtis C., *Twentieth-Century Science-Fiction Writers,* New York 1981

Strauss, Erwin S. (Hrsg.), *Index to the SF-Magazines, 1951 – 1965,*
Cambridge/Mass. 1966

Stresau, Norbert, *Enzyklopädie des phantastischen Films,* Meitingen
(Loseblattsammlung seit 1986)

Strick, Philip, *Science Fiction Movies,* London 1976

Suerbaum, Ulrich/Broich, Ulrich/Borgmeier, Raimund, *Science Fiction, Theorie und Geschichte, Themen und Typen, Form und Weltbild,* Stuttgart 1981

Suvin, Darko, *Metamorphoses of Science Fiction, On the Poetics and History of a Literary Genre,* New Haven – London 1979

Suvin, Darko, *Poetik der Science Fiction,* Frankfurt/M. 1979

Swoboda, Helmut, *Der künstliche Mensch,* München 1967

Swoboda, Helmut, *Utopia – Geschichte der Sehnsucht nach einer besseren Welt,*
Wien 1972

Tuck, Donald H., *The Encyclopedia of Science Fiction and Fantasy,* Volume 1:
Who's Who, A – L, Volume 2: *Who's Who, M – Z,* Chicago 1978

Tuck, Donald H., Volume 3: *Miscellaneous,* Chicago 1982

Tymn, Marshall B./Zahorski, Kenneth J./Boyer, Robert H., *Fantasy Literature,*
New York und London 1979

Van Vogt, A. E., *Reflections of A. E. van Vogt, The Autobiography of a Science Fiction Giant,* Lakemont/Georgia 1975

Villgradter, Rudolf/Krey, Friedrich (Hrsg.), *Der utopische Roman,* Darmstadt 1973

Voltz, William (Hrsg.), *Perry Rhodan Jahrbuch 1976,* Rastatt 1975

Walker, Paul, *Speaking of Science Fiction – The Paul Walker Interviews,*
Oradell/New Jersey 1978

Weigand, Jörg (Hrsg.), *Die triviale Phantasie – Beiträge zur Verwertbarkeit von Science Fiction,* Bonn-Bad Godesberg 1976

Wells, Stuart W. III, *The Science Fiction and Heroic Fantasy Author Index,*
Duluth/Minnes. 1978

Wenzel, Dietmar (Hrsg.), *Kurd Laßwitz: Lehrer, Philosoph, Zukunftsträumer,*
Meitingen 1987

Williamson, Jack, *H. G. Wells – Critic of Progress,* Baltimore 1973

Wimmer, Heinrich (Hrsg.), *Bibliographisches Lexikon der utopisch-phantastischen Literatur – Verlags- und Reihenbibliographien,* Meitingen (Loseblattsammlung seit 1987)

Winter, Michael, *Compendium Utopiarum,* Stuttgart 1978

Wuckel, Dieter, *Science Fiction,* Leipzig 1986

Zondergeld, Rein A., *Lexikon der phantastischen Literatur,* Frankfurt/M. 1983

Fachzeitschriften:

EXTRAPOLATION (Thomas D. Clareson, Box 3186, The College of Wooster, Wooster/ Ohio, USA)

FOUNDATION (SF Foundation, North East London Polytechnic, Barking Precinct, Longbridge Rd., Dagenham, Essex RM8 2AS, England)

LOCUS (P. O. Box 13305, Oakland, CA 94661, USA)

QUARBER MERKUR (Franz Rottensteiner, Felsenstraße 20, A-2761 Miesenbach, Österreich)

SCIENCE FICTION MEDIA (Pegasus Science Fiction, Bietigheimer Str. 15, 7149 Freiberg)

SCIENCE FICTION STUDIES (Arts Bulding, McGill University, 853 Sherbrooke Street West, Montreal, Qué. H3A 2T6, Kanada)

SCIENCE FICTION TIMES (Corian Verlag, B.-Monath-Str. 24a, 8901 Meitingen)

Anhang SERIEN

Abenteuer des Kapitän Rob

Broschürenreihe im Comel Verlag, Köln: 1952–1953.

Bei dieser Serie handelt es sich um eine Romanadaption nach einer holländischen Comic-Serie von P. Kuhn mit eingestreuten Comic-Illustrationen. 1976 wurde ein erfolgloser Versuch unternommen, diesen Serienhelden als Comic-Album auf den deutschen Markt zu bringen. Es erschien jedoch nur ein Album.

Ad Astra

Heftserie im Erich Pabel Verlag, Rastatt: 1967–1968.

Ad Astra war nach *Mark Powers* der zweite und letzte Versuch, das erfolgreiche Konzept der *Perry Rhodan*-Serie zu kopieren: Unter der Leitung von H. G. Francis behandelte dieser kurzlebige Romanheft-Zyklus die Abenteuer irdischer Raumfahrer im Sol- und Alpha-Centauri-System. Sämtliche Folgen waren in die Heftreihe *Utopia – Zukunft* integriert.

Alarm im Weltraum

Buchserie im Verlag Paul Engelbert, Balve: 1974 – 1979.

Die Raumpatrouille im Einsatz.

1 Patrouillenkreuzer WAP 792 (1974)
2 Die Geheimnisse des Planeten Syna (1975)
3 Spion auf Luna II (1976)
4 Entführung der Deneb II (1977)
5 Die lebende Zeitbombe (1978)
6 Verschollen im Jenseits (1979)

Atlan – Im Auftrag der Menschheit

Heftserie im Arthur Moewig Verlag, München (1969 – 1971); seither im Erich Pabel Verlag, Rastatt.

Die Nebenserie zum Dauerseller *Perry Rhodan, der Erbe des Universums* startete 1969 nach mehrjähriger Vorbereitungszeit. Das Anfangskonzept war typisch für Chefautor K. H. Scheer: *Atlan* handelte von den Ageneteneinsätzen der ›United Stars Organisation‹ (USO), der ›galaktischen Feuerwehr‹ des ›Solaren Imperiums‹, die jedoch keine Brände löscht, sondern welche legt. Wie auch beim ›kleinen Bruder‹ der USO (der CIA) bestehen die Aktivitäten dieser Geheimorganisation darin, aufmüpfige Kolonien so lange zu provozieren, bis man ihnen ›auf Bitten gemäßigter Kreise zu Hilfe eilen‹ und den Pestbazillus planetarer Unabhängigkeitsbewegungen ausrotten kann. Ab Band 81 übernahm Willi Voltz die Exposé-Arbeit. Dieser führte ab Band 88 den Zusatz-Zyklus ›Atlan-Exklusiv‹ ein, in dem Erlebnisse aus Atlans Jugendzeit geschildert wurden. Der (stellvertretend gegen den Kommunismus geführte) Kampf gegen galaktische Fieslinge und Erzschurken wurde mit Band 175 eingestellt. Ab Band 176 folgte der zweite große Zyklus mit dem Titel ›Der Held von Arkon‹, in dem im wesentlichen Atlans Jugend beschrieben wurde. Mit Band 300 begann ein Science-Fantasy-Zyklus unter dem Obertitel ›Der König von Atlantis‹. Mit Band 448 setzte Marianne Sydow die Exposé-Arbeit fort. In Band 500 startete der nächste Zyklus ›Die Abenteuer der SOL‹. Die ersten 10 Exposés waren wieder von Willi Voltz, es folgten 24 von Marianne Sydow, danach stieg Peter Griese in die Exposé-Arbeit ein. Ab Band 675 wurde Atlan in fernen Weltraumtiefen tätig, unter dem Titel ›Im Auftrag der Kosmokraten‹. Die Exposés der Bände 699 bis 707 fertigte wieder Marianne Sydow, um ab Band 708 gemeinsam mit Peter Griese im Team weiterzuarbeiten. Ab 765 bildeten H. G. Ewers und Peter Griese das Exposé-Team. Die Serie wurde wegen mangelnden Verkaufserfolges Ende 1987 mit Band 850 eingestellt.

Aus dem Reiche der Phantasie

Heftserie im H. G. Münchmeyer Verlag, Niedersedlitz/Dresden:
1901.

Heftserie von Robert Kraft, einem überaus fleißigen Vielschreiber,
der zahlreiche Lieferungsromane verfaßte, die durchweg utopisch-
phantastisch sind oder entsprechende Elemente aufweisen.

1 Der letzte Höhlenmensch
2 Die Totenstadt
3 Der rote Messias
4 Die Weltallschiffer
5 Die verzauberte Insel
6 Der König der Zauberer oder Im Lande des lebenden Todes
7 Das Stahlroß
8 Die Ansiedelung auf dem Meeresgrunde
9 Eine Nordpolfahrt
10 Die indischen Eskimos

Bill Harris' Taten und Abenteuer

Heftserie im Rotar Verlag, Gießen: 1950.

Eine ursprünglich auf 100 Hefte konzipierte Serie von Ralph Black,
bei der von Werwölfen über Roboter bis zur Mondrakete und
Saturnmenschen die gesamte Spannbreite des utopisch-phantastischen Genres ›verbraten‹ werden sollte.

1 Der Raub der Atombombe
2 Cojeyamenia, der Schrecken des Urwalds

Bob Barring
ab Nr. 48 Bob Barring's Erlebnisse
ab Nr. 52 Bob Barring Abenteuer

Heftserie mit SF-Elementen in den Heften ab Band 36, erschien von
1948 bis 1952 in der Reihe ›Die Welt der Abenteuer/Weite Welt‹
im Verlag Maximilian Kraemer, Wien (Bände 1 – 47, 50, 51), sowie
Albert Kaltschmid, Wien (Bände 48 und 49). Die in Klammern

1156

hinter den Titeln angegebenen Nummern bezeichnen die Heftnummer der Reihe ›Die Welt der Abenteuer‹ bzw. ›Weite Welt‹ (Heft 46 und 47). Band 52 erschien 1985 im Verlag Heinz Pollischansky, Wien. 1979 kamen sechs Taschenbücher mit dem Privatdetektiv Bob Barring im Omnibus Verlag, Wien, heraus. Der Autor nannte sich Rolf Shark, das ist Karl Hans Koizar.

Bob Barring im Omnibus-Taschenbuch

Der Bund der Rächer

Heftserie im Stern Bücher Verlag, Leipzig: 1921 – 1923.

Die Heftserie, deren Autor unbekannt ist, wurde seinerzeit mit folgender Werbung versehen:

»Ein moderner Jules Verne schildert hier mit einer geradezu phänomenalen Phantasie … den Rachefeldzug von drei jungen, todesmutigen Helden gegen den historischen gefürchteten großen Verbrechergeheimbund Clu-Clux-Clan. Die Verfolger sind ausgerüstet mit den technischen Errungenschaften der nächsten Zukunft. Von Sonnenenergie gespeiste Flugmotoren, drahtlose Telephonie, X-Strahlenapparate, Schallwellenkörper, elektrische Erdsuchnetze usw. spielen bei der rasenden Verfolgung über den ganzen Erdball eine ausschlaggebende Rolle. …«

Captain Future

Taschenbuch-Serie im Bastei-Verlag, Bergisch Gladbach:
1981 – 1984.

Die in der Bundesrepublik erschienenen Weltraum-Abenteuer von
Captain Future, in der Originalversion zwischen 1940 und 1951 in
den amerikanischen Magazinen *Captain Future* und *Starling Stories*
erschienen, entstammen bis auf eine Ausnahme der Feder Edmond
Hamiltons. Nach der Veröffentlichung mehrerer Folgen der Serie in
Utopia-Zukunft und Utopia-Großband erfolgte eine ungekürzte
Fassung in den Taschenbüchern des Bastei Verlages, ohne daß der
Zyklus als eigenständige Serie ausgewiesen wurde. – Der Titel RED
SUN OF DANGER (unter dem Pseudonym Brett Sterling) erschien nur in
einer ungekürzten Fassung innerhalb der Heftreihe Utopia-Zukunft.

Checkpart/World Super Crime 2000

Heftserie im Rahmen der Reihe Kelter Krimi im Kelter Verlag, Hamburg (1970–1972), und zwar alle ungeraden Nummern zwischen Band 57 bis 1963.

Die Mannen des ›Special Globe Guard Team‹ im Einsatz gegen Verbrecher der Zukunft. Der Hauptautor der Serie war Kurt Brand, die Autoren der einzelnen Romane sind bislang nicht eindeutig zu verifizieren.

Collection Jules Verne

Eine in »der Orthographie der heutigen Schreibweise angeglichene« Taschenbuchausgabe der Werke Jules Vernes, 1984 erschienen im Pawlak Taschenbuch Verlag, Berlin, Herrsching, auf der Grundlage der Ausgabe im Verlag A. Hartleben, Wien.

Commander Perkins

Buchserie im Franz Schneider Verlag, München (1979 – 1884).

Mit Hilfe eines Transmitters stoßen Commander Perkins und seine Mitkämpfer in die Tiefen des Alls vor und lösen Rätsel kosmischen Ausmaßes. Als Autor zeichnete H. G. Francisco alias H. G. Francis.

Commander Scott

Heftserie im Bastei Verlag, Bergisch Gladbach: 1975 – 1976.

Commander Scott (im US-Original: CAP KENNEDY) war der amerikanische Versuch, der anfangs in den USA recht erfolgreichen *Perry Rhodan*-Übersetzung eine Alternative entgegenzustellen. Geschrieben von dem Briten E. C. Tubb unter dem Pseudonym Gregory Kern (Gerüchte, daß Lin Carter an CAP KENNEDY mitgeschrieben hat, haben sich nicht bewahrheitet), stellte diese Serie eher eine modernisierte und brutalisierte Version von *Captain Future* dar. Commander Scott, ein Agent der irdischen Abwehr, ist in diesen Romanen »Ankläger, Richter und Henker« (Zitat) in einer Person; das Aufspüren des Gegners endet stets mit dessen völliger Vernichtung. Obwohl die deutsche Fassung radikal entschärft und die aus 16 Folgen bestehende Originalserie von deutschen Autoren in humanisierter Form weitergeführt wurde (die deutsche Kritik bezeichnete die Scott daraufhin – gewiß nicht unberechtigt – als ›schizophrenen Helden‹), konnte sie sich auf dem Markt nicht halten.

1   Gregory Kern: Galaxis der Verlorenen (1975) GALAXY OF THE LOST (1973)
2   Gregory Kern: Das Sklavenschiff von Sergan (1975) SLAVE SHIP FROM SERGAN (1973)
3   Gregory Kern: Die Rebellenwelt (1975) MONSTER OF METELAZE (1973)
4   Gregory Kern: Die Psycho-Killer (1975) ENEMY WITHIN THE SKULL (1974)
5   Gregory Kern: Juwel des Verderbens (1975) JEWEL OF JARHEN (1974)
6   Gregory Kern: Die Todesmaterie (1975) SEETEE ALERT! (1974)
7   Gregory Kern: Das Tor zum Paradies (1975) THE GHOLAN GATE (1974)
8   Gregory Kern: Der Weltenfresser (1975) THE EATER OF WORLDS (1974)
9   Gregory Kern: Der Psi-Spion (1975)
10 Gregory Kern: Die Transmitter-Falle (1975)
11 Gregory Kern: Versklavte Erde (1975) EARTH ENSLAVED (1974)
12 Gregory Kern: Planet der Verbannten (1975)
13 Gregory Kern: Der Tyrann aus der Ewigkeit (1975)
14 Gregory Kern: Das Zeitgrab (1975)
15 Gregory Kern: Im Tal der Illusionen (1975) PLANET OF DREAD (1974)
16 Gregory Kern: Das Parallel-Gehirn (1975)
17 Gregory Kern: Tod auf Morning Star (1975)
18 Gregory Kern: Der Robotfürst (1975)
19 Gregory Kern: Die Welt der Parasiten (1975)
20 Gregory Kern: Invasion der Hypnos (1975)
21 Gregory Kern: Die Mordmutanten (1975) SPAWN OF LABAN (1974)
22 Gregory Kern: Der Jäger von Goom (1975)
23 Gregory Kern: Die Zauberwelt (1976)
24 Gregory Kern: Der Gen-Pirat (1976) THE GENETIC BUCANEER (1974)
25 Gregory Kern: Die Zitadelle im Eis (1976)
26 Gregory Kern: Die Geister von Epidoris (1976) THE GHOSTS OF EPIDORIS (1975)
27 Gregory Kern: Die Zeit-Banditen (1976)
28 Gregory Kern: Stern des Schreckens (1976)
29 Gregory Kern: Die Welt der Doppelgänger (1976) THE MIMICS OF DEPHENE (1975)

Computer-Krimi TRM

Buchserie im Franz Schneider Verlag, München (1985 – 1886).
Abenteuer in der Computerwelt von morgen, erlebt vom Hacker-
Trio Tom, Rick und Mona.

Dr. Bendany, der Weltraumdetektiv

Heftserie im Verlag E. V. Anding, Nürnberg: 1949.
Autor aller drei erschienenen Hefte war Sam Grafner.

Dr. Who

Taschenbuchserie im Rahmen der Taschenbuchreihe im Franz
Schneider Verlag, München: 1980 – 1981. Der deutschen Edition
fehlt der Rückhalt durch die erfolgreiche TV-Serie, deshalb war ihr
kein Erfolg beschieden.

Duke

Heftserie im Verlag J. Schwicker, Linz: 1951 – 1952.
Autor der Serie ist J. Mallorqui.

1 Die Formel Hanzer
2 Flüssige Luft
3 Das Geheimnis der 10 Entführungen
4 Die zehn Drachen des Konfuzius
5 Duke und seine vierzig Agenten
6 Dreimal rief der Tod
7 Duke kämpft mit Mr. X
8 Das Urteil Dr. Muertes

Ensslin Nova

Jugendbuch-Serie im Verlag Ensslin & Laiblin, Reutlingen:
1977 – 1978.

Die Nova-Serie schildert die Abenteuer einer aus Kindern und
Jugendlichen bestehenden Raumschiffmannschaft und die Begegnungen der Protagonisten mit Angehörigen außerirdischer Zivilisationen. Sämtliche Bände wurden von Hans Joachim Alpers und
Ronald M. Hahn verfaßt.

1 Raumschiff der Kinder (1977)
2 Planet der Raufbolde (1977)
3 Wrack aus der Unendlichkeit (1977)
4 Bei den Nomaden des Weltraums (1977)
5 Die rätselhafte Schwimminsel (1978)
6 Der Ring der 30 Welten (1978)

Erde 2000

Heftserie im Wolfgang Marken Verlag, Köln: 1978 – 1979.

Erde 2000 ist die Nachfolgeserie der ebenfalls im Wolfgang Marken
Verlag, Köln, erschienenen *Zeitkugel*-Abenteuer. Die Serie trug den
Untertitel: ›Mit der Zeit-Kugel in die Zukunft‹, ab Heft 13: ›Eine
Reise in die Zukunft‹.

1 P. Eisenhuth: Die Tage der zweiten Sonne (1978)
2 Otto Birner: Die Meuterei der Tiefseesklaven (1978)
3 P. Eisenhuth: Der Tod vom anderen Stern (1978)
4 Otto Birner: Der ewige Regen (1978)
5 P. Eisenhuth: Die Händler des ewigen Lebens (1978)
6 Otto Birner: Als die Wälder starben (1978)

Facts und Fiction

Buchserie im Tessloff Verlag, Hamburg.

In der von Sachbuch-Autor Franz Kurowski entworfenen Zukunfts-welt wurde der Erforschung und Besiedelung der Weltmeere der Vorzug zur Erforschung der anderen Planeten unseres Sonnen-systems gegeben.

Ronald und Juliane Golff, die Kinder von Commander Dr. Golff, erleben mit den sprechenden Delphinen Buffy und Tuffy einige Abenteuer in den Tiefen der Weltmeere.

1 Franz Kurowski: Im Reich der Delphine (1981)
2 Franz Kurowski: Diamanten auf dem Meeresgrund (1981)
3 Franz Kurowski: Untersee-Schleppzug spurlos verschwunden (1981)
4 Franz Kurowski: S.O.S. von Atlantic City (1982)
5 Franz Kurowski: Jagd auf die Handelspiraten (1982)
6 Franz Kurowski: Ölpest-Alarm vor Südamerika (1982)
7 Franz Kurowski: Hilferuf der Silberdelphine (1983)
8 Franz Kurowski: Nordseestation Alpha – Tödliches Gift (1983)

Flaming Bess

Taschenbuchserie in der Reihe SF-Abenteuer beim Bastei Verlag, Bergisch Gladbach (ab 1986).

Flaming Bess sucht mit ihren Freunden die Urheimat der Menschheit, die Erde. Die Grundidee stammt von Thomas Ziegler (alias Rainer Zubeil) und Wolfgang Neumann, die Romane schrieb Thomas Ziegler. Der Zyklus ist auf insgesamt neun Bände angelegt.

1 (23059) Das Erbe der Erde (1986)
2 (23060) Wo die Echse herrscht (1986)
3 (23061) Gefangene der Schattenwelt (1986)
4 (23063) Das Grauen an Bord (1987)
5 (23065) Raumfestung Arak-Nor (1987)

Flash Gordon

Taschenbuch-Serie im Bastei Verlag, Bergisch Gladbach: 1978–1984.

Flash Gordon, ursprünglich Held eines Comic Strips von Alex Raymond, erlebte seine Transformation zum Romanhelden 1978. Autor der ersten Bände war Ron Goulart unter dem Pseudonym Con Steffanson, doch bald übernahm ›Flash Gordon‹ höchstpersönlich die Autorenschaft seiner Lebensgeschichte. Die einzelnen Bände erschienen innerhalb der SF-Taschenbuch-Reihe des Bastei Verlages und waren nicht als eigenständige Serie ausgewiesen.

21103 Con Steffanson/Alex Raymond: Flash Gordon und die Löwenmenschen
(1978) FLASH GORDON: THE LION MEN OF MONGO
21108 Con Steffanson/Alex Raymond: Flash Gordon und die Harmonie des Todes
(1978) FLASH GORDON: THE PLAGUE OF SOUND
21112 Con Steffanson/Alex Raymond: Flash Gordon und der Weltraum-Zirkus
(1978) THE SPACE CIRCUS
21119 Con Steffanson/Alex Raymond: Flash Gordon und die Zeitfalle (1979)
FLASH GORDON AND THE TIME TRAP OF MING XIII
23013 Flash Gordon: Das Jahrtausend-Erbe (1982) MASSACRE IN THE 21ST CENTURY
23018 Flash Gordon: Krieg der Zitadellen (1983) WAR OF THE CITADELS

Frank Kenney

Heftserie in der Verlagsanstalt Dreyer, Berlin Bispingen (1–5), Verlag Drei Heinzelmännchen, Weinheim und Hamburg (6–45), und Märtius, Hamburg (46/47), in den Jahren 1949–1951.

Frank Kenney ist der typische Abenteurer/Detektiv der späten 40er Jahre, der oft auch für unsere Tage phantastische Erlebnisse hat.

Autor dieser Serie – wie auch der Serie ›Jo Marson‹ – war Wilhelm Löbsack, früherer Danziger Gaupropagandaleiter.

Frank Will – Der Meister der Maske

Heftserie aus dem Pinguin Verlag Werner Neumann Bensel, Berlin/
Hamburg: 1949–1950.

Kriminalromanserie mit deutlichen SF-Elementen, Verfasser John
Garden.

Hanns Hart – Tollkühne Abenteuer eines deutschen Seemannes in aller Welt

Heftserie im Verlag Volksbücherei, Goslar: 1951.

Eine Abenteuerserie mit deutlichem SF-Element, in dem ein
deutsches U-Boot von seiner Besatzung zu einem Atoll in der Südsee
gebracht wird. Dort gründen die Seeleute ein eigenes Staatswesen,
das ›Deutsche Atoll‹. Nach Einstellung der Heftserie erschienen in
mehreren Leihbuchverlagen etwa 91 Leihbücher, die sich mit
demselben Thema beschäftigten. Auch unter diesen Leihbüchern
waren eine ganze Reihe mit deutlichen SF-Elementen.

Hans Stark, der Fliegerteufel

Kleinformatige Heftserie aus dem Verlag Willi Pinkert, Berlin:
1914 (1 – 30) und 1919 (31 – 38).

Vor dem Beginn des Ersten Weltkrieges wurde mit der Herausgabe dieser Serie begonnen, für die der Verlag mit folgendem Text warb:
»Hans Stark, der Fliegerteufel! So nennt sich unser Held, der in genialer Weise als König der Lüfte das Flug-Problem gelöst hat. Hans Stark, der kühne, unerschrockene deutsche Jüngling, der als Pionier auf dem Gebiete der Fliegekunst bahnbrechend wirkt, ist in Wirklichkeit ein Held. Mit seinem Fliegerteufel, einem selbstkonstruierten Apparat von geheimnisvoller Technik, der die fünffache Geschwindigkeit der Expreßzüge erreicht, der mit wunderbaren Batterien gespeist und in Betrieb gesetzt wird, der seine Flügel einziehen kann, wie der Vogel in der Luft, der Tod und Verderben sprüht, wenn sein Besitzer es wünscht, führt Hans Stark unsere lieben Leser in ferne Welten, ... Hans Stark, der deutsche Held, kämpft für das Edle und Gerechte, er liegt in Fehde mit denen, die das Böse wollen...«
Trotz dieses Anspruches ereilte auch diese Serie das Schicksal der anderen ›Schundserien‹, sie wurde von den Wehrkreiskommandos verboten. So erschienen 30 Hefte, und erst 1919, nach dem Ende des Ersten Weltkrieges, versuchte der Verlag mit den Heften 31 – 38 an den früheren Erfolg anzuknüpfen. Der Serie war allerdings kein langes Leben mehr beschieden.
Der Autor, nach der Werbung des Verlages ein »beliebter und bekannter Schriftsteller, der nur einwandfrei schreibt«, ist unbekannt.

Harmagedon

Die sensationelle Zukunfts-Roman-Reihe.

›Heftserie‹ im Zwerg Verlag, Dillingen, Hamburg: 1949.

Harry Franks Abenteuer

1946 im Verlag M. Ludwig, Innsbruck in zwei Auflagen, eine dritte erfolgte 1947 in der Eidgenössischen Verlags- und Vertriebs GmbH, Basel.

Harry West

Kleinformatige Heftserie in der Edition Scala, Wien: 1950.

Abenteuerserie mit deutlichem SF-Element von René Enders.

1 Luftpiraten
2 Feuer im Meer
3 Unheimliche Fracht
4 Der Silberpfeil

Der Herr der Welt

Heftserie aus dem Verlag Maximilian Kraemer, Wien: 1952.

Als Sonderheft Nr. 1 der Serie ›Die Welt der Abenteuer‹ – in der die ›Bob Barring‹-Hefte erschienen – wurde mit der Herausgabe einer utopischen Romanreihe von Karl Hans Koizar begonnen. Allerdings erschien schon das unter dem Titel ›Das Geheimnis der fliegenden Untertassen‹ angekündigte zweite Heft nicht mehr.

1 Der Unsichtbare von Sun Springs

Im Flugzeug um die Welt

Kleinformatige Heftserie im Verlag moderner Lektüre, Berlin: 1924.

Abenteuerliche Heftserie mit SF-Elementen. Bei dem nicht genannten Verfasser handelt es sich um Walther Kabel, einen überaus fruchtbaren Autor. Er hat auf allen Gebieten der Unterhaltungsliteratur gearbeitet und dabei immer wieder auch utopisch-phantastische Elemente verwendet – insbesondere bei seinem Lieferungsroman ›Der Goldschatz der Azoren‹.

1 Eine Menschenjagd
2 Das Geheimnis des Schilfsees
3 Die Elefantenjagd Lord Seltors
4 Ein geheimnisvoller Freund
5 Von Löwen belagert
6 Der brennende Erdteil
7 Das leuchtende Schiff
8 Das Floß der Toten
9 Die Welt der Finsternis
10 Das Ende der ›Shallow‹
11 Die Insel der Verdammten
12 Die Grotte der Rätsel
13 Die seltsamen Zeichen
14 Der rauchende Berg

Im Radio-Club –
Aus dem Tagebuch des Ingenieurs Joe West

Kleinformatige Heftserie im Verlagshaus für Volksliteratur und Kunst, Berlin: ca. 1925/1926.

Eine Heftserie, in der der ungenannte Verfasser die Möglichkeiten – auch die zum damaligen Zeitpunkt noch utopisch anmutenden Möglichkeiten – des Radios darstellt. So stellte der Verlag die Serie den Lesern mit folgendem Text vor: »Eine Heftreihe über die Wunder der modernen Technik. Man braucht sich nicht mit der Kühnheit eines Jules Verne in die Regionen des Unerschlossenen zu verlieren, das durchaus Mögliche und Tatsächliche, die Großtaten der Ingenieurkunst und die oft wahrhaft wie Feenmärchen anmutenden geheimnisvollen Naturkräfte, die der Mensch sich dienstbar machte, bieten des Überraschenden genug.«

Jack Nelson vom Tric-Trac-Tric

Großformatige Heftserie im Mignon Verlag, Dresden: 1925 – 1926.

Bei dieser Heftserie handelt es sich um das erste Beispiel einer in der Zukunft angesiedelten Handlung. Alle übrigen Serien spielten – bei allen verwendeten utopisch-phantastischen Elementen – bis dato immer in der Gegenwart. Für diese Serie aber warb der Verlag:

»1999 – an der Schwelle eines neuen Jahrtausends stehen wir! Neue Menschen leben, neue Menschen, die sich – ob gut, ob böse – alle Errungenschaften der Wissenschaft und der Technik zu eigen gemacht haben. Der Gewaltigste unter diesen neuen Menschen ist Jack Nelson vom Tric-Trac-Tric.«

1   Joe Morris: Der verschwundene Schnellzug
2   Stanley Hyne: Der Todescowboy
3   K. Harrison: Der Bund der Fälscher
4   Der rote Domino (Verfasser nicht genannt)
5   Donald Blake: Die Schmuggler von Rio di Santo
6   James Gibson: Der Spielteufel
7   Ein furchtbarer Schuldner (Verfasser nicht ermittelt)
8   Der Reiter um Mitternacht (Verfasser nicht ermittelt)
9   C. J. Brooke: Der König der Tipser
10 James Gibson: Der Warenhausschrecken
11 Stanley Hyne: Der Bund der Drei
12 K. Harrison: Im 200-Kilometertempo!
13 Donald Blake: K.o.!
14 Ralph Yorke: Der Wucherer von Blackfleet
15 Pit Green: Die auferstandene Daisy Count
16 Orville Smith: Der Eisenbahnräuber von Texas
17 Bert Manderson: Dem Wahnsinn entgegen
18 C. J. Brooke: Um Gold und Liebe
19 Die Goldsendung des Dampfers ›Gulliver‹ (Verfasser nicht ermittelt)
20 James Gibson: Das flammende Auto
21 Stanley Hyne: Der Kerker im Michigan-See
22 K. Harrison: Der lebende Tote
23 Donald Blake: Die Lumpensammler von New York
24 Ralph Yorke: Die letzte Stunde der Tänzerin Tavani
25 Bert Manderson: Der Schatten auf dem Meere
26 C. J. Brooke: Der Panzermensch
27 Ericson Stackpol: Das Phantom von Schloß Ditmoore
28 v. Besser: Um ›Black Man‹, das Rennpferd
29 James Gibson: Die Höhle des Grauens
30 Stanley Hyne: 100000 Dollar Belohnung

Jan Mayen

Heftserie im Verlag A. Bergmann, Leipzig: 1936 – 1938. Autor sämtlicher Hefte war Lok Myler (= Paul A. Müller). 1949 – 1950 erschien ein Nachdruck der ersten 10 Bände unter dem Autorennamen Freder van Holk im Utopia Verlag, Backnang. Titel dieser Ausgabe: Jan Mayen – Der Herr der Atomkraft.

Mit dieser Serie versuchte der Autor Paul A. Müller an den Erfolg seiner ›Sun Koh‹-Serie anzuknüpfen. Er wählte ein ähnliches Thema – die Übernahme des durch Spiegel im Weltraum abgetauten Grönlands durch eine Gruppe deutscher Wissenschaftler und Abenteurer –, ohne den Erfolg der ›Sun Koh‹-Serie wiederholen zu können.

Jerry Clifford – König der Lüfte

Heftserie im Verlag Willi Fitz, Wien: 1950.

Eine echte Zukunfts-Heftserie von Rolf Shark – das ist Karl Hans Koizar. Leider erschienen nur 2 Hefte, was möglicherweise auf die äußere Gestaltung zurückzuführen war. Die Hefte hatten keinen eigenen illustrierten Umschlag, sondern waren nur am oberen Rand der ersten Seite mit einer kleinen Titelzeichnung versehen.

Jim Parker

Heftserie im Rahmen der Utopia-Reihe Erich Pabel Verlag, Rastatt: 1953 – 1957.

Jim Parker und sein Freund Fritz Wernicke erforschen die Planeten des Sonnensystems und stoßen in den Tiefen des Alls auf andere Intelligenzen. Ursprünglich brachte die Heftreihe Utopia ausschließlich Parkers Abenteuer, später alternierte die Serie mit abgeschlossenen Romanen. Es wurden die Verlagspseudonyme ›Alf Tjörnsen‹, ›Axel Nord‹, und ›Bert Horsley‹ verwendet. Bei den 4 letzten Heften ist kein Hinweis auf die Serie ›Jim Parker‹ auf dem Umschlag zu finden.

1	Alf Tjörnsen: Starfkolonie Mond
2	Alf Tjörnsen: Die Macht des Unheimlichen
3	Alf Tjörnsen: Panik im Weltall
4	Alf Tjörnsen: Auf dem künstlichen Mond
5	Alf Tjörnsen: Kurierflug nach Orion-City
6	Alf Tjörnsen: Kameraden zwischen Erde und Venus
7	Alf Tjörnsen: Kampf um den Vulkan
8	Alf Tjörnsen: Das lautlose Grauen
9	Alf Tjörnsen: Flucht vor dem Kometen
10	Alf Tjörnsen: Abenteuer in Alaska
11	Alf Tjörnsen: Wettflug zum Abendstern
12	Alf Tjörnsen: In den Dschungeln der Venus
13	Alf Tjörnsen: Entscheidung in Sydney
14	Alf Tjörnsen: Siedler auf fremdem Stern
15	Alf Tjörnsen: Das Rennen der Raketenfahrer
16	Alf Tjörnsen: Planetoid Luzifer
17	Alf Tjörnsen: Bazillus L 13
18	Alf Tjörnsen: Verräter im Mondwerk
19	Alf Tjörnsen: Spione vom Mars?
20	Alf Tjörnsen: Der Wettermacher von Teneriffa
21	Alf Tjörnsen: Der schwarze Mond
22	Alf Tjörnsen: Sturm über In-Salah
23	Alf Tjörnsen: Das Sanatorium des Teufels
24	Alf Tjörnsen: Gespenster im Weltraum
25	Alf Tjörnsen: Station »Olivia«
26	Alf Tjörnsen: Schiffbruch im Sonnensee
27	Alf Tjörnsen: Jagd auf Mexas
28	Alf Tjörnsen: Uran-Fieber
29	Alf Tjörnsen: Hölle Merkur
30	Alf Tjörnsen: Atomspionage
31	Alf Tjörnsen: Katastrophe am Nil
32	Alf Tjörnsen: Atombomben im Weltraum
33	Alf Tjörnsen: Absturz im Morgengrauen
34	Alf Tjörnsen: Unternehmen Titan
35	Alf Tjörnsen: Das geheimnisvolle Raumschiff
36	Alf Tjörnsen: Robotflugzeug XM-9
37	Alf Tjörnsen: Der Stern der Wunder
38	Alf Tjörnsen: Signale aus dem All
39	Alf Tjörnsen: Angriff auf Orion City
40	Alf Tjörnsen: Der Kriegsplanet
41	Alf Tjörnsen: Marsfeuer
42	Alf Tjörnsen: Angriff auf Luna IV
43	Alf Tjörnsen: Verbrechen auf Japetus?
44 (48)	Alf Tjörnsen: Sturz in die Unendlichkeit
45 (51)	Alf Tjörnsen: Jim und seine besten Jungen
46 (54)	Alf Tjörnsen: Die Kugeln der Uraniden

Jim Strong

Heftserie im Jim Strong Verlag, Konstanz: 1950 – 1951, bzw. im Jim Strong Verlag, Kreuzlingen (später Zürich): 1950 – 1952.

In dieser Krimiserie mit starken SF-Elementen kämpfen der Titelheld und sein Begleiter gegen Superschurken, insbesondere gegen Dr. Satan, der wie in den entsprechenden Comics über eine Vielzahl modernster Geräte verfügt.

Jim Strong Abenteuer

Heftserie im Jim Strong Verlag, Zürich: ca. 1945-1946.

Es handelt sich hierbei um eine frühere Schweizer Ausgabe, die im wesentlichen – abgesehen von einigen Namens- und Titeländerungen – der späteren Ausgabe entspricht. Jedoch hat diese Ausgabe andere Titelbilder und eine andere Nummerfolge. Außerdem wird die Nebenfigur in dieser Ausgabe nicht Frank Kelly, sondern John Kling genannt.

Die Hefte 40 – 200 sind wahrscheinlich nicht erschienen.

John Cliff – Der Weltreporter

Querformatige Heftserie im Jupiter Verlag, Darmstadt: 1955.

In dieser Heftserie von einem unbekannten Verfasser starten die Hauptpersonen bereits im ersten Heft zum Mond. Das angekündigte zweite Heft ›Die Station auf dem Mond‹ ist aber bereits nicht mehr erschienen.

John Webb's phantastische Erlebnisse

Heftserie im Jupiter Verlag, Berlin/Traisa: 1950.

In dieser Heftserie von Fred K. Elin wird dem Abenteurer John Webb von einem tibetanischen Lama eine überaus praktische Gabe verliehen: Immer wenn er in Gefahr schwebt, wird er unsichtbar.

Jo Marson

Heftserie im Karl Thom Verlag, Hagen: 1951.

Kapitän Mors, der Luftpirat

Heftserie aus dem Grawa Verlag, Köln (1) bzw. Anker Verlag, Eulenthal: 1948.

Diese Heftserie von Frank Astor, das ist Oscar Herbert Breucker, wurde den Lesern mit folgendem Text angepriesen: »Das brennendste Problem der Gegenwart – Fortbestand der Kultur oder Vernichtung der Menschheit durch die unaufhaltsame Weiterentwicklung der Technik – behandelt die außergewöhnliche Romanfolge.«

Kapitän Mors und sein Kampf um das Urangeheimnis. Dabei zielte der Verlag oder der Autor offensichtlich darauf ab, bei den Lesern den Eindruck zu erwecken, es handele sich um eine Neuausgabe der berühmten Vorkriegsserie ›Der Luftpirat und sein lenkbares Luftschiff‹.

Kennwort P

Buchserie im Herder Verlag, Freiburg: 1979/80.

Im Zentrum des Geschehens steht die ›Gesellschaft für positives Handeln‹, die weltweit versucht, GAUs zu verhindern. Hinter dem Pseudonym Nick Norden steckt der Autor der SF-Serie *Mark Brandis*, Nikolai von Michalewsky.

1 Nick Norden: Feuerprobe in Kalkutta (1979)
2 Nick Norden: Letzte Chance vor Beirut (1979)
3 Nick Norden: Geh und rette Assuan (1980)
4 Nick Norden: Keine Straße nach Wanjanga (1980)

Der Klub der Abenteurer

Heftserie aus dem Metropol, Zeitungs- und Zeitschriftenverlag, Wien: 1949–1951.

Bei dieser Heftserie werden potentielle Selbstmörder für außergewöhnliche, überaus gefährliche Abenteuer eingesetzt. Natürlich führen diese Abenteuer immer zum Happy-End. In vielen Heften wird zu Elementen des Utopisch-phantastischen gegriffen.

1 Hel Reiner: Frauen am Scheiterhaufen
2 Hel Reiner: Die Todesrakete
3 Hel Reiner: Die Amazonen von Paytiti
4 Hel Reiner: Der Teufel von Seralan
5 Hel Reiner: Der Unsichtbare
6 Lenardo Piccozza: Das Geheimnis der ewigen Nacht
7 Lenardo Piccozza: Die Felsen der Götter
8 Lenardo Piccozza: Das vergessene Leben
9 Lenardo Piccozza: Atombombe an Bord
10 Lenardo Piccozza: Der Berg der Vernichtung
11 Lenardo Piccozza: Einer muss der Mörder sein
12 Lenardo Piccozza: Befehl aus dem Dunkel
13 Lenardo Piccozza: Der Mann mit dem Teufelshirn
14 Lenardo Piccozza: Der Tod auf Schloss Monteferro
15 Lenardo Piccozza: Die gelbe Pest
16 Lenardo Piccozza: Der Narr von Kilfenoro
17 Lenardo Piccozza: Die verhängnisvollen Diamanten
18 Lenardo Piccozza: Die Schatzkammer des Todes
19 Lenardo Piccozza: Der schwarze Citroen

Lee Casimir

SF-Serie im Boje Verlag, Stuttgart (1970/71), und Hallwag-Verlag, Bern (1972). Der gleiche Handlungshintergrund findet sich auch in Band 20 der ›Hobby‹-Bücherei im Ehapa Verlag.

Abenteuer der näheren Zukunft mit Lee Casimir, dem jungen Agenten der Raumbehörde, erlebt in den Jahren 2035–2038; Ausnahme: der Ehapa-Band spielt im Jahr 2028 und ohne Casimir als Protagonisten.

1. Boje

1 Duell mit der Sonne (1970)
2 Der Mann vom Neptun (1970)
3 Unternehmen »Aldebaran« (1971)

2. Hallwag

Serie ›Menschen und Planeten‹
Hinweis: Es sind nur die Bände 1 und 4 – 6 dieser auf zehn Bücher angelegten Edition
veröffentlicht worden.

1 Der schwarze Planet (1972)
4 Hopkins und sein Mond (1972)
5 Die Spur des Roboters (1972)
6 Es lebe Marsilia (1972)

3. Ehapa

20 Signale vom Jupitermond (1968)

Der Luftpirat und sein lenkbares Luftschiff
ab Heft 94: Der Luftpirat

Heftserie in der Druck- und Verlags-Gesellschaft m.b.H., Berlin,
ab Heft 94 im Verlag moderner Lektüre, Berlin: 1908 – 1911.

Hefte dieser utopisch-phantastischen Serie sind die gesuchtesten in
Sammlerkreisen, weil es die erste ›echte‹ SF-Serie Deutschlands,
vielleicht sogar Europas ist. Von Jules Verne inspiriert, läßt der Autor
den geheimnisumwitterten Kapitän Mors mit seiner aus Indien re-
krutierten Besatzung vielfältige Abenteuer auf der Erde bestehen.
Hierbei benutzt er sein lenkbares Luftschiff, dessen farbige Abbil-
dung die Rückseite der ersten Hefte schmückt. Ganz im Stil der späteren Rißzeichnungen bei Perry Rhodan werden im Heft die einzelnen Teile des Luftfahrzeuges erklärt. Ab Heft 32 werden immer wieder auch Abenteuer im Weltraum geschildert. Hierbei werden alle
gängigen Klischees der späteren Space Operas verwendet. Auf allen
bekannten Planeten und manchem unbekannten Weltkörper erlebt
der Luftpirat Abenteuer mit Marsianern, Venusianern, Kristallrobo-
tern und Ungeheuern. Es wird bis zur Schilderung einer Weltraum-
schlacht zwischen Venusianern und Marsianern und der dabei erfolgten Beschädigung des ›Weltenfahrzeuges‹ durch eine Strahlen-
waffe eigentlich nichts ausgelassen. Ab Heft 32 wurden auf den
Rückseiten der Hefte daher auch zusätzlich abwechselnd das
›Weltenfahrzeug‹ oder die ›Kapitänskajüte‹ abgebildet und im Heft
erklärt. Da die Abenteuer zeitweise regelmäßig abwechselnd auf
der Erde und im Weltraum spielen, liegt die Vermutung nahe, daß

die Serie von zwei – leider unbekannt gebliebenen – Autoren verfaßt wurde. Ob bekannte Schriftsteller wie Oskar Hoffmann oder A. Niemann beteiligt waren, wird sich wohl nicht mehr feststellen lassen.

Ab Heft 94, mit der endgültigen Übernahme durch den Verlag moderner Lektüre, entfallen die Farbabbildungen auf der Rückseite, um für folgende Werbung Platz zu machen:

»Der Luftpirat. Kapitän Mors, der Mann mit der Maske, und sein geheimnisvolles lenkbares Luftschiff. Als Jules Verne vor Jahren in seinen phantasievollen Romanen einen Blick in die Zukunft bot und dem Leser die Wunder des Meeresbodens und die Geheimnisse der Lüfte erschloß, da begegneten seine Schilderungen noch manchem zweifelnden Kopfschütteln. Heut sind die Phantasien Vernes zu Tatsachen geworden. Und wie einst Vernes geheimnisvoller Kapitän Nemo mit seinem Unterseeboot die Meere beherrschte, so beherrscht Kapitän Mors mit seinem geheimnisvollen Fahrzeug die Luft. Und die Welt nennt ihn den Luftpiraten. Warum wohl? Kapitän Mors entreißt denen, die nur mit der Macht des Kapitals enorme Reichtümer zusammenscharren, ihre Schätze und verteilt dieselben an Arme und Elende. So lindert er Not und Elend mit diesen Schätzen. Der Luftpirat beschützt die verfolgte Unschuld, er bestraft heimtückische Verbrecher, er taucht auf und verschwindet spurlos wie ein Schatten. Niemand weiß, wer er ist und woher er gekommen ist. Für den Luftpiraten gibt es kein Hindernis. Mit seinem Luftschiff erforscht er die unbekanntesten Länder, die furchtbarsten Wildnisse, nichts bleibt ihm verborgen. Tausend Feinde trachten ihm nach dem Leben und wollen sein Wunderwerk, das lenkbare Luftschiff, zerstören, doch Mors nimmt den Kampf mit seinen übermächtigen Feinden auf. Eine Kette der wunderbarsten Abenteuer, die je ein Mensch erlebt, zieht vor den Augen der Leser vorüber. Reich an packenden Situationen, phantasievoll in der Schilderung und gewaltig in der Ausführung, bilden die Erlebnisse des Luftpiraten eine unterhaltsame und belehrende Lektüre.«

Ab Heft 111 wurden statt der farbigen Titelbilder schwarzweiße Abbildungen mit einem farbigen Rahmen verwendet. Nach 165 Heften wurde die Serie eingestellt. Dennoch müssen noch zahlreiche Hefte in Leserkreisen zirkuliert sein, denn bei den berüchtigten Umtauschaktionen ›Schund gegen gute Literatur‹ lag der Luftpirat allgemein an der Spitze der eingezogenen Hefte.

Nachdem die Serie wie auch alle anderen Schundhefte im Ersten Weltkrieg von den Wehrkreiskommandos verboten wurde, brachte der Verlag P. Lehmann G.m.b.H., Berlin, im Jahre 1914 eine Neuausgabe unter dem Titel ›Der Fliegerteufel‹ heraus. Es erschienen die Hefte 65 – 86 des Luftpiraten als Heft 1 – 22 des Fliegerteufels. Das Titelbild blieb unverändert, es wurde lediglich eine neue Titelleiste ›Der Fliegerteufel‹ verwendet. Für den Text wurden die alten Druckstöcke unverändert benutzt, so daß innen immer noch ›Luftpirat 65‹ (usw.) gedruckt steht. Bald mußte aber auch diese Serie eingestellt werden.

Nach dem Ersten Weltkrieg war es dann schon sehr schwer, Hefte dieser Serie aufzutreiben, obwohl sie mit der zweiten Ausgabe und den ›Rißzeichnungen‹ sowie den vom Verlag angebotenen Einbanddecken in ›eleganter Ausführung mit dreifarbigem Bild‹ so erfolgreich war, daß sie neben ›Sun Koh‹ und ›Perry Rhodan‹ wohl als eine der drei wichtigsten utopisch-phantastischen Heftserien im deutschen Sprachraum bezeichnet werden muß.

Die nach 1945 verlegte Serie ›Kapitän Mors der Luftpirat‹ hat mit dem ›Luftpiraten‹ nichts zu tun.

Das Luna-IV-Quartett

Buchserie im W. Fischer Verlag, Göttingen: 1982/83.

Abenteuer einer Gruppe Jugendlicher in der Welt der Zukunft, geschrieben von C. V. Rock alias Kurt Roecken.

Mark Baxter – Der Unsichtbare vom CIA
ab Heft 63: – Geheimagent für große Fälle

Heftserie aus dem Bastei Verlag, Bergisch Gladbach: 1979–1983.

In dieser Agenten-Serie wird ein Wissenschaftler nach einem verunglückten Laser-Experiment zeitweilig unsichtbar. Nach den Serien ›Sir Ralf Clifford‹, ›John Webb‹ und ›Yuma‹ die vierte Serie um Unsichtbarkeit, eine Serie ganz im Sinne der Fernsehserie ›Die Unsichtbare‹ mit David McCallum.

1   (Autor nicht genannt) Die unheimlichen Strahlen (1979)
2   (Autor nicht genannt) Fluchtpunkt Chicago (1979)
3   (Autor nicht genannt) Die Atom-Gangster (1979)
4   (Autor nicht genannt) Der tödliche Engel (1979)
5   (Autor nicht genannt) Die Sekte der Verlorenen (1979)
6   (Autor nicht genannt) Der Super-Spion (1979)
7   (Autor nicht genannt) Die Agenten-Bar (1979)
8   (Autor nicht genannt) Dein Kopf rollt in Rio (1979)
9   (Autor nicht genannt) Liebesgrüße vom Skorpion (1979)
10 (Autor nicht genannt) Die Blüten-Lady (1979)
11 (Autor nicht genannt) Ein Grab in Wien (1979)
12 (Autor nicht genannt) Aktion Dunkelmord (1979)
13 (Autor nicht genannt) Liebe auf russisch (1979)
14 (Autor nicht genannt) Die kubanische Verschwörung (1979)
15 (Autor nicht genannt) Treffpunkt Todesinsel (1979)
16 (Autor nicht genannt) Sterben sollst du im Iran! (1979)
17 (Autor nicht genannt) … dann werde ich dein Henker sein! (1979)
18 (Autor nicht genannt) Der Killer-Satellit (1980)
19 (Autor nicht genannt) Der Tiger von Malaysia (1980)
20 (Autor nicht genannt) Raketenbasis Grüne Hölle (1980)
21 (Autor nicht genannt) Agenten im Weltall (1980)
22 (Autor nicht genannt) Die tödlichen Schläfer (1980)
23 (Autor nicht genannt) Unternehmen Kamikaze (1980)
24 (Autor nicht genannt) Der Satan von Macao (1980)
25 (Autor nicht genannt) Nordpol – Mordpol (1980)
26 (Autor nicht genannt) Mona Lisa darf nicht sterben (1980)
27 (Autor nicht genannt) Ein letzter Gruß aus Moskau (1980)
28 (Autor nicht genannt) Die Atlantikpiraten (1980)
29 (Autor nicht genannt) Panik in der Mafia (1980)
30 (Autor nicht genannt) Im Würgegriff der Vierten Macht (1980)
31 (Autor nicht genannt) Sterben unter heißer Sonne (1980)
32 (Autor nicht genannt) Der Killer-Guru (1980)
33 (Autor nicht genannt) Angst bei der CIA (1980)
34 (Autor nicht genannt) Öl ist dicker als Blut (1980)
35 (Autor nicht genannt) Sanft wie eine Klapperschlange (1980)
36 (Autor nicht genannt) Mordgeflüster in Venedig (1980)
37 (Autor nicht genannt) Hölle am Himalaya (1980)
38 (Autor nicht genannt) Das Hotel der Spione (1980)
39 (Autor nicht genannt) Blutiges Wochenende (1980)
40 (Autor nicht genannt) Kaltlächelnd in den Tod geschickt (1980)

Mark Brandis

Buchserie im Herder Verlag, Freiburg (ab 1970).

Mark Brandis im Kampf gegen Despoten und für das Überleben der Menschheit bei von Natur und Möchtegern-Diktatoren verursachten Katastrophen.

Mark Powers – Der Held des Weltalls

Heftserie im Erich Pabel Verlag, Rastatt: 1962–1964 (1967).

Mark Powers war der erste Versuch, sich an den kommerziellen Erfolg von *Perry Rhodan, der Erbe des Universums* anzuhängen. Die Serie wurde nicht nach Exposé geschrieben; jedes Heft behandelte ein abgeschlossenes Abenteuer. Mangelnde redaktionelle Koordination führte dazu, daß die Menschheit in einem Heft eben den Mond erreicht und im nächsten bereits die halbe Milchstraße erforscht hatte, während sie im übernächsten eben erst den Bau einer Raumstation in Angriff nahm. Auch bereits anderweitig veröffentlichte Romane der Autoren wurden in die Serie integriert: man tauschte dabei lediglich die Namen der Protagonisten aus. Die *Mark Powers*-Autoren (die ersten Bände erschienen anonym) waren: Freder van Holk (Paul A. Müller), W. P. Hoffmanns, Alf Tjörnsen (Richard J. Rudat u. a.), Axel Nord (VP), W. W. Shols (Winfried Scholz), Jeff Mescalero (Hermann Peters), H. G. Francis (Hans Günter Franziskowsky), Manfred Wegener, Peter Theodor (Peter Krämer), Jay Grams (Jürgen Grasmück) und J. E. Wells (Eberhard Seitz).

Die ersten 17 Hefte erschienen innerhalb der Reihe Utopia-Zukunft.

Von 1962–1964 war *Mark Powers* eine eigenständige Publikation; von 1964–1967 erschien die Serie wieder innerhalb der Utopia-Zukunft-Hefte.

Mark Powers im Utopia-Zukunftsroman

320 (Freder van Holk): Raumschiff im Strahlensturm (1962)
322 (I. v. Steen): Moores neue Sonne (1962)
324 (Freder van Holk): Die Gluthölle des Transpluto (1962)
326 (Freder van Holk): Tonband vom Prokyon (1962)
328 (Freder van Holk): Hexenkessel Titan (1962)
330 (Freder van Holk): Die Roboter von Nova Atlantis (1962)
332 (E. Köhler): Roboter-Intrigen (1962)
334 (I. v. Steen): Rechenzentrum Omnivac (1962)
336 (W. P. Hoffmanns): Die goldene Pest (1962)
338 (Freder van Holk): Rätsel der Mikrowellen (1962)
340 (Freder van Holk): Diamanten der Sonne (1962)
342 (J. E. Wells): Atomfluch im Blut (1962)
344 (Freder van Holk): Raketenstützpunkt Celiagus (1962)
346 (J. E. Wells): Die Maschinen von Elgaron (1962)
348 (Jay Grams): Zwischen brennenden Planeten (1962)
350 (I. v. Steen): Notschrei aus der Zukunft (1962)
352 (H. G. Francis): Die schlafende Gefahr (1962)

Mark Powers als eigenständige Serie

1   (J. E. Wells): Sklavenhölle Jupiter (1962)
2   (Freder van Holk): Der Diktator aus dem Weltall (1962)
3   (Peter Theodor): Todesschatten über Sol (1962)
4   (Jay Grams): Die Marionetten der 4. Dimension (1962)
5   (Erika Müller): Kreise des Schreckens (1962)
6   (H. G. Francis): Wettkampf zwischen den Planeten? (1962)
7   (I. v. Steen): Fluch der Intelligenz (1962)
8   (W. W. Shols): Mord ohne Waffe (1962)
9   (Freder van Holk): Brandfackel aus dem Kosmos (1962)
10 (H. G. Neubert): Die Süchtigen von Orkos (1962)
11 (H. G. Francis): Unsichtbare Eindringlinge (1962)
12 (Staff Caine): Der tödliche Ring (1962)
13 (J. E. Wells): Tödliche Dürre (1962)
14 (W. P. Hoffmanns): Das unsichtbare Grauen (1962)
15 (J. E. Wells): Planet der Gespenster (1962)
16 (Freder van Holk): Der Plan des Unsterblichen (1962)
17 Alf Tjörnsen: Uran und Gespenster (1962)
18 W. P. Hoffmanns: Die Percy Yonkers-Invasion (1962)
19 Alf Tjörnsen: Das Institut des Satans (1962)
20 Jeff Mescalero: Zweimal »Sunball« (1962)
21 Alf Tjörnsen: Feuerprobe (1963)
22 Alf Tjörnsen: Aufruhr auf Venus (1963)
23 Jeff Mescalero: Sporen der Vernichtung (1963)
24 Axel Nord: Schrecken der Urru (1963)
25 Axel Nord: Furcht vor dem weißen Mond (1963)
26 Peter Theodor: Tor zur anderen Welt (1963)
27 H. G. Francis: Der unheimliche Test (1963)
28 W. W. Shols: Sieben kamen von I-Ola-Kar (1963)
29 Alf Tjörnsen: Stützpunkt Kallisto (1963)
30 W. P. Hoffmanns: Der Tod aus dem Hyperraum (1963)
31 M. Wegener: Der Zeitverbrecher (1963)
32 Jeff Mescalero: Im Zentrum der Galaxis (1963)
33 Alf Tjörnsen: Planet der Finsternis (1963)
34 Alf Tjörnsen: Transpluto schlägt zu (1963)
35 Peter Theodor: Notruf an die Vergangenheit (1963)
36 H. G. Francis: Aktion Bantum (1963)
37 Jeff Mescalero: Der Entartete der sieben Sonnen (1963)
38 W. W. Shols: Postlagernd Hesperos City 3000 (1963)
39 Axel Nord: SOS vom achten Saturnmond (1963)
40 M. Wegener: Das Ende der Menschheit? (1963)
41 H. G. Francis: Sangars große Stunde (1963)
42 Jeff Mescalero: Die gnadenlose Sonne (1963)
43 W. P. Hoffmanns: Die seelenlose Armee (1963)
44 H. G. Francis: Das Geheimnis von Wega IX (1963)
45 Alf Tjörnsen: Tod den Terranern! (1963)
46 Peter Theodor: Furchtbare Hinterlassenschaft (1963)
47 Jeff Mescalero: Vergessen auf Thuum (1964)
48 W. W. Shols: Hilferuf von Kanopus (1964)

Mark Powers im Utopia-Zukunftsroman

404 M. Wegener: Wettlauf mit dem Tod (I/II) (1964)
406 W. W. Shols: Station des Schreckens (1964)

MESS MEND oder Die Yankees in Leningrad

Heftserie des Verlages Moderner Verlag, Wien: 1924.

Der erste und wohl einzige Versuch, einen frühen sowjetischen Zukunftsroman als Heftserie im deutschen Sprachraum herauszubringen. Die angeblich von einem Jim Dollar geschriebenen Hefte wurden von Marietta Šageman verfaßt, erwähnt auch von Darko Suvin. Von der Heftserie sind bis heute nur 4 Hefte nachgewiesen, obwohl die entsprechende Buchausgabe 1925 einen Umfang von III + 191 Seiten hatte. Daneben erschien auch noch ein Sonderheft von Ren. T. Marc ›Mess Mend der Leiter der deutschen Tscheka‹. Die Titelbilder der Hefte 2 – 4 sind Collagen, möglicherweise von John Heartfield. Im Jahre 1987 kam eine Neuausgabe des Buches im Anabas Verlag, Berlin, heraus.

Mondstation 1999

Taschenbuch-Serie im Bastei Verlag, Bergisch Gladbach: 1978.

Bücher zur Fernsehserie ›Mondbasis Alpha‹, verfaßt vom britischen Autor Michael Butterworth, später fortgesetzt von den deutschen Autoren H. W. Springer, Kurt Brand und M. F. Thomas. Drei weitere Bände mit den gleichen Protagonisten erschienen im Verlag J. Breitschopf, Wien.

25005 Michael Butterworth: Die Zeitattacke (1978) THE TIME FIGHTERS
25006 Michael Butterworth: Kampf um die Zukunft (1978) THE EDGE OF THE INFINITE
25007 H. W. Springer: Das Andromeda-Rätsel (1978)
25008 H. W. Springer: Das Erbe der Roboter (1978)
25009 H. W. Springer: Die Ewigen von Luna (1978)
25010 H. W. Springer: Invasion der Esper (1978)
25011 Kurt Brand: Aktion Exodus (1978)
25012 M. F. Thomas: Der Stahlplanet (1978)

Breitschopf-Titel:

W. Klesl/V. Straub: In den Fängen der Außerirdischen; Wien/München/Zürich: 1971
Y. M. Loiseau: Die Mauer der Kälte (LE MUR DE FROID); Wien/München/Zürich: 1974
John Rankine: Unbekannte Invasoren (MOON ODYSSEY); Wien/München/Zürich: 1975

Omega 2

Buchserie im Loewes Verlag, Bayreuth: 1982 – 1983.

Drei Jugendliche im Kampf gegen Raumpiraten und Superkapitalisten. Geschrieben von Nikolai von Michaelwsky, dem Autor der erfolgreichen SF-Serie *Mark Brandis*, unter dem Pseudonym Bo Anders.

1 Omega 2 im Bannkreis der Venus (1982)
2 Omega 2 und der Planet der Verschollenen (1983)

Orion Heftromane

Heftserie im Erich Pabel Verlag, Rastatt: 1976 – 1983.

Die ersten 35 Bände der Abenteuer des Raumschiffes *Orion* erschienen im Zeitraum von 1968 – 1970 als Taschenbuchserie im Arthur Moewig Verlag, München. Band 1 – 41 wurden innerhalb der Heftreihe *Terra Astra* nachgedruckt. Ab 1976 wurde *Raumschiff Orion* eine eigenständige Serie, die mit Band 82 (1978) erneut in *Terra Astra* integriert wurde.

1 Hans Kneifel: Angriff aus dem All (1976)
2 Hans Kneifel: Planet außer Kurs (1976)
3 Hans Kneifel: Die Hüter des Gesetzes (1976)
4 Hans Kneifel: Deserteure (1976)
5 Hans Kneifel: Kampf um die Sonne (1976)
6 Hans Kneifel: Die Raumfalle (1976)
7 Hans Kneifel: Invasion (1976)
8 Hans Kneifel: Die Erde in Gefahr (1976)
9 Hans Kneifel: Planet der Illusionen (1977)
10 Hans Kneifel: Wettflug mit dem Tod (1977)
11 Hans Kneifel: Schneller als das Licht (1977)

65 H. G. Ewers: Spukschloß im All (1978)
66 Hans Kneifel: Botschaft aus dem Jenseits (1978)
67 Harvey Patton: Welt der Vulkane (1978)
68 Harvey Patton: Planet der Amazonen (1978)
69 Horst Hoffmann: Bote des Infernos (1978)
70 Hans Kneifel: Besucher aus Atlantis (1978)
71 Hans Kneifel: Die Königin von Mu (1978)
72 Horst Hoffmann: Magnetische Stürme (1978)
73 Harvey Patton: Wächter im Weltall (1978)
74 Horst Hoffmann: Welt für Anfänger (1978)
75 H. G. Ewers: Kosmische Parasiten (1978)
76 Hans Kneifel: Sieben Siegel zum Nichts (1978)
77 Hans Kneifel: Sternenstadt (1978)
78 Harvey Patton: Katakomben der Götter (1978)
79 Horst Hoffmann: Sonnenwalzer (1978)
80 Harvey Patton: Projekt Achterbahn (1978)
81 Hans Kneifel: Fürst der Dunkelheit (1978)

Raumschiff Orion in Terra Astra

(356) 82 Horst Hoffmann: Sternenkind (1978)
(360) 83 Horst Hoffmann: Signale vom Transpluto (1978)
(364) 84 Hans Kneifel: Tor zur Hölle (1978)
(368) 85 Hans Kneifel: Nacht über Terra (1978)
(372) 86 Harvey Patton: Schicksalskreis Stonehenge (1978)
(376) 87 Horst Hoffmann: Operation Alpha Centauri (1978)
(380) 88 H. G. Ewers: Quarantänewelt (1978)
(384) 89 Hans Kneifel: Brücke ins All (1978)
(388) 90 Horst Hoffmann: Lagrange-Punkt 15 (1978)
(392) 91 Harvey Patton: Zeitreisende wider Willen (1978)
(396) 92 Horst Hoffmann: Projekt Göttersaga (1978)
(400) 93 H. G. Ewers: Tödliche Programmierung (1979)
(404) 94 Harvey Patton: Allein im Weltraum (1979)
(408) 95 Hans Kneifel: Komet aus der Vergangenheit (1979)
(412) 96 Hans Kneifel: Welt im Nirgendwo (1979)
(416) 97 H. G. Ewers: Traum-Party (1979)
(420) 98 Horst Hoffmann: Planet der Rätsel (1979)
(424) 99 Harvey Patton: Im Zeichen der Götter (1979)
(428) 100 H. G. Ewers: Zeitfaktor unbekannt (1979)
(432) 101 Horst Hoffmann: Galaxis der toten Sterne (1979)
(436) 102 Horst Hoffmann: Fischer der Sternenwüste (1979)
(440) 103 Horst Hoffmann: Bewohner des Hades (1980)
(444) 104 Hans Kneifel: Wächter des kosmischen Rätsels (1980)
(448) 105 Horst Hoffmann: Heimstatt des Goldenen Eies (1980)
(452) 106 H. G. Ewers: Feind aus dem Dunkel (1980)
(456) 107 Harvey Patton: Kampfstation Baratha (1980)
(460) 108 Hans Kneifel: Agenten auf Atlantis (1980)
(464) 109 Horst Hoffmann: In Sklavenketten (1980)
(468) 110 Hans Kneifel: Die Saat des Drachen (1980)
(472) 111 Harvey Patton: Unnfayers Geheimnis (1980)
(476) 112 Horst Hoffmann: Festung im Hyperraum (1980)
(480) 113 Horst Hoffmann: Tod von Saturn (1980)
(484) 114 Hans Kneifel: Spieleinsatz Erde (1980)

(488)   115 H. G. Ewers: Welt der Gespenster (1980)
(492)   116 Harvey Patton: Thors Hammer (1981)
(496)   117 Horst Hoffmann: Welt der Zombies (1981)
(500)   118 H. G. Ewers: Die Sicherheitsschaltung (1981)
(504)   119 H. G. Ewers: Ring des Verderbens (1981)
(508)   120 Harvey Patton: König Kenukai (1981)
(512)   121 Hans Kneifel: Wrack von Magellan (1981)
(516)   122 Horst Hoffmann: Winterplanet (1981)
(520)   123 Harvey Patton: Langzeitwaffe Todeskristall (1981)
(524)   124 Hans Kneifel: Schiff des Satans (1981)
(528)   125 H. G. Ewers: Sirenengesang (1981)
(532)   126 Horst Hoffmann: Verschollen auf Swamp (1981)
(536)   127 Horst Hoffmann: Station des Satans (1981)
(540)   128 Harvey Patton: Zuflucht im All (1982)
(544)   129 Hans Kneifel: Nandur und das Raubtier (1982)
(548)   130 H. G. Ewers: Die Plasma-Festung (1982)
(552)   131 H. G. Ewers: Nandurs Geheimnis (1982)
(554)   132 Horst Hoffmann: Entdeckung auf Dusty (1982)
(558)   133 Harvey Patton: Kinder der Parallelwelt (1982)
(560)   134 Hans Kneifel: Die Erde verschwindet (1982)
(564)   135 H. G. Ewers: Die Eroberer (1982)
(566)   136 Horst Hoffmann: Der Weg nach Amalh (1982)
(570)   137 Harvey Patton: Mission im Mikrokosmos (1982)
(572)   138 Hans Kneifel: Ein Hauch von Zukunft (1982)
(576)   139 H. G. Ewers: Ruf aus Praesepe (1982)
(578)   140 Horst Hoffmann: Der Fünferrat (1982)
(582)   141 H. G. Ewers: Expedition (1983)
(584)   142 Hans Kneifel: Im Gedankennetz (1983)
(588)   143 Horst Hoffmann: Nova (1983)
(590)   144 Hans Kneifel: Die Überlebenden (1983)
(594)   145 H. G. Ewers: Zeitblockade (1983)

Orion Taschenbücher

Taschenbuchserie im Arthur Moewig Verlag, München bzw. Erich Pabel Verlag, Rastatt: 1968–1970.

Nach der erfolgreichen Ausstrahlung der TV-Serie ›Raumpatrouille‹ (Buch: Rolf Honold und ein Autorenteam, das unter dem Gemeinschaftspseudonym W. G. Larsen firmierte) bot sich eine Buchpublikation des Stoffes geradezu an. Hans Kneifel setzte die sechs Original-TV-Drehbücher in die gleiche Anzahl von Taschenbüchern um, fügte 29 selbsterdichtete Folgen hinzu und ließ sich nur einmal von seinem österreichischen Kollegen Ernst Vlcek vertreten. Aufgrund einer sogenannten ›Marktbereinigung‹ wurde die Serie nach 35 Fortsetzungen 1970 eingestellt.

    1972 lebte sie als Heftnachdruck in der Reihe *Terra Astra* wieder auf.

Perry Rhodan – Der Erbe des Universums

Heftserie im Arthur Moewig Verlag, München: 1961–1971.
Ab 1971 im Erich Pabel Verlag, Rastatt.

Am 8. 9. 1961 erschien der erste Band einer SF-Heftserie, deren Dauer und Bestand in der Welt bisher einmalig ist. Was von den Initiatoren Clark Darlton und K. H. Scheer zunächst als etwa drei-ßigbändiger Zyklus geplant war, wurde »getragen vom Funken der Begeisterung« (William Voltz) zum absoluten Dauerbrenner der sechziger, siebziger und achtziger Jahre. *Perry Rhodan – Der Erbe des Universums* hat bis Ende 1986 1323 Folgen erreicht, wurde in ein halbes Dutzend Sprachen übersetzt und erreichte mit einer wöchentlichen Erscheinungsweise in mittlerweile fünf Auflagen (dazu der Nebenserie *Atlan*, den *Perry Rhodan Planetenromanen*, einer über fünfzigbändigen Leihbuchausgabe und einer bearbeiteten Hardcover-Version) mehr als *eine Milliarde* verkaufte Exemplare. Mit dem System des ›ewigen Fortsetzungsromans‹ stieß das Autorenteam in eine Marktlücke, die kein Konkurrenzobjekt zu nehmen verstand. Der Lesereiz, den *Perry Rhodan* auf seine meist jugendlichen Konsumenten ausübt, ist schwer zu erklären. Leserbrief-Untersuchungen haben ergeben, daß hier weniger die von anspruchsvolleren Lesern so beliebten ›Gedankenspielereien‹ als vielmehr das ›absolute Abenteuer‹ gesucht wird. Während die Kritik dem *Perry Rhodan*-Kosmos faschistoide Tendenzen attestiert (wogegen sich die Autoren vehement zur Wehr setzen), scheint dies für die Leser wünschenswert zu sein. Seit der Übernahme der Exposé-Redaktion durch William Voltz (später durch Thomas Ziegler/Ernst Vlcek, danach Kurt Mahr/Ernst Vlcek) haben die hauptsächlich von K. H. Scheer geschätzten Raumschlachten zugunsten eines nebulösen Mystizismus abgenommen. Doch während die Erstauflage neue Wege geht und mehr auf psychologische Elemente zu bauen versucht, verbreiten die Nachdrucke wie eh und je die Gesinnung der Reaktion.

1   K. H. Scheer: Unternehmen Stardust
2   Clark Darlton: Die dritte Macht
3   K. H. Scheer: Die strahlende Kuppel
4   Clark Darlton: Götterdämmerung
5   Kurt Mahr: Atom-Alarm
6   W. W. Shols: Das Mutanten-Korps
7   Clark Darlton: Invasion aus dem All
8   W. W. Shols: Die Venusbasis
9   W. W. Shols: Hilfe für die Erde
10 K. H. Scheer: Raumschlacht im Wega-Sektor
11 Kurt Mahr: Mutanten im Einsatz
12 Clark Darlton: Das Geheimnis der Zeitgruft
13 K. H. Scheer: Die Festung der sechs Monde
14 Clark Darlton: Das galaktische Rätsel
15 Clark Darlton: Die Spur durch Zeit und Raum
16 Kurt Mahr: Die Geister von Gol
17 Kurt Mahr: Planet der sterbenden Sonne
18 Clark Darlton: Die Rebellen von Tuglan
19 K. H. Scheer: Der Unsterbliche
20 Kurt Mahr: Venus in Gefahr
21 Kurt Mahr: Der Atomkrieg findet nicht statt
22 Clark Darlton: Thoras Flucht
23 W. W. Shols: Geheimschaltung X
24 Kurt Mahr: Im Dschungel der Urwelt
25 Kurt Mahr: Der Overhead

Perry Rhodan Planetenromane

Taschenbuchserie im Arthur Moewig Verlag, München: 1964-1971.
Seither im Erich Pabel Verlag, Rastatt.

Noch bevor die *Perry Rhodan*-Heftserie in die zweite Auflage ging, stieg der Arthur Moewig Verlag mit seinem Weltraumhelden im September 1964 ins Taschenbuchgeschäft ein. Damit hatte *Perry Rhodan* auch *Terra*, die Konkurrenz im eigenen Haus, überholt, denn die Großband-Reihe *Terra Sonderband* wurde fast ein Jahr später erst in eine Taschenbuchpublikation umgewandelt. Die *Perry Rhodan Planetenromane* bringen ergänzende Abenteuer zur Heftserie, die durch größere Zeitsprünge in der Entwicklung des ›Solaren Imperiums‹ genügend Freiraum für einzelne Abenteuer lassen. Geschrieben werden die *Perry Rhodan Planetenromane* von der Crew, die auch die Heftserie *Perry Rhodan – Der Erbe des Universums* verfaßt – mit zwei Ausnahmen: K. H. Scheer und Marianne Sydow sind nicht unter den Autoren. Deshalb neigte sich die Waagschale bei den Taschenbüchern, in denen manchmal auch solche Autoren eine Chance erhielten, die an der Heftserie noch nicht mitschrieben, mehr zur ›romantischen‹ Seite. Hans Kneifel verfaßte die meisten Titel. Der Erfolg der *Perry Rhodan Planetenromane* führte 1971 zu einer zweiten, 1978 zu einer dritten Auflage. Beide Nachdruckauflagen wurden im Sommer 1987 mit Nr. 210 bzw. Nr. 99 eingestellt.

1 Clark Darlton: Planet der Mock (1964)
2 Kurt Mahr: Der große Denker von Gol (1964)
3 Kurt Brand: Schatzkammer der Sterne (1964)
4 Clark Darlton: Sturz in die Ewigkeit (1964)
5 H. G. Ewers: Die verhängnisvolle Expedition (1964)
6 Kurt Mahr: Die Tochter des Roboters (1965)
7 H. G. Ewers: Die Zeitspringer (1965)
8 Hans Kneifel: Am Rand des blauen Nebels (1965)
9 William Voltz: Invasion der Puppen (1965)
10 Hans Kneifel: Die goldenen Menschen (1965)
11 Clark Darlton: Im Zentrum der Galaxis (1965)
12 H. G. Ewers: Die Para-Sklaven (1965)
13 Kurt Mahr: Sternkolonie Troja (1965)
14 Hans Kneifel: Die Nacht des violetten Mondes (1965)
15 William Voltz: Ich, Rhodans Mörder (1965)
16 H. G. Ewers: Phantom-Station (1965)
17 Clark Darlton: Der Flug der Millionäre (1965)
18 H. G. Ewers: Raumkapitän Nelson (1965)
19 William Voltz: Die Zone des Schreckens (1966)
20 Hans Kneifel: Das Gesetz der gläsernen Vögel (1966)
21 Kurt Mahr: Das tödliche Paradies (1966)
22 H. G. Ewers: Der Geister-Agent aus dem All (1966)
23 Hans Kneifel: Der Einsame von Terra (1966)
24 Kurt Mahr: Baumeister des Kosmos (1966)
25 William Voltz: Ins Weltall entführt (1966)
26 H. G. Ewers: Die Fischer des Universums (1966)
27 H. G. Ewers: Ein Teil der Ewigkeit (1966)
28 Clark Darlton: Gucky und die Mordwespen (1966)
29 Kurt Mahr: Die Fremden aus dem Mikronebel (1966)
30 H. G. Ewers: Der Schlüssel zur anderen Welt (1966)
31 Hans Kneifel: Die Spur nach Andromeda (1966)
32 Hans Kneifel: Die Schatten des kristallenen Todes (1967)
33 Clark Darlton: Gucky und die Geheimagenten (1967)
34 H. G. Ewers: Die Festung der Raumfahrer (1967)
35 Hans Kneifel: Der stumme Robot (1967)
36 H. G. Ewers: Die Katakomben der Besessenen (1967)
37 William Voltz: Die Macht der Träumer (1967)
38 Hans Kneifel: Die Grenze des Imperiums (1967)
39 Kurt Mahr: Bomben auf Karson (1967)
40 H. G. Ewers: Herr über die Toten (1967)
41 William Voltz: Tunnel in die Unendlichkeit (1967)
42 Hans Kneifel: Das Erbe der Jahrtausende (1967)
43 Hans Kneifel: Die Pflanzen des Todes (1967)
44 H. G. Ewers: Mission in Andromeda (1967)
45 H. G. Ewers: Die letzte Waffe der Meister (1968)
46 Ernst Vlcek: Planet unter Quarantäne (1968)
47 Hans Kneifel: Höllentanz der Marionetten (1968)
48 H. G. Ewers: Planet der Veteranen (1968)

1232

Peter Blitz – Der fliegende Reporter

Kleinformatige Heftserie im H. Schmied Verlag, Memmingen: 1949, bzw. im Verlag R. Fojtik, Salzburg: 1949.

1 Walt O'Bag: Spione im Atomwerk
2 Walt O'Bag: Der Ring der gelben Teufel

Phil Morgan

Kleinformatige Heftserie im Rekord Verlag, Breslau, später Leipzig, sowie im Modernen Volksbücherverlag, Breslau: 1920 – 1922.

1920 erschienen die ersten Hefte der Serie, die bis heute bibliografisch nicht eindeutig belegt werden kann. In den Händen der bekannten Sammler befinden sich nicht mehr als 20 Hefte, verstreut in 7 Sammlungen. Selbst in der Deutschen Bücherei in Leipzig wurden nur die ersten 28 Hefte – und dazu noch bibliografisch unkorrekt – aufgenommen. Bis jetzt steht nur fest, daß es Hefte aus dem Rekord Verlag und aus dem Modernen Volksbücherverlag gibt. Hierbei weichen die Titel zumindest der höchsten nachgewiesenen Ausgabe voneinander ab. Die hier aufgeführte Titelliste kann daher nicht den Anspruch auf Vollständigkeit und Richtigkeit erheben.

Für die Serie warb der Verlag damals mit folgendem Text: »Einen modernen Faust könnte man unsere neue Roman-Serie nennen, denn das ist der Herr der Welt. Er bändigt die Naturgewalten, fesselt die Elemente mit Hilfe seiner Wissenschaft. Das Morganit, ein Element, von ihm entdeckt, verschafft ihm die Macht über die Welt. Er speist mit dem Morganit seinen genial konstruierten Phänomen-Apparat, der ohne Tragflächen in der Luft schwebt, der sich auf einen Druck mit dem Finger vom Erdboden erhebt, der sich im Wasser als Unterseeboot benutzen läßt. Mit Hilfe desselben unternimmt der Herr der Welt die kühnsten Fahrten, überwindet er Zeit und Raum spielend. ... Die Bändchen sind von einem erfahrenen, namhaften Schriftsteller geschrieben, der die Welt bereist hat und Länder und Leute kennt.«

Der ›namhafte Schriftsteller‹ ist unbekannt geblieben, unbekannt blieb aber auch die eigentlich recht umfangreiche Serie. Die nachfolgende Titelliste enthält bis Band 106 die Titel des Rekord Verlages, ab Band 133 die des Modernen Volksbücherverlages.

Pioniere des Weltalls

Heftserie in der Königsberger Verlagsanstalt, Königsberg/B.: 1949.

Von dieser ›Utopischen Romanreihe‹ erschien nur das erste Heft. Das angekündigte zweite Heft, ›Unheimliche Kräfte‹, ebenfalls von Erwin Raimondt, ist nicht mehr erschienen.

Plutonium Police

Taschenbuchserie im Verlag Erich Pabel, Rastatt: 1978–1980.

Diese semi-utopische Agentenserie beschreibt die Arbeit eines Anti-Terror-Kommandos.

---

* Höchste nachgewiesene Ausgabe des Modernen Volksbücherverlages
** Höchste nachgewiesene Ausgabe des Rekord Verlages

Rah Norten – Der Eroberer des Weltalls

Kleinformatige Heftserie im Verlag Bielmannen, München:
1949 – 1950.

Alleinige Autoren dieser Serie waren Ive Steen (= H. K. Schmidt)
und Freder van Holk (= Paul A. Müller).

Raumkreuzer Runa

Buchserie im Kibu-Verlag, Menden: 1982 – 1985.

Der Wissenschaftler Frank Bonkal im Kampf gegen die Tyrannei der
Cyborgs und auf den Spuren außerirdischer Zivilisationen. Verfaßt
von Lothar Streblow.

Raumpatrouille

Buchserie im A. Weichert Verlag, Hannover: 1982 – 1983.

Die Raumpatrouille unter Befehl von Commander Slayton im Einsatz gegen Praitaner und Frongs, die es darauf abgesehen haben, die Erde zu erobern.

1 Terry Cane: Angriff der Praitaner (1982)
2 Terry Cane: Kampf auf dem Planeten Prait (1982)
3 Terry Cane: Rettung der Basis Imperial (1982)
4 Terry Cane: Unbekannte Dimension (1982)
5 Terry Cane: Flugechsen im Fadenkreuz (1983)
6 Terry Cane: Der falsche Commander (1983)

Raumschiff Enterprise siehe Stark Trek

Raumschiff Pollux

Buchserie im Boje-Verlag, Stuttgart: 1974 – 1979.

In dieser Vorläufer-Serie zum *Raumschiff Runa* werden die Mannen des terranischen Raumers mit ökologischen Problemen anderer Planeten konfrontiert. Autor ist Lothar Streblow.

1 Die Bewohner des grünen Planeten (1974)
2 Zielplanet Rondir II (1976)
3 Der Computerplanet (1977)
4 Meslan IV in Gefahr (1978)
5 Der Wasserplanet (1979)

Raumschiff Promet

Heftserie im Andromeda (Band 1 – 26) bzw. Astro Verlag (Band 27 – 65), Köln: 1971 – 1974.

Die Weltraumexpeditionen des Raumschiffs *Promet* (anfangs nach Exposés des Ex-*Perry Rhodan*- und Ex-*Ren Dhark*-Autors Kurt Brand geschrieben) stellten den ersten bundesdeutschen Versuch dar, *Perry Rhodan* eine inhaltliche Alternative entgegenzustellen. Das Autorenteam (es handelte sich, von einer Ausnahme abgesehen, ausnahmslos um altbewährte Leihbuch- und Heftschreiber) verzichtete bewußt auf die Darstellung von Raumschlachten und imperialistischer Aggression und stellte dem in *Perry Rhodan* gepflegten Führerkult eine Protagonistengruppe gegenüber, die auf die von Lesern herangetragene Kritik reagierte. Dem Kleinverlag, der die Serie herausgab, mangelte es jedoch an genügend Eigenkapital, um das Projekt zum Erfolg zu führen. Ständige Vertriebsprobleme führten die mit viel Enthusiasmus gestartete Serie bald in die Pleite.

Ren Dhark – Weg ins Weltall

Heftserie im Martin Kelter Verlag, Hamburg: 1966–1968.

Ren Dhark war eine der auf Actionhandlung und einen Serienhelden abgestimmten Konkurrenzserien zu *Perry Rhodan – Der Erbe des Universums.* Chef- und Exposéautor war der kurz zuvor aus dem *Perry Rhodan*-Team ausgeschiedene Kurt Brand, der auch den größten Teil der Romane verfaßte. Die Abenteuer des ›Commanders der Planeten‹ und seiner Freunde kamen vornehmlich auf fremden Planeten zum Tragen: Nach der Notlandung eines irdischen Aussiedlerschiffes auf einer unbekannten Welt mußte sich Ren Dhark in erster Linie gegen machtlüsterne Möchtegern-Diktatoren zur Wehr setzen. Die Serie erlebte 1979 eine Zweitauflage, 1987 begann eine dritte.

80   Kurt Brand: Die Hypno-Sperre (1968)
81   Kurt Brand: Durchbruch nach Erron-3 (1968)
82   Staff Caine: Die Heimat im Nichts (1968)
83   Kurt Brand: Transmitter-Straßen (1968)
84   Tensor McDyke: Terra packt zu (1968)
85   Kurt Brand: Sterbende Sterne (1968)
86   Kurt Brand: Die unheimlichen Freunde (1968)
87   Kurt Brand: Flucht ins Karmin-Universum (1968)
88   Kurt Brand: Die Zeitlosen (1968)
89   Kurt Brand: Alarmstufe Null auf Terra (1968)
90   Kurt Brand: Das Echo des Alls (1968)
91   Kurt Brand: Im Sumpf des Grauens (1968)
92   Tensor McDyke: Ich, dein Roboter (1968)
93   Kurt Brand: Planet Cut-Out (1968)
94   Kurt Brand: Telin – das unbekannte Imperium (1968)
95   Staff Caine: Kosmischer Abgrund (1968)
96   Kurt Brand: Die Schranke hinter Soradan (1968)
97   Kurt Brand: Der Signalstern (1968)
98   Kurt Brand: Die Straße zu den Sternen (1968)

Ren Dhark Taschenbücher

Taschenbuch-Serie im Martin Kelter Verlag, Hamburg: 1974 – 1976.

Fortsetzung der Heftserie *Ren Dhark – Weg ins Weltall*. Die Ren Dhark Taschenbücher waren keine selbständige Serie, sondern erschienen in der Reihe der Kelter Abenteuer-Taschenbücher.

1 (3) Kurt Brand: Sternen-Saga (1974)
2 (6) Kurt Brand: Dursttod über Terra (1974)
3 (17) Kurt Brand: Zwischen Gestern und Morgen (1975)
4 (21) Kurt Brand: Echo aus dem Weltall (1975)
5 (27) Kurt Brand: Als die Sterne weinten (1976)
6 (30) Kurt Brand: Sterbende Zukunft (1976)

Rex Corda – Der Retter der Erde

Heftserie im Bastei Verlag, Bergisch Gladbach: 1966 – 1967.

Rex Corda – Der Retter der Erde wurde von H. G. Francis und M. Wegener konzipiert und stellte den ersten ernsthaften Versuch dar, der seit 1961 erfolgreichen Heftserie *Perry Rhodan – Der Erbe des Universums* Konkurrenz zu machen. Die Serie schildert den seit Urzeiten tobenden intergalaktischen Krieg der kosmischen Reiche Orathon und Lakton, in den die Erde unfreiwillig hineingezogen wird. Rex Corda, ein junger US-Senator, versucht im Verein mit einigen Getreuen, den Invasoren Paroli zu bieten und die Interessen der Erde mannhaft zu vertreten.

Richard Blade

Taschenbuch-Serie in der Reihe Kelter Abenteuer, erschienen 1976 bis 1978 im Martin Kelter Verlag, Hamburg.

Groundlevel-Science-Fantasy mit einem Schuß Sex, verfaßt von Jeffrey Lord.

Scott Saunders

Taschenbuchserie im Rahmen der Taschenbuchreihe im Franz Schneider Verlag, München (1980).

Die Sechs

Buchserie im W. Fischer Verlag, Göttingen: 1982.

Sechs Jugendliche werden in phantastische Abenteuer verstrickt, veröffentlicht zur Zeit der Hochkonjunktur der SF in Deutschland.

Der Sechs-Millionen-Dollar-Mann

Taschenbuch-Serie im Bastei Verlag, Bergisch Gladbach: 1978–1979.

Utopische Agentenserie um einen Piloten, der nach einer Bruchlandung, die nur sehr wenig von ihm übriggelassen hat, von Wissenschaftlern in einen Cyborg verwandelt wird. Kosten des Unternehmens: sechs Millionen Dollar. Nebenprodukt einer amerikanischen TV-Serie gleichen Titels.

Signal aus dem All

Heftserie aus dem MZ-Zeitschriften-Verlag Maria Zube, Gmunden: 1949.

›Signal aus dem All‹ war als eine aus 5 Heften bestehende Heftserie geplant. Angeblich sollte es sich um den Roman SIGNS FROM ANOTHER WORLD von Rob Ward handeln. Tatsächlich handelte es sich um eine Bearbeitung des 1939 im Rekord Verlag, Leipzig, erschienenen Romans *Explosionsturbine Gigant I* von Eduard Schätz. Die Serie kam über das erste Heft nicht hinaus.

1   Signal aus dem All

Sir Ralf Clifford der unsichtbare Mensch oder das geheimnisvolle Vermächtnis des Fakirs

Kleinformatige Heftserie aus dem Mignon Verlag, Dresden: 1921 – 1925.

Wie einst Abbé Faria das Geheimnis um seinen Schatz an den »Grafen von Monte Christo vermachte, so übergibt der sterbende Fakir Abukabar dem in der Nebenzelle eingekerkerten Amerikaner Ralf Clifford ein« – wie die Werbung des Verlages betont – »ebenso seltsames wie kostbares Vermächtnis: ein Schlangenkopf ist es, der eine geheimnisvolle Kraft birgt. Gegen die Brust dessen gepreßt, der ihn trägt, macht er unsichtbar. Doch sieben Minuten nur dauert dieser Zustand, und dann müssen vierundzwanzig Stunden vergehen, ehe die unheimliche Kraft des Schlangenkopfes wieder wirkt. Jeder Druck läßt ein kleines rotes Mal zurück – bedecken zweihundertsiebzehn solcher Male die Brust des Trägers, dann tötet der Druck des Schlangenkopfes«.

In 192 Heften erlebt Ralf Clifford seine Abenteuer, bis er den Schlangekopf zurückgibt, damit ein neuer ›Unsichtbarer‹ seine Abenteuer fortsetzen kann.

1   Herbert Wulfner: Das Vermächtnis des Fakirs
2   Heinrich Feldinger: Der Schatz des Maharadscha
3   Joe Weyermoor: Die goldenen Schätze der englischen Bank
4   Martin Winfried: Um den Pokal des Königs
5   Walter Gernsheim: Die Schreckensnacht der Lady Bulwerton
6   William Horst: Der Scharfrichter von Paris
7   Herbert Wulfner: Der schwarze Priester von Notredame (Innen: ... Notre-Dame)
8   Heinrich Feldinger: Die Katakomben-Braut

Söhne der Erde

Taschenbuch-Serie im Bastei Verlag, Bergisch Gladbach:
1979 – 1982.

Die Erde ist durch eine Atom-Katastrophe verwüstet, eine Handvoll Terraner, die unter dem Diktat der Föderation der Vereinten Planeten in einem Reservat auf dem Mars lebt, plant den Widerstand gegen das System und die Rückkehr auf ihren Heimatplaneten. Autorin aller 26 Romane war Susanne (S. U.) Wiemer.

Star Gate – Tor zu den Sternen

Heftserie im Merkur Verlag, Essen: 1986, und Firma V. Krämer, Essen: 1987 (ab 13).

Die Serie versuchte, den immer komplizierter werdenden Abenteuern Perry Rhodans eine geradlinige, actionbetonte Handlung entgegenzusetzen, ohne auf sozialkritische Anmerkungen – z. B. der Schilderung einer von Konzernen beherrschten Welt – zu verzichten. Für die Konzeption waren Kurt Carstens (d. i. Werner Kurt Giesa), Wilfried A. Hary, Carsten Meurer (d. i. Uwe Anton) und Frank Rehfeld verantwortlich. Nach zwölf wöchentlich erschienenen Folgen mußte sie trotz guter Leserresonanz aufgrund ständig zunehmender Vertriebsschwierigkeiten eingestellt werden.

Seit Mitte 1987 erscheint eine nur über Spezialhandlungen vertriebene Fortsetzung in semiprofessioneller Aufmachung.

Star-Ship

Jugendbuchserie im Verlag Franz Schneider, München:
1979–1981.

Die Besatzung der Shark-B 12 in gefährlichen Abenteuern.

1 Alan G. Kermit: Das Loch im Weltraum (1979)
2 Alan G. Kermit: Planet der bösen Träume (1980)
3 Alan G. Kermit: Die unheimliche Raumstation (1981)

Star Trek
(Raumschiff Enterprise)

Heft- und Taschenbuchserie in den Verlagen Williams, Alsdorf
(1973), Erich Pabel, Rastatt (1975–1985), Arthur Moewig, Rastatt
(1980), Heyne, München (ab 1982), und Wilhelm Goldmann, München (ab 1985), sowie Franz Schneider (1970). Sechs Foto-Romane
erschienen im Bastei Verlag, Bergisch Gladbach (1979).

Die Abenteuer der Mannen des Raumschiffs ›Enterprise‹ um Captain Kirk, Spock, Sulu, Uhura, Chekov, Scotty und ›Pille‹ McCoy im
Dienste der Föderation haben längst schon den Rahmen der TV-Serie gesprengt, neben Adaptionen der einzelnen Folgen und Romanfassungen der vier Kinofilme erschienen und erscheinen regelmäßig
neue Romane von zum Teil renommierten SF-Autoren.

1. Williams Verlag

1 James Blish: Enterprise 1 (1972) STAR TREK 1
2 James Blish: Enterprise 2 (1972) STAR TREK 2
3 James Blish: Enterprise 3 (1972) STAR TREK 3
4 James Blish: Enterprise 4 (1972) STAR TREK 4
5 James Blish: Enterprise 5 (1972) STAR TREK 5
6 James Blish: Enterprise 6 (1972) STAR TREK 6
7 James Blish: Enterprise 7 (1972) SPOCK MUST DIE
8 James Blish: Enterprise 8 (1972) STAR TREK 7, TEIL 1
9 James Blish: Enterprise 9 (1972) STAR TREK 7, TEIL 2
10 James Blish: Enterprise 10 (1973) STAR TREK 8, TEIL 1
11 James Blish: Enterprise 11 (1973) STAR TREK 8, TEIL 2
12 James Blish: Enterprise 12 (1973) STAR TREK 9, TEIL 1
13 James Blish: Enterprise 13 (1973) STAR TREK 9, TEIL 2

2. Franz Schneider Verlag

1 Mack Reynolds: Notruf aus dem All (1970) STAR TREK – MISSION TO HORATIUS

3. Bastei Verlag

1 (71001)   Die Stadt am Rande der Ewigkeit (1979) THE CITY ON THE EDGE OF FOREVER
2 (71002)   Vorstoß zur Unsterblichkeit (1979) WHERE NO MAN HAS GONE BEFORE
3 (71005)   Invasion der Tribbles (1979) THE TROUBLE WITH TRIBBLES
4 (71006)   Duell der Planeten (1979) A TASTE OF ARMAGEDDON
5 (71007)   Das Geschenk der Götter (1979) METAMORPHOSIS
6 (71008)   Flucht aus der Vergangenheit (1979) ALL OUR YESTERDAYS

4. Erich Pabel Verlag

4.1 Terra Astra

1   (213)   James Blish: Wettlauf mit der Zeit (1975) STAR TREK 1/AUSWAHL (1967)
2   (216)   James Blish: Unternehmen Vernichtung (1975) STAR TREK 2/AUSWAHL (1968)
3   (219)   James Blish: Die Maschine des jüngsten Gerichts (1975) STAR TREK 3/AUSWAHL (1969)
4   (222)   James Blish: Die Reise nach Babel (1975) STAR TREK 4/AUSWAHL (1971)
5   (225)   James Blish: Wen die Götter zerstören (1975) STAR TREK 5/AUSWAHL (1972)
6   (228)   James Blish: Die Lichter Zetars (1975) STAR TREK 6/AUSWAHL (1972)
7   (232)   James Blish: Duell der Träume (1976) SPOCK MUST DIE (1970)
8   (235)   James Blish: Das Paradies-Syndrom (1976) STAR TREK 7/TEIL 1 (1972)
9   (238)   James Blish: Metamorphose (1976) STAR TREK 7/TEIL 2 (1972)
10 (241)   James Blish: Spocks Gehirn (1976) STAR TREK 8/TEIL 1 (1972)
11 (244)   James Blish: Neuland (1976) STAR TREK 8/TEIL 2 (1972)
12 (247)   James Blish: Rückkehr ins Morgen (1976) STAR TREK 9/TEIL 1 (1973)
13 (250)   James Blish: Spocks Mission (1976) STAR TREK 9/TEIL 2 (1973)
14 (254)   James Blish: Die Stadt am Rande der Ewigkeit (1976) STAR TREK 1+2/RESTE
15 (261)   James Blish: Spock läuft Amok (1976) STAR TREK 3+4/RESTE
16 (268)   James Blish: Die Straße nach Eden (1976) STAR TREK 5+6/RESTE
17 (272)   James Blish: Sieben von der Galileo (1976) STAR TREK 10/TEIL 1 (1974)
18 (279)   James Blish: Omega IV (1976) STAR TREK 10/TEIL 2 (1974)
19 (285)   James Blish: Der Junker von Gothos (1977) STAR TREK 11/TEIL 1 (1975)
20 (293)   James Blish: Brot und Spiele (1977) STAR TREK 11/TEIL 2 (1975)
21 (306)   Sondra Marshak & Myrna Culbreath (Hrsg.): Schnittpunkt im All (1977) STAR TREK: THE NEW VOYAGES/TEIL 1 (1976)
22 (311)   Sondra Marshak & Myrna Culbreath (Hrsg.): Die geflügelten Träumer (1977) STAR TREK: THE NEW VOYAGES/TEIL 2 (1975)

4.2 Terra Taschenbuch

1   (296)   Theodore Cogswell & Charles Spano: Der falsche Prophet (1978) SPOCK, MESSIAH!
2   (305)   James Blish & J. A. Lawrence: Die Enterprise im Orbit (1978) STAR TREK 12
3   (317)   Kathleen Sky: Mission auf Arachnae (1979) VULCAN
4   (323)   Joe Haldeman: Welt ohne Sterne (1980) WORLD WITHOUT END
5   (325)   Joe Haldeman: Duell der Mächtigen (1980) PLANET OF JUDGEMENT
6   (328)   Stephen Goldin: Das private Universum (1980) TREK TO MADWORLD
7   (333)   Sondra Marshak & Myrna Culbreath: Der Preis der Unsterblichkeit (1980) THE PRICE OF THE PHOENIX
8   (338)   Sondra Marshak & Myrna Culbreath: Der Fluch des Phönix (1981) THE FATE OF THE PHOENIX
9   (346)   David Gerrold: Der galaktische Mahlstrom (1981) THE GALACTIC WHIRLPOOL
10 (366)   Jack C. Haldemann II: Captain Perrys Planet (1985) PERRY'S PLANET
11 (368)   Gordon Eklund: Im Kern der Galaxis (1985) THE STARLESS WORLD

5. Moewig Verlag

1 (6702)   Gene Roddenberry: Star Trek (1980) STAR TREK: THE MOTION PICTURE

6. Goldmann Verlag

1 (23730)   James Blish: Die Original-Abenteuer von Raumschiff Enterprise 1:
Der unwirkliche MacCoy (1985) STAR TREK 1 (1967)
2 (23731)   James Blish: Die Original-Abenteuer von Raumschiff Enterprise 2:
Strafplanet Tantalus (1986) STAR TREK 2 (1968)
3 (23732)   James Blish: Die Original-Abenteuer von Raumschiff Enterprise 3:
Spock läuft Amok (1986) STAR TREK 3 (1969)
4 (23733)   James Blish: Die Original-Abenteuer von Raumschiff Enterprise 4:
Das Silikonmonster (1986) STAR TREK 4 (1971)
5 (23734)   James Blish: Die Original-Abenteuer von Raumschiff Enterprise 5:
Der Asylplanet (1986) STAR TREK 5 (1972)

7. Heyne Verlag

1   (3971)   Vonda N. McIntyre: Star Trek II – Der Zorn des Khan (1982)
STAR TREK II – THE WRATH OF KHAN (1981)
2   (3988)   Vonda N. McIntyre: Der Entropie-Effekt (1983) THE ENTROPY-EFFECT (1981)
3   (4035)   Robert Vardeman: Das Klingon-Gambit (1983) THE KLINGON GAMBIT (1981)
4   (4083)   Lee Correy: Hort des Lebens (1984) THE ABODE OF LIFE (1982)
5   (4181)   Vonda N. McIntyre: Star Trek III – Auf der Suche nach Mr. Spock (1984)
STAR TREK III – THE SEARCH FOR MR. SPOCK (1984)
6   (4209)   M. S. Murdock: Das Netz der Remulanere (1985)
THE WEB OF THE ROMULANS (1983)
7   (4270)   Sonni Cooper: Schwarzes Feuer (1986) BLACK FIRE (1982)
8   (4285)   Robert Vardeman: Meuterei auf der Enterprise (1986)
MUTINY ON THE ENTERPRISE (1983)
9   (4342)   Howard Weinstein: Die Macht der Krone (1986)
THE COVENANT OF THE CROWN (1981)
10 (4379)   Sondra Marshak & Myrna Culbreath: Das Prometheus-Projekt (1987)
THE PROMETHEUS DESIGN (1982)
11 (4486)   Vonda N. McIntyre: Star Trek IV – Zurück in die Gegenwart (1987)
STAR TREK IV – THE VOYAGE HOME (1986)
12 (4411)   Sondra Marshak & Myrna Culbreath: Tödliches Dreieck (1987)
TRIANGLE (1983)
13 (4458)   Diane Duane: Der verwundete Himmel (1987) THE WOUNDED SKY (1983)
14 (4474)   David Dvorkin: Die Trellisane-Konfrontation (1988)
THE TRELLISANE CONFRONTATION (1984)
16 (4499)   Greg Bear: Corona (1988) CORONA (1984)
17 (4528)   John M. Ford: Der letzte Schachzug (1988) THE FINAL REFLECTION (1984)

Sten Nord – Der Abenteurer im Weltenraum

Heftserie im Hunia Verlag, Berlin bzw. PS Verlag, Köln: 1950.

Autor sämtlicher Hefte: Ernst Konstantin.

1   Die unsichtbare Insel
2   Das Geheimnis des grünen Tores
3   Die Stadt im Mond

Sternenschiff der Abenteuer

Buchserie in der Franckh'schen Verlagshandlung, Stuttgart: 1984/85.

Die jugendliche Besatzung des Sternenschiffs *Rittersporn* in gefährlichen Abenteuern. Herausgegeben von Thomas LeBlanc, geschrieben unter dem Gemeinschaftspseudonym ›Martin Hollburg‹ von Martin Eisele, Karl-Ulrich Burgdorf und Wolfgang E. Hohlbein.

1 Hohlbein: Der Findling im All (1984)
2 Eisele: Schatten an Bord (1984)
3 Eisele & Hohlbein: Die eisige Welt (1984)
4 Hohlbein & Burgdorf: Die Tiger von Vaultron (1984)
5 Hohlbein: Der Sonnenfresser (1984)
6 Hohlbein: Das Kristallhirn (1985)
7 Hohlbein: Die Zeitfalle des Delamere (1985)

Sun Koh – Der Erbe von Atlantis

Kleinformatige Heftserie im A. Bergmann Verlag, Leipzig: 1933 – 1936.

»Wer ist Sun Koh?
Halbnackt, mittellos, ohne Erinnerung wandert ein Mann durch London. Licht flutet über einen herrlichen Körper voll geballter Energien, über ein kühnes, bronzenes Gesicht mit bannend leuchtenden Augen, auf dem die Edelreife einer jahrtausendealten Kultur liegt. Blitzschnell branden die Ereignisse hoch, ungeheure Prophezeiungen raunen, die Welt hält den Atem an. Im Wirbel unerhörter Abenteuer kämpft ein Mann gegen verbrecherische Schurkerei, satanische Bosheit und verwirrende Irrlichterei mächtiger, geheimnisvoller Feinde um seine Bestimmung. Über das tosende, brüllende Chaos der Wolkenkratzer wie über versunkene Riesenstädte verschollener Völker rasen die Sensationen. Spitzenergebnisse letzter wissenschaftlicher Forschung, uralte Weisheit interessanter Grenzgebiete, modernste Technik und kaum geahnte Erfindungen werden zu furchtbaren Waffen dieses Kampfes voll hinreißender Wucht und atemberaubender Spannung. Riesige Schätze, Macht, Haß und Liebe sind die Einsätze, aber hinter ihnen dämmert als wahres Ziel ein versunkener Erdteil, die sagenumwobene Atlantis. Wird sie schimmernd aus den rollenden Wogen des Ozeans wieder aufsteigen und wird Sun Koh, der letzte der Atlanten (sic!), der sieghafte Erbe von Atlantis sein?«

Mit diesen Worten startete der Leipziger A. Bergmann Verlag 1933 eine 150 Bände umfassende Heftserie um einen geheimnisvollen Mann, der sich – ohne Gedächtnis und lediglich mit einem Schlafanzug bekleidet – in irgendeiner Nacht mitten in London wiederfindet.

Sun Koh war der Erbe der untergegangenen Kultur des mythischen Kontinents Atlantis, ein Arier von echtem Schrot und Korn, der sich nach und nach alle nötigen Erfindungen und Machtmittel sicherte, um – einer Prophezeiung gemäß – das aufsteigende Atlantis wieder in Besitz zu nehmen. Alleiniger Autor dieser Serie war Lok Myler (= Paul A. Müller).

Etwa ab Band 48 nahm die Reichsschrifttumskammer offensichtlich starken Einfluß auf die Serie. Die mystischen Elemente wurden erheblich zurückgedrängt und mußten einer mehr technisch-wissenschaftlichen Auffassung weichen. Noch während die Serie in der 1. Auflage erschien, wurde sie in einer zweiten, später auch noch einer dritten Auflage nachgedruckt. Von der zweiten Auflage an wurden die Hefte – insbesondere die Hefte 1 bis 47 – noch einmal überarbeitet. Änderungen der Titel, des Titelbildes sowie der Texte finden sich in den Heften 1, 3 – 5, 7 – 13, 17, 20 – 23, 27 – 33, 36, 37, 40, 41, 43 – 47, 63, 64, 85, 86. Die inhaltlichen Abweichungen reichen von Namensänderungen über Streichungen einzelner Passagen bis hin zu völlig neuen Texten (z. B. Heft 28). Neben den 3 Heftauflagen erschien eine Buchausgabe in 10 Bänden.

Ein 1948 im MZ-Zeitschriftenverlag Maria Zube (St. Konrad, Österreich) erschienener Nachdruck der Hefte 1 – 8 wurde unter dem Pseudonym Jan Holk herausgegeben. Zwischen 1949 und 1953 erschienen die Hefte 1 – 110 als Nachdruck im Planet Verlag, Braunschweig, diesmal unter dem Namen Freder van Holk. Alle Nachdrucke benutzten jeweils die überarbeitete zweite Vorkriegsauflage. Ausschließlich in einem nichtautorisierten Faksimilenachdruck aus den siebziger Jahren aus Wien wurde die erste Auflage als Vorlage verwendet. Ferner existiert Sun Koh in einer überarbeiteten Leihbuchausgabe (Hermann Borgsmüller Verlag, Münster, 1958 bis 1961), in der auch Abenteuer der Serien ›Jan Mayen‹ und ›Rah Norten‹ verarbeitet wurden. Diese Leihbuchausgabe wurde dann in einer noch einmal bearbeiteten und umgestellten Taschenbuchausgabe (Erich Pabel Verlag, Rastatt, 1980 – 1981) herausgebracht. Daneben wurden einige Abenteuer Sun Kohs unter verschiedenen Pseudonymen und geändertem Namen des Helden in Leihbüchern und in Heften der Reihe ›Utopia‹ verwendet.

Superman

Heftserie aus der Ehapa Verlag GmbH, Stuttgart: 1979.

Mit dieser Übernahme aus dem Amerikanischen wurde versucht, die bekannten Superman-Comics als Romane zu verkaufen. Diesem ›Wechselbalg‹ war naturgemäß kein langes Leben beschieden.

1 Elliot S. Maggin: Superman – Kryptons letzter Sohn
(1978) SUPERMAN – LAST SON OF KRYPTON
2 Elliot S. Maggin: Superman – Der Meister von Oric
(1978) SUPERMAN – LAST SON OF KRYPTON

Tatort Umwelt

Buchserie im Franz Schneider Verlag, München: 1986.

Zu Beginn der 90er Jahre wird das Umweltdezernat aktiv gegen alle, die gegen die gesetzlichen Umweltschutzbestimmungen verstoßen.

1 Barbara Veit: Der Giftmafia auf der Spur (1986)
2 Barbara Veit: Gefährliches Strandgut (1987)

Die Terranauten

Heftserie im Bastei Verlag, Bergisch Gladbach: 1979–1982.

Konzipiert von den bewährten Leihbuch- und Heftschreibern Thomas R. P. Mielke und Rolf W. Liersch waren *Die Terranauten* der einzige relativ erfolgreiche Versuch, eine Heftserie zu etablieren, die eine echte Alternative zu *Perry Rhodan* bot. Doch auch ihr war kein Erfolg beschieden. Trotz der sichtlich antitechnologischen und pro-›grünen‹ Einstellung des Autorenteams konnten *Die Terranauten* in ihrem Kampf gegen intergalaktische und irdische Konzern-Multis nicht erfolgreich bestehen.

1 Robert Quint: Der Erbe der Macht (1979)
2 Art Norman: Raumschiff der Rebellen (1979)
3 Eva Christoff: Das Kaiser-Komplott (1979)
4 Michael Roberts: Aufstand der Terranauten (1979)
5 Michael Roberts: Die Flotte der Treiber (1979)
6 Eva Christoff: Das Psi-Inferno (1979)
7 Eva Christoff: Die Kinder Yggdrasils (1980)
8 Carl Priest: Stadt des Wahnsinns (1980)
9 Robert Quint: Die Stunde des Riemenmannes (1980)
10 Robert Quint: Revolte auf Luna (1980)
11 Robert Quint: Planet der Logenmeister (1980)
12 Robert Quint: Der Triumph des Lordoberst (1980)
13 Erno Fischer: Der Fremde (1980)
14 Robert Quint: Im Reich der Geflügelten (1980)
15 Robert Quint: Der Clan der Magier (1980)
16 Conrad C. Steiner: Gestrandet auf Rorqual (1980)
17 Conrad C. Steiner: Die Piraten des Scharlachmeers (1980)
18 Conrad C. Steiner: Odyssee der Verlorenen (1980)
19 Erno Fischer: Unternehmen Weltuntergang (1980)
20 Erno Fischer: Komet der Vernichtung (1980)

Die Terranauten Taschenbücher

Taschenbuchserie im Bastei-Verlag, Bergisch Gladbach:
1981 – 1987.

Die *Terranauten*-Taschenbücher bilden eine lose Fortsetzung der gleichnamigen Heftserie mit gelegentlichen Rückblicken auf markante Ereignisse der Vergangenheit. Bedingt durch die langen Intervalle zwischen den einzelnen Romanen nahm das Leserinteresse ab. Die Serie wurde mit einem Übersichtsband über diese Zukunftsvariante eingestellt. Die einzelnen Bände erschienen im Rahmen der SF-Reihe des Verlags, waren mithin nicht als eigenständige Serie ausgewiesen.

Timm Fox – Der König der Abenteurer

Kleinformatige Heftserie aus dem Rekord Verlag, Leipzig: 1921.

›Timm Fox‹ erschien ursprünglich mit dem Untertitel ›Der König der Detektive‹ als Kriminalserie. Ab Heft 34 wurde der Untertitel in ›König der Abenteurer‹ umbenannt – bis auf die Hefte 41, 42 und 46, die wohl eher versehentlich noch den alten Untertitel tragen – und gleichzeitig ein neues Handlungsfeld gefunden. Timm Fox kämpft gegen einen Geheimbund, der von einem Kapitän Black geleitet wird. »Dieser rätselhafte Verbrecherfürst befindet sich im Besitz von Erfindungen, die jedem Anderen ein lähmendes Grauen einflößen. Die Verbrecher-Organisation arbeitet mit genial erbauten Luftschiffen und Automobilen, sie kann sich unsichtbar machen und auch durch ein rätselhaftes Verfahren ganze Gegenstände vor den Augen der übrigen Menschen verschwinden lassen.« Immerhin wird in dieser Serie eine gescheiterte Invasion der Marsianer beschrieben und weitere Abenteuer mit den Marsianern angedeutet. Da bis heute das Heft 48 die höchste nachgewiesene Ausgabe ist, werden diese Abenteuer wohl nicht mehr erschienen sein. Sie bleiben – ebenso wie der ungenannte Autor – ein Geheimnis.

34 Ali Kai, der Wüstenbandit
35 Das lebende Heiligenbild
36 Die Jagd nach der Suda-Leiche
37 Die Giftdrogerie in der Coubistreet (Innen: ...Conbistreet)
38 Das Blutbad der Geheimsekte
39 Das Mörderhaus am East River
40 Das Geheimnis der fliegenden Kugel
41 Die Menschenjäger der Wildwest-Bar (Innen: ...Wildwestbar)
42 Ein menschlicher Teufel
43 Der Tabakkönig von Havanna
44 Der Mann mit den drei Augen
45 Das Geheimnis der Marsbewohner
46 Der Mord in der schwarzen Schlucht
47 Titel nicht ermittelt
48 Drei Wochen im ewigen Eise

Tobby Torrin

Die Serie erschien ohne äußeren Serienhinweis zwischen 1954 und 1956 innerhalb der Heftreihe ›Spannende Geschichten‹, Rufer Verlag, Gütersloh.

Tom Sharg

Kleinformatige Heftserie im Verlag Josef Schweidlenka/Interlit, Wien: 1949. Ohne Verfasserangabe.

TO-PAH der weiße Chinese

Heftserie aus dem Baustein Verlag, Dillingen: 1950.

1961 hat nach Meinung der Astrologen das Wassermannzeitalter begonnen. In der vorliegenden Heftserie warb der Verlag mit folgendem Text für seine Hefte: »TO PAH ist ein europäisches Findelkind, welches von weisen chinesischen Sektenpriestern zu einem hochgebildeten, kühnen, jungen Menschen erzogen worden ist. Ihm wurden sämtliche Gebiete der Wissenschaften erschlossen, selbst die magischen Künste blieben ihm nicht unbekannt. Er beherrscht sämtliche modernsten Errungenschaften der Technik. ...Doch noch andere weit größere Gefahren aus der Weite des unergründlichen Weltenraumes bedrohen die Menschen. Gewaltige Naturkatastrophen auf der Erde selbst kündigen sich an. Wird durch die berstende Erdkruste oder durch das Abgleiten der auf dem Südpol ruhenden Eismassen eine neue Sintflut bewirkt? Gelingt es TO PAH und seinen kühnen Freunden, mit Hilfe der modernen Technik diese Gefahren abzuwenden?« Möglicherweise verbirgt sich hinter dem Pseudonym Hardy Heart der Schriftsteller Otto Haimerl.

TORGO – Prinz von Atlantis

Heftserie aus dem Verlag Rolf Mauerhardt, Wien: ca. 1962/1963.

Eine Heftserie, die auf dem Erfolg der historischen Monsterfilme mitschwimmen wollte.

1 Charles de Clermont: Die Galeere der Verdammten
2 Charles de Clermont: Die Insel der blutigen Götter
3 Charles de Clermont: Die Tochter des Pharao
4 Charles de Clermont: Die letzten Tage von Atlantis
5 Charles de Clermont: Atlantis' Untergang
6 Charles de Clermont: Das Gastmahl des Todes
7 Charles de Clermont: Das Orakel von Delphi
8 Charles de Clermont: Verrat in Hellas
9 Charles de Clermont: Bei den Säulen des Herkules
10 Charles de Clermont: Die Rache der Königin
11 Charles de Clermont: Im Land der Pyramiden
12 Charles de Clermont: Auf Leben und Tod
13 Charles de Clermont: Das Gespenstergrab
14 Charles de Clermont: Der Tanz ums goldene Kalb (Innen: … um das goldene Kalb)

Der U-Boot Pirat/U-Boot Story

Heftserie im Isabella Verlag, Lisa Karin Wrba, Wien: 1951 – 1952.
Ab Band 7: ›U-Boot Story‹

Fünf Männer hüten im Interesse der Menschheit das Geheimnis eines Metalls mit dem Atomgewicht 238,5. Der Autor Max Wimmer schrieb die Hefte 2 – 9 unter dem Pseudonym Mac Whymer.

1 Frank Davis: Der Wahnsinnige von Oeno
2 Mac Whymer: Der Mann ohne Gesicht
3 Mac Whymer: Der Flug ins Jenseits
4 Mac Whymer: Tod in den Wolken
5 Mac Whymer: Der letzte Mann
6 Mac Whymer: Das Experiment des Dr. Grenieux (Experiment im Pazifik)
7 Mac Whymer: Der Teufel von Benares
8 Mac Whymer: Der Spuk auf Aldernoch (Der Spuk auf Aldanoch)
9 Mac Whymer: Der Fall Lupescu

Die vier Musketiere
2. Jahrgang: Weltenbummler

Kleinformatige Heftserie aus der Preßvereinsdruckerei, St. Pölten: 1936 – 1937.

In dieser Abenteuerserie schließen sich ein Engländer, ein Franzose, ein Deutscher und ein Österreicher zu einem ›Bund der Vier‹ zusammen, um mit utopisch erscheinenden technischen Hilfsmitteln den Kampf gegen das Verbrechertum in aller Welt aufzunehmen.

1. Jahrgang

2. Jahrgang

Die Weltraumtramps

Taschenbuchserie im Rahmen der Taschenbuchreihe im Franz Schneider Verlag, München: 1979–1981.

Die Weltraum-Tramps durchstreifen mit ihrem Raumer ›Sternenvogel‹ die Weiten des Alls.

Yuma

Heftserie im E. Schwicker, Zeitschriften-Verlag, Linz,
ab Heft 2 J. Schwicker o.H.G., Zeitschriften-Verlag, Linz: 1951.

Yuma, der Mann, der sich unsichtbar machen kann, kämpft gegen Verbrecher, die mit wissenschaftlichen Mitteln die Menschheit bedrohen.
    Autor: G. L. Hipkiss.

ZbV

Taschenbuchserie im Erich Pabel Verlag, Rastatt: 1972 – 1980.

ZbV (›Zur besonderen Verwendung‹), ein Begriff aus der militärischen Sprache, bezeichnet eine Person, die bereit ist, sich an ›Himmelfahrtskommandos‹ zu beteiligen. K. H. Scheer veröffentlichte den ersten Band dieser utopischen Agentenserie 1957 im Balowa Verlag, einem Unternehmen, das während der fünfziger und sechziger Jahre die Leihbüchereien mit anspruchsloser Unterhaltung aller Art beschickte. Thor Konnat und Hannibal Othello Xerxes Utan, zwei Agenten der ›Geheimen Wissenschaftlichen Abwehr‹ verteidigen die westliche Welt gegen mongolische Untermenschen, vereiteln (eine Gehirnoperation hat sie gegen Drogen, Hypnose und Telepathie immun gemacht) Anschläge sowjetischer und asiatischer Spione und werden in einen Agentenkleinkrieg verwickelt, der in der permanenten Abwehr von außerirdischen Invasions- und Unterwanderungsversuchen gipfelt. Von den Leihbüchern erschienen 18 Bände, diese erlebten mehrere Nachdrucke innerhalb von Heftreihen. Ab 1972 wurde die Serie in einer überarbeiteten Fassung neu aufgelegt und dann bis Band 50 fortgeführt. An dieser Fortsetzung schrieben auch andere Autoren mit.

Die nachfolgende Liste bezieht sich auf die Taschenbuchausgabe, da sie die vollständigste ist.

1   K. H. Scheer: Zur besonderen Verwendung (1972)
2   K. H. Scheer: Kommandosache HC-9 (1972)
3   K. H. Scheer: Ordungszahl 120 (1972)
4   K. H. Scheer: Unternehmen Pegasus (1973)
5   K. H. Scheer: CC-5 streng geheim (1973)
6   K. H. Scheer: Hölle unter null Grad (1973)
7   K. H. Scheer: Großeinsatz Morgenröte (1973)
8   K. H. Scheer: Eliteeinheit Luna-Port (1973)
9   K. H. Scheer: Überfällig (1973)
10 K. H. Scheer: Vollmacht unbegrenzt (1973)
11 K. H. Scheer: Zutritt verboten (1973)
12 K. H. Scheer: Fähigkeit unbekannt (1973)
13 K. H. Scheer: Vorsicht, Niemandsland! (1973)
14 K. H. Scheer: Diagnose negativ (1973)
15 K. H. Scheer: Kodezeichen Großer Bär (1973)
16 K. H. Scheer: Raumpatrouille Nebelwelt (1974)
17 K. H. Scheer: Offensive Minotaurus (1974)
18 K. H. Scheer: Gegenschlag Kopernikus (1974)
19 K. H. Scheer: Nachschubbasis Godapol (1974)
20 K. H. Scheer: Programmierung ausgeschlossen (1974)
21 K. H. Scheer: Marsversorger Alpha IV (1974)
22 K. H. Scheer: Geheimorder Riesenauge (1974)

Zeitkugel

Heftserie im Wolfgang Marken Verlag, Köln: 1974 – 1978.

Die ersten 80 Bände erschienen ohne Verfasserangabe. Die Serie schildert die Abenteuer eines dreiköpfigen Forscherteams, das mit Hilfe einer Zeitmaschine im Auftrag des ›Clubs der Sieben‹ in verschiedene Epochen der irdischen Geschichte vorstößt, um ›wissenschaftliche‹ Beobachtungen zu machen. Die Akteure geraten von einem haarsträubenden Abenteuer ins andere und können sich stets nur in letzter Sekunde retten. Geschrieben wurde die Serie – mit der Ausnahme Kurt Brands – von Nachwuchskräften und genrefremden Autoren. Eine Nachfolgeserie erschien unter dem Titel *Erde 2000*.

ZM – streng geheim

Taschenbuchserie im Pelikan Verlag, Hannover: 1983 – 1986.

Professor Ambrosius Köhler, der Erfinder der Zeitmaschine, und die Kinder Heike, Michael und Thomas erleben Abenteuer in Vergangenheit und Zukunft. Autorin: Marliese Arold. Die Serie erschien im Rahmen der Pelikan-Taschenbücher.

Nachbemerkung

Sehr geehrter Benutzer dieses Lexikons,
möglicherweise haben Sie an dieser Stelle nach dem ›WER IST
WER IN DER DEUTSCHEN SF?‹, dem Adressenverzeichnis, gesucht
und es vermißt. Wir haben es nicht vergessen. Wir konnten uns
nicht entschließen, es wieder in diese bearbeitete Neuauflage aufzunehmen. Es war einigen Autoren, Herausgebern, Künstlern,
Übersetzern usw. nicht angenehm, dort, in aller Öffentlichkeit sozusagen, präsentiert zu werden, denn es gab nicht nur erheblich
vermehrte Leserpost (was manche offenbar nicht mögen – aber sie
werden ihre Gründe haben), sondern auch störende Anrufe und
nicht eben immer angenehme Besuche. Wir haben uns die Be-
schwerden zu Herzen genommen und das WHO IS WHO?, das in
der ersten Auflage hier stand, bewußt weggelassen.

Sie finden nebenstehend eine Anzeige der deutschen Sektion von
WORLD SF. Jeder, der beruflich mit Science Fiction zu tun hat, ist
eingeladen, dieser Vereinigung beizutreten. WORLD SF bereitet ein
Adressenverzeichnis der Mitglieder vor, das dort auch bezogen
werden kann. WORLD SF wird künftig die Zentralstelle sein, die In-
lands- und Auslandsadressen vermittelt, also die Anlaufstelle etwa
für Medien oder Studierende bzw. wissenschaftlich Arbeitende, die
diesbezüglich Informationen benötigen. Alle Mitglieder, die keinen
Eintrag in das Adressenverzeichnis wünschen, können WORLD SF
bitten, ihn zu unterlassen bzw. in der Kartei von WORLD SF einen Vermerk anbringen zu lassen, daß die Privatadressen nicht wei-
tergegeben bzw. ggf. der literarische Agent dazwischengeschaltet
werden soll.

Wir bitten um Ihr Verständnis.

Die Herausgeber

THE INTERNATIONAL SCIENCE FICTION
ASSOCIATION OF PROFESSIONALS

Mitglieder in Australien, Belgien, Brasilien, Bulgarien,
China, Dänemark, Deutschland, Finnland, Frankreich,
Griechenland, Großbritannien, Irland, Italien, Japan,
Jugoslawien, den Niederlanden, Polen, Portugal,
Rumänien, Schweden, Singapur, Spanien,
Tschechoslowakei, UdSSR, Ungarn, Uruguay und USA.

Präsident: Gianfranco Viviani (Verleger), Italien

Frühere Präsidenten:
Harry Harrison (Autor), Irland
Frederik Pohl (Autor), USA
Brian W. Aldiss (Autor), England
Sam Lundwall (Autor), Schweden

WORLD SF ist ein weltweiter Freundeskreis (kein Club,
kein e. V., keine Gewerkschaft) von Personen, die in
irgendeiner Weise — freischaffend oder als Angestellte —
beruflich mit Science Fiction zu tun haben, z. B. als
Autoren, Verleger, Lektoren, Übersetzer, Illustratoren,
Kritiker, Buchhändler, Musiker, in Rundfunkanstalten,
Verlagen oder wissenschaftlichen Institutionen.

WORLD SF verfolgt weder politische noch kommerzielle
oder vereinsorientierte Ziele. Die Vereinigung dient
ausschließlich der Kontaktpflege und dem gegenseitigen
Informations- und Erfahrungsaustausch durch »Newsletter«
und jährliche Treffen, z. B. 1987 in Brighton, 1988 in
Budapest. Die Jahresmitgliedschaft kostet DM 35,—

Wenn Sie an **WORLD SF** interessiert sind, schreiben Sie
bitte an

WORLD SF GERMANY

Thomas R. P. Mielke

Am Sandwerder 8 b
1000 Berlin-Wannsee

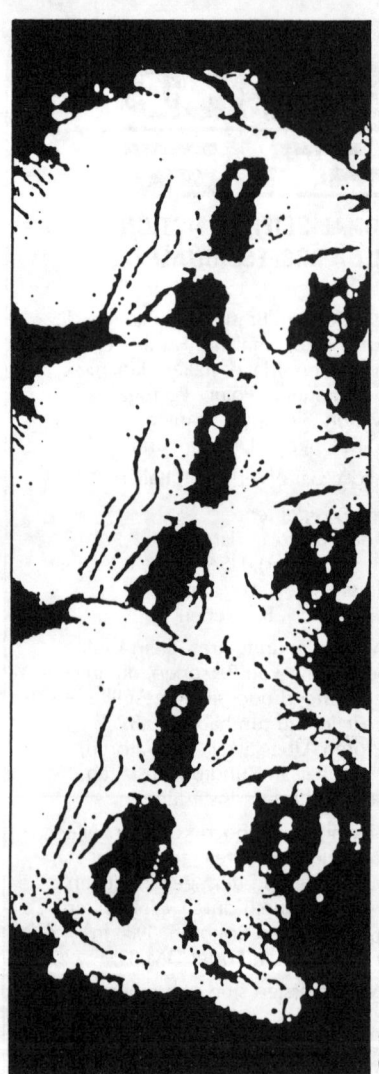

Seit 1983 existiert die **PHILIP K. DICK SOCIETY.** Sie ist der direkte DRAHT ZUR Mehrzahl der mit Dicks Werk befaßten AUTOREN und Biografen. In den USA gegründet, erstrecken sich ihre Aktivitäten auf fast alle Teile der Welt. Der viermal im Jahr erscheinende **NEWSLETTER** bringt bislang unveröffentlichte Originaltexte des 1982 verstorbenen AUTORS, sekundärliterarisches Material, Neuigkeiten vom Buchmarkt – kurz: **ALLES VON UND ÜBER PHILIP K. DICK.** Kontakt:

PKDS c/o Christian Haderer

POSTFACH 202 «» A-1050 WIEN

Eingetragener Verein

BIBLIOTHEK DER SCIENCE FICTION LITERATUR

Die Heyne-Taschenbuchreihe
BIBLIOTHEK DER SCIENCE FICTION LITERATUR
umfaßt herausragende Werke dieser Literaturgattung, die als
Meilensteine ihrer Geschichte gelten. Die gediegen
ausgestattete Collection ist nicht nur für den Liebhaber guter SF
gedacht, sie bietet durch ihre repräsentative Auswahl
auch das Rüstzeug für jeden, der sich mit diesem Zweig
der Literatur auseinandersetzen möchte.

BIBLIOTHEK DER
SCIENCE FICTION LITERATUR

Wilhelm Heyne Verlag München

Preisänderungen vorbehalten

HEYNE FANTASY

Romane und Erzählungen internationaler Fantasy-Autoren im Heyne-Taschenbuch

STEPHEN R. DONALDSON
Der Bann des weißen Goldes
06/4110 - DM 12,80

Tochter der Könige
06/4225 - DM 9,80

DIANE DUANE
Das Tor der Schatten
06/4448 - DM 9,80

ALAN DEAN FOSTER
Bannsänger
06/4276 - DM 9,80

Die Stunde des Tors
06/4277 - DM 7,80

Der Tag der Dissonanz
06/4278 - DM 8,80

Der Augenblick des Magiers
06/4279 - DM 7,80

El Magico
06/4355 - DM 7,80

Shadowkeep –
Das dunkle Land
06/4407 - DM 7,80

STEPHEN GALLAGHER
Fenris
06/4440 - DM 9,80

JANE GASKELL
Der Turm der Göttin
06/4451 - DM 9,80

Der Drache
06/4452 - DM 7,80

MARY GENTLE
Goldenes Hexenvolk
06/4268 - DM 12,80

WIM GIJSEN
Die Ersten von Rissan
06/4428 - DM 10,80

Die Könige der Vorzeit
06/4429 - DM 10,80

HENRY RIDER HAGGARD
Sie
06/4130 - DM 7,80

Allan Quatermain
06/4131 - DM 8,80

Ayesha –
Sie kehrt zurück
06/4132 - DM 7,80

Sie und Allan
06/4133 - DM 9,80

König Salomons Diamanten
06/4134 - DM 7,80

Die Heilige Blume
06/4135 - DM 8,80

Das Halsband des Wanderers
06/4136 - DM 7,80

Tochter der Weisheit
06/4137 - DM 7,80

Das Sehnen der Welt
06/4138 - DM 7,80

Morgenstern
06/4146 - DM 7,80

Als die Welt erbebte
06/4147 - DM 9,80

Das Nebelvolk
06/4148 - DM 9,80

Das Herz der Welt
06/4149 - DM 9,80

Kleopatra
06/4310 - DM 8,80

Der Geist von Bambatse
06/4311 - DM 7,80

Allan Quatermain der Jäger
06/4367 - DM 9,80

Allan Quatermain und die Eisgötter
06/4368 - DM 9,80

Das Elfenbeinkind
06/4369 - DM 8,80

Der gelbe Gott
06/4370 - DM 7,80

ROBERT E. HOWARD
Die Tiger der See
06/4421 - DM 6,80

ROBERT E. HOWARD/ L. SPRAGUE DE CAMP
Conan der Abenteurer
06/3245 - DM 6,80

ROBERT E. HOWARD/ LIN CARTER/ L. SPRAGUE DE CAMP
Conan
06/3202 - DM 7,80

Conan der Wanderer
06/3236 - DM 6,80

Conan der Krieger
06/3258 - DM 6,80

ROBERT E. HOWARD u.a.
Conan der Rächer
06/3283 - DM 6,80

ROBERT JORDAN
Conan der Unbesiegbare
06/4172 - DM 7,80

Conan der Unüberwindliche
06/4203 - DM 7,80

Conan der Siegreiche
06/4232 - DM 7,80

Conan der Prächtige
06/4344 - DM 7,80

Conan der Glorreiche
06/4345 - DM 7,80

KATHERINE KURTZ
Das Geschlecht der Magier
06/3576 - DM 6,80